현대 사회학 이론

나남
nanam

나남신서 1998

현대 사회학 이론

2019년 10월 5일 발행
2019년 10월 5일 1쇄

지은이　조나단 터너
옮긴이　김윤태 · 김근태 · 김명숙 · 김봉석 · 김수정 · 김인춘
　　　　박치현 · 배은경 · 백승욱 · 손동기 · 윤수린 · 윤형식
　　　　임동균 · 정태석 · 주은우 · 천선영 · 한상근
발행자　趙相浩
발행처　(주) 나남
주소　10881 경기도 파주시 회동길 193
전화　(031) 955-4601 (代)
FAX　(031) 955-4555
등록　제 1-71호 (1979. 5. 12)
홈페이지　http://www.nanam.net
전자우편　post@nanam.net

ISBN 978-89-300-8998-2
ISBN 978-89-300-8001-9 (세트)

현대 사회학 이론

조나단 터너 지음

김윤태 · 김근태 · 김명숙 · 김봉석 · 김수정 · 김인춘 · 박치현 · 배은경 · 백승욱
손동기 · 윤수린 · 윤형식 · 임동균 · 정태석 · 주은우 · 천선영 · 한상근 옮김

나남신서 1998

나남
nanam

Contemporary Sociological Theory

《현대 사회학 이론》을
새롭게 펴내며

사회학 이론은 우리가 사회를 이해하기 위한 중요한 문제를 제기한다. 사회는 어떻게 구성되고 변화하는가? 사회의 합의와 갈등은 왜 발생하는가? 부자와 가난한 사람의 차이는 무엇인가? 우리의 삶에서 개인의 선택이 중요한가, 아니면 사회의 구조적 환경이 중요한가? 현대사회의 중요한 특징은 무엇인가? 오늘날 현대사회는 근본적으로 변화하고 있는가? 이러한 질문은 19세기 말 고전적 사회학의 탄생 이래 지속적으로 중요한 문제로 논의되었다.

사회학은 사회현실을 분석하는 동시에 현재의 다양한 사회문제를 해결하기 위해 노력했다. 사회학 이론도 사회를 체계적으로 이해하는 관점을 제공하는 동시에 다양한 사회문제의 해결을 위해 이론을 적용하는 사고를 키우는 데 기여해야 한다. 사회학 이론은 매우 추상적이지만, 경험적 세계를 더 잘 이해하기 위해 유용한 도구를 제공한다. 이론이 없다면 복잡한 사회적 현실을 효과적으로 이해할 수 없다. 사회학 이론은 혼란스러운 경험적 세계의 다양한 요소의 상호관계를 설명한다. 이 책은 사회학 이론이 어떤 맥락에서 형성되었고, 실제로 어떻게 응용되었으며, 다른 이론을 발전시키는 데 어떤 영향을 주었는지에 대한 체계적 지식을 제공한다.

조나단 터너 교수가 새롭게 쓴 이 책은 사회학 이론에 관해 가장 포괄적인 주제를 다루며, 수십 년 동안 미국과 유럽뿐 아니라 전 세계적으로 가장 널리 대학 교재로서 이용되고 있다. 이 책의 장점은 수많은 이론과 학자들의 상이한 주장을 전반적으로 정리함으로써 다양한 관점을 한 권의 책에 소개한다는 것이다. 1970년대에 초판이 출간된 이래 8판을 거듭하는 동안 많은 내용이 추가되었지만, 책의 기본적 구조는 기능주의, 갈등이론, 상호작용주의, 교환이론으로 분류한 초판의 내용과 유사하다. 그러나 이 책의 또 하나의 장점은 구조주의, 페미니즘, 비판이론, 포스트모더니즘 등 새로운 사회학 이론에 대해 지속적으로 관심을 가지며 내용을 보완했다는 점이다. 이 책은 현대 사회학의 복잡한 이론을 일목요연하게 소개하면서 독자들에게 사회학의 주요 개념과 이론적 주장에 대한 핵심적 지식을 제공한다. 또한 구조와 행위자의 관계, 갈등과 합의, 현대성과 탈현대성 등 중요한 사회학적 논쟁을 알기 쉽게 소개한다. 하버마스, 푸코, 부르디외, 기든스 등 현대 사회학 이론을 주도한 주요 거장들의 주요 주장도 요약하여 독자들을 사회학의 향연으로 이끈다.

터너 교수는 사회학 이론이 본질적으로 과학적 이론이라는 전제를 가지고 있지만, 사회학의 과학적 성격에 대해 의문을 가지는 상호작용주의, 현상학, 민속방법론, 하버마스의 의사소통행위이론, 기든스의 구조화이론 등도 광범하게 소개했다. 사회학도 자연과학과 마찬가지로 인과적 설명을 시도하며, 이론을 만들고 분석을 통해 가설을 검증한다. 그러나 많은 사회학자들은 엄격한 과학성에 질문을 던지며, 자연과학과 같은 법칙의 존재를 거부하기도 한다. 물론 최근 자연과학의 조류 가운데 일부는 일반적 법칙에 회의를 드러내기도 하지만, 사회학에서 널리 인정을 받는 일반적 법칙은 훨씬 적은 편이다. 현실적으로 사회학 이론은 추상적 차원에서 거대한 가정을 제시하는 데 그치는 경우가 많다. 한편 사회학자 역시 가치 판단을 하는 인간이기 때문에 사회에 대한 객관적 연구를 하기 어렵다는 주장을 제시하기도 한다. 그럼에도 불구하고 사회학 이론은 복잡한 사회현실을 이해하기 위한 지적 작업을 추구하며 다양한 경험적 연구를 이끄는 중요한 영감과 통찰력을 제공한다. 지속적으로 혁신을 모색하는 이론적 작업은 사회학자들이 사회를 분석하고, 사회문제를 진단하고, 새로운 대안을 모색하는 과정에서 유용한 나침반을 제시할 것이다.

사회에 대한 인간의 지적 관심은 오랜 역사를 지닌다. 고대 그리스 철학자 아리스토텔레스는 사회가 필요하지 않은 사람은 야수이거나 신이라고 말한 바 있다. 인간은 폴리스의 동물이라는 말은 바로 인간은 사회 속에서 살아야 하는 운명이라는 의미이다. 중국의 공자와 맹자가 제시한 고대 정치사상도 개인이 어떻게 다른 사람들과 관계를 형성해야 하는지에 대해 깊은 관심을 가졌다. 실제로 모든 인간은 사회와 뗄 수 없는 관계를 가지며, 사회에 관한 인간의 관심은 오랫동안 계속되었다. 그러나 사회에 대한 체계적 연구를 목표로 하는 현대적 학문이 사회학이라는 이름으로 등장한 것은 불과 100여 년에 지나지 않는다.

최초의 현대적 사회학의 성립은 18세기와 19세기 서유럽의 산업사회와 자본주의 경제의 등장과 밀접한 관련이 있다. 기술의 변화, 산업화, 노동의 변화, 계급, 집단행동, 이데올로기, 법, 종교 등은 그 당시 지적 관심의 주요 대상이 되었다. 비코, 아담 스미스, 몽테스키외, 장 자크 루소 등 위대한 학자의 전통은 사회학이라는 새로운 학문의 탄생에 많은 영감을 주었다. 그들의 노력에 힘입어 생시몽, 콩트, 스펜서와 같은 유럽의 사회사상가들은 현대사회에 대한 학문적 관심을 발전시킨 최초의 사회학자들이 되었다. 그 후 산업사회가 본격적으로 발전함에 따라 마르크스, 뒤르켐, 베버, 짐멜과 같은 고전적 사회학자들은 현대사회의 특징과 변동에 관한 사회학적 이론과 방법을 더욱 발전시켰다.

20세기 초반 프랑스, 독일, 미국, 영국, 이탈리아에서 새로운 학문 분과로서 사회학이 등장했으며, 많은 대학에서 사회학과가 창설되었다. 프랑스에서는 뒤르켐이 최초로 보르도대학에서 사회학 교수가 되었고, 소르본느대학에서 제자를 배출하고 독특한 학파를 형성하였다. 독일에서는 게오르크 짐멜이 최초로 베를린대학에서 사회학 교수가 되어 형식사회학을 제시하였으나, 후에 사회학 이론과 방법론을 체계화한 막스 베버도 중요한 인물이 되었다. 짐멜의 영향을 많이 받은 미국의 사회학자들은 시카고대학에 사회학과를 창설했으나, 오랫동안 개념적 이론보다 여론조사와 사회비평에 머무르는 경향이 있었다. 영국에서는 허버트 스펜서가 사회학의 초기 발전을 주도하였으나, 라이오넬 홉하우스가 런던정경대학(LSE)에서 영국 최초의 사회학 교수가 되었다. 이탈리아에서는 빌프레드 파레토와 게타노 모스코가 독특한 사회학 이론을 발전시켰다. 또한 이탈리아의 안토니오 그람시와 독일의 프랑크푸르트학파, 그리고 헝가리의 죄르지 루카치가 사회이론에 대한 마르크스주의적 관심을 더욱 발전시켰다. 그러나 일반적으로 20세기 전반의 사회학은 국가적 차원에서 독자적 이론을 형성하는 수준이었다.

사회학의 국제화는 1940년대 이후 미국 사회학자 탈콧 파슨스에 의해서 본격적으로 이루어졌다. 영국의 런던정경대학에서 말리노프스키의 기능주의와 독일의 하이델베르크대학에서 막스 베버 사회학의 영향을 받은 파슨스는 미국으로 돌아가 하버드대학에서 많은 제자를 가르치며 구조기능주의라는 새로운 종합적 사회학 이론 체계를 집대성하였다. 그 후 파슨스 사회학은 제2차 세계대전 이후 미국의 부흥과 함께 미국의 정치·경제 체제를 합리화시키는 강력한 이론적 도구가 되었다. 구조기능주의 이론에 기반을 둔 파슨스의 사회학은 국제사회에서 차지하는 미국의 주도적 위치를 이념적으로 표현하였으며, 이는 1960년대 전반까지 전 세계의 지배적 사회학 패러다임이 되었다. 이 시기에 한국에서도 미국 사회학이 본격적으로 수입되어 조사방법론이 사용되었으나, 주요 이론적 연구는 대부분 기능주의적 분석으로 이루어졌다.

1960년대 후반 서구와 미국에서 학생운동과 반전운동, 시민운동, 여권운동이 폭발하면서 사회의 통합과 안정을 강조하는 기능주의 사회학은 많은 비판을 받았다. 갈등이론, 네오마르크스주의, 네오베버주의, 상호작용주의 이론, 현상학, 민속방법론, 페미니즘 등 새로운 사회학의 조류가 등장했다. 그 후 사회학의 지배적 기능주의 패러다임이 심각한 도전에 직면했으며, 방법론적 다원주의가 정립되었다. 하지만 시간이 지남에 따라 네오베버주의와 네오마르크스주의, 페미니즘은 사회학의 다양한 학파를 형성한 반면, 현상학과 민속방법론은 소수의 학자들에 의해서만 계승되었다.

1980년대 이후 사회학은 전혀 다른 위기에 직면했다. 과거의 위기는 사회학에서 지배적이던 기능주의 패러다임의 위기였으나, 이번에는 사회학 자체의 위기가 시작되었다. 이성과 진보의 신념에 회의적인 포스트모더니즘은 사회학이라는 존재 자체에 심각한 문제를 제기하였다. 많은 포스트모던 사회학자들은 1968년 혁명의 좌절 이후 등장했으며, 이들은 마르크스주의에 환멸을 느끼기 시작한 새로운 세대들이었다. 이러한 포스트모더니즘의 급속한 확산은 또한 공산권 몰락과 그에 따른 마르크스주의 쇠퇴와 밀접하게 연결되어 있다. 네오마르크스주의도 사회학 내부의 비판에 직면하면서 점차 포스트마르크스주의로 변화했으며, 많은 사회학자들이 네오베버주의 사회학, 비판이론, 현상학 등으로 이론적 관심이 옮겨갔다.

사회학에 대한 관심의 부침과 함께 사회학의 국제화 추이에도 많은 변화가 발생했다. 미국의 사회학에서도 유럽의 이론적 전통에 대한 관심이 커지는 한편, 유럽의 사회학에서도 양적 분석과 경험적 연구를 중시하는 경향이 커졌다. 사회학의 국제화가 이루어지면서 지나치게 실증주의 방법론에 입각한 통계분석이 사회학 연구를 지배하는 경향이 커졌다는 지적도 있지만, 다양한 이론적 연구와 논쟁은 여전히 많은 사회학자들에게 중요한 영감을 준다. 이제 사회학은 어느 단일한 관점에 집착하지 않고 다양한 관점을 수용하고 있다. 모든 사회학적 이론과 명제들은 많은 학자들의 연구와 평가, 그리고 끝없는 논쟁에 개방적인 태도를 보인다.

사회학의 국제화와 함께 이루어진 한국 사회학의 태동은 유럽과 미국 사회학의 영향을 많이 받았다. 1960년대 이후 미국의 기능주의 사회학과 통계분석에 기반한 사회조사방법론이 소개되면서 한국 사회학의 주류 패러다임으로 확산되었다. 이 과정에서 유럽과 서구중심적 관점이 무비판적으로 소개되고 한국의 사회적 현실을 제대로 설명하지 못한다는 지적이 제기되었다. 서구사회의 역사적 경험의 이론화가 비서구사회를 해석하기 위한 적절한 개념적 도구가 될 수 있을지에 대한 회의의 목소리가 커졌다. 인류학에서 서구중심주의에 대한 반발에서 비롯된 문화상대주의가 널리 수용되었지만, 주류 사회학의 고정관념은 매우 오랫동안 유지되었다. 1980년대 이후 비판이론, 페미니즘, 구조주의 등 다양한 이론이 소개되었지만 서구중심주의에서 크게 벗어나지 못했다. 한국의 현대성, 자본주의, 민주주의, 사회적 관계, 문화의 변동이 서구의 경험과 다르다면, 어떤 이론적 설명이 필요한지 탐구하기 시작했다. 시간이 지나면서 서구 사회학자들도 비서구사회를 이해하기 위한 새로운 개념과 이론의 필요성을 인정하면서 새로운 연구의 지평이 열리기 시작했다. 사회발전, 비교사회학, 지역연구는 이런 측면에서 많은 연구를 축적했지만, 아직 새로운 사회학 이론은 충분히 발전하지 못했다. 이런 점은 한국 사회학자들의 지적 분발을 촉구하는 도전인 동시에 지속적으로 다음 세대에게도 중요한 과제가 될 것이다.

20세기 후반에 사회학 이론에서 나타난 특징 가운데 중요한 몇 가지를 지적할 수 있다. 먼저 마르크스주의의 전반적 퇴조가 두드러졌다. 1960~1970년대 유럽을 풍미한 알튀세주의와 마르크스주의가 심각하게 약화하는 대신 미국에서는 합리적 선택이론이나 게임이론과 연결된 분석 마르크스주의 연구가 활성화되었다. 한편 비판이론이라는 새로운 지적 조류가 발전하면서 마르크스의 문제의식을 중요하게 다루는 경향이 등장했다. 둘째, 포스트모더니즘에 대한 연구가 광범위하게 확산되었다. 포스트모더니즘은 초기 단계의 철학적 논쟁에서 벗어나 경제와 사회 구조 전반에 걸친 연구를 통해 포스트모던 관점과 방법을 널리 확산시켰다. 그러나 1990년대 후반에 포스트모더니즘이 빠르게 쇠퇴하면서 문화에 대한 지나친 강조가 정치·경제적 조건을 무시하고 사회학적 분석이 결여되었다는 비판에 직면했다. 셋째, 최근에는 다시 미국에서 기능주의에 대한 관심이 재생하고 있으며, 특히 제프리 알렉산더의 신기능주의와 니클라스 루만의 시스템 이론이 새로운 이론적 관심을 불러일으켰다.

21세기에 들면서 현대 사회학 이론이 제기하는 이슈와 문제는 새로운 전환의 국면을 맞이하고 있다. 첫 번째 중요한 측면은 문화에 대한 관심의 부흥이다. 특히 프랑스 사회학자 피에르 부르디외의 문화사회학 연구는 매우 큰 관심을 끌고 있다. 또한 포스트모더니즘과 페미니즘이 제기하는 문화에 대한 새로운 접근법도 주목을 끌었다. 그리하여 사회학계에서는 여성, 젠더, 소수민족, 사회적 약자의 문화, 가치, 신념, 상징, 정체성에 대한 관심이 더욱 확산되고 있다. 둘째, 지구화에 대한 새로운 관심의 집중이다. 미국의 마르크스주의 사회학자 이매뉴얼 월러스틴의 고전적 연구에서 이미 세계체계에 대한 관심이 촉발되었지만, 지구화 과정이 경제, 정치, 문화 등 사회의 전 측면에 걸쳐서 영향을 미치는 사회변동으로 인식되기 시작한 것은 극히 최근의 일이다. 이 주제에는 데이비드 하비, 울리히 벡, 앤서니 기든스가 중요한 이론적 기여를 했다. 초국적 기업, 테러리즘, 이주, 난민, 다문화주의 등 다양한 연구가 지구화와 관련된다. 셋째, 과학기술의 발전, 환경, 노동의 변화, 신사회운동, 성찰성, 몸, 이동성, 네트워크 사회 등에 관한 새로운 사회학적 관심이 촉발되고 있다. 한편 리처드 세넷과 지그문트 바우만의 새로운 사회학적 사고와 글쓰기도 널리 대중적 관심을 끌고 있다. 이와 같이 현 시대의 사회학은 지속적으로 인간 사회가 직면한 새로운 주제를 이해하기 위해 노력하고 있다. 이론적 관심의 확대는 경험적 사회학은 물론 모든 사회과학의 발전을 위해서 중요한 공헌을 할 것이다.

나는 이 책의 번역 작업의 기획과 편집을 맡으면서 훌륭한 사회학자들과 교류하게 된 것을 큰 기쁨으로 생각한다. 이 책에서 다루는 영역이 워낙 방대하기 때문에 가능한 한 해당 주제의 전문적 연구를 수행한 학자를 번역자로 선정하여 의뢰했다. 하지만 이 책의 번역 약속을 지키지 않는 학자도 있었고, 계약을 중도에 포기하고, 마지막 단계에 무책임하게 원고를 보내지 않는 경우가 있었다. 이러한 안타까운 일들을 겪으면서 사회의 모든 사람들이 성실하게 개인의 약속을 지키는 것은 아니라는 슬픈 사실을 새삼 깨달았다. 그래도 강의와 연구로 바쁜 와중에 이 책의 번역

작업에 흔쾌히 참여해 준 동료 학자들에게 깊은 감사의 마음을 전한다. 대학에서 번역이 연구 실적이 되지 않는 시대에 학문에 대한 사랑과 학생들의 교육을 위한 헌신적 사명감이 없었다면 이 책의 출간에 동참하지 못했을 것이다.

역자들이 번역을 맡은 내용은 다음과 같다. 한상근(1, 2, 4장), 박치현(3, 5장), 윤수린(6, 7장), 김근태(8, 9장), 김인춘(10, 14장), 김봉석(11, 12, 19, 20, 27장), 백승욱(13장), 배은경(15, 16장), 천선영(17, 18장), 임동균(21, 22장), 김명숙(23장), 김윤태(24, 28장), 손동기(25장), 정태석(26장), 윤형식(29장), 주은우(30장), 김수정(31장) 선생님이 번역에 참여하여 수고해 주셨다. 전체 차례와 색인은 기획 책임을 맡은 내가 확인했지만, 역자 선생님들과 상의를 거쳐 번역 용어를 정하기도 했다. 용어는 학계에서 널리 사용되는 것을 중시했지만, 정확한 번역이 필요한 경우는 일부 변경했다.

이 책의 저자인 조나단 터너 교수는 한국어판을 위해 별도의 머리말을 작성했다. 한국어판 출간에 대한 터너 교수의 깊은 관심과 격려에 감사드린다. 그리고 이 책의 번역을 제안하고 책을 출간하는 데 많은 도움을 준 나남출판사의 조상호 회장님과 방순영 편집장님을 비롯한 여러분에게 감사드린다. 이 책을 훌륭하게 편집해 준 사회학도 김용태 주간님과 편집부의 신윤섭 부장님, 이자영 과장님에게 특히 감사드린다. 부디 이 책이 사회학을 공부하는 학생들과 학자들뿐 아니라 사회에 관심을 갖고 공부하려는 많은 분들에게 도움이 되길 바란다.

2019년 8월
역자들을 대신하여
김윤태 씀

《현대 사회학 이론》
한국어판을 펴내며

《현대 사회학 이론》(*Contemporary Sociological of Theory*) 의 핵심은 오래전 초판인 《사회학 이론의 구조》(*The Structure of Sociological Theory*) 8판 개정판이다. 새로운 출판사로 옮기면서 대부분의 범위를 확대하고 재조정하기로 결정했다. 동시에 동반 저서인 《사회학 이론의 등장》도 서로 맞추기 위해 다시 작성했다. 이외에 새로운 출판사인 세이지 (Sage) 를 위해 새로운 책 두 권을 집필했다. 그중 하나는 매우 큰 책인 《이론적 사회학: 1930년에서 현재까지》이다. 이 책은 본질적으로 《현대 사회학 이론》과 《사회학 이론의 등장》을 결합하고 혼합한 것이다. 그리고 그 작업을 하는 동안 사회학 이론의 관점을 매우 축약된 형태로 요약한 또 다른 아주 작은 책인 《사회학 10가지 이론적 접근법》을 집필했다. 하지만 이 모든 책들은 궁극적으로 이제 《현대 사회학 이론》이라고 제목을 붙인 이 책의 핵심적 내용에서 시작한다.

이 책의 한글번역 결정을 나는 명예롭게 생각한다. 내가 《사회학 이론의 구조》의 초판을 처음 쓸 때, 30세도 안 된 젊은 학자였다. 그 책에서 나는 1970년대 초반 사회학의 지배적인 이론적 접근법 — 기능주의 이론, 갈등이론, 교환이론, 상호작용주의 이론 — 의 기원과 구조를 요약했다. 이러한 설명 이전에 대부분의 책은 이론의 기원과 함께 유사한 가정과 프로그램이 명확하게 통합되지 않은 채로, 오래된 이론과 새로운 이론이 혼합되어 있었다. 《사회학 이론의 구조》가 널리 읽히고 번역된 것은 바로 외관상의 단순함과 명확함 때문이었을 것이다. 이 책은 50년 동안 사회학 이론가로서 내 경력을 출발하는 데 중요한 책이 되었다. 나는 이 책의 다양한 판을 읽은 모든 분들에게 두 배로 감사드리고 싶다. 그래서 나는 《사회학 이론의 구조》의 후속작인 《현대 사회학 이론》이 미국 밖에서 관심을 받는 것에 대해 두 배로 감사드리고 싶다. '새로운' 책은 여러 가지 방식으로 이전의 책보다 더욱 광범위한 내용을 담고 있고 훨씬 확대되었다.

이 책의 목적은 아직도 동일하다. 하지만 이런 이론화의 일반적 관점들 안에 있는 수많은 다양한 변형을 포함해 독창적 이론적 관점의 수는 7개의 기본적 관점으로 늘어났다. 그리고 이런 확장을 통해 이론적 사회학은 성장하고 확대되었다. 바로 이 책은 원래 책인《사회학 이론의 구조》(1974)의 40번째 기념일 가까운 날에 출간되었다. 아직도 이 책은 실질적으로 더 커지고 더 다양해지면서 '특별한 이론적 관점의 역사적 기원, 가장 중요하게는 각 관점의 초기 기원을 형성하는 이론의 구조'를 설명한다는 점에서, 이 책의 목적은 동일한 것이다. 이론의 구조뿐만 아니라 과학적 가능성에 대한 신념을 갖고 글을 썼다. 이런 생각은 미국과 유럽에서 종종 도전받기도 했다. 하지만 나는 항상 과학으로서의 사회학을 추구했다. 물론 여기서 다루는 이론가들이 과학에 전념하지 않을지라도, 그들의 이론 역시 과학의 관점에서 설명될 수 있다는 점을 강조하는 현대적 이론에 관한 책을 계속 썼다. 이것은 내가 이론의 모델을 만드는 이유이다. 종종 그것은 사회적 우주의 중요한 동학에서 검증 가능한 법칙으로 변환된다. 형식화에 대한 이러한 강조 역시 논쟁적이지만, 나는 그것이 이 책이 지난 40년 동안 지속되고, 다양한 언어로 번역된 이유라고 생각한다. 이론적 사회학에 대한 나의 접근법은 사회학이 '진정한 자연과학'이 될 수 있다는 초기의 비전을 잃어버린 많은 이론적 동료들이 있는 미국 국내보다 해외에서 더 높은 평가를 받았다.

이 책은 사회학 이론에 대해 관심을 가진 사람을 위해 쓴 것이다. 또한 사회적 우주의 역학이 사회적 세계에 관한 일반적·근본적 과정의 추상적 모델과 이론적 법칙으로 설명될 수 있다는 과학으로서의 사회학에 관심을 가진 사람들을 위해 쓴 것이다. 물론 나는 사회학이라고 알려진 이름보다 오귀스트 콩트가 원래 만든 이름 '사회물리학'에 더 마음이 끌린다. 사회학이 점점 더 반과학적 수사학에 전염될수록, 나는 사회학이 인간사회의 과학으로서 성장하고 성공하길 바라는 우리 같은 사람을 위해 '사회물리학'이라는 명칭으로 돌아오기를 기원한다.

아직까지 과학적 사회학에 대한 나의 비전을 공유하지 못하는 사람들도 명확하고 직선적인 방법으로 현존 이론을 평가하고 요약하는 것에 대해 종종 나에게 편지를 보내고, 감사의 표현을 한다. 나는 과학적 사회학을 위한 전망에 대한 그들의 견해가 어떠하든지, 한국의 독자들이 이 책을 사회학의 이론적 접근법에 관한 유용한 자원으로 간주해 주길 바란다. 여러 가지 방법으로 이론들을 배치할 때, 더 넓은 차원의 7가지 이론적 접근을 통한 분류가 많은 이론들에 대한 설명을 용이하게 만든다. 하지만 7개의 광범한 관점은 아직도 공통적으로 수많은 특수한 이론이 발전하고 성공하는 지적 풍경을 보여준다. 예를 들어, 3부 갈등이론화에서 나는 칼 마르크스, 막스 베버, 게오르크 짐멜과 같은 학자들의 그러한 이론화의 기원뿐 아니라, 초기 역사적 기원에서 성장한 다양한 현대적 이론을 평가했다. 그런 이론적 관점 내부에서 사람들은 원래 핵심 사고의 12가지 이상 변형을 쉽게 발견할 수 있을 것이다. 나의 목표는 이러한 현대적 변형 가운데서 가장 중요하고 영향력을 가진 이론을 요약하는 것이다. 그리고 지금까지 수십 개의 많은 이론이 출현했고,

7가지 일반이론적 접근법으로 모든 변형 이론을 평가했다. 간결하고 명확한 방법으로 현대적 이론을 평가하려는 나의 목표와 함께, 독자들은 사회학적 이론화에 대한 그들의 접근법을 발전시키는 데 이 책을 활용할 수 있을 것이다.

나는 독자들이 이론적 사회학에 대한 나의 접근법을 읽으며 관심을 가진 것에 감사한다. 이 책이 어떻게 사회세계가 작동하는지에 대한 설명을 발전시키는 데 관심을 가진 사람들을 위한 유용한 연구 자원으로 기여하기를 바란다.

캘리포니아 샌타바바라에서

조나단 터너
(Jonathan H. Turner)

나남신서 1998

현대 사회학 이론

차례

2부 진화론적 이론화와 생태학적 이론화

3부   갈등이론화

4부 상호작용주의 이론화

5부 교환이론화

6부 구조주의와 문화이론화

7부 비판이론화의 도전

1장

사회학 이론의 본질

1. 논쟁을 촉발시키는 이론

이론은 사물을 설명하려고 한다. 사회학 이론은 사회세계가 어떻게 작동하는지 설명하려고 한다. 비록 사람이 아닌 동물들도 조직을 만든다는 주장도 있지만, 사회세계는 사람들의 행위, 상호작용, 그리고 사회조직의 유형으로 구성된다. 앞으로 살펴보겠지만 사회학 이론은 행위 그 자체보다 상호작용과 조직에 초점을 맞추는 경향이 있다. 상호작용은 사람들 사이의 행위이며, 사회조직의 유형은 궁극적으로 사람들 사이의 상호작용으로부터 만들어진다. 대다수 이론은 상호작용과 조직을 주제로 다루고 있으며, 인간행동에 관한 이론들은 거의 항상 상호작용과 사회조직을 암묵적으로 강조한다.

물론 사회세계에 관한 이론화가 새로운 것은 아니다. 인간은 초창기부터 사회세계를 항상 설명하려 했고, 우리들 각자는 사람들이 왜 특정방식으로 행동하고 다른 사람들과 상호작용하는지 설명하려는 일종의 '민속사회학 이론가들'(folk sociological theorists)이다. 우리 모두는 사회비평가들이며, 사회조직 유형에 관한 민속사회학자들이다. 더욱이 자신의 민속적 이론을 아주 추상적으로 만들지는 않기 때문에, 사람들은 왜 그리고 어떻게 행동하고, 상호작용하고 조직하는지 그 본질적 이유를 파악했다고 생각한다. 그러나 사람들이 과학자라고 해도 다른 사람의 이론은 추상적인 것, 즉 '단지 하나의 이론'에 불과하다고 종종 생각한다. 사람들은 생물학적 진화론을 이끈 현대적 종합(synthesis)이 '단지 하나의 이론', 즉 '앞으로 증명돼야 하는' 추론이라고 본다. 그러나 이론은 단지 추론 이상의 것이며, 이론을 통합하려는 시도의 목표는 그 이론이 그럴듯한지를 **경험적 세계의 사실과 비교해** 평가하는 것이다. 그리고 우리 주변에 한동안 존재하고 있는 대부분의 과학적 이론은 한가한 추론보다는 훨씬 더 중요하다. 이론은 사회과정이 왜 그리고 어떻게 작동하는지 설명한다. 이론은 일반적으로 무시할 수 없는 증거와 데이터로 뒷받침되지만, 여전히 의심받는다. 이것은 현대의 생물진화 이론이 몇몇 사회에서 특히 미국에서 많은 사람들로부터 의심받는 것과 비슷하다.

이처럼 사람들은 지지받고 있는 이론조차 종종 믿지 않는다. 세상이 어떻게 돌아가는지 또는 그들에게 중요한 자신의 신념과 이론이 부딪치기 때문이다. 그리고 사람들은 인간본성, 적절한 행동 및 대인관계 태도, 그리고 사회가 어떻게 조직돼야 하는가에 대해 굳건한 신념을 갖는 경향이 있다. 이 신념은 증거를 가지고 지지되는 과학이론보다도 훨씬 강력할 수 있다. 사회학 이론의 경우에 특히 그러하다. 왜냐하면 사회학 이론은 사람들이 일상생활에서 종종 경험하는 것에 관한 것이기 때문이다. 사람들은 사회세계를 이해한다. 그래서 사회학자들이 '자신들의' 세계에 대해 이야기할 필요가 없다고 생각한다. 그래서 일반인들의 민속적 이론화(folk theorizing)와 반대되는 사회학적 설명을 개발하는 경우에는 항상 문제가 생긴다.

전문 사회학자들의 학문분야 내에서도, 사회학이 자연과학에서 만드는 것과 같은 이론을 발전시킬 수 있다는 가능성조차 부인하는 사람들이 많다. 따라서 사회이론가들은 인간행동, 상호작용, 조직에 대한 과학적 이론화가 불가능하다고 주장하는 회의적 일반대중들뿐만 아니라 전문적 동료들과도 맞서야 한다. 이 비판자들의 주장에 따르면 사람들은 다르다. 왜냐하면 사람들은 사회세계의 근본적 본질을 바꿀 수 있는 능력을 갖추었으며 사회세계의 근본적 속성과 과정에 관한 어떤 법칙도 배제할 수 있기 때문이다. 다른 비판자들의 입장은 다르다. 이들의 주장에 따르면 과학이론은 너무 가치중립적이고, 냉담하며, 사회문제로부터 분리돼 있다. 사회학은 방관자가 되어서는 안 된

다. 도덕적이고, 사회문제를 폭로하고, 사회문제에 대한 해결책을 제시해야 한다. 사회학은 냉정하고 냉담한 과학자로서 뒤에 앉아 있어서는 안 되며, 사람들을 변호할 수 있어야 한다. 사실 이 같은 도덕적 사회학자들은 과학과 형식이론을 '사회문제의 일부'로 본다.

앞으로 분명해지겠지만 비록 비판적 사회학자들이 분통을 터뜨린다고 할지라도, 나는 사회학의 과학적 이론화에 대한 고집이 있다. 사회에 관한 자연과학이 존재할 수 있을 뿐만 아니라,[1] 사회학이 사회세계의 근본적 동학(動學, dynamics)을 설명하는 데 상당한 진척을 이루었다고 믿는 것이다. 나는 이론적 사회학에 대한 사회학 내부와 외부 회의론자들의 도전이 틀렸다고 주장할 것이다. 그러나 우리는 여전히 비판자들을 무시할 수 없다. 다음 페이지에서 사회세계가 어떻게 작동하는지 설명하는 사회학 주요이론을 설명하고, 이 이론에 대한 비판과 도전에 대해 개략적으로 설명하겠다.

1830년에 오귀스트 콩트가 '사회물리학'(social physics)이 가능하다고 선언할 때부터, 사회세계를 설명할 수 있는 이론으로서 과학적 사회학이 가능한지 여부에 대해 즉각적으로 논쟁이 일어났다.[2] 이 논쟁은 오늘날까지 계속되고 있으며, 의심할 여지없이 미래에도 계속될 것이다. 논쟁을 보다 넓은 시각에서 보는 한 가지 방법은 다른 신념체계를 가진 더 넓은 맥락 속에서 과학이론에 대한 근본적 신념들을 개괄하는 것이다. 과학은 하나의 신념체계(a belief system)이지만, 사람들의 인식과 판단에 영향을 주는 유일한 신념은 아니다. 인간이 가진 다양한 종류의 지식이 있으며, 과학은 **여러 가지 가운데 하나**일 뿐이다. 즉, 필연적으로 세계를 이해하는

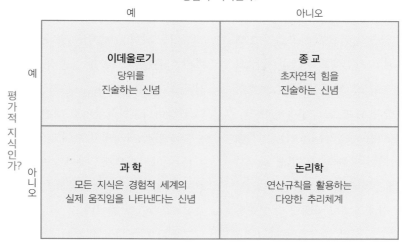

〈그림 1-1〉지식의 유형

경험적 지식인가?

	예	아니오
예	**이데올로기** 당위를 진술하는 신념	**종 교** 초자연적 힘을 진술하는 신념
아니오	**과 학** 모든 지식은 경험적 세계의 실제 움직임을 나타낸다는 신념	**논리학** 연산규칙을 활용하는 다양한 추리체계

평가적 지식인가?

하나의 방법으로서 과학은 다른 신념체계에 의해 생성된 지식과 때때로 충돌한다.

2. 신념체계로서의 과학

사회과학 이론은 인간이 만든 사회세계를 포함한 세계가 특정 상황에서 사건의 변화와 흐름을 설명하는 어떤 기본적이고 근본적인 특성들과 과정들을 드러낸다는 가정으로 시작한다. 과학이론은 근본적인 속성과 과정을 발견하려는 관심 때문에 특정한 경험적 사건들을 넘어서서 항상 추상적으로 진술하고, 모든 시간과 장소에서 이러한 사건들을 이끄는 배후의 힘들(forces)을 강조한다. 예를 들어, 사회학적 탐구의 맥락에서 이론적 설명은 특정한 경제의 구체적 내용에 관한 것이 아니라, 경제의 형성과 변화를 이끄는 사회적 힘을 생산하고 분배하는 근본적인 동학에 관한 것이다. 마찬가지

로, 과학이론은 특정한 형태의 정부에 관한 것이 아니라 기본적인 사회적 힘으로서의 권력의 본질에 관한 것이다. 부연설명을 하면 과학이론은 특정 상황에서 사람들이, 특정하게 행동하고 상호작용하는 것에 관한 것이 아니다. 사람들 간의 일반적 행동에 관한 특성, 다시 말해 사람들이 서로 상호작용할 때 항상 작용하는 힘에 관한 것이다. 그래서 목표는 특정한 경험적 사례를 지배하는 이면의 힘들을 발견할 수 있는가, 그리고 이러한 경험적 사례를 설명하는 데 이용될 수 있는가를 확인하는 것이다. 이 목표를 실현하기 위해서, 이론은 어떤 특정한 상황이나 사례의 독특한 특성을 초월하는 일반적 속성과 과정에 관한 것이어야 한다. 이와 같이 과학이론은 항상 특정한 것과 시간의 제약을 초월하고자 한다. 과학이론은 일반적인 것, 근본적인 것, 시대를 초월하는 것, 그리고 보편적인 것이다.

과학이론의 또 하나의 특성은 일상언어보다 훨

씬 형식적으로(formally) 표현된다는 점이다. 이론은 극단적으로 수학과 같은 언어로 표현된다. 그러나 사회과학, 특히 사회학에서 이론은 일상적 언어로 표현된다. 심지어 일반적 언어를 사용한다고 해도, 이론은 연구하는 모든 사람에게 동일한 것을 의미할 수 있도록 중립적이고, 객관적이고, 모호하지 않은 용어를 사용하기 위해 노력해야 한다.

세계의 특성과 그 동학을 지칭하는 용어는 지시대상이 명백하도록 정의되어야 한다. 또 현상을 지시하는 개념들 간의 관계는 이론을 연구하는 모든 사람들에게 개념들 간의 상호관계가 이해될 수 있도록 진술해야 한다. 때때로 이러한 형식화(formalism) 관심 때문에, 특히 형식화가 더 높은 수준의 추상화로 이어질 때, 이론은 경직되고 단조로워진다. 그러나 용어가 무엇을 지시하고 내포하는가에 대한 관심이 없다면 한 가지 이론이 여러 사람들에게 매우 상이한 것을 의미할 수 있다.

과학이론의 마지막 특징은 특별한 경험적 배경을 가진 사실이 아니라 반복 가능한 방법으로 체계적 검증이 가능하도록 설계된다는 점이다. 추상적이고 형식적으로 진술됨에도 불구하고 과학이론은 경험적 세계로부터 떨어져서 독자적으로 존재하지 않는다. 모든 이론은 경험적 사건에 기대어서 평가될 수 있는 방법을 제시한다.

모든 과학분야는 이론을 발전시킨다. 결국 과학은 ① 추상적이고 형식적으로 진술되는 이론을 개발하고, ② 그것이 그럴듯한지 확인하기 위해 경험적 사례에 기대어 이론을 검증한다. 이론이 경험적 평가에 비춰 그럴듯하게 보일 때, 그 이론은 **당분간** 사건의 설명을 대표한다. 어떤 이론이 경험적 검증을 통해 반박된다면, 그 이론은 폐기되거나 수정돼야 한다. 서로 경쟁하는 이론들이 동일한 현상을 설명하는 데 공존할 경우, 어떤 이론이 더 설명력이 있는지 경험적으로 평가돼야 한다.

이처럼 과학은 적어도 더 나은 이론이 제시될 때까지 이론들을 개발해 검증하고 이를 바탕으로 폐기하고, 수정하거나, 보존하는 상당히 느린 하나의 과정이다. 형식적이고 객관적으로 진술되는 이론을 경험적 세계에 비추어 평가하지 않는다면, 그 이론은 자기변론적·자기만족적이고, 개인적 편견을 반영하며, 이데올로기적으로 경도되거나 종교적 신념이 될 것이다.

무엇이 일어나야 하는지에 대한 우리의 편견과 개인적 이데올로기, 또는 종교와 결합돼 몰입하는 것은 본질적으로 신념체계들이다. 이것들은 신념체계로서 과학과는 대조적이다. 과학이론과 다른 유형의 지식 사이의 차이는 〈그림 1-1〉에 나타난다.

과학이론과 지식 사이의 유형론은 다음과 같이 두 가지 기본적 질문을 던진다.[3] ① 지식에 대한 탐구는 평가적(evaluative)인가, 중립적인가? ② 지식은 현실의 경험적 사건이나 과정과 관계해 발전하는가, 아니면 비경험적 실재(reality)와 관계해 발전하는가? 바꿔 말하면, 지식은 우리에게 **당위**를 말해 주는가, 아니면 **현실**을 말해 주는가? 그리고 지식은 관찰 가능한 세계에 대한 진술인가, 아니면 관찰되지 않는 영역에 대한 진술인가? 만약 지식이 우리에게 경험적 세계에서 무엇이 존재해야 하는가(그리고 그 함축적 의미상, 무엇이 일어나서는 안 되는가)를 말하려고 한다면, 그것은 **이데올로기적 지식**이다. 만약 지식이 우리에게 무엇은 일어나야만 하지만 관찰 가능한 사건과는 관계없다고 한다면, 그 지식은 **종교**이거나 다른 존재 영역에 있는 힘이거나 존재에 관한 것이다. 만약 지식이 경험적이지도 않고 평가적이지도 않다면, 그 지식은 수학과 같은 형식적 **논리체계**이다. 그리고 만약 지식이 경험적 사건에 관한 것이며 비평가적이라면, 그 지식은 **과학**이다.

〈그림 1-1〉의 분류는 거칠지만 핵심은 분명하다. 즉, 세계에 관한 지식을 조사하고 해석하며 발전시키는 여러 가지 방식이 있다. 과학은 단지 하나의 방식이다. 과학은 이론적 지식이 ① 가치중립적일 수 있으며, ② 경험적 세계의 실제 작동을 언제나 설명할 수 있고, ③ 경험적 사건을 세밀하게 관찰한 결과에 따라서 수정될 수 있다는 가정에 기초한다. 이런 특징을 어떻게 이해하고 통찰력을 얻을 것인가에 관한 문제를 놓고 과학은 다른 신념체계와 구별된다.[4]

지식유형 사이의 경계는 불분명하고 최소한 중복되는 부분이 있다. 수학이 세상을 설명하는 중요한 변수 사이의 관계를 설명하는 데 사용되듯이, 논리는 과학의 언어일 수 있다. 인간진화와 관련해 종교와 과학적 설명 사이의 논쟁이 그러하듯이, 지식유형 사이의 경계 또한 논쟁적일 수 있다. 사회학 내부에서는 이데올로기와 과학 사이의 관계가 가장 논쟁적이다. 많은 사회학자들은 이론이라면 반드시 이데올로기적 요소를 포함해야 한다고 믿고 있다. 즉, 이론은 바람직하지 못한 조건을 비판하고 대안을 옹호해야 한다. '반드시 해야 하는 것'에 관한 믿음은 사회세계에 관한 분석을 지배한다. 이런 사회학적 견해는 가치중립적 과학과는 배치된다. 가치중립적 과학에서는 이데올로기와 평가적 신념이 사회적 조건의 분석을 오염시켜서는 안 된다. 앞서 언급한 바와 같이 과학적 접근

을 옹호하는 사람과 이데올로기를 사회학에 주입하려는 사람 사이의 논쟁은 사회학 대부분의 역사에서 존재해왔다. 오늘날에도 이 논쟁은 여전히 격렬하다. 이 책의 마지막 부분에서 나는 몇 장을 **비판이론**(*critical theory*)에 할애하였는데, 비판이론의 목표는 기존 조건들을 비판하고 잠재적 대안을 옹호하는 것이다.

비판이론은 수많은 논쟁을 촉발한다. 그 가운데 하나는 학자가 아무리 자신의 연구에서 이데올로기를 자제하려고 노력해도, 이데올로기가 끼어들기 쉽다는 것이다. 모든 학자는 사회에서 특정한 위치에 있다. 그래서 학자는 분석을 위해 선택된 문제들, 그리고 분석방법 그 자체에 영향을 줄 수 있는 어떤 이해를 가질 수 있다. 사람이 생각하는 방식은 자신의 연구에 불가피하게 관여할 수밖에 없고, 그래서 사회세계의 작동에 관한 진술이 이데올로기로부터 자유롭다는 것은 단지 환상일 뿐이다. 또 다른 비판은 과학자가 현재 존재하고 있는 것을 연구할 때, 당연히 그래야 하는 방향으로 사회세계가 현재 구성돼 있다고 보려는 경향이다. 결과적으로 현재 존재하는 세계에 관한 이론은 현상을 정당화하고 사상가가 대안적 사회세계를 생각하지 못하게 하는 이데올로기가 될 수 있다.[5] 과학의 중립성이라는 가치에 관한 세 번째 비판은 인간은 사회세계의 본성을 변화시키는 능력을 가지고 있다는 점이다. 인간이 만든 사회적 조직에 대한 불변의 법칙은 존재할 수 없다. 왜냐하면 인간의 능력이 이들 법칙이 설명하는 그 현실 자체를 바꿀 수 있기 때문이다. 결과적으로 사회현실의 본질은 행위자들의 의지에 따라 바뀔 수 있기 때문에 사회에 관한 자연과학은 불가능하다.

과학적 접근을 지지하는 사람은 비판이론가의 이런 주장을 거부한다. 이들은 이데올로기적 편향성을 잠재적 문제이지만 잠재적 편향에 주의를 기울임으로써 이 문제를 완화시킬 수 있다고 본다. 그리고 사회세계에서 사람의 위치가 질문 자체에 영향을 미친다고 해도, 객관적 방식으로 이 질문에 답하는 것이 여전히 가능하다. 더욱이, 사회세계의 객관적 연구가 현상유지를 보장한다는 생각은 과학에 헌신하는 사람들에 의해 거부된다. 진정한 과학은 현재 세계를 움직이는 힘을 조사하기 위해 노력한다. 그리고 이론은 현상 배후의 힘에 관한 것이며, 가장 좋은 이론이라면 어떤 장소와 시간에서도 작동한다. 이와 같이 과학은 세상을 현재 그대로 묘사하는 것이 아니라 과거, 현재, 그리고 미래에 경험적 세계를 만드는 데 작동하는 힘을 찾으려고 한다. 이 힘은 과거를 새로운 현재로 바꾸고 결국 새로운 미래를 가져올 수 있듯이, 현재를 변화시킨다. 이론이 현상유지를 정당화한다고 볼 이유는 없다. 사실 이론은 사회적 배열을 변화시키는 역동적인 힘에 관한 것이다. 그리고 인간이 사회세계를 이끄는 바로 그 본성을 변화시킬 수 있다는 비판론자의 주장은 과학자로부터 부정되었다. 물론 인간은 존재하는 사회세계를 바꿀 수 있다. 하지만 이것은 사회세계의 조직을 형성하는 일반적이고 기본적인 힘을 변화시키는 것과는 매우 다르다. 따라서 이론은 사회세계를 이끄는 배후의 힘에 의해 제약을 받는다. 실제로 이론이 성공하려면 사회세계를 움직이는 힘의 내용을 변화시키는 방향으로 나아가야 한다. 사실, 특정한 사회적 배열을 바꾸려는 사람들의 일치된 노력이 지속적으로 실패할 때, 이 실패는 종종 강력한 사회세력과 싸우고 있다는 것을 보여주는 지표가 된다. 예를 들어 인간은 사물을 생산하는 방식을 바꿀 수 있지만 종의 생존에 필요한 기본적 힘으로서의 생산을 제거할 수는 없다. 사람은 정치체제를 바꿀 수는 있지만 사회관계에서 권력의 작동을 제거할 수는 없다.

사회학이 자연과학이 될 수 있는지 여부에 대한 논쟁은 의심의 여지가 없이 사람들을 격노시킬 것이다.[6] 사회학 이론가들이 과학의 의미를 다양하게 이해하고 있다는 점을 인식해야 한다. 그러나 이어지는 페이지에서는 사회학의 과학화에 기여한 이론들을 중점적으로 살펴보고자 한다. 물론 이런 방향을 거부하는 이론도 검토되지만, 이러한 이론이 과학적 사회학에서 어떻게 벗어나는지 항상 검토될 것이다.

3. 이론의 요소들

이론은 사건이 어떻게 그리고 왜 발생하는지 설명하는 아이디어를 개발하는 과정을 중심으로 이뤄지는 정신적 활동이다. 이론은 ① 개념, ② 변수, ③ 진술, 그리고 ④ 포맷 등 몇 가지 기본요소 또는 구성요소로 이뤄진다. 이론이 무엇이고, 무엇이 어야 하는지에 대해 다른 주장도 많지만, 이 4가지 요소는 모두 공통적이다. 이 각각의 요소들을 좀 더 자세히 살펴보자.

1) 개념: 이론을 구성하는 기본 블록

이론은 개념(*concept*)으로 만들어진다. 개념은 일반적으로 현상을 지칭한다. 개념은 현재 중요하다고 간주되는 세계의 특징들을 분리시킨다. 예를 들어 원자, 양자, 중성자 등의 개념은 특정한 분석적 목적을 위해 현상을 가리키고 분리시키는 개념이다. 익숙한 사회학적 개념에는 생산, 권력, 상호작용, 규범, 역할, 지위, 그리고 사회화가 포함된다. 각각의 용어는 특정한 목적을 위해 필수적인 것으로 여겨지는 사회세계의 측면들을 포착하는 개념이다.

개념은 정의로 구축된다.[7] **정의**(*definition*)란 언어의 문장, 논리의 상징, 수학의 기호와 같은 용어의 체계이다. 용어는 개념이 지칭하는 현상이 무엇인지 연구자에게 알려준다. 예를 들어 **갈등**이라는 개념은 정의가 되어야만 의미를 가진다. 갈등에 관한 한 가지 정의는 다음과 같다. **갈등은 하나의 단위**(*unit*)**가 자신의 목표를 달성하려는 다른 단위를 막으려고 하는 사회단위 간의 상호작용이다.** 이런 정의는 그 개념이 지시하려는 현상을 시각화한다. 정의는 연구자들이 동일한 것을 보도록 하고, 연구되고 있는 것이 무엇인지 알 수 있도록 한다.

이론을 구성하는 데 유용한 개념은 특별한 특징을 가진다. 개념은 사용하는 모든 사람들에게 통일된 의미를 전달하기 위해 노력한다. 그러나 개념은 일상언어의 단어로 종종 표현되기 때문에, 다양한 과학자 집단에게 다양한 의미를 내포하는, 그래서 다른 현상을 가리키는 단어를 피하는 것은 어렵다. 이런 이유로 과학에서 많은 개념이 수학의 기호와 같은 기술적이거나 더 중립적인 언어로 표현된다. 사회학에서, 그런 특별한 언어로 개념을 표현하는 것은 때때로 불가능할 뿐만 아니라 바람직하지도 않다. 따라서 개념을 개발하기 위해 사용되는 언어기호는 가능한 한 정확하게 정의되어야만 모든 연구자들에게 동일한 현상을 의미할 수 있게 된다. 비록 전통적 언어로 완벽한 합의를 이루지 못할지라도, 이론은 학자들이 개념을 명확히 정의하기 위해 최선을 다할 것이라는 것을 전제로 한다.

이론구성에 유용한 개념은 **추상적** 특성을 가진다.[8] 어떤 개념은 특정한 시간과 장소에서 구체적 현상과 관련이 있다. 보다 추상적인 개념은 구체적 시간이나 장소와 관련이 없는 현상을 지칭한다. 예를 들어, 소집단 연구에서 **구체적 개념**은 특정한 개인의 지속적 상호작용을 언급하는 반면, **추상적 개념**은 특정한 시간과 장소에서 상호작용하는 구체적 개인들과는 관계없는 대면적 집단의 일반적 속성을 언급한다. 추상적 개념이 특정 맥락과 연관되지 않는 반면에, 구체적 개념은 연관이 된다. 이론구성에서 추상적 개념은 매우 중요하다. 하지만 이론가들이 이 문제에 대해 상당히 다른 생각을 가지고 있다는 점을 곧 알게 될 것이다.

추상성은 문제를 야기한다. 우리가 이해하고 설명하려는 진행 중인 일상세계에 추상적 개념을 어떻게 연결할 것인가? 이론을 구성하는 일부 개념은 특정한 시간과 장소를 초월하는 것이 필수적이다. 하지만 이런 추상적 개념을 관찰 가능한 상황과 사건에 연관시키는 절차가 있어야 하는 것도 똑같이 중요하다. 결국, 추상적 개념의 유용성은 연구자가 직면하는 특정 경험적 문제를 개념에 반영할 때에만 입증될 수 있다. 그렇지 않으면, 개념

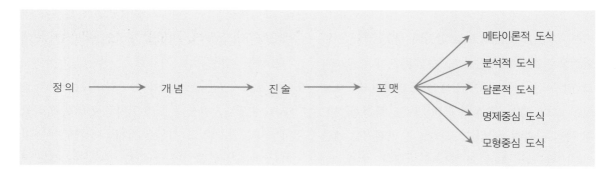

은 연구자가 이해하는 데 도움을 줄 수 있는 바로 그 과정으로부터 분리된다. 어떻게 개념을 경험적 과정, 즉 현실세계의 작동과 연결시키는가는 사회학에서 큰 논쟁거리다. 일부에서는 경험적 사건과 개념을 연결시키는 매우 공식적 절차를 주장한다. 이런 주장을 하는 사람들에 따르면 추상적 개념은 **조작적 정의**(*operational definition*)로 알려진 일련의 진술을 동반해야 한다. 조작적 정의는 현실세계에서 추상적 개념이 지칭하는 현상을 연구자가 어떻게 판별할 수 있는지 알려주는 절차적 지침이다.

그러나 다른 학자의 주장에 따르면 사회학에서 개념의 본질은 그런 형식주의를 배제한다. 기껏해야, 개념은 사회적 현실의 변화와 함께 변화해야 하는 민감한 도구일 뿐이다. 그리고 우리는 사건의 실제 흐름에 대해 단지 직관적이고, 임시적으로 추상적 개념을 적용할 수 있다. 게다가 개념을 현실에 적용하기 위한 공식적 과정을 개발하기 위해 자연과학을 모방하는 것은 사회현실이 변화할 수 있다는 사실을 무시하는 것이다. 즉, 조작적 정의는 세계의 불변 속성을 나타내는 것이 아니다. [9] 따라서 추상적 개념이 사회세계의 지속적이고 불멸하는 속성을 의미한다고 생각하고, 그 개념 자체가 결코 바뀔 필요가 없다고 추정하는 것은 아주 순진한 것이다. [10]

그래서 많은 논란이 일었고 논쟁은 격렬하다. 사회학 이론의 실체에 관해서는 다음 장에서 다룬다. 이 쟁점은 반복해 나타나기 때문에 여기서 상세히 설명할 필요는 없다. 대략적 논쟁 구도를 그리는 것만으로 충분하다.

2) 중요한 개념 유형으로서의 변수

이론을 구성할 때는 두 가지 유형의 일반적 개념을 구별할 수 있다. 그것은 ① 단지 현상을 표시하는 개념들, ② 정도가 상이한 여러 현상들을 나타내는 개념들이다. [11] 현상을 단순히 표시하는 개념은 **개, 고양이, 집단, 사회계급, 별**과 같은 일반적으로 채택되는 추상화가 포함된다. 어떤 개념도 그 개념이 지칭하는 현상이 속성에 따라서 차이가 난다는 점을 표현할 수 없다. 현상이 크기, 무게, 밀도, 속도, 응집력, 또는 현상의 차이를 연구자에게 알려주기 위해서는 사용되는 수많은 기준에 따라 차이가 있을 수 있다.

사회학이 다른 과학과 같을 수 있다고 생각하는

사람은 변수, 즉 다양한 상태로 변환되는 개념을 선호한다. 그런 사람은 개념이 나타내는 사건의 크기, 정도, 강도, 양 등의 다양한 속성을 알고 싶어 한다. 예를 들어, 사람의 집합이 하나의 집단이라고 언급하는 것만으로 어떤 종류의 집단인지, 또는 크기, 역할의 차이 정도, 응집력의 수준과 같은 기준으로 다른 집단과 비교할 수 없다. 그래서 과학이론의 일부 개념은 세계의 **가변적** 특징을 나타내야 한다. 사건을 이해하기 위해서는 하나의 현상 변화가 다른 현상 변화와 어떻게 **관련되는지** 살펴볼 필요가 있다. 사회학을 자연과학으로 만들려고 하지 않는 사람들은 개념을 변수로 바꾸려고 노력하지 않는다. 그들은 개념이 연구자들로 하여금 중요한 과정들에 민감하게 반응하게 하고, 주의하게 하는지 여부에 대해 보다 관심을 갖는다. 반면 그들은 각 개념을 어떤 측정 가능한 방식으로 변화시키는 측정지표로 변환하는 것에 관심이 적다. 물론, 그들은 아이디어를 변수로 바꾸는 것에 반대하지는 않지만, 각각의 모든 개념을 하나의 측정지표로 바꾸려는 노력에 대해 조심스럽다.

3) 이론적 진술과 포맷

이론을 구성하는 개념이 유용하려면, 개념들이 서로 연결돼야 한다. 이런 개념들 간의 연결이 **이론적 진술**(theoretical statement)을 구성한다. 이론적 진술은 개념으로 표시된 사건이 상호연관돼 있는 방법을 분명히 밝힌다. 동시에 사건이 어떻게, 그리고 왜 연결돼야 하는지에 대한 해석을 제공한다. 이론적 진술들이 함께 묶여, 하나의 **이론적 포맷**(theoretical format)을 구성한다. 이론적 진술을 포

맷으로 구성하는 데는 여러 가지 방법이 있다. 사회학 이론에서 이론적 진술을 어떻게 포맷할 것인가에 관해서는 상대적으로 의견일치가 이뤄지지 않았다. 사실 사회학의 수많은 논쟁은 이론적 진술을 가장 잘 개발하는 방식은 무엇인지, 그리고 이론적 진술을 하나의 형태로 묶을 수 있는 방식은 무엇인지에 대한 차이 때문에 생겨난다. 사회학이 어떤 종류의 과학인가에 대한 자신의 견해에 따라 이론적 진술의 구조와 진술 포맷은 크게 달라진다. 이 문제에 대한 다양한 의견을 검토해 보자.

이론적 진술과 포맷을 만드는 사회학 이론에는 5가지 기본적 접근방식이 있다. 그것은 ① 메타이론적 도식, ② 분석적 도식, ③ 담론적 도식, ④ 명제중심 도식, 그리고 ⑤ 모형중심 도식 등이다. 〈그림 1-2〉는 이러한 도식과 이론의 기본요소를 요약한다.

개념은 정의(definition)로 구성되고, 이론적 진술은 여러 개념들을 서로 연결한다. 진술은 5가지 기본적 포맷형태로 구성된다. 그러나 이 5가지 포맷을 다양한 방법으로 실행할 수 있다. 그래서 실제로 이론적 진술과 포맷을 개발하기 위한 5가지 이상의 도식이 있다. 게다가 이런 다양한 도식들이 항상 상호배타적인 것은 아니다. 이론구성을 위해 하나의 도식을 실행하면 우리는 다음 단계에서 종종 다른 도식으로 나아가곤 한다. 이 점은 매우 중요하다. 이런 다양한 접근법은 종종 서로 간에는 적대적인 것으로 여겨지며, 각 도식의 지지자들은 적대감을 유지하기 위해 많은 글을 쓴다. 게다가 특정한 포맷 내에서조차, 이론을 발전시키는 가장 좋은 방법에 대한 끊임없는 싸움이 전개된다. 이런 비방은 큰 비극이다. 왜냐하면 성숙한 과

학에서는 이런 접근법이 양립할 수 있는 것으로 여겨지기 때문이다. 안타깝게도 사회학은 성숙한 과학이 못된다. 이 점을 더 설명하기 전에 각각의 접근법에 대해 좀더 자세히 살펴보자.

(1) 메타이론적 도식

메타이론적 활동은 다른 이론보다 더 포괄적이다. 메타이론적 도식은 특정한 종류의 사건을 설명하는 이론 그 자체가 아니라, 이론이 다뤄야 하는 기본적 쟁점을 탐구한다. 사회학계에서 메타이론은 적절한 이론 구축에 필수적인 전제조건으로 여겨진다.[12] 그러나 **메타**(*meta*)의 사전적 정의는 이전 활동에 대하여 '이후의 발생'과 '연속'을 강조하는 것이다.[13] 대부분 다른 과학에서 메타이론은 형식적 이론 진술(*formal theoretical statement*)이 개발된 **이후**에 등장했다. 과학이 수많은 이론적 진술과 포맷을 성공적으로 사용한 이후에 학자들이 다음과 같은 질문을 던지는 것은 전형적인 모습이다. 이 진술에 포함된 세계에 대한 근본적인 가설은 무엇일까? 이론적 진술과 진술의 포맷을 갖추는 데 어떤 도식이 요구되거나 배제되는가? 이론적 진술과 포맷으로 어떤 종류의 지식이 생성되고, 반대로 무시되는 것은 무엇인가? 그러나 사회학 이론에서 메타이론 지지자는 이런 보다 근본적이고 인식론적이며 형이상학적인 질문들을 해결해야만 이론을 개발할 수 있다고 강조한다.

메타이론을 강조하는 사람에게는 몇 가지 예비적 문제들이 해결돼야 한다. ① 우리가 이론으로 발전시켜야 하는 인간활동의 기본 특성은 무엇인가? 예를 들어, 인간의 기본적 본성은 무엇인가? 사회의 근본적 본성은 무엇인가? 사람을 서로 간, 그리고 사회와 연결시키는 유대감의 근본적 특성은 무엇인가? ② 이론을 발전시키는 적절한 방법은 무엇이며, 어떤 종류의 이론이 가능한가? 예를 들어, 우리는 물리학의 경우처럼 추상적 법칙이라는 고도로 형식적 체계를 구성할 수 있는가? 아니면 중요한 과정을 알아채고 이해할 수 있는 일반적 개념에 만족해야 하는가? 정확한 측정 절차로 이론을 엄격히 검증해야 하는가? 아니면 자연과학과 같은 절차로는 검증할 수 없는 해석적 틀로 이론을 사용해야 하는가? ③ 사회이론이 집중해야 할 중요한 문제는 무엇인가? 예를 들어, 우리는 사회통합의 과정을 연구해야 하는가, 아니면 사회적 갈등에 집중해야 하는가? 우리는 개인들 사이의 사회적 행동의 본질에 초점을 맞춰야 하는가, 아니면 사회조직의 구조에 초점을 맞춰야 하는가? 우리는 가치나 신념과 같은 사고의 힘을 강조해야 하는가, 아니면 사람의 존재에 영향을 미치는 물질적 조건에 초점을 맞춰야 하는가?

사회학적 이론으로 규정되는 것 가운데 많은 부분은 이 같은 질문에 대답하려고 노력한다. 관념론 대 물질주의, 귀납주의 대 연역주의, 인과 대 추론, 주관주의 대 객관주의 등 오래된 철학적인 논쟁이 사회현실과 관련해 다시 소환되고 분석된다. 메타이론화는 때때로 **메타**의 의미에 충실했고, 이런 철학적 쟁점에 비춰 이전 학자들의 사상을 재분석하였다. 이렇게 재분석을 시도하는 이유는 학자들의 연구에 대한 형이상학적·인식론적 가정을 요약하고, 학자들의 전략이 어디에서 잘못되었는지, 그리고 여전히 유용한 것이 어느 부분인지 보여주기 위해서다. 이 평가와 관련해 이론을 어떻게 구성하고, 이론이란 무엇인지를 재분석하기 위한 몇 가지 권고사항이 있다.

메타이론화 작업은 종종 무게 있는 철학적 문제에 휘말리고 이론구성을 불가능하게 만든다. 오래 지속되는 철학적 질문은 해결될 수 없기 때문에 지속된다. 그러한 이유는 이 질문들이 무엇보다 철학적이기 때문이다. 이 질문에 대해 우리는 하나의 입장을 취해야 하고 어떤 종류의 통찰력을 얻을 수 있는지 파악해야 한다. 메타이론은 이론적 활동을 자극한다. 왜냐하면 메타이론은 본질적으로 해결할 수 없고, 항상 논란이 되는 논쟁으로 이론가를 이끌기 때문이다. 사실 많은 사회학적 이론은 메타이론적 활동이다. 이 점에 대해서 많은 사회학자들은 부정하지만 우리의 논의를 위해서는 중요한 결론이기도 하다.

모든 메타이론화 작업이 해결할 수 없는 질문에 휘말리는 것은 아니다. 나를 포함한 몇몇 메타이론가들은 하나의 포맷으로 진술되는 이론들을 연구하고, 그 포맷을 다른 포맷으로 전환시키려고 노력한다. 예를 들어, 단어와 글로써 추론적으로 기술된 이론은 핵심이론적 아이디어가 강조되도록 보다 형식적 명제(formal proposition)로 전환될 수 있다. 또는 인과관계를 강조하기 위해 변수나 힘을 시각적으로 배열해 이론을 하나의 분석모형으로 전환시킬 수 있다. 조지 리처(George Ritzer)가 강조했듯이, 여러 종류의 메타이론이 있으며, 그 가운데 하나의 메타이론은 좀더 형식적이고 정확하게 만들기 위한 기존 이론에 대한 분석이다.[14]

(2) 분석적 도식

사회학의 많은 이론적 활동은 하나의 분류체계를 구성하는 개념들을 조직한다. 이 개념의 분류체계는 사회세계에서 주요한 특성, 그리고 이런 속성들 사이의 상호관계를 나타낸다. 수많은 다양한 분석도식들이 있지만, 그 도식들은 사회세계의 기본속성을 분류하는 것에 중점을 둔다는 점에서 공통점이 있다. 각 도식에서 개념은 사회세계를 잘게 분리한다. 그 개념의 순서는 다시 사회세계의 질서를 설명한다. 어떤 경험적 사건을 설명할 수 있는 장소가 개념의 분류체계에서 발견될 경우, 그 경험적 사건은 설명된다.

분석적 도식 분류에는 광범위한 변이(variation)가 있다. 그럼에도 불구하고 두 가지의 기본유형이 있다. ① 자연주의적 도식(naturalistic scheme)은 엄격하게 짜인 범주체계를 개발한다. 이 도식에서는 변화하지 않는 세상의 속성을 포착하려고 한다.[15] ② 감지적 도식(sensitizing scheme)은 연구자나 이론가가 중요한 과정들을 알아채고 이해할 수 있도록 보다 느슨하게 모아 놓은 개념 덩어리다. 〈그림 1-3〉은 두 가지 유형의 분석방법을 요약한다.

자연주의적·실증주의적 도식은 물리학적·생물학적 영역과 같이 사회세계에서 시대를 초월하고 보편적인 과정이 있다고 가정한다. 목표는 시대를 초월하는 추상적 개념의 유형학을 만드는 것이다. 이와는 대조적으로, 감지적 도식은 사회문제의 시대를 초월하는 성격에 대해 보다 회의적이다. 이 같은 회의론의 결과로, 개념들과 그 연계는 항상 잠정적이고 민감해야 한다. 왜냐하면 인간활동의 본질은 개념의 조직(the organization of concepts)이 나타내는, 바로 그 배열들을 이론적 진술로 바꾸는 것이기 때문이다.[16] 따라서 매우 일반적인 개념의 범주를 제외하고, 이 도식은 경험적 세계의 상황 변화에 따라 유연하고, 수정될 수 있어야 한

〈그림 1-3〉 분석적 도식 유형

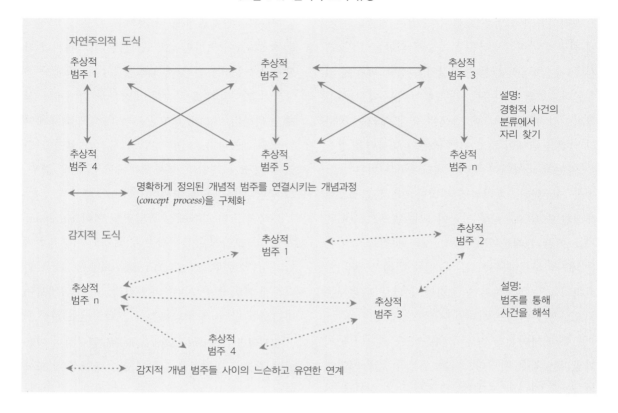

다. 따라서 이 도식에서는 사건을 잠정적이고 감지적 개념의 예나 사례로 보기 때문에, 설명은 기껏해야 사건에 대한 해설일 뿐이다.

　분석적 도식은 다른 형태의 이론을 개발하기 위해 필요한 전제조건이라고 종종 주장된다. 세계의 속성들을 조직하는 도식이 없는 경우 특정한 사건에 관한 전제와 모형을 개발하는 것은 어렵다. 일반적인 분석적 틀이 없는 경우에 이론가나 연구자가 무엇을 조사해야 하는지 어떻게 알 수 있을까? 이 입장에 장점은 있지만, 너무 복잡하고 정교해지면 다른 이론적 포맷으로 쉽게 바꿀 수 없다. 분석적 도식이 지나치게 엄격하고 정교하면 도식 그 자체가 부과하는 매개변수 이외에는 이론화 작업을 자

극할 수 없다. 이 경우가 아니라면 분석적 도식은 이론화 작업을 시작하는 유용한 방법일 수 있다.[17]

(3) 담론적 도식

많은 이론은 고도로 형식화되지 않거나, 명제나 다른 구조화된 포맷으로 정돈되지 않은 단어들로 (*in words*) 간단히 표현된다. 담론적 도식은 단순히 일상언어로 핵심변수와 힘을 요약적으로 제기하며, 서로 영향을 미치는 방식을 추론적으로 암시한다. 사실, 다수 사회학적 이론은 이런 방식으로 언급된다. 왜냐하면 대다수의 사회학자들은 종종 형식화(*formalization*)가 지나치게 인위적이고 불필요하다고 생각하기 때문이다. 물론, 이론가

가 핵심적 주장을 추출하고, 이 주장을 어떤 방식으로 형식화하려고 할 때, 이 이론들은 메타이론에 종종 지배된다. 다음 장에서 이와 관련한 다양한 이론을 살펴본다.

담론적 도식의 가장 큰 장점은 더 형식적인(*formal*) 도식보다 일반적으로 이해하기 쉽다는 것이다. 그러나 가장 큰 약점은 강조되는 변수와 힘들, 그리고 그들 사이의 역동적 관계가 모호하고 부정확하다는 것이다. 앞서 언급한 메타이론과 분석적 도식의 경우에도 종종 그러한 약점이 있으며, 이 이론들은 인과관계 또는 이론화되는 힘들(*forces*) 사이의 기본적 관계를 파악하는 데 있어 담론적 도식보다 더 어려울 수 있다. 예를 들어 매우 세부적으로 사례를 들어 이론을 설명하는 경우에는 작동되는 일반적인 힘이 무엇인지 파악하기 어렵다. 또는 힘이 가진 가치와 값의 변이를 강조하지 않는 유형학(*typology*)으로 힘을 규정할 수도 있다. 이 경우는 유형학적으로 규정된 힘들 사이의 변이가 어떻게 다른 힘의 변이를 일으키는지 이해하기 어렵다. 메타이론가들은 자신의 이론이 강력할 경우에는 힘들 사이 변이의 범위에 관해 합리적 추론을 종종 할 수 있으며, 분석모형 또는 명제중심 도식으로 힘들을 연결할 수 있다. 그러나 변수가 명확히 정의되지 않고 난잡한 텍스트에서 느슨하게 사용될 때, 메타이론은 변수를 분리할 수 없으며 사회세계를 이끄는 다른 힘과 이 변수들을 연결할 수 없다. 예를 들어, 사회학을 창립한 이론가들, 즉 오귀스트 콩트, 허버트 스펜서, 칼 마르크스, 막스 베버, 게오르크 짐멜, 에밀 뒤르켐, 조지 허버트 미드 등의 경우 그들 자신들은 메타이론화 작업에 동의하지 않더라도, 이들의 주장을 명제와 법칙으로 전환하는 것은 상대적으로 쉽다. 스펜서, 짐멜, 뒤르켐의 경우는 특별히 쉽다. 이들은 명제와 유사한 포맷으로 자신들의 담론적 주장을 제시하기 때문이다. 반면 베버와 같은 학자는 그렇지 않다. 그럼에도 불구하고, 베버의 주장은 역사적 분석과 유형학(그의 '이상형')에 내재돼 있기 때문에, 그의 주장을 인과적 모형과 명제로 전환하는 것은 쉽다. '훌륭한 이론가'는 핵심적 변수와 힘들을 분리하고, 담론적 글을 통해 변수와 힘들을 다른 힘들과 연결하는 데 관심을 갖는다. 언어에는 어느 정도 모호함이 있지만, 기본적인 이론적 주장을 분별하고, 그 주장을 분석모형이나 명제와 같은 보다 형식적 포맷으로 변환하는 것은 가능하다. 이와 관련해서는 아래에서 요약해 설명한다.

(4) 명제중심 도식

명제는 두 가지 이상 변수 간의 관계를 연결시키는 이론적 진술이다. 명제는 하나의 개념 내 변이가 다른 개념의 변이를 어떻게 설명할 수 있는지 알려준다. 예를 들어 "집단의 결속은 다른 집단과의 외부적 갈등과 양의 함수(*positive function*)이다"라는 진술이 있다고 하자. 이 진술은 집단갈등이 증가하면 이 갈등에 관여한 각 집단성원들 사이의 내부적 결속력을 높인다는 점을 말해 준다. 그래서 변수가 되는 개념이 지시하는 사회세계의 두 가지 속성은, 즉 '집단결속'과 '갈등'은 하나의 가치가 증가하면 다른 가치도 증가한다는 명제로 연결된다.

명제중심 도식은 아마도 모든 이론적 접근방식 중 가장 이론적이다. 이 전략은 두 가지 차원, 즉 ① 추상수준, 그리고 ② 명제를 포맷으로 조직하는 방식에 따라서 각양각색이다. 어떤 것은 매우 추상적이며 어떤 특정한 사례가 아니라 모든 사례를 지칭하는 개념을 포함한다(예를 들어 갈등과 결속의 특정한 경험적 사례를 언급하지 않기 때문에, 집단결속과 갈등은 추상적이다). 반면에 다른 명제중심 도식에서는 경험적 사실과 결합하고 있으며, 특별한 사례에서 등장하는 사건들 간의 관계를 단순히 요약한다(예컨대 제2차 세계대전이 진행되면서 미국의 국가주의는 증대되었다). 명제중심 도식은 추상수준뿐만 아니라 명제를 하나의 형식으로 묶는 방식에 따라서도 각양각색이다. 어떤 것들은 아주 분명한 규칙으로 짜여 있고 다른 것들은 단지 느슨한 묶음이나 뭉치일 뿐이다.

이상의 두 가지 차원을 이용하면 몇 가지 포맷의 명제중심 도식을 구분할 수 있다. 그것은 ⓐ 공리적 포맷(axiomatic format), ⓑ 형식적 포맷(formal format), ⓒ 다양한 경험적 포맷(various empirical format) 등이다. 앞의 두 가지 포맷(공리적 포맷, 형식적 포맷)은 명확히 이론적이다. 반면 다양한 경험적 포맷은 보다 추상적으로 서술된 이론을 검증하는 데 유용한 단순 연구결과다. 실천적 사회학자들은 이런 보다 경험적인 유형의 명제중심 도식을 종종 이론으로 본다. 그래서 이곳에서 이 도식들을 다룬다.

―――――

ⓐ 이론적 진술을 공리적 포맷으로 제시하려면 다음의 요소가 필요하다. 첫째, 일련의 개념들을 포함한다. 몇몇 개념은 매우 추상적이고, 몇몇 개념은 구체적이다. 둘째, 개념들, 그리고 이 개념들을 포함하는 명제들이 적용되는 유형과 상황을 설명하는 일련의 존재진술(existence statement)이 있다. 이러한 존재진술은 이론의 이른바 **범위조건**(scope condition)을 구성한다. 셋째, 공리적 포맷에서 가장 독특한 것으로 명제중심 진술을 계층적 순서로 기술한다. 계층구조의 맨 위에는 **공리**(axiom)가 있다. 공리는 **모든** 이론적 진술을 논리적으로 추출할 수 있는 매우 추상적 진술이다. 공리에서 나온 진술은 보통 **정리**(theorem)라고 부른다. 정리는 보다 추상적인 공리로부터 다양한 규칙에 따라 논리적으로 도출된다. 어떤 공리를 선택할 것인가의 문제는 실제로는 다소 임의적인 문제지만, 보통 몇 가지 기준을 염두에 두고 선택된다. 여러 가지 공리들이 논리적으로 상호연관될 필요는 없지만 서로 일관되어야 한다. 그 공리는 매우 추상적이어야 한다. 즉, 공리는 추상적 개념들 사이의 관계를 진술해야 한다. 이러한 관계는 법칙과 유사하다. 보다 구체적인 정리가 경험적 연구로 부정되지 않았다는 점에서 그러하다. 그리고 공리는 직관적 타당성을 갖고 있어서, 공리의 진설성은 자명해 보여야 한다.

―――――

공리적 원리(axiomatic principle)에 엄격하게 순응한 최종 결과는 상호연관된 명제들의 목록 또는 집합이다. 이 명제들은 최소한 하나의 공리, 그리고 보통은 더욱 추상적인 정리로부터 도출된 것이다. 이런 형식의 이론구성에는 몇 가지 이점이 있다. 첫째, 광범위한 관련 현상을 포괄하는 고도로 추상화된 개념을 채택할 수 있다. 이러한 추상적 개념은 직접 측정 가능하지 않아도 된다. 이 개념들은 보다 구체적이고 측정 가능한 명제와 논리적으로 연결되기 때문이다. 측정 가능한 명제를 경험적으로 검증하면, 이 명제는 보다 추상적인 명제와 공리를 간접적으로 검증하게 만든다. 명제와 공리의 논리적 상호관계를 통하여 탐구하는 연구는 보다 효과적일 수 있다. 특정한 명제를 반박하지 못할 경우 다른 명제와 공리에 신빙성을 부여하기 때문이다. 둘째, 추상적 공리로부터 명제를 도출하기 위하여 논리적 체계를 이용하는데, 이로 인해 이전에는 알려지지 않았거나 예상치 못한 사회현상 사이의 관계를 설명하는 추가적 명제가 산출될 수도 있다.

그러나 사회학에서 공리이론(axiomatic theory)을 사용하는 데는 몇 가지 치명적 한계가 있다. 추론규칙(여기서 상세히 언급할 것은 아니다)을 엄격히 준수하는 것으로는 사회학에서 가장 흥미로운 개념들과 명제들을 합리적으로 채택할 수 없다. 개념들을 충분히 정확하게 명시하지 않으며, 개념들 사이의 관계를 명료하게 설명할 수 있는 명제로 개념들을 통합하지 않기 때문이다. 공리이론은 모든 잠재적 외부변수를 또한 통제해야 한다. 공리로부터 경험적 현실을 추론하는 논리적 시스템이 외부요인에 의해 오염되어서는 안 된다. 사회학자들은 그러한 통제를 만들 수 있지만, 많은 상황에서 이러한 엄격한 통제는 불가능하다.[18] 따라서 공리이론은 다음의 경우에만 이용될 수 있다. 그 경우는 개념에 대한 정확한 정의를 할 때, 일관되게 관계를 나타내는 정확한 계산법을 사용하여 개념들을 명제로 조직할 때, 그리고 외부변수로 인한 오염을 제거할 때이다.

이러한 한계점은 명제중심의 이론구성에서 종종 무시되며, 공리이론의 언어(공리, 정리, 추론 등)가 채택된다. 그러나 이런 노력은 기껏해야 유사 공리전략이다.[19] 사실 이런 도식을 **형식적 명제중심 도식**(formal propositional scheme)으로 부르는 것이 최선이다.[20] 두 번째 유형의 명제중심 도식은 앞에서 설명했다.

ⓑ **형식**이론(formal theories)은 본질적으로 공리중심 전략을 약화시키거나 느슨하게 만든 버전이다. 이 아이디어는 몇 가지 경험적 사건을 설명하는 데 사용되는 고도로 추상적인 명제들을 개발하는 것이다. 몇 가지 고도로 추상적인 명제들은 높은 수준의 법칙으로 간주되고, 설명의 목적은 이 **법칙의 사례**로서 경험적 사건을 시각화하는 것이다. 이 법칙으로부터 추론(deduction)이 이뤄지지만, 이 추론은 상당히 느슨하며, 공리중심 이론을 엄격하게 따르는 경우는 드물다. 더욱이, 외생변수는 항상 배제될 수 없다는 인식이 있으므로, 명제에는 보통 "다른 것은 동일하다"라는 조건이 있다. 즉, 다른 힘이 영향을 미치지 않는다면, 명제에서 개념들 사이의 관계는 진실을 유지해야 한다. 예를 들어, 갈등과 결속 사이의 관계에 대한 앞의 예는 형식적 시스템에서 하나의 추상적 명제일 수 있다. 따라서 형식적 도식에 따르면 "다른 것이 동일하다면 집단의 결속은 갈등과 양의 함수이다." 그 다음 우리는 몇 가지 경험적 사건, 예를 들어 제2차 세계대전(갈등변수)과 미국의 국가주의(결속변수)를 설명하기 위해 이 법칙을 사용할 수 있다. 그리고 베트남 전쟁에 대한 미국의 개입이나 좀더 최근의 이라크와 아프가니스탄 전쟁과 같은 우리의 규칙이나 법칙에 대한 예외를 발견할 수 있다. 이런 예외는 원칙과는 모순되며, 그 원칙을 수정하거나 "모든 것이 동일하지 않다"는 인식을 강요한다. 이 경우 우리는 진실을 유지할 수 있는 조건을 언급하는 것으로 원칙을 수정할 수 있다. 갈등 당사자들이 갈등을 그들의 복지에 대한 위협으로 인식할 때, 집단의 결속력 수준은 갈등 정도에 긍정적으로 기능한다. 결국, 베트남 전쟁이나 이라크·아프가니스탄 전쟁은 미국에서 내부적 결속력을 만들지 않았다. 왜냐하면, 결국 그 전

쟁들은 미국의 일반적 복지에 대한 위협으로 규정되지 않았기 때문이다(반면 북베트남 사람들이나 탈레반의 경우, 미군이 가하는 위협은 적이라는 결속력을 만들어냈고, 이로 인해 이 전쟁들은 비용이 많이 소요됐을 뿐만 아니라 이기기도 어렵게 되었다).

———

형식이론에서는 추상적 원리들(*abstract principles*)을 창조하기 위해 노력한다는 것이 중요한 아이디어다. 이러한 원리들은 종종 뭉쳐져서 일련의 법칙을 구성하며, 우리는 이 법칙으로부터 경험적 사건을 설명하기 위해 다소 느슨한 추론을 한다. 공리중심 시스템과 마찬가지로 형식 시스템은 계층적이지만, 공리중심 이론의 제약은 상당히 완화된다. 그러므로 사회학 이론에서 대부분의 공리중심 도식은 형식적 포맷이다.

———

ⓒ 그러나 사회학에서 이론으로 정의되는 많은 것이 경험적이다. 이러한 경험적 포맷(*empirical format*)은 특별한 경험적 맥락에서 특정한 사건으로부터 일반화한 것이다. 예를 들어, 골든의 법칙(Golden's Law)에 따르면 "산업화가 진행되면서, 사람들의 문자해독능력이 증가한다." 이러한 명제는 매우 추상적이지 않으며, (산업화와 문자해독능력과 같은) 경험적 내용으로 채워진다. 경험적 내용은 인간사회조직의 모든 시대와 장소에 존재하지는 않는다. 그러므로 산업화는 불과 몇백 년밖에 되지 않았고 읽고 쓰는 능력은 기껏해야 6,000년 전에 나타났기 때문에, 이 법칙은 시대를 초월한 것이 아니다. 이론적이라고 간주되는 수많은 일반화(*generalization*)가 사회학에 있다. 일반화는 중요한 경험적 규칙성을 설명한다고 학자들

은 본다. 사실 사회학의 대부분의 하위영역과 하위분야들은 이런 종류의 명제들로 채워진다.

———

그러나 엄밀히 말하면 이러한 일반화는 이론적이지 않다. 일반화 작업은 경험적 맥락, 시간, 장소와 매우 밀접하다. 사실, 이러한 일반화를 **설명하기 위한 이론이 필요하다**. 그러나 하위영역에서 연구하는 많은 학자들은 경험적 일반화를 이론으로 본다. 그래서 다시 한 번, 무엇이 이론을 구성하는지에 대해 사회학에는 명확한 합의가 없음이 명백하다.

이론적 작업의 장점에 관해 의혹을 덜 일으키는 다른 종류의 경험적 일반화가 있다. 이런 일반화는 **중범위 이론**(*middle-range theories*)이라고 불린다. 중범위 이론은 조사를 통한 발견보다는 추상적인데, 이 이론의 경험적 내용은 다른 영역의 사회적 현실에서도 발견되는 변수와 관련되기 때문이다.[21] 예를 들어 복합조직(*complex organization*)에 관한 일련의 중범위 명제는 다음과 같다. "ⓐ 구조의 복잡성(차이) 증가, ⓑ 형식적 규칙과 규정에 대한 의존성, ⓒ 권위의 분권화, ⓓ 관료주의 권위의 각 중심에 대한 통제범위 등은 관료주의의 크기와 성장비율과 양의 함수(*positive function*)이다."[22] 이런 원칙들(이 원칙들의 진실 여부는 여기서는 문제가 아니다)은 골든의 법칙보다는 훨씬 추상적이다. 이 원칙들은 조직이라는 현상의 전반을 다루기 때문이다. 중범위 이론은 또한 규모, 분화, 권력의 중앙집중화, 통제의 범위, 규칙 및 규제 등 모든 시간과 장소에 존재하는 보다 일반적인 변수들을 다룬다. 게다가 이러한 변수들은 관료조직뿐 아니라

<그림 1-4> 명제중심 도식의 유형

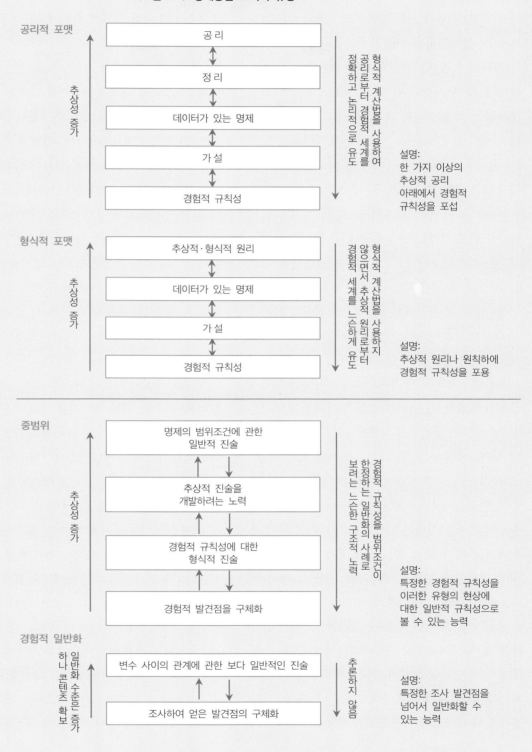

모든 조직화된 사회체계에 적용되도록 더 추상적으로 표현될 수 있다. 예를 들어 보다 추상적인 법칙으로 "ⓐ 체계분화의 수준 증가, ⓑ 규범의 체계화, ⓒ 권력의 분권화, ⓓ 권력의 각 중심에 대한 통제의 범위 등은 시스템의 크기, 그리고 시스템의 성장률과 양의 함수이다"라고 명시할 수 있다. 이러한 명제의 진실 또는 허위를 여기서 주장하려는 것은 아니다. 오히려 이 명제는 경험적 일반화를 어떻게 더 추상적이고, 따라서 이론적으로 만들 수 있는지 보여주는 사례다. 핵심은 몇 가지 경험적 일반화는 다른 것보다 더 많은 이론적 잠재력을 갖고 있다는 것이다. 만약 그 일반화와 관련된 변수가 상대적으로 추상적이고, 그 변수가 다른 실체적 탐구영역에 존재하는 사회세계의 기본적이고 근본적인 속성과 관련된다면, 이런 종류의 일반화를 이론적으로 간주하는 것은 합리적이다.

요컨대, 공리적, 형식적, 그리고 다양한 유형의 경험적 일반화라는 3가지 기본적 명제중심 도식이 있다. 이러한 명제중심 도식은 〈그림 1-4〉에 요약돼 있다. 비록 공리적 포맷이 우아하고 강력하다고 하더라도, 사회학적 변수와 조사는 공리의 제한에 따를 수 없다. 대신, 우리는 변수들 사이의 추상적 관계를 설명하는 명제를 만드는 형식적 포맷에 의존해야 하고, 다음으로 특정한 경험적 사례에 대하여 느슨하게 구조화된 '추론'을 해야 한다. 마지막으로, 특정한 실재 영역으로부터 일반화한 경험적 포맷이 있으며, 경험적 포맷은 종종 해당 영역의 이론으로 간주된다. 이 이론들 중 일부는 조사 결과를 요약한 것에 불과하며 이를 설명하기 위한 이론이 필요하다. 다른 이론들은 더욱 중범위에 해당되며 이론으로서 잠재력이 있다. 왜냐하면 이 이론들은 보다 추상적이고, 일반적인 종류의 변수와 관련되기 때문이다.

(5) 분석모형 중심 도식

때때로, 사회적 사건을 그림으로 그리는 것은 유용하다. 일부 모형은 수학과 같은 중립적 언어로 그려지는데, 수학에서는 방정식이 경험적 과정을 발견하고 나타내는 것으로 가정된다.[23] 실제로 이러한 방정식은 과정들을 그림이나 그래픽으로 표현하는 데 이용되지 않는다면, 이 방정식이 명제(변수들 사이의 관계에 대한 형식적 진술)이다. 모형(*model*)이 무엇인지에 대한 명확한 합의는 없지만, 사회학적 이론에서는 개념들과 그 관계를 시각적 공간에 그림으로 제시하는 활동영역이 있다. 이 개념들과의 관계는 사회적 과정에서 중요한 요소로 간주되는 것이다.

모형은 사회적 사건을 도식화(*diagrammatic*)하여 표현한 것이다. 어떤 모형이든 다음과 같은 도식적 요소를 포함한다. 그것은 ① 세계의 특정한 특징을 나타내고 강조하는 개념, ② 세상에서 나타나는 사건들의 순서를 반영하기 위해 시각적 공간에서 개념의 배열, ③ 선, 화살표, 벡터 등과 같은 개념 간의 연결을 표시하는 기호 등이다. 모형을 구성하는 요소들은 여러 가지 방식으로 중요성을 드러낼 수 있으며, 시간 경과에 따른 사건들을 표현하기 위해 순차적으로 구성될 수 있다. 또한 모형의 요소들은 지연효과, 임계효과, 피드백 루프, 상호작용, 주기, 그리고 세계가 서로 영향을 미치는 잠재적 속성 등과 같은 복잡한 유형의 관계를 나타낼 수 있다.[24]

사회학에서 대부분 도식적 모형은 세계의 속성들 사이의 인과관계를 강조하기 위해 만들어진다. 즉,

도식적 모형은 일련의 변수 값 변화가 다른 변수의 값 변화와 어떻게 관련되는지를 보여주기 위해 설계된다. 모형은 일반적으로 연구자가 강조하려는 인과적 상호관계를 가진 수많은 변수가 있을 때 생성된다.

사회학자들은 일반적으로 '분석모형'(*analytical model*)과 '인과모형'(*causal model*)으로 불리는 두 가지 유형의 모형을 구축한다. 양자의 차이는 다소 자의적이지만, 사회학에서 구성된 여러 종류의 모형을 이해하려면 구별이 필요하다. 이런 구별은 다음 두 가지에 근거한다. 첫째로, 어떤 모형은 모형을 구성하는 개념들이 어떤 특정한 경우에 얽매이

지 않는다는 점에서 다른 모형들보다 더 추상적이다. 반면에 다른 모형들은 특정한 데이터 집합에 존재하는 변수들 사이의 관계를 통계적으로 요약하는 것에 불과한 개념을 보여준다. 둘째로, 보다 추상적인 모형들은 변수 사이의 인과관계를 거의 항상 더 복잡하게 제시한다. 즉, 이 모형에서는 변수들 간의 인과관계를 복잡하게 간단한 통계로 요약하기 어렵게 만드는 피드백 루프, 주기, 상호작용 효과, 그 밖의 다른 연결관계가 있다. 이와 대조적으로, 덜 추상적인 모형은 일반적으로 경험적 변수들 사이의 명확한 인과관계를 묘사한다.[25] 이 모형은 일반적으로 종속변수의 변동에 영향을 미치

〈그림 1-5〉 모형중심 도식의 유형

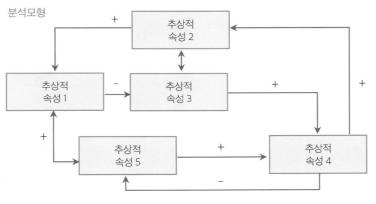

설명:
특정한 유형의 과정이나 현상이 가진 기본적 속성 사이의 중요한 연결관계 (가중치 포함)를 설정하는 능력

⟷ 가중치와 기호를 실선에 부여할 수 있다.

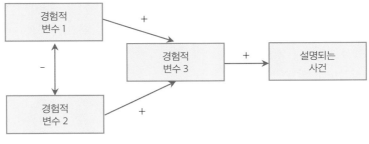

설명:
관심 있는 사건의 변화를 고려하여 측정된 변수 사이의 인과관계 추적

⟷ 실선은 보통 변수 사이의 통계적 관계를 설명한다.

는 독립변수를 설명한다. 더욱이 모형이 더 복잡하다면, 매개변수, 그리고 변수들 사이의 상호작용 효과도 강조한다.

따라서 분석모형은 더 추상적이다. 분석모형은 세계의 일반적 특성을 강조하며, 변수들 사이의 복잡한 연결관계를 묘사한다. 이와 대조적으로, 인과모형은 더 경험적인 기반을 가지며, 특수한 경험적 사례가 가진 특수한 속성을 밝히는 데 전념한다. 그리고 인과모형은 단순히 선형(lineal)의 인관관계를 제시할 가능성이 높다. 이러한 모델링 도식은 〈그림 1-5〉에서 요약되었다.

일반적으로 인과모형은 경험적 일반화를 보다 상세하게 해석하기 위해 만들어진다. 인과모형은 관련된 종속변수에 작용하는 각각의 변수 영향력을 시간순서로 정렬하도록 설계된다. 때때로, 인과모형은 중범위 이론의 요소들을 나타내는 한 가지 방식이며, 이 요소들을 특정한 경험적 맥락의 요소와 연결한다. 예를 들어, 왜 관료제 조직의 크기가 어떤 성장하는 조직이라는 특정한 경험적 사례에서 조직구조의 복잡성과 관련되는지 알고 싶다고 하자. 우리는 크기와 복잡성이라는 보다 추상적 변수를 특정한 경험적 지표로 해석하고, 이 경험적 사례에서 크기와 복잡성 사이의 관계에도 영향을 주는 다른 변수를 아마도 끌어들이려고 할 것이다. 따라서 인과모형은 특정한 맥락에서 크기와 복잡성 사이의 경험적 연관성을 더욱 명확하게 표현하는 방법이 된다. [26]

분석모형은 보통 보다 추상적이고 일반적인 과정 사이의 관계를 명시하기 위하여 채택된다. 종종 분석모형은 공리중심 이론 또는 더 흔하게는 형식이론의 개념들을 연결하는 과정들을 설명하는 데 사용된다. [27] 예를 들어, 우리는 갈등과 결속, 또는 사회체계에서 크기와 분화 사이의 관계를 만들기 위해 작용하는 과정에 대해 더 많은 것을 알려주는 모형을 구축할 수 있다. 추가적 개념들을 도입할 것이며, 가중치, 직접, 간접, 피드백, 그리고 주기적, 지연, 그리고 다른 유형의 인과적 효과를 도식화할 것이다. 이러한 방식으로 분석모형은 세계의 속성이 어떻게 그리고 왜 인과적으로 연결되는지에 대해 더 많은 것을 우리에게 말해 준다. 분석모형은 형식적 명제들 사이의 과정을 설명하는 것 이외에 중범위 이론의 명제에서 나타나는 변수들을 연결하는 과정을 기술하는 데에도 사용될 수 있다. 예를 들어 우리는 어떤 조직에서 운영되는 과정들로 인해 어떻게 조직의 크기와 복잡성이 연결되는지 파악할 수 있다.

물론, 우리는 경험적 일반화, 중범위 이론 또는 형식적·공리중심 이론을 참조하지 않고서도 분석모형이나 인과모형을 그 자체로 구축할 수 있다. 우리는 명제중심 포맷보다 모델링을 선호할 수 있다. 모델링의 이점은 많은 변수들 사이의 복잡한 관계를 간략히 표현할 수 있다는 점이다. 명제중심 포맷이 모형으로서 동일한 것을 설명하려면, 복잡한 방정식을 작성하거나 많은 단어를 사용해야 한다. 따라서 모델링은 그 자체로 많은 이론가들이 다른 이론적 전략보다 선호하는 도구다.

4. 다양한 이론적 접근에 대한 평가

나는 이론이 추상적이어야 한다고 믿는다. 즉, 개념 속의 실체적 내용은 적으면 적을수록, 그 개념은 더 좋다. 이론이 경험적 참조사항으로 가득 찰 경우, 그 이론은 특정한 맥락에 묶여 있다. 그래서 이 이론은 특정한 경험적 맥락을 설명하는 데는 좋지만, 보다 기본적이고 근본적인 과정에 대한 사례나 예시를 이해하는 데는 유용하지 않다. 그러나 대부분의 사회학 이론가들은 이런 평가에 동의하지 않을 것이다. 이 쟁점에 대해서는 다시 돌아올 것이다.

나는 또한 이론은 경험적 검증을 통해 증명될 수 있다고 믿는다. 진부한 표현이지만 이 진술에 동의하지 않는 사람은 거의 없을 것이다. 이론이라면 개념의 정의가 매우 정확해야 하며, 개념들로 진술을 만들 경우 그 진술은 원칙적으로 측정 가능하고 검증 가능해야 한다. 과학적 지식은 정확히 이론적 진술을 하고 이를 반박하려는 노력이 있어야 가능하다. 좋은 이론적 진술과 나쁜 이론적 진술을 구별하는 것은 이 진술의 **오류를 증명할 수 있는가**의 여부에 달려 있다. 원칙적으로 이론은 오류로 증명될 수 없다면 쓸모가 전혀 없다. 그러한 이론은 믿음으로 받아들여지는 자급적 도그마이다. 이론을 통하여 사건을 이해할 수 있어야 하며, 이론은 세상의 사건에 근거하여 검증되어야 한다. 만약 하나의 이론적 진술이 경험적 검증에 의해 오류로 판명된다면, 과학은 진보한 것이다. 하나의 이론이 거부되면 질문에 대한 대답을 찾으려는 연구는 줄어들 것이다. 왜 그럴까? 잘못된 진술을 잇달아 제거함으로써, 반박으로부터 살아남은 이론이 적어도 현재 시점에서는 실재세계를 가장 정확하게 그릴 수 있다. 한 사람의 이론이 반박당한다면 그 사람에게는 학문적 오명이 될 수 있지만, 반박(refutation)은 이론구성에서 중요하다. 그래서 일부 과학자들이 그러한 반박에 대해 두려워하는 것은 다소 실망스럽다. 칼 포퍼(Karl Popper)가 강조했듯이 이상적인 과학적 과정을 위해서는 정반대가 되어야 한다.

———

반박은 종종 과학자 또는 적어도 그 과학자 이론의 실패를 의미하는 것으로 여겨졌다. 이것은 귀납적 오류라는 것을 강조해야 한다. 모든 반박은 위대한 성공으로 여겨져야 한다. 그 이론을 반박하는 과학자의 성공일 뿐만 아니라, 반박된 이론을 창안한 과학자의 성공이며, 그리고 단지 간접적으로라도 반증을 위한 실험을 처음으로 제안한 사람의 성공으로 간주되어야 한다.[28]

———

반박을 극복하고 심지어 그 주창자에게 전문적 명성을 가져다주는 진술조차 결코 완벽히 입증된 것은 아니다. 다음 차례(next turn)의 경험적 검증이 이 진술을 부정할 가능성은 항상 있다. 그러나 만약 진술이 계속해서 경험적 검증에서 살아남는다면, 그 진술은 높은 신뢰도를 가지며, 이론적 지식의 핵심에 위치할 가능성이 높다. 그러나 내가 이 쟁점에 관하여 글로 발표할 경우, 많은 사회학 이론가들은 동의하지 않을 것이다. 게다가 대부분의 과학철학자들은 이러한 반박의 과정은 이상적이며, 사실 실제적 과학활동에서는 좀처럼 나타나지 않는다고 주장할 것이다.

이런 의구심에도 불구하고, 우리가 매우 추상적이고, 동시에 검증될 수 있을 정도로 충분히 정밀한 이론적 진술을 개발하는 것이 최선이다. 다음 장에서 분명히 알 수 있듯이 많은 사회이론가들은 이 입장에 동의하지 않는다. 사회이론을 검토하고 분석하는 데 관여되는 편견을 이해하는 것이 중요하기 때문에, 나는 개인적 견해를 제시하였다. 게다가 이러한 편견은 이론과 지식을 발전시키는 최선의 접근방법에 대한 논쟁을 둘러싼 핵심적 쟁점이다. 따라서 이 장에서 설명한 다양한 접근법의 장점을 평가하고 정교화할 것이다.

나의 관점에서 경험적으로 사용되는 변수로 만든 경험적 일반화와 인과모형은 전혀 이론이 아니다. 그것은 유용한 데이터의 요약이며 이를 설명하는 이론을 필요로 한다. 어떤 사람은 이론이란 경험적 규칙성의 요약들로부터 만들어질 수 있다고 주장할 수도 있다. 즉, 우리는 사실이 보여주는 더욱 일반적인 속성을 사실로부터 끌어낼 수 있다. 그러나 귀납(induction)은 경험적 변수를 보다 추상적으로 만드는 기계적 과정이 아니다. 종종 창의적인 통찰력의 도약도 필요하다. 따라서 경험적 사실에 완전히 몰입해 이론을 구성하는 것은 사실을 뛰어넘고 더 추상적인 이론을 만들어내는 데 장벽이 된다고 생각한다.

다른 극단에서 메타이론은 실제 이론을 생산하는 것이 어렵다는 점에서 경험적 사실과 유사하다. 메타이론을 구성할 때는 오래 지속되는 철학적 문제에 빠져들기 쉽고, 이런 결과로 이론을 발전시키지 못한다. 다시 말하지만—항상 그런 것은 아니지만—메타이론가로 남기 위해 메타이론화 작업을 수행하는 사회학 분야 이론가들은 다음과 같은 경향이 분명히 있다. 이들은 형식이론과 모형에 적대적이거나, 적대까지는 아니지만 이런 시도를 시기상조라고 보거나 암묵적 가정을 충분히 탐구하지 못했다고 생각한다.

분석적 도식은 종종 메타이론과 같은 문제를 갖는다. 자연주의적 도식은 이론적 구조의 위엄에 지나치게 관심을 갖는 경향이 있다. 추상적 수준에서 모든 차원의 경험적 세계를 반영하는 질서 있는 체계를 구축하려고 노력하면서, 자연주의적 도식은 훨씬 더 복잡해진다. 새로운 요소가 이론적 도식에 추가될 때, 새로운 요소와 기존의 요소를 화해시키려는 노력은 이론적 도식을 검증하는 것보다 더 우선적으로 고려된다. 더욱이 전체로서 도식은 검증이 불가능하다. 왜냐하면 요소 간의 관계는 그런 광범위한 현상을 포괄하고 매우 정확하게 표현되는 경우가 드물기 때문이다. 그리고 부정확함에 추상성이 더해지면서 경험적 검증은 이뤄지지 못한다. 왜냐하면 이론적 도식의 어느 부분을 어떻게 검증해야 하는지가 연구자들에게 명확하지 않기 때문이다. 그러나 이 같은 문제에도 불구하고, 분석적 도식의 창조자들은 이 문제를 검증 가능한 이론적 진술을 개발하기 위한 필수적 전제조건으로 본다. 이 점에서 분석적 도식의 이론가들은 메타이론가들과 상당히 비슷하다.

이와 대조적으로, 감지적 도식은 일반적으로 사건을 해석하고 이러한 사건이 어떻게 그리고 왜 발생하는지를 더 잘 이해하기 위하여 개념들의 느슨한 구조로 구성된다. 이러한 시도들은 과학으로 간주되지 않더라도, 매우 통찰력이 있을 수 있다. 그러나 자연주의적 접근방식과 마찬가지로, 감지적 도식 또한 자기 강화가 이뤄진다. 왜냐하면 감지적 도식은 대단히 느슨하게 구조화되어 있고, (시사하는 바가 많고 통찰력이 있다고 하더라도) 종종 모호해서, 사실들은 언제나 그 도식에 맞도록 뒤틀릴 수 있기 때문이다. 따라서 이 도식은 결코 반박될 수 없거나, 실제 경험적 사건에 근거해 수정될 수 없다고 나는 의심한다. 감지적 도식은 중요한 현상의 방향을 잡기 위해 사용되고, 이후에 명제와 분석모형으로 정교화될 때 가장 유용하다.

담론적 도식은 설명력에서 얼마나 유용한지에 따라서 각양각색이다. 만약 설명하는 글이 정확하다면, 즉 변수가 명확하게 정의되고 다른 변수에 대한 연결과 효과가 분명하게 명시된다면, 담론적 도식은 충분히 설명력을 갖는다. 그러나 변수들이 다양하지 못하고 범주로 유형화된다면, 그리고 인과관계 진술이 "때때로 영향을 미친다", "영향을 미치는 경향이 있다", "영향을 미치는 것으로 알려져 있다"와 같은 식으로 이뤄진다면, 그 이론은 정확성이 떨어질 것이다. 그리고 작동하는 힘과 서로에 대한 관계를 구분하기도 어려울 것이다. 불행히도 많은 담론적 이론은 부정확하다. 매우 도발적이고 흥미롭지만 비형식적 언어를 사용할 경우 상당히 모호해진다. 결과적으로 이론을 공식화하는 데 관심이 있는 메타이론가는 많은 추론을 해야 할 것이며, 그 과정에서 이론가가 의도하는 담론적 주장을 포착하지 못한다. 많은 담론적 이론의 이런 약점은 독자들이 정확한 개념의 정의, 그리고 이런 개념이 지시하는 사회세계의 속성 사이에서 인과관계를 정확히 찾으려고 할 경우에 즉시 드러난다.

이제 공리적-형식적 명제 포맷(axiomatic/formal propositional format), 분석모형, 그리고 중범위 명제를 살펴보자. 이미 지적했듯이, 공리중심 이론은 사회학에서 대부분 비현실적이다. 나의 견해로 형식이론화(formal theorizing)가 가장 유용한 접근이다. 왜냐하면 형식이론화는 검증이 가능할 정도로 매우 정밀하게 연결되는 추상적 개념들을 포함하기 때문이다. 분석모형은 매우 통찰력이 있을 수 있지만 전체적으로 검증하기는 어렵다. 분석모형은 너무 많은 개념을 포함하고, 개념 간의 연계가 너무 다양해서 직접 검증할 수 없다. 그래서 다음과 같은 질문을 할 수밖에 없다. 어떤 의미에서 분석모형이 사회학적 이론에서 유용한가? 나의 관점은 분석모형은 형식적 명제를 구성하는 개념이 연결되는 과정을 자세히 설명하는 데 잘 사용될 수 있다는 것이다.[29] 예를 들어, 만약 '분화의 정도'는 '시스템 크기'의 함수라는 명제가 있다면, 그 모형은 크기와 분화가 왜, 그리고 어떻게 연결되는지 알려준다. 즉, 크기가 분화를 증대시키는(그리고 그 반대도 마찬가지다) 근원적 과정을 더 잘 이해할 수 있다. 분석모형은 대신에 공식 이론을 위한 출발점이 될 수 있다. 기본적 과정들을 분리시키고 그 과정의 상호관계를 연결하여, 우리는 형식적 명제를 개발할 필요가 있는 중요한 사회적 과정을 이해할 수 있다. 그리고 비록 모형 전반을 쉽게 검증할 수 없지만(명확히 검증하기에는 너무 복잡하다), 우리는 모형을 명확히 검증하기에 적합한 추상적 명제로 분해할 수 있다.

따라서 분석모형은 훨씬 더 추상적이며 형식적인 명제(드물지만 공리)를 개발하기 위한 기반이 될 수 있다. 또한 분석모형은 형식적 명제에 명시된 추상적 변수들 사이의 강력한 인과관계를 추상적 수준에서 명시할 수 있다. 더욱이, 분석모형과 형식적 명제중심 전략 모두 광범위한 현상을 포함하지만, 경험적으로 검증하기 어려울 정도로 지나치게 광범위하지는 않다. 갈등이 결속을 촉진시킨다는 앞서 제시한 명제에 대해 더 살펴보자. 이 명제는 사회세계의 근본적 관계를 명시하지만, 위협과 갈등이 어떻게 결속으로 이어지는지를 우리에게 설명하지는 않는다. 갈등과 위협이 결속을 이끌어내는 과정은 무엇인가? 이 질문에 대해 추상적 모형으로 답할 수 있다. 즉, 당사자들이 충돌을 일으켜 높은 결속을 이끌어내는 더욱 응집력 있는 구조를 형성하도록 하는 사건의 인과적 순서(causal sequence) ─ 직접, 간접, 역방향 ─ 가 있다. 실제로 (내가 앞서 했던 것처럼) 위협의 개념을 도입하는 것은 분석적 모형에서 나올 수 있었다. 분석적 모형에서는 갈등을 높은 수준의 장기간의 결속으로 변형시킬 수 있는 주요한 변수로서 이끌어내는 중요한 변수로 본다. 그리고 ① 위협을 강조하는 쟁점을 만들고, 이데올로기를 이끄는 지도자와, ② 위협 분위기를 유지하고, 분쟁 당사자들을 동원하고 집중시킬 수 있는 기획가 등과 같은 다른 변수를 추가할 수 있다. 따라서 분석모형은 갈등과 결속 사이의 기본 관계를 더 견고하게 만드는 정보를 채울 수 있다. 사람들은 왜, 그리고 어떤 과정을 통해 갈등이 결속을 이끌어내는지, 그리고 언제 갈등이 일어나지 않을지를 더 잘 이해할 수 있다. 이에 따라 형식적 명제중심 도식과 분석모형 사이에는 시너지 효과가 있을 수 있다. 명제중심 도식은 근본적 관계의 성격(예: 갈등과 결속의 기본 관계)을 나타낸다. 반면에, 분석모형은 어떻게, 그리고 어떤 기본 과정을 통해 이 관계가 나타나는지 보여준다. 또한, 분석모형에서 발견된 핵심적 과정은 명

제중심 도식으로 전환될 수 있다. 예를 들어, 다음과 같은 명제(정확하거나 완벽하다는 것은 아니다)를 보자. 분쟁이 갈등 당사자 사이의 결속을 이끄는 정도는 다음 3가지 요소의 함수이다. 3가지 요소는 제기되는 위협의 수준, 위협에 관한 이데올로기를 만들고 공식화할 수 있는 지도자의 능력, 그리고 갈등과 관련된 상징적·조직적·물질적 자원을 동원할 수 있는 능력이다.

분석적 도식은 매우 추상적이고 광범위한 현상을 포함할 수 있지만, 이러한 시너지 효과를 가질 가능성은 낮다. 분석적 도식은 현상을 변수로 보기보다 범주화한다. 그리고 범주 내의 이러한 현상 사이의 인과관계를 구체적으로 명시하지 않는다. 이런 이유로 명제중심 도식이나 분석모형으로 전환하기가 어렵다. 분석적 도식은 비록 매우 추상적인 수준이지만, 광범위한 조직의 현상을 용어로 묘사한다. 감지적 도식 역시 동일한 문제를 가진다. 감지적 도식은 추상적이며, 이론구성에 유용하다. 그러나 이 도식은 현상 사이의 근본적 관계를 아주 상세하게 명시하지는 않는다. 오히려 이 도식은 현상이 매우 정밀하지는 않지만 어떻게 연관될 수 있는지 암시한다. 그리고 행위자의 대리인이 그 전략 내의 범주와 변수를 제거할 수 있을 가능성을 고수한다.

내 생각에 중범위 명제는 이론구성을 시작하기 위한 곳에서는 유용하지 않은 편이다. 중범위 명제는 경험적 내용으로 가득 차 있어서, 그중 많은 부분은 사회세계의 더 기본적이고, 지속적이고, 일반적인 특징과 관련이 없다.[30] 예를 들어, '인종적 대 이론'은 분쟁에 관한 보다 일반적인 명제나 모형으로 번역하기가 종종 어렵다. 게다가 중범위

이론을 다루는 학자들은 특정한 경험적 맥락에서 자신의 이론을 검증할 수 있는 방법을 찾으려고 할 때, 점점 더 경험적으로 되는 경향이 있다. 내가 발견한 바에 따르면, 점점 더 많은 연구 내용이 추가되면서 중범위 이론의 명제들은 경험적 일반화처럼 돼 버렸다. 실재적이고 경험적인 대상을 중범위 이론과 상승된 추상화 수준으로부터 이끌어내지 못할 논리적 이유는 없다. 그러한 현상은 드물게 발생하였다.

〈그림 1-6〉에서 나는 이런 결론을 오른쪽 열에 요약했다. 메타이론과 자연주의적 분석도식은 흥미로운 철학이지만 빈약한 이론이다. 감지적 분석도식, 형식적 명제중심 진술, 그리고 분석모형은 특히 이들 사이의 상호작용이 가능한 경우, 이론화를 시작할 수 있는 최적의 장소를 제공한다. 중범위 이론은 그 이론적 잠재력을 거의 실현하지 못

〈그림 1-6〉 검증 가능한 이론을 구성하기 위한 이론적 포맷과 잠재력

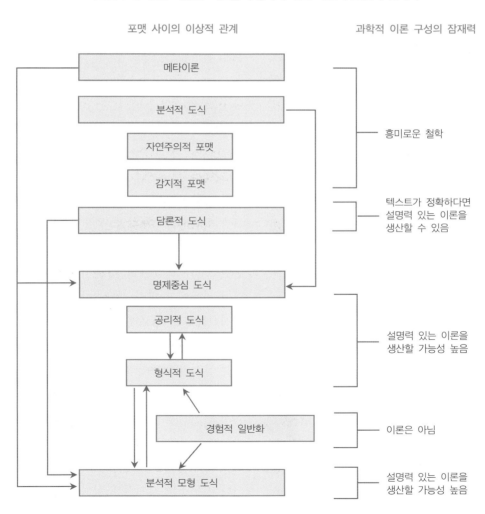

했고, 형식적 명제와는 반대로 경험적 일반화를 지향하려고 했다. 인과모형과 경험적 일반화는 이론가들에게 경험적 규칙성을 이해할 수 있도록 한다. 하지만, 범위(*scope*)와 추상화에 있어 창조적 도약이 없다면, 인과모형과 경험적 일반화는 이론이 아니다. 이것들은 보통 이론을 필요로 하는 데이터이다.

지식창출을 위해 각각의 이론적 접근법이 위치하는 적절한 장소에 대한 나의 이상적 관점을 그림의 왼쪽 열에 제시했다. 이것은 실제로 사회학에서 일어나는 일이 아니라는 점은 강조하고자 한다. 이 도표는 사회학 이론을 어떻게 발전시켜야 하는지에 대한 나의 바람을 나타낸다.[31] 감지적 도식이 제공하는 기초 위에서 형식적 법칙(*formal law*)을 축적하기 시작하면, 핵심개념을 추출할 수 있고 이 핵심개념으로 사회학에서 사물을 기본적으로 인식하고 방향을 설정하는 것은 바람직하다(20세기 초 물리학에는 자력, 중력, 상대성 등이 있었던 것과 마찬가지다). 우리는 심지어 형식적 분석도식(*formal analytical scheme*)을 선택하고 앞서 언급한 개념의 메타이론적 함의를 숙고하기를 원할 수도 있다. 결국, 그러한 심사숙고는 분석적 기획을 변혁하거나 구체화하는 데 도움이 될 수 있으며, 이는 아마도 새로운, 또는 반대로 오래된 형식적 명제를 세우는 데 도움이 될 수 있다. 그러나 메타이론과 분석적 도식을 다시 검증대상의 영역으로 끌어들일 수 있는 형식적 법칙이 없다면, 이 이론들은 절망적일 정도로 자급자족적이고, 스스로 명료히 해야 하는 바로 그 현실로부터 유리된다.

이론구성에서 가장 중요한 분기점은 형식적 명제와 분석모형 사이에 있다. 명제를 모형으로 변환하는 것과 그 반대의 경우 사이에는 창조적 시너지 효과가 있다. 분석모형이나 명제로 시작하는 이론은 서로를 발전시키는 데 도움이 될 것이다. 분석모형이 강화되면 명제로 만들려고 한다. 반면, 명제는 두 현상의 시작과 최종 상태를 명시한다. 즉, 초기 상태로서의 갈등은 결속이라는 최종 상태를 이끈다. 이로 인해 이론가들로 어떻게 그리고 왜 초기 상태가 최종 상태를 이끄는지를 불가피하게 질문할 것이다. 이 질문에 대한 답으로, 분석모형은 인과관계의 흐름을 명시할 수 있으며, 이 상태에서 현재 영향을 미치는 추가변수를 도입할 수 있다. 결국, 이러한 변수들은 명제중심 도식으로 전환될 수 있다.

5. 앞을 향하여

나는 첫 번째 장에서 많은 분량의 연구자료를 제시하였다. 내 생각에 뒤에서 정리한 다양한 이론들을 학습하면 1장을 보다 잘 이해할 것으로 보인다. 위에서 제시한 이론적 접근들의 개요는 다소 혼란스럽게 보일 수도 있다. 만약 기본적 도식 유형을 염두에 둔다면, 특정 이론가가 어떤 도식을 제시하는지는 명료해질 것이다. 예를 들어 탈콧 파슨스에 관한 3장을 보면 파슨스가 분석적 도식 또는 분석적 범주의 시스템을 개발한 것은 분명하다. 그리고 내가 언급하겠지만 파슨스의 도식은 암시적이고 심지어 흥미를 불러일으키기도 하지만, 그 도식을 검증할 수 있는 명제나 분석모형으로 전환시키기는 어렵다. 26장에서 설명하는 앤서니 기든스의 감지적 도식에 대해서도 동일하게 말할 수 있다. 랄프 다렌도르프, 루이스 코저, 그리고 조나단 터너와 같은 이론가들은 갈등의 동력을 설명하기 위해 명제를 만들었다. 이 명제를 보면 터너와 다렌도르프는 갈등에 대한 분석모형을 활용한다. 갈등모형은 본래 막스 베버, 칼 마르크스, 리고 게오르크 짐멜의 담론적 이론으로부터 시작되었다. 도시 공동체와 조직에 관한 이론들은 추상적으로 기술되었지만, 현재 도시 공동체와 조직에 관한 것이기 때문에 뛰어난 중범위 이론이다. 그렇지만 아모스 홀리의 분석에서 명백하듯이, 추상적이고 일반적인 이론을 만드는 것은 상대적으로 쉽다.

이 책을 다 읽은 **후에**, 다시 말해 이론 사회학을 구성하는 다양한 형식의 이론들을 두루 섭렵한 이후에 이 장을 읽는 독자는 보다 유익할 수 있다. 현재로서는 사회학의 첫 번째이자 가장 오래 지속된

이론적 관점인 기능주의를 먼저 소개할 것이다. 기능주의는 오귀스트 콩트와 함께 나타났으며 허버트 스펜서와 에밀 뒤르켐의 이론으로 확고해졌다. 20세기 전반에는 기능주의가 사실상 사회학에서 사라졌지만, 래드클리프-브라운과 브로니슬로 말리노프스키(이들의 연구는 기능주의 출현을 다루는 다음 장에서 간략히 살펴볼 것이다)와 같은 인류학자들에 의해 20세기 중반에도 기능주의는 존재했다. 1950년대에 탈콧 파슨스를 중심으로 기능이론은 다시 등장했고(파슨스의 연구는 3장에서 소개된다), 수십 년 동안 사회학의 지배적인 이론적 접근법이 되었다. 그러고 나서, 무자비하고 때로는 불공평한 비판을 받고서 기능주의는 사라졌다. 그러나 기능주의에 대한 비판을 검토하는 5장에서 보듯이 기능주의는 종종 자신의 기능주의적 기원을 감추는 새로운 모습으로 다시 등장했다.

주

1 이 문구는 다음 저작에서 가져왔다. A. R. Radcliffe-Brown's, *A Natural Science of Society* (Glencoe, IL: Free Press, 1948).

2 Auguste Comte, *System of Positive Philosophy*, vol. 1 (Paris: Bachelier, 1830). 후속작은 1831년과 1842년 사이에 출간되었다. 콩트 사상에 관한 더욱 상세한 분석은 다음 글을 참조하라. Jonathan H. Turner, Leonard Beeghley, and Charles Powers, *The Emergence of Sociological Theory*, 7th ed. (Newbury Park, CA: Sage).

3 이에 대한 아이디어는 다음 저작에서 빌려왔다. Talcott Parsons, *The Social System* (New York: Free Press, 1951).

4 이런 종류의 저작들은 인기를 끌지 못해서 최근 사회학에서는 형식적 이론화 작업을 수행하는 연구를 찾기가 매우 어렵다. 이러한 연구들은 이론을 어떻게 개발할 것인가에 관해 지나치게 이상적인 견해를 가진다. 그럼에도 불구하고 형식적 이론을 개발하는 데 관련된 이슈를 파악하기 위해 한두 가지 저작을 읽는 것은 유용하다. 비록 오래되었지만, 새로운 연구가 없기 때문에, 나는 몇 년 동안 다음과 같은 유용한 문헌을 참고하였다. Paul Davidson Reynolds, *A Primer in Theory Construction* (Indianapolis: Bobbs-Merrill, 1971, now in its 21st printing by Macmillan); Arthur L. Stinchcombe, *Constructing Social Theories* (New York: Harcourt, Brace & World, 1968), pp. 3~56; Karl R. Popper, *The Logic of Scientific Discovery* (New York: Harper & Row, 1959); David Willer and Murray Webster, Jr. "Theoretical Concepts and Observables", *American Sociological Review* 35 (August 1970): pp. 748~757; Hans Zetterberg, *On Theory and Verification in Sociology*, 3rd ed. (Totowa, NJ: Bedminister Press, 1965); Jerald Hage, *Techniques and Problems of Theory Construction in Sociology* (New York: John Wiley & Sons, 1972); Walter L. Wallace, *The Logic of Science in Sociology* (Chicago: Aldine Publishing, 1971); Robert Dubin, *Theory Building* (New York: Free Press, 1969); Jack Gibbs, *Sociological Theory Construction* (Hinsdale, IL: Dryden Press, 1972); Herbert M. Blalock, Jr., *Theory Construction: From Verbal to Mathematical Formulations* (Englewood Cliffs, NJ: Prentice Hall, 1969); Nicholas C. Mullins, *The Art of Theory: Construction and Use* (New York: Harper & Row, 1971); Bernard P. Cohen, *Developing Sociological Knowledge: Theory and Method* (Chicago: Nelson-Hall, 1989).

5 예를 들어, 일부 사회학자들 사이에서는 과학이 '실제현실'에 대한 특정한 견해를 유지하는 데 헌신한다는 점에서 과학은 일반적 사고체계와 매우 흡사하다는 확신이 커지고 있다. 과학은 현실에 관한 견해를 구성하고 유지하는 한 가지 흥미로운 방식을 제공하지만, 다른 공동체에는 이와는 다르지만 동일하게 명료한 견해가 있다. 나는 이런 주장을 분명히 받아들이지 않지만

여러 장에서 이 문제를 상세히 다루고자 한다. 이 쟁점에 관한 흥미로운 설명은 다음 글을 참조하라. Edward A. Tiryakian, "Existential Phenomenology and the Sociological Tradition", *American Sociological Review* 30 (October 1965) : pp. 674~688; J. C. McKinney, "Typification, Typologies, and Sociological Theory", *Social Forces* 48 (September 1969) : pp. 1~11; Alfred Schutz, "Concept and Theory Formation in the Social Sciences", *Journal of Philosophy* 51 (April 1954) : pp. 257~273; Harold Garfinkel, *Studies in Ethnomethodology* (Englewood Cliffs, NJ: Prentice Hall, 1967) ; George Psathas, "Ethnomethods and Phenomenology", *Social Research* 35 (September 1968) : pp. 500~520.

6 이 쟁점에 관한 나의 견해는 다음 글을 참조하라. Jonathan H. Turner, "In Defense of Positivism", *Sociological Theory* 3 (Fall 1985) : pp. 24~30; Stephan Fuchs and Jonathan H. Turner, "What Makes a Science Mature?" *Sociological Theory* 4 (Fall 1986) : pp. 143~150.

7 개념구성에 관한 상세한 논의는 다음 글을 참조하라. Carl G. Hempel, *Fundamentals of Concept Formation in Empirical Science* (Chicago: University of Chicago Press, 1952).

8 추상적 개념과 이론을 만들어내는 사회학에 관한 비판적 통찰은 다음 글을 참조하라. David and Judith Willer, *Systematic Empiricism: Critique of Pseudoscience* (Englewood Cliffs, NJ: Prentice Hall, 1973).

9 이런 종류의 주장은 다음 글을 참조하라. Herbert Blumer, *Symbolic Interaction: Perspective and Method* (Englewood Cliffs, NJ: Prentice Hall, 1969) 또는 Anthony Giddens, *New Rules of Sociological Method* (New York: Basic Books, 1977). 보다 최근 주장은 다음 글을 보라. John Martin Levy, *The Explanation of Social Action* (New York: Oxford University Press, 2011).

10 이에 대한 반론은 다음 글을 참조하라. Jonathan H. Turner, "Toward a Social Physics: Reducing Sociology's Theoretical Inhibitions", *Humboldt Journal of Social Relations* 7 (Fall/Winter 1979~1980) : pp. 140~155; "Returning to Social Physics", *Perspectives in Social Theory*, vol. 2 (1981) ; "Some Problematic Trends in Sociological Theorizing", *The Wisconsin Sociologist* 15 (Spring/Summer 1978) : pp. 80~88; 그리고 *Theoretical Principles of Sociology*, vol. 1~3 (New York: Springer, 2010~2012).

11 Reynolds, *Primer in Theory Construction*, p. 57. 개념이 단순히 현상의 변화하는 속성만을 지칭하는 것이 아니라 상호 연결된 현상들의 상호작용 효과까지 지칭하려면 어떻게 해야 하는가에 관한 논의는 다음 글을 참조하라. Stinchcombe, *Constructing Social Theories*, pp. 38~47. 변화가능성이 있는 개념의 중요성에 관한 흥미로운 논의, 그리고 이런 개념을 활용하는 방법에 관해서는 다음 글을 참조하라. Hage, *Techniques and Problems of Theory Construction*.

12 다양한 종류의 메타이론화 작업은 다음 글에서 검토할 수 있다. George Ritzer, *Metatheorizing in Sociology* (Lexington, MA: Lexington Books, 1991).

13 *Webster's New Collegiate Dictionary* (Springfield, MA: G & C Merriman, 1976).

14 이러한 전통으로는 알렉산더 (Alexander) 의 연구가 있다. 그리고 다음의 글도 참조하라.

Richard Münch, *Theory of Action: Reconstructing the Contributions of Talcott Parsons, Émile Durkheim, and Max Weber*(Frankfurt: Suhrkamp, 1982).

15 이런 성격의 연구로는 탈콧 파슨스의 저작이 있다. 다음 장에서 살펴보겠다.

16 앤서니 기든스의 저작은 이러한 대안을 대표한다. 다음 글을 참조하라. Anthony Giddens, *The Constitution of Society*(Berkeley, CA: University of California Press, 1984).

17 감지적 도식을 이용하려는 나의 노력으로는 다음 글을 참조하라. Jonathan H. Turner, *A Theory of Social Interaction*(Stanford, CA: Stanford University Press, 1988).

18 이 주장과 관련한 상세한 내용은 다음 글을 보라. Lee Freese, "Formal Theorizing", *Annual Review of Sociology* 6(1980): pp. 187~212. Herbert L. Costner and Robert K. Leik, "Deductions from Axiomatic Theory", *American Sociological Review* 29(December 1964): pp. 19~35.

19 예를 들어 다음 글을 참조하라. Peter Blau, *Structural Context of Opportunities*(Chicago: University of Chicago Press, 1994). 그리고 *Inequality and Heterogeneity: A Primitive Theory of Social Structure*(New York: Free Press, 1977).

20 프리즈(Freese)의 글을 참조하라.

21 로버트 머튼의 저작, 특히 그의 다음 문헌을 참고하라. *Social Theory and Social Structure* (New York: Free Press, 1975).

22 다음 글에서 이 사례를 인용했다. Peter M. Blau's "Applications of a Macrosociological Theory", in *Mathematizche Analyse von Organisationsstrukktaren und Prozessen*(Internationale Wissenschaftliche Fachkonferenz, vol. 5, March 1981).

23 사실, 이것들은 전형적으로 회귀방정식이고, 나는 이것들이 정의에 맞는 모형은 아니라고 생각한다. 일련의 미분방정식이, 특히 시뮬레이션이 되거나 그래픽으로 표현될 때, 하나의 모형이 된다. 내 생각에는 컴퓨터 시뮬레이션은 모델링의 훌륭한 사례다. 예를 들어 다음 글을 참조하라. Robert A. Hanneman, *Computer-Assisted Theory Building: Modeling Dynamic Social Systems*(Newbury Park, CA: Sage, 1988).

24 이런 모형의 좋은 예로는 나의 다음 글을 참조하라. *Theoretical Principles of Sociology, Volume 1 on Macrodynamics*(New York: Springer, 2010). 보다 경험적이거나 여전히 분석적인 모형의 예로는 다음 글을 참조하라. Gerhard and Jean Lenski, *Human Societies*(Boulder, CO: Paradigm Press, 2011). 그리고 수많은 분석모형에 대해서는 다음 글을 참조하라. Randall Collins, *Theoretical Sociology*(San Diego, CA: Harcourt Brace Jovanovich, 1988).

25 1970년대 미국 사회학에서 매우 인기 있던 경로분석(*path analysis*)은 이러한 모델링 기법의 좋은 예이다.

26 이런 변수들을 위한 모형의 예로는 다음 글을 참조하라. Peter M. Blau, "A Formal Theory of Differentiation in Organizations", *American Sociological Review* 35(April 1970): pp. 201 ~218. 그리고 12장도 참조하라.

27 앞의 글은 이와 관련된 좋은 예이다.

28 Karl R. Popper, *Conjectures and Refutations*(New York: Basic Books, 1962), p. 243.

29 나는 이 전략을 저서인 《사회학의 이론》에서 설명하였다.

30 나는 머튼이 아이디어를 구상했을 때, 이런 생각이 머튼의 의도였는지는 잘 모르겠다. 그러나 내 생각에 머튼의 변호는 경험적 일반화가 '이론'이라고 주장하기 위한 정당화가 되었다.

31 나는 이것이 실제로 사회학에서 일어나는 일이 아님을 강조한다. 그 도표는 사회학 이론을 어떻게 발전시켜야 하는지에 대한 나의 바람을 나타낸다.

1부

기능주의적 이론화

2 장

기능주의 이론의 출현

1. 들어가며

오귀스트 콩트(Auguste Comte, 1798∼1857)는 사회학의 창시자라는 명예를 갖고 있다. 물론 일반인들과 학자들은 인간과 사회에 관해 철학적으로 이해하는 데 오래전부터 관심을 가졌지만, 콩트는 "사회에 관한 과학"(*science of society*)을 주창하였고 **사회학**(*sociology*)이란 용어를 처음으로 사용하였다. 비록 콩트의 작업은 곧 무시되고 잊혀서 그의 말년은 좌절과 비탄으로 점철되었지만, 그의 작업은 사회사상에 큰 영향을 미쳤다. 유감스럽지만 오늘날 콩트의 영향력을 인식하는 사람들은 거의 없다. 콩트는 잊혀졌지만 콩트의 작업에서 기능주의적 시각이 시작되었다.[1] 콩트는 사회와 생물학적 유기체를 비교하여 — 이 점은 콩트 이후에도 19세기 내내 강조되었다 — 기능주의를 창조하였다.

2. 유기체적 유추

1) 오귀스트 콩트와 유기체적 유추

콩트는 19세기의 인간진화가 실증적 단계에 도달했다고 생각했다. 실증적 단계에서는 사회세계를 이해하기 위해, 그리고 더 나은 사회를 창조하기 위해 경험적 지식을 사용할 수 있다. 따라서 콩트는 사회를 연구하는 데 과학적 방법을 적용하자고 주장하였다. 이것은 콩트가 사용한 용어 그대로 사회과학에서 여전히 **실증주의**(*positivism*)라 불리는 전략이다. 과학적 방법을 이렇게 적용함으로써 새로운 과학, 즉 사회학이 생성되었다.

콩트의 전반적 지적 생활은 사회학을 정당화하려는 시도로 대표된다. 콩트의 이러한 노력은 사회학을 과학의 '여왕'에 위치시키고 '과학의 위계'(*hierarchy of the sciences*)를 구축하기에 이른다. 비록 과학의 위계를 통해 콩트는 사회학의 중요성을 주장하고 사회학을 사회철학으로부터 분리시켰지만, 사회학을 정당화하는 그의 가장 중요한 전술은 존경했던 생물학으로부터 용어와 개념을 빌려오는 것이었다. 이처럼 사회학은 생물학에 호소함으로써 시작되었고 정당화되었다. 이 점은 왜 기능주의가 사회학의 첫 번째 이론이고, 1970년대까지 가장 지배적인 이론적 지향이었는지 설명해 준다. 사회학과 생물학 간의 친화성을 살펴본 콩트는 사회학을 **사회정학**(social statics), 즉 형태론(morphology)과 **사회동학**(social dynamics), 즉 사회의 성장과 진보에 관한 연구로 분류하였다. 그러나 콩트는 "비록 생물학이 이제까지는 사회학을 안내하고 준비하였지만, 사회학이 미래에는 생물학을 궁극적으로 체계화할 것"이라고 확신하였다. 콩트는 처음에는 생물학으로부터 개념들을 빌려오지만, 나중에는 사회과학에서 실증주의가 발전하여 사회학의 원리들이 생물학에 도움을 줄 것으로 보았다. 따라서 사회학은 가장 먼저 생물학의 개별 유기체와 사회학의 사회 유기체 사이의 상응성(correspondence)을 알아내야 한다.

우리는 사회학의 사회조직(social organism)에 관한 통계분석과 생물학의 개별 유기체에 관한 통계분석 사이에 진정한 상응을 발견해왔다. 만약 생물학을 정확히 이해한다면, 우리는 구조를 해부학적 요소(element), 조직(tissue), 기관(organ)으로 분해할 수 있다. 우리는 사회조직에 관해서도 이와 똑같이 분해할 수 있고, 동일한 이름을 사용할 수도 있다. [2]

이후 콩트는 특정한 유형의 사회구조와 생물학 개념 사이의 분명한 유추(analogy)를 시작하였다.
나는 사회 유기체를 진정한 요소 또는 세포인 가족, 다음으로 적절한 조직인 계급 또는 카스트, 마지막으로 실제 기관인 도시와 코뮌(commune)으로 구성된 것으로 상정하겠다. [3]

콩트의 유기체적 유추는 거칠고 미숙했지만 그것은 사회학적 연구를 위한 전략뿐만 아니라 당시 숭배대상이던 생물학 용어로 사회학을 정당화하는 하나의 모형을 제시했다. 그러나 콩트는 자신의 주장을 철저히 따르지는 못하였다. 더 철저하게 유기체적 유추를 발전시키는 작업은 영국의 사회학자인 허버트 스펜서에게 남겨졌다.

2) 허버트 스펜서의 분석적 기능주의

허버트 스펜서(Herbert Spencer, 1820~1903)는 사회학에 관한 글을 쓰기 전에는 윤리학, [4] 생물학, [5] 심리학[6]에 관한 많은 논문을 남겼던 박식한 철학자였다. 이 모든 것은 그의 종합철학(synthetic philosophy)의 한 부분이 되었다. 종합철학은 한 묶음의 공통의 추상적 원리 아래 우주의 다양한 영역을 통합시키는 것이었다. [7] 사회학에 관한 자신의 주저인 《사회학의 원리》[8]를 통해서, 스펜서는 사회와 유기체를 체계적으로 비교한 **유기체적 유추**(organismic analogy)를 개발하였다. [9]

-----

① 유기체와 초유기체(사회)는 크기가 증가하면 구조도 증가한다. 즉, 더욱 복잡해지고 분화된다.
② 그러한 구조분화는 기능분화를 동반한다. 각각의 분화된 구조는 체계 전반의 '생명'을 지속시키는 분명한 기능을 한다.
③ 분화된 **구조**와 **기능**은 상호의존을 통해 유기체와 초유기체(사회) 모두에게 통합을 요구한다. 각각

의 구조는 다른 구조에 의존함으로써만 유지될 수 있다.

④ 유기체와 초유기체(사회)에서 각기 분화된 구조는 어느 정도는 그 자체가 하나의 체계 전체다. 즉, 기관은 세포로 구성되고 사회는 개인들의 집합으로 구성된다. 따라서 구성부분들의 체계과정은 더 큰 전체에 항상 영향을 미친다.

⑤ 유기체와 초유기체(사회)의 구조는 체계 전체가 파괴되고 난 이후에도 얼마간은 '생존'할 수 있다.

———

스펜서는 유기체와 사회의 이런 유사점은 '극단적 차이점'으로 제한되어야 한다고 봤다.[10]

———

① 유기체와 사회는 부분이나 구조의 연결에서 상당한 차이가 있다. 사회엔 더 간접적이고 덜 연속적인 신체적 접촉, 그리고 더 많은 부분들의 분산(*dispersion*)이 있다.

② 유기체와 사회 사이에는 접촉양식의 차이가 있다. 사회는 유기체보다 상징에 훨씬 더 의존한다.[11]

③ 유기체와 사회는 의식과 자발성의 수준에서 차이가 있다. 사회의 모든 단위는 의식적이고 목표지향적이고 성찰적이다. 반면 유기체에서는 단지 하나의 단위만이 잠재적으로 그럴 수 있다.

———

스펜서는 유기체와 사회의 유사점을 유추하면서 **요건적 기능주의**(*requisite functionalism*)를 창안하였다. 즉, 유기체와 사회는 환경에 적응하기 위해 충족되어야 하는 어떤 보편적 요건들이 있다. 더욱이 동일한 요건들이 모든 유기체와 사회에 존재한다. 스펜서는 이 점에 대해 다음과 같이 말한다.

———

사실들을 엄밀하게 연구한 결과, 우리는 놀라운 유사점을 발견했다. 동물의 기관과 사회의 기관은 동일한 원리로 틀지어진 내부적 장치를 가진다. 살아 있는 생물체의 내장처럼 많은 측면에서 서로 차이가 있지만, 동물과 사회의 기관은 몇 가지 공통적 특징을 가진다. 각각의 내장은 영양소를 각 부분에 전달하기 위한 장치, 재료를 내장으로 가져오는 장치, 부산물을 보내는 장치, 쓰레기를 유출시키는 장치, 또 내장의 활동을 조절하는 장치를 가진다.[12]

———

이 구절에서 보편적인 기능적 요건의 문제점을 찾아내는 것은 어렵지 않다. 사실 이 인용부분의 다음 페이지에서 스펜서는 "사회에 대해서도 동일하다"고 주장하면서 사회의 기본적인 기능적 요건들을 나열하였다.

———

[예를 들어 각 사회는] 원료를 가져오는 일련의 대행자가 있다 — 사회는 순환하는 일반적 비축물(*stock*)로부터 생활필수품을 끌어오는 크고 작은 통로를 위한 기구가 있다 — 그리고 사회는 산업을 일으키고 점검하는 추진력을 공급하는 장치를 가진다. 또 사회는 질서를 유지하고 건강한 행위를 촉진하며 지역을 통제하는 정치적·종교적 권력을 가진다.

———

비록 이러한 보편적 요건들은 현대 기능주의적 접근처럼 명확히 분리되지는 않지만, 분석논리는 분명하다. 첫째, 구조가 기능하는 데는 어떤 보편적인 요구(*needs*)나 요건(*requisites*)이 있다. 이 요구나 요건은 ⓐ 자원을 확보하고 순환시키고, ⓑ 유용한 물질을 생산하며, ⓒ 권력과 상징을 통해 내적 활동을 규제하고 통합하는 일을 중심으로 한다. 둘째, 각 체계수준 — 집단, 공동체, 지역, 또는 전체 사회 — 은 유사한 일련의 요구가 있다. 셋째, 모든 경험적 체계의 유용한 동력은 이들 보편적 요건을 충족하도록 기능하는 과정을 중심으로 이뤄진다. 넷째, 사회단위가 환경에 적응하는 수준은 이들 기능적 요건을 충족시키는 정도에 따라 결정된다.

기본적 또는 보편적 요구들을 충족시켜야 한다는 점을 인식함으로써 기능주의자들은 유기체와 사회체계의 분석을 단순화할 수 있었다. 기능주의자는 분화된 부분들을 통합시키기 위한 요구, 체계의 각 부분들을 유지하기 위한 요구, 정보와 물질을 생산하고 분배하려는 요구, 그리고 정치적으로 규제하고 통제하려는 요구를 결정하는 과정을 연구한다. 단순한 체계에서는 체계의 각 요소가 이 요구를 충족시켜야 한다. 하지만, 구조가 성장하여 보다 복잡해지면, 이러한 일반적 기능집단 가운데 한 가지를 전담시키는 특이한 형태의 구조가 나타난다. 사회가 고도로 복잡해지면, 구조는 훨씬 더 전문화되고 일반적인 기능적 요구 가운데 단지 특정한 하위집단만 충족시키게 된다.

이런 형태의 요건적 기능주의 배후의 논리는 스펜서의 많은 분석을 지배하였고 오늘날 기능주의 분석의 핵심을 이룬다. 충족되어야 하는 요구의 목록은 이론가마다 다르지만, 분석양식은 동일하다. 충족되어야 하는 요구나 요건을 밝히고, 특정한 형태의 사회과정과 구조를 조사하는 것이 기능주의자의 분석양식이다.

3. 기능주의와 에밀 뒤르켐

에밀 뒤르켐(Émile Durkheim, 1858~1917)은 프랑스 사회사상의 오랜 전통을 상속받았기 때문에 초기 저작에서 유기체적 용어를 빈번하게 사용한 것은 당연하다. 비록 그의 대표작인 《사회분업론》에서는 허버트 스펜서를 날카롭게 비판했지만, 뒤르켐의 많은 이론은 생물학에 대한 19세기의 지적 선입견으로부터 분명히 영향을 받았다.[13] 생물학에서 착상을 얻은 용어를 광범위하게 사용한 것은 제쳐놓더라도, 뒤르켐의 기본적 가정은 유기체론자들의 가정을 반영한다.

즉, ① 사회는 그 자체가 하나의 실체(an entity)로 간주되어야 하고, 사회의 구성부분과는 구별되어야 하며, 구성부분으로 환원할 수도 없다. 사회를 독특한 하나의 실재(a reality, sui generis)로 생각했기 때문에 뒤르켐은 사실상 사회 전체에 분석적 우선권을 두었다. ② 비록 그러한 강조 자체가 반드시 유기체론적 경향을 반영하지는 않지만, 뒤르켐은 전체에 인과적 우선권을 주면서 체계의 각 부분은 기본적 기능, 욕구 또는 전체의 요건을 충족시킨다고 보았다. ③ **기능적 욕구**(functional needs)라는 개념의 빈번한 사용은 사회체계를 '정상적' 또는 '병리적' 상태로 개념화함으로써 보강되었다. 그러한 정식화는 적어도 사회체계는 '비정상적' 상태를 피하려면 반드시 충족되어야 하는 욕구를 가진다는 점을 내포한다. ④ 체계를 기능의 측면뿐만 아니라 정상적 또는 병리적 상태로 본다면, 체계는 정상적 기능이 수행되는 균형점을 가진다는 의미를 지닌다.

뒤르켐은 이러한 분석이 지닌 위험을 알고, 그

가운데 몇 가지를 해결하려고 노력했다. 첫째 그는 목적론적 분석(*teleological analysis*) — 어떤 사건의 미래 결과로 그 사건의 발생 원인을 분석 — 의 위험성을 분명히 알고 있었다. 그래서 그는 한 가지 현상의 원인은 그 현상의 목적과는 구별되어야 한다고 경고했다.

사회현상의 원인을 설명할 때, 우리는 그것을 야기한 원인과 그 현상이 충족시키는 기능을 분리해야 한다. 사회현상은 일반적으로 그 현상이 야기한 결과를 위해서 존재하는 것은 아니기 때문에 우리는 '목표'나 '목적'보다는 '기능'이라는 용어를 사용한다. [14]

분석적 우선권을 전체(*the whole*)에 주고, 부분(*the parts*)은 정상적 상태를 위한 결과이며, 그럼으로써 체계요건을 충족시킨다고 본 것이다. 그럼에도 불구하고 뒤르켐은 모든 체계가 '목적'을 가졌고, 전체 유지의 필요성이 그 구성부분이 존재하는 원인이라는 주장의 위험성을 깨닫고 있었다. 그러나 뒤르켐은 사회 전체에 대한 부분의 기능을 항상 조사해야 한다고 주장했고, 이 주장은 뒤르켐과 그의 많은 추종자들을 미심쩍은 목적론적 추론에 빠뜨렸다. 예를 들어 뒤르켐은 자신의 주요한 방법론을 진술하면서 '원인'과 '기능'을 구별할 때도 부당한 목적론적 해석의 여지를 남겼다. "결론적으로 말해, 사회적 사실을 설명하려면 그 사회적 사실이 의존하는 원인을 보여주는 것만으로는 충분치 않다. 우리는 적어도 대부분의 경우에 사회적 사실이 사회적 질서를 만드는 데 기능한다는 점을 보여줘야 한다."[15] 이 인용구에서 **만드는**

데(*in the establishment of*)라는 말은 체계를 이루는 부분들의 존재는 그 유지를 위하여 기능하는 전체, 즉 사회질서로만 설명될 수 있다는 점을 내포한다. 즉, 이러한 견해는 곧바로 공공연한 목적론으로 이어진다. 다시 말해, 문제가 되는 사회적 사실은 그 사실을 충족시키는 사회적 질서의 필요에 의해 야기된다. 그러한 이론적 진술이 반드시 부당한 것은 아니다. 왜냐하면 사회체계가 특정 욕구나 정해진 목적을 충족시키도록 프로그램화될 수 있다. 따라서 이러한 욕구나 목표를 충족시키기 위해서 문화적 항목(*cultural item*)이나 **사회적 사실**(*social fact*)을 변화시킬 수 있는 능력을 가질 수도 있기 때문이다. 그러나 분석자가 그런 체계를 묘사할 때, 그 체계가 어떻게 프로그램화되었고, 그 체계가 욕구나 목적을 충족시키기 위해 어떻게 사회적 사실을 변화시키는지 상세히 기록해야 한다. 뒤르켐은 자기 특유의 기능적 분석을 정식화했을 때, 이런 종류의 체계를 마음에 두지 않았다. 따라서 그는 자신의 주장을 목적론적으로 진술하기를 원치 않았다.

자신의 경고에도 불구하고 뒤르켐은 실제 작업에서는 목적론적 추론에 쉽게 빠져든 것으로 보인다. 분업에 관한 자신의 첫 번째 저서에서 뒤르켐은 원인(인구증가와 도덕적 밀도)과 기능(사회통합)을 장황하게 구별하였다. 그러나 인과관계에 대한 진술은 종종 기능주의적 진술과 융합된다. 논점은 일반적으로 다음과 같다. 즉, 인구밀도는 도덕적 밀도(접촉과 상호작용의 비율)를 증가시킨다. 그런데 도덕적 밀도는 경쟁을 야기하고, 이것은 사회질서를 위협한다. 그리고 자원을 놓고 벌어지는 경쟁은 생존 가능한 자리를 찾으려는 노력으로 업무의 전문화를 낳는다. 그리고 전문화는 상호의존의 압력을 만들어내고, 상호의무의 도덕성을 수용하려는 의지를 증가시킨다. 새로운 사회질서로의 이러한 전환은 의식적으로, 또는 '비의식적 지혜'에 의해 이뤄지지 않는다. 분업은 "그렇지 않으면 무제한의 경쟁이 파괴할 수 있는" 질서를 회복시키는 데 필수적이다. [16] 그리하여 사회질서에 대한 위협 또는 욕구가 분업을 야기한다는 인상이 남았다. 그러한 추론은 부당한 목적론일 수 있다. 왜냐하면 분업(사회질서)의 결과 또는 결말은 그것의 함축적 원인이기 때문이다. 뒤르켐이 종종 주장하듯이, 원인과 기능은 적어도 분석적으로 분리할 수 있는 것은 아니다.

간단히 말하자면 부당한 목적론에 관한 뒤르켐의 경고에도 불구하고 자신도 종종 경계했던 바로 그 덫의 가장자리 위에서 맴돌았던 것으로 보인다. 이런 실패 원인은 아마도 이러한 형식의 사회학적 분석 속에 내장된 유기체론적 가정으로까지 거슬러 올라갈 수 있다. 뒤르켐은 출현적 속성(emergent properties), 즉 전체를 개별적 부분으로 환원할 수 없는 성질에 대해 사회학적 입장을 강력하게 취하면서, 사회학을 당대의 소박한 심리학이나 인류학으로부터 분리시켰다. [17] 그러나 사회 전체에 대한 이러한 강조를 기능, 요건, 욕구 그리고 정상성, 병리성을 가진 유기체론으로 보충함으로써, 뒤르켐은 70여 년 동안 사회학 이론에 유기체론적 원리들을 결합시켰다. 뒤르켐의 분석 작업이 가진 암시적 특성뿐만 아니라 실체적 주제에 대한 탁월한 분석 때문에 기능주의적 분석양식은 이후 세대의 사회학자들과 인류학자들에게 매우 매력적이었다.

4. 기능주의와 인류학적 전통

기능주의는 인류학자들이 단순사회를 분석하는 데서 그 매력을 발견하지 않았다면 뒤르켐과 함께 사라졌을지도 모른다. 사실 잘 결합된 개념적 시각으로서의 기능주의는 말리노프스키와 래드클리프-브라운이라는 두 인류학자들의 저작에 의해 명성을 떨치게 됐다. [18] 이 두 명의 사상가는 원시사회에 대한 인류학적 연구뿐만 아니라 뒤르켐의 유기체론으로부터 많은 영향을 받았다. 그러나 지적 배경의 유사성에도 불구하고 말리노프스키와 래드클리프-브라운이 발전시킨 개념적 시각은 많은 차이가 있다.

1) 래드클리프-브라운의 기능주의

래드클리프-브라운(A. R. Radcliffe-Brown, 1881~1955)은 "인간사회에 적용되는 기능의 개념은 사회적 생활과 유기체적 생활 사이의 유추에 근거한다"는 점과 "뒤르켐이 엄격한 과학적 사회연구에 기능주의를 최초로 체계적으로 정식화하였다"는 점을 인정했다. 그리고 나서 그는 유기체론적 추론의 몇 가지 문제를 어떻게 극복할 수 있는지 보여주려고 했다. [19] 래드클리프-브라운이 보기에 기능주의와 관련된 가장 심각한 문제점은 목적론적 분석 경향이다. 뒤르켐의 정의는 한 부분이 체계의 욕구들을 충족시키는 방식과 관련된다는 점을 지적한 다음, 래드클리프-브라운은 그런 분석의 목적론적 함의를 피하기 위해서는 "'욕구'라는 용어를 '존재의 필수적 조건'이라는 용어로 대체할 필요가 있다"고 강조했다. 그러면서 그는 어떤 보편적 인간 욕구 또는 사회적 욕구가 자명한 것으로 가정될 수 없으며, 오히려 생존에 필수적인 조건의 문제는 경험적 문제로서 각각의 사회체계에서 발견되어야 하는 쟁점이라고 생각했다.

더욱이 다양한 체계의 생존에는 다양한 조건이 필요하다는 점을 인정했기 때문에, 말리노프스키는 한 문화의 모든 항목이 각기 하나의 기능을 가져야 하고, 다른 문화의 동일한 항목들이 동일한 기능을 가져야 한다는 주장을 피해야 한다고 보았다. 일단 불합리한 목적론이 인지되자 기능적 또는 (그의 용어로) 구조적 분석은 몇 가지 가정을 통하여 합리화하였다. 그 가정은 다음과 같다. ① 사회생존을 위한 한 가지 필수적 조건은 부분들의 최소한의 통합이다. ② 기능이라는 용어는 이러한 필수적 통합 또는 결속을 유지하는 과정들을 말한다. ③ 따라서 각 사회에서 구조적 특징들은 필수적 결속을 유지하는 데 이바지할 수 있다. 이러한 분석적 접근 속에서 사회구조와, 사회의 생존에 필수적인 조건들은 서로 환원할 수 없다.

뒤르켐과 유사한 맥락에서 래드클리프-브라운은 사회를 그 자체로 하나의 실재(a reality)로 보았다. 이러한 이유로 그는 보통 친족규칙과 종교적 의례와 같은 문화적 항목은 사회구조(특히 연대와 통합에 대한 사회구조의 요구)를 통하여 설명할 수 있다고 보았다. 예를 들어 혈통체계를 분석할 때, 래드클리프-브라운은 먼저 최소한도의 연대가 체계에 반드시 존재해야 한다고 가정했다. 그렇다면 혈통체계와 관련된 과정들은 이 연대를 유지하는 결과에 의해 평가될 수 있다. 결론적으로 혈통체계는 가족이 토지를 소유한 사회에서의 갈등을 조종하는 체계적 방식을 제공했다. 왜냐하면 그런 체계는 누가 토지에 대한 권리를 갖는지 그리고

가족 중 누가 그 권리를 계승하는지를 명시해 주기 때문이다. 경제체계 ─ 가족이 소유한 '부동산' ─ 의 통합은 이렇게 설명된다. [20]

이런 형태의 분석은 기능주의 이론가들에게 항상 따라다니는 수많은 문제를 제기한다. 비록 래드클리프-브라운이 "사회체계의 기능적 단일성(통합)은 하나의 가설"이라고 인정했지만, 그는 어느 정도의 기능적 단일성이 이 가정을 검증하는 데 필요한가에 대한 분석적 기준을 명시하지는 못했다. 이후의 논평자들이 발견했듯이 무엇이 최소한도의 기능적 통합이고 무엇이 아닌지를 평가할 수 있는 분석적 기준이 없기 때문에 원칙적으로 그 가설은 검증될 수 없다. 결국 기능주의자들은 현존하는 체계는 최소한도라도 통합돼 있고 생존하고 있다고 가정한다. 왜냐하면 그 체계는 존재하고 지속하고 있기 때문이다. 얼마나 다양한 문화 항목이 사회 전체의 통합과 분열을 조장하는가에 대한 주의 깊은 연구가 없다면, 그런 전략은 기능적 단일성의 가설을 동어반복으로 만들 수 있다. 만약 어떤 사람이 연구하고자 하는 체계를 찾았다면, 그것은 틀림없이 최소한도는 통합돼 있을 것이다. 따라서 이 체계의 일부인 혈통은 틀림없이 통합에 기여한다. 이 반대의 경우를 찾기는 어렵다. 왜냐하면 체계가 생존하는 것에 의해 그 체계는 이미 혈통체계와 같은 통합된 부분들로 구성되기 때문이다. 하나의 문화적 항목을 사회 전체로 볼 때 통합적인 동시에 분열적인 (그리고 다른) 결과를 가진 것으로 보는 것도 가능하기 때문에 그러한 추론은 불합리하다. 래드클리프-브라운은 실제로 민족지(ethnography)를 기술하면서 부주의하게도 종종 순환적 추론 방식에 빠져들었다. 체계가 존재

한다는 사실은 혈통체계와 같은 현존하는 부분들이 체계의 존재에 이바지하는 것으로 보이게 한다. 통합을 가정하고, 개별적 부분들이 통합된 전체에 이바지한다고 평가하는 것은 또 다른 문제를 낳는다. 그러한 분석양식이 함축하는 바에 따르면, 혈통 같은 특정한 구조의 원인은 통합하려는 체계의 욕구에 있다. 이것은 부당한 목적론에 빠지기 매우 쉬운 논리다.

물론, 래드클리프-브라운은 이런 결론을 부정했을 것이다. 그는 부당한 목적론의 위험을 깨달았기 때문에, 체계의 욕구가 부분의 출현을 야기한다는 암시를 제거한 것으로 보였다. 그는 기능(function)이라는 개념이 "사회생활 속의 모든 것이 하나의 기능을 가졌다"는 독단적 주장을 요구하지 않는다고 되풀이해서 주장하였다. 그렇다면 그는 목적론적 추론을 거부해야 했을 것이다.[21] 그러나 뒤르켐과 매우 유사하게 래드클리프-브라운은 분석적으로 주장한 것과 실제의 경험적인 사회분석이 종종 어긋났다. 그러한 실수는 의도된 것은 아니었지만 기능적 욕구, 기능적 통합 그리고 균형을 주요한 가정으로 취하면서 피하기 어려웠다.[22]

따라서 래드클리프-브라운은 유기체론의 위험 ― 특히 부당한 목적론의 위험과 연대 개념의 가설적 성격 ― 에 대해 놀랄 만큼 잘 깨닫고 있었지만, 그 또한 의문스러운 목적론적 추리에 종종 빠져들었다. 그는 통합은 작업가설일 뿐이라는 점을 잊고서 목적론으로 빠져들었다. 그런 문제는 뒤르켐의 분석에서 끊임없이 나타났으며, 이를 넘어서려는 노력에도 불구하고 그 유령은 래드클리프-브라운의 통찰력 있는 논문과 민족지에서조차 줄곧 따라다녔다.

2) 브로니슬로 말리노프스키의 기능주의

기능주의는 복잡한 사회를 연구하려는 사회학자들에게 도움을 준 것이 거의 없었기 때문에 래드클리프-브라운으로 끝날 수도 있었다. 뒤르켐과 래드클리프-브라운은 모두 하나의 기본적 사회욕구, 즉 통합을 가정하고서 체계의 부분들이 어떻게 이 욕구를 충족시키는가를 알아보기 위해 이 체계의 부분들을 분석했다. 분화된 사회에 관심이 있는 사회학자들에게 이것은 상당히 기계적인 작업으로 보인다. 더욱이 통합욕구를 충족시키지 못하는 체계부분(a system part)에 대해서는 분석을 허락하지도 않는다.

브로니슬로 말리노프스키(Bronislaw Malinowski, 1884~1942)의 기능주의는 이런 한계를 넘어섰다. 말리노프스키는 스펜서의 접근을 도입하여 현대 사회학자들이 기능적 분석을 채택할 수 있는 길을 제공하였다.[23] 말리노프스키의 작업에서는 스펜서로부터 두 가지 중요한 개념, 즉 ① 체계수준(system level)의 개념, ② 각 수준에서 상이한 다수의 체계욕구(system needs) 개념을 다시 도입하였다. 이 두 가지 개념을 추가해 말리노프스키는 20세기 사회학 이론가들에게 더욱 매력 있는 기능적 분석을 수행했다.

말리노프스키의 전략에는 3가지 체계수준, 즉 생물학적·사회구조적·상징적 수준이 있다.[24] 생물학적 건강, 사회구조적 통합, 그리고 문화적 단일성이 존재한다면, 각 수준에서 충족되어야 하는 기본적 욕구, 또는 생존요건을 식별할 수 있다. 더욱이 이 체계수준들은 생물학적 체계를 맨 밑에 두고, 사회구조적 배열이 다음에, 그리고 상징체계

<表 2-1> 체계수준의 요건들

문화적(상징적) 체계수준	구조적(도구적) 체계수준
• 환경 적응에 필요한 정보를 제공하는 상징체계의 요건들 • 사람들의 운명과 우연한 사건을 통제하고 있다는 의식을 제공하는 상징체계의 요건들 • 일상생활과 활동 속에서 사회성원들에게 공동의 리듬감을 제공하는 상징체계의 요건들	• 소비재의 생산과 분배에 대한 요건들 • 행위와 그 규제에 대한 사회적 통제에 대한 요건들 • 전통과 기술을 사람들에게 교육하는 데 필요한 요건들 • 권위관계의 조직과 실행에 대한 요건들

를 가장 높은 수준에 위치하는 위계(*hierarchy*)로 구성된다. 말리노프스키는 욕구가 하나의 체계수준에서 충족되는 방식이 위계상 다음 수준에서 어떻게 욕구가 충족되는가를 제약한다고 강조했다. 그러나 그는 어떤 종류의 환원론도 주장하지 않았다. 사실 그는 각 체계수준은 이 욕구들을 충족시키는 독특한 요건들과 과정들을 드러낸다고 생각했다. 게다가 그는 사회학 또는 인류학적 분석에서 중요한 체계수준은 구조적 수준과 상징적 수준이라고 주장했다. 그는 실제 토론에서는 사회구조적 수준에 가장 큰 관심을 보였다. 〈표 2-1〉은 사회학과 가장 관련 깊은 체계수준들의 요건 또는 욕구를 나열했다.

구조적 체계수준을 분석할 때, 말리노프스키는 제도적 분석이 필수적이라고 강조했다. 말리노프스키에게 제도(*institution*)는 핵심적 요건을 충족시키기 위해 활동이 조직되는 일반적이고 상대적으로 안정된 방식이다. 그가 생각하기에 모든 제도는 목록화될 수 있어서 다양한 제도들을 비교하는 차원들로 사용되는 보편적 속성 또는 '요소'를 가진다. 이런 보편적 요소들은 다음과 같다.

① **사람**: 누가 그리고 얼마나 많은 사람들이 그 제도에 참여하는가?
② **헌장**: 그 제도의 목적은 무엇인가? 표명된 목표는 무엇인가?
③ **규범**: 행동을 규제하고 조직하는 핵심적 규범은 무엇인가?
④ **물적 기구**: 목표수행을 위한 행동을 조직하고 규제하는 데 사용되는 도구와 설비는 무엇인가?
⑤ **활동**: 과제와 활동은 어떻게 나뉘는가? 누가 무엇을 하는가?
⑥ **기능**: 제도적 활동의 유형은 어떤 요건을 충족시키는가?

각 제도를 이렇게 6가지 차원으로 기술함으로써 말리노프스키는 사회 내, 그리고 사회 간의 사회조직 유형을 비교할 수 있는 공통적 분석척도를 제공했다고 믿었다. 그는 심지어 보편적 제도들의 목록을 작성하였다. 이 제도들은 구조적 요건뿐만 아니라, 생물학적 그리고 상징적 요건을 충족시켜 준다.

요약하자면, 말리노프스키의 기능주의적 접근은 오랫동안 스펜서의 유사한 주장을 망각했던 사회학자들에게 새로운 가능성을 열어주었다. 말리노프스키는 체계수준에 관심을 기울이는 것이 요건을 분석하는 데 결정적이라는 점을 사회학자들에게 암시했다. 그의 주장에 따르면 각 체계수준에는 보편적 요건이 있다. 그리고 구조적 수준은 사회학적 분석의 핵심이라고 강조한다. 앞 세대인 스펜서, 그리고 10년 뒤 탈콧 파슨스(3장 참조)와 매우 유사하게, 말리노프스키는 체계수준에서 4가지 보편적인 기능적 욕구들 — 경제적 적응, 정치적 권위, 교육적 사회화 그리고 사회통제 — 을 제시했다. 이 욕구들은 이후 기능주의적 전략에서 두드러지게 된다. 더욱이 그는 기능적 요건을 충족시키는 제도를 분석하기 위한 명료한 방법을 제공했다. 그래서 공평하게 말하자면, 말리노프스키는 현대 사회학적 기능주의를 위해 거친 윤곽선을 그렸다.

5. 나가며

기능주의는 사회학 분야에서 첫 번째로 등장한 일관성 있는 이론적 관점이었다. 기능주의는 흥미로운 질문을 다뤘다. 사회 또는 어떤 사회체계가 환경에서 살아남기 위해 필요한 것은 무엇인가? 이 질문은 1세대 사회학자에 속하는 오귀스트 콩트, 허버트 스펜서, 그리고 에밀 뒤르켐의 관심을 끌었다. 그리고 20세기 첫 10년간 진화적 사고가 사라지면서 기능주의는 사회학에서 죽었다. 이후 래드클리프-브라운과 브로니슬로 말리노프스키와 같은 인류학자들이 기능주의 이론을 차지했다. 1950년대와 1960년대 초 인류학에서 기능주의가 쇠퇴하고 있을 무렵, 사회학자들이 되살리기 시작했고, 10여 년 동안 기능주의는 다음 장에서 탐색되는 탈콧 파슨스의 지지 하에 사회학의 지배적인 이론적 관점이 되었다.

주

1 August Comte, *The Course of Positive Philosophy* (1830~1842). 참고서적으로 해리 마티노 (Harriet Martineau) 가 축약하여 번역한 다음 문헌이 있다. *The Positive Philosophy of August Comte*, vols. 1, 2 and 3 (London: Bell & Sons, 1898; 초판 1854).

2 August Comte, *System of Positive Polity or Treatise on Sociology* (London: Burt Franklin, 1875; 초판 1851), pp. 239~240.

3 같은 책, pp. 241~242

4 Herbert Spencer, *Social Statics* (New York: D. Appleton, 1870; 초판 1850) 은 단지 한 권 짜리였다. 그러나 이 책은 스펜서가 *Principles of Ethics* (New York: D. Appleton, 1879~1893) 를 저술할 때인 말년쯤에 상당히 두꺼워졌다.

5 Herbert Spencer, *The Principles of Biology* (New York: D. Appleton, 1864~1867).

6 Herbert Spencer, *Principles of Psychology* (New York: D. Appleton, 1898; 초판 1855).

7 이것들은 그의 책 *First Principles* (New York: A. C. Burt, 1880; 초판 1862) 에 담겨 있다.

8 Herbert Spencer, *Principles of Sociology* (1874~1896). 이 책은 다양한 묶음 (*volume*) 으로 재출간되었다. 이 장의 참고문헌은 3권짜리 (제3판) 이다 (D. Aplleton, New York, 1898). 이 긴 책을 읽게 되면 권 (*volume*) 이 아니라 부 (*part*) 로 적어 놓은 점에 몹시 비판적이게 된다. 왜냐하면, 페이지가 판에 따라 다를 수 있기 때문이다.

9 Jonathan H. Turner, *Herbert Spencer, Toward a Renewed Appreciation*, Chap. 4 (Beverly Hills, CA: Sage, 1985); Spencer, *Principles of Sociology*, vol. Ⅰ, part Ⅱ, pp. 449~457. 스펜서 유기체론의 대부분은 2,000쪽 이상인 책에서 단지 몇 페이지에 서술되었지만, 이것은 우리가 스펜서에 관해 가장 많이 기억하는 책이다.

10 *Principles of Sociology*, part Ⅱ. pp. 451~462.

11 상징에 관한 스펜서의 이론은 뒤르켐의 비판을 단순히 수용하는 현대 사회학자들에 의해 무시 당했다. 《사회학의 원리》의 1부는 상징에 관해 매우 복잡한 분석을 가한다.

12 *Principles of Sociology*, part Ⅱ, p. 477.

13 Émile Durkheim, *The Division of Labor in Society* (New York: McMillan, 1933; 초판 1893). 뒤르켐은 스펜서와 상징에 관한 이론이 매우 비슷할 뿐만 아니라, 유기체적 유추와 유기체론적 정식화에서도 유사하다는 점을 무시하는 경향이 있었다. 이 문제에 대한 더 자세한 내용은 다음 글을 참조하라. Jonathan H. Turner, "Émile Durkheim's Theory of Social Organization", *Social Forces* 68 (3, 1990), pp. 1~15; Jonathan H. Turner, "Spencer's and Durkheim's Principles of Social Organization", *Sociological Perspectives* 27 (January 1984), pp. 21~32.

14 Émile Durkheim, *The Rules of the Sociological Method* (New York: Free Press, 1938;

초판 1895), p. 96.

15 같은 책, p. 97.

16 같은 책, p. 35. 더 자세한 분석으로는 다음 글을 참조하라. Jonathan H. Turner and Alexandra Maryanski, *Functionalism* (Melno Park, CA: Benjamin/Cummings, 1979); Percy S. Cohen, *Modern Social Theory* (New York: Basic Books, 1968), pp. 35~37.

17 Robert A. Nisbet, *Émile Durkheim* (Englewood Cliffs, NJ: Prentice-Hall, 1965), pp. 9 ~102.

18 말리노프스키의 기능주의에 관한 기본적 참고문헌은 다음과 같다. Malinowski, "Anthropology", *Encyclopedia Britannica*, 보충판 vol. 1 (London and New York, 1936); Malinowski, *A Scientific Theory of Culture* (Chapel Hill: University of North Carolina Press, 1944); Malinowski, *Magic, Science, and Religion and Other Essays* (Glencoe, IL: Free Press, 1948). 래드클리프-브라운의 기능주의에 관한 기본적 참고문헌은 다음과 같다. Radcliffe-Brown. R., *American Anthropologist* 37 (July-September, 1935), pp. 58~72. Radcliffe-Brown, *Structure and Functionalism in Primitive Society* (Glencoe, IL: Free Press, 1952), Radcliffe-Brown, *The Andaman Islanders* (Glencoe, IL: Free Press, 1948); Turner and Maryanski, *Functionalism*.

19 Radcliffe-Brown, "Structure and Function in Primitive Society", *American Anthropologist* 37 (July-September, 1935), p. 68. 유기체론적 유추는 스펜서의 저작에서 훨씬 더 발전했기 때문에 이것은 물론 틀린 주장이다.

20 Radcliffe-Brown, *Structure and Function in Primitive Society* (Glencoe, IL: Free Press, 1952), pp. 31~50. 이 사례에 관한 2차적 분석은 다음 글을 참조하라. Arthur L. Stinchcombe, "Specious Generality and Functional Theory", *American Sociological Review* 26 (December, 1961), pp. 929~930.

21 예를 들어 다음 글을 보라. Radcliffe-Brown, *Structure and Functionalism in Primitive Society* (Glencoe, IL: Free Press, 1952).

22 이 원고의 초고에 대해 어떤 지각 있는 비판자는 동어반복의 문제를 다음과 같이 흥미로운 방식으로 설명했다. "당신은 언제 사회체계가 생존하고 있다고 생각하는가? 그것은 생존요건이 충족될 때다. 생존요건이 충족될 때를 당신은 어떻게 아는가? 그것은 당신이 사회체계가 생존한다고 생각할 때다."

23 Don Martindale, *The Nature and Types of Sociological Theory* (Boston: Houston Mifflin, 1960), p. 459.

24 Bronislaw Malinowski, *A Scientific Theory of Culture and Other Essays* (London: Oxford University Press, 1964), pp. 71~125. Turner and Maryanski, *Functionalism* (주 16 참조), pp. 44~57.

3장

탈콧 파슨스의
분석적 기능주의

1. 들어가며

탈콧 파슨스(Talcott Parsons)는 아마도 그가 살았던 시대에 가장 저명한 이론가일 것이다. 사회학 이론을 그처럼 지배했던 이론적 접근은 다시는 나오지 않을 것 같다. 1950년에서 1970년 후반까지 분명 파슨스의 기능주의는 이론 논쟁이 촉발되는 중심축이었다. [1] 파슨스의 기능주의 접근을 경멸하는 이들조차 그것을 무시하고 지나칠 수는 없었다. 그가 타계하고 기능주의의 지배가 무너진 지 40년이 지난 지금까지도 파슨스의 기능주의는 여전히 논쟁의 주제가 된다. 기능주의로 20세기 후반기를 지배한 파슨스의 성취를 이해하려면, 가장 좋은 출발점은 1937년에 출간된 그의 첫 저작인 《사회적 행위의 구조》이다. [2]

2. 사회적 행위의 구조

《사회적 행위의 구조》에서 파슨스는 사회학 이론을 구축하기 위해 '분석적 실재론'(analytical realism)을 사용해야 한다고 주장했다. 사회학에서 이론은 제한된 수의 주요개념을 사용하여 "외부세계의 측면들을 적절하게 '포착'하고 … 이 같은 개념들은 구체적인 현상에 조응하는 것은 아니지만, 다른 요소들과 분석적으로 구분되는 요소들에 조응한다."[3] 따라서 이론이란 경험적 실재에 공통되는 분석적 요소들을 추출해낸 개념들의 발전과 관련되어야 한다. 분석적 요소들은 모든 경험적 세계의 기저에 존재하는 본질과 일반적인 속성을 포착한다. 이런 식으로 개념은 사회적 현실을 구성하는 복잡한 관계들에 묻혀 있는 [경험적] 현상을 [분석적으로] 오려낼 수 있다.

파슨스가 제시한 분석적 실재론의 독특한 특징은 이와 같은 추상적 개념이 어떻게 사회학적 분석에 채택될 수 있는지를 주장했다는 점이다. 파슨스는 개념들을 이론적 진술로 곧바로 흡수하면 안 된다고 보았으며, '일반화된 개념들의 체계'로 발전시켜야 한다고 주장했다. 추상적 개념들을 이렇게 활용함으로써 개념들은 일관된 전체로 정돈되며, '현실세계'의 중대한 특징들을 반영할 수 있게 된다는 것이다. 추구해야 할 것은 세세한 경험적 현실에 압도되지 말고 이 개념들을 사회적 우주의 두드러진 체계적 특질을 포착하는 분석적 체계로 조직하는 것이다. 이처럼 파슨스가 범주(category)의 체계를 강조하는 것은 세계의 두드러진 특질들을 분석적으로 강조하기 위해 막스 베버가 제시한 이념형(ideal type) 전략을 도입한 것이다. 따라서 베버처럼 파슨스는 이론이 애초에는 사회현상의 중요한 특징을 반영하는 정교한 분류와 범주화와 유사해 보인다고 말한다. 이 같은 전략은 파슨스의 첫 책에서 발전시킨 '자원적 행위이론'(voluntaristic theory of action)에서 잘 드러난다. 4

파슨스는 자원적 행위이론이 공리주의, 실증주의, 관념론의 유용한 가정과 개념들을 종합한 것으로 보았다. 고전 경제학자들의 사상을 검토하면서 파슨스는 과도한 공리주의에 주목했다. 공리주의는 자유롭고 경쟁적인 시장에 놓인 제약받지 않는 원자적 행위자가 타자와의 교환에서 자신의 이익을 최대화하기 위해 자신의 행동을 합리적으로 선택한다고 전제한다. 파슨스는 사회적 질서를 이런 식으로 설정하면 몇 가지 중대한 난점을 안게 된다고 믿었다. 인간은 언제나 합리적으로 행위하는가? 인간은 과연 자유롭게 제약 없이 살아가는가? 제약 없이 경쟁적인 체계에서 질서는 어떻게 가능한가? 하지만 파슨스는 공리주의 사상에도 유익한 몇 가지가 있다고 보았다. 특히 목적을 추구하고

다른 행위노선들이 존재하는 가운데 선택할 수 있는 역량을 강조하는 점이 그러하다. 최소한이긴 하지만 파슨스는 공리주의의 유산이 사회학 이론에 기여하는 바가 있다고 느낀 것이다.

파슨스는 비슷하게 비판적인 입장을 취하면서 급진적인 실증주의자들(positivists)의 극단적인 논리를 거부했다. 그들은 사회적 세계를 물질적으로 관찰 가능한 인과관계로 보려는 경향이 있다. 그러면서 그들은 인간 정신의 복잡한 상징적 기능을 무시한다. 여기서 더 나아가 파슨스는 관찰 가능한 인과관계에 대한 강조는 너무나도 쉽게 무제한적인 환원주의를 부추긴다고 보았다. 이를테면 집단은 그 개인 구성원의 인과적인 결과로 환원되며, 개인들은 그들의 생리적인 과정의 인과관계로 환원된다. 물리적이고 화학적인 관계로도 환원되면서, 가장 기초적인 물리적 물질 입자 간의 원인-결과 연계로까지 나아간다. 이와 같은 극단성에도 불구하고, 급진적인 실증주의는 사회적 삶의 물리적 특질에 주목하고 그것이 전부는 아니더라도 사회의 조직화에 상당히 결정적인 영향을 미친다는 점에 주목한다. 마지막으로 관념론(idealism)에 대한 평가를 하면서, 파슨스는 '관념'의 개념이 개인과 사회과정을 유용한 것으로 규정해 주며, 관념들이 지속적인 사회적 삶을 규제하며 사회적 삶과 독립적임을 보여준다고 보았다.

이러한 전통들에 대한 파슨스의 분석이 갖는 학문적 깊이는 탁월한 것이다. 분석의 세세한 부분보다 더 중요한 것은 각각의 전통들로부터 선별한 개념들을 자원적 행위이론으로 직조해낸 점이다. 이 같은 출발점에 토대한 자신의 이론구축 전략에 맞추어 파슨스는 사회의 조직화에 대한 기능적 이론

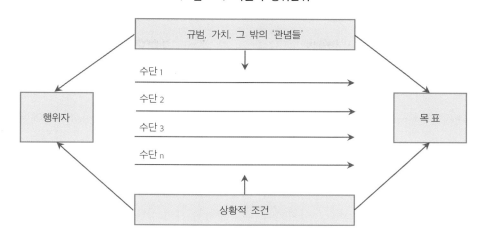

〈그림 3-1〉 자원적 행위단위

을 구성하기 시작했다. 초기 이론에서 그는 자원론을 개별 행위자의 주관적인 의사결정 과정으로 개념화했다. 하지만 그는 그러한 결정들이 부분적으로 규범적이고 상황적인(*normative and situational*) 강제성을 갖는다고 보았다. 자원적 행위는 따라서 다음 6가지 기본요소를 포함한다. ① 파슨스의 사고에서 행위자는 개인이다. ② 행위자는 목적을 추구한다. ③ 또한 행위자는 그 목적을 달성하는 다른 수단들도 갖는다. ④ 행위자는 다양한 상황적 조건에 처한다. 이는 목적과 수단의 선택에 영향을 미치는 다양한 외부적 생태적 제약뿐 아니라 자신의 생물학적 제약과 유전을 말한다. ⑤ 행위자는 가치, 규범, 그 밖의 관념들에 의해 통어(統御) 된다. 관념들은 무엇이 목적이고 무엇이 목적을 달성할 수단인지를 선택하는 데 영향을 준다. ⑥ 행위는 목적을 달성할 수단을 주관적으로 결정하는 행위자와 연관된다. 행위자는 결정 과정에서 관념과 상황적 조건의 제약을 받는다.

〈그림 3-1〉은 자원론을 개념화한 것이다. 전체 과정을 **단위행위**(*unit act*) 라고 부른다. 사회적 행위는 하나의 또는 그 이상의 행위자들에 의해 이 단위행위들이 연속되면서 이루어진다. 파슨스는 적어도 두 가지 이유에서 행위의 기본단위에 초점을 맞추기로 했다. 첫째, 그는 가장 기본적인 사회과정에 관한 사회사상들의 역사적 유산을 종합할 필요를 느끼고, 그것들을 가장 기초적인 구성요소로 분해해야겠다고 생각했다. 둘째, 이론에 관한 그의 입장에 따라, 사회학 이론의 발전에서 우선적으로 분석해야 할 것은 그것으로부터 복잡한 과정과 구조가 구축되는 가장 기본적인 단위의 체계적 특징을 개념적으로 규명하는 것이다.

일단 이러한 기본적 임무가 완성되자 파슨스는 질문하기 시작했다. 단위행위는 어떻게 서로 연결되는가, 그리고 이러한 연결은 어떻게 개념화될 수 있는가? 《사회적 행위의 구조》 말미에는 "오로지 단위행위 속에서만 식별되는 속성만을 다루는 원자적 체계는 … 이와 같은 후자의 요소를 적절히 다루는 데 반드시 실패하며, 복잡한 체계에 적용하지 못한다."[5] 하지만 대안적 논의에 관한 분명한 힌트는 그 책의 결론부에서 명료해진다.

3. 사회적 체계

〈그림 3-2〉는 단위행위에서 사회적 체계로의 이행을 요약한 것이다. 6 이러한 이행은 파슨스의 다음번 주요저작인 《사회적 체계》의 앞부분을 채우고 있다. 7 동일한 주제에 관한 베버의 유형론적 접근으로부터8 영감을 끌어와 파슨스는 행위자를 동기(에너지를 동원하도록 하는 필요성과 적극성) 와 가치(무엇이 적절한 것인지에 관한 개념들)의 차원에서 상황에 '지향'되어 있다고 보았다. 3가지 유형의 동기가 존재한다. ① 인지적 동기(정보의 필요) ② 카텍시스적(cathectic) 동기(감정적 애착의 필요) ③ 평가적 동기(평가의 필요) 등이다. 또한 이에 상응하는 가치유형이 존재한다. ① 인지적 가치(객관적 기준에 따른 평가) ② 정서적(appreciative) 가치(심미적 기준에 따른 평가) ③ 도덕적 가치(옳고 그름에 따른 평가) 등이다. 파슨스는 이것들을 지향양식(modes of orientation) 이라고 불렀다. 비록 이 같은 논의가 다소 모호하긴 하지만, 전반적인 아이디어는 이 같은 동기와 가치들 중 어느 것이 상대적으로 두드러지느냐에 따라 행위자가 행위의 유형을 구성한다는 것이다. 즉, 3가지 행위유형을 제시했다. ① 도구적 행위(명시적 목적을 효율적으로 실현하고자 지향된 행위), ② 표현적 행위(감정적 만족을 실현하려는 행위), ③ 도덕적 행위(옳고 그름의 기준에 따르려는 행위) 등이다. 어떤 동기와 가치지향이 강한지에 따라, 한 행위자는 이러한 방식 중 한 가지에 따라 행동하게 된다. 예를 들어, 만일 인지적 동기가 강하고 인지적 가치가 도드라지면, 행위는 비록 표현적이고 도덕적인 구성요소가 그 행위에 존재하더라도 주로 도구적 행위가 된다. 따라서 동기와 가치지향 양식의 다양한 결합과 치환(置換)에 따라, 하나의 일반적인 방향성으로 행위가 이루어진다.

그러므로 단위행위는 동기와 가치지향을 가지며, 행위자에게 지배적인 가치와 동기가 결합한 결과 일반적인 방향성을 갖게 된다. 이제까지 파슨스는 단위행위 개념에 대해서만 다듬어왔다. 중요한 다음 단계에 대한 힌트가 《사회적 행위의 구조》의 마지막 페이지들에 적혀 있다. 다양한 지향

〈그림 3-2〉 행위, 상호작용, 제도화에 대한 파슨스의 개념화

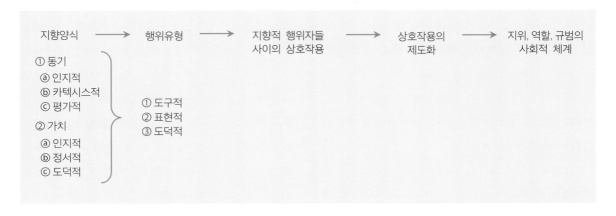

을 갖는 행위자들은 (동기와 가치지향의 구성양태에 따라) 상호작용한다. 그들은 의견을 일치시키며 상호작용의 패턴을 유지하고 그것을 '제도화시킨다.' 이렇듯 제도화된 패턴들은 파슨스가 보기에 하나의 사회적 체계로 개념화될 수 있다. 그러한 하나의 체계(a system)는 그 자체의 개념적 구성물을 요구하는 창발적(emergent) 현상이다. 지위-역할들의 규범적 조직화는 이와 같은 개념화에서 핵심이다. 즉, 사회학의 핵심주제는 지위, 역할, 규범의 조직화라는 것이다.

하지만 파슨스는 지위-역할을 담당하는 행위자들이 동기를 가지며 가치를 지향한다는 점을 깨달았다. 따라서 이제는 상호작용의 패턴뿐만 아니라 체계론적 어법으로 이 같은 행위의 차원을 개념화하는 과제를 안게 된 것이다. 그 결과 행위가 3가지 '상호 침투하는 행위체계들'(interpenetrating action system), 곧 문화체계, 사회적 체계, 인성체계로 구성되는 것으로 개념화했다. 단위행위의 사회적 체계들로의 조직화는 인성체계와 문화체계에도 해당하는 동기와 가치의 병행하는 개념화를 요구한다. 이제 행위이론의 목표는 어떻게 제도화된 상호작용 패턴(사회적 체계)이 가치, 믿음, 규범 및 그 밖의 관념들의 복합체로 둘러싸이는지 이해하는 것이 된다.

이후 파슨스는 이 3가지 체계에 유기적 체계(나중에는 행동체계(behavioral system))를 덧붙이지만, 이는 여기서는 다루지 않겠다. 이때의 개념화 단계에서 사회적 체계를 분석하는 것은 개념의 체계를 발전시키는 것과 관련된다. 첫째, 다양한 층위에서 사회란 것의 체계적 특징을 포착해야 한다. 둘째, 인성체계, 사회적 체계, 문화적 패턴이 접합되는

양식을 찾아야 한다.

모든 행위체계들의 속성을 반영하는 개념들을 발전시키는 데 몰두하면서 파슨스는 이와 같은 체계들의 변수적 속성을 나타내는 일련의 개념들을 제시했다. 유형변수(pattern variable)는 인성체계에서의 지향양식, 문화체계에서의 가치패턴, 사회적 체계들에서의 규범적 요구들을 한꺼번에 범주화할 수 있게 해준다. 변수들은 분석대상 체계에 따라서 이분화된 두 극으로 제시되며 행위자에 의한 결정들, 문화의 가치지향, 지위-역할에서의 규범적 요구들을 거칠게나마 범주화할 수 있게 해준다.

———

① **감정성**(affectivity) - **감정중립성**(affective neutrality)은 주어진 상호작용 상황에 적절한 감정 또는 정서의 분량과 관련된다. 감정이 많이 표현되는가? 그렇지 않은가?

② **확산성**(diffuseness) - **특정성**(specificity)은 상호작용 상황에서의 의무가 얼마나 멀리 해당되는가를 나타낸다. 의무가 좁고 특정적인가? 아니면 확장되고 확산적인가?

③ **보편성**(universalism) - **특수성**(particularism)은 상호작용 상황에서 타인들의 평가가 모든 행위자들에게 적용되는지, 모든 행위자가 동일한 기준에 의해 평가되는지의 문제를 가리킨다.

④ **성취**(achievement) - **귀속**(ascription)은 행위자를 평가할 때 그의 수행력으로 평가하는지, 성별, 연령, 인종, 가족지위 같은 그의 타고난 특질로 평가하는지를 다룬다. 행위자는 다른 사람을 성취에 기초해서 평가하는가? 아니면 능력과는 무관한 귀속적 속성으로 평가하는가?

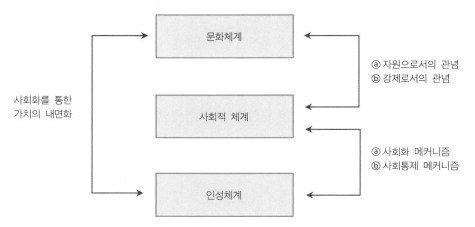

〈그림 3-3〉 행위체계들 간의 통합에 관한 파슨스의 초기 개념

문화체계

사회적 체계

인성체계

사회화를 통한
가치의 내면화

ⓐ 자원으로서의 관념
ⓑ 강제로서의 관념

ⓐ 사회화 메커니즘
ⓑ 사회통제 메커니즘

⑤ **개인성**(*self*) - **집합성**(*collectivity*)은 행위가 어느 정도나 자기이해와 개인목표 또는 집단이해와 집단목표에 지향되어 있는지를 가리킨다. 행위자는 자신이 관련된 집단 구성원 또는 커다란 집단보다 개인적이고 자신과 관련된 목표를 더욱 고려하는가?[9]

개인성-집합성 같은 일부 개념들은 나중에 행위도식에서 누락된다. 하지만 보편성-특수성 같은 경우 더 중요해진다. 유형변수의 의도는 동일하다. 결정, 규범적 요구, 가치지향을 이분화하여 범주화하는 것이다. 하지만 《사회적 체계》에서의 파슨스는 유형변수를 사회적 체계의 규범들과 인성체계의 결정들을 둘러싸고 있는 가치지향으로 보는 경향이 있었다. 따라서 인성과 사회적 체계들의 구조는 지배적인 문화적 가치지향을 반영한다. 이처럼 다른 행위체계를 규제하고 통제하는 문화적 패턴의 영향력을 암묵적으로 강조하는 경향은 파슨스의 후기 저작에서 더욱 공공연해진다.

1951년까지 파슨스는 이미 상호작용의 제도화 과정이 인성체계와 문화에 의해 침투되는 사회적 체계로 안정화된 패턴을 형성함을 강조하는 복잡한 개념체계를 만들어냈다. 제도화된 규범들, 역할 속에서 행위자들의 결정, 문화적 가치지향에 관한 윤곽(*profile*)은, 행위 구성요소들 각각에서 변수의 속성을 포착하는 유형변수 같은 개념들로 정리되었다.

이와 같은 분석적 구성물을 구축한 뒤, 파슨스는 《사회적 행위의 구조》에서 처음 제기한 질문이자 이후에도 그의 이론적 발전을 인도하는 질문으로 돌아갔다. 사회적 체계들은 어떻게 존속되는가? 더 좁혀 말하면, 왜 상호작용의 제도화된 패턴은 지속되는가? 이와 같은 질문은 체계의 명령 또는 요건의 문제로 이어지게 되었다. 파슨스는 어떻게 체계가 통합문제를 해결하는지 묻고 있었다. 그에 대한 대답은 어떻게 인성체계와 문화가 사회적 체계로 통합되는지, 그리하여 어느 정도의 규범적 정합성을 보증하고 행위자가 규범을 지키고 역할을 수행하는 데 요구되는 최소한의 헌신을 보증하는지를 설명하는 추가 개념들을 정교화함으로써 얻어진다. 〈그림 3-3〉은 이에 대한 파슨스의 생각의 핵심을 드러내 준다.

어떻게 인성체계들은 사회적 체계로 통합되어 평형을 증진하는가? 아주 추상적인 층위에서 파슨스는 인성체계가 사회적 체계로 통합되는 두 가지 메커니즘을 개념화하였다. ① 사회화의 메커니즘과 ② 사회통제의 메커니즘이 그것이다.

① 사회화 메커니즘은 문화적 패턴 — 가치, 믿음, 언어, 그 밖의 상징들 — 이 인성체계에 내면화되는 수단이다. 그리하여 문화적 패턴은 인성체계의 욕구구조(need structure)를 둘러싼다. 이 과정을 통해 행위자는 동기 에너지를 역할에 투입하며(그리하여 규범을 기꺼이 지키게 되며), 역할을 수행하는 데 필요한 인간관계의 기술 및 그 밖의 기술을 제공받는다. 사회화의 또 다른 기능은 적절한 동기와 기술을 획득하는 과정에서의 피로, 불안, 긴장을 상당히 경감시키는 상호작용적 유대를 안정화하고 보증해 준다.

② 사회통제 메커니즘은 지위-역할이 사회적 체계들로 조직되어 긴장과 일탈을 감축하는 방법들과 연관된다. 많은 통제 메커니즘들이 존재한다. ⓐ 제도화는 역할기대를 분명히 하고 시간·공간적으로 모순된 기대가 존재하지 않도록 차단한다. ⓑ 상호인격적 제재와 제스처를 행위자는 서로 간의 기대에 맞추어 섬세하게 채택한다. ⓒ 의례적 행위는 지배적 문화패턴을 강화하는 반면, 행위자는 이를 통해 지배적 문화패턴을 중단할 수 있는, 긴장의 상징적 원천으로 행동할 수 있다. ⓓ 안전판 구조(safety-valve structure)는 널리 퍼진 일탈적 경향성이 정상적인 제도적 패턴에 영향을 미치지 못하도록 시공간적으로 격리한다. ⓔ 재통합 구조는 일탈적 경향성을 다시 정상화시킨다. ⓕ 힘과 강제력을 사용할 수 있는 능력을 체계의 일부에 제도화시키는 것 등이다.

이러한 두 가지 메커니즘은 사회적 체계가 직면하는 가장 끈질긴 통합문제 중 하나를 해결해 준다. 사회적 체계가 직면하는 또 다른 주된 통합문제는, 어떻게 문화적 패턴이 사회의 질서와 균형 유지에 기여하는가의 문제이다. 다시금 파슨스는 가장 추상적인 층위에서 이것이 가능한 두 가지 방식을 그려냈다. ① 언어 같은 문화의 일부 구성요소는 상호작용이 가능하도록 하는 데 필수적인 기본자원이다. 상징적 자원 없이는 소통과 상호작용이 불가능하다. 따라서 모든 행위자에게 해당되는 공통의 자원을 공급함으로써 문화는 상호작용을 가능하도록 만든다. ② 관련되지만 여전히 구분해야 하는 문화가 상호작용에 미치는 영향은 문화적 패턴(가치, 믿음, 이데올로기 등)에 내장되어 있는 관념들을 통해 행사된다. 관념들은 행위자들에게 공통의 관점들, 개인적 존재론을 제공하며, 토머스(W. I. Thomas)의 말을 빌리면 공통의 '상황정의'(definition of situation)를 제공한다. 이 같은 공통의 의미들은 상호작용이 잘 중단되지 않고 원활하게 진행되도록 해준다.

당연히 파슨스는 사회화나 사회통제의 메커니즘이 언제나 성공하는 것은 아님을 알고 있었다. 그래서 일탈과 사회변동이 일어남을 인정하였다. 하지만 《사회적 체계》에서 개진된 개념들은 통합을 유지하는 과정, 암묵적으로는 사회적 체계들의 평형을 찾으려는 방향에 분석의 무게를 두었다.

4. 기능주의로의 이행

파슨스는 《사회적 체계》를 출간한 직후에 로버트 베일즈(Robert Bales), 에드워드 실즈(Edward Shils)와 함께 《행위이론에 관한 시론(試論)》을 출간했다. [10] 이 책에서 기능적 요건 개념이 일반 행위이론을 지배한다. 1956년에 파슨스는 닐 스멜서(Neil Smelser)와 《경제와 사회》를 출간했는데, 체계요건을 충족시키는 구조들의 기능이 행위이론에 더 잘 제도화되었다. [11]

이 시기 동안에 행위체계들은 적응, 목적달성, 통합, 잠재성 등 4가지 생존 문제 또는 〔기능적〕 요건 문제를 가지는 것으로 개념화되었다. **적응**(adaptation)은 환경으로부터 충분한 자원을 확보하여 체계 전반에 배분하는 것과 관련된다. **목적달성**(goal attainment)은 체계의 목적 중 우선적인 것을 수립하여 그 달성을 위해 체계의 자원을 동원하는 것을 말한다. **통합**(integration)은 체계단위 사이의 가능한 상호관계를 조정하고 유지하는 것을 가리킨다. **잠재성**(latency)은 두 가지 문제와 관련되는데, 유형유지와 긴장관리가 그것이다. 유형유지는 사회적 체계 속의 행위자가 어떻게 적절한 특징(동기, 욕구, 역할수행 등)을 보이도록 보증할지에 달려 있다. 긴장관리는 사회적 체계 속 행위자의 내적 긴장을 다루는 문제와 관련된다.

이 같은 모든 요건들은 《사회적 체계》에 암시

〈그림 3-4〉 사회적 체계에 관한 파슨스의 기능적 필요론

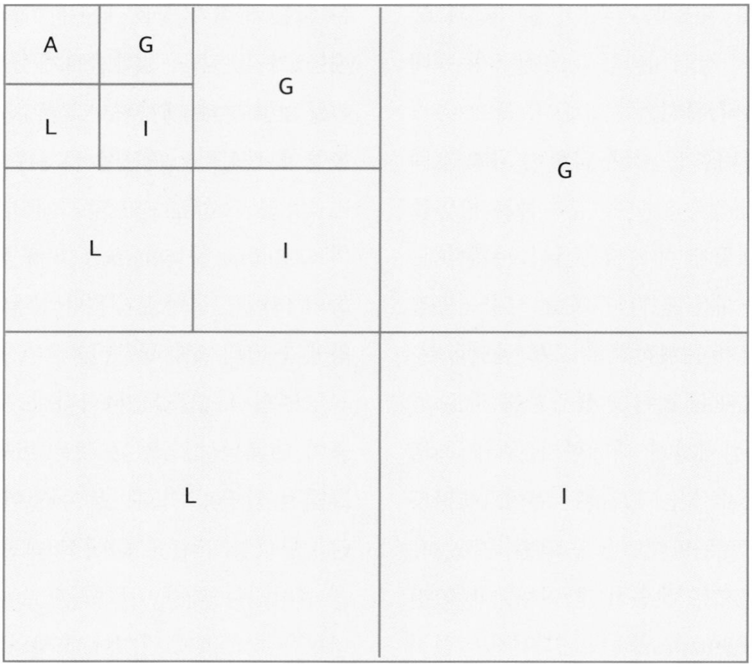

적응 (A)　　　　　　　　　　　　　목적달성 (G)

잠재성 (L)　　　　　　　　　　　　통합 (I)

됐던 것이었다. 하지만 통합의 일반 문제에 따라 고찰한 경향을 보였던 것이다. 행위체계들 내부의 또는 행위체계들 간의 통합에 대한 파슨스의 논의에서 편의시설(*facilities*)의 확보 문제(적응), 할당과 목표 추구(목적달성), 그리고 사회화와 사회통제(잠재성)의 문제가 두드러진다. 따라서 4가지 기능조건의 개념적 발전 — A, G, I, L로 약칭된다 — 은 초반 저작들로부터의 급진적 단절이라기보다 《사회적 체계》에 암시되었던 개념들을 정교화한 것이라 할 수 있다.

그러나 A, G, I, L의 도입은 구조들의 분석으로부터 기능들의 분석으로 미묘하게 이동한 것이다. 구조들은 이제 4가지 조건에 부합하는 그 기능적 결과에 의해 명시적으로 평가된다. 특정 구조들 간의 상호관계는 이제 어떻게 그 상호교환이 기능적 요건에 부합하는지에 의해 분석된다.

파슨스의 개념적 도식이 점점 기능 차원으로 향해감에 따라, 사회적 체계들은 기능적 요건(즉 A, G, I, L)에 각각 상응하는 영역들로 분할됐다. 그다음부터는 어떤 하위체계라도 이러한 4가지 기능 체계하에 분할될 수 있다. 따라서 각각의 하위체계는 4가지 기능영역하에서 분할될 수 있다. 이것을 묘사할 어휘를 찾자면 '기능적 부문화'(*functional sectorization*)이며 적응적 요건의 기능적 부문화는 〈그림 3-4〉에 예시돼 있다.

이 도식에서 분석적으로 중요한 것은 체계들과 하위체계들 간의 상호교환이다. A, G, I, L 간의 상호교환을 고찰하지 않고서는 사회적 체계의 기능을 이해하기 어렵다. 특히 이 상호교환은 하위체계들과 환경을 차지하는 다른 체계들 간의 교환에도 영향을 받기 때문이다. 다음으로, 하위체계의 기능은 그 내부의 적응, 목적달성, 통합, 잠재 영역 간의 상호교환을 고찰하지 않고서는 이해될 수 없다. 특히 이 상호교환은 다른 하위체계들과 더 상위의 체계와의 교환의 영향을 받기 때문이다. 따라서 체계와 하위체계의 기능영역 간의 중요한 상호교환들처럼, 이 시점에서 파슨스의 도식은 정교한 지도 만들기와 유사해지기 시작한다.

5. 통제의 정보적 위계

1950년대 말 파슨스는 4가지로 구별된 행위체계들, 즉 문화, 사회구조, 인성, 유기체, 4가지 행위체계들 간의 상호관계에 주목했다. 여러 가지 방식으로 이러한 관심은 《사회적 행위의 구조》에서 제시된 단위행위의 기초적인 구성요소 분석으로 돌아가는 일종의 오디세이였다. 하지만 이제 각 단위행위의 요소들은 완전히 행위체계로 발달되었으며, 4가지 기능적 문제, 즉 적응, 목적달성, 통합, 잠재성을 해결해야 하는 문제에 직면한다. 더 나아가 비록 개인의 결정은 여전히 인성체계가 사회적 체계 속 지위-역할의 규범적 요구에 적응해야 하는 행위의 일부이지만, 4가지 행위체계들 간의 투입-산출 연관으로 분석의 강조점이 이동했다.

이 시점에서 파슨스는 모든 행위체계(문화, 사회구조, 인성, 유기체와 그 하위체계들)를 그림으로 표현하기 시작했다.[12] 이 하위체계들 각각은 전체 행위체계의 4가지 기능요건(A, G, I, L)을 충족시키는 것으로 보인다. 유기체는 적응문제를 해결하는 하위체계로 간주된다. 유기체 체계를 통해 궁극

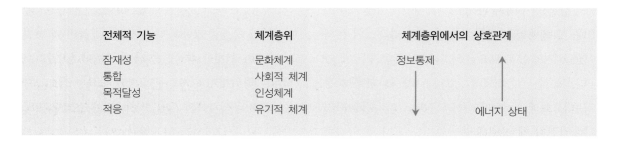

〈그림 3-5〉 파슨스의 통제의 사이버네틱 위계

전체적 기능	체계층위	체계층위에서의 상호관계
잠재성	문화체계	정보통제
통합	사회적 체계	
목적달성	인성체계	
적응	유기적 체계	에너지 상태

적으로 환경적 자원을 다른 행위체계들이 활용할 수 있기 때문이다. 목적을 추구하고 의사결정을 내리는 체계인 인성체계는 목적달성 문제를 해결하는 데 우선성을 갖는다. 문화적 체계의 패턴과 인성체계들의 욕구를 통합하는 지위규범의 네트워크를 조직하는 사회적 체계는 일반 행위체계의 주요 통합 하위체계로 간주된다. 상호작용에 필요한 상징의 저장소인 문화적 체계는 행위자들의 긴장을 관리하고 적절한 상징적 자원을 제도적 패턴들을 유지하는 데 활용할 수 있도록 보증한다(잠재성).

각각의 행위체계를 더욱 포괄적이고 전체적인 체계의 하위체계로 고찰한 이후, 파슨스는 4가지 하위체계들 간의 상호관계를 탐구했다. 여기서 등장하는 것은 정보적 통제의 위계다. 문화는 사회적 체계를 정보적 방식으로 둘러싸고 있다. 사회적 체계의 구조는 인성체계를 정보적 방식으로 규제한다. 인성체계는 유기체 체계를 정보적 방식으로 규제한다. 예를 들어 문화적 가치지향은 사회적 체계의 다양한 규범을 에워싸거나 제한한다. 다음으로, 이 같은 규범들은 역할을 수행하는 행위자들에게는 역할기대로 번역되어 인성체계의 동기나 의사결정 과정을 제약한다. 이 같은 인성체계의 특징은 유기체 내부의 생화학적 과정들을 둘

러싸고 있다.

반대로 위계상의 각 체계는 또한 그다음의 상위 체계에서의 행위에 필요한 '에너지를 공급'한다. 유기체는 인성체계에 필요한 에너지를 공급하며, 인성체계는 사회적 체계를 위해 에너지 조건을 제공한다. 인성체계의 사회적 체계로의 조직화는 문화적 체계에 필요한 조건들을 제공한다. 따라서 행위체계들 간의 투입-산출 관계는 상호적이며, 체계들은 정보와 에너지를 교환하는 것이다. 정보상 상위에 놓인 체계들은 그다음 저층 체계의 에너지를 활용한다. 각각의 저층의 체계는 다음 상위체계에서의 행위에 필요한 조건과 설비를 제공한다. 이러한 도식을 **통제의 사이버네틱 위계**(*cybernetic hierarchy of control*)라 부르며, 〈그림 3-5〉는 이를 나타낸다.

6. 일반화된 교환매체

파슨스는 세상을 떠날 때까지 4가지 행위체계들의 상호관계 및 내적관계에 대한 관심을 유지했다. 비록 해당 개념을 완전히 발전시키지는 못했지만 그는 이러한 관계들을 '일반화된 상징적 교환매체'를 통해 보기 시작했다.[13] 어떠한 교환에서도 일반

화된 매체가 작동된다. 예를 들어 화폐는 경제에서 상품의 구매와 판매를 용이하게 하는 데 사용된다. 화폐처럼 일반화된 매체가 상징하는 것은, 그것들이 실제적인 소통의 상징적 양식이라는 점이다. 화폐는 그 자체로는 아무런 가치를 지니지 않는다. 화폐의 가치는 오직 교환관계에서 상징적으로 작동할 때 명백해진다.

따라서 파슨스가 제안한 것은 행위 구성요소들 간의 연계가 궁극적으로 정보적이라는 점이다. 이것이 의미하는 바는 교환이 상징들에 의해 매개된다는 것이다. 정보에 대한 파슨스의 강조는 통제의 사이버네틱 위계와 양립한다. 정보의 교환 또는 사이버네틱 통제는 적어도 3가지 방식으로 작동한다. 첫째, 전체 행위체계의 4가지 하위체계의 상호교환은 서로 다른 유형의 상징매체에 의해 수행된다. 즉, **화폐, 권력, 영향력, 헌신**이 그것이다. 둘째, 4가지 행위체계 내부의 상호교환은 또한 구분되는 상징매체에 의해 수행된다. 마지막으로, 적응, 목적달성, 통합, 잠재성 등 체계의 요건은 체계 내부의 또는 체계 사이의 교환에서 사용되는 일반화된 상징매체의 유형을 결정한다.

사회적 체계 내에서 적응영역은 **화폐**를 다른 세 영역과의 교환의 매체로 사용한다. 목적달성 영역은 교환의 주된 매체로 **권력**(순응을 유도하는 능력)을 채택한다. 사회적 체계의 통합영역은 **영향력**(설득할 수 있는 능력)에 의존한다. 잠재성 영역은 충성을 확보하는 능력인 **헌신**을 사용한다. 따라서 사회적 체계 내 특정 구조들 간의 상호교환을 분석하려면 다양한 상징매체를 사용하는 투입-산출 교환에 초점을 맞춰야 한다.

전체 행위체계의 하위체계들 중 교환에서 사용되는 상징매체에 대해서도 유사한 분석이 수행되어야 한다. 하지만 파슨스는 명료하게 이 매체들의 본질을 설명하지는 않았다.[14] 그는 상징매체, 정보, 통제의 사이버네틱 위계를 이루는 체계들 간의 연계 같은, 기본적 유형을 분석하기 위한 개념도식까지만 나아갔다.[15]

7. 파슨스의 사회변동론

파슨스는 그의 학문인생 말기에 사회변동에 대해서 점점 더 관심을 갖게 되었다. 통제의 사이버네틱 위계 개념은 사회변동의 위치를 분류하는 개념적 도식으로 활용되었다. 행위체계들 간의 정보와 에너지의 상호교환은 행위체계들 각각의 내부 또는 서로 간 변동의 잠재성을 제공한다. 변동의 한 가지 원천은 행위체계들 간의 교환에서 정보 또는 에너지 중 하나가 과잉상태가 되는 경우이다. 이같은 과잉상태는 체계들 간의 그리고 각 체계 내부의 정보와 에너지 산출을 변경시킨다. 예를 들어, 동기화(에너지)의 과잉이 일어나면 역할수행에 영향을 미쳐 결국 역할 또는 규범구조가 재조직되도록 하고 나아가 문화적 가치지향이 변하도록 한다. 변동의 또 다른 원천은 에너지 또는 정보의 불충분한 공급으로부터 발생한다. 행위체계의 구조들이 외부적으로나 내부적으로 재조정되도록 만드는 것이다. 예를 들어 가치(정보) 갈등은 규범적 갈등(또는 아노미)을 야기한다. 그에 따라 인성체계나 유기적 체계에 영향을 준다. 따라서 통제의 사이버네틱 위계 개념은 안정과 변동의 원천을 모두 담는 개념이다.[16]

이처럼 사회변동을 새롭게 강조하기 위해, 파슨스는 역사적 사회들에서 일어난 사회진화를 분석하는 행위도식을 사용했다. 이 맥락에서 보면, "이제 누가 스펜서를 읽는가?"라는 물음을 던진 《사회적 행위의 구조》의 첫 줄은 흥미롭다. 당시 파슨스는 1937년까지 왜 스펜서의 진화론이 그토록 철저히 거부되었는지 몇 가지 이유를 제시함으로써 물음에 답했다. 하지만 40여 년 뒤, 파슨스는 자신이 애초에는 쉽사리 기각했던 사회진화 문제를 재탐구하기 시작했다. 그는 다시 스펜서와 뒤르켐의 진화적 모델을 기능주의 이론 속에 도입했던 것이다.

사회발전에 관한 스펜서와 뒤르켐의 통찰을 끌어들이면서 파슨스는 진화의 과정이 다음 요소들을 보여준다고 말했다.

---

① 체계단위들이 점점 더 분화되면서 기능적 상호의존이 증가
② 분화된 체계들 각각에서는 새로운 통합원리와 메커니즘이 구축됨
③ 분화된 체계들의 환경에 대한 적응 역량 강화

행위이론의 시각에서 진화는 ⓐ 인성체계, 사회적 체계, 문화체계, 유기적 체계 상호 간 분화의 증대를 가져온다. ⓑ 분화의 증대는 4가지 각 행위체계 내부의 분화를 증대시킨다. ⓒ 통합의 문제가 커져가면서 새로운 통합구조들이 출현한다. ⓓ 각 하위 행위체계의 환경에 대한 생존 역량이 향상될 뿐만 아니라 전체 행위체계의 적응역량도 향상된다.

다음으로 파슨스는 역사적 체계들의 진화 패턴을 원시단계, 중간단계, 근대단계로 두 권의 짧은 책에 그려내는 야심찬 시도에 착수하였다.[17] 사회적 체계들과 인성 간의 통합문제를 강조했던 《사회적 체계》와는 대조적으로, 파슨스는 문화적 체계와 사회적 체계 양자의 내부 및 서로 간의 분화 및 그것이 야기하는 통합문제에 관한 진화모델에 주목했다. 진화의 각 단계는 사회와 문화 간의 새로운 종류의 통합문제를 반영한다. 각 체계들은 더욱 내부적으로 분화되며 서로 간에도 분화된다. 따라서 초기 저작에서 명백히 드러났던 행위체계들의 통합문제에 대한 관심은 사라진 것이 아니며 특정 역사적 과정을 분석하는 데 적용된 것이다.

비록 파슨스가 진화적 변동의 원인에 대해서는 모호한 설명을 제시했지만, 진화가 통제의 사이버네틱 모델, 특히 정보요소에 의해 인도된다고 보았다. 파슨스는 사회적 체계와 문화적 체계의 분화로 인한 통합문제가 어떻게 역사적 체계들의 진화과정에서 해결되는지 보여주면서, 정보적 위계를 중시했다. 분화의 사회적 과정을 규제하려면 반드시 문화적 패턴(정보)에 의한 정당화가 수반되어야 하기 때문이다. 그 같은 정보적 통제가 존재하지 않는다면 진화과정상 다음 발전단계로의 운동이 난관에 봉착한다.

따라서 사회변동에 대한 분석은 인간사회의 역사적 발전을 탐구하기 위해 일반 행위이론이라는 분석도구를 활용한 시도이다. 여기서 중요한 것은 파슨스가 사회변동 과정에 대해, 그리고 진화과정 전개를 가로막거나 가속화시키는 과정에 대해 많은 주장들을 발전시켰다는 점이다. 파슨스의 이러한 주장들에 대한 검증들이 전반적으로 많은 경험적 뒷받침을 받았다는 사실은 그냥 지나칠 일이 아니다.[18]

8. 파슨스의 '인간조건론'

다시 한 번 파슨스는 스펜서의 거대이론(*grand theorizing*)을 상기시키는 방식으로 자신의 분석도식을 우주의 모든 측면으로 확장시키려 시도하였다.[19] 마지막 개념적 시도에서 파슨스의 작업이 점점 스펜서를 닮아간다는 점은 아이러니하다. 《사회적 행위의 구조》의 서두에서 쓴 "이제 누가 스펜서를 읽는가?"라는 구절을 제외하고 파슨스는 줄곧 스펜서를 언급하지 않았기 때문이다. 실제로 그는 자신의 사회진화 분석과 '인간조건'(*human condition*)에 대한 개념이 얼마나 100년 전 스펜서의 노력과 비슷한지 깨닫지 못했던 듯하다. 어쨌든

마지막 저작은 사회학이라기보다 철학에 가깝다. 하지만 그것은 파슨스 사상의 정점을 보여준다. 파슨스는 1937년 가장 작고 기본적인 사회단위인 행위(*act*) 분석에서 시작했다. 다음으로 그는 4가지 행위체계(사회적 체계, 문화체계, 인성체계, 그리고 처음에는 유기적 체계라고 부르다 나중에 명칭이 변경된 '행동체계')를 포괄하는 조건 기능주의를 발전시켰다. 마지막으로 인간조건의 근본적 특질을 이해하려는 욕망에 따라 그는 4가지 행위체계들이 더 큰 우주체계의 단지 하나의 하위체계라고 보았다. 이에 대해서는 〈그림 3-6〉에 나와 있다.

〈그림 3-6〉에서 보듯이 우주는 4가지 하위체계로 분할되어 있으며, 각 체계는 4가지 요건(A, G,

〈그림 3-6〉 인간조건 체계의 하위체계들

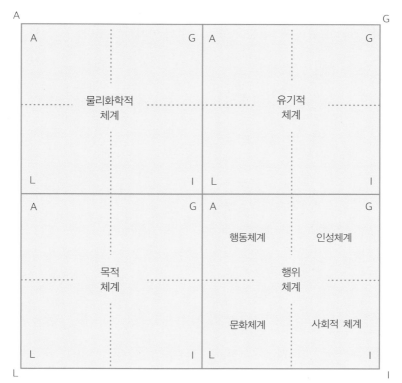

I, L) 중 하나를 충족시킨다. 4가지 행위체계는 우주의 통합문제를 해결한다. 유기적 체계는 목적달성 문제를 다루고 물리화학적 체계는 적응문제를 다루며, 목적 (*telic*) 체계 (의미나 인지 같은 '궁극적' 문제들) 는 잠재성 문제를 다룬다.

각각의 하위체계는 하위체계 내부의 또는 하위체계 간의 활동을 가능케 하는 매체를 지닌다. 행위 하위체계에 해당하는 매체는 상징적 의미다. 목적체계의 매체는 초월적 질서다. 유기적 체계에서 그것은 건강이며, 물리화학적 체계에서는 경험적 질서 (물질, 에너지 등의 법칙적 관계) 다. A, G, I, L 영역들에서는 이러한 매체들끼리 '산출물' (*product*) 과 '요소' (*factor*) 의 형태로 이루어지는 이중적 교환이 존재한다. 우주의 각 하위체계는 산출물을 다른 체계들에 전달하는데, 그것은 또한 다른 하위체계의 작동에 필요한 요소를 공급한다. 이는 L (목적체계) 과 I (행위) 간의 교환이다. 산출물 층위에서 목적체계는 행위 하위체계에 '인간의 책임성에 대한 규정'을 제공하며, 행위체계로부터는 '정당화의 정서' (*sentiment of justification*) 를 수령한다. 요소 층위에서 목적체계는 '범주적 명령'을 제공하고 '도덕적 의무의 수용'을 수령한다. 이 같은 이중적 교환은 물론 I와 A 하위체계의 매체인 초월적 질서 및 상징적 의미에 의해 수행되는 것이다.

이 같은 파슨스의 분석이 최종적으로 다다른 곳은 인간존재에 영향을 주는 우주에 관한 거대한 형이상학적 그림이다. 그의 분석은 우리가 사는 우주를 체계, 하위체계, 체계요건, 일반화된 매체, 그리고 이 매체들의 교환으로 범주화하려는 노력을 대표한다. 그만큼 이 같은 분석은 더 이상 사회학이 아닌 철학이 되며, 거대한 메타이론적 그림을 제시할 뿐이다. 실제로 파슨스는 1937년 단위행위를 고안한 이후, 그야말로 기나긴 여정을 거쳐서 여기까지 왔다.

주

1 비록 소수만이 파슨스 이론의 전반에 동의하는 것으로 보이긴 하나, 파슨스가 지난 20세기 지배적인 사회학자였다는 주장에 반대하는 학자는 거의 없다. 파슨스가 가졌던 영향력에 관해서는 다음을 참조하라. Robert W. Friedrichs, *A Sociology of Sociology* (New York: Free Press, 1970), 그리고 Alvin W. Gouldner, *The Coming Crisis of Western Sociology* (New York: Free Press, 1970) 〔앨빈 W. 굴드너, 《현대 사회학의 위기: 서구 사회학의 다가오는 위기와 전망》, 김쾌상 역, 한길사, 1982〕.

2 Talcott Parsons, *The Structure of Social Action* (New York: McGraw-Hill, 1937), 앞으로 주석에는 가장 최근의 보급판(New York: Free Press, 1968)을 이용할 것이다.

3 앞의 책, p. 730.

4 파슨스가 《사회적 행위의 구조》에서 제시한 논점을 다룬 유용한 분석으로는 다음을 참조하라. Leon Mayhew, "In Defense of Modernity: Talcott Parsons and the Utilitarian Tradition", *American Journal of Sociology* 89(1984): pp. 1273~1306과 Jeffrey C. Alexander, "Formal and Substantive Voluntarism in the Work of Talcott Parsons: A Theoretical Reinterpretation", *American Sociological Review* 13(1978): pp. 177~198.

5 Parsons, *The Structure of Social Action* (주 2 참조), pp. 748~749.

6 다음 글도 참조하라. Jonathan Turner, "The Concept of 'Action' in Sociological Analysis", in *Analytical and Sociological Theories of Action*, eds. G. Seeba and Raimo Toumea (Dordrecht, Holland: Reidel, 1985).

7 Talcott Parsons, *The Social System* (New York: Free Press, 1951).

8 Max Weber, *Economy and Society*, vol. 1 (Totowa, NJ: Bedminster, 1968), pp. 1~95.

9 이 유형변수는 에드워드 실즈와 공동으로 개발한 것이며, 다음 글에서 정교화됐다. *Toward a General Theory of Action* (New York: Harper & Row, 1951), pp. 76~98, 183~189, 203~204. 파슨스가 베버의 이념형 구성에 진 빚은 유형변수를 소개한 글에서도 다시 한 번 확인할 수 있다.

10 Talcott Parsons, Robert F. Bales, and Edward Shils, *Working Papers in the Theory of Action* (Glencoe, IL: Free Press, 1953).

11 Talcott Parsons and Neil Smelser, *Economy and Society* (New York: Free Press, 1956). 이 같은 기능적 요건들의 의미는 말리노프스키가 제시한 것과 동일하다. 2장 〈표 2-1〉을 참조하라.

12 Talcott Parsons, "An Approach to Psychological Theory in Terms of the Theory of Action", in *Psychology: A Science*, ed. S. Koch, vol. 3 (New York: McGraw-Hill, 1958), pp. 612~711. 1961년에 이르자 이런 생각이 훨씬 더 분명하게 공식화되었다. 다음을 참조하라.

Talcott Parsons, "An Outline of the Social System", in *Theories of Society*, eds. T. Parsons, E. Shils, K. D. Naegele, and J. R. Ritts (New York: Free Press, 1961), pp. 30~38. 다음도 참조할 수 있다. Jackson Toby, "Parsons' Theory of Social Evolution", *Contemporary Sociology* 1 (1972): pp. 395~401.

13 이 주제에 대한 파슨스의 저술은 미완성되었지만, 다음 글을 참조할 수 있다. "On the Concept of Political Power", *Proceedings of the American Philosophical Society* 107 (1963): pp. 232~262; "On the Concept of Influence", *Public Opinion Quarterly* 27 (spring 1963): pp. 37~62 ; "Some Problems of General Theory", in *Theoretical Sociology: Perspectives and Developments*, eds. J. C. McKinney and E. A. Tiryakian (New York: Appleton-Century-Crofts, 1970), pp. 28~68. Talcott Parsons and Gerald M. Platt, *The American University* (Cambridge, MA: Harvard University Press, 1975).

14 이에 대한 파슨스의 첫 시도는 다음 글을 참조하라. Parsons, "Some Problems of General Theory" (주 13 참조), pp. 61~68.

15 일반화된 매체에 대해 보다 쉽게 다룬 내용을 보려면 다음 글을 참조하라. T. S. Turner, "Parsons' Concept of Generalized Media of Social Interaction and Its Relevance for Social Anthropology", *Sociological Inquiry* 38 (Spring 1968): pp. 121~134.

16 더 충분한 논의를 보려면 다음을 보라. Alvin L. Jacobson, "Talcott Parsons: A Theoretical and Empirical Analysis of Social Change and Conflict", in *Institutions and Social Exchange: The Sociologies of Talcott Parsons and George C. Homans*, eds. H. Turk and R. L. Simpson (Indianapolis: Bobbs-Merrill, 1970).

17 Talcott Parsons, *Societies: Evolutionary and Comparative Perspectives* (Englewood Cliffs, 1966) 〔탈콧 파슨스, 《사회의 유형》, 이종수 역, 기린원, 1989〕와 *The System of Modern Societies* (Prentice Hall, 1971) 〔탈콧 파슨스, 《현대사회들의 체계》, 윤원근 역, 새물결, 1999〕. 이 두 권의 책은 한국어로 번역된 적이 있다. 일반적 발전단계에 대한 개요가 처음으로 등장한 것은 다음 논문이다. Talcott Parsons, "Evolutionary Universals in Society", *American Sociological Review* 29 (1964): pp. 339~357.

18 Gary L. Buck and Alvin L. Jacobson, "Social Evolution and Structural-Functional Analysis: An Empirical Test", *American Sociological Review* 33 (June 1968): pp. 343~355; A. L. Jacobson, "Talcott Parsons: Theoretical and Empirical Analysis" (주 16 참조).

19 Talcott Parsons, *Action Theory and the Human Condition* (New York: Free Press, 1978). 이 책의 마지막 장을 보면 된다. 또한 파슨스의 이 저작에 대한 나의 분석은 다음을 보라. Jonathan Turner, "Parsons on the Human Condition", *Contemporary Sociology* 9 (1980): pp. 380~383.

4 장

니클라스 루만의 체계 기능주의

1. 들어가며

20세기 중반에 걸쳐 40년 이상 전개된 파슨스의 기능주의 도식이라는 거대 구축물은 기능주의 내·외부에서 많은 비판을 불러일으켰다. 기능주의 내에서 파슨스의 개념적 구성물은 지나치게 추상적이고 경험적 실재로부터 동떨어져 있다고 비판받았다. 그러나 다른 기능주의자들은 고도의 추상수준을 버리지 않았다. 오히려 대안은 고도의 추상수준을 유지하는 가운데, 개념적 구성물의 복잡성과 경직성을 줄이는 것이었다. 그러나 다른 사람들은 파슨스의 접근에 기대어 파슨스와 동일한 실재적 (substantive) 질문에 초점을 맞추면서, 4가지 기능 패러다임 내에서 이 문제를 분석하려고 지속적 노력을 기울였다. [1]

이 장에서는 니클라스 루만(Niklas Luhmann)의 연구를 탐색하려고 한다. 루만은 파슨스의 4가지 기능 접근의 분석적 복잡성을 진지하게 비판하고 이 접근의 많은 부분을 기각하였지만, 사회현실을 분석하기 위한 추상적 틀(framework)의 생산이라는 목표는 보존하였다. 루만은 한때 파슨스와 함께 연구했지만, 결국 파슨스의 행위론이 "지나치게 자기 자신의 이론구성에 관심을 갖는다"고 비판하였다. 루만은 자신을 기능주의자라기보다는 체계이론가 (a system theorist)라고 생각했고, 말년에는 자신의 도식에서 체계를 점차 더 많이 강조했다. [2] 그러나 그는 여전히 기능주의자다. 왜냐하면 그는 하나의 주된 기능적 요건 즉, 환경적 복잡성의 감소를 어떻게 충족시키는가를 체계과정(system process)을 중심으로 분석하려는 경향이 있기 때문이다. [3]

2. 루만의 일반체계 접근

1) 체계와 환경

루만은 인간행위가 체계로 조직화되고 구조화된다는 점을 강조하기 위해서 일반체계 접근(general

systems approach)을 채택한다. 몇몇 사람들의 행위가 상호연관될 때, 사회체계(social system)가 존재한다고 말할 수 있다. 행위가 사회체계를 창출하기 위해 상호 관련되는 기본적 메커니즘은 단어와 다른 매체와 같은 상징적 규약을 통한 의사소통이다. 모든 사회체계는 체계가 다루어야 하는 잠재적으로 무한한 복잡성을 취하게 하는 다차원적 환경 속에서 존재한다. 그리하여 복잡한 환경 속에서 생존하기 위해 사회체계는 환경 속으로 융합되지 않도록 복잡성을 감소시키는 메커니즘을 개발해야 한다. 이 메커니즘은 복잡성을 감소시키기 위한 방법과 수단의 선택을 포함한다. 그러한 선택은 체계와 환경 사이에 경계를 만들어, 체계가 상호 관련된 행위의 유형을 유지하도록 한다.

루만의 분석에서 기본적인 기능적 요건은 상호 관련된 행위체계에 관하여 환경의 복잡성을 줄이기 위한 욕구이다. 모든 사회과정들은 환경과 관련해서 복잡성을 줄이기 위한 기능이라는 측면에서 분석된다. 이러한 방식으로 기능하는 과정들은 전형적으로 탈콧 파슨스의 《사회적 체계》4(3장 55~56쪽 참조)에서의 초기 논의를 상기시키는 방식의 메커니즘들로서 정의된다. 사실 대부분의 루만 사회학은 그러한 메커니즘들, 즉 문화, 이데올로기, 법률, 상징적 매체 등의 요소에 관한 논의를 중심으로 전개된다.

2) 환경의 차원

이런 메커니즘이 환경의 복잡성을 감소시키는 3가지 기본적 차원이 있다. 즉, ① 시간적(temporal) 차원, ② 물질적 차원, 그리고 ③ 상징적 차원이다. 루만은 사회적 세계의 차원으로서 시간에 관하여 대부분의 이론가보다 더 관심이 있다. 시간은 항상 체계에 복잡성을 제공한다. 왜냐하면 시간은 과거와 이어지기 때문이고, 시간은 현재 행위의 복잡한 구성을 구현하기 때문이다. 그리고 시간은 미래라는 광대한 지평을 포함하기 때문이다. 따라서 사회체계는 시간의 복잡성을 감소시키기 위한 메커니즘을 개발해야 한다. 체계는 행위가 과거, 현재 그리고 미래로 향하는 절차를 개발함으로써 이 차원을 정돈하는 방식을 찾아야 한다. 5

루만은 또한 환경의 물질적 차원, 즉 잠재적으로 무한한 물질적 공간에서 행위들 사이의 모든 가능한 관계들에 대하여 관심을 둔다. 루만은 항상 다음과 같이 묻는다. 즉, 물리적 공간에서 상호 관련된 행위들을 정돈하기 위해서는 어떤 메커니즘을 개발해야 하는가? 그러한 관계를 정돈하는 구조와 형식은 무엇인가?

루만은 인간체계의 세 번째 차원을 상징적이라고 보았다. 인간이 상상할 수 있는 모든 복잡한 상징들과 그 상징의 결합 속에서, 어떤 메커니즘이 다른 상징들을 제치고 특정한 상징들을 선택하고, 수많은 잠재적 대안들 대신에 어떤 방식으로 그 상징들을 조직하는가? 사회적 행위를 조직하기 위해 사회체계는 어떤 종류의 상징적 매체를 선택하고 사용하는가?

복잡성을 줄임으로써 체계와 환경 사이의 경계를 유지시키는 사회체계의 메커니즘은 3가지 차원, 즉 시간적·물질적·상징적 차원에서 기능한다. 사회체계의 성격, 즉 사회체계의 크기, 형식, 그리고 분화는 체계가 이 3가지 차원에서 복잡성을 줄이기 위한 메커니즘에 반영될 것이다.

3) 사회체계의 유형

사회체계는 개인들의 행위가 "의미 있게 상호 관련되고 상호연관될 때"는 언제든지 존재하며, 기능적 메커니즘을 선택해 시간적, 물질적 그리고 상징적 환경으로부터 사람들을 분리시킨다. 그러한 과정들로부터 3가지 기본적 유형의 사회체계, 즉 ① 상호작용 체계, ② 조직체계, ③ 사회적 (societal) 체계가 나타난다. 6

(1) 상호작용 체계
상호작용 체계는 개인들이 동시에 존재하면서, 서로를 인지할 때 나타난다. 지각(perception)이라는 바로 그 행위는 경계를 만들어내며, 하나의 체계로서 사람들을 구획하여 훨씬 복잡한 환경으로부터 분류하는 선별 메커니즘이다. 그런 체계는 대면적(face-to-face) 의사소통에서 언어를 사용함으로써 정교화되며, 이리하여 시간적·물질적·상징적 차원에서 복잡성을 더욱더 줄이게 된다. 예를 들어 루만은 다음과 같이 묻곤 했다. 규약이 된 언어와, 언어의 조직은 시간에 관한 사람들의 지각을 어떻게 규정하는가? 그리고 어떠한 규약과 동의사항이 대화나 다른 행위를 안내하는가?

그러나 상호작용 체계는 어떤 내재적 한계와 취약점을 드러낸다. 첫째, 모든 사람들이 동시에 이야기하여 체계가 붕괴되지(이러한 일이 빈번히 발생한다) 않도록 단지 한 가지 주제만이 한 번에 토론될 수 있다. 둘째, 참여자들의 대화와 관련된 다양한 자원은 누가 이야기할 것인가를 놓고 종종 경쟁을 이끌어낸다. 이 경쟁은 잠재적으로 갈등과 체계붕괴로 이어질 수 있는 불평등과 긴장을 야기한다. 셋째, 이야기와 대화는 시간을 소비하는 일이다. 왜냐하면 그것들은 연속적(sequential)이기 때문이다. 결과적으로 상호작용 체계는 결코 아주 복잡할 수 없다.

그래서 상호작용 체계들은 단순하다. 상호작용 체계는 동시에 존재하고, 인지되고, 이야기할 수 있는 사람들에게만 관련되기 때문이다. 이 체계는 갈등과 긴장에 취약하며, 상당히 많은 시간을 소비한다. 사회체계가 더 커지고 더 복잡해지기 위해서는, 동시적 존재와 연속적 이야기를 넘어서는 추가적 조직원칙이 필수적이기 때문이다.

(2) 조직체계
이 체계는 특정한 양의 화폐를 대가로 수행하는 특정한 임무와 같은, 특정한 조건에 관련된 개인들의 행위를 조정한다. 조직체계는 가입과 탈퇴 규칙(예를 들어 어느 시기 동안에는 일하고 그만큼의 돈을 받고 떠난다)을 가진다. 이 체계의 주요기능은 "장시간에 걸쳐 고도로 '인위적인' 행위양식을 안정화하는 것"이다. 그 체계들은 개인들의 동기와 성향, 그리고 특정한 과제를 수행하려는 욕구를 화해시켜야 하는 기본적 문제를 해결한다. 조직은 개인들의 도덕적 헌신에 의존하지 않는다. 그리고 조직은 규범적 동의를 요구하지도 않는다. 오히려 가입과 탈퇴 규칙은 개인들이 조직과 완전히 동일시하지 않고 요구되는 일을 할 수 있는 방식을 알려준다.

조직체계는 복잡한 사회체계에서는 필수적이다. 조직체계는 사람들을 다음과 같이 조직함으로써 환경적 복잡성을 감소시킨다. ① 시간적으로는 가입과 탈퇴 규칙을 만들고, 현재와 미래의 활동을 관리한다. ② 공간적으로는 권위가 조정하는 분업을 창출한다. ③ 상징적으로는 무엇이 적절한 것인가, 어떤 규칙을 적용할 것인가, 그리고 어떤 매체가 행위를 안내할 것인가를 나타낸다. 조직체계를 묘사할 때 루만은 복잡한 사회질서는 유지되어야 하는 가치, 신념, 또는 규범에 관하여 동의를 요구하지 않는다고 강조한다. 그러한 사회질서는 행위자의 동기상의 헌신(commitment) 없이도 상당히 효율적으로 작동할 수 있다. 사회질서의 바로 그 힘 — 변화하는 환경적 조건에 대한 유연성과 적응성 — 은 화폐와 같은 중립적 의사소통 매체와 함께, 제한되고 상황적인 행위자들의 헌신에 의존한다.[7]

(3) 사회적 체계

이 체계는 상호작용 체계와 조직체계를 가로지른다. 사회적 체계는 "서로 접근 가능한 모든 의사소통의 포괄적 체계"이다.[8] 역사적으로 사회적 체계는 지정학적 고려로 제한되었지만, 오늘날 루만은 하나의 세계사회(one world society) 라는 추세를 인정한다. 사회적 체계에 관한 루만의 논의는 상당히 모호하지만, 그의 일반적 아이디어는 보다 특정한 주제에 관한 그의 분석으로부터 추론될 수 있다. 즉, 사회적 체계는 환경의 복잡성을 줄이기 위해서 화폐와 권력과 같은 고도로 일반화된 의사소통 규약을 사용한다. 그럼으로써 그 체계는 어떻게 그리고 어디에서 행위가 상호작용과 조직체계 안으로 상호 관계되는지에 대한 대략적 제한을 설정한다. 이 체계는 또한 시간을 어떻게 인지하고, 행위를 과거·현재·미래로 어떻게 지향할 것인지 조직한다.

4) 체계분화, 통합 그리고 갈등

상호작용, 조직, 사회적 체계는 완전히 분리될 수는 없다. 왜냐하면 "모든 사회적 행위는 명백히 사회에서 발생하며, 궁극적으로 상호작용의 형식으로서만 가능하기" 때문이다.[9] 사실 매우 단순한 사회에서는 3가지 체계들이 서로 융합되어 있지만, 사회가 점점 커지고 복잡해짐에 따라 이 체계들은 서로 분화되고 환원할 수 없게 된다. 조직은 ① 기능적 영역(정부, 법률, 교육, 경제, 종교, 과학), ② 가입과 탈퇴 규칙, ③ (화폐, 진실, 권력, 사랑 등의) 독특한 의사소통 매체의 의존이라는 측면에서 특징적이다. 결론적으로 조직은 사회적 체계로 환원될 수 없다. 상호작용 체계는 자신의 법칙을 따른다. 사람들이 대화에서 조직과 사회의 지도지침을 좀처럼 따르지 않기 때문이다.

이 체계들의 분화는 보다 포괄적인 체계에 대해 몇 가지 문제를 제기한다. 첫째는 루만이 '병목'(bottleneck) 이라고 부른 문제다. 상호작용 체계는 느리며 연속적으로 조직화된 유형의 이야기이며, 사람들이 대화에서 자신의 자원을 사용할 때 체계 자체의 역학을 따른다. 결과적으로 상호작용 체계는 종종 조직이 높은 수준의 효율성을 발휘하지 못하게 방해한다. 사람들이 상호작용할 때, 수행되지 않거나, 과소수행된 조직의 특정 과제에 대해 비공식적 동의에 이르고, 여기에 시간을 소비한다. 유사하게 조직체계가 스스로의 구조와 프로그램을 개발할 때, 그 체계는 종종 충돌하며 사회적 수준에서의 행위요건(action requirement) 에 병목현상이 나타난다. 둘째는 분화된 체계에서 갈등의 문제이다. 상호작용하는 사람들은 주제에 대해 이견을 나타낼 수 있으며, 대화와 관련된 자원에 대해 시샘하거나 질투할 수도 있다. 그리고 상호작용 체계는 작기 때문에, 이 체계는 "주변적 변두리로 문제를 밀어내거나 그렇지 않으면 이 문제를 격리시킬" 만큼 충분히 복잡해질 수 없다. 조직적 수준에서 다양한 조직들은 조직과 보다 포괄적인 사회적 체계 모두에 파괴적 방식으로 자신의 이해를 추구할 수 있다.

그러나 사회적 통합을 유지시키는 과정이 이 파괴적 경향을 상쇄한다. 한 가지 중요한 과정은 체제수준 각각에서 이 수준을 '키워가는'(nesting) 것이다. 상호작용 체계 내부의 행위는 조직체계 내부에서 종종 키워지며, 조직적 행위는 사회적 체계 내부에서 행해진다. 그래서 보다 크고, 보다 포괄적인 체계는 두 가지 방식으로 통합을 증진시킬 수 있다. ① 그 체계는 행위의 선택에 관한 시간적·물질적·사회적 조건을 제공한다. ② 그 체계는 모든 하위체계 내부의 주변환경에 질서나 구조를 부과한다. 예를 들어 조직체계는 공간에, 그리고 권위의 위계에 사람들을 배분한다. 그 체계는 사람들을 시간에 순응시킨다. 그 체계는 적절한 의사소통 규약을 지정한다. 그 체계는 모든 상호작용 체계의 주변환경(다른 사람들, 집단, 사무실 등)을 정돈한다. 이와 유사하게 정치, 교육, 법률, 경제, 가족, 종교, 그리고 과학으로서의 사회의 기능적 분화는 모든 특수한 조직의 주변환경을 정돈하면서, 한 조직의 행위 내용을 결정한다. 예를 들어 특정 경제의 사회적 분화는 어떤 경제조직이 무엇을 할 수 있는가를 한계짓는다. 따라서 자본주의 경제의 주식회사는 화폐를 특징적 의사소통 매체로 사용하며, 시장관계와 관련된 다른

조직과 연결된다. 주식회사는 노동자들을 특유의 입회와 탈퇴 규칙("돈을 벌기 위해 일한다")이 있는 관료조직으로 노동자들을 조직한다. 그리고 주식회사는 (이윤과 승진과 같은) 미래의 결과물을 추구하여 과거를 현재의 활동을 안내하는 무너진(collapsed) 틀로 간주하면서 미래를 지향한다.

이 같은 성장과정에 덧붙여 통합은 다양한 기능적 영역에서 여러 가지 조직에 걸쳐서 사람들의 활동을 편향(deflection)시킴으로써 증진된다. 많은 조직들이 한 사회에 존재할 때, 어떤 조직도 개인의 정체의식과 자아의식을 다 소비하지 못한다. 사람들의 에너지가 여러 조직체계에 걸쳐서 퍼져 있기 때문이다. 단편적으로 개입하는 사회성원들은 조직 사이의 갈등에 감정적으로 이끌려 들어가지는 않는다. 그리고 개별 성원들을 감정적으로 갈등에 몰아넣지 못할 때, 사회적 붕괴의 강도와 잠재력은 약화된다. 더욱이 통합체계는 보다 포괄적인 조직과는 구별되기 때문에, 대중들은 조직 사이의 갈등을 종종 자신들의 이해와 관심에서 멀리 동떨어진 것으로 바라본다. 그리고 그 갈등은 상호작용 체계의 환경에서 '저쪽에'(out there) 있는 어떤 것이며, 따라서 깊게 휘말리지 않는다.

그러나 갈등을 완화시키는 또 다른 원천은 조직의 가입과 탈퇴 규칙이다. 가입과 탈퇴 규칙이 위계, 사무실, 기존의 절차, 봉급 등급 등으로 정교화될 때, 이 규칙들 — 예를 들어 인종과 종교 등 — 은 조직 외부에서 성원들의 갈등의 적절성을 줄인다. 그러한 외부 갈등은 조직 내부의 갈등과는 분리된다. 결과적으로 보다 큰 사회체계에서 갈등이 돌출되는 일은 줄어든다.

마지막으로, 일단 조직의 분화가 사회에서 확

립된 메커니즘이 될 때, 특정한 사회통제 조직 — 법률, 정책, 법정 — 은 갈등을 완화시키고 해결하기 위해 손쉽게 창조될 수 있다. 즉, 기능적으로 독특한 조직의 생산은 새로운 '사회기술'(social technology)을 나타낸다. 일단 새로운 사회기술을 한 가지 맥락에서 사용하면, 그것은 다른 맥락에도 적용할 수 있다. 따라서 조직의 분화 및 증식에 의해 제기되는 통합문제는 이 문제들을 해결할 수 있는 바로 그 조건 — 즉 조직들 사이에서 중재할 수 있는 조직을 만들어내는 능력 — 을 창출한다.

그래서 비록 3가지 체계수준들의 분화가 통합의 문제와 갈등을 야기하는 조건을 창출한다고 할지라도, 그것은 또한 통합하려는 상쇄적인 힘을 만든다. 이런 주장을 하면서 루만은 복잡한 체계에서 질서는 공통의 가치, 믿음 그리고 규범에 대한 합의에 의해 유지되지 않는다고 강조한다. 반대로 그는 아마도 가장 추상적 수준을 제외하고는 이 문제들에 관한 상당한 이견이 존재하기 쉽다고 말한다. 이 강조점은 루만 사회학의 중요한 공헌이며, 복잡한 사회체계에서 가치합의의 필요성을 지나치게 강조한 파슨스의 주장과는 구별된다. 덧붙여 루만은 사회적 구조물(fabric)에 대한 개인들의 도덕적·감정적 애착은 사회통합에 필수적이지 않다고 강조한다. 에밀 뒤르켐, 칼 마르크스 등과 같이 응집력 있는 공동체로의 낭만적 회귀는 복잡한 사회 대부분의 영역에서 불가능하다. 그리고 소외, 이기주의, 아노미와 같은 개념들이 함축하듯이, 복잡한 사회에서 많은 사람들이 가지는 몰개인성(impersonality)과 중립성을 병리적 현상으로 바라보기보다는 정상적인 것으로 볼 수 있고, 다소 덜 평가적으로 분석할 수 있다. 더욱이 복잡한 체계

에서는 사람들이 감정적으로 개입하지 않기 때문에, 사람들은 더 큰 자유, 더 많은 선택권, 그리고 더 큰 유연성을 갖게 된다.[10] 이것은 또한 보다 단순한 사회에서 전형적인 전통의 구속, 다른 사람들에 대한 종속적 속박, 그리고 강자의 감시라는 모욕으로부터 그들을 해방시킨다.

5) 의사소통의 매체, 성찰성, 자기주제화

루만의 체계이론은 체계와 그 환경과의 관계, 그리고 복잡성을 줄이기 위해 사용되는 메커니즘들을 강조한다. 모든 사회체계는 각각의 행동양식을 정렬시킬 때에 행위자들 간의 의사소통에 기반한다. 행위체계는 의사소통으로부터 만들어지기 때문에, 루만은 의사소통 이론(communications theory)에 상당한 주의를 기울인다. 그는 인간의 의사소통이 성찰적이며, 이 성찰(reflexiveness)이 자기주제화(self-thematization)를 이끈다고 강조한다. 이렇게 루만은 성찰과 자기주제화뿐만 아니라 의사소통 규약과 관련된 의사소통 이론을 개발한다. 그의 이론에서 이 요소들 각각을 간략히 살펴보자.

(1) 의사소통과 규약

루만은 이 개념들을 철학적·은유적으로 가공하지만, 결국 의사소통은 행위자들의 행위 진로를 알려주는 상징을 통하여 발생하며, 그러한 상징들이 몇 가지 속성을 가진 규약(code)을 구성한다고 결론 내린다.[11] 첫째, 하나의 규약으로 조직화된 상징들은 환경의 복잡성을 감소시키는 대안들의 선택을 안내한다. 예를 들어 상호작용 체계에서 누군가 자신은 특정한 주제에 관해 이야기하기를 원한다고

말할 때, 이 상징들은 환경 속에서 체계의 복잡성을 감소시키는 규약으로 작동한다(구성원들은 이 주제를 토론하겠지만 모든 잠재적 대안들을 토론하지는 않을 것이다). 둘째, 규약은 그 상징들이 정반대의 의미를 암시한다는 점에서 이원적(binary)이며 변증법적이다. 예를 들어 "훌륭한 소년이 되어야 한다"라는 언어적 규약은 암묵적으로 정반대, 즉 좋지 않은 것, 남성적이지 않은 것을 암시한다. 루만이 언급하듯이, 바로 그 성격에 의해 "언어는 부정적 모방을 가능하게 한다." 셋째, 규약은 정반대를 암시함으로써 정반대 행위의 가능성, 예를 들어 "나쁜 소년이 되는 것"을 만들어낸다. 그리고 인간의 규약에서 행위의 진로를 선택하고 규약으로 복잡성을 줄이는 바로 그 과정은 또한 잠재적 선택지를 확대시킨다(이렇게 해서 정반대의 일이나 정반대와 유사한 일을 만들어낸다). 이렇게 해서 인간체계는 고도로 유연하게 된다. 왜냐하면 체계를 조직하고 복잡성을 감소시키기 위해 사용되는 의사소통 규약은 또한 대안들에 관한 암묵적 메시지를 포함하기 때문이다.

(2) 의사소통 매체

의사소통은 (대안적 반응을 암시하면서) 환경에 대한 체계의 반응을 안정화한다. 규약은 의사소통을 체계의 반응을 명령하는 특별한 매체로 조직화할 수 있다. 사회가 기능적 영역들로 분화됨에 따라서 각 영역에서 체계의 자원들을 조직하기 위해 특별한 매체를 사용한다.[12] 예를 들어 경제는 의사소통의 매체로서 화폐를 사용하며, 화폐는 경제조직 내부의, 그리고 경제조직 간 상호작용을 안내한다. 따라서 특정한 경제에서 조직들 사이의 관계는 (시장에서 사고파는) 화폐라는 약속으로 수행되며, 노동자들 사이의 조직 내부적 관계들은 화폐(특정한 시간과 공간에서의 일에 대한 대가)에 의해 구조화된 가입과 탈퇴 규칙을 따라 안내된다. 이와 유사하게 권력은 정치영역의 특징적 의사소통 매체이고, 사랑은 가족의 매체이며, 진리는 과학의 매체이고, 다른 기능적 영역에서도 이와 유사하다.[13]

그러나 몇 가지 중요한 일반화가 루만의 의사소통 분석에서 함축적으로 나타난다. 첫째, 사회체계의 기능적 영역으로의 분화는 그 영역에 대한 특별한 의사소통 매체의 발전 없이는 발생할 수 없다. 둘째, 매체는 체계에서 행위의 영역을 제한하기 때문에 복잡성을 감소시킨다(예를 들어, 사랑이라는 매체는 가족체계에서 가능한 종류의 관계를 제한한다).[14] 셋째, 심지어 복잡성을 감소시킬 때 매체는 정반대를 암시하며, 따라서 잠재적 선택지를 확대하고 체계에 유연성을 부여한다(예를 들어, 일에 대한 노동은 정반대, 즉 돈을 받지 않는 일을 암시한다. 권력의 사용은 정반대, 즉 정치적 결정에 대한 불복종을 암시한다).

(3) 성찰성과 자기주제화

매체의 사용은 '성찰성'(reflection), 즉 행위 그 자체의 일부분으로서 행위의 과정을 탐구할 수 있는 능력을 허용한다. 행위를 구조화하는 의사소통 매체로 우리는 행위에 관하여 생각하거나, 행위를 성찰하기 위해 이 매체들을 사용할 수 있다. 사회적 단위들(social units)은 돈을 벌기 위하여 돈을 사용할 수 있다. 그들은 권력을 어떻게 행사해야 하는지를 결정하기 위하여 권력을 채택한다. 그들은 진정한 사랑이 무엇인지 결정하기 위하여 사랑을 분석한다. 그들은 진리에 이르는 절차를 설명하기 위하여 진리를 사용한다. 루만은 환경에 대한 체계의 적응력을 촉진시키는 메커니즘으로서 이 성찰성을 이해한다. 성찰성은 체계 속의 행위자들에게 새로운 행위 선택지에 관하여 생각할 수 있는 능력을 제공하고, 응답의 순서를 정하고 복잡성을 줄임으로써 체계의 적응력을 높인다. 예를 들어 사회의 정치엘리트가 권력의 분리에 기초한 헌정체계를 창출할 때처럼, 정치적 결정 시 권력을 행사하는 새롭고 보다 적응력 있는 방식을 생각하기 위하여 권력을 동원하는 것이 가능해진다.

의사소통의 매체들이 성찰적으로 사용될 때, 이 매체들은 루만의 용어로 **자기주제화**를 가능하게 한다. 체계는 매체를 사용하여 자기자신, 그리고 환경과의 관계를 하나의 '시각' 또는 '주제'로서 개념화할 수 있다. 그러한 자기주제화는 환경의 시간적·물질적·상징적 차원들을 어떻게 다룰 것인가에 관한 지침을 제공함으로써 복잡성을 감소시킨다. 시간에 어떻게 순응하고, 공간에서 사람들을 어떻게 조직하며, 상징들을 규약으로 어떻게 정할 것인가에 관하여 안내하는 시각을 갖는 것이 가능해진다. 예를 들어 자본주의 경제에서 자기주제화를 위한 돈과, 돈의 성찰적 사용은 미래에 대한 관심, 사람들의 합리적 조직에 대한 강조, 그리고 서비스와 상품의 비개인적 교환을 강조하는 일련의 규약을 만들어낸다. 이 자기주제화의 결과로 경제적 조직은 환경의 복잡성을 감소시키고 사회적 행위를 보다 효과적으로 조정한다.

6) 루만의 기본적 접근

간단히 말해, 루만의 일반체계 접근은 체계와 환경의 구별을 중심으로 전개된다. 체계는 시간에 관한 인식, 세계에서 행위자들의 조직, 상징의 사용에서 환경의 복잡성을 줄일 필요가 있다. 3가지 유형의 체계, 즉 상호작용 체계, 조직체계, 그리고 사회적 체계가 있다. 모든 체계과정들은 특징적 매체로 발전될 수 있으며 체계 속에서 성찰성과 자기주제화를 허용할 수 있는 공동체를 통해 발생한다.

3. 루만의 사회진화론

루만의 논의는 진화론적 틀 속에 집어넣을 수 있기 때문에, 그의 다양한 저작 속에서 진화론적 접근의 핵심적 요소들을 추출하는 것으로부터 시작하는 것이 좋다. 다른 진화론적 이론가들과 유사하게 루만은 진화를 환경과의 관계에서 체계의 분화가 증가하는 과정으로 본다. [15] 그러한 분화의 증가 때문에 체계는 환경에 대하여 보다 유연한 관계를 개발할 수 있으며, 결과적으로 적응수준을 향상시킬 수 있다. 그러나 체계가 분화함에 따라 다양한 하위체계들을 통합시키는 문제가 나타난다. 결과적으로 새로운 종류의 메커니즘은 전체 체계의 통합을 유지하기 위하여 출현한다. 그러나 대부분의 진화론자들과 달리 루만은 이전의 진화론적 접근에 몇 가지 새로운 것을 덧붙인다.

1) 진화 배후의 메커니즘

루만은 전통이론이 사회분화의 과정을 분석하는 방식에 대하여 대단히 비판적이다. [16] 첫째, 마르크스와 뒤르켐, 그리고 파슨스까지 전통이론가들은 모두 체계의 분화에는 한계가 있다고 암시했고, 그들 모두 그 과정의 끝을 가정한다. 이 점은 루만의 시각에서 볼 때 하나의 공상에 불과하다. 둘째, 전통이론가들은 분화된 체계에서 하나의 통합적 메커니즘으로서 가치합의의 중요성을 지나치게 강조한다. 셋째, 이 이론들은 범죄, 갈등, 가치에 대한 불화, 비인간성과 같은 많은 과정들을 일탈적이거나 병리적인 것으로 본다. 그러나 그것들은 분화된 체계에서 불가피한 것이다. 넷째, 이전의 이론들은 사회계층화를 악의 원천으로, 또는 영속적으로 갈등을 생산하는 메커니즘으로 이해함으로써 갈등과정의 존속을 다루는 데 어려움이 많았다.

이 진화론적 모델들에 대한 루만의 대안은 사회분화 분석의 새로운 방향을 잡기 위해 자신의 체계이론을 사용하는 것이다. 대부분의 기능주의자와 유사하게 그는 생물학적 유추를 시도하지만, 그의 유추는 조직의 생리학이 아니라 진화이론에서 묘사된 과정에 대한 것이다. 따라서 그는 사회체계에서 특성들의 ① 변이, ② 선택, ③ 안정화를 생산하는 과정들을 강조한다. [17] 이 추론에 따르면, 사회문화적 진화는 다른 형태의 생물학적 진화와 유사하다. 사회체계는 생물학적 진화에서 자신의 기능적 등가물인 메커니즘들을 가진다. 이 메커니즘들은 사회체계의 구조에서 변이를 만들어내고, 체계의 적응을 촉진하는 그 변이들을 선택하고, 이 적응적 구조를 안정화한다. [18]

루만의 주장에 따르면 '변이(variation)의 메커니즘'은 의사소통의 과정, 그리고 규약과 매체의 형성에 포함된다. 모든 상징들은 그 정반대를 암시하며, 항상 새로운 방식으로 행동할 수 있는 기회(일종의 '상징적 변환')가 있다. 의사소통의 바로 그 성격이 대안을 허용하며, 때때로 사람들은 이 대안을 따라 행동하고, 그럼으로써 새로운 변이를 생산한다. 사실 생물학적 변환과정과 비교하여 인간체계의 변이능력은 생물학적 체계보다 훨씬 크다.

'선택의 메커니즘'은 루만이 **의사소통의 성공**이라고 이름 붙인 것에서 발견할 수 있다. 이 개념 뒤에 숨은 일반적 사고는 어떤 새로운 형태의 의사소통이 환경에 대한 보다 유연한 반응을 허용하고 복잡성을 줄임으로써 환경에 대한 적응력을 촉진한다는 것이다. 예를 들어 하나의 매체로서 화폐의 창조는 환경에 대한 체계와 하위체계의 적응력을 크게 촉진했다. 그것은 중앙집권적 권력이 체계에서 활동을 조정할 수 있는 적응력을 촉진시키는 것과 똑같다. 그리고 그것들은 생존과 적응을 촉진하기 때문에, 사회 유기체의 구조 속에서 유지된다.

'메커니즘의 안정화'(stabilization mechanism)는 체계 형성의 바로 그 과정에 있다. 즉, 새로운 의사소통 규약과 매체는 하위체계 사이의 사회적 행위를 명령하는 데 사용되며, 그럼으로써 그것들은 한동안 새로운 의사소통 매체의 사용을 규제하는 정치체계와 경제적 질서와 같은 구조들을 창출한다. 예컨대 일단 화폐를 사용하면, 화폐는 시장과 교환을 중심으로 한 경제적 질서를 창출하고, 경제적 질서는 다시 의사소통의 매체로서 화폐의 확장을 촉진시키고 격려한다. 이런 호혜성 때문에 경제체계에서 어느 정도의 연속성과 안정성이 확보된다.

2) 진화와 사회적 분화

루만은 사회문화적 진화가 7가지 의미에서 분화를 수반하고 있다고 믿는다.

① 진화는 상호작용, 조직, 그리고 사회체계가 서로로부터 점차 분화되는 것이다. 즉, 상호작용 체계는 조직체계와는 점차 구별되며, 이어서 조직체계는 사회적 체계로부터 더욱 명확히 분리된다. 비록 이 체계수준들이 서로 중첩되어 있지만, 이 수준들은 또한 자신의 독특한 동학을 가진다.

② 진화는 이 3가지 유형의 체계가 내적으로 분화되는 것을 수반한다. 다양한 상호작용 체계는 증식되며 서로로부터 구별된다(예를 들어 작업장, 연회장, 가정, 장례식 각각에서의 대화를 비교하라). 조직체계는 숫자가 증가하며 다양한 활동에서 전문화된다(경제적 조직과 정치적 조직을 비교하거나 제조업 조직이나 소매업 조직과 같은 다양한 유형의 경제조직을 대비해 보라). 그리고 사회체계는 자신을 포함하는 조직과 상호작용 체계로부터 분화된다. 더욱이 루만의 주장에 따르면 하나의 세계사회를 향한 진화론적 경향이 있다.

③ 진화는 사회체계가 경제, 정치조직, 법률, 종교, 가족, 과학, 교육과 같은 기능적 영역으로 점차 분화되는 현상을 수반한다. 이 영역 내부의 조직의 하위체계들은 제한된 영역의 환경적 우연성(contingency)을 다루도록 전문화되며, 전문화된 하위체계들은 우연성을 더 잘 다룰 수 있다. 결과

적으로 사회체계에서는 환경에 대한 적응력과 유연성이 증대된다.

④ 기능적 분화로 의사소통의 특징적 매체를 점차 더 사용하게 된다(그리고 기능적 분화는 이 매체를 더 사용한 결과다). 예를 들어 경제의 조직체계들은 화폐를 채택하며, 정치조직과 정부의 조직체계는 권력을 행사하며, 과학분야의 조직체계는 진리에 의존하며, 가족 영역의 조직체계는 사랑을 이용한다.

⑤ 사람들, 역할, 프로그램 그리고 가치 사이에는 진화과정상에서 분명한 분화가 있다. 개인들은 자신이 참여하는 역할과 조직과는 분리된 실체이다. 개인들은 여러 가지 역할을 수행하며, 각각의 역할은 개개인의 인성과 자아의식의 한 부분하고만 관련된다. 다시 말해 많은 역할은 자신을 거의 또는 전혀 투자하지 않고서 수행된다. 더욱이 대부분의 역할은 어떤 한 개인이 그 역할을 수행하든 안 하든 지속되며, 그리하여 그 개인으로부터 역할의 분리는 강조된다. 그러한 역할들은 점차 집단으로 묶여서 더욱 다양한 프로그램(작업, 가족, 놀이, 정치, 소비 등)이 된다. 프로그램은 루만이 사용한 용어로 특별한 기능적 영역에서 작동하는 다양한 종류의 조직체계 내부에 전형적으로 존재한다. 게다가 이 역할들은 역할과 프로그램의 분리를 강조하면서 새로운 프로그램으로 뒤섞일 수 있다. 마지막으로 사회적 가치(societal values)는 하나의 기능적 영역, 프로그램, 역할 또는 개인에 속하지 않기 때문에 점차 추상적이고 일반적이게 된다.[19] 사회적 가치는 역할들을 프로그램으로 조직하거나 개인들이 역할을 수행하도록 동원하기 위하여 선택적으로 사용할 수 있는 매우 일반적인

기준으로서 존재한다. 그러나 역할과 프로그램에 사회적 가치를 적용하는 일은 이데올로기, 법률, 기술, 그리고 규범과 같은 추가적 메커니즘에 의해 가능하다. 사회적 가치 그 자체만으로는 구체적 상황에서 개인들이 사용하기에는 너무 일반적이고 추상적이다. 사실 고도로 분화된 체계의 가장 눈에 띄는 특징들 가운데 하나는 구체적 역할과 프로그램에 추상적 가치를 부여하는 메커니즘의 진화이다.

⑥ 진화는 ⓐ 분할(*segmentation*), ⓑ 계층화, ⓒ 기능적 분화라는 3가지 특징적 형태의 분화를 통한 운동을 수반한다.[20] 루만은 앞서 개요를 설명한 5가지 과정들이 역사적으로 단지 3가지 특징적 형식의 분화만을 창조하였다고 보았다. 가장 단순한 사회들이 처음에 분화될 때, 그 사회들은 유사하고 동일한 하위체계를 창조한다는 점에서 분절적으로 분화된다. 이렇게 창조된 하위체계들은 자신이 출현한 체계와 매우 유사하게 작동한다. 예를 들어 전통사회가 처음으로 분화할 때, 이 사회는 이전의 혈통과 마을을 복사한 새로운 혈통이나 새로운 마을을 창조할 것이다. 그러나 분할은 사회의 복잡성을 제한하고 그리하여 환경에 대한 적응능력을 제한하게 된다. 그래서 대안적 형식의 분화가 사회문화적 진화과정에서 선택된다. 계속적 분화는 하위체계들이 권력, 부, 그리고 다른 자원에서 차이가 나는 층화된 체계들을 만들어낸다. 이런 하위체계들은 위계적으로 배열되며, 이 새로운 형식의 구조는 환경과의 보다 복잡한 관계를 허용하지만, 그 체계가 얼마나 복잡할 수 있는가에 관해서는 한계를 부과한다. 위계적 질서가 유지되는 한, 모든 하위체계의 선택지는 그 위계상의 위치에 의해 제한된다.[21] 다음으로 압력으로 인해 세 번째 형태의 분화인 기능적 분화가 형성된다. 여기서 의사소통 과정들은 사회적 체계를 위해 수행되어야 하는 특정한 기능을 중심으로 조직화된다. 어떤 기능들은 체계에 대하여 보다 우선순위가 있기 때문에(예를 들어, 종교에 우선하는 경제), 그러한 체계는 불평등을 생산한다. 그러나 이 불평등은 위계적으로 배열되거나 계층화된 체계에서의 불평등과는 근본적으로 다르다. 기능적으로 분화된 사회에서 다른 하위체계들은 어떤 주어진 하위체계의 환경의 일부분이다. 예를 들어 정치조직, 법률, 교육, 종교, 과학 그리고 가족 영역의 조직들은 경제의 환경을 이루는 한 부분이다. 비록 경제가 사회에서 기능적 우선권을 가졌다고 해도 경제는 환경에 놓여 있는 다른 하위체계와 동등하게 반응한다. 따라서 기능적으로 분화된 사회의 불평등은 엄격한 위계의 하위체계들을 창조하지는 않는다. 결과적으로 불평등은 각 하위체계에 더 많은 자율성을 허용하며, 이 것은 다시 각각의 환경과 관련해서 더 많은 유연성을 준다. 그러한 하위체계의 자율성으로 인한 전반적 결과로 환경에 적응하고 순응하는 사회체계의 유연성이 증가된다.

⑦ 진화적 분화는 체계의 분화, 그리고 체계와 환경의 관계에서 복잡성을 증가시킨다. 그럼으로써 어떻게 환경에 관련할 것인가에 관한 부정확하고 부적절한 결정을 내릴 (루만의 용어로) 위험이 증대된다. 복잡성이 증가되어 체계에 대한 선택지들이 확대되지만, 선택지가 체계와 환경의 관계에 역기능적일 수 있는 가능성도 확대된다. 예를 들어 경제에서 모든 조직은 그 행위에 관해 결정을 해야

하지만, 대안이 증가하고 미지의 것(unknowns)이 많아져서 위험을 확대시키는 결과가 나타난다. 루만의 시각에서 볼 때, 진화론적 분화를 수반하는 계속적으로 증가하는 위험수준은 위험을 감소시키려는 메커니즘, 또는 최소한 위험을 감소시켰다는 인식이나 느낌이 수반되어야 한다. 따라서 진화는 위험을 감소시키는 메커니즘의 숫자와 복잡성의 증대를 항상 수반한다. 그러한 메커니즘들은 체계 환경의 복잡성을 또한 감소시킨다. 왜냐하면 그 메커니즘들은 다른 선택지보다도 특정 선택지를 선택하기 때문이다. 예를 들어서, 보수적 정치 이데올로기는 위험을 감소시키는 메커니즘이다. 왜냐하면 보다 일반적 가치로부터 약간의 선택지들을 선별하고 다른 것들은 무시하기 때문이다. 본질적으로, 이데올로기는 그 이데올로기의 목표를 수용함으로써 위험을 줄일 수 있다고 정책결정자들에게 확신시킨다. [22]

앞으로 더 나가기 전에 우리는 루만의 진화론에서 나타나는 이 요소들을 재검토해야 한다. 또한 이 요소들이 시간적·물질적·상징적 차원의 환경에 대한 사회의 관계, 그리고 사회를 구성하는 하위 체계의 관계를 어떻게 변화시키는지 살펴야 한다. 루만의 주장에 따르면, 시간적으로 사회진화와 분화는 연대기적 측정방식, 즉 시간을 측정하기 위한 표준화된 방식(예를 들어 시계)을 개발하려는 노력으로 이어진다. 과거부터 미래로 사람들의 시각이 이동하는 것도 동일하게 기본적이다. 과거는 고도로 일반화되지만, 현재와 미래에 무엇을 해야 하는지 구체적으로 지시하지는 않는다. 체계들이 보다 복잡해짐에 따라 과거는 현재 또는 미래에 대

한 안내자로서의 일을 수행하게 된다. 왜냐하면 잠재적으로 새로운 너무나 수많은 우연한 일과 선택지들이 있기 때문이다. 현재는 시간을 더 진귀하고 부족한 것으로 보며, 따라서 사람들은 미래 또는 현재의 행위 결과를 보다 더 지향하게 된다. 물질적 측면에서 볼 때, 사회분화는 ① 상호작용, 조직, 사회적 체계의 분화증대, ② 기능적 영역으로 조직체계의 구획화, ③ 인간, 역할, 프로그램, 가치의 계속적 분리, ④ 기능적 분화를 지향하려는, 그리고 분할과 계층화로부터 이탈하려는 운동 등을 포함한다. 그리고 상징적 측면에서 볼 때, 의사소통의 규약은 특별한 기능적 영역에 대한 특징적 매체로서 더 복잡해지며 조직화된다. 더욱이 그 규약들은 우연성과 불확실성으로 가득 찬 우주에서 위험을 감소시키는 메커니즘으로서 점차 기능하게 된다.

루만은 사회문화적 진화와 분화에 대한 이러한 전반적 견해로부터 특정한 조직체계에 대한 연구로 접근하였다. 그가 계속적으로 주장한 것처럼, 분석적 틀(analytic framework)은 자신이 생산할 수 있는 경험적 과정들에 대한 통찰력 이상이 되어서는 안 된다. 루만의 틀은 그러한 틀이 어떠해야 한다고 자신이 주장한 것보다 훨씬 더 복잡하다. 그리고 그 틀은 분석적이라기보다는 은유적이다. 그러나 루만은 이 틀을 사용하여 기능적으로 분화된 사회에서 정치적·법적·경제적 과정을 매우 흥미롭게 분석하였다.

4. 사회의 기능적 분화

1) 사회체계로서의 정치

사회가 더욱 복잡해짐에 따라 새로운 구조가 복잡성을 감소시키기 위해 출현한다. 전통적 진리에 대한 호소, 상호 간의 공감, 교환 그리고 물물교환과 같은 낡은 과정들은 점점 더 부적절해진다. 루만의 주장에 따르면 이 지점의 분화에 도달한 체계는 '구속력 있는 결정을 할 수 있는 능력'(capacity to make binding decisions)을 개발해야 한다. 이 능력은 복잡성의 증대라는 문제로부터 발생한 것이지만, 이 능력 또한 더 큰 분화를 위한 중요한 조건이 된다.

구속력 있는 결정을 내리기 위해서는 체계가 의사소통의 특정한 매체, 즉 권력을 사용해야 한다.[23] 루만은 권력을 "자신의 결정이 대안을 선택하거나 다른 것들로 인한 복잡성을 줄일 수 있는 가능성"으로 정의한다. 따라서 하나의 사회적 단위가 다른 단위에 대해 행위의 대안들을 선택할 때마다, 권력을 의사소통(communication)의 매체로서 채택한다.

구속력 있는 결정을 내리기 위한 권력의 사용은 복잡한 체계에서 갈등을 해결하고, 긴장을 완화시키고 활동을 조정하는 기능을 수행한다. 이 기능을 수행할 수 있는 정치체계들을 개발할 수 있는 사회들은 자신의 환경을 더 잘 다룰 수 있다. 루만이 보기에 몇 가지 조건들이 이 기능적 능력의 발전을 촉진시킨다. 첫째, 결정할 시간이 있어야 한다. 즉, 출현하는 정치체계가 더 적은 시간을 가지면 가질수록, 그 체계는 자율적으로 되는 데 더 많은 어려움을 겪을 것이다. 둘째, 출현하는 정치체계는 환경에서 강력한 교회와 같은 단 하나의 권력 블록에 맞서서는 안 된다. 오히려 그 체계는 권력이 보다 공평하게 균형 잡힌 다수의 하위체계가 있는 환경이 필요하다. 그래서 정치적 하위체계의 환경에 더 많은 권력이 집중되면 될수록, 그 체계가 자율적 하위체계로서 출현하는 데 더 많은 어려움이 있다. 셋째, 정치체계는 두 가지 특징적 방식으로 다른 하위체계와의 관계를 안정화해야 한다. 즉, ① 그 결정이 적절한 기능으로 수용되도록 확산된 정당성의 수준과 ② 개인들과 하위체계들 사이의 일상적 거래의 수준이 그것이다.[24] 다시 말해, 다른 하위체계들을 위한 결정을 할 수 있는 권리를 광범하게 지원받는 데 있어 정치체계의 문제들이 더 크면 클수록, 그리고 일상적 활동, 거래 그리고 체계단위의 일상에 대한 정치체계의 결정이 덜 뚜렷할수록, 그때 하나의 자율적 하위체계로 발전하는 데 더 큰 문제가 있을 것이다.

따라서 하나의 정치체계가 결정을 내릴 수 있는 절차를 개발하고, 다양한 원천의 작은 권력에 맞서고, 특정한 거래뿐만 아니라 광범위한 정당성을 성취하는 만큼, 그 체계는 자율적 체계로 더 잘 발전할 수 있으며, 환경에 순응할 수 있는 사회의 능력은 더 커진다. 그러한 발전을 할 때, 정치체계는 루만이 말하는 구조적 추상(structural abstraction), 즉 ① 광범위한 영역의 체계로부터 다양한 문제, 딜레마, 그리고 쟁점을 '흡수하고', ② 이 각각에 대하여 구속력 있는 결정을 할 수 있는 능력을 성취해야 한다. 그의 주장에 따르면, 몇 가지 변수가 정치체계가 이 기능을 수행할 수 있는 정도를 결정한다. 그것은 ⓐ 갈등을 (도덕적, 개인적 등 대신에) 정치적으로 정의하고, 그리하여 구속력 있는 결정을 필요로 하는 정도, ⓑ 체계단위들의 활동을 조정할 수 있는 정치체계의 관리능력 정도, ⓒ 정치적 체계 그 자체 내부에서의 구조적 분화 정도 등이다.

이 마지막 변수는 루만의 견해에서 가장 중요하다. 환경적 복잡성에 따라서, 그리고 이 환경 속에서 문제를 흡수하고 다룰 필요에 따라서, 정치체계는 3가지 진로를 따라 분화되어야 한다. ① 결정을 실행하는 안정적인 관료적 행정의 창출, ② 정치라는 분리된 영역의 진화와 정당의 출현, ③ 구속력 있는 결정을 내리는 데 있어 적절한 관심으로서 일반대중의 지시(designation) 등이 그것이다. 그러한 내적 분화는 다양한 문제들을 흡수하고 다룰 수 있는 정치체계의 능력을 증가시킨다. 결과적으로 그 분화는 사회적 체계에서 더 큰 복잡성을 허용한다.

정치체계와 사회적 체계의 이러한 복잡성 증대는 또한 적응력이 없지만, 구속력 있는 결정을 내릴 위험을 또한 증대시킨다. 복잡성이 증대하면, 따라서 알려지지 않은 우연성이 항상 있다. 따라서 정치체계는 복잡성을 다루기 위해서 내적 분화와 같은 메커니즘을 개발할 뿐만 아니라, 그 체계들은 위험을 줄이거나 위험의 지각을 위한 메커니즘을 개발하기도 한다. 하나의 메커니즘은 정치과정의 성찰성 증대, 즉 자신에 대한 성찰성의 증대이다. 그러한 성찰성은 정치적 결정의 방식과 내용을 분석하고 논쟁하는 정당정치의 성격 속으로 녹아든다. 또 다른 메커니즘은 루만이 법률의 실증화(positivization), 즉 "어떻게 법률을 만들 것인가에 관한 법"을 만드는 독립된 법률체계의 창출이다(이 점에 대해서는 다음 절에서 자세히 다룰 것이다). 그러나 또 다른 메커니즘은 어떤 가치관이 특정한 결정에 적합한지 선별하는 이데올로기 또

는 상징적 규약이다. 관련된 하나의 메커니즘은 정치적 결정을 간단한 유형학으로 전형화하고 범주화하는 정치적 규약의 발전이다.[25] 예를 들어 루만의 주장에 따르면, 진보적 정치와 보수적 정치 사이의 구별은 분화된 사회에서 중요한 정치적 규약(code)이다. 그러나 규약은 명백하게 매우 일반적이지만, 이것은 미덕이다. 왜냐하면 규약은 간단한 이분법으로 매우 다양한 정치적 행위와 결정을 범주화하고 해석하여 정치적 행위에 질서의 식을 부여하고 위험을 줄이기 때문이다. 루만은 심지어 사회질서를 만드는 것은 가치의 합의라기보다는 정치적 규약을 발전시킬 수 있는 체계의 능력이라고 지적하였다. 규약을 통해서 행위를 해석할 때, 하나의 공통적 시각을 유지할 수 있지만, 그것은 공통성과 합의라기보다는 차이 — 진보 대 보수 — 에 기반한 시각이다. 따라서 복잡한 사회질서는 가치합의라기보다 사건을 해석하기 위한 일반화되고 이원적 범주를 창출할 수 있는 바로 그 능력에 의하여 유지된다.

위험을 줄이는 또 다른 메커니즘은 엘리트에 의한 임의적 결정이다. 그러나 비록 그런 해결책이 질서를 성취한다고 할지라도, 그것은 결국에는 정치체계의 정당성을 훼손한다. 체계단위들이 임의적 정책결정에 대해 분노하고 저항하기 시작하기 때문이다. 그리고 마지막 메커니즘은 루만의 용어로 정치과정을 '재도덕화하는' 전통적 도덕규약(예를 들어, 근본주의적 종교 가치)의 혁신이다. 그러나 그러한 재도덕화가 이뤄질 때, 정치체계는 재분화되어야 한다. 단순한 도덕적 규약에 완전히 복종하는 것은 복잡성을 다룰 수 있는 능력을 배제하기 때문이다(이 과정의 예는 이전의 보다 복잡한 정치체계에

서 신정(神政)으로 복귀한 일이다).

요약하면, 루만은 통찰력 있게 정부와 같은 특수한 제도적 과정을 분석하기 위해 개념적 은유를 사용한다. 그러나 엄격하게 연역적인 의미에서 자신의 도식을 사용하지는 않는다. 그는 앞서 파슨스와 상당히 유사하게 특정한 사회적 현상을 나타내고 강조하는 수단으로서 틀(framework)을 채택한다. 비록 정치체계의 분화에 관한 그의 분석 가운데 많은 부분이 '새로 산 병 속에 든 오래된 포도주'라고 할지라도, 강조상의 변화가 있으며, 결과적으로 어느 정도는 흥미롭지만 부정확한 식견이다. 루만은 유사한 맥락에서 법률체계와 경제의 분화를 분석한다.

2) 법률체계의 자율성

앞서 논의한 바와 같이 루만은 사회진화를 인간, 역할, 프로그램 그리고 가치의 분리를 수반하는 것으로 그린다. 그에게 구조의 분화는 역할과 프로그램의 수준에서 발생한다. 결과적으로 조직체계 내부의 프로그램으로 조직화된 역할로 가치와 인간을 어떻게 통합할 것인가의 문제가 있다. 개인들이 역할을 수행하도록 동원하고 조정하기 위한 기능적 메커니즘은 법이다. 반면에 프로그램에 적절한 가치를 만들기 위한 메커니즘은 이데올로기다.[26] 따라서 법률이 사람들로 하여금 역할과 프로그램으로 참여하도록 규제하고 조정하기 때문에, 그리고 사회분화는 반드시 역할수준에서 발생해야 하기 때문에, 법률은 사회가 분화하고 진화하는 중요한 하위체계가 된다. 즉, 사회가 복잡해지면 역할을 수행하는 사람들의 권리, 의무, 그리고 책무를 명시하는 자율적 법률체계가 반드시 출현하게 된다.[27]

어느 정도의 정치적 분화는 법적 분화에 선행되어야 한다. 왜냐하면 결정을 내리고 그 결정을 시행하기 위한 일련의 구조가 반드시 있어야 하기 때문이다. 그러나 정치엘리트들이 자신의 협소한 목적을 위해서 법률을 사용할 경우처럼, 정치적 과정들은 종종 법적 자율성을 저해한다. 그리하여, 법적 자율성이 출현하기 위해서는 정치적 발전만으로 충분하지 않다. 다음의 두 가지 추가적 조건이 필수적이다. ① 의사소통과 행위를 정당화하는 법적 규약에 대한 체계단위의 '주권(sovereignty) 발동' 또는 위탁, ② '법률을 만드는 주권' 또는 법률체계에서 어떤 법이어야 하는지를 결정하는 조직의 능력이 그것이다.

만약 이 두 조건을 만족시킨다면, 그때 법률체계는 점차 성찰적으로 된다. 법률체계는 법의 제정과 시행을 규제하는 절차적·행정적 법률을 만들어내기 때문에, 하나의 논제가 된다. 이런 성찰적 성질이 없다면, 법률체계는 환경에서 다양한 사건에 따른 변화에 충분히 유연할 수 없다. 사람들의 행위는 단지 법률을 통해서만 분화되는 역할에 결합될 수 있기 때문에, 그러한 유연성은 필수적이다. 예를 들어 루만이 말하는 '법의 실증화', 또는 변화하는 환경에 반응하여 자신을 바꿀 수 있는 능력이 없다면, 새로운 법률과 기관(예를 들어 노동자의 봉급, 노사분쟁의 구속력 있는 중재, 최저임금, 건강과 안정)은 사람들의 역할(이 경우에는 분화하는 경제에서의 노동역할) 개입을 규제하도록 창조될 수 없다.

따라서 법의 실증화는 사회분화를 위한 중요한

조건이다. 법의 실증화는 행위자와 역할의 관계를 상술하고 사회체계 단위들 사이의 협조를 격하 (relegating) 시킴으로써 복잡성을 감소시킨다. 그러나 법의 실증화는 새로운 환경에서 변화를 위한 선택지를 제시하는 방식으로 복잡성을 감소시킨다. 그리하여 법의 실증화는 경제와 같은 다른 기능적 영역의 계속적 분화를 위한 조건이 된다.

3) 사회체계로서의 경제

루만은 "미래욕구의 만족을 보증하고 그럼으로써 확보된 시간을 이용하여, 욕구만족에 관한 결정을 연기하는 것"으로서 경제를 정의한다.[28] 경제활동 ― 재화와 서비스의 생산과 분배 ― 은 부차적 재화와 서비스에 대한 파생적 또는 2차적 욕구뿐만 아니라 식량, 의복 그리고 피난처에 대한 기본적 또는 1차적 욕구를 만족시키는 기능을 한다. 그러나 이것은 경제 분석에서 충분히 평가된 것은 아니다. 경제활동은 시간에 대한 인간의 지향을 재구조화한다. 왜냐하면 경제적 행위는 미래욕구의 만족을 지향하기 때문이다. 현재의 경제활동은 전형적으로 미래의 소비로 방향지어진다. 그래서 한 사람과 한 기업이 시장에서 행동할 때, 그들은 자신의 미래가 문제가 없다는 점을 보증하기 위해 그렇게 한다.

사회에서 자율적 경제체계의 창출을 이끄는 과정들에 대한 루만의 분석은 경제적 하위체계에 대한 정의보다 더 중요하다. 루만의 주장에 따르면, 전통적 그리고 미화된 사회에서는 미래의 욕구를 만족시키기 위해 현재 무언가를 할 수 있는 일은 단지 소규모의 해결책뿐이다. 하나의 해결책은 사회성원에게 물자를 재분배하거나 다른 사회와 거래하기 위한 준비로 물자를 저장하는 것이다.[29] 또 다른 해결책은 개인들, 친족집단, 또는 마을 사이에 상호지원의 합의이다. 그러나 그런 유형의 경제조직은 매우 제한적이다. 왜냐하면 그 조직은 가정적, 정치적, 종교적, 그리고 공동체적 활동을 융합하기 때문이다. 단지 경제적 역할의 분화만으로도 경제적 활동에서 더 많은 복잡성과 유연성을 구조화할 수 있다. 이 진로와 관련된 첫 번째 핵심적 분화는 구매자와 판매자에게 특유의 역할을 수행하는 시장의 발전이다.

시장은 몇 가지 핵심적 기능을 수행한다. 첫째, 시장은 등가(equivalence), 즉 상품과 재화 각각의 가치를 정한다. 둘째, 시장은 다른 역할 ― 예를 들어 교환 시 당사자의 가정적·종교적·정치적 역할 ― 의 관련성(relevance)을 중립화한다. 가치는 구매자와 판매자의 지위와 특성이 아니라, 각 상품의 질에 의해 정해진다.[30] 셋째, 시장은 다른 기능적 하위체계와 결합되지 않는 새로운 의사소통 매체에 대한 압력을 불가피하게 생산한다. 이 매체는 화폐이며, 화폐로 인해서 하나의 일치된 척도로 등가와 가치를 재빨리 평가할 수 있다. 요약하면, 시장은 명백히 경제적 역할의 분화를 위한 조건, 다른 사회적 역할로부터 경제적 역할의 분리와 격리를 위한 조건, 그리고 독특하게 경제적 의사소통 매체의 창출을 위한 조건을 창출한다.

루만이 보기에 화폐는 '복잡성을 전가하기' 때문에 매우 특이한 매체이다. 다른 매체와 달리 화폐는 환경의 복잡성을 줄이지 않기 때문에 독특하다. 예를 들어 권력이란 매체는 활동을 지도하기 위한 결정을 내리는 데 사용되며, 그리하여 환경의 복잡성을 줄인다. 과학에서 진리라는 매체는 복잡한 우주에 대한 이해를 단순화하기 위해 설계된다. 그리고 가정에서 사랑이라는 매체는 친족 사이의 행위와 관계유형을 제한하며, 그럼으로써 복잡성을 줄인다. 이와 대조적으로 화폐는 서로 다른 수많은 물건을 사고파는 데 항상 이용될 수 있는 중립적 매개물이다. 화폐는 제한하는 것이 아니라, 선택지들을 만들어내며, 새로운 기회를 창조한다. 예를 들어, 상품이나 노동으로 화폐를 받는 일은 판매자나 노동자의 선택지를 줄이는 것이 아니다. 화폐는 매우 여러 가지 방식으로 사용될 수 있으며, 그럼으로써 환경의 복잡성을 보존하고 심지어 증가시킨다. 화폐는 한 사회의 경제적 하위체계에서 계속적 내적 분화를 위한 사전준비를 해준다 — 사실상 내적 분화를 촉진한다.

루만은 화폐가 복잡성을 전가하는 것에 덧붙여 환경의 시간 차원(*time dimension*)을 급격하게 변경한다고 본다. 화폐는 항상 '미래에 이용 가능한' 불안정한(*liquid*) 자원이다. 화폐를 갖고 있을 때, 우리는 미래 어느 시기에 — 1분 후든 1년 후든 간에 — 그것을 이용할 수 있다. 그래서 화폐는 시간을 붕괴시킨다. 왜냐하면 화폐는 미래에 이용될 것이며, 과거를 무의미한 것으로 만들며, 현재는 미래에 화폐로 할 수 있는 것에 의해 규정되기 때문이다. 그러나 이러한 시간의 붕괴는 단지 다음의 경우에 한해서만 나타난다. ① 화폐는 시간이 지나도 부풀려지지 않는다. ② 화폐는 교환의 매체로서 보편적으로 사용된다(즉, 물물교환, 상호부조, 그리고 다른 전통적 형태의 교환은 널리 보급되지 않았다). [31]

모든 의사소통의 매체와 유사하게 화폐는 성찰적이다. 화폐는 성찰, 토론, 행위 그 자체의 목표가 된다. 우리는 더 많은 돈을 벌기 위하여 화폐를 투자할 수 있다. 또 우리는 악의 원천으로 화폐를 비난하거나, 추구할 만한 가치가 있는 목표로서 화폐를 칭찬할 수 있다. 우리는 화폐를 은행에 저장하거나 소비활동으로 쓸 수도 있다. 복잡성을 전가하고, 시간에 대한 행위자들의 지향을 바꿀 수 있는 화폐의 성찰적 성질 때문에 화폐는 복합사회에서 보다 의사소통의 지배적인 매체가 될 수 있다. 사실 경제의 매체가 경제체계에서 지속적으로 복잡성이 증가하고 성장하도록 촉진하기 때문에, 경제는 복합사회의 주된 하위체계이다. 결과적으로 경제는 다른 기능적 하위체계 — 즉 과학, 정치조직, 가족, 종교, 교육 — 의 환경에서 지배적 하위체계가 된다. 경제는 이들 다른 하위체계에 의해서 항상 다루어져야만 하는 어떤 것이 된다.

경제적 하위체계의 계속적 복잡성 증대는 인간 행위의 위험을 증대시킨다. 알려지지 않은 우연성의 수가 급격히 증가하기 때문에, 미래를 대비하려는 개인이나 이윤을 얻으려는 기업이 실수할 수 있는 잠재성은 증가한다. 루만의 주장에 따르면 그런 확장된 위험은 특정한 메커니즘의 출현을 통해 위험을 감소시키려는 압력을 가한다. 이 메커니즘 가운데 가장 중요한 것은 ① 가족, ② 회사, ③ 시장을 중심으로 한 경제의 3가지 내적 분화이다. [32] 루만이 보기에 이 메커니즘들은 구조적으로 그리고 기능적으로 서로 상이하기 때문에, 이 분화를 위한 '구조적 선택'(*structural selection*)이 있다. 가족은 분절된(*segmental*) 체계이며(구조적으로 동일하다), 주요한 소비단위이다. 회사는 구조적으로 다양하며, 1차적 생산단위이다. 그리고 시장은 단위상품과 재화의 분배를 위한 하나의 단위라기보다 일련의 과정이다. 루만은 이 점에 대해서 약간 애매하지만, 주요한 경제적 기능을 가진 기본적으로 서로 다른 구조들의 이러한 상응 (*correspondence*) 을 분석했다는 점에서 강점이 있는 듯하다. 가족은 분절된 구조이며 기능적으로 소비를 지향한다. 회사는 구조적으로 볼 때, 고도로 분화되었으며 기능적으로 생산에 연결된다. 시장은 다양한 형태의 상품과 서비스를 분배하기 위한 기능에 의해 진행과정상(*processually*) 분화된다. 그러한 분화는 복잡성을 줄이지만, 동시에 유연성을 허용한다. 가족은 소비유형을 변화시킬 수 있고, 회사는 생산을 바꿀 수 있고, 시장은 확대되거나 수축될 수 있다. 그리고 이들은 서로 분리되기 때문에, 각각은 다른 것과 독립적으로 행위를 변화시키고 방향을 바꾸는 능력을 가진다. 이 유연성 때문에 경제체계는 현대 산업사회에서 상당히 중요하게 부각되었다.

그러나 루만의 경고에 따르면, 경제의 바로 그 복잡성과 다른 하위체계에 대한 경제의 중요성은 위험을 줄이는 다른 메커니즘에 대한 압력을 창출한다. 이 메커니즘 가운데 하나는 의사소통의 매체로서 화폐의 이용가능성뿐만 아니라, 생산, 소비, 그리고 분배에 관한 구속력 있는 결정을 하는 데 권력을 사용하도록 정부가 개입하는 것이다. 루만이 보기에, 이런 메커니즘의 광범위한 사용은 미래의 욕구를 충족시킬 수 있는 능력, 그리고 환경에 유연하게 순응할 수 있는 능력을 희생시키면서 경제의 위험과 복잡성을 줄인다.

주

1 이런 노력이 담긴 가장 훌륭한 저작으로는 다음의 글들이 있다. Richard Münch, *The Theory of Action: Towards a New Synthesis Going Beyond Parsons* (London: Routledge, 1988); Richard Münch, *Die Struktur der Modene* (Frankfurt am Main: Suhrkamp, 1984).

2 예컨대 다음 글을 보라. Niklas Luhmann, *Systems Theory* (Stanford, CA: Stanford University Press, 1995).

3 루만은 많은 저작물을 발간하였지만, 대부분은 독일어로 되어 있다. 영어로 저술된 가장 좋은 사례로는 다음의 글이 있다. Luhmann, *Systems Theory*와 Luhmann, *The Differentiation of Society*, trans. S. Holmes and C. Larmore (New York: Columbia University Press, 1982).

4 Talcott Parsons, *The Social System* (New York: Free Press, 1951).

5 Luhmann, *The Differentiation* (12장, 주 3 참조).

6 같은 책, pp. 71~89.

7 이 주장을 하면서 루만은 파슨스를 직접적으로 공격한다. Luhmann, *The Differentiation* (3장, 주 3 참조).

8 같은 책, p. 73.

9 같은 책, p. 79.

10 루만은 짐멜의 다음 글에서 한 페이지를 인용한다. Georg Simmel, *The Philosophy of Money*, trans. T. Bottomore and D. Frisby (Boston: Routledge & Kegan Paul, 1978).

11 Luhmann, *The Differentiation*, p. 169 (주 3 참조).

12 분명히 루만은 일반화된 매체에 관한 파슨스의 아이디어를 빌려왔다. 3장을 참조하라.

13 파슨스와 상당히 유사하게 의사소통 매체에 관한 이 분석은 모든 기능적 영역에 대해 충분히 설명되거나 체계적으로 토론되지 않는다.

14 그러나 우리는 화폐가 여기서 유일한 예외라는 점을 간단히 살펴볼 것이다.

15 이는 본질적으로 파슨스의 정의이며 (3장 참조), 스펜서와 뒤르켐의 정의기도 하다 (2장 참조).

16 Luhmann, *The Differentiation*, pp. 256~257 (주 3 참조).

17 생물학에서 진화의 종합이론에 관한 루만의 해석은 기껏해야 느슨하고 부정확하다.

18 Luhmann, *The Differentiation*, p. 256 (주 3 참조). 루만은 허버트 스펜서가 다음 글에서 유사한, 그리고 더 상세한 분석을 100여 년 전에 수행한 사실을 완전히 모르는 듯하다. Herbert Spencer, *The Principle of Sociology* 〔New York: D. Appleton, 1885; 초판 1874〕.

19 여기서 루만은 탈콧 파슨스의 '가치 일반화' (3장 참조) 논의뿐만 아니라 뒤르켐의 다음 글을 빌린다. Émile Durkheim, *The Division of Labor in Society* 〔New York: Free Press, 1949; 초판 1893〕.

20 Luhmann, *The Differentiation*. pp. 229~254 (주 3 참조).

21 같은 책, p. 235.

22 같은 책, p. 151.

23 같은 책, p. 151.

24 같은 책, pp. 143~144.

25 같은 책, pp. 168~189.

26 같은 책, pp. 90~137.

27 이것은 파슨스가 다음 저작의 진화에 관한 기술에서 도달한 것과 본질적으로 동일하다. Talcott Parsons, *Societies*: *Evolutionary and Comparative Perspectives* (Englewood Cliffs, NJ: Prentice-Hall, 1966); Talcott Parsons, *The System of Modern Societies* (Englewood Cliffs, NJ: Prentice-Hall, 1971).

28 Luhmann, *The Differentiation*. p. 194 (주 3 참조).

29 같은 책, p. 197.

30 루만은 이 문제들에 관한 게오르크 짐멜의 초기 저작을 인용하지 않는다. 다음 글을 보라. Simmel, *The Philosophy of Money* (주 10 참조).

31 Luhmann, *The Differentiation*, p. 207 (주 3 참조).

32 같은 책, p. 216.

5 장

기능주의 되살리기

1. 들어가며

사회학적 기능주의는 20세기 첫 20년 동안 소멸했었다. 이는 기능주의 때문이라기보다 기능주의 이론들이 진화론적 입장을 가졌기 때문이었다. 허버트 스펜서의 단계론적 모델이든, 에밀 뒤르켐의 '기계적' 연대와 '유기적' 연대 같은 단순한 이분법이든, 기능주의자들은 사회의 장기적인 발전과정을 단순한 발전단계에서 더 복잡한 발전단계로의 운동으로 개념화했다. 불행히도 많은 대중들과 학자들에게도 이러한 진보의 운동은 '원시적' 발전단계에서 '문명화된' 발전단계로의 진화로 보였다. 이는 유럽인들이 자신의 우월성을 내세우는 유럽중심주의이자 다소 단순한 사회의 사람들을 인종주의적으로 묘사하는 것이다. 이에 대해 사회학자들은 죄의식을 갖지 않았는데, 이후 그 같은 인종차별적이고 종족주의적인 묘사에 대한 반발이 생겨났으며, 20세기가 시작되고 20년 정도 지날 무렵 진화이론들은 전반적으로 거부되기에 이르렀다. 나중에 대표적 기능주의 이론가가 될 운명이었던 1930년대 후반의 탈콧 파슨스는 "이제 누가 스펜서를 읽는가?"라고 선언했다. 그는 20년 정도 뒤 자신이 채택할 기능주의 때문이 아니라 스펜서의 진화론 때문에 스펜서의 이론적 죽음을 선고했다.

1950년대에 주로 파슨스의 영향으로 기능주의 이론이 재출현했을 때, 결국 단계론적 진화론 모델이 기능주의 속으로 재도입되었다. 하지만 처음 사회학에 다시 돌아온 것은 사회학 시조들의 기능주의였다. 아이러니하게도 단계론적 진화이론이 재도입된 것은 기능주의가 사회변동을 설명하는 데 무력하다는 전방위적 비판에 대응하기 위해서였다. 이때 파슨스는 단계론적 모델의 진화론을 후기 저작에 도입하게 되었던 것이다. 이 같은 시도는 기능주의에 대한 비판을 더 부추겼을 뿐이다.

이 책의 2부에서 살펴보겠지만, 진화론에 대한 비판은 아직 마무리된 것이 아니다. 기능주의가 〔파슨스 이후에〕 다시 사망했지만, 기능주의 접근의 일부이자 기능주의에 대한 공격을 피하기 위해 도입된 단계론적 진화 모델은 오늘날에도 여전히 사회학의 주된 이론적 접근으로 존재한다. 대조적으로, 기능주의에 대한 비판은 성공적이었으며 20세기 후반이 되면 오직 소수의 이론가만이 기능주의자로 여겨졌다.

기능주의에 대한 비판이 시작된 것은 파슨스의 첫 기능주의 저작〔《사회적 체계》(1951)〕이 등장하기 몇 년 전, 로버트 머튼의 저서에서부터다. 머튼은 래드클리프-브라운과 말리노프스키 같은 인류학자들을 비판하는 것에서 시작하였다. 하지만 머튼은 1949년 《사회이론과 사회구조》(Social Theory and Social Structure) 초판을 발행한 뒤 거듭 개정판을 내면서, 20여 년 뒤에는 명백히 파슨스도 비판하게 되었다. 머튼의 비판은 기능주의 논리의 근본적 문제점을 적절하고도 분명하게 보여주었다. 하지만 머튼은 기능주의를 버려야 한다고 주장하지는 않았으며 오히려 방향을 수정해야 한다고 주장했다. 1950년대 후반에서 1980년대 초까지 파슨스 기능주의와 기능주의 일반에 대한 비판은 지속되었으며, 겉보기에는 기능주의를 사회학에서 축출한 것처럼 보였다. 하지만 나의 책 일부에서 간단하게 다루었듯이, 파슨스의 기능주의는 기능주의적이라서 사라졌다기보다 충분히 이론적이지 못해서 사라진 것이다. 1장에서 내가 강조했듯이, 파슨스가 발전시킨 분석도식은 실제로는 사회과정과 구조를 변수로서 충분히 개념화하지 못한, 그리고 그 역동을 설명하는 명제들을 개발하지 못한 범주의 체계에 머물렀다. 나는 먼저 머튼의 초기 기능주의 비판을 다루고, 기능주의의 단점에 빠지지 않으면서 기능주의의 중요한

특징을 어떻게 보존할지에 대한 나의 견해를 피력할 것이다.

2. 기능주의에 대한 로버트 머튼의 비판

1) 기능적 분석 비판

탈콧 파슨스와 동시대인인 로버트 머튼(Robert K. Merton)은 사회적 체계를 거대한 분석도식으로 설명하려 했던 분석적 기능주의를 줄기차게 비판했다(1장과 〈그림 1-6〉 참조). 뒤르켐, 래드클리프-브라운, 말리노프스키, 파슨스(그리고 의심할 여지없이 루만) 등은 모두 머튼이 보기에 이론화에 대한 접근에 있어 근본적 오류를 범하고 있다. 머튼은 기능주의적 이론화가 미심쩍은 3가지 공준(postulate)을 잠재적으로 갖고 있다고 보았다. ① 사회적 체계들의 기능적 통합성, ② 사회적 대상들의 기능적 보편성, ③ 사회적 체계에 필수불가결한 기능적 요건들 등이다.[1] 이들 각각에 대해 자세히 살펴보자.

(1) 기능적 통합성
2장에서 강조했듯이 래드클리프-브라운은 뒤르켐을 따라 사회적 체계들이 그 존속을 위해 사회통합을 필요로 한다는 가정을 종종 변경하였다. 비록 인간사회가 일정 수준의 통합 없이는 존속될 수 없지만 — 통합이 없다면 체계일 수도 없을 것이다 — 머튼은 체계가 갖는 **통합정도**가 **경험적으로** 따질 수 있는 문제라고 보았다. 고도의 기능적 통합이 사회적 체계에 존재해야 한다는 가정은 중요한 이

론적·경험적 질문을 제기하지 못하게 한다는 것이다. 서로 다른 체계들에 어느 정도의 통합이 있어야 하는가? 통합의 유형이 구분될 수 있는가? 다양한 정도의 통합이 체계의 각 부분에도 분명하게 해당하는가? 가장 중요한 것은, 얼마나 다양한 과정을 거쳐 사회적 체계들의 여러 영역의 통합수준, 형식, 유형에 도달하는가? 머튼은 '기능적 통합성'이나 체계통합을 분석 시작단계에서 가정하는 것은 이러한 질문들을 회피하는 것일 뿐 아니라, 다양하고 "다종적인 현존 사회적·문화적 항목들(관습, 믿음, 행동패턴, 제도)이 다양한 사회집단과 그 집단들의 구성원들에게 미치는 영향"을 무시하는 것이라고 믿었다. [2]

기능적 통합성을 가정하는 대신 분석은 다양한 유형, 형식, 층위, 그리고 사회통합 영역, 사회적 체계의 부분들을 통합하는 것과 관련된 다양한 영향들을 다루어야 한다. 머튼은 기능적 분석이 전체 체계에 대한 관심을 멀리하고, 사회적 체계들 안에 얼마나 다양한 사회조직화의 패턴이 창조되고 유지되고 변화하는지 강조하도록 하였다. 전체 체계의 기능적 조건뿐만 아니라 체계 내부의 사회문화적 항목들 간의 상호작용을 강조하도록 하였다.

(2) 기능적 보편성

기능적 통합에 대한 강조가 야기한 하나의 결과로, 초기 인류학자들의 경우, 사회적 대상이 기존 체계에 존재한다면 그것은 **반드시** 사회적 체계의 통합에 긍정적 결과를 낳는다고 가정했다. 이러한 가정은 동어반복적 진술로 귀결된다. 하나의 체계가 존재한다. 하나의 대상은 체계의 일부이다. 따라서 그 대상은 그 체계의 존속을 위해 기능적으로 긍정적이다. 이 대상이 긍정적 기능을 갖는다고 어떻게 단정할 수 있는가? 그저 사회적 체계가 존재하기 때문에 그러하다고?

머튼은 만일 경험적 체계들에 대한 고찰을 수행한다면 폭넓은 경험적 가능태들이 분명 존재할 것이라고 생각했다. 첫째, 대상들은 체계나 다른 체계의 대상에 긍정적으로 기능할 뿐만 아니라, 특정 대상이나 체계 전반에 역기능적일 수도 있다. 둘째, 기능적이든 역기능적이든 어떤 결과는 체계 내 수행자들에 의해 의도되거나 인식될 수 있으며 따라서 명시적이다. 반면에 어떤 결과들은 의도되거나 인식되지 않을 수 있으며 따라서 잠재적이다. 그러므로 말리노프스키나 래드클리프-브라운과는 대조되게 머튼은 사회문화적 대상들이 "개인들에게, 하위집단들에게, 그리고 더 큰 사회구조와 문화에 대해 갖는" 다양한 결과와 기능 ─ 긍정적인지 부정적인지, 명시적인지 잠재적인지 ─ 을 분석할 것을 천명했다. [3] 다음으로, 다양한 결과를 분석하려면 대상들이 서로 간에 그리고 전체 체계에 대해 갖는 '결과의 순수균형'(net balance of consequences)을 계산해야 한다. 이런 식으로 머튼은 그저 전체 체계에 각 체계의 부분들이 기능적인지만을 고찰하는 초기 기능주의 형태를 보완하는 현대적 기능주의를 보여주었다. 머튼이 보기에 현대적 기능주의는 사회문화적 형식들의 다양한 기능적 결과를 고찰해야 한다. 그것이 서로 간에 그리고 전체 체계에 미치는 긍정적·부정적 효과를 고찰해야 하는 것이다.

(3) 필수불가결성

다소 맥락을 벗어나고 불공정하게도 머튼은 모든 문화적 대상은 "어느 정도 중요한 기능을 완수하며, 달성해야 할 책무를 지닌다. 전체의 작동에 필수불가결한 일부를 대표한다"는 말리노프스키의 구절을 기능적 분석에서 상호연관된 두 가지 이슈와 관련된 극단적 진술로 거론한다.[4] ① 사회적 체계들에는 반드시 달성되어야 할 요건이나 필요가 존재하는가? ② 이러한 기능들을 달성하는 데 있어 어떤 중대한 구조들이 필수적인가?

첫 번째 질문과 관련하여 머튼은 조심스럽게 "예"라고 답했다. 하지만 중요한 전제조건을 달았다. 기능적 요건은 반드시 해당 체계와 관련해서 경험적으로 제시되어야 한다. 현실의 집단이나 전체사회에 있어 '그 존속에 필수적인 조건'을 확언하는 것이 가능하다. 그리고 어떤 구조들이 특정한 과정을 통해 이 같은 조건들에 영향을 미치는지 결정짓는 것은 이론적으로 중요하다. 하지만 보편적 요건을 갖는 체계를 가정하는 것은 이론적 분석에는 보탬이 되지 않는다. 어떤 기능이 **모든** 체계들에 해당된다고 강조하다 보면 관찰자는 보편적 체계요건을 충족하는 사회적 체계들의 과정만 서술하게 된다. 머튼은 문화적이고 사회적인 패턴을 전체적으로 서술하고, 그다음에는 그것이 야기하는 다양한 결과가 구체적인 경험적 체계들의 각 부분의 특정한 필요를 어떻게 충족시키는지 평가하는 것이 더 바람직하다고 주장했다.

두 번째 질문에 대해 머튼은 공감하는 편이었다. 경험적 증거에 따르면, 오직 특정한 구조들만이 체계요건을 충족시킬 수 있다는 주장은 명백히 오류다. 경험적 세계를 고찰하다 보면, 유사한 다양한 체계들 내에서 동일한 기능요건을 충족시킬 수 있는 대안적 구조가 존재할 수 있음을 분명히 알 수 있다. 이러한 생각에 따라 머튼은 사회적 체계 내에 존재하는 다양한 유형의 '기능적 대안들', '기능적 등가물', '기능적 대체물'에 대한 기능분석이 중요하다고 주장한다. 이런 식으로 기능분석은 체계의 사회적 대상들을 필수불가결한 것으로 보지 않으며, 대상물들이 한 체계의 존속을 보증하기 위해 존재한다고 가정하는 동어반복의 덫에 빠지지 않을 수 있다. 더 나아가 기능적 대안들을 살피다 보면, 기능적 등가물이 될 수 있는 대상물들의 범위에 대해 질문하고 주목할 수 있게 된다. 이러한 질문에 적절히 답할 수 있다면, 분석자는 왜 특정 대상이 가능한 대안들로부터 선택되었는지를 결정해야 한다. 그다음에는 대안들의 범위를 한정하는 '구조적 맥락'과 '구조적 한계'를 질문하고 새로운 대상의 출현을 설명할 수 있게 된다.

머튼은 이와 같이 서로 연관된 질문들을 고찰하다 보면 구조적 대상물들의 원인과 결과에 대한 세세한 분석을 용이하게 할 수 있다고 믿었다. 다른 대안 대신 하나의 특정한 구조가 왜 출현하는지 질문하면서 연구자는 기능적 결과와는 별도로 하나의 사회적 대상물들의 출현을 이끄는 특정한 과정들을 반드시 묘사해야 한다. 이런 식으로 사회적 대상들이 반드시 존재하여 체계의 필요를 충족시켜야 한다고 가정하는 위험에 빠지지 않을 수 있다.

초기 기능주의와 그것을 확장한 탈콧 파슨스의 기능주의에 문제제기하면서 머튼은 기능적 필요와 요건에 대한 가정 없이도 사회문화적 대상물들이 서로 간에 그리고 더 큰 사회적 전체에 미치는 복합적인 결과들에 관심을 가질 것을 주장하는 대안적 가정을 공식화했다. 오히려 기능분석은 ① 체계 전체이든 하위체계이든 해당 사회적 패턴, ② 이 같은 패턴들이 경험적으로 구축된 존속요건에 영향을 미치는 다양한 결과의 유형, ③ 다른 패턴이 아니라 해당 패턴이 존재하여 서로 간에 그리고 전체 체계에 다양한 결과를 낳는 과정들을 특정화해야 하는 것이다.

2) 기능적 분석을 위한 대안 원칙

머튼은 특정 구조와 과정의 원인과 결과를 규명하기 위해서는 기능적 분석이 개인과 집단의 활동을 '단순하게 묘사'하는 데서 시작해야 한다고 주장했다. 관찰대상이 되는 단위들 간의 상호작용과 활동의 패턴을 서술하는 가운데, 우리는 사회적 대상물을 기능적 분석에 의해 식별할 수 있다. 또한 그렇게 묘사하다 보면 그러한 패턴화된 활동에 의해 수행되는 기능이 무엇인지 알아챌 수 있는 단서도 얻을 수 있다. 하지만 기능들이 더 명징해지려면 그다음의 절차가 필요하다.

첫 번째 절차는 관찰자가 특정한 패턴의 지배로 인해 배제된 주요대안들을 지적하는 것이다. 배제된 대안들을 묘사하면, 관찰 중인 패턴이 애초에 출현하고 현재 존속되는 구조적 맥락이 드러난다. 그리하여 관찰대상의 기능 혹은 결과에 대한 더 많은 단서를 얻고 그것이 다른 대상이나 아마도 전체 체계에 대해 갖는 기능 혹은 결과도 알 것이다. 단순한 묘사를 넘어 나아가는 두 번째 분석절차는 집단 구성원에게 그 같은 활동이 갖는 의미 또는 정신적·감정적 중요성을 평가하는 것이다. 의미에 대한 서술은 관련된 개인들의 활동 동기를 어느 정

도 알려줄 수 있다. 따라서 활동의 명시적 기능들에 대해 어느 정도 조명해 줄 수 있다. 이러한 서술 작업은 세 번째 절차, 즉 참여자들이 순응의 동기 또는 일탈의 동기를 갖는지를 식별하는 것이다. 하지만 참여자의 동기를 패턴이나 그 패턴이 지탱하는 기능에 대한 객관적 묘사와 혼동하면 안 된다. 다만 순응이냐 일탈이냐 같은 동기를 이해함으로써, 그 패턴이 지탱하는 심리적 욕구를 이해할 수 있다. 이로써 패턴의 다양한 기능을 이해할 추가적 단서를 얻는다. 하지만 활동하는 이들의 의미와 동기에 초점을 맞추다 보면 활동의 의도하지 않은 측면 또는 숨은 결과를 놓쳐 버릴 수 있다. 따라서 관찰 중인 패턴을 서술하는 마지막 분석절차는, 활동의 당사자는 모르지만 관련된 개인들과 여타 체계 내부의 핵심패턴과 규칙성 양자에 영향을 미치는 규칙성을 드러내는 것이다. 이런 절차를 따르면, 분석은 사회적 대상의 잠재적 기능을 향하게 된다.

머튼은 이 같은 절차에 따라 관찰 중인 패턴이 야기하는 결과의 순수균형을 평가하는 것이 가능할 것이라고 생각했다. 또한 사회적 대상들의 독립변수를 규명할 수 있을 것이라 보았다. 이상의 절차들은 기능에 대한 적절한 탐구가 계속 이어지도록 보증한다. 기능적 통합성, 존속의 요건, 필수불가결한 일부 등 앞서의 가정들이 이제는 사회구조와 과정을 분석하는 선행조건이 아니기 때문이다. 이러한 가정들과는 반대로 머튼식 분석이 주목하는 것은 오직 관찰 가능한 활동의 패턴들, 주요패턴이 잠정적 대안에도 불구하고 출현하고 존속되는 구조적 맥락, 패턴들이 관련 행위자들에게 주는 의미, 행위자들이 순응하고 일탈하는 동기, 사회체계 속에

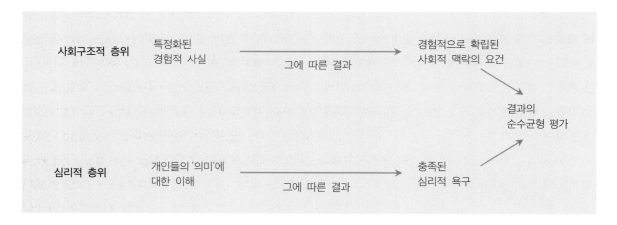

<그림 5-1> 머튼의 기능적 순수균형 분석

있는 개인들이나 다른 항목들의 인지되지 않은 욕구에 대한 특정 패턴의 함의 등이다. 따라서 이 같은 사전 작업을 통해, 기능적 분석은 종전의 기능주의가 가졌던 논리적·경험적 문제들을 멀리할 수 있게 된다. 이렇게 기능적 분석은 체계 부분들이 서로 간에 그리고 전체 체계에 대해 야기하는 결과와 그 원인을 이해하게 해준다.[5]

<그림 5-1>은 이와 같은 머튼의 이론전략의 핵심요소를 요약한 것이다. 첫째, 오직 경험적 단위만 분석 가능하다. 그리고 부분과 부분의 사회적 맥락은 명확히 특정되어야 한다. 그렇다면 필요한 과제는 경험적 체계의 특수한 존속요건을 찾는 것, 다시 말해 특정한 경험적 체계가 존속하기 위해 무엇이 필요한지 찾는 것이다. 사회적 대상들이 이러한 요건을 충족시키는지 그렇지 않은지 그 기능과 결과를 평가함으로써, 우리는 부분과 그것의 사회적 맥락의 본질에 대한 통찰을 얻을 수 있다. 이와 같은 구조적 분석에 더하여 그것이 구조 속 개인들에게 주는 의미를 분석해야 한다. 특히 그들이 갖고 있는 심리적 욕구를 파악해야 한다.

이런 식으로 해서 우리는 사회조직화의 다양한 층위에서 사회적 대상물들이 야기하는 결과의 순수균형을 평가할 수 있다.

3) '중범위' 이론

머튼의 시각에서 보면 **중범위** 이론들은 거대한 기능주의 도식보다 더 나은 이론적 전망을 제공한다. 중범위 이론들은 추상화 수준이 더 낮으며 제한된 범위의 현상을 다루는 진술로 묶어낸 명확하게 규정되고 조작된 개념들을 활용한다. 비록 중범위 이론들도 추상적이긴 하지만, 그것은 경험적 세계에 연결되어 있으며 그렇기에 이론적 일반화의 개념과 재공식화를 명확히 하는 데 필요한 조사작업을 고무한다. 이론과 조사의 상호작용이 없이는 기능주의와 같은 분석적 이론 도식(1장과 <그림 1-6> 참조)은 개념의 모음집으로 머무르며 논박도 불가능하게 된다. 반면 경험적 조사의 경우 비체계적이고 통합성이 결여되어 사회학적 지식을 확장할 수 없다. 따라서 중범위 전략을 따르게 되면 사회학 이론의 개념과 명제들은, 이론적 초점을 가진 경험적 조사가 수행됨으로써 각 중범위 이론마다 개념과 명제의 명료함과 정교함, 재정식화를 강화하여 더욱 튼튼하게 짜여질 것이다.

제한된 범위의 현상에 대하여 이론의 명확성이 이처럼 증대되고 경험적 조사가 뒷받침되면, 더욱 포괄적인 이론적 도식이 산출될 수 있다. 머튼은 비록 조사에 도움이 되는 제한적 이론을 구축하는 데 에너지를 집중하는 것이 필요하긴 하지만, 이론가는 또한 "특수한 이론들을 더 일반적인 개념들과 일관성 있는 명제로 통합"하는 것에도 관심을 가져야 한다고 생각했다.[6] 그러므로 사회학의 특수한 이론들은 그것이 더 일반적인 사회학적 이론화를 제공할 수 있는지를 살피면서 수립되어야 한다. 하지만 이 같은 중범위 이론들이 더 일반적인 이론에 통합되도록 어떻게 구성되어야 하는지는 커다란 분석적 난점을 제기한다. 그에 대해 머튼은 이미 해결책을 갖고 있었다. 기능주의의 형식이 중범위 이론들을 구축하는 데 활용되어야 한다는 것이다.

그러한 기능주의적 이론화는 관련 개념들에 대한 손쉬운 특정화나 정교화를 가능케 하는 패러다임적 형식을 갖는다. 그러면서 경험적 발견에 따라 체계적인 수정이나 재공식화를 하도록 이끈다. 이런 식으로 사고하면서, 머튼은 기능주의가 단지 중범위 이론뿐 아니라 언젠가는 그 같은 중범위 이론을 통합할 수 있는 거대이론 도식을 구축할 수 있으리라 믿었다. 따라서 머튼에게 기능주의는 개념을 정돈하는 전략이자 사회과정들로부터 유의미한 것을 분류해 내는 전략을 대표한다.[7]

결국 기능주의 이론가들은 머튼의 제안을 무시했다. 어떤 이들은 기능적 요건을 포기하고 거시적 층위의 현상에 초점을 맞추지 않는 신기능주의(neo-functionalism)를 주장하기 시작했다.[8] 대신 머튼의 제안은 모든 기능주의 이론을 비판하는 논리로 활용되었다. 이러한 비판방식은 지난 50여 년간 말 그대로 일반 이론을 비판하는 데 활용되고 말았다. 머튼의 비판이 과학적 이론화를 구축하려 했던 것과는 달리, 이들의 거대이론 비판은 사회학에서 과학적 이론화를 고발하는 데 활용되었다. 우리는 이 문제에 대해 이어지는 장들에서 살펴보게 될 것이다.

3. 거대 기능주의 이론화에 대한 조나단 터너의 비판

일부 사회학자들은 아직도 체계요건 개념에 호소하는 기능주의를 채택하면서, 파슨스처럼 거대한 분석도식을 구축하려 한다.[9] 하지만 이러한 형태의 기능적 분석은 사실상 지난 수십 년간 사라졌다. 일부 논자들은 이 같은 시각이 사회적 체계의 존속에 필요한 기능적 요구나 요건 개념에 호소하는 것으로 규정되므로 기능적 분석 자체가 사라졌다고 주장한다. 실제로 기능주의를 공격하는 비판들 대부분은 사회적 체계가 충족시켜야 하는 요구와 요건에 대한 기능적 접근을 지나치게 강조하는 것에서 시작되는 경향이 있다. 만일 그것이 사실이라면 머튼의 기능적 요건에 대한 더욱 경험적이고 중범위적인 분석이 **어떤** 형태의 기능주의 비판이라도 가라앉힐 수는 없었다. 그 결과 머튼의 (당시에는) 유명했던, 경험적 기반을 가진 '새로운' 기능적 분석을 실제로 따르는 경우는 없었다. 물론 많은 연구자들과 이론가들은 중범위 이론화를 추구한다. 하지만 그들의 노력은 기능주의를 무너뜨리는 증거가 되지 못한다. 머튼은 기능주의에 대한 머튼의 일부 비판과 관련해서는 옳았다. 하지만 나는 이 문제를 다른 각도에서, 20세기 마지막 수십 년간 비판자들이 공유했던 합의된 의견을 반영해서 조명해 보겠다. 그럴 경우 우리는 이런 비판을 피해갈 수 있을 것이다.

1) 기능주의적 이론화에 대한 비판 요약

머튼과 유사하지만 강조점은 달리하여 보면, 기능주의적 이론화에 대한 비판들이 수렴하는 3가지 논리가 있다. 첫째, 기능주의 이론은 보통 결과가 그 결과를 발생시키는 과정을 야기하는 부당한 목적론(teleology)이 된다. 즉, 결과의 상태가 그 결과를 인도하는, 바로 그 구조와 과정의 형성의 원인이 된다는 것이다. 둘째, 기능주의 이론은 동어반복이며 순환논증을 따른다. 셋째, 기능주의 이론은 지나치게 질서 있는 사회세계를 암시한다. 그리하여 사회 내 갈등과 모순에 대한 분석을 소홀히 한다. 이 3가지 주된 비판에 대해 자세히 따져 보자.

(1) 부당한 목적론

부당한 목적론은 결과의 상태가 이 결과를 야기하는 바로 그 과정의 원인이 될 경우 성립된다. 예를 들어 에밀 뒤르켐은 종종 통합에의 필요가 이 통합을 발생시키는 구조적이고 문화적인 힘을 불가피하게 생산한다고 암시하곤 했다. 또한 파슨스는 적응 같은 기능적 요건이 체계의 적응을 충족시키는

바로 그 사회문화적 구성체를 어느 정도 야기하는 것처럼 말했다. 이 같은 진술이 성립할 경우 그 진술들 자체는 부당한 목적론이 아니다. 하지만 기능적 결과가 이러한 결과를 야기하는 구조들을 생성하는 과정과 메커니즘은 설명하지 않을 경우, 부당한 목적론이 된다. 관련된 과정을 설명하지 않는다면 다음과 같이 질문하는 것이 합당하다. 시간$_2$에 발생한 것이 어떻게 시간$_1$에서 존재하는 구조들을 창조하는가? 따라서 많은 기능주의적 설명은 부당한 목적론이 될 가능성이 높으며 상당히 의심스러워진다.

(2) 동어반복

머튼이 말했듯이, 많은 기능주의적 설명은 순환논법이고 동어반복이다. 더 큰 체계 내의 사회구조들이 그 체계에 기능적이라고 말하는데, 어떻게 우리가 그것을 알 수 있는가? 체계가 존재하며 기능하기 때문이다. 또 하나, 어떻게 나는 하나의 체계의 부분이 적응의 요건을 충족시킨다는 것을 알 수 있는가? 체계가 존속되며 따라서 그 존속의 요건이 충족되기 때문이다. 무엇이 존속을 구성하고 무너뜨리는지, 무엇이 적응하는 것인지 더 명확히 이해하지 못한다면, 하나의 구조나 부분이 적응 요건을 충족시키는지 그리하여 체계의 존속을 가능케 하는지 규정하기 어렵다. 더욱이 어떤 인과적 과정을 통해 부분이 존속의 요건을 충족시키는지도 알아야 한다. 부분이 존재하면 그것이 **반드시** 존속과 적응을 가능케 한다고 손쉽게 가정하는 것은 거의 아무것도 설명하지 못한다. 이런 식의 논변은 부분이 어떻게 해서 존재하는지 그리고 어떻게 작동하는지에 대한 관심을 지나친다. 부분이

기능적 요건을 충족시킨다고 주장하는 것은 따라서 사회문화적 형성체에 대한 사회학적 분석에 필요한 설명을 누락하는 것이다. 게다가 많은 기능적 설명이 동어반복뿐 아니라 부당한 목적론을 상정하는 경향성은 기능적 설명을 정치적으로 보수적이며 현 상태(*status quo*)를 지지하는 것처럼 보이도록 만든다.

(3) 사회적 실재에 대한 이미지

1958년 초 랄프 다렌도르프(Ralf Dahrendorf)[10]는 기능주의가 암시하는 사회 이미지가 현실이 아니면서 사회적 실재가 실제로 작동하는 방식을 크게 왜곡하는 '유토피아' 논의들과 유사하다고 하면서, 파슨스 기능주의에 대한 당시의 비판들을 정리했다. 다렌도르프는 파슨스가 세계를 ⓐ 발전사가 없는 곳으로 ⓑ 구성요소들 간의 상당 정도의 통합을 보여주는 곳으로 ⓒ 가치, 이데올로기, 규범에 대한 합의가 있는 곳으로 ⓓ 현 상태를 유지하는 메커니즘 덕분에 매끄럽게 작동되는 곳으로 묘사했다며 비판했다. 모든 유토피아 사상처럼 세계는 완벽하며 완벽해질 것이다. 조화, 합의, 협력, 통합이 모든 시대와 모든 장소를 지배할 것이다. 갈등, 변동, 착취, 억압, 모순, 일탈, 불화, 그리고 여타 탈통합적 상태 등에는 개념적 우선권이 주어지지 않는다. 구조가 강조되는 경우에도 어떻게 사람들이 이 체계를 붕괴시킬지보다 어떻게 체계를 유지할지를 우선한다.

이와 같은 비판은 사회학 전반의 대응에 큰 영향을 주었다. 심지어 파슨스도 비판에 대처하고자 했다. ⓐ 파슨스는 사회들이 서구 민주주의 이상을 향해 나아간다는 진화론적 단계 모델을 제시해

서 웃음거리가 되었다. 이들 비판들 중 일부는 지나친 것이었다. 하지만 장점도 있었는데, 많은 사회들에서 갈등과 변화가 있었던 시기인 1960년대에 안 그랬다면 기능주의 이론가로 남아 있었을 이들이 정체를 숨기는 데 효과적이었다. 1970년대 후반 파슨스가 타계하면서 기능주의 이론화는 미국과 유럽의 극소수의 강력한 옹호자들을 제외하고는 소멸한 것처럼 보였다. 하지만 기능주의적 이론화의 핵심이 정말 영영 사라진 것일까? 아니면 단지 용어를 바꾸고 몇 가지 개념적 세련화를 가한 것일까?

2) 새롭게 변모되어 재탄생한 기능주의 이론

1장의 〈그림 1-6〉에서 강조한 것처럼 분석도식은 보통 설명적이기보다는 철학적이다. 그것은 실재를 보여주는 이미지를 제공하며, 실재가 어떻게 생겨나고 작동하는지를 설명하지 않으면서 그 핵심 속성들 일부를 조명해 준다. 추상적 분석도식이 더 이론화되기 위해서는 사회적 세계가 어떻게 작동하는지 설명하는 명제들과 분석모델로 변경될 필요가 있다. 내가 처음 기능주의를 접했을 때 나는 그처럼 많은 비판들에 대해 모르고 있었다. 나는 모든 사물이 사회적 현실의 본질을 표시하는 더 큰 범주체계 속에 자리 잡고 있음을 보고 매혹되었다. 나는 전세계의 학생들이 처음 기능주의를 배울 때는 나처럼 반응한다는 점을 발견했다. 예를 들어, 10여 년 전 나는 중국 학생들에게 다양한 이론들에 대해 가르쳤다. 그다음 어느 이론이 최고인가라고 질문했다. 그들은 거의 모두가 기능주의 이론이 가장 좋다고 완벽히 일치된 대답을 내놓았다.

비록 나는 거대한 범주들의 체계인 파슨스의 분석도식에 대한 비판들 중 일부를 수용하기 시작했지만, 그의 도식 중 많은 요소들은 여전히 흥미롭다. 특히 **일반화된 상징적 매체**(*generalized symbolic media*)와 탈콧 파슨스의 AGIL 도식의 기능적 영역들 간의 교환이 그렇다(이 책의 78~79쪽과 76쪽의 〈그림 3-4〉 참조). 나는 사회적 제도들의 구조와 역동을 AGIL 도식 내 여러 위치들에 놓인 제도들 간의 상호교환으로 쉽게 묘사할 수 있다. 각 제도적 체계 — 이를테면 경제와 정치 — 는 4가지 영역 중 하나로 자리매김할 수 있으며(경제와 정치는 사회의 적응 영역과 목적달성 영역으로), 기본적 관계는 상징적 매체의 교환을 포함한다. 내가 단순한 형식에서 복잡한 형식으로 사회가 진화하는 과정을 추적하는 데 파슨스의 AGIL 도식을 활용하여 제도에 대한 3권의 책을[11] 썼다는 사실에 대해서 아무도 주목하지 않았다. 내가 저술할 무렵에는 진화이론이 더 이상 손가락질 당하지 않았기 때문이다(진화론은 1960년대 후반과 1970년대에 귀환했다). 내가 보편적인 기능적 조건이 존재한다고 언급하거나 심지어 제시하지도 않았기 때문이다.

기능적 분석에 고유한 문제점들을 극복하기 위해서는 기능적 요건 개념을 치워 버리는 것이 중요하다. 하지만 그렇게 하다 보면 기능적 분석을 흥미롭게 만드는, 사회적 체계가 그 환경 속에서 존속한다는 점에 대한 강조도 사라진다. 일단 요건 개념이 사라지면 기능주의의 가장 재미있는 특질이 없어지는 것이다. 따라서 우리는 덜 문제가 되는 방식으로 — 머튼과 내가 열거한 문제점에 빠지지 않고 — 어떻게 하면 사회적 체계가 그 환경 속에서 존속한다는 아이디어를 복구할 것인지 살펴

볼 필요가 있다.

또한 우리는 1장에서 정리한 것처럼 분석도식으로부터 이론화하는 방식을 바꿀 필요가 있다. 한 가지 중요한 변경사항은 범주화의 분량을 감소시키는 것이다. 가장 좋은 방법은 사회적 우주의 비교적 최소한의 차원과 영역을 분류하는 최소한의 개념도식을 제시하는 것이다. 파슨스 도식의 여러 문제점 중 하나는 그가 더 많은 현상을 설명하기 위해 범주를 계속해서 **늘렸다**는 점이다. 사회진화의 과정, 인간행위가 더 큰 생물학적, 물리화학적, 목적의 우주 속에서 점하는 위치 등을 설명하다 보니 말이다(이 책의 81쪽 〈그림 3-6〉 참조).

마지막으로 설명도구로 복잡한 분석도식을 사용하지 않고 ⓐ 기초적인 사회적 힘 간의 인과적 연계를 추적할 수 있는 분석모델과, ⓑ 사회적 우주의 근본적이고 영속적인 속성과 과정에 대한 명제와 법칙의 체계들을 개발할 필요가 있다. 이 모든 과업이 수행된다면, 기능주의 이론에 고유한 문제들이 사라지는 것이 가능해지며, 기능주의 이론을 진정한 과학적 이론으로 변경시키는 것도 가능해질 것이다. 이에 대해서는 9장에서 더 온전히 제시할 것이다. 9장에서는 사회적 세계의 거시동역학 과정과 관련하여 내가 발전시킨 진화이론을 더 상세히 보여줄 것이다.

3) 기능주의적 이론화 활성화에 필요한 것들

(1) 기능적 필요·요건 문제 우회하기
기능적 분석은 특히 생리학이나 의학 같은 다른 영역에서 활용되는데 인간신체의 건강을 유지하기 위해 필요한 이런저런 조직이나 체계의 기능에 관

해 말하는 것이 일반적이다. 실제로 사회학에서의 기능적 분석은 콩트(2장의 57~58쪽 참조)가 제시한 이후 스펜서(2장의 58~60쪽 참조)가 수행한 유기체 유비에서 생겨났다. 의학이나 생물학에서 **기능** 개념을 사용하는 모든 경우에 그 밑에 전제된 것은 **선택기제**(*dynamics of selection*)다. 암묵적 논의는 이렇게 흘러간다. 먼 과거에 종이 진화되면서 자연선택(*natural selection*)과 다른 진화의 힘(변이, 유전형질의 흐름, 유전자 유동 등, 6장과 8장 참조)이 유기체의 생리를 변형하도록 작동한다. 이러한 변화로 인해 유기체군은 주변환경에의 적응도를 높인다. 이와 같은 메커니즘은 찰스 다윈의 《종의 기원》이 출간되기 10여 년 전인 콩트가 저술하던 당시 및 스펜서가 자연선택 개념을 시사한 그의 유명한 구절 '적자생존'(*survival of the fittest*)이 제기되었을 때는 알려지지 않았던 것이다. 뒤르켐은 명시적으로 다윈의 아이디어를 채택하여 높은 밀도의 인구는 자원을 둘러싸고 상당한 갈등을 겪으며, 그에 따라 분화(*differentiation*)가 야기된다고 강조했다. 하지만 뒤르켐은 분화된 사회단위들 간에 통합을 위한 필요나 요건이 통합 메커니즘이 진화하도록 한다고 단순하게 가정했을 뿐이다. 이는 부당한 목적론으로서 뒤르켐은 어떻게 어떤 과정을 통해 통합을 야기하는 메커니즘이 통합에 대한 필요로부터 실제로 진화하는지 특정하지 못했다.

뒤르켐과 대부분의 기능적 분석에서 드러난 문제들에 대한 해결책은 적어도 어느 정도는 스펜서의 기능적 접근에서 찾을 수 있다는 점이 밝혀졌다. 스펜서에게 생산, 분배, 재생산, 그리고 (권력을 통한) 규제를 위한 기능적 요건은, 생태적 위치에 따른 조건 속에 놓인 사회적·생물학적 유기체 간의 자원을 둘러싼 경쟁이 촉발하는 단순한 자연선택과는 다른 종류의 선택기제를 생성한다(생물학적 자연선택론을 활용하는 이론들의 발전을 살펴보려면 6장과 7장을 참조하라). 다른 종류의 선택이 다양한 시대에 존재한다는 것이다. 이를 나는 **기능적 선택**(*functional selection*) 또는 **스펜서적 선택**(*Spencerian selection*)이라고 부른다(9장에서 강조하겠지만, 나는 때때로 사회과학에서 다윈주의적 자연선택을 적용하는 경우에는 **뒤르켐적 선택**이라고 부른다. 왜냐하면 뒤르켐은 다윈적 자연선택 개념을 사회의 조직화를 추동하는 기본적인 힘으로 활용한 첫 번째 사회학자이기 때문이다). 스펜서가 암시적으로 주장한 것은 생산, 분배, 재생산, 규제가 '선택압력'(*selection pressure*)을 발생시키며, 인구가 생산, 분배, 재생산, 규제와 관련한 문제에 대한 해결책을 찾도록 만든다는 것이다. 이것을 기능적 요건으로 보기보다, 미묘하지만 중대한 강조점 전환이 요구된다. 선택압력은 사회적 우주의 근본적인 힘이며 그 가수(價數)는 다양하다. 선택압력의 가수가 높을 때는, 충분한 생산과 자원을 배분하는 문제, 사회구조와 인간을 재생산하는 문제, 권력(규제)을 통해 인구 구성원을 조절하고 통제하는 문제를 발생시킨다. 이러한 문제들을 우리는 선택압력으로 볼 수 있다. 개인과 집단은 이 문제들에 대해 해결책을 찾도록 내몰리며, 해결책을〔다른 곳에서〕빌리든, 계획하고 창조하든, 아니면 시도하고 실패하든 하게 된다. 이와 같은 해결책들은 거의 언제나 새로운 사회문화적 형성체를 발전시킨다. 그에 따라 가수가 감소하고 선택압력이 줄어든다. 다시 말해 생산, 재생산, 분배, 규제의 힘이 인구 구성원에게 가하는 압력이 줄어드는 것이다. 따라서 한때는 기능적 요건이었던 것이 물리적 우주에서의 중력처럼 사회적 우주의 기초적 힘으로 변환되어 구조의 형성을 추동한다. 이와 같은 힘은, 종종 행위자 간의 밀도가 부재하거나 이 문제들을 다룰 수 있는 사회문화적 구성물이 부재할 때 행위자가 문제에 대한 해결책을 찾도록 압박한다. 가수가 증가함에 따라, 이 힘들은 개인적으로나 집합적으로 행위자들이 대응해야 할 선택압력을 발생시킨다. 그들의 생존, 또는 그들의 문화나 사회구조의 생존은 선택압력에 대처할 수 있는 새로운 사회문화 형성물을 찾을 수 있느냐에 달려 있기 때문이다. 하지만 행위자들이 선택압력에 효과적으로 대처하여 새로운 구조나 문화체계를 창조하는 데 성공할 수 있을지 그 보증수표는 없다. 사회가 붕괴한 여러 역사적 사례들이 보여주듯이 말이다.

따라서 내가 작업한 것은 **선택** 개념을 분석의 중심으로 돌려놓는 것이었다. 선택은 인간사회를 조직화하는 강력한 힘이다. 요건 같은 예전 개념은

〈그림 5-2〉 거시적 힘과 사회문화적 구성체 진화에 대한 터너의 분석

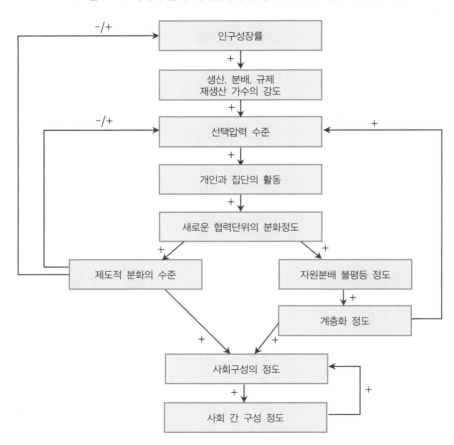

주: +는 증가를, -/+는 감소 후 다시 증가를 나타낸다.

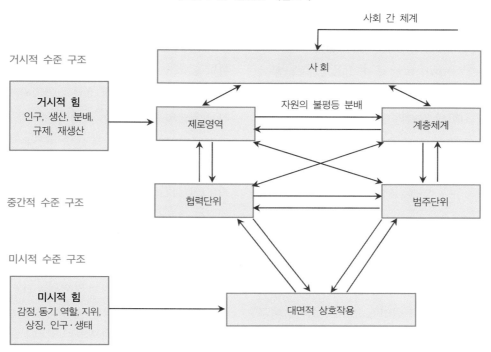

〈그림 5-3〉 간단한 개념도식

사회 간 체계

거시적 수준 구조

거시적 힘
인구, 생산, 분배,
규제, 재생산

사회

제로영역

자원의 불평등 분배

계층체계

중간적 수준 구조

협력단위

범주단위

미시적 수준 구조

미시적 힘
감정, 동기, 역할, 지위,
상징, 인구·생태

대면적 상호작용

행위자들에게 가해지는 근본적인 힘이라는 의미를 제공한다. 하지만 우리는 요건을 필요나 결과로 볼 필요가 없으며, 단지 사회적 우주의 일부로 보면 된다. 그러한 힘들의 종류는 몇 가지 없다. 나의 도식에서는 단지 5개뿐이다. 인구(성장과 감소), 생산, 분배, 규제, 재생산, 이것들은 인간들이 사회를 조직할 때면 언제나 등장한다. 하지만 인구가 성장하게 되면 모두가 증가하고 개인과 집단 행위자에게 증대되는 가수와 선택압력을 다룰 수 있는 새로운 종류의 사회문화적 단위와 형성체를 발견하고 설립하도록 압력을 행사한다. 〈그림 5-2〉는 나의 논지를 대략적으로 요약한 것이다.

이제 사회학적 분석을 위해 사회적 우주의 근본적 속성을 나타내는 간명한 분석도식을 어떻게 구축할지로 돌아가 보자. 이 도식은 〈그림 5-3〉에 제시되어 있다. 사회적 우주는 거시적·중간적·미시적 층위로 전개된다. 이는 분석적 구분을 넘어서는 것이다. 실재의 세 층위는 사회적 체계가 실제로 전개되는 방식이다. 거시적·미시적 우주는 협력단위와 중간적 층위의 범주적 단위를 구축하려고 하는 행위자들을 압박하는 구분되는 힘들에 의해 형성된다. 중간적 단위는 거시적 영역을 세우기 위한 벽돌이라 할 수 있다. 따라서 행위자들은 잠정적으로 생산, 분배, 규제, 재생산 문제를 발생시키는 인구 성장 및 감소의 선택압력에 반응하면서, 선택압력에 대처할 만한 협력단위(여기서는 범주적 단위는 생략하겠다)를 구성하려 한다. 이 행위자들은 사업가처럼 열심히 하지만 성공하리라는 보장은 없다. 그들은 스펜서적 선택압력하에서, 함께 연계하여 경제, 정치, 친족, 교육, 종교,

법 등의 제도영역을 형성하는 새로운 종류의 협력 단위를 만들 따름이다.

〈그림 5-3〉이 말해 주는 것은 최소한으로 만든 사회적 우주(social universe)의 기본적 속성이다. 이 범주도식은 이론이 아니다. 오히려 이론은 〈그림 5-3〉에 나타난 각각의 사회문화적 형성체의 작동에 관한 것이다. 중간 층위에서 협력적·범주적 단위의 작동은 행위자를 사회조직화의 거시적·미시적 층위로 추동하는 힘에 대한 반응으로 설명될 필요가 있다. 거시적 층위에서 제도영역의 작동, 계층체계, 사회들, 그리고 사회 간 체계들이 설명될 필요가 있다. 그리고 미시적 층위에서 이들 간의 마주침과 관계를 추동하는 힘과 작동은 인간 간 상호과정 이론에 의해 설명될 필요가 있다. 이론에서의 복잡성은 〈그림 5-3〉의 유형학에 있는 것이 아니라, 도표에 묘사된 사회적 우주의 기본적 차원과 구조의 작동을 서술하는 명제들에 있다.

따라서 이론은 거시적·미시적 힘, 그것이 발생시키는 선택압력, 마주침에서 출현하는 작동, 협력적·범주적 단위들, 제도적 영역들, 계층체계, 사회들, 사회 간 체계들에 관한 일련의 사회학적 법칙이 될 것이다. 그로 인해 검증할 수 있는 일련의 사회학적 법칙(분석모델)을 조합하는 이론이 나올 것이며, 그 이론은 사회적 우주의 거시적·중간적·미시적 영역을 조직하는 근본적 구조들 전반을 포괄하는 이론일 것이다. 또한 그 이론은 3가지 층위 사이의 연계를 달성하며, 단계론에 갇히지 않으면서 다만 시간적 변동을 다룰 것이고, 기능적 요건 개념도 설득력 있는 것으로 만들 것이다. 가장 의미심장한 것은, 그 이론은 분류하기보다 (명제와 분석모델을 통해) 설명한다는 점이다. 더욱 자세한 내용이 궁금하다면 나의 3권짜리 시리즈 저서인 《사회학의 이론적 원리》[12]와 9장을 보길 권한다. 기능주의는 어떤 의미에서는 그 자신으로부터 구원될 수 있다. 하지만 그럴 경우 더 이상은 복잡한 분석도식(파슨스)이나 시사하는 바는 많지만 모호한 담론적 도식(루만) 같은 대다수 기능주의 도식과는 상당히 다르게 될 것이다.

주

1 Robert K. Merton, "Manifest and Latent Functions", in Robert K. Merton, *Social Theory and Social Structure* (New York: Free Press, 1968), pp. 45~61; Robert K. Merton, "Discussion of Parsons' 'The Position of Sociological Theory'", *American Sociological Review* 13 (1948): pp. 164~168. 기능주의적 이론화에 대한 더 종합적인 리뷰와 비판을 보려면, 다음을 보라. Jonathan Turner and Alexandra Maryanski, *Functionalism* (Menlo Park, CA: Benjamin-Cummings, 1979).

2 Merton, *Social Theory and Social Structure* (New York: Free Press, 1968) (주 1 참조), pp. 81~82.

3 같은 책, p. 84.

4 이 구절은 브리태니커 백과사전에 포함된 논문에서 인용한 것이다. 이 논문에서 말리노프스키는 종족중심주의에 반대하고 있다. 그의 더 학술적인 저작 (2장 참조) 은 훨씬 덜 극단적이다. 말리노프스키 저작에 대한 보다 균형 잡힌 분석을 위해서는 이 장 주 1에서 거론한 Jonathan Turner and Alexandra Maryanski's, *Functionalism* (주 1 참조) 을 보라.

5 같은 책, p. 136.

6 Merton, *Social Theory and Social Structure* (New York: Free Press, 1957), p. 10.

7 더 자세한 내용을 보려면 다음 글을 참조하라. Jonathan Turner and Alexandra Maryanski, *Functionalism* (주 1 참조), pp. 65~68.

8 예를 들어 다음을 보라. Paul Colomy, ed., *Neofunctionalism* (Brookfield, VT: Edward Elgar, 1990); Jeffrey C. Alexander, ed., *Neofunctionalism* (Beverly Hills, CA: Sage, 1985); Jeffrey C. Alexander and Paul Colomy, "Toward Neofunctionalism", *Sociological Theory* 3, no. 2 (Fall 1985): pp. 11~23; "Neofunctionalism Today: Restructuring a Theoretical Tradition", in George Ritzer, ed., *Frontiers of Social Theory* (New York: Columbia University Press, 1990); Paul Colomy, ed., *Functionalist Sociology: Classic Statements* London: Edward Elgar, 1990). 알렉산더는 폴 콜로미와 더불어 실질적으로 기능적 요건 개념을 던져 버린 — 이것이 이 관점의 특징인데 — 신기능주의를 주창했다. 대신 초점은 3장과 4장에서 정리한 파슨스와 루만의 접근에서 명징하게 드러나듯이 대부분 기능주의 도식의 경험적 준거인 구조적 분화와 문화에 맞춰져야 했다. 기능적 분석이 갖는 많은 문제들의 원천인 기능적 요건을 던져 버린 신기능주의 요구에는 다소 장점이 있다.

9 이 책의 예전 판본은 7번에 걸쳐 개정판을 출간한 《사회학 이론의 구조》(*The Structure of Sociological Theory*, Homewood, Ⅱ: Dorsey Press, 1974; 초판은 Wadsworth and Cengage에서 출간) 다. 그 책의 초판 (pp. 46~58) 에서 나는 관련된 철학적 저작들에 대한 참고문헌을 온전히 달면서 훨씬 자세한 분석을 제시했었다. 대학 연구실에 가장 많이 보는

1974년 판본이 아마도 유용할 것이다.

10 Ralf Dahrendorf, "Out of Utopia: Toward a Reorientation of Sociological Analysis", *American Journal of Sociology* 64(1958): pp. 115~127.

11 Jonathan H. Turner, *Patterns of Social Organization*(New York: McGraw-Hill, 1972); *The Institutional Order*(New York: Longman, 1997); *Human Institutions: A Theory of Societal Evolution*(Boulder, CO: Rowan and Littlefied, 2002).

12 Jonathan H. Turner, *Theoretical Principles of Sociology*(New York: Springer 2010~2013). 3권의 책은 각각 거시·중간·미시의 작동과정을 다룬다. 사회적 우주 각 영역의 작동을 설명하기 위해 원리라든가 법칙을 강조했다는 점에 주목하길 바란다. 나의 주장은 기능주의에 의해 고무된 이론이다. 적어도 거시적 영역에서는 그러하다. 하지만 기능주의를 흥미로운 접근으로 만드는 핵심사항들을 새로운 형식 속에 보존하려 노력하면서 기능주의 가방은 던져 버린 이론이다.

2부

진화론적 이론화와
생태학적 이론화

6장

진화론적 이론화와 생태학적 이론화의 등장

1. 들어가며

사회학은 생물학이 주도적 학문으로 부상하던 19세기에 태어났다. 진화론적 사상이 공공연히 번지는 시기였으며, 인간의 기원에 대한 비성서적 내용들을 억압하는 종교적 통설의 압력이 있었지만, 과학의 시대는 나름대로 강력한 모멘텀(*momentum*)을 가졌다. 인간을 비롯한 지구상의 수많은 종(*species*)을 설명하는 메커니즘과 관련한 사고는 그 위험성에도 불구하고 억압되지 않았다. 사실, 학자들에게 하나의 주요 메커니즘은 명백했는데, 즉 동물과 식물의 원조(*breeder*)는 수 세기를 거쳐 자연법칙에 반하는 선택을 경험했다는 것이다.

알프레드 월리스(Alfred Wallace)에게 추월당할지도 모른다는 압박에서, 찰스 다윈은 그의 오랜 결론인 《종의 기원》[1]을 마침내 출간했고 그때 생물학은 완전히 새로운 장으로 들어섰다. 자연선택에 의한 진화라는 발상은 종(種) 분화에 대한 단순한 설명을 제공했을 뿐 아니라, 자연선택이 작용

되는 변인들을 만드는 다른 메커니즘에 대한 탐구로 이어졌다. 이 메커니즘은 이미 그레고어 멘델(Gregor Mendel)[2]이 발전시켰지만, 그것이 몇십 년 후에 재발견된 것이다. 또 하나 중요한 사실은 사회학 이론이 생물학으로부터, 나중에 생태학이라 알려진 영역으로부터 아이디어를 빌려오기 시작했다는 점이다.

이러한 차용은 여전히 일어나고 있으며, 생물학을 차용하는 진화론적 사회학의 전망에 대해서는 19세기 말보다 오늘날 그 흥분이 더욱 고조되고 있다.[3] 진화론적 이론의 핵심인물은 물론 다윈이지만, 좀더 자세히 들여다보면 허버트 스펜서와 에밀 뒤르켐이 다음의 두 가지 측면에서 진화론적 사회학에 영감을 주었다. 첫째, 스펜서와 뒤르켐은 각각 사회적 진화의 단계별 모델, 즉 단순한 형태에서 복합적 형태로 이행 시의 변화가 사회진화의 일반적 방향임을 상정했다. 둘째, 이들은 20세기로 들어서는 시점에 사회학에서 생태학적 분석의 출현에 핵심적이던 생물생태학으로부터 영향을 받

아 사회학적 아이디어에 기여하였고, 지난 30여 년간의 다윈주의 진화론과 사회과학과의 결합을 예측했다. 그들이 각각 사회학에서 다시 주목받는, 중요하고 새로운 이론화 형태에 어떻게 기여했는지 살펴보자.

2. 허버트 스펜서의 사회진화론에의 기여

1) 진화의 단계적 모델

허버트 스펜서는 인류가 사냥꾼에서 산업사회 구성체로의 기나긴 발전을 겪는 동안의 사회진화 단계 모델을 정립하기 위해서 기능적 요건(functional requisites)에 대한 아이디어를 활용했다. 4 2장에서 언급한 기능주의적 이론화에서, 스펜서는 인류가 생존하기 위한 4가지 기본적 요건을 상정했다. 생산, 재생산, 분배, 그리고 규제가 바로 그것이다. 사회가 생존하기 위해서는 재화와 서비스를 생산해 내야 하며, 인구와 그들의 활동을 조직하는 구조를 재생산해야 하고, 시장과 인프라를 통해 영토 사방에 정보·자원·인구를 배치해야 하고, 사회구성원 및 그들의 활동을 조직하는 구성을 규제해 조정과 통제 상태가 유지되도록 해야 한다. 바로 앞 장에서 강조했듯이, 스펜서는 주어진 환경에서 사회구성원의 생존과 관련된 이런 요구와 요건을, 그러한 요구에 부합해 구성원의 생활을 조직하는 사회와 구성원의 적응성을 증대시키는 사회적 구조를 창조하도록 구성원들에게 '선택압력'을 생성하는 것이라 보았다.

이런 기능적 요건에 부합하는 것은 사회구성원과 사회의 생존에 필수적이기 때문에, 사회의 진화는 앞서 제시한 4가지 요건 내, 또는 요건 간의 사회문화적 분화유형으로부터 추적이 가능하다. 즉, 단순하고 동질적인 사회로부터의 이행은 사회 구성원들의 분화과정이자 4가지 주요 축 — 생산, 재생산, 분배, 규제 — 을 따르는 구성원의 활동을 조직하는 구조과정이라고 할 수 있다. 이런 기능적 요구가 선택압력을 발생시키는 동안 새로운 구조들이 분화됨으로써, 구성원들과 그들이 사는 사회는 더욱 적합해지고 생물물리학적 환경, 사회문화적 환경에서 스스로 살아남을 수 있게 된다. 〈그림 6-1〉은 3가지 주요 축에 따라 사회가 다양한 단계로 진화하는 것에 대한 스펜서의 시각을 보여준다. 사실, 엄밀히 따지면 4가지 축이라 할 수 있는데 왜냐하면 스펜서가 생산과 재생산을 '운영'(operative) 분류 아래에 놓았기 때문이다. 따라서 규제, 분배, 운영(생산과 재생산 포함)으로부터 오는 선택압력은 개인과 집합적 행위자들로 하여금 이러한 요구 상태를 맞추기 위해 새로운 구조를 정립하도록 압력을 가한다. 이 압력은 스펜서 도식에서의 주요변수 — 인구증가 — 로부터 왔다. 따라서 인구가 증가할수록, 증가율과 다양성이 클수록, 생산, 재생산, 분배, 규제로부터 오는 선택압력이 더 커질 것이다. 사회구성원은 더 많이 생산하도록, 더욱 복잡하고 다양한 사회구조 속에서 더 많은 구성원을 재생산하도록, 영토를 가로질러 더 많은, 다양한 사람들 간 자원을 배분하는 새로운 방법을 찾도록, 더 많은 인구와 그들의 행동을 조직하는 새롭고 차별화된 구조를 규제하도록 압력을 받을 것이다. 스펜서가 주장하는 경험적 세부사항은 확장성이 있으면서도 몹시 정확하다.

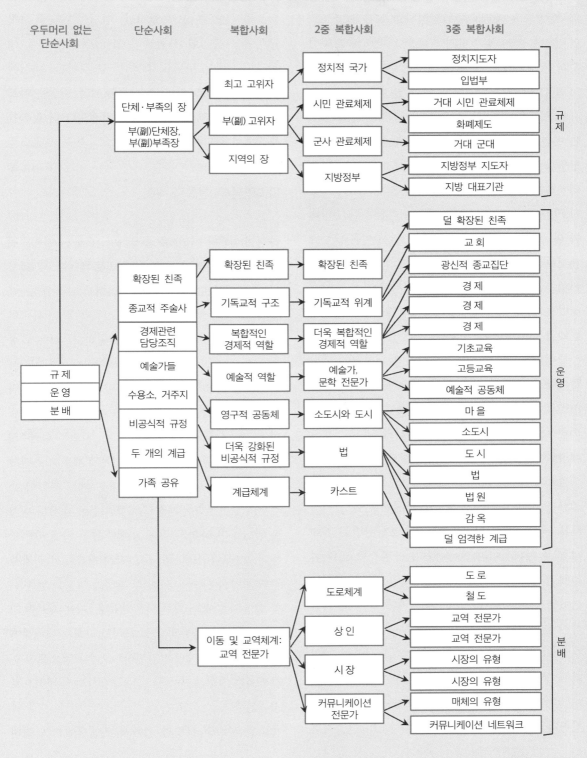

〈그림 6-1〉스펜서가 제시한 사회적 진화의 단계모형

비록 3중 복합사회(*trebly compound societies*)로부터 발생한 현재의 후기 산업사회(또는 포스트모던, 30장 참조) 발전단계에 대한 내용이 추가돼야 하지만, 단계의 개념화는 대부분 다음 단계모델들이 몇십 년 후에 발전된 모습과 일치한다.

모든 진화이론가들처럼, 스펜서의 최고 인기 있는 이론은 그가 죽기 직전인 1903년쯤 극적으로 영향력을 잃어갔다. 그의 기능주의도 마찬가지였는데 이는 20세기 중반에야 사회학에서 다시 주목받기 시작했다. 사회진화 단계모델 이론은 1960년대쯤 다시 각광받았는데,5 사실 그 당시 이론들은 스펜서가 발전시킨 것과 유사했다. 1920년대 말쯤 이미 사회학자들은 더 이상 스펜서의 저서를 읽지 않았으므로 스펜서의 공로가 언급된 경우는 적은 편이었지만 말이다.

그럼에도 불구하고, 스펜서의 사회진화에 대한 분석은 1800년대 말 당시 사회학자, 인류학자 사이에서 가장 탁월한 분석으로 여겨졌다. 따라서 스펜서는 사회진화 단계모델 정립에 대한 모델을 제시한 것에 대해 그 공로를 인정받을 만하다. 암시적으로, 이 모델은 진화를 추진하는 메커니즘 조합 — 생산, 재생산, 분배, 규제와 관한 선택압력을 발생시키는 인구증가 — 을 포함한다는 점에서 매우 현대적이라 할 수 있다. 스펜서는 또한 여기에 갈등이론을 덧붙였다. 즉, 인구가 증가하면 사람들은 자원을 쟁취하기 위해 갈등을 빚을 가능성이 높아지며, 실제로 전쟁을 치르면 일반적으로 잘 조직된 사회가 승리한다. 그런 뒤 정복한 사회의 구성원을 그 사회문화적 구성체에 포함시키므로 전쟁이 진화를 야기하는 중요한 동인이라고 주장했다. 최종 결론은, 스펜서는 사회가 산업화되고 역동적 시장과 인프라를 발전시키면 꼭 전쟁이 필요하지는 않다고 보았지만, 전쟁이 단순한 사회 구성에서 복잡한 사회적 구성체(*formation*)로 이동하도록 많은 부분을 추진했다는 것이다. 대신에 시장과 인프라의 발전은 — 스펜서의 주장에 따르면 — 시장의 역동성을 해치는 전쟁보다 더 진화를 추진해야 한다는 것이다.

2) 다윈주의 진화의 예측

다윈이 《종의 기원》을 출간하기 10여 년 전에, 스펜서는 **적자생존**6이란 용어를 만들어냈다. 스펜서는 이 용어를 도덕적·철학적 의미로 사용했다. 아울러 그는 가장 최고의 사회조직은 사람들 사이의 규제되지 않는 경쟁으로부터 출현하고, 이는 최상(*the most fit*)만이 생존하도록 용인하여, 따라서 사회수준을 향상시킨다고 주장했다. 확실히, 이 도덕적 철학은 결함이 매우 많지만 19세기 및 20세기 초반에 매우 중요한 논제가 됐다. **사회적 다윈주의**(*Social Darwinism*)7라 알려진 것은 실제로는 스펜서 철학(*Spencerian*)에 더 가까웠다. 사실, 다윈이 스펜서의 도덕철학이 자신의 이름 다음에 나온다는 것을 알았다면 다윈은 무덤 속에서 놀라 일어날지 모른다. 그러나 스펜서의 사회학적 저술에서 적자생존의 개념은 전쟁 — 사회 간 경쟁적 투쟁의 일종 — 을 설명하는 데 더 자주 사용되었다. 이에 따르면 더 최적인 사회는 생존하고 덜 최적인 사회는 패배하거나 더 최적인 사회로 편입된다. 그렇게 됨으로써 인간사회는 진화하면서 규모와 복잡성이 단계적으로 증대된다.

다윈은 그의 유명한 책에서 스펜서에게 답례하

는데, 이 책에서 종분화(specification)의 추동력으로서 자연선택에 대한 기초적 사고를 발전시켰다. 하지만 이런 답례는 단지 다윈의 많은 지지자들과 친분 있는 유명 사회철학자에 대한 예의상의 표현에 지나지 않는다. 적자생존이라는 원래 스펜서의 진화론 개념이 적어도 문서상으로는 다윈보다 앞섰다 하더라도, 20세기 후반 생물학적으로 영감을 받은 사상의 재등장에 직접적으로 미친 영향은 거의 미미하다. 그러나 스펜서가 생물학과 사회학의 연결고리를 만들어냈다는 것은 분명한 사실이다.

물론, 우리는 스펜서가 그의 도덕철학을 출간하기 20여 년 전에, 그리고 스펜서가 그의 첫 사회학 논문을 출간하기 거의 40여 년 전에 이미 오귀스트 콩트[8]가 사회학을 생물학에 연결시켰다는 점을 기억해야 한다. 콩트는 과학의 위계에서 사회학이 생물학에서 출현하여 '과학의 여왕'이 될 것이라고 주장하였다. 콩트는 사회학에 유기체적 유추를 재도입한 핵심적 인물이다. 그는 생물학적 유기체에서의 세포, 조직, 장기가 사회구조에서 어떤 것들과 대응관계를 가지는지 찾으려 노력하였다. 2장에서 살펴보았듯이, 이 주장은 기능주의로 발전되었고, 이 이론은 그것이 작동하는 더 큰 '사회조직'(body social)의 사회현상에 초점을 맞춘다. 1870년대 이후 스펜서가 드디어 사회학으로 방향전환을 했을 때[9](도덕,[10] 물리,[11] 생물,[12] 심리학 논문들을 쓴 이후),[13] 그는 사회적 유기체와 생물학적 유기체 사이의 비교를 더욱 분명히 했다. 그러나 스펜서는 생물학적 유기체와 사회학적 유기체 사이의 피상적 비교 이상으로 나아갔으며, 사회학은 **초유기체적 유기체**(superorganic organism)[14] — 즉, 살아 있는 유기체들 간의 관계에 대한 것 — 의 학문이 되어야 한다고 선언했다. 이러한 정의에 인간 유기체 그 이상의 내용을 포함시켰다. 조직하는 모든 종은 초유기체적이며, 그러므로 과학적 사회학의 연구 주제가 될 수 있다. 이는 최근에야 재발견된 사고이다. 사회학의 주제에 관한 이런 유추와 주장을 펼치면서, 스펜서는 또한 19세기와 20세기 초반의 사회학 이론에 영향을 준 몇 가지 분석형태를 발전시켰다. 결국, 이렇게 이어지는 사고는 — 종종 인정받지 못하는 경우도 있지만 — 생물학적으로 지향된 사회학 이론의 재등장을 예상하고, 제한적이나마 만들어갔다.

스펜서의 연구에서 강조되는 또 다른 요점은 비록 20년 후인 1893년에 뒤르켐에 의해 완성되었지만, 다윈주의 유추이다. 사회적 분화, 또는 **사회적 종분화**(social speciation)는 자원을 얻기 위한 행위자들 간 경쟁의 결과이다. 그런 경쟁에서 분화가 일어나는데 적소(適所, niche)에서 자원확보에 최적인 행위자는 승리하고 덜 적합한 행위자는 변화하거나(또는 죽거나) 다른 적소에서 자원을 찾게 된다.[15] 자원적소를 찾는 과정은 사회적 분화의 원동력이며, 따라서 사회적 진화라 할 수 있다. 앞부분에서 강조된 바와 같이, 스펜서에게 있어 인구 규모의 성장은 자원확보 경쟁을 더욱 치열하게 하고 — 이 개념은 스펜서가 토머스 맬서스(Thomas Malthus)의 인구에 대한 유명한 저작[16]에서 빌려온 것이다 — 그리고 사회적 분화 및 사회진화를 야기하는 선택과정을 작동시키게 된다.

그렇다면 우리가 스펜서의 연구에서 주목할 것은, 19세기를 거쳐서 등장한 생물학적 사고에 대한 관심이다. 물론 스펜서 자신이 생물학에 대한 여러 권의 논문을 썼지만, 사회학 이론에서 더욱

〈그림 6-2〉 사회적 분화에 관한 뒤르켐의 생태학적 모델

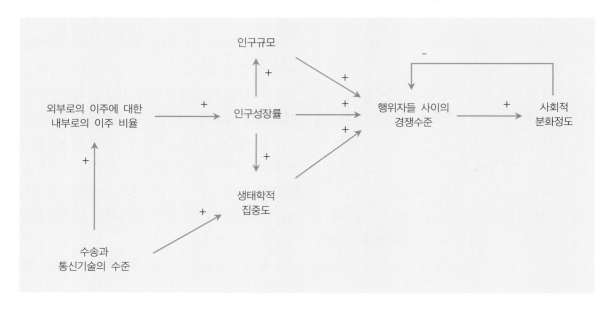

중요한 것은 그가 생물학적 유추와 방법을 사회의 동학에 대한 사고에 융합시켰다는 것이다. 때문에 콩트는 생물학과 사회학의 연계에 대한 설명에서 다소의 모호함을 가진 반면에 스펜서는 어떻게 사회학 이론과 생물학 이론이 함께 결합될 수 있는지에 대한 본질과 세부사항을 유의미하게 덧붙였다고 할 수 있다.

3. 에밀 뒤르켐의 생물·생태학적 유추

오늘날 우리는 스펜서의 공헌이 19세기의 유럽에서뿐만 아니라 미국에서도 얼마나 중요한지를 간과하는 경향이 있다. 오늘날 우리는 뒤르켐을 보다 중시한다. 사실 뒤르켐이 스펜서로부터 빌려 사용한 개념[17]에 대해 뒤르켐의 공헌으로 인정하는 경우가 많다. 그러나 뒤르켐은 스펜서보다 자연선택

에 의한 다원적 진화론과 사회적 진화 사이의 연결고리를 더욱 명확히 했다. 따라서 20세기 초기에 생물·생태학적 이론화와 진화론적 이론의 발달에 따라 뒤르켐은 스펜서만큼이나 의미 있는 공헌자가 되었다.

뒤르켐의 첫 주요저작은 《사회분업론》이며 2장에서 보았던 것처럼, 이 책은 기능주의적 이론화를 고취시켰다. 분업의 원인, 즉 행위의 전문화를 증가시키는 동인(또는 사회적 '종분화')을 분석할 때 뒤르켐은 다윈의 글로부터 이끌어내기 시작했다.

그러므로 다윈은 이주가 가능한 작은 영역에서는 결과적으로 개인의 갈등이 반드시 격렬해지고 그곳에서 거주하는 종들에서는 매우 높은 다양성이 항상 관찰된다고 말한다. [18]

뒤르켐은 그러한 다양성이 각 종의 생존을 덜 문제적으로 만들며, 각 종의 안녕에 기여한다고 밝혔다. 그래서 뒤르켐은 다음과 같이 지적한다.

인간은 동일한 법을 따른다. 같은 도시의 서로 다른 직업들은 다른 목표를 추구하므로 상대방을 해치지 않고 공존할 수 있다. 군인은 군사적 영광을, 사제들은 도덕적 권위를, 정치가는 권력을, 사업가는 부를, 학자들은 과학적 명성을 추구한다. 그들 각각은 타자를 방해하지 않고도 이를 획득할 수 있다.[19]

뒤르켐은 아담 스미스(18세기에 오늘날의 경제학을 지배하는 기본적 공리주의를 만들어냈다)의 시대 이래 모든 사회이론을 괴롭혔던 한 가지 문제의 해답을 찾으려 했다. 즉, 만약 사회들이 분화된다면, 그들을 함께 유지시키는 힘(force)은 무엇인가? 뒤르켐의 대답은 부분적으로 기능주의적이지만, 앞 절에서 우리는 긍정적 시각에서 분업을 설명하려는 그의 노력을 확인할 수 있었다. 우리의 목적에 있어, 분업의 원인에 대한 뒤르켐의 생태학적 모델은 사회를 결합시키는 것에 대한 그의 궁극적인 대답보다 더욱 중요하다. 〈그림 6-2〉는 그의 기본적 모델을 표현한 것이다. 이 모델에서 뒤르켐은 인구의 물질적 밀도를 증가시키는 힘들 ─ 이주, 인구증가, 생태학 장벽 같은 것들 ─ 과 개인들 간 '사회적 공간'을 감소시키는 힘들 ─ 운송, 커뮤니케이션 기술 향상 같은 것들 ─ 이 모든 것들의 경쟁을 더욱 치열하게 한다. 결과적으로 이러한 경쟁은 사회적 분화나 분업을 이끌며, 이는 뒤르켐이 느끼기에 경쟁을 감소시키고 서로 간의 자원을 교환하면서 각기 다른 사회적 틈새의 개인들은 그들의 방식대로 협동을 증가시킨다.

스펜서보다 더욱 분명한 방식으로, 뒤르켐은 인구밀도가 자원을 쟁취하기 위한 경쟁을 증가시키고 사회적 분화를 이끈다고 보았다. 그러나 스펜서처럼, 뒤르켐도 이러한 메커니즘이 단순한 형태에서 복잡한 형태로의 사회적 진화를 궁극적으로 책임진다고 주장하였다. 즉, 인구가 증가하거나 또는 새로운 기술에 의해 구성원들 사이의 사회적 공간이 감소하면서 경쟁은 증가한다. 경쟁으로부터 사회적 분화가 발생하며 사회적 복잡성이 증대된다. 따라서 뒤르켐은 개인이 죽는다는 것을 상정하지는 않지만(반면 스펜서는 이에 대해 다룬다), 사회적 종분화는 다윈주의 노선의 종류를 따른다. 대신 그들은 새로운 자원적소를 찾으며, 그 과정에서 그들은 그들 자신과 구조들, 그들의 행동을 조직하는 문화를 차별화한다. 사회에서의 자연선택은 스펜서와 다윈이 제시한 것보다는 덜 잔인하다. 다윈과의 이런 중복성 중 가장 중요한 것은, 일찍이 사회학자들이 생물학적 모형과 사회학적 모형 사이에서 어떤 관계를 발견했다는 것이다. 이들은 20세기 초반에 시작된 생태학적 이론에 의해 사회학에서 진척됐고 뒤의 7장에서 알 수 있듯이 현재까지도 이어져왔다. 20세기 후반에, 더욱 순수한 다윈주의 사고가 사회과학에 스며들기 시작했다. 따라서 이러한 다윈주의 운동을 더 살펴보기 전에, 여기서 잠깐 멈추고 다윈 그 자신의 비판적 통찰력을 강조하는 것이 좋겠다.

4. 찰스 다윈과 자연선택

다윈에 대해 이미 언급했지만, 그의 사상이 19세기 진화론뿐만 아니라 좀더 의미 있게는, 20세기의 진화론의 재현에 어떻게 기본적 틀을 제공했는지 살펴보자. 스펜서처럼 다윈은 맬서스의 인구론, 특히 맬서스의 '자연멸종 메커니즘 개념'에 크게 영향을 받았다. 예를 들어 그의 초기 기록에서[20] 다윈은 "구조는 … 전체적 삶의 적응 없이는 … 생존할 수 없으며 … 쇠퇴하고, 거대한 인구감소 상황에 휩쓸리게 된다."그리고 " … 경쟁이 있을 때 … 한 알의 모래(a grain of sand)도 균형상태에 이르게 된다"고 기록할 때 맬서스적 요인의 영향력을 인식하였다. 유명한 **비글호**(Beagle) 항해에서 자연주의자로서 다윈의 관찰과 결합했는데, 이곳에서 다윈은 다소 상이한 환경이 새로운 종의 변인을 창조하는 것이 분명하다고 보았다. 여기서 그는 자연선택 개념에 다다랐다. 이는 그의 책 표제가 되었지만, 후에 좀더 논쟁적인 표제《종의 기원》으로 수정되었다. 다윈은 그의 논문을 출판하기 전 20년 동안 자연선택에 대한 개념을 갖고 있었다. 또한 맬서스에게 영감을 받은 또 다른 학자인 월리스[21]가 유사한 개념으로 진화를 설명할 때 다윈은 자신의 사상을 출간하기 시작했다. 다윈과 월리스의 시초적 논문들은 영국 학술원에서 함께 읽혔으며, 자연세계는 종들 사이의 '갈등'을 드러내며 이러한 경쟁은 환경에 의해 부과되는 조건들에 적응하기 위해 좀더 적합한 유기체들의 생존을 '선택한다'고 주장했다. 그 결과로서 이러한 유기체들은 덜 적합한 유기체들보다 자손 번식이 보다 용이하다. 즉, 다윈의 기본적 가정(그리고

월리스의) 모델은 다음과 같다.

———

① 어떤 종의 구성원들이든 그들의 물리적 · 행동적 특성에 변이가 있다.
② 어떤 종의 구성원들이든 환경에 의해 지원될 수 있는 것보다 더 많은 자손을 생산하는 경향이 있다.
③ 그러므로 어떤 종의 구성원들이든 환경에서의 자원을 위해 자기 종의 다른 성원과, 그리고 다른 종과 반드시 경쟁해야 한다.
④ 경쟁을 가능케 하고 자원을 확보할 수 있는 특성을 가진 종의 구성원들은 보다 잘 생존할 수 있고 자손을 번식시킬 수 있지만, 반면 경쟁과 자원확보 능력에 적합하지 않은 특성을 가진 종 구성원들은 생존과 번식가능성이 용이하지 않을 것이다.

———

그러므로 환경은 경쟁, 자원확보, 생존, 그리고 재생산을 가능케 하는 유기체의 이러한 특성을 선택한다. 유기체의 변화하는 특성이 환경에 의해 연속적으로 선택되면서, 진화는 이런 자연선택 과정 속에서 추진된다. 이 논의의 선상에서 중요한 구분이 강조되어야 한다. 즉, 선택은 개별 유기체에서 작동된다. 반면, 진화는 유기체의 개체군을 포함한다. 즉, 개별유기체들은 생존하고 재생산하거나 또는 실패하지만, 전체로서의 개체군은 진화한다. 이 개체군은 생존과 재생산을 가능케 하는 특성들을 보유한 각 유기체들로 구성된다. 이 구분은 현대 진화이론을 이해하는 데 매우 중요하다. 우리는 변화하는 특성을 보여주는 상이한 개개의 유기체가 환경조건들에 의해 '선택'되면서, 전반적 유기체 개체군의 구성이 변화하거나 진화

하는 것을 기억해야 한다.

우리는 이러한 사상들이 스펜서의 유명한 구절 **적자생존**과 유사함을 볼 수 있다. 하지만 사회과학에서 현대 진화이론에 가장 직접적인 영감을 준 것은 다윈의 자연선택 메커니즘의 발견과, 종종 간과되는 멘델의 유전 메커니즘적 시각과의 결합이다. 왜냐하면 진화를 설명하는 자연선택 개념의 위력에도 불구하고 다윈의 묘사는 몇몇 기본적 질문에 답하지 못하기 때문이다. 즉, 자연선택의 대상물인 유기체 내에서 이러한 변화의 원천은 무엇인가? 어떻게 특성들이 한 유기체에서 다른 유기체로 이동되는가? 유전 메커니즘은 무엇인가? 이러한 질문들에 대한 답은 완두콩 특성들의 유전에 대한 멘델의 짧은 원고에 학계가 보인 무관심으로 35년간 파묻혀 있었다. 22 그러나 1900년이 되어서야 유전자 과학은 멘델의 업적 재발견과 독일의 칼 코렌스(Karl Correns), 네덜란드의 휴고 드 브리스(Hugo de Vries), 오스트리아의 에리히 체르마크(Erich Tschermak)의 독자적 검증들과 함께 태어났다. 자연선택과 유전적 변이의 종합은 이른바 **현대적 종합**(*Modern Synthesis*)에서의 진화적 동인 관련 추가적 시각과 결합했다. 우리가 앞으로도 살펴보겠지만, 이 시원적 종합(*initial synthesis*)은 20세기 생물학과 사회학의 재결합에 결정적이다.

5. 생물학에서의 현대적 종합[23]

생물학 내에서 그레고어 멘델의 유전 메커니즘에 대한 시각은 사회학자들이 생태학적 사상들을 도시연구로 축소하던 동시대에 발달되었다. **유전학**(*genetics*)이라는 단어는 유전이 어떻게 나타나는가에 대한 새로운 발견들을 보여주기 위해 1906년에 만들어졌다. 이러한 발견들이 수십 년에 걸쳐 이루어졌지만, 여기서 함께 설명하고자 한다. 중요한 것은 증가하는 유전 메커니즘의 이해가 진화적 이론의 현대적 종합과 생물학을 사회학적 이론으로 회귀시키려는 최근의 노력에 대한 토대를 제공할 것이라는 인식이다. 유전학으로부터의 새로운 시각은 무엇인가? 그것들을 두 가지로 나눠 보자. ① 개별 유기체에 속하는 것들, 그리고 ② 유기체의 개체군들에 대한 것들이 그것이다.

1) 개체의 유전학

유전학,[24] 또는 멘델[25]이 **메르크말스**(*merkmals*)로 지칭한 것은 유전의 기본적 단위다. 특성의 계승과 관련된 정보는 여기에 저장되어 있다. 유전자는 우성 또는 열성일 수 있고 이것들의 다양한 결합—멘델에 의해 연구된 바로는—은 유기체의 가시적 특성들을 결정한다. 그러나 보이지 않더라도 정보는 여전히 유전자 내에 존재하며 그 결과로서 다음 세대에 나타난다. 유전자는 세포핵 안에 있는 실처럼 생긴 몸체, 즉 염색체를 따라 달려 있다. 대립유전자(*allele*)는 다른 방식으로 같은 특질에 영향을 주는 대안적, 또는 변형된 형태의 유전자다. 예를 들면, 눈 색깔의 잠재적 변이는 대립유전자다(왜냐하면 그들은 같은 기본적 특질의 변형에 영향을 주기 때문이다). 유전자형(*genotype*)은 개체를 구성하는 모든 대립유전자들의 합이며 이는 가시적인 것들과, 비가시적이나 유전자 안에 기억된 것 모두를 포함한다. 표현형(*phenotype*)은 유전자들에 의해 조절되는 유기체의 가시적 특징들을 주로 일컫는다.

따라서 개체의 수준에서 유전은 유전자에 의해 조절된다. 가시적으로 표현되는 개체의 유전자들은 표현형인 데 반해, (가시적이든 비가시적이든) 유전자의 모든 조합과 개체의 대립유전자들은 유전자형이다. 개체들의 특성상 차이점은 변형의 근원을 제공하는 특정한 유전자의 정보로부터 비롯된다. 따라서 자연선택은 유전적 물질이 보존되거나 잃게 되는 메커니즘이다.

2) 개체군의 유전학

선택은 개체와 개체의 표현형에서, 결과적으로 유기체의 보다 포괄적인 유전형에서 작용하지만, 전반적으로 개체군 번식은 진화된다. 그러나 유전학적 관점의 견해에서 진화하는 것은 개별 유기체의 개체군이 아니라, 한 무리의 유전자형이다. 개별 유기체는 죽고 다시 태어나지만, 지나간 것과 남아 있는 것은 그들의 유전자 정보다. 어떤 환경에서 개별 유기체의 생존을 용이하게 하는 특성을 생산하는 유전자는 유기체가 생존하거나 자손을 생산할 수 있는 가능성을 증가시킬 것이다. 따라서 유전적 관점에서 볼 때, 살아 있는 유기체에서 생존하는 유전자는 가장 흥미로운 화물(cargo), 즉 유전자형을 운반하는 임시적 운송선박인 셈이다.

이러한 관점이 발달함에 따라 **유전자 풀**(gene pool)의 개념은 유전자를 운반하는 개체로부터 그들의 다양한 대립유전자 전체 합계로, 강조점을 옮기기 위해 도입되었다. 유전자 풀은 유기체 개체군에서의 모든 유전자형의 합을 일컫는 것이다. 전체

로서의 종은 가장 포괄적 유전자 풀인데, 왜냐하면 이는 생존하는 유전자형의 모든 유전적 정보를 포함하기 때문이다. 반면 덜 포괄적인 유전자 풀은 특정영역이나 지역에서 번식하는 개체군일 것이다.

무엇이 유전자 풀에서 유전자 조합의 변화를 일으키는가? 하나의 명백한 힘은 ― 놀랍게도 초기에는 인식되지 않았지만 ― **자연선택**이다. 몇몇 개별 유기체들(그리고 그들의 대립유전자형과 유전자형)은 생존하고 재생산되고, 다른 몇몇은 이탈되고, 이로 인해 유전자 풀에서 조합 변화가 나타난다. 유전자 풀을 변화시키는 또 다른 힘은 **무작위적 돌연변이**(random mutation)이며, 이는 새로운 DNA(유전자상의 정보의 사실상의 부호)를 유전자 풀에 부가한다. 또 다른 힘은 **유전자 확산**(gene flow)이며, 이는 개체의 이동과 다른 개체군과의 번식(예를 들면, 아시아인과 백인과의 결혼과 자손)에서 비롯된다. 그러나 또 다른 힘은 **유전적 부동**(genetic drift), 또는 풀에서 발생하는 유전자 빈도의 무작위적 변동이다. 유전적 부동은 번식력이 적은 개체군이 보다 큰 개체군만큼 많은 대립유전자를 복제하기 어렵다는 사실에서 발생한다. 유전자 풀의 전반적 변이 정도는 이러한 힘들 간의 상호작용과 관련이 있다. 돌연변이와 유전자 확산은 새로운 유전적 물질을 더하기 때문에 번식하는 개체군 내에서의 변이를 증가시킨다. 자연선택은 보통 환경에 덜 적합한 표현형(그리고 유전형)을 제거하기 때문에 변이를 감소시킨다. 유사하게, 유전적 부동은 적은 번식력의 개체군이 이용할 수 있는 유전적 변이의 무작위적 손실을 통해 변이를 축소시킨다.

유전자 풀이라는 실제 용어는 20세기 중반에 형성되었음에도 불구하고, 개체보다 유전자의 풀로

서 개체군(*population*)을 개념화하려는 움직임은 20세기에 등장했다. 26 예를 들면, 일찍이 1907년에 하디(G. H. Hardy)와 와인버그(W. Weinberg)는 미립자 유전에 관한 새로운 발견을 개체군 수준에서 제시하였다. 27 하디와 와인버그는 진화는 '유전자의 빈도의 변화'로서 개념화될 수 있다고 믿었다(후에 '유전자 풀'로 개념화되었다). 진화의 정도를 평가하기 위한 하디-와인버그의 균형모델에서, 하디와 와인버그는 결정적인 주장을 제시한다. 만약 우리가 개체군에서의 대립 유전자 빈도(즉, 다양한 특성들에 상응하는 모든 우성, 그리고 열성 유전자)를 알 수 있다면 우리는 다음 세대에서의 유전자형의 빈도를 예측할 수 있다. 그러나 그러기 위해서 우리는 다음 사항을 반드시 가정해야 한다. 즉, 자연선택은 작동되지 않는다. 돌연변이는 일어나지 않는다. 번식하는 개체군의 이주로부터 일어나는 어떠한 유전자 확산도 명백하지 않다. 유전적 부동은 발견되지 않는다. 교배상 편차는 관측되지 않는다(무작위적이다). 그리고 개체군의 크기에는 한계가 없다(즉, 무한정이다). 당연히 이러한 가정은 실제 환경의 자연 개체군과는 일치하지 않는다. 그러나 그 가정은 유전자 풀에서 변화의 힘들이 전혀 작동하지 않았을 경우 다음 세대 유전자형의 예상되는 분포를 계산할 수 있게 한다. 그렇다면 실제 빈도와 이상화된 유전자 빈도의 계산을 비교함으로써 우리는 변화나 진화가 얼마나 발생하는지에 대한 척도를 얻을 수 있다. 만약 개체군에서 이상화된 예측과 실제 유전자형 간의 많은 차이가 발생하지 않는다면 진화가 많이 이루어지지 않았다는 것이 분명할 것이다. 그러나 많은 차이가 발생했다면, (예측치와 실제 유전자 빈도의 비교를 통해) 진화의 정도를 측정할 수 있다. 하디-와인버그 법칙에서 중요한 것은 진화(또는 유전자 빈도의 변동)는 선택의 힘이 작동되는 개체군에서 변이가 존재할 때만 발생할 수 있다는 점을 언급한 것이다. 유전자형들 간의 이러한 선택적 차이가 유전자 빈도를 바꾼다.

20세기의 첫 10년 동안 개체군 유전학의 혁명은 진화 메커니즘으로서 자연선택을 제시하는 다윈적 견해와는 통합되지 않았다. 이상하게도 유전학적 개념들이 등장함에 따라 그의 개념들은 다윈주의적 자연선택에 대한 대안적 설명을 나타내는 것으로 간주되곤 했다. 사실 20세기 전반기에 진화 배후의 힘으로서 자연선택을 거부하는 반다윈주의 운동은 대단히 비판적이어서, 저명한 한 학자는 "우리는 이제 다윈주의의 죽은 침대에 서 있다"고 언급했다. 1920년대까지 진화에 관해 주요 교과서들조차 반자연선택적 입장을 견지하였다. 그리고 많은 학자들에게 다윈주의 진화론은 한물갔으며 "… 새로운 세대들은 다윈을 알지 못한 채 자라고 있다"는 것이 기정사실화되었다. 28

진화의 현대적 종합이론은 자연선택이라는 다윈주의적 개념의 부활과 유전학과의 종국적 결합으로부터 등장하기 시작했다. 그리고 이 지점에서 사회생물학의 기본적 사고들이 처음으로 표현되었다. 그리고 사회생물학은 인간생태학 이후로 다윈주의에 의해 고무된 첫 번째 접근방식 중 하나였는데, 나중에 우리가 살펴보겠지만, 이는 생물학이 사회문화적 현상을 설명할 수 있다는 주장에 사회학자들이 과격하게 대응했음에도 불구하고 사회과학에 침투하기 시작했다.

6. 사회학에서의 생태학 이론의 등장

제1차 세계대전과 제2차 세계대전 사이에는 사회학에 있어 큰 이론화의 진전은 없었다. 초창기 대가들의 마지막 연구들이 나타나거나, 영어로 번역되기 시작했음에도 불구하고 이론사회학은 사회학이 첫 100년 동안 그랬던 것만큼 발전하지는 못했다. 이런 이론적 활동 부족의 이유 중 일부는 사회학을 좀더 엄격한 조사 학문으로 만들려는 시도에 책임이 있는데, 특히 미국의 사회학자들은 인류학적 연구나 양적 조사 기법에만 집중했다. 그 결과로서 두 전쟁 사이에 발달된 이론은 거의 모두가 특정 주제에 대한 경험적 연구에 대한 것뿐이었다. 이론과 연구를 결합한 가장 유명한 노력들 중 하나가 이른바 '시카고학파'에 의한 것이었는데, 이 명칭은 시카고대학의 일련의 사회학자 집단들의 활동으로부터 유래됐다.

시카고학파의 한 단면이 도시문제에 대한 연구이다. 시카고시는 도시문제들의 연구를 수행하는 실험실 역할을 하였다. 루이스 워스(Louis Wirth)는 시카고시 연구가 더욱 이론적으로 전개되도록 만드는 데 기여한 주요인물이었다. 그는 뒤르켐과 스펜서의 사회적 분화연구의 중심적 개념을 재도입하였다. 그러나 워스의 연구에서 사회와 인간발달에 대한 이러한 큰 사고들은 도시지역의 역학연구를 하는 것으로 축소되었다. 워스는 도시발달이 도시인구의 규모와 밀집도에 대한 연구를 통해 이해 가능하다고 믿었는데, 그 이유는 그것들이 인구의 다양성과 이질성에 영향을 미치기 때문이다. 예를 들면 그의 유명한 에세이 '생활양식으로서의 도시성'[29]에서 워스는 특정한 크기로 밀집된 인구는 필연적으로 2차적 집단을 활성화하고, 개인적 상

호활동을 감소시키며, 문화적 이질성을 증가시킨다고 주장하였다. 그는 계속해서, 이러한 사건들은 가족유대의 약화를 가져오고 사회통제의 전통적 토대 — 가령 종교, 민속, 공유된 문화적 유산 — 를 파괴한다고 주장한다. 결국, 시카고학파 연구의 경우 사회문제 분야로 편향되긴 했지만, 워스와 그의 동료들은 이 전통 내에서 생태학적 이론화를 20세기에 도입했으며 본질적으로 이는 다음 세대에서 존속했고 유효했다.

1) 생태학으로부터의 차용

시카고학파 사상가[30] — 어니스트 버지스(Ernest Burgess), 차운시 해리스(Chauncy Harris), 호머 호이트(Homer Hoyt), 로데릭 매켄지(Roderick Mckenzie), 로버트 파크(Robert Park), 에드워드 울만(Edward Ullman), 루이스 워스 그리고 그들의 제자들 — 은 생물학에서 등장하는 생태학의 하부영역으로부터 상당히 의식적으로 차용했다. 아모스 홀리가 언급했듯이 말이다.

―――

미국의 거친 도심지역의 연구를 위해 … 사회학자들은 생물생태학자들의 연구에 자극받았다. … (생물생태학자들은) 식물 종들이 거주지와 자원을 일상적으로 사용 가능하도록 그들 자신을 일정 지역에 분포시킴으로써 환경에 적응함을 보여주었다. 이러한 생각은 신생 산업도시에서 일어나는 일들을 이해할 수 있는 전망을 열었다. 다양한 하위집단들이 노동분화 과정에서 다양한 기능들을 수행할 수 있는 공간적 위치를 위해 경쟁한다는 것은 자명하다.[31]

―――

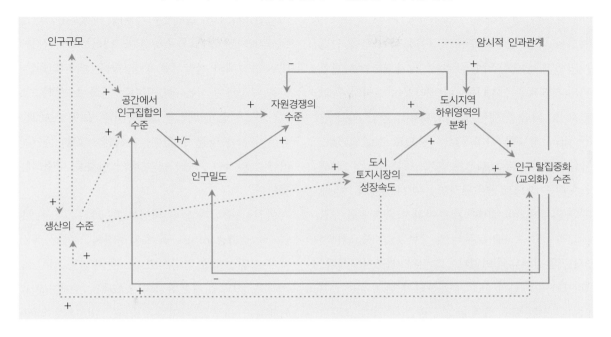

이처럼 시카고학파 생태학자들은 도시지역을 차별화된 지대, 구역, 중심들이 자원경쟁에 의해 분화되는 사회문화적 생태계의 일종으로 간주하기 시작했다.

도시지역의 성장에 대한 다양한 모델이 제시되었지만 시카고학파의 사상을 보여주는 일반적 모델은 〈그림 6-3〉에 잘 나타나 있다. 시카고학파에게 도시성장은 생산과 인구성장과 연관된다. 왜냐하면 이러한 것들이 사람들과 다양한 공동단위들, 예를 들어 가족주거와 사업구조같이 사람들이 주로 생존하는 단위들을 결집시키기 때문이다. 인구집중이 강화됨에 따라 인구밀도는 증가하며, 이는 도시공간, 통치자원, 소매시장, 그리고 개인의 생존과 기업단위들의 생존을 용이하게 할 수 있는 실질적인 모든 자원들에 대한 경쟁을 일으킨다. 부동산 시장은 이 자원경쟁을 더욱 가속화한다. 왜냐하

면, 일단 시장이 존재하면 가격은 개인과 기업 행위자들이 도시지역의 자원에 대해 접근할 수 있는, 따라서 시카고학파의 관점에서는 생물체계의 적소에 해당하는 특별한 공간적 적소에서 생존할 수 있는 능력에 대한 접근통로이기 때문이다. 도시지역의 분화는 그 안의 거주자들의 종류에 의한 경쟁으로부터 발생하며 이러한 생산적이고 사업적인 활동의 성격은 명백해지고, 문화적 상징은 이들과 서로 연계된다. 경쟁이 심화됨에 따라 도시영역은 행위자들의 경쟁이 너무 치열해진 지역이나, 생활과 사업활동을 위한 시장주도 가격이 너무 높은 지역으로부터 좀더 벗어나 자원적소를 추구함에 따라 확장되었다.

과도하게 시카고시 자료에 의존했기 때문에 초기 도시생태학자들이 발전시킨 모델들은 지나치게 단순하며, 다소 편협하다. 그러나 이러한 모델들

은 한편으로는 도시공간과 자원을 놓고 벌이는 경쟁으로부터 발생하는 선택과정에 대한 생물학적 사고와 다른 한편으로는 사회문화적 역학을 연결시키는 데 중요한 역할을 했다. 시카고대학 사회학과의 지배적 위치 때문에 이런 연계는 무시될 수 없었으며, 다음 장에서 살펴보겠지만 지난 60여 년간 더욱 정교한 사회학적 이론으로 전환되었다. 즉, 스펜서와 뒤르켐으로부터, 또는 동일하게 생물학적 전망으로부터 단서들을 취하면서 제1차 세계대전과 제2차 세계대전 사이의 이론적으로 휴간(休刊)이었던 시기로부터 등장한 가장 중요한 지향은 '인간생태학'이었다. 그러나 생물학에서는, 그 시기에 다윈의 사고가 유전학과 연계되었던 현대적 종합의 넓은 윤곽을 설정하는 데 있어 결정적인 모습을 보였다. 이런 종합으로부터, 얼마 안 있어서 다윈주의 사고의 극적 부흥이 사회과학으로 옮겨져 결국 사회학적 이론화에 침투하게 되었다.

7. 사회과학에서의 새로운 다윈주의

피셔(R. A. Fisher)는 《자연선택의 유전학적 이론》(*Genetical Theory of Natural Selection*)에서 유전학과 다윈주의 선택의 결합적 의의를 인식한 최초의 학자다.[32] 피셔의 첫 과제는 진화 배후의 힘으로서 자연선택에 대한 주요한 경쟁자를 반박하는 것이었다. 이 경쟁자는 **돌연변이 이론**(*mutation theory*)이었으며, 이 이론은 거대한 돌연변이가 진화 배후의 주요 동인이라고 주장했다. 피셔는 명쾌한 수학적 방정식을 통해 광범위한 돌연변이는 위험하며, 자연선택에 의해 결국에는 소멸할 것이라

보았다. 특히 피셔는 진화 배후의 주요 동인으로 가정된 대규모의 돌연변이는 위험하며, 유전자 풀에서 제외된 것이라 주장한다. 대신 오직 환경에 대한 유기체의 적합성을 향상시키는 데 약간의 이익을 제공하는 작은 돌연변이는 진화에 포함될 수 있으나, 이렇게 완만한 돌연변이는 그들만으로는 유전자 풀을 바꿀 수 없다. 오히려 그러한 돌연변이에 호의적인 자연선택의 힘이 진화를 이끈다는 것이다.

이러한 주장과 함께 피셔는 한 가지 중요한 개념, 즉 **적합성**(*fitness*)을 도입하면서 개체군 유전자와 자연선택을 결합시켰다. 이 개념은 맬서스, 스펜서, 그리고 다윈만큼이나 오래된 것이지만 피셔에게는 새로운 의미를 지닌다. 피셔의 주장에 따르면, 개체군의 평균 적합성(*mean fitness*)은 보통 유전적 변이의 몇 가지 구성요소에 비례할 것이다. 즉, 상당한 변이를 보여주는 유전자 풀은 선택이 진행될 수 있는 거대한 범위의 선택지를 제공하며, 그럼으로써 개체군이 생존할 수 있는 평균 적합성을 증가시킨다. 더구나 유전자 풀의 작은 변이라 해도 선택은 여전히 유전자 빈도를 결정하는 주요한 동인으로 남아 있다.

이런 방식으로 선택의 개념, 유전적 변이, 그리고 적합성이 함께 연결되었다. 1930년대 다른 학자들도 이러한 주장을 확장시켰지만, 우리의 목적상 중요한 것은 적응을 촉진시키는 유전자에서 이러한 변이들을 선택함으로써 적합성을 촉진시키는 자연선택의 힘을 중심으로 하는 진화론의 견해다.

1940년대에 이러한 견해들은 현대적 종합으로 확고해졌으며 자연선택은 진화의 유일한 방향적 동인으로서 각광받았다. 그러나 이런 종합이 충분

히 나타나기 전에 피셔는 현대적 인간 사회생물학의 장을 마련했다. 《자연선택의 유전학적 이론》의 마지막 3분의 1에서 피셔는 허버트 스펜서를 인용하고 '인간과 사회'의 분석으로 전환하면서 '적자 유전자의 생존'을 도모하기 위한 우생학의 필요성을 강조했다. 그리고 우생학에 대한 피셔의 사상이 지금은 중요하지 않지만, 그 사상은 인간행위와 조직이 다른 종들에게 영향을 미치는 동일한 자연적 과정들 — 즉 유전적 변이, 자연선택, 유전자의 적응적 가치로서의 적합성 — 을 통해 이해할 수 있다는 점을 몇몇 생물학자들의 마음속에 확고히 인식시켰다.

8. 사회생물학의 등장

1) 초기 본능이론

다소 이상하게도, 초기 '사회생물학자들'은 피셔가 확립한 전통, 즉 개체군 유전자의 종합 그리고 자연선택을 중심에 놓고 작업하지 않았다. 오히려 인간과 사회의 생물학적 견해에 대한 초기 시도는 이미 오래전부터 사회학과 사회철학에 항상 존재했던 본능과 관련된 이론들로 후퇴한 일련의 학자들에 의해 이루어졌다. 아마 가장 영향력 있는 학자가 인성학(ethology)의 아버지, 콘라트 로렌츠(Konrad Lorenz)일 것이다. 특히 로렌츠는 '공격 본능'을 연구했는데, 이것은 식량수집, 교배, 폭력적 충돌을 완화하기 위해 한 동물종족의 구성원들에게 일정한 공간을 제공하려는 (아마 자연선택을 통해) 의례에 의해 생겨난 것으로 봤다. [33] 그러나 로렌츠는 인간 공격을 부적응한(maladaptive) 것으로 보았는데, 왜냐하면 자연선택은 초기 인간 선조들에게 높은 밀도의 상황에서 공격을 억제하는 의례화된 메커니즘을 부여하지 않았기 때문이다. 공격과 지배에 대한 인간본능의 다른 연구로는 다음을 들 수 있다. 예를 들어, 로버트 아드리의 《아프리카인의 기원》과 《필수적 영토》[34]에서의 '살인본능' 묘사, 데즈먼드 모리스의 《벌거벗은 원숭이》, [35] 라이오넬 타이거와 로빈 폭스의 《제국의 동물》, [36] 그리고 피에르 반 덴 버그의 연령, 성, 그리고 지배에 대한 사회생물학적 초기 연구 등이 그것이다. [37]

2) 집단선택과 사회생물학의 초기 집대성

보다 새로운 접근들이 20세기 말에 등장했음에도 불구하고 19세기의 초기 연구가들처럼 이러한 본능에 대한 탐색은 모호해졌다(9장 205~208쪽 참조). 조악한 본능 접근들을 대신해서 등장한 것이 사회생물학이다. 또한 사회생물학은 부분적으로 '집단선택주의적' 주장으로 알려진 것들에 반응해 등장했다. 아마도 와인-에드워즈(V. C. Wynne-Edwards)가 이 집단선택 관점과 가장 가깝게 관련된 학자이일 것이다. [38] 와인-에드워즈는 다음의 사항을 기본적 문제로 간주하였다. 어떻게 동물의 이타적 행위가 설명될 수 있는가? 즉, 어떻게 자연선택 — 생존과 재생산하기 위한 개개의 유기체를 강조하는 — 이 집단의 선(善)을 위해 그들 자신의 적합성을 희생하는 유기체의 협동적 행위를 설명할 수 있는가? 1962년에 와인-에드워즈는 경쟁적 세계임에도 불구하고 "사회적 집단의 구성원들은 사회를 문명화하는 데에 협조하며, 경쟁에 관한 한 그들은 규칙에 따라 행동한다. 사회적 규약으로 정하는 모든 것은 공공선(公共善)을 위해 이뤄진다"[39]고 주장했다. 스펜서가 100여 년 전에 인식했듯이, 고등동물일수록 개체보다 집단이 선택의 단위가 될 가능성이 높다.[40] 환경에서 적응하고 생존하기 위한 그들의 능력 때문에 사회구조에는 변이(variation)가 나타난다. 이러한 주장이 사회집단들 — 특별하게는 전체사회들 — 은 자주 주어진 영역에서 생존을 위해 경쟁하며, 좀더 조직화된 사회가(대개 더 우월한 군사적 능력의 결과로서) 잘 생존한다는 스펜서의 견해와 전적으로 다른 것은 아니다. 따라서 스펜서의 견해에서는 진화는 연속적 경쟁과 함께 좀더 적합한 사회의 생존을 포함한다.[41] 저자가 스펜서이든, 와인-에드워즈든 간에 개별 유기체가 유일한 선택의 단위는 아니다. 집단 또는 스펜서의 개념으로는 상호작용하며 상호의존적 유기체들로 구성된 '초유기체적' 단위들은 또한 선택 압력에 놓이는 하나의 '몸체' 또는 '사회적 유기체'를 이룰 수 있다.

사회생물학은 이러한 집단선택 주장에 대한 반작용으로 등장했다.[42] 따라서 이런 접근에 사회학자들이 흠칫 놀라는 것도 당연한 것이, 모든 사회학자 그리고 명백히 생태학자들에게 있어, 집단선택은 개인에 대한 선택보다 훨씬 실행 가능한 것처럼 보이기 때문이다. 우리는 여기서 사회생물학의 도래에 대해 검토할 것이다. 우리의 논의가 이론화의 현대 시점으로 인도할 것이긴 하지만 말이다. 그러나 이러한 접근을 새롭게 시작한 사람들이 모두 사회학자는 아니었다. 이는 또 하나의 논쟁거리인데, 왜냐하면 그들은 사회학자들이 연구

한 현상을 설명하려 노력했기 때문이다. 그러나 일부 사회학자들을 제외하고 이러한 접근은 사회학 이론화의 현대 시점으로 들어서기 전까지 사회학에서 그리 심각하게 고려되지 않았다. 그렇기 때문에, 사회학 이론의 현대 시점을 다루기 전에 이런 접근을 새롭게 시작한 사람들에 대해 검토하는 것이 좋겠다.

조지 윌리엄스(George C. Williams)는 진정한 선택의 단위는 집단이나 심지어 개별 유기체가 아니라고 주장하면서 집단선택에 대한 가장 영향력 있는 비판을 시작했다.[43] 오히려 선택의 기준은 **유전자**(the gene)임을 주장하면서 유전적 선택의 개념을 제시한다. 환경에서 생존과 재생산 — 즉 **적합성** — 을 도모하는 개인과 집단에 임시적으로 저장된 유전자들은 유지될 것이다. **집단성**을 도모하는 선택의 효과가 무엇이든 유전자 수준에서의 선택은 조작적 메커니즘이다. 왜냐하면 "집단과 관련된 적응은 실제로는 존재하지 않기 때문이다." 대신에 집단의 특성들 — 예를 들면 이타주의, 호혜성, 교환 — 은 개체들의 자연선택의 결과다. "간단히 언급하면, 친목을 극대화하고 반감을 극소화하는 개인은 진화적 이익을 얻을 수 있으며, 선택은 개인적 친목을 최적화하는 이러한 특성들에 호의적이기 때문이다."[44] 즉, '집단성'을 장려하는 개인의 특성을 촉진하는 특별한 유전자들은 특정 환경에서의 적합성 — 즉 생존과 재생산 — 을 도모한다. 윌리엄스의 주장에 따르면, 집단선택을 사용해 집단과정을 설명하는 것은 불필요하다. '유전적 선택'이 이러한 집단과정을 설명할 수 있는데, "한 집단의 적합성은 그 구성원들의 적응정도의 합계 결과이기 때문이다."[45]

해밀턴(W. D. Hamilton)은 **포괄적 적합성**(inclusive fitness)이라는 중요한 개념을 도입함으로써 이러한 지적 사고를 확장시켰다.[46] 이 개념은 친족 사이의 협동을 설명하려고 의도되었으며, 그 주장은 대략 다음과 같다. 유전자를 공유하는 사람들은 상대방의 적합성 ─ 또는 유전자를 이전하는 능력 ─ 을 도모하기 위해 상호작용하고 협동한다는 점에서 자연선택은 **친족선택**(kin selection)을 촉진시킨다. 생물학적 친족을 위한 자기희생은 사실 전적으로 이타적인 것이 아니며 단지 적합성을 이기적으로 추구한 것이다. 왜냐하면 친족들의 생존과 재생산을 돕는다는 측면에서 개체는 (친족의 유전자형을 저장한 것과 같이) 자신의 고유한 유전적 물질을 전달하기 때문이다. 그러므로 이러한 관점에서 친족들을 위한 자기희생과 협동은 공유되는 유전적 물질의 증가량만큼 늘어나게 된다. 부모와 자식들, 형제들 간의 이타적 행위는 각자의 유전적 물질을 전달하는 방식 또는 유전자 풀의 유전자 물질을 유지하는 방식으로서 선택된 행위로 이해할 수 있다. 이는 포괄적 적합성의 과정인데, '포괄적'은 개인이 타자와 동일한 유전자를 공유한다는 의미에서, 그리고 '적합성'은 타자들을 도우면서 한편 공유하는 유전적 물질이 유전자 풀에 남아 있을 것이라는 것을 보장한다는 의미에서다. 이러한 종류의 주장은 가족구성원 내에서의 '이타주의 밖의 이타주의', 그리고 그런 행위를 사리추구라는 단순한 문제, 즉 유전자 풀에 존재하는 유전자 물질의 양을 극대화하는 것으로 본다. 따라서 유전자의 목적은 자신들을 보존하는 것이며, 공통의 유전적 물질을 운반하는 개체의 몸체들을 보존하도록 돕는 것은 그들에게 합리적이다. 물론 유전자가 '생각'을

하는 것은 아니지만, 무심한 자연선택은 장기간 동안 친족들 사이의 이타주의처럼, 유기체 내의 행동을 촉진시키기 위해 작용되었으며, 이는 특정 유전자 세트(sets)의 이전을 극대화하는 방식으로 적합성을 증가시켰다.

해밀턴의 친족선택과 포괄적 적합성이 친족들 사이의 협동을 설명하는 것처럼 보였음에도 불구하고 의문이 곧 제기되었다. 즉, 그러한 주장이 어떻게 유전적 물질을 공유하지 않는 비친족 간의 이타주의와 협동을 설명할 수 있는가? 로버트 트라이버스(Robert Trivers)는 이러한 반박을 '호혜적 이타주의'(reciprocal altruism)의 개념으로 극복하려 했다.[47] 일련의 모델화 과정을 통해 그는 다음의 시나리오를 제시했다. 자연선택은 비친족을 돕는 '비용'을 발생시키는 유기체를 생기게 할 수도 있다. 왜냐하면 일정기간 후에 이 비친족은 '보답'하며 '이타주의적' 유기체를 돕기 때문이다(즉, 후자의 적합성, 또는 생존과 유전자 이전의 능력을 증가시킨다). 오랫동안 함께 생활하는 종들에게 자연선택은 호혜적 이타주의를 촉진시키고 모든 개체들의 적합성을 증가시키지만, 반면 속이고 타자와 이타주의를 교환하지 못한 종들은 선택되지 않는다(왜냐하면 궁극적으로 호혜성의 신호(sign) 없이는 타자들의 도움을 받을 수 없기 때문이다). 그래서 다시, 이타주의로 보이는 것은 실제로는 개별 유기체들에 대한 '이기주의'이며 각자(유전자)는 풀의 유전자를 보존하기 위한 능력을 극대화하기 위해 노력한다.

사회생물학에서 가장 최근에 발전한 중요한 개념은 적합성의 과정을 설명하기 위한 **게임이론**(game theory)의 적용이었다. 이미 트라이버스가 고전적인 '죄수의 딜레마'를 통해 어떻게 이기적인 개인

이 개인들의 적합성을 증가시키기 위해 협동이 없는 상황을 넘어서 협동하는지에 대해 분석을 시작했음에도 불구하고, 이 분야에서 핵심인물은 메이너드 스미스(J. Maynard Smith)[48]이다.[49] 게임이론에서는, 게임에 의해 부과되는 특별한 조건에서 합리적 의사결정 행위자는 특별한 행위전략을 채택함으로써 가장 가능성 있는 성과를 추구한다고 가정한다. 게임이론에서의 성과는 전형적으로 주관적 가치의 단위이다. 행위자들이 의식적이고 합리적이며 성과를 최대화하려 한다고 간주하는 고전적인 공리주의와는 달리, 진화이론에 적용된 게임이론은 행위자들(유전자들)의 합리적 의식을 가정할 수 없으며, 성과는 항상 적합성(유전자를 이전하는 능력)의 척도이다. 선택의 과정은 주어진 환경에서 적합성을 최대화하는 전략을 (무의식적으로) 결정한 것으로 가정된다. 다음으로 조사자의 임무는 어떤 환경에서 특정 종들이 가장 최대의 결과나 적합성, 또는 생존, 재생산, 그리고 유전자 전이능력을 보장할 수 있는 행위전략이 무엇인지를 결정하는 것이다. 이것이 해밀턴이 포괄적 적합성 개념을 갖고 한 분석이다. 자신의 생물학적 친족을 돕는 것은 자연선택의 힘에 의해 결정되기 때문에 자신의 유전적 물질을 이전시키는 데 있어 가장 좋은 전략이다.

메이너드 스미스는 한발 더 나아가 한 개체군에 속한 개체들 간의 행위전략들의 안정성을 기술하기 위해 **진화적 안정전략**(ESS: *evolutionary stable strategy*)이란 개념을 발전시켰다. 수학적 또는 통계적 세부사항을 약술하지 않고도 진화적 안정전략은 스미스가 다양한 행위, 또는 전략들의 상대적 양과 관련해 적합성이 안정화될 수 있는 균형점을 계

산할 수 있게 해줬다. 이러한 방법으로 개체군의 모든 구성원들이 같은 전략을 채택할 필요가 없음을 보여주는 것이 가능하다. 오히려 각 잠재적 전략들은 상대방의 결과에 영향을 미치고 시간이 지나면서 자연선택의 성과로서, 생존을 위한 다양한 전략들의 상대적 빈도는 균형점, 즉 진화적 안정전략에 도달한다.

게임이론의 이 같은 적용으로 사회생물학자들은 자연선택이 적합성을 최대화하는 행위전략을 어떻게 생산하는지, 또한 어떻게 다양한 배열의 전략들이 균형점에 도달할 수 있는지 예측할 수 있는 잘 발달된 강력한 수학적 도구를 확보하였다. 사회생물학자들은 그러한 배열이 사회조직의 형태를 설명할 수 있다고 주장한다.

리처드 도킨스(Richard Dawkins)는 그의 유명한 연구 《이기적 유전자》(*The Selfish Gene*)[50]에서 이러한 사회생물학적 접근을 대중화했다. 그의 주장은 유전자는 자신을 재생산하기 위해 노력하는 '복제자' 또는 '복사기계'라는 것이다. 자연선택은 살아가기 위한 '생존기계'(*survival machine*)를 찾을 수 있는 이런 복제자들을 선호한다. 먼 과거의 초기엔 세포벽, 다음은 세포집단, 그다음은 유기체, 최종적으로 유기체 집단이 그것이다. 도킨스는 다음과 같이 언급했다.

———

새천년(*millennia*)은 자기보존에 관해 얼마나 신비한 기계를 가져오게 될지 … 그들(복제자들)은 죽지 않았다. 왜냐하면 그들은 과거 생존 예술의 주인들이기 때문이다. … 이제 그들은 외부세계로부터 봉쇄되어, 거대하고 느릿느릿 움직이는 로봇 속에 안전하게, 꼬불꼬불한 간접통로를 통하면서, 원격통제를 통

해 조작하면서 거대한 식민지에 무리를 짓고 있다. 그들은 당신과 내 안에 있으며, 그들은 우리를, 몸과 마음을 창조했고, 그들의 보존은 우리 존재의 궁극적인 합리성이다. 이러한 복제자들, 그들은 오랜 길을 걸어왔다. 이제 그들은 유전자라는 이름으로 통하며, 우리는 그들의 생존기계들이다. [51]

이러한 풍부한 은유는 현대 사회생물학의 본질을 포착한다. 왜냐하면 선택의 단위는 유전자이며, 진화는 유전자들이 유전자 풀에서 그들의 DNA를 남기기 위한 전략을 놓고 경쟁하고 채택된 결과이기 때문이다. 진화는 생존하기 위한 개체들 또는 종들의 노력이 아니다. 그것들은 진화를 이끌어가는 실제 동력의 도구일 뿐이다. 즉, 실제 동력은 바로 적합성을 최대화하기 위한 전략 채택에서 '무자비하게 이기적인' 유전자이다. 때때로 그것은 제한된 형태의 이타주의, 그리고 사회과학의 독점 영역으로 간주되는 다른 사회적 행위를 발전시키려는 유전자의 이해에 기여한다. 그러나 사회생물학적 관점에서 많은 행위들, 전략들, 인간을 포함한 동물들의 조직적 특성들은 단지 예측할 수 없는 환경에 대처하는 유전자의 방식들일 뿐이다. 도킨스가 주장하건대, 인간의 사고와 학습능력에도 불구하고 이는 좀더 나은 생존기계를 구성하기 위한 유전자의 방식으로 보일 수 있다. 협동은 한 생존기계가 적합성을 좀더 보장하기 위한 노력에서 다른 생존기계를 이용하는 것과 유사한 것이다. 그리고 다양한 유형의 사회조직은 유전자에게 있어 좀더 복잡하고 포괄적인 생존기계일 뿐이라고 개념화될 수 있다.

그러나 도킨스는 마지막 장에서, 최근 많은 대중적 사회생물학자들처럼 변명의 여지를 남긴다. 도킨스는 '새로운 복제자'(new replicator)를 제안하는데 이를 **밈**(memes)이라고 불렀다. 사회생물학의 기본적 교리 — 유전적 선택, 포괄적 적합성, 호혜적 이타주의, 유전자를 위한 모든 생산 전략들, '생존기계들' — 는 인간이 어떻게 생존했는가를 설명한다. 하지만 문화가 주요한 복제 메커니즘으로서 생물학을 보완하고 대체하기 시작했다. 밈은 뇌 안에 존재하고 사회화를 통해 '밈 풀'(meme pool)에 이전되고 보존되는 새로운 문화적 단위들이다. 밈의 진화는 이제 가속화하기 시작할 것이다. 그것은 "일단 유전자가 그들의 생존기계에 빠른 모방이 가능한 뇌를 공급하면, 밈은 자동적으로 커질 것이기" 때문이다. 그리고 심지어 밈은 그들의 창조자 — 이기적 유전자 — 에 대해 반역할 수도 있다. 이와 유사하게 다른 사회생물학자들은 유전적 수준과 문화적 수준에서 동시에 작동하는 '공진화'(co-evolution)에 대해 언급한다.

이러한 은유들이 화려하긴 하지만 사회생물학은 고도로 기술적 — 수학, 게임이론, 그리고 컴퓨터 시뮬레이션의 광범위한 사용을 포함한다 — 이다. 사회생물학은 자연선택의 이미지를 수동적 개인과 가정들에서 작동하는 과정 대신에 (다양한 게임이론적 접근을 통해 설계되고 가상화될 수 있는) 가능한 모든 전략을 통해 재생산적 성공을 최대화할 수 있는 유전자가 이끄는 능동적 행위자로 바꾼다. 이러한 관점의 도전은, 사회학자들에 의해 오직 사회학적 법칙에 의해서만 해명될 수 있었던 많은 과정들이 사회생물학자들에 의해 진화의 종합이론의 법칙으로부터 도출된 생물학적 과정으로 이해 가능한 것으로 보인다는 것이다.

9. 나가며

허버트 스펜서와 에밀 뒤르켐의 연구로부터, 생물학적 사고는 사회학적 이론의 일부가 되기 시작했다. 이러한 생물학적 사고는 두 개의 전선을 통해 사회과학에 침투하기 시작했다. 그것은 ① 생태계의 분석 및 생물학의 지류(支流)에서 나온 개념들이 어떻게 사회문화적 체계의 단위들의 경쟁과 선택과정을 이해하는 데 사용될 수 있는가에 관한 것, ② 유전학 및 사회를 이끌어가는 실제적 힘, 즉 유전자를 위한 생존기계로서 인간행위와 사회적 조직을 설명하는 데 어떻게 적합성, 포괄적 적합성, 그리고 호혜적 이타주의를 적용할 수 있는가에 대한 분석이다. 복잡성의 장기적 진화에 대한 생물학적 사고의 세 번째 지류는 기능적 이론뿐 아니라 다른 이론적 전통 측면에서도 20세기 초에 사라졌다가 부활하였다. 이것은 9장에서 다룰 것이다.

우리는 다음 장에서 살펴보겠지만, 생물학적 영감을 받은 생태학적 입장은 20세기 후반에 생물학적 사고의 보다 중요한 적용이 되었다. 예를 들어 아모스 홀리는, (그의 초기 작업인) 도시생태학 접근에 기여했을 뿐 아니라 더 중요한 일을 했다. 바로 새로운 생태학적 관점 — 조직생태학 — 을 발견할 만한 이론가들을 육성했다는 점이다. 그리고 더 놀랍게도 그는 또한 생태학적 분석을 스펜서와 뒤르켐이 생태학적 사고를 처음에 도입했던 거시수준으로 되돌렸다. 이것은 다음 장에서 집중적으로 다룰 것이다.

이론의 유전학적 영역은, 유전자가 그들의 적합성을 최대화하기 위한 행동과 사회적 조직과 관련한, 다소 극단적인 사회생물학적 논란으로 옮겨졌다. 이 논란은 적어도 매우 논쟁적이고, 특히 사회학에서 더욱 그랬다. 한편 우리가 9장에서 살펴볼 것이지만, 이러한 극단적 논란에 맞서는 반응은 건전한 것으로 밝혀졌다. 그 이유는 그것이 사회생물학의 극단을 완화시키려는 노력으로 이어졌으며 무엇보다 유전학, 생태학, 심지어 사회진화론 내의 생물학적 논의를 보다 일반적인 이론적 논의로 재통합시키려는 노력으로도 이어졌기 때문이다. 그래도, 사회생물학에서 진화심리학이 등장했고 이는 사회과학에 침투하는 데 있어 사회생물학보다 성공적이었다. 그러나 사회생물학처럼, 진화심리학은 일부 사회학자들이 받아들였음에도 불구하고 사회학에서 적대적 취급을 당하는 상황에 직면했다. 현재로서는, 사회학 내에서 생물학적 사고는 유동적이지만 한 가지는 분명하다. 사회학은 생물학에서 온 모든 사고를 거부할 수는 없을 것이다. 그러므로 9장에서 살펴보겠지만, 사회학에서 어떤 생물학적 사고가 유용할지 평가할 시점이다. 이는 9장의 다원주의로부터 영감을 받은 진화 동력의 이론화에 대한 내용에서 검토할 것이다.

주

1 Charles Darwin, *On the Origin of Species*(New York: New American Library, 1958; 초판 1859).

2 Gregor Mendel, "Versuche über pflanzen-hybriden", *Journal of Rural Horticulture Society* 26(1901)에 영문판이 실렸다(초판 1865).

3 예컨대 Peter Weingart, Sandra D. Mitchell, Peter J. Richerson, and Sabine Maasen, eds., *Human by Nature: Between Biology and the Social Sciences*(New York: Lawrence Erlbaum, 1997)에 수록된 다양한 이론가들의 일련의 저작들을 참조하라.

4 Herbert Spencer, *The Principles of Sociology*(New York: Appleton-Century, 〔1874~1896〕1898). 최근 재판과 나의 긴 소개문을 보려면 *Principles of Sociology*, 4 volumes (New Brunswick, NJ: Transaction Publishers, 2002)를 참조하라. 여러 권으로 구성된 이 책은, 본질적으로 단순한 형태에서 복잡한 사회로 이행하는 사회진화의 메커니즘 분석을 다룬다. 이는 20세기까지 경험적 세부사항으로나 이론적 정교함으로나 모든 단계모델을 가장 상세히 다룬 작업이다.

5 Talcott Parsons, *Societies: Evolutionary and Comparative Perspectives and his The System of Modern Societies*(Englewood Cliffs, NJ: Prentice Hall, 1966 and 1971, respectively); Gerhard Lenski, *Power and Privilege*(New York: McGraw Hill 1966, reprinted by the University of North Carolina Press)를 보라.

6 Herbert Spencer, *Social Statics: or the Conditions Necessary for Human Happiness Specified, and the First of Them Developed*(New York: Appleton, 1888; 초판 1852).

7 Richard Hofstader, *Social Darwinism in American Thought*(Boston: Beacon, 1955).

8 Auguste Comte, *The Course of Positive Philosophy*(1830~1842년에 시리즈로 출간). Harriet Martineau의 번역 및 요약본이 더 접근하기 용이하며, *The Positive Philosophy of August Comte*, 3 volumes(London: Bell and Sons, 1898; 초판 1854)라는 제목으로 출판되었다.

9 Herbert Spencer, *The Principles of Sociology*, 3 volumes(New York: Appleton- Century-Crofts, 1898; 1874~1896년에 시리즈로 출간). 스펜서의 이론적인 원칙에 대한 논평은 Jonathan H. Turner, *Herbert Spencer: A Renewed Appreciation*(Beverly Hills, CA and London: Sage, 1985)을 참조하라.

10 Herbert Spencer, *Social Statics, or the Conditions Essential to Human Happiness Specified, and the First of Them Developed*(New York: Appleton-Century-Crofts 1888; 초판 1881).

11 Herbert Spencer, *First Principles*(New York: A. L. Burt, 1880; 초판 1862).

12 Herbert Spencer, *The Principles of Biology*, 2 volumes(New York: Appleton, 1897;

초판 1864~1867년에 시리즈로 출간).

13 Herbert Spencer, *The Principles of Psychology*, 2 volumes (New York: Appleton, 1898;
   초판 1855).

14 Spencer, *The Principles of Biology and The Principles of Sociology* (주 12와 13 참조).

15 Émile Durkheim, *The Division of Labor in Society* (New York: Free Press, 1933; 초판
   1893).

16 Thomas R. Malthus, *An Essay on the Principle of Population as It Affects the Future
   Improvement of Society* (London: Oxford University Press, 1798).

17 Durkheim, *The Division of Labor in Society* (주 15 참조).

18 같은 책, p. 266.

19 같은 책, p. 267.

20 Charles Darwin's Notebooks, 1836~1844: *Geology, Transmutation of Species, Meta-
   physical Enquiries. Notebook E*, trans./ed. David Kohn (British Museum, New York:
   Cornell University Press), p. 395.

21 Charles Darwin and Alfred Russell Wallace, *Evolution by Natural Selection* (Cambridge,
   England: Cambridge University Press, 1958) 을 보라.

22 Gregor Mendel, "Versuche über pflanzen-hybriden" (주 2 참조).

23 이 절은 알렉산드라 마리얀스키 (Alexander Maryanski) 와 공동 저술했다.

24 유전학이란 용어는 개별적 유전 및 변이를 설명하기 위한 기본적 사고로서 윌리엄 베이트슨
   (William Bateson) 에 의해 1906년에 만들어졌다.

25 Gregor Mendel, "Versuche über pflanzen-hybriden."

26 '유전자 풀'이라는 용어는 1950년에 도브잔스키에 의해 만들어졌으며 개체군 유전자의 기본적
   구성물이 됐다. Theodosius Dobzhansky, "Mendelian Populations and Their Evolution",
   American Naturalist 14 (1950): pp. 401~418를 보라. 유전학 역사에 대해서는 Theodosius
   Dobzhansky, *Genetics and the Origin of Species*, 3rd rev. ed. (New York: Columbia
   University Press, 1951) 와 *Mankind Evolving* (New York: Bantam, 1962) 을 보라. 또한
   Mark B. Adams, "From 'Gene Fund' to 'Gene Pool': On the Evolution of Evolutionary
   Language", *History of Biology* 3 (1979): pp. 241~285와 "The Founding of Population
   Genetics: Contributions of the Chetvevikov School 1924~1934", *Journal of the History
   of Biology* 1 (1968): pp. 23~39; Alfred Sturtevant, *A History of Genetics* (New York:
   Harper & Row, 1965) 와 James Crow, "Population Genetics History: A Personal View",
   Annual Review of Genetics 21 (1987): pp. 1~22도 보라.

27 비결합적 유전적 체계의 수학적 결과에 대해 유추를 통해 멘델의 법칙을 확장시키면서 (즉, 유전
   자는 분리적이며 결합적이지 않다) 하디와 와인버그는 개체군 유전자의 초석을 놓았다. 그리고
   현대적 통계과학은 양적 유전자 연구 속에서 탄생되었다. G. H. Hardy, "Mendelian
   Proportions in Mixed Populations", *Science* 28 (1908): pp. 49~50; W. Weinberg, "Über
   den Nachweis der Vererbung beim Menschen", *Jh. Ver. Vaterl. Naturk. Wurttemb*

64 (1908) : pp. 368~382.

28 Eberhart Dennert, *At the Deathbed of Darwinism*, trans. E. G. O'Hara and John Peschges (Burlington, Iowa: German Literary Board, 1904), p. 4. 또 다음 글도 보라. J. H. Bennett, *Natural Selection, Heredity, and Eugenics* (Oxford: Clarendon, 1983), p. 1; Garland Allen, "Hugo de Vries and the Reception of the Mutation Theory", *Journal of the History of Biology* 2 (1969) : pp. 56~87; Sewall Wright, "Genetics and Twentieth-Century Darwinism", *American Journal of Human Genetics* 12 (1960) : pp. 24~38.

29 Louis Wirth, "Urbanism as a Way of Life", *American Journal of Sociology* 44 (1938) : pp. 46~63.

30 예를 들어 다음 글을 보라. Ernest W. Burgess, "The Growth of the City", in *An Introduction to Sociology*, ed. R. E. Park and E. W. Burgess (Chicago: University of Chicago Press, 1921) ; Robert E. Park, "Human Ecology", *American Journal of Sociology* 42 (1936) : pp. 1 ~15; Homer Hoyt, *The Structure and Growth of Residential Neighborhoods in American Cities* (Washington, DC: Federal Housing Authority, 1939) ; Robert E. Park, Ernest Burgess, and Roderick D. McKenzie, *The City* (Chicago: University of Chicago Press, 1925) ; Chauncy D. Harris and Edward L. Ullman, "The Nature of Cities", *Annals of the American Academy of Political and Social Science* (1945) : pp. 789~796; Robert Ardrey, *African Genesis* (New York: Delta, 1961) ; 그리고 *The Territorial Imperative* (New York: Atheneum, 1966) 등을 보라.

31 Amos H. Hawley, "Human Ecology: Persistence and Change", *American Behavioral Science* 24 (January 1981) : p. 423.

32 R. A. Fisher, *The Genetical Theory of Natural Selection* (Oxford: Clarendon, 1930). 피셔의 전반적 기여를 살펴보려면 다음 글을 참조하라. J. H. Bennett, *Natural Selection, Heredity, and Eugenics* (Oxford: Clarendon, 1983). 할던 (J. B. S. Haldane) 과 스월 라이트 (Sewall Wright) 또한 멘델적 유전과 다윈적 선택의 조화에 토대를 제공했다. 그러나 피셔의 연구는 이러한 활성화를 촉발했다. 피셔는 기본적으로 어떻게 유기체가 자신의 적합성을 높이는지 관심을 가졌다. 적합성에 대한 강조는 그의 기본적 정리에 요약되어 있다. "어떤 시점에 어떤 유기체의 적합성의 증가율은 그 시점에서의 적합성의 유전적 변이와 같다." Fisher, *The Genetical Theory of Natural Selection*, p. 35.

33 Konrad Lorenz, *On Aggression* (New York: Harcourt Brace Jovanovich, 1960).

34 Robert Ardrey, *African Genesis* (New York: Delta, 1961) and *The Territorial Imperative* (New York: Atheneum, 1966).

35 Desmond Morris, *The Naked Ape* (New York: Dell, 1967).

36 Lionel Tiger and Robin Fox, *The Imperial Animal* (New York: Holt, Rinehart & Winston, 1971).

37 Pierre van den Berghe, *Age and Sex in Human Societies: A Biosocial Perspective* (Belmont, CA: Wadsworth, 1973). 이 연구와 후기 연구를 비교하면 반 덴 버그가 만들고

자 한 변화를 알 수 있다. *Human Family Systems: An Evolutionary View* (New York: Elsevier, 1979)를 보라.

38 V. C. Wynne-Edwards, *Evolution through Group Selection* (Oxford: Blackwell, 1986) and *Animal Dispersion in Relation to Social Behavior* (New York: Hafner, 1962). 집단선택을 둘러싼 논쟁을 살펴보려면 David Sloan Wilson, "The Group Selection Controversy: History and Current Status", *Annual Review of Ecological Systems* 14 (1983): pp. 159~187를 참고하라.

39 Wynne-Edwards, *Evolution through Group Selection* (주 38 참조), p. 9. 이 글은 자신의 글 *Animal Dispersion* 집필 과정에서 자신의 생각을 약술한 것이다.

40 Herbert Spencer, *The Principles of Sociology* (주 4 참조).

41 같은 책.

42 특히 스펜서뿐 아니라 뒤르켐이 발전시킨 집단선택 논쟁의 내용을 더 알아보려면 Jonathan H. Turner, *Theoretical Principles of Sociology*, vol. 1, *Macrodynamics* (New York: Springer, 2010)를 참조하라. 또한 Jonathan H. Turner, *Macrodynamics: Toward a Theory on the Organization of Human Populations* (New Brunswick, NJ: Rutgers University Press for Rose Book Series, 1995)도 보라.

43 George C. Williams, *Adaptation and Natural Selection: A Critique of Some Current Evolutionary Thought* (Princeton, NJ: Princeton University Press, 1966). 집단수준에서 벗어난 환원주의에 대한 그의 방어에 대해 알아보려면, "A Defense of Reductionism in Evolutionary Biology", in *Oxford Surveys in Evolutionary Biology* 2, eds. R. Dawkins and M. Ridley (Oxford: Oxford University Press, 1985), pp. 1~27를 참조하라.

44 Williams, *Adaptation and Natural Selection*, p. 95.

45 같은 책.

46 W. D. Hamilton, "The Evolution of Altruistic Behavior", *American Naturalist* 97 (1963): pp. 354~356; "The Genetical Theory of Social Behavior I and II", *Journal of Theoretical Biology* 7 (1964): pp. 1~52; "Innate Social Aptitudes of Man: An Approach from Evolutionary Genetics", in *Biosocial Anthropology*, ed. R. Fox (New York: Wiley, 1984), pp. 135~155; "Geometry for the Selfish Herd", *Journal of Theoretical Biology* 31 (1971): pp. 295~311.

47 Robert L. Trivers, "The Evolution of Reciprocal Altruism", *Quarterly Review of Biology* 46, no. 4 (1971): pp. 35~57; "Parental Investment and Sexual Selection", in *Sexual Selection and the Descent of Man, 1871~1971*, ed. B. Campbell (Chicago: Aldine, 1972)와 "Parent-Offspring Conflict", *American Zoologist* 14 (1974): pp. 249~264를 보라.

48 J. Maynard-Smith, "The Theory of Games and the Evolution of Animal Conflicts", *Journal of Theoretical Biology* 47 (1974): pp. 209~221; "Optimization Theory in Evolution", *Annual Review of Ecological Systems* 9 (1978): pp. 31~56; *Evolution and the Theory of Games* (London: University of Cambridge Press, 1982), Susan E. Riechert and Peter

Hammerstein, "Game Theory in the Ecological Context", *Annual Review of Ecological Systems* 14(1983): pp. 377~409 등을 보라.

49 '죄수의 딜레마'의 기본적 구성은 다음과 같다. 두 범죄자가 함께 체포되었고 범죄혐의로 기소되었다. 그들은 취조를 위해 각각의 방에 수감되었으며 상대방에 대한 진술의 대가로 기소상의 혜택을 약속받았다. 만약 둘 다 진술을 거부한다면 경찰은 실제 증거가 없는 상태이다. 그러나 만약 한 명이 말하고 다른 한 명이 거부한다면, 후자는 불리하다. 여기서 딜레마는 범죄상의 각 당사자가 다른 사람이 어떻게 행동할지 모르는 상태에서 진술하거나 침묵하는 것이다. 양자를 위한 가장 좋은 전략은 침묵하는 것이다. 하지만 각자는 상대방에 대해 진술함으로써 최대의 이익보다 적은 것을 (그리고 최악의 결과보다는 더 많은 것을) 얻게 된다.

50 Richard Dawkins, *The Selfish Gene* (Oxford: Oxford University Press, 1976).

51 같은 책, p. 21.

7 장

생태학 이론들

1. 들어가며

생태학적 이론화는 허버트 스펜서부터 에밀 뒤르켐까지, 또한 20세기 초반 시카고학파 사회학까지 명확한 계보를 갖추었으며 이는 노스캐롤라이나 채플힐과 같은 생태학적 이론화의 중심부까지 퍼졌다. 이 기간 동안에, 인간생태학은 보다 일반적인 학제간 영역이 되었지만 사회학에서의 생태학적 이론화는 특별한 궤적을 따랐다. 첫째로, 이론화는 스펜서와 뒤르켐의 거시적 수준으로부터 도시영역의 생태학을 강조하는 사회조직의 중간수준(*meso-level*)으로 축소되었다. 그리고 사회학에서의 생태학적 이론화는 특정 적소에서 자원을 구하는 조직의 인구가 분석단위가 되는 복합적 조직에 대한 연구로 확장되었다. 마지막으로 생태학적 이론화는 시카고학파와 노스캐롤라이나학파를 연결하는 주동자에 의해 거시사회 수준으로 다시 되돌아왔다. 동시에 세계체계 분석(13장 참조)에서 단계론적 진화모델(다음 장 참조)에 이르는 많은 다른 종류의 거시

이론들이, 그들의 이론에 더 많은 생태학적 요소들을 보완하기 시작했다. 따라서 독립적인 생태학적 이론들의 숫자는 상대적으로 적은 상태로 남겨졌음에도 불구하고, 그 관점은 많은 다른 이론적 전통에 침투했다.

이 장에서는 현재까지의 지속적인 도시생태학 연구에 대한 윤곽을 보여주겠다. 조직생태학의 등장을 검토하고, 이러한 도시와 조직적 동력에 대한 중간수준의 이론들이 어떻게 애초에 스펜서와 뒤르켐의 저작에서 생태학적 이론화가 시작된 거시수준으로 나아갔는지 추적할 것이다.

2. 도시생태학에 대한 이론화

시카고대학에서 생태학적 연구가 쇠퇴하고 나서도, 도시생태학은 생기 있고 활기찬 중간수준의 이론적 접근이었다. 공간적 과정들에 대한 연구로 전환하여, 이론가들은 거주지의 크기, 이러한 거

주지 내 인구집중, 거주지의 지리적 확장비율이나 형태, 그리고 거주지 사이의 연계와 같은 변수들에 대해 설명하려고 노력했다. **도시사회학**(*urban sociology*) 이라고 이름 붙여진 많은 것들은 전에 시카고학파가 그들의 실험실로 시카고시를 사용했던 것과 마찬가지로 특정한 사례들을 경험적으로 조사하려고 노력했다. 그러나 보다 순수한 이론적 수준에서, 공간에서 인구를 조직하는 형태에 영향을 끼치는 근본적 과정들로서 일반적으로 도시과정들을 개념화하려는 노력이 있었다. 이런 이론적 노력은 생태학적으로 볼 수 있는데, 이 공간이론가들에 의해 발전된 모델들은 상당부분 초기 시카고 생태학자들에게 빚을 지고 있다.

이러한 빚은 도시생태학 내의 다양한 접근들의 복합적이고 추상화된 모델들을 나타내는 〈그림 7-1〉을 살펴봄으로써 가장 잘 이해될 수 있다.[1] 이 모델은 어떤 한 이론가의 사고를 나타내지 않고, 오히려 조합된 다양한 접근들의 일반적 요지를 말해 준다.[2] 모델의 왼쪽에서 보이듯이, 기술과 인구학적 속성은 스펜서와 뒤르켐의 접근에서도 명백한 두 개의 중요한 변수에 영향을 끼친다. 이 두 개의 변수는 ① 수송과 통신기술의 발전수준, ② 상품과 서비스의 생산수준이다. 인구규모와 기술, 두 가지는 직접적으로 생산수준을 결정하고, 생산으로 향하는 화살표를 볼 수 있듯이 다른 힘들은 확장된 생산의 피드백으로 가능해지고 심지어 생산조차 증가시킨다. 이와 유사하게 수송과 통신기술은 많은 도시과정을 가능케 하고 또한 이 도시과정은 특히 생산

〈그림 7-1〉 추상화시킨 도시생태학 모델

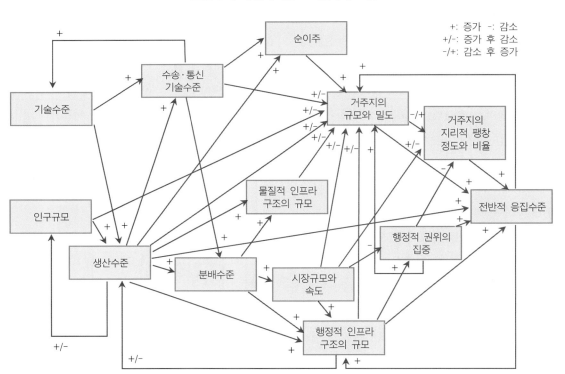

을 거쳐 피드백하여 수송·통신기술의 수준을, 이어서 기술 일반의 축적을 증대시킨다.

기술과 생산은 한 인구집단의 물질적 인프라 구조의 규모를 증가시키는데, 즉 도로, 수로, 항구, 철도, 공항, 지하철, 건물, 그리고 공간 내 건설된 모든 다른 물리적 구조들을 증가시킨다. 이런 인프라구조의 규모는 한 집단의 분배적 능력 — 즉, 공간에 대한 정보, 물질, 상품과 서비스들을 이동시킬 수 있는 능력 — 이 증가할 때에 더욱 커진다. 〈그림 7-1〉 모델의 아랫부분을 따라 보이듯이, 시장의 크기와 속도는 이런 과정에서 중요하다. 즉 잘 발달된 시장체계를 갖춘 집단에서, 분배적 활동이 증가한다. 그것은 시장들이 새로운 종류의 행정적 권위체계들 — 은행, 정부기관, 보험, 판매, 광고, 서비스, 도매상, 소매상들, 그리고 상당 규모의 시장들을 유지하는 데 요구되는 모든 조직적 구조들 — 을 창출하기 때문이다. 이러한 것들은 각각 **행정적 인프라 구조의 규모, 행정적 권위의 집중**으로 이름 붙여지고, 분배수준의 증가뿐만 아니라 거주지 형태에도 중요한 효과를 가진다.

이러한 영향력들은 거주지 형태들의 크기와 밀도에 있어 가장 주목할 만하다. 행정적 인프라 구조와 권위체계들은 직접적으로 활동들을 집중시켜 인구를 도시지역으로 유인함으로써 거주지의 크기와 밀도에 영향을 준다. 이러한 행정적 변수들은 또한 분배와 생산을 늘림으로써 밀도에 간접적 작용을 하며, 이는 수송과 통신기술, 그리고 거주지의 크기와 밀도 증가에 스스로 영향을 미치는 물질적 인프라 구조의 범위를 확장시킨다.

이주유형(immigration pattern)은 수송과 기술에 의해서뿐만 아니라 생산수준에 의해서도 영향을 받는다. 이러한 것들이 높을 때, 현재 밀집한 거주지는 새로운 이주민들에게는 거물로 인식되는데, 특히 역동적 시장체계들과 다른 자원 및 생계를 보장하도록 기회를 제공하는 행정적 구조들을 가진 거주지에서 그러하다. 이어서 이주는 거주지의 크기와 밀도를 증가시키는데, 특별히 과거의 유사한 이주자들이 이미 정착했을 때, 그리고 친구, 친척, 다른 유사한 출신들이 집이나 직업기회들을 제공할 수 있을 때 더욱 그러하다.

거주지의 크기와 밀도가 증가함에 따라 이러한 힘들은 인구를 집중시켜서 도시지역의 지리적 확장을 방해한다. 그러나 결국에는, 도시의 핵심지역 내 인구들은 외곽으로 이동하기 시작해야 한다. 이러한 이동은 시장에 의해 촉진되는데, 특히 부동산 시장과 상품과 서비스를 새로운 지역에 분배할 수 있는 시장들에 의해 촉진된다. 정부기능들과 같은 집중된 권위체계들은 한동안 이러한 행정통제의 중심으로부터 너무 멀리 이동하는 것을 막을 수 있지만, 결국 부동산 및 다른 시장과 연결되어 인구의 규모와 밀도가 커져서 거주지의 경계가 확장되거나 새로운 거주지가 창출된다.

〈그림 7-1〉 모델의 오른쪽 끝부분의 용어인 **응집**(agglomeration)은 오늘날 전 세계에 걸쳐서 명백히 나타나는 것을 함축하기 위한 것이다. 거주지 외부로의 이동은 심지어 이러한 이동이 거주지를 분리시킬 때조차, 결국에는 조밀한 거주지들을 가진 체계들을 상대적으로 인접하게 만드는데, 이것은 도시의 또는 교외의 **스프롤**(sprawl)〔불규칙적으로 뻗어 나감 — 옮긴이〕이라는 이름으로 불린다. 즉, 원래의 도심으로부터 외부로의 이동이 발생했을 때 새로운 거주지는 전형적으로 이러한 중심의

물리적 근접성 내에 남게 된다. 그리고 이러한 새로운 지대들이 구중심으로부터의 이민자들이나 다른 도시지역 출신의 이주자들을 끌어당길 때, 이 지대들은 커지고 더욱 밀집하게 된다. 결국 새로운 지역들은 비교적 거대한 지리적 공간에 걸쳐 높은 수준의 응집을 만들어내거나, 서로 인접한 상대적으로 조밀한 거주지들을 창출하면서 서로 충돌하기 시작한다. 이러한 응집은 행정적 인프라 구조를 증가시키며, 행정적 인프라 구조는 정부의 기능들과 도시공간에 걸친 자신의 행정적 구조를 증가시킨다. 모델에 나타난 역의 인과적 화살표를 통해서 응집은 응집된 도시공간 주변의 상품, 서비스, 물질 그리고 정보들의 분배수준을 간접적으로 증가시킨다. 이것은 다시 생산수준과 수송·통신기술들의 수준에 영향을 끼친다.

도시사회학의 많은 부분은 이러한 일반 생태적 동력에서의 특정한 경험적 사례들을 묘사한다. 그러나 시카고학파에서 출발한 이러한 보다 특정적인 경험적 연구들(〈그림 6-3〉 참조)로부터 〈그림 7-1〉에 제시된 모델에서 묘사된 과정들을 보충할 수 있는 재미있는 일반화들이 출현하였다. 오래된 하나의 원리는 한 도시의 중심으로부터 거리가 증가할 때 거주지의 밀집도가 기하급수적으로, 즉 급격히 하락한다는 것이다.[3] 이러한 생각은 도시지역의 공간에 대한 높은 수요가 시장가격을 올리고 그 중심에서 생활하거나 사업할 수 없는 사람들을 쫓아 버리게 된다는 초기 시카고학파의 관찰들을 따른 것이다. 이러한 행위자들은 반드시 더 낮은 비용의 외부지역들에서 정착하기 위한 추가적 이동비용을 염두에 두어야 한다.[4] 그러나 보다 최근의 연구들을 살펴보면,[5] 최근의 기술적·조직적 변화들 — 특히 정보기술들과 관련한 변화들 — 은 도심지대와 외부지역들 사이의 연결의 성격을 변화시키는 경향이 있다.

사실 중심에서 덜 응집된 외부 정착 지대들로의 물질적·행정적 인프라 구조의 이동은 응집된 거주지 형태들에 걸쳐서 보다 다(多)중심주의적인 체계를 창출한다. 그래서 외부지대의 거주지 밀도는 오래된 정착지 중심으로부터의 거리가 증가함에 따라 증가할 수 있지만, 결국 거주지 밀도가 다중심주의 체계에서 도시중심이나 중심들(urban core or cores)로부터의 거리에 따라 감소한다는 원리가 작동할 것이다.

이와 관련된 또 다른 원리는 도시중심 또는 중심들로부터의 이동이 증가함에 따라 거주지나 도시의 상대적 크기는 감소한다는 것이다.[6] 즉, 큰 도시로부터의 이동이 발생할 때 거주지의 크기와 밀도는 한 가지 형태로 감소할 것이다. 다시 말해, 큰 도심들은 중간 규모의 도시들에 둘러싸일 것이며, 이 중간 규모의 도시들은 더 작은 거주지들과 연결될 것이다.

또 다른 관련된 원리는 거주지를 가로지르는 자원들의 흐름은 특히 그것들이 시장 내에서 그리고 정부구조들의 위계 내에서 하나의 통합된 체계를 구성하는 정도를 반영할 것이라는 점이다.[7] 거주지가 시장이나 정부기관들에 의해 연결될 때 정보, 상품, 서비스와 같은 자원들의 흐름은 더욱 빨라지고 효율적으로 변화될 것이다.

이러저러한 원리들은 '응집'이라는 이름 아래 〈그림 7-1〉의 모델에 제시된 것에서 보다 자세히 살필 수 있다. 본질적으로 이러한 종류의 원리들은 거주지가 서로 연결되고 물리적 공간에서 계속해서 더욱 큰 거주지 형태를 형성하는 방식들을 나타낸다. 이러한 다수의 일반화들은 시간 한정적이고, 특정한 경험적 사례들과 관련된 것이지만, 물리적 공간에서 인구집단을 조직하는 보다 일반적이고 근본적인 몇 가지 힘들을 지적한다. 그래서 도시생태학에 대한 초기 시카고학파의 일반적 의도는 물리적 공간 내 인구들의 거주지 형태들을 살펴보고, 그리고 이러한 형태들을 묘사하는 보다 추상적인 일반화를 발전시키려는 것으로 최근의 저작까지 유지되었다.

3. 조직생태학 이론들

지난 30여 년 동안 이론의 창조적 확장은 생태학적 관점에서 조직동학에 대한 분석이었다. 이 이론에서 특정 형태 조직들의 인구들은 주어진 환경에 가장 적합한 자원들을 놓고 경쟁하는 것으로 보인다. 그래서 한 사회 내 다양한 종류들의 조직형태들의 수와 비율에서 상승과 하락은 조직들이 자원적소들에서 서로 경쟁하는 일종의 다원주의적 투쟁 — 조직들이 성공하지 못한다면 사라지거나 또는 그들이 생존할 수 있는 새로운 자원적소를 찾아 이동 — 과 같은 것으로 보일 수 있다. 복잡한 조직들의 생태학에 대한 최초의 잘 발달된 이론은 1970년대 후반에 마이클 해넌(Michael Hannan)과 존 프리먼(John Freeman)에 의해 제시되었다.[8] 후에 다른 학자들은 전형적으로 조직의 특정 인구들을 경험적으로 분석함으로써 그들의 접근을 더 확장시켰다. 우선 해넌과 프리먼의 일반이론을 살펴보고, 조직생태학에 대한 이론화에 창조적 보완을 했

던 밀러 맥퍼슨과 그 밖의 공동연구자들에 대해 고찰할 것이다.

1) 마이클 해넌과 존 프리먼의 생태학 이론

해넌과 프리먼은 다양한 종류의 조직인구들이 자원들을 놓고 경쟁하는 것으로 볼 수 있다는 중요한 통찰력을 내놓았다.[9] 예를 들면, 자동차회사, 의류대리점, 신문, 정부기관, 서비스클럽 그리고 그 어떤 조직된 공동단위는 그들 각자의 환경으로부터 특별한 종류와 수준의 자원에 의존한다. 그래서 자동차회사들과 같은 조직들의 인구는 똑같은 자원적소 내에서 경쟁하는 것으로 보일 수 있는데, 자동차회사에게 자원환경은 자동차를 구매할 수 있는 사람들로 구성된다. 이러한 기본적 상황은 조직들이 자원들을 확보하기 위해 서로 경쟁해야 하는 진화적 과정들과 유사하다. 특히 주어진 적소를 점유하는 조직들의 수가 증가할 때, 이러한 경쟁으로부터 가장 적합한 조직적 형태들의 선택이 발생하게 된다. 이러한 기본적 통찰력을 갖고 해넌과 프리먼은 분석을 확장시켰는데, 〈그림 7-2〉는 지난 30년 동안 발전되어온 이론의 핵심변수를 요약한 것이다.[10]

해넌과 프리먼의 기본적 질문은 왜 어떤 형태의 조직들은 소멸되고, 다른 형태의 조직 빈도는 증가하는가에 초점을 두었다.[11] 이들의 핵심동학(key dynamics)은 〈그림 7-2〉 모델의 중심에 보이는데, 그것은 자원을 놓고 벌어지는 조직들의 인구 내부의 경쟁이다. 높은 수준의 경쟁은 조직에 대한 선택압력들을 증가시키고, 이러한 경쟁에서 자원을 확보할 수 있는 인구는 생존하며 그렇지 못

한 인구는 실패하거나 또는 다른 자원적소로 이동할 것이다. 그런 다음 이 이론은 경쟁과 선택을 증가시키는 힘들을 살펴본다. 일련의 중요한 조직의 힘들은 왼쪽에서 오른쪽으로 이동하는 모델의 중앙에 제시된다. 주어진 형태의 조직들의 수는 적소에서 조직들의 밀도를 증가시키며, 그래서 경쟁, 선택, 조직의 실패비율 등을 증가시킨다.

경쟁을 증가시키는 또 다른 힘은 개방적이고 자유로운 시장들이다. 이러한 시장들은 조직들로 하여금 고객, 구성원, 또는 다른 어떤 자원들을 놓고 경쟁하도록 강제하면서 경쟁을 제도화한다. 그래서 시장들의 규모와 범위가 증가할수록 경쟁수준도 높아지는데, 특히 적소의 밀도가 높을 때는 더욱 그러하다. 그러나 만일 독점이 출현할 수 있거나 또는 정부가 광범위하게 규제한다면, 경쟁수준은 낮아진다. 따라서 선택압력과 조직실패의 비율이 낮아진다.

다른 일련의 변수들은 모델의 윗부분을 가로질러 왼쪽에서 오른쪽으로 이동한다. 주어진 형태의 조직이 최초로 적소에 출현할 때 조직은 반드시 생존함으로써 자신을 정당화해야 한다. 일단 한 번 성공하면 조직설립률이나 이러한 형태의 새로운 조직의 창출이 증가할 것이다. 이 새로운 조직설립은 적소의 밀도, 경쟁 그리고 선택을 고양시키지만, 한편 이것은 특정 형태의 조직들을 정당한 것으로 만들며, 이로 인해 더 많은 조직설립이 장려된다. 정당성과 함께 조직의 적응경향에 대한 관성비율이라고 모델에서 이름 붙여진 것 또한 나타난다. 조직들이 특별한 방식으로 자신들을 성공적으로 구조화하고 그래서 적법성을 성취했을 때, 조직들은 또한 구조적 경직성이나 타성적 경향을

발전시킬 수 있다. 조직이 활동을 수행함에 있어 오래된 방식에 집착할 때 보수적으로 변한다. 이러한 타성적 경향들은 선택과정이 작동하도록 만든다. 자원적소의 밀도가 증가하거나 또는 자원수준이 하락함에 따라 너무 경직되거나 타성적인 그러한 조직은 조직의 개체들로부터 도태당하기 쉽다. 반면 자원추구에 있어 자신들을 새롭고 창조적인 방식으로 조직하거나 유연성을 나타내는 조직들은 더 생존하기 쉬워진다.

세 번째, 일련의 변수들은 〈그림 7-2〉 모델의 아랫부분을 가로질러 이동한다. 조직에 유용한 자원들은 몇 가지 측면에서 다양하다. 자원의 변이를 야기하는 변화의 한 근원은 변화가능성 비율, 즉 자원이 얼마나 자주 증가하고 하락하는가이다. 자원이 계속적으로 이동하는가, 아니면 점진적이고 천천히 변동하는가? 유용한 자원들의 변이를 야기하는 또 다른 근원은 변화가능성의 크기와 기간, 또는 자원의 이용가능성이 높은 기간과 낮은 기간 사이의 변동 정도와 길이다. 자원의 급속한 변동이 있을 때 전문화된 형태의 조직이 출현하기 쉽고, 더 크고 일반적인 조직구조와의 경쟁에서 이길 수 있다. 왜냐하면 보다 일반화된 조직구조는 타성적 속성 때문에 유용한 자원을 발빠르게 수용할 수 없기 때문이다. 변화의 규모가 크고 오랫동안 지속되면 조직들의 전문화가 방해받는데, 이는 보다 크고 일반화된 조직이 고도로 전문화된 작은 조직보다 유용한 자원의 수준이 떨어지는 힘든 시기를 더 효과적으로 넘길 수 있기 때문이다. 보다 큰 조직은 자신이 추구할 수 있는 다른 자원적소와 더 큰 예비자원을 전형적으로 가진다. 반면에 보다 전문화된 조직은 유용한 자원 감소의 충격을 흡수할 만한 예

비자원이 충분치 않다.

경쟁변수로 진입하는 모델상의 화살표에서 보이듯이, 환경적 변화 — 급속하거나 또는 심하든지 간에 — 는 조직 간의 투쟁을 증가시킨다. 다윈이 말했듯이, 환경이 변할 때 종들의 자원적소들은 경쟁과 자연선택을 증진시키면서 방해를 받는다. 변화가 오랜 기간 발생하고 그 규모가 클 때, 선택은 하나 이상의 적소로부터 도출되고, 어떤 한 적소 내에서 큰 규모의 변동을 견뎌낼 수 있는 크고 보다 일반화된 조직을 선호하게 된다. 조직이 커지고 일반화됨에 따라서 그것들은 종종 광범위한 네트워크를 창출하고, 잠재적으로 조직을 제외시킬 수 있는 경쟁을 감소시키는 합의를 창출하게 된다. 이러한 네트워크의 예에는 카르텔, 동업자 간 협약, 사기업의 서로 연결된 이사회, 정부와의 연계, 공동생산 협정, 독과점 가격, 그리고 경쟁을 줄이려는 많은 다른 메커니즘을 포함할 수 있다. 네트워크는 실제로 조직 간의 밀도를 감소시켜 조직들 간의 경쟁을 줄이는데, 이는 조직실패율을 감소시킨다.

해년과 프리먼의 이론은 스펜서와 뒤르켐의 이론을 보다 낮은 중간정도의 분석수준으로 끌어내렸지만, 보다 직접적으로 다윈의 개념을 조직분석에 적용시켰다. 따라서 해년과 프리먼은 새로운 중간수준의 현상을 생태학적 분석 — 복잡한 조직인구들의 동학들 — 속으로 주입시켰다. 그들의 접근

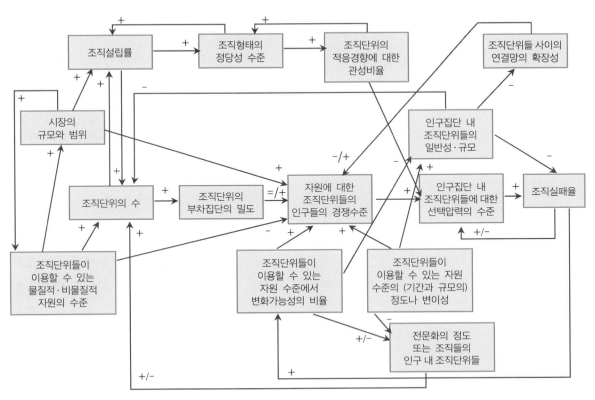

〈그림 7-2〉해년과 프리먼의 생태학 모델

은 사회학에서 완전히 새로운 연구를 고무시켰고, 생태학에 대한 새롭고 보다 거시적인 접근들이 걸출한 조직생태학 이론 및 연구와 경쟁하게 되었음에도 불구하고, 이 연구 흐름은 지난 20여 년간 생태학적 이론을 지배했다.

2) 밀러 맥퍼슨의 생태학 이론

밀러 맥퍼슨(J. Miller McPherson)과 다수의 공동연구자들은 해넌과 프리먼의 조직생태학 모델을 기반으로 변종을 개발하였다.[12] 맥퍼슨의 경험적 연구는 무엇보다 자발적 결사와 조직들에 대한 것이었고 이 분석은 조직생태학의 동학에 몇 가지 부수적 통찰력을 추가하였다. 맥퍼슨은 피터 블라우(Peter M. Blau)의 거시구조 이론에서 끌어온 개념에서 출발한다. 조직환경은 나이, 성, 민족, 소득, 교육, 오락적 관심사 등과 같은 다양한 특성을 드러내는 집단 구성원들로 구성된다. 이러한 특성들은 개인들을 서로 구별짓고 그리고 종종 (성과 민족의 경우에서 같이) 분류와 (소득과 교육 연수에서처럼) 불평등의 중요한 표식이 된다. 이러한 특성들은 또한 구성원과 고객들을 찾는 조직에게 잠재적 자원적소들이기도 하다. 그래서 맥퍼슨은 한 집단 구성원 간의 특성들의 다양성을 **블라우-공간**(Blau-space)으로 개념화한다. 이는 그에게 이러한 사고를 갖게 해주었던 이론가들에 대한 존경의 뜻에서 붙인 것이다. 블라우-공간은 조직들의 환경이며, 한 집단 구성원들을 분화시키는 특성들이 다양할수록, 블라우-공간에서 조직들이 구성원과 고객들을 끌어들이기 위해서 이용 가능한 자원적소들의 수는 더욱 늘어나게 된다.

맥퍼슨에 의해 발전된 모델을 보다 일반적인 용어로 요약한 〈그림 7-3〉은 이론 내 변수들 간의 인과관계를 파악할 수 있게 한다. 스펜서와 뒤르켐이 인식하였듯이, 인구규모는 블라우-공간 내 개인 특성들의 다양성 수준을 결정하는 중요한 요인이다. 이 점은 모델의 왼쪽에서 살필 수 있다. 인구규모가 커질수록 구성원들의 특성은 분화되기가 더욱 쉽다. 게다가 인구규모는 블라우-공간의 적소에서 자원을 생산한다. 즉, 사람이 많을수록 조직체계에 이용 가능한 자원은 더욱 많아진다.

인구규모는 또한 한 인구집단 구성원들 간의 네트워크 밀도를 낮춘다. 즉, 조직을 구성하는 사람이 많을수록, 개인들은 직접적으로는 간접적으로든 더욱더 서로 연결되지 않는다(27장의 네트워크에서 요약되었듯이, **네트워크 밀도**(network density)는 행위자들 사이의 연결 정도를 말한다). 낮은 밀도, 또는 한 집단 구성원들 간 연결비율이 낮을 때, 이 구성원들은 독특한 특성들을 발전시키기 쉽다. 이는 그들이 직접적 접촉과, 이러한 접촉들이 생성하는 비공식적 사회통제와 동조로부터 자유롭기 때문이다. 그래서 어떤 커다란 인구집단의 구성원들 간의 낮은 네트워크 밀도는 조직들이 이용 가능한 블라우-공간의 적소들을 증가시킨다.

블라우-공간 내 적소의 수가 증가함에 따라 각 적소 내 조직단위의 수 또한 증가하려는 경향이 있고, 조직단위들의 수가 증가할 때 한 적소 내 조직단위들 간의 경쟁수준은 상승하기 시작할 것이다. 그리고 적소 내 조직단위의 밀도가 높아질 때 조직의 실패비율은 증가할 것이다. 이리하여 블라우-공간 내 하나의 특별한 적소에서 자원을 놓고 벌이는 경쟁하는 단위들의 수는 감소하게 된다.

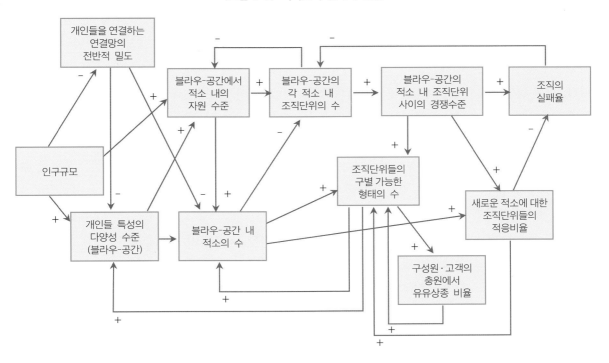

〈그림 7-3〉 맥퍼슨의 생태학 모델

조직 간의 경쟁은 구분 가능한 조직단위들의 수를 두 가지 이유로 증가시킨다. 첫째 각 조직은 경쟁자로부터 스스로를 구별짓도록 노력하며 그래서 한 적소에서 조직들의 다양성이 증가하게 된다. 둘째 조직단위가 스스로를 구별함에 따라 그들은 블라우-공간에서 보다 많은 적소들을 창출하는데, 이는 조직들의 구성원들이 다소 다른 특성들을 보이기 때문이다. 사실 모델에 나타나있듯이, 적소들의 수와 블라우-공간에서 구분 가능한 조직형태들의 수 사이에는 서로 상대방을 강화시키는 순환이 있다. 경쟁은 이 힘들을 단지 강화시킬 뿐이다.

블라우-공간의 조직들은 또한 독특한 성격을 갖는데, 이는 그것들이 유사한 특성들 즉, 모델에서 **유유상종 비율**(rate of homophyly in the model)로 불리는 것을 가진 구성원들을 충원하려는 경향이

있기 때문이다. 그래서 예를 들면, 라이온스 클럽, 키와니스 클럽〔미국·캐나다 실업인들의 사교단체 — 옮긴이〕, 옵티미스트〔어린이를 위한 요트클럽 — 옮긴이〕, 재향군인회 등과 같은 서비스 조직들은 구성원들의 특성들을 수렴시키도록 노력할 것이다. 이러한 조직들이 그렇게 함에 따라 그들의 독특함, 그리고 한 집단 내 구성원들 간의 특성들의 다양성과 블라우-공간 내에 상응하는 적소들을 유지하게 된다. 구성원들이나 고객들에 대한 경쟁은 조직들에게 선택압력이 되는데, 한 적소에서 경쟁하기 어려워지면 그 조직들은 선택압력 때문에 적응하고 변화하게 된다. 예를 들면, 미국에서 최근 몇십 년간 서비스 조직들은 그들 구성원들을 지키는 데 상당한 어려움을 겪었다. 이는 이 적소에 있는 개인들의 수가 그 사회의 인구와 구조가

변함에 따라 감소했기 때문이다. 이러한 경쟁은 구성원의 감소와 몇몇 조직의 실패들을 야기했지만, 그것은 또한 다른 일도 수행한다. 즉, 어떤 조직들은 블라우-공간에서 새로운 적소를 찾아야만 했다. 예를 들면, 한 서비스 조직은 중간정도의 소득과 높은 교육수준의 구성원 층에서 낮은 소득과 낮은 교육수준의 구성원들로 이동할지도 모르는데, 이는 이들에 대한 경쟁이 약하기 때문이다. 새로운 적소들에 대한 적응비율은 경쟁수준에 의해서뿐만 아니라 블라우-공간에 있는 적소들의 수에 의해서도 영향을 받는다. 만일 많은 적소들이 있다면 구성원과 고객을 확보하는 데 어려움이 있는 어떤 조직은 블라우-공간에 단지 소수의 적소들만 있다면 이용 가능하지 않을 법한 선택지들을 택하게 된다. 새로운 적소들에 대한 적응은 그 조직의 완전한 재구조화를 요구하지 않는 인접한 적소들이 있을 때 특별히 가능성이 높아진다. 예를 들어서, 소아마비 백신이 발명되었을 때, 미국의 소아마비구제 모금운동 단체(the March of Dimes)는 자신의 자원 근거를 잃었는데, 이는 기부금을 모집할 명분이 사라졌기 때문이다. 조직의 생존을 위해서 이 단체는 여전히 자비로운 기부금을 모금할 수 있는 인접한 새로운 자선적소로 이동하였다.

맥퍼슨 모델의 중심사상이 다른 조직생태학 모델들과 아주 흡사하다는 점은 명백하다.[13] 조직들 간 경쟁과 선택은 조직의 실패나 또는 새로운 적소로 조직의 이동을 이끌기 때문이다. 맥퍼슨이 수행한 가장 중요한 보완(addition)은 조직의 자원환경을 구성하는 것의 확장이다. 해넌과 프리먼의 모델에서는 자원환경을 보다 금전적이고 시장유인적인 이미지로 함축하였다면, 맥퍼슨의 모델은 자원의 구성 개념을 확장시켰다. 한 집단 내 사람들을 구분짓는 사실상 일련의 모든 특성들은 구성원, 고객 또는 소비자를 찾는 조직들에게 하나의 자원적소가 될 수 있다. 블라우-공간이 다양할수록, 환경은 더 다양한 조직형태들을 지원할 수 있게 되고 그리고 한 적소에서 덜 성공적인 조직들은 생존하기 위한 노력으로 인접한 새로운 적소로 이동하기 쉽다.

4. 아모스 홀리의 거시수준 생태학 이론으로의 귀환

인간사회조직(*human social organization*)의 생태학에 대한 허버트 스펜서와 에밀 뒤르켐의 거시수준의 사상들은 이미 살펴보았듯이, 20세기 전반기에 도시 사회과정에 대한 중간수준의 분석으로 축소되었다. 시카고학파의 직계계승자인 아모스 홀리(Amos Hawley)는 1940년대 후반과 1950년대 초반에는 그의 초기 저작들에서 도시공간의 분화에 대해 지속적으로 강조하였다.[14] 그러나 그는 "인간생태학의 개념을 받아들이고 나서야 점차 환상에서 깨어났다. 첫눈에 나를 사로잡았던 공간분포들에 대한 기존 논의들은 나에게는 이론적으로 막다른 골목처럼 보인다"고 했다.[15] 홀리는 1980년대까지 생태학적 분석을 거시적 수준 또는 사회적 수준까지 되돌려 놓았다.[16]

1) 생산, 수송, 그리고 통신

생태학적 과정들에 대한 홀리의 이론은 3가지 기본 가정들을 갖고 시작한다.

---

① 환경에 대한 적응은 인구집단 구성원들 사이에 상호의존성의 체계를 형성하는 가운데 이루어진다.

② 다른 것이 동등하다면, 체계발전은 현존하는 수송과 통신설비들에 의해 제공된 복잡성을 계속해 최대화한다.

③ 체계발전은 물질들과 사람들 그리고 메시지들의 이동에 대한 가능성을 증가시키는 새로운 정보의 도입을 가지고 계속되며, 그리고 그러한 가능성이 충분히 사용될 때까지 지속한다.

홀리는 이런 가정에 각각 **적응성**(adaptive) 명제, **성장**(growth) 명제, 그리고 **진화**(evolution) 명제라는 용어를 붙인다. 이러한 가정들은 스펜서와 뒤르켐에 의해 발전된 사상의 부활이라 할 수 있다. 환경에 적응하고 생존하기 위해 인간집단들은 상호의존성의 체계에 의해 분화되고 통합된다. 인구규모와 이 인구를 위한 사회기관의 복잡성은 인구집단의 지식기반, 특히 수송 및 통신기술과 관련된 지식에 의해 제한된다. 인간집단들은 ① 통신에 대한 정보, ② 사람과 물질의 이동에 관한 정보, 이 두 가지에 대한 확장 없이는 인구규모를 증가시킬 수 없고 조직유형의 복잡성을 정교화할 수도 없다.[17] 홀리는 수송과 통신기술들이 결합한 효과를 **이동비용**(mobility costs)으로 개념화했다.

수송과 통신기술에 연결된 또 다른 변수는 **생산성**(productivity)이다. 이상하게 그의 초기 진술에서는 생산성 변수가 강조된 반면에, 최근 이론적 논지에서 그 변수는 다소 부수적이다. 보다 최근의 진술에서 개념상 커다란 모순이나 극적 변화는 발생하지 않았기 때문에, 우리는 생산성 변수를 더 명료한 용어들로 재도입할 수 있다. 한편 생산물들, 정보 그리고 용역들, 다른 한편에서는 이러한 생산물들을 다른 체계단위들로 이동시킬 수 있는 한 체계의 능력 사이에 기본적으로 일련의 상호적 관계들이 존재한다. 새로운 수송·통신기술의 발달은 생산을 증대시키지만, 반면에 생산확장은 기본 이동능력에 부담이 되고 새로운 기술의 도입을 자극한다. 또한 생산성, 성장, 그리고 진화 사이에 보다 간접적인 연결이 있다. 왜냐하면 생산성은 "한 체계를 정교화할 수 있는 정도, 체계 내에서 유지될 수 있는 인구규모, 그리고 그 체계가 점유할 수 있는 공간이나 지역에 대해 주된 제한조건이 되기" 때문이다.[18] 따라서 보다 확장된 영역에서 더 크고, 더 분화된 인간집단을 지원하기 위해서는 ① 상품과 서비스를 보다 많이 생산할 능력과 ② 수송과 통신기술들을 통해 이런 상품과 서비스를 분배할 수 있는 능력이 요구된다. 만약 생산성이 증가될 수 없거나 또는 수송과 통신의 이동비용이 감소될 수 없다면, 그 체계의 크기, 규모, 그리고 복잡성에 대한 한계가 설정된다.

2) 환경

생태계는 "전체가 하나의 단위로서 작동하고, 생존에 적합한 환경적 관계를 유지하는 개체군에서 상호의존성의 배열"이다.[19] 환경은 에너지의 근원이고 생산재료지만, 하나의 생물물리학적 차원 이상이다. "인접하거나 멀리 떨어진 지역의 사람들이 소유한 생태계들 또는 문화들"로 구성된 **보편적** (ecumenical) 차원 또한 있다.[20] 게다가 홀리의 견해에 따르면, 생태학적 분석에서 "변화란 외부적 기원을 갖는데" 이는 "사물이 스스로를 유발시킬 수 없기 때문이다."[21] 그래서 물리적·사회적·생물학적 환경에서 전체로서 하나의 인간집단을 조사할 때, 홀리의 접근은 변화된 하나의 인간조직에 대한 내적 과정들로부터 기인하기보다 환경적 체계들 자체로부터 기인한다는 것을 강조한다.

3) 기능들과 중추기능들

홀리의 견해에 따르면, 한 환경 내에서 인간집단의 상호의존성들의 배열은 기능과 관련해 서로 간에 **관계들**(relations)을 형성하는 **단위들**(units)의 부류나 또는 형태로 개념화된다.[22] **기능들**(functions)은 "서로 간에, 또는 다른 반복적인 활동들에 의해 교환되는 반복적인 활동"으로 정의된다. 반복적 활동들이 '직접적으로 환경과 관련되는' **중추기능들** (key functions)은 특히 중요하다. 예를 들면, 중추기능들은 재료나 정보와 같은 환경적 투입물들을 다른 '부수적 기능들'(contingent functions)(또는 관계 내의 단위들을 결합하는 반복적 활동들)로 전달한다.[23] 홀리는 상대적으로 적은 수의 중추기능들이 존재하고, "그 중추기능의 원리가 존재하지 않는 정도까지 다다를 때 그 체계는 빈약해지고 흐트러지게 될 것이다"라고 상상한다.[24] 따라서 체계는 기능적 단위들로 구성되는데, 기능적 단위들 가운데 몇몇은 환경과 직접적인 관계들을 맺으며 중추기능들을 수행한다. 그리하여 대부분의 다른 단위들은 "중추기능의 매개를 통해 간접적으로 환경에 접근해야 한다."[25]

예를 들면, 생산은 하나의 중추기능이고, 홀리의 초기 저작에서는 생산성을 제일 중요한 중추기능으로 이해하는 것처럼 보인다. 그러나 환경에서 유래하는, 그리고 환경에 부과하는 자원들의 흐름에 영향을 주는 다른 중추기능들 ─ 정치적, 군사적, 그리고 아마도 이데올로기적인 기능들 ─ 도 명백히 존재한다. 결론적으로 다른 기능적 단위들은 그러한 단위들이 다양한 중추기능들에 관여하는 단위들과의 상호 연결을 통해서만 환경에 접근하게 된다. 따라서 인구집단의 구조를 형성하는 단위들의 관계는 기능들과 중추기능들로 개념화되거나 또는 단위들을 함께 결합하는 반복적이고 교환적인 활동의 부류들로 개념화된다. 이것은 물론 다양한 형태의 활동들의 특성화와 분화를 표시하는 다른 방식이기도 하다. 왜 홀리가 이 특별한 용어법을 제안했는가의 정확한 이유는 분명하지 않지만, 그럼으로써 홀리는 생태학적 관점을 보다 기능적인 분석형태로 변형시킨다.

사실 홀리의 분석을 살펴보면, 그것은 '기능'이라는 용어의 보다 강한 버전이다. 부분적으로 기능에 대한 보다 강력한 관념은 중추기능이라는 개념에 의해서 암시된다. 중추기능은 에너지, 물질, 그리고 지식의 투입물들이 체계로 유입되는 것을

<표 7-1> 생태계 기능에 대한 일반명제들

1. (반복적이고 교환적인 활동인) 어떤 기능이 결정적인 환경적 관계들(중추기능)을 중재하면 할수록, 더욱더 그 기능은 모든 다른 기능들이 수행되는 조건들을 결정한다.
2. 어떤 기능이 중추기능에 더욱 근접하면 할수록, 중추기능은 그 기능을 더욱 억제하고, 그 반대도 성립한다.
3. 한 기능이 중추기능일수록 이 기능과 관련된 행위자나 단위들의 힘은 더욱 커지고, 그 반대도 성립한다.
4. 기능들이 분화될수록 환경에 간접적으로 관련된 모든 기능들의 몫은 더욱 커진다.
5. 한 기능의 생산물들을 사용하는 단위들의 수가 많을수록 그리고 그 기능 내에서 사용되는 기술비용이 적을수록, 이 기능에 연관된 인간집단 내 단위들의 수는 많아진다.
6. 한 기능에 관련된 (통신과 수송에 대한) 이동비용이 크면 클수록, 이 기능에 관계된 단위들 사이의 상호관계와 단위들의 수는 보다 안정적이게 된다.
7. 기능들에 관계된 단위들 사이의 수와 상호관계가 더욱더 안정적일수록, 규범적 질서는 더욱더 기능적 질서에 상응하게 된다.

조절한다. 기능주의로의 다음 단계에 어떻게 나아가는가를 보는 것은 그리 어렵지 않다. 어떤 중추기능들은 적응과 생존에 필수적이다. 홀리는 아래와 같이 언급하면서 다음 단계로 나아간다.

─────

설명하자면, 우리는 생계 및 그와 관련된 물질을 생산하는 활동들, 참여자들 사이에 생산을 분배하는 활동, 생산물을 생산하고 분배하는 데 요구되는 단위들의 수를 유지하는 활동, 그리고 최소한의 마찰만을 가지고 이러한 모든 일들을 연속적으로 수행하도록 보장하는 데 필요한 통제력을 발휘하는 활동들의 혼합에 의해 집합체적 생활의 모든 순간이 유지된다고 가정할 수 있을 것이다.[26]

─────

확실히, 이러한 필수요건들은 허버트 스펜서에 의해 제시된 생산, 규제, 분배, 그리고 재생산의 개념과 매우 흡사하다.

이와 같은 기능주의의 장점 또는 단점이 무엇이

든지 간에, 홀리는 그의 개념들을 일련의 '가설들'로 해석했다. <표 7-1>은 그의 분석으로부터 도출될 수 있는 가장 중요한 명제들의 일부를 다소 수정한 형태로 재언급한 것이다.[27] 이러한 명제들은 홀리의 많은 가설들을 도출할 수 있는 추상적 '법칙들'을 나타낸다. <표 7-1>의 명제들 내에서 기본적 개념들은 다음과 같다. 중추기능들 또는 환경과의 교환을 매개하는 것들은 다른 기능들에 불균형하게 영향을 미치며 이러한 다른 기능들에 대해 힘을 소유한다(예를 들면 한 사회 내에서 중추적인 정치·경제적 기능들과 관련된 단위들은 일반적으로 다른 것들보다 힘과 영향력을 더 많이 소유하는데, 이는 그 단위들이 개별적으로 물리적인 것과 사회 환경의 상호교환에 개입되기 때문이다). 한 기능이 중추기능에 보다 근접할수록 이것의 영향력은 더욱 커지고, 반대로 한 기능이 중추기능으로부터 멀어질수록 이 기능이 중추기능에 대해 갖는 영향력은 점점 작아진다. 중추기능들의 분화는 환경에 대한 다른 기능들의 직접적 접근을 감소시키는데,

이는 이러한 접근이 현재 중추기능들과 관련된 단위들에 의해 매개되기 때문이다(예를 들면, 고도로 분화된 사회 내에서 대부분의 사람들은 자신이 먹을 곡물을 생산하거나 자기자신을 군사적으로 방어하지 않는다). 기능들에 필요한 인원과 재료를 얻기 위한 이동비용이 증가할 때, 그 기능들의 수와 관계들은 안정된다. 그리고 이러한 조건들에서 규범적 질서는 기능들의 상호관계뿐만 아니라 내적 관계를 규제할 수 있게 된다.

4) 균형과 변화

그러므로 하나의 생태계는 어떤 환경에 적응하도록 조직된 하나의 개체군(population)으로, 이러한 체계 내에서의 변화를 홀리는 "기능들의 수와 종류에서의 이동이나 다른 조합들 내에서 기능들의 재배열"로 정의하였다.[28] 변화와는 대조적으로, 성장은 "어떤 주어진 시간에 이동과 통신기술에 내재한 통합과 복합성의 잠재력을 최대화함으로써 한 체계가 성숙함"을 말하는 것이며,[29] 반면에 진화는 "새로운 정보와 과거 정보의 통합을 이끌고 접근 가능한 환경의 범위 내에서 증가를 유도하는 환경적 투입물들로부터 새로운 구조적 요소들의 출현"이다.[30] 이러한 일련의 정의들은 다음 3가지 주위를 순환하는 생태계 동학의 그림을 나타낸다. ① 기능들의 내적 재배열, ② 현존하는 통신과 수송기술들의 수준에 의해 허용된 최대한의 복잡성 증대, ③ 환경적 투입물들의 수용, 특히 수송과 통신(또는 이동능력)을 확장시키는 새로운 정보는 결과적으로 생태계의 규모와 복잡성을 (새로운 기술들에 의해 부과되는 한계까지) 증가시킨다.

균형상태에 있는 한 체계의 이미지는 생산에 대한 새로운 정보에 의해 그것이 (사람들, 물질들, 정보들의) 이동에 영향을 줌으로써 불균형상태에 놓이기도 한다. 이러한 새로운 정보가 어디서 출현하는가에 대해서는 다소 명확하지 않다. 그것은 (다른 사회, 이주자, 새로운 정보를 생성하는 생물물리학적 변화로부터 나온), 완전히 외생적인 것인가? 아니면 체계 스스로가 특별한 기능들의 배열을 통해 새로운 정보를 생성하는가? 양자 모두 변화의 근원일 수 있는 것처럼 보이지만, 홀리 모델[31]의 이미지에서는 한 체계가 진화하고 구조적 복합성의 새로운 수준을 발전시킨다고 한다면, 체계가 외부로부터 틀림없이 붕괴되는 것을 함축한다. 내적 변증법적인 과정들 또는 기술을 증가시키는 자기 변화과정들은 아주 중요한 생태계 동학으로서 충분히 강조되지 않는 것처럼 보인다. 〈표 7-2〉는 이러한 동학들에 대한 홀리의 가정들로부터 간추려질 수 있는 보다 추상적인 '법칙들'을 요약한 것이다.[32]

이러한 명제들은 보편적 환경 내에서 특별하게 존재하는 변화의 근원이 외생적이라는 인간생태학의 강조점을 재강화한다. 이런 환경으로부터 새로운 지식이 출현하고, 현존하는 지식기반과 통합된다. 이렇게 통합된 정보는 체계가 자신의 복잡성, 크기, 영역을 증가시키도록 허용하는 방식으로 생산, 수송, 그리고 통신을 변화시킨다. 그러나 아직까지 새로운 정보는 한 부분에만 변화를 도입할 수 있다. 만일 어떤 기술들이 다른 것들에 뒤처졌다면, 변화의 속도는 보다 낮은 기술에 의해 늦춰질 것이다. 그리고 결국에는 새로운 기술들이 환경으로부터 그 체계로 투입되지 않는다면,

체계는 최대의 크기, 규모 그리고 복잡성에 도달하게 될 것이다. 이렇게 생산·수송·통신기술들에 의해 허용된 최대의 크기, 범위, 그리고 복잡성까지 성장한 체계들은 균형을 이룰 것이다. 환경으로부터의 새로운 정보가 생산성과 이동성의 증가를 달성하는 데 사용될 때는 균형을 깨뜨릴 수도 있다. 그러나 각 기술은 그것이 얼마나 많은 성장과 진화를 촉진할 수 있는지에 대해 한계들을 갖고 있는데, 이러한 한계에 도달했을 때 그 체계는 재균형을 이루려는 경향이 있다.

홀리가 균형의 개념을 탐구를 돕는 도구로만 사용할지라도, 그것은 다분히 문제의 소지가 있다. 홀리가 의미하는 균형의 개념은 "생활망(the web of life)과 환경에 대한 유기체들의 요구들 안에서 다양한 유기체들의 수가 상대적으로 안정화되는 하나의 경향을 말하는 자연의 균형"을 함축한다.[33] 그러나 홀리는 약간의 불안정성 정도에 대한 경향을 함축하는 **부분적 균형**(partial equilibrium)과 같은 용어들을 사용할지라도, "균형은 … 하나의 논리적 구성체"[34]이며, 생태학적 체계들은 안정성의 경향을 함축한다고 인식한다.

5) 성장과 진화

생태학 이론의 가장 흥미 있는 부분들은 성장과 진화를 다루는 부분들, 즉 환경 내 체계의 전체 크기, 규모, 범위 그리고 복잡성의 증가에 대한 것이다. 이 분석은 〈표 7-1〉과 〈표 7-2〉에 기술된 명제들 위에서 이루어진다. 그러나 분석은 이 명제들을 창조적 방식으로 확장시키고, 결과적으로 스펜서와 뒤르켐의 초기 분석틀을 상당부분 넘어선다.

〈그림 7-4〉에서 홀리의 모델은 인과적 동학을 보다 명료히 한다. 모델의 맨 왼쪽에서 출발하면서 홀리는 확대된 지식기반이 보편적 환경으로부터 나와야 한다고 믿는다. 모델이 강조하는 것과 마찬가지로 새로운 정보가 생산증대를 통해서 직접적이든 간접적이든 통신과 수송기술의 수준을 향상시킬 때, 새로운 정보는 성장과 변화를 유발하게 된다(그리고 이런 기술들의 확장을 유발한다). 홀리의 도식에서 가장 중요한 변수는 이동비용인데, 어떤 주어진 기술들에 대한 비용(시간, 에너지, 돈, 물질에 대한 비용)은 지식, 원료 그리고 사람들의 움직임과 관련된다. 이러한 비용이 최고치에 도달

〈표 7-2〉 생태계 내의 일반명제들, 변화·성장·진화

1. 보편적 환경(다른 사회 또는 다른 사회의 문화)에 대한 생태계의 노출이 클수록 체계를 관통하는 새로운 정보와 지식이 나타날 가능성이 더욱 커지고, 이에 따라 변화·성장·진화의 가능성도 더욱 커진다.
2. 새로운 정보가 생산뿐만 아니라 사람들, 물질, 지식의 이동성을 증가시킬수록, 그 새로운 정보가, 생산·수송·통신에 대한 기술로 해석되어 새로운 기술에 의해 허용되는 복잡성의 한계까지 축적되거나 또는 진화적 변화가 나타나기 쉽다.
3. 더 많은 새로운 정보는 더욱 빠르게 변화하는 기술에 대해 다양한 이동성과 생산적 한계점을 향상시킨다.
4. 한 체계가 기술들이 허용하는 규모와 복잡성에 접근할수록, 변화율·성장률·진화의 속도는 더욱 낮아지고, 그 체계가 보편적 환경에서 균형상태에 도달하기가 더욱 쉬워진다.

할 때 — 즉, 체계가 평가절하하지 않고는 이러한 비용들을 지불할 수 없을 때 — 비용은 체계규모, 즉 인구규모, 영역의 범위, 생산성 수준과 복잡성 수준을 제약한다. 역으로, 모델의 피드백 화살표가 나타내듯이, 영역과 인구의 크기는 그것들이 팽창하고 성장할 때 이동비용을 보다 높게 부과하기 시작한다. 결국 비용을 감소시키는 새로운 통신·수송기술들이 발견되지 않는다면, 집단이 성장할 수 없거나 자신의 영역을 팽창시킬 수 없는 지점까지 이 비용들이 증가할 것이다.

스펜서와 뒤르켐이 주장했긴 하지만, 인구와 영역의 규모는 이동비용에 의해 영향받기 때문에, 이것들의 크기는 기능들의 전문화 — **그 모델에서 분화**라고 명명된다 — 를 유발한다. 한편 홀리가 언급했듯이, 인구규모와 분화 사이의 관계가 명확한 것은 아니지만, "항상 그렇지는 않다고 하더라도 그것은 하위체계들의 규모에서의 증가"와 다양한 기능에 기여하는 이러한 하위체계들 수의 증가를 촉진시키는 조건들을 창출한다. 그러므로 홀리에게서는 "크기가 크면 클수록, 전문화와 관련된 단위들에 대한 지원이 더욱 커진다." 그리고 부연하기를, "다른 적절한 조건들은 체계 간 통신의 비율이나 양, 시장규모 그리고 체계 간 관계들의 안정성의 정도이다."[35]

〈그림 7-4〉 홀리의 거시수준 생태학 모델

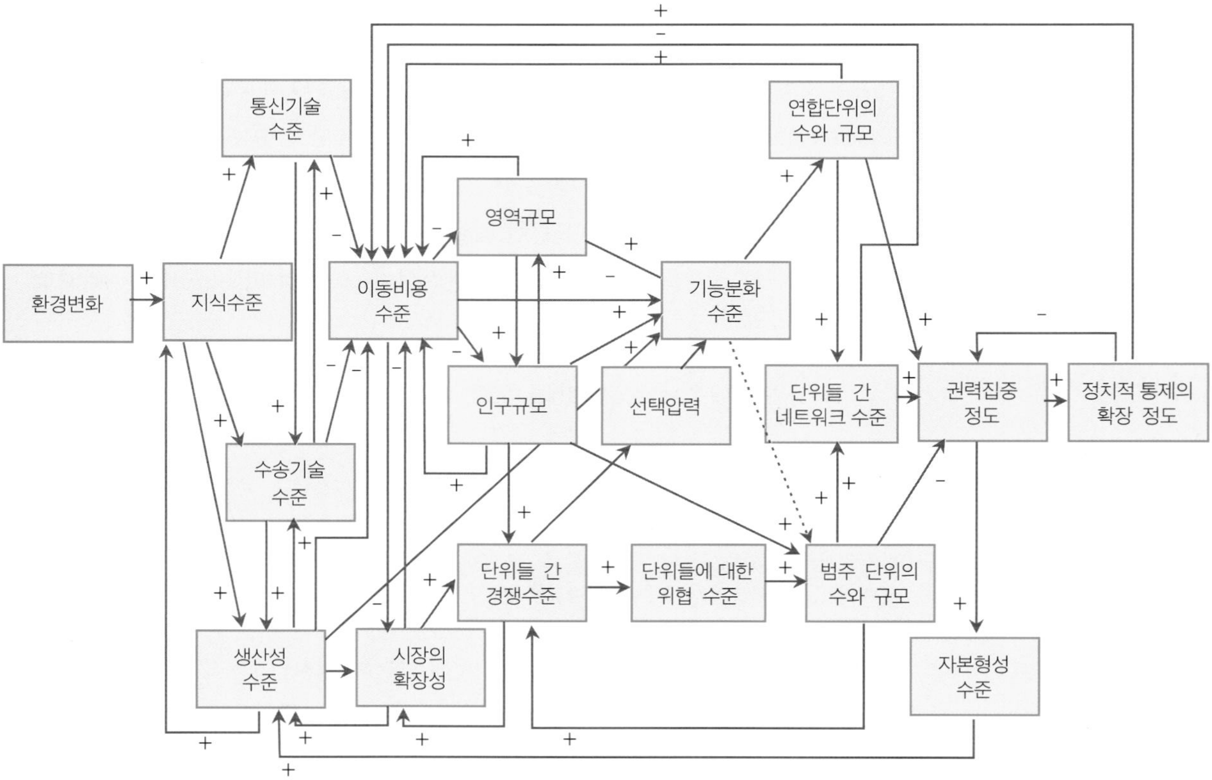

〈표 7-3〉 체계단위들의 유형

통합원리	관계적 구조	
	연합적	범주적
가족적	가정의 단위	부족, 종족, 친족
지리적	촌락, 도시, 보편적 환경	정치체제, 근린, 소수민족 집단거주지, 빈민가
결사체적	산업, 상점, 학교, 정부	카스트, 계급, 길드, 조합, 전문기구

이러한 인과적 연관은 홀리에 의해 명확하게 서술되지 않아서 이 모델로부터 수많은 인과적 추론이 가능하다. 생산성 수준부터 시장확대와 경쟁수준을 지나서 선택압력과 기능분화로 이동하는 인과적 경로는 과거 스펜서주의자들과 뒤르켐주의자들의 주장을 나타낸다. 시장확대는 단위들 사이의 경쟁수준을 높이고 동시에 재화와 용역이 분배에 대한 가능성을 증가시키는데, 이는 이러한 것들이 이동비용들에 의해 제약받기 때문이다(시장과 이동비용을 연결하는 화살표를 보라). 증가된 생산조건하의 경쟁과 인구규모는 전문화를 가능케 — 사실, 촉진 — 한다. 그것은 행위자들이 그들의 생존에 가장 적합한 적소를 추구하기 때문이다. 이와 유사하게 이동비용, 영역크기 그리고 인구규모를 통한 통신·수송기술들로부터 기능의 분화수준에 이르는 인과적 경로들은 스펜서의 주장을, 보다 구체적으로는 뒤르켐의 주장을 좀더 정교한 형태로 재론한다. 즉, 수송·통신기술의 변화는 이동비용을 감소시키고, 인구성장과 영역의 팽창을 허용한다. 그리고 모든 이러한 힘들은 특히 자원을 놓고 벌이는 격렬한 경쟁조건에서 다양한 속성과 능력을 갖추도록 선택적 압력을 창출한다.

홀리는 다양한 기능들과 관련된 하위단위들의 분화는 ① 연합적인 것과 ② 범주적인 두 축을 따라 발생한다고 믿었다. [36] 연합단위들(*corporate units*)은 분화된 행위자들 간의 상호의존성의 **공생적 관계들**(*symbiotic relations*)로 구성되고, 반면 **범주단위들**(*categoric units*)은 공통 관심사들을 드러내고, 자신의 환경에 보다 효율적으로 적응하도록 자신의 활동을 연합하는 행위자들 간의 **편리공생적 관계들**(*commensalistic relations*)로 구성된다. 〈표 7-3〉은 '통합원리'(*unifying principle*)라는 추가적 차원에 따라 이 단위들의 유형을 서술한다. [37] 그리하여 분화가 증가할 때, 한 생태계는 다양한 통합원리 — 가족적, 지리적, 결사체적 — 를 따라서 연합단위들과 범주단위들의 복잡한 배열을 나타낼 것이다. 홀리는 이러한 유형론(*typology*)이 철저하게 전체를 대변하는지 아니면 단순히 설명적인지는 명확히 말하지 않았다. 그럼에도 불구하고 이 유형론은 도발적이다.

이러한 두 가지 단위형태의 동학은 매우 다르다. 연합단위들은 기능들이나 일련의 연관된 활동들을 중심으로 형성되고, 다른 연합단위들과 상호작용한다. 이러한 접촉의 결과로 연합단위들은 서로 비슷해지는 경향이 있고, 특히 잦은 상호교환들에 관련된 것들이나 (환경과 상호교환하는) 중추기능들과 관련된 연합단위들을 닮으려는 경향이 있다. 게다가 연합단위들이 상호교환할 때, 그들은 구조를 폐쇄시키고, 경계를 명확히 하려는 경향이 있다. 물론 이러한 연합단위들의 크기와 수는 인구규모, 단위 내 또는 단위들 간의 수송·통신기술과 관련된 연관된 이동비용, 생산과 시장 내 (이동비용에 의해 제약받는) 분배능력, 단위들 상의 경쟁수준 등에 의존하게 된다.

이와는 대조적으로 범주단위들은 '한 집단 구성원들 간의 유사성을 기초로' 발전하는 상호의존성을 수반하는데,[38] 그들의 수와 크기는 그들의 환경에 의해 부과된 위협의 수준뿐만 아니라 인구와 영역의 크기와도 관련된다. 홀리가 말했듯이, 그 위협의 성격은 다양할 수 있다. 예를 들면 '경작물 수확과 같이 한 개인이 제한된 시간 내에 달성하기엔 너무 큰 일', '침입자에게 땅을 빼앗기는 것', '주거지역 내의 도로나 쾌적한 환경의 파괴', '한 직업을 구식으로 만드는 기술적 발전' 등이 그것이다. 만일 어떤 위협이 지속적이라면, 범주단위들 내의 행위자들은 보다 '지속적 결사체'(lasting association)를 형성할 것이고, 만일 유사단위들 — 라이벌 관계에 있는 노동조합이나 이데올로기적으로 유사한 정당들 — 이 경쟁한다면, 이런 경쟁으로 인한 비용과 파괴는 결국에는 보다 큰 범주단위로의 연합에 이르게 될 것이다. 게다가 생존력 있는 범주단위들은 지속적이고 반복적인 위협을 다루는 데 필수적인 자원들의 흐름과 조정을 위해 연합체 중심을 발전시킬 것이다. 범주단위들은 또한 연합단위들보다 훨씬 더 커지는데, 이는 범주단위 구성원들의 기준 — 단지 어떤 민족적·종교적·직업적·이데올로기적 속성 등을 갖는지 여부와 같은 기준들 — 이 연합단위의 기준보다 훨씬 느슨하기 때문이다. 연합단위는 전문화되고 상호의존적인

활동들이나 기능들을 수행하는 성원들을 신참자로 모집한다. 물론 범주단위들의 크기와 수는 여전히 생태계의 크기나 복잡성에 의해 제한되고, 또 연합단위들보다 낮은 정도지만 수송·통신기술들에 연관된 이동비용들에 의해 제한된다.

〈그림 7-4〉의 오른쪽 부분에 명시됐듯이, 범주단위와 연합단위의 분화는 보다 큰 하위체계를 창출하는 네트워크로 단위들을 통합시킨다. 유사하고 공생적인 활동들이나 기능들과 관련된 단위들의 통합을 규칙화함으로써 이동비용이 감소하고, 그럼으로써 생태계의 성장은 촉진된다(이동비용으로 향하는 피드백 화살표를 보라).

단위들의 분화와 그들의 보다 큰 네트워크로의 통합은 또한 권력집중에 대한 결과를 낳는다. 범주단위의 형성, 그리고 이러한 단위들의 보다 큰 네트워크라는 체계로의 통합은 권력집중을 감소시키는 경향을 갖는데, 이는 범주단위들의 다양한 동맹들이 서로를 감시하기 때문이다. 이와 대조적으로 연합단위는 보다 권력집중을 유발하기 쉽다. 이러한 집중은 중추기능들을 수행하는 단위들의 수용능력과 직접 관련되며, 상호연관된 기능들이 반드시 작동해야 하는 조건을 규정한다. 이러한 통제는 네트워크들이 하위체계들로 통합됨으로써 촉진되는데, 이는 이런 네트워크들이 연속적 네트워크들의 결합을 통해 중심에서 멀리 떨어진 연합단위들을 중추기능들에 관련된 단위들로 연결시켜 주기 때문이다. 연합단위들 사이의 이러한 연결들은 권력집중을 조장함으로써 정치적 통제가 생태계의 보다 먼 곳까지 가능하도록 확장시킨다. 정치적·영토적 경계들은 생태계에서 서로 경계가 접하는 경향이 있다. 그러나 권력집중과 통제의 확장은 생

〈표 7-4〉 생태계 분화의 유형에 관한 기본명제들

1. 인구집단들의 규모와 그것의 영역이 크면 클수록 그리고 인구집단 구성원들 사이의 경쟁으로 인한 선택압력이 크면 클수록, 기능들의 분화와 연합단위들의 수와 크기는 이동비용에 의해 허용된 최대한도까지 커진다.
2. 인구집단의 규모가 크면 클수록, 경쟁과 환경적 변화에 의해 부과된 위협들이 크면 클수록, 범주단위들의 수는 이동비용들에 의해 허용된 최대한도까지 커진다.
3. 범주단위와 연합단위의 수와 규모가 크면 클수록, 관계들의 수는 기하학적 비율로 증가하고 이동에 할당된 시간과 에너지의 양은 더욱 커진다.
4. 단위들 사이의 관계들의 수가 더욱 많아지고 이동비용들이 높아질수록, 분화된 단위들이 네트워크를 형성하고 보다 포괄적인 하위체계들로 결합하기 쉬워지며, 이는 이동비용을 절감시키게 된다.
5. 권력이 집중될수록, 네트워크와 하위체계들이 더 중요해질 것이며 그 생태계에서 단위들의 정치적 규제는 더욱 확장된다.

태계의 복잡성을 제한하면서, 통신·수송기술의 변화 없이, 통제와 관련된 규칙이나 규제들이 고양될 때 이동비용을 증가시킬 수 있다(〈그림 7-4〉의 위쪽 긴 피드백 화살은 이러한 의미다).

잘 드러나지 않지만 결정적인 한 변수인 자본형성을 모델에 추가할 수 있다. 홀리가 이 점을 자세히 언급하지는 않았지만 우리는 그것을 그의 모델에 추가시킬 수 있다. 권력집중이 자원들의 흐름을 통합시키고, 자본형성을 촉진한다는 것을 인식하는 것은 중요하다. 자본이 통제나 방어의 유지 또는 공격적인 군사적 확장에 소비되지 않는다면, 이 자본은 생산성을 확장시키거나 체계의 지식과 기술적 기반을 변화시키는 데 간접적으로 사용될 수 있다(〈그림 7-4〉 아랫부분의 긴 피드백 화살표를 보라).

〈표 7-1〉과 〈표 7-2〉와 마찬가지로, 〈표 7-4〉는 홀리의 수많은 가설들로부터 가장 중요한 가설을 추출한 것이다. 생산·수송·통신에 관한 새로운 지식 때문에 영역과 인구의 크기가 증가함에 따라, 특정 기능들을 중심으로 한 단위의 분화가 가능하고 아마도 필수적이 된다. 이것은 특히 어떤

특별한 기능을 중심으로 한 상호의존성들을 나타내는 연합단위들에 있어 사실이다. 범주단위들은 궁극적으로 인구의 크기, 생산성 그리고 시장의 증가로 초래하는 경쟁으로부터 기인하는 위협들에 반응하여 형성된다. 한 체계 내 분화된 단위들의 수가 증가함에 따라, 관계들의 수는 급격히 증가하고 이동비용을 증가시킨다. 연합단위들과 범주단위들 양자는 보다 큰 네트워크로 결합하여 하위체계들을 형성하고, 이동비용을 절감시키려는 경향이 있다. 그러나 연합단위와 범주단위의 분화와 통합이 권력집중에 미치는 효과는 다양하다. 연합단위들은 권력과 규제를 통합시키고 집중하고 확장하지만, 범주단위들은 감시와 균형들의 체계에서 권력을 확산시키는 권력블록(power block)을 형성한다.

다른 명제들과 마찬가지로, 홀리의 도식에서 많은 특정 가설들은 이러한 것들로부터 그리고 서술된 시나리오로부터 추론될 수 있다.[39] 따라서 〈표 7-1〉, 〈표 7-2〉, 〈표 7-4〉에서의 명제들은 홀리 도식의 깊이나 정도에 있어 충분히 정당하지는 않

다. 그런 명제들은 홀리의 이론을 꿰뚫는 많은 '가설들'보다는 더 추상적인 진술들로 의도된 것이다.

요약하면, 홀리의 생태학 이론은 초기 사회학의 몇 가지 중요한 사고들(ideas)을 간직한다. 이러한 사고들 가운데 하나는 '사회'가 환경에 대한 인간 종(species)의 적응을 대표한다는 것으로, 이 견해는 명백하지만 종종 무시된다. 관련된 또 하나의 사고는 환경과 내적 사회구조 사이의 상호교환들에 대한 고려 없이 인간사회조직을 이해하는 것은 가능하지 않다는 것이다. 그러나 또 하나의 중요한 사고는 한 사회의 기본적 동학이 ① 물리적 공간, 경쟁, 분화 속 행위자들의 집합, ② 하위체계 형성과 권력집중을 통한 통합을 중심으로 한다는 점이다. 그러나 여전히 다른 유용한 점은 사회학자들이 오랫동안 관심을 가졌던 분화, 갈등, 계급형성, 권력의 통합 등과 같은 거시구조적 과정들의 중요한 원인으로서 인구규모, 영역, 생산성, 통신과 수송기술들 그리고 경쟁 등에 대한 강조이다. 마지막으로 다분히 문제의 소지는 있을지라도, 중요한 하나의 사고는 체계로 흘러 들어가는 자원들 — 에너지, 정보, 물질 — 의 변화는 궁극적으로 사회체계의 성장과 진화의 근원이라는 점이다.

5. 나가며

사회학 이론의 생태학적 모델은 특히 경쟁을 통한 자연선택과 같은 진화의 힘에 대한 유추(analogy)를 대표해왔다. 거시수준에서건 중간수준에서건, 이러한 이론들은 어떤 평행적인 과정들이 사회 내에서의 집합적 행위자의 집단 및 생물세계의 종의 집단에서 작용한다는 것을 주장하려 한다. 사회학에서 생태학적 이론화는 원래 사회적 진화 단계에 대한 기능주의적 이론화에서 등장했다. 언급했듯이 기능주의는 처음에 단순한 형태에서 복잡한 형태로의 사회적 진화의 단계적 모델을 활용했었기 때문에 사라졌었다. 기능주의는 1950년대에 다시 재등장했지만, 1970년대와 1980년대에 다시 인기가 없어졌다. 1960년대에 사회학에서 진화단계와 국면에 대한 이론화가 재등장했으며, 기능주의와는 달리 이는 오늘날 진화론적 이론화의 핵심적 형태로 남아 있다. 다음 장에서 다룰 단계론적 진화모델이 그것이며, 한편 이런 모델들은 많은 다양한 이론적 전통, 즉 마르크스주의 세계체계(13장), 분석과 비판적 이론(29, 30장), 아직 존재하는 기능적 이론들(3, 4장)에서도 발견할 수 있다.

주

1 더 자세한 분석은 다음 글을 보라. Jonathan H. Turner, "The Assembling of Human Populations: Toward a Synthesis of Ecological and Geopolitical Theories", *Advances in Human Ecology* 3(1994): pp. 65~91. 그리고 *Macrodynamics: Toward Theory on the Organization of Human Populations*, Chap. 6(New Brunswick, NJ: Rutgers University Press for Rose Book Series, 1995).

2 특히, 이 모델은 다음 저작에서 나온 사고들을 요약한다. Parker W. Frisbie, "Theory and Research in Urban Ecology", in *Sociological Theory and Research: A Critical Approach*, ed. H. M. Blalock(New York: Free Press, 1980); Parker W. Frisbie and John D. Kasarda, "Spatial Processes", in *Handbook of Sociology*, ed. N. J. Smelser(Newbury Park, CA: Sage, 1988); Mark Gottdiener, *The Social Production of Urban Space*(Austin: University of Texas Press, 1985); Amos H. Hawley, *Urban Society: An Ecological Approach*(New York: Ronald, 1981); John D. Kasarda, "The Theory of Ecological Expansion: An Empirical Test", *Social Forces* 51(1972): pp. 165~175.

3 C. Clark, "Urban Population Densities", *Journal of the Royal Statistical Society*, Series A, 114(1951): pp. 490~496.

4 B. J. L. Berry and John D. Kasarda, *Contemporary Urban Ecology*(New York: Macmillan, 1977).

5 Frisbie and Kasarda, "Spatial Processes"(주 2 참조).

6 이 아이디어는 원래 조지 지프가 만들어냈다. George Zipf, *Human Behavior and the Principle of Least Effort*(Reading, MA: Addison-Wesley, 1949). 그리고 다음 연구에서 확장되었다. Hawley, *Urban Society*(주 2 참조); E. G. Stephan, "Variation in County Size: A Theory of Segmental Growth", *American Sociological Review* 36(1979): pp. 451~461. "Derivation of Some Socio-Demographic Regularities from the Theory of Time Minimization", *Social Forces* 57(1979): pp. 812~823.

7 Frisbie and Kasarda, "Spatial Processes"(주 2 참조). Jonathan H. Turner, *Theoretical Principles of Sociology*, vol. 1, *Macrodynamics*(New York: Springer, 2010).

8 Michael T. Hannan and John Freeman, "The Population Ecology of Organizations", *American Journal of Sociology* 82(1977): pp. 929~964.

9 같은 책.

10 〈그림 7-2〉에서 기술된 변수들의 보다 거시적인 구조적 함의는 다음 글을 보라. Jonathan H. Turner, *Macrodynamics*, Chap. 7; "The Ecology of Macrostructure"(두 글 모두 주 1 참조).

11 해넌과 프리먼의 대표적 저작은 다음을 보라. "Structural Inertia and Organizational Change",

Change", *American Sociological Review* 49 (1984)：pp. 149~164; "The Ecology of Organizational Founding：American Labor Unions 1836~1985", *American Journal of Sociology* 92 (1987)：pp. 910~943; "The Ecology of Organizational Mortality：American Labor Unions", *American Journal of Sociology* 94 (1988)：pp. 25~52; *Organizational Ecology* (Cambridge, MA：Harvard University Press, 1989). 또한 다음 글도 보라. M. T. Hannan, "Ecologies of Organizations：Diversity and Identity", *Journal of Economic Perspectives* 19 (2005)：pp. 51~70; M. T. Hannan, L. Pólos and G. R. Carroll, *Logics of Organization Theory：Audiences, Codes, and Ecologies* (Princeton University Press, 2007); M. T. Hannan and G. R. Carroll, *Dynamics of Organizational Populations： Density, Legitimation, and Competition* (New York：Oxford University Press, 1992).

12 J. Miller McPherson, "A Dynamic Model of Voluntary Affiliation", *Social Forces* 59 (1981)：pp. 705~728; "An Ecology of Affiliation", *American Sociological Review* 48 (1983)：pp. 519~532; "The Size of Voluntary Organizations", *Social Forces* 61 (1983)： pp. 1044~1064; "A Theory of Voluntary Organization", in Community Organizations, ed. C. Milofsky (New York：Oxford University Press, 1988), pp. 42~76; "Evolution in Communities of Voluntary Organization", in *Organizational Evolution*, ed. J. Singh (Newbury Park, CA：Sage, 1990); J. M. McPherson, P. A. Popielarz, and S. Drobnic, "Social Networks and Organizational Dynamics", *American Sociological Review* 57 (1992)：pp. 153~170; J. M. McPherson and J. Ranger-Moore, "Evolution on a Dancing Landscape：Organizations and Networks in Dynamic Blau-Space", *Social Forces* 70 (1991)：pp. 19~42. 그리고 J. M. McPherson and T. Rotolo, "Testing a Dynamic Model of Social Composition：Diversity and Change in Voluntary Groups", *American Sociological Review* 61 (1996)：pp. 179~202; J. M. McPherson, "A Blau Space Primer： Prolegomenon to an Ecology of Affiliation", *Industrial and Corporate Change*, 13 (2004)： pp. 263~280; "Ecological Theory", *Handbook of Social Theory*, ed. G. Ritzer (Newbury Park, CA：Sage, 2003) 등을 보라.

13 조직생태학 관련 연구와 이론에 대한 일반적인 개요는 다음을 보라. Glenn R. Carroll, ed., *Ecological Models of Organizations* (Cambridge, MA：Ballinger, 1988). 그리고 "Organizational Ecology", *Annual Review of Sociology* 10 (1984)：pp. 71~93; Jitendra V. Singh and Charles J. Lumsden, "Theory and Research in Organizational Ecology", *Annual Review of Sociology* 16 (1990)：pp. 161~195.

14 Amos H. Hawley, *Human Ecology：A Theory of Community Structure* (New York：Ronald, 1950).

15 Amos H. Hawley, "The Logic of Macrosociology", *Annual Review of Sociology* 18 (1992)：pp. 1~14.

16 홀리의 다음 저작은 이런 사고의 진전을 고찰한다. 이 주석의 맨 마지막 저작에서 그 정점에 이른다. "Human Ecology", in *International Encyclopedia of the Social Sciences*, ed. D.

C. Sills (New York: Crowell, Collier and Macmillan, 1968); *Urban Society: An Ecological Approach* (New York: Ronald, 1971 and 1981); "Human Ecology: Persistence and Change", *American Behavioral Scientist* 24, no. 3 (January 1981), pp. 423~444; "Human Ecological and Marxian Theories", *American Journal of Sociology* 89 (1984): pp. 904~917; "Ecology and Population", *Science* 179 (March 1973): pp. 1196~1201; "Cumulative Change in Theory and History", *American Sociological Review* 43 (1978): pp. 787~797; "Spatial Aspects of Populations: An Overview", in *Social Demography*, eds. K. W. Taueber, L. L. Bumpass, and J. A. Sweet (New York: Academic, 1978); "Sociological Human Ecology: Past, Present and Future", in *Sociological Human Ecology*, eds. M. Micklin and H. M. Choldin (Boulder, CO: Westview, 1980); 그리고 가장 중요한 책은 *Human Ecology: A Theoretical Essay* (Chicago: University of Chicago Press, 1986) 이다.

17 Hawley, *Human Ecology: A Theoretical Essay* (주 16 참조).

18 Hawley, "Human Ecology" (주 16 참조).

19 Hawley, *Human Ecology: A Theoretical Essay* (주 16 참조).

20 같은 책, p. 13.

21 Hawley, "Human Ecological and Marxian Theories" (주 16 참조).

22 Hawley, "Human Ecology" and *Human Ecology: A Theoretical Essay*, p. 32 (두 글 모두 주 16 참조).

23 Hawley, *Human Ecology: A Theoretical Essay* (주 16 참조), p. 34.

24 Hawley, "Human Ecology" (주 16 참조), p. 332.

25 같은 책.

26 Hawley, *Human Ecology: A Theoretical Essay* (주 16 참조), p. 32.

27 같은 책, pp. 43~44.

28 같은 책, p. 46.

29 같은 책, p. 52.

30 같은 책.

31 같은 책, p. 59. 홀리는 변수들의 목록을 상자 안에 넣고, 각 상자 안의 변수들 사이가 아니라 그 상자들 사이에 화살표를 그린다. 따라서 보다 자세한 인과적 논점을 추론할 필요가 있다.

32 같은 책, pp. 85~87.

33 Hawley, "Human Ecology" (주 16 참조), p. 329.

34 같은 책, p. 334.

35 Hawley, *Human Ecology: A Theoretical Essay* (주 16 참조), pp. 80~81.

36 같은 책, pp. 68~73; "Human Ecology" (주 16 참조), pp. 331~332.

37 Hawley, *Human Ecology: A Theoretical Essay* (주 16 참조), p. 74.

38 같은 책, p. 70.

39 같은 책, pp. 106~108, 123~124.

8장

사회진화의 단계이론

1. 들어가며

앞 장에서 제시된 바와 같이, 사회학에서 생물학적으로 영감을 얻은 이론화의 가장 두드러진 형태는 생태학 이론들이다. 경쟁과 선택 과정이 전체사회의 사회적 차별화, 도시지역의 공간적 배열, 복잡한 조직, 생태학적 접근과 더불어, 단순한 것에서 훨씬 복잡한 형태로의 사회진화에 대한 발달이론은 허버트 스펜서와 에밀 뒤르켐과 함께 생겨났으며 20세기 후반의 많은 이론적 전통 안에서 발전했다.

2. 게르하드 렌스키의 사회진화 단계모형

1960년대 중반에 사회진화 단계에 대한 진화론적 이론들이 다시 등장했다. 3장에서 이미 탈콧 파슨스의 이론을 상세히 다루었지만,[1] 당시에는 렌스키(Gerhard Lenski)의 사회진화와 계층에 대한 연구가 더 큰 영향력이 있었다.[2] 사회진화의 단계

이론을 개괄하는 한편 권력, 불평등 및 잠재적 갈등에 집중함으로써 렌스키의 모델은 그 시대 상황과 더 잘 부합된 측면이 있었다. 마르크스가 공적 영역에서 다시 한 번 검증될 수 있었던 포스트매카시 시대(*post-MaCarthy era*)에 미국에서 갈등이론이 재출현하고 있었으며, 이런 상황에서 렌스키의 모델은 파슨스 이론보다 훨씬 잘 수용되었다. 왜냐하면 그는 기능주의적 덫에 빠지지 않고 갈등에 집중했기 때문이다. 추후에 진 렌스키(Gene Lenski)와 패트릭 놀란(Patrick Nolan)[3]과의 공동작업을 통해 이 초기 접근법은 사회조직에 관한 거시적 차원의 이론으로 확대되었다. 최근에는 렌스키 자신이 제시한 사회진화 단계모형과 연관된 생태역학을 강조하기 위해 재구성하기도 했다.[4]

1) 사회진화 과정에서의 권력과 특권

《권력과 특권: 계층이론》(*Power and Privilege: A Theory of Stratification*)에서 제시된 그의 근본적 주

장은 기술발전 수준이 다른 요소들과 함께 사회의 생산수준을 결정한다는 것이다. 즉, 사회의 기술 수준이 높을수록 경제 생산력은 더 커진다는 것이다. 또한 생산력이 높아질수록 경제적 잉여의 양은 증가한다. 그리고 경제적 잉여의 수준이 증가할수록 권력을 통합하는 사람들이 더 많은 경제적 자원을 유용할 수 있게 되고, 이로 인해 불평등과 권력을 가진 사람들의 특권이 커지게 된다. 이 기본적 역학관계는 〈그림 8-1〉에 요약되었다.

기술, 생산, 경제적 잉여 및 사회불평등 간의 근본적 관계는 여러 요인에 의해 조절된다. 그중 하나는 자연 환경에서 이용 가능한 자원, 이용 가능한 지리적 공간, 다른 사회의 존재 및 그들이 야기할 수 있는 잠재적 위협과 같은 환경적 또는 생태적 조건이다. 또 다른 핵심요소는 인구규모 및 특성(예: 연령, 민족, 계급위치, 종교적 제휴) 등과

같은 인구학적 요인이다.

또 하나의 요인은 사회조직의 성격, 특히 정치형태와 권력통합 정도뿐만 아니라 혈연관계, 종교, 법률, 교육 및 과학의 구조와 같은 제도적 체계이다. 다른 한편으로는 다른 사회와의 자원 및 전쟁을 둘러싼 경쟁을 중심으로 한 사회의 지정학적 상황이 있다. 또한 사회조직과 행동의 패턴을 출현시키고 제한하는 가치와 이데올로기적 문화 시스템이 있다.

이러한 추가적 요소는 모두 〈그림 8-1〉에 표시되었지만, 굵은 화살표가 보여주듯이 렌스키 모델의 주요 요소는 기술, 생산, 경제적 잉여, 권력통합, 불평등 및 계층 시스템을 중심으로 이루어졌음을 알 수 있다.

이 분석이 1960년대에 어필할 수 있었던 주된 이유는 렌스키가 계층을 형성하는 주요인의 차이점

〈그림 8-1〉 렌스키의 계층화 기본 모델

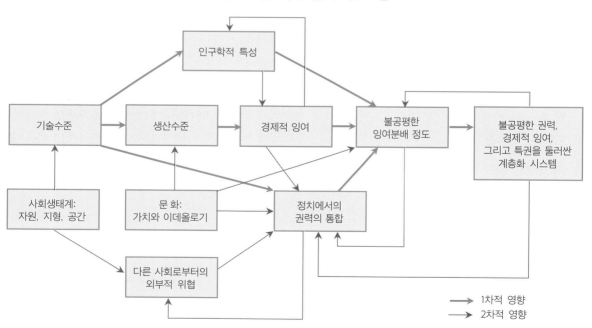

을 설명하기 위해 단계적 진화모델을 사용했기 때문이다. 한 사회의 기술수준이 낮을수록 그 사회의 생산수준은 낮아질 것이고 따라서 잉여생산의 규모가 줄어들 것이다. 그리고 이러한 잉여생산이 없다면 권력을 좌지우지하는 사람들에 의해 찬탈될 것이 없으므로 결과적으로 사회계층화의 정도는 낮아질 것이다. 결국 인간사회의 역사는 기술, 생산 및 잉여의 수준이 모두 높아지는 일련의 기본적 단계를 중심으로 진화해왔다. 렌스키가 제안한 진화단계는 허버트 스펜서가 주장한 단계와 매우 유사하다(125쪽의 〈그림 6-1〉 참조). 무리의 우두머리가 없는 수렵채집 사회, 무리의 우두머리가 있는 수렵채집 사회(따라서 이 시기부터 정치가 시작됨), 단순원예 사회(동물의 조력이 없는 원예), 간단하고 진보적인 농업사회(동물의 힘을 이용한 농업), 그리고 산업사회(무생물에 의존) 등이다. 각 단계마다 발전정도에 차이가 있지만 각 단계에서는 자원을 모으고 제품을 생산하는 데 사용되는 기본적인 기술 모드를 정의한다. 유목민 중 어업에 집중했던 수렵채집 사회의 경우도 있고, 목축(herding)을 주로 했던 농업사회뿐만 아니라, 수산업에 집중했던 농업사회도 존재한다.

렌스키의 분석은 두 영향력을 모두 설명하려고 시도한다. 하나는 초기의 기능적 단계모델 목표이다. 기술과 생산수준이 증가함에 따라 사회가 복잡해지고 사회에서 지원할 수 있는 인력의 수와 사회규모에 영향을 미친다. 그러나 이 관계는 정치권이나 정부에서 힘의 통합에 의해 매개되며, 권력이 엘리트층의 특권 유지를 위해 생산적 잉여를 앗아가는 데 사용되는 정도를 나타낸다. 그래서 렌스키는 그에 앞선 모든 기능주의 이론가들처럼 진화역사의 원동력을 기술, 생산 및 경제적 잉여로 분리하려고 노력했다(반면 스펜서와 뒤르켐과 같은 기능주의자들은 기술과 생산능력의 발달을 촉발하는 것으로서 인구규모와 성장률의 증가를 강조하는 경향이 있었다). 이런 인구통계학적 힘은 또한 〈그림 8-1〉에 제시된 렌스키 모델의 일부이긴 하지만, 사회진화의 단계를 요약한 초기 기능주의 모델에서 다소 덜 중요하게 다뤄진다.

두 번째 목표는, 계층화는 기술, 생산 및 잉여의 수준에 따라 증가한다는 가정하에 인간사회에서 계층체계의 진화와 운영을 설명하기 위해 이러한 동력을 이용하는 것이었다. 매우 실제적 의미에서 개발의 정도가 매우 상이한 사회들에서 수집된 데이터는 불평등과 층화에 대한 이론을 평가하기 위한 것이고, 따라서 이와 같은 종류의 진화론적 이론화는 진화와 동시에 발생하는 갈등이론에 더 잘 부합되게 되었다.

기술, 생산, 잉여 및 불평등 사이의 가설적 관계는 〈그림 8-2〉의 직선으로 묘사되었지만, 사회발전의 모든 단계에 대한 데이터로부터 얻은 실제 경험적 발견은 〈그림 8-2〉의 곡선으로 묘사된 것과 유사하다. 가정된 관계는 산업사회 단계까지 지속되었다. 수렵채취 사회 이후 계층화는 기술과 생산이 과거보다 더 많은 잉여를 창출하여 역사적으로 정치권력의 통합과 잉여의 낭비로 이어지면서 층화 시스템의 불평등 수준을 높임에 따라 심화되었다. 그러나 이러한 장기간에 걸쳐서 진행된 진화 및 역사적 추세에 역행하는 중요한 점은 산업사회에서 불평등이 감소하였다는 것이다. 이러한 반전은 설명이 필요하기 때문에 렌스키는 권력의 민주화, 교육에 대한 의존과 대중에 대한 확장을 자원분배의 중요한 기준으로 하는 2차적 변수 — 더 많이 평등을 옹호하거나 적어도 최소한의 기회균등을 옹호하는 사회 이데올로기의 변화 — 를 소개하였다. 이러한 변수들은 산업사회에서 더욱 중요하게 평가되며, 그 결과로 인간사회에서 점점 더 많은 불평등과 층화를 향한 장기적인 역사적 추세를 역전시키는 결과를 낳았다.

렌스키의 분석의 영향력은 결코 과소평가될 수 없다. 그는 일반적으로 기능이론에 도전하는 갈등이론의 핵심인 힘 — 권력, 불평등 및 계층화 — 과 파슨스의 기능적 진화론의 이론을 강조하면서 기능분석에 필적할 만한 진화의 단계모델을 제시했다. 지난 50여 년 동안 렌스키 자신은 사회진화 모델을 계속 다듬어왔고, 또한 많은 이론가들이 렌스키의《권력과 특권》에 제시된 길을 따라가기 시작했다.

2) 게리하드 렌스키, 패트릭 놀란, 그리고 진 렌스키의 진화이론

렌스키가 진화론을 계속 이론화하면서, 그는 그의 분석에 점점 더 많은 생물학적 및 생태학적 요소를 추가했다. 그의 아내가 이른 나이에 죽기 전에는 그녀와 작업했고, 그 이후에는 패트릭 놀란과 함께 일했다. 이때 렌스키는 사회진보 이론에 더 많은 다윈이론 아이디어와 생물학에서의 현대적 종합 (Modern Synthesis)을 이론에 포함시키기 시작했다. 이것은 아마도 생물학적 이론화가 1970년대와 1980년대에 얼마나 사회과학에 영향을 미치기 시작했는지 보여주는 좋은 지표일 것이다.

생물학적 진화 및 사회적 진화는 둘 다, 첫째 "부호화된 체계형태의 정보가 세대 간에 전달되고 보존되는 경험의 기록에 기반하며", 둘째 환경에 대

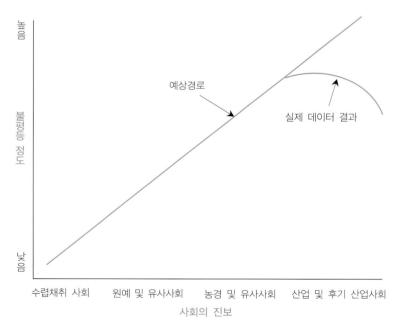

〈그림 8-2〉 사회진화 과정에서 나타나는 가상과 실제 사회불평등 발전과정

예상경로

실제 데이터 결과

높음

불평등 정도

낮음

수렵채취 사회   원예 및 유사사회   농경 및 유사사회   산업 및 후기 산업사회

사회의 진보

한 적응력을 증진시키는 특성의 "무작위적 변이와 도태를 포함하는 과정"에 기반한다.[5] 그러나 생물학적 진화와 사회적 진화에는 몇 가지 중요한 차이점이 있다. 그중 하나는 유기체의 진화에 있어, 유전자는 정보적 암호의 보전체다. 반면 사회적 진화에서 문화적 "상징체계는 유전적 알파벳의 기능적 등가물"이다.[6] 또 다른 차이점은 정보가 전달되는 방식에 있다. 생물학적 진화에서 유전적 정보는 단지 새로운 유기체의 재생산을 통해서만 전달될 수 있다. 또한 다양한 종들은 교배될 수 없다. 그래서 정보의 전달은 한 종에 제한된다. 이와는 대조적으로 문화적 정보는 더 쉽게 폭넓게 전달되며, 다른 형태의 사회로 전달될 수 있다. 결과적으로 생물학적 진화에서 종분화(*speciation*)는 새로운 유형분화와 다양화를 이끌어내는 반면, 사회진화에서는 사회형태를 가로지르는 정보이동은 "현재 존재하는 사회와 크게 다르지 않은 사회를 낳는다."[7] 이와 관련된 또 하나의 차이점은 생물학적 진화에서 단순한 종과 복잡한 종 모두는 그들 각각의 자원의 적소에 계속해서 존재하는 반면, 사회적 진화에서 보다 단순한 사회형태는 보다 복잡한 형태에 의해 소멸된다. 문화적 진화과정에서 획득형질은 사회화를 통해 전달되는 반면, 생물학적 진화에서는 라마르크가 말한 그런 과정(*Lamarckian processes*)은 나타나지 않는다. 이 차이의 결과로 생물학적 진화에서 유전적 변화는 느리다(왜냐하면 자연도태 과정은 많은 세대를 통해 유전자를 선별해야 하기 때문이다). 반면 문화적 진화는 매우 빠르다(새로운 형질은 한 세대 내에서 창조될 수 있으며, 학습될 수 있고, 전달·전파될 수 있기 때문이다).

이러한 유사점과 차이점들로 인해 인간사회는 자연세계의 일부이며 따라서 생물·물리학적 환경과 사회·문화적 환경 양자로부터 선택받는다는 것을 알 수 있다. 또한 인간은 다른 동물과 마찬가지로 그들의 유전적 유산에 의해 영향을 받지만, 인간만이 행동과 사회조직을 안내할 수 있는 문화적 유산과 정보적 암호의 창조자임을 알 수 있다. 한 사회는 사회구조적·문화적(상징적) 특성을 가지며[8] 분석을 목적으로 이 특성들은 다음과 같이 나눌 수 있다. 그것은 ① 인구규모와 특성, ② 문화나 상징체계, 특히 기술, ③ 기술을 생산과정에 적용함으로써 발생된 물질적 생산물, ④ 구조가 활동하는 조직적 형태, ⑤ 그리고 ④를 통하여 ①을 개인과 사회 전체의 생존과 적응의 근본적 문제를 제기하는 체계들과 결합시키는 제도적 체계 등이다. 한 사회의 이 5가지 구성요소들은 다른 힘들에 영향을 미치기도 하며 영향을 받기도 한다.

다른 힘들은 ① 한 사회의 생물·물리적 환경, ② 다른 사회와 그들의 문화의 사회적 환경, ③ 하나의 발달한 원숭이인, 종으로서의 인간의 유전적 유산, 그리고 ④ 한 사회의 주된 사회·문화적 특성들로, 이들은 내적 작동과 외적 환경에 대한 적응에 지속적으로 영향을 미친다.

최근의 분석에서 렌스키는 사회진화의 추동력으로서 기술에 대한 이전의 강조점은 그대로 유지하지만, 그의 논점은 다윈과 진화이론의 현대적 종합에서 영감을 얻은 진화론적 틀로 재구성되었다. 렌스키가 최근 언급하기를 "생존기술의 진보는 인구집단의 유전자 풀의 적응적 변화와 기능적으로 동일하다. 새로운 에너지 자원과 새로운 물질은 사람들이 전에 할 수 없었던 일을 할 수 있게 해준다."[9]

사회진화는 보다 적응력이 높은 신기술이 사회

조직의 패턴을 일반적으로 더 크고 복잡한 형태의 조직으로 바꿔 놓는다는 점에서 누적의 과정이다. 두 개의 근본적 힘에 의해 인간사회의 변화가 일어난다.[10] ① 우연이든 의식적 시도든 새로운 정보와 사회구조적 유형을 창조하는 혁신, ② 낡은 문화 및 구조적 유형을 폐기하는 멸종(*extinction*)이 그것이다. 사회문화적 진화에서 혁신은 생물학적 진화의 힘보다 더 빠른 변화를 일으킨다. 그 이유는 다음과 같다. ⓐ 인간은 새로운 정보를 암호화할 수 있는 의식적 능력을 가졌기 때문이다. ⓑ 인간은 잠재적으로 '무한한' '욕구와 욕망'을 가지며 이것들은 특정한 조건에서 새로운 발견을 이끈다. 왜냐하면 하나의 욕구가 충족되면 새로운 욕구가 생겨나기 때문이다. ⓒ 확산이라는 과정을 통해 인간은 다른 사회의 정보를 취득할 수 있다. ⓓ 인간은 이전의 문화와 구조적 유형을 정복과 억압을 통해 다른 사회로 하여금 그들의 정보적 암호를 채택하도록 강제할 수 있다. 특히 이러한 현상은 더 크고 복잡한 사회가 더 작고 덜 복잡한 사회를 정복하거나 자신의 편으로 끌어들일 때 나타난다. ⓔ 인간은 과학과 같은 구조적 형태의 혁신을 제도화할 수 있으며, 그럼으로써 지속적으로 혁신하도록 사회적 구조와 문화적 암호를 창조할 수 있다. ⓕ 인간은 한 요소에서의 변화가 다른 요소의 변화로 연결될 수 있도록, 정보체계 간의 복잡한 상호 연계를 만들 수 있다.

그러나 게리하드 렌스키, 패트릭 놀란, 그리고 진 렌스키는 인구의 조직화를 이끄는 문화체계에는 연속성을 유지하기 위해 작동하는 힘들이 있다고 강조한다.[11] 연속성을 위해 작용하는 한 가지 힘은 오래된 패턴이 새로운 세대로 전달되는 사회화 과정이다. 또 다른 하나의 힘은 문화시스템을 보존하고 한 세대에서 다른 세대로 문화를 전이시키는 이데올로기다. 또 다른 힘은 인간의 사회문화 체계의 체계적 본성이다. 사회·문화적 체계로 한 요소의 변화가 다른 많은 요소들을 변화하도록 강요하기 때문에(앞서 언급했듯이, 한 요소의 변화가 일어나면 계단식 효과가 나타나고 실제로 변화가 가속된다), 한 요소는 변화에 저항한다. 또 다른 힘은 기득권으로 특히 계층화된 사회의 권력자들인 기득권층이다. 권력자들은 현재의 이해를 위협하는 변동이 일어날 때 혁신을 억제할 수 있는 힘을 가진다. 또 다른 힘은 관성으로, 개인들이 그 효과를 충분히 알 수 없는 새로운 관행의 채택에 저항할 수 있도록 적응과 충분한 만족을 증진시키는 것으로 보인다.

그러나 이런 힘들이 연속성을 촉진함에도 불구하고, 오랜 역사적 기록에 따르면 사회진화는 기술적 혁신을 통해서 보다 크고 복잡한 사회로의 변화를 수반하였다. 물론 사회마다 사회혁신 속도에 차이가 있다. 이 속도의 차이는 몇몇 중요한 힘 때문에 나타난다. 첫째, 한 사회가 이미 보유한 정보의 양은 더 많은 정보를 창출하고 채택하는 능력에 큰 영향을 미친다. 둘째, 인구규모는 또 다른 중요한 요인이다. 이는 인구가 많을수록 아이디어를 보유하고 있고, 또한 잠재적으로 새로운 아이디어를 창출할 수 있는 개인이 더 많기 때문이다. 셋째, 사회적이든 생물물리학적이든 한 사회의 환경 안정성과 특성이 또 하나의 변화의 원동력이다. 환경이 변화할수록 사회가 더 혁신적이 되거나 다른 사회의 혁신을 채택할 가능성이 커지기 때문이다. 넷째, 혁신의 본성, 그 자체도 매우 중요한 요인이다. 어떤 종류의 혁신은 근본적이며, 또 다른 혁신의 바탕이 된다(예를 들어 야금술이나 새로운 에너지의 발견은 더 많은 혁신을 자극한다). 다섯째, 한 사회의 이데올로기는 혁신의 창조나 채택을 크게 제한한다. 강력하고 보수적인 이데올로기는 개인의 혁신을 가로막고, 다른 사회로부터의 혁신을 수용하지 못하도록 방해하기도 한다.

그러나 사회의 오랜 발전과정 동안 생산적 기술은 진화의 가장 중요한 추동력이다.[12] 결국 기술혁신은 이데올로기와 권력층의 기득권과 같은 지속성을 촉진시키는 힘을 극복할 수 있다. 이렇게 기술이 중요한 이유는 자원을 보다 잘 모으고, 생산하며 분배할 수 있는 사회가 보다 큰 규모의 인구와 새로운 조직형태 및 제도적 체계로의 분화를 지원할 수 있는 경제적 잉여를 생산하기 때문이다. 결국 이 사회의 기술은 다른 사회로 확산된다. 특히 보다 크고 복잡한 사회가 보다 작고 덜 복잡한 사회를 정복하고 병합하거나 경쟁에서 제압할 때 더욱 그렇다. 따라서 일종의 '집단선택'이 인간사회의 역사 속에서 작동한다. 보다 강력한 사회(보다 좋은 기술과 생산능력, 그리고 조직화된 형태를 지닌 사회)가 정복을 통해 그들의 문화체계와 구조적 유형을 다른 사회에게 강요하고, 저발전 사회가 그들의 생존을 의지할 수 있는 자원을 취하기 때문이다.[13] 이 마지막 요점은 허버트 스펜서의 주장과 일치하는데, 그에 따르면 적자생존은 보다 조직화된 사회가 전쟁이나 경제적 경쟁에서 덜 조직화된 사회를 압도함으로써 나타난다. 실제로 선택과정은 새롭게 등장하는 세계사회 체계를 선호해왔다.

3. 조나단 터너의 진화론적 분석

모든 근본적인 사회적 과정(117쪽의 〈그림 5-3〉 참조)에 관한 일반이론을 개발하는 과정에서, 나는 거시적 수준에서의 사회현실을 연구할 때 단계적 진화모델을 사용하고 있음을 발견했다. 나의 목표는 렌스키가 최근 작업한 것과 같이 단계 변천의 추동력에 대해 이론화하려는 것이 아니라 모든 시간과 장소에서 거시적 영역의 동학을 설명하는 추상적 원리를 개발하는 것이다. 이것은 종종 사회이론의 전체 영역, 또는 전체 사회세계를 설명하는 것이 목표일 때 쓰이는 **거대이론**으로 여겨진다. 그러나 많은 사람들에게는 사회세계를 작게 조각내 이들 조각 각각에 대해 매우 좁고 전문화된 이론을 개발하는 것이 나을 수도 있다. 그러한 작업은 중요하다. 그러나 어느 시점에서는 이론을 통합해야만 하며, 개념적인 야성적 충동(*humpty dumpty*)은 자제해야 한다.

거시적 수준에서의 사회적 조직에 관해 현대 사회학은 세계체계에서의 매우 활발한 이론화 또는 사회 간 네트워크에서 발전의 단계와 과정을 가정하는 사회 간 시스템의 분석을 보여준다. 그러나 제도의 거시적 동학(*macrodynamics*)은 제도의 조직적 기반에 대한 분석으로 넘어갔지만, 제도 자체의 개념은 이론화되지 않았거나 명확히 정의되지 않았다. 계층의 역동성은 사실상 사라졌다. 그러나 미국에서는 계급, 인종, 성에 관한 이데올로기적으로 경도된 비판이론으로 쪼개졌으며 전체 시스템으로서의 계층화는 다소 무시되는 경향이 있다. 마르크스, 베버와 짐멜을 기반으로 한 이론이 정점을 이루었던 1960년대와 1970년대를 기점으로, 계층화로 인해 발생한 갈등과정조차 쇠퇴하기에 이르렀다. 한때 사회학의 목표였던 거시적 단위로서의 사회에 대한 이론은 없다. 우리가 사회를 오랜 기간에 걸쳐서 더욱 복잡한 형태로 끊임없이 진화하는 것으로 보았을 때 — 예를 들어 20세기 이전의 모든 사회학자들이 공유한 비전과 같이 — 거시사회학의 분할, 심지어 중간(meso) 및 미시사회학은 다양하고 고도로 전문화된 이론연구 프로그램으로 눈에 띄게 드러나게 된다. 이것이 내가 20여 년 전에 기능주의 비판자들에 의해 마지막 잔재물이 파괴된 이후로 거대이론을 사회학으로 되돌리기 위해 스스로 이론적 십자군 운동을 시작한 이유다.

그러나 기능주의를 되살릴 필요는 없다. 만일 우리가 인간사회의 시작에서부터 미래의 모든 사회에까지 현실의 거시적 영역을 이끌어낸 근본적 속성과 힘을 찾으려 한다면, 우리는 모든 종류의 사회에 대한 데이터를 필요로 할 것이다. 우리의 목표는 산업주의, 농경주의, 또는 과거 또는 미래의 진화 단계에 대해 이론화하는 것이 아니다. 우리의 목표는 처음부터 현재까지 모든 사회에서 **공통적으로 발견되는 동학**에 대해 이론화하는 것이 되어야 한다. 이것을 나는 3권의 《사회학 이론》[14]에서 시도했다. (나는 그것에 대해 깨닫기도 전에) 놀랍게도 내가 개발하고 있던 모델과 명제의 타당성을 검증하기 위해 진화단계에 대한 평가를 하고 있었고, 그 과정에서 수렵채취 사회 이후부터 모든 사회에 이르기까지 다양한 사회에서 수집한 자료를 사용하고 있음을 발견했다. 이 모델들과 명제에 제시된 다이내믹스가 인간사회 형성 전반에 걸쳐 다양한 유형의 사회에서 작동하는 것처럼 보였다. 이런 점을 발견

함에 따라 나는 거시적 차원의 세계를 다루는 사회학의 기본법칙을 발견했다는 확신을 가질 수 있었다. 이 법칙들 중 상당부분은 초기 사회학 거장들에 의해 암시적으로 표현된 것들을 다듬은 것에 불과하지만, 많은 부분은 또한 지난 50년간 고도로 전문화된 분야에서 축적된 데이터와 개념들을 종합한 것이다. 여기서 중요한 점은 진화론적 모델과 그 기반이 되는 데이터를 이용해 거시적 차원에서 일반적 이론을 개발하는 것이 이론의 타당성을 평가하는 데 필수적이라는 것이다. 그리고 나는 이것이 20세기 중반 단계적 사회진화 모델이 다시 각광받은 이유 중 하나라고 생각한다. 사회적 진화단계 모델이 거시적 수준의 이론화에 필요했다. 그 이유는 사회형성의 장기적 진화역사에 대한 방대한 양의 데이터를 제공할 수 있었기 때문이었다.

이미 5장에서 논의하였듯이, 나는 거시적 동태(macrodynamic)를 5가지의 근본적 힘, 즉 인구, 생산, 규제, 분배 및 재생산을 이용해 시각화했다.[15] 이 5가지는 기능적 요구사항이라기보다는 사회세계의 특성과 조건들이다. 그것들은 각각 유의성이 다르며, 만약 이러한 유의성이 증가한다면, 그들은 인간집단에 대한 선택압력을 촉발시킨다. 이들은 다원주의자나 뒤르켐주의(제한된 자원을 둘러싼 사회단위 간의 경쟁), 또는 내가 스펜서주의라고 부르는 것, 또는 이러한 압력에 성공적으로 대응할 수 있는 기존 구조가 없는 경우 선택압력에 대응하고 해결책을 개발하려는 행위자에 대한 압력이 될 수 있다. 예를 들어, 인구가 증가하면 이 성장은 그 자체의 압력을 발생시키지만 다른 결과를 가져오기도 한다. 그것은 다른 힘의 유의성을 높이기도 한다. 더 많은 생산, 유통, 규제 및 재생산에 의한 압

력에 부응하기 위해 새로운 유형의 사회구조와 새로운 문화체계가 개발돼야 한다. 만일 새로운 적응방식이 나타나지 않으면 인구와 사회 (그리고 사회활동을 조직하는 사회문화적 구성체) 가 붕괴된다. 따라서 사회문화 체계에서의 많은 선택과정은 '다원주의자적'이 아니라 '스펜서주의적'이다. 스펜서주의적 선택과정은 낮은 밀도의 구조물이나 거시적 동태 영역의 5가지 힘에서 새로운 선택압력을 해결할 수 있는 구조가 존재하지 않는 경우에도 발생할 수 있다.

이러한 선택압력은 종종 선택압박으로 인한 새로운 과제를 해결하기 위해 문화 및 조직 자원을 동원하려는 기업가의 출현을 야기하기도 한다(116쪽의 〈그림 5-2〉 참조). 그러나 그러한 기업가가 등장할 것이라는 보장은 없으며, 나타난다 하더라도 스펜서주의적 선택압력으로 인한 문제를 다룰 수 있는 새로운 종류의 기업단위(목표를 달성하기 위한 노동분업이 있는 단위)를 만드는 데 성공할 것이라는 보장은 없다. 따라서 이론은 거시동태의 유의성을 증가시키는 조건, 기업가가 출현할 가능성을 증가시키는 조건(그리고 그 반대), 그리고 그들이 자원통합에 성공하고, 새로운 종류의 기업단위와 문화적 상징의 새로운 시스템을 형성할 가능성이 높은 조건을 분석함으로써 시작된다.

기업가가 자원을 동원함에 따라 사람들은 선택압력에 대응할 수 있는 기업단위 내에서 새로운 종류의 노동분업 체계를 조직한다. 만일 이것이 성공하면 다른 행위자가 그것을 똑같이 따라하게 된다. 동시에 기업가는 활동을 규제하고 자신들의 행동을 정당화하고 합법화하기 위해 상징적 자원을 이용하며, 이런 행위들이 창출하는 새로운 사회문화적 형태를 사용하게 된다. 탈콧 파슨스와 니클라스 루만과 같은 기능주의 이론가들은 이 기호체계를 행위자들 사이에서 분명히 표현되고 교환되는 **일반화된 상징매체**(*generalized symbolic media*) 로 개념화했다. 생성된 상징적 매체에 따라 이것은 새롭게 나타나는 제도적 영역의 문화 중 일부가 된다. 예컨대 짐멜이 처음으로 강조했듯이 **돈**은 가치의 상징이다(돈 자체가 고유의 가치를 지니는 경우는 거의 없으며, 가치가 숫자로 표현되는 종이가 진정한 가치를 지닌다). 마찬가지로 **권력**은 **사랑, 건강, 지식, 학습, 경쟁** 및 **미학**과 같은 다른 상징매체와 마찬가지로 매우 가치 있는 자원이다. 이것들은 결국 새로운 형태를 만들거나 오래되고 제도적인 영역을 변화시킬 특별한 종류의 활동에 종사하는 개인과 단체 간의 담론 일부인 상징이다. 그러나 매체는 상징적인 것 이상을 의미하는데, 그들은 불평등하게 분배되며 따라서 계층체계 기반이 되는 가치 있는 자원인 것이다.

이 상징매체가 사용됨에 따라, 그들은 또한 선·악과 적절·부적절한 것에 대한 평가를 수반한다. 그것들은 평가되고 널리 순환된다면 특정한 제도적 영역 내에서 발생해야 하는 것과 발생하지 말아야 할 것에 대한 **제도적 이데올로기**(*institutional ideologies*) 로 성문화된다. 예를 들어, 정치 이데올로기는 상징적 **권력**의 매개체로부터 만들어졌다. 또한 자본주의 체제에서 생산 이데올로기는 **돈**의 상징적 매체로 만들어졌다. 의학 이데올로기는 **건강**의 상징적 매체로부터 만들어졌다. 법의 제도는 **영향력**과 **정의**에 관한 상징으로 구성된다. 혈연관계 매체는 **사랑·충성**의 매개를 중심으로 전개된다. 종교의 매체는 **신성함·경건함**이다. 교육의 매체는 학습이다.

이러한 상징매체가 선택압력에 대처하기 위한 새로운 기업단위의 형성에 사용됨에 따라, 이 조직단위 문화의 일부가 되고, 신생 제도 영역 **이데올로기**의 기본을 구성하고 형성한다(예를 들어 경제, 친족관계, 종교, 정치, 과학, 의학, 교육 등이 포함된다). 따라서 완전히 새로운 영역이든 또는 기존 영역의 중요한 변형이든, 제도적 영역의 진화는 영역 내에서 발생해야 하는 것을 지정하는 **이데올로기**로 체계화된 구조적 및 문화적 메커니즘에 의해 통합된 조직단위의 집적으로부터 구축된다.

따라서 내가 개발하는 이론의 상당부분은 기업단위를 서로 연결시키고 이데올로기를 이용하여 문화적으로 정당화함으로써 어떻게 영역 구조와 문화가 진화하는지에 대한 제안으로 구성된다. 더욱이 일반화된 상징매체는 또한 한 영역 내의 사람들 사이의 담론에 사용되는 용어이다. 예를 들어, 자본가는 끊임없이 돈에 관해 이야기하고, 정치인들은 권력에 관해, 교육자는 학습에 관해, 과학자는 새로운 지식에 관해, 종교인은 신성함과 경건함에 관해 끊임없이 이야기한다. 이 담론에서 영역 내의 기업단위의 문화는 기업단위의 노동분업에서 규범적 기대로 변환되기 때문에 상징적 매체로 만들어진다. 그리고 상징적 매체는 본질적으로 보상을 가지며, 따라서 제도적 영역에서 기업단위에 의해 분배되는 가치 있는 자원이 된다.

상징적 매체는 제도적 영역 사이와 그 내부에서 기업단위로 순환한다. 따라서 많은 영역 내에는 순환하는 여러 매체가 있다. 예컨대, 교육영역 행위자들의 정치적 독점권은 교육제도를 조직하고 운영하는 권위로서 제한된 **권리**를 갖는다. 종교에도 똑같은 정치적 논리가 적용된다. 현대사회의 많은 영역에서 대부분 조직은 구성원들에게 돈을 지불하므로 돈도 유통된다. 그러나 사회 일부 영역은 이러한 돈의 영향력으로부터 상대적으로 보호된다. 예를 들어 친족관계에서는 (경제영역으로부터의) **돈**과 (정치영역으로부터의) **권위** 등도 일부 순환되지만 주로 **사랑·충성도** 등을 매개로 형성된다. 따라서 친족관계에서 돈의 영향력이 다른 영역에서보다 약하게 나타나는 것은 '사랑'은 돈에 의해 '오염'되어서는 안 되기 때문이다(이는 많은 사회에서 친족관계의 기본 이념 중 하나다). 학자들이 대학의 '기업화'(즉, 돈의 영향)를 슬퍼하는 것과 마찬가지로, 이러한 매체의 유통은 종종 비판적으로 평가된다. 그러나 매체가 유통될 때 이 매체를 기반으로 구축된 영역의 이데올로기가 있기 때문에 이는 매우 차별화된 사회를 통합하는 수단으로 작용할 수 있다. 그 결과, 경제, 정치, 교육, 과학, 일부 사회에서는 종교의 지배적이고 제도적인 영역 매체가 다른 대부분 영역으로 유통될 것이다. 이 영역 이데올로기가 상징적 매체에 더해진다면 여러 이데올로기의 합병체인 **메타이데올로기**(*meta-ideologies*)로 통합될 것이다. 이 메타이데올로기는 또한 분절된 제도적 영역에서의 문화적 통합을 위한 기반을 제공한다. 나는 여기서 공간상의 제약으로 매체가 순환하고, 지배적이 되고, 메타이데올로기로 성문화되는 조건을 기술하는 명제를 요약할 수는 없다. 그렇지만 이런 사건은 단계적 진화모델에서 묘사된 사회에 관한 다양한 유형의 데이터를 이용해 검증 가능한 방식으로 이론화될 수는 있다.

또한 상징매체는 가치 있는 자원이기 때문에 조직단위에서 불평등하게 분배된다. 이는 대개 조직단위에서 구성원 간의 노동분업(*division of labor*)

결과로 나타나게 된다. 따라서 상징매체는 이데올로기와 규범의 구성요소일 뿐만 아니라, 상징매체는 또한 불평등하게 분배되는 가치 있는 자원이기도 하다. 따라서 이러한 상징매체가 계층체계를 만들게 된다. 역사적으로 사회학자들은 계층체계에서 불평등하게 분배되는 가장 중요한 자원인 돈과 권력 (둘 다 상징매체) 에 집중했다. 렌스키의 계층이론과 같은 일부 이론은 또한 사회적 가치의 일반화된 표식인 **위세** (prestige) 가 계층체계의 불공평한 분배의 일부라는 점에 주목한다. 그러나 내가 보기에 **모든** 상징매체는 가치 있는 자원이 된다. 따라서 자원의 불평등한 분배는 일반적으로 계층에 대한 사회학적 설명에서 개념화된 것보다 **더 많은** 자원을 필요로 한다. 경제와 정치에서 **돈**과 **권력**뿐만 아니라 **사랑·충성도** (가족), **학습** (교육), **지식** (과학), **신성함·경건함** (종교), **미학** (미술) 및 다른 상징적 매체는 제도적 영역에서 조직단위별로 불평등하게 분배된다. 그리고 사회에서 사람들과 가족들이 자원으로 소유하는 이런 상징매체가 많을수록, 그들은 위세나 긍정적 감정과 같은 보다 보편적으로 내재된 보상을 더 많이 누릴 수 있다. 어떤 종류의 보상이라도 긍정적 감정을 가져다준다. **지식**이나 **학습**과 같은 것 또한 이런 자원을 많이 소유한 사람들에게 위세를 가져다줄 수 있다.

여기서 중요한 것은 상징적 매체 중 일부는 다른 매체보다 균등하게 분배된다는 것이다. 만일 돈과 권력만이 강조된다면 사회불평등이 더 커 보일 수 있다. 그러나 가치 있는 자원과 같은 다른 상징매체 또한 불평등 수준을 평가하는 기준의 일부분이라면, 개인들은 부유하고 권력을 가진 사람들과 비교할 때 그렇게 박탈감을 느끼지 않을 수 있다. 따라서 어느 정도의 돈과 권력분배의 불평등은 **사랑·충성도, 신성함·경건함, 학습** 및 **건강** 등의 분배로 보충된다고 할 수 있다. 그리고 보다 평등한 이런 분배는 계급체계에 있는 개인이 느낄 수 있는 박탈감을 감소시킬 수 있다. 실제로 이런 종류의 분배는 (부유하고 강력한) 최상위층과 (빈곤하고 무력한) 최하위층을 제외한 계급체계의 경계를 다소 약화시킬 수 있다. 산업화 이후 나타난 중산층에서 분명히 드러났듯이, 계층 구분이 다소 약화되었다. 그 이유는 중산층 일부도 약간의 돈을 가지며, 다른 일반화된 상징적 매체의 소유도 계층 간에 다소 다양했기 때문이다. 결과적으로 계급 동질성은 감소할 것이고, 만일 계급 동질성이 감소한다면, 단선적인 도덕적 가치의 정렬도 감소할 것이다. 왜냐하면 계급 구성원들이 많은 상징적 매체를 소유하고 있고, 권력이나 돈이 없더라도 이런 매체를 기반으로 생성되는 그들의 도덕적 가치를 우호적으로 평가할 수 있는 이데올로기가 있기 때문이다.

따라서 거시적 동태이론의 일부는 상징매체가 달리 순환하는 조건을 밝히는 명제를 필요로 한다. 이 명제들은 일반적 계층이론의 일부가 된다.[16] 계층체계의 불평등에 의해 발생하는 계층 간의 긴장과 갈등 가능성은 그 사회에서 **어느 정도,** 그리고 **얼마나 많은** 수의 상징매체가 불균등하게 분배되는지에 따라 증가하거나 완화된다. 다시 말해, 이 분석에서 파생된 명제를 검증하기 위해서는 렌스키가 처음 깨달았던 것처럼, 진화단계 모델에서 발견할 수 있는 사회유형들을 통한 계층분석이 필요하다.

거시적 차원에서 사회세계 일부로서의 제도적 영역과 계층체계 분석은 불가피하게 초기 기능분석의 중심이 되는 통합문제로 되돌아가게 만든다. 나는 특정 통합 메커니즘이 좋은지, 또는 나쁜지에 대한 어떠한 가정도 하지 않는다. 오히려 이론은 다양한 유형의 통합 메커니즘이 활성화될 것으로 예측하고, 사회현실의 거시적 영역의 구조에 어떤 영향을 미치는지 예측한다. 내가 통합문제에 가까워질수록 그 명제를 평가하기 위해 다양한 사회가 필요하다는 것이 드러났다. 다시 말해, 사회진화 단계모델이 유용한 데이터를 제공했다. 제도적 영역 내에서 조직단위 통합에 대한 다양한 구조적 메커니즘이 존재하고 나의 이론에서는 다음과 같은 것들을 강조한다.[17] ① **세분화**(구조적으로나 문화적으로 동등한 조직단위의 재생산), ② **구조적 분화**(복잡한 선택압력을 관리하기 위한 다른 단위의 생산) ③ ⓐ **교환**, ⓑ 대규모 조직단위에서의 **구조적 통합** 또는 소형화, ⓒ 기업단위 간의 **구조적 중첩**, ⓓ 구성원의 조직단위 간 **구조적 이동성**을 통한 분화된 단위 간의 **구조적 상호의존성**, ④ 더 많은 권력을 가진 사람들에 의한 조직단위의 **구조적 지배**, ⑤ 양립할 수 없는 목표를 가진 조직단위 간 시간과 공간 차원에서의 **구조적 분리** 등이다.

이러한 메커니즘 중 어느 하나가 지배적인 조건이 될 수 있는지를 평가하는 데 단계적 진화모델이 매우 유용할 수 있다. 즉, 스펜서와 뒤르켐이 인식한 것과 같이 수렵채취 사회에서는 세분화가 통합의 기본적 방법이었다. 구조적 상호의존성은 그들이 위치한 조직단위와 제도적 영역의 분화로 인해 증가해야 한다. 그러나 역사적으로 권력과 지배력의 통합은 분화로 인해 발생하는 선택압력에 대한 반응이었다. 실제로 구조적 상호의존성은 시장과 다른 분배 메커니즘이 확장되었을 때 사회적 진화

과정에서 극적으로 증가했다. 따라서 수렵채집인, 원예사(및 이들의 변종), 농업사회(및 해상 및 방목 변종), 산업 및 후기 산업사회 이후 데이터를 살펴봄으로써, 다양한 메커니즘이 제도적 통합을 지배하고, 따라서 사회통합을 지배하는 하나 또는 다른 하나의 조건을 볼 수 있다.

마찬가지로 텍스트, 기술, 전통, 가치, 이데올로기 및 규범 간의 문화적 통합 메커니즘은 서로 다른 진화단계에 놓인 사회들을 살펴봄으로써만 평가할 수 있다. 예를 들어, 수렵채집인은 단 두 개의 기본단위(부족과 가족)만 가졌다. 즉, 종교적 요소는 정착한 수렵채집인들 사이에서 초기 정치처럼 보이지만, 그들은 하나의 제도적 영역인 혈연관계만을 세분화했다. 따라서 다른 상징적 매체가 아직 진화하지 않았기 때문에 유목하는 수렵채집인들 사이에서는 **사랑**과 **충성심**만을 중심으로 문화적 통합이 이뤄졌다. 사실 사회진화는 초기 기능주의자들이 강조한 바와 같이, 새로운 제도적 영역(새로운 유형의 조직단위로 구축됨)의 연속적 분화다. 따라서 문화통합 방식의 변화를 보는 유일한 방법은 문화가 ① 제도적 분화, ② 지배적 제도 영역인 이데올로기로부터 구축된 메타이데올로기에 의해 통합된 계층체계의 등장 및 그 이후 정교화와 함께 어떻게 변화하는지 살펴보는 것이다.

계층체계의 통합 측면을 살펴보면, 매우 낮거나 높은 수준의 계층화를 지닌 사회가 잘 통합되었음이 분명하다(다시 말하면, 여기서 통합형태는 평가되지 않았고, 주어진 환경에서 인구를 유지하는 데 효과적인가, 효과적이지 않은가만을 기준으로 삼을 경우). 계층화가 높은 시스템은 사회의 모든 수준에서 그리고 조직 및 범주단위 간의 모든 연계성에

의해 유지되었다. 렌스키가 강조했듯이 권력이 통합되지 않은 사회에서는 계층화 수준이 낮았는데, 이는 불평등하게 분배될 수 있는 경제적 잉여 자체가 부족하기 때문이다. 이러한 양극단 사이에 놓인 사회에서 다양한 구조적·문화적 통합유형을 발견할 수 있다. 예를 들어, 단순한 원예사회 구성원은 계급에 핵가족 단위를 구조적으로 포함시키며, 이 계통은 흔히 모체가 되는 부족의 내부에 하위부족을 포함하며, 이 체계는 혈연관계에 있는 **사랑·충성심**으로부터 구축된 이데올로기에 의해 정당화된다. 다른 통합 메커니즘도 이 체계의 일부다. 예컨대, 비록 친족단위가 다르다 할지라도 지역단위로 재현되기 쉽기 때문에 세분화와 구조적 동등성 프로세스가 존재하게 된다. 즉, 핵가족 단위, 핵가족 단위로 구성된 가계(*lineage*), 계보에서 지어지는 가문은 다른 마을에서나 다른 원예사회에서조차 동일하다. 또한 이 체계들에는 명백한 지배유형이 있다. 이는 지역이 다른 원예사회 부족에서도 나타나는데, 한 부족의 지도자가 일종의 '수석'(*paramount chief*) 역할을 함으로써 다른 부족의 사람들에게 지배력을 행사하게 된다. 상징적 매체로서의 **권력**이 친족체계로 도입되면 **사랑·충성**으로부터 구축된 이데올로기는 **권력**이 상징적 매체로 보완된 이데올로기에 의해 흡수되고, 권위는 지배가 사회통합의 구조적 형태가 되는 구조를 빠르게 정착시키는 중요한 문화적 수단이 된다.

친족관계가 붕괴되고, 정치가 혈연관계와 분리되며, 종교가 지배적 기관이 되는 농업사회와 비교할 때, 구조적·문화적 통합의 토대는 새로운 형태로 변화하게 된다. 그런 다음 구조적 상호의존성의 형태로서의 시장이 전개될 때, 경제뿐만 아니라 다른 영역에서도 조직단위의 구조적 관계에서 **돈**을 중심으로 구축된 이데올로기가 더욱 두드러지게 된다. 이 이데올로기는 지배적 영역의 (일반적으로 정치와 종교와 같은) 메타이데올로기로 통합될 것이다. 이것은 통합의 기본구조 메커니즘으로서 구조적 상호의존성과 지배에 대한 새로운 구성을 정당화한다. 이러한 문화적·구조적 통합의 패턴은 계층체계의 변화와 문화적·구조적 통합의 방식에 의해 영향을 받는다. 이런 모든 역동적 과정은 사회진화 단계모델에서 다양한 유형의 사회에 관한 데이터에 의해 이론화되고 평가될 수 있다.

나는 《사회학 이론》 제1권에서 23가지 추상적 명제로 표현되는 이론의 껍데기만을 다루었을 뿐이다. 따라서 117쪽의 〈그림 5-3〉에 요약돼 있는 것처럼 분석체계를 단순하게 유지함으로써 포괄적이고 보편적인 거시적 차원의 사회세계의 특징만을 분리하고(그리고 이 기준을 적용할 때 상대적으로 적은 수의 특징만을 추출할 수 있다), 사회세계의 복잡성을 원칙에 넣음으로써 (파슨스가 했던 분석체계가 아니라) 기능주의에서 영감을 얻은 진정한 설명적 이론을 개발할 수 있다. 더욱이 기능주의자들이 일찍이 인지한 것처럼, 그런 '거대'이론은 다양한 사회구조에 대한 데이터에 의해서만 평가될 수 있으며, 다양한 사회유형을 기술하는 단계모델로부터 도출되어 축적된 지식은 각 이론의 타당성을 평가하는 데 사용될 수 있다. 또한 이론을 명제들을 이용해 기술하고 분석모델에서 주요 인과관계를 개괄함으로써, 거대이론은 특정 분야의 전문가가 관심을 가질 수 있는 특정 주제로 분해될 수 있다. 예를 들어, 여기서는 계층화의 여러 구성요소가 사회갈등의 가능성을 높이거나 낮추는 방법에 대해 언급하지 않았지만, 이러한 동학을 위해 나열된 모델과 시사점을 쉽게 추출하여 분쟁이나 사회운동 등과 관련하여 보다 전문화된 연구에 적용할 수 있다. 사실 《사회학 이론》의 이론적 원리에서 결국 개발한 모델과 원칙은 이 책의 11장에서 설명한 바와 같이 약 30년 전에 갈등분석 이론을 개발하는 데 처음 시도한 내용과 매우 흡사하다. 새로운 모델은 예전 모델과 비슷하며 새로운 데이터와 이론에 비추어 볼 때 훨씬 더 깔끔하고 정교하게 만들어졌다. 그럼에도 불구하고 나는 예전 이론에서 시작해 다음과 같은 질문을 던졌다. 어떻게 이후의 이론적 발전과 인류가 지난 20만 년 동안 창조한 모든 유형의 사회에서 나타난 계층화에 관한 지식이 기존 이론들을 향상시킬 수 있는가? 그래서 모델과 명제는 전문화된 이론에서 가져온 다음, 일단 개발되면 이러한 전문화된 이론으로 다시 적용될 수 있다. 그러나 한편 이렇게 적용된 이론은 그 타당성을 뒷받침하는 광범위한 데이터베이스의 이점을 누리게 될 것이다.

4. 나가며

사회를 뚜렷한 단계를 통해 진화하는 것으로 바라보는 것은 모든 사회가 이런 단계를 거쳐야 한다는 것을 의미하지는 않는다. 정복, 확산, 기술, 시장 등의 많은 힘은 사회를 극적으로 변화시켜 몇 단계를 뛰어넘을 수 있게 만들기도 한다. 단계적 사회 진화 모델의 진정한 유용성은 크게 두 가지다. 첫째, 이러한 모델들은 수렵채집 사회의 작은 부족에서 산업사회와 후기 산업사회의 대규모 사회에 이르기까지 인류사회 역사에 대한 이해를 제공한

다. 둘째, 다양한 발전단계에 놓인 다양한 사회의 특성을 강조함으로써 인간사회조직의 거시적 이론을 개발하고, 평가하기 위한 대규모 데이터베이스를 구성할 수 있도록 해준다.

이 두 번째 관점이 가장 중요하다. 거시적 수준에서 사회조직을 이론화하기 위해서 우리는 단순한 산업사회 이상을 필요로 하며, 우리는 사회의 역동성에 관한 모델과 이론의 타당성을 평가하기 위한 데이터 소스로서 **모든 유형**의 사회를 필요로 한다. 그렇지 않으면 우리는 사회와 사회동학에 관한 일반적 이론이 아니라 각 발전단계의 특성에 관한 이론만을 가질 것이다. 왜냐하면 과학적 이론은 인간이 사회를 형성할 때 **언제나** 작용할 수 있는 사회세계의 주요 특성과 역동성을 분리하고자 한다. 따라서 이론이나 모델이 이러한 보편성의 기준을 충족시키는지 평가하기 위해서는 인간이 지난 20만 년 동안 창조한 모든 사회문화적 형성에 대해 평가해야만 한다.

사회발전 단계에 대한 일부 초기 이론에서 민족중심주의가 사라지게 됐다. 이러한 형태의 이론화의 부활은 사회의 거시적 메커니즘을 설명하려는 새롭고 가치중립적인 이론을 위해 보다 강력한 데이터베이스를 제공할 수 있다. 더욱이, 진화론은 결국 사회의 형성, 변화, 붕괴, 개혁을 촉발시키는 역동적 힘을 강조할 것이다. 따라서 새로운 진화론적 이론들은 기능주의 분석을 떠올리게 하는 변화를 하지 않고 보수적이라는 암시를 전혀 갖지 않을 것이다. 그들은 역사적으로 사회를 변화시키는 힘에 관한 것이며, 따라서 과거 또는 미래의 어떤 시점에 대해서도 마찬가지로 사회와 사회 간 시스템이 계속 진화해 나가는 것에 관한 것이 될 것이다.

주

1 Talcott Parsons, *Societies: Evolutionary and Comparative Perspectives and The System of Modern Societies* (Englewood Cliffs, NJ: Prentice Hall, 1966 and 1971, respectively).

2 Gerhard Lenski, *Power and Privilege: A Theory of Social Stratification* (New York: McGraw-Hill, reprinted by the University of North Carolina Press).

3 Gerhard Lenski, Patrick Nolan, and Jean Lenski, *Human Societies: An Introduction to Macrosociology*, 7th ed. (New York: McGraw-Hill, 1995). 가장 최근 저작은 Patrick Nolan and Gerhard Lenski, *Human Societies*, 11th ed. (Boulder, CO: Paradigm Press, 2009) 을 보라.

4 Gerhard Lenski, *Ecological-Evolutionary Theory: Principles and Applications* (Boulder, CO: Paradigm Press, 2005).

5 Lenski, Nolan, and Lenski, *Human Societies*, 7th ed. (주 3 참조), p. 75.

6 같은 책.

7 같은 책, pp. 75~76.

8 같은 책, pp. 21, 23~55. 다음 글도 참조하라. Gerhard Lenski, "Societal Taxonomies: Mapping the Social Universe", *Annual Review of Sociology* 20 (1994): p. 33. 그리고 Lenski, *Ecological-Evolutionary Theory* (주 4 참조), p. 118도 보라.

9 Lenski, "Societal Taxonomies" (주 8 참조), p. 23.

10 Lenski, Nolan, and Lenski, *Human Societies*, 7th ed. (주 3 참조), pp. 57~58.

11 같은 책.

12 같은 책, p. 84.

13 같은 책, p. 54. 이는 사회는 경쟁과 다른 사회와의 전쟁을 통해 진화됐으며, 더 복잡하고 생산적이며 강력한 사회일수록 적자생존을 위한 투쟁에서 승리한다고 주장한 허버트 스펜서가 처음 제안한 아이디어다.

14 Jonathan H. Turner, *Theoretical Principles of Sociology*, 3 Volumes on Macrodynamics (volume 1), *Microdynamics* (volume 2), *and Mesodynamics* (volume 3) (New York: Springer, 2010~2013). 거시적 동학에 관한 제1권이 이 부분에 적합하다.

15 같은 책. 또한 나의 초기 저작 *Macrodynamics: Toward a Theory on the Organization of Human Populations* (New Brunswick, NJ: Rutgers University Press, 1995) 도 보라.

16 Jonathan H. Turner, "The Stratification of Emotions: Some Preliminary Generalizations", *Sociological Inquiry* 80 (2010): pp. 168~199를 보라.

17 Turner, *Theoretical Principles of Sociology*, vol. 1, *Macrodynamics* (주 14 참조), pp. 116~125, 184~186, 223, 225, 275.

9장

다윈주의적 진화이론

1. 들어가며

진화의 힘으로서의 자연선택 동학에 대한 다윈 이론은 에밀 뒤르켐의 《사회분업론》과 초기 시카고 학파의 도시생태계 분석에 영향을 미쳤다. 도시 및 이후의 조직생태계에 대한 이러한 영향은 현재까지 이어진다. 인간생태학(*human ecology*)이 사회학에서 발전함에 따라 현대진화론의 진화이론은 다윈의 자연선택에 중점을 두고 다른 진화의 힘, 즉 **돌연변이, 유전자 흐름** 및 **유전적 표류**에 대한 새로운 이해를 결합시켰다. 최근 현대적 종합(*Modern Synthesis*)의 많은 요소들이 일반적 사회과학 이론에 포함되기 시작했고, 약간의 거리낌도 있었지만 사회학에도 수용되고 있다. 다윈에게서 영감을 얻은 아이디어를 사용하는 다양한 이론은 현대적 종합과 혼합되어 지난 20년간 사회학에서 크게 성장했지만 많은 비판 또한 있었다. 이 장에서는 사회진화 단계모델과 인간생태학 이론의 부활과 함께 성장한 이러한 접근법 중 몇 가지를 검토할 것이다.

2. 사회생물학적 이론화

6장에서는 20세기 후반 사회생물학의 부상을 검토했다. 이 접근법의 창시자 중 어느 누구도 사회학자는 아니었고, 실제로 사회학자들에 의해 연구된 사회세계를 설명할 수 있다는 사회생물학자들의 선언은 거의 무시당했다. 그럼에도 불구하고 일부는 이 접근법의 장점을 찾았고, 터너(J. H. Turner)가 '하드코어' 사회생물학이라 부르는 것들을 다소 수정하여 적용하기 시작했다.

1) 피에르 반 덴 버그의 접근법

피에르 반 덴 버그(Pierre van den Berghe)는 인간사에 대한 생물학적 관점의 가장 중요한 옹호자 중 한 사람이었다. 반 덴 버그가 수십 년간 일관되게 주장해온 것처럼, 그는 "우리는 인간을 많은 생물학적 종 사이에서 하나의 종으로 진지하게 바라볼 때가 되었다"고 믿었다. '인간중심주의'에서 벗어나기 전에는 사회학은 정체될 수밖에 없는데, 그 이유는 생물학적 힘이 인간조직의 형태를 형성하고 제약한다는 점에는 의심의 여지가 없기 때문이다.[1] 초창기에 반 덴 버그는 초기 사회학자와 몇몇 현대사상가의 본능적 접근(instinct approach)과 일치하는 '생물학적' 접근법을 완전히 채택하였고, 그 이후 인간들 사이의 다양한 사회적 행위를 해석하기 위해 꾸준히 사회생물학 이론을 이용했다. 반 덴 버그는 처음에 "인간은 왜 '사회적'인가?"라는 질문을 제기하면서 사회생물학으로 관심을 전환하기 시작했다. 이 질문에 대한 그의 대답은 협동적 집단에서 동물들의 연대는 ① 천적으로부터 자신들을 보호함으로써, 그리고 ② 위치를 확보하거나 자원을 획득하고 이용하는 데 이점을 제공함으로써, 재생산적 적합성(reproductive fitness)을 증대시켰다는 것이었다. 이런 적합성은 사회적인 사람들의 대립유전자가 유전자 풀에 남도록 허용한다.

3가지 사회생물학적 메커니즘이 재생산적 적합성을 증진시키는 사회성을 만들어낸다.[2] ① **친족선택**(또는 6장에서 제시된 **포괄적 적합성**), ② **상호성**(또는 6장에서 **호혜적 이타주의**로 분류된 것), 그리고 ③ **강제** 등이 그것이다. 이 메커니즘 각각은 개인의 재생산적 적합성을 증진시키기 때문에 사회·문화적 현상의 기반 위에 놓여 있다. 우선 각 메커니즘을 개별적으로 검토한 다음, 반 덴 버그가 이 메커니즘을 가지고 이론적 설명을 어떻게 만들었는지 살펴보자.

(1) 친족선택

반 덴 버그 관점에서, 친족선택(친족에 호의를 가지는 경향)은 사회성 이면의 가장 오래된 메커니즘이다. 그는 모든 사회생물학적 주장과 마찬가지로, 이 메커니즘이 유전적 수준에서 작동하는 것으로 보았다. 왜냐하면 "유전자는 자연선택의 궁극적 단위이기 때문에 주로 각 유전자의 재생산은 문화적 힘으로 수정될 수 있음에도, 리처드 도킨스가 말하는 '생존기계'에 의존한다. 유기체는 일정기간 동안 그 속에 있게 된다."[3]

자신의 유전자형 속에 유전적 물질을 수반하는 이 생존기계는 어떻게 자연선택이 먼 과거에 **복제자**, 즉 생존과 불멸을 추구하기 위해 자신의 몸속에 있는 유전자를 만들었는지 의식적으로 알 필요가 없다. 그러나 새롭고 더 나은 생존기계에 자기 자신을 전수할 수 있었던, 복제자들에게 선택은 분명히 유리했다. 초기 생존기계의 하나는 개인 유기체의 몸체였다. 그다음은 대립유전자를 유전자형에 공유하는 개체들 사이의 협동적 배열의 발달이었다. 반 덴 버그는 다음과 같이 말한다.

———

유기체는 그 유전자를 위한 생존기계이기 때문에, 바로 그 정의에 의해, 성공적 재생산을 위한 유기체를 프로그램화하는 유전자는 확산될 것이다. 재생산을 최대화하기 위해 유전자는 유기체가 두 가지를 할 수 있도록 프로그램화한다. 즉, 대안적 형질을 유기체에 성공적으로 경쟁할 수 있도록 하는 것 … 그리고 같은 유전의 형질을 가진 유기체와 성공적으로 협동하는 것(그럼으로써 재생산에 기여한다).[4]

———

따라서 반 덴 버그 용어로 보면, 개인들은 친족주의적(nepotistic)이고 비친족보다 친족에, 먼 친족보다 근친에 호의적이다. 그것은 근친이 (그들의 유전자형에서) 유전적 물질을 공유할 것이라는 단순한 이유 때문이다.

각 개인은 직접적으로는 자기자신의 재생산을 통해 간접적으로는 유전자를 공유하는 정도만큼 자기 친척의 재생산을 통해 자신의 유전자를 재생산한다. 간단히 말해 각 유기체는 자신에 대해서는 100% 유전적 이해를, 부모, 형제, 자식에 대해서는 50%의 이해를, 이종형제, 조부모, 손자, 삼촌, 이모, 조카 등에 대해서는 25%의 이해를, 사촌, 이종조카, 증손 등에 대해서는 12.5%의 이해를 갖는다. [5]

친족에 대한 '이타주의' 정도나 '친족주의' 정도는 친족과 공유하는 유전적 물질의 양에 따라, 친족이 그 유전적 물질을 재생산할 수 있는 능력에 따라 다양할 것이다. 반 덴 버그에게, 재생산적 적합성, 즉 생존하고 재생산하기 위해 자신의 유전적 물질을 전송하는 '기계'를 도와줄 수 있는 능력이라는 단순한 이유 때문에, "피는 물보다 진하다".

그러나 반 덴 버그는 생물학적 친족주의나 친족선택의 경향은 환경과 문화적 변이들에 의해 정교화되고 수정된다고 조심스럽게 강조한다. 그러나 분명히 생물학적 요인은 친족주의적인 인간의 압도적 경향에 영향을 미친다. 그는 친족주의를 순수한 문화과정으로서 볼 수는 없다고 주장한다.

(2) 호혜성

개인들이 서로 간에 도움을 주고받을 때 호혜성(reciprocity)의 연대가 생성된다. 그러한 호혜성(사회문화적 생존기계에서의 유기체 조직과 마찬가지로)은 유기체가 지니는 유전자의 적합성을 증가시킨다. 즉, 유기체가 서로 도움을 주거나 과거의 도움에 보답하기 위해 연합할 수 있다면, 유전적 물질의 생존은 두 유기체 모두에서 증가하게 된다. 그러한 교환, 즉 사회생물학자들이 때때로 **호혜적 이타주의**[6]라고 부르는 것은 친족주의, **포괄적 적합성**, **친족선택** 등을 넘어선 상호협력을 크게 확대시킨다. 따라서 호혜적 교환은 순수한 사회적 산물이 아니라 유전자에 의해 프로그램화된 행위적 경향이다. 그러한 프로그래밍은 먼 과거에, 개인의 물리적 육체나 가까운 친족으로 구성된 사회적 집단을 넘어선 새로운 생존기계를 창조할 수 있었던 유전자를 자연선택이 선호했기 때문이다. 교환 및 호혜성 유대를 중심으로 조직된 비친족집단에 자신을 참여시킬 수 있는 그런 유전자들은 생존가능성이 더 높았다. 오늘날 이 유전자의 후손들이 그러한 호혜성의 연대를 만들고 유지하기 위해 생물학적으로 지원하고 있다.

이 지점에서 반 덴 버그는 **무임승차**(free-riding)나 그의 용어인 **기생**(free-loading)의 문제를 도입함으로써 공리주의와의 친화성을 보여준다. 즉, 무엇이 한 개인(그 유전자형)이 타인의 호의나 조력을 받을 것이라고 보장할 것인가? 여기서 반 덴 버그는 이 무임승차 문제가 타인들이 과거의 호의에 대해 호혜적인가에 대해 선조들이 기억하고 감시할 수 있는 지능에 대한 선택압력이 되었다고 주장하고 있는 듯하다. 그러나 아이러니하게도 인간지능은 교묘한 속임수, 사기, 무임승차 등을 할 수 있는 큰 능력을 만들었다. 이는 다시 그러한 비호혜적인 감춰진 교묘한 행동들을 '찾아내고' '추적할 수 있는' 지능을 확장하라는 압력을 가중시켰다.

따라서 여기에는 선택순환이 있다. 즉, 호혜성은 적합성을 증가시키지만, 그것은 다시 속임수와 무임승차를 낳는다. 그러므로 일단 호혜성이 협력 메커니즘이 되면, 그것은 무임승차를 감시하는 보다 높은 지능에 대한 선택압력을 만들 수 있다. 그러나 아이러니하게도 증대된 지능은 개인들이 그들의 무임승차를 감출 수 있는 교묘하고 정교한 속임수를 쓸 수 있게 한다. 이러한 경향과 싸우기 위해 보다 발달된 지능에 대한 압력이 증가하게 되고, 이러한 순환은 반복된다. 어느 지점에 다다르면 문화와 구조는 무임승차를 제한하기 위한 메커니즘과 문화적 묘책을 고안함으로써 이 순환을 대체한다(이런 사회문화적 메커니즘이 무엇인지에 대한 논의는 합리적 선택이론에 대한 내용을 담은 21장을 참조하라).

반 덴 버그는 이런 순환이 결국 '자기기만'을 일으킨다는 것을 제외하고는 이에 관한 논의를 하지 않았다. 그가 믿기에 기만의 가장 좋은 방법은 자신의 거짓말과 기만을 믿는 것이라고 생각했다. 이런 식으로 개인은, 적어도 어떤 방법에서 자신의 실제적 행동과 모순되는 말을 하고 믿을 수 있다. 반 덴 버그는 단정하기를, 종교와 이데올로기는 '자기기만의 최종적 형태들'이다. 왜냐하면 종교는 '죽음을 부정'하고 이데올로기는 '믿을 만하고 이기적 거짓을 전파'하기 때문이다.[7] 무임승차에서 종교와 이데올로기로의 개념적 도약은 모호하긴 하다. 하지만 사회생물학이 무엇을 하려는지에 대해서는 분명히 말해 준다. 그것은 순수한 문화적 과정(종교와 이데올로기)과 근원적인 생물학적 과정(호혜성을 통한 번식적합성)을 연결시킨다.

(3) 강 제

반 덴 버그의 주장에 따르면 호혜적 교환을 위한 사회조직에는 한계가 있다. 왜냐하면 각 부분은 관계에서 이익을 얻는다는 인식이 있어야 하기 때문이다.[8] 이런 이익에 대한 인식은 물론 이데올로기나 관계의 비대칭성을 숨기는 다른 형태의 기만으로 조작될 수 있다. 그러나 이러한 인식의 조작에는 한계가 있을 수 있다. 권력은 친족선택과 호혜적 교환 모두에 대한 대안적 메커니즘이 될 수 있다. 왜냐하면 권력동원을 통해 어떤 유기체가 적합성을 증진시키는 자원에 대한 접근에서 다른 유기체를 지배할 수 있기 때문이다. 그러므로 강제는 어떤 유기체가 다른 유기체를 희생해서 자신의 적합성을 증대시킬 수 있도록 한다. 이 메커니즘은 인간 종에만 존재하는 것은 아니지만, 인간은 "특별한 기생의 체계를 만들고 유지하고 영속화하기 위해 의식적이고, 집합적이고, 조직화되고, 계획된 강제를 효과적으로 이용할 수 있는 능력을 자랑한다."[9] 강제는 인간조직(국가, 계급, 군대, 법원 등)의 크기와 범위를 상세히 제시한다. 그럼에도 불구하고 이것은 선택에 의해 만들어졌기 때문에 강제는 인간생물학과 밀접히 연관된다. 즉, 자신의 생존기계로서 사회구조를 보다 크고, 정교하게 만들기 위해 강제를 이용할 수 있는 유전자는 보다 생존력이 있고, 재생산되기 쉽다. 요약하면, 사회성 또는 협동과 조직은 자연선택의 결과다. 왜냐하면 그것은 친족주의(친족선택과 포괄적 적합성), 호혜성(또는 호혜적 이타주의), 그리고 강제(또는 지역적, 위계적 지배형태)를 통해서 더 나은 생존기계를 생산할 수 있는 유전자를 보존하기 때문이다. 이 연계가 3가지 기본적 차원, 즉 친족주의, 호혜성, 강제의 축 사이에서 발생한다는 점을 우리가 인식한다고 해도 한편으로 생물학, 다른 한편으로 문화와 사회의 연계는 복잡하고 종종 간접적이다. 왜냐하면 인간(그리고 많은 다른 동물의)의 조직형태를 생산하는 생태학적 요인과 유전적 요인 간의 복잡한 상호작용이 있었기 때문이다. 이러한 상호작용이 일단 시작되면 더 많은 지능을 생산하는 선택과정은 '속임수의 인상적 가방'(impressive bag of tricks)으로서 문화가 인간진화의 힘으로 작동하도록 한다.

(4) 문화과정의 개념화

반 덴 버그의 관점에서 볼 때, 문화는 유전적 자연선택과 근본적으로 다른 메커니즘을 통해 인간에게서 만들어지고 전달된다. 실제로 버그는 다윈주의적 용어보다 라마르크적(Lamarckian) 용어로 문화적 진화를 그린다. "유전적 진화와 달리 획득된 문화적 특성은 사회학습을 통해 전달, 변화, 수정 또는 제거될 수 있다." 최근 반 덴 버그는 문화를 인간에게 또 다른 적응방법을 제공하는 '출현적 현상'으로 보았다. 그의 관심사는 유전자 대 문화의 대립이 아니라, 그 양자의 접점이다. 둘은 서로 밀접하게 얽혀 있기 때문이다. 문화가 생물학적 진화의 결과임에도 불구하고, 그것은 이제 인간에게 자신의 유전자형을 수정할 수 있는 능력을 제공하는 자율성을 갖는다. [10] 따라서 문화는 별도의 실체가 아니다. 점점 더 나은 생존기계에 자신을 중첩시킴으로써 적합성을 최대화하는 유전자를 생산하기 때문에 자연선택에 의한 생물학적 진화의 생산물이나 과정 그 이상의 존재인 것이다.

(5) 사회생물학을 이용한 사회현상에 대한 설명

친족체계, 근친상간 금지, 민족성, 피부색, 성별선택 및 계급 등의 경험적 현상을 설명하기 위해, 반 덴 버그는 여러 차례에 걸쳐 사회생물학의 개념들을 이용했다. 아마도 그의 가장 상세한 두 가지 경험적 분석은 ① 친족체계(kinship)와 ② 민족성(ethnicity)에 관한 것이다. 이들 각각에 대해서 간략히 요약하면 다음과 같다.

① 친족체계

초기 그의 사회생물학 논문들 중 한 편에서 반 덴 버그와 데이비드 바라쉬(David Barash)는 친족체계의 다양한 특성들을, 남성과 여성이 자신들의 적합성을 극대화하기(즉, 유전자 풀에서 대립유전자를 유지하는 것) 위해 추구하는 행위전략으로 설명하려고 노력했다. 그들이 주장하는 자세한 내용은 복잡할 수 있기 때문에, 그들의 주장 중 하나만 요약해 보자. [11]

인간사회에 널리 퍼진 **일부다처제**(polygyny: 한 명의 남성이 여러 명의 아내를 가질 수 있는 관습), **상향결혼**(hypergamy: 여성이 자신보다 높은 지위의 남성과 결혼하는 관습), 이중적 성별 도덕기준(남성이 여성에 비해 더 많은 자율성을 지님) 등은 재생산의 적합성 전략으로 설명될 수 있다. 여성은 평생 동안 생산할 수 있는 난자의 수가 비교적 적고, 불임기가 있다(예를 들면 수유기). 심지어 가장 진보적이고 평등한 사회라 하더라도 여성은 남성보다 아이들을 양육하는 데 더 많은 시간을 소비한다. 따라서 여성은 상대적으로 덜 풍부한 자신들의 유전물질의 생존을 보장할 수 있는 재생산 전략을 모색할 것이다. 그들의 최대화 전략은 자식(즉, 그녀 유전형질의 절반에 해당)의 생존을 보장할 수 있는 자원과 능력을 가진 남성과 결혼하는 것이다. 따라서 여성은 자신의 친인척 집단보다 더 풍부한 자원을 가진 남자와의 '상향결혼'을 추구하는 것이다.

남성 입장에서 보면 남성은 끊임없이 많은 양의 정자를 생산한다. 육아에 대한 책임이 적다. 그래서 남성은 적은 비용으로 보다 많은 난교(亂交)를 할 수 있다(그리고 그들은 유전자를 널리 퍼뜨리는 것에 따른 적합성에서 약간의 이점을 얻을 것이다). 남성은 가능한 한 많은 여성들이 자신의 유전자의 절반을 지닌 아이들을 가질 수 있도록 하는 것에 관심을 갖지만, 여성이 난교를 한다면 그 여성이 자신의 아이를 낳았다는 것을 확신할 수 없게 된다. 따라서 남성은 결혼생활 밖에서의 여성의 성 행위를 제한하는 것에 관심이 있다. 그러므로 순수한 문화현상들 — 일부다처제(또는 난혼적 특성을 갖는 일부일처제), 상향결혼, 이중적 성별 도덕 기준(남성의 난잡함을 허용) 에 대한 인간사회의 선호 — 이라고 생각되는 것들은 남성과 여성의 다양한 적합성 전략의 결과로서 설명될 수 있다.

② 민족성

다른 경험적 사례를 살펴보자. 반 덴 버그는 항상 그의 주된 연구영역인 민족성에 사회생물학을 적용시키고자 노력했다.[12] 또다시 친족선택은 그의 출발점이었다. 그러나 그는 이 아이디어를(그들의 적합성을 극대화하기 위해) 서로 돕는 가족, 친척의 범위를 넘어서 보다 큰 하위개체군으로 확대시켰다. 역사적으로 (직계혈통을 구성하는) 큰 친족집단은 가깝고 먼 친족혈통 개체군을 구성했다. 이

친족은 다른 혈통에 대해서는 신뢰를 보이지 않으면서도 서로 간에는 신뢰와 연대를 유지한다. 반 덴 버그는 '민족집단'에 대해 '에스니'(ethny)란 용어를 만들어냈고, 이 에스니를 원시적 혈통 개체군의 확장된 친족주의로 보았다. 하나의 에스니는 내족혼(종족 구성원 간 결혼)으로 형성되는 친족범위의 군락이다. 이것은 더불어 지역성의 특징을 갖는다. 에스니는 친족의 한계를 넘어 적합성을 최대화하기 위해 재생산적 전술을 대표한다. 왜냐하면 에스니를 형성함으로써 — 그것이 100만 명이 넘는 거대한 집단이든 간에 — 개인은 그들의 적합성을 보존하는 데 도움을 줄 수 있는 다른 개인들과의 연대를 형성하기 때문이다. 그것은 실제로 에스니들을 따르는 이타주의적 호혜적 행위를 공유하는 형식으로 이뤄진다. 그러므로 에스니는 유전적으로 희석되지만, 에스니를 형성하고 유지하려는 경향은 이타주의를 생산하는 자연선택의 결과다. 반 덴 버그의 주장은 물론 훨씬 복잡하고 정교하다. 그러나 우리는 적어도 어떻게 출현적 현상(여기서는 종족)을 유전적 진화의 원리에 근거한 이론적 관점으로 설명할 수 있는가에 대해 어느 정도 알 수 있다.

요약하면 반 덴 버그에 의해 발전된 사회생물학 모델은 유전자, 문화, 환경 간의 상호작용 효과를 강조한다. 개인은 자신의 포괄적 적합성을 극대화하려는 '이기적 극대자'로 간주된다. 이러한 목표를 달성하기 위해 다양한 재생산적 전략들이 채택된다. 왜냐하면 인간사회는 대부분 특정한 환경조건에 대해 서로 다른 문화적 적응을 하기 때문이다. 그러나 최근 반 덴 버그와 그의 동료들은 인간행동의 재생산 결과를 무시하고 문화의 힘을 강조함으

로써 유전자 재현 게임을 뒤엎었다. 반 덴 버그에 따르면, 많은 사람들이 '더 이상 적합성을 극대화하려고 하지 않는' 산업사회에서 유전자의 전복(顚覆)이 명확히 나타난다. 그 이유는 피임기술의 발전과 물질적 풍요로움으로부터의 안락함과 안정성이 '좋은 삶'으로부터 주어지는 쾌락주의적 보상을 재생산 노력으로부터 분리하였기 때문이다.[13] 따라서 반 덴 버그는 현대사회에서 후손의 양과 질, 사치품에 대한 인간의 욕구와 생식에 대한 투자 사이의 균형을 평가하기 위해서는 보다 정교한 모델이 필요하다고 제안한다.

2) 조셉 로프리아토의 접근

사회생물학의 전성기(6장 참조)의 학자들은 과거에 자연선택이 주어진 환경에서 개인의 적합성을 증대시키는 행위적 적응을 선호한다는 진화론적 논리를 따랐다. 모든 비적응적 행동은 제거되었고, 적응성을 극대화하는 궁극적 기능을 위해 적응적 행동만 보존되고 전달된다. 따라서 이 시기의 연구목표는 특정한 사회행동이 어떤 적응력이 있는지, 어떻게 그들의 적합성을 촉진시키는지 발견하는 것이었다.[14] 알렉산더(R. D. Alexander)는 재생산적 적합성을 극대화하는 행동으로 인간 유기체를 이해했다. 그는 "모든 유기체는 논리적으로, 그것이 수반하는 비용을 능가하는 보상을 받지 못하는 선행이나 이타주의를 피하는 쪽으로 진화했다"고 주장했다.[15] 그러므로 '친족선택'과 '호혜적 이타주의'와 같은 개념의 적용을 통해 심지어 협동적 행위나 친절도 이기적 유전자로 보았다. 조셉 로프리아토(Joseph Lopreato)는 **최대화 원**

리(maximization principle)가 여전히 사회생물학의 근원이라고 믿는다. 그러나 우리가 "자연선택의 논리를 지키고 싶다면", 그것의 엄격한 적용은 보장되지 않는다.[16] 이러한 이유 때문에 그는 최대화 원리를 철저히 분석했다.

로프리아토는 모든 적응은 재생산과 관련되거나 재생산의 성공이라는 최종목표를 중심으로 조직되었다는 가정을 거부하면서 최대화 원리를 개조하기 시작한다. 대신에 그는 모든 유기체에는 개체들이 재생산적 성공을 극대화하려는 방식으로 행동하려는 경향만이 있을 뿐이라고 주장했다.[17] 이것은 "그럴 수밖에 없는데", 그 이유는 많은 개별 행동이 분명히 중립적이거나 철저히 비적응적이기 때문이다. 이런 변이성에 대한 훌륭한 진화론적 이유가 있다. 그가 지적했듯이 모든 세대 유전자형의 변이는 행동할 수 있는 선택을 위해 존재해야 하기 때문이다. 이 변이성의 풀(pool)은 최대화 원리로부터 적합성의 일탈(deviation of fitness)을 제공하기 위해 중립적 특성들과 비적응적 특성들 모두를 포함해야 한다. 유전자들이 유기체의 적응적 특질상의 분화를 실질적으로 보장하는 새로운 유전자형으로 재결합될 때, 이 변이성은 유지된다. 시간이 지나면 이 분화는 이어서 역으로 "변이성과 환경적 압력 사이에 어느 정도의 적응적 적합성"을 생산할 것이다.[18]

로프리아토의 두 번째 단계는 문화적 진화가 최대화 원리를 크게 제한하는 것을 확인하는 것이다. 특히 인간문화는 포유류의 기본적 '쾌락원리'를 엄청나게 증가시켰다. 그 원리를 통해 인간은 재생산적 성공의 극대화보다는 안락을 추구하게 되었다. 이는 최대화 원리의 재조정을 요구한다.

"유기체는 포괄적 적합성을 최대화하는 쪽으로 행동하기 쉽다. 그러나 이 경향은 생명체의 안락에 대한 요구에 의해 조건지어진다."[19]

로프리아토의 세 번째 단계는 진화적이고 문화적 현상에서 원인적 대행자들이 **자기기만**, 즉 사실상 다른 형태의 행위라고 믿으면서 어느 한 형태의 행위에 몰두할 수 있는 능력에 대한 광범위한 경향을 양산하는 관계이다.[20] 로프리아토에 따르면, 일단 자기기만적 행위가 일어나면 진실한 금욕적 이타주의가 발생하는 필요조건들이 생성된다. 이때 개인들은 이타적 선행을 통해 육체적 쾌락으로부터 정신적 만족감으로 성적 충동의 방향을 돌릴 수 있는 자기희생, 즉 '테레사 수녀 콤플렉스'를 다양하게 보여준다. 로프리아토는 아이러니하게도 자기기만적 행위는 "이타적 유전자가 없이도 진정한 이타주의"를 가능하게 하는 자연선택을 통해 진화했음이 틀림없다는 주장을 제기했다.[21] 이러한 이유에서 그는 최대화 원리의 세 번째 수정을 권고한다. "유기체는 그들의 포괄적 적합성을 극대화하는 쪽으로 행동하기 쉽다. 그러나 이 경향은 생명체의 안락에 대한 요구와 자기기만에 의해 조건지어진다."[22]

최대화 원리에 대한 네 번째 제한은 사회정치적 혁명이다. 로프리아토는 사회정치적 혁명을 "집단의 자원을 … 조직적으로 통제하는 사람들을 재배치하려는 욕망을 가진 개인들에 의한 지배질서에서의 강제적 행위"로 정의한다.[23] 로프리아토는 "혁명의 궁극적 원인은 적합성의 최대화에 대한 요구"라고 제안한다. 왜냐하면 전통사회에서 자원을 가진 상류층의 개인들은 일부다처제를 통해 다수의 여성을 취하기 쉽고, 그것을 통해 그들의 재생산적 성공을 증대시킨다. 그러나 자원축적이 현대 산업사회에서는 그 자체로 목적이 될 정도로 자원획득과 적합성의 극대화는 분리된다. 여기서 자원획득을 지시하는 행위가 유전적 적합성을 고려하지 않기 때문에 문화는 다시 극대화를 방해한다. 이러한 이유 때문에 로프리아토는 최대화 원리의 재진술에 마지막 변수를 덧붙인다. "유기체는 그들의 포괄적 적합성을 최대화하는 쪽으로 행위하려는 경향이 있다. 그러나 이 경향은 생명체의 안락에 대한 요구와, 자기기만, 그리고 유전자형으로부터 표현형(phenotype)의 자율성 등에 의해 조건지어진다."[24]

로프리아토는 자신의 이론적 모델을 사회현상에 대한 전통적 사회학적 설명을 강화하는 데 이용했다. 예컨대 알렌 카레이(Arlen Carey)[25]와 공동으로 쓴 최근 논문에서, 로프리아토는 인간사회에서 출생률과 사망률의 관계를 연구했다. 카레이와 로프리아토는 인간 출생률의 다양성은 전형적으로 낙태, 피임약 이용, 불임, 결혼연령, 어린이의 경제적 가치, 여성의 사회적 지위 등과 같은 출생률을 감소시키는 메커니즘으로 설명되었다고 주장한다. 그러나 출생률에 대한 이런 분명하고 중요한 영향에도 불구하고, 이 설명들은 그 자체로 하나의 현상에 대해 적절한 설명을 제공할 수 없다. 최근까지 인간의 진화역사에서 재생산율은 거의 변화가 없었다. 평균적으로 여성은 단지 성인까지 생존할 수 있는 두 명의 자손을 생산했다. 역사적으로 왜 이렇게 됐을까?

이러한 인구학적 수수께끼를 고려하면서, 카레이와 로프리아토는 인구동학은 무작위적으로 변동하는 것이 아니라, 출생률은 거의 사망률과 일치하는데, 이 두 비율은 균형을 유지하는 경향이 있다고 주장한다. 전통적 사회에서도 높은 사망률과 높은 출생률 사이에 준(準) 평형상태가 존재했다. 또한 (토머스 맬서스로부터 영감을 끌어낸) 찰스 다윈이 처음 인식한 것과 같이, 자원을 앞질러 가는 인구의 증가 경향에도 불구하고 인구를 안정시키려는 역경향도 있다. 그들이 주장하기를 "개인들의 출생률이 사망률을 뒤따라가려는 강력한 경향 … 즉, 두 가지가 상대방을 상쇄하는 재생산 전략을 추구하려는 경향을 보여준다"는 점을 암시한다.[26] 카레이와 로프리아토는 다음과 같이 질문한다. "인간에게 어떤 요인들이 '이 출생률과 사망률 사이의 준평형상태'를 유지되도록 하는가?

카레이와 로프리아토는 모든 인간이 자신들의 재생산적 성공을 최대화하는 원리에 의해 동기지어짐에도 불구하고, 인간은 먼저 한정된 자원과 '생명체의 안락'에 대한 욕구에 의해 제한받지 않는다고 말한다. '인구학적 준평형'의 유형이 제안하는 것은 재생산적 안정화이다. 이때 자연선택 사망률과 같거나 약간 상회하는 출생률을 선호하는 경향이 있다.[27]

인간집단에서 출생률과 사망률 관계를 일정하게 하는 두 번째 메커니즘은 통칭해서 '생활사(life history) 특성'으로 불리는 것이다.[28] 기본적으로 생활사 이론은 자연선택은 한 종의 생활특성을 지도해서, 출생률을 최적으로 만들고 규제한다고 주장한다.[29] 진화론적 생태학자들은 다른 종들의 생활사 특성을 기록했다. 그것은 재생산적 기간, 세대 간 출생기간, 자식의 수와 부모의 투자, 생존 가능한 연령, 신생아의 크기와 성숙도 등을 포함한다. 그러므로 낮은 사망률의 동물 개체군은 또

한 낮은 출생률을 가질 것이다. 낮은 출생률은 보다 적은 수의 자식들, 출산의 연기, 보다 덩치가 큰 자식 등에 의해 조건지어지는데 이것들은 부모 자원의 큰 투자를 나타내기 때문이다. 카레이와 로프리아토는 인간의 출생률과 사망률의 관계는 또한 생활사 특성들과 일치한다고 주장한다. 인간 종의 구성원은 역사적으로 낮은 출생률에 어울리는 재생산 기간을 통해 상대적으로 높은 생존가능성을 가진다. 이 과정을 조절하기 위해서 인간은 사춘기를 늦게 시작한다. 임신은 상대적으로 어렵고, 태아가 성장하는 데 9개월이 걸리며 한 번에 한 명씩 태어난다. 신생아는 크고, 출산은 고통스럽다. 카레이와 로프리아토는 "이러한 생활사 특징들은 상대적으로 낮은 수준의 출생률에 기여하며, 이 출생률은 상대적으로 낮은 사망의 가능성과 관련 있다"고 한다.[30] 이런 사실이 인구학자들에게 잘 알려져 있음에도 불구하고, 그것은 자연선택으로 만들어진 현상으로 보이지 않는다.

여전히 카레이와 로프리아토는 이 요인들이 출생률과 사망률의 관계를 설명하는 데 충분하다고 생각하지 않는다. 대신에 그들은 인간 출생률의 조절을 설명하기 위해 세 번째 요인을 찾는데, 그들에 따르면 "인간의 생존과 재생산에 가장 밀접하게 연관된 심리적 특성들이 아마도 적합성의 극대화와 연관이 있을 것이다."[31] 요약하면 재생산 행위는 환경적 암시에 의해 활성화되는 최적수준의 재생산 행위로 아마도 심리학적으로 조절된다. 이러한 암시들은 어린이의 생존에 대한 상대적 개연성을 측정하는 데 이용된다.[32] 따라서 유아 및 아이들의 사망률이 높은 사회에서는, 높은 출생률이 지배적이다.

이제 인간의 출생률을 규제할 수 있도록 돕는 몇 가지 심리학적 메커니즘을 확인할 수 있다. 예를 들면, 벨스키(Belsky), 스타인버그(Steinberg), 드레이퍼(Draper) 등은 특정 인구에서 개인들의 재생산 전략은 인생의 초기 5년에서 7년 동안에 주로 결정된다고 주장한다.[33] 여기서 제일 중요한 결정요인은 자원의 이용가능성이다. 자원의 양은 가족의 생활과 육아, 그리고 아이의 심리학적·행위적 발전의 형태에 영향을 미친다.[34] 이어서 이런 것들은 사춘기 시작 나이와 평생 동안의 재생산 전략에 영향을 미치게 된다. 예를 들어, 치좀(Chisholm)은 이 발전과정이 직접적(proximate) 메커니즘을 제공하는데, 이 메커니즘을 통해 개인들은 그들 개체군의 사망률 특성을 내재화한다고 주장한다.[35]

결론적으로, 그들은 다음과 같은 명제를 제시한다. ① 한 개체군 내에서 자손이 생존할 수 있는 개연성을 많이 인지할수록, 두 명의 자녀를 가지려는 심리가 더 강렬해진다. ② 한 사회의 구성원들 간에 생명체 안락의 경향이 클수록, 두 명의 자녀를 가지려는 심리는 더 보편적으로 된다. 따라서 카레이와 로프리아토는 인간 신경생물학은 재생산에 있어 최적의 재생산적 전략을 계획하는 경향에 근거하고 있으며, 그 경향은 환경에 의해 활성화된다. 그들은 "인간의 출생률과 사망률 간 관계의 진화는 평균적으로 두 아이를 갖는 가족에 근접한다는 재생산 심리학의 경향을 만들었다"[36]고 주장했다. 이것은 '두 아이(two-child) 심리학'이라고 불린다. 인간 역사에서 평균 두 아이(또는 이를 약간 상회하는 아이)는 안락, 건강, 그리고 전체적 삶의 질에서 모성이 감당할 수 있는 최적의 전략이다. 자신들의 이론을 뒷받침하기 위해 그들은 인구성장이 최소였음 — 적어도 최근까지 — 을 나타내는 역사적 자료를 이용했다.

3. 진화심리학

사회생물학은 생물학에 의한 사회과학에 대한 침략의 교두보였다. 그러나 최근 수십 년 동안 진화심리학은 특히 사회학에서 사회생물학보다 사회과학에 중대한 영향을 주었다. 진화심리학은 인간의 적합성을 극대화하기 위해 진화된 행동과 같은 사회생물학의 원리를 대부분 받아들이지만, 인간의 두뇌 작용을 이론에 명시적으로 도입했다. 자연선택은 호미닌(hominin, 인류의 조상)과 인간의 표현형 및 기본 유전형에 영향을 미치므로 홍적세 — 후기 호미닌과 초기 인간이 발달한 시기 — 동안에 일련의 특화된 뇌 모듈을 만들어 뇌를 재결합시켰다. 이 모듈은 과거에 인간의 조상들이 그들이 처한 환경에서 반복적으로 나타나는 문제를 해결한 많은 주요 동작을 담당했다.

진화심리학은 다음의 주요 가정하에 시작된다.

———

① 두뇌는 유기체의 다른 특성처럼 진화한 정보처리 장치다.

② 두뇌와 적응 메커니즘은 자연선택에 의해 진화되었다.

③ 뇌의 다양한 신경 메커니즘은 인간과 호미닌의 진화과정에서 선택압력에 의해 생성된 문제를 해결하는 데 특화되었다.

④ 인간의 정신은 홍적기 동안에 진화된 정보, 인식

및 보편적 행동을 처리하기 위한 특수 메커니즘이었기 때문에 석기시대의 정신이다.

⑤ 뇌의 대부분 내용과 과정은 의식이 없으며, 해결하기 쉬운 것처럼 보이는 정신적 문제는 실제로 진화과정에서 호미닌과 초기 인류가 적응문제를 해결하기 위해 진화된 복잡한 집합과 신경세포 모듈에 의해 무의식적으로 해결되는 어려운 문제이다.

⑥ 인간의 심리는 다양한 종류의 정보와 외부입력에 민감하고 인간행동을 만들어내기 위해 결합하고 상호작용의 유형과 사회구조 및 문화까지도 포함하는 신경세포의 독특한 모듈로 연결된 많은 특수 메커니즘으로 구성된다.

———

예를 들어, 진화심리학자들은 인간의 언어는 인간과 영장류의 언어사용을 가능하게 하는 열성 두정엽과 같은 연합피질, 뇌에서 상대적으로 개별화된 영역(브로카의 영역)과 그를 둘러싼 말하기 능력을 위한 세포들, 그리고 말초조직 및 언어이해를 위한 베르니케(Wernicke)의 영역과 뇌의 정보처리 방법에 의미를 업로드하는 것을 포함하는 것을 선택함으로써 진화된 심리적 메커니즘이라고 주장한다. 더욱이, 혀의 근육 움직임을 조절하는 두정엽과 전두엽을 분리하는 틈새를 따라 모듈들이 존재하지만, 사람은(유인원은 제외) 말로 표현할 수 있는 단어를 생성할 수 있다. 이러한 말하기 능력은 인간 사이의 의사소통 및 사회적 유대의 문제를 해결하기 위해 진화되었으며, 모듈이 뇌에서 발견될 수 있기 때문에 논쟁의 여지가 없다. 이와 유사하게 인간의 감정적 능력의 진화도 뇌피질 하부영역의 모듈에서 시작된다. 파충류의 진화 시기로 거슬러 올라갈 수 있는 **분노**와 **두려움**을 유발하는 것과 같은 일부 피질하부 영역은 **편도체**(*amydala*)라는 별개의 모듈에서 생성되지만, 다른 감정은 개별 모듈로 그렇게 쉽게 분리되어 있지 않다. 그럼에도 불구하고 진화심리학자들은 여전히 모듈이 더 많은 연구를 통해 발견될 것이라고 예상하고 있다.

다른 주제들은 잠재적 논쟁의 여지가 있다. 진화심리학자들은 사기꾼 탐지, 성별 선호도, 호혜성, 친족선택, 이타성, 상호성 등의 메커니즘뿐만 아니라, 근친상간 회피 메커니즘(아마도 이것이 사실일 것이지만, 이를 위한 모듈은 어디에 존재하는가?), 이타주의, 포괄적합성, 조력자의 색출 및 기타 보편적 인간행동 등에 대해 주장한다. 진화심리학자들이 보기에 인간행동이 보편적일수록 인간의 두뇌모듈에 위치한 신경학적 메커니즘에 의해 조절되는 경향이 있다. 이 모듈들은 홍적기 동안 호미닌과 그다음엔 인간의 적합성을 향상시켰기 때문에 진화할 수 있었다.

진화심리학의 이러한 기본적 특징은 그 수는 적지만 점점 증가하는 사회학자들에 의해 채택돼 인간행동을 설명하는 데 사용되며, 종종 사회과학 문헌에서 특정 행동의 비율로 보고된다. 예를 들어, 범죄 특히 폭력범죄가 남성에 의해 범해지고, 사춘기 동안 증가하고, 나이가 들면서 극적으로 감소하는 보편적 경향이 있다. 사회생물학자들[37]은 이 보편적 패턴을 설명하려고 노력했으며, 진화심리학자들[38]은 이러한 행동이 만들어지는 메커니즘의 특징을 추가했다. 그러한 설명은 사춘기 남성의 범죄율, 폭력범죄와 같은 특정 행동유형을 만들어내는(거의 지정되지 않았지만) 뇌 모듈을 생성하기 위해 먼 과거에서 발생한 일을 요약한 '그러한' 이야기가 된다. 예를 들어, 그러한 이야기는 남성의 여성에 대한 접근 필요성(따라서 유전자를 전수할 수 있는 욕망)으로부터 시작되며, 젊은 남성은 특히 그렇게 하도록 유도된다. 따라서 여성들에게 접근하기 위해 다른 남성들과의 경쟁에서 위험을 감수하고 비용을 부담할 가능성이 더 큰 것이다. 그렇게 될 수 있도록 자연선택은 모듈(테스토스테론 호르몬 생성에 관여하는 뇌 부분을 언급하는 것 외에는 명확하게 규정되지 않음)을 만들었다. 이 모듈은 많은 재산과 사법제도가 존재하기 훨씬 전부터 진화해왔다. 그러나 남성은 여전히 여성의 자질에 깊은 인상을 심어 주어 재생산 성공을 극대화할 수 있는 자원과 지위를 찾고 있다. 현대 사회에서 젊은 남성은 노인보다 자원이 적기 때문에 범죄를 통해 자원을 찾는다. 이야기는 이것보다 훨씬 미묘한 차이가 있으며 재미있는 세부사항까지 추가한다. 우리가 생각하는 것과는 반대로, 왜소한 남성들은 자신의 크기 부족을 보충해야 하고, 따라서 여성을 끌어들이기 위한 지위와 자원을 확보해야 하기 때문에 보다 공격적이고 폭력적이 될 것이다. 이러한 이유 때문에 폭력적 범죄를 저지를 가능성이 더 크다.

이 주장을 따라 다른 논점이 개발될 수 있다. 반 덴 버그의 접근방식에 대한 논의에서 설명했듯이, 사회생물학자들은 남성과 여성이 자신의 재생산 적합성을 극대화하기 위해 다소 다른 전략을 개발한다고 주장했다. 여성은 평생 동안 상대적으로 적은 수의 난자를 생성하고 자식에게 많은 투자를 해야 하지만(남성보다 여성이 아이를 낳고 모유를 먹여야 하기 때문이다), 남성은 매일 수백만 개의 정자를 생성한다. 따라서 여성은 자신들의 난자에

자원을 제공할 수 있는 남성과의 관계를 유지하는 데에 깊은 관심이 있으며, 남성은 성적 문란함을 더해 재생산 적합성을 극대화한다. 따라서 남성은 적합성을 극대화하기 위한 생물학적 전략에 의해 여성보다 성적으로 문란한 경향이 있다. 진화심리학은 남성이 여성 파트너가 다른 남성에게 접근하는 것을 제한하도록 유도하는 진화된 메커니즘을 가졌다는 개념을 이 시나리오에 추가한다. 예를 들어, 여성의 자식이 자신의 유전자를 가질 수 있도록 일반적으로 남성은 여성의 외도에 (명시되지 않은 감정적 모듈에 의해) 더 **반사적으로 질투하며**, 여성의 성에 대한 규범을 강요할 가능성이 높다. 그러나 이러한 규범은 여성이 독립적 자원을 가질 때 바뀔 수 있다. 여성이 독립적으로 자원을 획득할 수 있다면 남성이 제공하는 자원이 필요 없기 때문에 남성 통제에 저항할 수 있고, 보다 관대한 성적 규범을 요구하기 때문이다.[39] 이러한 설명은 다시 이 이야기의 더 미묘한 버전이지만, '그러한' 이야기의 줄거리(*plotline*)는 분명하다.

이 설명의 문제점 중 하나는 거의 즉흥적이라는 것이다. 누구든 위에서 묘사된 것과는 정반대 행동의 경험적 규칙성에 대한 이야기를 만들 수 있다. 진화심리학의 가정은 사회생물학자들의 주장을 통합했기 때문에 매우 일반적이어서, 거의 모든 행동 규칙성에 대한 설명(또는 다소 억지 설명)을 개발하기 쉽다. 가장 필요한 것은 적합성을 향상시키는 행동을 만들어내기 위해 진화한 뇌의 모듈에 대해 설명하는 것이다. 따라서 '그러한' 이야기는 일련의 주장이 된다. 특정 행동이 적합성을 높인다고 주장한다. 따라서 이 동작을 생성하는 모듈이 있어야 하며, 무언가가 이를 향상시키는 동작을 생성해

야 하기 때문에 모듈이 있어야 한다는 것을 알고 있다. 그러나 이러한 이야기는 즉흥적일 뿐만 아니라, 일부는 더 예측적이 되려고 노력했음에도 불구하고 일반적으로는 사후검증적(*post hoc*)이다. 40 그러나 진화심리학자들은 이러한 비판에 개의치 않는 것처럼 보인다. 실제로 그들의 접근방식이 생물학이 인간행동, 상호작용 및 사회조직의 패턴에 거의 영향을 미치지 않는다고 가정하는 일반적 사회과학 관행을 설명할 수 있다고 확신한다. 41 실제로 로즈메리 호프크로프트(Rosemary Hopcroft)는 사회학적 연구를 설명할 수 있는 진화심리학의 힘을 보여주는 입문서를 발간하기도 했다. 이 책은 진화심리학의 관점에서 많은 사회학적 주제를 연구하기 때문에 읽을 가치가 있다. 42

4. 종간(種間) 비교

다른 사회학자들은 인간을 다른 종과 비교하는 이론적 접근법을 개발하기도 했다. 이 절의 목표는 사회과학의 특정 질문을 강조하고, 인간과 사회구성의 유형을 다른 종과 비교하여 답을 찾는 것이다. 이러한 종간비교는 사회생물학이나 진화심리학의 아이디어를 포함할 수도 있고, 아닐 수도 있지만 강조하지는 않는다. 기본적 아이디어는 인간의 행동성향과 사회조직의 유형을 다른 종(생물학적으로 인간과 밀접한 관계에 있는 종과 때로는 인간과 생물학적으로 매우 먼 종)의 생물학적 경향과 비교해 이에 대한 답변을 제공하는 것이다.

1) 리처드 매컬릭의 접근법

리처드 매컬릭(Richard Machalek)은 전통적인 사회학적 문제에 현대 진화론을 적용해왔다. 43 매컬릭은 진정한 비교사회학이나 종간을 넘나드는 사회학을 보고 싶었다. 그의 접근방식은 인간의 종과 비인간적 종들 양쪽에서 발견되는 **사회성**(*sociality*)의 토대와 발전에 대하여 조사하려는 것이다. 인간 유기체와 비인간 유기체 사이에서 사회적 삶의 1차적 형태를 규명함으로써, 종들 사이의 조직적 요소들이 어떻게 조합되는가에 관한 정보를 수집할 수 있다. 진정한 비교사회학을 발전시키기 위한 이런 노력들 속에서 매컬릭은 '유기체보다 사회성에 대한 우선권'을 주면서 일반적인 사회적 형태를 사회학적으로 분석하기 위한 4단계 원칙을 약술했다. 44

―――

① 두 가지 이상의 종의 계통에 걸쳐 분포하는 사회적 형태를 규명하고 서술한다.
② 이 사회적 형태의 진화를 강요하는 '설계문제들'(*design problems*)을 규명한다. 달리 말하면, 특정한 사회적 형태가 존재하기 위해 어떤 전제조건들이 필요한가?
③ 사회적 형태를 만들어내는 과정들을 규명한다.
④ 다른 사회적 형태가 아니라 특정한 사회적 형태들이 지속하고 증식하는 이유를 설명할 수 있도록 사회적 형태의 이익과 수혜자들을 규명한다.

―――

이 원칙을 적용할 때, 매컬릭은 거대사회(*macro societies*) 진화에 초점을 맞추었는데, 이는 인간의 사회진화가 처음 발생한 약 5천 년 전의 사회형태다. 그는 다음과 같은 질문을 던졌다. 어떻게 인간에게 거대한 사회가 가능했는가? 매컬릭의 주장에 따르면 우리가 이 질문에 답하기 위해 농업사회와 산업사회를 참고할 수는 없다. 우리는 거시수준의 사회에 대한 연구보다 일반적 사회형태로서의 거대사회에 대한 연구를 우선해야 한다고 제안한다. 만일 우리가 종간비교의 접근을 취한다면 '거대사회'는 희귀하고, 그것은 단지 두 개의 목(目), 즉 곤충과 영장류에만 존재함이 분명할 것이다.

매컬릭은 거대사회를 특유의 사회계급들과 복잡한 분업이 있으며, 수억의 구성원들을 가진 사회로 묘사한다. 사회적 곤충들 사이에서 이런 사회적 형태는 매우 오래된 것이다. 그러나 인간에게 있어 이것은 약 5천 년 전에 농업사회의 등장과 더불어 시작된 매우 최근의 것이다. 분명히 인간과 곤충은 먼 종이며, 적어도 6억 년 전에 진화의 과정에서 갈라졌다. 따라서 그들은 개체의 생물학적 특성에 의해 비교될 수 없다. 실제로 인간과 곤충은 '뇌 크기에서의 106배 차이'를 포함하는 주요 해부학적 차이로 구분된다. 따라서 지능은 곤충의 거대사회가 진화하는 데 있어 역할을 하지 않았다. 대신 곤충과 인간의 거대사회적 사회형태는 수렴적 진화의 한 사례에 나타나는 그들의 '사회구조 설계'상의 특성들과 엄격히 비교돼야 한다.

인간조직과 곤충의 거대사회 사이의 기본적 유사점들을 고려하면, 매컬릭은 "어떤 종이든 상관없이, 그들이 하나의 거대사회로 진화한다면, 모든 사회적 유기체는 동일한 기본적 문제, 즉 조직의 설계와 조절의 문제에 직면한다"고 주장했다.[45] 이와 같이, 두 개의 구분되고 생물학적으로 먼 분류군에서의 이 사회적 형태의 존재는 우리가 다음과 같은 질문에 도달하도록 한다. 한 종이 하나의 거대사회로 진화할 수 있기 전에 어떤 장애들을 극복해야만 하는가?

매컬릭은 이 사회적 형태의 진화는 일련의 어렵고 복잡한 문제에 대한 성공적 해결을 요구하기 때문에 거대사회는 드물다는 견해를 제시한다. 그는 곤충과 인간만이 ① 유기체적 제약들, ② 생태학적 제약들, ③ 비용-편익 제약들, ④ 사회학적 제약들을 따돌리거나 극복할 수 있었다고 주장한다. 이들 각각에 대해 간단히 살펴보면 다음과 같다.

(1) 유기체적 제약들

복잡한 협력적 행위가 진화하기 전에 극복되어야만 하는 유기체적 제약을 설명할 때, 매컬릭은 거대사회를 진화시키기 위한 종의 능력을 촉진하거나 방해할 수 있는 중요한 요인으로서 종의 형태학에 주목한다. 예를 들어, 매우 지능이 높고 분명히 '사회적 생활'을 누리는 고래와 같은 수중의 사회적 종들은 가망 없이 그들의 거대한 '육체모형'(*body plan*)에 의해 방해받는다. 이 제약은 그들이 '다양한 형태의 생산적 행위'에 몰두하기 어렵게 한다.[46] 그리고 체제가 가능한 다양한 협력 행동을 제한할 때 또한 "복잡하고 광범위한 노동분업의 진화를 제약한다."[47]

(2) 생태학적 제약들

유기체적 제약과 더불어, 종의 생태학적 적소는 개체군의 크기와 사회의 복잡성 모두를 제한한다. 생태계의 물리적 속성은 약탈자의 수, 식량과 은 신처와 같은 자원에 대한 경쟁, 다른 종의 다양성, 그리고 질병으로 인한 사망률 등에서 다양할 수 있다. 이 모든 것들이 한 종의 개체군의 크기를 제한하는 요인이 될 수 있다. 사회적 곤충은 그들이 매우 작은 존재이기 때문에 거대사회를 지탱할 수 있는 풍부한 자원을 가진 거주지를 찾기가 더 쉽다.

(3) 비용-편익 제약들

유기체 및 생태학적 제약과 더불어, 거대사회의 진화는 경제적 요인, 즉 거대사회에 수반되는 다양한 '비용과 편익'에 의존할 것이다. 거대사회의 진화는 모든 사회적 종들에게 이득이 되는 것처럼 보일 수 있음에도 불구하고, 복잡하고 광범위한 협력이 필요한 사회는 비용과 편익 모두를 갖는다. 비용-편익 분석논리를 이용하면, 하나의 특별히 진화된 특성이 비용과 편익의 비율로 분석될 수 있다. 개미와 같은 사회적 곤충들 사이에서 비용(외래종이 노동력이나 먹이를 유용하는 사회적 기생과 같은 문제를 포함)은 편익을 초과하지 않는다. 이것은 사회적 곤충이 작은 크기의 개별 유기체를 보상할 수 있고 "그리하여 그들의 환경공학의 효율과 효과를 증대시키는" 복잡한 분업으로부터 많은 편익을 취득하기 때문이다. [48]

(4) 사회학적 제약들

모든 제약들 중에서 이것이 가장 중요하다. 다른 모든 제약들이 극복되더라도, 거대사회의 진화는 자연에서는 드물고 대부분의 유기체 능력을 능가하는 독특한 형태의 사회적 상호작용을 요구한다. 본질적으로 유기체들은 거대사회로 진화하기 위해서 3가지 커다란 사회학적 문제를 극복해야 한다. [49]

---

① 개체들은 비개인적(impersonal) 협동에 참여할 수 있어야 한다.
② 구성원의 노동은 구별되는 사회범주로 분할되어야 한다.
③ 구성원들 간의 분업은 통합되고 조정되어야 한다.

이 중요한 '설계문제들'이 거대사회가 진화할 수 있기 전에 극복되어야 한다고 생각하면, 우리는 왜 단지 사회적 곤충들과 인간만이 희귀하고 복잡한 사회형태를 만들 수 있었는가 하는 질문을 하게 된다. 그에 대한 단서를 찾기 위해 다른 사회적 종들에게 주의를 돌린다면, 대부분의 동물에게 있어 사회조직의 기저에 있는 근본적 메커니즘은 친족이나 유전적 연관성이라는 것을 알게 된다. 매컬릭은 친족유대는 특정한 협동적 집단에서 개인들의 수를 효과적으로 제한하며, 이것이 대부분의 종들이 거대사회로 진화하기 어렵게 만든다고 역설한다. 매컬릭은 동물들 간에 친족과 사회적 행위를 연결시키는 일반적 원리를 다음과 같이 진술할 수 있다고 말한다. "개인들 간의 유전적 관련성의 정도가 클수록 그들이 협동적으로 상호작용할 개연성은 크다." [50] 즉, 자연선택은 친족과 비친족을 구별할 수 있는 기본적 능력이 있는 사회적 종들에게 우호적인 것 같다. 그리고 이 능력은 친족 네트워크를 가능하게 한다. 그러므로 친척에 대한 개체의 인식에 기반한 친족연결은 대부분의 사회적 종들에게 사회적 협동의 바탕이다.

그러나 사회적 곤충에게 '혈족'이 개체로서 서로를 알아본다는 증거가 없기 때문에, 친족은 주로 멀리서 화학적 의사소통을 통해 비친족과 구별된다. 따라서 개미사회에서 구성원은 5 또는 6가지 형태의 — 수백만의 개별적 개미가 아니라 — 개미와 상호작용한다. 개미들은 서로를 별개의 범주나 카스트의 구성원으로 취급한다. 그리고 사회범주 또는 카스트는 직업적으로 특화되고, 작업의 전문화(즉, 식량징발, 새끼 돌보기, 집수리, 방위 등)를 가능케 하며, 복잡한 분업을 이끌어낸다. 카스트 유형은 후각적 암시로 인지되는데, 개미 조직 배후의 지배적 메커니즘이다. 인간은 종종 복잡한 분업을 인간의 지능, 문화 및 기술적 발전과 연결짓지만 이 사회적 형태는 분명히 인간지능의 범위 밖에 존재한다고 매컬릭은 지적한다.

이와 대조적으로, 언어와 문화의 선택에도 불구하고 대부분의 인간진화의 역사에서 인간사회는 작았고 개별화된 친족관계에 기반했다. 그러나 농업시대에 위계적 계층화가 만개하면서, 다음과 같은 질문이 제기된다. 어떻게 인간이 개별화된 친족관계와 개체를 인지할 수 있는 고도로 진화된 능력으로 제한요소들을 극복할 수 있었을까? 매컬릭은 이렇게 말한다.

———

인간들은 '익명의 타인들'과 높은 협력적 행위유형을 형성하도록 문화로부터 능력을 부여받았기 때문에, 인간은 거대사회를 진화시켜 왔다. 사회적 곤충에서, 영구적인 개인적 익명성의 상태는 사회적 곤충이 서로 다른 카스트의 구성원들 간의 순수하게 비개인적 협력으로 구성된 크고 복잡한 사회를 형성할 수 있도록 한다. 다른 한편, 인간은 개인적 관계나 비개인적인 지위-역할 특성에 기반한 협력적 사회체계를 형성하는 능력이 있다.[51]

———

그러므로 곤충이 화학적 의사소통을 통해 개별적 존재를 사회적 형태로 전환시키는 데 반해서, 인간은 **인지적 문화**와 사회적으로 구성된 상징화(typification)를 채용한다. 이 능력은 인간이 개인으로서가 아니라 개인적 이방인으로서 협력적 상호작용을 하도록 한다. 매컬릭은 "비개인적 협력이 거대사회의 기저에 놓여 있다"고 믿는다.[52] 따라서 사회적 곤충과 인간은 "익명의 개인들과 긴밀한 협력을 하기 위한 능력을 얻으려고 기능적으로는 다르지만 비슷한 전략을 사용해 거대사회로의 진화를 촉진시켰다."[53] 더불어 이 비개인성은 정당 간 상호작용에 대한 권리와 의무를 지정하고 한계짓는다. 매컬릭이 주장한 것과 같이, 지위-역할 구성체는 "카스트 체계가 형성되는 사회적 곤충 간의 화학적·촉각적 상징화 과정과 유사한 인간의 진화적 수렴이다."[54] 본질적으로 지위-역할 구성체 때문에 인간은 유일하고 구별되는 개인들 특성을 무시할 수 있으며, 이것은 협력적 상호작용의 경계를 확대시킨다. 그러나 사회적 곤충과는 달리 인간은 자신의 사회적 삶을 영위할 때 개인적 특성과 비개인적 특성 사이를 이동할 수도 있다.

요약하면 단지 곤충과 인간만이 거대사회성을 실현할 수 있는데, 이는 주로 거대사회를 창조하는 설계문제 때문이다. 매컬릭은 사회학자들이 오랫동안 사회적 행위의 기본적 형태를 이해하기 위해 애썼으나 이들의 탐구는 비인간적인 사회적 종에 대한 연구로 자신들의 관점을 확대하려는 노력이 없었기 때문에 한계가 있었다고 강조한다. 매컬릭은 어떻게 특정한 사회적 특성들이 종을 넘어 존재하는지 확인하는 것이 중요하다고 주장한다. 복잡한 분업의 발생과 왜 이것이 단지 몇몇 종에서만 발견되는가와 같은 의문을 탐구할 수 있는 능력은 그것이 인간사회에서 어떻게 진화했는지 발견하는 데 도움을 줄 수 있다. 게다가 만일 우리가 종 간의 사회성의 형태들을 비교한다면 "우리는 사회성이라는 적응적 가치를 강화할 수 있다."[55] 마지막으로, 사회적 형태에서 시작해, 그 형태가 나타나는 종들을 관찰함으로써 우리는 사회적 체계의 출현적 속성을 더 잘 이해할 수 있다. 그리고 사회체계의 출현적 속성, 특정한 사회형태를 발생하는 적응적 가치와 과정들, 그리고 다양한 종들이 직면하는 공통문제에 대한 해결을 제시하는 본질적인 설계상의 특성들을 보다 잘 이해하도록 한다.

2) 알렉산드리아 마리안스키의 접근

최근에 알렉산드리아 마리안스키(Alexandra Maryanski)는 공동연구자인 조나단 터너(Jonathan Turner)와 함께 인간의 가장 가까운 친척인 꼬리없는 원숭이(the apes)의 사회적 네트워크를 조사함으로써 인간본질의 문제에 접근했다.[56] 잘 알려진 것처럼, 인간은 유전물질의 98% 이상을 침팬지(Pan)와 공유한다. 실제로 침팬지는 고릴라(Gorilla)보다 유전적으로 인간에 더 가깝다. 그리고 아프리카 유인원인 침팬지와 고릴라 모두 확실히 유인원인 오랑우탄(Pongo)이나 긴팔원숭이(Hylobates), 그리고 두 종의 아시아 원숭이보다 인간에 더 가깝다. 사실 최근 화석과 분자 자료에 따르면 인간과 침팬지는 약 500만 년 전에 같은 동물에서 유래했다.[57]

장기간의 현지조사에 따르면 영장류는 매우 영리하고, 성장이 더디며, 오랜 기간의 사회화 과정을 겪으며, 오래 사는 것으로 나타났다. 대부분 영장류는 단지 성인 수컷과 암컷만이 다양한 나이와 성 집단들을 통합하는 연중 계속되는 사회로 조직된다. 게다가 영장류는 명확한 사회결속 유형을 가지는데, 이 유형은 187종의 영장류 사이에 상당히 다양하다.

마리안스키는 생물학에서 계통발생학 분석(cladistic analysis)이라 불리는 역사비교 기법을 사용해, 오늘날의 원숭이 속(ape genera: 침팬지, 고릴라, 긴팔원숭이, 오랑우탄)에 대한 사회적 관계를 조사함으로써 연구를 시작했다.[58] 이 절차를 따라서, 그는 관계가 유형화될 때 구조적 규칙성이 있는지 알아보기 위해 제한된 집단의 실체 — 이 경우 꼬리없는 원숭이 사회구조의 가장 중요한 특성인 모든 유인원 종류에서 나이와 성으로 이뤄진 집단 간의 사회결속력 — 를 먼저 확인했다. 만약 다른 환경에서 계통발생적으로 가까운 종들이 공통적으로 특유의 특성을 가지는 것이 밝혀지면, 그들의 '마지막 공통의 조상'(LCA: Last Common Ancestor) 또한 유사한 관계적 특성을 가졌다고 가정할 수 있다. 마리안스키는 현재의 꼬리없는 원숭이와 인간의 LCA의 청사진을 발견하려는 생각으로 꼬리없는 원숭이의 사회 네트워크 구조를 확인하려고 노력하였고, 자연조건에서 사는 꼬리없는 원숭이의 결속성향을 개관하는 폭넓은 연구를 수행했다.

이러한 관계유형의 타당성을 평가하기 위해, 그녀는 비교집단으로 **집단 외부혈통** — 구시대의 원숭이 소셜 네트워크의 샘플 — 을 포함시켜 계통분석학의 분석절차를 따랐다. 그녀는 또한 자신의 자료를 이 비교기법과 관련된 두 가지 기본 가정에 적용했다. ① 공유하는 사회관계 유형이 우연히 생겼는지 아닌지를 간접적으로 평가하는 **관계 가설**(*Relatedness Hypothesis*)과 ② 조상에서 후손으로의 형태변형이 체계적 편견을 뒷받침하는 증거가 되는지 그리고 임의적으로 획득되는 것이 아닌지를 간접적으로 평가하는 **규칙성 가설**(*Regularity Hypothesis*)이 그것이다. 두 가설 모두 유인원(즉, 꼬리없는 원숭이와 인간)의 LCA 유형을 재건하는 데 강력한 경험적 기반을 제공했다. 59

그녀의 분석은 놀랄 만한 결론을 이끌어냈다. 계통발생적으로 인간과 비슷한 현대의 꼬리없는 원숭이처럼, LCA 인구는 상대적으로 낮은 수준의 사회성과 세대 간의 집단 연속성 부족으로 구성된 유동적 조직구조임을 입증하였다. 이 구조가 나타나는 직접적 이유들은 살아 있는 모든 꼬리없는 원숭이 사회 네트워크에서 여전히 발견되는 여러 힘들의 조합이다. ⓐ 발정기가 되면 암컷(그리고 보통 수컷)이 이동해야 한다는 체계적 편견, 이것은 오직 수컷만이 이동하고 암컷들은 머물러 세대 간 모계를 형성하는 꼬리있는 원숭이(*monkey*)와는 반대의 경향이다. ⓑ 부권을 형성하기 힘든(긴팔원숭이는 예외) 이동교배 패턴, 그리고 ⓒ 대부분 성체들 사이에서 다수의 약한 사회결속과 소수의 강력한 결속 등이 그것이다. 게다가 LCA 사회구조로부터의 변형을 평가하기 위해 쓰였던 규칙성 가설은 후손들이 선조로부터 분리된 뒤 유인원 진화(즉, 꼬리없는 원숭이)의 미래 경향은 높은 사회성에 대한 선택압력과 관련이 있음을 시사했다. 사실 화석기록에 따르면, 약 1,800만 년 전에 수

많은 꼬리없는 원숭이 종족이 급격히 감소하거나 멸종했다. 이 시기에 꼬리있는 원숭이 종족들은 갑자기 늘어났으며 유인원들이 차지했던 적소로 이동했다. 이것은 아마도 꼬리있는 원숭이들이 꼬리없는 원숭이보다 경쟁력이 있고, 음식섭취의 강점을 발달시켰기 때문이다. 이유가 어떻든 화석기록에 따르면 꼬리없는 원숭이들이 꼬리있는 원숭이에 의해 적소를 빼앗겼을 때 꼬리없는 원숭이들은 수목 서식지의 한계적소(*marginal niche*)에 걸맞은 해부학적 변형을 시작했다. 이러한 적응은 오늘날 유인원과 인간 모두의 해부학을 특징짓는 새로운 골격과 함께 공간을 통한 나무에서의 손움직임을 포함하는 특별한 이동패턴을 중심으로 진행됐다. 60 현재 꼬리있는 원숭이는 지배적 영장류이며 꼬리없는 원숭이는 아주 적은 소수다. 게다가 인간을 제외한 소수의 유인원(*hominoid*) — 침팬지, 고릴라, 오랑우탄, 그리고 긴팔원숭이 — 은 그들의 적은 수와 전문화되고 제한된 적소로 인해 지금 '진화의 실패' 또는 '진화의 찌꺼기'로 간주된다.

이 발견의 의의는 인간본성을 이해하는 데 중요하다. 만약 인간의 가장 가까운 종족들이 상대적으로 약한 사회적 결속을 가지는 경향이 밝혀진다면, 인간은 아마도 이 사회적 경향을 그들의 유전적 암호의 일부분으로 가지고 있을 것이다. 그러나 약하고 유동적인 결속은 무엇을 의미하는가?61 마리안스키는 자신의 자료를 설명하면서 꼬리있는 원숭이들은 많은 강한 결속과 높은 밀도의 모계 네트워크를 가진다고 확인했다. 꼬리있는 원숭이 사회에서 발정기 때 수컷은 다른 집단으로 이동하는데, 반면에 암컷은 4대의 강하게 결속된 모계(즉,

외할머니, 어머니, 자매, 숙모, 사촌, 딸로 구성)를 형성하며 남아 있다. 이 확장된 모계 결속은 세대 간 연속성을 제공하며 대부분의 꼬리있는 원숭이 사회의 근간이 된다. 이와는 대조적으로 꼬리없는 원숭이 사회에서는 발정기의 암컷이 전형적으로 더 큰 지역이나 공동체로 이동해 흩어지는 드문 유형을 보여준다. 또한 꼬리없는 원숭이 사회에서 수컷(침팬지 제외) 또한 자신이 태어난 공동체를 떠나 새로운 지역으로 이주한다. 따라서 발정기 때 양쪽 성이 모두 흩어져서 대부분의 혈족결속은 파괴되고, 세대 간의 연속성도 잃게 된다. 그 결과 개별 성체들이 좀더 큰 지역인구 내에서 개인들의 집합으로 이동하는 상대적으로 유동적인 사회구조가 나타난다.

아시아에서는 다 자란 오랑우탄이 혼자 지내며, 다른 이들과 거의 상호작용하지 않는다. 암컷과 의존적인 어린 새끼들만이 유일하게 안정된 사회 단위이다. 아프리카의 침팬지와 고릴라는 함께 평화적으로 사는 작은 집단 내에서는 사교적 경향이 있지만, 개체들은 상당히 독립적이어서 성체들 간의 명백한 사회적 상호작용은 흔하지 않다. 인간에 가장 가까운 친척인 침팬지의 경우에도 다 자란 암컷이 또한 독립적이어서, 의존적인 새끼들을 거느리고 혼자 여행하는 데 대부분의 시간을 보낸다. 그러나 다 자란 침팬지 수컷은 상대적으로 더 사교적이고 다른 수컷들과 소수의 개인적 '우정'을 가지는 경향이 있다. 어머니와 아들 또한 강한 결속을 형성한다. 그러나 어머니와 어린 자손을 제외하면 침팬지 사회에서 안정된 집단이 없다. 따라서 침팬지 수컷은 여전히 매우 개인주의적이고 독립적이어서, 크고 유동적인 지역집단 내에서 독립적으로 움직이는 것을 선호한다.

따라서 인간에 가장 가까운 아프리카 꼬리없는 원숭이 친척들이 개인주의, 자율성, 이동성 그리고 약한 사회적 결속의 행동경향을 보여준다면, 마리안스키는 이 유전적으로 암호화된 특성이 아마도 인간본성의 한 부분이라고 주장한다. 실제로 만약 인간이 하나의 종으로서 진화해간 사회적 유형, 즉 수렵채취와 사냥을 살펴본다면, 대형 유인원, 특히 아프리카 꼬리없는 원숭이 사이에서의 유형과 비슷하리라는 것은 확실하다. 즉, 거대한 이동범위 내에서 상당한 큰 이동성이 있다. 높은 수준의 개인주의와 개인적 자율성이 있다. 결혼한 쌍을 제외하고는 상대적으로 느슨하고 유동적인 사회적 결속이 분명하다. 마리안스키는 생물학적 차원에서 볼 때 인간들은 사회학자뿐만 아니라 일반적 사회철학이 우리 본성에 주입하려 했던 사회성과 집단주의적 사회결합에 대한 강력한 생물학적 충동을 갖고 있지 않을 수도 있다고 주장한다.[62]

조나단 터너와의 공동연구에서 마리안스키는 사회활동의 발달단계에 대한 검토에서 얻을 수 있는 함의를 서술했다. 사냥과 수렵은 인간의 기본적인 생물학적 암호가 진화하는 단계이다. 한정된 지역 내에서 떠돌아다니는 무리들로 이뤄진 이 사회들에서는 구성원들 간의 느슨하고 유동적인 사회결속, 높은 개인적 자율성, 자기의존 그리고 이 무리에서 저 무리로의 이동성 등을 보여준다.[63] 그러나 인구규모가 성장하고 생존하기 위해 처음에 원예를 채택하고 그다음에 농업을 지속하도록 강요당하면서, 그들은 땅을 경작하기 위해 정착했다. 이 과정에서 그들은 사회·문화적 형태로 자신들을 '가두기'(caged) 시작했다. 이 사회·문화적 형태는 지역집단으로 이뤄진 더 큰 공동체 내에서 자유, 어느 정도의 개인적 자율성, 유동적 결속에 대한 기본적 요구를 깨뜨렸다.

따라서 사회·문화적 진화는 인간의 기본적 본성을 짓밟기 시작했다. 마리안스키와 터너가 결론 내린 대로, 현재 산업시대와 후기 산업시대의 시장주도적 체계는 수많은 문제점에도 불구하고 최소한 이런 의미에서 원예나 농경시대보다 인간이 생물학적으로 진화한 본래의 사회유형에 가깝다. 시장주도적 체계는 더 많은 선택권을 제공한다. 이 체계는 개인주의를 허용하고 실제로 권장한다. 이 체계는 대부분의 사회결속을 유동적이고 일시적으로 만드는 방식으로 구조화된다. 그리고 이 체계는 많은 사람들에게 가족 이상으로 강력한 결속을 제한한다. 마리안스키와 터너는 과거와 현재의 많은 사회학자들에게 시장주도적 사회에 의해 요구되는 인간행동의 특징이 인간 기본 본성을 해치는 병으로 간주된다는 점에 주목한다. 마리안스키와 터너에 따르면, 사냥과 수렵 이후의 사회적 진화는 진화된 꼬리없는 원숭이로서 인간의 기본적 유인원 본성에 보다 더 적합한 조건을 만들기 시작했다.

이 결론 중 많은 부분이 분명히 다소 사변적임에도 불구하고, 마리안스키 분석의 요지는 명확하다. 계통발생학 분석이나 인간과 비슷한 진화친척을 이용한 종간비교 같은 생물학의 진화론적 접근을 이용한다면, 우리는 인간본성에 관해 자세한 정보에 입각한 추리를 할 수 있다. 그다음 우리는 이 추리를 사회·문화적 진화가 인간의 영장류 유산과 모순되는지 아닌지를 결정하는 데 이용할 수 있다. 이 분석에서, 어떻게 그리고 왜 그들이 사회 활동의 최초 형태 — 즉 사냥과 채집 — 를 발달시켰는지, 그리고 어떻게 그들이 다양한 사회적 발달과정 동안 진화된 꼬리없는 원숭이로서 인간의 기본적 본성과 상호작용하는지를 결정하기 위해 혈족관계, 정치형태, 종교, 그리고 경제 같은 기본적인 제도적 체계를 살펴보는 것이 가능하다.

5. 나가며

잘 알다시피 다원주의적 영향을 받은 이론적 접근은 매우 다양하다. 사회생물학과 진화심리학은 밀접하게 연관되어 있지만, 이 이론적 관점 밖에서 다원주의적 접근방식은 다양하다. 아마도 가장 유망한 방식은 인간과 다른 생명체를 조직하는 사회와 수렴하고 다른 곳에서는 분리하면서 비교하는 접근법일 것이다. 허버트 스펜서가 100년 전에 주장했듯이, 사회학은 **초유기체적** 영역, 즉 유기체의 조직에 관한 연구이며, 인간만이 복잡한 사회구조로 조직된 동물은 아니다. 매컬릭의 비교접근법은 자연선택이 거대사회를 만들기 위해 극복해야 했던 설계문제를 찾는다. 이러한 설계문제를 찾음에 있어 그는 대규모로 사회조직을 촉진시키거나 방해하는 핵심요인들을 공략했다. 여러 면에서 그의 분석은 진화가 세분화와 새로운 통합방식을 통해 거대사회 (이것이 곤충으로 구성되었거나 인간으로 구성되었거나 상관없다) 를 창출한다는 사실을 인식한 초기 기능주의 사회학자들의 통찰력을 확인시켜 준다. 사실 허버트 스펜서의 연구주제로서의 **초유기체 체계**에 대한 강조는 사회를 형성하는 모든 동물과 생명체를 연구하는 사회학을 주장한다.

마리안스키의 접근방식은 이론화에서 항상 두드러진 문제, 즉 인간성에 대한 이론화를 다시 시도한다. 그러나 그녀의 접근법은 유인원과 인간의 마지막 공통 조상의 특징을 시간을 들여 되돌아보기 위해 계통발생학적 분석을 사용하기 때문에 인간의 욕구와 욕망에 관한 추리로부터 분석을 자유롭게 한다. 그렇게 할 때 인간본성에 대한 추리는 영장류의 네트워크로부터 모든 인류가 발현된 유인동물종의 사회성을 재구성하기 위한 데이터와 연결된다. 인류의 먼 조상의 이미지 — 영구적 집단을 형성하지 않는 개인주의적이고, 이동적이며, 문란하고, 그리고 난잡하고 약한 동물 — 는 모두 집단학자와 집단주의자로서의 사회학자와 일반인 모두가 가진 대중적 이미지와 매우 다르다. 의심의 여지없이 진화는 인간을 유인원과 인간의 마지막 공통 조상, 그리고 현재의 유인원보다 더 사회적으로 만들었다. 그러나 자연선택은 일반적으로 오래된 특성을 없애지는 않는다. 오히려 자연선택은 기존의 것들에 새로운 특징을 추가한다. 결과적으로 인간은 자연선택이 사회성의 그윽한 멋을 더한 개인주의적이고 약한 유대관계의 동물이다. 여러 가지 측면에서 어떻게 행동하고, 상호작용하고, 조직하는가에 큰 영향을 주는 개인주의와 집단주의 사이의 인간 신경해부학적 갈등이 있다.

이러한 다원주의적 접근방식이 전통적인 사회학적 문제를 다룬다는 사실은, 비록 사회학적 이론을 발전시키는 데 생물학적 동학이 필요하지 않다고 생각하는 사람들에 의한 비판을 받더라도, 사회학 내에서 다원주의적 접근법이 지속되어야 한다는 것을 역설한다. 계속되는 비난에도 불구하고 진화론적 사회학의 노선은 사라지지 않을 것 같다. 일련의 학자들이 주장하듯 이는 일시적 유행이 아니라, 인간 역시 동물이며, 다른 모든 동물과 마찬가지로 계속 진화해왔다. 따라서 생물학적 영향력은 사회이론화에 적절하다고 주장하는 학제적 사회학을 발전시키기 위한 지속적 노력의 일환이다.

주

* 이 장의 일부는 알렉산드리아 마리안스키(Alexandra Maryanski)와 공동 저술하였다.

1 Pierre van den Berghe, *Age and Sex in Human Societies: A Biosocial Perspective* (Belmont, CA: Wadsworth, 1973), p. 2. 반 덴 버그의 다음 글도 참조하라. *Man in Society: A Biosocial View* (New York: Elsevier, 1975); "Territorial Behavior in a Natural Human Group", *Social Science Information* 16 (1977): pp. 421~430; "Bringing Beasts Back In: Toward a Biosocial Theory of Aggression", *American Sociological Review* 39 (1974): pp. 777~788; "Why Most Sociologists Don't (and Won't) Think Evolutionarily", *Sociological Forum* 5 (1990): pp. 173~185; "Genes, Mind and Culture", *Behavioral and Brain Sciences* 14 (1991): pp. 317~318.

2 van den Berghe, "Bridging the Paradigms", *Society* 15 (1977~1978): pp. 42~49; *The Ethnic Phenomenon* (New York: Elsevier, 1981) and *Human Family Systems* (Prospect Heights, IL: Waveland, 1990), pp. 14ff.

3 van den Berghe, "Bridging the Paradigms", p. 46.

4 van den Berghe, *The Ethnic Phenomenon*, p. 7 (주 2 참조). 다음 글도 보라. Pierre van den Berghe and Joseph Whitmeyer, "Social Class and Reproductive Success", *International Journal of Contemporary Sociology* 27 (1990): pp. 29~48.

5 van den Berghe, "Bridging the Paradigms", pp. 46~47; *Human Family Systems*, pp. 19~20 (두 글 모두 주 2 참조).

6 6장에 제시된 트라이버스에 관한 논의와 주석에 제시된 관련 문헌을 참고하라.

7 van den Berghe, *The Ethnic Phenomenon*, p. 9; "Bridging the Paradigms", p. 48 (두 글 모두 주 2 참조).

8 van den Berghe, "Bridging the Paradigms" (주 2 참조).

9 van den Berghe, *The Ethnic Phenomenon* (주 4 참조), p. 10; van den Berghe and Whitmeyer, "Social Class and Reproductive Success", pp. 31~32.

10 van den Berghe, *The Ethnic Phenomenon*, p. 6; *Human Family Systems*, p. 220 (두 글 모두 주 2 참조).

11 Pierre van den Berghe and David Barash, "Inclusive Fitness and Family Structure", *American Anthropologist* 79 (1977): pp. 809~823.

12 van den Berghe, *The Ethnic Phenomenon* (주 2 참조). 다음 글도 보라. van den Berghe, "Heritable Phenotypes and Ethnicity", *Behavioral and Brain Sciences* 12 (1989): pp. 544~545.

13 van den Berghe, "Once More with Feeling: Genes, Mind and Culture", *Behavioral and*

Brain Sciences 14 (1991): pp. 317~318 (주 4 참조); van den Berghe and Whitmeyer, "Social Class and Reproductive Success", pp. 41~44.

14 J. Maynard-Smith, "The Theory of Games and the Evolution of Animal Conflicts", *Journal of Theoretical Biology* 47 (1974): pp. 209~221 and Alexandra Maryanski, "The Pursuit of Human Nature in Sociobiology and Evolutionary Sociology", *Sociological Perspectives* 37 (Fall 1994): pp. 115~127를 참조하라.

15 R. D. Alexander, "The Search for a General Theory of Behavior", *Behavior Science* 20 (1975): pp. 77~100.

16 Joseph Lopreato, "The Maximization Principle: A Cause in Search of Conditions", in *Sociobiology and the Social Sciences*, eds. Robert and Nancy Bell (Lubbock: Texas Tech University Press, 1989), pp. 119~130.

17 같은 책, p. 121.

18 같은 책, p. 120~121.

19 같은 책, p. 125.

20 같은 책, p. 126.

21 같은 책, p. 127.

22 같은 책, p. 127.

23 같은 책, p. 127.

24 같은 책, p. 129.

25 Arlen Carey and Joseph Lopreato, "The Evolutionary Demography of the Fertility-Mortality Quasi-Equilibrium", *Population and Development Review* 21 (1995): pp. 613~630.

26 같은 책, p. 616.

27 같은 책, p. 617.

28 같은 책, p. 617~619.

29 같은 책, p. 619.

30 같은 책, p. 620.

31 같은 책.

32 같은 책.

33 Jay Belsky, Laurence Steinberg, and Patricia Draper, "Childhood Experience, Inter-personal Development, and Reproductive Strategy: An Evolutionary Theory of Socialization", *Child Development* 62 (1991): pp. 647~670.

34 같은 책.

35 James Chisholm, "Death, Hope, and Life: Life History Theory and the Development of Reproductive Strategies", *Current Anthropology* 34 (1993): pp. 1~12.

36 Carey and Lopreato, "The Evolutionary Demography of the Fertility-Mortality Quasi-

Equillbrium", p. 621; Joseph Lopreato and Mei-Yu Yu, "Human Fertility and Fitness Optimization", *Ethnology and Sociobiology* 9 (1988) : pp. 269~289.

37 Martin Daily and Margo Wilson, *Homocide* (New York : De Gruyter, 1988).

38 Satoshi Kanazawa and Mary C. Still, "Why Men Commit Crimes (and Why They Desist)", *Sociologicaı Perspectives* 18 (2000) : pp. 434~447.

39 Christine Horne, "Values and Evolutionary Psychology", *Sociological Perspectives* 22 (2004) : pp. 477~493.

40 Rosemary Hopcroft, "Status Characteristics among Older Individuals : The Diminished Significance of Gender", *Sociological Quarterly* 47 (2006).

41 예를 들어 J. Barkow, Leda Cosmides, and John Tooby, eds., *The Adapted Mind : Evolutionary Psychology and the Generation of Culture* (New York : Oxford University Press, 1992) 에 실린 논문들을 참조하라.

42 Rosemary L. Hopcroff, *Sociology : A Biosocial Introduction* (Boulder, CO : Paradigm Press, 2010).

43 Richard Machalek, "Why Are Large Societies Rare?" *Advances in Human Ecology* 1 (1992) : pp. 33~64.

44 Richard Machalek, "Crossing Species Boundaries : Comparing Basic Properties of Human and Nonhuman Societies" (미간행 원고).

45 Machalek, "Why Are Large Societies Rare?" (주 43 참조), p. 35.

46 같은 책, p. 42.

47 같은 책.

48 같은 책, p. 44.

49 같은 책, p. 45.

50 같은 책, p. 46.

51 같은 책, p. 47.

52 같은 책, p. 48.

53 같은 책, p. 50.

54 같은 책.

55 같은 책, p. 61.

56 Alexandra Maryanski, "The Last Ancestor : An Ecological Network Model on the Origins of Human Sociality", *Advances in Human Ecology*, ed. L. Freese, vol. 1 (1992), pp. 1~32; Alexandra Maryanski and Jonathan Turner, *The Social Cage* (Stanford, CA : Stanford University Press, 1992) ; and Alexandra Maryanski, "African Ape Social Structure : Is There Strength in Weak Ties?" *Social Networks* 9 (1987) : pp. 191~215. 이 논쟁의 가장 최근의 서술은 다음 글을 보라. Jonathan H. Turner and Alexandra Maryanski, *On the Origins of Societies by Natural Selection* (Boulder, CO : Paradigm Press, 2008).

57 다음 글들을 보라. Charles G. Sibley, John A. Comstock, and Jon E. Ahlquist, "DNA Hybridization Evidence of Hominoid Phylogeny: A Reanalysis of the Data", *Journal of Molecular Evolution* 30(1990): pp. 202~236; M. Goodman, D. A. Tagle, D. H. A. Fitch, W. Bailey, J. Czelusnak, B. F. Koop, P. Benson, and J. L. Slightom, "Primate Evolution at the DNA Level and a Classification of Hominids", *Journal of Molecular Evolution* 30(1990): pp. 260~266. Jonathan H. Turner and Alexandra Maryanski, Incest: *Origins of the Taboo*(Boulder, CO: Paradigm Press, 2005) and *On the Origins of Societies by Natural Selection*(Boulder, CO: Paradigm Press, 2008).

58 이 방법론은 비교생물학, 역사언어학 및 텍스트비평과 같은 분야에서 복원을 위해 사용하는 표준 방법론이다. 기본적 절차는 공유된 특성의 탐지를 통해 '원래' 또는 공통 조상을 재구성할 수 있다는 생각으로 진화 또는 발달과정의 종말점 또는 자손이라고 여겨지는 문자집합을 식별하는 것이다.

59 이 방법론의 논의를 위해서는 다음 글들을 보라. R. Jeffers and I. Lehiste, *Principles and Methods for Historical Linguistics*(Cambridge, MA: MIT Press, 1979); M. Hass, "Historical Linguistics and the Genetic Relationship of Languages", *Current Trends in Linguistics* 3(1966): pp. 113~153; and N. Platnick and H. D. Cameron, "Cladistic Methods in Textual, Linguistic, and Phylogenetic Analysis", *Systematic Zoology* 26 (1977): pp. 380~385.

60 논의를 위해서는 다음 글들을 보라. P. Andrews, "Species Diversity and Diet in Monkeys and Apes during the Miocene", in *Aspects of Human Evolution*, ed. C. B. Stringer(London: Taylor and Francis, 1981), pp. 25~61; J. Temerin and J. Cant, "The Evolutionary Divergence of Old World Monkeys and Apes", *American Naturalist* 122 (1983): pp. 335~351; R. Ciochon and R. Corruccini, eds., *New Interpretations of Ape and Human Ancestry*(New York: Plenum Press, 1983).

61 사회적 결속을 나열해 보면, 정서적 결속은 상호작용을 강화하고 우호적 상호작용을 기반으로 로 평가된다. 애착정도는 단순한 강도의 차이에 따라 기술된다. 무결속, 약한 결속, 보통결속, 강한 결속 등이다. 결속이 없는 개인들(예를 들면 부성을 알 수 없는 아버지와 딸)이나 매우 드물게 상호작용하는 사람은 유대관계가 없다. 가끔 긍정적 방식으로 상호작용하는 사람들은 약한 유대를 갖는다. 한때 친밀하게 교류하지만 시간이 지남에 따라 지속되지 않는 사람들은(적어도 성인에 있어서) 보통 유대관계를 가진다. 많은 관찰 가능한 애정(예: 서로 쓰다듬기)을 보여주는 비성적 신체접촉을 하는 사람들은 매우 높은 상호작용 정도를 보이며, 시간이 지남에 따라서 안정적이고 장기적인 관계로 상호지원을 보여주는 사람들은 강한 유대관계를 가진다. 영장류의 유대관계 강도 측정은 지난 50년간 현장연구원에 의해 문서화된 연령과 성별 등급에 따른 명확한 사회적 경향이 있기 때문에 간단한 절차다. 영장류 사회관계의 네트워크 분석이 어떻게 수행되었는지에 대한 더 자세한 논의는 Maryanski, "The Last Ancestor"(주 56)와 Maryanski and Turner, *The Social Cage*를 참조하라. 네트워크 분석에 대한 일반적 사항은 29장을 참조.

62 11개의 식량수집 사회에 대한 연구는 다음 글을 참조하라. M. G. Bicchieri, *Hunters and Gatherers Today* (New York: Holt, Rinehart & Winston, 1972). 또한 침팬지와 인간 수렵 채취 사회의 유사성에 관해 자세히 기술한 다음 글도 참조하라. Margaret Power, *The Egalitarians — Human and Chimpanzee: An Anthropological View of Social Organization* (Cambridge: Cambridge University Press, 1991), pp. xviii, 290; Robert C. Bailey and Robert Aunger, "Humans as Primates: The Social Relationships of Efe Pygmy Men in Comparative Perspective", *International Journal of Primatology*, vol. 11, no. 2(1990): pp. 127~145.

63 Maryanski and Turner, *The Social Cage* (주 56 참조), Chap. 4, pp. 69~90.

갈등이론화

10 장

갈등이론의 등장

1. 들어가며

기능주의와 함께 갈등이론은 사회학의 초기 이론적 관점들 중에 하나다. 허버트 스펜서[1]와 같이, 몇몇 초기 기능주의 이론가들도 갈등의 개념화를 발전시켰다. 그러나 시간이 지나면서 이러한 기능주의적 접근은 갈수록 갈등과 변동을 충분히 강조하지 않는다는 비판을 받게 되었다. 사회통합과 여타 시스템의 필요조건들을 충족해야 하는 사회문화적 힘들의 '기능'(the function)을 탐구하면서 기능주의자들은 사회체계[2]에서 갈등과 분열, 변동을 조직적으로 발생시키는 불평등의 영향을 과소평가하는 경향이 있었다.

사회학에서 갈등이론은 칼 마르크스(Karl Marx, 1818~1883)와 함께 시작되었다. 그러나 갈등이론의 발전은 두 명의 다른 초기 독일 사회학자인 막스 베버(Max Weber, 1864~1920)와 게오르크 짐멜(Georg Simmel, 1858~1918)에게 힘입은 바 크다. 베버와 짐멜은 갈등이론을 정교화했을 뿐만 아니라

마르크스의 이론적 주장에 의문을 가졌다. 결과적으로 그들의 이론은 이데올로기 주도적인 마르크스 사상에 필요한 이론적 엄밀성과 정교성을 추가했다. 종합해 보면, 마르크스, 베버, 짐멜은 현대 갈등이론의 접근방식에 여전히 영감을 주는 핵심사상을 제공했다. 그러나 이들 초기 대가들의 천재성에도 불구하고 갈등이론은 — 인종적 긴장이나 식민주의 같은 특별한 갈등 사례들에 상당한 연구와 이론화가 이뤄지기는 했지만 — 20세기 전반기 동안 침체돼 있었다.

갈등에 대한 마르크스, 베버, 짐멜의 사상은 두 명의 독일 태생 사회학자인 랄프 다렌도르프와 루이스 코저의 저작들에서 다시 나타나서 1950년대에 사회학 이론에서 중심적 위치를 차지하기 시작했다. 다른 학자들도 새로운 갈등 관점의 발전에 관련되었지만 다렌도르프와 코저는 갈등이론 부활의 분위기를 확립했다. 이 장에서는 먼저 마르크스, 베버, 짐멜의 주요 통찰을 살펴보고, 11장에서 다렌도르프와 코저의 이론을 검토하고자 한다.

이런 개념적 토대로부터 갈등이론은 지난 50년간 여러 가지 흥미로운 방향으로 전개되었다. 마르크스와 베버로부터 많이 차용한 12~14장의 갈등이론들, 그리고 28~31장의 비판이론들에서 보듯이 말이다.

2. 칼 마르크스와 갈등이론

우리는 현대 사회학에서 여러 이론적 관점을 분석할 때 마르크스의 저작을 만나게 될 것이다. 그러므로 여기서 그의 모든 이론적 문집을 서술할 필요는 없다. 마르크스 이론의 주장들에 가득 들어 있는 보다 일반적이고 관념적인 갈등모델을 서술하는 것이 주목적이다. 마르크스에게 갈등은 어떤 주어진 역사적 시기에 생산수단에 의해 발생되는 불평등으로부터 필연적으로 나타난다. 생산수단을 소유하고 통제하는 사람들은 자원이 거의 없는 사람들을 착취하고, 그 결과로 자원이 거의 없는 사람들은 그들이 생산하는 것과 그들의 삶을 거의 통제할 수 없기 때문에 박탈감과 소외감을 느낀다. 모든 형태의 불평등에 내재하는 것은 이익갈등으로, 이는 사회의 피지배계급으로 하여금 지배계급과의 갈등을 위해 동원하게 만든다. 피지배계급이 그들의 집단이익을 인식하게 되고 갈등을 위해 동원하기 시작함에 따라, 그들의 감정이 커질수록, 리더들에 의해 변혁의 이데올로기가 명료히 표현될수록, 그들의 박탈감과 소외감이 커질수록 동원은 커질 것이라고 마르크스는 주장하였다.

사회 세상에 대한 마르크스의 가설과 내포된 법칙, 사회에서 갈등과 변화를 가져오는 주요 힘은 〈표 10-1〉에 요약되었다.[3] 명제 1에서 보듯이, 마르크스는 자원의 배분에서 불평등의 정도는 가치 있는 자원을 가진 자와 갖지 못한 자 간 내재적 이익갈등을 발생시킨다고 주장한다. 명제 2는 사회의 피지배계급 구성원들이 자원의 배분에서, 자신들의 진정한 이익을 인식하고, 불평등을 줄이려 할 때, 그들은 체제의 정당성에 대해 의문을 갖기 시작할 것이라는 점을 강조한다. 그다음, 명제 3에서는 진정한 이익갈등에 대한 피지배구성원들의 인식을 촉진시키는 조건들을 명시한다. 명제 3-A, 3-B, 3-C, 3-D는 각각 수탈되는 집단성원의 사회적 분열, 그런 상황의 결과로 인한 사람들의 소외, 수탈된 구성원들이 서로 간에 소통할 수 있는 능력과 그들의 진정한 이익을 대변하는 통합된 이데올로기를 발전시킬 수 있는 능력에 대해 다룬다. 마르크스는 이러한 조건들이 피지배계급의 집단이익을 강화시키고, 피지배계급이 지배계급에 의한 자원의 불균형적 배분을 정당한 것으로 받아들이는 것을 약화시키는 요인들로 보았다.

결국, 자각을 고양시키는 이러한 몇 가지 요인들은 인구생태학적 집중(3-C-1), 교육기회(3-C-2), 이데올로기적 대변인의 활용가능성(3-D-1), 그리고 지배계급에 의한 소통구조와 사회화 과정에 대한 통제(3-D-2) 등과 같은 구조적 조건들에 의해 영향을 받는다. 마르크스는 (명제 4에서 보듯이) 피착취계급의 진정한 이익에 대한 인식의 증대와 그 결과로 자원배분의 정당성에 대한 의문은 사회에서 혜택받지 못한 계층이 체제의 지배계층에 반대하기 위해 집단적으로 조직화를 시작할 가능성을 높인다고 가정했다. 이런 조직화는 몇 개의 조건하에서 특히 그럴 것이다. 자신들의 진정한 이익을 보호하기 위한 조직화와 관련하여 지배집단들 간의 분열(4-A), 피지배계급이 그들의 상태를 특권층의 상태와 비교하기 시작함에 따라 생기는 박탈감 증가(4-B), 그리고 갈등을 밀고 나가는 조직적 임무를 수행하는 정치적 리더십의 동원(4-C) 등이 그것이다. 마르크스는 (명제 5에서 보듯이) 피착취계급이 단일화된 이데올로기와 정치적 리더십을 갖게 되면, 그들의 진정한 이익은 분명한 초점을 갖게 되고 지배계급에 대한 저항도 커지기 시작한다고 강조했다. 즉, 지배계급과 피지배계급의 이익과 목표가 양극화되는 것이다. 양극화가 커짐에 따라, 빈곤한 사람들이 충분히 소외되고, 조직되고, 자원배분 방식의 완전한 변화를 요구할 만큼 단결되기 때문에 화해, 타협, 또는 약한 갈등의 가능성은 감소하게 된다. 명제 6에서 강조하듯이, 피지배계급은 폭력적 대결을 지배계급의 불가피한 저항을 이겨낼 유일한 방법으로 생각하게 된다. 마지막으로, 마르크스는 (명제 7에서 보듯이) 폭력적 갈등은 사회조직의 방식, 특히 희소자원의 사회적 배분에 엄청난 변화를 발생시킬 것이라고 강조했다. 〈표 10-1〉의 명제들은 마르크스가 고유하게 생각했던 것보다[4] 훨씬 더 추상적으로 서술된 것이다. 그러나 그의 사고는 이러한

〈표 10-1〉 갈등과정에 대한 마르크스의 추상화된 명제들

1. 한 사회에서 희소자원의 배분이 더 불평등할수록 지배계급과 피지배계급 간의 근본적 이익갈등은 더 커질 것이다.
2. 하층 피지배계급이 그들의 진정한 집단이익을 인식할수록, 그들은 기존의 희소자원 배분 방식의 정당성을 더 의심하게 될 것이다.
3. 하층 피지배계급은 아래의 상황에서 그들의 진정한 집단이익을 더 잘 인식하게 된다.
   A. 지배계급이 일으킨 변화가 피지배계급들 간의 기존 관계들을 분열시킬 때
   B. 지배계급의 관행들이 소외적 성향을 만들 때
   C. 피지배계급의 구성원들이 그들의 불만을 서로 소통할 수 있을 때로 이는 다시 아래의 상태에서 촉진된다.
      1. 피지배집단 구성원들 간 인구생태적 집중화
      2. 피지배집단 구성원들에게 교육기회의 확대
   D. 피지배계급은 통일적 이데올로기를 발전시킬 수 있으며, 이는 다시 아래의 상황에서 촉진된다.
      1. 이데올로기적 대변인들을 모집하거나 만들어내는 역량
      2. 피지배구성원들 간 사회화 과정과 소통 네트워크를 규제할 지배집단의 무능력
4. 시스템의 피지배계급이 그들의 집단이익을 더 잘 인식하게 되고 희소자원 배분의 정당성을 더 의심할수록 그들은 시스템의 지배계급에 대항하는 공공연한 갈등에 더 가담할 것이다. 특히, 다음과 같을 때 그러하다.
   A. 지배계급이 그들의 집단이익을 명확하게 표현하지 못할 때와 집단이익에 면해서 행동하지 못할 때
   B. 피지배계급의 박탈감이 절대적에서 상대적 기준으로 이동할 때, 또는 급속히 상승할 때
   C. 피지배집단이 정치적 리더십 구조를 발전시킬 때
5. 시스템의 피지배구성원들의 이념적 통일이 커질수록, 그리고 그들의 정치적 리더십 구조를 더 발전시킬수록 사회의 지배계급과 피지배계급 간 이해와 관계는 더 양극화되고 양립할 수 없게 될 것이다.
6. 지배계급과 피지배계급이 더 양극화될수록 갈등은 더 폭력적으로 될 것이다.
7. 갈등이 더 폭력적으로 될수록 사회의 구조적 변화의 총량은 더 커질 것이고 희소자원의 재분배도 더욱 커질 것이다.

형태로 현대 사회학에 들어오게 되었다. 이론가들이 갈등과 변화를 가져오는 힘에 대한 설명을 탐구하면서 그들은 마르크스로부터 희소자원의 배분을 둘러싼 이익갈등과 가치 있는 자원의 분배에 있어 불평등으로 가득 찬 사회 이미지를 끌어내왔다. 이러한 사회는 지배계급에 맞서 갈등을 추구하는 피지배계급의 동원을 일어나게 만든다. 그렇지만, 마르크스로부터만 빌려오는 이론가들은 거의 없다. 갈등이론이 1960년대 사회학에서 주목받게 되면서 갈등에 대한 베버와 짐멜의 저작들도 참고되었다. 이들은 부상하는 갈등의 일반이론을 보다 견고하게 하면서 마르크스 이론의 오류들을 수정하기 때문이다.

3. 막스 베버와 갈등이론

막스 베버는 역사의 전개는 특정한 경험적 조건들에 달려 있다고 주장하며 마르크스의 갈등이론에 매우 비판적이었다. 베버는 이익갈등은 필연적으로 마르크스가 말한 혁명적 최고조(crescendo)를 유발하지 않는다고 생각했다. 그럼에도, 마르크스와 마찬가지로, 베버는 갈등이론을 발전시켰고, 이들 이론의 수렴에도 불구하고, 베버는 갈등을 피지배계급을 동원할 수 있는 '카리스마 있는 지도자'의 등장에 크게 달려 있는 것으로 보았다. 마르크스와 달리, 베버는 그러한 지도자들의 등장을 필연적으로 보지는 않았다. 따라서 혁명적 갈등은 불평등한 체제로부터 항상 발생하는 것은 아니다. 그럼에도, 〈표 10-2〉에서 보듯이, 베버의 함축적 명제들을 〈표 10-1〉의 마르크스의 것과 비교하면

상당히 중복된다는 것을 알 수 있다.

〈표 10-2〉에 있는 대부분의 원칙들은 전통적 권위에 기반한 사회에서 합리성-법적 권위로 조직된 사회로 이행한다는 베버의 논의에서 발견된다.[5] 전통의 신성함이 정치·사회적 활동을 정당화하는 사회에서 이러한 전통의 정당성을 상실한다는 것은, 〈표 10-2〉의 명제 1에서 강조된 바와 같이, 갈등의 중대한 조건이다. 그렇다면, 무엇이 피지배계급으로 하여금 정당성을 철회하게 하는가? 명제 2-A에 나타난 바와 같이, 하나의 원인은 권력, 부, 위신 간 높은 수준의 상관관계이거나, 베버의 용어를 빌려 말하면, 정치권력의 위치(정당), 유리한 경제적 지위의 점유(계급), 그리고 사교계(지위 그룹들)에서의 높은 지위의 형성 간의 강한 상관관계가 하나의 원인으로 제시된다. 예를 들어, 경제적 엘리트가 동시에 사회·정치적 엘리트일 경우 권력, 부, 위신으로부터 배제된 사람들은 분개하게 되고 갈등이라는 대안을 수용하게 된다. 또 다른 조건(명제 2-B)은 보상배분에서 심한 불연속성이 있거나 또는 누구에게는 많은 특권을 주고 누구에게는 거의 주지 않는 사회적 위계에서의 큰 격차의 존재가 그것이다. 소수만 권력, 부, 위신을 갖고 나머지는 이러한 보상을 받지 못한다면 긴장과 분노가 필연적으로 발생할 것이다. 이러한 분노가 권력, 사회적 위신, 부를 갖지 못한 사람들로 하여금 이런 자원들을 독차지하는 이들의 정당성을 받아들일 수 없게 하는 또 다른 원인이 되는 것이다. 마지막 조건(명제 2-C)은 낮은 사회적 이동성이다. 낮은 지위의 사람들이 사회계층의 상향이동 기회나 새로운 계급, 신분집단에 들어갈 기회가 거의 없을 때 분노는 축적된다. 자원에 대

<표 10-2> 갈등과정에 관한 베버의 추상화된 명제들

1. 피지배계급이 정치적 권위에의 정당성을 철회할 때 피지배계급은 지배계급과 갈등을 일으킬 가능성이 더욱 커진다.
2. 피지배계급은 아래의 상황에서 정치적 권위의 정당성을 철회할 가능성이 더 높아진다.

   A. 계급, 지위집단, 정치적 계층의 멤버십 간 상관관계가 높을 때
   B. 사회계층에서 자원배분 중단이나 자원배분 불평등 정도가 높을 때
   C. 권력, 위신, 부의 사회적 계층의 상향적 사회 이동성이 낮을 때
3. 카리스마적 지도자들이 피지배계급의 분노를 동원할 수 있을 때 지배계급과 피지배계급 간 갈등은 더욱 일어나기 쉽다.
4. 카리스마적 지도자들이 갈등 동원에 성공하게 되면, 규칙과 행정의 새로운 시스템을 통해 권위를 일상화하려는
   압력은 커질 것이고, 일상화로 새로운 체제를 위한 갈등 잠재력은 증대하기 시작할 수 있다.
5. 규칙 및 행정적 권위의 시스템이 부과됨에 따라, 2-A, 2-B, 2-C의 조건들이 충족될 가능성이 커지고, 따라서
   새로운 피지배계급이 정치적 권위에의 정당성을 철회하고 새로운 지배계급과 갈등을 일으킬 가능성이 커진다.
   특히, 새로운 전통적·귀속적 형태의 정치적 지배가 엘리트에 의해 부과될 때 더욱 그러할 것이다.

한 접근을 높일 기회가 거부된 사람들은 저항적이 되고 체제의 전통적 권위를 받아들이려 하지 않게 된다.

<표 10-2>의 명제 3에서 강조되듯이, 이러한 3가지 조건에 내재하는 분노를 자극하는 결정적인 힘은 카리스마다. 베버는 카리스마적 지도자가 나타나느냐 아니냐는 대부분 역사적 우연의 문제라고 생각했다. 그러나 만약 이러한 지도자들이 나타나 전통적 권위에 도전하고, 엘리트에 의한 자원의 독점을 비롯해 부, 권력, 위신에 대한 피지배계급의 접근기회 상실로 인한 분노를 조직하게 된다면 갈등과 구조변동이 일어날 수 있다.

그러나 성공하더라도 그 지도자들은 그들의 이득을 공고히 하는 데서 조직문제에 직면하게 된다. 명제 4에 서술되었듯이, 투쟁을 위한 동원에 성공한 이후 지도자들이 공식적 규칙과 절차, 추종자들을 조직하는 공식구조를 만들어냄에 따라 카리스마는 일상화된다는 것이다. 그리고 명제 5에서 강조되듯이, 그런 일상화 과정이 귀속지위에 기초한 새로운 형태의 불평등을 낳게 되어 새로운 전통적 권위체계를 형성하면, 계급·신분·정당에서 자격을 획득하는 것이 서로 높은 상관관계를 가지게 되고, 새로운 엘리트들이 자원을 독점하고 위계체계 내에서 사회이동이 막힘에 따라 새로운 갈등이 생겨날 수 있다. 그러나 합리적·법적 일상화가 나타나면 권위는 평등하게 적용되는 법과 원칙에 기반하게 되고, 성과와 능력은 관료제적 구조에서 채용과 승진의 토대가 될 것이다. 이러한 조건들 아래서 갈등의 가능성은 완화될 것이다.

불평등의 경제적 토대를 지나치게 강조하고 유산계급과 (착취당하는) 무산계급의 단순한 사회 양극화를 주장하는 마르크스와 달리, 베버의 명제 1과 2는 더 많은 이론적 선택을 보여준다. 베버는 권력, 부, 위신의 배분에서의 차이와 하나의 자원 소유자가 다른 자원들을 통제하는 정도는 대단히

중요하다고 생각했다. 이러한 상관관계를 필연적이라고 본 마르크스와는 달리, 베버는 계급, 신분, 그리고 정당 간의 다양한 관계에 더 주목했다. 게다가 이러한 자원의 배분에서 단절의 정도 — 달리 말하면, 특권층과 비특권층을 구별짓는 분명한 기준과 격차의 정도 — 또한 각기 다를 수 있다는 것이다. 마르크스와 달리, 베버는 지배계급과 피지배계급의 완전한 양극화를 피할 수 없는 것으로 보지 않았다. 마지막으로, 사회적 이동률의 정도 — 권력, 부, 위신에 접근할 수 있는 기회 — 는 사람들로 하여금 쉽게 갈등하게 만드는 분노와 긴장을 유발하는 데 결정적인 변수가 된다. 마르크스와 달리, 베버는 이동성의 하락이 항상 불평등을 동반하는 것으로 보지 않았다.

기본적으로 사회 내 갈등과정에 대한 〈표 10-2〉의 명제들에 더해, 베버는 사회 간의 갈등과정에 대한 이론적 사고를 발전시켰다. [6] 허버트 스펜서가 일찍이 그의 저서에서 밝혔듯이, 사회 간 갈등은 영토에 정착하고 정치적 리더십을 발전시켜온 인간사회의 기본적 조건이기 때문에 베버 또한 사회 간 갈등 또는 사회들 간 '지정학'을 분석한 것은 놀랍지 않다. 이에 대한 강조는 네오마르크스주의[7]와 네오베버주의[8] 형식으로 나타난 역사사회학의 극적인 부흥에서 중요한 주제이며 이는 다음 장에서 논의될 것이다. 베버는 대중이 정치적 권위에 부여하는 정당성의 정도는 더 넓은 지정학적 체제, 또는 오늘날 용어로 세계체제(*world system*)에 위신을 만들어내는 정치적 권위의 역량에 달렸다고 믿었다. 따라서 정당성의 철회는 〈표 10-2〉의 조건들, 2-A, 2-B, 2-C와 같은 조건들의 결과일 뿐 아니라 다른 국가들과의 관계에서 한 국가의 성공

과 위신에 달려 있기도 하다. [9]

정치적 정당성은 외부 적에 대한 공격과 방어를 위한 체제성원 사이의 요구를 만족시킬 수 있는 정치적 권위체의 능력에 달려 있기 때문에 상대적 평화가 지속되는 동안에도 불안정한 상황에 놓여 있다. 이러한 위협과 이런 위협을 처리할 때 상응하는 '성공'이 없다면 정당성은 줄게 된다. 정당성은 지배계급이 지배하기 위해 항상 필수적인 것이라고 베버는 주장하지는 않았다. 사실, 전통과 일상에 힘입어, 대중에게는 무관심의 시기들이 있다. 그리고 지배계급이 잠재적 반란을 진압하기 위한 폭력의 시기들도 있을 수 있다. 베버는 정당성을 높게 유지하기 위해 '외부의 적들'이 항상 존재해야 한다고 주장하지는 않았다. 오히려 위협을 제기하는 내부 갈등 또한 정치적 권위에 정당성을 줄 수 있다. 따라서 사회의 충분히 많은 다른 집단들이 위협을 느낀다면, 누군가로 하여금 정당성을 철회하게 하고 카리스마적 리더십 아래 갈등을 시작하는 바로 그 과정은 종종 정치적 권위의 정당성을 강화할 수 있다. 사실, 정치적 권위는 자원의 배분을 통제하는 자신의 정당성과 권력을 늘리기 위한 계책으로 자주 내부의 또는 외부의 적을 선동한다고 베버는 주장했다.

그러나 정치적 권위를 가진 이들의 외부 체제에 대한 관심은 항상 정치적인 것은 아니다. 위신 그 자체는 어떤 집단들로 하여금 다른 나라들에 군사 및 다른 형태의 관계를 촉진하는 동기부여를 할 수 있다. 그러나 더욱 중요한 것은 경제적 이해관계다. 그들이 살아남기 위해 국가에 의존하는 경제적 이해관계자들 — 식민약탈 자본가들, 특혜받은 무역업자들, 금융딜러들, 무기수출업자들 등

— 은 대외적 군사팽창을 부추긴다. 그 반면에 시장동학과 자유무역에 의존하는 경제적 이해관계자는 국내 생산성 또는 외부 시장에서의 이윤이 손상될 수 있기 때문에 보통 군사적 팽창주의를 거부할 것이다. 대신, 무역관계와 이런 이익을 가진 자들에 의해 제공되는 상품과 서비스를 외국의 시장에 의존하는 것을 통하여 새로운 시장확장을 꾀하게 된다.

〈표 10-3〉은 베버의 주장을 보다 추상적인 용어로 제시한다. 이 명제들은 정당성의 상실이 갈등의 가능성을 높이는 것으로 보는 〈표 10-2〉의 명제들을 보강한다. 중요한 것은 베버가 완숙된 이론을 발전시켰다는 점이 아니고 내부 갈등과정과 외부 갈등과정 사이의 관계를 탐구할 수 있는 갈등에 대한 또 다른 접근법을 일깨워 주었다는 점이다.

4. 게오르크 짐멜과 갈등이론

게오르크 짐멜은, 그가 **형식사회학**(*formal sociology*)이라 명명한 관점인 기본적 사회과정의 형식을 파악하는 이론적 주장을 발전시키는 데 전념했다. 주로 자신의 관찰들에 기초해 짐멜은 다양한 경험적 맥락 속의 과정과 사건들로부터 핵심적 특징들을 이끌어내고자 했다. 그런 뒤 이러한 핵심적 특징들에 대한 추상적 진술을 제시할 수 있었다.

마르크스와 매우 유사하게, 짐멜은 갈등은 어디에나 존재하는 것이며 따라서 형식적 용어로 분석할 수 있는 주제라고 생각했다.[10] 갈등에 관한 그의 가장 유명한 에세이에서 짐멜은 사회 전체와 그 하위단위들의 유지를 위한 갈등의 긍정적 결과들을 분석하는 데 상당한 노력을 바쳤다. 물론 짐멜은 지나치게 협력적이며, 합의가 이뤄진 통합된

〈표 10-3〉 지정학과 갈등에 대한 베버의 추상화된 명제들

1. 한 사회를 지배하기 위한 정치적 권위체의 역량은 그 권위의 정당성에 달려 있다.
2. 권력자들이 외부 사회와의 관계에서 위신과 성공 감각을 더 잘 유지할수록 지도자의 역량은 더 정당한 것으로 인식될 것이다.
3. 사회의 생산부문들이 그들의 성공가능성을 위해 정치적 권위체에 의존하면, 그들은 자신들의 이익 증대를 위해 정치권력이 군사적 팽창에 관여할 것을 장려하게 된다. 성공했을 때 그러한 팽창은 위신과 정치적 권위체의 정당성을 향상시킨다.
4. 생산부문들이 그들의 성공가능성을 위해 국가에 의존하지 않게 되면, 그들은 정치권력으로 하여금 군사적 팽창보다 선거에 의존할 것을 장려하게 된다. 성공했을 때 그러한 선출은 위신과 정치적 권위체의 정당성을 향상시킨다.
5. 권력자들이 외부 세력의 위협감을 더 잘 만들수록 그들의 역량은 더 정당한 것으로 보일 것이다.
6. 권력자들이 소수파와의 내부 갈등으로 다수에게 위협감을 더 잘 만들어낼수록 그들의 역량은 더 정당한 것으로 보일 것이다.
7. 정치권력이 정당성을 유지할 수 없게 되면, 내부 갈등의 분출가능성은 더 높아질 것이다. 정치권력이 외부 시스템에서 위신을 잃으면, 그들은 정당성을 상실하고 내부 갈등에 더 취약해질 것이다.

〈표 10-4〉 갈등과정에 대한 짐멜의 추상화된 명제들

1. 갈등에서 폭력의 수준은 아래의 경우 높아진다.
   A. 갈등 당사자들이 높은 수준의 감정적 몰입을 갖게 될 때로, 이는 갈등 당사자들 각각의 연대수준과 관련된다.
   B. 각 갈등집단의 구성원이 갈등을 개인적 자기이익을 초월하는 것으로 인식할 때로. 이는 갈등이 지나치게 가치가 주입된 쟁점이 되는 정도와 관련된다.
2. 갈등이 도구적이고 갈등 당사자들에 의해 분명하고 명확한 목표달성을 위한 수단으로 인식될 때 갈등에서 폭력의 수준은 낮아진다.
3. 갈등은 갈등을 접한 집단들 사이에 다음과 같은 일을 발생시킨다.
   A. 집단경계들의 명확화 B. 권위와 권력의 집중화
   C. 일탈과 반대의견에 대한 관용의 축소 D. 각 집단 내 구성원들 간, 특히 소수집단의 구성원과 자기방어를 해야 하는 집단들의 내부 연대의 증대
4. 갈등은 다음과 같이 사회 전체에 통합적 결과를 가져올 것이다.
   A. 갈등은 낮은 강도와 약한 폭력으로 자주 일어나며, 이는 결국 다투는 사람들로 하여금 적개심을 없애게 한다.
   B. 갈등은 구성원과 하위단위들이 높은 수준의 기능적 상호의존을 드러내는 시스템에서 발생하는데, 이는 결국 갈등을 규제하기 위한 규범적 합의의 창출을 촉진하여 자원의 교환이 방해받지 않게 된다.
   C. 갈등은 다양한 갈등 당사자들 간 연합을 만들어낸다.

사회는 '생명활동이 없음'(*no life process*)을 보여준다고 생각했다. 그러나 그의 갈등분석은 갈등이 어떻게 결속과 통합을 촉진하는지에 대한 것으로 기울어져 있다. 따라서 갈등은 궁극적으로 폭력적·혁명적이 되고 체제의 구조변동을 이끄는 것으로 보는 마르크스와 달리, 짐멜은 다소 덜 강렬하고 덜 폭력적인 갈등이 결속과 통합, 그리고 질서 있는 변동을 증진시키는 상반된 현상을 매우 자주 분석했다.[11]

갈등에 대한 짐멜의 핵심 사고는 〈표 10-4〉에 요약되었다. 명제 1-A는 마르크스의 명제와 어느 정도 중복된다. 마르크스와 같이, 짐멜은 폭력적 갈등은 감정적 흥분의 결과라고 강조했다. 이러한 흥분은 갈등집단들이 큰 내부적 결속성을 가질 때 특히 일어나기 쉽다. 명제 1-B에서 보듯이,

감정적 흥분에 결부하여, 구성원들이 갈등을 그들 개인적 목적과 자기이익을 초월하는 것으로 보는 정도가 폭력적 갈등의 발생가능성을 높인다고 짐멜은 지적했다. 명제 2는 이해관계의 객관적 의식은 폭력적 갈등의 조직화를 가져온다는 마르크스의 가설과 반대되기 때문에 짐멜의 가장 중요한 명제라 할 수 있다. 짐멜은 갈등 당사자들의 이해가 더 명료하게 표현될수록, 그들의 목표가 더 분명하고 초점이 명확할수록, 협상과 타협 같은 덜 투쟁적인 수단들이 그 집단의 구체적 목적을 이루는 데 사용될 가능성이 크다고 주장했다. 따라서 짐멜에게는, 명시되지 않은 조건하에서, 공동이익에 대한 의식은 매우 수단적이고 비폭력적인 갈등이 될 수 있다. 예를 들어 노사관계에서, 이익과 목표가 구체적으로 잘 표현되지 않은 초기 노

조 형성 시기에 폭력이 노사분쟁을 더 많이 수반하기 때문에 짐멜의 명제는 마르크스의 예언보다 더 정확하다. 이익이 분명해짐에 따라 폭력적 갈등은 갈수록 덜 폭력적인 형태의 사회적 협상으로 대체되었다.[12]

① 갈등을 일으키는 집단과 ② 갈등이 일어나는 체제 전체에 대한 갈등의 결과는 명제 3과 4에 요약되었다. 명제 3-A, 3-B, 3-C, 3-D는 갈등 당사자 관련 갈등의 기능에 관한 짐멜의 생각을 요약한다. 갈등은 명확한 집단경계의 형성, 권위의 집중화, 일탈과 반대자들에 대한 통제, 갈등 당사자들의 사회적 결속력의 증대 등을 가져온다.

사회 전체에 대한 갈등의 영향에 대해 명제 4는 마르크스의 분석에 중요한 수정을 제시한다. 마르크스는 최초의 경미한 갈등은 투쟁하는 이들이 점점 더 양극화됨에 따라 강화된다고 예상했고, 궁극적으로 체제 내의 급진적 사회변동을 이끄는 폭력적 갈등을 유발한다고 보았다. 반면, 짐멜은 상호의존이 높은 체제에서 낮은 강도와 높은 빈도의 갈등들은 급진적 사회변동을 필연적으로 심화시키거나 가져오지 않는다고 주장했다. 그와 반대로, 이런 갈등들은 긴장을 풀어주고 규범적으로 규제되어 사회체제의 안정성을 증대시킨다고 했다. 나아가, 갈등하는 집단들의 조직화가 증가하면서, 그리고 갈등집단들 간 연합이 형성되면, 그들의 목표가 더 좋게 잘 표현됨에 따라 폭력은 줄어들 것이다. 그러한 조직화와 이익의 명료화는 협상과 타협을 포함하는, 보다 온건한 형태의 갈등을 일어나게 하는 경향을 증대시킨다.

5. 나가며

〈표 10-1〉에서부터 〈표 10-4〉까지 요약된 명제들은 20세기 접어들어 사회학이 사회갈등을 이해하기 위한 강력한 일련의 설명도구들을 가졌다는 것을 입증한다. 오직 짐멜만이 담론적 텍스트를 더 관념적이고 공식적인 명제 형태로 전환시킨 나를 인정하겠지만, 마르크스, 베버, 그리고 짐멜의 사고는 그들이 제공하는 과학적 설명에 여전히 중요한 것으로 살아 있다고 나는 믿는다. 비록 마르크스와 베버가 보편적이고 영원한 사회갈등 법칙이 있다는 것에 다소 회의적일지라도. 알게 되겠지만, 사회에 대한 마르크스와 베버의 분석은 과학적 법칙을 멀리할 뿐 아니라 과학적 법칙 자체를 문제로 보는 비판이론들에서 사용되어 왔다. 그럼에도 갈등사회학이 특히 미국에서 재등장하면서, 11장에서 다시 보겠지만, 대가들의 유산을 20세기 후반에 내놓은 것은 과학인식론에 헌신한 분석적 이론가들이었다.

주

1 Herbert Spencer, *The Principles of Sociology* (New York: D. Appleton, 1898; 시리즈 초판 1874~1896). 스펜서는 집단 간의 전쟁이 중요한 진화력이 된다고 보았는데 그것은 보다 잘 조직된 집단이 대개 승리하고 더 약한 집단이 '선택적으로 배제'되거나, 또는 적어도 승리한 집단의 조직화 수준에 이르게 되기 때문이다. 이런 지정학적 분석은 20세기 후반의 갈등 이론화에 있어 더욱 두드러진 형태가 되었다.

2 예컨대 다음 글을 참조하라. David Lockwood, "Some Remarks on 'The Social System'", *British Journal of Sociology* 7 (1956): pp. 134~146; Ralf Dahrendorf, "Out of Utopia: Toward a Reorientation of Sociological Analysis", *American Journal of Sociology* 744 (1958): pp. 115~127.

3 이들 명제의 핵심사상은 Karl Marx and Fredrich Engels, *The Communist Manifesto* (New York: International, 1971; 초판 1847)에 있다. 이러한 사상의 심화는 Karl Marx, *Capital: A Critical Analysis of Capitalist Production*, vol. 1 (New York: International, 1967; 초판 1867)에서 이뤄진다. 이들 명제와 다른 저작들의 비판적이고 논쟁적인 내용은 비판이론의 등장을 다룬 28장에서 살펴볼 것이다.

4 마르크스를 이처럼 추상화하는 표현에 대한 비판은 다음 글을 보라. Richard P. Appelbaum, "Marx's Theory of the Falling Rate of Profit: Towards a Dialectical Analysis of Structural Social Change", *American Sociological Review* 43 (February, 1978): pp. 64~73.

5 더 자세한 논의는 Jonathan H. Turner, Leonard Beeghley, and Charles Powers, *The Emergence of Sociological Theory*, 7th ed. (Thousand Oaks, CA: Sage, 2012)을 보라. 원 출처에 대해서는 Max Weber, *Economy and Society* (New York: Bedminster, 1968)를 보라.

6 Max Weber, *Economy and Society* (Berkeley, CA: University of California Press, 1968), pp. 901~1372 (특히 pp. 901~920).

7 예를 들어, Immanuel Wallerstein, *The Modern World System*, 3 volumes (New York: Academic, 1974~1989)를 보라.

8 예컨대, Randall Collins, *Weberian Sociological Theory* (Cambridge, England: Cambridge University Press, 1986); Michael Mann, *The Sources of Social Power*, vol. 1 (New York: Cambridge University Press, 1986); Theda Skocpol, *States and Social Revolutions* (New York: Cambridge University Press, 1979)를 보라. 마지막 저서는 내부 혁명 분석과 지정학을 결합한 것으로, 내부 혁명을 지정학에서 실패한 정책의 잠재적 결과로 서술한다. 14장도 보라.

9 모든 참고문헌은 주 8에 있다.

10 이에 관한 추가적 참고문헌은 다음과 같다. Georg Simmel, *Conflict and the Web of Group Affiliation*, trans. K. H. Wolff(Glencoe, IL: Free Press, 1956).

11 피에르 반 덴 버그는 갈등의 변증법적 모델은 비록 잠정적이긴 하지만 갈등으로부터 나온 통합의 한 형태라고 주장했다. 그러나 마르크스와 짐멜의 차이점은 현대 사회학의 이론적 관점에 있어 광범위한 차이를 불러일으킨다. Pierre van den Berghe, "Dialectic and Functionalism: Toward a Theoretical Synthesis", *American Sociological Review* 28 (1963): pp. 695~705 를 보라.

12 물론 미국에서의 노동조합 운동을 뒤늦게 알아차린 후 마르크스는 이런 가능성에 대해 고심하게 되었다. 그러나 그는 이런 통찰을 그의 이론의 기획에 통합시키지는 않았다.

11장

초기 분석적 갈등이론

1. 들어가며

20세기 전반기에 갈등이론화는 다소 잠잠한 상태였다. 물론 특정 경험적 현상에서의 갈등, 이를테면 인종갈등, 계급 간 긴장, 사회 간 전쟁, 식민지배, 기타 분열적 과정에 대한 분석은 있었다. 그러나 독일 출신 대가들의 저작에 담긴 갈등이론의 아이디어는 특히 미국에서 사회학 이론의 주류에 명시적으로 포함되지 못했다. 미국에서는 마르크스주의 학풍의 퇴조가 두드러졌는데, 이는 냉전시대 반공주의에 의해 억압받았기 때문이다.

그러나 1960년대 들어 서구사회에서 통용되던 제도적 관행들은 광범위한 사회적·지적 운동에 직면하게 됐다. 이런 새로운 상황에서 갈등사회학은 재탄생했고 곧 이론적 기준의 중요한 부분이 되었다.

이때 등장한 갈등이론들은 대체로 기능주의에 대해 비판적이었는데, 이는 기능주의 이론화가 보수적이고 현 상태를 암묵적으로 정당화하는 것이라고 인식했기 때문이다. 기능주의는 구조를 사회의 필요에 기능적인 것으로 너무 쉽게 간주해 버리며, 그 결과 구조는 사회가 활력을 유지하려면 반드시 존재해야 하는 것이 된다. 새로 등장한 갈등이론가들이 보기에 기능주의의 이런 가정은 사회 세계가 갈등으로 가득 차 있으며 따라서 사회학 이론에 근본적 전환이 필요하다는 사실을 간과하는 것에 지나지 않았다. 그러나 초기 갈등이론가들은 초기 비판이론가들(비판이론을 다루는 7부를 보라)에 비해 과학인식론에 주력했다. 독일에서 기능주의 이론화, 특히 탈콧 파슨스의 이론화를 가장 먼저 비판한 인물 중 한 명은 랄프 다렌도르프였다. 그는 기능주의 비판에서 한 발 더 나아가고자 했다. 그는 독일의 위대한 3명의 대가인 칼 마르크스, 막스 베버, 게오르크 짐멜의 아이디어를 분석적 갈등이론으로 융합한 변증법적 갈등이론을 제시했다. 나는 그의 이론을 가장 먼저 살펴볼 것이다. 그리고 이어서 루이스 코저의 (듣기에는 모순적인 것 같은) **기능주의적 갈등이론**을 살펴볼 것이다.

코저는 나치 독일에서 탈출한 이민자이며, 그의 이론은 마르크스와 마르크스주의가 너무 일방적이고 갈등을 어디에나 있는 것으로 보는 반면 기능주의자들은 그와 반대로 사회가 매우 잘 통합돼 있는 것으로 본다고 주장한다. 코저는 양쪽 주장 모두를 비판하면서 갈등의 기능은 사회를 분열시키는 것 못지않게 사회를 통합시키는 것에도 있음을 알아야 한다고 주장했다. 더 나아가 그는 자신의 또 다른 독일 동포인 짐멜에게서 중요한 이론적 지침을 찾아냈다. 마지막으로는 기능주의에 대한 과도한 비판을 지양하면서 다렌도르프와 코저 이론의 종합을 시도하는 나의 초기 이론들 중 하나를 요약할 것이다.

이 세 이론은 과학의 목표에 충실하며 따라서 고도로 추상적이면서 가능한 한 모든 시간과 장소에 적용 가능한 개념과 명제의 개발을 추구한다는 점에서 **분석적**이다. 이 이론들은 갈등을 사회의 근본적 과정으로 간주하며, 이론화의 목표는 사회구조 내에서 다양한 정도와 폭력성을 띤 갈등을 산출하는 조건들을 특정하는 것이다. 그러면 다렌도르프의 이론부터 살펴보자.

2. 랄프 다렌도르프의 변증법적 이론

1) 마르크스 이론 더 추상화하기

랄프 다렌도르프(Ralf Dahrendorf)는 기능주의 이론을 유토피아에 비유했다.[1] 기능주의 이론은 매우 일방적으로 구조의 기능만을 탐구했으므로, 인간사회조직에 관한 보다 균형 잡힌 이론을 산출하

려면 당분간은 그와 동일하게 일방적 갈등이론이 필요하다는 것이 그의 생각이었다.[2] 이러한 이론적 소명으로부터 등장한 모델이 바로 변증법적 갈등이라는 관점이다. 이는 현재까지도 마르크스와 (정도는 좀 덜하지만) 베버, 짐멜의 통찰을 종합하여 일관성 있는 이론적 명제로 구성한 최고의 작업 중 하나로 보인다. 다렌도르프는 제도화 과정은 **강제적으로 조정된 결사체**(ICA: *imperatively coordinated associations*)의 창출을 포함한다고 믿었다. 이는 특정되지 않은 기준의 측면에서 역할들이 구분되어 조직화되는 것을 말한다. 이러한 조직화는 권력관계, 즉 권력을 가진 일군의 역할이 다른 역할들의 동조를 끌어내는 관계를 특징으로 한다. 이 점에 관해 다렌도르프는 다소 모호하긴 하지만, 소집단 또는 공식조직부터 공동체 또는 전체사회에 이르기까지 어떤 사회적 단위든 역할의 구조화가 권력의 차이를 드러낸다면 분석적 목적상 ICA로 간주될 수 있다는 입장을 취하는 것으로 보인다. 더구나 권력이 비록 타인에 의한 강제라는 모습을 띠긴 하지만, ICA 내에서의 이러한 권력관계는 정당화되고 그에 따라 다른 일부 위치가 타인들을 지배할 수 있는 '승인된 권리' 또는 '정상적 권리'를 갖는 권위관계로 간주될 수 있다. 따라서 다렌도르프는 사회체계의 모든 층위에 걸쳐 존재하는 다양한 유형의 ICA 내에서의 권위관계 창출과정에 의해 사회질서가 유지되는 것으로 인식하였다.[3]

그러나 동시에 권력과 권위는 특정 ICA 내의 하위집단들이 획득하고자 경쟁 및 투쟁하는 희소자원이다. 따라서 권력과 권위는 제도화된 패턴 내 갈등과 변동의 주요원천이다. 이러한 갈등은 궁극적으

로 ICA 내에서 여러 역할이 권위와 관련해 처해 있는 위치의 반영이다. 특정 역할에 내재한 **객관적 이해관계**는 그 역할이 다른 역할들에 비해 권위와 권력을 가지는지의 직접적 기능이기 때문이다. 하지만 ICA 내의 역할들이 다양한 수준의 권위를 가진다고 하더라도, 특정 ICA는 지배와 피지배라는 두 가지 기본적 역할유형 중 하나로 분류된다. 지배적 위치에 있는 역할은 현 상태의 유지라는 이해관계를 가지며, 피지배 위치에 있는 역할은 권력 또는 권위의 재분배라는 이해관계를 가진다. 특정 조건하에서는 이런 상충하는 이해관계에 대한 인식이 증대하고, 그 결과 ICA들은 두 개의 갈등하는 집단들로 양극화되며, 각 집단은 자신의 객관적 이해관계를 인식하고 권위를 차지하기 위한 경쟁에 뛰어들게 된다. 이러한 경쟁 또는 갈등의 해법은 ICA 내 권위의 재분배를 포함하며, 따라서 갈등은 사회체계 내 변동의 원천이 된다. 결과적으로 권위의 재분배는 새로운 일군의 지배 및 피지배 역할의 제도화로 이어지는데, 이들은 특정 조건하에서 권위를 향한 또 다른 경쟁을 촉발하는 이해집단으로 양극화된다. 따라서 사회적 실재는 사회세계를 구성하는 다양한 유형의 ICA 내에서 권위를 둘러싼 갈등의 끝없는 순환을 특징으로 한다.

이러한 순환적 또는 변증법적 과정으로서의 제도화라는 이미지는 마르크스와 상당히 비슷하게 다렌도르프로 하여금 특정한 핵심적 인과관계들을 분석하도록 했다. ①갈등은 사회적 및 구조적 구성체 내에서 대립하는 힘들로부터 비롯되는 불가피한 과정으로 가정된다. ② 이러한 갈등은 일련의 구조적 조건 또는 변수의 개입으로 가속화되거나 지체된다. ③ 한 시점에서의 갈등해결은 특정 조건하에서 대립하는 힘들 간의 더욱 심화된 갈등을 불가피하게 초래하는 구조적 상황을 창출한다. 더 나아가, 마르크스와 다렌도르프의 모델은 갈등과 사회구조의 재조직화를 초래하는 유사한 인과적 연쇄를 상정한다. 지배-피지배 관계는 이해관계의 '객관적' 대립을 창출하며, 피지배자들이 이러한 이해관계의 내재적 대립을 인지 또는 의식하는 것은 특정 조건하에서 일어난다. 다른 조건하에서는 이러한 새로운 인식이 정치적 조직화, 나아가 지배집단들과 갈등관계에 있는 피지배집단들의 양극화로 이어진다. 갈등은 그 결과로 새로운 사회조직화 패턴을 초래할 것이며, 이 새로운 패턴은 갈등, 더 나아가 사회조직화 패턴의 변동으로 이어지는 또 다른 일련의 사건을 촉발하는 지배-피지배 관계를 포함하게 될 것이다.

마르크스와 다렌도르프 모두 이러한 과정에 영향을 미치는 매개적 조건을 대립적 이해관계에 대한 피지배자들의 인식 형성, 피지배자들의 갈등집단으로의 정치화 및 양극화, 그리고 갈등의 개시라는 측면에서만 제시한다. 마르크스는 대립의 조건이 자본주의 동학에 내재한다고 보는 반면, 다렌도르프는 제도화된 패턴이 지배집단과 피지배집단을 산출하는 매개적 조건과 양 집단이 대립적 이해관계를 갖는 것으로 전형화되는 조건을 명확히 밝히지 않는다.

2) 마르크스와 다렌도르프의 인과적 도식화

〈그림 11-1〉은 마르크스와 다렌도르프의 인과적 도식화를 요약한 것이다. 맨 윗줄은 마르크스의 분석적 범주를 가장 추상적인 형태로 진술한 내용

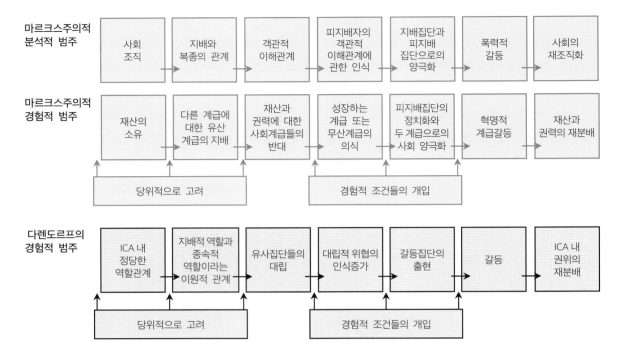

〈그림 11-1〉 변증법적 인과도식

마르크스주의적 분석적 범주

사회 조직 → 지배와 복종의 관계 → 객관적 이해관계 → 피지배자의 객관적 이해관계에 관한 인식 → 지배집단과 피지배 집단으로의 양극화 → 폭력적 갈등 → 사회의 재조직화

마르크스주의적 경험적 범주

재산의 소유 → 다른 계급에 대한 유산 계급의 지배 → 재산과 권력에 대한 사회계급들의 반대 → 성장하는 계급 또는 무산계급의 의식 → 피지배집단의 정치화와 두 계급으로의 사회 양극화 → 혁명적 계급갈등 → 재산과 권력의 재분배

당위적으로 고려   경험적 조건들의 개입

다렌도르프의 경험적 범주

ICA 내 정당한 역할관계 → 지배적 역할과 종속적 역할이라는 이원적 관계 → 유사집단들의 대립 → 대립적 위협의 인식증가 → 갈등집단의 출현 → 갈등 → ICA 내 권위의 재분배

당위적으로 고려   경험적 조건들의 개입

을 담았다. 그 밑의 두 줄은 마르크스와 다렌도르프 각각의 경험적 범주에 관한 내용을 담았다. 다렌도르프 모델의 분석적 범주를 별도로 열거하지 않은 것은 마르크스 모델과 동일하기 때문이다. 다렌도르프 모델의 경험적 범주는 마르크스의 것과 상당히 다르지만, 분석의 형태는 거의 동일하다. 마르크스와 다렌도르프 모두 권력의 분화는 자동적으로 지배-피지배 관계로 전환되며 그 결과 지배하는 자와 종속된 자 간의 대립적 이해관계를 창출한다고 본다. 양자 모두 계급의식(마르크스) 또는 유사집단들(quasi groups) 간의 인식(다렌도르프) 증대로 이어지는 조건의 탐구로 인과분석을 시작해 '대자적으로' 정치화된 계급(마르크스) 또는 진정한 '갈등집단'(다렌도르프)의 형성에 대한 분석으로 나아가며, 마지막으로는 양극화

및 정치화된 계급 간 갈등(마르크스) 또는 갈등집단들(다렌도르프)의 등장에 초점을 맞춘다.

3) 설명을 위한 명제 개발

다렌도르프는 3가지 경험적 매개조건을 정식화한다. 첫째는 잠재적 유사집단들이 명시적 갈등집단으로 전환되는 데 영향을 미치는 조건이고, 둘째는 갈등의 유형과 강도를 결정하는 갈등조건, 셋째는 사회구조 변동의 종류·속도·심도에 영향을 미치는 구조적 변동의 조건이다. 따라서 이론적 도식 내의 변수들은 ① 갈등집단 형성의 정도, ② 갈등이 심화된 정도, ③ 갈등상황에서 폭력의 정도, ④ 사회구조 변동의 정도, ⑤ 그러한 변동의 비율이다. 〈표 11-1〉에서 명확히 나타나듯이,[4] 다렌도

르프의 명제들은 마르크스가 발전시킨 명제들을 정교화한 것으로 보인다(〈표 11-1〉을 앞 장의 〈표 10-1〉과 비교해 보라).

다렌도르프는 마르크스와 마찬가지로 갈등이 피지배자들 자신의 이해관계 인식 증대와 갈등집단 형성과 관련된 것으로 보았다(명제 1). 이러한 인식과 집단형성은 ⓐ 기술적 조건(리더십과 통합 이데올로기), ⓑ 정치적 조건(조직화 역량), ⓒ 사회적 조건(의사소통 역량)이 충족되는 정도에 따른 순기능이다. 이러한 아이디어는 명백히 마르크스의 논의에 기초한 것이다(〈표 10-1〉 참조). 그러나 명제 2에서 나타나듯이, 다렌도르프는 짐멜을 차용해 마르크스를 논박하면서 집단이 잘 조직화되지 못하면 ― 기술적·정치적·사회적 조건이 충족되지 못하면 ― 갈등이 감정적 양상을 띠거나 '심화된다'는 점을 강조한다. 다렌도르프는 베버를 차용해(명제 3) 보상의 중첩 ― 특권(권력, 부, 위세)을 향유하는 사람들 사이의 상관관계 정도 ― 또한 피지배자들의 감정적 요소를 증가시킨다는 점을 강조한다. 명제 4는 다렌도르프가 마르크스 못지않게 베버도 차용함을 보여준다. 다렌도르프는 권위를 갖는 위치로의 이동 부재는 피지배자들의 감정을 격화시킨다고 믿었다. 명제 5는 명백히 짐멜을 차용하여 마르크스를 논박한 것으로서, 갈등의 폭력적 양상은 조직화의 부재와 이해관계의 명료화 결여에 관련되어 있다는 것이다. 그러나 명제 6에서 다렌도르프는 마르크스로 되돌아와 사람들의 박탈감 인식 ― 즉 상대적 박탈감 ― 이 급증하면 폭력적 갈등의 가능성도 증가한다는 점을 강조한다. 하지만 명제 7에서 다렌도르프는 짐멜로 돌아가 폭력은 체계가 불만과 긴장을 다루는 조정과정을 발전시킬 수 있는 역량과 상당히

〈표 11-1〉 다렌도르프의 추상적 명제들

1. 갈등은 ICA 내의 유사집단 구성원들이 자신의 객관적 이해관계를 인식하여 갈등집단을 형성함에 따라 발생한다.
  A. 갈등은 조직화의 '기술적' 조건에 따라 증가하는데, 이는 다음에 따라 다르다
    1. 유사집단들 사이에서 지도자층 형성 2. 관념체계 또는 헌장의 체계화
  B. 갈등은 조직화의 '정치적' 조건에 따라 증가하는데, 이는 지배집단이 대립적 이해관계를 허용하는
    정도에 따라 다르다.
  C. 갈등은 조직화의 '사회적' 조건에 따라 증가하는데, 이는 다음에 따라 다르다.
    1. 유사집단 구성원들의 의사소통 기회 2. 구성원 충원 기회
2. 조직화의 기술적·정치적·사회적 조건이 충족되지 못할수록 갈등이 더 심화될 것이다.
3. 권위와 기타 보상의 분배가 서로 간에 더 많이 연관될수록(중첩될수록) 갈등이 더 심화될 것이다.
4. 지배집단과 피지배집단 간의 이동이 덜 일어날수록 갈등이 더 심화될 것이다.
5. 조직화의 기술적·정치적·사회적 조건이 충족되지 못할수록 갈등은 더욱 폭력적이 될 것이다.
6. 보상의 분배에서 피지배자들이 느끼는 박탈감의 기준이 절대적인 것에서 상대적인 것으로 이행할수록
  갈등은 더욱 폭력적이 될 것이다.
7. 갈등집단들이 조정을 위한 합의를 할 수 있는 역량이 부족할수록 갈등은 더욱 폭력적이 될 것이다.
8. 갈등이 더욱 심화될수록 구조적 변동 및 재조직화의 정도는 더 커질 것이다.
9. 갈등이 더욱 폭력적이 될수록 구조적 변동의 비율은 더 커질 것이다.

관련되어 있다고 논의한다. 그리고 명제 8과 9에서 다렌도르프는 다시 마르크스로 돌아가서 갈등 과정은 사회체계 내 구조적 변동의 비율과 정도에 따라 다양하다는 점을 강조한다.

3. 루이스 코저의 갈등기능론

루이스 코저(Lewis Coser)는 최초의 현대 갈등이론가 중 한 명이며, 다렌도르프 이전에 갈등에 관한 주요저작을 출간했다. 그러나 그 저작이 기능주의의 면모를 띠고 있고 마르크스보다 짐멜에 기초했기 때문에, 처음에는 다렌도르프의 초기 논의 같은 기능주의에 대한 통렬한 비판으로 인식되지 않았다. 하지만 코저는 갈등이론의 보다 기능론적 버전 속에서도 기능주의가 갈등에 충분한 관심을 기울이지 않았고 그와 관련된 일탈이나 불화 같은 현상을 사회체계의 균형에 '병리적인' 것으로 너무 쉽게 치부해 버렸다고 한 점에서 기능주의에 대한 강력한 논박의 표준이 된 논의를 제시했다.[5] 그러나 비록 코저가 기능주의 이론화가 "권력과 이해관계의 차원을 너무 간과해왔다"는 점을 지속적으로 주장하긴 했어도, 마르크스나 다렌도르프처럼 폭력적 갈등의 파괴적 결과를 강조한 것은 아니었다. 그보다는 사회체계에서 갈등의 통합적 및 '적응적' 기능을 강조함으로써 다렌도르프의 분석적 과잉을 수정하고자 했던 것이다.[6] 따라서 코저는 갈등을 간과한다는 점에서 기능주의를 논박하고 또한 갈등의 기능을 저평가한다는 점에서 갈등이론을 논박함으로써 자신의 시도를 정당화했다.[7] 그는 이 과정에서 사회체계의 통합을 촉진한다는

짐멜의 관점으로 돌아가거나 최소한 일부 핵심적 측면을 받아들였다.

따라서 코저의 분석은 다음과 같이 진행된다. ① 체계 각 부분들의 통합에서의 불균형은, ② 그 부분들 간의 다양한 유형의 갈등을 촉발하며, 이는 ③ 체계의 일시적 재통합을 초래해, ④ 체계의 구조에서의 유연성, 갈등을 통한 미래의 균형 달성 역량, 외적 조건 변화에 대한 적응력을 증대시킨다. 코저는 내가 이어지는 표를 통해 추출 및 정식화한 다양한 명제를 자신의 논의 속에서 최소한 암시적으로라도 발전시킴으로써 이런 접근법을 수행했다.

1) 갈등의 원인

코저는 베버와 상당히 유사하게 기존 불평등 체계로부터의 정당성 철회가 갈등의 핵심적 전제조건임을 강조했다. 그와 대조적으로 다렌도르프 같은 변증법적 이론가들은 갈등의 원인을 '모순' 또는 '이해관계 갈등'에 내재한 것으로 보았다. 이러한 변증법적 이론에서는 피지배자들이 자신의 이해관계를 인식하게 됨에 따라 갈등을 추구하게 된다고 한다. 따라서 주요한 이론적 과업은 그러한 인식의 정도를 높이는 조건을 밝혀내는 것이다. 그러나 코저는 이해관계 갈등은 박탈당한 사람들이 정당성을 철회하고 나서야만 드러날 가능성이 높다고 주장했다. 코저는 사회질서는 기존 사회구성체에 대한 합의의 정도에 의해 유지되며 갈등을 통한 무질서는 그러한 합의를 감소시키는 조건들이 발동할 때 일어난다는 점을 강조하였다.

〈표 11-2〉의 명제 1-A와 1-B는 그러한 조건 두 가지를 언급한 것인데, 둘 다 마르크스보다는 베

<表 11-2> 갈등의 원인에 대한 코저의 명제들

1. 불평등 체계 내의 피지배자들이 기존의 희소자원 분배의 정당성에 의문을 제기하면 갈등이 촉발될 가능성이 높아진다. 정당성에 대한 의문은 다음과 같은 요인으로 제기된다.
   A. 불만의 시정 통로가 매우 적을 때   B. 특권적 위치로의 이동률이 낮을 때
2. 피지배자들은 상대적 박탈과 그로 인한 불공정에 대한 감각이 증대하면 지배자들과 갈등을 일으키게 된다. 이는 또한 다음과 관련된다.
   A. 피지배자들의 사회화 경험이 내적 자아 제약을 산출하지 못하는 정도
   B. 지배자들의 피지배자들에 대한 외적 제약의 실패

<表 11-3> 갈등의 폭력성에 대한 코저의 명제들

1. 실재적 문제(달성 가능한 목표)를 둘러싼 갈등관계에 있는 집단들은 자신의 이해관계 달성을 위한 수단을 놓고 타협할 가능성이 높으며, 따라서 갈등은 덜 폭력적이 된다.
2. 비실재적 문제를 둘러싼 갈등관계에 있는 집단들은 감정적 고양과 갈등에의 개입 정도가 훨씬 높고, 따라서 갈등은 더욱 폭력적이 된다. 특히 다음과 같을 때 그러하다.
   A. 갈등이 핵심적 가치를 놓고 벌어질 때   B. 갈등이 장기간 지속될 때
3. 사회적 단위들 간의 기능적 상호의존성이 낮으면 갈등과 긴장을 흡수할 가용한 제도적 수단이 많지 않으며, 따라서 갈등은 더욱 폭력적이 된다.

버에게서 좀더 영감을 받은 것이다. 불만을 표출할 통로가 부재하고 박탈당한 사람들이 상위로 오르려는 열망이 좌절되면 정당성의 철회가 일어날 가능성이 높아진다.

<표 11-2>의 명제 2는 정당성의 철회가 그 자체로 갈등을 일으키는 것은 아니라는 점을 함의한다. 우선 사람들은 감정적으로 고양되어야 한다. 따라서 정당성의 철회가 무관심과 체념 같은 감정 상태가 아닌 감정적 고양으로 이어지는 조건을 밝혀내는 것이 이론적 과업이 된다. 여기서 코저는 마르크스의 상대적 박탈 개념에서 받은 영감을 도입한다. 마르크스가 인식했고 다수의 경험연구에서도 언급되었듯이, 절대적 박탈이 반드시 저항을 불러일으키는 것은 아니다.[8] 사람들은 더 나은 미래를 향한 기대가 그것을 실현하는 경로를 갑작스레 초과할 때만 갈등을 촉발하는 데 충분한 정도로 고양된다. 고양의 정도는 기존 체계에 대한 사람들의 헌신, 사람들이 강한 내적 제약을 발전시킨 정도, 체계 내에서 사회통제의 속성과 총량의 영향을 받게 된다. 예를 들어, 이러한 명제는 자유가 일정부분 허용되고 박탈당한 사람들도 상황이 더 나아지리라 믿게 되는 체계에서보다 절대적 독재자가 대중을 무자비하게 억누르는 체계 내에서 대중의 저항이 일어날 가능성이 낮다는 예측으로 귀결된다. 이러한 조건하에서 정당성의 철회는 열정과 감정의 분출을 수반할 수 있다.

2) 갈등의 폭력성

갈등 내 폭력의 정도에 관한 코저의 가장 중요한 명제들은 〈표 11-3〉에 제시돼 있다.[9] 이 명제들은 가장 기능주의적인 이론가들이 강조하는 것처럼 갈등이 보다 덜 폭력적으로 되는 조건을 밝히는 데 주력한다. 마르크스 같은 변증법적 이론가들은 그와 대조적으로 반대방향, 즉 갈등이 보다 더 폭력적이 되는 조건을 밝히고자 했다. 그러나 코저의 첫 번째 명제를 뒤집어 보면 갈등이 보다 더 폭력적이 되는 조건을 지칭하는 것이 된다. 이 명제의 핵심개념은 **실재적 문제**(realistic issue)이다. 코저는 현실적 갈등은 적대감의 실제적 원천에 대한 특화된 목표의 추구를 포함하며, 여기에는 그러한 추구 속에서 촉발되는 비용에 대한 추정이 포함된다고 논의했다.

10장에서 살펴보았듯이, 짐멜은 명확한 목표가 추구될 때는 절충과 타협이 폭력의 대안이 될 가능성이 높다는 점을 인식했다. 코저는 궁극적 가치, 신념, 이데올로기, 모호하게 정의된 계급 이해관계 같은 '비실재적 문제'(nonrealistic issue)를 둘러싼 갈등에 관한 명제를 재진술한다(〈표 11-3〉의 명제 2 참조). 비실재적 문제를 둘러싼 갈등은 폭력적이 된다. 이러한 비실재성은 특히 핵심적 가치를 둘러싼 갈등이 참여자들을 감정적으로 동원하면서 타협을 거부하게 만들 때에 나타날 가능성이 높다(명제 2-A). 더 나아가, 갈등이 장기간 지속되면 당사자들이 감정적이 되고 이데올로기가 명확해지며 상대방을 부정적 용어로 표현함에 따라 갈등이 더욱 비실재적이 된다(명제 2-B). 명제 3은 갈등에서의 폭력을 분석하기 위한 보다 구조적인 변수를

보여준다. 행위자들 간의 기능적 상호의존성의 정도가 높은 — 즉 상호교환 및 협력이 활발한 — 체계 내에서는 갈등이 덜 폭력적일 가능성이 높다.

3) 갈등의 지속

〈표 11-4〉에 나와 있듯이, 코저는 광범위한 목표 또는 모호한 목표를 둘러싼 갈등이 오래 지속된다는 점을 강조한다.[10] 목표가 제한적이고 명확하면 그것이 언제 달성될 것인지 알 수 있다. 목표달성에 대한 인지가 있으면 갈등은 종식될 수 있다. 반대로 목표가 광범위하거나 너무 크면 그것이 달성되리라는 생각이 일어날 가능성이 낮으며, 따라서 갈등이 지속된다. 코저는 또한 무엇이 승리와 패배를 상징적으로 구성하는지를 아는 것이 갈등의 지속기간에 영향을 미친다는 점을 강조한다. 갈등 당사자들이 패배 또는 승리를 인지할 역량을 갖추지 못하면 어느 한쪽이 다른 쪽을 파괴할 때까지 갈등이 지속될 가능성이 높다. 리더십은 갈등과정에 중요한 영향을 미친다. 지도자가 목표의 완전한 달성이 불가능함을 더 잘 인식할수록 추종자들로 하여금 갈등을 종식하도록 설득하고 갈등이 더 이상 지속되지 않게 할 수 있는 역량도 그만큼 커진다.

4) 갈등의 기능

코저가 보기에 갈등은 연대, 명확한 권위, 기능적 상호의존성, 규범적 통제에 기초한 통합을 촉진할 때 기능적이다. 코저의 용어로 말하자면 갈등은 보다 적응적이다. 여타 갈등이론가들은 이런 특정한 맥락에서의 통합과 적응력은 매우 착취적일 수 있다

는 점에서 이러한 체계 내 갈등은 역기능적이라고 주장할 수 있다. 그럼에도 코저는 짐멜의 논의와 유사한 선상에서 갈등의 기능에 관한 자신의 분석을 다음과 같이 제시했다. 갈등은 ① 갈등 당사자 각각과 ② 갈등이 일어나는 체계 전반에 기능적이다.

〈표 11-5〉에 제시된 명제들에서 갈등의 강도 ─ 즉 갈등의 추구에 대한 사람들의 관여와 헌신 ─ 와 폭력의 정도는 갈등 당사자 각각 내에서 경계의 설정(명제 1-A), 권위의 집중화(명제 1-B), 구조적 및 이데올로기적 연대(명제 1-C), 반대 및 일탈에 대한 억압(명제 1-D)을 증대시킨다.[11] 갈등의 강도는 통합을 증대시킨다는 점에서 기능적인 것으로 가정할 수 있지만, 권력의 집중화와 일탈 및 반대에 대한 억압은 장기적으로 볼 때 통합을 저해하는 압력을 산출할 수 있다(명제 2 참조). 따라서 갈등집단의 통합에는 통합의 저해를 향한 압력을 산출하는 내재적 변증법이 있는 것처럼 보인다. 이러한 분석은 순기능 ─ 즉 통합을 촉진하는 힘 ─ 에 초점을 맞추는 과정에서 유용한 탐구영역을 간과했다. 이와 같은 편향은 코저가 갈등이 일어나는 체계 전반에서 갈등의 기능으로 관심을 돌리면서 더 명백해졌다. 이 명제들은 〈표 11-6〉에서 제시된다.[12]

〈표 11-4〉 갈등의 지속에 대한 코저의 명제들

1. 갈등은 다음과 같은 상황에서 지속된다.
   A. 대립 중인 당사자들의 목표가 포괄적일 때 B. 갈등 중인 목표에 대한 합의 정도가 낮을 때
   C. 갈등 당사자들이 상대방의 승리와 패배의 상징적 지점을 용이하게 해석하지 못할 때
2. 갈등은 다음과 같은 상황에서 단축된다.
   A. 갈등 당사자의 지도자들이 목표의 완전한 달성은 아주 큰 비용을 치러야만 가능함을
      인식할 때. 이는 다음과 연관된다.
      1. 갈등집단들 간의 권력의 균등 2. 갈등상황에서 패배 또는 승리의 명확한 지표
   B. 지도자들이 추종자들로 하여금 갈등을 종식하도록 설득할 역량이 있을 때
      이는 다음과 연관된다.
      1. 갈등집단 내 권력의 집중화 2. 갈등 당사자들 내의 통합

〈표 11-5〉 갈등 당사자 각각과 관련된 갈등의 기능에 대한 코저의 명제들

1. 갈등이 보다 폭력적이거나 격화될수록, 갈등은 다음과 같은 것들을 산출한다.
   A. 갈등 당사자 간의 명확한 경계
   B. 갈등 당사자 각각의 집중화된 의사결정 구조, 특히 당사자들이 구조적으로 분화돼 있을 경우
   C. 갈등 당사자 각각 내에서 구조적 및 이데올로기적 연대, 특히 갈등이 갈등 당사자 내의
      모든 부분의 복리에 영향을 미치는 것으로 인식될 경우
   D. 규범과 가치에 대한 강제적 동의뿐만 아니라 각각의 갈등 당사자들 각각 내에서 반대와
      일탈에 대한 억압
2. 당사자 간 갈등이 권력의 중심부로 하여금 갈등집단 내의 동조를 강제하게 만들수록
   적대감의 축적 또한 커지며, 장기적으로 집단 내 갈등이 표면화될 가능성이 높아진다.

〈표 11-6〉 사회 전체와 관련된 갈등의 기능에 대한 코저의 명제들

1. 체계 내의 단위들이 보다 분화되고 기능적으로 상호의존적일수록 갈등은 보다 빈번하게 일어나기는 하지만, 그 격렬함과 폭력성의 정도는 낮을 가능성이 높다.
2. 갈등의 격렬함과 폭력성의 정도가 낮을수록 갈등은 다음과 같이 될 가능성이 높다.
   A. 체계단위들의 혁신과 창조성을 증가시킨다.
   B. 체계단위들이 양극화되기 전에 적대감을 해소한다.
   C. 갈등관계의 규범적 조정을 촉진한다.
   D. 실재적 문제에 대한 인식을 증가시킨다.
   E. 사회적 단위들 간의 결사체적 연합의 수를 증가시킨다.
3. 갈등이 2-A부터 2-E를 더욱 촉진할수록 체계 전반의 내적 사회통합의 정도와 외적 환경에 대한 적응력이 높아질 가능성이 높다.

〈표 11-6〉에 코저의 명제들이 온전하게 제시된 것은 아니지만, 그의 분석 요지는 분명하다. 명제 1은 다수의 상호의존성과 교환이 존재하는 복잡한 체계의 갈등은 그보다 덜 복잡하면서 긴장이 축적되는 체계의 갈등에 비해 감정적 측면이 덜하고 덜 폭력적일 가능성이 높다는 것이다. 코저는 상호의존성이 본질적으로 갈등을 빈번하게 일으키긴 하지만, 그 갈등은 주기적으로 일어나기 때문에 폭력이 불가피하게 되는 지점까지 감정이 축적되지 않는다. 반대로, 기능적 상호의존성의 정도가 낮은 체계는 적대적 진영들로 양극화되는 일이 빈번하고, 갈등이 발생하면 격렬하고 폭력적이 된다. 명제 2는 격렬하지 않고 덜 폭력적인 갈등이 빈번하게 일어나는 상황은 특정한 순기능을 갖는다는 것이다. 첫째, 빈번하지만 격렬하지 않은 갈등은 갈등상황에 처한 사람들로 하여금 자신의 행위를 재평가하고 재조직화하게 한다(명제 2-A). 둘째, 이러한 갈등은 당사자들이 비실재적 문제를 둘러싸고 양극화되는 지점에 이르기 전에 긴장과 적대감을 해소하게 한다(명제 2-B). 셋째, 빈번하지만

격렬하지 않고 덜 폭력적인 갈등은 긴장을 조정하는 규범적 절차 — 법률, 법원, 중재기구 등 — 의 발전을 촉진한다(명제 2-C). 넷째, 이러한 갈등은 또한 갈등에 관한 현실적 감각을 증대시킨다. 즉, 격렬함과 폭력성이 통제되는 상태에서의 빈번한 갈등은 갈등 당사자들로 하여금 자신의 이해관계와 목표를 명확히 하여 협상과 타협을 하도록 한다(명제 2-D). 다섯째, 갈등은 한 당사자 또는 다른 당사자의 행위에 의해 위협받는 단위들 간의 연합을 촉진한다. 갈등이 빈번하지만 격렬하지 않고 덜 폭력적일 때는 이러한 연합이 나타났다 사라지기를 반복하며, 그럼으로써 유연한 연합체를 촉진한다(명제 2-E). 그러나 갈등이 빈번하지 않고 감정이 축적된 상태에서는 연합이 위협받는 당사자들을 적대적 진영으로 양극화하며, 그 결과 갈등이 일어나면 폭력적이 된다. 명제 3은 코저의 기능주의적 결론을 단순히 진술한 것으로서, 갈등이 빈번하지만 폭력성과 격렬함이 감소하면 갈등은 체계 내의 유연한 협동과 외부환경에 대한 조정 및 적응 역량 향상을 촉진한다는 것이다. 이러한 유

연성과 적응력 향상은 명제 2-A부터 2-E를 통해 제시된 과정들 때문에 가능하다.

4. 조나단 터너에 의한 코저와 다렌도르프의 종합

1970년대 중반부터 다렌도르프와 코저의 이론은 상당히 많은 분석의 주제가 됐다. 각 이론의 문제점에 관한 많은 논의가 있었으며, 가장 중요한 것은 완전히 새로운 갈등이론 세대가 등장하기 시작했다는 점이다. 나는 갈등이론가들 간의 논쟁점을 해결하려는 마지막 시도로서 다렌도르프와 코저의 이론적 논의들을 불평등 체계 내에서 갈등이 촉발되는 조건을 명확히 밝히는 일반적 접근법으로 종합하고자 했다.[13] 나는 이 모델을 지난 40년간 상당히 확장했지만[14] 여기서 제시하는 이론적 핵심은 거의 동일하다. 불평등에서 비롯되는 갈등의 동학은 오늘날 보다 면밀히 탐구되고 있으며 또한 사회학적 이론화의 현시대 초기 대가들과 초기 분석적 이론가들도 그런 동학을 면밀히 개념화해왔기 때문이다.

1) 갈등의 동학에 대한 분석적 모델

나는 다렌도르프와 코저의 이론에 대해 1장에서 언급한 **분석적 모델링**을 발전시킴으로써 종합작업을 시작했다. 〈그림 11-2〉에서 도식 내 각 박스 위의 번호는 명시적 갈등으로 이어지는 과정 속의 단계를 강조한 것이다. 각 박스를 연결하는 화살표는 이러한 연쇄의 방향을 표시한 것이다. 번호가 매겨진 진술들 사이에서 위로 향한 화살표는 진술된 상황이 실현되는 조건을 밝히고자 각 이론가가 발전시킨 명제들을 표시한다. 그러나 그림에서도 나타나듯이, 다렌도르프와 코저 어느 누구도 왜 사회체계가 상호의존성을 노출하는지 또는 왜 희소자원의 불평등한 분배가 필히 존재하는지 설명하는 명제를 제시하지 않는다. 이 명제들은 단지 각자의 이론의 경계조건(boundary condition)일 뿐이다. 즉, 상호의존적 단위들 간에 희소자원의 불평등한 분배가 나타나는 사회체계에서 단계 3, 4, 5, 6, 7, 8, 9는 특정 조건이 각 단계에서 충족될 때에 활성화된다는 것이다. 따라서 이 이론은 일련의 사건이 일어나고 궁극적으로 명시적 갈등으로 귀결되는 조건을 개략적으로 제시하는 데에 중점을 둔 것이다. 나는 최근 저작에서 불평등을 증대시키고 계층체계의 형성으로 이어지도록 하는 제도적 힘을 탐구함으로써 진술 1과 2 내의 힘을 설명하는 명제들을 발전시켜 이러한 분석적 모델을 채우고자 하였다.[15]

〈그림 11-2〉 도식에서 다양한 진술들을 연결하는 역방향의 인과적 화살표들은 인과모델이 드러난 것보다 훨씬 복잡함을 강조한다. 다양한 단계에서의 사건들은 전 단계의 변수들의 비중에 다시 영향을 미치며 갈등을 다수의 고정된 주기를 포함한 연속적 과정으로 만든다. 예를 들어, '갈등집단의 조직화' 노력은 '객관적 이해관계의 인식'에 다시 영향을 미친다. 역방향의 인과적 순환이 정(正)의 관계라면 — 즉 조직화가 성공적이고 그에 따라 인식도 증대한다면 — 단계 5, 6, 7에 포함된 변수들의 비중이 변화한다. 그에 따라 다른 단계들, 이를테면 감정적 고양의 증대, 집합적 분출의 발생, 감정적 개입의 상승이 갈등집단의 조직화와

같은 순차적으로 이어지는 단계들을 형성하게 된다. 유사한 순환효과, 또는 더 정확히 말하면 전체 인과적 연쇄 내의 다른 단계들에서의 역방향 인과주기 또한 코저와 다렌도르프에 의해 제시되었다. 나는 코저와 다렌도르프의 이론이 시작되는 진술 3에서 이론적 종합작업을 개시했다.

2) 제3단계: 정당성의 철회

코저와 다렌도르프는 불평등이 어떻게 갈등과정을 촉발하는지에 관한 개념화에서 차이를 보였다. 다렌도르프는 인식을 강조했으며 코저는 정당성의 철회를 강조했다. 〈그림 11-2〉의 종합적 모델에서는 최초의 정당성 철회가 불평등과 관련

해 갈등과정의 첫 번째 단계라는 가설을 설정했다. 이러한 철회는 상승이동 통로가 사람들의 열망을 충족할 만큼 충분치 못하고 따라서 박탈당한 사람들 사이에서 자신들이 봉쇄당했다는 느낌이 형성될 때, 불평등 체계에 대한 불만의 표출에 비해 불만을 시정할 통로가 상대적으로 불충분할 때, 보상과 박탈이 서로에게 중첩될 때 — 즉 특정 자원에 대한 접근성의 확보(또는 결여)가 다른 희소자원에 대한 접근성 확보(또는 결여)와 상당히 관련되었을 때 일어날 가능성이 높다. 따라서 재산을 가진 사람들은 권력, 위세, 건강, 기타 보상들 또한 향유하게 되는 반면, 박탈당한 사람들은 그 반대 상황에 처하게 된다. 이 명제들은 코저의 분석에서 차용한 것이다. 나는 이 명제들을 인과

〈그림 11-2〉 갈등과정에 관한 명제들

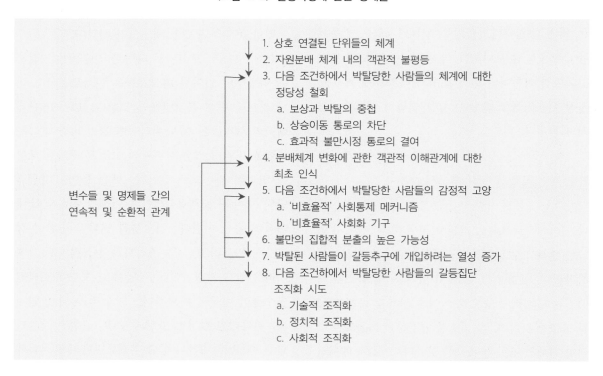

변수들 및 명제들 간의
연속적 및 순환적 관계

1. 상호 연결된 단위들의 체계
2. 자원분배 체계 내의 객관적 불평등
3. 다음 조건하에서 박탈당한 사람들의 체계에 대한 정당성 철회
   a. 보상과 박탈의 중첩
   b. 상승이동 통로의 차단
   c. 효과적 불만시정 통로의 결여
4. 분배체계 변화에 관한 객관적 이해관계에 대한 최초 인식
5. 다음 조건하에서 박탈당한 사람들의 감정적 고양
   a. '비효율적' 사회통제 메커니즘
   b. '비효율적' 사회화 기구
6. 불만의 집합적 분출의 높은 가능성
7. 박탈된 사람들이 갈등추구에 개입하려는 열성 증가
8. 다음 조건하에서 박탈당한 사람들의 갈등집단 조직화 시도
   a. 기술적 조직화
   b. 정치적 조직화
   c. 사회적 조직화

적 연쇄의 첫머리에 배치하면서 사람들은 분배체계 변화에 있어 자신의 객관적 이해관계를 인식하기 전에 체계에 대한 의문부터 제기해야 한다는 점을 가정했다.

3) 제4단계: 객관적 이해관계의 최초 인식

다렌도르프의 이론에 따르면 집단의 인식은 기술적(지도자, 이데올로기 등)·정치적(대립적 조직 형성)·사회적(의사소통 기회, 구성원 충원 기회) 조건의 영향을 받는다. 이러한 기술적·정치적·사회적 조건이 더 많이 충족될수록 박탈당한 사람들이 현재 분배체계의 변화와 관련해 자신의 객관적 이해관계를 인식할 가능성이 높아진다. 그러나 코저의 이론은 이러한 정식화가 부적절함을 강조한다. 사람들이 체계에 대한 정당성을 철회한다고 해서 곧바로 자신의 이해관계를 인식하게 되는 것은 아니다. 최초의 인식만 일어나는 것이다. 따라서 다렌도르프가 말하는 기술적·정치적·사회적 조건은 인과적 연쇄 속에서 행위자들이 환상에서 깨어나고 최초 인식을 하게 되며 감정적으로 고양되기 전까지는 전적인 영향력을 발휘하지 못한다는 점에서 미숙한 것이다. 이 과정이 지나고 나서야 사람들은 지도자, 조직화, 통합을 위한 신념, 의사소통 수단을 찾기 시작한다.

4) 제5단계: 박탈당한 사람들의 감정적 고양

다렌도르프 이론 도식의 주요한 약점은 너무 기계적이라는 것이었다. 그의 이론에서 행위자는 감정을 갖지 않는 것처럼 보이는데, 실제로 다렌도르프는 박탈당한 사람들의 심리학과는 거리를 두었다. 따라서 코저가 박탈당한 사람들의 감정적 고양을 강조한 것은 다렌도르프의 분석에 대한 중요한 보완이었다. 코저는 정당성의 철회와 이해관계에 대한 최초 인식 및 그에 이어지는 감정적 고양이 여타 조건하에서 행위자들로 하여금 갈등을 추구하게 한다는 점을 인지했던 것으로 보인다. 코저는 감정적 고양에 영향을 미치는 두 가지 조건으로 박탈당한 사람들 간의 사회화 실천의 정도와 보다 큰 체계 내의 사회화 기구들을 제시한다. 이 조건들은 행위자의 내적인 심리적 통제를, 그리고 감정적 고양을 억압하며 방향을 돌릴 수 있는 사회통제 메커니즘을 창출한다. 따라서 내적인 심리적 통제가 보다 강하고 사회통제가 보다 효과적으로 작동할수록 박탈당한 사람들 사이에서 감정적 고양이 명시적으로 일어날 가능성은 낮아진다. 사회적 및 심리적 통제가 약한 조건하에서는 그 역의 경우가 발생한다.

5) 제6단계: 주기적인 집합적 분출

갈등과정은 종종 감정과 좌절의 개인적 및 집합적 분출을 특징으로 한다. 체계 내의 사회통제 기구들이 그러한 분출을 억제하려 하면 갈등으로 비화되기도 한다. 물론 이러한 분출은 그 자체로 갈등의 한 유형이지만 또한 다른 유형의 갈등, 이를테면 사회 전반의 혁명 또는 갈등 당사자들 간의 중대한 집합적 협상 관계로 이어지는 과정의 한 단계이기도 하다. 짐멜이 먼저 강조했듯이, 집합적 분출은 다렌도르프가 말한 기술적·정치적·사회적 조건들이 실현되지 못했을 때 일어난다. 이 과정에서는 〈그림 11-2〉에 제시된 주요 순환고리의 영향이 인식돼야 한다. 고양된 감정은 정당성에 대한 의문으로 되돌아온다. 고양된 감정은 체계에 대한 헌신을 감소시키고 이해관계에 대한 인식 증가와 관련된 감각을 촉진한다. 이어서 정당성의 철회와 집합적 분출이 일어날 가능성이 높은 지점까지 감정이 고양되었다는 인식이 증대한다.

또 다른 주요 순환고리는 갈등과정의 단계 6, 7, 8에서 비롯된다. 분출이 발생하면 좌절이 표출되지만, 사회통제가 가혹하고 매우 억압적이면 분출은 감정적 고양의 정도를 증가시키기도 한다(진술 6과 5 사이의 순환고리). 더 나아가, 행위자들이 감정을 갈등행위로 전환시키려는 동기가 강해짐에 따라(진술 7) 감정적 고양이 증가할 수도 있다. 마지막으로, 강하게 동기화된 행위자들이 조직화될 수 있다면 — 기술적·정치적·사회적 조건에 따라 — 이는 객관적 이해관계의 인식에 영향을 미치며 이어서 감정을 고양시키게 된다. 그러나 짐멜이 마르크스보다 더 잘 간파했듯이, 이러한 고양은 현재에 초점을 맞춘 것이며 집합적 분출로 이어질 가능성은 높지 않다. 그보다는 박탈당한 행위자들이 조직화를 증대시켜 자원분배를 놓고 지배자들과 협상하려는 동기를 갖게 된다.

6) 제7단계: 열성의 증대

열성(*intensity*)은 행위자들이 자신의 이해관계를 추구하고 갈등에 참여하려는 동기를 갖게 되는 정도를 말한다. 열성은 감정적 고양을 포함하지만, 감정적 에너지의 통로, 그리고 객관적 이해관계의 추구 과정에서 그러한 에너지를 유지하고 그에 소요되는 비용을 치를 의지 또한 보여주는 것이다. 열성을 높이는 조건은 집합적 분출의 실패이다. 어떤 사람들은 분출 — 예를 들면 빈민폭동 또는 불법파업 — 이 일어난 후에 다른 사람들이 동참할 준비가 되었음을 인식하면 갈등의 추구에 보다 헌신하게 된다. 더 나아가, 분출을 억제하기 위한 사회통제 기구 — 예를 들어 경찰 및 군대 — 의 작동은 감정적 헌신과 갈등지향적 행위를 목표로 한 예리한 관점을 확고히 하는 데에 기여하기도 한다.

7) 제8단계: 조직화를 위한 노력

박탈당한 사람들이 정당성을 철회하고, 자신의 이해관계를 어느 정도 인식하며, 감정적으로 고양되고, 다른 사람들의 분출에 참여하거나 이를 관망하며, 자신의 이해관계 실현에 헌신하게 되면 조직화를 수용할 가능성이 높다. 다렌도르프가 강조하듯이, 조직화 역량은 지도자와 결속을 위한 신념(기술적 조건), 정치적 조직의 관용도와 조직화를 위한 자원(정치적 조건), 불만에 관한 의사소통 역량과 조직의 구성원 충원 역량(사회적 조건)의 기능이다. 조직에 구성원이 더 많이 충원되면 객관적 이해관계가 더욱 명시적으로 공표되고(진술 4로의 순환고리), 행위자들의 감정적 고양(진술 5)이 자발적 분출로 이어질 가능성은 낮아지며(진술 6), 그 대신 객관적 이해관계를 추구하는 조직의 작동에 대한 헌신(또는 열성)이 증대된다(진술 7).

따라서 제3단계부터 제8단계는 개방된 갈등의 단계다. 집합적 또는 개인적 분출 형태의 갈등이 제9단계에 선행할 수 있다고 해도, 이러한 분출은

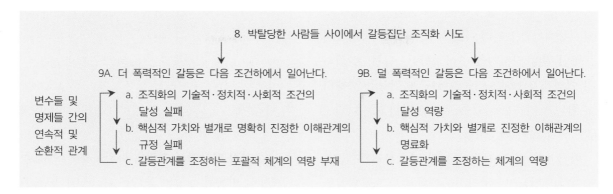

〈그림 11-3〉 갈등 내 폭력의 정도에 관한 명제들

보다 포괄적인 갈등과정의 단계로도 간주될 수 있다. 더 나아가, 전체과정 속의 몇몇 순환적 주기는 분출의 가능성은 물론 이어지는 갈등 유형에도 영향을 미치게 된다. 그러나 제9단계에서 갈등의 속성에 영향을 미치는 코저와 다렌도르프의 명제를 제시하기 전에, 지금까지 제시된 명제들을 요약 및 평가할 필요가 있다. 정당성의 철회에 이어서 객관적 이해관계의 인식이 일어나는 조건에 관한 명제들은 좀더 명확해져야 할 필요가 있다(제4단계). 다렌도르프의 이론이 강조하듯이, 기술적·정치적·사회적 조건의 최초 수준이 반드시 존재해야 한다. 또 다른 명제적 간극은 제6단계에서 나타난다. 감정적 고양이 집합적 분출로 이어지는 조건들이 명확히 밝혀지지 않았다는 것이다. 집합행동 관련 문헌들을 보면 ⓐ 박탈당한 사람들의 상황을 상징화하고 내적인 심리적 억제와 외적인 사회통제 기구가 일시적으로 분출 억제를 효과적으로 하지 못하는 지점까지 그들의 감정을 급격히 고양하는 촉발적 사건, ⓑ 촉발적 사건을 목격한 박탈당한 사람들 간에 적대감과 좌절감의 상호소통을 증가시키는 고도의 근접성, ⓒ 좌절감

의 목표가 될 수 있는 대상 ― 사람, 조직, 또는 상징 ― 의 가용성 같은 변수들을 강조한다.

8) 제9단계: 갈등 내 폭력성의 정도

코저와 다렌도르프의 명제들을 살펴보면, 갈등 내 폭력의 정도에 영향을 미치는 3가지 조건을 제시한다. ⓐ 기술적·정치적·사회적 조건의 충족이 폭력과 부(負)의 관계를 맺는 정도, 즉 이 조건들이 덜 충족될수록 갈등이 폭력적이 될 가능성이 높다는 말이다. ⓑ 핵심적 가치와 별개인 진정한 이해관계 규정의 실패는 갈등 내 폭력과 부의 관계를 맺는다. 따라서 갈등 당사자들이 자신의 핵심적 가치와 자신의 이해관계 달성을 위한 특정 목표를 구분하지 못하면 갈등이 도구적이 아니라 도덕적인 것이 될 가능성이 크고, 그 결과 도덕적 이슈를 둘러싼 타협은 더욱 어려워진다. 반면, 특정 목표를 둘러싼 타협은 보다 쉬워지는데, 이는 강한 감정을 불러일으키는 도덕적 이슈를 포함하지 않기 때문이다. ⓒ 법규범 및 중재기구를 통한 갈등 내 상호작용 조정 수단을 갖지 못한 체계

에서는 폭력적 갈등의 비율이 높게 나타날 가능성이 크다. 체계가 당사자 사이의 갈등을 법률, 법원, 중재기구, 기타 구조들을 통해서 조정하지 못하면 갈등 당사자들이 상호협상, 타협, 신뢰하기 어렵게 되는데, 이는 이해관계 갈등을 중재하고 합의에 기초한 타협을 추진할 만한 메커니즘이 존재하지 않기 때문이다.

이 3가지 명제 간엔 중요한 상호관계가 있다. 조직화의 기술적·정치적·사회적 조건을 달성한 갈등집단은 가치 및 신념과는 별개로 자신의 이해관계를 명확히 할 수 있는 가능성이 높다. 잘 조직화된 갈등집단들을 보유한 체계는 조정 메커니즘을 발전시켜 왔을 가능성이 높고, 설령 그렇지 못했더라도 갈등의 잠재력이 그러한 조정 메커니즘의 출현을 이끌어낼 수 있다. 또는 조정 메커니즘의 존재가 갈등집단의 조직화를 실제로 촉진할 수 있다(갈등집단 조직화의 또 다른 정치적 조건의 구성). 물론 잘 조직화된 집단이 가치와 목표를 혼합하거나 양자를 불가분의 것으로 간주할 수도 있고, 잘 조직화된 갈등집단들이 조정이 부재한 상태에서 서로 직면할 수도 있다. 이러한 조건하에

서는 폭력적 갈등이 증가할 가능성이 높다. 이 명제들과 이들 간의 상호관계는 〈그림 11-3〉에 요약되었다.

5. 나가며

초기 분석적 이론에서 명확히 나타나듯이, 불평등 체계에서 비롯된 갈등의 동학은 1970년대 중반부터 면밀히 탐구되었다. 물론 모든 갈등이 불평등에 기인하는 것은 아니다. 예를 들어, 갈등은 행위자들이 상충하는 이해관계와 목표를 가질 때도 나타날 수 있고, 또는 국가들 간의 전쟁은 불평등보다 영토점령 같은 목표를 둘러싸고 일어날 수 있다. 그러나 불평등은 여전히 대부분의 갈등을 명백히 촉진하는 요인이다. 이어지는 장들에서 보게 되듯이, 갈등이론들은 많은 상이한 연구 전통 속에서 출현했지만, 이들 모두는 초기의 분석적 이론들에서 제시된 요소들 상당수를 체화하고 있다. 그와 동시에, 이들은 갈등에 관한 탐구의 지평을 사회학적 이론화의 현시대 초기로부터 상당히 확장했다.

주

1 Ralf Dahrendorf, "Out of Utopia: Toward a Reorientation of Sociological Analysis", *American Journal of Sociology* 64 (1958) : p. 127.

2 다렌도르프는 다음과 같이 강조한다. "나는 많은 구조기능주의 이론가들이 범한 실수에 빠지려는 것이 아니라 전반적이고 포괄적인 적용가능성을 주장하는 갈등이론 모델을 발전시키려는 것이다. … 이는 철학적 의미에서 사회는 동등한 실재의 두 얼굴을 가진다는 것이다. 하나는 안정, 조화, 합의이며 다른 하나는 변동, 갈등, 제약이다"(같은 책). 이러한 부정(否定)은 사실상 사회 내 갈등의 우선성을 주장하는 정당화다. 즉, 기능주의자들에 대해 일방적이라고 주장하면서 예전의 일방성과 균형을 맞추는 동등한 일방성이 제시돼야 공정한 게임이 된다는 것이다.

3 Ralf Dahrendorf, "Toward a Theory of Social Conflict", *Journal of Conflict Resolution* 2 (1958) : pp. 170~183; *Class and Class Conflict in Industrial Society* (Stanford, CA: Stanford University Press, 1959), pp. 168~169; Gesellschaft un Freiheit (Munich: R. Piper, 1961) ; *Essays in the Theory of Society* (Stanford, CA: Stanford University Press, 1967).

4 이 명제들은 다렌도르프가 *Class and Class Conflict in Industrial Society*의 pp. 239~240에서 제시한 것과 두 가지 점에서 다르다. ① 공변(共變)에 관한 진술을 일관적으로 서술했다. ② 이 특수한 작업에서 다렌도르프의 1차적 관심사였던 계급에 관한 언급 없이 좀더 추상적으로 서술했다.

5 Lewis A. Coder, *The Functions of Social Conflict* (London: Free Press, 1956).

6 이후 계속되는 분석에서 사용되는 코저의 주요저작들 중 일부는 그의 갈등이론적 관점이 갖는 기능주의적 면모를 보여준다. *The Functions of Social Conflict* (주 5 참조) ; "Some Social Functions of Violence", *Annals of the American Academy of Political and Social Science* 364 (1960) ; "Some Functions of Deviant Behavior and Normative Flexibility", *American Journal of Sociology* 68 (1962) : pp. 172~181; and "The Functions of Dissent", in *The Dynamics of Dissent* (New York: Grune & Stratton, 1968), pp. 158~170. 다른 주요저작들도 제목만 봐서는 뚜렷하지 않으나 내용상으로 비판적이다. "Social Conflict and the Theory of Social Change", *British Journal of Sociology* 8 (1957) : pp. 197~207; "Violence and the Social Structure", in *Science and Psychoanalysis*, ed. J. Masserman, vol. 7 (New York: Grune & Stratton, 1963), pp. 30~42. 이 논문들 및 기타 논문들은 코저의 다음 저작에 수록되었다. *Continuities in the Study of Social Conflict* (New York, Free Press, 1967). 아울러 다음 저작도 필히 참조하라. *Masters of Sociological Thought* (New York: Harcourt Brace Jovanovich, 1977, reprinted by Waveland Press in 2003).

7 Lewis Coder, "Durkheim's Conservatism and Its Implications for His Sociological Theory", in *Émile Durkheim, 1858~1917: A Collection of Essays*, ed. K. H. Wolff (Columbus: Ohio State University Press, 1960). 이 글은 코저의 *Continuities in the Study of Social Conflict*에 재수록되었다.

8 〈표 11-2〉 명제들은 다음 글에서 추출했다. *The Functions of Social Conflict*(주 5 참조), pp. 83~85; "Social Conflict and the Theory of Social Change"(주 5 참조), pp. 197~207; "Violence and Social Structure"(주 6 참조); James Davies, "Toward a Theory of Revolution", *American Journal of Sociology* 27(1962): pp. 5~19; Ted Robert Gurr, *Why Men Rebel*(Princeton, NJ: Princeton University Press, 1970); "Sources of Rebellion in Western Societies: Some Quantitative Evidence", *Annals* 38(1973): pp. 495~501.

9 이 명제들은 코저의 다음 글에서 가져왔다. *The Functions of Social Conflict*(주 5 참조), pp. 45~50. 다시 말하건대, 이는 코저의 텍스트를 보다 정식화한 것이다.

10 이 명제들은 코저의 다음 글에서 발췌했다. "The Termination of Conflict", in *Continuities*, pp. 37~52; *The Functions of Social Conflict*(주 5 참조), pp. 20, 48~55, 59, 128~133.

11 이 명제들은 코저의 다음 글에서 가져왔다. *The Functions of Social Conflict*(주 5 참조), pp. 37~38, 45, 69~72, 92~95.

12 같은 책, pp. 45~48. 다음 저작들도 보라. "Social Conflict and the Theory of Social Change", "Some Social Functions of Violence"; "The Functions of Dissent."

13 Jonathan H. Turner, "A Strategy for Reformulating the Dialectical and Functional Theories of Conflict", *Social Forces* 53(1975): pp. 433~444.

14 Jonathan H. Turner, *Theoretical Principles of Sociology*, volume 1(New York: Springer, 2010).

15 Jonathan H. Turner, *Theoretical Principles of Sociology*, volume 3(New York: Springer 2011).

12 장

랜달 콜린스의
분석적 갈등이론

1. 들어가며

랜달 콜린스(Randall Collins)는 지난 30년 동안 지속적으로 갈등이론의 접근법을 채택하여, 불평등은 필연적으로 갈등과정으로 이어지며 그중 일부는 상대적으로 온건하고 일상화된 것이지만 상당수는 보다 폭력적이 될 수 있음을 강조했다. 콜린스는 과학에 헌신하는 다른 이론가들과 마찬가지로 갈등에 관한 사회학 이론의 목표는 인간 상호작용과 조직화의 사회적 과정 전반에 대한 일반적 설명을 위한 몇 가지 핵심 아이디어를 사용하는 것이라고 본다. 콜린스의 이론화의 핵심은 다른 모든 중간적 및 거시적 수준의 사회문화적 형성을 구축하고, 유지하고, 변화시키는 미시적 수준의 사회적 과정을 강조하는 것이다. 미시사회적 과정은 몇 가지 방식으로 개념화되지만, 그의 모든 저작을 관통하는 개념은 **상호작용 의례**(interaction ritual)이므로 이 주제로부터 시작해야 한다.

2. 상호작용 의례

콜린스는 《갈등사회학: 설명적 과학을 위하여》[1]에서 대면적 상호작용의 개념화에 기초한 사회학의 가장 강력한 옹호자로서의 면모를 보였다. 콜린스 초기의 분석적 이론화는 다양한 이론을 차용한 것으로서, 베버의 분석, 뒤르켐의 의례분석, 고프만의 의례수행에 관한 연극방법론적 이론(17장)을 주된 요소로 한다. 그리고 시간이 지나면서 그의 이론은 갈등과정에서 상호작용 의례를 통해 고양되는 감정의 영향을 강조했다. 앞서 언급했듯이, 콜린스의 논의는 거시적 수준의 현상은 궁극적으로 개인들 간의 '미시적 마주침'(遭遇, encounter)들에 의해 창출되고 유지된다는 것이다.[2] 본질적으로, 대규모의 장기적 사회구조는 오랜 시간에 걸쳐 형성된 상호작용 의례로부터 구축된다. 사회적 실재에 대한 진정한 이해가 사회학적 이론화를 통해 달성되는 것이라면, 대면적 상호작용의 동학이 반드시 이론화되고 경험적으로 탐구되어야 한

다. 설령 이러한 탐구가 거시구조 내의 상호작용 의례의 표본추출만 포함한 것이라 해도 말이다. [3]

1) 상호작용 의례에 대한 초기의 개념화

상호작용 의례는 개인들이 물리적으로 공존하고, 이 개인들이 공통의 관심사를 가지며, 공통의 감정적 분위기를 발전시키고, 자신들의 공통의 초점과 분위기를 상징(단어, 대상, 구절, 발화 스타일 등)을 통해 표현하며, 그러한 상징의 도덕적 정당성에 대한 감각을 발전시킬 때 발생한다. 이러한 의례의 동학은 몇 가지 요소를 중심으로 이루어진다. 첫째, 개인들은 대면적 마주침에서 **문화자본**, 또는 그들이 사회 전반에서 요구하는 자원(예를 들어 권력과 권위, 지식, 교육, 네트워크 유대 및 연합, 경험)이나 과거의 특정 유형의 상호작용에서 축적된 자원(예컨대 기억, 정보, 지식, 기타 상호작용이 재구성될 때 재사용할 수 있는 자원)을 동원한다. 둘째, 개인들은 상호작용에서 일정수준의 **감정적 에너지**를 동원하며, 이는 ⓐ 개인들이 소유한 문화자본의 수준, ⓑ 개인들이 상호작용 상황에서 향유하는 권력과 위세 또는 지위, ⓒ 상호작용이 일어났던 과거로부터 주어진 긍정적 감정 또는 확장된 문화자본의 수준에 관한 개인들의 기억과 관련된다. 셋째, 개인들은 다음 몇 가지 차원에서 **상황을 모니터**한다. ⓐ 자신과 관련된 다른 행위자들 각각의 자원, ⓑ 상황에서 등장하는 타인들의 수, ⓒ 현재의 상호작용에서 자신과 타인에게 가용한 대안적 선택지의 수, ⓓ 상호작용의 실제적·의례적·사회적 콘텐츠의 총량, 그리고 가장 중요한 것으로 ⓔ 긍정적인 감정적 에너지의 획득 총량과 그리고

자원의 불평등에 관한 개인의 평가로부터 획득 가능한 문화자본의 확대, 추구 가능한 대안들, 현재 상황을 모니터하는 타인들의 수, 상황의 성격(사회적, 실제적, 또는 의례적), 그리고 각 상황에 따른 과거의 상호작용에서의 경험(주어진 감정적 에너지와 문화자본) 등이다.

콜린스는 이런 상호작용 의례의 속성을 1970년대 중반에 《갈등사회학》[4]에서 처음 제시했는데, 이는 몇 가지 측면에서 베버적인 것이었다. 첫째, 상호작용 의례는 베버가 행위로 간주한 것을 콜린스가 보다 강하게 묘사한 것이다. 콜린스는 베버와 마찬가지로 미시적인 사회적 과정의 분석으로부터 중간수준의 사회현상, 이를테면 계층 및 조직으로 신속하게 이행하며, 이어서 사회적 및 사회 간 수준에서 작동하는 거시적 수준의 과정으로 이행한다. 그러나 상호작용 의례에 관한 초기 관점에는 뒤르켐이 《종교생활의 원초적 형태》[5]에서 발전시킨 의례이론과, 보다 최근의 것으로는 고프만[6]의 대면적 상호작용에서의 마주침에 관한 이론화의 영향이 강하게 배어 있다. 17장에서 고프만의 저작을 살펴보겠지만, 콜린스의 상호작용 의례에 관한 최초의 이론화는 **마주침**에 관한 고프만의 정의와 거의 일치한다. 그러나 큰 차이 또한 있다. 콜린스는 사회조직화의 중간적 및 거시적 수준을 이론화하지만 고프만은 결코 그렇게 하지 않았다. 둘째, 이는 콜린스의 초기 갈등이론을 베버적인 것으로 만든 요소로서, 분석이 보다 거시적이 됨에 따라 상호작용 의례의 동학이 퇴색해 버렸다. 이는 베버가 중간적 및 거시적인 사회적 과정을 이론화하면서 개인행위 개념을 폐기한 것과 같다.

콜린스는 《갈등사회학》에서 사회이론 구성의 단

계를 다음과 같이 제시했다. 첫째, 사람들이 서로 마주치는 전형적인 현실생활의 상황을 탐구한다. 둘째, 상호작용에 영향을 미치는 물질적 배경, 즉 상황의 물리적 배치, 의사소통의 수단과 양식, 가용한 도구, 무기, 재화 등에 초점을 맞춘다. 셋째, 사람들이 만남의 상황에서 동원, 사용, 또는 추출하는 상대적 자원을 평가한다. 넷째, 자원을 소유한 사람들은 그 이점을 활용하고, 자원을 소유하지 못한 사람들은 그러한 상황에서 자신이 얻을 수 있는 최선의 것을 추구하며, 안정과 변동은 자원 분배의 구성과 변이를 통해 설명된다는 일반적 가설을 설정한다. 다섯째, 문화적 상징 — 관념, 신념, 규범, 가치 등 — 은 자원을 소유한 사람들이 자신의 관점을 유력한 것으로 만들기 위한 이해관계를 표현하는 데 사용된다고 가정한다. 여섯째, 상황의 경험적 특수성으로부터 보다 추상적인 명제를 도출할 수 있도록 특정한 경우의 일반적 특성을 탐구한다.

콜린스는 물리적 공간에서 개인들의 배치, 각 개인이 교환에서 사용하는 자본 또는 자원, 그리고 자원의 불평등에 특히 관심을 갖는다. 각 개인의 자원 — 특히 권력, 물질적 및 상징적 자원 — 은 상호작용 의례 속에 무엇이 있는지를 이해하는 데 핵심적이다. **권력자원**은 개인이 타인들을 강제하거나 자신을 대신해 무언가를 하도록 할 수 있게 만든다. **물질적 자원**은 부(富)와 금전에 대한 통제력뿐만 아니라 부동산 또는 물리적 배경과 그 속에서의 사람들의 위치에 대한 통제력까지 포함한다. **상징적 자원**은 다양한 수준의 언어적 및 대화적 자원은 물론 문화적 관념, 이를테면 이데올로기, 가치, 신념을 자신의 목적을 위해 사용할 수

있는 역량까지 포함한다.

콜린스의 초기 작업의 모든 명제에서 핵심적인 것은 **사회적 밀도**(social density), 또는 마주침이 일어나는 상황에서 공존하는 사람의 수다. 물론 사회적 밀도는 과거의 상호작용 연쇄에서 구축된 거시적인 구조적 환경의 일부인 경우가 많다. 그러나 이는 일부 개인들이 자신의 이익을 위해 사용할 수 있는 물질적 자원일 수도 있다. 따라서 마주침에서의 상호작용은 참여자들의 상대적 자원과 공존하는 개인들의 밀도 또는 수에 의해 가장 큰 영향을 받게 된다. 이러한 변수들은 콜린스의 도식에서 강조되는 두 가지 기저적인 미시적 과정인 대화와 의례에 영향을 미친다.

2) 대화와 의례

콜린스에게 대화는 의미를 전달하는, 그리고 타인과 의사소통하고 실재에 대한 공통의 감각을 유지(또는 창출)하는 언어적 및 비언어적 제스처의 발산이다.[7] 대화는 마주침 상황에서 개인의 핵심적인 상징적 자원 중 하나이며, 상호작용하는 개인들 간에 이루어지는 것의 대부분은 대화와 서로의 행위노선을 발전시키기 위한 문화자본의 사용이다. 〈표 12-1〉의 명제 1에서 볼 수 있듯이, 사람들의 대화가능성은 그들의 공존의 순도와 관련된다. 타인이 근접해 있으면 개인이 대화를 시작할 가능성은 높아진다.

사회학적으로 보다 더 중요한 것은, 과거의 마주침 연쇄의 일부인 대화다. 사람들이 과거의 대화에 대해 좋은 느낌을 가졌다면 대개는 또 다른 좋은 느낌을 갖기 위해 노력하게 된다. 사람들이 서로의

<表 12-1> 대화를 산출하는 조건에 관한 주요명제들

1. 개인들 간의 대화 및 대화적 교환의 가능성은
   ⓐ 개인들의 물리적 공존, ⓑ 개인들의 과거 대화 교환에서
   획득된 감정적 만족, ⓒ 각 개인이 가진 자원의 매력에 대한 인지,
   ⓓ 개인들의 과거 의례행위 수준의 순기능 및 부가적 기능이다.
2. 개인들의 자원에서 평등 및 유사성의 정도가 높을수록 대화적 교환이
   ⓐ 인격적이고, ⓑ 유연하며, ⓒ 장기적이 될 가능성이 높다.
3. 개인들의 자원에서 불평등의 정도가 높을수록 대화적 교환이
   ⓐ 비인격적이고, ⓑ 상당히 관례적이며, ⓒ 단기적이 될 가능성이 높다.
4. 개인들 간의, 특히 동등한 개인들 간의 대화의 총량이 클수록
   ⓐ 강한 긍정적 감정, ⓑ 호감의 정서, ⓒ 공통의 합의, 분위기, 관점, 신념,
   ⓓ 의례를 통해 유지되는 강한 사회적 애착의 가능성이 높아진다.

자원, 특히 상징적 또는 문화적 자원뿐만 아니라 물질적 자원이 매력적임을 인지하면 또다시 대화를 하고자 한다. 그리고 사람들이 공통의 성원의식을 확고히 하는 의례화된 상호작용을 발전시켰다면 그러한 의례가 또다시 일어날 가능성이 높다. 명제 2가 보여주듯이, 동일한 수준의 자원을 공유한 동등한 사람들 간의 대화는 보다 인격적이고 유연하며 장기적이 되는데, 이는 사람들이 그러한 대화에서 편안함을 느끼기 때문이다.

그 결과, 마주침은 사람들의 감정적 에너지를 높이고 문화자본을 증가시킨다. 즉, 사람들은 대화를 계속하고 중단했던 것을 재개하기를 원한다는 것이다. 그러나 마주침에서 대화의 본질은 참여자 간의 자원의 불평등이 존재할 경우 극적으로 변화한다. 명제 3이 보여주듯이, 피지배자들은 감정적 에너지의 낭비 또는 상실, 그리고 단순하고 공식적이며 진부하고 저급한 단어들로 매우 의례화된 상호작용을 유지하는 데 자신의 문화자본을 사용하는 것을 피하고자 노력한다. 그러나 명제 4

가 보여주듯이, 반복적 마주침 속에서 상호작용하고 대화하는 사람들은 시간이 지남에 따라 심지어 불평등한 상황에서도, 그리고 평등이 존재하는 상황에서는 훨씬 더 긍정적인 정서를 발전시키고 긍정적인 감정적 느낌을 갖게 된다. 더 나아가, 사람들은 상황정의 측면에서 하나로 수렴돼 공통의 분위기, 관점, 신념, 관념을 발전시키게 된다. 그리고 마지막으로, 사람들은 강력한 애착과 집단연대감을 발전시킬 가능성이 높으며, 이는 의례를 통해 유지된다.

따라서 상호작용의 본질은 교환의 동학을 통해 매개되는 것으로서의, 그리고 오랜 시간에 걸쳐 연계된 마주침의 연쇄로서의 대화와 의례다. 대화는 보다 인격적인 특성은 물론 개인들 간의 집단연대감으로부터 비롯된, 그와 동시에 집단연대감의 증대를 강화하는 의례화된 성격 또한 띠게 된다. 이는 개인이 자신의 문화자본(대화의 자원)을 탐색하고, 집단의 구성원으로 규정된 데서 오는 긍정적 감정을 도출하기 때문이다. 따라서 콜린스의

의도는 명백하다. 사회구조는 감정을 고양시키는 의례 속의 대화를 통해 마주침들을 한데 묶어내는 것으로 간주된다. 이러한 사회적 삶의 미시적 실재에 대한 기본적 관점은 비록 콜린스가 상호작용 의례 개념을 심화시켜 오기는 했지만 현재까지도 그의 사회학 이론 전반에 배어 있다.

3) 존대와 처신

불평등과 계층이 구조인 것은 상이한 자원을 가진 다양한 수의 사람들 간의 상호작용 의례와 교환의 시간적 연쇄라는 의미에서만 그러하다. 따라서 이러한 구조를 이해하기 위해서는 사람들이 시간과 공간에 걸쳐서 실제로 행하는 것을 탐구해야 한다. 사람들이 상호작용에서 행하는 것은 **존대**(*deference*)와 **처신**(*demeanor*)을 표현하는 것이다. 콜린스와 공저자 조안 아네트(Joan Annett)는 존대를 타인에 대한 존경을 보여주는 제스처를 취하는 것, 또는 존경을 요구하는 위치에 있는 사람이 타인들로부터 존경을 끌어내기 위해 제스처를 취하는 과정으로 정의한다.[8] 그리고 제스처를 실제로 취하는 것을 처신으로 정의한다. 따라서 존대와 처신은 서로 긴밀하게 연관된다. 또한 존대와 처신은 대화 및 의례와도 연관되는데, 이는 대화가 제스처의 사용을 포함하며 존대와 처신이 관례화되는 경향이 있기 때문이다. 그러므로 존대와 처신은 대화와 의례적 행위의 한 유형으로 가시화될 수 있으며, 이는 사람들 간의 불평등을 창출하고 유지하는 상호작용에서 가장 뚜렷하게 드러나는 유형이다.

〈표 12-2〉 존대와 처신에 관한 주요명제들

1. 존대와 처신 의례 및 대화의 가시성, 명시성, 예측가능성은
   A. 개인들 간의 자원의 불평등에 따라 증가하는데, 특히
      1. 물질적 부와 2. 권력에 따라 그러하다.
   B. 행동에 대한 타인들의 감시에 따라 증가하는데, 감시는
      1. 타인들과의 공존과 2. 타인들과의 관점의 동질성에 따라 증가한다.
   C. 의사소통 네트워크의 제한(범위가 협소함)에 따라 증가하는데, 그런 제한은
      1. 의사소통 기술의 복잡성과 2. 개인들의 이동성에 따라 증가한다.
2. 개인들 간의 불평등 정도가 높을수록 감시의 정도는 낮아지며,
   다음과 같은 행동의 가능성이 커진다.
   A. 접촉 및 존대와 처신 표현의 회피
   B. 회피가 불가능할 경우 존대와 처신의 형식적 수행
3. 개인들 간의 불평등 정도가 높을수록 개인들 간의 관계의 광범위성은 낮아지며,
   단순하지만 고도로 가시적인 존대와 처신을 지향하는 행동의 가능성이 높아진다.
4. 개인들 간의 불평등 정도가 높을수록 다양한 수준의 자원을 가진 집단들 사이의
   이동성은 낮아지며, 이 집단들 내에서는 보다 가시적이고 명시적이며
   예측 가능한 존대와 처신 의례 및 대화가 더 많이 일어난다.
5. 개인들 간의 평등 정도가 높을수록 광범위성의 정도가 높아지고/높아지거나
   감시의 정도는 낮아지며, 존대와 처신 의례 및 대화가 강제될 가능성도 낮아진다.

앞의 요약에서 예견되듯이, 콜린스는 《갈등사회학》에서 존대와 처신을 이해하는 핵심변수들을 가시화한다.

———

① 자원의 불평등, 특히 부와 권력
② 행동이 상황 속에 있는 타인들의 감시하에 있는 정도를 중심으로 이루어진 사회적 밀도 변수
③ 의사소통 네트워크가 광범위하게 일어나는(즉 상황 속에서 공존하는 사람들로만 범위가 한정되지 않는) 정도를 중심으로 이루어진 사회적 밀도 변수

———

〈표 12-2〉에서 이 변수들을 콜린스와 아네트의 여러 명제들의 핵심 및 존대와 처신의 역사에 관한 논의의 성격을 파악하는 데 필요한 몇몇 추상적 명제들로 집약해 놓았다. [9] 콜린스와 아네트는 이 명제들에서 존대와 처신을 드러내는 의례와 대화는 불평등한 지위에 있는 사람들 사이에서, 특히 그들의 행위가 관찰 가능하고 그 상황 밖에서의 의사소통이 제한될 때 가장 많이 이뤄진다고 논의한다. 물론 이러한 밀도와 감시는 공간 내의 다양한 수의 사람들에게 분배됨에 따라 중간 및 거시구조의 속성이 되기도 한다. 그러나 감시가 줄어들면 불평등한 관계에 있는 사람들은 접촉을 피하거나 존대와 처신 의례를 형식적으로만 하게 된다. 예를 들어, 군사의례는 장교와 사병 간에 감시가 결여된(예를 들어 부대 밖에 있을 때) 상황보다 부대 내에 있을 때 훨씬 자주 일어난다. 더 나아가, 콜린스와 아네트는 동등하지 않은 집단 간의 불평등과 낮은 이동성은 특히 집단 밖에서의 의사소통이 드물 때(예컨대 신병과 장교 사이 또는 교도소 재소자와 교도관 사이) 집단 내 존대와 처신 의례의 압력을 산출한다는 점을 강조한다. 그러나 집단 밖에서의 의사소통이 증가하거나 집단 구성원들에 의한 감시가 줄어들면 존대와 처신은 감소한다.

4) 계급문화

대화, 의례, 존대, 처신을 둘러싼 교환과정은 사회의 보다 거시적인 과정으로 간주되는 것을 설명한다. 이러한 과정 중 하나는 계급문화의 차이이며, 이는 콜린스 초기 갈등이론의 베버적 측면을 보여주는 지점이기도 하다. 즉, 상이한 사회계급에 속한 사람들은 상이한 행동, 관점, 대인관계 스타일을 보이는 경향이 있다는 것이다. 이러한 차이는 두 개의 주요변수로 나타난다.

———

① 개인이 타인들에 대한 강제, 물질적 수여, 상징적 조종을 통해 마주침 상황에 질서를 부여하고 이 질서를 따르도록 하는 역량을 소유하고 사용하는 정도
② 의사소통이 물리적으로 공존하는 사람들로만 제한돼 있는 정도, 또는 반대로 의사소통이 다변화되어 상이한 상황에 있는 사람들과 다양한 양식의 접촉을 사용하는 정도

———

콜린스는 이 두 변수는 물론 부(富), 직무상 물리적 영향력 같은 덜 핵심적인 변수들까지 사용하여 미국 사회의 계급문화를 기술한다. 또한 그는 이론형성과 관련해 더욱 중요한 것으로서 권력, 명령, 의사소통 네트워크, 개인 간 행동성향 사이의

<표 12-3> 계급문화에 관한 주요명제들

1. 특정 상황에서 타인들에 대한 명령의 부여는 강제적·물질적·상징적 자원의 동원과 사용 역량에 따라서 증가한다.
2. 자신감, 대화의 시작, 자신에 대한 긍정적 느낌, 상황의 목표와의 동일시 같은 행동 속성은 타인들에게 명령을 부여하는 역량과 정의 관계를 갖는다.
3. 강인함, 용기 같은 행동 속성은 물리적 영향력과 위험이 상승함에 따라 증가한다.
4. 동조적 행동의 정도는 사람들이 물리적으로 공존하는 사람들과만 의사소통하는 정도와 정의 관계를 가지며, 사람들이 물리적으로 공존하지 않는 다양한 사람들과 의사소통할 수 있는 정도와 부의 관계를 갖는다.
5. 개인의 관점과 행동성향은 다양한 명령의 부여 또는 수용, 물리적 영향력, 위험, 의사소통이 이루어지는 여러 생활영역 ─ 노동, 정치, 가정, 여가, 공동체 ─ 의 부가적 기능이다.

<표 12-4> 조직화에 관한 주요명제들

조직통제 과정
1. 조직 패턴 내의 통제는 개인들 사이에서의
   ⓐ 강제적 자원, ⓑ 물질적 자원, ⓒ 상징적 자원의 집중의 순기능 및 부가적 기능이다.
2. 조직 내 통제의 유형은 타인에 대한 통제를 추구하는 개인들이 보유한 자원의 배치에 달려 있다.
3. 강제적 자원의 사용을 통해 더 많은 통제를 추구할수록, 이러한 자원의 적용 대상이 되는 사람들은
   ⓐ 벗어나려 하거나, ⓑ 벗어나는 것이 불가능할 경우 반격하거나, ⓒ ⓐ와 ⓑ가 불가능하고 물질적
   인센티브가 존재할 경우 동조하거나, ⓓ ⓐ와 ⓑ와 ⓒ가 적용되지 않을 경우 느슨하게 동조할 가능성이 있다.
4. 물질적 자원의 사용을 통해 더 많은 통제를 추구할수록, 물질적 인센티브의 적용 대상이 되는 사람들은
   ⓐ 소유욕을 발동하고 ⓑ 자기 이해관계 달성 전략을 발전시킬 가능성이 있다.
5. 상징적 자원의 사용을 통해 더 많은 통제를 추구할수록, 이러한 자원의 적용 대상이 되는 사람들은
   ⓐ 가치와 신념의 주입을 경험하고, ⓑ 동질적 신입 코호트의 구성원이 되며, ⓒ 조직 내에서의 접촉을 장려하려는
   노력의 대상이 되고, ⓓ 조직 외에서의 접촉을 제약하려는 노력의 대상이 되며, ⓔ 특히 통과의례 같은 의례행위에
   참여하고, ⓕ 동조의 보상으로 상승이동을 하게 될 가능성이 있다.

통제의 관리
6. 권위자가 타인들을 통제하기 위해 강제적 및 물질적 인센티브를 더 많이 채택할수록 통제를 위한 관리장치로써
   감시에 의존하는 정도가 높아질 가능성이 있다.
7. 권위자가 통제를 위해 더 많은 감시를 사용할수록 ⓐ 감시당하는 사람들의 소외의 정도, ⓑ 상당히 가시적인
   행동만을 하게 되는 정도, ⓒ 감시받는 개인들에 대한 감시하는 개인의 비율이 높아질 가능성이 있다.
8. 권위자가 타인을 통제하기 위해 상징적 자원을 더 많이 채택할수록 통제를 달성하기 위한 표준화된 체계에의
   의존도가 높아질 가능성이 있다.
9. 표준화된 규칙의 체계에 더 많이 의존할수록 ⓐ 상호작용의 비인격성, ⓑ 행동의 표준화, ⓒ 권위의 분산이
   심화될 가능성이 있다.

조직구조
10. 권위의 집중은 ⓐ 자원의 집중, ⓑ 감시, 물질적 인센티브, 규칙의 체계를 통한 통제의 관리를 동원하는 역량,
    ⓒ 정보의 흐름을 통제하는 역량, ⓓ 환경적 우연성을 통제하는 역량, ⓔ 과업이 일상화되는 정도의 순기능 및 부가적 기능이다.
11. 권위와 사회적 관계의 관료제화는 ⓐ 기록 보관기술, ⓑ 잠재적 현직자의 비친족적(nonkinship) 사회화 기구, ⓒ 화폐시장,
    ⓓ 교통수단, ⓔ 비인적(非人的, nonpersonal) 권력 중심, ⓕ 권력 및 권위의 중심 분산의 순기능 및 부가적 기능이다.

중요한 관계를 명시한 추상적 명제들을 제시한다. 이러한 관계는 〈표 12-3〉에서 다소 변형된 형태로 다시 서술되었다.[10] 콜린스는 이 원리들을 바탕으로 상이한 직업 및 지위집단에 속한 개인들의 행동, 관점, 대인관계 스타일의 차이를 설명한다. 예를 들어, 명령을 내려야 하는 직위, 타인들과의 공존 정도가 높은 직위, 물리적 영향력이 적은 직위는 뚜렷한 특징을 가지며 여타 행위, 이를테면 누구와 결혼하는지, 어디서 사는지, 무엇에 가치를 부여하는지, 다양한 삶의 영역에서 어떤 활동을 추구하는지에 제한을 가하는 행동들을 산출하게 된다. 이 변수들의 상이한 비중은 개인의 행동성향의 차이를 초래한다. 따라서 〈표 12-3〉의 명제들에 기술된 과정들로부터 계급문화, 민족문화, 라이프스타일, 기타 계층 연구자들의 관심사 등의 변수들을 이해할 수 있다. 그러나 이러한 이해는 계급문화가 존대와 처신 의례를 뚜렷한 특징으로 하는 상호작용의 연쇄로 구축되고 유지된다는 인식에 기초한 것이다. 그러므로 계급문화는 가치와 신념의 내면화에 불과하거나 단순한 사회화에 그치는 것이 아니다(물론 이를 의심할 나위없이 포함하기는 하지만). 그보다도 계급문화는 과거의 상호작용 연쇄들로부터 구축된 중간 및 거시구조에 의해 부과된 다양한 조건하에 있는 동등하지 않은 사람들 간의 반복적 마주침의 결과다.

5) 조직화 과정

콜린스는 자신 이전에 베버가 그랬듯이 조직화에 관한 포괄적 분석을 수행하여 조직의 속성과 동학에 관한 긴 목록을 작성한다.[11] 이 명제들은 계층에 관한 명제들과 일정부분 중첩되는데, 이는 조직이 전형적으로 비교적 명확한 권위의 위계를 통해 내부적으로 층화돼 있기 때문이다. 〈표 12-4〉는 콜린스의 분석으로부터 3가지 명제군(群)을 제시한 것이다. 이는 조직통제 과정, 통제의 관리, 일반적 조직구조를 중심으로 구성되었다.

〈표 12-4〉에 제시된 명제들을 살펴보면, 조직 내부의 통제는 강제적·물질적·상징적 자원의 집중도에 따라 증가한다. 그러나 통제의 패턴은 명제 3, 4, 5에 요약된 바와 같이, 통제되는 특정 유형의 자원 — 강제적인 것이든 물질적인 것이든 상징적인 것이든 — 과 이 자원들의 배치에 따라 다양하다. 조직 내부의 통제는 관리돼야 하며, 이러한 관리의 패턴은 통제를 획득하기 위해 사용되는 자원의 속성에 따라 다양하다. 콜린스는 조직에 관한 베버의 분석을 확장하는데, 명제 6부터 9까지는 통제관리의 다양한 유형을 요약한 것이다. 마지막으로 콜린스는 조직구조의 개요를 자원의 속성 및 집중은 물론 이 자원들이 통제관리를 위해 어떻게 사용되는지가 반영된 것으로 본다. 명제 10과 11은 콜린스의 기본적 주장을 되짚은 것이다.

6) 국가와 경제

베버가 그러했듯이, 콜린스도 결국에는 비록 복합조직의 한 유형이긴 하지만 사회 전반을 통제하고 조정하는 국가에 대한 분석으로 이행한다. 〈표 12-5〉의 명제들에 요약되었듯이[12] 국가의 규모와 범위는 경제적 생산역량에 달렸으며, 국가는 궁극적으로 대규모의 경제적 잉여에 의해서만 유지될 수 있다. 이어서 명제 2에 요약되었듯이, 경제적 생산력은 기술, 자연자원, 피부양인구수, 분업이 조직화되는 효율성과 관련된다. 국가권력의 특정 유형은 매우 다양하지만, 이 유형들은 명제 3에 요약된 기본적 힘의 영향하에서 변화한다. 특히 갈등이론에서는 국가의 안정성 또한 중요한 변수다. 명제 4에 요약되었듯이, 국가는 권력에 도전하는 집단에 의한 동원을 방지할 수 있어야 하며, 주기적 위기를 해결할 수 있어야만 한다. 그렇지 못하면 국가는 불안정해진다.

콜린스는 자신 이전에 베버가 그랬듯이 국가의 생존능력은 상당부분 국가와 이를 둘러싼 사회들의 관계에 달려 있다는 점을 인식한다. 어떤 사회도 고립된 채로 존재하지 않는다. 국가는 자신이 거의 항상 다른 사회들과 경쟁상태에 있음을 인지한다. 그리고 이러한 지정학의 세계에서 국가가 번영하기 위한 역량은 그 국가의 유형, 생존능력, 안정성을 결정하는 경우가 많다.

7) 지정학

콜린스는 베버를 차용하고 여기에 자신의 아이디어를 덧붙여서, 특정 사회들만이 안정적 제국을 형성해 최대 300만~400만 평방마일[약 777만~1,036만 ㎢)까지 확장할 수 있다는 역사적 사실에는 사회학적 근거가 있다고 주장한다.[13] 사회가 자원(금전, 기술, 인구규모)과 국경지대의 이점(국경지대 대부분에 적이 없는 경우)을 가지면 전쟁에서 승리할 수 있지만, 결국 ⓐ 병참수송 역량을 초과하는 수준으로 확장되고, ⓑ 다른 제국과 충돌하며, ⓒ 국경 확장에 따라 국경지대의 이점을 상실하고 적들에게 둘러싸이게 되며, ⓓ 적들이 자신의 기술을 도입함에 따라 기술적 이점 또한 상실하게 된다.

그 결과, 제국은 앞서 언급한 저해요인들이 각각 활성화됨에 따라 일정 규모에서 정체되기 시작한다. 이러한 과정은 내륙에 위치한 국가들은 영

〈표 12-5〉 국가, 경제, 이데올로기에 관한 주요명제들

1. 정치적 조직화의 규모와 범위는 경제적 생산력의 순기능이다.
2. 경제적 생산력은
   ⓐ 기술수준, ⓑ 자연자원 수준, ⓒ 인구규모,
   ⓓ 노동 조직화의 효율성의 순기능이다.
3. 정치적 조직화의 유형은 다음 요소들의 수준과 상호 효과와 관련된다.
   ⓐ 통치되는 영토의 규모, ⓑ 통치되는 사람들의 절대수,
   ⓒ 영토 내에서 사람들의 분포와 밀도, ⓓ 강제력(군대)의 조직화,
   ⓔ 인구 내에서 권력 및 기타 자원의 분배(분산 또는 집중),
   ⓕ 사회적 단위들 내에서 상징적 통합의 정도
4. 국가의 안정성은 다음 요소들의 역기능 및 부가적 기능이다.
   A. 다른 집단들의 정치적 동원 역량인데 이는
      1. 부의 정도와 2. 지위집단으로서의 조직의 역량의 순기능이다.
   B. 주기적 위기에 대한 국가의 해결 역량 부족

토를 확장할수록 적들에게 둘러싸이기 때문에 장기적인 또는 방대한 제국을 건설할 수 없음을 보여주는 것이다. 오히려 바다 또는 산맥을 끼고 있거나 배후에 위협적인 적이 없는 변경지대에 위치한 국가들은 한 곳의 전선에서만 전쟁을 치르면 되기 때문에 진격하여 다른 곳들을 정복할 수 있다. 그러나 결국에는 그들도 과도하게 확장하여 또 다른 변경지대의 제국과 맞닥뜨리게 되면서 자신의 기술적 이점을 상실하고 국경지대에 대규모의 적을 두게 된다(그럼으로써 국경지대의 이점을 상실하면서 결과적으로 여러 적들과 싸우는 내륙국

가가 된다). 바다와 하늘은 국경지대의 이점을 제공하지만, 본거지에서 먼 곳에 대한 병참수송의 부담과 정교한 기술의 유지 문제를 발생시켜 제국을 취약하게 만든다. 제국은 바다가 가로막고 있거나 매우 먼 거리에 놓여 있어서 저항을 최소한으로 맞닥뜨려야 유지될 수 있다. 저항이 시작되면 보급선이 무너지면서 제국은 무너지게 된다. 〈표 12-6〉은 이러한 아이디어를 정식화하여 요약한 것이다.

〈표 12-1〉부터 〈표 12-6〉에 걸쳐 제시된 명제들을 통해 갈등과정에 관한 콜린스의 접근법이 신

〈표 12-6〉 지정학에 관한 주요명제들

1. 국민국가 간의 전쟁에서 승리할 수 있는 가능성은 다음 요소들의 순기능 및 부가적 기능이다.
   A. 한 국민국가의 다른 국민국가에 대한 자원 수준의 이점. 이는 다음 요소들의 순기능이다.
      1. 기술수준 2. 생산성 수준 3. 인구규모 4. 부(富)의 형성 수준
   B. 한 국민국가의 다른 국민국가에 대한 국경지대의 이점의 정도. 이는 다음 요소들의 순기능 및 부가적 기능이다.
      1. 한 국민국가의 국경지대가 다른 국민국가의 국경지대에 비해 변경에 위치한 정도
      2. 한 국민국가가 한 곳의 국경지대에서만 적과 맞서 있는 정도
      3. 한 국민국가가 국경지대 대부분에 자연적 완충지대(산맥, 바다, 거대한 호수 등)를 가진 정도
2. 제국이 될 수 있는 가능성은 변경지대에 위치한 국가가 주변국들에 비해 자원의 이점을 가지고 이를 전쟁에서 활용할 수 있는 정도의 순기능이다.
3. 제국의 규모는 지배적 국민국가의 다음과 같은 역량의 순기능 및 부가적 기능이다.
   A. 다른 국경지대 제국과의 최후의 일전을 피하는 역량
   B. 국경지대의 이점을 유지하는 역량
   C. 상비군을 바탕으로 영토를 유지하는 역량
   D. 연락과 교통을 위한 병참수송 역량. 이는 의사소통, 교통, 군사기술의 순기능이며 다음 요소들의 역기능 및 부가적 기능이다.
      1. 영토의 규모 2. 본거지부터 국경지대까지의 거리
   E. 잠재적 적국으로의 기술전파
4. 제국의 몰락은 다음 요소들의 순기능 및 부가적 기능이다.
   A. 두 제국 간의 전쟁 개시
   B. 병참수송 역량을 넘어서는 제국의 과도한 확장
   C. 적국의 우수한 자국 기술 도입

(新)베버주의적임을 쉽게 알 수 있을 것이다. 콜린스는 베버와 마찬가지로 미시적 과정에 대한 개념화로부터 출발한다 — 베버의 경우는 유의미한 행위의 유형이고, 콜린스의 이론에서는 상호작용 의례다. 이후 이들의 분석은 중간적 수준으로 이행하여 계층화의 유형과 복합조직의 유형을 탐구한다. 마지막으로, 베버와 콜린스 모두 국가와 지정학에 관한 분석으로 나아간다. 모든 분석수준에서 이들의 관심은 자원의 불평등과 이러한 불평등이 어떻게 긴장과 잠재적 갈등을 산출하느냐다. 콜린스의 《갈등사회학》이 출간된 지 40년이 지났지만 그가 이러한 명제 도식을 계속 확장해온 것은 놀랄 일이 아니다. 그러한 작업을 해 오면서 공식적으로 자신의 논의를 진술하는 일은 줄었지만 그는 여전히 설명적 아이디어를 산출하며, 현재는 다소 산만한 형태, 또는 내가 1장에서 **담론적 도식**(*discursive scheme*)이라 지칭한 형태를 띤다.

3. 의례와 감정

콜린스는 지난 수십 년 동안 상호작용 의례에 관한 자신의 원래 개념화를 재정의하고 확장해왔으며, 다음 절에서 요약하겠지만 이러한 상호작용 의례의 새로운 관점을 대인 간 폭력을 설명하는 데 사용했다. 나는 재량을 발휘하여 〈그림 12-1〉에서 콜린스의 분석도식을 더욱 강력한 분석모델로 개정해서, 상호작용 의례를 추동하는 힘들 간의 인과관계를 그가 《상호작용 의례 연쇄》[14]에서 제시한 도식에 부합하게 서술했다. 그림의 왼쪽에서 오른쪽으로 옮겨가면서 상호작용 의례가 (콜린스가 상호작용의 추동력으로 간주하는) 감정적 에너지를 드러내고 구축하는 과정을 따라 그의 분석모델의 요소들을 살펴보자. 이 이론은 상호작용 의례 연쇄 또는 상호작용의 에피소드들에 걸쳐 구축되고 유지되는 보다 장기적인 감정적 에너지를 강조한다. 긍정적인 감정적 에너지가 상호작용 의례 연쇄를 통해 구축되면 사회적 연대가 증가해 사회구조의 생산 또는 재생산으로 이어지는 반면, 부정적인 감정적 에너지가 고양되면 갈등이 발생하고 연대가 쇠퇴할 가능성이 높아진다.

〈그림 12-1〉의 왼쪽에 있는 변수들은 상호작용 의례의 발생가능성을 높이는 조건들을 명시한 것이다. 사람들이 **생태학적 장벽**으로 인해 타인들로부터 분리된 정도가 클수록 더 많은 개인들은 공존하고 있음을 느낄 것이며, 더 나아가 **공통의 행위** 또는 과업에 참여하고 **상호 간의 관심의 초점**을 갖게 되며 서로 간에 **전형적인 인사의례**를 행하게 될 가능성이 높다. 이러한 의례 — 대개는 그저 "안녕?"이라고 묻는 정도이거나 약간의 공식성을 띠는 정도 — 는 **공유된 분위기**를 형성해 공통의 또는 상호 간 관심의 초점을 증가시키는 가벼운 **일시적인 긍정적 감정**을 산출한다. 상호작용이 진행됨에 따라 대화와 신체언어의 '리듬의 일치'가 일어난다. 개인들은 자신의 언어교환의 리듬뿐만 아니라 몸동작도 확립한다.

리듬이 보다 일치될수록 개인들은 감정적으로 활기를 띠게 되고, 그 결과 단순히 일시적 감정이었던 것이 전형적인 공식성을 띠면서 **집합적 열광**으로 변화한다. 이는 뒤르켐의 분석에서 차용한 것이다. 이러한 열광은 개인들의 대화와 몸짓의 계속되는 일치에서 뚜렷이 드러나며, 열광이 더 많이 일어날수록 개인들의 감정적 즐거움의 감각은 더욱 커지고, 그들의 긍정적인 감정적 에너지의 정도도 높아진다.

긍정적 감정이 고양됨에 따라 공존하는 사람들의 **집단연대**의 정도도 상승한다. 이러한 연대감이 더 커지고 이어지는 동일한 개인들 간의 상호작용 의례에서 더욱 환기될수록 개인들은 모종의 방식으로— 언어를 통해서든, 물리적 대상을 통해서든, 특정 행동을 통해서든—**집단을 상징화**할 필요성을 느낄 가능성이 높다. 이러한 상징화 과정— 재차 말하지만 이는 뒤르켐에게서 차용한 아이디어다— 은 그것을 둘러싼 연대와 긍정적 감정이 개인들로 하여금 집단의 표상이 필요함을 느끼게

한다는 점을 강조한다. 마치 토템기둥(*totem pole*)이 문자시대 이전의 사람들의 공동체를 상징화했던 것처럼 말이다. 물론 개인들은 때에 따라 자신들의 연대를 상징화하기 위해 물리적 대상을 세우기도 하지만, 문구(文句), 노래, 모자나 유니폼에 부착한 상징, 복장의 형태, 농담, 공유된 기억을 사용할 수도 있고, 그 밖에 집단을 표상하는 모든 것을 사용할 수 있다. 상징을 통해, 그리고 개인들 사이에서 장기간에 걸쳐 지속되는 상호작용을 통해 이러한 상징들이 더 많이 환기될수록 개인들이 어떠한 마주침 상황에서든 대화를 유지할 가능성은 높아진다. 그리고 이러한 상징들이 개인들로 하여금 마주침을 장기간에 걸쳐 반복해 상호

〈그림 12-1〉 콜린스가 정식화한 상호작용 의례 모델

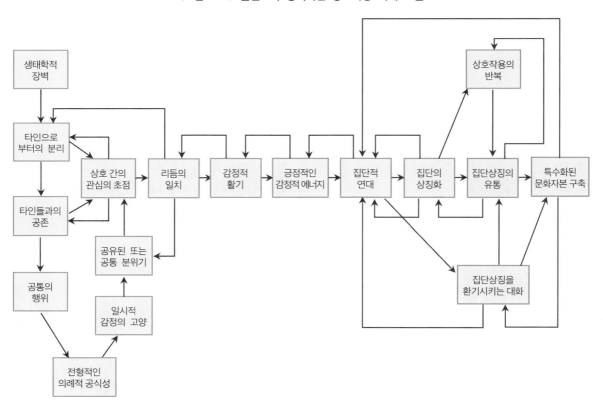

작용 의례 연쇄를 구축하게 만들 가능성도 높아진다. 이 상호작용 연쇄가 지속되면 구성원들은 **특수주의적 자본**(*particularistic capital*), 또는 집단 구성원들 사이에서만 공유된 경험을 발전시키게 된다. 이 자본은 이어지는 상호작용에서 집단의 상징과 연대감을 강화하는 데 사용될 수 있다.

오른쪽에서 왼쪽으로 향하는 역방향 화살표는 상징화가 특수화된 문화자본이 하는 것처럼 연대를 상승시킨다는 점에서 상호작용 의례가 순환적임을 강조하는 것이다. 연대는 긍정적인 감정적 고양으로 순환되고, 감정적 고양은 순환되어 그것을 산출한 열광의 느낌을 상승시키며, 열광은 리듬의 일치로 순환되어 사람들을 더욱 일치해 움직이게 하고, 일치는 공유된 분위기와 상호 간 관심의 초점을 증가시키며, 고조된 상호 간 관심의 초점은 사람들로 하여금 공존의 감각과 타인으로부터의 분리를 더욱 더 강하게 느끼게 한다.

이러한 주기가 장기간에 걸쳐 반복되면 연대감과 집단의 상징이 구축되며, 그럼으로써 사회구조와 그 문화를 구축한다. 만약 구조가 이미 존재한다면 구조를 재생산하거나 잠재적으로 변화시킨다. 콜린스는 감정과 상호작용 의례의 관계를 강조해왔지만, 일반적으로는 긍정적인 감정적 에너지를 강조했다. 물론 부정적인 감정적 에너지의 고양이라는 역의 과정 또한 있다. 이는 의례과정이 붕괴되거나 실제로 전혀 시작되지 않았을 때 일어날 가능성이 있다. 또는 개인들이 보상이 되는 특수주의적 자본을 얻을 수 없는 상호작용에 갇혀 있으면서 타인들에 의한 부정적 경험을 지속적으로 하는 경우 또한 그러하다. 이러한 조건하에서 사람들은 마주침 상황을 벗어나거나 마주침

을 반복하지 않거나 하겠지만, 사람들이 고통스러운 상호작용 의례 연쇄에 갇혀 있거나 갇혀 있다고 인식하는 경우 또한 적지 않은데, 학대로 고통받는 가족구성원(들)의 경우는 명백한 예다.[15]

4. 미시적 폭력에 관한 이론

콜린스는 《폭력: 미시사회학적 이론》[16]에서 자신의 상호작용 의례 이론을 해석틀로 채택해 폭력의 발생을 다소 산만한 방식으로 설명한다. 그는 폭력의 사회학에 대한 관심을 끌어내기 위해 상호작용 의례 이론을 채택하면서 분석단위로 개인보다 상황을 더 강조한다. 그는 상황을 강조하면서 다양한 유형의 폭력상황에 관한 설명을 제시한다. 나는 상황적 폭력의 여러 흥미로운 경험적 변이보다는 상대적으로 간단한 이론적 논의에만 초점을 맞출 것이다.

1) 감정적 장

잠재적 폭력적 상황은 콜린스가 공포와 긴장으로 이뤄진 **감정적 장**(*emotional field*)이라고 지칭한 것에 의해 형성된다. **공포**는 폭력상황에 처한 당사자에게 있어 거의 언제나 지배적인 감정이며, 이러한 공포와 함께 생리적 반응이 나타난다. 긴장은 대부분의 상호작용이 대개 상호작용 의례의 동학(앞의 〈그림 12-1〉에서 열거)을 통한 일정 정도의 긍정적인 감정적 고양을 산출한다는 사실로부터 일어난다. 그 결과, 공포를 고양하는 폭력적 상황이 콜린스가 인간의 신경학적으로 타고난 성향으로 간주

한 상호작용 의례를 통한 긍정적인 감정적 에너지의 경험과 더불어 긴장 속에 내재하게 된다. 이러한 성향이 폭력의 가능성에 대한 공포와 병존하기 때문에, 감정적 장은 언제나 긴장을 뚜렷이 드러내는 것이다. 폭력이 일어나려면 어느 한 측면 또는 어쩌면 양 측면 모두가 긴장을 공격적 행위로 전환시키고 그럼으로써 공포를 극복해야 한다.

2) 대립적 긴장과 공포의 힘

콜린스가 지칭한 **대립적 긴장**(confrontational tension)은 극심한 공포의 고조가 긍정적 감정을 고양하는 상호작용 의례 단계로 진입하는 인간의 타고난 성향과 배치되는 것이라는 점에서 폭력이 쉽사리 일어나는 것이 아님을 보여준다. 심지어 사람들은 폭력적 갈등에 참여하려는 동기가 강한 상황에서도 대립적 갈등을 경험하며, 따라서 폭력이 촉발되기란 쉽지 않다. 확실히 대부분의 폭력적 상황은 폭력으로 이어지지 않거나, 폭력을 쓸 것 같은 자세로 위협은 하지만 실제로는 폭력행위를 결코 포함하지 않는다. 심지어 폭력행위가 일어나더라도 확대되지 않거나 상대방이 그에 응하지 않는다. 콜린스는 심지어 군중이나 전쟁 같은 집합적 폭력상황에서도 집단 구성원 중 실제로 폭력을 행사하는 이는 상대적으로 소수에 불과할 것이라고 말한다. 예를 들어, 병사들 중 상대적으로 소수만이 적군을 겨눈 채 사격하며, 폭동의 경우에는 사람들 대부분이 목표물을 대상으로 한 폭력에 실제로 가담하기보다 뒷전에 서 있거나 맴돌기만 한다.

그렇다면 개인들이 대립적 긴장을 극복하고 실제 폭력행위를 하지 않도록 만드는 요인은 무엇인가? 콜린스는 폭력적 상황이 실제 집합적 폭력으로 전환될 수 있는 몇 가지 조건을 제시한다. 아마도 가장 중요한 조건은 상호작용 의례가 행위자들이 폭력을 행하도록 동원하는 것이다. 즉, 의례의 단계들이 촉발되어 개인들로 하여금 상대방 집단에 대한 폭력에 가담케 함으로써 긍정적인 감정적 열기, 열광, 긍정적인 감정적 에너지, 연대, 집단상징, 특수화된 자본을 얻게 된다는 것이다. 이는 집단이 지리적으로 분리되어서 그 신호가 관찰되지 않는 경우에도 도움이 되는데, 멀리 떨어져 교전 중인 두 군대가 그러한 예가 될 것이다. 예전부터 군인들은 적군에 대한 집합적 폭력으로 전환되는 상호작용 의례를 학습했다. 병사들은 각자 분리돼 있으며, 전형적인 공식성에 참여할 것, 상호 간에 관심의 초점을 가질 것, 훈련기간 동안 상호작용의 리듬을 일치시킬 것, 감정적으로 열기를 갖고 고양될 것, 제복과 그 위에 부착된 배지·패치뿐만 아니라 특정 부대의 특수한 상징물(이를테면 깃발이나 배너)에 의해 상징화되며 특수화된 문화자본에 의해 강화되는 집단연대감을 발전시킬 것을 요구받는다. 테러리스트 조직 또한 이와 동일한 속성을 가지고 상호작용 의례를 폭력적 상황의 공포와 대립적 긴장을 극복하고 갈등상황에 참여하도록 하기 위한 긍정적 감정을 창출하는 데 사용한다.

콜린스가 이러한 상대적으로 단순한 개념틀을 가지고 폭력의 다양한 측면을 탐구할 수 있는 것은 모든 상황이 당사자들의 공포, 이에 더해 대립적 긴장을 산출하는 상호작용 의례를 뚜렷한 특징으로 하기 때문이다. 당사자들이 구축한 갈등 및 연대로의 네트워크는 폭력적 상황에 처한 개인이 대립적 긴장을 극복하느냐 못하느냐에 상당한 영향을 미친다. 따라서 폭력을 개인 또는 대규모의 중간적 및 거시적 사회구조가 아닌 상황에 초점을 맞춘 미시적 수준의 이론으로 탐구하면, 폭력의 동학이 개인들 — 군인, 테러리스트, 폭도, 범죄조직 구성원 등 — 의 폭력행위를 조직화하는 폭력적 개인 또는 조직의 이미지와는 사뭇 다른 모습으로 나타난다. 폭력은 쉽사리 일어나지 않는다. 폭력은 많은 경우 매우 단기적이며 심지어 그렇게 폭력적이지도 않다. 더 나아가, 폭력이 집합적으로 조직화될지라도 참여자 대부분은 실제 폭력행위에 가담하지 않는다.

5. 나가며

콜린스는 40년 이상 지배적인 이론사회학자였다. 여러 주제들을 이론화하였지만, 그의 이론화의 핵심은 여러 형태로 나타나는 갈등에 초점을 맞추는 것이었다. 모든 일반이론은 개인이 미시적 상황에서 행하는 바를 중심으로 구축된다는 그의 주장은 또 다른 이론적 전통으로서 많은 추종자를 확보했지만, 초기 저작은 물론 심지어 최근 저작 중 상당수에서도 상호작용 의례에 대한 강조가 중간적 및 거시적 영역에 자리를 내어주는 모습 또한 보인다. 그러나 폭력에 관한 이론에서도 드러나듯이 콜린스는 미시적 수준의 이론을 채택해서 중간적 및 거시적 수준의 현상을 이해하는 데 주력한다. 이는 사회구조와 문화가 궁극적으로 개인이 상호작용 의례의 미시적 수준에서 행하는 바에 의해 구축되고 재생산되고 변화되기 때문이다. 흥미로운 것은 그의 초기 작업이 — 상호작용 의례의 모델 정식화에도 불구하고 — 개인들의 미시적 의례행위라는 관점을 상실하는 경우가 종종 있었지만, 최근의 이론화에서는 미시적 수준의 과정을 모든 사회현상의 설명에 도입하고자 한다는 점이다.

주

1 Randall Collins, *Conflict Sociology: Toward an Explanatory Science* (New York: Academic, 1975).

2 Randall Collins, "On the Micro-Foundation of Macro-Sociology", *American Journal of Sociology* 86 (1981): pp. 984~1014.

3 Randall Collins, "Micro-Translation as a Theory of Building Strategy", in *Advances in Social Theory and Methodology: Toward an Integration of Micro-and Macro-Sociology*, eds. K. Knorr-Cetina and A. V. Cicourel (London: Routledge, 1981), pp. 84~96.

4 Collins, *Theoretical Sociology* (주 1 참조), p. 153를 보라. 이 부분에 이후 상호작용 의례로 알려지는 것의 요소들이 제시되었다.

5 Émile Durkheim, *The Elementary Forms of the Religious Life* (New York: Free Press, 1947; 초판 1912)

6 Erving Goffman, *Encounters* (Indianapolis, IN: Bobbs-Merrill, 1961) and *Interaction Ritual* (Garden City, NY: Anchor Books, 1967).

7 Collins, *Conflict Sociology* (주 1 참조), pp. 156~157.

8 Randall Collins and Joan Annett, "A Short History of Deference and Demeanor", in *Conflict Sociology* (주 1 참조), pp. 161~224.

9 같은 책, pp. 216~219.

10 Collins, *Conflict Sociology*, pp. 49~88.

11 같은 책, pp. 286~347.

12 같은 책, pp. 348~413.

13 Randall Collins, *Weberian Sociological Theory* (Cambridge, England: Cambridge University Press, 1986), pp. 167~212 and "Long-Term Social Change and the Territorial Power of States", in his *Sociology Since Midcentury: Essays in Theory Cumulation* (New York: Academic, 1981).

14 Randall Collins, *Interaction Ritual Chains* (Princeton, NJ: Princeton University Press, 2004).

15 콜린스의 이론에 내재한 이런 편향을 이론화한 것으로는 부정적인 감정적 에너지에 관한 에리카 서머스에플러 (Erika Summers-Effler) 의 이론을 보라. 예를 들어 "The Micro Potential for Social Change", *Sociological Theory* 20 (2002): pp. 41~60 and "Defensive Strategies: The Formation and Social Implications of Self-Destructive Behavior", *Advances in Group Processes* 21 (2004): pp. 309~325도 보라.

16 Randall Collins, *Violence: A Micro-Sociological Theory* (Princeton, NJ: Princeton University Press, 2008).

13장

마르크스적 갈등이론

1. 들어가며

10장에서 마르크스의 갈등이론을 살펴볼 때, 자본
주의 사회동학에 대한 마르크스 사상의 실질적 내
용들은 많은 부분 생략됐다. 그 대신 우리는 불평
등 체계에서 갈등에 관한 일반이론을 만들어내기
위해 마르크스가 사용한 실질적 범주들을 추상했
다. 바로 이런 방식으로 마르크스의 사상은 20세
기 중반에 사회학 고전목록에 다시 스며들어오기
시작했다. 그러나 마르크스는 스스로를 혁명가로
여겼고,[1] 그의 일생 작업은 자기파괴적 자본주의
동학과 공산주의의 출현을 설명할 수 있는 이론
체계를 발전시키는 것이었다.[2] 마르크스 작업에
서 찾을 수 있는 이런 실질적·해방적 요체가 사
회학 이론화 작업에서 사라진 적은 없었다. 그러
나 그의 이론은 수정돼야 했다. 왜냐하면 프롤레
타리아 혁명은 일어나지 않았고 20세기 공산주의
체제들은 별로 해방적이지 않았기 때문이다. 28장
과 29장에서 볼 수 있듯이, 마르크스적 예측이 실
패하자 더 비관적 모습의 비판이론이 출현했다.
그러나 이 장에서는 마르크스 사상의 실질적 요체
를 수용하면서도 동시에 자본주의의 모순 때문에
더 민주적이며, 덜 착취적인 새로운 사회조직 형
태가 열릴 것이라는 관점을 가진 몇몇 이론들을
살펴볼 것이다.

2. 마르크스의 실질적 논의에 대한 개괄

지난 20여 년간 마르크스의 사상을 채택한 창의적
지향점을 평가하기 위해서는 마르크스 분석도식의
실질적 강조점 몇 가지를 검토해 보는 것이 좋다.
마르크스는 그의 이론적 목표가 자본주의 경제 생
산양식의 모순을 설명하는 것이자 이 모순이 결국
어떻게 공산주의로 가는 길을 여는 갈등과정을 발
생시키는지 설명하는 것이라고 믿었다. 아마도 그
의 논리가 가진 치명적 오류 때문에 마르크스의 예
측이 틀렸다고 할 수 있다. 그러나 그의 분석은 여

전히 유용하다.

마르크스가 보기에 자본주의란 생산수단을 소유하고 통제하는 사람들이 자신들이 경쟁 시장에서 판매하는 재화들로부터 이윤을 추구하는 하나의 경제체계이다. 이 체계에서 노동자는 자본가들에게 자신을 하나의 상품으로 판매해야 하는데, 노동자들은 그들에 대한 수요에 비해 공급이 넘쳐나기 때문에 임금이 바닥으로 떨어지는 (따라서 자본가를 위한 노동비용을 줄이는) 불리한 상황에 놓인다. 자본가들이 이윤을 얻는 열쇠는 자본가가 노동자 임금으로 지급하는 재화를 만드는 데 필요한 실제 노동시간 이상으로 노동자에게 일을 시키는 데 있다. 그 차이가 자본가를 위한 **잉여가치** 또는 이윤이 된다. 본질적으로 자본가는 그 자신의 이익을 위해 노동자가 생산하는 재화에서 잉여가치를 취득하며, 잉여가치가 커질수록 더 많은 노동자들을 **착취한다**. 그래서 마르크스 관점에 따르면, 노동력은 생산물 가치의 궁극적 원천이자 자본가를 위한 이윤의 원천이기도 하다. 이렇게 자본주의는 착취에 의해 지탱된다.

그러나 자본가는 딜레마에 직면한다. 자본가들은 시장에서 서로 경쟁하며, 그 결과 생산물의 가격은 이윤을 내기 어려운 수준까지 하락한다. 사업이 실패하면 노동자들은 일자리를 잃고, 이는 이제 노동자들이 시장에서 재화를 구매할 임금을 받지 못한다는 것을 뜻한다. 결국 재화의 수요는 하락한다. 이렇게 수요가 하락하면 자본가들의 이윤 또한 하락한다. 자본가들은 **이윤율 하락**에 대응해 노동을 대체하는 더 생산적인 기술과 기계를 사용해 더 많은 노동자들을 일자리에서 몰아낸다. 이는 다시 자본가가 생산하는 재화의 수요를 축소시킨다. 이런 시도의 결과로 자신의 경쟁자들에 대한 특정 자본가의 단기적 우위와 일시적 이윤 증가가 보장된다. 그러나 경쟁자들은 곧바로 기술과 기계를 모방하게 된다. 결국 가격을 둘러싼 새로운 경쟁이 개시된다. 그러나 이 새로운 경쟁은 하락한 가격의 재화 때문에 실업상태에 놓인 노동자의 하락한 구매력이라는 사실에 직면해야 한다.

이윤이 하락하는 이런 과정에서 많은 자본가들이 파산하고, 그들의 경쟁자들은 파산한 기업을 인수해 이제 경쟁 없이 가격을 더 마음대로 조작하는 독과점을 형성하게 된다. 그러나 이는 오직 노동자들이 재화를 구매할 임금을 받지 못해 시장에서 수요가 하락하는 조건하에서만 그럴 수 있을 뿐이다. 게다가 경쟁에서 탈락한 많은 자본가들은 재화와 용역을 구매할 자금이 없어, 그들 중 다수가 프롤레타리아트로 전락한다. 독점기업들이 핵심 생산부문을 통제하지만 사실 이윤을 얻는 데 어려움이 있다. 노동자 그리고 몰락한 부르주아지 수중에 구매를 위한 충분한 화폐가 없기 때문에 재화는 팔릴 수 없다. 상품이 판매되지 않으면 자본가는 조업을 단축하지만, 노동자들이 해고되기 때문에 조업단축은 노동자들의 구매력을 하락시킬 뿐이다. 이렇게 해서 마르크스는 실업과 생산에 대한 독점적 통제가 커지면서 자본주의가 결국 이윤과 생산이 축소되는 상황으로 나아갈 것이라고 여겼다〔여기서 터너의 요약은 마르크스 본인의 주장이라기보다는 미국 마르크스주의자들의 마르크스 해석에 더 가깝다고 할 수 있다 ― 옮긴이〕.

이런 상황에서 혁명을 위한 프롤레타리아트의 동원이 출현할 것이다. 그러나 이런 혁명적 시도는 국가 및 이데올로기 체계를 통제하는 자본가 권력과 맞닥뜨려야 한다. 그렇지만 실업위기가 심화하면, 프롤레타리아트가 일어나 억압적으로 통치하는 국가권력을 무너뜨리고 '허위의식'을 불어넣는 이데올로기 역량을 극복할 수 있을 것이다. 다음의 자본가 행위는 이런 동원을 촉진한다. ⓐ 노동자를 한 곳에 집중시켜 자신들의 불만을 소통할 수 있게 하는 것, ⓑ 노동자를 기계의 부속물로 만들어 소외감을 증대시키는 것, ⓒ 노동자의 생활수준을 하락시키거나 생활수준의 불확실성을 증대시키는 것 등이다. 노동자는 자본가의 이런 행동을 겪으면서 정치권력의 정당성과 지배 이데올로기의 타당성에 의문을 제기한다. 이런 상황에서 지도자들이 등장하여 저항 이데올로기를 만들어내, 프롤레타리아트가 일어나 위험과 비용을 감수하면서 부르주아지와 갈등을 벌이도록 추동한다. 부르주아지는 위에서 열거한 ⓐ, ⓑ, ⓒ의 3가지 조건을 노동자들에게 강요하여 '자기파괴의 씨앗을 뿌림'으로써 이 지도자들을 돕는다.

물론 이런 간략한 요약으로 자본주의에 대한 마르크스 분석의 깊이나 치밀성 또는 예리함을 포착할 수는 없지만, 마르크스 작업을 영감의 원천으로 삼는 두 가지 이론화 방향의 기본 맥락은 파악할 수 있다. 한 가지 뚜렷한 방향은 마르크스의 착취관을, 그리고 현대사회에서 계급과정의 착취효과를 정정하는 것이다. 또 하나의 방향은 민족국가를 넘어선 분석단위를 채택해, 궁극적으로 자본주의 모순이 출현할 것이라 이야기되는 세계체계 수준으로 나아가는 것이다. 세 번째 방향은 우리가 이 책 마지막 7부에서 검토할 비판이론이다. 여기서는 저자들이 마르크스의 핵심 견해를 활용해 과학적 계급이론과 세계체계 동학을 수립한 첫째와 둘째

방향에 초점을 맞추고, 세 번째 비판적 방향은 7부를 위해 남겨두기로 하자.

3. 네오마르크스주의 계급분석

20세기 말 마르크스주의 이론은 여러 가지 문제에 직면했다. 첫째, 한 세기 내내 대공황과 주기적 경기침체가 있긴 했지만, 예상했던 자본주의 붕괴는 일어나지 않은 채 21세기에 들어섰다. 둘째, 자본주의 사회가 부르주아지와 프롤레타리아트로 양극화할 것이라는 예상과 달리, 관리자, 전문가, 소사업자, 숙련 육체노동자 등 소외층이 아니면서 스스로 착취당한다고 여기지도 않는 다양한 중간계급이 대거 성장했다. 셋째, 자본주의가 자본주의와 공산주의 간 경쟁의 확실한 승리자로 부각되었다. 이는 설사 공산주의 이데올로기의 깃발 아래 운영된 국가관리 사회들이 마르크스가 염두에 둔 사회가 아니었다 해도 사실이 달라지지 않는다. 그럼에도 불구하고 마르크스의 역사적 예측과 자본주의의 사회주의와 공산주의로의 이행은 일어나지 않았다. 21세기 들어 20여 년이 지난 현재도 아직 현실화 되지 않았다.

그러나 이런 곤란한 쟁점들이 있음에도, 마르크스주의는 생존력 있는 지적 전통으로 남아 있다. 아마도 소외층에 대한 특권층의 착취를 없앤다는 목표에 강조점을 두는 해방적 열망에 추동되는 것으로 보인다. 그런데 마르크스주의학파들은 10년 이상 위기에 처해 있고, 예전 마르크스주의자 상당수가 다른 형태의 급진사상으로 옮겨가거나, 비판이론가 또는 포스트모던주의자가 됐다. 이런 전망

〈그림 13-1〉 라이트의 일반적 계급분석 모델

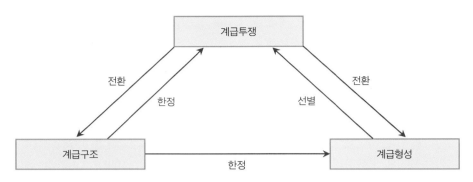

들에 대해서는 7부에서 살펴볼 것이다. 앞서 요약한 마르크스의 교조적 구도에 집착하는 이들도 있긴 하지만, 대부분의 마르크스주의자들은 당대 역사현실에 맞춰 마르크스의 핵심사상을 수정했다.

이런 길을 걷는 중요한 마르크스주의 학자들이 적지 않지만,[3] 에릭 올린 라이트(Erik Olin Wright)의 작업에 초점을 맞춰 마르크스주의 학자들이 다룬 쟁점들을 요약할 것이다. 라이트 자신의 말을 빌리면, 그는 단지 마르크스적 전통에 서는 것이 아니라 오히려 '마르크스주의를 재건'하는 데 기여하려 했다. 라이트는 자기자신과 동료들의 접근을 **분석 마르크스주의**(*analytical Marxism*)라고 불렀다. 라이트 기획의 기본 개념들을 논의하기에 앞서, 그의 메타이론적 주장부터 살펴보자.

1) 에릭 올린 라이트의 분석 마르크스주의

분석 마르크스주의의 목표는 교조적 마르크스주의 분석의 부담을 벗겨내는 동시에 마르크스 이론의 독특성이 담긴 핵심사상은 유지한다는 것이다.[4] 분석 마르크스주의는 마르크스의 해방적 힘을 유지하면서, 불평등과 착취의 제거까지는 어렵더라도 축소하는 것을 목표로 삼는다고 강조한다. 분석 마르크스주의의 강조점은 자본주의 착취에 내재하는 동학으로부터 어떻게 사회주의가 출현할 수 있는지에 대한 과학적 이론을 구성하는 것이다. 그러나 이렇게 해방적 힘을 유지한다고 해서, 경험적 관찰에 따라 이론적 견해를 평가하는 협약적 과학 규범을 폐기하지는 않는다. 경험적 규칙성을 낳는 기제를 특정화할 수 있게 추상적 정식화를 도출해 내는 것이 그 목표이며, 분석 마르크스주의자들은 사회 계급구조로부터 형성되는 기제에 특별히 관심을 기울인다. 나중에 요약하겠지만, 라이트의 최신 저작은 해방을 향해 가는 이런 경로를 더욱 구체적으로 그려 보여준다.[5]

(1) 사회계급, 해방, 그리고 역사

마르크스주의 이론에서 역사궤적은 봉건주의에서 자본주의로, 그리고 다시 자본주의에서 공산주의로 나아가는 것으로 상정된다. 이 역사궤적을 거치면서 계급 불평등은 사라질 것이고 공산주의는 계급 없는 사회를 열 것이다. 이 역사궤적과 결과들에서 계급은 핵심동력이 돼 착취가 제거되는 대안적 사회관계를 추구하도록 개인들을 추동한다. 라이트가 보기에, 기본방향을 제시하는 이 3가지 가정 — 역사궤적, 계급해방, 역사동력으로서의 계급 — 은 다소 완화될 필요가 있다.[6] 인류사회를 공산주의로 이끌어가는 동력의 필연성을 강조하는 대신, 자본주의 동학으로부터 어떻게 새롭고 덜 착취적인 사회구조가 현실적으로 가능할 수 있을지 강조해야 한다. 이런 방식으로, 계급해방에 대한 강조는 맹목적으로 계급 없는 사회를 추구하는 것이 아니라, 오히려 계급 불평등과 착취를 줄이기 위해 현존하는 사회관계를 비판하는 데 그 목적이 있다. 더욱이 역사동력으로서 계급을 강조하는 주장은 계급이 현재이건, 미래이건 간에 한 사회를 조직하는 여러 힘들 중 하나라는 사실을 인정함으로써 균형을 맞춰야 한다고 한다.

라이트의 이론작업은 사회계급에 대한 어떤 기제가 어떤 결과를 낳느냐는 이런 최종적인 관심사를 부각시킨다. 마르크스주의자로서 라이트는 한 사회의 계급구조가 계급형성(개인들의 조직화)과 계급투쟁(계급구조를 바꾸기 위한 조직의 활용)의 속성을 한정짓는다고 본다. 그는 〈그림 13-1〉에서 제시된 간단한 모델을 상정한다.[7] 이 모델에서 계급투쟁은 계급형성과 계급구조의 속성을 바꿔내고, 반대로 계급형성은 계급 구성원들의 조직화 속성에 의존하는 특정한 지향성을 따라 계급투쟁을 선별하거나 유도(channel)한다. 그러나 라이트의 기획에서 핵심동학은 계급구조이다. 이 모델이 보여주듯이, 계급구조는 계급구성과 계급투쟁의 속성을 한정짓는다. 따라서 재구성된 마르크스 분석의 목표가 계급구성과 해방적 계급투쟁을 이해하려는 것이라면, 자본주의 사회 계급구조의 특성을 연구해야 한다.

(2) 미시·거시수준 계급분석

라이트가 보기에 마르크스적 계급분석은 두 가지 추진력과 대면해야 한다. 한 추진력은 사회 계급구조가 궁극적으로 두 갈등적 계급으로 양극화한다는 마르크스의 전망을 유지하는 것이다. 자본주의 역사 시대에 생산수단을 소유한 자는 부르주아지이고 착취당하는 자는 프롤레타리아트이다. 또 다른 추진력은 "계급구조 개념 자체의 복잡성에 의존하면 계급관계에 뿌리박은 설명기제를 더 잘 포착할 수 있다고 기대하면서 이 복잡성"을 탐구하는 것이다.[8] 라이트는 자본주의가 궁극적으로 소유자와 노동자로 구성되는 것이 포괄적 특징이라고 보는 거시수준 분석에 머문다면 복잡성은 별로 뚜렷하지 않다고 주장한다. 그러나 개인의 미시수준으로 연구가 이동해 계급체계 속에서 개인위치를 이해하려 한다면, 훨씬 더 다양하고 복잡하며 모순적인 구도가 등장한다. 계급관계의 인과효과를 이해하려면, 미시적 수준에서 계급과정을 탐구할 필요가 있다.

라이트의 기본전략은 사람들의 직업을 조사하는 것이었다. 그 이유는 개인들이 직업을 통해 생산체계와 이 체계 속에 내재하는 계급관계와 연결되기 때문이다. 1970년대와 1980년대 대부분의 작업에서 라이트는 계급체계 내의 '개인위치 관계지도'를 작성하려 했지만,[9] 1990년대에 와서는 '직업이 있는 개인을 계급과 단순하게 연결짓는' 시도를 다음과 같은 여러 가지 주요방식으로 정정해야 함을 인정했다. 개인은 한 개 이상의 직업에 종사할 수 있다. 개인은 직업에 대해서 (공식 고용체계에 직접 참여하지 않는 아동이나 기타 사람들의 경우처럼) 간접적·매개적 관계를 맺을 수 있다. 개인은 직업경력을 바꿀 수 있고 계급위치를 가로지를 수 있다. 그리고 개인은 계급체계 내의 모순적 위치들에 놓일 수 있다.[10] 곧바로 살펴보겠지만, 라이트의 개념구상은 본질적으로 미시수준 분석이 드러내는 이런 종류의 복잡성을 다루려 했다. 라이트는 지난 20여 년간 새로운 자료[11]와 개념적 비판[12]에 직면해 자신의 구상을 바꾸어왔다.

계급분석 수준이 미시로 옮겨가면 거시수준에서 전개된 마르크스적 이론의 모호함이 드러난다. 라이트는 재구성된 마르크스적 접근에서 계급형성과 계급투쟁 효과를 낳는 기제를 특정화하는 것이 중요하다고 주장한다. 그는 전통 마르크스주의에서 계급구조가 계급형성과 계급투쟁에 영향을 끼친다고 보는 세 방식을 요약하면서, 계급기제에 대한 거시수준 관점과 미시수준 관점 사이의 차이를 보여준다.[13] 3가지 방식은 ① 물질적 이해관계, ② 생활경험, ③ 집합적 능력이다. 아래에서 이 3가지를 각각 검토해 보겠다.

① 물질적 이해관계

계급구조가 계급형성과 계급투쟁에 인과적 영향을 끼치는 첫 번째 기제는 개인의 물질적 이해관계를 통해서다. 물질적 이해관계에는 두 가지 기본유형이 있다. ⓐ 경제적 복지 또는 '한 사람에게 가용한 일-여가-수입 총패키지'로, 일은 줄이고 여가와 소비를 늘리려는 이해관계를 말한다.[14] ⓑ 잉여생산물 배분을 통제하는 경제력으로, 여기서 잉여생산물이란 "생산에 들어간 모든 투입(노동력과 물적 자본)이 재생산된 이후 남겨진 사회적 총생산물"로 정의된다.[15] 이렇게 개인의 물질적 이해관계는 경제적 복지와 경제력에 의해 결정된다.

착취 개념은 물질적 이해관계의 이 두 유형을 하나로 묶는다. 경제력을 지닌 사람은 경제력을 활용하여 경제력 없는 사람으로부터 생산잉여를 취득할 수 있다. 경제력을 지닌 사람은 이렇게 잉여생산물을 빼앗긴 자들을 희생시켜 경제적 복지를 늘린다. 마르크스적 계급분석에서 계급들의 물질적 이해관계는 이와 다르지 않다. 일종의 제로섬 게임 관계에 놓인 대립이다.

개인의 물질적 이해관계는 개인의 선택지를 제약한다. 사람들은 각자의 물질적 이해관계에 따라 서로 다른 선택을 하고, 다양한 전략을 구사하며, 다양한 대체조합을 구성한다. 물질적 이해관계를 공유하는 개인들 사이에서는 선택지, 전략, 대체조합이 수렴해야 한다. 왜냐하면 경제적 복지와 경제력을 추구하면서 유사한 딜레마에 봉착하기 때문이다. 마르크스의 거시분석에서 사회체계는 상이한 물질적 이해관계를 지닌 두 계급으로 양극화하며 착취는 이 양극화를 심화시킨다. 물질적 이해관계에 대한 더 미시적인 수준의 접근에서 개인들은 훨씬 더 복잡하고 때로는 모순적 구도를 보여주는데, 개인들은 경제적 복지를 추구하고 경제력을 획득하려면 무엇을 해야 하는지에 대해 다양한 지각을 드러낸다. 더욱이, 개인들이 선택하고 전략을 추구할 때 그들의 체험 또한 상이하게 나뉠 수 있거나, 또는 최소한 개인들은 자신들이 공통의 물질적 이해관계를 지닌다고 자각하지 않는다(마르크스가 너무 빨리 '허위의식'이라고 무시한 문제).

② 생활경험

마르크스적 이론에 따르면, 계급위치가 지시하는 공통의 물질적 이해관계 때문에 공통의 경험이 형성된다. 자본을 소유하지 않은 사람들은 그들이 노동을 판매해야 하고, 지배받고 지시받아야 하며 또 자신들이 노동의 잉여생산물을 통제할 수 없기 때문에 세계를 비슷하게 주관적으로 이해할 것이라고 이야기된다. 이런 방식으로 착취당하는 개인들은 소외되기도 하며,[16] 소외된 개인들은 이런 힘든 점 때문에 공통의 경험을 겪게 되어 — 마르크스가 생각하기에 — 집합적 동원으로 나아갈 것이다.[17] 그러나 좀더 미시적인 수준에서 접근해 보면, 개인들이 유사한 경험을 하지 않을 수 있으며, 또는 자신들이 계급체계상의 상이한 위치에 놓인 서로 다른 직업에 종사하기 때문에 적어도 자신들의 체험을 유사하게 여기지는 않을 것이라는 점이 드러난다.

③ 집합적 능력

전통적 마르크스적 접근에서 계급의 세 번째 힘은 앞의 두 가지 힘에서 나온다. 공통의 물질적 이해관계 및 생활경험을 지니는 사람들은 집합적 행위 능력을 지닌다. 더욱이 마르크스가 강조했듯이, 자신들의 물질적 이해관계 때문에 자본가들은 노동자들의 집합적 동원을 촉진하는 많은 조건들을 만들어내지 않을 수 없다. 공장과 도시로 노동자의 집적, 노동자의 기계 및 기술의 부속물화, 해고된 노동자의 일상적 삶의 파괴, 노동자의 문자해독능력과 미디어 접근능력 증가, 계급형성과 계급투쟁을 규정짓는 기타 세력의 고양 등이 그런 조건들이다. 거시수준에서 검토하면 이런 시나리오가 그럴듯하게 보이지만, 개인수준에서는 개인들의 직업 위치가 모순적이고 중간계급 위치 배열상 분화가 생겨, 집합동원은 더 의문시된다. 개인들은 자신들이 공통의 물질적 이해관계를 가진다거나 공통의 체험을 한다고 여기지 않는다. 개인들은 자연적

으로 집합적 조직을 만들어내지는 않는다. 서로 일정한 이해관계를 공유한다고 생각하는 개인들 사이의 동맹이나 연합 — 일단 형성되면 그런 동맹이 힘을 얻긴 하겠지만 — 조차 의문시된다(이미 타협 비용이 발생하기 때문이다).[18]

이렇듯 라이트의 미시적 접근에서는 마르크스적 분석의 3가지 계급적 힘들이 거시수준에서 고찰했을 때만큼의 일관성을 드러내지는 않는다. 더욱이 전통 마르크스주의와 비교하면, 미시수준에서 이 힘들이 서로 꼭 결합하는 것도 아니다. 미시수준으로 분석이 옮겨지면, "물질적 이해관계, 생활경험, 집합적 능력 사이의 단순한 일치는 필연적이지 않다."[19] 공통의 물질적 이해관계를 지닐 법한 사람들이 꼭 그런 이해관계를 지닌다고 스스로 자각하는 것도 아니며, 이들이 함께 집합적으로 움직일 욕구를 드러내는 것도 아니다. 계급기제를 이해하는 미시적 접근에서 보면, 계급체계가 복잡하기 때문에 계급구성과 계급투쟁의 특성을 설명하기에는 전통적 거시수준 마르크스적 인과적 힘들이 너무 포괄적이고 투박하다.

(3) 중간계급 문제

라이트의 마르크스적 분석은 중간계급 직업의 등장과 확산을 어떻게 설명할까 하는 질문에서 출발한다.[20] 라이트가 방향전환을 시도하긴 했지만 이 질문은 아직도 그의 이론적 정식화의 중심에 있다. '계급구조 지도'를 작성하면서, 라이트는 일련의 중간계급 지위들이 마르크스적 계급분석에 대한 최대 도전임을 인정한다. 계급구조가 계급형성 그리고 사회해방을 위한 계급투쟁에 적실성을 지닌 것으로 간주되려면, 한결 매끄러운 계급구조 분석

이 필요하다. 라이트의 분석계획은 훨씬 복잡한 이런 계급체계가 만들어내는 기제를 구분해 내려는 것이었다. 지난 30여 년간의 경험적·이론적 작업을 통해 라이트는 계급구조를 개념화하고 또한 이 구조에 내재한 계급형성 및 계급투쟁 기제를 개념화하는 여러 방식을 제안하였다. 몇 가지 제안은 기각되었고, 다른 제안들은 큰 폭으로 수정돼 유지되면서 새로운 방식으로 자신의 견해에 통합되었다. 교조적 마르크스주의와 비교하면, 라이트는 그의 생각을 기꺼이 수정했다. 이를 통해 선진 자본주의 사회의 계급구조 인과기제를 밝히려는 자기 사고를 가다듬어 발전시키고, 내용을 더 풍성하게 했다. 핵심적으로 그는 몇 개의 계급구조 모델을 제안했는데, 여기서는 그 기본적 요소들을 간단히 정리해 보려 한다.

(4) 모순적 계급위치

라이트가 처음에 중간계급을 마르크스적 용어로 개념화하기 위해서 노력한 결론은 **모순적 계급위치**(*contradictory class location*)라는 견해였다.[21] 개인들은 모순적인 한 계급위치를 점할 수 있는데, 그것이 모순적인 이유는 한 계급위치에 있는 사람들이 상이한 계급으로 나뉘어 아마도 모순적인 물질적 이해관계와 다양한 체험과 집합적 능력을 갖게 될 것이기 때문이다. 예컨대, 수많은 관리자들, 반자율적 임금취득자들, 전문가들, 소규모 고용주들이 ⓐ 생산수단의 소유, ⓑ 타인 노동의 구매, ⓒ 타인 노동의 통제와 관리, ⓓ 자기 노동의 판매 등, 이 4가지를 다양하게 누적하고 결합하기 때문에 이 계급위치들은 모순적이다. 예를 들면, 관리자는 사업 소유주에게 자신의 노동을 판매하지만 동시에

타인 노동의 고용과 통제에 몰두한다. 유사하게, 숙련된 상담가는 노동을 판매하지만, 이 노동을 조직하는 설비들을 소유할 것이다. 이런 변이들 때문에 개인은 모순적 계급위치에 놓인다. 그들이 생산수단의 소유자는 아니지만 그렇다고 자기 노동의 무력한 판매자도 아니라는 의미에서 그렇다. 이들은 이 두 요소를 모두 지니고 있고, 따라서 모순적인 물질적 이해관계 그리고 의심할 여지없이 모순적 생활경험과 집합적 능력을 보유한다. 그들은 스스로를 착취자로 여기지도 않고 착취대상으로 여기지도 않을 것이다. 실로 다양한 비율로 그들은 착취자인 동시에 착취대상, 그 둘 다일 수 있다.

이런 접근 때문에 라이트는 탁월한 마르크스 이론가로 인정받았지만, 그 때문에 비판도 받았다. 그래서 라이트는 대안적 개념화에 나섰다. 한 가지 문제는 지배(다른 사람에게 어떤 일을 하도록 명령하는 것)와 착취(잉여생산물 추출)가 그다지 서로 연결되지 않는다는 점이었다. 예를 들어, 관리자는 명령을 내릴 수 있지만, 취득한 잉여(이는 생산수단 소유자에게 귀속된다)의 경제적 후생을 직접 향유하지는 않는다. 다른 문제는 국가나 정부의 고용과 관련된 것이었다. 국가에 고용된 사람은 경제 생산수단으로서 노동자인가? 그렇지 않다면 그들의 지위는 불명확하다. 그들은 지불받는 노동자이지만 자본가가 그들이 생산하는 생산물을 직접 취득하지는 않는다. 그들은 관리자이고 따라서 각자에 대해서뿐만 아니라 아마도 경제 내에서 노동자에게 그리고 심지어 소유자에게도 지시를 내린다. 이런 개념적 문제들에 더해 그가 개인의 모순적 위치들을 측정할 때도 난점이 생기자, 라이트는 중간계급에 대한 새로운 개념화를 제안했다.[22]

(5) 다중착취

존 로머(John Roemer)의 견해를 채택한[23] 중간계급 문제에 대한 라이트의 두 번째 해결책은 개인이 어떤 종류의 자산을 보유하는가와 이 자산에 대한 소유와 통제의 정도, 이 양자에 따라 상이하게 달라지는 착취결합(exploitation nexus)을 상정한 것이었다. 4가지 자산은 ① 노동자산, ② 자본자산, ③ 조직자산, ④ 숙련 또는 자격증 자산이다. 각자는 특정한 유형의 착취로 이어진다. 노동자산만 지닌 개인은 착취당하기 쉽다. 왜냐하면 이들은 그들 노동의 잉여가치를 추출할 경제력을 지닌 자들에게 의존하기 때문이다. 자본자산은 장비와 노동에 투자되어, 기술과 노동에 의해 생산된 잉여생산물을 추출하는 수단으로 이용될 수 있다. 조직자산은 잉여생산물을 추출하는 방식으로 타인을 관리하고 통제하는 데 사용될 수 있다. 숙련 또는 교육자격증은 이 숙련과 자격증을 획득하고 유지하는 데 들어간 자원 이상으로 추가 자원을 추출하는 데 활용될 수 있다.

이런 접근을 통해 라이트는 (잉여의) 착취와 (통제와 명령 부여를 통한) 지배 개념을 재결합하여 중간계급 쟁점을 다룰 수 있게 되었다. 지배라고 했던 것은 이제 본질상 조직자산, 높은 가치의 숙련, 교육자격증을 지닌 사람들에 의한 새로운 유형의 착취로 해석되었다. 동시에 마르크스가 말한 착취 ─ 자본가에 의한 노동자로부터 잉여가치 추출 ─ 는 마르크스의 본래 정식화에 근접하게 남겨질 수 있었다. 이런 다양한 착취유형들의 결합과 배열에 따라 특정 사회의 유형구분이 가능해졌다.

라이트는 모순적 계급위치라는 정식화보다는 중간계급에 대한 이런 개념화를 더 선호했다. 그 이유는 이렇게 하면 착취가 경제적 복지 및 경제력과 연결된 핵심기제의 자리로 되돌아오며, 또 자신의 구상이 마르크스의 본래 정식화와 더 일치하기 때문이다.[24] 더 나아가 라이트는 마르크스적 통찰력을 지닌 계급동학을 가지고서도 국가관리자, 전문가, 기타 일정한 자율성을 지닌 숙련노동자를 개념화할 수 있게 되었다. 이들 또한 자본가들처럼 착취자들이지만, 그들은 상이한 자산을 활용해 잉여가치와 타인의 생산물을 추출한다.

이 접근 또한 큰 비판을 받았다. 라이트는 이 모델의 일부 주장을 철회했다.[25] 첫째, 숙련과 자격증을 갖춘 사람들은 덜 숙련된 착취자가 아니라 특권적 노동자로, 덜 숙련된 노동자들을 착취하긴 하지만 동시에 또 자본가가 그들을 착취하지 않게 할 수는 있다(자본가가 그들의 숙련과 자격증을 필요로 느끼고 또 그 가치를 높이 평가하기 때문이다). 둘째, 사적 자본주의 부문의 관리자뿐 아니라 정부 내의 관리자들은 조직위계를 올라가고 고액 연봉을 받아 자본주의 부문의 참여자가 될 수 있는데(주식과 채권 매입 등을 통해), 이로써 그들의 물질적 이해관계라고 할 만한 것에 혼동이 생긴다. 셋째, 국가 관료제 내에서는 개인의 위치가 자산혼합을 결정하곤 한다. 예를 들어, 국가의 상위직에 있는 사람들은 더 많은 자본자산을 보유하거나 또는 적어도 조직자산과 자본자산을 혼합해 보유할 수 있지만, 위계제의 하위직에 있는 사람들은 착취당할 노동자산만을 보유하고 있을 것이다. 이런 다양한 유형의 자산을 측정하는 문제에 다양한 자산이 어떻게 상이한 형태의 착취로 이어지는지 서술하는 문제가 덧붙여지자 라이트는 또다시 그의 구상을 바꾸었다.[26]

(6) 새로운 도식의 출현

미시수준에서 계급위치를 측정하는 개념적·경험적 문제를 다룰 때면 라이트는 비판에 대응해 새로운 개념들을 발전시키거나 또는 더 정확히 말하자면 옛 견해에 새 옷을 입혀 재정식화하였다. 이 새로운 개념화 역시 주로 중간계급 문제와 관련되지만 점점 더 절충적 성격이 드러난다.[27]

한 가지 견해는 '다중적 위치'라는 생각이다. 대부분의 전통적 마르크스주의자처럼 처음에 라이트는 개인이 하나의 사회적 위치를 가진다 — 이 계급위치가 모순적이고 같은 위치에 놓인 인물이 상이한 물질적 이해관계를 지닌 계급에 속한다 해도 — 고 가정했다. 그러나 사람들은 종종 하나 이상의 직업을 가질 수 있고, 실로 여러 개의 계급위치에 놓일 수 있다. 예를 들어 일당을 받고 일하면서, 저녁이나 주말에 소사업을 벌일 수 있다면, 이 사람은 프롤레타리아트이자 자본가다.

또 다른 견해는 '매개된 위치'다. 종종 개인들은 직업이 있거나 자본을 소유한 타인의 연결망을 거쳐 계급과 연결된다. 아동, 아내, 남편은 부모 또는 배우자의 계급위치에 대해 매개된 관계를 지닐 수 있고, 이런 매개된 관계는 복잡해질 수 있다. 예를 들어, 여성 관리자가 목수와 결혼하면, 각자는 상대의 계급위치에 대한 매개된 관계를 가지며, 그들에게 자녀가 있다면 자녀는 두 개의 계급 모두에 대해 매개된 관계를 가질 것이다. 라이트는 이 상황에 총괄적 계급 이해관계라는 생각을 제안하는데, 이는 '직접적 위치와 매개된 위치의 가중결합'으로 이는 모순적일 수도 있고 모순적이 아닐 수도 있다.

진화 중인 라이트 구상의 또 하나의 견해는 '일시적 위치'라는 관심사다. 경력은 한 사람의 계급위치를 중대하게 바꾸어 놓지는 않더라도 종종 계급위치의 횡단운동을 불러온다. 개인이 정부나 기업의 경력 사다리를 올라갈 때, 소사업체가 커질 때, 노동자가 기업을 창업할 때, 학생이 학교를 졸업하고 일자리를 잡아 경력을 쌓아갈 때 그렇다. 이렇게 사람들의 계급위치는 계속 바뀔 수 있고, 그에 따라 이들에게 상이한 물질적 이해관계, 생활경험, 집합적 능력을 가져다준다.

그리고 또 하나의 견해는 계급 내에서 '계층을 구분해 개념화'하는 것이다. 그의 주장에 따르면, 소유자와 노동자 같은 기본 계급 내에는 다소 상이한 물질적 이해관계를 지닐 수 있으며 또 확실히 매우 상이한 생활경험과 집합적 능력을 지닐 수도 있는 뚜렷하게 구별되는 계층 구성원들이 있다. 이 계층은 여러 형태를 띨 수 있다. 예를 들어, 숙련과 자격증을 지닌 전문가는 이 숙련과 자격증으로 지대를 획득할 수 있는 것처럼 보일 수 있으며, 이로써 이들은 노동계급 내의 구분되는 계층이 된다(이들은 자신의 노동력을 판매해야 하기 때문에 여전히 노동계급의 일부다). 일시적 경력이동은 종종 이 지대를 높여 줄 수 있다. 지대가 충분히 높다면 이를 자본으로 투자할 수 있고, 이로써 그 사람은 노동계급뿐 아니라 자본가계급의 한 계층 내의 지위를 얻을 수 있다. 유사하게, 관리자나 관리노동자는 그들의 숙련과 경력이동을 전환해 자본이 될 수 있는 지대로 만들어낼 수 있다. 이 모든 노동자들은 모순적 위치에 있는데, 왜냐하면 그들은 한편에서 봉급을 받는 노동자이고 또 다른 한편에서는 노동자를 고용하는 사업투자가이기 때문이다. 이렇게 이제 마르크스가 제기한 기본 계급 — 노동자와 생산수단 소유자 — 은 이런 광의의 계급을 내부에서의 서로 다른 계층들로 재개념화할 수 있다. 이와 동시에 다양한 계층들에 속한 사람들은 잠재적으로 노동자이면서 자본가라는 모순적 계급위치에 놓인다.

국가고용이라는 쟁점은 '국가 생산양식'으로 해석될 수 있다. 고위층 노동자를 조직 착취자로 보기보다 국가를 특정한 종류의 상품과 용역을 생산하는 것으로 보고, 뚜렷한 계급들(아마도 이 계급들 내의 계층들)을 보여주는 것이 낫다. 지배계급은 국가가 스스로를 지탱하기 위해 (조세, 수수료, 관세 등 형식으로) 획득하는 잉여생산성의 취득과 할당에 대해 지시를 내리는 자들일 것이다. 종속계급은 실제로 국가가 제공하는 용역을 수행하고 상품을 생산하는 자들일 것이다. 국가 생산양식 내에서는 모순적 지위에 있는 다양한 조합이 가능하다. 예를 들어, 국가관리자는 다른 노동자의 행위는 통제하지만 국가 지배계급 내에서는 엘리트 의사결정자의 통제를 받을 수 있다. 고액 봉급을 받는 국가관리자는 사적 부문에 이 지대를 투자할 수 있고, 그러면 이 개인은 동시에 경제 생산양식과 국가 생산양식 양쪽에 놓이게 된다. 국가 생산양식 내의 관계들 또한 매개될 수 있는데, 지배계급 고위층이 정부와 사업을 벌이거나 또는 정부규제를 받은 기업과 관계를 맺을 때 그렇다. 더욱이 경제 생산양식과 정부 생산양식 양자에 있는 재직자들은 이 생산양식들 사이에서 이동하면서 자신들의 경력을 쌓아갈 수 있으며, 그럼으로써 개인의 계급위치를 변화시킬 수 있다.

현재 진행 중인 라이트의 기획에서 발전된 또 다른 사고들은 중간계급 문제를 넘어선다. 고용 불가능하고 복지에 자주 의존하는 인구군이 존재한다는 사실을 설명하기 위해 라이트는 **비착취적 경제억압**과 **착취적 경제억압**을 구분하게 되었다. 착취적 경제억압에서 한 집단의 경제적 복지는 다른 집단을 착취함으로써 증가하며, 전자가 후자의 잉여생산물을 취득하기 때문에 후자의 복지는 하락한다. 이 상황은 억압적인데, 왜냐하면 단지 착취 그 자체 때문만이 아니라 착취집단이 자기 마음대로 하기 위해 종종 도덕적으로 부과되어 정당화된 강제를 사용하기 때문이다. 그러나 이런 억압적 착취 조건하에서조차 착취자가 피착취자에게 의존하기 때문에 피착취자는 어느 정도 권력을 지니며, 따라서 착취는 종종 암묵적 협상과 동의를 함축하게 된다. 비착취적 경제억압에서는 잉여생산성이 착취자에게 이전되지 않는다. 대신, 착취자는 억압자가 소비하는 값진 자원에 피억압자가 접근하지 못하도록 배제함으로써 경제적 복지를 달성한다. 라이트는 이런 상황에서 대량학살이 발생할 수 있다고 본다. 왜냐하면 자신들이 보유한 자원 또는 자신들이 갈망하는 자원에 접근 가능한 자들을 제거하는 것이 착취자의 목표가 되기 때문이다. 그러나 여기서도 비착취적 피억압자는 착취자의 소비를 방해할 역량이라는 자원을 보유한다. 따라서 비착취적 피억압자는 종종 착취자를 압박해 어느 정도의 자원을 제공하도록 강제할 수 있다(경제에서 제외된 자들에게 복지를 지출하는 사람들에게서 확인되듯이 말이다).

2) 해방의 꿈 간직하기: 실질적 유토피아의 상상

마르크스 전망의 핵심과 씨름하고, 예측된 혁명이 왜 일어나지 않았는지 설명해 보려는 모든 이론적 접근은 결국 이 질문으로 회귀한다. 라이트 이론화 작업의 상당부분은 선진 자본주의의 조건 때문에 왜 마르크스적 의미에서 혁명이 어려워졌는지 설명해 보려는 것이었다. 동시에 라이트는 마르크스의 기본사상을 활용해, 선진 자본주의가 여전히 모순을 탄생시키고 있으며 이 모순 때문에 사회주의를 향한 근본적 사회변동이 초래될 것이라는 희망이 남아 있다는 것을 보여준다. 라이트는 최근 저서인 《실질적 유토피아를 상상하다》[28]에서 또다시 자본주의가 지닌 문제들을 개괄하고, 사회주의적 지향성을 담는 대안을 탐구했다. 그 목표는 민중들의 사회적 권능을 키우고 새로운 종류의 국가와 경제를 세우는 것이다.

그의 시도 중 아마도 가장 흥미롭다고 할 만한 부분은 그의 책 마지막 장인 변혁에 관한 부분에서 발견된다. 여기서 라이트는 다양한 잠재적 변동경로를 제시해 보려 한다. 그럼으로써 라이트는 그런 변동이 일어날 수 있는 조건과 상황을 특정화한다.

(1) 총괄 모델

〈그림 13-2〉에서 자본주의에서 사회주의로 변혁적 변동이 어떻게 발생할 수 있는지 보여주는 라이트의 시나리오를 내 방식대로 그려 보았다. 자본주의는 체계적으로 손실(*harms*)을 초래하며, "민중에게 체계적으로 손실을 가져오는 사회구조와 제도를 장기적으로 유지하기 위해서는 적극적 사회 재생산의 엄밀한 기제가 필요하다."[29] 이 손실은 억압과 착취를 견뎌낸다. 〈그림 13-2〉에서 (손실을 가져오는 사회관계들의) '사회 재생산 기제'라고 지칭하듯이 4가지 기본기제가 있다.

첫째는 **억압**으로, 이는 억압·착취체계에 대한 '도전에 부과하는 다양한 처벌'[30]을 핵심으로 삼는다. 억압은 사회적 손실을 발생시키는 체계를 바꾸기 위해 민중들이 동원에 나서지 않도록 억압을 사용하겠다고 위협하거나 실제로 억압을 사용하는 국가·비국가 행위자들로부터 기원할 수 있다. 또 다른 기제는 **제도적 규칙** 또는 게임규칙에 내재하며, 이 규칙 때문에 체계에 도전하는 행동방침을 추구하기 어려워진다. 세 번째 기제는 **이데올로기** 그리고 더 광범위하게는 재생산의 큰 몫을 담당하는 문화 속에 수립된다. 권력을 장악한 자들은 문화적 생산수단을 지배하고, 미디어를 통제하고 또 문화가 생산되는 다른 영역을 통제하여, 체계에 도전하지 못하도록 하는 규범, 신념, 이데올로기에 대한 헌신을 개인들에게 의식적·무의식적으로 불어넣는다. 넷째 기제는 민중이 자본주의 체계에 대해서 지니는 **물질적 이해관계**로, 민중은 변혁에 대한 어떤 제안도 이런 이해관계에 대한 위협으로 여긴다. 체계가 설사 착취적이라 하더라도 민중은 이러한 체계에 의존하여 살기 때문에 대체로 변동을 두려워할 것이다. 더욱이 자본주의는 민중을 착취체계 속에 옭아매는 경향이 있다. 그럼에도 민중은 여전히 다른 체계가 이 착취체계 속에서 그들의 이해관계를 흔들 수 있다는 공포를 부여잡고 있다.

이 4가지 기제가 다양하게 배열되어 작동하면 ① 전제적, ② 헤게모니적이라는 두 가지 유형의 사회 재생산이 탄생한다. **전제적 재생산**은 억압, 그리고 억압이 부과되는 제도적 규칙에 의존한다. 반면, **헤게모니적 재생산**은 덜 노골적인데, 민중이 체계에 내재하는 자신들의 물질적 이해관계가 있다고 여기기 때문에 민중을 자발적으로 체계에 끌어들인다. 민중은 신념, 이데올로기, 규범적 규칙으로 주입된 규칙들을 준수한다. 왜냐하면 종종 그 규칙을 믿기 때문에 그리고 그들의 이해관계가 자신들이 정당화하는 체계에 긴박되어 있기 때문에 그렇다.

그러나 착취·억압 체계가 아무리 강력하다 해도 본질상 체계에 내장된 약점인 한계·격차·모순이 드러나지 않을 수는 없다. 이런 약점이 있기 때문에 적어도 일부 사람들이 체계에 결함이 있고 위험하다고 인정하게 될 뿐 아니라, **변혁적 변동**의 잠재적 **기회**도 생긴다. 이런 기회에는 4가지 주요 원천이 있다. 첫째는 체계의 **복잡성**이다. 복잡성 체계에는 많은 격차, 틈새, 이해갈등, 모순, 교체

조합의 필요, 권력의 사용, 그리고 그 밖의 힘들이 있는데, 이 때문에 사람들은 더 광범한 체계를 인식하여 잠재적으로 그 체계를 변화시키려 고취될 수 있다. 두 번째 기회원천은 **전략적 의도성**으로, 사회 내 행위자들이 체계를 재생산하는 실천을 전개하고자 할 때 이를 사용할 수 있게 된다. 예를 들어 복잡성 체계에서 제도체계를 세우고 재생산하려 노력할 때, 프로그램 설계를 둘러싼 투쟁, 문제에 대응하는 부정확하거나 편견을 가진 지식, 권력을 쥔 행위자들이 내리는 오만하고 종종 멍청한 결정, 그리고 행위의 의도치 않은 결과 등은 불가피하다. 세 번째 기회원천은 **제도적 견고함**에 그리고

<그림 13-2> 변혁적 변동 경로에 대한 라이트의 상상

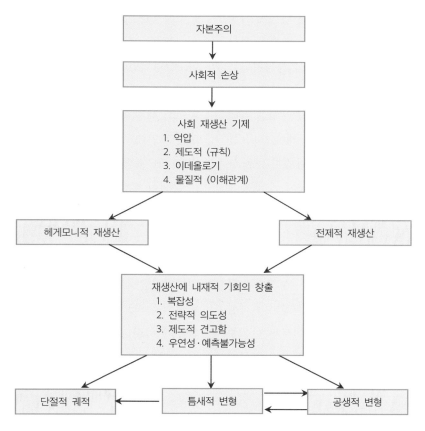

	단절적 변혁	틈새적 변형	공생적 변형
변혁의 정치와 논리	사회주의·공산주의로 나아가는 혁명	아나키스트·아나키즘	사회민주적
변혁의 핵심 행위자	정당·행위자로 조직된 계급	사회운동	노동과 연합한 사회세력들
국가를 다루기 위한 전략논리	국가를 공격	국가 외부에서 대안적 구성을 제안하고 건설	투쟁을 국가 지형으로 끌어오기 위해 국가를 활용
자본가 계급을 다루기 위한 전략논리	부르주아지와 대치	부르주아지를 무시	부르주아지와 연합
성공의 은유	전쟁, 갈등, 그리고 승리와 패배	대안적 사회구성체 사이에서 생태적 경쟁	변혁을 위한 진화적 열망

출처: Erik Olin Wright, *Envisioning Realistic Utopias*, p.304.

긴장이 발생하더라도 사회질서가 재생산되는 경로 의존성에 있다. 일단 제도체계가 작동해 강력한 이데올로기에 의해 지탱되면, 사회 일부에서 점점 더 그 체계 본성을 파악해 그것을 바꾸려 행동에 나서더라도 그 체계를 바꾸기 쉽지 않다. 변혁을 위한 마지막 기회원천은 **우연성**과 **예측불가능성**이라는 사실이다. 강력한 재생산력이 작동하더라도 경제과정과 정치과정을 항상 예측할 수 있는 것은 아니다. 작은 변화 때문에 급작스럽게 체계에 예측 불가능한 폭포수 효과가 발생하여, 사람들이 눈을 부릅뜨고 문제를 인식하면서 이제 그들이 이 체계에 저항하도록 잠재적으로 고취될 수도 있다.

여기서 라이트는 불평등 체계와 착취력 사용에 모순이 존재한다는 마르크스의 기본 주장을 다소 추상적인 방식으로 요약한다. 이 모순은 체계에 갇힌 권력자들의 행위와 결합해 결국 체계의 취약성을 높이는 조건들을 탄생시킨다. 라이트는 현실주의적 유토피아 전망, 바로 이 지점에 오면 변혁궤적을 정확히 예측하는 난점을 알고 매우 신중해진다. 이는 이미 마르크스의 실패한 예언의 교훈이

강조해 주는 바다. 그러나 라이트는 "역사 유물론의 많은 예측들이 사실 자본주의 실제 역사에서 탄생하였다"고 신속하게 덧붙인다.[31] 예를 들어, 자본주의 전지구화, 기업의 성장과 지배, 인간관계를 포함한 모든 것의 상품화 과정 등이 발생하였다. 그렇지만 많은 잠재적 궤적 중 어떤 것이 특정 시기에 출현할지 예측하는 문제가 항상 남는다. 라이트의 해결책은 여러 개의 상이한 궤적들을 열거하는 것인데, 그는 이를 ① 단절적 변혁, ② 틈새적 변형, ③ 공생적 변형 등 3가지로 분류하였다. 그의 분석이 복잡하고 미묘해서, 이를 일반적 용어로 개괄해 볼 수 있을 따름이다.

(2) 대안적 변혁궤적

이 3가지 잠재적 궤적들 각각에 대해 이와 연결된 변혁의 논리, 변혁을 위한 핵심 행위자군, 국가를 다루기 위한 전략논리, 자본가 계급을 다루기 위한 전략논리, 성공구성의 은유 등이 있다. 라이트는 향후 더 자세하게 논의할 내용을 〈표 13-1〉에서 예견한다.

① 단절적 변혁

라이트는 정치 민주주의와 자본주의가 공진화한다고 인정한다. 자본주의의 손실과 자본주의 체계의 민주주의의 불완전성 때문에 불만이 생기지만, 다소의 민주주의가 있는 자본주의 체계에서는 단절적 변동이 발생할 기회가 적다. 사회주의 목표를 사람들이 얼마나 수용할지는 사람들의 물질적 이해관계와 사회주의의 연계 정도에 달려 있다. 또한 자본가들의 '반발'과 이데올로기적 생산수단에 대한 자본가들의 통제를 얼마나 약화시킬지에도 달려 있다. 더욱이 한 사회의 중간계급과 노동계급 구성원 사이의 연합이 필요하지만, 현행 자본주의 사회에서 이것이 가능해 보이지 않는다. 이렇듯 라이트는 사회주의를 향한 이런 경로를 그다지 현실주의적 유토피아로 여기지 않는 듯하다.

② 틈새적 변혁 또는 변형

자본주의 사회제도 구조의 구멍, 공간, 균열에서 시작하는 변혁이 있다. 그러한 **틈새적 활동**은 거의 모든 자본주의 사회에서 두드러진다. 다수는 '대안적 제도와 해방적 이상'의 수립을 목표로 하고 이는 주로 "국가를 통해서보다 이런저런 종류의 직접 행동을 통해 탄생한다."[32] 라이트가 보기에 이런 틈새적 전략은 사회주의로 가는 두 경로를 보여준다. 한 경로는 조건들을 바꾸어 단절적 전략을 가능하게 만들어 줌으로써 열린다. 다른 하나는 자본주의가 부과하는 제약을 대폭 축소시킬 정도로 틈새적 행위의 범위를 확장시킴으로써 열린다. 라이트는 많은 궤적들에 대해 숙고하지만, 결국 "이 궤적들 자체가 어떻게 자본의 기본적인 구조적 권력을 침식시켜 해방적 사회변동에 가하는 자본주의적 제약을 충분히 해체시킬 수 있을지 알기 어렵다"고 결론 내렸다.[33] 이처럼 틈새적 활동과 구조형성을 확장하는 것도, 그렇다고 단절적 전략을 펴는 것도 변혁을 위해 가능한 전략을 제공하는 것 같지는 않다. 그럼 세 번째 변혁궤적인 공생적 변형은 어떤가?

③ 공생적 변형

이 접근에서 상향적 변동세력은 민중의 권한을 키우는 동시에 자본주의가 직면한 문제를 해결하고자 한다. 변동은 점진적이며, 노동자 및 일반시민의 이해관계를 자본가들의 목표와 균형을 맞추는 계급타협이 핵심적이다. 몇 가지 핵심 활동영역이 이 계급타협에서 관건이다. 첫째는 주민들이 자본가와 만나는 교환영역과 시장의 동학이다. 이 영역에서 비엘리트 및 비자본가 계급과 자본가들 사이에 진정한 타협이 이뤄져야 한다. 둘째는 생산영역으로, 여기서 기업 노동자와 자본 사이의 관계가 훨씬 균형 잡힌 것이 돼야 한다. 그러기 위해서 양자 사이의 갈등이 좀더 대등한 행위자들 사이의 타협으로 해결돼야 한다. 그리고 셋째는 정치영역으로, 여기서 국가정책을 수립하고 수행하는 데서 진행되는 계급타협은 점점 더 국가와 비엘리트 계급 구성원 양자의 이해관계를 만족시킨다. 라이트는 자신의 이해관계를 관철시키려는 자본 그리고 **연합권력**(*associational power*)을 발전시키려는 계급, 이 둘 사이의의 **상대적 권력**을 평가하는 사고 실험을 수행했다. 자본의 권력이 강하면, 노동의 연합적 이해관계도 강하고, 그 역도 사실이다. 라이트는 두 극단에는 '달성불가능성' 지대가 있기 때문에 두 집단이 모두 자신들의 이해관계를 어느 정도 실현할 수 있는 것은 바로 중간지대라고 주장한다. 라이트의 주장에 따르면, 미국은 이 지대의 한편에 위치해 자본 또는 계급연합적 이해관계를 선호하며 이 지대의 다른 편에는 스웨덴 같은 사회가 위치한다. 따라서 함의는 미국이 스웨덴 측으로 좀더 이동해 자본과 비엘리트 계급의 이해관계가 더 대등하게 균형을 이루어 각자 자신의 목표를 더 많이 달성하도록 할 필요가 있다는 것이다.

(3) 라이트의 네오마르크스주의 접근에 대한 평가

라이트의 입장은 계급형성과 혁명에 대해 마르크스가 예측한 것이 왜 자본주의체계에서 실현되지 못했는지 설명해 보려는 데서 출발해, 마르크스의 해방적 목표 다수를 자본주의 사회에서 실현해 볼 시나리오들을 발전시키는 쪽으로 옮겨온 것 같다. 그런 사회는 민주적일 것이고, 비엘리트 계급들의 이해관계가 자본가의 이해관계와 잘 균형을 맞출 수 있을 것이다. 이런 방식으로 계급연합 권력에 부과된 근대 자본주의의 제약이 줄어들고, 자신들의 이해관계를 구현할 수 있는 비엘리트 행위자의 역량은 증대한다. 라이트는 **실질적 유토피아들** — 복수임에 유의할 것 — 을 전망하는 대신 하나의 실질적 유토피아, 즉 현재 자본주의 세계 일부에 현존하는 민주적 사회주의 판본으로 귀결되는 것 같다. 라이트는 사회주의로 가는 다른 궤적들은 본질적으로 비현실적이라고 간주하고, 이에 비해 공생적 변형이 가장 현실적이라고 본다. 이런 결론으로 나아가면서 라이트는 자본주의의 전지구화 때문에 계급연합 권력보다 자본을 선호하는 미국 같은 자본주의 사회들을 변혁할 수 있는 조건이 수립되었다고 주장하는 것 같다. 결국 라이트는 지난 수십 년간 많은 마르크스주의 학자들이

했던 일을 한 것이다. 즉, 세계체계의 동학, 그리고 자본주의 사회에서 계급관계에 대한 그 효과를 연구한 것이다.

4. 네오마르크스스적 세계체계 분석

1970년대에 마르크스로부터 영감을 받은 이론이 분석단위를 민족국가에서 사회들 사이의 관계로 옮겼다. 자본주의는 세계수준의 경제를 탄생시킬 역동적 변혁엔진으로 간주되었다. 특정 사회 내에서 자본주의에 대해 마르크스가 예측했던 동일한 많은 모순들이 이제 세계 자본주의 경제에서 드러날 것이다. 물론 제국과 제국주의에 대한 연구는 오랫동안 다양한 학문 분과들 — 역사학, 정치학, 경제학, 사회학 — 의 주요 관심사였다. 세계체계 분석의 주장에서 발견되는 분위기는 일찍이 영국 경제학자 홉슨(J. A. Hobson)이 자본주의 국가가 마르크스가 예측한 많은 문제들을 피해가기 위해 다른 민족을 정복하고 착취할 필요가 있다고 주장한 데서도 발견된다. [34] 그러나 이매뉴얼 월러스틴(Immanuel Wallerstein)은 마르크스 사상들을 일관된 개념구상으로 편성해 세계체계 분석을 전개했다. [35] 월러스틴의 작업에 자극받아 더 진전된 이론적·경험적 연구들이 쏟아졌다.

1) 이매뉴얼 월러스틴의 '세계체계' 분석

(1) 세계제국과 세계경제

이매뉴얼 월러스틴은 사회 간 상호연계의 두 기본 형태인 ① 세계제국과 ② 세계경제를 구분하면서

자본주의 세계체계 출현에 대한 그의 역사적 분석을 시작한다. 세계제국은 군사적 정복이나 정복의 위협으로 탄생하며, 패배하거나 위협당한 주민들로부터 보통 공납 형태로 자원을 추출한다. 이렇게 정복당한 사회는 정복자들이 요구하는 공납을 지불하는 한 보통 어느 정도 자율성을 유지할 수 있다. 직접적 취득이건, 과세이건 아니면 공납이건 간에, 지배 민족은 부를 축적하고 이 부를 이용해 엘리트의 특권을 유지하고 그 정치체의 군사활동 비용을 충당할 수 있다. 군사제국은 이렇게 과세, 독점권, 공납적 부의 흐름을 관리하는 강력한 국가에 기반해 수립되며, 자금을 모아 전쟁과 정복을 수행한다. 월러스틴은 역사적으로 보면 이것이 자본주의 혁명이 시작된 1400년대 이전 사회들을 서로 묶는 지배적인 사회적 상호연계 형태였다고 주장한다. 1400년대경에 자본주의 혁명이 시작되었다. 그 시점에 대해서는 많은 논쟁이 있고 또 교역에 기반하거나 제국에 기반한 지배체계가 근대 유럽 자본주의가 출현하기 오래전부터 존재했다고 주장하는 사람도 적지 않다. [36] 더욱이 근대 세계체계가 1400년대에 전개되기 오래전에 역사상 제국적 또는 교역형태의 세계체계 지배가 여러 차례 다양한 순환을 그리며 등장했다 사라졌다고 주장하는 이들도 많다. [37] 그럼에도 중요한 논점은 국가에 기반한 제국주의에 의해 민족들 사이에 하나의 연계형태가 수립된다는 점이다. 실로, 이런 형태는 붕괴 이전 소련이 증명해 주듯 20세기까지도 유지되었다.

월러스틴과 그 밖의 다른 역사사회학자들은 제국적 형태 통치가 가지는 딜레마를 강조한다. 분노하는 농민들을 무시하면서 엘리트의 특권과 거대한 군사력 및 행정관료를 유지하기 위해 필요한 자원 수준을 유지하는 것과 피정복민의 통제 필요성이 그것이다. 부정부패는 이 문제를 악화시킬 뿐이다. 궁극적으로 결국 국가지도자들은 재정위기에 직면하고, 자국 경계 안팎의 다양한 적에 맞서야 하는 상황에 처한다. 결국 제국은 붕괴하는데, 콜린스가 그의 지정학 분석에서 강조하듯(〈표 12-6〉 참조), 그 원인은 종종 두 제국들 사이에 촉발된 최종적 갈등 때문이다.

제국과 비교하면 세계경제 구조는 다음의 특성을 보인다는 점에서 다르다. ⓐ 다수의 국가들이 있고, 그 중심에는 거의 대등한 군사력을 보유한 몇 개의 국가가 있다. ⓑ 이 중심부 국가들이 군사무대와 경제무대에서 경쟁을 벌이는데, 경제무대는 시장이 지배한다. ⓒ 주변부 국가들은 교역을 통해 저임금노동과 원료를 추출당하는데, 시장교환에서 중심부 국가들의 군사력과 경제우위 때문에 대체로 교역은 불평등하다.

(2) 중심부, 주변부, 반주변부

월러스틴이 세계체계 수준에서 중심부와 주변부를 구분한 것은 마르크스가 사회수준에서 자본가와 프롤레타리아를 구분한 통념과 대체로 유사하다. **중심부** 국가는 사회수준에서 자본가 계급에 해당하며, 자본가 계급과 마찬가지로 착취를 통해 잉여가치를 추출한다. 세계체계의 중심부 지역은 그 시대 최강 군사력을 보유한다. 궁극적으로 군사력은 강제력 사용을 지탱해 주는 경제적 역량에 크게 기대기 때문에, 이런 군사력은 선도적 경제력이기도 하다. 중심부 외부영역이 존재하는데, 중심부 국가가 이를 식민화할지 아니면 착취적 교역으로

지배할지 결정하게 될 때, 이 지역은 **주변부**가 된다. 주변부는 덜 발전한 국가들로 구성되며, 그들이 보유한 자원의 수요가 있기 때문에 잠재적 또는 실질적 군사위협을 받으면서 착취적 시장거래에 편입된다. 월러스틴은 **반주변부**라고 지칭되는 대상도 구분해낸다. 이는 ⓐ 중심부 지역의 소국(小國)들과, ⓑ 주변부의 선도국가들로 구성된다. 이 반주변국들은 주변부보다 더 높은 경제발전과 군사력을 지니지만 중심부 국가의 수준에는 미달한다. 이들은 종종 중심부와 주변부 사이의 교역 중개자로 이용된다. 38

반주변부는 국가들 간 이동의 거점이며, 때로는 일부 주변부가 반주변부가 될 수 있고 아마 중심부의 일부가 될 수도 있다(미국과 일본의 역사가 그렇다). 유사하게, 대부분의 동남아시아는 오늘날 반주변(예컨대 중국)과 주변(예컨대 인도)에서 중심부로 이동 중이다. 일본은 명확히 현재 세계체계의 중심부이며, 반면 인도와 여타 아시아는 아직도 다소 반주변적이지만 향후 수십 년간 분명히 새로운 중심부로 진입할 가능성이 있다.

그러나 세계경제를 추동하는 기본연계는 중심부와 주변부 사이의 관계이다. 중심부에 있는 것은 기본재와 사치재 모두를 위한 거대한 소비시장, (적어도 주변부 노동력에 비교해) 소득수준이 높은 노동력, 사적인 부의 축적을 가능케 하는 상대적으로 낮은 과세율, 기술혁신을 지탱해 주는 시장주도적 수요와 연계된 (경제적·군사적 모두) 높은 기술 수준, 그리고 주변부 국가들과 교역에 종사하는 대형 기업군 등이다. 주변부에는 중심부 국가들의 소비자가 원하는 자원이 있으며, 주변부 국가들이 무역에서 불이익을 얻기 때문에(군사력이 결여되고

그들 자신의 자원을 개발할 기술과 자본이 부족하기 때문에) 시장에서 중심부와 주변부 사이의 교환이 발생할 때마다 부가 중심부로 이전된다. 이처럼 중심부에 의한 착취 때문에 주변부에서는 발전문제가 영구적 과제가 된다. 왜냐하면 주변부 국가들은 중심부로부터 하부구조(도로, 교통, 통신)를 발전시키거나 교육이나 여타 복지국가 수요를 충족할 충분한 화폐를 받지 않기 때문이다. 39 더욱이, 주변부에서는 경제발전이 미흡하고 경제불안정성이 매우 높기 때문에, 시민 개인들은 자녀를 유일하게 미래를 책임질 잠재적 경제 안전판이라는 자원으로 여기며, 그 때문에 더 많은 아이를 낳고 인구가 증가하여 국가의 부담이 더욱 가중된다. 결과적으로 주변부 국가들은 계속 빈곤과 저발전 상태로 남을 뿐만 아니라 전형적으로 인구과잉과 정치적 불안정 상태에 처한다. 이런 상황 때문에 주변부 국가들에서는 발전문제가 지속되고 중심부 국가들에 대한 무역 의존 또한 계속될 뿐이다.

(3) 세계경제의 동학

세계경제는 자체적 동학을 드러내는데, 그 일부는 제국과 유사하지만 자본주의에 독특한 부분도 있다. 오래된 제국형성 형태와 중심부 국가 사이에 공통된 것은 특히 주변부의 정복과 통제를 놓고 벌어진 지속적 상호 전쟁이다. 더욱이 중심부 국가들은 제국과 유사한 재정문제에 직면한다. 왜냐하면 국내적으로는 부, 이윤, 안녕을 유지하는 동시에 정복하여 지배하고자 하는 영토에서는 전쟁을 수행하고 자국의 시민과 반역자를 다스리는 거대 군사 행정체계를 유지해야 하기 때문이다. 실로 중심부 국가들은 자신들의 번영 비용을 지탱하는

동시에 국내외 행정·억압 통치기반을 지탱하기 위해 더 많은 영토를 식민화하곤 한다. 그러면서 종종 문제에 직면한다. 이들 경쟁하는 강대국들의 싸움이 격화하면, 전쟁비용과 통제유지 비용이 늘어나 각국 경제가 무너진다. 이런 전쟁 때문에 중심부 국가들이 상당히 취약해져 새로운 강대국들이 이들을 대체해 중심부에 진입한다(예를 들어, 스페인과 포르투갈에서 그랬다).

월러스틴이 주장하는 또 하나의 동학은 세계경제의 순환적 경향이다. 월러스틴은 이것을 '콘드라티예프 파동'(Kondratieff wave)이라 부른다. 이는 세계체계의 장기적 진동으로 대략 150년에 걸쳐 진행된다(월러스틴은 콘드라티예프 순환의 주기를 45~60년 정도라고 말하고 헤게모니 순환의 주기를 더 길게 보는데, 터너가 이 둘을 혼동한 것 같다 — 옮긴이). 40 콘드라티예프 순환이 시작되면, 중심부 국가 내에서 재화의 수요가 커지고, 생산이 증가하여 더 많은 원료가 필요해진다. 이렇게 원료 수요가 증가하면 중심부 국가들이 외부영역으로 팽창하여, 외부영역을 중심부를 위한 주변적 자원공급지로 만들어낸다. 콘드라티예프 파동의 다음 행보는 원료공급과 재화생산이 수요를 넘어설 때 발생한다. 중심부 국가는 지리적 팽창을 축소하지만, 마찬가지로 중요한 점은 기업들이 생산을 축소해야 하고 따라서 마르크스가 강조한 하향순환이 시작된다. 즉, 국내 수요하락, 생산축소, 첨예한 시장지분 경쟁으로 이윤하락, 생산하락으로 인한 실업증가, 그리고 결국 재화수요의 축소, 생산감축, 사업실패, 그리고 독과점의 증가가 나타난다.

그러나 자본의 집중은 다음 점을 향한 파동의 새로운 단계를 작동시킨다. 고실업 상태에 놓인 노동자들은 더 나은 노동조건과 임금을 요구하고 이는 계급갈등을 낳는다. 이런 요구가 생기면 정치적 압박을 느낀 국가와 대기업들이 결국 굴복해 노동자들의 임금이 높아진다. 이제 자본이 집중되어 새로운 기술을 추구하고 비용을 낮추기 위한 더 효율적 생산수단을 찾는다. 임금이 높아지고 경제 수요가 증가하며, 신기술과 새로운 자본투자에 힘입어 고이윤과 상대적 번영의 새 시기가 열리고, 주변국의 원료에 대한 수요가 증가한다. 그러나 결국 이런 새로운 번영의 순환은 마르크스가 예측한 힘들의 희생양으로 전락한다. 수요에 비해 상품의 과잉생산으로 시장이 포화상태에 이르고, 가격에 대한 과도한 경쟁이 발생하며, 실업이 증가하고, 수요는 하락하며, 생산은 더 감소되고 기업파산이 증가하여, 위기는 150년 파동을 종료시킨다.

(4) 세계경제의 또 다른 순환적 동학들

이런 장기파동 내에 더 단기적 순환도 있다. 이에 대해서는 종래의 경제학자들뿐 아니라 세계체계 분석가들도 집중적으로 연구를 진행했다. 41 이 모두 마르크스 예측대로 작동하긴 했지만, 최후에 대혁명이 발생하지는 않았다. 주글러 순환(Jugler cycle)이라 명명된 고전적 경기순환은 5~7년 지속되는 것으로 나타난다. 생산이 팽창하여 시장수요가 증가하고, 실업은 줄고, 노동자 수입이 늘어 시장수요는 더 증가하며, 생산은 더 팽창한다. 그러고 나면 수요에 비해 과잉공급이 일어나 경기침체가 시작된다. 어떤 이들은 이 순환이 새로운 기계대체 비용을 일부 반영한다고 주장한다. 새로운 기계는 8년마다 소모되어 새로운 자본투자를 강제하곤 하는데, 이는 시장수요를 자극할 수 있지만 수요가 충족되면 다시 자본재 수요하락을 일으킬 수 있다. 이런 자본수요는 장비제작과 기타사업 서비스 제공을 중심으로 고용이 집중된 고기술 중심부 국가에서 특히 더 중요하다. 자본수요는 재화와 용역에 대한 가계소비 수요만큼 또는 그보다 더 중요해질 수 있다.[42]

다른 순환은 **쿠즈네츠 순환**(*Kuznets cycle*)으로, 이는 중심부와 주변부 국가들에서 25년에 걸쳐 작동한다.[43] 여러 가설이 있긴 하지만 왜 이 순환이 발생하는지 알려져 있지 않다. 세대 간 회전과 관련된 한 가설이 있는데, 다음 세대가 주택이나 여타 건물에 대한 기본 가계구매 수요가 상승할 만큼 충분한 화폐를 모으는 데 시간이 걸리기 때문에 25년마다 이 수요가 하락하며 ─ 따라서 생산과 고용이 하락한다 ─ 그 이후에야 새로운 번영의 파동이 개시된다는 것이다.

(5) 헤게모니 연쇄

월러스틴이 주장하듯이,[44] 그러나 다른 이들도 논지를 전개하였듯이, 세계체계의 중심부 국가들 사이에서는 집중화 정도의 진동이 발생한다. 자본주의 이전에[45] 이런 진동은 제국의 부침에 따라 전쟁, 정복, 공납, 붕괴를 통해 움직였다. 그러나 자본주의가 등장하면 진동의 본질이 바뀐다. 헤게모니적 중심부 국가들은 무역 특히 해양무역을 통제하려 하며, 이로써 중심부와 주변부를 착취적 무역배치 속에 묶어 두려 한다. 지배국가 또는 지배국가들은 군사제국들이 이 무역을 잠식하지 못하도록 막을 수 있고, 또 제국들이 세계무역 체계 속에서 자본가로 행위하도록 (구소련이 그랬고 지금 중국이 그렇듯이) 강제할 수 있다.

이렇듯 집중화 순환은 세계체계 무역조건을 좌우할 수 있던 헤게모니 중심부 국가들의 부침을 둘러싸고 진행된다. 중심부 국가의 이런 지배상의 교체는 전쟁과 더불어 진행될 수 있지만, 전 자본주의 제국 형성과 달리, 뒤이어 새롭게 등장한 지배는 영토의 노골적 정복과 군사위협을 통한 공납 추출을 지향할 뿐 아니라 무역조건을 마음대로 좌우하는 것도 지향한다. 새롭게 부상한 헤게모니 국가는 여타 주변부 및 반주변부 국가의 자원에 더 잘 접근할 수 있으며, 다른 중심부 국가들도 지배할 수 있게 된다(예를 들어 미국이 제2차 세계대전 이후 시기부터 적어도 현재까지 그랬다).

헤게모니 국가들이 부상하는 이유는 전쟁 외에도 그들이 우위를 점한 새로운 경제적 또는 군사적 기술 때문이다. 이런 조건하에서 국가들은 그들이 수행한 혁신에 지대를 부과할 수 있거나 이 혁신을 활용해 무역을 통제할 수 있으며, 군사기술의 경우 무역조건을 개선하도록 위협을 가할 수 있다. 그러나 이런 혁신이 모방되면, 우위가 상실되거나 중립화될 수 있으며, 신기술과 여타 생산·군사 우위에 힘입어 또 하나의 잠재적 헤게모니 국가가 부상할 수 있다.

2) 자본주의의 종언?

월러스틴과 그 외 다른 많은 세계체계 분석가들은 자본주의가 붕괴할 것이라는 마르크스의 전망을 여전히 수용하지만, 세계체계 이론에서 자본주의의 모순이 출현하려면 자본주의가 먼저 전 세계를 관통해야 한다. 중심부가 착취할 주변부 국가들이 존재하는 한, 자본주의는 저발전 국가의 자원과 싼 노동력에 의존해 버텨갈 수 있다. 그러나 모든 곳에 자본주의가 존재하게 되면, 마르크스가 개괄한 과정을 벗어날 수 없다. 자본주의에 만연한 문제들—시장의 포화, 수요감소, 생산저하, 그리고 수요의 추가 감소—때문에 자본주의 생산양식이 붕괴하고, 구식 자본가들이 (국가 내의 그들의 동맹과 더불어) 자원을 정당하게 배분할 더 나은 방법을 찾는 광범한 주민들과 갈등을 벌이는 시기가 도래한다. 이런 위기의 물결과 더불어 세계적 수준의 사회주의가, 그리고 아마도 세계정부마저 등장할 것이다. 분석가에 따라서 이 궁극적 시나리오의 세부적 내용은 달라질 것이지만, 마르크스 예측의 해방적 요체는 유지된다. 이 예측이 마르크스의 예측보다 더 정확할지는 두고 보아야 알겠지만, 그 정확성 여부와 무관하게 세계체계 이론은 인간조직의 기본동학을 이해하는 중요한 통찰력을 제공했다.

5. 나가며

다양한 분석적 계급분석과 세계체계 분석의 여러 접근은 마르크스적 통찰력을 지닌 사회학 이론의 지속적 생존능력을 증명한다. 마르크스의 견해를 수용해 변화하는 경험적 조건에 맞추기 위해서 그 견해를 보다 추상화한 다렌도르프와 터너의 다소 추상적 접근과 달리, 계급분석과 세계체계 분석이 마르크스 이론의 실질적 성취를 많이 보유하면서 그 실질적 주장을 유용하고 창의적 방식으로 확장시켰기 때문이다. 착취를 핵심동학으로 보는 관점은 유지된다. 이 착취는 한 사회 내에서 자본을 통제하는 자들에 의해 진행될 수도 있고 다른 민족을 군사적·경제적으로 지배하는 민족들에 의해서 진행될 수도 있다.

더욱이, 확실히 신중한 절제가 있긴 해도 마르크스의 해방적 요체는 유지된다. 장기적으로는 자본주의의 모순 때문에 혁명으로 나아가거나, 사회 내 민중들 사이에서 그리고 사회들 사이에서 덜 불평등한 자원배분이 진행되는 다소 온건한 변혁으로 나아갈 것이라고 생각된다.

이 네오마르크스적 접근이 매력적인 이유는 이론적 진술을 수정, 확증, 변경하기 위해 기꺼이 자료를 다루고 경험연구에 나선다는 점이다. 해방적 이데올로기를 지닌 이 이론가들이 사회 내에서 그리고 사회 간에 착취가 중심 기제라고 하는 주장과 모순되는 발견이 나오면 언제든 기꺼이 수용한다고 말하려는 것은 아니다. 그러나 적어도 이들이 애초에 마르크스가 했던 정식화의 협소한 폭을 기꺼이 넘어서려 한다는 점을 말해 두려는 것이다. 이런 식으로 그들은 이론발전의 생기 넘치는 원천으로 마르크스에 힘을 실어준다.

주

1 Karl Marx and Friedrich Engels, *The Communist Manifesto* (New York: International, 1978; 초판 1848).

2 Karl Marx, *Capital*, 3 volumes (New York: International, 1967; 초판 1867, 1885, 1894).

3 예를 들어, Perry Anderson, *Considerations on Western Marxism* (London: New Left Review, 1976); Michael Buraway, *The Politics of Production* (London: Verso, 1985); Sam Bowles and Herbert Gintis, *Democracy and Capitalism* (New York: Basic Books, 1986); G. A. Cohen, *History of Labor and Freedom: Themes from Marx* (Oxford: Clarendon, 1988) and *Karl Marx's Theory of History: A Defense* (Princeton, NJ: Princeton University Press, 1978); John Elster, *Making Sense of Marx* (Cambridge: Cambridge University Press, 1978); Barry Hindess and Paul Q. Hirst, *Capital and Capitalism Today* (London: Routledge, 1977); Claus Offe, *Disorganized Capitalism: Contemporary Transformations of Work and Politics* (Cambridge: Cambridge University Press, 1985); Adam Przeworski, *Capitalism and Social Democracy* (Cambridge: Cambridge University Press, 1985); John A. Roemer, *A General Theory of Exploitation and Class* (Cambridge, MA: Harvard University Press, 1982) and *Analytical Foundations of Marxian Economic Theory* (Cambridge: Cambridge University Press, 1981); and Michael Burawoy and Erik Olin Wright, "Sociological Marxism", in *Handbook of Sociological Theory*, ed. J. H. Turner (Kluwer Academic/Plenum, 2001), pp. 459~486.

4 Erik Olin Wright, "What Is Analytical Marxism?" *Socialist Review* 19 (1989): pp. 35~56.

5 Erik Olin Wright, *Envisioning Real Utopias* (London: Verso, 2010).

6 Erik Olin Wright, "Class Analysis, History and Emancipation", *New Left Review* 202 (1993): pp. 15~35.

7 같은 책, p. 28.

8 Erik Olin Wright, "Rethinking, Once Again, the Concept of Class Structure", in *The Debate on Classes*, ed. E. O. Wright (London: Verso, 1989), p. 269.

9 특히, Erik Olin Wright, *Class, Crisis and the State* (London: Verso, 1978), *Class Structure and Income Distribution* (New York: Academic, 1979), and *Classes* (London: Verso, 1985) 〔《계급론》, 이한 역, 한울, 2016〕; Erik Olin Wright and Luca Perrone, "Marxist Class Categories and Income Inequality", *American Sociological Review* 42 (1977): pp. 32~55를 보라.

10 Wright, "Rethinking, Once Again, the Concept of Class Structure" (주 8 참조).

11 예를 들어 "The Comparative Project on Class Structures and Class Consciousness: An

Overview", *Acta Sociologica* 32 (1989)∶ pp. 3～22; *Class Structure and Income Distribution Classes* (주 9 참조); Wright and Perrone, "Marxist Class Categories and Income Inequality" (주 9 참조) 등에서 발견되는 계급구조에 대한 라이트 자신의 비교 조사연구를 보라.

12 Wright, *The Debate on Classes* (주 8 참조) 의 여러 장을 보라.

13 Wright, "Rethinking, Once Again, the Concept of Class Structure" (주 8 참조).

14 같은 책, p. 281

15 같은 책, p. 282.

16 마르크스는 소외를 노동자가 자신이 무엇을 생산할지, 어떻게 생산할지, 그리고 그들의 노동 생산물을 누구에게 판매할지 결정할 수 없는 결과로 인식한다.

17 이런 조건들의 목록은 219쪽의 〈표 10-1〉에 있는 명제들을 보라.

18 Wright, "Class Analysis, History and Emancipation" (주 6 참조).

19 Wright, "Rethinking, Once Again, the Concept of Class Structure" (주 8 참조), p. 296.

20 Wright and Perrone, "Marxist Class Categories"; Wright, *Classes and Class, Crisis and the State* (주 9 참조).

21 Wright, *Class, Crisis and the State and Class Structure and Income Distribution* (주 9 참조).

22 Wright, *Classes* (주 9 참조).

23 Roemer, *A General Theory of Exploitation and Class* (주 3 참조).

24 Wright, "Rethinking, Once Again, the Concept of Class Structure" (주 8 참조)

25 Wright, "Class Analysis, History and Emancipation" (주 6 참조).

26 Erik Olin Wright, *Class Counts* (Cambridge, UK∶ Cambridge University Press, 1997).

27 여기서 제기되는 견해들에 대한 간략한 소개로는 다음 글을 참조하라. Wright, "Rethinking, Once Again, the Concept of Class" (주 8 참조). 그리고 "Class Analysis, History and Emancipation" (주 6 참조).

28 Wright, *Envisioning Real Utopias* (주 5 참조).

29 같은 책, p. 276.

30 같은 책, p. 279.

31 같은 책, p. 301.

32 같은 책, p. 324.

33 같은 책, p. 355.

34 John Atkinson Hobson, *Capitalism and Imperialism in South Africa* (London∶ Contemporary Review, 1900); *The Conditions of Industrial Peace* (New York∶ Macmillan, 1927); *Confessions of an Economic Heretic* (London∶ G. Allen and Unwin, 1938); *The Economics of Distribution* (London∶ Macmillan, 1900).

35 Immanuel Wallerstein, *The Modern World System*, 3 volumes (New York∶ Academic, 1974, 1980, 1989) 〔《근대세계체제》 (개정판) 1～4, 까치, 2013, 2017〕. 종속이론에 대한 안드레 군더 프랑크 (Andre Gunder Frank) 같은 학자들의 초기 저작에는 월러스틴 주장의 상당부분이 담겨 있다. 특히 라틴아메리카에 있는 저발전 사회들은 근대화 단계로 나아갈 수

없다. 왜냐하면 선진 경제에 경제적으로 종속되어 있고, 이 종속과 그에 수반한 선진 공업 국가에 의한 착취 때문에 이 사회들은 충분히 공업화되고 근대화될 수 없기 때문이라는 것이다. 예컨대 프랑크의 *Capitalism and Underdevelopment in Latin America* (New York: Monthly Review Press, 1967) 와 후기 저작 *Dependent Accumulation* (New York: Monthly Review Press, 1979) 도 보라. 페르낭 브로델 (Fernand Braudel) 같은 역사학자들도 세계체계 과정에 대한 분석을 수행하였다. 브로델의 개괄로는 *Civilization and Capitalism, 3 volumes* (New York: Harper & Row, 1964) 〔《물질문명과 자본주의》(전 6권), 주경철 역, 1995~1997〕를 보라.

36 이에 대해서는 다음 글을 참조하라. Christopher Chase-Dunn and Peter Grimes, "World-Systems Analysis", *Annual Review of Sociology* 21 (1995): pp. 387~417; Albert J. Bergesen, ed., *Studies of the Modern World System* (New York: Academic Press, 1980).

37 Christopher Chase-Dunn and T. D. Hall, eds., *Core/Periphery Relations in Precapitalist Worlds* (Boulder, CO: Westview, 1991) 와 Andre Gunder Frank and B. K. Gills, eds., *The World System: Five Hundred Years or Five Thousand?* (London: Routledge, 1993) 를 보라.

38 다소 상이한 분석으로는 다음의 글들이 있다. Christopher Chase-Dunn, *Global Formation* (Cambridge: Blackwell, 1989); "World Systems Theorizing", in *Handbook of Sociological Theory* (주 3 참조). Volker Bornschier and Christopher Chase-Dunn, *Transnational Corporations and Underdevelopment* (New York: Praeger, 1985).

39 이는 종속이론가들의 핵심 논점이었다 (주 35 참조). 파동 분석에 대한 간략한 개관을 위해서는 다음 글을 참조하라. Chase-Dunn and Grimes, "World Systems Theorizing", Randall Collins, *Theoretical Sociology* (New York: Harcourt Brace Jovanovich, 1988), pp. 96~97.

40 이 순환에 대한 간략한 경험적·개념적 작업을 개괄하려면 다음 글을 참조하라. Chase-Dunn and Grimes, "World Systems Theorizing" (주 38 참조).

41 같은 책, p. 404.

42 같은 책, pp. 404~405.

43 Wallerstein, *The Modern World System* (주 35 참조).

44 유용한 검토로는 다음의 글을 참조하라. Chase-Dunn and Grimes, "World Systems Theorizing" (주 38 참조), pp. 411~414.

45 세계체계 모델의 검증 사례로는 다음 글을 참조하라. Ronan Van Rossem, "The World System Paradigm as General Theory of Development: A Cross-National Test", *American Sociological Review* 61 (1996): pp. 508~527.

14 장

비교역사사회학에서의 갈등이론

1. 들어가며

칼 마르크스와 막스 베버는 사회혁명을 심각한 불평등 상황에서 기인하는 것으로 보았는데, 이 불평등한 상황으로 인하여 지배계급에 맞서 갈등을 추구하는 피지배계급의 대중동원(mass mobilization)이 나타난다는 것이다. 비록 마르크스와 베버의 관념적 이론들이 수렴하지만 중요한 차이들이 그들 각각의 이론공식들에서 발견될 수 있다. 하나는 마르크스가 혁명을 자본주의의 모순과 자본주의가 체계적으로 만들어내는 착취로부터 프롤레타리아트에 의해서 필연적으로 일어나는 것으로 보았다는 점이다. 반면, 베버는 혁명을 역사적으로 우연적이고 필연적인 것과는 거리가 먼 것으로 보았다. 또 하나 차이는 베버는 내부의 사회갈등을 정권의 정당성에 영향을 주는 외부의 지정학적 과정들과 관련되는 것으로 보았다는 점이다(〈표 10-2〉 명제 참조). 이와 관련된 차이는 베버는 권력과 권력의 발현인 국가를 하나의 특수한 행위자로, 그리고 계층을 별개의 기반으로 보았다. 반면, 마르크스는 국가를 단순히 지배적 사회계급의 도구로, 그리고 하위토대인 경제관계의 **상부구조**(superstructure)로 보았다. 이런 차이에도 마르크스와 베버는 언제 혁명이 일어날 것인지에 대한 역사적 해석을 발전시키고자 했다. 비록 베버가 확실히 보다 헌신적인 역사학자였지만, 역사적 자료를 정렬하여 혁명적 갈등을 분석하려는 이들의 노력은 현대시기에 갈등이론의 특수한 한 분야를 자극했다.

이 분야의 이론은 근대로의 이행을 만든 농업사회에서의 갈등에 대한 역사적 서술과 관련된다. 더욱이, 이 분야의 이론에서 핵심적 특징은 사회갈등을 가져오는 일반적 조건들에 대한 보다 분석적이고, 관념적이고, 일반화된 서술을 위해 사례역사들의 비교분석을 사용하는 경향이다. 이런 의미에서, 이 접근은 체계적으로 사회 간 비교를 모색하고 역사적 사례들로부터 일반화를 발전시킨다는 점에서 베버적이다. 그러나 이 연구들에는 거의 항상 마르크스적인 유형도 있다. 어떻게 지배

〈그림 14-1〉 혁명에 대한 비교역사이론에서 강조한 두 입장

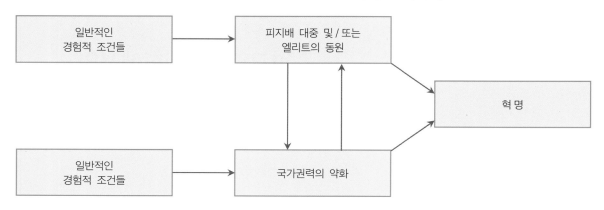

계급의 착취적 행동들이 피지배계급의 대중동원을 가져오는 조건을 만드는지를 강조하는 것이다. 사실, 갈등의 비교역사이론을 발전시킨 초기 노력은 불평등과 계급갈등에 관한 마르크스의 가설과 함께 시작했다. 그러나 시간이 지남에 따라, 비교역사사회학이 발전하면서, 역사에서 어떤 조건들이 어떻게, 언제 집중되어 사회혁명의 가능성을 높이는지를 입증하고자 하면서 보다 베버적인 논조를 갖게 되었다.

이 전통에서 여러 뛰어난 이론들을 논의하는 데 있어 우리는 구체적인 역사적 사례들의 비교분석으로부터 보다 관념적인 이론적 서술을 강조할 것이다. 어떤 의미에서는 이러한 실행이 베버의 영감을 받은 저작들의 경험적 취지를 훼손하기도 한다. 그러나 이런 실행은 분석적 모델과 서술을 발전시키려는 베버의 목적에 충실한 것이기도 하다. 베버 자신은 하나의 역사적 사례에서 다른 사례들까지 모델의 일반화에 대한 상당한 양면성을 입증했다. 갈등에 대한 대부분의 비교역사적 분석은 보다 관념적인 일반화의 타당성에 대해 비슷한 모호성을 보인다. 이 장에서는 이런 불확실성은 무

시하고, 연구자들의 이론적 서술을 발췌해 이를 보다 관념화된 이론적 논의로 전환할 것이다.

2. 대중동원과 국가붕괴

비교역사사회학(*comparative-historical sociology*)의 사회갈등 이론은 두 개의 관련된 요인을 강조하는 경향이 있다. 한 요인은 지배계급에 맞서 갈등을 추구하기 위해 대중을 이념적으로, 정치적으로, 그리고 조직적으로 동원하는 조건들이다. 다른 요인은 국가와 국민을 통제하는 국가역량의 와해를 가져오는 과정이다. 분명히, 이 두 요인은 상호연관돼 있지만, 이론은 조건이나 과정 하나를 더 강조한다. 어떤 이론은 동원을 이끌어내는 힘을 강조하고, 다른 것들은 동원이 성공할 수 있기 전에 국가의 권력이 무너져야 한다고 인식한다. 사실, 역사의 기록은 반란과 다양한 시민 붕괴는 인간사회에서 상당히 흔하다는 것을 보여주지만 권력 및 다른 자원들의 배분이 극적으로 바뀌는 사회 전반의 진정한 혁명은 보기 드물다. 혁명의 희귀성 때문에 혁

명은 역사사회학자들을 매혹시켰다. 혁명이 왜 일어나고, 또는 일어나지 않는지를 설명하기 위한 다양한 이론들이 ① 사회 지배세력과의 갈등을 추구하기 위해 대중동원을 이끄는 힘과, ② 국민을 규제하고 통제하는 국가의 역량과 정당성을 상실하게 만드는 힘을 규명하는 데 중점을 두었다. 〈그림 14-1〉은 다양한 이론들의 이 두 가지 기본요인을 요약한 것이다.

3. 배링턴 무어의 독재와 민주주의의 기원

농업기반 사회조직에서 산업기반 사회조직으로의 이행을 겪는 사회의 갈등에 대한 초기의 분석들 중 하나는 독재 또는 민주주의를 가져오는 조건에 대한 배링턴 무어(Barrington Moore)의 비교연구다.[1] 마르크스와 베버 위에 세워진 성숙한 전통으로 여겨질 수 있는, 이런 조건에 대한 무어의 분석에서, 보다 현대의 역사사회학자들에 의해 발전되어야 할 이론적 실마리가 처음으로 드러났다. 무어는 근대화에 이르는 3개의 경로가 있다고 주장했다. 하나는 봉건지주가 자본가가 되는 것으로, 임차계약으로 토지에서 살았던 농민을 고용노동자로 대체하여 고용노동의 생산물을 이익을 위해 시장에 파는 것이다. 이 경로는 구 지주귀족을 자본가로 전환하여 궁극적으로 그들을 부르주아지와 내키지 않는 연합세력이 되게 하는 것이다. 이 경로는 민주주의를 가져올 가능성이 가장 높으며, 영국과 미국이 (노예제 폐지 이후) 추구한 경로다.

근대화로의 두 번째 경로는 지주가 그들의 생산물을 팔기 위해 자본주의 시장에 들어오는 것이다.

이는 지주가 봉건제에 내재한 임차와 후견의 전통적 통제를 통해 생산성을 높일 것을 농민들에게 강제하고 그들로 하여금 농촌에 머물게 하는 것이다. 이러한 조건에서 자본주의적 지주가 농민의 노동으로부터 더 많은 이윤을 추구하면서 갈수록 착취당하는 농민에 대한 통제를 계속하기 위해 지주는 국가의 관료와 연합해야 한다. 무어의 관점에서 이 경로는 파시스트 국가로 가는 것이며, 일본과 독일, 프러시아가 근대화로의 초기 이행과정에서 취했던 경로다.

세 번째이자 마지막 근대화 경로는 지주가 부재지주가 되는 것으로 시장상품을 생산하는 농민으로부터 임대료를 거두는 것이다. 이들 상품은 가격변동이 심하지만 일반적으로 농민은 고정 또는 인상된 임대료를 지주에게 지불해야 한다. 시장에서의 상품가격 하락은, 고정 또는 인상된 임대료와 함께, 농민들로 하여금 착취와 그들이 가동해야 하는 전체적 정치·경제 구조를 인식하게 만든다. 이런 인식과 그 인식이 불러일으키는 감정은 대중동원과 사회혁명을 초래할 수 있는 농민반란을 가져온다. 혁명에 뒤이어, 성공적이든 아니든, 국가권력은 혁명에서 승리한 분파의 권력을 공고히 하고 잠재적 반대자들을 통제하기 위해 커진다. 대혁명 후 프랑스와 혁명에 뒤이은 러시아 또는 중국 간 차이가 분명하듯이, 정확한 국가형태는 다양할 수 있다. 어느 사례든 강력한 국가는 등장한다.

이 서술적 시나리오 안에 갈등에 대한 농민의 대중동원을 심화시키거나 약화시키는 조건에 관한 보다 일반적인 명제들이 있다. 보다 관념적인 명제들은 〈표 14-1〉에 요약돼 있다. 그리고 각각의 함의를 논의해 보자. 피지배계급 대중의 동원이 일어나기 위해서는 그들이 유사한 일을 하고, 유사한 삶의 경험을 가진 일관된 전체로 있어야만 한다(명제 1-A). 무어가 연구한 역사적 사례들에서, 농촌 땅에 남아 시장상품을 생산하는 농민으로부터 임대료를 받아가는 부재지주는 이러한 조건에 맞을 가능성이 가장 크다. 농민이 생산한 상품의 시장가격 변동과 지주에 의한 착취의 조건하에서, 봉건 소작농의 전통적 주거형태와 생산활동 일상이 유지되었기 때문이다.[2]

〈표 14-1〉의 명제 1-B는 피지배계급이 갈등을 추구하는 데 동원되기 위해서는 그들이 집단적 연대를 경험해야 한다고 강조한다. 그러나 근대로의 이행을 겪는 농업사회에서는 다른 조건들이 연대를 높일 것이다. 예를 들어, 연대는 피지배계급의 위협의식과 함께 높아질 것이고, 무어가 강조했듯이, 이러한 위협의식은 여러 근원으로부터 나올 수 있다. 한 근원은 피지배계급을 지배하고 이들의 삶과 행복을 위협하는 일들에 관련되는 사람들이다. 위협의 다른 근원은 농민을 억압하는 국가의 노력에 있다. 아직도 위협의 다른 근원은 군사침략으로 피지배계급의 생명과 삶을 위협할 때 사회의 외부로부터 올 수 있다.[3] 위협의 마지막 근원은 지배계

〈표 14-1〉 배링턴 무어 분석으로부터 추출한 추상화된 명제들

1. 불평등한 시스템에서 지배계급과의 갈등을 추구하기 위한 피지배계급의 대중동원 가능성은 아래의 조건에서 커질 것이다.
   A. 피지배계급이 그들의 물리적 장소, 그들의 일상적 틀, 그들의 생생한 경험들에서 일관된 전체를 구성할 때
   B. 피지배계급이 집단적 연대를 경험할 때. 연대의식은 아래의 경우 커질 것이다.
      1. 피지배계급이 그들을 지배하는 사람들로부터나 정복을 통해 그들을 지배할 수도 있는 사회 외부인으로부터 위협의식을 경험할 때
      2. 피지배계급은 아래의 사항들에 대해 서로 간에 분열적 경쟁을 피할 수 있을 때
         a. 땅과 농지에 대한 임차권
         b. 그들의 노동을 사는 시장
         c. 그들의 물건을 파는 상품시장
      3. 피지배계급이 아래 1-C와 1-D에 명기된 조건들을 경험할 때
   C. 지배계급과 피지배계급의 공동체들 간 전통적 상호연계가 약화될 때. 이러한 약화는 아래의 경우 증가할 것이다.
      1. 지배계급과 피지배계급이 서로 간 자원에 대해 보다 직접적인 경쟁에 놓일 때나, 또는 최소한 그렇게 된다고 피지배계급이 인지할 때
      2. 지배계급이 필수적이고 획득할 수 없는 자원을 피지배계급에 제공한다고 인지되지 않을 때
      3. 피지배계급에 대한 지배계급의 관계가 온정주의적 형태에서 시장중심적으로 이동할 때. 그러나 외부의 권력에 의해 통제되는 시장에서 피지배계급이 자원을 위해 서로 직접적으로 경쟁하지 않을 때만 이러한 시장 힘의 영향이 작동된다.
      4. 지배계급이 갈수록 피지배계급의 일상적 관례로부터 멀어지고 부재할 때
   D. 지배계급이 피지배계급을 착취하는 것을 피지배계급이 인지할 때. 이러한 착취의식은 아래의 경우 커질 것이다.
      1. 피지배계급이 더 많은 그들의 자원을, 국가든 생산수단 소유자든, 외부권력에 제공하도록 강제될 때
      2. 피지배계급이 1-C에 명기된 조건들을 경험할 때. 피지배계급 공동체와 피지배계급 공동체 간 연계를 약화시키는 힘을 설명하는 조건들

급과 피지배계급 간 전통적 상호연계를 와해시키는 조건들로부터 나온다. 그러나 연대는 불가피한 것은 아니다. 예를 들어, 무어가 강조했듯이, 사유지의 노동이 매우 경쟁적인 노동시장 조건하에 (수요에 비해 잉여노동이 있는) 고용되는 농업의 상업화는 대중동원의 가능성을 줄일 것이다 — 이는 노동자에게 미치는 노동시장의 효과에 대한 마르크스의 예언에 반하는 명제다.

위협의 마지막 근원은 특히 중요하다. 계층 시스템에서 지배계급과 피지배 대중 간 연계와 접촉의 정도는 대중동원에 결정적이다. 지배계급과 피지배 공동체들 간 강한 상호연계가 있을 때, 또는 최소한 피지배계급에 의한 강한 연계감이 있을 때 대중동원의 가능성은 축소된다. 역사적으로 영주, 영주의 지주 또는 감독관, 농민 모두가 후견주의와 전통적 임차 합의에 따라 비시장적 관계의 장원 토지에서 함께 살았던 전통적 봉건제 사례가 그랬다. 반대로, 지주가 부재하고 상품을 직접 판매하는 농민이 확보할 수 있는 가격에 관계없이 임대료를 받아갈 때 발생하는 것처럼, 상호연계를 약화시키는 힘은 대중동원의 가능성을 높일 것이다. 보다 일반적으로, 지배계급과 피지배계급 각각의 공동체 간 연계는 그들이 자원을 놓고 서로 경쟁해야 할 때, 또는 경쟁해야 한다고 생각할 때, 지배계급이 더 이상 필수적인 자원을 제공한다고 인지되지 않을 때, 지배계급과 피지배계급과의 관계가 시장중심적이 될 때, 지배계급이 부재하고 피지배계급의 일상적 일의 관례로부터 동떨어질 때 또한 약화된다. 이 조건들을 가장 잘 충족시키는 근대화로의 경로는 농지에서 일하고 시장가격 변동의 부침 또한 감내해야만 하는 농민들로부터 임대료를 가져가는 부재지주다.

마르크스처럼, 무어는 피지배 대중이 경험하는 착취의 수준과 정도를 결정적인 것으로 본다. 피지배계급이 더 많은 자원을 지배계급에 포기해야 함에 따라, 특히 피지배계급과 지배계급의 공동체 간 전통적 연계가 약화될 때, 착취 또는 최소한 착취당한다는 느낌은 커진다. 이러한 착취의식이 최고조에 달하면, 농민이 부재지주에 고정된 임대료 또는 오르는 대로 임대료를 지불해야만 한다. 그러나 그들의 생산물을 파는 시장의 가격변동을 감내해야 하는 사례처럼, 착취는 탄로 나고, 따라서 대중동원 가능성은 커진다. 국가 또한 이러한 착취의식에서 중요한 역할을 할 수 있다.

농민들이 더 가만히 있지 않게 되면 지주는 더 국가의 폭력적 권력에 의존하게 되고, 이는 결국, 국가가 억압 비용을 위해 지주와, 궁극적으로, 농민으로부터 더 많은 자원을 추출해야 함을 의미한다. 만약 국가가 지주에 매우 심하게 과세하면 지주는 반란의 잠재적 근원이 될 수 있다. 그러나 국가의 폭력적 행위의 비용을 위해 지주가 농민의 잉여산물을 더 많이 추출해감에 따라, 결국에는, 증가한 세금은 산출을 늘려야 하거나 줄어든 살림살이로 고통받아야 하는 농민으로부터 가져갈 것이다. 다시 말해 이러한 추가적 추출은 시장변동을 견뎌야만 하는 예민해진 농민을 억압하려는 부재지주에 의해 인상된 임대료로부터 나오게 될 때 착취의식은 극대화될 것이다.

요약하면, 그 가설들에서 — 갈등은 극심한 착취로부터 나온다 — 무어의 접근은 마르크스적이다. 그러나 베버적 자질도 들어 있다. 가장 확실한 것은 혁명은 완전히 자본주의적이지 않은 시스템에서 일어날 가능성이 높다는 점이다. 반면, 지주 귀족은 아마 농민 착취를 드러내는 방식으로 더 자본주의적으로 되었을 것이다. 사실 마르크스가 혁명을 경험하리라 생각했던 산업사회, 즉 노동, 심지어 농업노동마저 착취적 노동시장으로 편입될 수밖에 없는 산업사회에서 혁명이 일어날 가능성이 가장 적다. 따라서 무어의 저서는 갈등이론의 새로운 유형을 위한 중요한 출발점인 셈이다. 비교역사 연구무대의 다른 연구자들과 함께, 무어의 노력은 농업사회에서 혁명적 갈등과 농민 대중동원을 만들어내는 힘을 연구하는 그의 학생들뿐 아니라 다른 연구자들에게도 영감을 불러일으켰다.

4. 제프리 페이지의 농민혁명 이론

농민혁명에 관한 제프리 페이지(Jeffrey Paige)의 책4은 보다 현대의 시대에 농업사회에서 농민들의 혁명 및 다른 형태의 대중동원에 대한 분석에 마르크스의 기본사상을 적용한 최초 저작들 중 하나였다. 페이지는 혁명과 대중동원을 만드는 조건에 관한 마르크스의 사상은 본질적으로 옳지만 이러한 조건은 산업사회에서는 충족되지 않는다고 주장한다. 5 오히려 이들 조건은 농산물 수출과 관련된 농업경제에서 훨씬 더 잘 존재할 수 있다. 마르크스가 말하는 공장에서 일하는 프롤레타리아 노동력보다 농지에서 일하는 농민들이 착취당하는 노동의 불완전한 풀(pool)을 더 잘 대변한다. 따라서 페이지는 동원과 갈등을 만드는 조건은 산업사회보다 농업사회에서 일어날 가능성이 더 크다고 믿는다. 더욱이, 경작자(들판에서 일하는 실제 노동자)와 비경작자(땅을 소유하고 경작자의 활동을 통제하는 사람) 간 관계의 성격은 경작자에 의한 동원의 성격과 피지배계급과 지배계급 간 갈등의 강도를 결정짓는 데 결정적이다.

마르크스처럼, 페이지는 소유주와 노동자 간 갈등을 농업사회에서 생산수단과의 각각의 관계로부터 나오는 것으로 본다. 그러나 마르크스와 달리, 그는 갈등이 임금과 같은 순수하게 경제적인 문제에 관한 것일 때 혁명은 일어날 것 같지 않다고 주장한다. 오히려 혁명적 갈등은 경제적 갈등이 정치적 무대로 이동해, 한 사회에서 권위와 통제시스템을 공격할 때만 일어날 것이라고 주장하다. 더욱이, 갈등이 이러한 더 넓은 무대로 들어갈 가능성은 피지배계급보다 지배계급의 행동에 더 달려 있다. 따라서 지배계급의 행동은 대체 어떻게 피지배계급이 동원될 것인지, 이들의 동원이 대체 얼마나 오래 진행될 것인지를 결정한다.

〈표 14-2〉에 페이지의 핵심적 명제 중 일부를 추출해 추상적 형태로 제시했다. 이들 명제는, 먼저, 경작자(농민, 농장 노동자)와 비경작자(소유주와 땅 관리자) 간 이해갈등이 협소한 경제적 문제의 갈등에서 폭력으로 확대됨으로써 정치무대로 이동하는 조건들을 서술한다. 〈표 14-2〉에서 1에 제시된 명제들은 마르크스의 핵심주장을 농산물 수출과 관련된 농업경제에 적용한다. 페이지는 급진적이고 변화지향적인 정치 이데올로기에 대한 경작자들의 수용성을 결정적인 것으로 본다. 그들이 일하는 땅에 대한 경작자의 유대관계와 연계가 미약하고 불안정할 때, 급진적 이데올로기를 수용할 가능성이 크다. 그러나 경작자가 농지에서의 노동으로 가까스로 생존할 수 있을 때, 생계를 위한 대안수

〈표 14-2〉 페이지의 농민혁명 모델의 핵심적 명제들

1. 경작자와 비경작자 간 이해갈등은 아래 조건에서 경작자의 대중동원을 가져온다.
    A. 경작자가 급진적 이데올로기에 수용적일 때
        1. 급진적 이데올로기에 대한 수용성은 땅에 대한 경작자의 유대가 미약하고 불안정할 때 높아질 것이다.
        2. 그러나 급진적 이데올로기에 대한 수용성은 아래의 경우 줄게 된다.
            a. 경작자의 생존 이익이 너무나 적고 불안정해 그들이 급진적 이데올로기 교의 수용의 위험을
               두려워할 때
            b. 경작자가 생계를 위한 대안 수단들을 거의 갖지 못해 급진적 이데올로기 수용의 잠재적 비용이
               매우 높을 때
            c. 경작자가 온정주의적 전통과 단단한 사회 통제로 급진적 이데올로기를 호소력 없거나 너무나
               위험하게 만드는 전통적 공동체에서 살 때
    B. 경작자가 집단적 연대를 경험할 수 있을 때
        1. 연대의식은 농업 생산이 경작자들 간 높은 상호의존을 고무할 때 커질 것이다.
        2. 그러나 연대의식은 경작자가 필수적 자원과 서비스를 비경작자에게 크게 의존할 때 줄 것이다.
    C. 경작자가 성공적 집단행동에 관여했을 때
        1. 집단행동에 관여하는 역량은 아래의 경우 커진다.
            a. 경작자의 행위에 대한 비경작자의 직접적 통제가 약할 때
            b. 경작자가 동질적 인구집단을 구성할 때
            c. 생산과정에서 경작자에게 협력이 요구될 때
            d. 경작자가 외부 정치적 행위자들이 제공하는 조직적 자원에 접근할 수 있을 때
            e. 경작자가 집단행동으로 진정한 경제적 이득을 얻을 수 있다고 인지할 때
        2. 그러나 집단행동에 관여하는 역량은 아래의 경우 줄게 된다.
            a. 경작자가 상향 사회이동의 기회를 가질 때
            b. 경작자가 자원, 특히 상향이동의 가능성을 위해 그들 간 경쟁에 연관되어 있음을 알 때

2. 경작자의 동원이 혁명적 운동을 가져올 가능성은 비경작자의 행동과 관계된다. 경작자의 동원에 대한 비경작자의
   대응은 아래 조건에서 폭력의 잠재력을 증가시킨다.
    A. 1에 명기된, 경작자의 대중동원을 증가시키는 조건이 충족될 때
    B. 비경작자가 경작자에 비해 대단한 경제적 혜택을 갖지 못하여, 결과적으로 경작자와의 협상과
       경제적 조종을 추구하기보다 국가의 강제적 권력을 이용하여 억압에 기댈 가능성이 클 때.
       이러한 억압은 아래의 경우 커질 것이다.
        1. 비경작자가 그들의 농지에서 생산되는 수출농작물 외에 자본이 거의 없어 경작자에 비해 상대적으로
           경제적 혜택이 적을 때
        2. 비경작자가 그들 농지에서 생산된 농작물에 자본집약적 공정을 하지 않아 미완성 농작물 수출에 의존하게
           됨에 따라 경작자에 비해 상대적으로 적은 경제적 혜택을 갖게 될 때
        3. 비경작자가 자유노동을 고용할 수 없게 되면서 경작자의 경제적 요구를 수용하지 않고 경직되고 엄격하게
           노동 통제하면서 강제노동의 사용을 늘리게 될 때
            a. 경작자의 경제적 요구를 들어줄 비경작자의 능력은 생산이 비효율적이고 수익성이 덜하면 감소한다.
            b. 노동자 1인당 더 낮은 비용으로 생산을 확대하는 기계화를 통해 생산이 증가하면 경작자의 요구를
               들어줄 비경작자의 능력은 향상된다.
        4. 그러나 비경작자의 억압적 통제는 생산을 위해 규율된 노동의 끊임없는 공급이 필요하므로 비경작자로 하여금
           노동조직의 편익과 경작자를 관리하는 데 타협의 필요성을 인지하게 될 때 덜할 것이다.

단이 거의 없을 때, 그들이 전통적 농촌 공동체의 일원일 때, 그들은 급진적 이데올로기를 수용할 가능성은 적다. 생산과정이 노동자들 간 높은 수준의 상호의존을 촉진할 때만 연대는 만들어질 수 있으며, 이런 연대유발 효과는 경작자가 핵심적 자원과 서비스를 비경작자에게 매우 크게 의존할 때 약화될 수 있다.

그러나 급진적 이데올로기에 대한 수용성과 경작자 간 연대는 폭력적 대중동원과 정치무대로의 이동에 충분치 않다. 경작자는 효과적 집단행동에도 관여할 수 있어야 한다. 이러한 행동에 관여할 능력 없이는 한 사회의 정치에서 혁명적 운동과 변동은 가능하지 않다. 집단행동에 관여할 이러한 역량은 비경작자가 경작자의 행동을 직접 통제할 수 없을 때 커진다. 집단행동을 추구하는 능력은 경작자가 동질적 인구집단을 구성할 때, 생산과정에서 그들이 협력함으로써 노동환경 내에서 집단행동을 위한 조직적 토대를 가질 때, 그리고 집단행동으로 인한 잠재적 손실에 대해 진정한 이득을 얻는 것이 가능할 때 더 향상된다. 그럼에도, 집단행동에의 관여 능력은 경작자가 개인적인 상향 사회적 이동의 가능성을 가질 때와 자원, 특히 사회적 이동의 기회를 둘러싼 자원을 위해 경작자가 서로 간에 경쟁관계에 있음을 인지할 때 약화된다.

하지만, 페이지는 대중동원을 촉진하는 이러한 조건들 — 이데올로기, 연대, 집단행동 — 은 비경작자의 선택과 대응에 의해 영향을 받는다고 강조한다. 갈등의 형태는 궁극적으로 사회의 지배영역이 경작자와 비경작자 간 협소한 경제적 문제에 대한 갈등과 이해관계의 갈등에 대응하는 방식을 반영한다. 〈표 14-2〉의 명제 2는 경제적 무대를 넘어 정치적 무대로 가는 갈등의 확대와 폭력의 정도를 키우는 조건을 제시한다.

물론, 하나의 조건은 경작자들의 대중동원 잠재력을 높이는 명제 1에 명기된 힘들이다. 그러나 이 잠재력은 비경작자가 어떤 방식으로 행동할 것이 강제될 때 실현될 가능성이 높다. 비경작자가 그들의 농지와 그 농지에서 일하는 노동에 대한 통제를 유지하기 위해 국가와 군사에 의존할 때 그들은 경작자를 통제하기 위한 엄격하고 억압적인 행동에 관여할 가능성이 커진다. 그들이 할 수 있다면, 대중동원에 관여할 경작자의 분노와 성향을 키우는 전술행동이다. 주로 원료 농산물, 특히 수출 전에 추가적 생산과정이 실행되지 않은 농산물의 수출에 관여하는 비경작자는 특히 그들 작업의 실행가능성을 보장하기 위해 외부의 국가와 군사에 의존할 가능성이 있다. 비경작자가 자유노동을 감당할 수 없거나, 최소한 감당이 안 된다고 인지하여 엄격한 외부 통제하에서 강제노동을 고용하려 하게 만들 때, 억압적이고 엄격한 통제의 가능성 또한 있다. 비경작자의 그러한 인지는 생산이 비효율적이고 보통이윤보다 낮은 수익일 때 커진다. 그러나 비경작자가 자본투자, 특히 노동에의 의존을 줄이고 각 경작자의 생산성을 높이는 장비에의 투자를 통해 생산을 높인다면, 비경작자는 경작자의 경제적 요구에 양보하고 정치적 문제보다는 경제적 문제로 그 갈등을 해결할 수 있음을 인지할 가능성이 더 있다. 더욱이, 비경작자가 규율 있고 숙련된 노동의 끊임없는 공급에 의존할 때 비경작자로 하여금 노동조직의 편익 및 끊임없는 노동공급의 지속을 위한 교환으로 노조와의 타협의 편익을 인지하게 만들면서 노동을 억압할 필요성은 더 많이 줄게 된다.

5. 찰스 틸리의 자원동원 이론

《동원에서 혁명으로》6에서 찰스 틸리(Charles Tilly)는 사회혁명에 관한 모든 후속 이론에서 중요해지는 기본적 사상을 서술하였다. 틸리는 이 초기 저작에서 혁명적 상황(*revolutionary situation*)과 혁명적 결과(*revolutionary outcome*)를 구별했다. 혁명적 상황은 권력중심에 대항하는 어떤 종류의 집단행동이 — 이러한 집합행동이 시위, 폭동, 사회운동, 반란, 내전이든 아니면 국가에 대한 적대감의 다른 표현들이든 — 명백할 때 존재한다. 혁명적 결과는 실제적 권력이전이 있을 때 존재한다. 틸리는 최종적으로, 권력에의 도전자가 금융적·조직적·강압적 자원을 동원할 수 있을 때 혁명적 상황이 발생한다고 주장한다. 그리고 이런 동원이 강압적·물질적·행정적 자원을 동원하는 국가의 역량보다 클 때 혁명적 결과가 일어난다고 주장한다.

〈표 14-3〉은 혁명적 상황의 일반적 조건을 기술한다. 7 첫 번째 조건은 권력에 대한 다수의 도전자들이다. 가장 가능성이 있는 도전자들 중 둘은 권력에의 또는 정치무대에의 접근이 지속적으로 거부된 국민집단들과, 국가권력 중심에 대한 전통적 접근으로부터 배제되었다고 느끼거나 밀려난 구(舊)권력 엘리트 집단들이다. 혁명적 상황의 잠재력을 높이는 두 번째 일반적 조건은 국민의 상당부분이 국가권력에의 경쟁적 도전자들 중 하나를 추종하거나 지지할 준비가 되어 있는 것이다. 이러한 지지는 국가가 국민에 대한 의무를 다하는 데 실패하는 만큼 그리고 국가가 국민으로부터 더 많은 자원을 신속히 추출하여 수탈하고자 노력하는 만큼 더 커질 것이다. 이 후자의 조건은 국가가 전쟁에 개입하고, 그 결과, 재정이 부족해질 때 생겨나기

〈표 14-3〉 틸리의 핵심적 자원동원 이론

1. 국가권력에 대한 다수의 도전자가 분명할수록 혁명적 상황은 더 실재하게 된다. 다수의 도전자의 가능성은 아래의 조건에서 커진다.
   A. 국민의 일부가 정치무대로부터 배제되거나 권력에의 접근이 거부되어 왔을 때
   B. 구권력 엘리트가 권력의 중심으로부터 배제되어 있고 권력에의 전통적 접근권을 상실한다고 느낄 때
2. 국민의 상당부분이 국가권력에의 경쟁적 도전자들 중 하나를 지지하거나 추종할수록 혁명적 상황이 존재할 가능성은 더 커진다. 국가권력에의 도전자를 추종하는 중요한 국민 일부의 가능성은 아래의 경우 커진다.
   A. 국가가 국민에 대한 의무를 다하지 못한 것으로 인지될 때. 국가의 의무를 다하지 못했다는 실패의 인식이 급속히 확대될수록 국민의 일부가 국가권력에의 도전자를 추종하는 의지는 더 커질 것이다.
   B. 국가가 국민으로부터 자원추출을 확대할 때, 국가가 전쟁 비용으로 자원을 필요로 할 때 전형적으로 나타나는 그러한 급속한 추출 확대
3. 국가가 국가권력에의 경쟁적 도전자를 강압적으로 억압할 의지나 능력이 적을수록 혁명적 상황이 실재할 가능성은 커진다. 국가권력의 사용을 꺼릴 가능성은 아래의 조건에서 커진다.
   A. 국가가 재정위기에 처해 억압에 개입할 자원을 갖지 못할 때
   B. 국가가 자원(세금) 징수의 비효과적 메커니즘을 갖고, 징수된 자원의 비효율적 사용방식을 가질 때
   C. 국가의 군사 또는 강압적 병기의 일부가 국가권력 도전자의 하나와 연계되거나 동맹하고 있기 때문에 국가가 억압을 위한 국가권력 사용을 제약받을 때

쉽다. 혁명적 상황을 발생시키는 세 번째 기본적 조건은 국가가 국가권력에 도전하는 사람들의 활동을 강압적 힘으로 억압하지 못하거나 하려고 하지 않는 것이다. 권력을 위한 경쟁적 자원에 국가 자신의 권력을 사용하는 데 있어 이러한 무능력은 국가가 적은 자원을 가질 때 그럴 것이다. 즉, 국가가 특권, 후원, 군사적 모험주의, 부패, 낡은 조세 징수 시스템으로 국가의 자원을 비효과적이고 비효율적으로 사용해왔을 때, 군사의 일부가 국가권력의 도전자들 중 최소 한 명과 긴밀한 연합을 갖기 때문에 국가의 권력사용이 제약받을 때다.

이 중요한 첫 번째 저서에서 틸리의 주장은 매우 이론적이었다. 그러나 유럽 사회 역사에 대한 보다 경험적인 연구에서 그는 특정 사례의 세부적인 것에 보다 가까이 다가가려 했다. 그럼에도 불구하고 이론의 기본적 요소들이 〈표 14-3〉에 요약되어 있다. 그의 저서 《유럽의 혁명, 1492~1992》[8]에서 틸리는 이들 이론적 사상을 그의 역사적 서술에 융합했다. 그럼으로써 그는 〈표 14-3〉에 설명된 핵심적인 이론적 사상에 상세한 설명을 추가했다.

〈표 14-4〉는 이러한 세련된 개념들 일부를 더 자세히 요약한다. 나중에, 〈표 14-4〉의 명제들에

〈표 14-4〉 틸리 이론의 세련된 명제들

1. 혁명적 상황 또는 결과를 피할 국가의 역량은 권력에의 잠재적 도전자를 진압하고 강압적 자원을 동원하는 국가의 능력과 관련된다.
   A. 강압적 자원을 동원하는 역량은, 다시, 국가가 아래 상황을 초래하는 국제적 군사경쟁에 참여할 때 약화된다.
      1. 국가로부터 재정적 자원의 유출 2. 강압적 자원이 권력의 지리적 중심으로 떨어져 배치되어야 하는 상황
   B. 강압적 자원을 동원하는 역량은 군이 잘 조직되어 있으나 권력의 행정 중심으로부터 다소 독립적이어서 아래 상황을 만들 가능성이 더 클 때 또한 약화된다.
      1. 군이 국가의 주요 의사결정자들에게 덜 충성적일 것이다.
      2. 군 스스로 국가권력에의 도전자가 될 것이다.
      3. 군이 국가권력에의 도전자 중 최소한 하나와 동맹하게 될 것이다.
   C. 그러나 강압적 자원을 동원하는 역량은 군이 아래의 모든 조건을 충족할 때 커진다.
      1. 군이 전문적이고 잘 조직되어 있을 때
      2. 군이 상비군을 유지하고 있어 행동할 수 있기 전에 군대를 모집할 필요가 없을 때
      3. 군이 대규모의 지정학적 갈등에 참여하지 않을 때
2. 혁명적 상황 또는 결과를 피할 국가의 역량은 권력에의 잠재적 도전자에게 전략적 양보를 할 수 있는 국가의 능력과 관련된다. 이 역량은 아래 조건에서 커진다.
   A. 해야 할 양보가 비용이 많이 들지 않을 때
   B. 해야 할 양보가 국가의 강압적 권력 토대를 약화시키지 않을 때
   C. 양보가 국민 다수가 보는 바로는 국가의 상징적 권력 토대나 정당성의 힘을 높일 때
3. 혁명적 상황 또는 결과를 피할 국가의 역량은 국가의 재정상황과 관련된다. 재정적 건전성을 유지하는 능력은 아래의 조건에서 감소한다.
   A. 다른 국가들에 대항하여 비용이 많이 드는 군사행동에 참여할 때
   B. 국가가 엘리트에 대한 과도한 후원에 관여해야 할 때
   C. 국가가 세금징수 및 다른 형태의 자원추출을 위해 효과적이거나 효율적인 수단을 갖지 못할 때

서 가장 중요한 함의만 설명할 것이다. 국가가 그의 자원을 동원하여 국가권력에 대한 잠재적 도전자에게 대항하는 국가의 역량에 영향을 주는 매우 중요한 하나의 조건은 국제적 군사경쟁에 참여하는 것이다. 국가가 다른 국가들과 이러한 경쟁에 더 참여할수록 국가는 더 많은 자원을 국내영역에서 흡수하게 되어, 특히 전쟁에서 지면 국가는 더 취약해진다. 패전은 사회의 물적 자원을 소모할 뿐 아니라 국가가 자신을 정당화하는 데 활용하는 상징적 자원도 약화시킨다. 국가가 전쟁에 참여하고, 결국, 패배할 가능성은 이웃국가들의 군사적 힘과 관련된다. 이웃국가들이 더 강할수록, 그리고 그들과 더 자주 갈등하면 국가는 어느 순간에 전쟁에 질 가능성이 더 커진다.

군사적 갈등을 위한 동원은 국가권력에 두 개의 모순되는 영향을 갖는다. 한편으로는, 국가의 군사력이 강할수록 국가권력에 대한 도전자의 동원을 진압하기 위한 국가의 강압적 권력은 더 커진다. 이 강압적 힘은 군이 전문적으로 조직되고 국가권력에의 도전자를 효율적이고 신속하게 억압하는 데 쓰이는 상비군의 대기상태를 유지하는 정도만큼 커진다. 반면에, 만약 군이 외부의 군사적 경쟁에 참여하면 군의 강압적 역량은 국내적으로 쓸 수 없게 되고, 만약 나라 밖의 군사활동에 비용이 많이 든다면 강압을 위한 다른 국내 자원을 충원할 수 있는 능력은 상대적으로 줄어든다.

국가 경계의 안이든 밖이든, 강력한 군대 보유의 또 다른 딜레마는 국가지도자들에 대한 군의 충성심이다. 군이 통치자에게 충성하지 않거나, 국가지도자의 행정지침으로부터 다소 분리된 별개의 독립체로 존재한다면 군은 도전적 권력의 근원이

될 수 있다. 더욱이 이런 종류의 군은 도전적 권력의 다른 근원들과 동맹할 가능성이 더 있다. [9] 따라서 군이 국가권력에의 도전자와 동맹한다면, 또는 스스로 국가권력을 가지려 한다면 혁명적 상황은 권력이전이라는 혁명적 결과로 전환될 가능성이 매우 높다.

따라서 잠재적 도전자에 비해 높은 수준의 강압적 권력을 유지하는 국가의 능력은 혁명적 결과를 초래하는 혁명적 상황을 피하는 결정적 조건이다. 이 역량은 절대적 군사력과 관련될 뿐 아니라, ⓐ 국가로부터 떨어져 불만을 모면하고 ⓑ 권력에의 잠재적 도전자를 국가구조 내로 끌어들이는 국가의 역량과도 관련된다. 국가가 둘 중 하나나 둘 모두를 잘할수록, 혁명적 상황과 혁명적 결과를 둘 다 피할 가능성은 더 커진다. 따라서 재정적 또는 강압적 권력 토대의 손상 없이, 국가가 권력에의 도전자에게 상대적으로 많은 비용이 들지 않는 양보를 할 수 있다면, 국가는 혁명적 상황을 피할 수 있을 것이다. 그리고 국가가 엘리트나 대중에 의해 불만의 표적이 되는 것을 피할 수 있다면, 국가는 자신의 권력을 지키고 혁명적 상황을 피할 수 있는 더 좋은 위치에 있을 것이다.

그러나 국가는 항상 위태로운 상황에 있다. 인구의 한 집단에의 양보는 종종 다른 집단들의 적대감을 불러일으킨다. 흔히, 국가로부터 떨어져 적대감을 막는 것은 가능하지 않다. 국가가 적대감을 막지 못하는 것은 국가가 엘리트 집단의 요구를 충족시키기 위해 값비싼 형태의 후원에 연관될 때, 다른 나라들과의 군사적 활동비용을 발생시킬 때, 특히 그렇다. 이런 조건에서, 국가는 추가적 자원을 위해 국민에 종종 요구(세금)를 늘려야 한다. 그렇게

하면 이전 합의는 이제 어겨진 것으로 보이고, 새로운 굴욕이 부과되기 때문에 국가에 대한 분노는 커진다. 대중의 불만이 지배계급 일부의 분노와 결합될 때 혁명적 상황은 실재하고, 더욱이, 혁명적 결과의 가능성은 더 높아진다. 이 사건은 특히 물적 자원을 수집하고 배분하는 국가의 메커니즘이 비효율적이고 비효과적일 때, 국가의 정치제도들이 지리적으로 집중돼 국가권력 도전자들이 장악하기 쉬운 표적이 될 때 일어날 가능성이 있다.

6. 테다 스카치폴의 국가와 사회혁명 분석

테다 스카치폴(Theda Skocpol)의 다양한 농업사회에서의 사회혁명(social revolution)에 대한 비교분석은 무어와 틸리의 관점에 기반하며, 약간 부가적인 세련된 개념을 추가한다.[10] 혁명에 관한 대부분의 역사적 분석처럼, 그녀는 농민의 대중동원 과정을 결정적인 것으로 본다. 그리고 내부의 혁명적 과정은 국제적 무대에서의 국가의 행동과 관련된다는 베버와 틸리의 핵심이론을 채택한다. 스카치폴의 기본적 주장은 "혁명적 상황은 국가와 계급지배의 정치적·군사적 위기의 등장으로 인해 발생한다"[11]는 것이다. 따라서 비록 계급 불평등이 농민의 대중동원에 많은 동력을 제공한다 해도 국가가 국제무대에서 군사적 패배로 인한 정당성의 위기를 경험하지 않는 한 그러한 동원은 성공할 가능성이 없다.

스카치폴의 성공적 혁명의 주요사례는 1789년의 프랑스혁명, 1917년의 러시아혁명, 1949년의 중국혁명이다. 이들 사례는 농업시대나 상업자본주의로의 이행에서 대대적 사회혁명이 일어나지 않았던 일본, 독일, 프러시아, 영국과 같은 나라의 상대적 사회안정과 비교된다. 스카치폴의 사례 연구들에서 모든 사회는 일정한 공통된 특징을 가졌다. ① 모든 사례의 사회가 군주에 의한 행정적·군사적 통제를 증언한다. ② 그러나 군주는 농업적 사회경제 관계를 직접 통제하지는 못했다. ③ 핵심 잉여추출 계급은 그들 부의 일부를 군주에게 넘겨준 지주귀족이었다. ④ 모든 귀족은 대규모 농민인구의 노동에 의존했다. ⑤ 시장관계, 상업계급, 그리고 초기 산업계급까지 (나중 시기에) 이들 사회 내에 존재할 수 있었으나 이들 계급은 군주국가와 지주귀족에 종속되었다. ⑥ 이 모든 사회에서 귀족은 법정과 행정적 관료체제에 후원 지위를 제공하기 위해 국가에 의존하게 되었다. ⑦ 그러나 귀족과 국가는 일반적으로 동맹관계였지만 그들의 이해는, 한편으로는, 농민노동 또는 상업적 활동을 통한 개인적 부와 특권을 만들려는 귀족의 욕망과, 다른 한편, 군사적 모험과 국가가 후원하는 경제발전 비용을 충당하기 위한 군주의 욕망으로 인해 갈라졌다.

대대적인 사회혁명의 시나리오는 국가가 다른 나라와의 군사적 활동에서 패배해 농민의 대중동원 가능성을 촉발시키고 귀족의 적대감을 불러일으킬 때 전개되기 시작한다. 엘리트의 그러한 적대감은 특히 국가가 군사적 패배의 여파로 개혁을 추구하고, 그 과정에서, 구 지주귀족을 위협할 때 나타날 가능성이 있다. 그 결과로, 국가는 아래로부터 대중에 의한 또한 위로부터 지배계급에 의한 혁명에 취약해진다. 지배계급은 자주 후원과 특권을 위한 그들 자신의 협소한 이익을 추구하고 농민에 의한 혁명적

<표 14-5> 스카치폴의 국가와 사회혁명에 관한 명제들

1. 불평등 시스템에서 피지배계급의 대중동원은 아래의 조건에서 커질 것이다.

    A. 피지배계급이 연대의식을 발전시킬 수 있을 때

        1. 연대감은 피지배계급이 공동의 적을 갖는다는 것을 인지할 수 있을 때 증가한다.

        2. 연대감은 그러나, 피지배계급이 상업화된 경제에서 서로 간에 경쟁해야 할 때 축소된다.

    B. 피지배계급이 지배계급에 의한 직접적 감시로부터 자율성을 가질 때

        1. 직접적 감시로부터의 자율성은 아래의 조건에서 커진다.

            a. 피지배계급이 생산과정에 대한 통제를 가질 때

            b. 피지배계급이 직접적 감시와 통제를 막아 주는 조직적 형태를 가질 때

            c. 피지배계급이 직접적 제재로부터 그들을 보호하는 지역공동체를 유지할 수 있을 때 이는
               국가구조에 집중화된 제재시스템이 피지배계급의 공동체로부터 제거될 때 더 그렇게 된다.

        2. 그러나 직접적 감시로부터의 자율성은 피지배계급이 구조적으로 그들을 지배하는 사람들에게
           묶여 있고 의존해 있을 때 축소된다. 이는 위 1-B-1(a, b, c) 조건의 정반대와 관련된다.

    C. 피지배계급이 지배계급의 안녕에 중요한 경제적 활동을 수행할 때, 그리하여 피지배계급으로 하여금
       집단행동을 통해 지배계급의 권력을 와해하는 역량을 갖게 할 때

    D. 피지배계급이 지배계급과 갈등을 추구하기 위한 조직적 자원을 가질 때

2. 피지배계급의 대중동원이 대대적이고 성공적인 사회혁명으로 확대될 가능성은 아래의 조건에서 커진다.

    A. 한 나라의 중앙의 강압적 기구가 약해 피지배계급의 반란이나 엘리트의 권력놀이를 진압할 수 없을 때

        1. 국가가 전쟁에서 지면 중앙의 강압적 기구의 취약성은 커진다. 패배는 아래의 조건에서
           더 가능하게 된다.

            a. 국가의 군사구조가 와해되고 빈약하게 조직되어 있을 때

            b. 군이 국내적 갈등과 방해로부터 군의 자율성을 유지할 수 없을 때

            c. 비경력·비전문 병력에 비해 경력직의 전문 사관의 비율이 낮을 때

            d. 군활동을 지원하는 경제의 생산역량이 적들의 생산역량에 비해 낮을 때

    B. 국가가 재정위기를 겪어 개혁 비용을 대지 못하거나 피지배계급의 반란과 엘리트의 권력놀이를
       진압할 수 없을 때

        1. 국가의 재정위기는 전쟁에 지거나 대외적 군사활동이 지나치게 확대되어 있을 때 나빠질 것이다.

        2. 국가의 재정위기는 경제의 생산성이 부양해야 할 인구규모에 비해 낮게 유지될 때 심화될 것이다.

        3. 국가의 재정위기는 사회구성원으로부터 수입(세금)을 추출하는 메커니즘이 간접적이고 비효율적일 때
           악화될 것이다.

    C. 국가의 권력이 사회의 지배계급에 비해 약화될 때

        1. 국가의 상대적 권력은 엘리트 간 네트워크가 촘촘하고 강력할 때 축소된다.

        2. 국가의 상대적 권력은 군에 대한 국가의 통제가 약화될 때 축소된다.

        3. 국가의 상대적 권력은 인구의 엘리트 부문이, 재정위기를 줄이거나 인구의 하층부문을 달래기 위한
           개혁의 도입을 막는, 단기이익과 충분한 조직적 힘을 가질 때 축소된다.

        4. 국가의 상대적 권력은 인구의 엘리트 부문이 국가의 활동에 의해 위협받을 때 축소된다. 이는 엘리트가
           그들의 특권과 부의 쇠퇴를 우려할 때다. 엘리트의 이러한 위협의식은 아래의 조건에서 커진다.

            a. 엘리트가 그들의 부, 위신, 권력을 위해 중앙국가에 의존할 때

            b. 엘리트가 그들의 이동의 기회가 국가와 국가에 의해 지원되는 경제시스템에 의해 제약받는다고 느낄 때

            c. 엘리트가 국가의 사회개혁 노력을 그들의 권력, 위신, 부의 전통적 근원을 약화시키는 것으로 볼 때

대중동원에 대응하는 국가의 역량을 약화시킨다.

그러나 농민은 그들의 불만에도 불구하고 자동적으로 동원되지는 않는다. 농민은 어떤 특정 조건에서만 성공적으로 봉기할 수 있다. 그 조건은 첫째, 그들은 서로 간에 연대를 발전시킬 수 있어야만 한다. 둘째, 그들은 지주와 지주대리인에 의한 직접적인 일상의 감시와 통제로부터 일정한 자율성을 가져야 한다. 셋째, 국가가 군사적 패배로 너무나 힘이 빠져 주기적 농민반란(농민반란은 모든 농업사회에서 매우 일반적이다)에 대해 효과적인 강압적 통제를 가할 수 없어야 한다.

스카치폴 분석의 학술적 정교함은 물론 사회학에서 비교역사 연구의 전형이다. 그러나 우리의 목적을 위해, 기본적 이론을 펼쳐 볼 필요가 있다. 〈표 14-5〉는 핵심명제를 검토한다. 〈표 14-5〉의 명제 1은 대중동원을 촉진하는 조건을 검토하고, 명제 2는 그러한 조건이 다시 대중동원을 대대적 혁명으로 꽃피게 만드는 국가와해의 원인을 검토한다.

명제 1이 강조하듯이, 피지배계급의 대중동원은 그들 간 연대를 요구하며, 그러한 연대는 피지배계급이 공통의 적을 갖는다고 그들이 인지할 때 커진다.[12] 그러나 연대는 상업화된 노동시장과 자원배분의 다른 경쟁적 메커니즘에서 피지배계급이 서로 간에 경쟁해야만 하는 정도만큼 약화될 것이다. 대중동원은 또한 피지배계급이 피지배계급의 활동을 규제하기로 되어 있는 사람으로부터 어느 정도의 자율성을 가져야 함을 요구한다. 이 자율성은 피지배계급이 생산과정에 대한 통제를 행사할 때, 피지배계급이 직접적 감시로부터 그들을 어느 정도 보호하는 조직적 구조를 입증할 때,[13] 그리고 피지배계급이 사회의 중앙제재 시스템으로부터 추가

적 보호를 제공하는 공동체 구조를 유지할 수 있을 때 향상된다. 그러나 이 자율성은 피지배계급이 구조적으로 그들을 지배하는 사람과 상호의존적인 정도만큼 약화될 것이다. 그리고 피지배계급이 그 사람에게 의존할 때 더욱더 약화될 것이다. 반대로, 대중동원은 피지배계급이 지배계급의 안녕에 중요한 생산적 활동을 수행할 때, 그리고 이러한 지배계급의 의존이 피지배계급에게 피지배계급 자신의 권력과 동원역량 의식을 제공할 때 또한 촉진된다. 마지막으로, 틸리의 자원동원 이론에 따라(〈표 14-3〉 참조), 피지배계급의 조직적 자원은 얼마나 대규모의 대중동원이 될 수 있는지에 영향을 줄 것이다. 기존의 조직적 형태가 있을 때, 또는 지배계급의 조직적 시스템을 이용할 역량이 있을 때 대중동원의 가능성은 더 커질 것이다.

대중동원은 국가권력의 약화 없이는 일어날 수 없거나 효과적이지 못할 것이다. 국가가 약화되지 않으면 대중동원이 대대적 사회혁명으로 전환되지 못하기 때문이다. 하나의 중요한 힘은 엘리트의 권력놀이(power play)와 대중의 반란을 진압하는 국가의 강압적 역량의 축소다. 이런 국가의 강압적 권력의 약화는 외부 전쟁에서의 패배로부터 뒤따른다. 패배 가능성에 영향을 미치는 요인들은 군의 조직구조의 붕괴수준,[14] 자원을 빨아들이는 국내 갈등으로부터 군의 자율성 정도, 비전문 병력에 대한 전문 병력의 비율, 그리고 가장 중요한, 한 국가의 군사적 적들보다 더 낮은 경제의 생산역량이다(궁극적으로 경제는 군사를 지원하며, 그래서 만약 경제역량이 적이 가진 것보다 적다면 전쟁에 지게 된다).

국가를 약화시키는 다른 하나의 힘은 재정위기이다. 국가가 재정위기를 겪게 되면 국가의 정당성은

훼손되고 강압적이고 행정적인 통제를 동원하는 국가의 역량은 축소된다. 이러한 재정문제는 국가가 전쟁에서 지거나, 국민을 통제하는 국가의 능력과 국가로부터 자원을 추출하는, 군사적 투입이 지나치게 확대되었을 때 증폭될 것이다. 재정위기는 또한 경제의 생산성이 고용과 부양해야 할 인구규모에 비해 낮을 때 악화된다. 따라서 만약 생산성 증가의 동반 없이 인구가 늘면 재정위기는 결국 확실해질 것이다. 재정위기는 국가의 세금징수 시스템이 간접적일 때(예를 들어 군주가 엘리트를 통해 농민의 잉여노동을 수탈하거나 세금징수를 지방정부나 엘리트에 위임할 때) 또는 세금징수 시스템이 비효율적일 때(정확한 기록이 없거나 세금징수에 대한 적절한 감시가 존재하지 않을 때) 더욱 악화된다. 따라서 만약 국가가 효율적이고 효과적으로 부를 전용하지 못하면 국가는 곧 재정위기를 겪게 될 것이다.

국가를 약화시키는 또 다른 결정적인 힘은 지배집단, 특히 엘리트의 상대적 권력이다. 엘리트의 권력이 커지는 정도만큼 국가의 권력은 상응하여 축소된다. 이러한 권력균형은 엘리트가 국가의 중앙 권위로부터 독립적인, 촘촘하고 강력한 네트워크의 유대를 갖는 정도까지, 군에 대한 국가의 통제가 약화되는 정도까지, 엘리트의 특권을 유지하기 위한 그들의 단기적 이익이 대중의 감정을 누그러뜨릴 수 있는 국가의 개혁 단행을 방해하는 정도까지, 엘리트가 국가의 활동들에 의해 위협을 느끼는 정도까지 국가에 반해 작용한다.

요약하면, 〈표 14-5〉의 명제들은 스카치폴이 검토한 특별한 역사적 사례들보다 더 광범위한 적용 가능성을 가질 것이다. 이 명제들은 또한 혁명이 왜 그렇게 드문지를 설명해 줄 것이다. 특히, 대부분의 사회가 한때의 농경시기를 지나 보다 상업적·시장중심적·산업적 조직형태로 이동했다. 피지배계급이 쉽게 동원할 수 없다면 그리고 국가가 강하다면, 주기적 반란과 폭동은 쉽게 대대적 사회혁명으로 전환되지 않는다.

7. 잭 골드스톤의 국가붕괴 이론

잭 골드스톤(Jack Goldstone)은 이 장에서 논의된 다른 이론가들과 달리, 사회의 계급관계와 이에 내재된 혁명적 갈등에의 잠재력에 관한 마르크스적 가설에서 시작하지 않았다. 그의 《초기 근대세계의 혁명과 반란》에서 골드스톤은 1640년과 1840년 사이 농업사회의 근대화 과정에서 혁명은 궁극적으로 인구성장의 영향으로 발생했다고 주장했다.[15] 인구가 증가함에 따라 ① 생산성을 높여야 하는 경제와 ② 생산을 촉진하고, 인구에 대한 행정 통제를 확대하고 강압적 힘을 통해 질서를 유지해야 하는 정치체제에 압력이 가해진다. 이러한 핵심 제도적 체계가 인구증가에 필수적 적응을 못하면, 국가에 대항하는 농민에 의한 대중동원과 엘리트에 의한 반란의 잠재력이 커져 궁극적으로 국가붕괴(state breakdown)를 가져온다. 그러나 인구증가는 곧바로 사회를 혼돈과 국가붕괴에 빠뜨리지는 않는다. 오히려 인구증가가 가하는 압력이 분명해지고, 그리고 대중과 엘리트가 충분히 환멸을 느껴 갈등을 일으키는 데는 수십 년이 걸릴 수 있다.

모든 농업사회의 근본적 문제는 그 사회가 전형적으로 경직된 제도적 구조를 갖는다는 것이다. 세습군주는 보통 늘어나는 인구의 경제적 기회에 대한 욕구를 수용하는 데 필요한 개혁을 해내지 못하고, 지주귀족은 일반적으로 자신들의 권력과 특권을 약화시키는 경제체계의 변화에 저항한다. 이런 경직성은 결국 3개의 힘이 수렴하는 상황으로 이어질 수 있다. ① 국가가 단순하게 국가활동만 지속하고, 경제개혁을 추진하고, 또는 불만을 가진 인구를 통제하기 위한 충분한 수입을 갖지 못하는 재정위기, ② 심각한 분열과 분노로, 국가후원의 전통적 엽관제도를 확보할 수 없어, 그 결과 하향이동하게 된 엘리트, ③ 일 또는 소득을 확보할 수 없는 농민의 대중동원이 그것이다. 골드스톤의 다양한 경험적 사례분석은 자세하고 복잡하나, 다음에 나오는 논의와 〈표 14-6〉에서와 같이, 일반모델은 보다 관념적 용어로 요약될 수 있다.

농민의 대중동원과 적어도 몇몇 전통적 엘리트의 반란을 통한 국가붕괴를 추진하는 힘은 인구성장이다. 인구성장률이 증가함에 따라 경제제도는 여러 요구에 직면한다. 첫째, 늘어나는 인구의 생계를 부양하기 위해 경제는 확장돼야 한다. 이 확장은 한정된 소작인들만 수용될 수 있는 봉건적 농촌체계의 성격 때문에 종종 어려울 때가 있다. 둘째, 경제가 확장되지 않고 인구성장을 따라가지 못하면, 자원은 부족해진다. 상품들이 부족해지면서 수요-공급 법칙에 따라 가격 인플레이션이 나타난다. 셋째, 가격 인플레이션이 가속화함에 따라 모든 노동자들의 실질임금이 감소하고, 농촌지역에서 빈곤의 수준은 높아진다. 넷째, 농촌지역의 조건이 악화됨에 따라 많은 농민들은 기회를 찾아 농촌을 떠나 도시지역으로 이주한다. 이것은 경제가 확장되지 않으면 충분히 실현될 수 없고, 불만을 갖는 실업상태의 도시 노동자 풀(pool)을 만들 것이다. 다

섯째, 인구성장은 또한 중장년 인구에 비해 청소년 인구의 비중을 증가시킨다. 이들의 비중이 높아짐에 따라 청년들은 노년들보다 저항하고 폭력행동을 할 성향이 더 강해진다.

여섯째, 인구성장은 몇 가지 중요한 방식으로 엘리트 삶의 기회에 영향을 준다. ⓐ 엘리트 지위를 추구하는 지망자의 수가 증가한다. ⓑ 가격 인플레이션은 엘리트의 이동에 극적으로 영향을 준다. 이들의 일부는 하향이동되고 (상품에 대한 수요가 높을 때 상업적 기회를 이용하는) 다른 엘리트들은 상향이동된다. ⓒ 그러한 이동의 순효과는 국가후원에 대한 지망자 풀이 증가하는 것이다. 상향이동한 엘리트는 특권과 영향력 있는 새로운 지위를 열망하고, 하향이동한 엘리트는 후원을 그들의 경제적 지위 악화를 막을 유일한 희망으로 인식하여 ⓓ 이러한 후원에 대한 요구는 후원 지위를 위한 엘리트 간 경쟁수준을 높인다. 이는 보통 (궁극적으로 가격 인플레이션으로 발생한) 국가 자체의 재정위기를 겪어 엘리트 후원에의 요구를 충족할 국가의 능력이 제한되고, 그 결과, 엘리트 인구 일부의 불만족을 가져오는 바로 그때이다.

일곱째, 국가의 재정위기는 서로 연관된 이유들로 계속 커질 것이다. ⓐ 가격 인플레이션은 공무원, 상품과 서비스, 군대 인력, 그리고 사실상 국가의 모든 활동에 대한 비용을 증가시킨다. ⓑ 국가는, 인플레이션과 엘리트의 커져가는 요구 또는 단순히 다른 나라와의 지도자의 경쟁 때문에, 국가의 자원을 증대시키려는 노력으로 군사적 전쟁에 참여할지도 모른다. 그러나 그러한 군사적 모험주의는 비용이 많이 들고 국가의 재정위기를 악화시킬 수 있다. ⓒ 국가는 보통 엘리트, 특히 상업

적 활동으로 자원을 모은 상향이동한 엘리트로부터 빌리기 시작한다. 비록 이 채무는 국가의 재정 문제를 키우기만 할 뿐이다. 그리고 ⓓ 국가는 보통 위기를 피하기 위해 조세수입을 늘린다. 그러나 인상된 세금은 가처분 소득이 거의 없는 수많은 임금노동자뿐 아니라 이미 하향이동한 일부 엘리트의 반감을 살 것이다. 새로운 조세수입이 보장된다면, 국가에 맞서는 엘리트와 대중동원의 잠재력을 높인다 해도, 이 돈의 흐름은 재정위기를 감소시킬 것이다. 게다가 국가가 정복 또는 무역을 통해 국제무대에서 자원을 보장할 수 있다면 국가는 유사하게 재정위기를 감소시켜 내부 갈등을 피

〈표 14-6〉 골드스톤의 국가붕괴 이론

1. 비엘리트의 대중동원을 통한 국가붕괴의 장기적 가능성은 아래의 조건에서 커질 것이다.
   A. 인구성장이 경제의 생산능력을 초과하는 물품과 소득에 대한 비엘리트들의 요구를 발생시킬 때
   B. 경제의 생산능력을 초과하는 인구성장이 급속한 가격 인플레이션을 일으킬 때
   C. 인구성장이 노년 인구보다 잠재적으로 더 폭력적이고 더 쉽게 갈등 추구에 동원되는 청소년 인구비중을 높일 때
   D. 인구성장이 가격 인플레이션을 일으키고 경제의 생산능력에 과부하를 줌에 따라, 농촌 빈곤을 심화시키고 많은 사람을 제한된 또는 존재하지 않는 경제적 기회를 찾아 도시지역으로 이주하게 만들 때
2. 엘리트의 동원을 통한 국가붕괴의 장기적 가능성은 아래 조건에서 커질 것이다.
   A. 인구성장이 특권과 지위를 위한 국가의 후원을 추구하는 엘리트의 더 큰 풀을 만들 때
   B. 인구성장이 가격 인플레이션을 일으킴에 따라, 그것이 아래의 상황으로 이어질 때
      1. 일부 전통적 지주 엘리트가 재정적으로 어려워져 그들의 하향이동을 막기 위해 국가후원과 지위를 원하게 되는 상황
      2. 보통 상업활동으로 부를 가진 일부 상향이동한 엘리트가 인생에서 새로 얻은 신분의 보장으로 국가후원과 지위를 추구하게 되는 상황
   C. 인구성장이 국가에의 다른 재정적 압력과 함께 가격 인플레이션을 초래하기 때문에 국가로 하여금 엘리트 후원과 지위를 위한 모든 요구를 제공할 수 없게 만들 때
3. 재정위기로 국가붕괴의 장기적 가능성은 아래 조건에서 커질 것이다.
   A. 인구성장이 그 인구를 위해 재화를 흡수하고 제공할 경제역량을 초과함으로써 자원부족을 가져오고 인플레이션을 초래할 때
   B. 조세징수의 국가 메커니즘이 경직되고 비효율적일 때
   C. 조세징수의 새로운 방식을 모색하는 국가의 노력이 비엘리트뿐 아니라 엘리트의 적대감을 불러일으킬 때
   D. 군사활동에의 국가의 지출이 전쟁 경비를 댈 수 있는 능력을 초과할 때로, 특히
      1. 국가가 급속한 가격 인플레이션의 시기에 군사활동을 확대할 때
      2. 국가가 인플레이션의 영향을 극복하고자 더 많은 자원을 확보하기 위한 노력으로 군사활동에 참여함으로써 지불할 수 없는 비용을 발생시킬 때
   E. 국가가 군사 및 행정 활동을 유지하기 위해 기금을 빌려야만 할 때
4. 국가붕괴의 가능성은 아래의 조건에서 커질 것이다.
   A. 갈등을 추구하는 비엘리트의 대중동원이 확대될 때
   B. 엘리트 부문의 동원이 확대될 때
   C. 국가의 재정위기가 대중과 엘리트에 대한 국가의 행정적 강압적 통제가 극적으로 약화될 정도로 심화될 때

할 수 있을 것이다.

그다음에, 골드스톤이 그린 그림은 인구증가에 의해 시작된 수렴하는 힘들의 연쇄다. 이 힘들이 모두 합쳐질 때 국가붕괴는 가능할 것이다. 그것은 만약 ① 국가의 재정위기가 심각하면, ② 엘리트가 지위와 후원을 위해 서로 간에 치열하게 경쟁하게 되면, ③ 몇몇 엘리트들이 그들의 하향이동, 후원 획득의 실패, 그리고 증가된 세금부담 때문에 국가에 대항해 결집한다면, ④ 농촌의 청년대중과 도시로 온 이주자들이 충분한 소득을 획득하지 못한다면, 그래서, 참지 못하고 갈등에 잠재적으로 동원된다면, 그다음엔, 이 4개의 힘의 수렴이 국가붕괴로 이어질 것이다. 이는 대중과 엘리트 인구의 일부가 정부를 무너뜨리고자 동원함에 따라, 국가가 재정문제로 엘리트와 대중에 의한 양면적 반란을 저지하는 데 충분한 행정적 또는 강압적 권력으로 대응할 수 없게 됨에 따라 국가붕괴로 이어질 것이다. 〈표 14-6〉은 골드스톤의 주장을 보다 추상적으로 서술함으로써 더 광범위한 많은 사회에서 반란을 설명하는 데 골드스톤 주장의 잠재력이 인정받게 되었다.

8. 나가며

지난 40년간 비교역사사회학은 사회학에서 가장 학술적이고 가장 중요한 저작의 일부를 만들어냈다. 대부분 이 저작은, 비록 항상 구체적인 경험적 사례의 상세한 서술에 의해 완화됐지만, 이론적 성향을 가진다. 많은 비교역사사회학자들에게 특히 흥미로운 것은 권력의 동학으로, 특히 이런 동학은 갈등을 초래하는 불평등과 다른 나라와의 외부적 갈등에 의해 진행된다. 물론, 비교역사사회학은 많은 다른 실증적 주제들을 탐구해왔다. 그러나 사회학에서 가장 이론적인 비교역사사회학파는 갈등과정, 특히 권력을 재배분하는 사회혁명을 발생시키는 갈등과정에 가장 큰 관심을 가져온 경향이 있었다.

〈표 14-1〉에서 〈표 14-6〉까지 명제들을 읽어 보면, 비록 각각은 새로운 것을 추가하거나 다른 명제들에 세련된 개념들을 제공하기도 하지만 이론들이 상당히 중복된다. 사회혁명을 가져오는 조건들 — 마르크스는 필연적이라 하고 베버는 단지 그럴 수 있다고 본 그와 같은 것들 — 은 거의 수렴하지 않는다. 이런 조건의 일부는 항상 농업사회에 존재하지만, 진정한 혁명을 가져오는 조건들의 필수적 혼합(mix)은 인간사회에서 아주 드물게 나타났던 것은 아닌 듯하다. 더구나, 농업사회에서 큰 혁명적 잠재력을 만들어내는 그 조건들이야말로 자본주의적 산업사회에서는 완화되거나 제거된 것처럼 보인다. 페이지는 이 점을 분명히 했다. 그러나 이것은 비교역사사회학의 이 분야 연구에서는 피할 수 없는 결론의 하나다. 따라서 훌륭한 많은 비교역사사회학자들이 마르크스의 가정으로 시작했음에도 불구하고 베버적 결론에 도달하는 경향이 있었다. 높은 수준의 불평등에서 비롯되는 그만큼의 갈등 잠재력이 있는 농업사회에서도, 혁명은 힘들의 고유한 수렴을 필요로 한다. 이 수렴은 성숙한 자본주의 체계에서는 일어날 가능성이 적어 보인다. 그러나 다음 장에서 보듯이, 네오마르크스주의 이론가들은 기본적 마르크스주의 모델을 현재까지 계속 적용하고, 조정하고 있다.

주

* 이 장은 레베카 리(Rebecca S. K. Li)와 공동 저술하였다.

1 Barrington Moore, *Social Origins of Dictatorship and Democracy*: *Lord and Peasant in the Making of the Modern World* (Boston: Beacon, 1966).

2 무어에 따르면 이는 공산주의 혁명 전 중국의 사례였다. 많은 지주들이 도시로 이주했고 이들은 농민들이 이들에게 빌린 빚의 이자와 농민의 임대료로 살았다(*Social Origins of Dictatorship and Democracy*, 주 1 참조, pp. 218~221도 보라).

3 일본 군대는 중국에서 제2차 세계대전 중 일본의 점령 기간에 농민들을 함께 끌어낸 외부의 적으로 기능했다.

4 Jeffrey Paige, *Agrarian Revolution*: *Social Movements and Export Agriculture in the Under-developed World* (New York: Free Press, 1975).

5 같은 책, pp. 33~34.

6 Charles Tilly, *From Mobilization to Revolution* (Reading, MA: Addison-Wesley, 1978). 같은 시기에 존 매카시와 마이어 잘드는 다른, 더 형식적인 자원동원 모델을 만들어냈다. John McCarthy and Meyer Zald, "Resource Mobilization in Social Movement: A Partial Theory", *American Journal of Sociology* 82 (1977): pp. 1212~1239.

7 Tilly, *From Mobilization to Revolution*, pp. 200~211 (주 6 참조).

8 Charles Tilly, *European Revolutions*, 1492~1992 (Oxford, UK and Cembridge, MA: Blackwell, 1993).

9 틸리는 군사적 장악이 이베리아 반도에서 공통된 유형의 혁명적인 상황이었다고 지적한다 (Tilly, *European Revolutions*. pp. 86, 101를 보라).

10 Theda Skocpol, *States and Social Revolutions*: *A Comparative Analysis of France, Russia, and China* (New York: Cambridge University Press, 1979).

11 같은 책, p. 17.

12 스카치폴은 영주에 맞서 함께 투쟁했던 프랑스 농민들의 반봉건 운동의 분석에서 이 점을 지적한다(*States and Revolutions*, pp. 123~125를 보라).

13 스카치폴의 분석에 따르면 이는 프랑스와 러시아 농민의 사례에 해당한다.

14 스카치폴은 제1차 세계대전 중 러시아에서 군대의 분열이 러시아에서의 국가붕괴와 뒤이은 1917년 혁명 성공의 중요한 이유라고 주장한다.

15 Jack Goldstone, *Revolution and Rebellion in the Early Modern World* (Berkeley: University of California Press, 1991).

상호작용주의 이론화

15 장

상호작용론과
현상학적 이론화의 등장

1. 들어가며

1세대 유럽 사회학 이론가들은 주로 거시적 현상에 관심을 가졌다. 그러나 20세기 초 유럽과 미국에서 등장한 이론가들은 미시적 과정들에 대한 분석으로 돌아섰다. 그들은 사회의 구조가 궁극적 의미에서 개인들의 행동과 상호작용으로 창조되고 유지된다는 것을 이해하기 시작했고, 그에 따라 사람들 사이의 상호작용의 근본적 과정을 발견하려고 점점 더 노력하게 됐다. 이런 창조적 활동이 분출하면서 광범한 미시수준 이론들이 만들어졌다. 이 이론들은 나중에 좀 단순하게 **상호작용론**(*interactionism*)이란 이름으로 불렸다. 상호작용론의 부상은 사회학의 이론적 정전(正典)에 미국 이론이 적극적 기여자로 등장한 시작점을 나타내기도 한다. 그러므로 상호작용론에 대한 미국의 기여로부터 이 장의 논의를 시작하고, 그 뒤에 지난 20세기 초반에 출현한 유럽의 미시지향적 전통으로 넘어가는 것이 적절할 것이다.

2. 상호작용에 관한 미국의 초기 통찰

시카고대학 철학자 조지 허버트 미드(George Herbert Mead)는 인간의 사회적 상호작용이 가진 기본 특성을 이해하는 데 큰 돌파구를 마련했다. 그의 통찰은 뛰어나게 새로운 것이라기보다는 오히려 다른 이들에 의해 발전된 사상들을 종합한 것에 가깝다. 그러나 그의 종합이 없었다면 상호작용 연구는 상당히 지연됐을 것이다. 미드의 천재성을 음미하기 위해 우선 그에게 영감을 준 사람들을 검토하고, 그 뒤에 그가 그들의 사상을 어떻게 접합해 지금도 상호작용 이론의 기본틀(*basic framework*)이 되는 상호작용 모델을 만들어냈는지 살펴보자.

1) 윌리엄 제임스의 '자아' 분석

하버드대학 심리학자 윌리엄 제임스(William James, 1842~1910)는 자아에 대한 명료한 개념을 발전시킨 아마도 최초의 사회과학자일 것이다. 제임스는 인간에게 자신을 대상으로 보고 자신을 향한 자기감정과 태도를 발전시키는 역량이 있음을 인식했다. 인간은 ⓐ 다른 사람들과 자신을 둘러싼 세계의 양상들을 상징적으로 표시할 수 있고, ⓑ 이러한 대상들에 대한 태도와 감정을 발전시킬 수 있으며, ⓒ 대상들에 대한 전형적 반응을 구성해낼 수 있다. 그리고 이와 똑같은 방식으로 자신을 표시하고, 자기감정과 태도를 발전시키고, 자신에 대한 반응을 구성할 수도 있다. 제임스는 이러한 역량들을 **자아**(自我, self)라고 불렀고, 이것이 사람들이 세계 속에서 반응하는 방식을 형성하는 데 중요함을 인식했다.

제임스는 자아의 유형학(類型學)을 발전시켰다. 자아는 인간이 자기 존재의 일부로 여기고 자신의 정체성에 결정적으로 중요하다고 보는 여러 물리적 대상들을 담은 **물질적 자아**(the material self), 개인들이 다른 사람들과의 관계맺음(association)에서 끌어내는 자기감정들을 포함하는 **사회적 자아**(the social self), 그리고 어떤 개인을 그 개인으로 특징짓는 일반적 인지 스타일과 여러 능력들을 포괄하는 **영적 자아**(the spiritual self)로 구분된다.[1] 이후 상호작용론자들이 이 유형학을 채택하지는 않았지만, 제임스의 사회적 자아 개념은 모든 상호작용론자들이 구성한 정식화의 일부가 되었다. 상호작용론 전통 중 하나에서는 정체성의 개념이 자아의 개념을 대체했는데, 이 흐름에서는 윌리엄 제임스가 추구했던 것처럼 사람들이 가진 정체성의 다양한 유형들을 개념화하려는 노력이 최근 이론화와 연구의 아주 많은 부분을 차지한다. 그러므로 상징적 상호작용론에서 정체성 이론들을 다룬 다음 장에서 보듯이, 제임스의 원래 생각, 즉 사람들이 복수(複數)의 자아와 정체성을 가진다는 발상은 다른 방식으로 재발견돼 왔다고 할 수 있다.

제임스의 사회적 자아 개념은 사람들의 자신에 대한 감정이 타자들과의 상호작용에서 나온다는 것을 인정했다. 그가 지적했듯이, "사람(a man〔원문 그대로〕)은 그를 인식하는 개인들의 수만큼 많은 사회적 자아를 가진다."[2] 그러나 제임스가 이 초기 통찰을 그렇게 많이 발전시키지는 않았다. 그는 결국 개인의 능력이 발생하는 사회적 과정들보다는 개인의 내면적 심리 작동에 더 큰 관심을 가진 심리학자였다.

2) 찰스 호튼 쿨리의 '자아' 분석

찰스 호튼 쿨리(Charles Horton Cooley, 1864~1929)는 두 가지 중요한 점에서 자아 분석을 확장시켰다.[3] 첫째, 그는 개인들이 그들 자신을 대상, 즉 자신을 둘러싼 사회적 환경 속에 있는 다른 대상들과 마찬가지의 대상으로 보는 과정을 **보는 자아**(viewing self)의 개념으로 정교화했다. 둘째, 그는 자아가 타자들과의 소통에서 출현한다고 인식했다. 개인들이 서로 상호작용할 때 그들은 서로의 제스처를 해석하고 그럼으로써 타자들의 관점에서 자신을 보게 된다. 그들은 타자들이 자신을 어떻게 평가하는지 상상하며, 자기감정과 태도뿐 아니라 자신에 대한 이미지들까지 끌어낸다. 쿨리는 이 과정을 **거울자아**(looking glass self)라고 불렀다. 타자의 제스처는, 사람들이 사회적 환경 속에서 스스로를 다른 대상들을 보고 평가하는 것과 마찬가지로 보고 평가할 수 있는 거울이나 루킹 글라스 — 19세기에는 거울을 이렇게 불렀다 — 를 제공한다.

쿨리는 또한 자아가 내집단(in-group) 맥락들에

서 일어나는 상호작용으로부터 발생한다는 것을 인식했다. 그는 특정한 어떤 집단의 거울 앞에 참여하는 것이 다른 집단에의 참여보다 자아의 발생과 유지에 더 중요하다는 것을 강조하기 위해 **1차집단** (*primary group*) 개념을 발전시켰다. 사람들이 자기감정 (*self-feeling*) 〔사람이 자기자신에 대해 느끼는 감정 — 옮긴이〕과 태도를 형성하는 데는 인격적이고 친밀한 유대가 존재하는 작은 집단들이 가장 중요하다는 것이다.

쿨리는 제임스의 자아에 대한 생각을 다듬고 좁혀서, 자아가 내집단 맥락에서 타자들과의 상징적 소통으로부터 발생한다는 인식을 가져왔다. 그는 자아의 개념을 보다 사회학적으로 만들었고, 그럼으로써 그의 통찰은 조지 허버트 미드에게 깊은 영향을 미쳤다.

3) 존 듀이의 실용주의

존 듀이 (John Dewey, 1859~1952) 는 미시간대학에서 잠시 동안 쿨리의 동료였다. 그러나 그에게 더 중요한 것은 자신이 시카고대학에 데려온 조지 허버트 미드와의 지속적 관계였다. 실용주의 (*pragmatism*) 로 알려진 학파의 주요 주창자로서 듀이는 세계에 대한 인간적 적응과정, 즉 인간들이 자신을 둘러싼 환경 조건의 숙달을 추구하는 끊임없는 과정을 강조했다. 인간의 독특한 특징은 그들이 자기 삶의 조건을 조정하고 적응하는 과정에서 발생한다는 것이 듀이의 결론이다.

듀이에 따르면 인간이 가진 가장 독특한 것은 사유하는 능력 또는 **마음** (*mind*) 이다. 마음은 어떤 구조가 아니라 **하나의 과정**으로, 인간이 그들의 환경에 적응하려는 노력으로부터 출현한다. 듀이에게 마음은 ⓐ 환경 안의 대상들을 표시하고, ⓑ 행위의 잠재적 노선을 확인하고, ⓒ 각각의 노선을 따를 때 일어날 결과를 상상하고, ⓓ 부적절한 반응들을 억제하며, 그리고 ⓔ 적응을 용이하게 하는 행위노선을 선택하는 과정이다. 그러므로 마음은 사유의 과정이며, 심사숙고 (*deliberation*) 를 포함한다.

심사숙고는 경쟁하는 많은 가능한 행위노선들의 (상상 속에서의) 극적 리허설이다. … 가능한 여러 행위노선들이 실제로 어떠할 것인지를 알아내는 실험으로, 선택된 요소들의 다양한 조합들을 만들어내고 … 그 결과로 나온 행위가 실제로 착수된다면 어떠할 것인지 보기 위한 실험이다. 4

마음을 사물이나 실체가 아니라 어떤 적응과정으로 보는 듀이의 개념화는 미드의 사상을 형성하는 데 중요하게 작용했다. 쿨리의 자아 개념에 대한 기여 못지않게, 듀이는 마음이 사회세계 속에서의 상호작용을 통해 생겨나고 유지된다는 것을 보여주었다.

4) 미드 사상에 내재한 실용주의, 다원주의, 행동주의

미드가 자신의 종합을 정식화하기 시작하는 데는 몇몇 광범위한 지적 전통의 수렴이 결정적으로 중요했다. 왜냐하면 그것이 그의 사상이 나아갈 방향에 영향을 준 것으로 보이기 때문이다. 미드는 자신을 **행동주의자**(behaviorist)로 간주했다. 그러나 그는 관찰 가능한 자극과 그런 자극에 대한 관찰 가능한 반응만을 다루기 위해 인간 인지의 블랙박스라는 개념을 배제하는 기계적 자극-반응 유형의 행동주의자는 아니었다. 극단적 행동주의자들에게는 오직 관찰 가능한 것만이 이론화될 수 있다. 미드의 발상 중 상당수는 실제로 존 왓슨(John B. Watson) 같은 저명한 행동주의자들을 논박하려는 의도를 갖고 있었다. 미드는 행동주의의 기본전제, 즉 '강화'(强化)가 행동을 안내하고 지시한다는 견해를 받아들였다(행동주의자들의 주장에 대한 더 상세한 내용은 교환이론의 등장을 다룬 19장을 보라). 그러나 그는 이 원칙을 새로운 방식으로 사용했다. 나아가 초기 행동주의의 방법론적 가정이 인간 마음의 내적 역동을 연구하는 데 부적절하다며 지지하기를 거부하기까지 했다. 제임스, 쿨리, 듀이의 영향은 미드가 강화의 원칙을 개정해 마음과 자아를 고려할 수 있는 방식으로 새로이 만들어낼 수 있게 해주었다.

미드의 종합을 형성한 또 다른 계통의 사상은 듀이와의 접촉을 통해 얻어진 **실용주의**이다. 실용주의는 유기체란 세계의 실제적 조건들에 맞춰 살아가는 실천적 피조물이라고 본다. 행동주의와 더불어 실용주의는 인간의 삶을 바라보는 새로운 방법을 제공했다. 즉, 인간존재는 그들의 실제 조건들에 대처하려고 노력하며, 만족이 얻어지는 행동유형을 학습한다는 것이다. 만족의 가장 중요한 유형은 사회적 맥락들에 대한 적응 또는 조정이다.

이런 논의는 미드의 종합에 관련된 다른 지적 전통인 **다윈주의**(Darwinism)에 의해 지지되었다. 미드는 인간을, 적응할 수 있는 적소를 찾는 유기체로 인식했다. 인간이 역사적으로 진화해온 종이라는 점에서, 그리고 더 중요하게는 사회세계에서 어떤 적소를 발견하고 이 사회적 적소의 조건에 적응하고 조정하려는 존재라는 점에서 이것은 진실이었다. 미드는 행동주의와 실용주의에 몰입해 있었고, 이는 다윈주의 이론의 기본원칙을 개별 인간에게 적용할 수 있게 해주었다. 즉, 유기체의 생존 또는 환경에의 적응을 촉진시키는 것들은 해당 유기체가 갖게 될 행동 레퍼토리 안에 보유된다는 것이다.

이런 방식으로 행동주의, 실용주의, 다윈주의의 원칙들이 혼합돼, 자신을 둘러싼 세계에 적응하려 시도하는 존재로서의 인간, 그리고 자신의 환경에 스스로를 적응시킬 수 있는 행동적 역량들—특히 마음과 자아—을 보유한 존재로서의 인간이라는 이미지가 만들어졌다. 마음, 자아, 그리고 인간이 가진 다른 고유한 특성들은 사회적 환경 안에서 생존하기 위한 노력들로부터 진화해 나온다. 그러므로 그것들은 대처하고 적응하고 조정하면서 궁극적인 만족 또는 강화, 즉 생존을 성취하는 과정에서 생기는 역량들이다. 미드의 분석이 유아 유기체가 사회에 적응하면서 마음과 자아를 획득하는 과정을 강조하는 것은 이런 이유에서다. 그러나 미드가 한 일은 훨씬 더 많다. 그는 사회가 개인들이 가진 마음과 자아의 역량으로부터 생존 가능성을 얻는 방식을 보여주었다. 미드의 관점에서 볼 때, 마음, 자아, 사회의 역량은 긴밀히 연관돼 있다.

5) 조지 허버트 미드의 종합

제임스, 쿨리, 듀이는 상호작용론 발전에 두드러진 역할을 했다. 그러나 그들의 관련 개념들을 모아서 인간 마음의 출현, 사회적 자아 및 사회구조와 사회적 상호작용의 과정을 연결시키는 일관된 이론적 관점을 만든 것은 미드였다.[5] 미드는 두 가지 기본 가정을 가지고 그의 종합을 시작한 것으로 보인다. ① 인간 유기체가 가진 생물학적 취약성이 그들로 하여금 생존을 위해 집단 맥락에서 서로 협력하게 만들고, ② 그들의 협력과 생존 또는 적응을 용이하게 하기 위해 인간 유기체들 사이, 그리고 내부에서 일어나는 행위들은 그 유기체의 행동 레퍼토리의 일부로 보유될 것이다. 미드는 이런 가정들로부터 시작해, 마음, 사회적 자아, 사회가 어떻게 출현하고 상호작용을 통해 유지되는지에 대한 설명을 다른 학자들의 발상들로부터 끌어냈다.

(1) 마음

미드는 듀이가 이끌어간 주장을 따라, 인간 마음의 독특한 특징은 ① 환경 안의 대상들을 표시하기 위해 상징들을 사용하고, ② 이 대상들을 향한 행위의 대안적 노선들을 암암리에 시연하며, ③ 부적절한 행위노선을 억제하고 행위가 표면화되는 적절한 과정을 선택하는 역량들이라고 인식했다. 미드는 듀이의 용어법을 따라, 상징 또는 언어를 암암리에 사용하는 과정을 **상상적 시연**(*imaginative rehearsal*) 과정이라고 불렀는데, 이는 마음을 구조보다 '과정'으로 보는 그의 개념화를 드러낸다. 나아가 미드는 사회의 존재와 유지, 또는 조직된 집단들에서의 협력이 서로를 향한 행위노선들을 상상적으로 시연하여

협력을 쉽게 하는 행동들을 선택하는 인간의 이 역량에 달렸다고 보았다.

미드의 분석 중 많은 부분은 성숙한 유기체의 마음이 아니라, 어떻게 이 능력이 개인들에게서 처음 발달하는가에 초점을 맞추었다. 유아에게 마음이 생기지 않는 한, 자아나 사회도 존재할 수 없다. 행동주의, 다원주의, 실용주의의 원칙에 따라서 미드는, 마음이란 어떤 제스처들이 유아가 생존을 위해 의존하는 사람들에게 호의적인 반응을 일으킴에 따라 처음에는 넓었던 유아의 무작위적 제스처의 범위가 점점 좁혀져가는 선택적 과정으로부터 발생한다고 강조했다. 이 선택, 즉 적응을 용이하게 하는 제스처의 선택은 시행착오를 통해서, 또는 유아가 협력해야 하는 사람들에 의한 의식적 지도를 통해서 일어날 수 있다. 이런 과정들을 통해 제스처는 결국, 유아와 주변환경의 사람들에게 공통된 의미를 갖게 된다. 이런 발전을 거치면서 이제 제스처는 같은 대상을 지시하고, 모든 당사자가 상호작용할 수 있도록 유사한 성향을 담게 된다. 이렇게 공통된 의미를 가지게 된 제스처를 미드는 **관습적 제스처**(*conventional gesture*)라고 부른다. 이런 관습적 제스처는 개인들 사이의 상호작용에 있어 효율성을 증대시킨다. 이는 그것이 인간의 욕망과 욕구의 더 정확한 소통과 행위의 의도된 과정을 가능하게 하여 서로 적응하는 유기체들의 역량을 증대시킬 수 있게 해주기 때문이다.

공통된 의미를 지닌 관습적 제스처를 사용하고 해석하는 능력은 마음, 자아, 사회의 발전에서 중요한 단계를 나타낸다. 제스처를 인식하고 해석함으로써 인간은 이제, 생존을 위해 협력해야 하는 사람들의 관점(성향, 요구, 욕구, 행동경향)을 추

정할 수 있다. 관습적 제스처를 암암리에 읽고 해석함으로써 개인들은 타자들에 대한 적응을 용이하게 해줄 대안적 행위노선들을 상상적으로 시연할 수 있다. 그리하여 스스로를 다른 사람의 자리에 놓아 보고, 또는 미드의 표현을 따르자면 '타자의 역할을 하여 볼' 수 있고, 또는 **역할 취하기**(*role-take*)를 할 수 있어, 행위의 암묵적 시연은 새로운 차원의 효율성에 도달하게 된다. 이는 행위자가 타자에 대한 그들 행동의 결과를 더 잘 측정할 수 있게 되어 협동적 상호작용의 가능성을 증대시킬 수 있기 때문이다.

그러므로 미드는, 한 유기체가 ① 관습적 제스처를 이해할 수 있고, ② 타자의 역할을 취하기 위해 이 제스처를 사용할 수 있으며, ③ 대안적 행위노선을 상상적으로 시연할 수 있는 역량을 발전시킬 때에, 그 유기체가 마음을 위한 행동적 능력을 지니게 된다고 믿었다.

(2) 자아

미드는 제임스와 쿨리를 바탕으로, 인간은 환경 속 다른 행위자를 상징적으로 가리킬 수 있는 것처럼 스스로를 대상으로서 상징적으로 재현할 수 있다고 강조했다. 관습적 제스처의 해석은 상호작용의 정상적 과정 중에 인간적 협력을 쉽게 할 뿐만 아니라, 자신에 대한 평가 및 검토의 기초가 돼 주기도 한다. 스스로의 이미지를 상호작용 안의 평가대상으로 끌어낼 수 있는 이 역량은 관습적 제스처를 사용하고, 타자의 역할을 취하며, 행동의 대안적 노선들을 암암리에 평가하는 마음의 행동적 역량에 의존한다.

쿨리의 주장을 따라 미드는, 각각의 상호작용 상황에서 구체적 타자들로부터 도출된 일시적인 **자아 이미지들**(*self-images*)이 인간 성숙에 따라 점점 결정화되어 결국 자기를 특정한 유형 대상으로 보는 **자아 개념**(*self-conception*)으로 이어진다고 강조했다. 이 자아 개념과 더불어 개인의 행동들은 일관성을 갖게 된다. 그 행위들이 비로소 일관되고 안정된 일련의 태도들, 성향들, 또는 일정 유형의 사람으로서의 **자기자신에 관한**(*about oneself*) 의미들에 의해 중재되기 때문이다.

미드는 자아발달의 3단계를 강조했다. 각 단계는 개인이 역할 취하기로부터 끌어낼 수 있는 일시적 자아 이미지의 종류에서 나타나는 변화뿐만 아니라, 좀더 안정된 자아 개념의 증대하는 결정화(*crystallization*)를 나타낸다. 자아 이미지가 도출될 수 있는 역할 취하기의 최초 단계는 **놀이**(*play*)라고 명명되었다. 놀이에서 유아 유기체는 제한된 수(처음엔 단 1명 또는 2명)의 타자의 시각만을 취할 수 있다. 나중에 생물학적 성숙과 역할 취하기의 실천 덕분에 좀더 성숙한 유기체는, 조직된 활동에 관여하는 몇몇 타자들의 역할을 취해 볼 수 있게 된다. 미드는 이 단계를 **게임**이라고 명명했다. 어떤 조율된 활동에 관여하는 개인들의 집단으로부터 다중적 자아 이미지들을 끌어내고 그들과 협력할 수 있는 역량을 가리키기 때문이다(미드는 야구게임의 예를 들어 이 단계를 묘사했는데, 야구에서 모든 개인은 팀 내 모든 사람의 역할을 상징적으로 취해 볼 수 있어야 게임에 효과적으로 참여할 수 있다). 자아발달의 마지막 단계는 개인이 **일반화된 타자의 역할 취하기**(*take the role of the generalized other*), 또는 한 사회 안에서 명백한 '태도들의 공동체'의 역할 취하기를 할 수 있을 때 일어난다. 이 단계에서 개인들은 한 공동체의 전반적 관점 또는 일반적 신념들, 가치들, 규범들을 취할 수 있다. 이것은 인간이 ① 자신이 상호작용해야 하는 타자에 대한 대응의 적절성을 증대시키고, ② 자신의 평가적 자아 이미지를 구체적 타자의 기대로부터 더 넓은 공동체의 표준 또는 시각으로 확장할 수 있게 됨을 의미한다. 즉, 자아발달의 각 단계는 역할을 취할 타자의 무리가 지속적으로 확장되는 가운데 그들의 역할을 취할 수 있는 역량의 증가로 표시된다.

(3) 사 회

미드는 사회나 제도가 다양한 개인들 사이에 조직되고 유형화된 상호작용을 재현한다고 믿었다.[6] 상호작용의 조직은 마음의 행동적 능력에 의존한다. 개인은 역할을 취하고 활동의 대안적 노선을 상상적으로 시연할 수 있는 능력 없이 그들의 활동을 조율할 수 없다. 그런 역할 취하기의 즉각적 효과는 개인이 그들의 반응에 행사할 수 있는 **통제**(control)에 있다. 개인의 행동에 대한 사회적 통제는 역할 취하기를 통해서 그의 행동적 역량 안에서 일어날 수 있다. 그러므로 가장 효과적인 사회통제는 자기통제이다. 개인은 조직된 사회적 맥락 속에서 타자들의 역할뿐 아니라 일반화된 타자의 역할까지 취하면서, 그렇게 수집된 정보를 사용해 자기통제와 자기평가에 관여하기 때문이다.[7]

이런 자기통제 과정은 사회가 — 미드가 명명한 바에 따르면 사회적 조직의 유형이 — 자아의 역량들에, 특히 일반화된 타자의 관점에서 스스로를 평가하는 과정에 의존한다는 사실을 부각시킨다. 만일 이렇게 태도 공동체의 눈으로 자신을 대상으로 바라보고 평가하는 능력이 없었다면, 사회적 통제는 눈앞에 있는 구체적 타자의 역할 취하기로부터 나오는 자아평가에만 의존했을 것이다. 좀더 큰 집단 사이에서 일어나는 다양한 활동을 조율하는 것이 극히 어렵게 되었을 것이다.[8]

미드의 주된 관심은 마음과 자아의 역량에 의해 어떻게 사회와 그 제도가 유지되고 영속하는가였다. 그러나 이 개념은 또한 그가 사회를 끊임없이 유동하고 잠재적 변화로 가득 찬 것으로 볼 수 있게 했다. 역할 취하기와 상상적 시연은 어떤 상호작용 상황이든 거기에 참여한 사람들 사이에서는 늘 진행 중인 과정이며, 개인들에게 그들의 반응을 조정 및 재조정할 기회를 준다. 상호작용 과정에 대상으로서의 자아를 끼워넣음으로써 미드는, 자아 개념이 최초의 제스처 판독으로부터 이어지는 대안적 행위노선의 시연을 어떻게 바꿔 놓느냐에 따라 상호작용의 결과물이 영향을 받는다는 것을 부각시켰다. 이런 관점은 사회적 조직이 마음의 적응적 역량들과 자아의 중재적 영향을 통해 영속하고 또 바뀐다는 것을 강조한다.

그러므로 사회제도란 집단 또는 사회 활동의 조직화된 형태들이다. 사회의 개별 구성원이 이 활동에 대한 타자들의 태도를 취함으로써 적절하고 사회적으로 행동할 수 있도록 조직된 형태 말이다. … 사회조직이 억압적이거나 완강하게 보수적이어야 할, 다른 말로 한다면 (많은 조직이 실제로 그러하듯이) 유연하고 진보적이며 개별성을 좌절시키기보다는 오히려 길러 주는 그런 것이 되어서는 안 될, 필연적인 또는 불가피한 이유는 없다.[9]

이 단락은 미드가 사회조직의 엄격하고 억압적인 유형에 대해 지속적으로 불만을 가졌음을 드러낸다. 그는 사회를 개인 간의 협력적 상호작용으로부터 발생하는, 구성된 현상으로 보았다. 사회가 그런 것인 한, 사회는 마음과 자아의 개념에 의해 표시되는 과정을 통해 바뀌거나 재구성될 수 있다. 그러나 미드는 여기서 한 걸음 더 나아가, 그런 변화는 변화를 야기하는 행동을 분출하는 사람들에게조차 종종 예측 불가능함을 강조했다. 이런 행동의 비결정성(非決定性)을 설명하기 위해 미드는, 제임스가 처음 발전시킨 두 개념, 즉 **주체인 나**(*I*)와 **대상인 나**(*Me*)라는 개념을 사용했다.[10] 미드에게 있어 **주체인 나**는 개인들이 갖는 충동적 경향을 가리키고, **대상인 나**는 그것이 배출된 후 행동에 대한 자아 이미지를 나타낸다. 이러한 개념을 통해 미드가 강조하는 것은, **주체인 나** 또는 충동적 행동은 완전히 예측할 수 없다는 점이다. 왜냐하면 개인은 **주체인 나**의 결과가 무엇인지, 실제로 배출된 것이 무엇인지를 오직 '경험 안에서만 알 수 있기 때문이다(**대상인 나**).' 결과적으로 상호작용은 I-Me 교환의 지속적 과정이기도 하다. 즉, 개인들이 행동하고(*I*), 자기가 한 일에 대한 피드백을 얻고(*Me*), 자기 자아와 마음의 역량들을 통해 얻어진 이 피드백을 바탕으로 행동적 적응을 하고(*I*), 이러한 적응들의 효과에 대해 더 많은 피드백을 얻으며(*Me*), 그 결과 다시 더 심화된 행동적 적응을 하는(*I*) 식으로 I-Me 상호작용 순환이 일어나는데, 이 순환은 상호작용 동안에 그리고 종종 그것이 끝난 뒤에도 사람들의 사유 속에서 지속된다. 그러므로 인간은 이런 I-Me 순환들에 매어 있는 존재다. 그것들은 마음, 자아, 사회에 내재된 과정들의 일부이다.

요약하자면, 미드는 사회가 행위자 사이에서 그리고 행위자 내에서 상징적 상호작용으로 유지되고 변화되는 조율된 활동의 구성된 유형을 재현한다고 믿는다. 사회의 유지와 변화는 둘 다 마음과 자아의 과정들을 통해 일어난다. 미드는 집단 내에 안정성과 변화 둘 다를 일으키는 많은 상호작용을 예측 가능한 것으로 여겼지만, 기존의 상호작용 패턴을 변경하는 자발적이고 예측 불가능한 행위들의 가능성에 대해서도 열어 두었다.

미드의 이 개념적 유산은 그의 1934년 강연록인 《마음, 자아, 사회》(*Mind, Self, and Society*)가 그의 사후 출판되기도 전에 이미, 한 세대의 미국 사회학자들에게 깊은 영향을 끼쳤다. 그러나 미드의 개념에 담긴 여러 함의들과 제안에도 불구하고 사회학자들은 몇몇 중요한 이론적 이슈들을 다루는 데 실패했다. 그중 가장 중요한 것은 사회조직 또는 사회의 본성에 대해, 그리고 사회와 개인세계(*the individual*)가 접목되는 정확한 지점에 대해 미드가 제시한 개념의 모호성에 관한 이슈다. 미드는 사회를 일반화된 타자에 의해 규제되는 조직된 활동으로 보았고, 그 안에서 개인이 적응하고 서로 협력한다고 보았다. 이런 적응과 협력은 마음과 자아의 능력 덕분에 가능해지는 것으로 간주된다. 마음과 자아가 사회조직의 기존 유형에서 출현하는 것이기는 하지만, 그런 조직의 유지 또는 변화 역시 마음과 자아의 과정을 반영한다고 미드는 보았다. 그러나 그는 구조란 무엇인가에 대한 개념화를 잘 발전시키지 않았고, 그의 발상이 사회구조의 속성을 전부 포착한 것도 아니었다. 더 거시적인 사회문화적 구성체에 대한 것뿐만 아니라 미시수준의 대면적 상호작용에서 대해서도 말이다. 따라서 다른 미국 학자들이 구조라는 개념을, 미드의 위대한 종합이 제공한 것보다 조금은 더 정밀하게 만들어 보고자 한 것은 그리 놀라운 일이 아니다.

6) 구조를 개념화하기

미드의 종합은 최초의 개념적 돌파구를 제공했지만, 사회의 구조에 참여하는 것이 어떻게 개인의 행위(conduct)를 형성하는지 또 어떻게 개인 행위의 형성이 사회구조에 참여하는 것이 될 수 있는지라는 문제를 만족스럽게 해결하지는 못했다. 이 모호성을 해결하기 위해 노력하면서 사회학적 탐구는 **역할**의 개념에 초점을 맞추기 시작했다. 개인은 보다 규모가 큰 네트워크 안에서, 위치(position)와 연관된 역할을 수행하는 것으로 간주되었다. 1920년대와 1930년대에 이러한 비전을 갖고 사회구조에 대해서 그리고 개인이 거기에 연루되는 방식에 대해서 더 잘 이해하려는 노력이 강하게 일어났다. 이런 탐구방식은 나중에 **역할이론**(role theory)으로 알려졌다.

(1) 로버트 파크의 역할이론
미드의 경력이 끝나갈 무렵 시카고대학에 온 로버트 파크(Robert Park)는 역할에 대한 미드의 발상을 확장한 최초의 사람 중 하나였다. 파크가 관찰했듯이, "모든 사람은 언제나 어디서나, 다소 의식적으로 역할을 수행한다."[11] 파크는 역할이 사회 안의 구조적 위치와 연관돼 있고, 자아는 사회구조의 경계 안에서 일어나는 역할수행과 밀접하게

연관돼 있다고 강조했다.

———

사람들이 스스로에 대해 형성하는 개념화들은 자신의 직업(또는 사명, vocation)에, 일반적으로는 그들이 자신이 살고 있는 공동체와 사회집단에서 수행하려는 역할, 그리고 사회가 이 역할 속의 그들에게 허용하는 지위와 인정에 달린 것으로 보인다. 개인에게 한 사람으로서의 특성을 부여하는 것은 지위, 즉 공동체에 의한 인정이다. 왜냐하면 한 사람은, 반드시 법적이지는 않지만 그러나 사회적인, 그런 지위를 가진 한 개인이기 때문이다.[12]

———

파크의 분석은 자아가 사람이 수행하는 복수적 역할에서 출현한다고 강조했다.[13] 다시 한 번 말하자면, 역할은 사회구조 속에서의 위치와 관련 있다. 이런 종류의 분석은 사회의 본성과 구조가 미드가 요약한 과정들에 영향을 미치는 방식에로 관심사를 이동시켰다.

(2) 제이콥 모레노의 역할이론
제이콥 모레노(Jacob Moreno)는 미국으로 이주해 **역할수행**(role playing) 개념을 처음으로 개발한 사람 중 하나였다. 그는 미드의 역할 취하기 개념과 유럽에서 자신이 했던 선행연구에서 부분적으로 영감을 얻었다. 저서 《누가 살아남을 것인가?》와 자신이 미국에서 창간한 저널의 많은 저술에서 모레노는, 사회조직이란 행동을 제한하고 어떤 방향으로 흐르도록 하는 역할의 네트워크라고 보았다.[14] 초기 저작에서 모레노는 상이한 역할유형을 다음과 같이 구분했다.

① **심신적 역할**(*psychosomatic role*)：이 역할에서 일어나는 행동은 기본적인 생물학적 욕구와 관련되고, 문화에 의해 조건지어지며, 보통은 무의식적으로 상연된다.

② **심리극적 역할**(*psychodramatic role*)：이 역할에서 개인은 특정한 사회적 맥락의 구체적 기대들에 맞춰 행동한다.

③ **사회적 역할**(*social role*)：이 역할에서 개인들은 (예컨대 노동자, 기독교인, 어머니, 아버지와 같은) 다양한 관습적 사회적 범주의 보다 일반적인 기대들에 따른다.

이런 구분은 상당히 시사적이었지만, 그 중요성은 실질적 내용보다는 의도에서 나왔다. 즉, 사회구조를 개인에 의한 다양한 역할상연이 필요한 기대의 조직된 네트워크로 개념화하려는 의도 그 자체가 중요했다는 것이다. 이를 통해 일반화된 타자에 의해 규제되는 조율 활동이라는 모호한 미드류의 개념화를 넘어서서, 사회조직을 다양한 유형의 기대에 의해 규제되는 다양한 유형의 상호연관된 역할의 상연으로 개념화할 수 있게 되었다.

(3) 랄프 린튼의 역할이론

모레노의 《누가 살아남을 것인가?》 출간된 직후, 인류학자 랄프 린튼(Ralph Linton)은 **역할**(*role*), **지위**(*status*), **개인**(*individual*)의 개념 구분을 제시함으로써 사회조직의 본성과 개인들의 사회조직에의 착근성을 좀더 심도 있게 개념화했다.

지위란 단순하게 권리들과 의미들의 집합이며, 그것을 점유할 수 있는 개인과는 구분된다. … 역할은 지위의 역동적 측면을 표상한다. 개인은 어떤 지위에 사회적으로 배정되고, 다른 지위와의 관련 속에서 그 지위를 차지한다. 그가 그 지위를 구성하는 권리와 의무를 이행할 때에, 그는 어떤 역할을 수행하고 있는 것이다. [15]

이 구절에는 몇 가지 중요한 개념적 구분이 포함되어 있다. 사회구조는 몇 개의 구별되는 요소를 갖는 것으로 나타난다. ① 지위 위치(*status position*) 네트워크, ② 그에 상응하여 이 위치들에 부착된 기대 체계, 그리고 ③ 특정한 상호관련된 위치들의 네트워크의 기대를 충족시키기 위해 상연되는 일련의 개인적 행동 등이 그것이다. 이런 구분은 너무 자명해서 사소한 것처럼 보일지 모른다. 하지만 되돌아보면, 바로 이 구분이야말로 뒤이은 상호작용론 개념의 정교화를 가능하게 했던 기반이 있다.

① 린튼의 구분은 우리가 사회를 명확한 변수로 개념화할 수 있게 해준다. 즉, 위치들 사이에 존재하는 상호연관성의 본성과 종류들, 그리고 이런 위치들에 따르는 기대의 유형들이 그것이다.

② 미드가 마음과 자아라는 개념으로 가리킨 변수는 사회구조(지위 위치와 기대)와 행동(역할상연) 둘 다와 분석적으로 구별될 수 있다.

③ 역할 취하기와 상상적 시연 과정을 사회구조 및 행동, 둘 다로부터 개념적으로 분리함으로써, 사회와 개인세계 사이의 접목지점이 좀더 명확하게 표시될 수 있다. 역할 취하기는 지위의 네트워크

에 부착된 기대를 해석하는 과정을 가리키고, 역할은 자아로 매개된 이러한 기대의 상연을 가리키기 때문이다.

———

파크, 모레노, 린튼은 사회조직의 본성에 대해 더 많은 개념적 통찰을 제공함으로써, 미드의 시사적 개념에 필요했던 보완을 제공했다. 그리하여 비로소 마음, 자아, 그리고 사회 사이의 상호연관성에 대해 좀더 정확하게 이해하는 것이 가능해졌다.

3. 유럽의 초기 통찰

1) 게오르크 짐멜의 상호작용 분석

게오르크 짐멜(Georg Simmel)은 상호작용 또는 **사회성**(sociability)에 대해 진지하게 탐구하기 시작한 최초의 유럽 사회학자였다. 그는 상호작용에 대한 연구를 당연의 세계로부터 끌어올렸다.[16] 시카고대학에 있던 미국 사회학자 1세대와 마찬가지로 짐멜 역시, 기능주의 이론과 (계급, 국가, 가족, 종교, 진화에 관한) 일부 갈등이론이 다른 거시구조와 과정이란 결국 사람들 사이의 구체적 상호작용의 반영이라고 보았다. 이 상호작용이 출현시키는 사회현상은 여러 가지지만, 이렇게 출현하는 현상들에 대한 사려 깊은 통찰은 이 현상들을 존재하게 하고 유지하는 기본적 상호작용 과정에 대한 이해를 통해 얻어질 수 있다는 것이다.

10장에 갈등의 형태에 관한 짐멜의 분석이 (그리고 19장에는 그의 교환이론이) 요약돼 있다. 그러나 짐멜의 상호작용 연구는 단지 갈등과 교환에 대한 분석에 머무르지 않고 확장된다. 그는 수많은 상호작용의 다양한 유형이 갖는 형태와 결과를 이해하는 데도 관심이 있었다. 그의 가장 중요한 통찰 중 몇 가지는 개인과 사회의 관계에 관한 것이었고, 이것이 미국 상호작용론자들에게 영향을 주었다. 예를 들어 짐멜은 《집단 제휴망》(The Web of Group Affiliations)이라는 유명한 에세이에서, 인간의 인성(personality)이란 그 사람이 소속된 집단이 가진 특정한 배열에서 나오고 형성되는 것이라고 강조했다.[17] 각자가 어떤 사람인가라는 것 — 즉, 그들이 어떤 방식으로 스스로를 생각하고 어떻게 행위할 준비가 되어 있는지 — 은 그들의 집단 멤버십에 의해 특징지어진다. 그가 강조했듯이 "인성은 무수한 사회적 영향의 교차점에서, 즉 최고로 다양한 집단과 적응기간으로부터 나오는 최종 결과물로서 발생한다."[18]

짐멜이 인간 인성의 출현을 아주 상세히 분석하지는 않았다. 하지만 그의 형식사회학은 분명 초창기 독일, 프랑스, 영국 사회학자들이 가졌던 거시적 관심에서 벗어난 것이었다. 그는 1세대 미국 사회학자들의 주요 관심사가 된 분석의 양식을 유럽에서 시작했다. 이로 인해 짐멜은 최초의 유럽 상호작용론자들 중 한 명으로 간주된다.

2) 에밀 뒤르켐의 변형

《사회분업론》에서 에밀 뒤르켐은 사회적 실재를, 개인의 심적 상태로 환원될 수 없는 독특한 출현적 현상으로 그려냈다. 그러나 《종교생활의 원초적 형태》와 같은 그의 후기 작업에서 뒤르켐은 다음과 같은 질문을 던졌다. 사회는 개인을 어떻게 지배하는가? 사회가 개인 '내면에 들어가서' 안으로부터 사람을 인도하는 것은 어떤 방식으로 일어나는가? 사람은 왜 공통의 지향과 관점을 공유하는가?[19] 뒤르켐은 이런 질문에 효과적으로 대답하지 못했다. 왜냐하면 사회구조에 대한 그의 초기 강조가 거시적 사회구조에 연루된 개인들 사이의 상호작용이 갖는 미시적 실재를 보지 못하게 막았기 때문이다. 그러나 중요한 것은 사회학적 입장, 즉 사회학의 주제는 개인의 심리로 환원될 수 없다는 입장의 가장 강력한 주창자가 개인과 사회의 관계에 흥미를 갖게 되었다는 점이다. 상호작용론적 사유에서 결정적으로 중요한 노선 두 개가 《종교생활의 원초적 형태》에서 등장했다. ① 의례에 대한 분석, ② 사유의 범주에 대한 관심이 그것이다. 이를 요약하면 각각 다음과 같다.

① 뒤르켐은 사회적 연대의 궁극적 기초에 관심을 가지면서 단순사회의 종교에 대한 분석으로 돌아섰다. 그는 《종교생활의 원초적 형태》에서 호주 원주민들에 대한 2차자료를 읽어낸 끝에, 종교적 숭배는 실제로는 사회에 대한 숭배, 즉 구성원을 구속하고 또 의례를 상연함으로써 감정적으로 충전되는 사회의 힘에 성스러움을 부여함으로써 유지되는 숭배라고 결론 내렸다. 그리하여 뒤르켐은 연대를 창조하고 유지하는 기본적 행동 메커니즘은, 사람의 관심을 집중시키고, 감정을 불러일으키며, 연대에 대한 공통된 감각을 만들어내는 의례의 상연이라고 주장했다. 뒤르켐은 이 통찰이 상호작용 연구에 대해 갖는 함의를 찾아보려 하지 않았지만, 이후의 이론가들은 사람들 사이의 의례가 상호작용 패턴을 만들고 유지하는 핵심 메커니즘임을 인

식하기 시작했다. 나아가 몇몇 사람은 거시구조의 궁극적 기초는 상호작용 의례의 연쇄라고 단언하기까지 했다. 이 노선의 논의는 나중에 현대 미국 이론가들에 의해 추구된다.[20]

② 《종교생활의 원초적 형태》 전반에 걸쳐 발견되는바 인간(the human)이 사용하는 범주들(categories)에 대한 관심 또한 당대 사회이론에 영향을 미쳤다. 뒤르켐은 '집합의식'이란 '전적으로 우리 외부에 있는 것'이 아니며, 사람들의 상황정의와 상황에 대한 주관적 의식성의 조직과 관련된다고 강조했다. 그러나 이 의식성 범주들은 사회구조적 배열을 반영한다. 그러므로 세계에 대한 서로 다른 형태의 사유와 지각을 생성하는 것은 다양한 거시구조들이다. 이런 사유와 지각의 형태가 사회구조를 피드백하고 강화한다.

첫 번째 사고 노선이 상호작용론적 사상에 상당한 영향을 끼친 반면, 두 번째 노선은 많은 구조주의(structuralist) 사회이론의 핵심적 발상을 형성했다(구조주의를 다룬 6부의 장들을 보라). 의례와 사유 범주들에 대한 뒤르켐의 발상은 거시 과정에 대한 그의 초기 연구에서는 엄밀하게도 체계적으로도 발전되지 않았다(기능주의의 등장에 관한 2장을 보라). 하지만 이것이야말로 아마도 뒤르켐의 발상 중 가장 독창적인 것이었다.

3) 막스 베버의 '사회적 행위' 분석

막스 베버가 자신의 경력 후반기로 갈수록 점점 더 미시적 사회세계에 관심을 갖게 되었다 할지라도, 그의 가장 중요한 통찰은 거시적이고 역사적인 사회학에 속했다. 그러나 사회학이란 무엇인가에 대

한 그의 정의는 번성했던 미국의 상호작용론 학파와 잘 양립할 수 있었다. 베버에게 사회학은 "사회적 행동의 원인, 과정, 효과에 대한 설명을 얻기 위하여 그것의 해석적 이해를 목표로 삼는 과학"이었다.[21] 베버는 사회학이 연구해야 할 행동이란 다음과 같은 것을 포함하는 사회적 행위(social action)라고 보았다.

———

행위하는 개인이 그것에 주관적 의미를 부여하는 모든 인간행동. 이런 의미에서 행위는 겉으로 드러나거나, 순수하게 내면적이거나, 주관적일 수 있다. 즉, 그것은 어떤 상황에 대한 긍정적 개입, 그러한 개입을 고의적으로 억제하는 것, 또는 그 상황 안에서 수동적으로 묵인하는 것으로 구성될 수 있다. 행위는 사회적이다. 행위하는 개인 또는 개인들이 그것에 붙인 주관적 의미 덕분에 그 행위가 타자들의 행동에 주의를 기울이고 그럼으로써 행동들의 흐름을 지향하게 되는 한에서 말이다.[22]

———

베버는 사회의 거시구조(계급, 국가, 제도, 민족) 뒤에 있는 실재가 사람들 사이의 미시수준 상호작용에 의해 건설되고, 재생산되고, 변화한다는 것을 인식했다. 더욱이 베버의 방법론은 거시구조들과 과정들을 '의미 수준'에서 이해하는 것이 필요함을 강조한다. 현실세계에서 행위자는 주변의 실재를 해석하고 의미를 부여하며 이러한 의미에 기초하여 행동한다. 그러나 이 핵심적 통찰에도 불구하고, 베버가 사회구조(계급, 지위, 정당, 변화, 종교, 관료제 등)에 대해 행한 실제 분석은 그 자신의 방법론적 처방을 거의 따르지 않는다. 다른 유럽 사상가들과 마찬가지로 그는 사회적이고 문화적인 구조와 이 구조들의 서로에 대한 영향에 초점을 맞추는 경향이 있었다. 역사적 사건의 구조에 대한 베버의 분석과 정교한 분류 속에서, 상호작용하고 해석하는 사람은 종종 길을 잃는다. 이러한 실패가 알프레드 슈츠의 주목을 끌었다. 슈츠는 다른 어떤 유럽의 사상가보다도 더, 현상학을 상호작용론에 통합될 수 있는 관점으로 바꾼 인물이다.

4) 유럽의 현상학

현상학은 독일의 철학자 에드문트 후설(Edmund Husserl, 1859~1938)의 프로젝트에서 시작되었다.[23] 그의 손에서 이 프로젝트는 주관주의에 대한 열중에 그치는 경향이 있었다.[24] 후설의 개념을 취해서 오늘날 상호작용론에 상당한 영향을 끼친 상호작용론적 분석으로 번역한 것은 독일 사회사상가 알프레드 슈츠였다. 이러한 번역은 슈츠가 1939년에 미국으로 건너가 미국의 상호작용론과 접촉했기 때문에 특히 용이해진 면이 있지만. 사실 그의 가장 중요한 발상은 이민 이전에 형성되었다. 미국에서 이어진 그의 작업은 유럽에서 발전시킨 기본적 발상을 정교화시킨 것으로 볼 수 있다.

(1) 에드문트 후설의 프로젝트

후설의 발상은 그가 용인하지 않았을 방식으로 선택적으로 차용되어 현대 현상학 및 다양한 형태의 상호작용론 사상 발전에 사용되었다. 그러므로 후설의 기여를 검토할 때는 그의 완벽한 철학적 도식을 자세히 살펴보기보다 오히려 그의 발상이 어떻게 차용되었는가에 초점을 맞추는 것이 최선이다.

이 목표를 염두에 두고 보면, 그의 저서에서 몇 가지 특징을 강조할 수 있다. ① 기본적인 철학적 딜레마, ② 의식의 속성, ③ 자연주의적 경험주의 비판, ④ 사회과학에 대한 철학적 대안 등이 그것이다.[25] 간략히 요약하면 다음과 같다.

① 모든 탐구가 직면하는 근본 질문은 다음과 같다. 무엇이 실재적인가? 세계에 실제로 존재하는 것은 무엇인가? 무엇이 존재하는지 어떻게 알 수 있는가? 철학자 후설에게, 이것은 주목을 요하는 중심질문이다. 후설은 세계에 대해 인간이 알게 되는 것은 오직 경험을 통해서라고 추론했다. '저기 어딘가에 있는' 외부세계에 대한 모든 생각은 감각을 통해 매개되며, 정신적 의식을 통해서만 알 수 있다. 타자, 가치, 규범 및 물리적 대상의 존재는 항상 경험에 의해 매개됨으로써 사람의 의식적 앎에 등록된다. 사람은 실재와 직접 접촉하지 않는다. 접촉은 항상 간접적이며, 인간 마음의 과정을 통해 매개된다.

의식의 과정이 앎에 있어서 그토록 중요하고 중심적이기 때문에, 철학적 탐구는 우선 이 과정이 어떻게 작동하며 어떻게 인간사에 영향을 미치는지 이해하려고 시도해야 한다. 의식의 과정 — 또는 경험이 외부세계에 대한 감각을 창조하는 방법 — 에 대한 이 관심이 현상학의 중심적 관심사가 되었다.

② 후설이 처음에 언급한 것은 '자연적 태도의 세계'(*world of the natural attitude*)였지만, 나중에는 **생활세계**(*life world*)라는 말을 사용했다. 어느 쪽이든 이 개념을 갖고 그가 강조한 것은, 인간은 자신의 정신적 삶에 스며든 당연시된 세계 안에서 움직

인다는 것이다. 당연시된 세계란 존재한다고 인간이 느끼는 세계다. 그것은 사람들이 자신의 존재, 활동, 추구에 대한 매개변수들을 설정하는 것으로 보고 느끼는 대상, 사람, 장소, 발상 및 그 밖의 것으로 구성된다.

인간에게 있어 실재는 이 생활세계 또는 자연적 태도의 세계다. 자연적 태도에 대한 후설의 이러한 개념화는 다음 두 가지 점에서 현대 상호작용론적 사상에 영향을 미쳤다. ⓐ 생활세계는 당연하게 여겨진다. 그것은 성찰적 사유의 주제가 되는 일이 드물지만, 사람들이 행위하고 사유하는 방식을 구조화하고 형성한다. ⓑ 인간은 그들이 같은 세계를 경험한다는 전제 위에서 작동한다. 사람은 오직 자기자신의 의식만 경험하기 때문에, 이 전제가 옳은지 아닌지 직접적으로 결론 내릴 역량은 거의 없다. 그러나 사람은 마치 그들이 공통된 세계를 경험하는 것처럼 행동한다.

인간활동은 이렇게 당연시되고 집합적으로 경험된다고 전제된 생활세계 안에서 이뤄진다. 이것은 후설을 그의 원래 문제로 돌아가게 했다. 인간은 어떻게 자신의 생활세계를 깨고 나와 실재가 무엇인지 확인할 수 있는가? 만약 사람의 생활세계가 그의 의식과 행동을 구조화한다면, 어떻게 인간행동과 조직에 대한 객관적 과학이 가능할 것인가? 이 질문이 후설을 그가 자연주의 과학이라고 부른 것에 대한 비판으로 이끌었다.

③ 과학은 인간의 감각과 의식에 독립적이며 외재적인 사실세계(*factual world*)가 존재하며, 이 사실세계는 과학적 방법을 통해 직접적으로 알려질 수 있다고 가정한다. 사실세계의 특성에 대한 이해는 그것을 측정하려는 지속적 노력으로 확실히

증가했다. 그러나 후설은 이러한 과학의 비전에 도전했다. 우리가 그것을 알 수 있는 것은 오직 의식을 통해서이고, 의식이 맹목적인 생활세계에 의해 구조화된다면, 외부적이고 실재적인 세계에 대한 객관적 측정이란 어떻게 가능할 것인가? 개인이 경험하는 유일한 세계가 그들 의식의 생활세계일 때, 과학은 어떻게 외부세계를 객관적으로 측정할 수 있을까?

④ 이 문제에 대한 후설의 해결책은 철학적인 것이다. 그는 이른바 **의식의 본질**(essence of conscious-ness)에 대한 연구를 옹호했다. 사회적 사건을 이해하기 위해서는, 이러한 사건이 매개되는 기본 과정, 즉 의식을 이해해야 한다. 의식의 실질적 내용 또는 생활세계가 중요한 것이 아니다. 오히려 의식의 추상적 속성 자체가 철학적 탐구의 주제가 되어야 한다.

후설은 상호인격적 경험에서 비롯된 **개인의 근본적 추상**(radical abstraction of the individual)이라고 자신이 명명한 것을 주장했다. 연구자는 자신의 자연적 태도를 멈추고, 의식 그 자체의 근본적 과정 자체를 이해하도록 해야 한다. 우리는 후설의 용어로 '순수한 마음'(Pure Mind)을 찾아야만 한다. 그리고 이렇게 하기 위해서는 '판단중지'(epoch)를 수행하는 것이 필수적이다. 즉, 자신의 생활세계의 실체가 일시 중지될 수 있는지 확인해야 한다. 의식의 근본적이고 추상적인 속성은 생활세계의 실체와 분리되었을 때만 노출되고 이해될 수 있다. 실재의 본성에 대한 진정한 통찰은 이런 속성에 대한 이해와 더불어 가능해진다. 인간의 모든 앎이 의식을 통해 제시되는 한, 생활세계에서의 구체적 실체

또는 내용으로부터 추상해낸 의식의 본성을 이해하는 것이 필수적이다.

후설은 베버의 '이해'(verstehen) 방법이나, 연구자 자신의 마음에 대한 공감적 내성(sympathetic introspection)을 옹호하지 않았다. 사람들이 가진 상황정의에 대한 비구조화되고 직관적인 연구를 제안하지도 않았다. 후설은 이러한 방법이 생산하는 것은 생활세계의 실체에 관한 자료일 뿐이며, 따라서 실증주의의 구조화된 측정도구와 다를 바 없다고 주장했다. 후설의 목표는 오히려 '저기 어딘가에 있는 외부적 사회세계'에 대한 그 어떤 전제도 괄호로 묶어 배제해 버리는, 즉 중지시키는, 의식에 대한 추상적 이론을 만드는 것이었다. 후설의 철학적 이론이 실패한 것은 놀라운 일이 아니다. 그는 생활세계로부터 근본적으로 추상된 의식에 대한 추상적 이론을 발전시키는 데 결코 성공하지 못했다. 그러나 그의 발상이 조성한 새로운 사유의 노선은 현대 현상학의 기초가 됐으며, 민속방법론과 그 외 다른 이론들의 정교화에 토대를 제공했다.

(2) 알프레드 슈츠의 현상학적 상호작용론

알프레드 슈츠(Alfred Schutz, 1899~1959)는 원래 오스트리아 사람이지만, 파리에서 1년을 보낸 뒤 1939년 미국으로 이주했다. 사회학적 이론화에 대한 슈츠의 기여는 그가 미국의 지식인 서클과 교류하고 그의 초기 저작이 영어로 번역되면서 점차 인정받았다.[26] 그의 기여는 후설의 발본적 현상학과 베버의 행위이론, 그리고 미국의 상호작용론(16장)을 솜씨 좋게 혼합한 데 있다. 이 혼합은 현상학의 추가적 발전, 민속방법론의 출현(18장), 그 외 다른 상호작용론적 관점의 정교화를 차례차례 자극했다.

슈츠의 연구는 같은 나라 사람인 베버에 대한 비판으로 시작되었다. 베버는 자신이 행한 많고 다양한 조사에서 사회적 행위라는 개념을 채택했다.[27] 사회적 행위는 행위자들이 서로를 의식적으로 인식하고 그들의 공통 상황에 의미를 부여할 때 일어난다. 그러므로 베버에게 있어 사회에 대한 과학이란 사회적 실재를 '의미 수준에서' 이해하고자 하는 것이었다. 사회학적 탐구는 사람의 의식을 파고들어, 그들이 어떻게 세상을 바라보고 정의하는지 밝혀내야 한다. 베버는 이해의 방법 또는 공감적 내성의 방법을 지지했다. 연구자는 행위자의 주관적 세계 안으로 들어갈 수 있기 위해 상황들에 충분히 연루돼야 한다. 이런 이해적인 분석 없이는, 복잡한 사회적 구조에 대한 인과적이고 통계적인 분석은 불완전하고 부정확할 것이다.

슈츠의 첫 번째 주요저작은 베버의 행위 개념을 다루었다. 슈츠의 분석은 비평적이고 상세하며, 여기서 요약할 필요는 없다. 다만, 그의 기본적 비판이 베버가 자기가 제안한 이해의 방법을 사용해서 **왜 그리고 어떤 과정을 통해** 행위자가 공통의 의미를 공유하게 되는지를 탐구하는 데 실패했다는 것에 대한 것이었음을 지적해 두고자 한다. 슈츠가 볼 때 베버는 행위자가 주관적 의미를 공유한다고 단순히 가정할 뿐이었다. 이는 슈츠로 하여금 다음과 같은 질문을 던지게 했다. 행위자는 어떤 상황에서, 어떻게 그리고 왜 공통된 주관적 상태를 획득하게 되는가? 그들은 어떻게 세계에 대한 공통된 견해를 만들 수 있는가? 이것은 **상호주관성**(intersubjectivity)의 문제이며, 슈츠의 지적 설계의 핵심이다.

슈츠는 개인을 근본적 추상 속에서 포착하고 '순수한 마음'의 연구 또는 의식의 추상적 법칙을 찾아야 한다는 후설의 전략으로부터 즉각 벗어났다. 그는 인간이 자연적 태도와 당연시된 생활세계를 갖고 있으며, 그것이 그들이 누구이고 무엇을 할지를 형성한다는 후설의 생각을 수용했다. 사람들이 공통된 생활세계를 공유하고 마치 공통된 경험과 감각의 세계에 사는 것처럼 행동한다는 후설의 생각도 받아들였다. 나아가 그는 사회과학자들이 그들 자신의 생활세계에 독립적으로 저기 어딘가에 있는 외재적 사회세계에 대해 알 수 없다는 후설의 주장이 갖는 힘도 인정했다.[28]

그러나 슈츠는 후설로부터 이러한 사유 노선을 받아들이면서도, 사람의 의식 속으로 들어가는 공감적 내성이라는 베버의 전략을 옹호했다. 행위자가 동일한 세계를 공유하게 되는 과정은, 근본적 추상보다는, 상호작용을 하는 사람에 대한 관찰을 통해서만 발견될 수 있다. 사회과학은 행위자들이 공통된 주관적 세계를 창조하는 것으로부터 독립되어서는 그들이 어떻게, 그리고 왜 그렇게 하는지 이해할 수 없다. 이렇게 슈츠가 후설의 현상학적 프로젝트를 포기함으로써 현상학은 철학으로부터 해방되었고, 사회학자들이 슈츠가 가장 중요한 사회적 실재로 간주한 것을 연구할 수 있도록 해주었다. **상호주관성**의 창조와 유지, 즉 상호작용하는 사람들 사이에 있는 공통된 상호주관적 세계에 대한 감각이 사회학의 연구대상으로 떠오른 것이다.[29] 불행히도 슈츠는 자신의 발상을 체계적으로 종합하기 시작하던 시기에 사망했다. 그 결과, 그의 선집은 다소 파편적인 채로 머무르게 되었지만 거기에는 시사적인 틀이 분명히 존재한다. 베버, 후설, 상호작용론에 대한 슈츠의 초기 분석은 몇몇 핵심적 쟁점들에 대한 관심을 불러일으켰다. ① 행위자는 어떻게 공통된 주관적 세계를 창조하는가? ② 사회질서가 유지되는 방식에 이러한 창조가 갖는 함의는 무엇인가?

모든 인간은 규칙, 사회적 처방, 적절한 행동의 개념과, 그리고 그들이 자신의 사회세계 안에서 행위할 수 있도록 해주는 다른 정보들을 자신의 마음 안에 담고 있다고 슈츠는 단언했다. 슈츠는 후설의 생활세계 개념을 확장하면서, 이런 규칙, 처방, 개념 및 정보의 총합을 개인의 **가용한 저장지식** (*stock knowledge at hand*) 으로 간주한다. 사람들이 자신을 둘러싼 세계에 대해 실천적으로 행동할 때 그들에게 사건들을 해석할 수 있는 참조틀 또는 지향을 제공하는 것이 바로 이 '저장지식'이다. 슈츠는 저장지식이 다음과 같은 몇 가지 특징을 가졌다고 강조한다.

———

① 사람들의 실재는 그들이 가진 저장지식이다. 한 사회의 구성원들에게 저장지식은 '최고수준의 현실', 즉 모든 사회적 사건을 형성하고 안내하는 절대적 실재에 대한 감각을 구성한다. 행위자는 자신의 환경 안에 있는 타자를 실천적으로 다루려 할 때 비축된 저장지식과 실재의 감각을 이용한다.

② 저장지식의 존재가 사건에 실재감각을 부여하고, 사회세계에 (슈츠가 후설에 동의한 것처럼) **당연시된** 특성을 제공한다. 저장지식은 의식적 성찰의 대상이 아니며, 오히려 개인이 상호작용할 때 소리 없이 사용되는 일련의 함축적 가정과 절차들이다.

③ 저장지식은 학습된다. 그것은 공통된 사회적·문화적 세계 안에서 사회화를 통해 획득되지만, 이 세계 안에 있는 행위자에게는 실재가 된다.

④ 사람들은 '관점들의 호혜성'이란 감각을 창조할 수 있게 하는 몇 개의 가정 아래서 움직인다. 즉, 한 행위자가 상대해야 하는 타자는 그 행위자의 가용한 저장지식을 공유하는 것으로 간주된다. 이 타자들이 자신의 특정한 일대기 때문에 저장지식에 독특한 요소들을 가질지라도, 이는 행위자에 의해 무시될 수 있다.

⑤ 저장지식의 존재, 사회화를 통한 그것의 습득, 그리고 관점의 호혜성을 증진시킬 수 있는 그들의 역량이 모두, 어떤 상황에 놓인 행위자에게 세계가 모두에게 동일하고 모두에게 똑같은 속성을 드러내고 있다는 감각 또는 전제를 제공한다. 사회를 함께 묶어 놓는 것은 종종 바로 이 하나의 공통된 세계라는 전제다.

⑥ 공통된 세계라는 전제는 행위자로 하여금 **유형화 과정** (*process of typification*) 에 관여할 수 있게 한다. 가장 인격적이고 친밀한 상황을 제외한 대부분의 상황에서, 행동은 행위자가 자신의 저장지식을 사용하여 서로를 범주화하고 이러한 전형들에 대한 그들의 반응을 조정하는 상호 유형화를 통해 진행될 수 있다.[30] 행위자는 유형화를 통해 그들의 세계를 효과적으로 다룰 수 있다. 그들이 놓인 상황이 가진 모든 뉘앙스와 특징을 조사할 필요가 없어지기 때문이다. 나아가, 유형화는 사회세계로의 진입을 용이하게 한다. 유형화가 인간이 서로를 범주 또는 특정 종류의 '유형적' 대상으로 취급할 수 있게 하기 때문이다.

———

슈츠 사상의 이러한 강조점은 유럽 현상학과 미국 상호작용론에서 나온 발상의 혼합을 드러낸다. 저장지식에 대한 강조는 분명히 후설로부터 빌려왔지만, 일반화된 타자에 대한 미드의 생각과도 매우 잘 맞는다. 슈츠는 당연한 것으로 간주되는 세계의 성격이 저장지식을 통해 형성된다고 보는데, 이에 대한 관심 역시 후설로부터 차용한 것이지만 일상적 행동과 습관에 대한 초기 상호작용론자의 논의와도 유사하다. 또한 저장지식이 가진 습득적 성격에 대한 강조는 사회화 과정에 대한 초기 상호작용론자의 논의와 일치한다. 관점의 호혜성과 유형화 과정에 대한 관심은 후설과 베버에게 큰 빚을 지고 있지만, 행위자들이 서로의 역할과 시각을 읽는다는 미드의 역할 취하기 개념과 양립할 수 있다.

그러나 여전히, 많은 상호작용 이론과는 다른 주요 이탈점 또한 강조되어야 한다. 행위자는 그들이 어떤 공통된 세계를 공유한다는 검증되지 않은 전제 위에서 움직이며, 공통된 세계에 대한 감각과 이 감각을 만들어내는 실천이 사회질서를 유지하는 데 결정적으로 중요하다. 즉, 사회조직은 저장지식의 실체와 내용이나 관점의 호혜성 또는 성공적 유형화에 의해서가 아니라, 오히려 행위자들이 주관적 상태를 공유한다는 종종 깨지기 쉽고 검증되지 않은 **전제**에 의해 가능해질 수 있다. 슈츠가 이 노선의 탐구를 더 심도 있게 발전시키지는 않았지만, 그는 분명 현상학적 탐구의 새로운 길에 영감을 불어넣었다.

4. 상호작용론 통찰의 구축

다양한 출처에서 나온 상호작용론적 이론화는 20세기 말까지 많은 방향으로 갈라졌다. 초기에 미드의 종합과 역할이라는 발상을 확장한 사람들은 넓게 보아 미드 견해의 자장 안에 머물러 있었다. 그러나 1960년대에는 미드와 미드의 미국 추종자들보다는 유럽의 거장들에게서 더 많은 영감을 받은 새로운 노선의 상호작용론적 사상이 출현하였다. 20세기 중반 상호작용론이 성숙함에 따라 미드 류(流)의 유산이 소진되었을 수도 있고, 순수하게 미드적인 미시사회학이 얼마간 정체되기 시작했을 수도 있다. 실제로 실질적 이론화는 뒤로 물러나고 탐구방법론, 특히 상호작용에 대한 과학이 가능한지 아닌지 또는 적절한지 아닌지에 관한 논쟁이 두드러지기 시작했던 것도 사실이다. 그러나 동시에 미드 류의 전통을 따르는 사람들에 의해 수행된 흥미로운 경험적 연구도 나왔다. 그러나 엄격히 미드적 틀 안에 있는 새 이론은 문헌에서 찾아보기 점점 힘들어졌다.

미드에게서 영감을 받은 상호작용론이 정체된 대신 새로운 대안들이 등장하였고, 이로써 상호작용 연구는 다시 활성화되었다. 오늘날 일관된 상호작용론적 지향을 시각화하는 것은 어려울 것이다. 우리가 앞으로 보게 되듯이 새로운 미시수준의 발상들, 그리고 오래된 발상의 흥미로운 확장과 정교화는 여전히 나타나고 있지만, 일관성은 20세기 중반 들어 상호작용 연구에서 상실되었다. 그러나 21세기 하고도 10여 년 이상이 지난 오늘날, 상호작용의 과정은 아마 사회라는 우주의 여러 차원들 중 가장 잘 이해된 차원이라고 결론 내려도 무방할 것이다. 정체처럼 보였던 것은 실제로는 인간 상호작용의 근본적인 속성과 과정에 대한 발상이 수렴되는 과정이었다. 그러나 여전히, 이러한 미시동학과 그것이 만들어내는 좀더 큰 규모의 사회문화적 구성체 사이의 연관성은 완전히 해결되지 않았다.

주

1 William James, *The Principles of Psychology* (New York : Henry Holt, 1890), vol. 1, pp. 292~299.

2 같은 책, p. 294.

3 Charles Horton Cooley, *Human Nature and the Social Order* (New York : Scribner's, 1902), *Social Organization : A Study of the Larger Mind* (New York : Scribner's, 1916).

4 John Dewey, *Human Nature and Human Conduct* (New York : Henry Holt, 1922), p. 190. 이런 생각의 초기 주장을 보려면, John Dewey, *Psychology* (New York : Harper & Row, 1886) 를 참고하라.

5 미드의 가장 중요한 사회학적 사상은 출간된 그의 강의노트에서 찾을 수 있다. 상호작용론에 대한 그의 가장 중요한 설명은 그의 다음의 책에 발견된다. *Mind, Self, and Society* ed. C. W. Morris (Chicago : University of Chicago Press, 1934). 다른 유용한 설명은 다음에서 찾아볼 수 있다. George Herbert Mead, *Selected Writings* (Indianapolis : Bobbs-Merrill, 1964), *George Herbert Mead on Social Psychology*, Anselm Strauss, ed. (Chicago : University of Chicago Press, 1964). 미드의 사상에 관한 훌륭한 2차자료로는 다음의 글들이 있다. Tamotsu Shibutani, *Society and Personality : An Interactionist Approach* (Englewood Cliffs, NJ : Prentice Hall, 1962), Anselm Strauss, *Mirrors and Masks : The Search for Identity* (Glencoe, IL : Free Press, 1959), Bernard N. Meltzer, "Mead's Social Psychology", in *The Social Psychology of George Herbert Mead* (Ann Arbor, MI : Center for Sociological Research, 1964), pp. 10~31, Jonathan H. Turner, "Returning to Social Physics : Illustrations from George Herbert Mead)", *Perspectives in Social Theory* 2 (1981), *A Theory of Social Interaction and Face-to-Face* (Stanford, CA : Stanford University Press, 1988 and 2002, respectively). 미드 사상의 좀더 전체적인 개괄을 보려면 다음을 참고하라. John D. Baldwin, *George Herbert Mead : A Unifying Theory for Sociology* (Beverly Hills, CA : Sage, 1986).

6 더 상세한 분석은 나의 다음 글들을 참조하라. "A Note on G. H. Mead's Behavioristic Theory of Social Structure", *Journal for the Theory of Social Behavior* 12 (July 1982) : pp. 213 ~222, *Face-to-Face* (주 5 참조), 그리고 *Theoretical Principles in Sociology*, *Volume 2 on Microdynamics* (New York : Springer, 2010).

7 Mead, *Mind, Self, and Society* (주 5 참조), p. 254.

8 같은 책, pp. 256~257.

9 같은 책, pp. 261~262.

10 James, *The Principles of Psychology* (주 1 참조), pp. 135~176.

11 Robert E. Park, "Behind Our Masks", *Survey Graphic* 56 (May 1926) : p. 135. 역할이론의 초기 연구 노력의 취지를 잘 요약한 것을 보려면 다음 글을 참고하라. Ralph H. Turner, "Social Roles: Sociological Aspects", in *International Encyclopedia of the Social Sciences* (New York: Macmillan, 1968) ; "Role Theory", in *Handbook of Sociological Theory*, ed. J. H. Turner (Kluwer Academic/Plenum, 2001) , pp. 223~254.

12 Robert E. Park, *Society* (New York: Free Press, 1955) , pp. 285~286.

13 사실 파크는 베를린에서 잠시 짐멜과 연구한 적이 있으며, 개인과 집단 제휴망에 대한 짐멜 연구의 통찰력을 획득하였다 (나중의 논의를 보라). 파크가 하버드대학에서 자아의 복합적인 출처를 강조한 윌리엄 제임스와 접촉하게 된 것을 생각할 때, 미드의 유산이 로버트 파크의 저작을 거쳐 짐멜과 제임스에 의해 보완되었다는 사실은 분명하다.

14 Jacob Moreno, *Who Shall Survive?* (Washington, DC: 1934) ; rev. ed. (New York: Beacon House, 1953) .

15 Ralph Linton, *The Study of Man* (New York: Appleton-Century-Crofts, 1936) , p. 28.

16 Georg Simmel, "Sociability", in *The Sociology of Georg Simmel*, ed. K. H. Wolff (New York: Free Press, 1950) , pp. 40~57.

17 Georg Simmel, *Conflict and the Web of Group Affiliations*, trans. R. Bendix (Glencoe, IL: Free Press, 1955; 초판 1922) .

18 같은 책, p. 141.

19 Émile Durkheim, *The Elementary Forms of the Religious Life* (New York: Free Press, 1954; 초판 1912) .

20 랜달 콜린스는 *Conflict Sociology* (New York: Academic, 1975) 와 *Interaction Ritual Chains* (Princeton, NJ: Princeton University Press, 2004) 에서 이러한 관념을 발전시킨다. 하지만 아마도 의례에 관한 뒤르켐의 강조를 가장 훌륭히 적용한 것은 이후의 어빙 고프만일 것이다. 17장의 주제이다.

21 Max Weber, *Basic Concepts in Sociology* (New York: Citadel, 1964) , p. 29.

22 Max Weber, *The Theory of Social and Economic Organization* (New York: Free Press, 1947; 초판은 베버 사후에 출간) , p. 88.

23 현상학에 관하여 더 읽어 볼 만한 일반적 참고문헌은 다음과 같다. George Psathas, ed. , *Phenomenological Sociology* (New York: Wiley, 1973) ; Richard M. Zaner, *The Way of Phenomenology: Criticism as a Philosophical Discipline* (New York: Pegasus, 1970) ; Peter L. Berger and Thomas Luckmann, *The Social Construction of Reality* (Garden City, NY: Doubleday, 1966) ; Herbert Spiegelberg, *The Phenomenological Movement*, vols. 1 and 2, 2nd ed. (The Hague: Martinus Nijhoff, 1969) ; Hans P. Neisser, "The Phenomenological Approach in Social Science", *Philosophy and Phenomenological Research* 20 (1959) : pp. 198~212; Stephen Strasser, *Phenomenology and the Human Sciences* (Pittsburgh: Duquesne University Press, 1963) ; Maurice Natanson, ed. , *Phenomenology and the Social Sciences* (Evanston, IL: Northwestern University Press,

1973); and Quentin Lauer, *Phenomenology: Its Genesis and Prospect* (New York: Harper Torchbooks, 1965).

24 Zygmunt Bauman, "On the Philosophical Status of Ethnomethodology", *Sociological Review* 21 (February 1973), p. 6.

25 후설의 기본 아이디어들은 다음 글들에 담겨 있다. *Phenomenology and the Crisis of Western Philosophy* (New York: Harper & Row, 1965; 초판 1936); *Ideas: General Introduction to Pure Phenomenology* (London: Collier-Macmillan, 1969; 초판 1913); "Phenomenology", in *The Encyclopedia Britannica*, 14th ed., vol. 17, col. 699~702, 1929. 탁월한 2차 분석으로는 다음을 참고하라. Helmut R. Wagner, "The Scope of Phenomenological Sociology", in *Phenomenological Sociology*, ed. G. Psathas, pp. 61~86; "Husserl and Historicism", *Social Research* 39 (Winter 1972): pp. 696~719; Aron Gurwitsch, "The Common-Sense World as Social Reality", *Social Research* 29 (Spring 1962): pp. 50~72; Robert J. Antonio, "Phenomenological Sociology", in *Sociology: A Multiple Paradigm Science*, ed. G. Ritzer (Boston: Allyn & Bacon, 1975), pp. 109~112; Robert Welsh Jordan, "Husserl's Phenomenology as an 'Historical Science'", *Social Research* 35 (Summer 1968): pp. 245~259.

26 알프레드 슈츠의 기본 아이디어를 파악하려면 다음의 참고문헌을 보라. *The Phenomenology of the Social World* (Evanston, IL: Northwestern University Press, 1967; 초판 1932); *Collected Papers*, vols. 1, 2, 3 (The Hague: Martinus Nijhoff, 1964, 1970, and 1971, respectively). 탁월한 2차 분석으로는 다음 글이 있다. Maurice Natanson, "Alfred Schutz on Social Reality and Social Science", *Social Research* 35 (Summer 1968): pp. 217~244.

27 Schutz, *The Phenomenology of the Social World* (주 26 참조).

28 Richard M. Zaner, "Theory of Intersubjectivity: Alfred Schutz", *Social Research* 28 (Spring 1961): p. 76.

29 상호작용론을 공부하기 위해서는 다음 참고문헌을 보라. Schutz, *Collected Papers* (주 26 참조).

30 역할의 차이와 증가에 대한 랄프 터너의 강조는 이런 아이디어가 역할이론가들에 의해 어떻게 확장됐는지 보여주는 한 사례다.

16 장

정체성에 대한
상징적 상호작용론 이론

1. 들어가며

조지 허버트 미드가 기초를 만든 작업에 **상징적 상호작용론**(*symbolic interactionism*)이란 이름을 붙인 사람은 허버트 블루머(Herbert Blumer)였다. 블루머는 미드 사후 미드의 유명한 사회심리학 수업을 넘겨받아 반세기 동안 꾸준히 상징적 상호작용론을 주창한 인물이다. 미드가 상징적 상호작용론이라는 명명을 허락했을지는 알 수 없는 일이다. 그러나 그보다 중요한 것은 지난 60년 넘게 진화하면서 상징적 상호작용론은 ─ 블루머의 주창과는 달리 ─ 상징이나 상호작용보다 **자아**(*self*)의 동학에 초점을 맞추는 경향이 있었다는 것이다. 사회적 설정 속에서 타자와 상호작용하는 사람의 행동은, 그들이 스스로에 대해 갖는 개념화에 의해 다스려진다. 자아는 행동을 일관되고 똑바르게 유지하기 위한 일종의 자이로스코프(*gyroscope*)로 기능한다. 게다가 상징적 상호작용론 이론에서 점점 더 강조했듯이, 개인들은 다른 사람의 눈으로 자신의 감각을 검증하도록 동기부여된다.

정체성(*identity*)이라는 관념은 지난 수십 년 동안 자아를 재개념화하는 하나의 탁월한 방식이 되었다.[1] 자아는 오늘날, 일반적으로 일련의 정체성 또는 정체성들의 연쇄로 간주된다. 정체성은 여러 상황 속에서 개별적 또는 동시다발적으로 떠오를 수 있고, 일단 정체성이 떠오르면 개인들의 행위는 타자가 그 정체성 또는 정체성들을 검증하도록 하는 쪽을 지향하게 된다. 또한 정체성은 개인들이 타자들과 서로 역할 취하기를 할 때에 선택적 인지와 해석의 필터로 기능하기도 한다.

따라서 자아에 관한 좀더 다듬어진 이론을 발전시키려는 노력이야말로 상호작용론적 이론화의 주된 추동력이 되었다고 할 수 있다. 이 장에서는 정체성 동학에 대한 새로운 이론 몇 가지를 검토할 것이다. 정체성 과정에 대한 최신 연구들은 감정의 사회학에 대한 좀더 최근의 이론화로 수렴되었다. 이는 사람들이 상호작용할 때는 자신의 정체성을 걸고 한다는 명백한 이유에서다. 개인이 어떤 정체성 또는 정체성들을 타자로부터 검증받는 데 성공할지 또는 실패할지에 따라 일어나게 되는 감정은, 이어지는 상호작용의 흐름을 모양짓게 될 것이며, 시간이 지남에 따라 그 사람의 정체성 체계의 구조를 형성하게 될 것이다.

2. 셀던 스트라이커의 정체성 이론

1) 표시와 정의

셀던 스트라이커(Sheldon Stryker)의 관점에 따르면, 인간의 사회적 행동은 환경의 모든 측면 — 즉 물리적·사회적 측면 둘 다 — 의 여러 **상징적 표시**(*symbolic designation*)에 의해 조직된다.[2] 이 표시들에 관련해서 가장 중요한 것은 한 사람이 사회구조에서 차지하는 위치에 대한 상징과 이에 연관된 의미이다. 이 위치는 그 사람이 역할을 어떻게 상연할 것이며, 타자와의 관계에서 어떻게 처신하는 것이 좋을지에 대한 공유된 기대를 담고 있다. 개인들은 자신의 위치를 스스로에게 표시하면서 자신이 어떻게 행동해야 하는지에 대한 기대를 환기하고, 타자의 위치를 표시하면서는 이 타자의 역할행동을 안내하는 기대에 대해 인식하게 된다. 사람들이 더 넓은 참조틀과 상황정의를 알게 되는 것 또한 이런 위치 표시가 만들어지기 때문이다. 여기서 가장 중요한 것은, 개인이 자기자신을 대상으로, 즉 자신을 구조적 위치들(*structural positions*) 안에서 자기가 차지한 자리(*location*) 및 더 넓은 상황정의에 대한 자기 인지와 관련된 대상으로 표시한다는 것이다.

그러나 행동이 이런 표시와 정의에 의해서 전적으로 결정되거나 좌우되지는 않는다. 개인들이 위치와 연관된 기대를 거의 항상 알고 있는 것은 맞지만, 그들이 그들 자신을 타자들 앞에 제시할 때 상호작용의 형식과 내용은 변화할 수 있기 때문이다. 그런 변화의 양은 상호작용이 그 안에서 일어나는 더 큰 사회구조가 어떤 유형인가에 따라 달라진다. 어떤 구조는 개방적이고 유연하지만, 다른 구조는 더 폐쇄적이고 경직돼 있을 수 있다. 그렇다고 해도 모든 구조는 여전히, 대면적 상호작용에 관련된 개인들이 거기서 무엇을 할지에 대해 한계와 제약을 부과한다.

2) 정체성과 돌출위계

스트라이커는 정체성이 자아에 대한 더 넓은 감각의 일부이며, 다양한 사회적 맥락에서 각 개인이 차지하는 위치와 연관된 내면화된 자아의 표시라고 추론했다. 정체성은 개인과 사회구조를 연결하는 결정적으로 중요한 고리다. 왜냐하면 정체성은 사람들이 자신을, 사회구조에서 그들의 자리 및 이 자리 덕분에 그들이 수행하는 역할과 연관시켜 가리키는 표시이기 때문이다. 스트라이커에 의하면 정체성은 **돌출위계**(*salience hierarchy*)로 조직되는데, 위계에서 가장 높은 곳에 위치한 정체성은 낮은 곳에 위치한 정체성에 비해 더 돌출되기 쉽다. 많은 상황에서 복수적(複數的) 정체성이 호출된다. 비록 모든 상황에서 그런 것은 아니지만 말이다. 이럴 때 돌출위계는, 사람들이 그들의 역할을 조율하고 타자의 역할행동을 해석할 때에 어떤 정체성을 드러낼지 결정한다. 스트라이커는 어떤 상호작용 상황이 구조적 제약으로부터 벗어날 경우나 구조적 제약이 모호할 경우에 개인은 정체성 선택에 좀더 많은 대안을 가질 것이며, 그 결과 하나 이상의 정체성을 떠올리게 되기 쉽다는 것을 일반적 규칙으로 제안한다. 그러나 어떤 상황이 사회구조 속에 착근되어 있을 때, 돌출위계는 타자와의 상호작용에서 어떤 정체성이 사용될지를 보여주는 훌륭한 예견자가 된다.

3) 몰입과 자아

스트라이커는 사회구조와 자아 사이의 연결을 개념화하기 위한 수단으로 **몰입**(commitment)이라는 발상을 도입했다. **몰입**은 한 사람이 타자와 맺는 관계가 어느 정도로 그가 특정 정체성을 지닌 종류의 개인이 되는 것에 의존하는지를 표시한다. 이 의존도가 클수록 개인은 특정 정체성에 보다 몰입할 것이고, 그 사람의 돌출위계에서 이 정체성이 차지하는 위치는 보다 높을 것이다. 타자의 견해와 더 넓은 사회적 정의(social definitions)에 기초한 정체성을 갖는 것은, 그런 견해와 정의에 일치하는 행동을 만들어내는 경향이 있다.

사람들이 어떤 상황에서 어떤 정체성에 대해 몰입을 드러낼 때, 그 사람의 자아존중감은 그 정체성의 성공적 실행에 달려 있게 된다. 어떤 정체성이 규범과 가치 또는 더 넓은 사회의 다른 상징들에 준거해서 세워진 것일 때, 존중감이 정체성의 성공적 실행에 의존하는 정도는 훨씬 더 커진다. 문화적 정의와 기대, 사회구조 속에서 개인이 놓인 자리, 정체성, 그리고 그 정체성과 연관된 존중감은 이런 방식으로 모두 서로 얽혀 있다. 이 과정

에서 사회구조는 사람들의 행동, 그리고 자신과 타자에 대한 인지를 제한한다.

4) 핵심명제들

이론의 초기 버전에서 스트라이커는 특정 정체성이 돌출되도록 하는 조건, 돌출위계에서 높은 위치에 있는 정체성이 역할행동에 미치는 효과, 몰입이 존중감에 미치는 영향, 그리고 정체성에서 일어나는 변화의 본성에 대한 일련의 '가설'들을 발전시켰다. 〈표 16-1〉은 이 가설들을 약간 수정하여 요약 제시한 것이다. 스트라이커의 주장을 설명해 보자면 대략 다음과 같다. 개인이 어떤 정체성에 대해 몰입을 더 많이 드러낼수록, 이 정체성은 돌출위계에서 높은 위치에 있을 것이다. 이 정체성이 타자의 반응에서 그리고 더 넓은 사회적 가치기준의 관점에서 긍정적으로 평가받는다면, 이 정체성이 위계에서 차지하는 위치는 더 높이 올라갈 것이다. 만약 타자들의 기대가 갈등이나 불일치가 거의 없이 조화롭고 일관된다면, 개인은 그렇게 한 목소리로 말하는 타자들에게 보여준 정체성에 훨씬 더 몰입할 것이다. 마지막으로, 어떤 사람이 특정 정체성을 위해 의존하는 타자들의 네트워크가 크고 넓어서 더욱 많은 타자들을 포괄할 경우, 이 정체성은 돌출위계에서 더 높이 올라갈 것이다.

일단 어떤 정체성이 개인의 돌출위계에서 높이 위치하게 되면, 역할수행은 이 정체성에 부착된 기대에 훨씬 더 일치하게 된다. 정체성이 돌출위계에서 높은 위치를 차지할 때 개인들은 좀더 많은 상황을 이 정체성을 연기할 수 있는 기회로 인지하는 경

향이 있고, 이 정체성을 사용할 수 있는 상황을 능동적으로 찾아 나서게 되기도 할 것이다. 이런 식으로, 사람들의 돌출위계에서 상위에 있는 정체성과 그들이 상황 속에서 받게 되는 기대는 이런 방식으로, 점점 더 일치하게 된다.

이러한 일치는 몰입을 증가시킨다. 이는 개인들이 자신의 정체성을, 그 정체성을 확인해 주려는 타자의 지속적 의지에 달려 있는 것으로 보게 되기 때문이다. 몰입이 증가할수록, 그리고 개인들이 자신의 정체성에 대한 타자로부터의 확인에 의존적이 될수록, 사람들의 역할수행은 그들의 자아존중감 수준에 더 큰 영향을 미친다. 나아가 사람들은 정체성에 몰입할수록, 그리고 이 정체성이 돌출위계에서 올라갈수록, 자신의 역할수행을 더 넓은 문화적 정의와 규범적 기대를 통해 평가하게 된다. 그리고 그런 평가를 하기 때문에 사람들은 자신의 정체성에 더 많이 몰입하게 된다.

다른 한편, 외부적 사건이 어떤 정체성에 대한 몰입을 침식하는 경우도 있을 수 있다. 이런 일이 일어나면 사람들은 새로운 정체성, 색달라 보이는 정체성을 채택하기 쉽다. 이렇게 한 개인이 새로운 정체성을 찾기 시작할 때, 그 개인이 가진 가치를 반영하는 정체성 쪽으로 움직이는 변화가 일어나기 쉽다. 개인들이 새로운 정체성 몰입을 발전시키고 그들의 자기존중감이 이 새로운 정체성 몰입의 성공적 역할수행에 의존하게 될 때, 문화

〈표 16-1〉 정체성의 돌출에 관한 스트라이커의 가설(수정된 공식)

1. 개인들이 어떤 정체성에 몰입하면 할수록, 이 정체성은 그 사람의 돌출위계에서 보다 높은 위치에 있을 것이다.
2. 어떤 정체성에 대한 몰입의 정도는 다음 항목들의 정적(定的)·누적적 함수이다.
   A. 이 정체성이 타자와 더 넓은 문화적 정의들에 의해 긍정적으로 평가받는 정도
   B. 그 사람이 정체성을 얻기 위해 의존하는 타자들의 기대에 일치하는 정도
   C. 그 사람이 의존하는 개인들의 네트워크가 얼마나 확장적인지의 정도
   D. 그 사람이 정체성을 얻기 위해 의존하는 네트워크 안에 포함된 사람의 수가 얼마나 많은지의 정도

높은 돌출성의 결과들

3. 어떤 정체성이 한 사람의 돌출위계에서 높은 위치에 있을수록, 개인은 다음을 행하기 쉽다.
   A. 그 정체성과 연관된 역할기대들에 일치하는 역할수행 하기
   B. 주어진 상황을 그 정체성을 내세우고 수행할 기회로 인식하기
   C. 그 정체성을 내세우고 수행할 기회를 제공하는 상황들을 찾아 나서기

정체성에 대한 몰입의 결과들

4. 어떤 정체성에 대한 몰입이 클수록, 다음 항목들도 커진다.
   A. 역할수행들이 자아존중감에 미치는 영향
   B. 역할수행들이 제도화된 가치들과 규범들을 반영할 가능성

정체성에 대한 몰입을 변화시키기

5. 외부적 사건들이 상황의 구조를 더 많이 변경할수록, 개인들이 새로운 정체성들을 채택할 가능성이 더 높다.
6. 정체성에서 일어나는 변화가 개인의 가치-몰입을 더 많이 강화하고 반영할수록, 그 개인이 새로운 정체성 채택에 따르는 변화에 저항할 가능성은 감소한다.

적 가치는 문화적 정의와 역할수행 사이의 일치를 증가시키는 방향으로 새로운 정체성의 형성을 유도한다.

5) 정체성과 감정

감정은 이 과정에 몇 가지 방식으로 얽혀 있다.[3] 첫째, 긍정적 정동(*affect*) 그리고 상황 속 타자로부터의 강화를 발생시키는 역할상연은, 정체성에 대한 몰입을 강하게 만들고 그 정체성의 돌출위계 위치를 상승시킨다. 개인들이 타자로부터 이런 긍정적 피드백을 받으면 그들의 자아존중감은 향상되고, 이것이 그 정체성에 대한 몰입을 더욱 증가시켜 돌출위계에서 그 정체성을 더 높이 밀어올림으로써 그 사람이 향후 행할 역할수행의 모양을 이 정체성이 좌우할 기회를 증가시킨다.

둘째, 어떤 사람과 타자의 역할수행이 규범적 기대나 문화적 가치, 상황정의 또는 내세워진 정체성에 비춰 볼 때 부적절한 것으로 판단되면, 부정적인 감정적 반응이 일어나 이러한 부적절성을 표시해 준다. 역으로, 역할수행이 적절하거나 심지어 적절하고 모범적인 수준을 넘어서는 경우에는 긍정적 감정이 일어나 이 사실을 알려준다. 그러므로 감정은 역할수행에서 **적절성의 표식**(*markers of adequacy*)이며, 개인에게 그들의 수행이 적절한지 그렇지 않은지를 말해 준다. 감정이 갖는 이러한 표식 기능은 몇 가지 방식으로 작동한다. 개인은 어떤 역할수행의 수용 여부를 알아내기 위해 타자의 제스처를 읽는다. 만약 수용되었다면 그 사람은 긍정적 감정을 경험하고, 역할수행에서 내세워진 정체성에 더욱 몰입할 것이다. 만약 반응이 긍정적

인 수준에 미치지 못한다면, 개인은 **자신에 대한 분노·수치심·죄의식**과 같은 부정적인 감정을 경험하고 역할수행을 개선하려 할 것이다. 역할수행 개선이 불가능할 경우에는 해당 역할에서 내세워진 정체성에 대한 몰입을 낮추고 이 정체성이 돌출위계에서 차지하는 위치도 좀더 내려서, 좀더 적절한 역할수행 속에서 상연 가능한 다른 정체성의 선택이 일어날 수 있도록 할 것이다. 타자와 서로 역할 취하기를 하고 타자의 반응에 비추어 자신을 평가할 때에 개인들은 자신의 수행에 대한 감정을 얻을 뿐 아니라, 타자의 역할수행에 대해 타자에게 알려주기도 한다. 역할수행이 효과적이려면 잘 조율되고 잘 맞물려야 하기에, 타자의 수행이 부적절하면 자신의 수행도 방해되기 마련이다. 그래서 만약 이런 일이 일어나면, 개인은 어떤 형태의 **분노**를 표명하여 타자를 부정적으로 제재하게 된다. 그러므로 감정은, 개인들이 역할조율과 통합이 촉진되는 방식으로 각자의 역할수행이 가진 적절성을 서로 신호하고 표시해 주는 방법이 된다.

마지막으로, 감정은 개인의 돌출위계에서 높이 위치한 정체성이 어떤 정체성인지를 알려주는 기호(*sign*)이기도 하다. 만약 특정 역할수행이 실패 또는 성공했을 때 감정적 반응이 격렬하다면, 이 강렬함은 그 사람이 그 역할 속에서 연기된 정체성에 몰입했고 이 정체성이 그의 돌출위계에서 상위에 있음을 알려준다. 역으로 개인의 감정적 반응이 낮은 강도로 일어난다면, 이는 그 정체성이 돌출위계에서 낮은 위치에 있으며 그 개인에게 상대적으로 덜 중요함을 표시하는 것일 수 있다.

정체성 이론에서 감정은 개인이 긍정적 강화를 받는 역할을 수행하도록 동기를 제공하며, 개인들

에게 자기 역할수행의 적절성과 돌출위계 속 정체성에 대한 몰입에 대해 알려준다. 그러므로 감정들은, 개인들이 규범적 기대, 상황정의, 문화적 가치, 그리고 높이 돌출된 자아의 느낌에 일관된 방식으로 역할을 수행하도록 추동한다.

3. 조지 맥콜과 시먼스의 정체성 이론

1) 역할정체성과 역할 지지

스트라이커는 문화구조와 사회구조가 개인들이 갖는 정체성의 많은 것을 알려준다는 다소 구조적인 이론을 발전시켰다. 조지 맥콜(George J. McCall)과 시먼스(J. L. Simmons)는 이와 대조적으로 역할이란 개인들이 자신의 다양한 계획과 목표를 실현하고자 추구할 때 즉흥적으로 만들어지는 것이 보통이라고 강조했다.[4] 맥콜과 시먼스에게 역할정체성이란 "어떤 개인이 특정한 사회적 위치의 점유자로서 스스로 구비한 성격과 역할"이다.[5] 역할정체성은 어떤 위치에 있는 자신에 대한 상상적인, 종종 다소 이상화된 시각을 구성한다. 따라서 각각의 역할정체성들은 사회구조 속에서의 위치와 연관된 관습적 부분뿐 아니라, 사람들의 상상 속에서 구성된 고유한 부분도 갖는다.

타자의 눈으로 자신의 정체성을 정당화하는 일이 항상 인간행동의 추동력이기 때문에, 역할정체성은 개인의 계획과 목표의 일부가 된다. 사람들은 나아가, 역할정체성을 확인하고자 의도된 역할수행을 통해 스스로를 평가한다. 맥콜과 시먼스가 강조하듯이, 역할수행의 가장 중요한 청중은 자기 역할정체성에 대해 자기가 가진 이상화된 시각의 관점에서 자기 수행을 평가하는 개인들 자신이다. 그러나 그렇다고 해도 사람들은 여전히, 자기 마음 외부의 적합한 청중이 자기 역할정체성에 대해 해주는 역할 지지 역시 추구해야만 한다. 이런 지지는 청중이 어떤 사람에게 어떤 위치를 점유할 권리를 부여하고, 그 위치에 있는 사람의 처신을 승인하는 타자가 되어 주는 것 이상을 포함한다. 청중은 어떤 역할에 합당하다고 느끼는 개인이 보여주는, 역할정체성을 정당화하기 위해 설계된 역할수행의 좀더 표현적인 내용 — 즉, 스타일, 감정, 매너, 그리고 어조 — 에 대해서도 승인해야 한다.

대부분의 역할정체성이 개인의 마음속에서 다소 이상화되기 때문에, 그리고 어떤 사람이 정당성을 추구해야 하는 전선은 하나가 아니라 여러 개이기 때문에, 역할정체성과 그 역할정체성에 대해 얻는 역할 지지 사이에는 항상 불일치와 균열이 존재한다. 사람들은 너무 많이 이상화되고, 오해받을 수 있는 수행에 대해 지지를 추구해야 한다. 그 결과 개인은, 자신의 역할정체성이 청중에 의해 얼마나 정당화되는가에 대해 거의 항상 불만을 갖는다. 정체성과 정당화 지지 사이의 이 균열 지점이 개인의 행동에 동기와 추진력을 부여한다. 실제로 맥콜과 시먼스는, "(스스로가 자신에 대해 갖는) 이상화된 개념에 대해 지지를 획득하고자 하는 충동"이야말로 인간에게 가장 특징적인 감정이라고 말한다.

2) 역할 지지를 유지하기 위한 기제

사람들이 정체성에 대한 역할 지지에서 욕망하는 것과 실제 얻는 것 사이의 불일치를 극복하기 위해 채용하는 기제가 몇 가지 있다.

첫 번째는, 불일치가 가장 적은 곳에서 상호작용함을 통해 **단기적 신용**(*short-term credit*)을 쌓는 것이다. 이렇게 쌓인 감정적 신용은 타자들로부터의 반응이 진심을 다한 지지에 못 미치는 경우라도 개인들이 어떻게든 헤쳐 나갈 수 있게 해준다.

두 번째 기제는 타자가 주는 단서에 대한 **선택적 인지**(*selective perception of cues*)로, 개인들이 정체성을 확인해 주는 반응만을 보는 것을 말한다. 세 번째 기제는 단서에 대한 **선택적 해석**(*selective interpretation*)으로, 개인들이 단서를 빠짐없이 보면서도 해석을 할 때 스핀을 걸어, 그 반응이 역할정체성을 지지한다고 해석하는 것을 말한다.

네 번째 기제는 정체성을 지지하지 않는 **상호작용으로부터 철수**하고, 더 많은 지지를 얻을 수 있는 대안적 상황을 모색하는 것이다. 다섯 번째 기제는 타자들로부터 더 많은 지지를 얻을 수 있는 **새로운 역할정체성으로의 전환**이다.

여섯 번째 기제는 청중을 **희생양으로 삼기**(*scape-goating*)로, 청중이 수행과 지지 사이의 불일치를 야기했다고 비난하는 것이다. 일곱 번째 기제는 개인이 정당화 받고자 했던 **성공적이지 못한 수행에 대한 부인**이다.

마지막 방어기제는 어떤 역할정체성에 대한 지지를 보류한 **청중에 대한 거부**이다. 이 기제가 실패할 경우 개인들은 비참함과 고뇌를 경험하게 된다. 이런 경험을 통해 사람들은 어떤 청중 앞에서의 특정한 역할수행에 스스로를 지나치게 공개적이고 완전하게 몰입시키는 것에 신중해야 함을 배운다.[6]

3) 현저성의 위계

맥콜과 시먼스는 개인들이 가진 역할정체성의 응집력은 정체성의 요소가 서로 결합하는 방식과 다양한 역할정체성의 양립가능성에서 다양하다고 주장한다. 역할정체성 사이에는 **현저성**(*prominence*)의 위계가 있다. 이 위계는 환경에 따라 이동할 수도 변화할 수도 있지만, 상호작용의 어떤 주어진 순간에도 존재하는 것이 보통이다. 정체성의 현저성은 개인의 이상화된 시각, 청중에 의해 이 이상이 지지받은 정도, 개인이 이 정체성에 몰입해온 정도, 정체성에 연관된 (간단히 논하자면) 외적·내적 보상, 그 정체성을 위해 바친 시간과 에너지의 이전 투자량을 반영한다.

이런 관점에서 볼 때, 개인들은 현저성의 위계에서 상위에 있고 타자의 눈뿐 아니라 자신의 눈에서도 정당화를 얻고자 하는 역할수행 정체성을 주장하며, 상호작용은 언제나 그런 개인들 주위를 공전(公轉)하며 일어난다. 동시에 각 개인들은 타자의 현저성 위계에서 상위에 있는 정체성이 무엇인지, 그리고 타자의 역할수행이 역할 지지와 다른 보상을 받을 만큼의 가치가 있는지 없는지를 결정하기 위해 타자의 제스처를 해석한다. 어느 정도는 상황의 외적 구조가, 사람들이 점유한 위치와 그들이 그 위치에 있음으로 해서 그들에게 부여되는 기대에 대해 필요한 정보를 제공한다. 그럼에도 불구하고 맥콜과 시먼스는 대부분의 상호작용이 어느 정도 모호하고 비구조화돼 있으며, 대안적 역할수행을 허용할 뿐 아니라 이런 수행에 대한 해석도 다양하게 만든다고 본다.

상호작용 안에 존재하는 많은 모호성은, 역할 취하기가 한 사람의 내적 토론장(*inner forum*), 즉 다양한 정체성과 역할수행을 표시하는 어휘·제스처·동기·그 외 다른 정보의 인지적 레퍼토리 안에서 일어난다는 단순한 사실을 통해 제거된다. 인간은 자기의 내적 토론장 또는 알프레드 슈츠가 언급한 '가용한 저장지식'에 스스로 쌓아온 광대한 양의 정보에 비추어 다양한 해석을 구성해 내는 역량이 있다. 이런 정보가 다소 상이한 비율과 균형으로 조립돼 있을 수 있지만, 인간이 가진 마음과 사유의 역량은 그들이 대단한 속도와 정확성으로 이것을 해낼 수 있게 해준다.

개인들은 종종 역할을 즉흥적으로 만들어내고, 그들이 타자의 역할을 어떻게 해석하는지에 비추어 자신의 정체성과 역할수행을 조정하기 마련이다. 이러한 즉흥적 창조가 일어남에 따라 다양한 표현적 전략이 채택된다. 이 전략은 조정하는 제스처(orchestrating gesture) 주위를 공전하는데, 이 제스처들은 자아의 이미지를 제시하거나 현저성의 위계에서 상위에 있는 특정 정체성을 주장한다. 역으로, 개인들이 배역 변경(altercast)을 위해 타자의 극적인 연출을 읽어내고 이 타자들이 요구하는 자아를 결정하기도 한다. 그러므로 상호작용은 본질적으로 정체성들의 협상이다. 사람들은 이 협상에 따라, 그들 각자의 현저성 위계에서 상위에 있는, 그리고 역할수행에 기초해서 지지받거나 또는 지지받지 않을 수 있는 그런 정체성들에 대해 표현적이고 극적인 연출을 한다.

4) 기저적 교환동학

개인들 사이의 협상과정은 복잡하고 미묘하며, 처음에는 서로가 타자의 주장을 수용하기 위한 최초

의, 매우 잠정적인 동의가 필수적이다. 사람들은 이런 식으로 각자가 가진, 자기 정체성을 전하는 익숙한 표현적 전략이 방해받는 것을 회피한다. 하지만 이 과정이 전개됨에 따라 그것은 진짜 교환 협상으로 움직여 가게 되며, 개인들은 이 협상에 따라 그들 역할수행의 정당화에 수반하는 보상을 추구하게 된다. 이 시점에서 맥콜과 시먼스는 상호작용론 이론과 교환이론을 융합한다(5부의 여러 장 참조).

맥콜과 시먼스는 보상의 3가지 기본유형을 분류하는 데서 시작한다. 첫째 유형은 모든 사람에게 가시적인 **외재적 보상**(extrinsic reward)으로, 가령 돈이나 다른 강화요인 같은 것이다. 둘째는 만족, 자부심, 위안과 같은 덜 가시적인 **내재적 보상**(intrinsic reward)이다. 가장 중요한 것은 셋째 유형의 보상인데, **정체성에 대한 지지**(support for a identity)가 그것이다. 맥콜과 시먼스에 따르면 이것이야말로 모든 보상 중에 가장 가치 있는 보상이다. 개인들은 그들의 모든 상호작용에서 이윤을 추구하려는 ─ 즉, 적은 비용으로 보상을 보장받고자 하는 ─ 동기를 가진다. 보상의 이 세 범주에는 각각 다른 유형의 계산법이 있으며, 시장의 규칙이 존재한다. 교환 시 쌍방이 받는 보상은 각 유형들(외재적이건 내재적이건 또는 역할 지지건 간에) 안에서 대략 호환 가능해야 하고, 보상은 그것을 받기 위해 개인이 한 투자에 비례해 이뤄져야 한다(**분배적 정의의 원칙**).

이런 협상은 맥콜과 시먼스가 돌출된 정체성(salience of identities)이라고 명명한 것, 즉 한 개인의 현저성의 위계 안에 있는 정체성들 중에서 당면한 즉각적 상호작용에 가장 적합한 정체성에 의해 영향을 받는다. 이 돌출된 정체성이, 맥콜과 시먼

스의 용어로 말하자면, 현재의 상호작용에 가장 적절한 상황적 자아(*situated self*)를 구성한다. 이 상황적 자아가 사람이 주어진 상황에서 어떤 역할 정체성의 상연을 선호할지를 결정하지만, 상황적 자아의 선호는 유동적이고 가변적이다. 대조적으로, 이상적 자아(*ideal self*)는 현저성의 위계에서 최상위에 위치하기에 상황적 자아에 비해 안정적이다. 그러므로 사람의 이상적 자아는, 한 상호작용에서 상황적 자아를 구성하기 위해 어떤 정체성이 어떤 방식으로 돌출되어야 하는지에 대해 영향을 미치게 마련이다. 현저성의 위계 외에, 상황적 정체성의 형성에 영향을 미치는 다른 요인도 있다. 한 개인이 느끼는 정체성에 대한 지지의 필요성, 상황적 자아를 주장함으로써 받게 될 내재적·외재적 보상, 상황적 자아와 관련된 역할을 상연할 수익성 높은 기회, 이 모든 것들이 정체성 구성체(*identity formation*)를 형성한다.

맥콜과 시먼스가 보기에는, 이 요소들은 모두 정체성을 주장하면서 나오는 역할의 잠재적 강화 또는 보상의 역할을 한다. 그러나 이 보상의 가치는 다양하다. **이상적 자아**의 지지는 외재적 또는 내재적 보상보다 더 큰 보상을 가져온다. 기대한 보상과 대비해 실제 얻는 수익의 유형 역시 다양할 수 있다. 외재적 보상과 내재적 보상의 경우, 수익이 얻어지면 이 보상에 대한 기대와 욕망과 욕구가 (만족 또는 한계효용의 원칙에 따라) 얼마간 감소한다. 만약 사람들이 기대했던 또는 욕망했던 바에 비해 이 두 종류의 보상을 적게 받거나 많이 받게 되면, 이 보상에 대한 사람들의 욕구는 즉각 상승한다. 반면, 정체성을 위한 역할 지지를 얻기 위한 수익계획은 더 복잡한 패턴을 드러낸다. 욕망했거나 기대

했던 만큼의 역할 지지는 정체성을 위한 더 심화된 역할 지지에 대한 욕망을 증대시키지 않는다. 정체성 지지에 대한 욕망을 증대시키는 것은 기대했던 지지와 실제 얻는 지지 사이의 적당한 불일치다. 그러나 극단적 불일치는 다르게 작동하는데, 이는 그 불일치가 어느 쪽이냐에 달려 있다. 사람들은 자신의 기대를 훨씬 초과하는 지지를 받으면 즉각 더 많은 역할 지지를 원하지만, 그들이 기대했던 것보다 극적으로 적은 역할 지지를 받으면 그들이 이 지지에 대해 갖는 욕망은 빠르게 감소한다.

수익은 거의 항상, 또는 기꺼해야 결국에는 기대에 미치지 못하기에, 개인들이 앞서 언급한 불일치 감소를 위한 모든 방어기제를 다 동원하더라도 불일치는 만성적으로 존재한다. 그러므로 사람은 이 불일치를 극복하기 위해 지속적으로 추동되지만, 불일치를 감소시키고자 하는 이 추구는 역할 지지를 위한 수익계획에 의해 복잡해진다. 적당한 불일치는 더 많은 지지를 추구하도록 하지만, 거대한 불일치는 정체성을 위한 역할 지지를 받고자 하는 노력을 감소시킨다. 사람들이 어떤 정체성에 대해 자신이 기대한 것보다 더 많은 지지를 받을 때, 그들은 이 보상을 훨씬 더 많이 원하며, 이 정체성을 돌출위계에서, 그리고 시간이 흐름에 따라 현저성의 위계에서도 높은 위치로 상승시키게 된다.

4. 피터 버크의 정체성 통제 이론

피터 버크(Peter J. Burke), 그리고 얀 스테츠(Jan E. Stets)를 비롯한 그의 동료들은 상징적 상호작용론의 전통 안에서 충실하게 작업하면서도 정체

성 이론을 발전시켜 또 다른 변형을 만들어냈다. [7] 버크가 보기에 개인들은 모든 상황에서 그들 자신에 대한 일반적 시각 또는 **이상화된 자아**(*idealized self*)를 갖고 있다. 그러나 순간순간의 상호작용을 이끄는 것은 **작업자아**(*working self*) 또는 **자아 이미지**다. [8] 이상화된 자아가 어떤 상황에서 개인이 자신을 보는 방식에 미치는 영향도 물론 있겠지만, 자아의 핵심동학은 개인이 역할을 연기하면서 작업자아 또는 자아 이미지를 상황 속에서 검증하고자 하는 시도를 둘러싸고 이뤄진다. 버크 역시 자아를 대략 위계적인 것으로 개념화했다. [9] 좀더 추상적인 수준에서는 더 넓은 가치와 신념이 담긴 문화적 기준을 품은 **원칙자아**(*a principle self*)가 개인들이 스스로를 보는 방식의 일부가 된다. 하지만 이 원칙자아가 상황 속에서 행동에 영향을 주는 것은 개인이 구체적 상황에서 실현하고자 하는 목표를 구성하는 **프로그램 수준 정체성**(*program-level identity*)을 통해서다. 일반적으로, 원칙 수준 자아에 의해 안내되는 프로그램 수준 정체성이 많을수록, 그리고 어떤 상황에서 프로그램 수준 자아의 목표가 더 많이 실현될수록, 사람의 자기효능감은 더 많이 증대되고 자신과 상황에 대해 그가 느끼는 정서 또한 더 긍정적으로 된다. [10] 다른 정체성 이론들과 달리 버크의 접근은 돌출 또는 현저성 위계에 큰 강조점을 두지 않는다. 대신에 버크의 이론은 개인들이 어떤 역할을 연기할 때 일어나는 자아의 내적 역동을, 이 역할과 연관된 정체성을 검증하고자 하는 노력 속에서 설명해 내고자 한다.

1) 역할정체성

버크에게 자아는 어떤 상황 속에서 어떤 역할을 맡은 점유자이다. 다시, 이 상황은 보통 더 큰 사회구조와 이에 연관된 문화적 의미에 착근되어 있다. 그러므로 역할은, 자아와 사회구조 및 문화 사이의 연결고리다. 개인들은 어떤 역할을 연기하는 덕분에 그 역할과 연관된 의미와 기대를 그들의 상황 속 정체성에 통합시킨다. 개인들이 가진 경험이 다양하고 또 어떤 역할이라도 다중적 의미를 갖기 때문에, 어떤 하나의 역할에 연관된 정체성은 사람마다 다르기 마련이다. 하지만 버크의 정체성 이론은 역할정체성의 실제 내용보다는, 이 정체성이 상황에서 이뤄지는 타자들과의 상호작용 속에서 어떻게 유지되는지에 관심을 더 두었다. 버크가 정체성을, 개인들이 자기 행동을 규제하고 그럼으로써 자기에 의해 제시된 정체성을 타자들이 검증했음을 알려주는 신호를 그들로부터 피드백 받고자 하는, 사이버네틱 통제시스템(*cybernetic control system*)으로 본 것은 이 강조점 때문이었다.

2) 사이버네틱 통제시스템으로서의 정체성

버크는 정체성을 사이버네틱 통제시스템으로 개념화하면서, 이 시스템의 역동이 다음과 같은 요소들로 돌아간다고 보았다. [11]

① **정체성 기준**(*identity standard*). 이것은 **비교측정기**(*comparator*), 또는 정체성이 검증되는지 아닌지 평가하고 역할에서의 최초 행동을 지휘하기 위한 규준으로 작동한다.

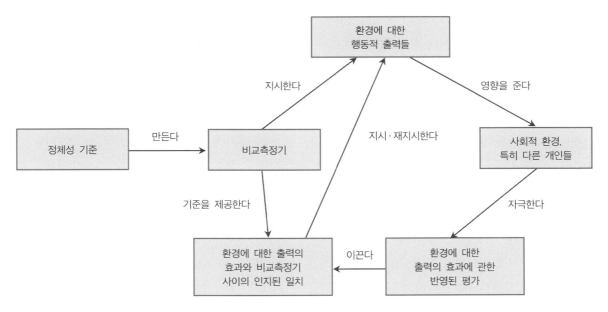

〈그림 16-1〉 버크 이론의 사이버네틱 통제시스템

②역할을 연기하고 정체성을 단언하는 어떤 사람이 자신의 행동에 반응하는 타자들로부터 받는 입력들의 세트.

③비교측정기를 사용해서 이 입력들을 비교하기. 이를 통해 타자들로부터의 반응이 역할행동을 안내한 정체성 기준에 일치하는지가 결정된다.

④해당 환경에 대한 행동적 출력들의 세트. 이 행동 출력들의 입력정보가 비교측정기의 정체성 기준에 얼마나 잘 들어맞느냐에 따라 안내된다.

———

〈그림 16-1〉은 이 요소들을 정리한 것이다. 어떤 상황에서 개인들은 자기 정체성에 대한 일련의 의미를 갖는다. 이 정체성은 다시 하나의 기준으로 변형되어, 기준이 실제로 실현되었는지를 알기 위해 입력을 맞추어 보는 비교측정기 또는 기초가 된다. 개인들이 어떤 상황에서 역할을 연기할 때, 그들은

환경에 대해, 특히 해당 상황 속에 있는 다른 개인에 대해 유의미한 행동의 출력을 방출한다. 다른 개인들은 다시 이 행동적 출력에 대해 반응한다. 개인들은 상황 속 타자와 역할 취하기를 하며 출력을 방출할 때 **반영된 평가**(*reflected appraisal*)를 경험하며, 이것이 정체성 기준과 비교될 자기 의미의 입력이 된다. 행동적 출력의 다음 단계는 정체성 기준이 만족되었는지 아닌지에 따라 달라질 것이다. 정체성 기준이 실현되었을 때 개인들은 좀더 긍정적인 감정을 경험할 것이고, 그들의 다음 행동 출력은 해당 상황 속 타자에 대한 몰입을 둘러싸고 전개될 것이다. 반대로 타자들로부터 받은 입력이 정체성 기준이 실현되지 않았음을 알려줄 때 사람들은 부정적 감정을 느낄 것이며, 행동적 출력의 다음 단계는 타자의 반응을 변화시켜 역할정체성이 확인될 수 있는 쪽을 추구하게 될 것이다.

그러므로 버크 이론에서 인간은 입력을 정체성

기준에 부합하게 하기 위해 동기부여된다. 행동은, 개인들이 상황 속 타자로부터 자신의 정체성 기준에 맞는 반응을 이끌어내려고 한다는 의미에서 유도된 목표다. 이런 결과를 얻기 위해서 개인들은 자신이 정체성 기준에 맞는 입력을 받을 수 있도록 자기 제스처를 조율하고 행동 수행 안의 다양한 기호를 사용한다. [12]

버크 모형에서는 각 정체성마다 각각 분리된 통제시스템이 작동한다. [13] 즉, 어떤 상황에서 복수의 정체성이 제시된다면, 그 각각이 〈그림 16-1〉에 대략적으로 제시된 동학에 의해 안내된다. 예를 들어 어떤 교수가 지적인 사람과 성적으로 매력적인 사람 둘 모두를 정체성으로 표출하려 할 경우, 두 개의 역할정체성 — 지적인 것과 섹시한 것 — 이 행동 출력에 드러난다. 두 개의 정체성에 의해 지배되는 두 개의 비교측정기와 그것을 둘러싸고 돌아가는 두 개의 사이버네틱 통제시스템, 두 개의 입력세트, 두 개의 비교, 그리고 두 개의 출력이 작동한다. 그러나 종종 더 높은 수준의 정체성, 또는 버크가 때로는 **원칙 수준 정체성**(*principle-level identities*) 이라고 부르는 것이 더 낮은 수준의 정체성들 또는 **프로그램 정체성**들에 좀더 일반적인 참조들을 제공하며, 이에 따라 통제과정을 단순화한다. 예컨대 대학교수가 강의실에서 수업 중일 때에는 지적 활동 그 자체의 중요성에 대한 신념을 둘러싸고 돌아가는 높은 수준의 정체성이, 그의 역할행동 안에서 성적으로 매력적인 사람이라는 낮은 수준의 프로그램 정체성이 어떻게 조율될 수 있을지 안내해 줄 것이다. 이런 방식으로 두 개의 정체성이 모순되지 않게 되며, 확인받기 위한 노력을 이끄는 통제시스템은 정상적으로 작동될 것이다.

3) 다중적 정체성

최근에 버크는 얀 스테츠와 함께, 정체성의 3가지 유형을 구분했다. 인격정체성(*person identity*) 또는 개인적 자아 개념(또는 어떤 이들이 핵심정체성이라 부르는 것), 특정한 역할에 결부된 역할정체성, 그리고 사회집단에 결부된 사회적 정체성이 그것이다. [14] 개인들은 상호작용을 하는 동안 이 3가지 정체성 모두를 가질 수 있지만, 정체성 통제의 동학은 앞에서 설명한 것과 같은 방식으로 작동한다. 또한 사람들은 예컨대 원칙 정체성 또는 도덕적 정체성(*moral identity*) 같은 다른 수준의 정체성도 갖는다. 이것들 역시, 그 사람이 가질 수 있는 다른 정체성들과 마찬가지로, 〈그림 16-1〉에 요약된 사이버네틱한 방식으로 작동한다.

주어진 어떤 순간에도 많은 잠재적 정체성이 활동 중일 수 있기 때문에, 정체성 통제 역동은 복잡해질 수 있다. 그러나 여전히, 적합한 정보를 저장하고 이를 특정한 상황에 가져올 수 있는 인간의 인지적 역량이 제한적이기 때문에, 돌출될 수 있는 정체성의 수는 어느 정도 제한돼 있다.

4) 정체성과 감정

버크와 스테츠는 많은 조사 프로젝트에서, 정체성의 검증 또는 검증 실패가 사람들의 감정적 각성에 미치는 효과에 대해 탐구해왔다. [15] 역할정체성이 타자의 반응에 의해 검증될 때, 사람들은 긍정적 감정을 경험할 것이며, 일반적으로 향상된 자아존중감을 갖게 될 것이다. 이는 그들을 이따금 일어나는 정체성 확인 실패의 부정적 노력으로부터 차

단해 줄 수 있다. 역할정체성이 검증되지 않을 때, 사람들은 고통, 불안, 자아존중감의 저하 등 부정적 감정을 경험하게 된다.

(1) 정체성 검증

만약 어떤 역할정체성이 타자들과의 상호작용에서 지속적으로 검증되면, 개인들은 이 타자들을 점점 더 신뢰하게 된다. 그들은 이 타자들에 대한 몰입을 발전시킬 것이고, 감정적 애착을 드러낼 것이며, 역할정체성이 확인된 집단과 사회구조를 더욱 지향할 것이다. 예를 들어 좋은 학생으로 간주되는 것을 정체성 기준으로 삼는 사람은, 이 정체성이 확인될 때 (가령 교수나 후배 학생 같은) 타자에 대해 긍정적인 감정을 느낄 것이다. 만약 이 검증이 학교 상황에서 지속적으로 일어난다면, 이 사람은 타자를 신뢰하고 그들에 대한 애착을 발달시킬 것이며, 대학 공동체의 지적 문화를 지향할 것이다.

어떤 역할정체성이 타자와의 반복된 만남 속에서 검증되면서, 개인들은 타자에 대해서는 신뢰를, 상황에 대해서는 몰입을, 그리고 자신의 정체성을 검증해 준 이들에 대해서는 긍정적 감정을 발전시킨다. 정체성 검증에 이 같은 반향이 따르게 되면, 제시되고 검증된 개인의 역할정체성이 가진 돌출성이 증가한다. 그리고 어떤 정체성이 더 많이 돌출될수록, 즉 이 정체성이 해당 개인에게 더욱 중요해지고 행동적 출력을 더 많이 안내하게 될수록, 환경으로부터 얻어지는 입력이 실제로 이 정체성을 확인하도록 보장하고자 하는 개인의 동기는 더 커진다. 따라서 좋은 학생의 역할정체성을 확인받는 데서 성공을 누린 학생은 이 정체성을 더욱 두드러지게 취함으로써 이를 확인받기 위한 동기를 점점 더 많이 갖게 될 것이다.

(2) 정체성 검증의 실패

아마도 더 흥미로운 것은 타자의 반응으로부터의 입력이 정체성 기준에 들어맞지 않는 상황의 경우일 것이다. 몇 가지 조건이 이런 결과를 야기한다. 그중 하나는 사람이 아무리 열심히 노력해도 그의 출력이 해당 상황을 바꿀 수 없는 경우이다. 이 조건하에서 그는 자기효능감 상실과 더 큰 고립, 불만, 소외감을 경험한다. 예를 들어 자신의 수행을 직업 정체성에 맞출 수 없는데도 그 직업을 떠날 수 없는 사람은, 이런 부정적 감정을 느낄 것이다. 다른 한 조건은 한 역할정체성의 확인이 다른 정체성의 확인을 허용하지 않아 일어나는, 개인이 가진 다른 정체성으로 인한 방해다. 예를 들어, 좋은 학생이자 위대한 운동선수라는 정체성을 지닌 사람은 대학에서는 종종 이 두 정체성 중 한 가지만 지속적으로 확인될 수 있다는 것을 알게 된다. 또 다른 조건은, 역할정체성의 요소가 서로 너무 단단하게 얽혀 있어서 이 요소 중 하나에 대한 사소한 공격마저 모든 요소에 대한 공격으로 인지하게 되는 경우, 즉 과도하게 통제된 정체성이다. 이런 정체성은 상황 속 타자에 의해 대부분의 요소가 수용되더라도 검증되기가 어렵다. 해당 개인이 타자가 어떻게 반응해야 할 것인가에 대해 지나치게 엄격한 기대를 갖고 있기 때문이다. 정체성 검증 실패의 가능성을 높이는 마지막 조건은, 정체성이 어떤 역할에서 한 번만 연기되어 나오거나 또는 아주 드물게 돌출되어서, 이로 인해 해당 개인이 타자가 이 정체성을 검증할 수 있을 만큼의 행동 출

력을 방출하지 못하는 경우이다. [16]

① 정체성 기준으로 인하여 좌우되는 기대와 ② 타자의 반응이 불일치하게 되는 원천이 무엇이든 간에, ①과 ②의 불일치는 불가피하게 개인들이 고통과 같은 잠재적으로 부정적인 감정을 경험하게 만든다. 경험되는 고통의 수준은 몇 가지 조건에 의해 증대된다. 그중 하나는 해당 개인에게 역할정체성 검증에 실패한 타자가 갖는 중요성이다. 정체성 기준에 맞지 않는 반응을 한 타자가 개인에게 중요한 사람일수록 부정적 감정은 더 강해지며, 해당 개인이 이 유의미한 타자로부터 적절한 반응을 얻으려고 행동 출력을 조절하려고 하는 동기는 더 커진다. 다른 조건은 돌출된 역할정체

성 그 자체다. 한 사람에게 상황 속 역할정체성의 검증이 중요할수록, 이 정체성이 검증되지 않았을 때 그 사람이 받을 고통은 더 커질 것이다. 또 다른 조건은, 역할정체성이 타자와 집단에 대한 몰입을 더 많이 반영할수록 타자가 정체성을 확인해 주지 않았을 때 느끼는 고통의 강도가 강해진다는 것이다. 이는 특히 이 정체성이 원칙 수준의 요소 또는 해당 집단의 문화적 가치와 신념을 둘러싸고 세워졌을 때에 더욱 그러하다. 스트레스 수준에 영향을 주는 또 다른 조건은, 역할정체성에 의해 세워진 기대와 이것을 확인해 주지 않는 타자의 반응 사이의 불일치가 어느 정도로, 어느 방향으로 일어나는가 하는 것이다. 타자의 반응이 기대에 미

〈표 16-2〉 버크 정체성 이론의 핵심명제

1. 정체성이 역할에서 돌출될수록, 정체성 기준에 의해 만들어진 기대와 상황 안 타자의 반응이 일치한다는 감각을 얻고자 하는 동기는 더 커진다.

2. 타자의 반응이 정체성 기준이 좌우하는 기대에 부합할수록 개인들은 더 많은 긍정적 감정을 경험하며, 자아존중감이 커진다. 또 자아를 향한 긍정적 감정을 강화하게 되어 다음의 행동을 더 많이 하게 된다.
   A. 자신의 정체성을 검증해 준 타자에 대한 신뢰를 발전시킨다.
   B. 이 타자에 대한 감정적 애착을 발전시킨다.
   C. 이 타인에 대한 몰입을 발전시킨다.
   D. 해당 상황이 착근된 집단의 기준을 지향하게 된다.

3. 타자의 반응이 정체성 기준에 부합하지 않을수록, 개인들은 정체성 기준에 의해 세워진 기대와 타자의 반응 사이의 불일치로 인해 부정적 감정을 더 많이 경험하기 쉽다. 이런 불일치는 다음과 같은 경우에 증가한다.
   A. 둘 또는 그 이상의 역할정체성으로부터 오는, 다중이고 양립 불가능한 정체성 기준들
   B. 정체성 요소가 지나치게 꽉 얽혀 있어 경직된 정체성 기준을 만들어내는, 과잉 통제된 자아
   C. 역할에서 정체성을 드러내 보인 경험의 부족
   D. 해당 상황을 변화시키거나 벗어나려는 노력이 지속적으로 실패함

4. 정체성 검증의 실패로부터 오는 부정적 감정의 강도는 다음의 경우에 증대된다.
   A. 해당 상황에서 그 정체성의 돌출
   B. 정체성을 검증해 주지 않은 타자가 갖는 유의미성
   C. 정체성 기준이 이에 연관된 기대에 비해 높거나 낮은, 불일치의 정도

5. 어떤 정체성을 검증받는 데 실패함으로써 일어나는 부정적 감정의 강도는 시간이 흐르면서 정체성 기준이 기대가 낮아지는 쪽으로 하향 재조정됨에 따라 감소한다.

치지 못할 때, 개인들은 고통을 경험하고 행동 출력을 조절해 타자로부터 검증 반응을 확보하고자 동기화된다. 정체성 기준에 의해 만들어진 기대가 훨씬 높을 때에는 문제가 더 복잡해진다. 예비적으로 이루어진 조사들은 기대가 초과되는 정도가 개인들의 반응을 결정함을 알려준다.[17] 기대가 더 많이 초과할수록 개인들은 자신의 정체성 기준을 더 많이 조정해야 하고, 그 결과 더 많은 정서적 고통을 경험한다. 반면 기대가 초과된 수준이 적당한 정도이면, 정체성 기준을 근본적으로 조정하지 않아도 되고, 그만큼 그 사람은 긍정적 감정을 경험할 것이다.

정체성 검증이 반복적으로 실패하면서 시간이 흐르면, 그것이 일으키는 부정적 감정의 강도는 덜해진다. 이는 사람들이 그들의 정체성 기준을 하향 조정하기 시작하고, 타인의 반응에 대한 자신의 기대를 낮추기 때문이다.[18] 그러나 어떤 정체성 기준의 검증 실패가 처음 일어났다면, 개인들은 그 정체성을 검증받기 위해 노력하는 쪽으로 자신의 출력을 조정할 것이다. 예를 들어, 좋은 학생의 정체성을 가진 개인은 시험에서 기대에 못 미치는 결과가 나오더라도 더 열심히 공부할 것이다. 그러나 그 사람이 시험을 지속적으로 잘 보지 못한다면 역할정체성과 그리고 이 정체성과 연관된 기대가 하향 조정될 것이고, 공부를 더 열심히 하고자 하는 그 학생의 동기는 약화될 것이다. 정체성 기준이 검증되지 못할 때의 또 다른 선택지는, 가능하다면 개인이 그 상황에서 벗어나서 기대와 타자의 반응 사이의 불일치로부터 오는 부정적 감정을 회피하는 것이다.

요컨대, 버크의 정체성 이론은 테스트해 볼 만

한 많은 명제를 생성하며, 그중 일부가 〈표 16-2〉에 요약돼 있다. 이론에 함축된 이런저런 명제는 모두 똑같이 중요하며, 이론을 검증하고자 하는 노력으로부터 나왔다. 이 장에서 정리한 다른 정체성 이론을 토대로 수행된 조사연구가 몇 있지만, 버크의 이론이 가장 지속적인 조사로 탐구되고 있다. 최근에는 버크의 정체성 이론을 맥콜과 시먼스 이론뿐 아니라 스트라이커의 이론과도 조화시키려는 노력이 이뤄지기도 했다.[19] 그러므로 미래에는 자아에 대한 다양한 이론들이 좀더 통일성을 갖추게 될 가능성이 높다.

5. 조나단 터너의 교류욕구 이론

나는 미시역동 과정에 대한 나의 일반이론의 일부로서, 인간 상호작용에서 결정적으로 중요한 힘은 **교류욕구**(*transactional needs*)라고 본다.[20] 인간은 정도 차이는 있지만 특정한 근본적 욕구상태를 갖고 있으며, 개인이 상호작용할 때에 항상 활성화된다. 이것은 다음 두 가지 의미에서 교류적 욕구다. 첫째, 상호작용하는 동안 이 욕구 중 일부, 또는 모두가 활성화돼 있다. 둘째, 이 욕구의 충족 성공 또는 실패가 상호작용의 흐름에 극적인 영향을 준다. 이 욕구는 〈표 16-3〉에 목록화되어 있다. 나는 이 욕구상태의 위계에서 가장 중요한 욕구, 즉 자아와 자아를 이루는 정체성을 검증하고자 하는 욕구에 초점을 맞출 것이다. 자아는 4개의 **근본적 정체성**(*fundamental identities*)으로 구성된 것으로 시각화되었다. 사람들이 가질 수 있는 정체성은 거의 모든 것에 대해 가능하지만 말이다. 최근에는 사람들의 도덕적 정체성 또는 그들이 스스로를 도덕적이라고 여기는 영역의 범위에 대한 관심이 높아졌다. [21] 그러나 여전히, 가장 중심적인 정체성은 다음과 같다. ① **핵심정체성**(core identity), 또는 거의 모든 상황에서 일반적으로 돌출하는, 사람들이 스스로에 대해 사람들이 갖는 근본적인 인지와 감정(어떤 사람은 이를 **인격정체성**이라 부르기도 한다), ② **사회적 정체성**(social identity), 또는 사람들을 구별짓고 해당 범주 구성원들에 대해 일반적으로 다른 평가를 갖게 하는 사회적 범주(예를 들어 젠더, 성적 선호, 민족, 계급 등)의 구성원으로서의 자신에 대해 갖는 인지와 감정, ③ **집단적 정체성**(group identity), 또는 그 안에 노동분업이 있는 연합단위(집단들, 공동체들, 그리고 보통 집단적 정체성의 가장 큰 원천인 조직들)에 속하거나 또는 동일시함으로써 생기는 자신에 대한 인지와 감정, ④ **역할정체성**(role identity), 또는 사람들이 사회적 맥락에서 맡게 되는 역할, 특히 연합단위 속 노동분업에 대한 소속이나 때로는 사회적 범주 또는 내가 **범주적 단위들**(categoric units)이라고 부르는 소속과 연관된 역할 등이 그것이다. [22]

나는 대부분의 정체성 이론이 주장하는 것처럼 정체성들 사이에 현저성이나 돌출성에 있어서 깨끗한 선형적 위계가 있다는 견해에 대해서 회의적이다. 그러나 몇몇 정체성은 다른 정체성보다 좀더 일반적이라고 주장할 것이다. 정체성이 좀더 일반적

〈표 16-3〉 교류적 욕구들

1. **정체성의 검증**: 만남에서 개인이 제시한 4개의 기본적 정체성 중 하나 또는 그 이상을 검증하고자 하는 욕구
   a. **핵심정체성**: 개인들이 대부분의 만남에서 지니는, 인격으로서의 자기자신에 대한 개념과 감정
   b. **사회적 정체성**: 개인들이 범주적 단위의 구성원이 됨으로써 갖는 스스로에 대한 개념. 상황에 따라 자아와 타자에게 돌출되는 정도가 달라진다. 돌출적일 때 개인들은 타자가 이 정체성을 검증해 주기를 추구한다.
   c. **집단적 정체성**: 개인들이 집합적 단위(집단, 조직들, 그리고 공동체들)에서 맡은 지위에 대해 갖는 개념, 또는 집합적 단위의 구성원·구조·문화에 대한 그들의 동일시. 개인들이 집합적 단위에 대한 강한 동일시 감각을 가질 때, 그들은 타자들이 이 정체성을 검증하도록 추구한다.
   d. **역할정체성**: 개인들이 역할, 특히 제도적 영역에 있는 집합적 단위에 착근된 역할을 수행하는 사람으로서의 자신에 대해 갖는 개념. 어떤 역할정체성이 영역에 더 많이 뿌리박혀 있을수록 개인들은 타자가 이 정체성을 검증하도록 더 많이 추구하기 쉽다.
2. **자원의 교환에서 이윤을 얻기**: 만남 속 사람으로부터 받은 자원이, ⓐ 해당 상황에 있는 타자들이 받은 몫과 ⓑ 무엇이 정당한 몫인지를 세우기 위해 사용된 준거점들에 비추어 볼 때 정당하고 공정하다는 것을 보증하면서도, 자신이 치른 비용과 투자를 초과한다고 느끼려는 욕구
3. **집단포섭**(group inclusion): 자신이 어떤 만남에서 진행 중인 상호작용의 흐름의 일부라고 느끼려는 욕구. 그가 해당 만남에 더 많이 집중할수록, 이 욕구는 더 강해진다.
4. **신뢰**: 타자들의 자아가 각기 예측 가능하고 충심을 다하는 자아이며, 대화와 신체언어가 일어나는 동안 주기적 동기화(rhythmic synchronization)를 유지할 역량이 있다고 느끼려는 욕구
5. **사실성**: 개인들이 당면한 상호작용을 위해, 해당 상황이 보이는 것 그대로이며 굳건한 성격을 갖고 있다는 공통의 상호주관성을 공유한다고 느끼려는 욕구

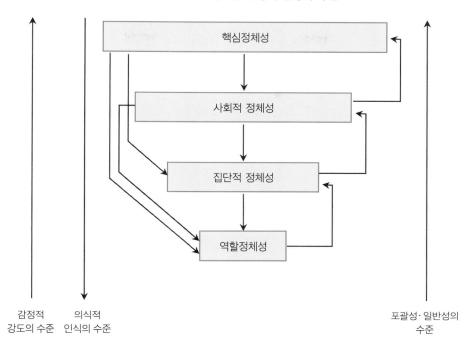

〈그림 16-2〉 정체성 구성의 유형과 수준

핵심정체성

사회적 정체성

집단적 정체성

역할정체성

감정적
강도의 수준

의식적
인식의 수준

포괄성·일반성의
수준

인 넓은 범위의 상황에 적합하고 돌출되기 쉬운 것일수록, 개인들은 타자로부터 그 정체성을 검증받기 위해 더 많이 추구하게 된다. 〈그림 16-2〉는 내가 강조하는 4개의 정체성 사이의 관계를 요약한다. 첫째, 어떤 정체성이 일반성에 있어서 낮을수록, 개인들이 그 정체성을 알아차리고 명료화하기 쉬울 것이다. 예를 들어 대부분의 사람들은 역할정체성과 집단적 정체성에서 그들 자신에 대해 갖는 인지와 감정을 분간할 수 있다. 반면에 사회적 정체성과 핵심정체성은 좀더 복합적일 뿐 아니라 그것들이 심지어 사람들의 행동에 영향을 줄 때조차 무의식적 상태로 남아 있는 요소를 갖고 있다.

둘째, 정체성이 〈그림 16-2〉에 제시된 위계에서 높이 위치할수록, 이 정체성과 연관된 감정은 더 강렬할 것이다. 많은 감정, 특히 부정적 감정은 억압되기 쉽다. 그러나 감정이 억압되었다고 해서 이 감정이 행동이나, 또는 이 정체성이 타자에 의해 검증되지 않을 때 개인이 나타내는 감정적 반향에 영향을 미치지 않는 것은 아니다.

셋째, 사회적 정체성과 핵심정체성은 좀더 일반적이기 때문에, 실제로 거의 모든 사회적 상황에서 나타날 수 있다. 반면 역할정체성과 집단적 정체성은 어떤 역할 속에서 또는 어떤 집단에 따르면서 나타나기 쉽다. 그러나 이것을 지나치게 일반화해서는 안 된다. 왜냐하면 어떤 역할, 가령 어머니 역할 같은 것은 고도로 돌출적이어서 가족 바깥의 훨씬 더 다양한 범위의 상황에서도 나올 수 있고, 집단적 정체성도 종종 — 가령 어떤 스포츠 팀에 대한 열렬한 팬 정체성 같은 것처럼 — 많은 상황에서 나오기 때문이다.

넷째, 정체성은 종종 서로서로 착근되어 있는데, 수준이 좀더 낮거나 폭이 좀더 좁은 정체성은 더 일반적인 정체성에 성공적으로 착근될 수 있다. 그 결과, 어떤 한 역할정체성의 검증 실패가 강렬한 감정을 일으킬 수도 있다. 왜냐하면 해당 정체성이 집단적 정체성, 사회적 정체성, 그리고 핵심 정체성의 일부일 수 있기 때문이다. 예를 들어, 어떤 사람의 어머니로서의 역할정체성이 그녀의 핵심정체성에서 큰 부분을 차지하는 구성요소일 수 있다. 그렇게 되면 그녀가 다양한 역할을 통해 자신의 어머니 정체성을 검증받고자 할 때 거기 걸려 있는 것이 아주 크고 많을 수 있다. 그것은 사실상 (여성으로서의) 사회적 정체성에도, 심지어 (가족 구성원이라는) 집단적 정체성에도 관련돼 있을 수 있기 때문에, 결정적으로 중요하다. 만약 어머니 역할이 검증되지 않으면, 이 여성은 자신의 전체 정체성 구조가 공격과 잠재적 붕괴 아래 놓이게 된다고 인지할 것이기 때문이다.

정체성 동학은 버크 이론에서 살펴본 사이버네틱 과정의 많은 것을 드러내 보여준다. 사람들은 이 4가지 정체성 중 하나 또는 모두를 검증받으려고 노력하면서 상황 속에서 그들의 행동을 편성하고 조율한다. 만약 타자가 어떤 정체성 또는 정체성들을 수용한다는 신호를 주면, 그 사람은 낮은 강도의 긍정적 감정인 **만족감**으로부터 높은 강도의 긍정적 감정인 **기쁨**과 **자부심**에 이르기까지 다양한 긍정적 감정을 경험할 것이다. 대조적으로, 만약 정체성이 검증되지 않는다면, 개인들은 **분노, 공포, 당황, 수치, 죄의식**, 그 외 여러 부정적 감정을 경험할 것이다. 사람들이 그들의 감정을 알아차릴 때 이 감정은 (스트라이커가 논한 것처럼) 자아의

제시가 무언가 잘못되어가고 있다는 신호를 주며, (버크 이론을 따르자면) 개인들에게 그들의 행동을 다시 감정(鑑定)해서 정체성 검증을 보장받을 수 있도록 변형하고자 하는 동기를 부여한다. 그러나 이 동학은 그 사람이 정체성이 검증되지 않았다는 것을 알아차리는 경우에만 전개된다.

맥콜과 시먼스가 제안했듯이, 사람들은 종종 자아를 이런 운명으로부터 보호하기 위해 다양한 방어적 전략에 호소한다. 사람들은 종종 타자의 반응에 대해 선택적 인지와 선택적 해석을 하며, 종종 그들의 검증요구를 기각한 청중을 거부한다. 타자로부터 정체성을 확인받는 데 실패한 상황을 떠나 버리는 일도 종종 생긴다. 그러나 나는 맥콜과 시먼스가 충분히 논의를 발전시키지 않았다고 생각한다. 사람들은 종종 정체성 검증 실패로 인한 부정적 감정을 억압한다. 그들은 이 감정을 의식 수준 아래로 단순히 밀어 넣고, 의식적으로 느끼지 않아 버린다. 비록 이 감정이 다른 사람에게는 여전히 명백하거나, 또는 다른 사람이 견뎌내야 하는 새로운, 종종 좀더 휘발성이 큰 감정으로 변형된다 하더라도 말이다. 그러므로 진짜 방어기제는 때로는 타자의 반응과 평가가 뒤따르는 행동을 일으키기도 하고, 또 때로는 이 타자로부터의 반응을 설명하고 그럼으로써 해당 정체성이 검증될 수 있도록 보장하는 행동을 일으킴으로써, 사이버네틱 순환을 깨 버린다.

〈표 16-4〉는 **방어기제**(*defense mechanism*)의 다양한 유형을 열거한다. **억압**(*repression*), 즉 감정을 의식으로부터 제거하는 것이 기본 기제(*master mechanism*)이고, 이에 뒤따라 다른 유형의 방어기제가 활성화될 수 있다. **전치**(傳置, *displacement*:

〈표 16-4〉 감정의 억압, 방어, 변형, 표적

억압된 감정	방어기제	변형	표적
분노, 슬픔, 공포, 수치, 죄의식, 소외	전치	분노로	타자, 연합단위, 범주적 단위
분노, 슬픔, 공포, 수치, 죄의식, 소외	투사	약간의 분노로	분노, 슬픔, 공포, 수치 또는 죄의식을, 타자의 기질적 상태에로 전가
분노, 슬픔, 공포, 수치, 죄의식, 소외	반동형성	긍정적 감정으로	타자, 연합단위, 범주적 단위
분노, 슬픔, 공포, 수치, 죄의식, 소외	승화	긍정적 감정으로	연합단위의 과제
분노, 슬픔, 공포, 수치, 죄의식, 소외	귀인	분노로	타자, 연합단위, 범주적 단위

자아에서 타자로 감정의 방향을 옮기는 것), **투사**(投射, projection: 억압된 감정(들)을 타자(들)에게 덮어씌우는 것), **승화**(昇華, sublimation: 부정적 감정을 긍정적 에너지로 바꾸는 것), **반동형성**(reaction formation: 강한 부정적 감정을, 그 부정적 감정을 야기한 타자를 향한 긍정적 감정으로 바꾸는 것), 그리고 **귀인**(歸因, attribution: 감정적 리액션의 원인을 찾는 것)이 그것이다. 이 5가지 방어기제는 종종 정신분석 전통에서 상정되는 것이다. 하지만 마지막 것, 즉 귀인은 인지심리학(그전에는 게슈탈트 심리학)으로부터 왔다. 귀인은 일반적으로 방어기제로 간주되지 않지만, 사실 사회학적으로 가장 중요한 기제이다. 사람들은 자기 경험에 대해 귀인을 하는데(원인을 찾는데), 긍정적 감정을 경험할 때는 일반적으로 자기 귀인을 한다(즉, 자기 덕이라고 본다). 반면, 부정적 감정이 들 때는 부정적 자기 감정으로부터 자아를 보호하기 위해 타자, 타자의 범주, 그리고 사회구조를 비난한다(남 탓을 한다).

자기 또는 당면한 상황 안에 있는 타자에게 긍정적 감정을 귀인하는 **구심적 편향**(proximal bias)과, 좀더 멀리 있는 대상에게 이 감정에 대한 책임이 있다는 식으로 부정적 감정을 먼 데로 보내 버리는 **원심적 편향**(distal bias)이, 상호작용에 그리고 타자 및 사회구조에 대한 개인의 몰입에 크게 영향을 준다. 사람들은 정체성 검증과 동반하는 긍정적 감정을 경험할 때, 자기자신에 대해 그리고 아마도 당면한 상황 안의 타자에 대해 긍정적 감정을 느낀다. 그들은 긍정적 제재를 받았다고, 그리고 상황적 기대를 충족시켰다고 느낀다. 그러면서 그들의 정체성 또는 정체성이 검증받았기에 스스로에 대해 기분 좋게 느낀다. 대조적으로, 사람들이 기대를 충족하지 못했을 때, 부정적 제재를 받았을 때, 그리하여 어떤 상황에서 정체성을 확인하는 데 실패했을 때에는 **수치심**과 같은 부정적 감정이 일어난다. 그것이 너무나 고통스럽기 때문에 그 감정은 억압되며, 그런 다음 좀더 먼 타자, 예를 들어 사회적 범주의 구성원이나 사회구조와 같은 타자가 그 감정에 대해 비난받는다. 사람들은 이런 방식으로 부정적 감정을 일으킨 책임을 자아 외부에 있는 대상에게 돌림으로써, 부정적 감정을 느끼면서도 자아를 보호할 수 있다. 이런 부정적 감정은 (예컨대 젠더, 종족성, 종교적 소속에 따른) 사회 범주의 구성원에 대한 편견과, 부정적 감정을 야기한 것으로 간주된 사회구조로부터의 소외, 그리고 몰입의 상실을 만들어낸다. 대조적으로, 긍정적 감정은 타자와 상황에 대한 몰입을 증가시킨다.

감정이 이런 구심적이고 원심적인 편향을 갖는다고 할 때, 새로운 질문이 제기된다. 자아 검증, 기대 충족, 타자로부터 긍정적 제재 받기라는 것이 로컬의 영역, 사회조직의 미시적 수준에서 일어나는 만남들과 연계되어 있다고 할 때, 가령 사회구조와 같은 좀더 먼 대상들에 대한 개인들의 몰입은 어떻게 만들어질 수 있는가? 무엇이 긍정적 감정이 귀인 과정에 내장된 구심적 편향의 구심력을 깰 수 있게 해주는가? 내 대답은, 사람들은 특정한 유형의 상황에서 긍정적 감정을 **꾸준히 경험**할 때, 이 상황이 착근되어 있는 더 큰 사회구조에 귀인하기 시작한다는 것이다. 그럼으로써 그들은 이 구조에 대한 긍정적 감정과 몰입을 발전시킨다. 이는 그들이 자아의 검증, 그리고 정체성 검증에서 나오는 긍정적 느낌에 이 구조가 인과적 책임이 있다고 간주하기 때문이다. 궁극적으로 꾸준한 자아 검증은 이런 방식으로, 자아 검증에 뒤따르는 긍정적 감정을 일으킨 만남이 이뤄진 사회구조에 대한 몰입을 끌어낼 것이다. 더 많은 정체성이 검증될수록 이 몰입은 결국 더 커질 것이다. 만약 특정한 유형의 연합단위에 대한, 또는 사회 전체에

대한 집단적 정체성이 미리 존재하지 않았더라도 개인들이 특정한 유형의 사회구조 안에서 다른 정체성을 타당화함으로써 그것이 실제로 형성되는 경우도 많다. 그 다른 정체성이 노동분업에서의 역할과 연계되어 있는 정도에 따라, 그리고 노동분업 속에서의 만남에 의해 검증되는 정도에 따라, 정체성 동학은 사회구조와 그리고 이 구조가 담겨 있는 더 큰 제도적 영역에 대한 몰입 기저에 깔린 이면적 원동력이 된다. 예를 들어, 꾸준히 보상받고 학생으로서의 역할정체성을 검증받아온 좋은 학생은 시간이 흐름에 따라 학교에 대한 몰입, 그리고 결국에는 제도교육 영역 전체에 대한 몰입을 발전시킬 것이다.

자아의 검증과 관련된 교류욕구와 같은 힘은 이런 방식으로 좀더 거시적인 수준의 사회구조에 큰 영향을 줄 수 있다. 역으로, 사람들이 역할정체성 또는 집단이나 조직 내에서의 역할과 연계된 그 어떤 정체성이라도 검증받도록 판을 깔아 주는 거시구조는 그들이 뿌린 것을 거둬들일 것이다. 즉, 개인으로부터의 몰입을 얻을 것이다. 그리고 이런 몰입이 마지막에는, 이 집단과 조직이 착근된 제도적 영역 또는 사회 전체로 옮겨갈 수 있다. [23]

6. 나가며

지난 45년 동안, 미드가 씨를 뿌린 자아의 동학에 대한 발상은 유의미하게 확장되고, 이론적으로 다듬어졌으며, 조심스러운 경험적 조사에 의해서 평가됐다. 오늘날의 이론은 개인들이 다중적 정체성을 지닌다는 점을 강조한다. 비록 그 정체성이 현

저성이나 돌출성에 있어 선형적 위계를 구성하는지 아닌지, 또는 어느 정도나 구성하는지를 두고 얼마간의 불일치가 있기는 해도 말이다. 분명한 것은 자아를 위해 작동하는 사이버네틱·게슈탈트 동학이 있다는 것이다. 사람들은 자신의 행동적 출력이 정체성에 일관되는지 그리고 타자에 의해 수용 가능한지를 알기 위해 이 출력에 대한 타자의 리액션을 평가함으로써, 자신의 정체성이 타자에 의해 검증되기를 추구한다. 여전히 어떤 이들은, 인간행동의 그런 중요한 차원 ─ 정체성의 검증 ─ 이 문제적일 때 일어나는 부정적 감정에 의해 이 사이버네틱 과정이 왜곡될 수 있다고 주장할 것이다. 그러나 모든 정체성 이론은 어떤 정체성 검증의 실패가, 개인들이 자신에 대한 타자의 반응에 따라 자아에 대한 인지를 갖도록 동기부여하는 부정적 감정을 만들어낸다는 점에 동의한다. 이는 타자의 반응과 이 반응에 대해 어떤 사람이 느끼는 감정이 일치를 얻기 위해 감정이 억압되어야 하는 경우에도 마찬가지다. 대부분의 정체성 이론은, 사람들은 분명 인지적 편향을 일반적으로 갖고 있어서 행동적 출력, 정체성, 그리고 정체성의 제시에 대한 타자의 리액션의 일치를 강조하게 된다고 본다. 정신분석적 지향이 강한 정체성 이론은 이러한 일치가 방어기제의 활성화에 의해 성취될 수 있다고 제안한다. 모든 상징적 상호작용론자들에게 있어 정체성의 검증에 대한 욕구는 상호작용의 추동력이며, 상호작용의 흐름은 사람들의 정체성이 상호검증되는 정도를 둘러싸고 전개된다. 그럴 때 개인들은 긍정적 감정을 느끼고, 그 감정이 지속됨에 따라 상호작용이 그 안에서 일어나는 더 큰 사회구조에 대한 몰입이 만들어지기 시작한다.

정체성 검증의 동학은 미시적 상호작용과 거시적 사회구조 사이의 연관을 이해하기 위한 하나의 열쇠다. 가장 중요한 연결고리는 감정이며, 가장 강력한 감정은 정체성 동학으로부터 나온다. 그렇기에, 스케일이 큰 사회구조는 여러 대면적 상호작용에서 일어나는 정체성 검증과 이에 동반하는 긍정적 감정이 꾸준히 발생하는 데 의존한다. 정체성 이론은 사람들의 상호작용이라는 미시수준과 한 사회의 사회구조라는 거시수준 사이의 갭(이라고 종종 불리는 것)을 종결하기 위해 머나먼 길을 가고 있다.

1 이 인물들 외에, 자아와 정체성에 대한 이론을 탐구한 사람들은 더 많다. 다음을 참조하라. Eugene Weinstein, Mary Glenn Wiley, and William DeVaughn, "Role and Interpersonal Style as Components of Interaction", *Social Forces* 45 (1966)：pp. 210~216; Peter J. Burke and Judy C. Tully, "The Measurement of Role/Identity", *Social Forces* 55 (1977)：pp. 881~897; Nelson N. Foote, "Identification as the Basis for a Theory of Motivation." *American Sociological Review* 16 (1951)：pp. 14~21; Tamotsu Shibutani, *Society and Personality* (Englewood Cliffs, NJ：Prentice Hall, 1961); Anselm Strauss, *Mirrors and Masks* (Glencoe, IL：Free Press, 1959); Gregory P. Stone, "Appearance and the self", in *Behavior and Social Processes*, ed. Arnold M. Rose (Boston：Houghton Mifflin, 1962). 정체성과 자아 이론의 역사를 살펴보려면 Viktor Gecas and Peter J. Burke, "Self and Identity", in *Sociological Perspectives on Social Psychology*, eds. Karen S. Cook, Gary Alan Fine, and James S. House (Boston：Allyn & Bacon, 1995), pp. 41~67를 보라. 정체성 이론에 대한 가장 최근의 리뷰는 Peter J. Burke and Jan E. Stets, *Identity Theory* (New York：Oxford University Press, 2009) 를 보라.

2 Sheldon Stryker, *Symbolic Interactionism：A Structural Version* (Menlo Park, CA：Benjamin/Cummings, 1980); "Identity Salience and Role Performance：The Relevance of Symbolic Interaction Theory for Family Research", *Journal of Marriage and the Family* (1968)：pp. 558~564; "Fundamental Principles of Social Interaction", in *Sociology*, ed. Neil J. Smelser, 2nd ed. (New York：Wiley, 1973), pp. 495~547. 최근 이론은 다음 글을 보라. Sheldon Stryker and Richard T. Serpe, "Commitment, Identity Salience, and Role Behavior", in *Personality, Roles, and Social Behavior*, eds. William Ickes and Eric Knowles (New York：Springer-Verlag, 1982), pp. 199~218; Richard T. Serpe and Sheldon Stryker, "The Construction of Self and the Reconstruction of Social Relationships", *Advances in Group Processes* 4 (1987)：pp. 41~66; and Sheldon Stryker, "Exploring the Relevance of Social Cognition for the Relationship of self and Society", in *The Self-Society Dynamic：Cognition, Emotion, and Action*, eds. Judith Howard and Peter L. Callero (Cambridge University Press, 1991)：pp. 19~41.

3 Sheldon Stryker, "The Interplay of Affect and Identity：Exploring the Relationship of Social Structure, Social Interaction, Self and Emotions." Paper presented at the American Sociological Association meetings, Chicago, 1987; Sheldon Stryker and Richard Serpe, "Commitment, Identity Salience and Role Behavior：Theory and a Research Example", in *Personality, Roles and Social Behavior*, eds. W. Ichkes and E.

Knowles (New York: Springer-Verlag, 1982), pp. 199~218.

4 George J. McCall and J. L. Simmons, *Identities and Interactions* (New York: Basic Books, 1960). 이 책은 1978년에 재판이 출간되었지만, 이론은 사실상 변한 것이 없다.

5 같은 책, p. 67.

6 같은 책, p. 75.

7 Peter J. Burke, "The Self: Measurement Implications from a Symbolic Interactionist Perspective", *Social Psychology Quarterly* 43 (1980): pp. 18~20; "An Identity Model for Network Exchange", *America Sociological Review* 62 (1997): pp. 134~150; "Attitudes, Behavior, and the Self", in *The Self-Society Dynamic*, eds. Judith Howard and Peter L. Callero (주 2 참조), pp. 189~208, "Identity Processes and Social Stress", *American Sociological Review* 56 (1991): pp. 836~849; P. J. Burke and Jan D. C. Reitzes, "An Identity Theory Approach Commitment", *Social Psychology Quarterly* 54 (1991): pp. 239~251; P. J. Burke and Jan E. Stets, "Trust and Commitment through Self-Verification", *Social Psychology Quarterly* 62 (1999): pp. 347~366; Peter J. Burke and Jan E. Stets, *Identity Theory* (New York: Oxford University Press).

8 Peter J. Burke, "The Self: Measurement Implications from a Symbolic Interactionist Perspective" (주 7 참조).

9 T. Tsushima and P. J. Burke, "Levels, Agency, and Control in Parent Identiy", *Social Psychology Quarterly* 62 (1999): pp. 179~189.

10 같은 책. 또한 Peter J. Burke, "Identity Processes and Social Stress" (주 7 참조) 도 보라.

11 Peter J. Burke, "Identity Processes and Social Stress" (주 7 참조).

12 Lee Freese and Peter J. Burke, "Persons, Identities, and Social Interaction", in *Advances in Group Processes*, eds. Barry Markovsky, K. Heimer, and Jody O'Brien (Greenwich, CT: JAI, 1994).

13 Peter J. Burke, "Relationships Among Multiple Identities" (Conference in Bloomington, IN: The Future of Identity Theory and Research, 2001).

14 Burke and Stets, *Identity Theory* (주 7 참조); p. 129의 표를 보라.

15 P. J. Burke and Jan E. Stets, "Trust and Commitment Through Self-Verification" (주 7 참조).

16 Burke, "Identity and Social Stress" (주 7 참조). 그리고 "Social Identities and Psycho-social Stress", in *Perspectives on Structure, Theory, Life-Course, and Methods*, ed. H. Kaplan (San Diego, CA: Academic Press, 1996); Burke and Stets, *Identity Theory* (주 7 참조), pp. 77~79.

17 Jan E. Stets, "Justice, Emotion, and Identity Theory" (Conference in Bloomington, IN: The Future of Identity Theory and Research, 2001); Jan E. Stets and T. M. Tsushima, "Negative Emotion and Coping Responses within Identity Control Theory", *Social Psychology Quarterly* 64 (2001), pp. 283~295.

18 모두 주 17 참조.

19 Jan E. Stets and Peter J. Burke, "A Sociological Approach to Self and Identity Theory" (주 1 참조); Sheldon Stryker and Peter J. Burk, "The Past, Present, and Future of Identity Theory", *Social Psychology Quarterly* 63 (2000): pp. 284~297.

20 예컨대 다음 글들을 보라. *A Theory of Social Interaction* (Stanford, CA: Stanford University Press, 1988); *Face-to-Face: Toward a Sociological Theory of Interpersonal Behavior* (Stanford, CA: Stanford University Press, 2002); *Theoretical Principles of Sociology, Volume 2 on Microdynamics* (New York: Springer, 2010); *Human Emotions: A Sociological Theory* (London: Routledge, 2008); "Toward a Theory of Embedded Encounters", *Advances in Group Processes* 17 (2000): pp. 285~322; Jonathan H. Turner and Jan E. Stets, "The Moral Emotions", in *Handbook of the Sociology of Emotions*, eds. Jan E. Stets and Jonathan H. Turner (New York: Springer, 2006), pp. 544~568; Jonathan H. Tuner, "Emotions and Social Structure: Toward a General Theory", in *Emotion and Social Structure*, eds. D. Robinson and J. Clay-Warner (New York: Elsevier, 2008), pp. 319~342; Jonathan Turner, "Self, Emotions, and Extreme Violence: Extending Symbolic Interactionist Theorizing", *Symbolic Interaction* 30 (2008): pp. 290~301; "Toward A Theory of Interpersonal Processes", in *Sociological Social Psychology*, eds. J. Chin and J. Cardell (Boston, MA: Allyn and Bacon, 2008), pp. 65~95; Jonathan Turner, "Identities, Emotions, and Interaction Processes", *Symbolic Interaction* 34 (2011): pp. 330~339.

21 예를 들어 다음의 글들을 보라. Steven Hitlin, ed., *Handbook of the Sociology of Morality* (New York: Springer, 2010); Steven Hitlin, *Moral Selves, Evil Selves: The Social Psychology of Conscience* (London, UK: Palgrave/Macmillan, 2008).

22 이런 분류는 Amos Hawley, *Human Ecology: A Theoretical Essay* (Chicago, IL: University of Chicago Press, 1986) 에 나온다. 나는 여기서 이 범주를 개인의 범주를 나타내기 위해 사용한다. 이 범주는 개인이 특수한 것을 정의하는 사회단위를 구성한다고 간주하고, 도덕적 가치 수준의 평가와 그 범주에 속한 사람들의 행동에 대한 기대치를 담고 있다.

23 나는 이러한 정체성 역학과 거시구조에 미치는 영향에 대해서 많은 공식적 명제를 발전시켰다. 예를 들어, 나의 저서 *Face-to-Face*와 *Theoretical Principles of Sociology*를 보라(두 저작 모두 주 20 참조).

17 장

연극모형론적 이론

1. 어빙 고프만의 '상호작용질서'

20세기 후반에 어빙 고프만(Erving Goffman)은 상호작용 과정에 대한 아마도 가장 창조적인 이론가였을 것이다. 1982년 생을 마감하기 전에, 그는 마지막 논문에서 면대면상호작용에 대한 분석을 **상호작용질서**(interaction order)로 규정했다.[1] 그러나 그는 많은 미시적 수준의 이론가들과 연구자들과는 달리 실재하는 모든 것이 상호작용질서라고 주장하지는 않았다. 오히려 그는 이 상호작용질서란 것이 그 자체의 고유한 동학을 보여주는 특색 있는 현실 영역을 구성한다고 주장했을 뿐이다. "상호작용질서 내의 비교적 자율적인 삶의 형식들을 이야기하기 위해 … 이 형식들을 선험적이고 근본적인 또는 거시적인 현상의 형태의 구성요소 같은 것이라고 내세우는 것은 아니다."[2] 고프만은 이 〔관계〕를 기껏해야 미시적 영역과 거시적 영역의 '느슨한 결합'(loose coupling) 정도로 인식했다. 상

품시장, 도시의 토지이용 가치, 경제성장, 그리고 사회 전체의 계층화와 같은 거시적 현상은 미시적 수준의 분석을 통해서는 설명될 수 없다.[3] 물론 다양한 유형의 상황설정과 마주침 속에서 개인들이 어떻게 상호작용하는지를 기록함으로써 거시적 수준의 설명을 보충할 수 있다. 그러나 이러한 분석들이 거시적 수준의 설명을 대체할 수는 없을 것이다. 역으로 무엇이 상호작용질서에서 발생하는가 하는 것도 거시적 과정으로만은 다 설명할 수 없다. 오히려 미시적 수준에서의 과정은 항상 상호작용과 관련된 개인들의 고유한 방식으로 변형되어 왔다.

확실히 거시적 현상은 상호작용을 제한하고 제약하며, 때때로 상호작용의 일반적 형태를 제시하기도 한다. 그러나 상호작용 자체에 내재된 동학은 이러한 구조적 변수와 일대일 관계로〔환원되는 것을〕거부한다. 사실 상호작용의 형식은 거시적 구조와 자주 상충하지만, 그 구조를 극적으로 변화시키지 않으면서도 이러한 구조에 순응하지

않는 방식으로 부드럽게 작동한다. 그러므로 상호작용이 사회구조를 '재생산'하는 데 있어 거시구조에 의해 제약받는다는 조악한 개념은 상호작용질서의 자율성을 인지하지 못한 것이다. 상호작용은 어떤 의미에서든 "구조적 배열의 〔단순한〕 표현이 아니다. 기껏해야 상호작용은 이러한 배열과 관련돼 발전된 표현이다. 사회구조는 (상호작용 의례의) 표준적 전시를 문화적으로 '결정'하지 않는다. 그것들은 단지 이용 가능한 레퍼토리를 선택하는 데 도움을 줄 뿐이다."[4] 따라서 "계층과 구조들이 보다 더 넓은 범주로 융합되면서 상호작용적 실천방식과 사회구조들의 '느슨한 결합'이 존재하며, 그 범주 자체는 구조적 세계의 어떤 것과도 일대일로 대응하지 않는다."[5] 그리고 "일련의 변환규칙, 즉 다양한 외부적으로 관련된 사회적 특성이 상호작용 내에서 어떻게 다뤄질지를 선택하는 막이 존재한다."[6]

하지만 이 변환은 매우 중요한 현상이다. 사회적 세계에 '현실감'을 부여하는 것들 중 상당수는 다양한 상황 속에서 다른 사람을 상대할 때 개인들이 사용하는 실천방식을 통해 발현된다. 대인관계 접촉의 규칙〔유지를〕 위해서 "우리는 확고한 현실감각을 가져야 한다."[7] 또한 상호작용의 어떤 만남과 에피소드가 대단한 사회적 중요성을 갖지 않는다고 하더라도, "이러한 것들이 쌓여서 우리 사회적 삶의 많은 부분이 체계화될 수 있다."[8] 그러므로 상호작용질서는 사회학 이론의 핵심 주제가 된다.

이 영역에서 고프만의 접근법은 독특하다.[9] 우리가 "자연과학의 정신에 대한 신념을 지켜야 하고, 우리의 틀에 박힌 일이 방향성을 가지고 있다고 진지하게 농담을 하며 뒤뚱뒤뚱하면서도 걸어가야 하지만",[10] 성숙한 과학에 과하게 매료되어서는 안 된다. 사회적 삶은 "우리를 자연스럽게 연구자로 만들지만", 우리의 연구는 경직되어서는 안 된다.[11] 대신에 즉석 관찰, 일화 생산, 창의적 사고, 문헌의 삽화, 예절과 관련된 책에 대한 검토, 개인적 경험, 그리고 많은 다른 비체계적 자료의 출처들은 미시적 질서하에서 탐구되어야 한다. 사실 "인간의 삶은 자연에 비추어 볼 때 작고 불규칙적인 홈집일 뿐이고, 심층적이고 체계적인 분석이 쉽지 않다."[12] 그럼에도 불구하고, 인간의 삶은 과학적 탐구 속에서 연구될 수 있다.

2. 연극모형론적 메타포

고프만의 첫 번째 주요저서인 《자아연출의 사회학》과 마지막 주요저서인 《틀분석: 경험의 조직에 관한 에세이》, 이 두 권의 저서 모두에서 그는 무대와 극장의 유사함을 보여주었다. 이러한 이유로 흔히 그의 작업을 **연극모형론적**(dramaturgical)이라고 명명한다.[13] 그러나 이러한 명명은 대본, 무대, 청중, 소품, 배역을 맡은 행위자가 존재한다는 인상을 만들어내기 때문에 다소 오해를 불러일으킬 수 있다. 이러한 심상(imagery)은 역할이론과 같은 선상에 있다. 고프만은 이 유추를 꺼려하지 않았고 실제로 이를 자주 사용했던 반면에, 상호작용질서는 또 다른 의미에서 드라마틱하다. 개인들은 공연을 하는 행위자들이며, 종종 상대방에게 냉소적이고 기만적이다. 덧붙여 사람들은 자신의 목적과 이익을 위해 자발적으로 대본, 무대, 소품 그리고 역할을 조작한다. 이렇듯 고프만의 연극모형론(dramaturgy)에 대한 더욱 냉소적인 시각은 아마 표지에 더 가까울지 모르지만, 그것 역시 다소 오해의 소지가 있다.[14] 평론가들은 고프만이 그의 접근법의 사례와 주제 중 일부를 정확히 포착하긴 했으나, 이론화 과정에서 더욱 근본적인 절차를 명확히 밝히지 못했다는 메타포를 제시하며 종종 고프만을 인간의 사회적 상호작용의 시각에서 일종의 '사기꾼'(con man)[15] 캐릭터로 묘사했다.

우리는 연극모형론에서의 이 메타포를 덜 극단적인 의미로 사용할 수 있다. 고프만의 작업에서는 다음과 같은 것을 찾아볼 수 있다. 문화대본 또는 일련의 규범적 규칙에 대한 관심, 어떻게 개인들이 그들의 인상을 관리하고 역할을 수행하는지에 대한 강조, 무대와 소품(물리적 공간과 사물)에 대한 관심, 상연, 제스처의 조작, 거리두기의 의미들, 그리고 상황설정에 있어서의 소품들과 그 밖의 물리적 측면의 사용에 대한 강조 등이다. 덧붙여, 상징적 상호작용주의자가 상호작용에서 자아와 정체성을 정신적 지주로 삼았던 것에 반해, 고프만은 자아를 상황적인 것으로 여겼다. 〔자아는〕 자기태도, 자기감정 또는 정체성의 지속성과 상황변경의 배치보다 문화적 대본, 무대, 그리고 청중들에 의해 더 많은 것이 결정된다고 보았다. 그리고 마지막으로 공연이 연극적 환경, 즉 분위기, 선명도 그리고 현실감각을 어떻게 만들어내는지에 대해 특히 관심을 기울인다.

———

연극적 메타포의 이러한 견해는 고프만의 접근에 대해 단지 대강의 방향을 제시해 줄 뿐이다. 우리는 이러한 방향 속에서 더 많은 세부사항을 채워 넣을 필요가 있다. 그러기 위해 나는 고프만의 가장 영향력 있는 작업들을 비평적으로 검토할 것이며, 다양한 어휘와 개념을 더욱 통일된 이론적 관점, 즉 단지 교묘한 메타포 그 이상의 일반적 윤곽을 가진 연극모형론적 관점 속에 포함시키기 위해 노력할 것이다.[16]

———

3. 자아표현

《자아연출의 사회학》은 고프만의 중요한 첫 저서이다. 고프만이 연극모형론적 이론가로 불리는 이유를 제공한 책이기도 하다.[17] 기본적 주장은 개인들이 반응하는 방법에 대한 정보를 타인들에게 전달하는 신호를 의도적으로, 그리고 무심코 내보낸다는 것이다. 이러한 상호 간의 '신호-매개'의 사용을 통해, 개인들은 '상황정의'를 발전시킨다. 이 정의는 '협력적 활동에 대한 계획'인 동시에 "존재하는 것에 대한 실질적 합의라기보다는 어떤 문제에 대한 누구의 주장이 일시적으로 존중될지에 대한 진정한 합의라고 할 수 있다."[18] 상황에 대한 이러한 전반적 정의를 구성하는 과정에서, 개인들은 공연에 참여하게 된다. 그 공연에서 개인들은 특정한 태도(manner)를 이용해 **스스로를 연출하는**(present oneself) 제스처를 조직화한다. 예를 들어, 한 개인이 인식 가능한 특징을 가지고 특정한 방식으로 대접받게 되는 것처럼 말이다. 이러한 공연은 서로 관련이 있는, 몇 가지 동학을 중심으로 전개된다.

① 공연은 **무대전면**(a front) 창조를 포함한다. 무대전면은 물리적 '무대장치'(setting) 와 물리적 배치 (layout), 특정한 인상(impression) 을 만들기 위해서 가구나 다른 '무대소품'(stage prop) 과 같은 배치의 고정된 장비의 이용을 포함한다. 또한, 무대전면은 다음과 같은 것들을 포함한다. ⓐ '표현과 관련된 장비 항목'(감정, 에너지, 그 밖의 표현에 대한 능력), ⓑ '외형'(appearance), 또는 타인들에게 사회, 일 그리고 여가활동에 관한 개인의 '의례적 상태'(ritual state) 뿐만 아니라 개인의 사회적 위치와 지위를 알려주는 신호,[19] 그리고 ⓒ '태도', 또는 개인이 수행할 것으로 기대되는 역할에 대해 타인들에게 정보를 제공하는 신호 등이다.[20] 하나의 일반적 규칙으로서, 사람들은 그들의 무대전면의 구성요소 — 무대장치와 소품의 사용, 표현과 관련된 장비의 동원, 사회적 지위, 다양한 유형의 활동에 대해 의례적으로 준비된 표현, 그리고 특정한 역할을 맡는 노력과 같은 것 — 의 일관성을 기대한다.[21] 상대적으로 무대전면의 수가 적기 때문에, 사람들은 그것들을 모두 알고 있다. 더욱이, 무대전면은 다양한 유형의 무대장치에의 적용을 위해 설정되고, 제도화되며, 정형화되는 경향이 있다. 그 결과로 "행위자가 설정된 [어떤] 역할을 맡게 되었을 때, 보통의 경우에 그(그녀) 는 특정한 무대전면이 이미 그 역할에 맞게 설정됐을 것이라고 생각할 것이다."[22]

② 무대전면을 제시하는 것 외에도, 개인들은 고프만이 **연극적 실현**(dramatic realization) 이라 일컫는 것에 속하는 제스처 또는 상황정의의 전념을 강조하는 신호와 관련한 활동을 투입해 사용한다. 고프만의 주장에 따르면, 상황이 크고 복잡해질수록 무대전면을 [확정된 그대로] 내세우기에 문제가 생기고, 연극적 실현에 드는 노력은 더욱 커진다.[23]

③ 공연은 **이상화**(idealization) 혹은 "사회에서 공식적으로 승인된 사회적 가치를 통합시키고 [그것을] 예시해 주는" 방식으로[24] 스스로를 표현하려는 노력도 포함한다. 개인들이 이동하면서 새로운 무대장치로 옮겨갈 때 이상화에 대한 연극적 노력은 가장 많이 알려질 것이다. 이상화는 개인들에 대한 문제를 만들어낸다. 그러나 이상화가 효과적이라면, 개인들은 보다 보편적인 가치들과 모순될지도 모르는 그 구성요소를 억누르고, 감추고, 소홀히 해야 한다.

④ 이렇게 은폐하려고 하는 노력은 **표현의 통제 유지**(maintaining expressive control) 와 관련된 보다 일반적인 과정 중 일부다. 사소한 단서와 신호가 타인에 의해 읽혀지고 상황을 정의하는 데에 기여하기 때문에, 행위자는 그들의 육체적 활동, 참여신호, 무대전면의 협연, 그리고 상호작용을 위해 적합해질 수 있는 능력을 반드시 조절해야 한다. 행동과 상황정의 사이의 미미한 불일치는 상호작용을 동요시킬 수 있다. 왜냐하면 "공연에 의해 조성된 현실에 대한 인상은 아주 사소한 오해에도 쉽게 흐트러질 수 있는, 섬세하고도 깨지기 쉬운 것이기 때문이다."[25]

⑤ 또 개인들은 **허위연출**(misrepresentation) 에도 참여할 수 있다. 제스처를 읽어내고, 누군가의 무대전면을 규정지을 수 있기를 바라는 열망은 청중들로 하여금 조작과 부풀림에 취약하게 만들 수 있다.[26]

⑥ 개인들은 종종 **신비화**(mystification) 에 참여한다. 즉, 상황정의에 대해 경외를 보이고 이에 순

〈표 17-1〉 상호작용과 공연에 대한 고프만의 명제

1. 개인들이 시각적이고 언어적인 접촉을 할 때, 공연을 협연하기 위해 제스처들을 사용할 가능성이 높아지는데, 이 공연들의 성공은 아래 설명되는 부분에 달렸다.
   A. 일관된 무대전면의 연출은 긍정적이고 부가적인 기능을 한다.
      1. 무대장치에서의 물리적 공간, 소품 그리고 장비의 통제
      2. 무대장치에서의 표현과 관련된 장비의 통제
      3. 의례적 행동 유형의 경향성을 만드는 신호의 통제
      4. 상호작용의 내·외부에서 지위를 드러내는 신호의 통제
      5. 식별 가능한 역할과 관련된 신호의 통제
   B. 보편적 문화가치의 통합과 예증화
   C. 상황을 개인적 비밀로 가득 채우기
   D. 진실성의 신호 보내기
2. 무대장치 속에서 개인들이 그들의 공연들을 조직화하면서 동시에 다른 사람의 공연들을 수용할 때, 그들은 공통된 상황정의를 발전시킬 가능성이 있다.
3. 공통된 상황정의가 생겨나면, 상호작용의 편의성이 증가한다.

응하는 방법을 통해 타인들로부터의 거리를 유지하기 위해 노력한다. 그러나 이러한 신비화는 주로 높은 서열과 지위를 가진 사람들에게 한정된다.

⑦ 개인들은 그들의 공연이 실제처럼 보이도록, 그리고 억지로 짜 맞춘 느낌이 나지 않도록 노력한다. 그러므로 개인들은 소통해야 하고, 또는 최소한 타인들에게 진실되고, 자연스럽고 자발적인 것처럼 보여야 한다.

성공적 공연을 해내고, 이를 통해 전체적 상황정의를 만들어내는 데에 필요한 이러한 절차들은 고프만 사회학에서 핵심들이다. 이 절차들은 이후의 작업들에서 정교화되고 확장되었다. 하지만 상호작용질서에 있어 허위적이고 조작적인 방법을 사용해서라도 그들의 공연을 조직화(orchestration)하려는, 그리하여 특정한 상황정의를 지속시키려 하는 개인의 노력이 핵심적이라는 아이디어를 고

프만은 결코 버리지 않았다. 이 아이디어는 〈표 17-1〉에 명제로 제시되었다.

〈표 17-1〉의 명제가 《자아연출의 사회학》의 첫 장에만 등장할 뿐이지만, 이 명제들은 단연코 첫 번째 주요저서에서 가장 인상적인 부분임에 틀림없다. 이 책의 나머지 부분은 한 사람 이상에 의해 지속되는 공연과 관련된다.

고프만은 특정한 상황정의를 만들어내기 위해 반드시 협동해야 하는 개인들에 의해 연출되는 공연을 설명하기 위해 **팀**의 개념을 도입했다. 두 팀은 종종 서로〔동시에〕공연들을 해야 하지만, 보다 일반적으로는 한 팀이 공연을 하면 다른 한 팀은 청중이 된다. 공연자들 팀은 보통 그들이 청중 앞에서 공연을 진행하는 무대전면의 영역 또는 **무대전면**(frontstage)에서 움직이고, 무대후면의 영역 또는 **무대후면**(backstage)에서는 팀 구성원들이 휴식을 취할 수 있다. 그 외에도 고프만은 **바깥**(outside)의

개념, 즉 무대전면과 무대후면 너머의 잔여영역 (residual region)의 개념을 도입했다. 무대전면의 행동은 정중하고, (예를 들어 차를 팔고, 음식을 대접하고, 학생을 만나는 등의) 팀 공연에 적절한 예의를 지키는 반면, 무대후면의 행동은 보다 비공식적이며, 팀 공연자들의 결속과 사기충전을 위한 방향으로 맞춰져 있다. 외부자 또는 청중의 구성원이 무대후면에서 공연자들에게 개입할 때, 팀 구성원들은 그들이 맡지 않은 역할들이라는 덫에 걸리게 돼 긴장상태가 발생한다.[27]

모든 팀 공연에서 기본적 문제는 청중 앞에서 특정한 상황정의를 유지하는 것이다. 이 문제는 팀 구성원들 사이의 서열이나 지위의 차이가 클 때,[28] 팀 구성원 숫자가 많을 때,[29] 무대전면과 무대후면이 명확히 구분되지 않을 때, 그리고 팀이 그 자체의 이미지와 〔맞지 않는〕 정반대의 정보를 숨겨야만 할 때 도드라진다. 이러한 유형의 문제들에 대응하기 위해서는 팀 구성원들 간의 사회적 통제가 필수적이다. 이러한 통제는 구성원들이 무대후면에 있을 때 사기를 돋우는 활동, 예를 들어, 청중을 폄하하는 것, 서로 농담하는 것, 비공식적 언어를 사용하는 것, 그리고 무대에 대한 대화에 〔참여하는 것을〕 통하여 성취된다. 그들이 무대 위에 있을 때, 〔이러한 사회적〕 통제는, 부디 청중들은 눈치채지 못하길 바라는, 팀 구성원들 간의 미묘한 소통을 중심으로 이뤄지는 조정작업으로 유지된다.

공연의 **위반**(breach)은 팀 구성원이 팀의 공연들에 의해 만들어진 상황정의에 이의를 제기할 때 발생한다. 이런 사건을 예방하기 위해서는 사회적 통제에 대한 추가적 노력, 특히 무대후면에서의

다음과 같은 노력이 필요하다. ⓐ 자신의 역할 파트를 연기하고, 의미 없는 제스처를 하지 않는 것, ⓑ 청중이 아닌 팀에 충성심을 보이는 것, ⓒ 팀 또는 청중과 관련된 잠재적 문제를 예측하고 예상하여 연습하는 것 등이다. 팀 구성원들은 사회적 통제하에서 다음과 같은 청중 구성원들로부터 도움을 받는다. ⓐ 무대후면에서 멀리 떨어져 있으려는 경향이 있는 구성원, ⓑ 무대후면 행동을 목격했을 때 관심이 없는 것처럼 행동하는 구성원, 그리고 ⓒ 팀과 한자리에 있는 장면을 피하기 위해서 세밀한 에티켓(그들 스스로의 잠재적 공연을 억제하고 무례를 피하면서 적절한 주의와 관심을 드러냄)을 사용하는 구성원 등이다.

고프만은 팀들과 청중들에게 진실인 것은 개인들에게도 마찬가지로 진실이라고 암시한다. 상호작용은 청중이 되는 사람들에 대한 공연을 포함한다. 우리는 무대전면에서 움직일 때 공연을 지속하려고 노력하고, 무대후면 영역에서 움직일 때 휴식을 취하려고 노력한다. 사람들은 상황정의를 위반할 수 있는 실수들과 무례를 피하려고 매우 애쓴다. 그리고 그들은 그런 현장을 피하기 위한 눈치와 에티켓을 사용하는 타인들의 노력에 의해 도움을 받는다. 이러한 것들이 《자아연출의 사회학》의 주제이고, 고프만의 작업 대부분은 그것들의 개념적 정교함을 제시한다. 팀에 대한 개념은 희미해져가는 반면에, 위와 같은 주제들을 개인 간의 상호작용이론으로 정교화하는 일반적 모델이 생겨나고 있다.

4. 초점상호작용

고프만은 일반적으로 **비초점**과 **초점**이란 용어를 상호작용의 기본적 두 종류를 나타내기 위해 사용했다. **비초점상호작용**(*unfocused interaction*)은 "대인관계의 의사소통으로 이뤄져 있다. 상호 간의 의사소통들이란 사람들이 다른 사람과 함께 있어서 나타나는 결과인데, 그것은 두 명의 타인들이 방을 가로지를 때 서로의 옷차림, 자세, 일반적 태도를 관찰하면서 자신들의 처신을 수정하는 것과 같다. 그 자신 스스로 관찰당하고 있는 것을 알기 때문이다."[30] 나중에 자세히 살펴보겠지만, 고프만은 대부분의 사람들이 공공장소에서 눈길을 주고받고 서로를 관찰하는 행동을 하기 때문에 이러한 비초점상호작용이 상호작용질서의 중요한 부분이라고 주장한다. 그에 반해 **초점상호작용**(*focused interaction*)은 "참여자들의 가까운 면대면 상황에 의해 지속되는 대화, 보드게임, 또는 공동작업처럼 사람들이 일정시간 하나의 주제에 대해 인지적·시각적 주의에 대한 집중을 유지하기로 실질적으로 동의할 때 일어난다."[31]

1) 마주침

초점상호작용은 고프만이 상호작용질서의 핵심구조 단위 가운데 하나를 구성한다고 명명한 **마주침**(encounter)에서부터 발생한다. 고프만은 마주침을 그의 첫 번째 저서인 《자아연출의 사회학》에서 언급했다. 그러나 이에 대해 전체적 차원에서 다룬 것은 그의 두 번째 저서인 《마주침》에서였다.[32] 여기서 마주침은 다음과 같은 특징을 드러

내는 초점상호작용으로 정의된다.[33]

———
① 시각적이고 인지적인 주의집중
② 언어적 의사소통에 대한 상호 우호적 개방성
③ 행위의 고양된 상호연관성
④ 상호 간의 인식과 감시를 극대화하는, 서로 눈을 마주치는 옹기종기함
⑤ 연대와 느낌의 흐름으로서 '우리'라는 느낌의 등장
⑥ 시작, 마무리, 들어감 그리고 나감이라는 의례적이고 의식적인 지점
⑦ 일탈적 행위의 시정을 보상하는 일련의 절차
———

마주침은 지속성 유지를 위해 상호작용이 일어나는 더 큰 사회세계에 **막**(*membrane*) 또는 뚫고 들어갈 수 있는 울타리를 만든다. 고프만은 마주침의 즉석적 무대장치를 만남 또는 함께 있는 개인들의 공간에서의 모임이라고 특징적으로 개념화했다. 결국 만남들은 보다 포괄적인 단위, 사교모임 안에서, 즉 고정된 장비, 독특한 정신 그리고 감정적 구조에 의해 지탱되는 보다 큰 사업, 안건의 프로그램, 적절하고 부적절한 행동에 대한 규칙, 그리고 미리 만들어진 활동의 순서(시작, 전개, 절정, 그리고 마무리) 안에서 이뤄진다. 이와 같이, 마주침들은 사교모임들에서 이뤄지는 만남들 속에서 초점상호작용의 에피소드들로부터 생겨난다.[34]

앞에서 열거한 마주침의 독특한 특징뿐 아니라 마주침의 막은 일련의 규칙으로 유지된다. 《마주침》에서 고프만은 이 중 몇 가지를 열거한다. 후에 그의 가장 중요한 저서라고 할 수 있는 《상호작용의례》에서 그는 몇 가지를 더 열거한다.[35] 이 두 가

지를 결합해 마주침 상황에서 초점상호작용을 설명하는 규칙을 살펴보자.

———

① 특정한 요소(참여자의 자질, 심리적 상태, 문화적 가치와 규범 등)를 제외함으로써 상황을 '틀짓는' **무관함의 규칙**(rules of irrelevance) [36]

② 무관함의 규칙에 의해 생긴 막을 통과하는 요소가 상호작용에 맞게 어떻게 변형되었는지 구체화하는 **변형의 규칙**(rules of transformation)

③ 참여자 간 활동을 표현하고 해석하기 위한 일반적 윤곽과 틀작업을 제공하는 **실현된 자원들의 규칙** (rules of realized resources)

④ 대화의 흐름을 안내하는 절차, 관습, 그리고 실천방식에 관련되는 **대화의 규칙**(rules of talk) [37]

  ⓐ 한 가지에 대한 관심 집중의 유지

  ⓑ 언제 한 화자가 말을 마치고, 다른 화자가 말을 시작할 수 있는지 결정하기 위한 '승인단서' 설정하기

  ⓒ 한 사람이 얼마나 오래, 그리고 자주 발언할 수 있는지 결정하기

  ⓓ 대화의 중단과 소강상태를 조절하기

  ⓔ 대화내용에서 벗어난 문제에 관심을 기울이는 참가자들을 제재하기

  ⓕ 주변사람들이 대화를 방해하지 않도록 방지하기

  ⓖ 의견불일치에 직면하더라도 공손하고 눈치를 사용하도록 유도하기

⑤ 참여자들이 어떤 한 측면에서 자신들을 표현하기 위해 행하는 각자의 노력에 대해 눈치 있고 예의 있게 존중하도록 참여자를 장려하는 **자기존중의 규칙**(rules of self-respect)

———

이렇게 상호작용은 개인들이 여러 형태의 만남이나 사교모임에 참석하면서 마주침의 다양한 형태들을 어떻게 사용하고 적용하는지에 대해 배우는 규칙의 복합적 배열에 의해 인도된다. 세계의 현실은 대부분 이러한 규칙을 적용하고 사용하는 사람의 능력에 의해 유지된다. [38] 이 규칙이 효과적으로 작동될 때, 개인들은 **행복감의 상태** 또는 랜달 콜린스가 강화된 **감정 에너지**라고 정의한 것을 발전시킬 수 있다. 그러나 마주침은 이 규칙이 문제가 되는 외부 요소를 제외 못하거나 상호작용의 흐름을 규제하는 것에 실패할 때, **불쾌감**이나 긴장감에 영향을 받기 쉽다. 고프만은 이러한 실패를 사고 또는 위반으로 간주한다. 그들이 눈치와 수정 절차에 따라 효과적으로 처리될 수 있을 때, 그들은 계속 진행 중인 마주침에 엮이므로 통합으로 간주된다. 마주침에서 불쾌감을 피하고 통합을 유지하기 위한 주요 메커니즘은 의례를 이용하는 것이다.

2) 의례

《상호작용 의례》에서 고프만의 대단한 공헌은 사소해 보이고 일상적인 사회질서 유지에 중요한 의례 —"안녕하세요, 어떻게 지내세요?", "좋은 아침입니다", "먼저 들어가세요" 등과 같이 — 에 대해 주목한 것이다. [39] 그의 말에 따르면, 그는 "에밀 뒤르켐의 사회심리학을 현대적 코드로 재정립"[40]함으로써, 개인들이 모이고 상호작용하기 시작할 때 그들의 행동이 매우 의례적인 것을 인지했다. 즉, 행위자는 대인관계 접촉의 각 단계에, 마주침의 규칙을 적용하는 동시에 준수되어야 하

는 규칙의 중개나 매개가 되는 행동의 전형적 순서를 끼워넣는다. 따라서 의례는 ⓐ 개인들이 상호작용에 참여하도록 동원하는 것, ⓑ 무관함, 변형, 자원사용 및 대화와 관련 있는 규칙을 그들로 하여금 인식하게 하는 것, ⓒ 상호작용 과정에서 그들을 인도하는 것, ⓓ 그들이 위반 및 사고를 바로잡도록 돕는 것에 필수적이다.

그중 가장 중요한 것은 존중과 처신에 관련된 의례이다. **존중**(*deference*)은 타인들에 대한 개인들의 존중과 상호작용하고자 하는 의지, 애정 및 다른 감정들 그리고 마주침에서 그들의 참여를 나타내는 대인관계 의례와 관련이 있다. 고프만의 말을 빌리면, 존중은 행위자가 "수신자에 대한 그(또는 그녀)의 관계를 기념하고 확인"하는 데 "헌신의 표지"[41]를 세우는 것이다. 그 결과, 존중은 "앞으로의 활동에서 특정한 방식으로 수신자를 대우하겠다는 행위자의 공언과 서약을 단적으로 표현한 일종의 약속"[42]을 포함한다. 따라서 악의 없어 보이는 제스처 — "다시 봐서 반갑습니다", "잘 지내나요?", "뭐하고 지내?", "잘 가", "또 보자", 그리고 신체적 동작뿐만 아니라 많은 다른 상투적 문구 — 는 관련된 규칙을 불러일으키고 상호작용의 시작, 전개 그리고 마무리를 안내하는 처신을 표현하는 의례이다.

고프만은 두 가지 유형의 존중 의례가 있을 수 있다고 주장했다. ① **회피 의례**(*avoidance ritual*)와 ② **표현적 의례**(*presentational ritual*)가 그것이다. 회피 의례는 어떤 개인이 다른 사람과 거리를 유지하고 타인 주위에 있는 '이상적 영역'을 침해하는 것을 피하기 위해 사용하는 것이다. 이러한 의례는 불평등한 관계들에서 가장 전형적이다. 표현적 의례는 "개인이 수신자를 어떻게 여기고, 다가올 상호작용 속에서 그들을 어떻게 대할지에 대한 특정한 증명을 만들어내는 행위를 포함한다."[43] 고프만은 상호작용을 개인들이 서로 접촉하려 하고 일을 성사시키려 하는 동시에 서로를 존중하고 거리를 유지하려 하는 회피와 표현적 의례 사이의 지속적 변증법이 포함된 것으로 보았다.[44]

이와 반대로 **처신**(*demeanor*)은 "그가 어느 정도 바람직하거나 또는 바람직하지 않은 자질을 가진 사람이라는 것을 즉각적으로 보여주는 정보 전달의 역할을 하는 행동거지, 옷차림, 그리고 태도에 의해 전달되는 개인의 의식적 행동의 구성요소"[45]이다. 처신 의례를 통해, 개인들은 타인들에게 그들 스스로에 대한 이미지를 제시하는 동시에 그들이 신뢰성 있고, 믿을 만하고, 눈치 있다는 사실에 대해 소통하려 한다.

따라서 존중과 처신 의례를 통해, 개인들은 타인들에 대한 존중을 나타내며 스스로를 그렇게 할 수 있는 특성을 가진 개인들이라는 것을 보여주며 관련된 규칙들을 적용하고, 그 규칙들을 지킬 수 있다는 그들의 능력을 증명함으로써 스스로를 마주침에 준비시킨다. 구체적 만남에서, 특히 마주침에서, 그러나 동시에 비초점상황들에서도, 그러한 존중과 처신 의례들에 대한 규정은 사회통합의 기초를 제공한다. "도처에 … 의식적인 의무와 기대, 처신을 잘하는 사람으로 스스로를 유지해야 하고, 타인의 신성한 자질을 인정하는 사람이어야 한다는 것을 상기시키는, 지속적으로 함께 하는 타인들이 있고 [이러한 상황에 기초한] 관용들의 항구한 물결이 사회에 퍼져 있다."[46]

3) 역할

스스로를 타인에게 소개할 때, 개인은 또한 특정한 역할을 수행하려고 노력한다. 따라서 사람들이 무대전면을 제시하고 관련 있는 규칙을 상기하고, 의례를 표현할 때, 그들은 또한 스스로 자신의 역할을 조직화하려 노력한다. 고프만에게 있어 역할이란 "한 무리의 타인들 앞에서 분명하게 수행되고, 이 타인들이 수행하는 활동 속에 딱 맞물리는 활동의 묶음이다."[47] 랄프 터너(Ralph H. Turner)의 분석에서, 개인은 그들 스스로를 위한 '역할만들기'를 시도한다. 만약 성공한다면, 이 노력은 상황의 전반적인 정의를 만드는 데 기여할 것이다.

역할을 설정하는 것에 있어, 개인은 "상황을 통해 전달되는 그의 인상들이 그에게 실질적으로 씌워진 역할에 적절한 개인적 자질들과 호환되는지를 살펴봐야 한다."[48] 따라서 어떤 상황에 놓인 개인이 스스로 그들의 처신과 타인들 앞에서 수행된 자아 그리고 그들의 무대전면(무대소품, 표현과 관련된 장비, 외형)에 상응하는 역할을 만들기 위해 노력하는 것은 당연한 것이다. 시도된 역할과 공연의 부가적 측면 사이의 비일관성이 명백해지면, 당시 상황에 놓인 타인은 미묘한 단서와 제스처를 이용해 개인에게 제재를 가할 가능성이 있다. 또 다른 사람의 역할과 다른 공연단서 간의 불일치가 상황정의와 이 정의가 나아가고자 하는 현실의 근본 감각을 혼란스럽게 하기 때문에, 타인들은 그렇게 하도록 이끌린다. 따라서 역할은 타인의 반응과 리액션에 달려 있으며, 또한 그들의 현실감각이 부분적으로 성공적이고 적절한 역할가정에 달려 있기 때문에, 한 개인은 어떤 상황 속에서 이미 확립된 역할을 바꾸기 어려울 것이다.

그러나 사람들은 어떤 상황 속에서 자주 자신의 이미지와 호환될 수 없는 역할을 요청받는다. 이러한 조건하에서, 그들은 고프만이 말한 **역할거리**(role distance)를 표출할 것이고, 이로써 사람과 역할의 '분리'가 소통된다. 고프만은 이런 거리두기는 개인으로 하여금 ⓐ "그(또는 그녀)의 체면보다 낮은 곳에" 있다고 여겨지는 역할과 관련된 긴장을 풀어주고, ⓑ 역할을 넘어서 연장되는 자신의 부가적 측면을 제시하며, 그리고 ⓒ "역할에 대한 완전한 이행"에 대한 부담을 덜어 주는 것을 가능하게 함으로써, 사소한 위반이 타인들에게 덜 극적이고 골칫거리이게 만든다고 주장한다.[49]

역할거리는 역할수락(role embracement)이라는 보다 일반적인 과정에 대한 극단적 반응에 불과하다. 어떤 역할에서든, 개인은 역할에 대한 애착과 참여에 있어 가지각색의 수준을 드러낼 것이다. 극단적인 것의 하나로서 역할거리가 있는 반면, 또 다른 극단적인 것으로는 고프만이 명명한 역할에 대한 **전념**(engrossment), 즉 완전한 개입이 있다. 고프만은 일반적으로 개인들이 무엇이 일어나는지 조정할 수 있는, 그런 역할에서는 높은 수준의 역할 포용이 일어나기 쉬운 반면, 개인이 종속돼 있는 역할은 상당한 역할거리와 함께 수행될 것이라고 주장했다.[50]

그리고 역할에 대한 가정이 행위자들 자신의 공연에 투영하는 자아 이미지와 연결돼 있다는 것은 분명하다. 비록 어떤 상황에서 드러나는 자아가 그 상황에서 그 사람의 자아를 확인해 주거나 또는 확인해 주지 않는 타인의 반응에 달려 있다 할지라도, 타인 앞에서 이뤄지는 공연의 조직은 여전히 그 스스로에 의해 상당히 한정된다.

4) 자아

자아에 대한 고프만의 시각은 매우 상황중심적이고 타인의 반응에 의존적이라는 것이다. 비록 어떤 상황에서 행위자의 주요활동 중 하나가 타인에게 그 자신을 표현하는 것일지라도, 고프만은 개인의 성격 부분인 **핵심** (core) 또는 **초상황적** (transituational) 자아 개념에 대해 매우 회의적이었다. 대다수의 상호작용주의자들이 강조했던 것처럼, 거의 모든 그의 작업에서 고프만은 개인이 상황과 무관한 근원적 인격 또는 정체성을 갖지 않는다고 강조하는 데 신경을 썼다. 예를 들어 그의 마지막 주요저서인 《틀분석》[51]에서, 그는 상호작용을 하는 사람이 종종 타인들에게 보인 자아가 보다 일관적이고 핵심적인 자아를 일별해 줄 수 있다고 추정하지만, 이는 현실에서 단순한 추정이라고 주장했다. 왜냐하면 "한 개인이 얻을 수 있는 그 자신에 관한 모든 수집물, 그의 현재상황에서부터 그가 다른 경우에 처했을 때까지의 모든 것이 매우 공통적 의미를 가진다고 생각할 만한 근거가 없기 때문이다."[52]

그러나 비록 초상황적 또는 핵심자아(core self)가 없다고 하더라도, 특정 상황에서 그들 스스로의 이미지를 표현하고자 하는 사람의 노력과, 그 표현에 대한 타인의 반응은 모든 마주침에서 핵심적인 역동성이다. 개인은 끊임없이 그들 스스로가 특정한 종류의 사람이라는 이미지를 투영하는 처신의 단서를 드러낸다. **자아연출**이라는 용어를 사용해 보면 그들은 이렇게 **공연**에 참여하는 것이다. 《상호작용 의례》에서, 고프만은 이러한 주장을 다소 바꾸어 뜻을 더 분명히 했다. 그렇게 하는 과정에서 그는 자아에 대한 그의 시각을 명료화하였

다. 마주침의 상황에서, 개인은 **일관되게 행동하는데**, 이것은 "상황에 대한 그의 시각, 그리고 이를 통한 참여자, 특히 자기자신에 대한 평가를 표현하는 언어적 그리고 비언어적 행위의 패턴"[53]이다. 개인은 입장을 발전시키면서 체면을 나타낸다. 이는 "특정한 접촉을 하는 동안 한 사람이 가지게 된다고 타인이 추정하는 입장에 의해 그 사람이 자기자신을 위해 효과적으로 주장할 수 있는 긍정적인 사회적 가치를 말한다."[54] 개인들은 타인의 반응에 의해 지지되고, 가능한 경우 비인격 기관에 의해 유지되는 입장을 통해 그들 자신의 이미지를 표현함으로써 **체면을 유지하거나** 체면을 지키고자 노력한다. 반대로, 제시된 입장이 타인이 생각하기에는 부적절하고 납득할 수 없는 것이라면, 그 사람은 체면을 잃게 된다. 그러므로 비록 한 사람의 사회적 체면이 "그의 가장 개인적인 소유물이자 안전과 즐거움의 중심이 될 수 있을지라도, 그것은 단지 사회로부터 빌린 것에 불과하다. 만약 그가 가치 있는 방식으로 행동하지 않는다면, 그것은 아마 철회될 것이다."[55]

앞서 언급했듯이, 고프만은 어떤 마주침에서든지 주요규범은 눈치와 예절을 통해 개인으로 하여금 자신과 타인의 체면을 지키도록 요구하는 '자아존중의 법칙'(the rule of self-respect)이라고 주장했다. 따라서 눈치 또는 "언어적 힌트, … 풍자, 애매성들, 잘 배치된 문구들, 사려 깊은 농담 등"[56]의 미덕에 의해서, 개인은 서로의 체면을 유지한다. 그럼으로써, 그들은 상황정의를 확인하고 공통된 현실감각을 촉진시킨다. 이런 이유로 어떤 마주침에서 이미 주어진 입장과 체면(face)은 한번 설정되면 바꾸기 어렵다. 왜냐하면 체면(그리고 이미 제

시된 입장) 을 바꾸기 위해서는 상황을 재정의하고 현실감각을 다시 만들어야 하기 때문이다. 그리고 체면이란 타인의 반응을 통해 한 사람에게 '대여'되기 때문에, 그 개인은 입장과 체면을 바꾸기 위해서는 반드시 높은 비용 대가 — 당황스러움 또는 상황 위반과 같은 — 를 부담해야 한다.

체면참여(face engagement) 는 보통 눈맞춤으로 시작되며, 일단 시작되면 그들은 (지난번 참여의 시간, 이전 참여 이래로 시간의 양, 불평등 수준 등에 따라 결정되는) 상황에 적절한 의례의 시작을 포함한다. 체면참여 과정 동안, 각 개인은 가능한 한 서로의 체면을 지키고, 필요한 경우에는 서로 적절한 입장을 제재하기 위한 눈치를 사용한다. 특히 참여자들은 '장면' 또는 상황 속에서의 위반을 피하려고 노력한다. 그래서 그들은 그들 자신과 타인의 체면을 보호하기 위해 눈치와 예절을 사용한다. 나아가, 개인들은 마주침 (뿐만 아니라 더 큰 규모의 만남이나 더 포괄적인 사교모임을 포함) 의 유형에 적절하다고 여겨지는, 물리적 소품들, 친화적 공감, 개인적 점유 (신체의 경계를 둘러싼 영역), 그리고 대화권 (말하고 들을 수 있는 권리) 과 같은 문제들과 관련된, 고프만이 때때로 **자아영역** (*the territories of self*) 이라고 일컫는 것을 유지하려고 노력할 것인데, 이는 사람들이 그들의 입장을 실행하고 체면을 지키는 데 필수적이다. [57] 일반적으로 개인의 서열이 높을수록, 마주침에서의 자아영역은 더욱 확장된다. [58] 이러한 영역을 침해하는 것은 상황을 혼란스럽게 하거나 위반하는 것이며, 참여자로 하여금 그들의 개별적 입장, 체면, 상황정의, 그리고 현실감각을 복구하기 위해 개선 행위를 하도록 강요한다.

5) 대화

고프만은 그의 작업을 통해, 특히 《틀분석》[59]과 같은 후기 저서들과 많은 에세이들(《대화의 형식》[60]을 볼 것) 에서, 사람들의 관심을 집중시키기 위한 언어화(*verbalization*) 의 중요성을 강조했다. 대화(*talk*) 는 상호작용적 시각에서 볼 때, "개인들이 함께 모여, 비준돼 있고 연결돼 있고 현재적이고 그리고 진행 중인, 주의를 끌기 위한 주장을 유지하는, 즉 일종의 상호주관적이고 정신적인 세계를 함께 묶어 주는 주장을 계속하게 하는 배열의 한 예다."[61] 따라서 고프만의 시각에 의하면, "말하기(*speaking*) 보다 공동 개입의 기초로서 더 효과적인 자원은 없다." 왜냐하면 그것은 "화자와 청자 (*speaker and hearer*) 가 같이 있는 상황에 적용되는 동일한 해석 스키마를 불러오기 때문이다."[62]

따라서 대화는 개인을 하나로 끌어들이고 그들의 주의를 집중시키고, 전체적인 상황정의를 결정하는 중요한 메커니즘이다. 대화가 상호작용을 집중시키는 데 매우 핵심적이기 때문에, 그것은 규범적으로 규제되고 의례화된다. 한 가지 중요한 규범은 혼잣말(*self-talk*) 금지다. 왜냐하면 사람들이 혼잣말할 때, 그것은 "타인들에게 기존의 상호지식의 공동유지 기반에 대한 추정이 틀릴 수 있다는 것을 경고해 주기 때문이다."[63] 게다가 다른 종류의 유사 대화(*quasi talk*) 도 규제되고 의례화된다. 예컨대, '반응단서'(*response cues*) 또는 '완전한 말이 아닌 감탄사' — "깜짝이야", "와우", "오", "어이쿠" — 는 그들이 사용되고 말해지는 방식에 의해 규제된다. [64] 간투사들(間投詞, *verbal fillers*) — "아", "어", "음", 그리고 이와 유사한 것 — 도 의례화되어 '대화방향 추적'을 용이하게 하는 데 사용된다. 요컨대 그것들은 "아직은 화자가 적절한 말을 찾지 못했으나 생각하고 있다", 그리고 그 또는 그녀가 여전히 대화에 참여하고 있다는 것을 나타낸다. 심지어 외형상으로 보기에 감정적 단서와 모든 '육두문자들'과 같은 금기시되는 표현들조차 '자아와 타인의 구분'이라는 감정의 표현이라기보다는, "우리의 내적 관심사는 그들과 동일한 것이어야 한다"고 주장하는 것이다. 이러한 표출도 규범적이고 의례화된 것인데, 이것은 다른 사람들에게 이 항해가 그들을 어디로 데려가는지 쉽게 설명할 수 있을 때만이 우리 내면으로의 초대가 이뤄지는 경향이 있기 때문이다."[65]

고프만은, 상황정의가 만들어지는 데 있어, 대화가 매우 복잡한 방식으로 작동한다고 주장했다. 개인은 대화할 때 고프만이 **기반**(footing)이라고 명명한 또는 대화와 상호작용을 위해 가정된 토대(foundation)라고 명명한 무언가를 만들어낸다. 왜냐하면 언어적 상징(verbal symbol)은 쉽게 조작되기 때문에, 사람들은 기반이나 대화에 깔려 있는 기본적 전제를 쉽게 바꿀 수 있다.[66] 그러나 이러한 기반의 변화는 매우 의례화되어 있고, 보통 분명한 표지를 드러낸다. 예를 들면, 어떤 사람이 "이것에 대해 말하지 말자"고 하면 대화의 기반이 바뀌는 것이다. 그런데, 누군가가 비슷하게 그러나 의례화된 방식으로 "그거 참 좋아, 그런데 이건

〈표 17-2〉 초점상호작용에 대한 고프만의 일반적 명제

1. 마주침은 이럴 때 생긴다.
   A. 사교모임이 개인들의 물리적 근접성을 이끌어낼 때
   B. 만남이 대화를 중심으로 한 면대면 접촉을 허용할 때
2. 마주침의 실행가능성이 긍정적이고 증식적인 기능을 하는 경우
   A. 아래와 같은 문제에 관해 참여자를 안내하기 위한 적절한 규범적 규칙의 유효성
      1. 무관한, 즉 배제된 것
      2. 변형, 즉 외부사안이 어떻게 통합될 것인가 하는 것
      3. 자원의 사용, 즉 어떤 현지 자원을 끌어들이느냐 하는 것
      4. 대화, 즉 어떻게 구두언어를 정돈하느냐 하는 것
      5. 자아존중, 즉 입장과 체면의 유지
   B. 사용 가능한 의례적 실천의 유효성
      1. 말과 대화를 규제하기
      2. 적절한 존중과 처신 표현하기
      3. 규범적 규칙을 적용하고 끌어들이기
      4. 상호작용의 위반을 정정하기
   C. 아래 내용과 관련해 수용 가능한 공연을 할 수 있는 개인의 능력
      1. 입장, 즉 행동의 방향
      2. 역할, 즉 권리와 의무의 특정한 군집
      3. 체면, 즉 개인의 특징에 대한 구체적 연출
      4. 자아, 즉 자신의 고유한 이미지

어때 … ?"와 같은 말을 한다면 이 사람 역시 의례를 통해 기반을 바꾸고 있는 것이다.

기반의 전환(shifts in footing)은 고프만의 후기 작업들에 점점 더 큰 영향을 미쳤던 착근이라는 이슈에 대한 질문을 제기한다. 고프만은 대화가 계층화되어 있고, 따라서 각기 다른 기반이 내재되어 있다는 것을 깨닫게 됐다. 대화에는 종종 다양한 기반이 섞여 있어서, 누군가 무언가를 말할 때 실제로는 다른 것을 의미할 수도 있고, 또는 힌트를 주는 것일 수도 있고, 그 외 다른 것을 암시하는 것일 수도 있다. 대화를 서로 다른 맥락에 내재시키는 대화의 층화는 말이 미묘하고 복잡한 의미를 만들어낼 수 있기 때문에 가능하다. 예를 들어 역설, 빈정거림, 말장난, 위트, 중의적 표현, 어조, 암시, 그리고 말의 다른 조작기술은 개인이 기반과 대화의 문맥상 착근성(embedding)을 바꿀 수 있다는 가능성을 보여준다(예를 들어 바람둥이가 작업을 거는 상황설정과 관련된 대화를 생각해 보라. 그것은 기반과 맥락의 지속적 변화를 포함할 것이다). 그러나 마주침이 순조롭게 진행되기 위해서는, 기반의 이러한 변화는 어느 정도 규범적으로 규제되고 의례화되어, 개인이 공통의 현실감각 — 민속방법론이 추구하는 아이디어(다음 장 참조) — 을 유지할 수 있게 해준다.

이렇게 대화는 초점상호작용의 중요한 차원이다. 대화가 없다면 사람들이 드러낼 수 있는 제스처와 단서가 제한적이 되고, 언어의 미묘함과 복잡함이 결여된다. 그리고 고프만이 그의 후기 작업들에서 이런 복잡함에 대해 다루기 시작했을 때, '상황정의'에 대한 초기 견해는 너무 조악해 보였다. 왜냐하면 사람들은 다양할 뿐만 아니라

미묘하게 층화되어 있는, 어떠한 상황에 대한 정의를 구성할 수 있기 때문이다. 이는 이 장의 마지막쯤에 다루어질 것이다. 여기서 우리의 목적을 위해 중요한 점은 대화가 관심을 집중시키고 행위자가 함께 모여 면대면 기반의 상호작용을 하게 만든다는 것이다. 하지만 이러한 집중이 어떻게 이뤄질 수 있는지에 대한 복잡성에도 불구하고, 대화는 여전히 개인에게 공유된 현실감각을 만드는 방식들로 규범적으로 그리고 의식적으로 규제되고 있다.[67]

〈표 17-2〉는 초점마주침(focused encounter)에 대한 고프만의 분석을 요약한 것이다. 초점마주침은 사교모임에서 사람들이 서로 면대면 접촉을 할 때 발생하며, 이 마주침의 실행가능성은 규칙, 의례, 그리고 그런대로 괜찮은 성과를 표현할 수 있는 개인의 능력에 달려있다. 아래 1, 2항의 진술은 고프만 접근법의 기본 주장을 보여준다.

6) 초점상호작용에서의 혼란과 정정

고프만은 마주침에서의 혼란(disruption)은 결코 사소한 문제가 아니라고 강조했다.

———

사회적 마주침은 참여자가 마주침에 부여하는 중요성에 따라 큰 차이가 있다. 하지만 중요하든 하찮든, 모든 마주침은 개인이 자발적으로 절차에 참여할 수 있고, 이 절차를 확고한 현실감각으로부터 끌어낼 수 있을 때, 기회를 제시한다. 그리고 이 느낌은 그것이 어떤 한 묶음의 무더기로 오느냐에 관계없이 사소하지 않다. 사건이 발생하면 … 그러면 현실이 위협받게

된다. 혼란에 대응하지 않는다면, 상호작용을 하는 사람이 그들의 적절한 참여를 회복하지 않는다면, 현실에 대한 환상이 깨질 것이다.[68]

———

어떤 사람이 규범적 역할에 반하는 제스처를 드러내거나, 모순적 전면을 제시하거나, 적절한 의례를 행하지 못하거나, 부적절한 역할을 시도하거나, 규범적으로 또는 의례적으로 잘못된 입장을 시도할 때, 즉 체면을 잃을 가능성이 있을 때, 그 현장에서 〔혼란의〕 잠재적 가능성이 생긴다. 그 사람의 시각에서 보면, 〔이때〕 고프만이 좋아하는 구절인, 당황스러움의 가능성이 생기는 것인데, 한번 당황하면, 개인의 반응은 점차적으로 더 높은 수준의 당황스러움으로 악화될 수 있다. 타인의 관점에서 보면, 이 장면이 상황정의를 혼란스럽게 하고 그들이 안정감을 느끼기 위해 필요한 현실감각을 위협한다. 개인은 암묵적으로 사람이, 그들이 보이는 그대로, 믿을 만하고, 유능하고, 의지할 수 있다고 가정한다. 따라서 이러한 장면이 발생하면, 이 암묵적 가정이 도전받게 되고, 마주침(그리고 잠재적으로 더 큰 만남과 사교모임)의 조직이 위협받는다.

이런 이유로 개인은 부적절한 제스처의 사용으로 인해 발생된 현장의 정정을 시도할 것이고, 타인은 이러한 개인의 정정 노력을 돕기 위해 눈치를 활용할 것이다. 따라서 상황의 질서에 대한 감각은 개인의 다양한 시정 반응과 눈치를 사용하며, 불쾌해진 개인의 시정 노력을 촉진하기 위해 눈치껏 사소한 실수를 무시해 주는 타인의 기꺼운 마음에 의해 유지된다. 사람들은 잠재적으로 모순된 '행동을 많이 하며', 이것이 더 이상 선택사항이 아닐 때, 그들은 사과, 설명, 새로운 정보, 변명, 그리고 그 외의 정정에 적절한 의례적이고 규범적인 노력을 받아들일 준비가 되어 있다. 물론 사람을 있는 그대로 받아들이고, 그들의 능력을 추정하고, 사소한 대인관계 실수를 간과하려는 이러한 기꺼운 마음은 그들을 조작과 사기에 취약하게 만든다.

5. 비초점상호작용

고프만은 공공장소나 비초점상황 설정에서 행동과 상호작용이 상호작용질서 및 더 나아가 사회구조 일반을 설명하는 데 중요한 특성임을 인지한 소수의 사회학자들 중 한 명이다. 거리를 걷거나 줄을 설 때, 대기실이나 공원 벤치에 앉아 있을 때, 엘리베이터를 기다릴 때, 공중화장실을 오갈 때 등에 하는 사소한 행위들, 그리고 많은 다른 활동은 사회구조를 나타내는 중요한 영역이다. 사람들이 함께 있지만 오래 대화하거나 대면하지는 않는 비초점상황은 사회학적 탐구 — 보통 사소한 것으로 보이지만 많은 사람이 꽤 관심을 기울이며 시간을 보내는 것으로 보여지는 주제 — 의 중요한 주제 중 하나다. 고프만은 《공공관계》와 《공공장소에서의 행동》이라는 두 저서에서 비초점만남의 역동성에 대해 다루었다.[69]

비초점만남들과 초점상호작용들의 일반적 윤곽들(contours)은 유사하다. 그들은 규범적으로 규제돼 있다. 그들은 개인의 공연을 요청한다. 그들은 자아연출을 한다. 그들은 의례를 사용한다. 그들은 정정을 위해 규범적·의례적으로 적절한 절차를 가진다. 그들은 에티켓, 눈치, 부주의에 상당부분 의존한다. 이 각각의 특성에 대해 세부적으로 살펴보자.

비초점만남도 초점상호작용처럼 거리두기, 움직임, 위치선정, 듣기, 말하기 그리고 자아연출과 관련된 규범적 규칙을 수반한다. 그러나 초점상호작용과 달리 〔이〕 규범은 체계적으로 갖춰진 형태를 유지할 필요는 없다. 비초점마주침에서는 마무리, 주의집중, 면대면의 의무가 없다. 오히려 규칙은 관심을 집중하지 **않고**(without) 대면적 마주침에 참여하게 될 때 개인이 스스로 어떻게 행동할 것인가에 달려 있다. 그러므로 규칙은 초점상호작용의 부가적 대인관계 반응을 요구하는 상황을 만들어내지 않으면서, 어떻게 움직이고, 말하고, 앉고, 서고, 자아를 연출하고, 사과하고, 그리고 공공질서를 유지하기 위해 필요한 기타 행위를 수행할 것인가에 관한 것이다.

공적으로 개인은 여전히 공연에 참여한다. 하지만 청중은 대면적 참여를 하거나 대화의 흐름을 장기화하지 않기 때문에 그 연출은 훨씬 더 조용하고 덜 활기차게 진행될 수 있다. 고프만은 이런 연출을 묘사하는 데 다양한 용어를 사용하였다. 가장 빈번하게 사용한 두 용어는 **몸관용어**(body idiom)[70]와 **몸짓해설**(body gloss)[71]이다. 두 용어 모두 개인이 타인들에게 사용할 수 있고 타인들에게서 얻을 수 있는 제스처 또는 처신의 전반적 배치를 나타낸다(반대로, 타인은 또 다른 사람의 몸관용어와 몸짓해설의 내용을 결정하기 위해 끊임없이 살핀다). 이러한 처신은 한 사람의 방향성, 속도, 단호함, 목적, 행위 과정의 다른 측면을 나타낸

다. 《공공관계》라는 책에서 고프만은 몸짓해설의 3가지 유형을 열거했다.[72] ① 어떤 사람이 현재의 시간과 장소 안에서 인지 가능하고 적절한 활동에 참여하고 있다는 점을 타인에게 확인시키는 증거를 제시하는 **지향해설**(orientation gloss) 또는 제스처, ② 어떤 사람이 타인의 활동을 침해하거나 위협하지 않을 것임을 타인들에게 알려주는 **탐색해설**(circumspection gloss) 또는 제스처, ③ 어떤 사람이 억압받거나 강요당하지 않고, 그 또는 그녀의 다른 움직임과 행위를 전적으로 관리하고 통제한다는 점을 알려주는 **과장연출해설**(overplay gloss) 또는 제스처 등이다. 그러므로 비초점상호작용에서 개인의 공적 공연은 그가 "건전한 사람이며 합리적 역량을 지니고 있다"[73]는 정보를 제공하는 것을 중심으로 이뤄진다.

공공장소와 비초점상호작용 〔상황〕에서, 자아영역은 중요한 고려사항이 된다. 고프만은 비초점상호작용 가운데 핵심이 될 만한 다양한 종류의 영역적인 고려사항들을 열거했는데 다음이 포함된다. ⓐ 특정한 사람이 속해 있는 **고정된 지리학적 공간**, ⓑ 공간 내에서 개인이 움직일 때 그들을 둘러싸고 있는 침해받지 않는 **자기중심구역**, ⓒ 어떠한 환경에서도 타인이 침해하지 않는 **사적 공간**, ⓓ 개인이 일시적으로 요구할 수 있는 **자리** 또는 경계가 지어진 장소, ⓔ 개인이 어떤 도구적 활동에 참여할 때 요구할 수 있는 **사용공간**, ⓕ **전환** 또는 하나의 상황 속에서 타인과 관련된 어떤 것을 행하거나 수신할 때 요구되는 질서, ⓖ **소유영역** 또는 개인의 몸 주변에 배치되어 있고 자신의 것으로 밝혀진 대상, ⓗ **정보적 구역** 또는 통제되고 규제받는 사람에 관한 많은 사실의 집합, ⓘ **대화적 구역** 또는 개인

을 호출하고 이야기할 수 있는 사람을 통제할 권리 등이다.[74] 인원, 나이, 성별, 서열, 지위, 참여자의 다른 특징뿐만 아니라, 비초점상호작용 유형에 따라 자아의 영역은 다양할 것이다. 하지만 모든 사회에서 이런 영역의 배치가 적절한가에 관한, 그리고 어느 정도 적용될 수 있는가에 관한 합의된 규범이 확실히 존재한다.

이러한 자아영역은 고프만이 '표지'(marker)라고 명명하여 가시화되었다. 표지는 영역적 요구 유형 즉, 그것의 정도와 경계선, 그리고 그것의 기간을 나타내는 신호와 대상이다. 이러한 표지를 위반하는 것은 개인의 자아를 침해하는 것과 관련되며, 제재를 받게 된다. 아마도 공공질서에 위반이나 소동을 일으키는 것들이다. 사실, 악의 없어 보이는 행위 — 무심코 누군가의 자리를 빼앗고, 새치기하고, 말을 자르는 것과 같은 행위 — 는 다른 사람의 자아에 대한 침해나 모욕이 될 수 있고, 결과적으로 극단적 반응을 초래할 수 있다. 따라

〈표 17-3〉 비초점상호작용에 대한 고프만의 일반적 명제

1. 비초점상호작용에서 질서는 다음에 대해 긍정적이고 복합적인 기능을 한다.
   A. 대면적 마주침과 대화를 제한하는 방식에서 행동을 규제하는 규범적 규칙의 명료성
   B. 다음과 관련해 처신의 단서를 보내는 개인들의 능력
      1. 지향, 즉 현재의 시간과 장소에서 활동의 적정성
      2. 탐색 즉 타인에 대한 침해와 위협을 피하려고 하는 의지
      3. 과장연출, 즉 강요나 억압 없이 행동을 [스스로] 관리하고 통제할 수 있다는 점을 알려주는 능력
   C. 다음과 관련해 명확한 표지를 통해 규범적으로 적절한 자아영역의 배치를 알려주는 개인의 능력
      1. 요구할 수 있는 고정된 지리적 공간
      2. 공간 내에서 움직이는 동안 요구할 수 있는 침해받지 않는 자기중심구역
      3. 요구할 수 있는 사적 공간
      4. 일시적으로 사용할 수 있는 영역의 자리
      5. 도구적 목적을 위해 차지할 수 있는 사용공간
      6. 요구할 수 있는 수행과 수신 물품의 차례
      7. 자신의 것으로 확인되고 자신의 주변에 배치되어 있는 소유영역 대상
      8. 개인에 대한 사실을 규제하는 데 사용할 수 있는 정보적 구역
      9. 대화를 통제하는 데 적용할 수 있는 대화적 구역
   D. 다음을 중심으로 이뤄지는, 규범적으로 적절한 정정의례의 배치 가용성
      1. 설명, 즉 위반에 대한 해명
      2. 사과, 즉 당혹감, 유감 그리고 실수에 대한 속죄의 표현
      3. 요청, 즉 잠재적 위반을 저지르는 것에 관한 선제적 질문
   E. 개인 사이의 대면적 참여를 제한함으로써 행동을 지시하고 규범을 강화하는 의례의 명료성과 가용성
   F. 규범과 자아영역에 대한 사소한 위반을 무시하기 위한 의례적 절차의 가용성 (눈치와 에티켓)

서 일반적으로 사회조직은 공적 상황에서 개인의 자아영역을 설정하는 표지를 읽는 개인 능력에 의존한다.

규범과 영역의 침해는 위반과 잠재적 소동을 일으킨다. 심지어 개인이 초점상호작용에 참여하지 않을 때에도 마찬가지다. 이는 대개 다음과 같은 의례활동을 통해서 정정된다. ⓐ 위반이 왜 발생했는지 해명하는 **설명**(무시, 일반적이지 않은 환경, 일시적인 무능함, 부주의 등), ⓑ **사과**(당혹감이나 유감 표시, 적절한 행동이 무엇인지 알고 있고 이해하고 있음을 명확히 함, 속죄, 보상을 자처함 등의 약간의 조합), ⓒ **요청**, 즉 규범이나 개인의 자아를 침해하는 것으로 여겨지지 않을 수 있게 해줄 무엇인가를 하게 해달라는 선제적 부탁이 그것이다. [75]

이러한 정정의 의례적 형식의 사용은 비초점상황에서 사람들 사이의 위치선정, 움직임, 그리고 활동의 원활한 흐름을 지속시킨다. 이러한 정정의례가 없다면, 화(temper)가 증폭되고, 다른 분열적 행위가 공공질서를 무너지게 할 것이다.

정정을 위한 의례화된 반응의 중요성은 비초점상호작용 전반에 있어 의례의 중요성을 유독 강조한다. 개인이 공공장소에서 돌아다니고, 서고, 앉거나 다른 행위를 할 때, 특히 사람이 서로 접촉하기 위해 가까이 접근할 때, 이 활동은 의례적인 것에 방점이 찍힌다. 끄덕임, 미소, 손짓, 몸의 움직임, 필요할 경우의 가벼운 대화는 (특히 정정의례 중에는) 서로 잘 지내고 적응하기 위한 개인 의지의 규범과 신호를 강화시키는 정형화된 일련의 행동을 포함하며 모두 매우 의례화되어 있다.

의례에 더해 많은 비초점상호작용은 눈치와 무관심을 포함한다. 사람은 규범, 자아, 의례적 실천을 사소하게 침해받은 것에 대해 단순히 무시하거나 조용히 참음으로써 과도한 긴장이나 악감정을 갖지 않고 모이고 이리저리 움직일 수 있다. 이렇게 비초점상호작용은 개인이 공공생활에서 흘낏 보거나, 고개를 끄덕이거나, 잠깐 눈을 마주치거나, 방향을 전환하거나, 그리고 여타의 다른 행위로 난처한 현실에 대처하는 것을 가능하게 하여 평온하게 보이도록 한다.

〈표 17-3〉에 고프만의 논의에 함축된 주요명제를 열거하였다. 명제들에 열거된 변수들의 관계는 비초점만남이라는 공공상황에서, 질서를 유지하며, 하나가 다른 것의 반응을 가속화한다는 점에서 증식적이다. 이 상호작용적 반응은 초점대화에 의존하지 않고서도 공공질서가 유지되도록 해준다.

6. 틀과 경험의 조직

고프만의 마지막 주저인 《틀분석》[76]은 '에세이'라기보다는 사회적 상황에서의 경험의 주관적인 조직에 대한 〔연구를 하는〕현상학에 관한 800쪽 분량의 논문이다. 이 논문은 난해하고 장황하지만, 그럼에도 불구하고 처음부터 고프만의 작업을 이끌었던 상호작용의 특성으로 되돌아가게 한다. **상황정의**의 구성, 다시 말해, 사람들은 상황의 실재를 어떻게 정의하는가?

1) 틀이란 무엇인가?

틀이란 개념은 고프만의 첫 주요저서인 《자아연출의 사회학》에서부터 계속 등장한다. 놀랍게도 그가 이 용어에 대한 정확한 정의를 제시한 적이 없지만, 그 기본적 아이디어는 사람들은 어떤 일이 일어나고 있는지를 인지적으로 설명해 주거나 틀에 집어넣어 주는 **윤곽**(*schemata*)을 가지고 상황에서의 사건 또는 **일련의 활동**을 해석한다는 것이다. [77] 틀은 묘사된 사건의 경계를 표시하고, 그것을 주변환경으로부터 캡슐화하고 구별시킨다는 점에서 사진틀과 매우 유사하다. 고프만의 초기 논의과제인 마주침에서의 '무관함의 규칙' ― 즉, 초점상호작용을 하는 동안 외부세계에서 배제되어야 할 고려사항, 특징, 측면 및 사건 ― 은 틀짓기의 역동성을 전달하는 초기의 방식을 나타낸다. 따라서 사람들은 세상을 바라보면서, 무엇이 내부에 있어야 하는지, 그리고 고프만이 **틀의 테두리**(*rim of the frame*)라고 일컫는 것의 외부로 배제돼야 하는지를 결정해 주는 틀을 도입한다. 인간의 경험은 사건이나 '일련의 활동'의 지정을 위한 해석상의 '틀작업'(*framework*)이나 '참조틀'(*frame of reference*)을 제공하는 틀에 의해 조직화된다.

2) 기본틀

고프만은 궁극적으로 사건에 대한 해석은, 몇몇 사건의 선행 해석에 의존하지 않는 기본적 틀작업 안에 뿌리박혀 있다고 주장하였다. [78] 그러므로 기본틀 작업은 적어도 개인의 경험조직을 보는 관점으로부터 나온 현실세계에 뿌리박고 있다. 고프만은 사람들이 자연적 틀작업과 사회적 틀작업을 구별하는 경향이 있다고 강조했다. [79] **자연적 틀**은 순전히 몸, 생태, 지역, 사물들, 자연적 사건 등 세계를 해석하기 위한 물리적 수단으로 고정됐다. **사회적 틀**은 지적 행위와 사회생활로 인해 만들어진 세계에 안착하였다. 이 두 가지 종류의 기본틀작업은 그들의 조직에서 확연히 다를 수 있다. 일부는 '실체, 선결조건들(*postulates*) 및 역할'로 명확하게 조직돼 있다. 하지만 대부분은 한 줄거리의 이해, 접근법, 관점만을 '제공'할 뿐이다. [80] 모든 사회적 틀작업은 무엇이 틀의 테두리를 넘어서 배제돼야 하는지, 무엇이 틀 내부에 묘사되어야 하는지, 그리고 틀 안에서 행동할 때 무엇을 해야 하는지에 대한 규칙을 포함한다. 그러나 인간이 지각하고 행위할 때, 그들은 고프만이 그의 초기 작업에서 단지 암시했던 복잡성을 경험을 조직화하는 데 사용하면서 여러 개의 틀작업을 적용할 가능성이 높다.

고프만은 틀 개념으로 사회구조를 분석하지는 않았다고 강조했다. 하지만 그는 분명히 뒤르켐의 사회심리학 ― 특히 어떻게 "집합적 도덕관념이 사람들을 안으로부터 규율하는지"에 대한 견해 ― 을 더 복합적이고 역동적인 용어로 재구성하면서, 신뒤르켐주의적 주장을 발전시키고 있었다. [81] 전체적으로 보아 그가 주장했듯이, 특정 사회집단의 기본틀 작업은 특히 윤곽의 기본적 종류, 이 종류 간의 상호관계, 그리고 이 힘의 합, 그리고 이 세계의 해석적 디자인이 느슨하다는 것을 인지하는 중개인에 관한 이해에 따라서 그 문화의 중심 구성요소를 구성한다. [82]

그러나 대부분의 경우, 고프만은 뒤르켐의 거시

문화적 과정에 대한 관심은 타인에게 넘기고, 개인의 경험과 상호작용질서의 영역 내에서 틀짓기의 동학에 집중했다. 사실 고프만은 어떤 분석이 여전히 사회학적인지 여부를 종종 분별하기 어려운 불확정적 상황에서도 기만적 목적을 가진 대인관계의 조작틀과 틀짓기의 유동성과 복잡성에 대한 강한 호기심을 드러냈다.

3) 조율(key)과 조율하기

고프만은 틀짓기가 복잡한 과정이 되는 것은 틀이 변형될 수 있다는 사실 때문이라고 주장했다. 기본틀을 변형하는 한 가지 기본적 방식은 **조율하기** (keying) 를 하는 것이며, 이것은 "어떤 기본틀 작업의 측면에서 이미 어떤 유의미한, 부여된 활동이 패턴화된 것으로 바뀌지만 참여자들에게는 조금 다른 것으로 보이는 일련의 관습"이다. [83] 예를 들어, 가족 상황설정의 연극적 연출은 실제 가족의 조율이다. 목공예와 같은 취미는 더 기본적인 직업활동의 세트와 관련된 조율하기이다. 연애에 대한 백일몽은 실제 사랑에 대한 조율하기이다. 스포츠 경기는 더 기본적인 활동(달리기, 도주, 싸우기 등) 의 조율하기이다. 연습과 리허설은 실제 공연의 조율하기이다. 누군가의 연애생활에 대해 농담하는 것은 연애의 조율하기이다. 기본틀 작업은 사람들에게 실제처럼 보이는 반면, 조율하기들은 덜 실제적인 것으로 보인다. 기본틀 작업을 더 많이 재조율할수록, 조율하기의 조율하기의 조율하기 등을 수행할수록, 틀은 덜 실제적인 것이 된다. 틀의 **테두리** (rim) 는 여전히 궁극적으로 어떤 자연적 또는 사회적 현실에 정착된 기본틀 작업이

다. 하지만 인간은 그들의 경험을 끊임없이 다시 조율하고 층화하거나 **재조율하는** 능력을 가진다. 그러므로 **상황정의**와 같은 용어는 조율을 통한 경험의 층화를 적절하게 포착하지 못하고, 사람들이 기본 틀작업을 바꾸고 존재하는 틀들을 재조율하는 능력으로 인해 적용할 수 있는 틀작업들의 다양성을 적절하게 나타내지도 못한다.

4) 꾸며내기

틀 변형의 두 번째 유형은 — 조율하기 외에 — **꾸며내기** (fabrication) 이다. 그것은 "한 명 이상의 개인들이 활동을 관리하는, 즉 한 명 이상의 사람들이 무슨 일이 일어나고 있는지에 대한 잘못된 믿음을 갖도록 유도하는 의도적 노력"이다. [84] 조율과 달리 꾸며내기는 어떤 기본틀 작업의 사본(또는 사본의 사본) 이 아니라, 타인이 다른 뭔가가 진행되고 있다고 생각하도록 만드는 노력이다. 거짓말, 사기, 그리고 전략적 조작은 모두 꾸며내기 — 타인을 어떤 방향으로 상황을 틀짓도록 하게 하는 동시에 사람들을 숨겨진 다른 틀작업으로 조작하는 것 — 를 포함한다.

5) 경험의 복잡성

그러므로 사람들은 상호작용할 때 기본틀 작업으로 상황을 틀짓는다. 그러나 그들은 이런 기본틀을 조율할 수도 속이거나 조작하기 위한 목적으로 새로운 틀을 꾸며낼 수도 있다. 고프만의 관점에서 볼 때, 상호작용은 꾸며내기뿐만 아니라 많은 조율하기와 재조율하기(즉, 해석의 층화) 를 수반

할 수 있다. 일단 조율 또는 꾸며내기가 발생하면 계속적인 조율과 꾸며내기가 실제로 촉진된다. 그것이 기본틀 작업으로부터 종잡을 수 없이 움직임을 확대하기 때문이다. 고프만은 꾸며내기(그리고 조작에 대한 조작)와 조율(또는 꾸며내기에 대한 꾸며내기)이 상호작용에서 얼마나 많이 발생할 수 있는지에 대해서는 언급한 적이 없다. 하지만 소설, 희곡, 영화가 상호작용의 가장 깊은 층을 이루는 매개를 제공한다고 보았다(왜냐하면 각각은 실제세계에서 일부 기본틀의 초기 조율이고 그것은 이후의 재조율과 꾸며내기에 거의 무한한 가능성을 열어 주기 때문이다).

그러나 참여자의 경험을 원래 기본틀로 돌려놓기 위해 — 전형적으로 의례화되고 규범적으로 규제된 — 상호작용의 절차가 있다. 그것은 조율과 꾸며내기의 층을 제거하기 위한 것이다. 예컨대, 사람들이 무언가에 대한 온화한 비웃음과 농담에 사로잡혔을 때, "지금 진심으로 하는 말인데…"라고 말하는 사람은 조율(과 재조율)의 슬레이트(slate)를 지우려고 하고, 다시 조롱과 농담이 깔린 기본틀로 돌아오려 한다. 그런 의례는 (잠시 진지하려고 노력해야 하는 규범적 의무와 함께) 현실세계에서의 상호작용을 다시 정착시키려고 한다.

조율과 의도적인 꾸며내기 외에, 개인은 **잘못된 틀**(misframe)의 사건 — 무지, 모호함, 오류 또는 참여자 사이에서 틀짓기에 관한 초기 분쟁, 그 무슨 이유에서든지 간에 — 을 만들어낼 수 있다. 그런 잘못된 틀짓기는 한동안 유지될 수 있지만, 결국 개인은 정보를 올바르게 읽음으로써 틀을 지으려고 시도하고, 이를 통해 그들은 상황을 정확하게 다시 틀지을 수 있다. 그러나 이렇게 틀을 지우려는 노력은 잘못된 틀짓기에 대한 적어도 일부의 이유가 될 때 특히 어렵고 문제가 된다.[85]

그러므로 틀짓기는 매우 복잡한 과정이다. 고프만이 주장한 대로 사회학자가 진지하게 다루려고 하지 않았던 과정이다. 사람들이 경험하는 세계는 일원화되어 있지 않으며, 온화한 목적인이든 기만적 목적이든 상당한 정도로 조작의 대상이 된다. 그리고 다시 틀짓기, 조율하기, 꾸며내기의 과정은 인간이 상징을 사용할 수 있는 능력(특히 말하기) 덕분에 고도로 계층화되고, 복잡한 경험을 창출할 수 있다. 그러나 상호작용하는 동안, 사람들은 공통의 틀을 유지하려고 한다(고프만이 적극 주장하는 바, 바로 그 욕구가 그들을 꾸며내기를 통한 조작에 취약하게 만들었다). 공통의 틀이 없다면 — 조율되거나 꾸며내진 그 무언가라도 — 상호작용은 원활하게 진행될 수 없다. 안타깝게도 고프만은 초점상호작용이나 비초점상호작용의 경험을 조직하는 틀짓기보다 '조직화하는 경험'의 틀짓기 자체에 집중했다. 그러므로 틀짓기 분석은 자극적이고 도발적이지만, 너무 자주 사회학적으로 관련된 주제 — **상호작용질서** — 에서 벗어난다.

요약하자면 어빙 고프만의 작업은 사회적 상호작용의 분석에서 진정으로 중요한 돌파구를 제시한다. 자아연출, 규범, 의례, 그리고 틀에 대한 강조는 다양한 이론적 전통에 의해 채택된 많은 중요한 선도적 개념과 함께 세기 중반을 대표하는 사회학 이론을 제시했다. 그러나 마지막으로 [고프만의 연구에 대해] 언급되어야 할 몇 가지 미심쩍은 강조점이 있다. 첫째, 고프만이 인간과 상호작용에 관해 가졌던 다소 냉소적이고 조작적인 시각 — 이 장에서 일관되게 평가절하되어온 것 — 은 종종 그가 암시했듯이 인간조직에 근본적이지 않은 방향으로 분석을 수행한다. 둘째, 자아를 모든 상황에서 단지 투영된 이미지로, 그리고 어쩌면 신기루로 보는 고프만의 다소 극단적인 상황적 시각은 아마도 과장된 것일 수 있다. 핵심자아 또는 영속적 정체성(permanent identity)을 부정하는 것은 분명히 상호작용론자가 제시하는 이론의 주류적 흐름, 어쩌면 현실 그 자체와 충돌하는 것이다. 그리고 셋째, 고프만의 작업은 때때로 경험이 너무 층화되어 있고, 변화가 심하며 틀과 의례의 약간의 변화로 인해 상호작용이 너무 유동적이며 변화가 가능한 다소 극단적인 주관주의와 대인관계와 관련된 허무주의로 빠지게 되는 경향이 있다. 그러나 이 같은 비판에도 불구하고, 고프만의 사회학은 조지 허버트 미드, 알프레드 슈츠, 에밀 뒤르켐과 확실히 동등할 정도의 기념비적 성취를 보여준다. 실제로 어빙 고프만은 지난 60년간 가장 뛰어난 미시이론가라 할 수 있다.

7. 고프만식 연극모형론의 확장

다소 놀랍지만, 고프만은 감정을 개념화한 최초의 현대 사회학자 중 한 명이다. 실제로 사회학은 일반적으로 20세기 초반에 이뤄진 찰스 호튼 쿨리의 자부심과 창피함에 대한 분석 이후로부터 1960년대 후반, 1970년대에 이르기까지 감정이라는 연구주제를 무시해온 경향이 있었다 — 인간사에서 감정의 중요성을 고려해 보면 다소 놀라운 공백이다.[86] 하지만 고프만도 강력한 감정이론(theory of emotions)을 발전시킨 것은 아니다. 대신에 그는 당황스러움의 중요성, 즉 우리가 창피함의 보다 부드러운 형태라고 볼 수 있는 것에 대해 자주 언급했다. 개인이 자기자신을 제대로 표현할 수 없을 때, 그리고 그 또는 그녀가 부적절하게 말하거나, 의례를 부적절하게 사용하거나, 틀 안에 머무르는 데 실패하거나, 상황을 부적절하게 분류하거나, 무대소품을 잘못 사용하거나, 부적절한 감정을 표현할 때 청중들에게서 불러일으켜진 부정적 감정은 결국 당황스러움을 경험할 사람에 대한 부정적 제재로 이어질 것이다. 종종, 개인은 전형적으로 위반했다는 사실을 인지하고 당황스러움을 느끼기 때문에 청중은 마주침을 위반한 사람을 실제로 제재할 필요는 없다. 이러한 조건 아래서, 일련의 정정의례가 뒤따르고, 이는 제재, 사과 그리고 더 적절한 체면과 입장의 묘사를 중심으로 이뤄진다. 사람은 사회적 조작(social fabric)과 도덕적 질서가 위험에 처해 있다는 것을 암묵적으로 인지하기 때문에 그렇게 하도록 동기부여가 된다. 마주침은 도덕적 질서를 유지시키는 상호작용의 원활한 흐름에 의존한다. 그래서 마주침의 상황에 놓여 있는 사람은 문화대본과 대본에 부합하는 공동의 자아연출에 매우 익숙해진다.

비록 고프만이 스스로 매우 강력한 감정 개념을 발전시키지는 않았다. 하지만 그를 따르는 많은 사람들은 감정 개념을 발전시켰다. 고프만 생애 대부분의 기간 동안 사회학에는 감정사회학(sociology of emotions)이 존재하지 않았다. 그러나 그가 사망할 무렵인 1980년대에는 감정학(study of emotions), 그리고 이에 따른 감정동학(emotional dynamics)에 대한 이론화가 보다 성행하게 되었다. 오늘날 감정사회학은 사회학에서 미시적 이론화의 가장 앞선 분야 중 하나다. 고프만에 의해 개척된 연극모형론적 관점을 감정적 과정의 새 이론을 발전시키기 위해 사용했던 사회학자들의 사례를 검토하고, 이에 대해 살펴보자.

1) 알리 혹실드의 감정노동

알리 러셀 혹실드(Arlie Russell Hochschild)는 타인들 앞에서 어떤 감정을 느낄 수 있고 표현할 수 있는지에 대한 상황 규범과 보다 넓은 문화적 아이디어의 한계 안에서 개인에 의해 관리되는 공연으로서의 감정에 대한 시각을 발전시킨 최초의 사회학자 중 한 명이었다.[87] 혹실드에게 있어 **감정문화**는 사람이 다양한 유형의 상황에서 어떻게 그리고 무엇을 경험해야 하는지에 대한 일련의 아이디어로 구성된다. 이 문화는 특정한 영역과 활동에 적절한 태도와 느낌에 대한 감정적인 이데올로기로 채워져 있다.[88] 감정적 표지는 보다 일반적인 감정적 이데올로기를 전형적으로 보여주고 상징하는 개인의 전기(biographies)에서 일어나는 사건이다.

혹실드는 어떠한 맥락에서든 다음과 같은 두 가지 기본적 유형의 규범이 있다고 강조한다. ① 다음을 나타내는 **느낌규칙**(feeling rule), ⓐ 어떤 상황에서 느낄 수 있는 적절한 감정의 양, ⓑ 긍정적이든 부정적이든 감정의 방향, 그리고 ⓒ 감정의 지속기간과 ② 제시된 표현적 행동의 특성, 강도 그리고 스타일을 나타내는 **표출규칙**(display rule) 등이다. 그러므로 어떤 상호작용에서든, 느낌과 표출은 할 수 있는 것을 규제한다. 이러한 규칙은 보다 넓은 감정문화의 이데올로기, 상호작용을 하는 집단의 목표와 목적, 그리고 권력의 분배와 상황의 다른 조직적 특성을 반영한다.

문화적 이데올로기, 그리고 감정의 선택과 방출에 대한 규범적 제약의 존재는 개인이 스스로 경험하고 타인에게 표현하는 느낌을 관리하도록 강요한다. 이 지점에서 혹실드의 분석은 연극모형론적으로 변하고, 고프만과 마찬가지로, 그녀는 행위자가 규범에 대한 문화대본과 보다 넓은 이데올로기로 안내된 상황에서 자아연출을 관리해야 한다고 본다. 혹실드가 **감정작업**(emotion work)이라고 명명한 것 또는 감정을 관리하고 적절한 자아연출을 해내는 메커니즘에 대한 다양한 유형이 있다. ① 개인이 적절한 감정을 불러오기 위한 노력의 일환으로 그들의 신체감각을 실제로 바꾸려고 하는 **신체활동**(body work)(예를 들어, 고요함을 만들어내기 위한 심호흡), ② 개인이 실제로 그들이 적절한 감정을 느끼기를 바라는 방식으로 외부의 표현적 제스처를 바꾸는 **표면연기**(surface acting)(예를 들어, 파티에서 행복감을 느끼기 위한 시도로 기쁨과 사교성을 표현하는 제스처의 드러냄), ③ 적절한 감정의 나머지 부분이 활성화되고 제자리에 자리잡게 될 것이라는 기대 속에서, 개인이 그들의 내면느낌, 또는 최소한 그 느낌 중의 일부를 변화시키고자 하는 시도로서의 **내면연기**(deep acting)(예를 들어, 장례식에서 슬픔을 느끼기 위한 노력으로 **슬픔**의 느낌을 떠올리는 것), 그리고 ④ 특정한 감정과 연관된 생각과 아이디어가 상응하는 느낌을 활성화시키기 위한 시도로 환기되는 **인지적 작업**(cognitive work) 등이다.

혹실드가 강조하듯이 개인은 상당한 양의 감정작업을 수행해야 하는 상황에 종종 놓이게 된다.

예를 들어, 항공사 승무원에 대한 그녀의 선구적 연구에 따르면, 승객들이 아무리 무례하고 불유쾌하게 하더라도 항상 친절하고, 상냥하며, 또한 기꺼이 도움을 줄 수 있어야 한다는 요구사항은 승무원들에게 막대한 감정적 부담을 지우는 것이다.[89] 그들은 감정작업을 통해 그들의 감정을 관리하고, 매우 제한적 느낌 및 표출규칙에 부합하는 방식으로 스스로를 연출해야만 했다. 사실상 모든 마주침은 감정작업을 필요로 하지만, 항공사 승무원이 마주치게 되는 것과 같은 일부 마주침은 특히 과중한 부담을 주며 자아연출에 있어 상당히 많은 양의 감정관리를 요구한다.

혹실드는 감정작업을 강조하면서, 어빙 고프만의 구성요소를 통합했을 뿐만 아니라 소외에 관한 칼 마르크스의 시각을 연상시키는 중요한 부분을 추가했다. 혹실드에게 있어, 개인은 종종 기쁘지 않은 전략적 공연에 참여하게 된다. 이럴 때 문화대본은 그들이 어떻게 느껴야 하는지에 대해 필요한 것을 알려준다. 일반적 규칙으로서의 감정작업은 사람이 감정 이데올로기, 감정규칙 그리고 실제적 느낌에 반하는 표출규칙에 직면할 때, 그리고 특히 이러한 규칙에 의해 그들이 느끼지 못하는 감정을 표현하고 표출하도록 요구될 때 가장 분명해질 것이다. 권위적 계층구조를 가진 복잡한 사회체계 또는 감정표현에 있어 더 많은 허용범위를 가진 고객들에게 특정한 방식으로 행동하도록 상품 판매원들과 서비스 제공자를 강제하는 시장체계는 개인이 감정작업을 해야만 하는 상황을 만들어낼 가능성이 있다. 이러한 유형의 체계는 산업사회와 후기산업사회에서 보다 전형적이기 때문에, 혹실드는 근대성(modernity)이 사람들이 반드시 수행해야 하는

감정작업의 양을 급격히 증가시키는 것으로 보았다. 이러한 작업은 항상 비용이 많이 든다. 왜냐하면 사람들은 문화대본이 요구하는 방식으로 자신을 표현하려고 할 때, 어느 정도 그들의 진정한 감정을 억제하기 때문이다.

이런 추론의 또 다른 확장은 어빙 고프만이 지속적으로 강한 흥미를 가졌던 어떻게 개인들이 서로를 '속이는가'(con)라는 주제와 더욱 일치한다. 만약 느낌과 표출규칙이 마주침 상황에 있는 모든 참가자들에 의해 알려지게 된다면, 그리고 실제로 그 또는 그녀가 교활한 목적을 가지고 있다면, 그 사람은 〔타인들에게 그가〕그들과 같은 감정을 느끼고 같은 목표를 가지고 있다는 것을 납득시키기 위해 제스처를 조작할 수 있다. 예를 들어, 좋은 '사기꾼'은 실제적으로 그들을 속이려고 할 때, 어려움을 겪는 사람들에게 그가 그들의 고통에 공감하고 있고, 그들을 어려운 상황으로부터 구해 내고자 최선을 다하고 있다는 것을 보여주는 제스처를 표출함으로써 그들에게 도움이 되는 것처럼 보일 수 있다. 그러나 대부분 상황에서 개인은 적절한 감정을 느끼고 표현하기 위해 선의의 노력을 기울인다. 왜냐하면 문화규칙은 사소해 보이는 상호작용에서조차도 그들의 위반에 대한 부정적 느낌과 제재를 유발하는 도덕적 자질을 지니기 때문이다. 그러므로 사람들은 암묵적으로 느낌과 표출규칙을 위반하는 것이 마주침 그리고 잠재적으로, 보다 큰 사교모임을 혼란스럽게 하는 것이라고 이해한다.

2) 모리스 로젠버그의 재귀성과 극적 연출에 대한 강조

모리스 로젠버그(Morris Rosenberg)의 기본적인 주장은 재귀성(reflexivity) 또는 한 사람의 행위의 반응에 대한 사고가 인간감정의 생리적 특성을 변화시킬 것임을 강조한다.[90] 이러한 재귀적 과정을 통해 인간의 감정은 무언가 색다른 것으로 바뀐다. 재귀적 과정은 적어도 3가지 다른 경로로 작동한다. ① 감정의 동일시, ② 감정표출 방법, 그리고 ③ 감정경험 등이다. **감정의 동일시**(emotional identi-fication)에서의 재귀성은 개인들이 내면의 느낌을 이해하기 위해서 해석, 추론 또는 귀속시키는 인지적인 것이다. **감정표출 방법**(emotional display)에서의 재귀성은 혹실드의 표면연기와 친화력이 있는데, 청중으로부터 특정한 반응을 이끌어내기 위한 감정적 제스처에 대한 개인의 규정에 반영된다. **감정경험**(emotional experience)에서의 재귀성은 내면의 각성상태에서 나타난다. 이는 혹실드의 내면연기의 아이디어와 비슷하다. 각각의 것은 아래에서 더 자세히 검토된다.

(1) 감정의 동일시

사람들의 내면의 각성상태는 애매모호하며, 그 결과로 사람들은 환경을 통해 얻는 정보에 의지해 그들이 무엇을 느끼는지 이해한다. 그렇지 않으면, 예를 들어 사랑하는 누군가가 죽었을 때 애절하면서도 안도하는 느낌을 갖게 되는 것처럼 복합적 감정을 느끼는 상황이 생길 것이다. 이러한 감정적 경험에 대한 애매모호함은 사람들로 하여금 그들의 느낌에 대해 **생각하도록** 강요하고, 이런 이

유로 재귀적이 된다.

로젠버그는 감정의 동일시에 영향을 미치는 3가지 인지적 요소, 즉 ① 인과관계의 추정, ② 사회적 합의, ③ 문화적 시나리오가 있다고 주장한다. **인과관계의 추정**(causal assumption)은 사회화 과정에서 생겨난다. 성인과 동년배는 자극·사건과 그것으로부터 야기된 결과 사이에 문화적으로 명시된 연관성을 가르친다. 이러한 추정이 학습되고 기억 속에 저장됨에 따라, 개인들은 로젠버그가 **감정적 논리**(emotional logic)라고 부르는 것을 발전시킨다. 예를 들어 사람들은 누군가 모욕감을 줄 때, (행복과 같은 다른 감정보다) 심장이 두근거리는 감각을 분노라는 감정으로 분류하는 것을 배우게 된다. 그리하여 행위자는 애매모호한 내면의 느낌에 직면할 때, 그 모호함을 이해하기 위해서 그들이 배운 감정적 논리 쪽으로 방향을 튼다. **사회적 합의**(social consensus)는 행위자가 내면적으로 무엇을 느끼고 있는지에 대한 정보를 얻는 데 도움을 준다. 타인이 어떻게 반응하는지 관찰함으로써, 그리고 특히 그들이 같은 방식으로 반응하는 경우에, 개인은 자신의 내면 속의 느낌을 분류하는 방법에 대한 안내지침을 받게 된다. 마침내, 내적 경험은 현재 경험과 대비해 비교할 수 있는 자신의 마음 속 **문화적 판단기준**(cultural criteria)을 불러옴으로써 보다 분명해진다. 예컨대 만약 어떤 사람이 상대방에 대한 느낌이 사랑인지 아닌지 파악하려 애쓴다고 한다면, 이 사람은 현재상황이 문화적 이데올로기와 전통에서 제시되는 사랑을 반영하는지 생각해 볼 수 있다.

(2) 감정표출 방법

재귀성은 개인들이 자신의 감정을 드러내거나, 숨기는 행동수준에서도 작동한다. 목표는 청중이 특정한 감정을 경험하고 있다는 것을 깨닫게 하는 것이다. 사람들이 감정표출 방법을 관리하기 위해 사용하는 3가지 장치와 메커니즘이 있다. ① 단어, 은유 또는 감정성을 전하는 시적 이미지와 같은 **언어적 장치**(verbal device), ② 음의 고저, 음량 및 말의 속도(예컨대, 화가 났을 때 목청이 높아지고, 말이 더 빨라지는 것)와 같은 **얼굴 표정들**과 다른 '신체적 표현', 그리고 ③ 감정을 표현하는 소품이나 의상(예를 들어, 검은색 옷으로 슬픔을 전함)과 같은 **물리적 대상** 등이 바로 그것이다.

사람들은 3가지 유형의 감정표출 방법에 참여한다. ① 규범에 순응하고 있다는 것을 나타내는 감정, 그것으로 행위에 도덕적 성격을 부여하고 문화대본에 대한 책임이 있음을 확인함, ② 목적달성을 위한 수단으로서의 감정, 이 감정은 행위가 도구적이라는 것을 드러냄, 그리고 ③ 즐거운 경험을 드러내기 위해 고안된 감정, 그것으로 자신과 타인 모두에게 긍정적인 감정적 결과를 드러냄 등이다.

(3) 감정경험

혹실드가 강조했듯이 개인은 다르게 느끼기 위해 종종 내면의 감정경험을 조작한다. 달리기, 호흡조절, 이완기법 및 생화학적 전략(예컨대 술, 마약, 최면)과 같은 **신체활동**을 통해 개인들은 자신의 느낌을 바꾸려고 한다. **인지적 작업**을 통해 개인은 다르게 느끼기 위해 다르게 생각하려고 시도한다. 그러나 이런 감정적 경험을 바꾸려는 노력

은 개인이 **선택적 주목**, **투시적 선택성**, 그리고 **선택적 해석**을 성공적으로 할 수 있을 때만 작동할 수 있다. **선택적 주목**에서, 개인은 직간접적으로 그들이 생각하는 것을 적극적으로 통제하려고 노력한다. 직접적이고 선택적인 주목에서, 사람들은 특정한 감정을 마음에서 밀어내고 그 자리에 새로운 감정을 대체하려고 노력한다. 반면에 직접적이고 인지적인 작업에서는 개인들이 경험하고 싶지 않은 감정이 활성화되는 상황을 피하려고 노력할 것이다. **투시적 선택성**과 관련해서 사람들은 그들의 관점이나 참조틀을 바꿈으로써 감정을 조절하려 노력한다. 예를 들어, 조급함을 느끼는 사람은 시간의 관점에 변화를 줄 것이다("모든 일이 제시간에 잘될 것이다", "시간이 모든 상처를 치료한다"). 또는 우울함을 느끼는 사람은 형편이 더 어려워진 타인을 떠올림으로써 자신의 현재의 문제를 덜 심각한 것으로 느낄 수도 있다. **선택적 해석**에서 사람들은 긍정적인 감정적 결과를 만들어낼 사건에 의미를 부여하려 한다. 하나의 전략은 선택적 귀속 또는 자신에게 이익이 되는 방식으로 원인을 배정하는 것이다. 예를 들어, 사람들은 실패에 대한 책임은 부인하면서 성공에 대한 책임은 기꺼이 지는 경향이 있다. 또 다른 귀속전략은 실패의 원인을 능력부족보다 노력부족으로 보는 것이다.

3) 페기 토이츠의 감정일탈론

페기 토이츠(Peggy Thoits)는 감정일탈론(theory of emotional deviance)을 발전시키기 위해 연극모형론적 관점을 사용한다.[91] 그렇게 하면서 그녀는 혹실드의 이론을 보완한다. 토이츠의 이론은 3가지 기

본적 주제를 중심으로 한다. ① 느낌상태와 느낌규칙 간 불일치가 출현할 수 있는 **근원** ② 불일치 문제를 해결하기 위한 여러 가지 **감정관리 전략**이나 **대처양식** 그리고 ③ **감정관리 실패**와 이로 인해 발생하는 동기적 일탈의 조건 등이다. 이들 각각은 아래에서 논의된다.

(1) 불일치의 근원

느낌규칙으로 느껴지는 것과 기대되는 것 간의 불일치는 개인들로 하여금 **스트레스**를 느끼게 한다. 스트레스는 특정한 조건하에서 증가한다. ⓐ 다중역할 점유, ⓑ 하위문화적 경계성, ⓒ 규범적 및 비규범적 역할전환 그리고 ⓓ 역할과 의례를 관리하는 엄격한 규칙 등이다. **다중역할 점유**(*multiple role occupancy*)와 **하위문화적 경계성**(*subcultural marginality*)은 한 사람이 다른 역할이나 집단에 참여하기 때문에 상충되는 느낌규칙에 영향을 받을 수 있는 경우를 포함한다. 어느 경우든, 사람들은 잠재적으로 모순될 수 있는 기대에 반드시 대응해야 한다. (다양한 역할 또는 하위집단 간의 하위문화적 차이든지 간에 관계없이) 모순이 클수록 개인이 경험하는 스트레스 수준은 높아진다. 새로운 역할로의 이동 또는 **비규범적 역할전이**(*non-normative role transition*)는 종종 새로운 역할에서의 적절한 행동과 느낌에 대한 모호함을 야기한다. 마지막으로, 어떤 상황에서 역할과 의례에 관련된 **엄격한 느낌규칙**(*strict feeling rule*)은 사소한 일이라도 이에서 벗어나면 분명히 스트레스가 될 것임을 알려준다.

(2) 감정관리 전략

느낌이 느낌규칙에서 벗어날 때, 개인은 상황의 규범적 요구조건에 맞춰 주관적 감정경험을 가져옴으로써 그들의 감정을 관리하려 한다. 토이츠는 사람들이 그들의 감정적 경험을 바꾸기 위해 사용하는 두 가지 기본적 모드, 즉 행동방식과 인지방식을 정식화한다. **행동조작**(*behavioral manipulation*)에서 개인은 그들의 느낌이 문화대본과 일치하길 바라며 그들의 행동을 변화시킨다. **인지조작**(*cognitive manipulation*)에서 개인은 상황의 **의미**를 바꾸려고 노력한다. 이는 그 상황에서 어떻게 느껴야 하는지에 대한 규범적 기대와 자신의 느낌을 일치시키려고 하는 것이다.

(3) 감정의 일탈

실제 느낌과 느낌규칙 사이의 불일치를 줄이기 위한 행동과 인지전략은 일부 개인들에게는, 그들이 아무리 노력해도 효과가 없다. 결과는 물론 스트레스다. 이러한 스트레스는 타인들에게(온화하게 표현하자면) 심리적 문제들로, (더 심각하게 표현하자면) 정신병의 징후로 보일 수 있다. 개인이 경험하는 스트레스의 수준은 다음과 관련이 있다. ⓐ 상황의 불일치 정도, 그리고 ⓑ 스트레스를 받는 개인들이 느낄 수 있는 사회적 지지의 수준 등이다. 그러나 스트레스와 관련된 부정적 느낌이 계속된다면, 타인은 그들의 사회적 지지를 철회할 수도 있고, 그로 인해 스트레스가 이전보다 더 심해지는 상황이 될 수 있다. 그리고 만약이 타인이 한 사람을 일탈적이라고 낙인찍기 시작하면, 그들은 스트레스를 받은 개인을 감정적 일탈상태로 더 밀어 넣을 수도 있다. 그리고 사람들이 타인으로부터 지지를 받을 수 없을 때, 그들은 아이러니하게도 암묵적으로 그들을 감정적으로 일탈적이라고 칭할 정신건강 전문가에게 의지할 수도 있다.

4) 연극모형론과 공감전략에 관한 캔디스 클라크의 이론

캔디스 클라크(Candace Clark)는 연극론적이고 전략적인 과정으로서의 공감에 대한 상세한 분석과 함께 연극모형론적 관점을 확장했다. [92] — 고프만 이론에서 두 가지 강조점, 모든 연극모형론적 이론과 마찬가지로 클라크는 믿음, 가치, 규칙, 논리, 어휘 그리고 공감의 과정을 틀짓고 지시하는 다른 상징적 구성요소로 구성된 **느낌문화**(feeling culture)를 시각화한다. 개인들은 무대의 청중 앞에서 연극모형론적 연출과 표출을 함으로써 청중들에게 다가가도록 하는 이 문화적 구성요소를 암묵적으로 인식한다. 행동을 안내하는 문화적 규칙이 있지만, 문화의 많은 차원은 명확한 대본을 구성한다기보다는, 행위자가 공감을 드러내고 반응할 수 있는 틀을 제공하는 느낌 이데올로기, 느낌규칙, 느낌논리, 그리고 느낌어휘와 같은 느낌 구성요소를 조직화하도록 도와주는 문법규칙과 더 유사하게 작용한다.

각 개인은 문화로부터 얼마나 많은 공감이 발생하는지에 대한 기대의 무게를 느끼면서, 적절한 감정을 느끼고 표출하기 위해 적절한 기법을 사용해 공연에 참가해야 한다. 특히 표면연기, 내면연기, 그리고 감정을 유발하고 추적하기 위한 의례의 활용은 관련된 문화적 구성요소에서 모아진 대본에 따라 자신을 표현하고자 하는 행위자에 의해 이뤄지는 경우가 많다.

(1) 공감부여의 전략적 차원

공감(sympathizing)에 이르는 전략적 차원 역시 존재한다. 강조점은 고도로 전략적 차원으로서 고프만의 마주침에 대한 시각을 따르는 것이다. 개인은 문화적 대본에 따른 수동적 역할만을 수행하는 것은 아니다. 오히려 그들은 **미시경제학**(micro-economics)과 **미시정치학**(micropolitics)의 게임에 참여하기도 한다. 클라크는 **미시경제학적** 관점에서, 감정은 종종 공감을 주고받는 가운데 교환되며, 심지어 친절과 이타주의적 행위로서의 공감도 이러한 교환의 역동성의 대상이 된다고 주장한다. 느낌규칙은 종종 공감의 수신자가 **고마움, 즐거움** 그리고 **안도감**과 같은 감정을 그들에게 공감해 준 사람에게 되돌려 줄 것을 요구한다. 나중에 더 자세히 논의되는 **미시정치학**과 관련해, 개인은 항상 타인보다 더 높은 위치나 지위를 차지하려고 노력하는데, 심지어 타인의 희생으로 어떤 지위를 얻으려는 그들 자신의 노력을 스스로 알아차리지 못할 때도 마찬가지이다. **위치**에 대한 타인과의 이러한 경쟁은 마주침에 불평등을 초래하게 되고, 그로 인해 불평등에서 항상 발생하는 긴장감을 불러일으킨다. 공감은 다른 감정과 마찬가지로, 개인이 마주침의 상황에서 자신의 위치나 지위를 향상시키는 중요한 도구가 될 수 있다. 누군가에게 공감을 부여함으로써 공감을 받는 사람은 도움이 필요하기 때문에 공감을 표현한 사람은 그들이 더 높은 위치에 있다는 것을 확고히 할 수 있다. 이와 관련된 일종의 전략적 연극모형론도 있다. 클라크는 선호하는 위치를 획득하기 위한 몇 가지 전략을 제시한다. 예를 들어 다른 사람의 부정적 자질에 관심을 기울이는 조롱공감(mock sympathy)을 표출하기, 다른 사람의 약점·연약성·문제점을 강조하는 방식으로 감정적 선물을 부여하기, 불평등한 위치 간의 거리를 줄이기 위해 상위개념에 대해서 공감을 부여하기, 공감받게 된 문제점을 지적함으로써 타인에게 감정적 부채를 상기시키고, 그리하여 타인의 위치를 낮출 뿐 아니라 공감받은 사람으로 하여금 화답할 의무감을 갖게 하기, 타인이 **걱정**, **모욕감**, **창피함**, **분노**와 같은 부정적 감정을 느끼게 만듦으로써 그들의 위치를 낮추는 방식으로 공감을 사용하기 등이다.

(2) 공감의 통합적 효과

비록 미시경제학과 미시정치학의 게임 안에서의 공감 절차에 더 어두운 측면이 있음에도 불구하고, 마주침의 수준에서 공감은 더 큰 사회질서에 있어 통합적 효과를 지니고 있다. 첫째, 긍정적 감정이 교환된다 — 즉, **고마움**과 같은 다른 긍정적 감정에 대한 공감은 그로 인해 주고받는 두 당사자 모두에게 더 나은 기분을 느끼게 한다. 둘째, 공감이 필요한 사람의 곤경이 공감을 주는 사람에 의해 인정됨으로써 어떻게든 발생하게 될 교류를 넘어서는 그 이상의 사회적 유대감을 강제하게 된다. 셋째, 공감은 곤경에 처한 사람에게 미래의 문화적 기대에 도달하기 위해 그들의 에너지를 재동원하는 데 있어 정상적인 문화적 금지와 처방으로부터 일시적으로 벗어나게 해주는 안전판으로 작동한다. 넷째, 공감은 또한 도덕적 드라마의 규정이기도 하다. 공감을 나타내는 감정을 전달받는 사람

이 정의, 공정성, 그리고 가치에 대해 적용하는 문화적 지침을 포함하기 때문이다. 다섯째, 미시정치학의 게임은 한쪽은 더 우월하게 하고 다른 쪽은 열등하게 만들 수 있음에도 불구하고, 사회적 관계를 질서짓는 위계를 형성한다. 그러나 또한 부정적인 감정적 자극과 갈등에 대한 잠재성을 창출하기도 한다.

(3) 사회변화와 공감의 확산

클라크는 공감이 요청될 수 있는 곤경의 범위가 확장되고 있다고 주장한다. 이러한 변화의 부분적 이유는, 특히 개인주의를 강조하는 시장주도적 시스템 내에서 높은 수준의 구조적 차별화가 사회구조 내에 내재되어 있는 전통적 형태로부터 개인을 고립시켜 왔다는 것이다. 이로 인해, 문화는 개인과 개인들이 직면한 문제의 중요성을 강조한다. 공감은 이제 스트레스, 정체성 위기, 이혼, 고독, 범죄피해, 어려운 관계, 일과 가정과 학교에서의 불만족, 그리고 복잡한 사회에서 개인들의 다양한 곤경과 같이 개인이 경험하는 감정적 문제로 확장되어 간다. 이와 같은 차별화는 공감과 관련된 일을 하는 새로운 직업을 창출해왔다. 그들은 특정 곤경을 강조하기도 하고 공감적 반응을 불러일으키는 일련의 조건에 포함된 것들을 옹호하는 사람들이다. 의학과 심리치료의 확장은 신체적 질병과 정신적 질병 모두에서 공감의 대상이 되는 새로운 많은 질병을 추가해왔다. 사회과학은 인종차별주의, 성차별, 가부장제, 차별, 도시 황폐화, 하층계급의 지위, 직업기술 부족, 어려운 가정생활 등에 처해 있는 사람들의 곤경을 포함해 더 많은 것을 추가했다. 그래서 현대사회는 적어도 서구에서

는 공감적 반응을 요청하는 일련의 조건이 엄청나게 확장되었다.

공감적 반응을 받을 만한 것으로 정의될 수 있는 곤경의 범위가 광범위하다는 점을 고려해 본다면, 행위자가 문화적 구성요소에서 공감받을 만한 대상에 대한 정의를 조합해낼 수 있게 해주는 내재적 분류 메커니즘 또는 문화적 논리가 존재한다. 문화적 논리는 한 사람의 곤경에 대한 책임감을 설정하는 것을 중심으로 이뤄진다. 클라크의 주장에 따르면, 예를 들어 미국인들은 개인의 곤경을 암묵적으로 타인에 대해 비난할 점이 없는 경우에서부터 비난받을 만한 경우에 이르기까지의 연속체로 배열한다. 비난할 점이 없는 사람은 공감받을 만한 반면, 비난받을 만한 점이 있는 사람은 공감을 덜 받아도 된다. '불운'은 비난이 형성되는 하나의 방식이다. 불운을 당한 사람은 공감받을 만한 반면, 그들 스스로 문제를 일으킨 사람은 공감을 자격이 없다.

클라크는 "한 범주의 구성원들에게 불운한 곤경이 무엇인지 규정하기" 위한, 그래서 공감받을 만한 것이 무엇인지 규정하는, 일련의 경쟁규칙을 덧붙인다. 한 가지 규칙은 '특수한 결핍의 원칙'(the special deprivation) 인데, 이것은 개인이 경험하는 특이한 결핍을 강조하는 것이다. 또 다른 규칙은 '특수한 부담의 원칙'(the special burden principle) 인데, 이것은 특별히 수행하기 어려운 임무를 가진 사람이 공감받을 자격이 있다는 점을 강조하는 것이다. 또 다른 것은 운이 좋고 거만한 삶을 살아온 사람(유명인사, 부자, 권력자)이 일반인이나 운이 없는 개인보다 공감을 덜 받을 만하다는 '행운 균형의 원칙'(the balance of fortune principle) 이다. 또

다른 규칙은 일부 범주의 사람(예: 어린이, 노인, 여성)이 타인보다 불행에 더 취약하기 때문에 공감받을 가치가 있음을 강조하는 '취약성 원칙'(the vulnerability principle) 이다. 또 다른 규칙은 미래가 단절되었거나 아직 오지 않은 사람(예: 어린이)은 이미 자신의 잠재력을 실현할 기회를 가졌던 사람(예: 고령자) 보다 더 누릴 자격이 있다고 주장하는 '잠재적 원칙'(the potential principle) 이다. 아직 남은 또 다른 규칙은 특별한 능력과 지식을 가지고 있지만 그것을 잘 또는 현명하게 사용하지 않는 사람은 공감받을 만한 가치가 덜하다고 주장하는 '특별책임 원칙'(the special responsibility principle) 이다. 그리고 사람이 공감받을 만한지 아닌지 규명하는 데 특별히 중요한 마지막 규칙은 지위, 권력, 부, 문화자본 그리고 다른 자원을 소유하고 있다는 미덕으로 인해 가치가 있는 사람은 공감받을 자격이 있다는 것을 강조하는 '사회적 가치 원칙'(the social worth principle) 이다. 이렇게 한 사회에서 누가 얼마나 많은 공감을 받을 자격이 있는지를 결정하는 문화대본이 존재한다.

클라크는 현대사회에는 공감을 표명하는 데 있어 공감을 주는 사람이 감내해야 하는 감정작업을 상당히 줄일 수 있게 해주는 표준화된 방식이 있다고 말한다. 여기에는 인사카드, (꽃과 같은) 선물, 기도, 행동에 대한 관용, 휴식시간, 긴장의 완화, 경청, 방문, 신체적 접촉과 대화하는 정형화된 의례, 긴장을 풀 수 있는 여유시간, 도움 제안 등이 포함된다. 그러나 공감을 제공하기 위한 표준화된 방식의 사용은 공감제공자가 이런 표준화된 행위의 적절한 조합이 무엇인가를 결정하려 할 때 여전히 어느 정도의 감정작업을 필요로 한다.

클라크의 개념화에서 가장 흥미로운 개념 중 하나는 개인에게 부여되는 **공감신용의 한계**(*lines of sympathy credit*)이다. 각 개인은 본질적으로 **공감경계**(*sympathy margin*)를 가진다. 이것은 한 사람이 얼마나 많은 공감을 가질 수 있는지 나타내는 공감신용의 한계이다. 이러한 공감의 경계는 모든 신용과 마찬가지로 협상의 대상이다. 그리고 개인의 공감적 경계가 어디까지인지는 개인의 도덕적 가치, 타인에게 공감을 가져왔던 선량한 개인으로서의 그 또는 그녀의 지난 삶, 그리고 그 또는 그녀의 곤경의 특성에 달려 있다. 문화적 규칙은 가족구성원 간에 가장 큰 공감경계를 허락하고, (부, 교육, 권위, 아름다움, 명성 그리고 다른 형태의 사회적 자본에 있어) 사회적 가치를 가진 사람에게도 큰 경계를 허락하며, 다른 부여된 역할에서 친절과 선함을 보여준 사람에게도 큰 경계를 허락하고, 그리고 자기자신을 도우려 노력하는 가난한 사람(또 곤경에 처한 사람)에게도 큰 공감경계를 허락한다.

그러나 공감경계에도 한계가 있다. 만약 어떤 사람이 그 또는 그녀의 공감신용을 모두 소진한 경우, 더 이상의 신용이 제공되지 않는다. 그리고 사실 타인은 종종 그들의 최대신용을 넘어서려고 하는 사람에게 부정적 감정을 느끼고 표현할 것이다. 더욱이 공감신용을 받은 개인이 적절한 감정으로 타인에게 갚으려고 하지 않는다면, 그 사람에게 공감신용을 제공했던 사람은 추가적〔공감〕신용을 취소할 것이며, 부정적인 감정적 자극을 경험할 것이다.

(4) 공감예절

클라크는 공감신용의 주장, 수용, 상환의 과정이 **공감예절**(*sympathy etiquette*) ― 고프만의 만남에 대한 분석이 스며들어 있는 하나의 아이디어 ― 에 의해 이뤄진다고 주장했다. 실제로 한 사람의 과거 행위에서 공감예절의 규칙이 위반되었다면, 이 개인은 그 또는 그녀의 〔공감〕 최대신용을 낮출 것이다. 따라서 개인은 얼마나 많은 공감을 줄지를 결정할 때 어떤 사람이 결함이 있는 개인사(*flawed biography*)나 신용등급의 문제를 가지는지를 계산한다. 클라크의 데이터에 따르면 공감을 요청하는 개인의 노력을 유도하는 몇 가지 기본적 문화규칙이 있다. 이것은 공감요청(*sympathy claiming*)에 대한 금지로 표현된다. 거짓 주장을 하지 말 것, 너무 많은 공감을 요청하지 말 것, 너무 쉽게 공감을 갖지 말 것, 공감을 당연하게 여기지 말 것, 당신의 감정적 창구를 열어 두고 감정적 신용등급을 높게 유지하기 위해 반드시 약간의 공감을 확보할 것, 그리고 공감을 준 사람에게 사의를 표하고 감사에 답례할 것 등이다.

이러한 규칙에 상응하는 공감자를 위한 규칙도 있다. 적절하지 않은 공감을 베풀지 말 것, 곤경에 비해 너무 많은 공감을 베풀지 말 것, 인정받지 못하거나 인정을 덜 받는 공감을 베풀지 말 것 등이다. 사람들은 공감에 있어 과소투자하거나 과잉투자할 수 있다. 과잉투자자는 위의 규칙을 따르지 않는 반면, 과소투자자는 필요에 따라 향후에 공감을 요청할 수 있도록, 그들의 공감창구(*sympathy account*)를 열어 두지 않는다.

5) 랜달 콜린스의 상호작용 의례

랜달 콜린스의 갈등이론은 12장에서 검토되었다. 이 이론의 핵심은 상호작용 의례의 견해이며,[93] 이 견해의 구성요소는 대략 고프만의 마주침에 대한 분석과 일치한다. 콜린스에게 있어, 상호작용 의례는 다음과 같은 구성요소를 포함한다. ① 함께 있는 개인의 물리적 모임, ② 서로에 대한 공동의 인식, ③ 공통 관심사에 대한 관심 집중, ④ 함께 있는 개인 간의 공통된 감정적 분위기, ⑤ 대화 및 비언어적 제스처의 리듬 조정과 동기화, ⑥ 참여자의 감정적 동조화, ⑦ 상호작용하는 개인 사이의 사물, 사람, 제스처, 말, 아이디어를 통한 이 집단의 초점과 분위기에 대한 상징적 묘사, ⑧ 특정 문화자본의 순환, 그리고 ⑨ 집단 회원임을 드러내는 이러한 상징에 대한 도덕적 정의감각 등이다. 258쪽의 〈그림 12-1〉은 이러한 의례의 역동성을 시장에서 묘사한다.

콜린스의 시각에 따르면, 상호작용 의례에서 사람의 전략적 행위를 증가시키는 상호작용 의례를 위한 일종의 시장이 존재한다. 개인은 시간, 에너지, 문화자본 그리고 그 외에 그들에게 열려 있는 다양한 의례에 참여하기 위해 지불해야 하는 자원에 대한 비용을 저울질한다. 그러고 나서 그들은 감정적 이익을 극대화하는 의례를 선택한다. 이런 의미로, 콜린스는 감정 에너지를 합리적 선택의 공통분모라고 주장했다.[94] 그래서 콜린스는 감정의 추구를 인간의 상호작용에서 비합리적 힘의 묘사가 아닌 매우 합리적인 것으로 본다. 사람들은 의례라는 이익(의례를 통해 만들어지는 긍정적 감정 에너지보다 적은 비용)을 극대화하는 상호작용 의례를 찾는다. 그러므로 감정 에너지에 대한 탐색은 다양한 대안적 마주침이 얼마나 많은 감정적 이익을 창출할 수 있는지를 평가하는 기준이 된다.

인간은 어떤 의미에서는 감정중독자이지만, 이것에 대해서는 암묵적으로 이성적이다. 그들은 상호작용 의례가 높은 수준의 긍정적인 감정적 에너지를 생산하는 그런 만남(예컨대 성관계, 가족활동, 종교적 참여, 그리고 친구와의 만남)과 그들이 좀더 감정적으로 자극되는 만남에 참여할 수 있는 물질적 자원을 제공하는, 보다 실용적인 업무활동 사이의 균형을 끊임없이 맞춰야 한다. 사실 이러한 업무 — 실용적 활동에서 벗어나, 고감도의 마주침만을 추구하는 사람(마약문화에 절어 있는 낙오자)은 곧 감정이 자극되는 마주침을 즐기기 위한 물질적 자원을 잃게 된다. 더욱이 업무 — 실용적 활동의 맥락에서의 작업에서 개인은 대개 감정적 에너지의 증가를 제공하는 마주침을 추구하거나 또는 만들어낸다. 예를 들어, 노동자는 비공식적 하위문화 — 그 안에서의 사회적 마주침이 작업을 더 견딜 만하게 해주는 감정 에너지를 생산하는 문화 — 를 만들어낼 수 있다. 또는 전문가에게 흔히 있는 경우인데, 그들은 힘과 권위, 그리고 매우 보람 있고 그들에게 감정적 충전을 해주는 직업 지위의 취득을 포함하는 의례를 추구한다(예컨대, 작업 환경을 자신의 감정적 에너지를 충전하는 장소로 사용하는 일중독자의 경우는 거의 항상 그러하다).

상호작용 의례에서 물질적 비용뿐만 아니라 문화자본의 지출 그리고 감정적 에너지도 그 자체가 비용이다. 사람들은 그들 스스로 감정적 이익을 얻는다고 생각하는 한 상호작용 의례에서 기꺼이 감정적 에너지를 쓴다 ─ 소비된 감정적 에너지는 공통된 관심집중, 분위기, 자극, 리듬감 있는 동기화 그리고 상징화라는 더욱 긍정적인 감정으로 보답된다. 상호작용 의례가 충분한 감정적 보상 없이 너무 많은 감정적 에너지를 요구할 때, 개인은 자연히 이익이 더 많은 다른 상호작용 의례로 이끌리게 된다.

어떤 종류의 의례가 비용 대비 가장 긍정적인 감정적 에너지를 제공할까? 콜린스에 따르면 개인이 힘(타인에게 무엇을 해야 할지 말할 수 있는 능력)과 지위(존중과 명예를 받을 수 있는 능력)를 가질 수 있는 마주침이 많은 감정적 보상을 줄 가능성이 가장 높다. 그러므로 존중과 복종을 요구할 수 있는 문화자본을 가진 사람들이 상호작용 의례로부터 가장 긍정적인 감정적 에너지를 얻을 가능성이 있다.

미시와 중간, 그리고 거시수준의 사회질서는 그것이 긍정적이고 부정적인 감정적 에너지를 만들어내는 정도에 의존하는 상호작용 의례에 의해 형성되고, 지속되며 변화된다. 258쪽에 서술된 콜린스 모델의 구성요소가 성공적으로 작동할 때, 사람들은 긍정적 감정을 발전시키고, 그들의 문화자본이 증가하는 경험을 하게 되고, 집단에 헌신하게 된다. 이러한 과정이 매끄럽지 않거나 또는 위반될 때, 정반대의 결과가 뒤따르게 된다 ─ 마주침이 위반되는 상황에 대한 고프만의 분석과 일치하는 주장이다.

마지막으로 상호작용 의례는 미시적 수준에서 폭력적 갈등에 대한 예방책이 된다. 갈등상황에 놓인 개인이 폭력적 갈등과 반대지점에 있는 상호작용 의례가 지닌 중력 때문이기도 하고, 잠재적 갈등이 두려움을 불러일으키기 때문이기도 하다. [95] 이러한 조합은 개인이 갈등상황에 참여하는 것을 막고, 일반적으로 대인관계의 폭력의 지속과 강도를 제한한다. 그러나 만약 상호작용 의례가 갈등을 진전시키는 쪽으로 결합하게 되면, 폭력이 일어날 가능성이 더 높다. 하지만 심지어 그렇다고 하더라도 두려움과 성공적인 상호작용 의례의 영향력은 갈등을 위해 조직된 많은 사람의 개입을 감소시킨다.

만약 고프만이 이 이론을 발전시켰다면, 그는 사람이 마주침으로부터 긍정적 감정을 이끌어내고, 그것이 위반되었을 때 그것을 정정하기 위해 강하게 동기부여 된다는 사실을 보여주면서, 이와 상당히 유사한 논의를 많이 했을 것이다. 그러므로 마주침은 보다 미시와 거시 중간이고 거시적 사회조직의 사회적·도덕적 질서를 유지시키며, 대인관계의 폭력으로부터 사람을 떼어 놓는다. 오직 마주침이 도덕적 질서를 유지하는 것으로 인식되는 폭력을 위해 조직화돼 있을 때만, 그것은 더욱 장기적인 기간의 폭력을 위해 효과적으로 사용될 수 있다.

8. 나가며

분명한 것은 고프만의 연극모형론은 특히 감정사회학에서 흥미로운 방향으로 확장돼왔다. 이러한 감정을 다룬 이론의 강조점은 특정 상황에서의 문화대본과 개인의 느낌, 감정 간의 불일치에 있다. 시장의 힘에 의해 움직이는 복합적이고 분화된 사회에서, 많은 상황은 사람들이 느끼지 못하는 감정을 표현하기를 요구한다. 또는 클라크 이론의 사례에서 보듯이, 공감을 표현해야 하는 경우와 상황은 근대사회에서 확장돼왔다. 이 두 사례 모두에서, 고프만이 강조한 것과 같이 연극적이고 전략적인 과정이 포함된다.

사람들은 문화, 특히 느낌과 규칙의 표출 방법에 순응하는 방식으로 자신을 표현하기 위해 노력하고, 만약 느껴야만 하는 것을 느낄 수 없다면, 그들은 자신들의 느낌을 바꾸려고 노력할 것이다. 가령 그들이 이것에 실패한다면, 적어도 적절한 감정을 명백히 표현하려 할 것이다. 그러므로 그들은 마주침을 지속하기 위해 긴장된 연극에 참여해야 한다. 동시에 행위자는 항상 전략적으로 행동한다. 그들의 연극적 연출은 자주 도구적이고, 전략적 행위와 연극적 자아연출을 통해 상황 안에 있는 자원을 확보하는 것을 중심으로 이뤄진다.

고프만 이전, 사회학적 이론화에서 이러한 역동성이 강조되지 않았다. 이것은 일상생활에서 인간들이 항상 이런 문제에 대해 이야기한다는 사실에 비춰 보았을 때 매우 놀라운 일이다. 실제로 가십거리는 종종 타인의 연극적이고, 조작적이고, 전략적인 행위에 관한 것이다. 그래서 고프만에게는 사실상 모든 마주침에서 발생하는 역동성에 대한 미시사회학을 구축하는 것이 적절했고, 사람들이 마주침에서 감정적으로 반응하고, 또다시 사람의 감정적 상태에 대해 가십거리를 삼기 때문에, 연극모형론을 감정사회학의 범주로 넣는 것 역시 적절했다.

주

1 Erving Goffman, "The Interaction Order", *American Sociological Review* (February 1983) : pp. 1~17. 또한 Anne W. Rawls, "The Interaction Order Sui Generis : Goffman's Contribution to Social Theory", *Sociological Theory* 5, no. 2(1987) : pp. 136~149; Stephan Fuchs, "The Constitution of Emergent Interaction Orders, A Comment on Rawls", *Sociological Theory* 5, no. 1(1988) : pp. 122~124를 참조하라.

2 Goffman, "The Interaction Order"(주 1 참조), p. 9.

3 같은 책.

4 같은 책, p. 11. 원문에서는 이탤릭체로 표기됐다.

5 같은 책.

6 같은 책.

7 Erving Goffman, *Encounters : Two Studies in the Sociology of Interaction* (Indianapolis : Bobbs-Merrill, 1961), p. 81.

8 Erving Goffman, *Behavior in Public Places : Notes on the Social Organization of Gatherings* (New York : Free Press, 1963), p. 234.

9 고프만의 연구분석에 대한 유익한 에세이로는 Paul Drew and Anthony Wootton, eds., *Erving Goffman : Exploring the Interaction Order* (Cambridge, England : Polity, 1988)를 참조하라. 그리고 *Sociological Perspectives*, 39, no. 3(1996)에서 확인할 수 있는 고프만에 대한 최근 심포지엄과 Thomas Scheff et al., *Goffman Unbound* (Boulder CO : Paradigm Press, 2006)를 참조하라.

10 Goffman, "The Interaction Order"(주 1 참조), p. 2.

11 같은 책, p. 17.

12 같은 책.

13 Erving Goffman, *The Presentation of Self in Everyday Life* (Garden City, NY : Anchor, 1959) 그리고 *Frame Analysis : An Essay on the Organization of Experience* (Boston : Northeastern University Press, 1986; 초판은 1974년 Harper & Row에서 출간).

14 예컨대, Randall Collins, *Theoretical Sociology* (San Diego : Harcourt Brace Jovanovich, 1988), pp. 203~207, 291~298, 그리고 *Four Sociological Traditions* (New York : Oxford University Press, 1998)를 참조하라.

15 예컨대 R. P. Cuzzort and E. W. King, *Twentieth-Century Social Thought*, 4th ed. (Fort Worth, TX : Holt, Rinehart & Winston, 1989), 12장을 보라.

16 Stephan Fuchs, "Second Thoughts on Emergent Interaction Orders", *Sociological Theory* 7, no. 1(1989), pp. 121~123를 참조하라.

17 Goffman, *The Presentation of Self in Everyday Life*(주 13 참조).

18 같은 책, pp. 9~10.

19 이 논의로부터, 랜달 콜린스는(이 책의 12장을 보라) 상황들에 대한 그〔고프만〕의 아이디어를 실천적, 의식적 또는 사회적 작업(*work*)이라는 개념으로 가져왔다. 또한, 상호작용 의례들에 대한 콜린스의 언급은 고프만이 마주침들에 대해 정의한 것과 거의 비슷하다. 콜린스의 최근 *Interaction Ritual Chains*(Princeton, NJ: Princeton University Press, 2004)를 참조하라.

20 이 아이디어와, 역할만들기에 대한 랄프 터너의 논의 사이의 유사성에 주목하라.

21 Goffman, *The Presentation of Self*(주 13 참조), pp. 24~25.

22 같은 책, p. 27.

23 같은 책, p. 32.

24 같은 책, p. 35. 이 아이디어가 랄프 터너와 폴 콜로미에 의해 개발된 역할들의 표상적 측면(*representational aspect*)에 대한 언급과 얼마나 유사한지 주목하라.

25 같은 책, p. 56.

26 이것은 어쩌면 고프만이 지나치게 강조했다고 할 수 있을 정도로, 그의 작업에서 거듭되는 주제다. 예를 들어, Erving Goffman, *Strategic Interaction*(Philadelphia: University of Pennsylvania Press, 1969)을 참조하라.

27 Goffman, *The Presentation of Self*(주 13에서 인용), pp. 137~138.

28 같은 책, p. 92.

29 같은 책, p. 141.

30 Goffman, *Encounters*(주 7 참조), p. 7.

31 같은 책.

32 같은 책.

33 같은 책, p. 18. 이 정의와 랜달 콜린스의 상호작용 의례들에 대한 묘사 사이의 유사성에 주목하라(12장 참조).

34 Goffman, *Behavior in Public Places*(주 8에서 인용), pp. 18~20.

35 Goffman, *Encounters*(주 7 참조), pp. 20~33; Erving Goffman, *Interaction Ritual: Essays on Face-to-Face Behavior*(Garden City, NY: Anchor, 1967), p. 33.

36 고프만이 그레고리 베이트슨에게서 가져왔다고 말한 틀(*frame*)에 대한 개념(*concept*)은 고프만의 후기 작업에서 중심이 되었다. 이 장의 마지막 부분을 보라.

37 이 규칙들은 Goffman, *Interaction Ritual*(주 35 참조), p. 33에서 가져왔다.

38 여기서 고프만은 18장에서 다뤄지는 민속방법론의 많은 부분을 미리 얘기했다.

39 Goffman, *Interaction Ritual*(주 35 참조).

40 특히 *Elementary Forms of the Religious Life*(New York: Free Press, 1947; 초판 1912)에서 전성기를 이룬 뒤르켐의 후기 작업.

41 Goffman, *Interaction Ritual*(주 35 참조), pp. 56~67.

42 같은 책, p. 60.

43 같은 책.

44 같은 책, pp. 75~76.

45 같은 책, p. 77.

46 같은 책, p. 91.

47 Goffman, *Encounters* (주 7 참조), p. 96.

48 같은 책, p. 87.

49 같은 책, p. 113.

50 같은 책, p. 107.

51 Goffman, *Frame Analysis* (주 13 참조).

52 같은 책, p. 299.

53 Goffman, *Interaction Ritual* (주 35 참조), p. 5.

54 같은 책.

55 같은 책, p. 10.

56 같은 책, p. 30.

57 Erving Goffman, *Relations in Public: Micro Studies of the Public Order* (New York: Harper Colophon, 1972; 초판은 1971년에 Basic Books에서 출간), pp. 38~41.

58 같은 책, pp. 40~41.

59 Goffman, *Frame Analysis* (주 13 참조).

60 Erving Goffman, *Forms of Talk* (Philadelphia: University of Pennsylvania Press, 1981).

61 같은 책, pp. 70~71.

62 같은 책, p. 71.

63 같은 책, p. 85. 비록 블루투스나 다른 장치들을 사용한다고 해도, 오늘날 사람들은 혼잣말이라고 할 수 있는 것에 자주 참여한다.

64 같은 책, p. 120.

65 같은 책, p. 121.

66 고프만은 틀의 전환과 관련된 것을 '다시 틀만들기'(reframing) (다음 절 참조) 라고 일컬었다. 그러나 기반(footing) 과 재기반(re-footing) 은 기존 틀 내에서 일어날 수 있으므로, 사람은 틀을 깨거나 바꾸지 않고도 대화의 기반을 바꿀 수 있다.

67 다시 말하지만, 이 강조지침 (line of emphasis) 은 고프만의 작업에 민속방법론적 재능을 부여한 것이다. 다음 장을 참조하라.

68 Goffman, *Interaction Ritual* (주 35 참조), p. 135.

69 Goffman, *Relations in Public and Behavior in Public Places* (주 57과 8에서 각각 참조).

70 Goffman, *Behavior in Public Places* (주 57 참조), p. 35.

71 Goffman, *Relations in Public* (주 8 참조), p. 8.

72 같은 책, pp. 129~138.

73 같은 책, p. 162.

74 같은 책, 2장.

75 같은 책, pp. 109~120.

76 Goffman, *Frame Analysis*(주 13 참조).

77 그의 묘사가 애매모호하므로 Goffman, *Frame Analysis*(주 13 참조), p. 10를 보라.

78 같은 책, p. 21.

79 같은 책, pp. 21~24.

80 같은 책, p. 21.

81 Durkheim, *Elementary Forms of the Religious Life*(주 40 참조)를 보라.

82 Goffman, *Frame Analysis*(주 13 참조), p. 27.

83 같은 책, pp. 43~44.

84 같은 책, p. 83.

85 의도치 않게 개인을 잘못된 틀짓기에 취약한 상태로 만드는 조건의 목록은 같은 책 449쪽을 참조하라. 또 잘못된 틀짓기가 어떻게 기만과 조작의 결과를 가져올 수 있는지는 463쪽을 참조하라.

86 다음 비평들을 참조하라. Jonathan H. Turner and Jan E. Stets, *The Sociology of Emotions* (Cambridge, UK: Cambridge University Press, 2005); Jan E. Stets and Jonathan H. Turner, eds., *Handbook of the Sociology of Emotions*(New York: Springer, 2006).

87 Arlie R. Hochschild, "Emotion Work, Feeling Rules, and Social Structure", *American Journal of Sociology* 85 (1979): pp. 551~575; *The Managed Heart: The Commercialization of Human Feeling* (Berkeley: University of California Press, 1983).

88 스티븐 고든은 감정문화에 대한 유용한 분석을 제공했는데, 이것은 혹실드의 작업뿐만 아니라 다른 이론가들과 연구자들에 의해서도 큰 영향력을 행사해왔다. "The Sociology of Emotion", *in Social Psychology: Sociological Perspectives*, eds. M. Rosenberg and R. H. Turner(New York: Basic Books, 1981), pp. 562~592; "Institutional and Impulsive Orientations in Selectively Appropriating Emotions to the Self", in *The Sociology of Emotions: Original Essays and Research Papers*, eds. D. D. Franks and E. D. McCarthy (Greenwich, CT: JAI, 1989), pp. 115~126; 그리고 "Social Structural Effects on Emotions", in *Research Agendas in the Sociology of Emotions*, ed. T. D. Kemper(Albany, NY: State University of New York Press, 1990), pp. 145~179를 참조하라.

89 Hochschild, *The Managed Heart*(주 87 참조).

90 Morris Rosenberg, "Reflexivity and Emotions", *Social Psychology Quarterly* 53 (1990): pp. 3~12; "Self Processes and Emotional Experiences", in *The Self-Society Interface: Cognition, Emotion and Action*, eds. J. A. Howard and P. L. Callero(New York: Cambridge University Press, 1991).

91 Peggy A. Thoits, "Self-Labelling Processes in Mental Illness: The Role of Emotional Deviance", *American Journal of Sociology* 91 (1985): pp. 317~342; "Emotional Deviance: Research Agendas", in *Research Agendas in the Sociology of Emotions*, ed. T. A. Kemper (Albany, NY: State University of New York Press, 1990), pp. 180~203.

92 Candace Clark, *Misery and Company: Sympathy in Everyday Life* (Chicago, IL: University of Chicago Press, 1997); "Sympathy Biography and Sympathy Margin", *American Journal of Sociology* 93 (1987): pp. 290~321; and "Emotions and Micropolitics in Everyday Life: Some Patterns and Paradoxes", in *Research Agendas in the Sociology of Emotions*, ed. T. D. Kemper (Albany, NY: State University of New York Press, 1990).

93 Randall Collins, *Conflict Sociology: Toward an Explanatory Science* (New York: Academic Press, 1975) and *Interaction Ritual Chains* (Princeton, NJ: Princeton University Press, 2004).

94 Randall Collins, "Emotional Energy as the Common Denominator of Rational Action", *Rationality and Society* 5 (1993): pp. 203~230.

95 Randall Collins, *Violence: A Micro-Sociological Theory* (Princeton, NJ: Princeton University Press, 2008).

18장

민속방법론적 이론들

1. 들어가며

1960년대에 새로운 상호작용주의 이론이 나타났다. 이 이론의 접근법은 조지 허버트 미드의 실용주의 전통보다 알프레드 슈츠의 현상학적 전통으로부터 유래한 것이다. 이 접근법은 상호작용을 분석하는 방법, 즉 사람들이 **진행 중인 현실감각**을 어떻게 구축하는가에 대한 대안적 분석법을 다루었다. 이 분석법은 **민속방법론**(*ethnomethodology*) 이라는 이름으로 알려지게 되었다. 이 이론의 이름에서 강조되듯이, 민속방법론은 사람들이 생활 속에서(*ethno*) 사용하는 대인관계의 '방법들'(*interpersonal methods*) 에 대한 연구(론, *ology*) 이다.[1] 에드문드 후설이나 슈츠와 같이, 민속방법론자들은 사람들이 생활세계(*social world*) 가 실체를 가진다는 **가정**을 어떻게 창조하고 지속시키는가에 대해 질문한다.

2. 상호작용의 재귀적·지표적 성격

슈츠는 사람들이 그들의 일상 속에서 일어나는 일들을 영위하는 데 하나의 기본적이면서도 가장 중요한 현실을 상정했다.[2] 하지만 초기 민속방법론자 대부분은 하나의 생활세계나 다양한 '현실'들의 존재 여부에는 관심을 덜 기울였다. 민속방법론적 분석에서 훨씬 더 중요했던 것은 사람들이 동일한 현실을 공유한다는 **가정을 유지하면서**, 사람들이 어떻게 그들이 추구하는 행동의 입장을 구축하고, 유지하고 또 바꾸어가는지 설명해 줄 수 있는 개념들과 원칙들의 발전이었다. 모든 상호작용에 대한 ① 재귀적이고 ② 지표적인 특성, 이두 가지 성격에 대한 가정들이 민속방법론적 연구의 핵심이다.

395

1) 재귀적 행위와 상호작용

많은 경우 상호작용은 특정한 현실관을 지속시킨다. 예를 들어, 신을 향한 의례행위(*ritual activity*)는 신이 일상에서 일어나는 일에 영향을 미친다는 믿음 속에서 이루어진다. 이러한 의례행위는 재귀적 행위의 예시이며, 이는 특정한 현실관을 유지시킨다. 심지어 열성적 기도나 의례행위가 그들이 신에게서 기대했던 개입을 일으키지 않는다 하더라도, 그들은 믿음을 저버리기보다 그들이 충분히 열심히 기도하지 않았다거나, 그들의 목적이 합당하지 않았다거나, 또는 그들 지혜에 담긴 신(*the gods in their wisdom*)이 더 나은 계획을 가지고 있다고 주장한다. 이러한 행동은 **재귀적**(*reflexive*)이다. 이런 행동은 이 믿음이 틀렸을지도 모른다는 증거가 드러날 때조차 믿음을 지키고 강화하는 역할을 한다.

인간의 상호작용의 많은 경우는 재귀적이다. 인간은 단서들, 제스처들, 단어들, 그리고 다른 사람으로부터의 정보를 개별적 현실관을 유지하는 방식으로 변형한다. 심지어 모순되는 증거는 믿음과 지식의 보고(*body*)를 유지하기 위해 재귀적으로 번역된다. 그러므로 재귀성의 개념은 사람들이 상호작용을 진행하는 중에 어떻게 특정한 현실에 의해 인도된 가정을 유지하는지에 대해 집중한다. 다수의 민속방법론적 탐구는 어떻게 재귀적 상호작용이 일어나는가 하는 질문에 답하고자 했다. 즉, 상호작용하는 당사자들 간에 다른 재귀적 행위들이 발생할 것 같은 조건을 설명하려면 어떤 개념들과 원칙들을 발전시켜야 하겠는가?

2) 의미의 지표성

상호작용하는 당사자들이 주고받는 몸짓들, 단서들, 단어들 그리고 다른 정보는 **특정한 맥락**에서 의미를 지닌다. 맥락에 대한 어떤 정보 — 상호작용하는 당사자들의 생애, 그들이 추구하는 목적, 그들의 과거 상호작용 경험들 따위 — 없이는 상호작용하는 개개인 간의 상징적 소통을 곡해하기 쉽다. 어떠한 표현이 지표적이라는 것은 그 표현의 의미가 특정한 맥락과 묶여 있다는 것을 강조해 준다.

지표성에 대한 이런 언급은 특정 맥락에서 행위자가 어떻게 현실감각의 맥락을 구축하는지에 대한 관심을 환기시킨다. 그들은 그들이 놓인 상황에서 무엇이 실제인지에 대한 공통된 감각을 상기하는 표현들을 발전시킨다. 따라서 **지표성**(*indexicality*)의 개념은 연구자를 실재적 상호작용 맥락으로 이끌어, 특정한 현실이 그들의 일상을 지배한다는 가정을 유지하기 위해 행위자가 그들의 지표적 표현 — 단어, 표정과 몸짓 그리고 여타의 단서들 — 을 어떻게 만들어가는지를 살펴보게 한다.

재귀성과 지표성이라는 이 두 가지 핵심개념들로, 상징적 소통 과정에 대한 상호작용론자들의 관심은 민속방법론에 의해 유지되었고, 슈츠의 현상학적 유산들 중 상당수도 쇄신되었다. 그것은 행위자가 무엇이 현실인가에 대한 생활세계, 지식의 중심, 또는 자연스러운 태도를 구성하기 위해 어떤 제스처를 사용하는가에 대한 관심이었다. 중점은 생활세계의 내용에 있는 것이 아니라 행위자가 창조하고, 유지하고, 또는 심지어 현실관을 바꿔 버리는 데 사용하는 그 방법들이나 기술들에 있었다. 휴 메한(Hugh Mehan)과 휴스턴 우드

(Houston Wood) 가 인용한 바와 같이, "현실구성자(constructor) 에 대한 민속방법론적 이론은 실재를 이뤄내는 **절차** (procedure) 에 대한 것이다. 이는 어떤 특정한 실재에 관한 것이 아니다."[3]

3. 해럴드 가핑클의 초기 연구

해럴드 가핑클(Harold Garfinkel) 의 《민속방법론연구》는 민속방법론을 하나의 독특한 이론적 관점으로 확고히 확립했다.[4] 이 책이 정식화한 이론적 주장을 담은 것이 아니었음에도 불구하고, 그 연구와 그에 대한 논평은 민속방법론적 탐구 영역을 확립했다. 가핑클의 통찰력으로부터 비롯된 이후 민속방법론적 연구와 이론은 다양한 방향으로 발전했다.

가핑클의 작업은 민속방법론을 사람들이 그들의 세계를 이해하기 위해 행하는 방법들을 탐구하는 영역으로 보았다. 그는 이런 현실의 구성이 이뤄지는 매개체로서 언어에 상당한 중점을 두었다. 실제로, 가핑클에게 있어 그들의 행위들을 설명하기 위해 상호작용하는 개인들의 노력들 — 즉 그것을 타인들에게 말로 제시하는 것 — 은 세상의 감각을 구축하는 주요한 방법이다. 가핑클에게 있어 상호작용을 **하는 것**은 상호작용을 **말하는 것**이다. 다른 말로, 행위자가 사용하는 주요한 민속지적 기법 (folk technique) 은 언어적 묘사이다. 이렇게 사람들은 현실감각을 구성하기 위해 그들이 가진 기록장부 (account) 를 사용한다.

가핑클은 지표성에 크게 주목했는데, 이는 구성원이 가진 기록장부가 특정 맥락들과 상황들에 묶여 있다는 것을 의미한다. 가핑클의 지적대로,

그것은 말해지는 것보다 훨씬 더 많이 지표화된다. 그것은 또한 상황의 맥락에서만 이해될 수 있는 함축적인 것들을 불러일으킨다. 그러므로 가핑클의 작업에서 가장 중요한 것은 대인관계 단서들의 지표적 성격을 강조하고, 개개인들이 현실감각을 구성하기 위해서 기록장부를 사용하게 된다는 것을 강조하는 것이었다.

가핑클과 그의 동료들은 민속방법론의 많은 기본적 작업들에 더해, 무엇이 현실인가에 대한 그들의 가정들을 검증하기 위해 몇 가지 흥미로운 경험적 연구들을 수행했다. 경험적 탐구의 일부는 **위반실험** (breaching experiment) 으로 알려졌는데, 이 실험에서는 정상적 상호작용 과정이 의도적으로 중단되었다. 예를 들어 가핑클은 실험자인 학생들이 선택된 피실험자들이 말하는 모든 언명에 이의를 제기하는 일련의 대화들을 보고했다. 최종 결과는 다음과 같은 패턴을 드러내는 일련의 대화들이었다.

———

피실험자 : 타이어가 펑크 났어요.

실험자 : 타이어가 펑크 났다니 무슨 말이죠?

피실험자 : (잠시 아연실색한 표정을 지은 후 적대적 태도로 대답한다) 무슨 말이냐니, 그게 무슨 말이에요? 펑크 난 타이어는 펑크 난 타이어죠. 내가 의미한 바가 그것이었어요. 별다를 것 없다고요. 정말 말도 안 되는 질문이네요![5]

———

이 상황에서, 실험자는 이런 종류 상호작용의 암묵적 규칙(예를 들어 어떤 진술을 액면 그대로 받아들이는 것) 을 위반하고 있고 상대방의 적대감은 물론 "정말 말도 안 되는 질문이네요!"라는 반응과 같은

부정적 제재까지 당했다. 표면상, 어떤 상호작용에서든 모든 당사자가 '방해받지 않고 일상적 대화들을 할 수 있기 위해' 모든 사람이 이해해야 하고, 의문을 가져서는 안 되는 특정 배경적 특성들이 있다. [6] 이러한 암묵적 방법은 상당수의 일상적 상황에서 질서지어 주며, 상호작용하는 사람들 사이에 외부 사회질서가 존재한다는 인식을 구축하는 데 있어 결정적으로 중요하다. 위반을 통해, 가핑클은 상황이 어그러진 후 공격적 행위자들(forcing actors)이 현실을 재구성하는 과정에 **적극** 참여하게 되면서 암묵적 민속지적 방법(ethnomethod)이 발견되기를 희망했다.

다른 연구 전략들 역시 집단들이 현실감각을 구축하기 위해 상호작용에서 사용하는 방법들에 대한 통찰력을 제공하였다. 예를 들어, 가핑클과 그의 동료들은 배심원들이 평결에 도달하는 데 사용하는 결정 규칙을 요약하였다. [7] 민속방법론자는 배심원 집단과 같이 어떤 사안의 성격을 두고 무엇이 실제로 일어났는지에 대한 해석을 만들어내야 하는 집단을 조사함으로써, **사회적 현실감각**(sense of social reality)을 구축하는 과정들의 일반적 특성들에 대한 통찰력을 얻으려 했다. 연구자가 배심원들을 관찰한 결과 '그들은 법정에 접근하기 전에도 95%짜리 배심원임'이 드러났다. 이는 그들이 다른 사회적 상황설정들에 참여했던 경험과 법원의 설명을 통해 판결에 도달하기 위한 '공식적' 규칙을 받아들였음을 알려준다. 그러나 이런 규칙은 참가자가 실제 배심원 상황설정을 위해 모여 "평결의 정확성을 입증하는 근거들이 되는 '말뭉치'(corpus)를 조립하는 작업"을 시작하면서 다소 변경되었다. [8] 사안들의 필연적 애매모호함 때문에 배심원 심의의 공식적

규칙을 엄격히 준수하기가 어려워지자, 배심원들이 '실제로 일어난 일'에 대해 '올바른' 시각을 가질 수 있도록 하기 위한 새로운 의사결정 규칙들이 적용되었다. 그러나 어떻게 그러한 평결에 이르게 되었는지에 대한 그들의 회고적 보고에서, 배심원들은 자신들의 결정의 올바름을 정당화하기 위해 전형적으로 '공식적 입장'을 상기시켰다. 연구자들이 배심원들의 이상적 진술들과 실천들 사이의 불일치에 관심을 갖게 되었을 때, 배심원들은 불안해졌다. 이는 실제로 일어난 일의 말뭉치를 구성하기 위해 다소 다른 규칙들이 사용되었다는 표시다.

요약하자면, 가핑클의 연구 전략의 이 두 가지 예는 많은 아주 초기의 민속방법론적 탐구의 일반적 의도를 보여준다. 그는 자연스러운 사회적 상황설정들을 관통하며 관찰하거나, 현실세계의 구조에 대한 합의라는 외형(appearance)을 구성해내기 위해 규칙을 주장하고, 만들고, 유지하고, 변경하는 사람들의 시도를 연구자가 관찰할 수 있는 사회적 상황설정들을 만든다. 현실 그 자체의 본질이나 내용보다 현실을 구축하기 위한 과정이나 방법들에 초점을 맞춤으로써, 민속방법론적 시각에서의 연구는 사회가 어떻게 그리고 왜 가능한가라는 질문에 대한 더 흥미롭고 유의미한 대답을 잠재적으로 제공할 수 있었다. 가핑클의 연구는 이후의 다양한 연구와 이론적 전략들을 자극했다.

1) 아롱 시쿠렐의 비평

아롱 시쿠렐(Aaron V. Cicourel)은 사회학적 연구 방법론에 대해, 특히 좀더 양적 방법들이 편견을 줄여 준다는 견해에 대해 가장 집요한 비평가 중 한 사

람이다. 그러나 그는 또한 더 실질적인 접근법을 창안했다. 그것은 민속방법론과 많은 공통점을 가졌다. 시쿠렐은 상호작용과 구두설명은 동일한 과정이라는 가핑클의 주장에 의문을 제기하기도 한다. [9] 시쿠렐은 인간들이 언어를 통해 〔충분히〕 소통할 수 없다는 것을 인지하고, 감지하고, 느낀다는 것에 주목한다. 인간들은 여러 상황에서의 의사소통을 위해 **다중기법들**(multiple modalities)을 사용한다. 구두설명은 상호작용에서 실제로 전달되는 것에 대한 조악하고도 불완전한 번역을 제시한다고 할 수 있다. 이러한 인식 때문에 시쿠렐은 그의 민속방법론을 **인지사회학**(cognitive sociology)으로 명명했다.

그는 분석의 세부적인 것들보다는 사회학적 연구와 이론을 변화시키기 위한 노력에 집중했다. 기본적으로, 그는 인간들이 그들의 인식들을 조직화하고, 상황들에 의미를 부여하는 보편적 **해석절차들**(interpretive procedures)을 발견하려고 노력했다. [10] 이러한 해석절차들을 통해 사람들은 사회구조에 대한 감각을 발달시키고, 자신들의 행위들을 조직할 수 있다. 이러한 해석절차는 인간사회에서 보편적이고 불가피하며, 이 해석절차들의 발견은 어떻게 사람들이 그들을 둘러싼 세계의 사회구조에 대한 감각을 만들어가는지를 이해하게 해준다.

무언가를 분석하는 것이 사람들이 현실감각을 구축하기 위해 자주 사용하는 방법 중 하나일 때, 이론가의 임무는 사람들이 상호작용하면서 채택하는 대인관계 기술들의 일반적 유형을 뽑아내는 것이다. 시쿠렐은 민속방법론자들에 의해 정리된 몇몇 기술이나 방법을 요약했다. ① 표준형(normal form) 탐색, ② 관점(perspective)의 호혜 실천 그리고 기타 원칙(et cetera principle)의 사용 등이 그것이다. [11]

(1) 표준형 탐색

만약 상호작용하는 당사자들에게 무엇이 진짜인지에 대한 모호함이 존재하고, 그리고 그들의 상호작용이 긴장되어 있다고 느끼면, 그들은 서로에게 그들이 놓인 맥락적 상황에서 정상으로 여겨지는 쪽으로 돌아올 것을 요청하는 제스처를 드러낼 것이다. 행위자는 상황에 대한 표준형의 비전을 유지하거나 또는 이를 만들어내기 위한 동기부여를 받을 것으로 추정된다. 따라서 그들의 행위 중 많은 부분은 표준형에 도달하도록 고안됐다.

(2) 관점의 호혜 실천

슈츠의 공식화에 따르면 민속방법론자들은 행위자들이 장소들을 바꾸게 되면 서로 동일한 경험들을 할 것이라는 가정하에 활동한다고 강조했다. 게다가 특정한 제스처들을 충분히 인지할 때까지 행위자는 그들의 고유한 생애사로부터 유래할 수 있는 관점들의 차이들을 무시할 수 있다. 따라서 많은 상호작용은 타인들과의 관점의 호혜가 실제로 존재한다는 것을 확실히 하기 위한 제스처들과 함께 계속될 것이다.

(3) 기타 원칙의 사용

실제 상호작용을 관찰할 때의 〔많은 것들이 아직〕 언급되지 않았다. 행위자는 다른 사람의 말이나 행동들을 이해하는 데 필요한 정보를 계속해서 채워가거나 기다려야 한다. 행위자가 그렇게 할 때, 그들은 **기타 원칙**을 사용하고 있는 것이다. 그들은 필요한 정보를 요청함으로써 상호작용을 방해하지 않는다는 데 동의한다. 그들은 기꺼이 기다리거나 스스로 채워 넣으려고 한다. 예를 들어, 가핑클이 펑크 난

타이어에 대해 보고한 대화에서, "타이어가 펑크 났다니 무슨 말이죠?"라고 물었던 실험자는 기타 원칙을 따르지 않았다. 결과적으로 피실험자는 실험자가 민속규칙들(folk rules)을 준수하도록 제재하는 노력을 기울이던 중 화가 났다. 또는 다른 예를 들어 보면, **당신이 알고 있잖아**라는, 종종 무엇이 말해진 후에 등장하는 상식적 문구는 전형적으로 한 행위자가 다른 사람에게 기타 원칙을 상기시키기 위해 주장되는 것이다. 이럴 때 상대방에게는 상호작용이나 현실감각을 방해하지 않도록 "아니오, 저는 모릅니다"와 같은 반대되는 발언을 하지 말라는 정보가 주어진다.

비록 대부분의 연구자가 특정한 민속방법들(folk methods)이 어떻게 사용되는지 명백히 하거나 실증적 연구를 넘어서 이론화하는 것을 꺼려한다. 하지만 이 3가지 일반적 유형의 민속방법들은 민속방법론자들이 발견하고자 했던 것의 예시들이다. 일부 민속방법론자들에게 이론의 궁극적 목표는 이런저런 대인관계 기술 중 어떤 것이 현실감각을 구축하고, 유지하고 또는 변화시키는 데 사용될지 조건을 결정하는 것이다. 그러나 그런 성향들은 민속방법론적 문헌에서 거의 찾아볼 수 없다.

4. 하비 삭스의 교대대화 분석

1976년에 그가 일찍 생을 마감하기 전까지, 하비 삭스(Harvey Sacks)는 민속방법론에 상당한 영향력을 미쳤다.[12] 비록 그의 연구가 민속방법론 학계 외부에 널리 알려지지는 않았지만, 그의 연구는 지표성으로 인해 발생하는 문제 중 일부를 해결하면서,

언어적 설명에 대한 가핑클의 관심을 확장시키려는 시도를 보였다.

삭스는 사회학의 현상학적 비평을 명확히 표현하고, 이 비평을 이용하여 그가 이론화의 대안적 형태라고 생각했던 것을 구축한 최초의 민속방법론자 중 한 명이다. 삭스 비평의 근본 요지는 다음과 같다. 사회학자는 언어가 생활세계의 개념들과 이론들을 만드는 데 사용되는 자원이라고 추정한다. 그러나 사회학자들은 자원과 주제를 혼동한다. 언어를 사용함에 있어 사회학자들은 현실을 만들어내고 있다. 즉, 그들의 말은 중립적 매개체가 아니라 진정한 사회학적 분석을 위한 **탐구의 주제**(topic of inquiry)이다. 이것이 오늘날 민속방법론적 탐구의 핵심주제라는 것이 강조의 요점이다.

만약 언어의 순수한 특성을 이해할 수 있다면, 자원과 주제를 혼동하는 문제 없이 객관적 사회과학을 하는 것이 가능할 것이다. 삭스의 연구는 언어사용에 있어 공식적 특성에 집중하는 경향이 있었다. 전형적으로, 삭스는 상호작용에서 행위자가 말한 내용을 적은 '기록'(transcript)을 글자 그대로 받아들였고, 기록의 내용은 무시하면서 대화의 공식적 특성을 이해하고자 노력했다. 삭스는 대화의 본질과 맥락을 무시하고 예를 들어 그가 주목한 행위자들 간의 대화 순서들 같은 형식에 초점을 맞추었기 때문에, 이런 전략을 통해 지표성의 문제를 해결할 수 있었을지 모른다.

대화를 분석함에 있어 삭스를 비롯한 많은 공동연구자들은 대화라는 것이 주고받음(turn taking)이란 사실을 강조하곤 한다. 대화에서는 한 사람이 말하고, 이후 다른 사람이 말한다. 말하는 차례가 교대로 주어지는 방식들이 대화에서 핵심 원동력이 된

다. 예컨대, 개인들이 잠시 멈추고 이제 타인이 말할 수 있는 허가의 단서들을 제공할 때, 그들이 서로 방해할 때, 서로에 대해 이야기할 때, 그들이 대화를 잠시 멈추지만 대화의 장을 유지할 때, 그리고 사람들이 일상대화에서의 흐름을 구조화하기 위해 사용하는 다른 방법들 말이다. 교대대화의 공식적 특성은 삭스에게 행위와 상호작용을 분석하는 새로운 방식을 제시해 주었다.

이렇게 하여 삭스는 민속방법론을 공식 언어학에 도입하기 시작했다. 이 추세는 계속되었으며 오늘날 **대화분석** (*conversational analysis*) 이라 불리는 이 접근법은 현재 민속방법론의 지배적인 흐름을 형성하고 있는 것으로 보인다. 더 중요한 것은 삭스가 모든 대화에 적용될 수 있는 보편적 상호작용의 형태 — 즉, 대화의 추상적 형식 — 를 찾으려 했다는 점이다. 이런 방식으로 그는 상호작용하는 개인들 사이에서의 현실구성 법칙을 탐색하기 시작했다.

5. 짐머맨, 폴너 그리고 비더의 상황적 접근

삭스와 시쿠렐은 각각 언어사용과 인지자각 · 묘사 (*representation*) 의 보편적 특성들에 초점을 맞췄다. 불변적 또는 보편적 민속방법들에 대한 이러한 관심은 민속방법론적 탐구에서 점점 더 두드러지게 됐다. 예컨대, 돈 짐머맨(Don Zimmerman), 로렌스 비더(D. Lawrence Wieder), 그리고 멜빈 폴너(Melvin Pollner)는 여러 에세이에서 현실감각을 구축하기 위해 사람들이 사용하는 보편적 절차들을 찾는 접근법을 발전시켰다. [13] 그들의 입장은 가핑클에게서 영감을 얻었지만 그의 아이디어

를 확장시키면서, 아마도 모든 민속방법론자들 중에서 가장 명확하게 언명된 것이다. 그들의 기본적 신조는 다음의 입장과 같이 요약될 수 있다.

---

① 모든 상호작용 상황에서 인간들은 상호작용의 사회적 상황설정과 관련된 특성들에 대한 합의의 외형을 구축하려고 시도한다.

② 이런 상황설정의 특성은 태도, 의견, 신념, 그리고 상호작용하는 상황설정에서의 성격에 대한 다른 인지를 포함할 수 있다.

③ 인간들은 명시적이고 암묵적인 대인관계에서의 다양한 실천들 및 방법들의 구성과 유지에 참여하며 그리고 어쩌면 이런 상황설정에서의 특성들에 대한 합의의 **외형**을 바꿀지도 모른다.

④ 그러한 대인관계 실천들과 방법은 **조건적 말뭉치** (*occasional corpus*) 라 일컫는 것 — 즉 현재의 상황설정이 질서정연하고 이해할 수 있는 구조를 가졌다고 믿는 상호작용하는 사람들의 **인식** — 의 조립과 해체를 야기한다.

⑤ 이러한 합의 외형은 조건화된 말뭉치의 본질과 내용에 대한 동의의 결과일 뿐만 아니라 이 동의에 있어서의 조립과 해체를 위한 규칙들과 절차들에 대한 각 참가자들의 준수를 반영한 것이다. 아무리 미묘하더라도, 조건화된 말뭉치의 구성을 위해 암묵적 규칙들을 수용하는 의사소통에 있어서, 소통의 당사자들은 상호작용 상황설정에서 그 무엇에 대한 합의를 확립하기 위해서 먼 여정을 떠난다.

⑥ 각각의 상호작용 상황에서, 조건화된 말뭉치를 구성하는 규칙은 어떤 측면에서는 유일무이할 것이며 이런 이유로 다른 상황설정들에서 완전히 일반

화될 수는 없을 것이다. 이리하여 각각의 인간들은 모든 상호작용 상황에서 조건화된 말뭉치를 조립하기 위한 암묵적 규칙의 동의에 이르기 위해 대인관계 방법들을 사용하는 것이 필요하다.

⑦ 그러므로 조건화된 말뭉치를 구성하기 위한 규칙을 구성하고 재확인하거나 변경함으로써, 어떤 상황설정에 놓인 구성원들은 그들 입장에서의 특정한 인식들과 행위들을 따르게 하는, 질서정연하고 연결된 세상의 외형을 서로에게 제공할 수 있을 것이다.

─────

짐머맨, 폴너 그리고 비더의 민속방법론은 인간 상호작용에 대한 이러한 종류의 가정을 가지고 이 문제를 다루었다. 그들은 조건화된 말뭉치의 실제 내용 및 본질(substance)과 구성원들이 특정한 인식들과 행위들을 따르기 위해 신뢰하는 방법들에 초점을 맞추기보다는, 인간이 질서정연하고 연결된 생활세계의 **외형**을 구성하고, 유지하고, 변화시키기 위해 **인간들이 사용하는 방법**에 주로 관심을 두었다. 이러한 방법은 직접적으로 관찰 가능하고 일상생활에서 사람들의 행위들의 중요한 부분을 구성한다. 이와 반대로, 조건화된 말뭉치의 실제 본질과 내용은 직접적으로 관찰할 수 없으며 오직 추론만이 가능하다. 나아가 우리는 조건화된 말뭉치를 만들어내고, 유지하고, 변화시키는 **과정**에 집중하면서 수많은 질문들을 던질 수 있다. 사회가 어떻게 조건화된 말뭉치의 실제 본질과 내용을 가능하게 하는지를 이해하는 데 있어, 서로에게 안정적 사회질서의 외형을 만들어내는 과정이 더 중요하지 않은가? 사회에는 '저 바깥쪽에서' 구성원으로 하여금 특정한 행위를 하고, 특정한 것을 보도록 강요하고 있다는 구성원의 추정을 넘어서

는 무언가가 있는가? 질서는 말뭉치의 특정구조에서 비롯되는 결과물이 아니다. 오히려 질서라는 것은 개별적인 그리고 모든 상호작용 상황에서 인간이 **말뭉치를 지속적으로 조립하고 해체하는** 능력으로 생겨나는 것이다. 그러므로 이러한 관점은 민속방법론자들이 그들의 이론적 관심을 사회질서의 외형을 조립하고 해체하는 지속적 과정, 그리고 사람들이 그 과정에서 사용하는 특정한 방법에 두어야 한다고 제안했다.

6. 에마뉴엘 세글로프의 대화분석

지난 수십 년 동안, 에마뉴엘 세글로프(Emanuel Schegloff)는 가핑클이 제안하고 삭스가 확립한 대화접근법(conversation approach)을 연구하는 가장 중요한 인물 중 한 명이었다. 실제로, 삭스의 가장 중요한 초기 저서들 중 일부는 세글로프와 공동 집필하였다.[14] 가핑클처럼 세글로프는 사회학자들이 어떻게 행위를 개념화하는지, 그리고 행위가 어떻게 상호주관성을 만들어내는지에 대한 비평을 했다. 대부분 사회학자들은 상호주관성을 공통의 문화를 통한 사회화의 성취로 보지만, 사람들이 면대면상호작용에서 무엇을 하는지 직접 관찰하지 않은 채 행위를 예상한다. 전개되는 대화들을 중심으로 한 역동성을 분석함으로써, 행위에 대한 훨씬 더 세밀한 관찰이 가능해진다. 똑같이 중요한 것은, 행위를 구성하는 기본적이고 근본적인 과정에 대한 이해로부터 질서(어떻게 사회가 결합되어 있는지)에 대한 이해가 가능해진다는 것이다.

대화분석은 일반적으로 녹취한 텍스트에서 관

찰되는 일련의 대화들을 분석하는 첨단기술적 방법이다. 일시정지, 강조점, 중첩 및 대화의 기타 특성들을 나타내는 표기시스템이 있다. 세글로프의 대표적 작업은 이 표기시스템을 사용한 대화의 상세한 분석이다. 하지만 지금 우리에게 데이터 배열의 세부사항들은 개인들이 대화에 사용하는 실제 방법보다는 덜 중요하다. 이 패턴은 가장 근본적인 수준에서 행위이론에 기여할 수 있다. 세글로프의 연구에서 다양한 발견이 이뤄졌다. 그 발견의 여러 가지 결과물들이 대화분석의 가능성을 설명하는 데 사용될 수 있다.

1) 암시의 확인[15]

대화를 할 때, 개인들은 종종 무언가에 대해 넌지시 말한다. 때때로 이런 암시(*allusion*)는 명백하다. 어떤 경우에 암시는 명백한 언급보다 더 많은 것을 내포한다. 세글로프는 어떤 대화에서 대화의 상대방이 암시를 나타내는 단어 표현을 반복한다고 말한다. 예를 들어, (묘사를 위해 만들어진) 전화통화는 다음과 같이 진행될 수 있다.

제니스: 존, 어떻게 지내?

존: 잘 지내. 넌 어때?

제니스: 괜찮은 것 같아.

존: 아 ….

제니스: 술 마시러 갔어.

존: 뭐, 술 마시러 갔다고?

대화의 마지막 내용은 제니스가 술을 마셨다는 (그리고 그녀가 "괜찮은 것 같아"라고 말한 사실에 대한) 암시를 포함하고, 이후 존은 "술 마시러 갔다"라는 말을 반복한다. 그는 "그렇구나" 또는 다른 말을 할 수 있었지만, 대신에 그는 그 말을 반복한다. 많은 대화들에서 두드러지게 나타나는 이 유형에 대해 세글로프는 질문한다. 여기서 무슨 특별한 일이 일어나고 있는가? 이런 반복의 역할은 무엇인가? 세글로프의 분석과 답은 복잡하다. 그러나 간단히 일반화하자면 사람들이 암시를 확인할 때, 그들은 명시적으로 표현된 것을 이해한 것으로 표현하지만, 실제로 그들은 그 명시적인 것에 따라오는 덜 명시적인 암시를 이해하는 경향이 있다. 예를 들어, 제니스가 술을 마신 것 때문에 우울해한다면, 존이 "술 마시러 갔다"라는 말을 반복한 것은 술이 그를 피곤하게 만드는 것 이상으로 제니스에게 어떤 영향을 끼치는지를 확인시켜 주는 것이다. 따라서 암시의 확인은 상호주관성을 달성하는 메커니즘이 되고, 이처럼 대화들의 특정한 패턴은 개인들이 공유된 현실감각을 창조하기 위해 사용하는 민속방법으로 여길 수 있다.

2) 다음 차례 이후의 정정[16]

대화에서는 항상 사소한 오해와 큰 오해가 일어난다. 이런 일이 일어날 때, 사람들의 상호주관성에 대한 감각 — 즉, 현재 일어나는 일에 대한 상식을 공유하는 것 — 은 허물어진다. 만약 그러한 오해가 대화의 흐름에서 정정되지 않는다면, 상호작용은 위반된 상태로 남을 것이다. 세글로프는 많은 대화에서 그가 **세 번째 입장 정정**(*a third position* repair)이라고 일컬은 아래와 같은 기본구조가 있다는 것을 관찰했다. A는 그 또는 그녀가 적절하다고 느낀다고 진술한다(첫 번째 입장). B는 진술을 듣고 A가 한 말에 대한 그 또는 그녀의 이해에 적절한 대답을 한다(두 번째 입장). 그러나 그 또는 그녀 본래의 진술이 의도한 의미가 전달하지 못했음을 감지한 A(세 번째 입장)는 이제 정정을 시도하고 의도된 의미를 전달하려고 한다. 진술의 정정과 의도한 의미의 전달을 다시 시도한다. 그런 다음, B는 일반적으로 정정에 대한 응답을 "아"라는 문구로 시작하여, 그 정정을 이해했음을 표현한다. 아래 대화는 세글로프가 보고한 보다 상세하고 암호화된 대화의 단순화된 버전의 예이다.

———

애니: 어떤 것이 폐쇄되었고, 어떤 것이 개방되었어?
제브라: 거의 다. 이거, 이거, 이거. (가리키면서)
애니: 정류장 말고. 도로 말이야.
제브라: 아! (그리고 잠시 침묵 후에, 그는 애니에게 도로에 대해 이야기한다)

———

이러한 대화의 형태는 종종 있을 수 있으며, 이는 당사자들이 큰 노력을 들이지 않고 논지를 벗어난 대화를 정정할 수 있도록 해준다. 말하는 순서의 세 번째 입장에 있는 당사자가 오해를 깨닫기 전에 대화가 계속해 이어진다면 정정 과정은 더욱 복잡해질 수 있다. 그러나 세 번째 입장의 당사자가 꼭 필요한 정정을 위한 노력을 기울인다면 여전히 가능성은 존재한다.

네 번째 입장 정정(fourth position repair)은 논지를 오해한 사람이 정정의 노력을 기울일 수 있게 해주며, 그 후 대화를 다시금 상호주관적 기반(intersubjective footing)에 위치시킬 수 있도록 해준다. 예를 들어, ①A는 진술을 하고, ②B는 응답하며, ③A는 B가 의도한 의미를 파악하지 못했음을 감지한 후에 정정의 과정을 거치게 되고, 그런 다음 ④B(현재 네 번째 입장)는 아마도 처음에는 "아"라는 말을 사용함으로써 정정의 노력을 기울이고, 그 후 적절한 방향으로의 대화를 더욱 진전시키는 추가적 대화가 이어진다.

3) 대화의 중첩[17]

사람들은 종종 동시에 이야기를 시작하는데, 누군가 한마디하고, 이후 다른 사람이 말을 하는 등 교대로 돌아가는 것이 대화의 성격이기 때문에 이 상황은 문제가 될 수도 있다. 그러나 발언의 일부 중첩(overlap)은 발언권을 가진 화자를 부정하지 않기 때문에 그리 문제가 되지 않는다. 예를 들어, 다른 사람이 말을 서서히 멈추자마자 또 다른 사람이 이야기를 시작할 수도 있다. 다른 사람은 화자의 말이 이해되었음을 그 또는 그녀(화자)가 알게 하려 "으응"과 같은 '추임새들'(continuers)을 덧붙일 수도 있다. 또 다른 사람은 발언권을 갖지 않고도 화자가 요청하는 단어를 덧붙여 말할 수 있다. 그리고 다른 사람들은 화자의 이야기의 입장을 뒷받침하기 위해 일종의 합창(chorus)으로 말(speech)이 아닌 다른 발성(vocalization)을 추가할 수 있다. 게다가 중첩은 때때로 지속될 수 있지만, 그럼에도 불구하고 일반적인 경우에는 매우 빠르게 끝이 난다.

세글로프는 중첩을 다루는 다수의 절차를 시각

화하는데, 이 시각화된 절차의 사용이 당사자들이 대화를 지속할 수 있도록 중첩을 다루는 데 있어 일련의 메커니즘들 또는 민속방법들의 세트를 구성한다고 본다. 이 중 한 세트는 대화가 진행되는 동안 생겨나는 변화들을 중심으로 돌아간다. 즉, 점점 더 큰 소리로 말하고, 목소리의 높이(pitch)를 변화시키고, 더 빠르게 말하고, 갑자기 특별한 표시들(예를 들어 치아와 입술을 극적 방법으로 겹치는 것)을 사용함으로써 진행 중인 대화를 중단시키는 것이다. 또 다른 일련의 메커니즘들은 '대화생산 과정'(talk production)의 연속적 **박자**(beat)로서 개념화될 수 있는, 대화의 리듬을 중심으로 돌아간다. 중첩은 첫 번째 박자의 중첩 후에 종종 모두 멈추는 사람들 그리고 한두 박자 후에 계속하는 사람들의 박자에 따라(in such beats) 진행된다. 세글로프가 말하는 또 다른 것으로는 말의 속도를 높이는 것과 같이 다른 이들이 말하기 시작하는 것을 막는 것이 있으며, 말의 속도를 높이는 것과 같이 타인들이 말하기 시작하는 것을 막으려는 **사전개시 전략**(pre-onset strategy), 그리고 말의 속도를 늦추고 의도적으로 과장해서 발음하는 것과 같은 **사후개시 전략**(post-onset strategy) 등이 있다.

　민속방법론의 광범위한 영역 내에서 이러한 작업은 대화의 이런저런 양상을 연구할 수 있도록 해주었다. 이러한 작업은 시사하는 바가 매우 크다. 그러나 사실상 현재까지는 연구자의 다수의 관찰에 대한 이론적 통합이 이뤄지지 않고 있다. 이렇게 대화분석의 이론화는 상대적으로 매우 더디다. 그리고 대부분의 작업은 매우 기술적·묘사적이지만, 많은 학자들의 펼치는 주장들이 세글로프와 유사하다 점은 명확하다.

7. 나가며

민속방법론은 슈츠보다 미드를 더 따르는 경향이 있었던 전통적인 상징적 상호작용론자들이 설명하는 데 실패했던 일련의 대인관계 과정들을 밝혀냈다. 사람들이 사회적 질서의 감각을 소통하기 위해 사용하는 암묵적 방법들은 사회적 상호작용과 이의 조직화에 매우 중요한 차원이고, 민속방법론의 이론적 목표는 다양한 민속방법들을 통해 개개인이 사용하는 일반적 조건을 명확히 밝히는 것이다. 하지만 지난 40년의 연구를 통해 많은 흥미로운 발견들이 있었음에도 불구하고 이 목표를 이루는 길은 여전히 멀리 있는 듯하다.

　결국, 민속방법론은 다소 고립된 이론적 연구 프로그램이 되었다. 그 계승자들은 삭스에 의해 시작되어 창의적인 여러 학자에 의해 진행된 탐구 방식인 대화분석에 점점 더 초점을 맞추고 있다. 위르겐 하버마스(29장), 피에르 부르디외(25장), 앤서니 기든스(26장), 그리고 랜달 콜린스(12장)와 같은 다양한 학자들 모두가 민속방법론에 빚진 부분이 있음을 인정하였다. 비록 그들의 연구가 상호작용론자들의 전통 안에서나 밖에서나 주류 사회학 이론에 큰 영향을 미치지 못했지만 민속방법론자들의 주장들에는 중요하고 근본적인 무언가가 있다.

주

1 민속방법론에 대한 읽어 볼 만한 참고문헌은 다음과 같다. Hugh Mehan and Houston Wood, *The Reality of Ethnomethodology* (New York: Wiley, 1975); John Heritage, *Garfinkel and Ethnomethodology* (Cambridge, England: Polity, 1984) and "Ethnomethodology", in *Social Theory Today*, eds. Anthony Giddens and Jonathan Turner (Cambridge, England: Polity Press, 1987); Melvin Pollner, *Mundane Reasoning: Reality in Everyday Sociological Discourse* (Cambridge: Cambridge University Press, 1987) and Wes Sharrock, "Fundamentals"를 참조할 것. 특히 Alfred Schutz, *Collected Papers I: The Problem of Social Reality*, ed. Maurice Natanson (The Hague: Martinus Nijhoff, 1962); *Collected Papers II: Studies in Social Theory*, ed. Arvid Broderson (The Hague: Martinus Nijhoff, 1964); 그리고 *Collected Papers III: Studies in Phenomenological Philosophy* (The Hague: Martinus Nijhoff, 1966)를 참조할 것. 이 아이디어들을 상호작용론과 민속방법론에 적용한 저술은 다음 글을 참조하라. Alfred Schutz and Thomas Luckmann, *The Structure of the Lifeworld* (Evanston, IL: Northwestern University Press, 1973) 뿐 아니라 Thomas Luckmann, ed., *Phenomonology and Sociology* (New York: Penguin, 1978)도 참조할 것. Robert C. Freeman, "Phenomenology and Sociology and Ethonomethodology", in *Introduction to the Sociologies of Everyday Life*, eds. J. Douglas and Patricia Adler (Boston: Allyn & Bacon, 1980)도 참조하라.

2 특히 Schutz, Collected Papers I, II와 III을 볼 것. 이 아이디어들의 상호작용론과 민속방법론에 적용한 저술은 다음을 참조하라. Schutz and Luckmann, *The Structure of the Lifeworld* 뿐 아니라 Luckmann, *Phenomenology and Sociology*도 참고할 것. 또한 Freeman, "Phenomenological Sociology and Ethnomethodology"도 참조할 것 (모두 주 1 참조).

3 Hugh Mehan and Houston Wood, *The Reality of Ethnomethodology* (New York: Wiley, 1975).

4 Harold Garfinkel, *Studies in Ethnomethodology* (Englewood Cliffs, NJ: Prentice Hall, 1967).

5 같은 책, p. 42.

6 같은 책.

7 같은 책, pp. 104~115.

8 같은 책, p. 110.

9 Aaron V. Cicourel, *Method and Measurement in Sociology* (New York: Free Press, 1964); "Cross Modal Communication", in *Linguistics and Language Science*, Monograph 25, ed. R. Shuy (Washington, DC: Georgetown University Press, 1973).

10 Aaron V. Cicourel, *Cognitive Sociology* (London: Macmillan, 1973) and "Basic Normative Rules in the Negotiation of Status and Role", in *Recent Sociology* No. 2, ed. H. P. Dreitzel (New York: Macmillan, 1970).

11 Aaron V. Cicourel, *Cognitive Sociology* (주 10 참조), pp. 85~88. 이 원칙들이 가핑클의 *Studies in Ethnomethodology* (주 4 참조)에 암시되어 있다는 것에 주목하라.

12 Harvey Sacks, "Sociological Description", *Berkeley Journal of Sociology* 8 (1963): pp. 1~17; Harvey Sacks, "An Initial Investigation of the Usability of Conversational Data for Doing Sociology", in *Studies in Interaction*, ed. David Sudnow (New York: Free Press, 1972); and Harvey Sacks, *Lectures on Conversation*, 2 volumes (New York: Blackwell, 1992) 도 참조할 것. 예를 들어, 삭스의 가장 잘 알려진 연구는 에마뉴엘 세글로프와 게일 제퍼슨(Gail Jefferson)과 함께 공동 집필한 다음 논문이다. "A Simplest Systematics for the Analysis of Turn Taking in Conversation", *Language* 50 (1974): pp. 696~697. 대화분석의 현재적 기법에 대한 논평을 보려면 다음 논문을 참고하라. Alain Coulon, *Ethnomethodology* (London, UK: Sage, 1995); Douglas W. Maynard and Marilyn R. Whalen, "Language, Action, and Social Interaction", in *Sociological Perspectives on Social Psychology*, eds. K. S. Cook, G. A. Fine, and J. S. House (Boston, MA: Allyn & Bacon, 1995).

13 Don H. Zimmerman and Melvin Pollner, "The Everyday World as a Phenomenon", in *Understanding Everyday Life*, ed. J. D. Douglas (Chicago, IL: Aldine, 1970); Lawrence Wieder, *Language and Social Reality* (The Hague: Mouton, 1973).

14 예를 들어, Harvey Sacks, Emanuel Schegloff and Gail Jefferson, "A Simplest Systematics" (주 12 참조); Emanuel A. Schegloff, "Opening Up Closings", Semiotic 7 (1973): pp. 280~327.

15 Emanuel A. Schegloff, "Confirming Allusions: Toward an Empirical Account of Action", *American Journal of Sociology* 102 (1996): 161~216.

16 Emanuel A. Schegloff, "Repair After Next Turn: The Last Structurally Provided Defense of Intersubjectivity in Conversation", *American Journal of Sociology* 97 (1992): pp. 1295~1345.

17 Emanuel A. Schegloff, "Overlapping Talk and the Organization of Turn-Taking for Conversation", *Language in Society* 29 (2000): pp. 1~63; and "Accounts of Conduct in Interaction Interruption, Overlap, and Turn-Taking", in *Handbook of Sociological Theory*, ed. J. H. Turner (New York: Kluwer Academic/Plenum, 2001) 를 참고하라.

5부

교환이론화

19 장

교환이론의 등장

1. 들어가며

사회학 이론은 처음부터 근대적 사회세계를 변화시키는 시장의 힘에 초점을 맞추었다. 물론 아담 스미스(Adam Smith)[1]가 수요-공급 법칙을 처음으로 정식화하긴 했지만, 그가 19세기 사회학 이론 전체를 인도한 핵심적 질문 또한 제시했다는 점은 곧잘 간과되었다. 근대사회가 분화되고 행위자들이 자신의 협소하고 특화된 이해관계를 추구하게 된 이후, 사회를 하나로 묶는 힘 또는 힘들은 무엇인가? 그의 대답은 합리적 행위자들이 개방되고 자유로운 시장에서 자신의 이해관계를 추구할 때 나타나는 '보이지 않는 질서의 손'과 함께하는 도덕적 및 상징적 힘이었다. 초기 사회학자들에게는 (오늘날의 많은 사회학자들에게도 마찬가지로) 이 보이지 않는 손은 그야말로 보이지 않는 것이었다. 더구나 초기 사회학자들 대부분이 보기에 이는 스미스가 제시한 질문에 대한 답이 아니었다. 그 결과, 교환이론은 20세기로 들어오고 나서도

수십 년간 휴면상태에 있었다. 확실히 초기 사회학 이론화 작업 상당수는 스미스의 질문에 대한 대안적인 답을 정식화하려는 시도를 보여주었다. 그러나 통합적 힘으로서의 문화를 강조한 스미스의 생각은 초기 사회학자들에 의해 유지됐으며, 심지어 사회학자들이 자유시장에 내재한 보이지 않는 질서의 손이라는 개념을 거부했음에도 그러했다. 교환이론은 비록 사회학에 뒤늦게 안착했지만 현재는 지배적인 이론적 관점 중 하나다.

2. 고전경제학에서의 교환이론

사회학에 대한 스미스의 영향력과 19세기 사회사상에 대한 여타 영국제도(諸島) 사상가들의 영향력을 고려해 볼 때, 이 전통에서 비롯된 아이디어들로부터 출발하는 것이 아마도 가장 좋을 것이다. 영국제도의 고전경제학자 모두는 스스로를 '도덕주의자'로 여겼으며, 따라서 정의, 자유, 공정 같

은 광범위한 윤리적 이슈와 관련돼 있었다.[2] **공리주의**라는 명칭은 이 초기 도덕주의자들의 광범위한 도덕적 관심을 포착하려는 것이었지만, 지금은 이 용어가 그들의 논의 중 극히 일부하고만 관련되는 경향이 있다. 이는 오늘날 신고전경제학 이론에서 분명히 드러난다. 현재의 경제학 이론가들은 인간을 자유롭고 경쟁적인 시장에서 타인과의 거래 또는 교환을 통해 자신의 물질적 이익 또는 **효용**을 극대화하려는 합리적 개인으로 묘사한다. 자유시장에서 사람들은 필요한 정보에 접근한다. 그들은 가능한 대안들을 고려할 수 있으며, 그러한 고려를 바탕으로 물질적 이익을 극대화하는 행위노선을 합리적으로 선택한다. 합리적 고려를 한다는 것은 다양한 대안의 추구에 소요되는 비용을 계산하고 그 비용을 물질적 이익과 비교해 어떤 대안이 최대의 이익(비용이 적게 드는 이익)을 산출할 것인지 결정하는 것이다. 이러한 초기 공리주의 관점은 일반적으로 분화된 사회가 어떻게 통합되는지 적절히 설명하기에는 너무 협소한 것으로 여겨진다. 비록 일부 교환이론가들이 이 협소한 관점도 사회학자들이 관심을 갖는 동학 모두를 설명할 수 있다고 주장하긴 했지만 말이다.

자의식이 강한 학문분야인 사회학의 등장과 함께 합리적 존재로서의 인간이라는 공리주의적 개념에도 상당한 수정이 일어났다. 결국 많은 사회학자들은 극단적인 공리주의적 가정을 다음에 열거하는 방식으로 약화시켰다.

———

① 인간이 공리주의자들이 주장하듯이 극대화된 이익을 추구하는 것은 아니지만, 그럼에도 타인과의 사회적 거래 속에서 일부의 이익을 취하고자 한다.

② 인간이 전적으로 합리적인 것은 아니지만, 사회적 거래 속에서 비용과 이익을 계산한다.

③ 인간이 모든 가용한 대안에 관한 완벽한 정보를 가진 것은 아니지만 최소한 일부의 대안에 대해서는 항상 인식하고 있으며, 이는 비용과 이익을 평가하는 기초를 형성한다.

④ 인간은 항상 사회구조적 및 문화적 제약하에서 행위하지만, 그럼에도 자원 교환관계에서 이익을 추구하며 서로 경쟁한다.

⑤ 비록 인간이 항상 거래관계에서 이익을 추구하긴 하지만, 교환관계로 진입할 때는 보유한 자원의 제약을 받는다.

———

교환이론은 공리주의적 가정에 대한 이와 같은 수정에 더해서 인간 상호작용을 경제적 시장에서의 물질적 거래라는 한계로부터 건져내는데, 이는 다음의 두 가지 추가적 가정을 요한다.

———

⑥ 모든 사회에서 인간은 명확히 규정된 시장에서의 경제적 거래에 참여하지만, 이러한 거래는 사실상 모든 사회적 맥락에서 개인들 사이에 벌어지는 보다 일반적 교환관계 중 특수한 경우일 뿐이다.

⑦ 인간은 교환을 통해 물질적 목표를 추구하지만, 감정, 서비스, 상징 같은 비물질적 자원 또한 동원하고 교환한다.

———

3. 인류학에서의 교환이론

1) 제임스 프레이저 경

1919년 제임스 프레이저 경(Sir James Frazer, 1854~1941)은 《구약성서의 민속학》 제2권에서 아마 최초로 명시적으로 사회제도에 관한 교환이론적 분석을 수행했다.[3] 프레이저는 '원시'(문자 이전 시대) 사회들에서의 다양한 친족 및 혼인관습을 분석하면서 호주 원주민들이 평행사촌혼(*parallel-cousin marriage*)보다 교차사촌혼(*cross-cousin marriage*)을 명백히 선호하는 것에 놀랐다[평행사촌은 부모와 성별이 같은 형제자매의 자녀인 친사촌과 이종사촌을, 교차사촌은 부모와 성별이 다른 형제자매의 자녀인 외사촌과 고종사촌을 말한다 — 옮긴이]. "왜 교차사촌 간의 혼인을 더 선호하는가? 왜 평행사촌 간의 혼인은 그렇게도 일관적으로 금지되는가?"[4]

원주민의 관습에 대한 프레이저 묘사의 세세한 내용은 그 자체로 (그 부정확성의 측면에서만) 흥미롭긴 하지만, 그의 이론적 공헌은 설명의 형태에 있다. 프레이저는 명백히 공리주의 경제학에 의존한 방식으로 교차사촌혼의 우세에 대한 경제학적 해석을 제시했다. 이 설명에서 프레이저는 '경제적 동기의 법칙'을 언급한다. "아내를 위해 줄 수 있는 재산상의 등가물이 없는 호주 원주민은 일반적으로 여성 친족, 대개는 여동생 또는 딸을 주는 대가로 아내를 얻어야만 했다."[5] 따라서 사회에서 개인의 물질적 또는 경제적 동기(재산의 결여와 아내를 얻으려는 욕구)는 다양한 사회적 유형(교차사촌혼)을 설명한다. 나아가 프레이저는 경제적 동기에서 비롯된 특정 유형이 문화 내에서 확립되면 다른 사회적 유형의 출현가능성을 제한하게 된다고 가정했다.

프레이저는 특정 문화를 전형화하는 사회적 및 구조적 패턴은 교환관계에서 자신의 기본적인 경제적 욕구를 충족하고자 하는 인간의 경제적 동기를 반영한다고 믿었다. 비록 프레이저의 특수한 설명이 애석하게도 후대 인류학자들, 특히 브로니슬라브 말리노프스키와 클로드 레비스트로스에 의해 결점이 있는 것으로 판명되긴 했지만, 현대 사회학의 교환이론은 그와 유사한 사회조직화 개념을 언급한다.

---

① 교환과정은 사람들이 기본적 욕구를 충족하려는 노력의 결과다.
② 교환과정은 그에 참여한 사람들에게 보상을 제공할 경우 상호작용 패턴으로 자리잡는다.
③ 이런 상호작용 패턴은 개인의 욕구를 충족할 뿐만 아니라 이어서 출현할 수 있는 사회구조의 유형을 제한하기도 한다.

프레이저의 분석은 사회 내에서 기본적 교환과정이 어떻게 보다 복잡한 패턴을 창출하는지에 관한 현대적 설명의 일반적 개요를 예고함과 아울러, 사회체계에서 특권과 권력의 분화라는 현대 교환이론의 또 다른 관심사의 전조가 됐다. 프레이저는 마르크스가 한 세대 전에 그러했던 것처럼 경제적으로 가치가 큰 자원을 가진 사람은 자원을 적게 가진 사람을 착취할 수 있고 그럼으로써 높은 특권과 아마 권력까지도 가질 수 있게 된다고 논의했다. 따라서 프레이저가 관찰한 원주민 사이

에서의 여성 교환은 최소한 두 가지 상이한 방식의 권력과 특권의 분화로 귀결된다. 첫째, "호주 원주민 사이에서 여성은 높은 경제적 및 상업적 가치를 가지므로, 많은 누이 또는 딸을 가진 남성은 부유하고 누이나 딸이 없는 남성은 가난하며 아내를 얻지 못할 수도 있다." 둘째, "나이 많은 남성들은 교환체계를 이용해 젊은 여성들 사이에서 많은 아내를 얻었지만, 교환할 여성이 없는 젊은 남성들은 미혼으로 남거나 나이 많은 남성들이 버린 아내와의 혼인을 감내해야 했다."[6] 따라서 프레이저는 네 번째 교환원리를 통해 최소한 암묵적으로 갈등이론의 공헌을 보완했다.

———

④ 교환과정은 집단들을 가치 있는 상품에 대한 접근성에 따라 분화시키며, 그 결과 권력, 위세, 특권의 분화가 일어난다.

———

프레이저의 분석은 논쟁적이며 외견상 중요하긴 했지만, 현대 교환이론에 미친 직접적 영향력은 크지 않았다. 오히려 현대 교환이론은 프레이저의 공리주의를 논박한 인류학자들의 영향하에 있다.

2) 브로니슬라브 말리노프스키와 비물질적 교환

말리노프스키(Bronislaw Malinowski)는 프레이저와 긴밀한 유대관계를 맺기는 했지만, 그의 교차사촌혼 분석이 가진 공리주의적 편향을 급진적으로 대체하는 교환이론 관점을 발전시켰다. 물론 프레이저 자신도 말리노프스키의 《서태평양의 항해자들》(*Argonauts of the Western Pacific*)에 쓴 그의 서문에서 말리노프스키의 교환관계 분석의 공헌이 중요함을 인식하였다.[7] 말리노프스키는 트로브리안드 군도 사람들(Trobriand Islanders) — 남태평양 도서지역 문화 그룹 — 에 관한 이제는 널리 알려진 민속지에서 **쿨라링**(Kula Ring)이라 이름 붙인 교환체계, 즉 환형(環形)으로 둘러 있는 섬들에 거주하는 부족민 간의 폐쇄적 교환관계를 관찰했다. 그에 따르면, 이 폐쇄적 관계의 특징은 원주민들이 각 섬 간에 계속해서 서로 반대방향으로 이루어지는 두 가지 물건 — 팔찌와 목걸이 — 의 교환이 두드러진다는 것이다. 팔찌가 쿨라링 둘레를 한 방향으로 돌며, 목걸이는 그 대가로 교환되어 반대방향으로 돈다. 개인 간의 특수한 교환에서도 팔찌는 항상 목걸이와 교환된다.

말리노프스키는 이런 독특한 교환 네트워크를 설명하면서 물질적 또는 경제적 교환과 비물질적 또는 상징적 교환을 구분했다. 비물질적 교환관계를 개념화하지 않았던 공리주의자 및 프레이저와 달리, 말리노프스키는 쿨라가 경제적 또는 물질적 교환 네트워크일 뿐만 아니라 사회적 관계의 망을 견고히 하는 상징적 교환이기도 하다는 점을 인식했다. "한 거래로 쿨라 관계가 종결되는 것은 아니다. '한 번 쿨라는 영원한 쿨라'가 원칙이며, 두 사람 간의 협력관계는 항구적이며 평생에 걸친 것이다."[8] 말리노프스키의 관찰에 따르면, 쿨라의 규칙 내에서 순수한 경제적 거래가 일어나지 않더라도 팔찌와 목걸이의 의례적 교환이 쿨라의 주요한 기능이라는 것이다.

말리노프스키는 원주민들 스스로는 순수한 경제적 상품과 팔찌와 목걸이의 상징적 중요성의 구분을 인식하고 있다는 점을 강조하였다. 그러나 트로브리안드 군도 사람들이 경제적 상품과 상징적 상품을 구분한다고 해서 상징적 상품에 차등적 가치를 부여하지 못했다는 것은 아니다. 확실히 그들은 동등한 사람, 지배자, 또는 피지배자라는 교환 파트너 간 관계의 본질을 표현하고 확고히 할 요량으로 등급을 부여하고 그 등급을 사용하였다. 하지만 말리노프스키가 말했듯이, "트로브리안드 군도 내에서의 모든 〔쿨라〕 교환유형 속에는 이익 추구도 없고 순전히 공리주의적 및 경제적 관점에서 교환관계를 보는 것도 없다. 교환을 통한 상호 간의 효용 확대가 없기 때문이다."[9] 오히려 쿨라의 배후에 있는 동기는 사회심리학적인 것이다. 말리노프스키가 관찰한 쿨라링 내에서의 교환은 개인과 사회 양자 모두의 욕구에 대한 함의를 갖기 때문이다(2장에서 말리노프스키가 기능주의 이론의 창시자라고 했던 것을 상기해 보라). 그는 자신의 기능주의적 설명들에 기초하여 쿨라를 "전시, 공유, 부여를 위한 근본적 추동력이자 사회적 유대를 창출하려는 근본적 경향"[10]으로 해석하였다. 이어서 쿨라링 같은 지속적인 사회적 패턴은 개인의 심리적 욕구와 사회통합 및 연대를 위한 사회적 욕구를 만족시키는 긍정적인 기능적 결과를 내포한 것으로 간주하였다.

이러한 기능주의적 분석 유형은 많은 논리적 약점을 노출한다. 그럼에도 말리노프스키의 분석은 현대 교환이론에 몇몇 지속적 공헌을 했다.

———

① 말리노프스키의 말을 빌리면, "쿨라의 의미는 자신의 단순한 욕구를 최소의 노력이란 경제적 원리

에 따라 충족하기만을 원하는 합리적 존재라는 개념을 떨쳐내는 도구적 측면에 있다."[11]

② 경제적이 아닌 심리적 욕구가 교환관계를 촉발하고 유지하는 힘이며 따라서 사회적 행동의 설명에 핵심적인 것이다.

③ 또한 교환관계는 두 당사자를 뛰어넘는 함의를 갖는다. 쿨라가 보여주듯이, 간접적 교환의 복잡한 패턴은 확장되고 지속되는 사회적 네트워크를 유지할 수 있다.

④ 상징적 교환관계는 사회 내 분화의 위계와 응집된 전체로서의 사회통합 모두의 기저에 있는 기본적인 사회적 과정이다.

———

말리노프스키는 이러한 점들을 강조하면서 교환이론을 공리주의의 한계로부터 해방시켰다. 그는 개인의 심리적 과정과 사회통합의 패턴 모두에 대한 상징적 교환의 중요성을 역설함으로써 교환이론의 두 가지 관점의 기본유형이 갖는 개념적 기초를 예견하였다. 하나는 심리적 과정의 중요성을 강조하는 것이고, 다른 하나는 문화적 및 구조적 힘이 교환관계에 대해 갖는 중요성을 강조하는 것이다.

3) 마르셀 모스와 교환구조주의의 등장

마르셀 모스(Marcel Mauss)는 말리노프스키가 사회적 욕구보다 심리적 욕구를 과도하게 강조하는 경향이 있음을 지적하면서, 그에 대한 반발로 말리노프스키의 쿨라 분석을 재해석했다.[12] 그는 이 과정에서 **집합적 교환** 또는 **구조적 교환** 관점의 광범위

한 개요를 정식화했다.[13] 모스는 쿨라 같은 복잡한 교환 네트워크를 탐구함에 있어 핵심적 질문은 다음과 같은 것이라고 믿었다. "원시 또는 고대사회에서는 받은 선물을 되갚아야 하는데, 그 원칙은 무엇인가? 선물을 받은 사람으로 하여금 되갚도록 하는 힘은 무엇인가?"[14] 모스는 호혜성을 추동하는 힘은 사회 또는 집단이라고 믿었다. 그는 다음과 같이 말했다. "교환을 유지하고, 계약을 형성하며, 의무의 제약을 받는 것은 개인이 아니라 집단이다."[15] 교환에 실제로 참여하는 개인은 집단의 도덕률을 표현하는 것이다. 개인들 간의 교환거래는 집단의 규칙에 따라 이루어지며, 그로써 이러한 규칙과 도덕률을 강화한다. 따라서 모스가 보기에는 사회집단의 대변자로서 개인이란 개념이 공리주의자들이 과도하게 강조한 개인의 자기 이해관계, 그리고 말리노프스키가 과도하게 강조한 심리적 욕구를 대신한다. 모스의 멘토인 뒤르켐의 유명한 구절을 빌리면, 결국 교환관계는 그 자체로 실체인 집단의 도덕성을 창출하고 강화하며 그에 기여하는 것이다. 더나아가 프레이저와 유사한 맥락에서 보면, 이런 도덕성이 교환관계에 의해 등장하고 강화되면 특정 교환거래를 넘어 집단의 사회적 삶의 다른 활동들을 규제한다.

모스의 저작은 사회학자들로부터는 별 관심을 받지 못했지만, 공리주의적 교환원리와 뒤르켐의 구조적 또는 집합적 사고 간의 조화를 위한 첫 시도였다. 모스는 교환거래가 사회의 규범구조를 야기하고 동시에 강화한다는 인식을 통해 일부 현대 교환이론의 구조적 관점을 예견했다. 그러나 현대 이론에 대한 모스의 영향은 간접적이었다. 뒤르켐과 모스의 프랑스 집합주의 전통이 현대 사회학 이론의 교환이론적 관점에 영향을 미친 것은 레비스트로스의 구조주의를 통해서였다.

4) 클로드 레비스트로스와 구조주의

1949년에 레비스트로스(Claude Lévi-Strauss)는 자신의 고전적 저작 《친족의 기본구조》에서 교차사촌혼에 관한 분석을 제시했다.[16] 그는 공리주의에 대한 뒤르켐의 논박을 정교화하여 교차사촌혼 유형에 관한 프레이저의 공리주의적 해석에 이의를 제기했다. 그리고 모스가 말리노프스키의 심리적 욕구에 대한 강조에 반대했던 것과 유사하게 정교한 구조적 교환이론 관점을 발전시켰다.

레비스트로스는 교차사촌혼에 관한 프레이저의 해석을 거부하면서 그의 공리주의적 개념화의 요소에 의문을 제기했다. 레비스트로스가 말했듯이, 프레이저는 "가난한 호주 원주민을 아내를 구매할 물질적 재화가 없다 보니 어떻게 해야 아내를 얻을지 고민하는 존재로 묘사하면서 교환이 이 명백히 불가사의한 문제의 해법임을 발견한다. 즉, '남성은 결혼할 때 누이를 교환하는데, 이는 아내를 얻는 가장 값싼 방법이기 때문이라는 것이다.'" 레비스트로스는 이와 대조적으로 "중요한 것은 교환이지 교환되는 물건이 아니다"라고 강조했다. 레비스트로스에게 있어 교환은 보다 큰 사회구조의 통합이라는 기능의 측면에서 봐야 하는 것이다. 이어서 레비스트로스는 사회적 행동의 제1원리는 경제적인 것이라는 프레이저와 공리주의의 가정을 공격한다. 이러한 가정은 사회구조가 그 자체의 최소한의 법칙과 원리에 따라 작동하는 발현적 현상이라는 관점과 배치되는 것이다.

또한 레비스트로스는 특히 행동주의자들(다음 절에서 살펴보라)이 옹호한 교환과정에 관한 심리학적 해석도 거부했다. 그는 동물과 인간의 행동 법칙에 사실상 별 차이가 없다고 보는 심리학적 행동주의자와는 달리, 인간은 자신의 행동과 사회적 조직화를 동물의 그것과 구분 짓는 규범과 가치라는 문화적 유산을 가지고 있음을 강조했다. 따라서 인간행위는 동물의 행동과 질적으로 다르며, 교환의 경우는 더욱 그렇다. 동물은 사회적 거래를 언제, 어디서, 어떻게 수행할지를 규정하는 가치와 규칙의 인도를 받지 않는다. 그러나 인간은 어떠한 교환상황에서든 가치와 규칙을 바탕으로 어떻게 행동해야 할지에 관한 규정을 학습하며, 이로써 인간의 교환원리가 뚜렷이 구별된다.

더 나아가, 교환은 심리적 욕구의 결과 그 이상이다. 심리적 욕구가 사회화 과정을 통하여 습득된 것이라 해도 말이다. 교환은 개인의 동기를 통해서만 이해할 수 있는 것이 아니다. 이는 교환관계가 그 자체로서 실체로 존재하는 사회적 조직화의 패턴을 반영한 것이기 때문이다. 따라서 교환행동은 규범과 가치에 의해 외부에서 규제되며, 결국 그 규범과 가치의 결과 또는 기능을 통해서만 분석 가능한 과정으로 귀결된다.

레비스트로스는 이러한 관점을 논의하면서 몇 가지 주요한 교환원리를 제시했다. 첫째, 모든 교환관계는 개인의 비용을 포함하지만, 교환에 관한 경제학적 또는 심리학적 설명과 달리, 이러한 비용은 사회에 기인한다. 즉, 사회의 비용을 발생시키는 행동을 요하는 사회의 관습, 규칙, 법률, 가치에 기인한다는 것이다. 그러나 개인들은 비용을 자신이 아닌 사회질서에 할당한다. 둘째, 사회의 모든 희소하고 가치 있는 자원은 — 아내 같은 물리적 대상이든 존경이나 위세 같은 상징적인 것이든 — 그 분배가 규범과 가치에 의해 규제된다. 공급이 풍부하거나 사회 내에서 가치가 그리 높지 않은 자원의 분배는 규제를 받지 않는다. 그러나 그 자원이 희소해지거나 높은 가치를 갖게 되면 그 분배는 곧 규제를 받게 된다. 셋째, 모든 교환관계는 호혜성이라는 규범의 지배를 받는다. 이는 가치 있는 자원을 수여받은 사람은 그것을 수여한 사람에게 다른 가치 있는 자원을 수여할 것을 요하는 규범이다. 호혜성에 관한 레비스트로스의 개념화에는 규범과 가치에 의해 규정된 다양한 보답의 유형이 나온다. 특정 상황에서는 규범이 수여자에 대한 **쌍방향적** 및 직접적 보상을 규정하는 반면, 다른 상황에서는 호혜성이 행위자가 직접적으로 보답하는 것이 아니라 다양한 제3자(제4자, 제5자 등)를 통해서만 보답하는 간접적 교환의 다양한 유형을 포함한 **일방향적인 것**일 수도 있다. 이러한 교환 호혜성의 두 가지 일반적 유형 — 쌍방향적 유형과 일방적 유형 — 내에서 다양한 교환 네트워크의 하위유형이 규범적으로 규제될 수 있다.

레비스트로스는 이 3가지 교환원리가 교차사촌혼 유형을 기술하는 보다 유용한 개념을 제공한다고 믿었다. 이는 오늘날 이 유형이 보다 큰 사회구조에 대한 기능의 측면에서 탐구될 수 있기 때문이다. 특정 혼인 패턴 및 기타 친족 조직화의 특징은 더 이상 개인들 사이에서의 직접적 교환으로만 해석되는 것이 아니라 개인들과 사회 간의 교환으로 개념화될 수 있다. 레비스트로스는 교환을 직접적·쌍방향적 교환에 대해서만 분석하는 것으로부터 해방시킴으로써 사회통합과 연대에 관한 잠정적 이론을 제시했다. 그의 설명은 뒤르켐의 논쟁적 분석을 확장한 것이며, 다양한 직접적 교환과 일방향적 교환 모두가 어떻게 여러 유형의 사회통합 및 조직화를 반영하고 강화하는지 보여주었다.

통합에 관한 이런 이론은 그 자체로도 이론적 중요성을 갖지만, 현재의 목적에서 더 중요한 것은 오늘날 사회학적 교환이론 관점에 레비스트로스가 미친 영향을 강조하는 것이다. 특히 두 가지 점이 현대 사회학 이론에 강한 영향을 미쳤다.

---

① 교환관계 분석에서 중요한 변수는 개인적 동기가 아니라 다양한 유형의 사회구조이다.
② 사회체계 내에서 교환관계는 개인들 사이에서의 직접적 상호작용으로만 한정되지 않고 간접적 교환의 복잡한 네트워크로 장기간 지속되는 경우가 많다. 이러한 교환과정은 한편으로 여러 사회통합 및 조직화 유형에 의해 발생하며, 다른 한편으로 그런 직화의 다양한 유형을 촉진한다.

레비스트로스의 논의는 프레이저가 인류학에 처음 결합했을 당시의 경제학적 공리주의에 대한 반응의 정점을 보여준다. 말리노프스키는 프레이저가 직접적 교환거래에서의 물질적 또는 경제적 동기만 분석한 것의 한계를 인식했다. 쿨라링이 보여주듯이, 교환은 사회통합이라는 함의를 내포한 비경제적 동기를 포함하는 장기간의 네트워크로 일반화될 수 있다. 모스는 교환과정을 조정하는 사회구조의 중요성, 그리고 사회구조 유지에 있어 이런 과정의 결과에 명시적으로 관심을 기울였다.

마지막으로, 인류학에서 이런 지적 사건의 연쇄 속에서 레비스트로스는 상이한 직접적 및 간접적 교환유형이 상이한 사회적 조직화 유형과 어떻게 연결되는지 보여주기 시작했다. 이런 지적 유산은 사회학에서 교환이론의 요소와 전략 모두에 영향을 미쳤다. 하지만 이는 **행동주의**라는 심리학의 특정 영역에 의해 그 가정과 개념이 상당부분 수정되고 나서야 이뤄진 것이다.

4. 심리학적 행동주의와 교환이론

심리학적 관점으로서 행동주의는 한 사건에 대한 관찰에서 도출된 통찰로부터 시작되었다. 러시아 심리학자 이반 파블로프(Ivan Pavlov, 1849~1936)는 실험용 개가 먹이와 그것을 가져다주는 사람을 연결짓는다는 점을 발견했다.[17] 예를 들어, 관찰 결과 사람이 먹이를 가지고 나타날 때뿐만 아니라 그가 다가오는 발자국 소리를 들을 때도 개가 침을 흘리더란 것이다. 파블로프는 상당한 시간을 두고 고심한 이후 이러한 '조건반사'(conditioned response)를 이해하기 위한 일련의 동물실험을 수행했다.[18] 그는 이 실험을 통해 후에 행동주의로 집약되는 몇몇 원리를 발전시켰다. 이는 다음과 같다.

---

① 특정한 생리학적 반응을 산출하는 또 다른 자극과 지속적으로 관련된 자극은 그 반응을 자동적으로 이끌어낸다.
② 이런 조건반사는 자극과 관련된 만족이 더 이상 오지 않으면 소거될 수 있다.

③ 조건반사를 산출하는 자극과 유사한 다른 자극 또한 원래 자극과 동일한 반응을 이끌어낼 수 있다.

④ 특정 반응의 조건을 형성하는 데 사용되는 자극과 명백히 다른 자극은 그 반응을 이끌어낼 수 없다

———

따라서 파블로프의 실험은 조건반사, 소거(extinction), 반응일반화(response generalization), 반응차별(response discrimination)의 원리를 드러낸 것이다. 비록 파블로프가 이러한 발견이 인간행동에 대해 갖는 중요성을 명확히 인식했지만, 그의 통찰은 행동주의 창시자인 에드워드 리 손다이크(Edward Lee Thorndike)와 존 왓슨(John B. Watson)의 지도하에 미국에서 결실을 맺었다.

손다이크는 미국 최초로 동물을 대상으로 한 실험실 실험을 수행했다. 그는 실험기간 동안 동물들이 자신이 보상을 받은 반응유형을 유지하는 경향이 있다는 관찰 결과를 얻었다.[19] 예를 들어, 문제상자(puzzle box) 속의 새끼 고양이를 대상으로 한 실험에서 손다이크는 새끼 고양이들이 상자를 탈출하도록 하는 반응을 수행하기 전까지 시행착오를 반복한다는 것, 그리고 상자 안에 들어갈 때마다 그곳을 탈출하도록 하는 반응과 관련된 만족이 고양이들로 하여금 이러한 반응을 학습하고 유지하도록 한다는 것을 발견했다. 손다이크는 파블로프와 동일한 시점에 수행한 이 연구 및 다른 연구들을 통해 3가지 원리 또는 법칙을 정식화했다. ① **효과의 법칙**(law of effect)은 특정 상황에서 만족을 산출하는 행위는 미래에 그 상황이 발생하면 다시 일어날 가능성이 높다는 것이다. ② **사용의 법칙**(law of use)은 상황과 반응의 연계는 반복과 훈련을 통해 강화된다는 것이다. ③ **불사용의 법칙**(law of disuse)은 상황과 반응의 연계는 훈련이 지속되지 않으면 약화된다는 것이다.[20]

이 법칙들은 파블로프가 제시한 법칙과 수렴하지만, 한 가지 중요한 차이점이 있다. 손다이크의 실험은 자유로이 시행착오 행동을 하는 동물을 대상으로 한 것인 반면, 파블로프의 연구는 철저히 통제된 실험실 상황에서 생리학적인 — 전형적으로 선천적인 — 반응의 조건화에 관한 것이었다. 따라서 손다이크의 연구는 자연적 상황에서의 인간행동과 보다 직접적으로 관련된 것으로 볼 수 있다.

왓슨은 파블로프와 손다이크 연구의 중요성을 인식한 몇몇 사상가 중 한 명이었으며, 얼마 안 가 명시적으로 행동주의로 알려지게 되는 것의 주요한 옹호자가 됐다.[21] 새로운 행동과학의 막을 여는 왓슨의 첫 포문은 "행동주의적 관점에서 본 심리학"이라는 제목의 논문이었다.

———

행동주의적 관점에서 본 심리학은 순전히 자연과학의 객관적 실험적 분야다. 그 이론적 목표는 행동의 예측과 통제다. 내성(內省, introspection)은 심리학의 방법에서 전혀 핵심적인 부분이 아니며, 심리학적 방법을 의식(意識)의 측면에서 해석하도록 하는 데이터라는 과학적 가치 또한 갖지 못한다. 행동주의자는 동물 반응의 단일한 도식을 확립하고자 노력하는 과정에서 인간과 동물의 구분은 없다는 점을 인식한다.[22]

———

따라서 왓슨은 행동주의에 격하게 반발한 많은 이들에 맞서 극단적 옹호자가 됐다.[23] 왓슨이 보기에 심리학은 자극과 반응의 관계에 대한 연구이며, 명시적 행동은 유일하게 인정되는 증거다. 심리학자들은 인간의식이란 판도라의 상자 바깥에 머물면서 관찰 가능한 자극과 연결된 것으로서의 관찰 가능한 행동만을 탐구한다.[24]

행동주의는 여러 면에서 공리주의와 유사하다. 이는 행동주의가 인간은 최대의 보상과 최소의 처벌을 산출하는 대안을 추구하는 보상추구적 유기체라는 원리 위에서 작동하기 때문이다. 보상은 경제학자의 **효용** 개념을 다른 말로 표현한 것일 뿐이다. **처벌**은 **비용** 개념과 어느 정도 같은 것이다. 행동주의자가 보기에 보상은 유기체의 욕구를 강화 또는 충족시키는 행동인 반면, 처벌은 보상을 거부하는 것 또는 고통을 회피하기 위한 에너지 지출을 강제하는 것(그럼으로써 비용을 발생시키는 것)이다.

현대 교환이론은 행동주의자로부터 보상 개념을 차용해 공리주의적 교환이론의 전통을 재해석했다. 효용 대신에 보상 개념이 그 자리에 들어왔다. 이는 1차적으로 보상 개념이 교환이론가로 하여금 행동을 심리적 동기에 의해 추동되는 것으로 볼 수 있게 해주기 때문이다. 그러나 공리주의의 비용 개념은 행동주의의 처벌 개념보다 우선적으로 유지되었다. 이것은 비용 개념이 교환이론가로 하여금 유기체가 특정 보상을 추구하기 위해 포기하는 대안적 보상을 보다 잘 시각화할 수 있도록 해주기 때문이다.

행동주의의 기본 개념이 이런 식으로 수정되긴 했지만, 그럼에도 그 주요한 이론적 일반화는 거의 바뀌지 않은 채로 사회학적 교환이론의 일부 유형에 포함됐다.

———

① 어떤 특정 상황에서든 유기체는 최대의 보상과 최소의 처벌을 산출하는 행동을 할 것이다.
② 유기체는 과거에 보상을 산출한 것으로 판명된 행동을 반복할 것이다.
③ 유기체는 과거에 특정 행동이 보상을 산출했던 상황과 유사한 상황에서 그 행동을 반복할 것이다.
④ 과거 상황에서 보상과 관련된 현재 자극은 과거에 수행된 것과 유사한 행동을 일으킬 것이다.
⑤ 행동은 그것이 계속 보상을 산출하는 한 반복적으로 일어날 것이다.
⑥ 유기체는 동일한 또는 유사한 상황에서 보상을 산출했던 행동이 갑자기 보상을 산출하지 않으면 감정을 표출할 것이다.
⑦ 유기체가 특정 행동으로부터 더 많은 보상을 받을수록, 그 행동이 주는 보상이 적어지면(포화 때문에) 다른 보상을 찾아 대안적 행동을 수행할 가능성이 높다.

———

이 원리들은 실험자가 전형적으로 유기체의 환경을 조종하는 실험실 상황에서 발견된 것이다. 따라서 실험상황을 상호작용으로 상정하기란 쉽지 않다. 실험자가 상황을 철저히 통제한다는 것은 동물이 실험자의 반응에 상당히 영향을 미칠 가능성을 차단하는 것이다. 이는 현대 교환이론으로 하여금 행동주의 원리에 거래 또는 교환과 관련된 공리주의적 관심을 포함하도록 강제했다. 이런 방식으로 인간은 서로의 보상 기회에 상호 영향을 미치는 것으로 간주된다. 스키너 상자(Skinner box) 속의 동물 또는 그와 유사한 실험실 상황과 달리, 인간의 교환은 보상을 준다. 각자는 상대방에게 보상의 가능성을 내포한 자극상황을 표현한다.

사회학적 교환이론가는 인간행동 연구에 행동주의 원리를 적용하고자 함에 따라 불가피하게 블랙박스의 문제에 봉착하게 됐다. 인간은 광범위한 인지과정에 참여할 수 있는 상당한 가능성을 가졌다는 점에서 실험실 동물과 다르다. 공리주의자들이 처음 강조했듯이, 인간의 뚜렷한 특징은 추상화, 계산, 결과예측, 대안모색, 여러 상이한 인지적 조종 수행이다. 더 나아가, 현대 교환이론가들은 행동주의 개념을 차용함은 물론 내성적 심리학과 구조적 사회학의 개념 또한 도입했다. 인간은 복합적 방식으로 사고할 뿐만 아니라, 그 사고는 감정적임은 물론 여러 사회적 및 문화적 힘의 제약을 받기도 한다(이는 모스와 레비스트로스의 교환이론에 처음으로 포함됐다). 행동주의 원리가 내적인 심리적 과정과 사회구조 및 문화의 제약 모두를 함의하는 개념을 포함한다는 점을 인식한다면, 교환을 직접적 거래 속에서 개인들이 취하는 상호보상적 행위를 초월하는 것으로 상정할 필요 또한 있다. 사회구조 및 문화에 의한 행동의 조직화는 인간의 복합적 인지능력과 짝을 이뤄 장기적인 간접적 교환 네트워크가 존재할 수 있도록 한다.

행동주의가 현대 교환이론의 몇몇 유형에 미친 영향을 살펴보면 행동주의의 용어와 일반원리가 확연히 드러난다. 그러나 개념은 재정의됐고 원리는 초기 공리주의의 통찰은 물론 공리주의에 대한 인류학의 반응까지 포함하도록 변경됐다. 그 귀결은 행동주의 개념과 원리를 도입한 교환이론 관점의 지지자들이 인간의 인지능력의 복잡성과 그것의 사회문화적 조직화를 다루게 됨에 따라 행동주의를 독특한 관점으로 만들었던 내용의 상당부분을 폐기하게 된 것이었다.

5. 사회학적 전통과 교환이론

교환이론의 용어는 분명 공리주의와 행동주의에서 비롯된 것이다. 인류학적 연구는 문화적 및 사회적 동학이 교환이론에 포함될 필요가 있다는 인식을 추동했다. 그러나 초기의 사회학적 연구를 검토하다 보면 초기 사회이론가들의 영향을 평가하기 쉽지 않은 몇 가지 이유가 있다. 첫째, 상당수의 사회학 이론은 공리주의와 극단적 행동주의에 **반대해** 나타난 것이다. 따라서 이 분야의 개념을 포함하길 꺼렸다. 둘째, 초기 교환이론의 가장 탁월한 업적 ─ 짐멜이 《돈의 철학》에서 제시했다 ─ 이 1970년대에 와서야 영어로 번역되었다.[25] (독일어를 아는 피터 블라우나 탈콧 파슨스 같은 이론가들은 일정부분 짐멜의 아이디어의 영향을 받았다) 셋째, 사회학적 교환이론가 다수가 가장 관심을 가졌던 주제 ─ 권력의 분화와 교환 내에서의 갈등 ─ 는 교환이론보다 갈등이론에서 보다 전형적으로 개념화됐다. 하지만 이후 뚜렷이 드러나듯이 교환에 관한 사회학적 이론은 갈등과정에 관한 사회학적 이론과 수렴하게 되며, 마르크스와 베버의 아이디어는 사회학적 지향을 가진 교환이론에 상당한 영향을 미쳤다.

1) 마르크스의 교환과 갈등이론

현대 교환이론가 대부분은 행위자들이 보유한 협상자원이 불평등한 상황을 탐구한다. 가치 있는 자원을 보유한 사람은 협상에서 유리한 위치를 점한다. 특히 상대방이 교환관계에서 제공할 등가의 가치를 가진 자원을 보유하지 못한 경우 더욱 그러하다. 사회적 삶의 이러한 사실은 마르크스의 갈등이론에 묘사된 상황에서 찾아볼 수 있다.[26] 자본가는 물질적 보상을 통제할 수 있는 권력을 가진 반면, 노동자는 가진 것이라고는 교환관계에서 제공할 노동력뿐이다. 자본가가 노동에 가치를 부여한다 하더라도, 노동력의 공급이 차고 넘치는 상황에서는 어떤 노동자도 고용주와 효과적으로 협상할 수 있는 위치에 서지 못한다. 그 결과, 자본가는 노동력을 싼값에 살 수 있고 노동자에게 자본가가 원하는 것을 하도록 강제할 수 있다. 자본가가 자신의 이점을 활용할수록, 그는 노동자들이 자신과 더 나은 협상을 하고 종국에는 자신을 전복하는 데 사용할 수 있는 자원 — 정치적·조직적·이데올로기적 자원 — 을 발전시킬 바로 그 조건을 창출하게 된다.

물론 이것이 마르크스의 암묵적 교환이론을 단순화한 것임은 인정한다. 하지만 요점은 명백하다. 변증법적 갈등이론은 교환이론의 한 갈래라는 것이다. 이러한 교환의 동학을 보다 명시적으로 열거해 보자.

———

① 다른 사람들이 가진 희소하고 가치 있는 자원이 필요하지만 그와 맞바꿀 등가의 희소자원을 갖지 못한 사람들은 그런 자원을 통제하는 사람들에게 의존하게 된다.

② 가치 있는 자원을 통제하는 사람들은 그렇지 못한 사람들에 대해 권력을 갖는다. 즉, 한 행위자가 다른 행위자에 대해 갖는 권력은 ⓐ 한 행위자가 다른 행위자들이 필요로 하는 가치 있는 자원을 독점할 수 있는 역량, 그리고 ⓑ 그런 자원을 필요로 하는 사람들이 그와 맞바꿀 등가의 희소자원을 제공할 수 있는 역량의 부재와 직접적으로 관련된다.

③ 권력을 가진 사람들은 자신의 장점을 최대로 활용하면서, 자신이 통제하는 자원을 더 적게 (또는 같은 정도로만) 내어주는 대가로 자신에게 의존하는 사람들로부터 더 많은 자원을 끌어내고자 한다.

④ 이런 방식으로 자신의 장점을 최대한 활용하는 사람들은 자신에게 의존하는 사람들로 하여금 ⓐ 자기 자원의 가치를 높이는 방식으로 조직화하도록, 그리고 ⓑ 자신들이 의존하는 사람들에 맞서 스스로 응집할 수 있도록 하는 방식으로 조직화하도록 추동한다.

———

자본가와 프롤레타리아라는 용어를 앞서 제시한 목록에 적절히 넣으면 마르크스의 교환 모델이 잘 나타난다. 따라서 변증법적 갈등이론은 자원의 분배가 불평등한 체계 내의 교환동학에 관한 일련의 명제인 것이다. 그리고 이어지는 장들에서 명백히 드러나듯이, 사회학적 교환이론은 자원의 불평등한 분배에 내재한 이와 같은 동학을 강조했다. 이는 교환이론에 대한 마르크스의 주요한 공헌이다.

2) 게오르크 짐멜의 교환이론

짐멜(Georg Simmel)의 《돈의 철학》[27]에는 마르크스의 '노동가치론'[28]에 대한 비판이 있는데, 여기에 교환이론에 관한 상세한 논의가 담겨 있다. 《돈의 철학》은 그 제목에서 드러나듯이 돈이 사회적 관계와 사회구조에 미치는 영향에 관한 책이다. 짐멜은 사회적 교환이 다음과 같은 요소들을 포함한다고 본다.[29]

① 자신이 갖고 있지 않은 가치 있는 대상을 향한 욕구
② 인식 가능한 타인이 가치 있는 대상을 갖고 있는 것
③ 타인이 원하는 대상을 보호하기 위해 가치 있는 대상을 제공하는 것
④ 가치 있는 대상의 소유자가 제시한 그러한 제공을 수용하는 것

사회적 교환에 관한 이러한 묘사에는 짐멜이 강조한 몇 가지 부가적 요점 또한 담겨 있다. 첫째, 가치는 특유한 것이며 궁극적으로 개인의 충동 및 욕구와 관련된다. 물론 가치 있는 것으로 규정된 것은 전형적으로 문화적 및 사회적 패턴의 제약을 받지만, 대상이 얼마나 가치가 있느냐 하는 것은 ⓐ 개인의 욕구의 정도, 그리고 ⓑ 대상의 희소성의 순기능이다. 둘째, 많은 교환은 상황을 조종하려는 노력을 포함하며, 그러한 노력을 통해 대상을 향한 욕구의 강도는 은폐되고 대상의 이용가능성은 실제보다 낮은 것처럼 보이게 된다. 따라서 교환에는 갈등 같은 다른 사회적 유형을 촉발할 수 있는 긴장이 내재돼 있다. 셋째, 대상을 소유한다는 것은 그 대상의 가치를 낮추고 자신이 갖지 못한 대상의 가치를 높이는 것이다. 넷째, 교환은 양 당사자 모두 자신이 준 대상이 자신이 받은 대상보다 덜 가치 있는 것이라고 인식할 때 발생한다. 다섯째, 개인뿐 아니라 집합적 단위 또한 교환관계에 참여하며 앞서 언

〈표 19-1〉 짐멜의 교환원칙

1. **매력원칙** (*attraction principle*): 더 많은 행위자가 서로 간의 자원을 가치 있는 것으로 인식할수록 이 행위자들 간에 교환관계가 발전할 가능성이 높다.

2. **가치원칙** (*value principle*): 특정 자원에 대한 행위자들의 욕구가 크고 그 자원의 가용성이 낮을수록 그 자원이 행위자에게 갖는 가치는 더욱 크다.

3. **권력원칙** (*power principle*)
   A. 행위자가 다른 행위자의 자원이 가치 있다고 인식하면 할수록 후자가 전자에 대해 가진 권력은 더 커진다.
   B. 행위자의 자원이 보다 유동적일수록 교환 선택지와 대안은 더 커지며, 그에 따라 그 행위자가 사회적 교환에서 갖는 권력도 더욱 커진다.

4. **긴장원칙** (*tension principle*): 사회적 교환에서 더 많은 행위자가 자원에 대한 자신의 욕구를 의도적으로 잘못 표현하거나 자원의 가용성을 은폐하는 식으로 상황을 조종할수록, 그 교환에서 긴장의 정도는 높아지고 갈등의 잠재성도 커진다.

급한 4가지 과정의 영향을 받는다. 여섯째, 교환관계에서 행위자가 가진 자원이 보다 유동적일수록 ― 즉 그 자원이 여러 유형의 교환관계에서 사용 가능할수록 ― 행위자의 선택지와 권력은 더 커진다. 행위자가 교환상대에게 제약받지 않고 얼마든지 다른 사람과 교환관계를 맺을 수 있다면, 그 행위자는 어떠한 교환관계든 조종할 수 있는 상당한 권력을 가진 것이다.

돈을 포함하는 경제적 교환은 이런 보다 일반적인 사회적 유형의 한 사례에 불과하나, 매우 특별한 사례다. 돈이 관계에서 가치를 정하는 지배적 수단이 되면 사회적 관계의 속성과 동학이 변화한다. 이렇게 가치의 다른 기준, 이를테면 논리, 윤리, 미학 등이 화폐기준으로 대체되는 과정은 분명 사회의 장기적 진화 경향이다. 이런 경향은 교환매체로서의 돈의 원인이자 결과다. 돈은 교환을 촉진하고 인간의 기본욕구를 더 잘 달성하기 위해 출현했다. 그러나 돈은 일단 확립되면 사회적 관계의 구조를 변화시키는 힘을 갖는다.

따라서 《돈의 철학》의 핵심적 통찰은 가치를 평가하는 상이한 기준의 사용이 사회적 관계의 유형에 엄청난 영향을 미친다는 것이다. 돈이 물물교환 및 가치를 정하는 다른 기준을 대체하면 사회적 관계가 근본적으로 변한다. 그러나 이는 사회적 교환의 몇몇 기본원칙을 따른다. 비록 짐멜이 명시한 것은 아니지만, 그 기본원칙은 명확하다. 〈표 19-1〉에서 이런 아이디어가 추상적 교환원칙으로 요약되었다.

6. 나가며: 현대의 교환이론

흥미로운 것은, 아담 스미스가 19세기 사회학 이론에 미친 영향과 행동주의자들이 초기 사회심리학에 미친 영향에도 불구하고 교환이론에 대한 명백한 사회학적 접근법은 1960년대에 와서야 등장했다는 점이다. 그리고 마침내 확립된 후 20세기 중반부터 사회학 저작 목록에 뚜렷이 남아 있게 되었으며, 오늘날에는 사회학적 이론화에서 가장 중요한 관점 중 하나이다. 이어지는 3개의 장은 1960년대와 1970년대 동안 이뤄진 이 전통의 성숙에 관한 것으로서, 여기서 우리는 경제학적 및 행동주의적 아이디어가 어떻게 사회학 이론에 들어와 사회구조, 권력, 불평등에 대한 관심과 결합되는지를 탐구할 것이다. 이어서 창조적 행위에 관한 20세기 중반의 열풍 속에서 살아남은 두 접근법, 즉 합리적 선택이론과 교환 네트워크 접근법을 살펴볼 것이다.

주

1 Adam Smith, *An Inquiry into the Nature and Causes of the Wealth of Nations* (London: Davis, 1805; 초판 1776).

2 Charles Camic, "The Utilitarians Revisited", *American Journal of Sociology* 85 (1979): pp. 516~550.

3 Sir James George Frazer, *Folklore in the Old Testament*, vol. 2 (New York: Macmillan, 1919). 또한 그의 *Totemism and Exogamy: A Treatise on Certain Early Forms of Superstition and Society* (London: Dawsons of Pall Mall, 1968; 초판 1910), 그리고 Preface to Bronislaw Malinowski's Argonauts of the Western Pacific (London: Routledge & Kegan Paul, 1922), pp vii~xiv도 참고하라.

4 Frazer, *Folklore* (주 3 참조), p. 199.

5 같은 책, p. 198.

6 같은 책, pp. 200~201. 해당 인용문과 바로 앞의 인용문.

7 Bronislaw Malinowski, *Argonauts of the Western Pacific* (London: Routledge & Kegan Paul, 1922), p. 81.

8 같은 책, pp. 82~83.

9 같은 책, p. 175.

10 같은 책, 같은 쪽.

11 같은 책, p. 516.

12 Marcel Mauss, *The Gift*, trans. I. Cunnison (New York: Free Press, 1954; 초판 *Essai sur le don en sociologie et anthropologie* [Paris: Presses universitaires de France, 1925]). 모스는 말리노프스키의 민속지를 지속적으로 잘못 해석했지만, 이러한 오해를 통해 '구조주의적' 교환이론을 '심리학적' 교환이론의 대안으로 상정하게 됐다는 점을 지적할 필요가 있다.

13 모스와 레비스트로스에 관한 오래됐지만 여전히 중요한 논의인 피터 에케(Peter Ekeh)의 *Social Exchange Theory and the Two Sociological Traditions* (Cambridge, MA: Harvard University Press, 1975), pp. 55~122를 보면, '집합적'이라는 용어를 '구조적'이라는 용어보다 우선적으로 사용하면서 개인주의적 또는 심리적 교환의 관점에 대한 대안으로 상정한다. 내가 비록 에케의 논의에 영향을 받기는 했지만, '구조적'과 '심리적'이라는 용어를 선호하므로 이 두 용어를 본질적으로 동일한 구분을 위해 사용할 것이다. 내가 이 두 용어를 선호한다는 것은 이어지는 장들에서 보다 확실히 드러날 것이다. 이는 내가 에케의 분석과 달리 피터 블라우와 조지 호먼스 각각이 구조적 이론과 심리적 이론을 발전시켰다고 보기 때문이다. 에케는 블라우와 호먼스의 이론 모두를 개인주의적 또는 심리학적 이론으로 간주한다.

14 Mauss, *The Gift* (주 12 참조), p. 1.

15 같은 책, p. 3.

16 Claude Levi-Strauss, *The Elementary Structures of Kinship* (Boston: Beacon, 1969). 이 책은 *Les structures élémentaires de la parenté* (Paris: Presses universitaires de France, 1949) 의 1967년 개정판을 번역한 것이다.

17 관련 논문, 강연, 참고문헌으로는 다음을 참고하라. I. P. Pavlov, *Selected Works*, ed. K. S. Kostoyants, trans. S. Belsky (Moscow: Foreign Languages Publishing House, 1955) and *Lectures on Conditioned Reflexes*, 3rd ed., trans. W. H. Grant (New York: International, 1928).

18 I. P. Pavlov, "Autobiography", in *Selected Works* (주 17 참조), pp. 41~44.

19 Edward L. Thorndike, "Animal Intelligence: An Experimental Study of the Associative Processes in Animals", *Psychological Review Monograph*, Supplement 2 (1989).

20 다음 글을 참고하라. Edward L. Thorndike, The Elements of Psychology (New York: Seiler, 1905), *The Fundamentals of Learning* (New York: Teachers College Press, 1932) and *The Psychology of Wants, Interests, and Attitudes* (New York: D. Appleton, 1935).

21 파블로프와 손다이크의 중요성을 인식했던 또 다른 학자들은 다음을 참고하라. Max F. Meyer, *Psychology of the Other-One* (Columbus, OH: Missouri Book, 1921) and Albert P. Weiss, *A Theoretical Basis of Human Behavior* (Columbus, OH: Adams, 1925).

22 J. B. Watson, "Psychology as the Behaviorist Views It", *Psychological Review* 20 (1913): pp. 158~177. 왓슨의 또 다른 기본 저작들로는 다음을 보라. *Psychology from the Standpoint of a Behaviorist*, 3rd ed. (Philadelphia: Lippincott, 1929); *Behavior: An Introduction to Comparative Psychology* (New York: Henry Holt, 1914).

23 예컨대, 미드는 *Mind, Self, and Society* (Chicago: University of Chicago Press, 1934) 에서 왓슨의 저작 18종을 인용한다.

24 행동주의의 등장에 관한 보다 상세한 논의는 다음을 참고하라. Jonathan H. Turner, Leonard Beeghley, and Charles Powers, *The Emergence of Sociological Theory*, 7th ed. (Newbury Park, CA: Wadsworth, 2012).

25 Georg Simmel, *The Philosophy of Money*, trans. T. Bottomore and D. Frisby (Boston: Routledge & Kegan Paul, 1978; 초판 1907).

26 Karl Marx and Frederick Engels, *The Communist Manifesto* (New York: International, 1971; 초판 1848); Karl Marx, *Capital: A Critical Analysis of Capitalist Production*, vol. 1 (New York: International, 1967; 초판 1867).

27 주 25를 보라.

28 Marx, *Capital* (주 26 참조).

29 Simmel, *The Philosophy of Money* (주 25 참조), pp. 85~88.

20 장

초기 교환이론

1. 들어가며

교환이론은 1960년대에 사회학의 뚜렷한 관점으로 등장했다. 그러자 미국의 유망한 이론가들 중 일부가 공리주의 경제학과 심리학적 행동주의에서 차용한 아이디어를 바탕으로 사회를 탐구하기 시작했다. 이 사상가들이 보기에, 사회의 근본적 속성은 보상 또는 효용을 확실히 하려는 욕구에 의해 추동된 행위자 간의 자원교환이다. 교환이론 전통의 성숙을 다루는 이 첫 번째 장에서 나는 조지 호먼스, 피터 블라우, 리처드 에머슨의 저작들을 살펴보려 한다. 이들 모두는 사회학 이론이 교환과정에 초점을 맞춰야 한다고 주장했다. 이들은 또한 현대에 와서 교환이란 아이디어를 사회학에 도입해 논리적 이론으로 발전시킴으로써 행동주의 또는 공리주의 아이디어에 대한 비공식적 금기를 깬 최초의 사회학자들이다. 이들에 의해 교환이론은 사회학에 받아들여졌으며 오늘날 중요한 이론적 관점이 됐다.

2. 조지 호먼스의 초기 행동주의적 접근법

조지 호먼스(George C. Homans)는 1950년대 후반에 하버드대학 동료이자 당시 세계에서 가장 유명한 행동주의자였던 스키너(B. F. Skinner)의 아이디어를 받아들이면서 교환이론으로 전환했다. 그러나 호먼스는 자신이 아마도 뒷문을 통해 인간의 인지라는 블랙박스로 들어가야 하며, 그럼에도 사람들이 느끼고 생각하는 것을 개념화해야 함을 인식하고 있었다. 이 과정에서 그는 경제학의 공리주의적 전통으로부터 개념을 끌어냈고 여기에 행동주의의 개념적 의상을 입혔다. 또한 호먼스는 행동주의적 교환이론을 발전시키는 과정에서 논리적 엄격함 또는 실체성을 배제하고 공리적(公理的, axiomatic) 이론의 용어를 사용한 이론화라는 관점을 발전시켰다. 그러나 그 기본 아이디어는 모든 사회학적 법칙으로부터 도출된 공리는 궁극적으로 심리학적인 것으로 환원될 수 있으며, 이는 심리학적일 뿐만 아니라 (공리주의 경제학의 요소가

427

가미된) 행동주의적인 것이기도 하다는 것이었다. 이러한 옹호는 상당히 열띤 논쟁을 촉발했는데, 이 말은 결코 과장이 아니다. 내가 진화론적(생물학적) 사회학에 관한 장에서 강조했듯이, 사회학자들은 환원론 또는 사회학의 다른 분야로의 환원과 관련해 매우 방어적이며 심리학과 경제학도 그에 못지않기 때문이다. 호먼스는 또한 이론적 연역과 환원에 관한 논쟁 과정에서 사회학은 행동과 상호작용으로부터 출발해야 하며, 거시구조에 관한 이론은 보상을 추구하며 비용보다 보상에 중점을 두는 사람들의 행위를 통해 설명되어야 한다고 주장하였다. 이는 많은 사회학자들에게 위협으로 다가왔다.

1) 스키너로부터 차용한 것

호먼스의 공리적 이론화와 개인 간의 대면적 상호작용에 대한 관심을 고려해 보면, 그가 스키너, 그리고 간접적으로 행동주의의 초기 선구자들(파블로프, 손다이크, 왓슨) 쪽으로 기우는 경향은 어쩌면 불가피한 것이었는지도 모른다. 그러나 호먼스는 초기 행동주의 원리에 대한 스키너의 재정식화를 직접적으로 차용했다.[1] 스키너식의 행동주의는 초기 행동주의 원리의 미묘한 점을 걷어내고, 동물이 욕구를 가지면 과거에 그 욕구를 충족시킨 행위를 수행하게 된다는 기본원칙을 제시한다. 이 원칙에 수반되는 첫 번째 논리적 귀결은 유기체는 불편한 경험을 회피하려 하지만 최우선시되는 욕구를 충족하는 행동을 수행함에 있어 그러한 불편한 경험을 어느 정도까지는 견딘다는 것이다. 두 번째 논리적 귀결은 유기체는 특정 행위를 그것이

원했던 결과와 기대했던 결과를 계속 산출하는 한 계속 수행한다는 것이다. 스키너식의 심리학의 세 번째 논리적 귀결은 동물은 특정 행동으로 욕구가 충족되면 그 행동을 덜 수행하게 된다는 점을 강조한다. 네 번째 논리적 귀결은 특정 행동이 최근 과거에 보상을 산출했는데 그 보상이 갑자기 중단되면 유기체는 분노를 나타내면서 예전에 욕구를 충족시켰던 행동의 수행을 점차 멈추게 된다는 것이다. 마지막 논리적 귀결은 보상 또는 처벌을 받았던 행동과 동시에 특정 사건이 지속적으로 일어난다면 그 사건은 자극이 되어 그 행동의 산출 또는 회피 가능성을 높인다는 것이다.

이 원칙들은 행동주의 심리학자들이 자신이 부과한 박탈을 통해 욕구를 추론한 상태에서 수행한 고도로 통제된 상황에서의 동물 관찰로부터 도출되었다. 그러나 호먼스는 인간의 욕구가 실험실 비둘기와 쥐의 욕구보다 확증하기 훨씬 어렵다는 점, 그리고 인간이 집단형성에 있어서 실험 상황의 통제를 거부하는 상호작용을 한다는 사실에도 불구하고, '조작적 심리학'(operant psychology)은 단순한 집단형성과 복잡한 집단형성 모두에서의 인간행동 설명에 적용 가능하다고 믿었다.

스키너식 원리를 인간의 사회적 조직화의 사실에 부합하도록 한 가장 중요한 수정 중 하나는 욕구는 다른 사람에 의해 충족되며 사람들은 서로서로 보상 및 처벌을 한다는 인식이다. 실험실 장치를 통해 스키너와 간접적으로만 상호작용하며 스키너에게 보상할 역량은 거의 갖고 있지 않은 (아마 그의 원리를 확증하는 것 말고는) 동물들과 달리, 인간은 끊임없이 보상과 처벌을 주고받거나 교환한다.

인간행동을 상호작용하는 개인 간의 보상(과 처

벌)의 교환으로 개념화하는 것은 호먼스로 하여금 경제학의 첫 번째 기본원리를 변형된 형태로 받아들이게 했다. 인간은 시장에서 자신의 행위의 장기적 결과를 합리적으로 계산하며 거래에서 자신의 물질적 이익을 극대화하고자 한다는 것이다. 그러나 이러한 경제학적 기본 가정은 다음 4가지 방식으로 변형돼야만 했다. ① 사람들이 언제나 이익을 극대화하고자 하는 것은 아니다. 사람들은 교환관계에서 일정한 이익을 내는 것을 추구할 따름이다. ② 인간이 교환에서 늘 장기적 또는 합리적 계산을 하는 것은 아니다. 일상생활에서 "게임의 이론은 인간행동을 위한 좋은 조언이지만 그에 대한 묘사로서는 빈약"하기 때문이다. ③ 화폐뿐만 아니라 다른 상품, 이를테면 인정, 존중, 복종,

사랑, 애정, 기타 비물질적 재화도 교환된다. ④ 시장은 인간들이 행하는 교환과 독립된 영역이 아니다. 모든 상호작용은 보상(과 처벌)을 교환하며 이익을 추구하는 개인을 포함하기 때문이다.

2) 기본적 교환원칙

〈표 20-1〉은 호먼스가 스키너식의 심리학에 기초한 원리를 최종적으로 정식화한 것을 보여준다. 사람들에게 보상을 가져다준 행위들은 다시 수행될 가능성이 높다(명제 1). 특정 상황이 보상을 받았던 과거 상황과 유사할수록 사람들은 이러한 보상을 확고히 하는 행동을 수행할 가능성이 높다(명제 2). 그리고 사람들은 자신에게 가장 가치 있는

〈표 20-1〉 호먼스의 교환명제

1. **성공명제** (*success proposition*): 개인이 행한 모든 행위 중 특정 행위로 인해 보상을 받았다면 개인은 그 행위를 행할 가능성이 높다.

2. **자극명제** (*stimulus proposition*): 과거에 특정 자극 또는 일련의 자극이 일어나 개인의 행위를 발생시켰고 그로 인해 그 개인이 보상을 받았다면, 현재의 자극이 과거의 그 자극과 유사할 경우 개인은 그 행위 또는 그와 유사한 행위를 행할 가능성이 높다.

3. **가치명제** (*value proposition*): 개인의 행위 결과가 자신에게 더욱 가치 있는 것일수록 그 개인은 그 행위를 행할 가능성이 높다.

4. **박탈·포화명제** (*deprivation/satiation proposition*): 최근 과거에 개인이 특정 보상을 많이 받았을수록 그 개인에게 그 보상이 더 주어지면 그 가치가 떨어지게 된다.

5. **공격·승인명제 (***aggression/approval proposition***)**
   A. 개인의 행위가 기대했던 보상을 받지 못하거나 예상치 못한 처벌을 받았을 때 그 개인은 분노하게 되고 공격적 행동을 할 가능성이 높다. 그 행동의 결과는 그 개인에게 보다 가치 있는 것이 된다.
   B. 개인의 행위가 기대했던 보상을 받았을 때, 특히 기대했던 것보다 훨씬 큰 보상을 받았을 때, 또는 예상했던 처벌을 받지 않았을 때 그 개인은 만족을 느끼고 승인적 행동을 할 가능성이 높다. 그 행동의 결과는 그 개인에게 보다 가치 있는 것이 된다.

6. **합리성 명제** (*rationality proposition*): 개인은 대안적 행위들 중에서 선택함에 있어, 과거에 자신이 인지했던 것처럼, 결과의 가치가 그 결과를 얻을 수 있는 가능성에 의해 배가되어 훨씬 높은 것을 선택하게 된다.

보상을 제공하는 행동을 추구한다(명제 3).

명제 4는 처음 3가지 명제가 일시적으로 중단되는 조건을 보여준다. 인간은 포화의 강화원칙 또는 한계효용의 경제법칙에 따라 결국에는 지속적으로 보상을 받았던 행위들을 가치가 적은 것으로 규정하고 상이한 보상을 추구하는 다른 행위를 하게 된다(그러나 이는 또다시 명제 1부터 3에 열거된 원칙에 따른다).

명제 5는 명제 1부터 4를 충족하는 보다 복잡한 일련의 조건을 제시한다. 호먼스는 비둘기가 기대한 보상을 얻지 못하면 '분노'와 '좌절'을 표현한다는 스키너의 관찰 결과에 기초해서 인간 또한 같은 행동을 보일 개연성이 있다고 추론했다. 이는 스키너의 원리와 유사하지만 그러나 인간의 인지라는 블랙박스의 요소, 즉 보상에 대한 기대, 분노와 만족 같은 감정, 인정 상태 등을 명백히 추가한 것이다. 흥미로운 것은, 이러한 공격-인정 명제(aggression/ approval proposition)가 《사회적 행동: 그 기본형태들》(Social Behavior: Its Elementary Forms) 초판에서 제시한 초기 원리를 (내용을 통해서는 아니지만) 스키너식 용어를 통해 재규정한 것이라는 점이다. 여기서 호먼스는 분배공정성(distributive justice) 법칙을 제시했다. 개인은 자신이 얻은 보상의 정도를 계산하며 비용과 투자(축적된 비용)가 적으면 공정한 것으로 인식하는데 이는 그 개인에게만 한정된 것이라는 점을 강조한다. 덧붙여, 이러한 공정성 계산의 결과 개인이 타인과 비교해서 자신이 얻은 보상이 비용 및 투자에 비례하지 않는다고 생각하면 **분노**하게 된다. 반대로 자신이 얻은 보상이 공정하다고 여기면 **만족**을 경험하게 된다. 역설적으로 사회학적 교환이론에 보다 큰 영향을 미친 것은

호먼스가 **분배공정성**으로 지칭한 것에 대한 이 첫 번째 정식화였다. 이는 아마 공정성에 관한 철학 및 사법 내에서의 오랜 전통 때문일 것이다. 어떤 경우든, 호먼스는 그가 상정하는 행위자가 생각하고 감정을 느낀다는 점에서 블랙박스로 진입한 반면, 스키너는 자극과 명시적 행동만 측정 가능하며 따라서 자극-반응 도식만 이론화가 가능하다는 주장에 기초해 그런 개념을 받아들이지 않았다.

호먼스는 명제 1부터 5에 더해 **합리성 명제**를 도입하여 자극명제, 성공명제, 가치명제를 요약한다. 나는 이 명제를 〈표 20-1〉에 위치시켰다. 이는 호먼스의 예증적인 연역적 설명의 실제 구성에서 매우 뚜렷한 것이기 때문이다. 명제 6의 다소 어색한 용어를 호먼스가 쓰는 방식대로 번역해 보면 다음과 같다. 사람들은 다양한 행위노선을 놓고 계산한다. 그들은 다양한 행위가 산출할 수 있는 보상의 가치를 인지 또는 계산한다. 그러나 그들은 또한 그 보상이 주어질 가능성이 얼마나 되는지에 관한 인식을 통해 그러한 계산을 가다듬는다. 높은 가치가 있는 보상인데 그것을 받을 가능성이 낮으면 그 보상의 잠재력도 낮아진다. 반대로, 낮은 가치를 가진 보상이지만 그것을 받을 가능성이 높으면 그 보상의 전반적 잠재력은 높아진다. 이러한 관계는 다음과 같은 공식을 통해 표현할 수 있다.

행위(action) = 가치(value) × 가능성(probability)

호먼스는 사람들은 여러 대안 속에서 상기한 등식의 우측 값이 가장 큰 행동 또는 행위를 할 가능성

이 높다는 점에서 합리적이라고 주장했다. 예를 들어, 행위 1을 통한 보상이 가치가 높은데(그 값을 10이라고 하자) 행위 1을 함으로써 그 보상을 얻을 가능성은 낮고(0.20 또는 20%), 행위 2를 통한 보상이 가치가 낮지만(그 값을 5라고 하자) 행위 2를 함으로써 그 보상을 얻을 가능성은 행위 1에 비해 높다면(0.50 또는 50%), 행위자는 행위 2를 하게 될 것이다(전자의 경우는 10 × .20 = 2의 보상을 산출하는데, 이는 후자의 5 × .50 = 2.5보다 적기 때문이다).

호먼스는 이러한 기본원칙 또는 법칙이 연역적 설명의 측면에서 인간조직화의 유형을 설명해 준다고 믿었다. 확실히 그는 이 원칙을 **공리**(*axiom*)로 간주했다. 분명히 드러나듯이, 이 원칙은 본질적으로 심리학적이다. 더 나아가, 호먼스의 관점에서 보면 이 심리학적 공리만이 일반적인 사회학

적 명제를 구성하는 것이다. 이는 "모든 사회 또는 사회집단에 유효한 일반적인 사회학적 명제는 없기 때문"이다. 그러나 호먼스가 사회학적 법칙이 있을 수 없다고 말한 것은 아니다. 그와 반대로, 심리학적 공리로부터 연역되는 바로 그 명제가 법칙인 것이다. 따라서 사회학적 명제는 심리학적 원리로부터 발현된 연역체계 속에서 뚜렷이 드러날 것이다. 그러나 호먼스가 추구한 연역체계의 기본형태[23]는 〈그림 20-1〉에 제시된 것 같은 형태로 발전된 적이 결코 없었다.

호먼스는 과학의 목표는 언제나 가능한 한 환원론적이어야 한다고 주장했다. 따라서 사회학적 원리가 심리학적 원리로부터 연역될 수 있다면, 이는 과학의 목표 중 하나에 다름 아니다. 더 나아가, 환원론이 거기서 멈춰서는 안 된다. 심리학적 원리 또는 행동주의 원리는 일정부분 생물학에서, 그리

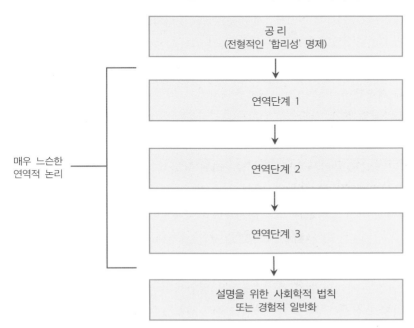

〈그림 20-1〉 호먼스의 연역적 설명의 형태

공리
(전형적인 '합리성' 명제)

↓

연역단계 1

↓

연역단계 2

↓

연역단계 3

↓

설명을 위한 사회학적 법칙
또는 경험적 일반화

매우 느슨한
연역적 논리

고 일정부분 화학과 물리학에서도 연역돼야 한다. 호먼스는 사회학자들이 환원론에 대해 과도하게 우려한다고 비웃으면서, 사회학자들이 법칙을 가진다면 그것이 행동원리로 환원되는지 아닌지에 대해 걱정하지 않을 것이라 주장했을 것이다. 그러나 호먼스는 그렇게 허세를 떨었음에도 사회학의 원리 발전이라는 가장 명백한 이슈를 결코 추구하지 않았다. 이는 어떤 점에서는 앞뒤가 뒤바뀐 것이다. 만약 상호작용과 사회의 조직화에 관한 사회학적 원리를 설명하기 위해 행동에 관한 심리학적 공리를 사용하는 것이 목표라면 사회학적 원리가 있어야 한다. 물론 사회학에는 법칙이 있지만, 호먼스는 이 법칙을 그의 연역적 논리의 '예시'로 사용한 적이 결코 없다. 결국 인간은 자신이 보상받는 것을 행한다. 따라서 어떠한 사회학적 법칙도 〈표 20-1〉에 제시된 공리들 중 하나 또는 그 이상으로부터 '연역될' 수 있다고 주장하게 됐다.

3) 행동주의에서 거시구조로

호먼스는 행동주의 원리가 사회심리학의 연구결과를 설명할 수 있는 많은 예시를 제공했다. 하지만 그 가운데서 엄밀성을 갖춘 것은 많지 않다. 서로 위에 켜켜이 쌓여 있으면서 합리성 명제가 맨 위에 놓인 단순한 진술이었을 뿐이다. 연역적 논리는 단지 연역의 공식적 또는 정확한 계산 언어에 지나지 않았다. 그러나 《사회적 행동》에서 가장 흥미로운 부분은 책의 말미에서 호먼스가 교환과정이 어떻게 인구 수준과 사회적 수준의 사회현상을 설명할 수 있는지 제시한 장이다. 4 호먼스는 자신의 설명에서 **최후의 연회**(last orgy)로 이름 붙인 구절을 통

해 사회와 문명이 어떻게 궁극적으로 집단 내 사람들의 대면적 상호작용으로부터 구축되는지 탐구했다. 그의 시나리오는 대략 이런 식이다.

———

역사상 특정 시점에서 어떤 사람은 잉여 식량이든, 화폐든, 도덕률이든, 또는 가치 있는 리더십 역량이든, 다른 사람에게 보상을 강화 또는 제공할 수 있는 자원을 가진다. 이러한 자본을 바탕으로 제도적 발달이 일어나는데, 이는 몇몇 사람이 자신의 자본을 투자하여 다른 사람이 새로운 활동을 하게끔 (보상 또는 처벌의 위협을 통해) 만들고자 하기 때문이다.

———

이 같은 새로운 활동은 "지금까지 관행화되었던 것보다 복잡한 또는 우회적 방식으로 많은 수의 사람의 행동이 딱 들어맞는 것"을 포함한다. 이러한 투자가 영토를 정복해 왕국을 세우는 것이든 아니면 새로운 형태의 기업을 설립하는 것이든, 투자하는 사람들은 자원 — 처벌하겠다고 위협하는 군대가 됐든, 추종자들을 도덕적으로 설득하는 카리스마적 인성이 됐든, 아니면 사람들의 최저생계 수준을 충족시키는 역량이 됐든 — 을 가지고 이익을 도출하는 상황 속에서 조직화돼 있어야 한다. 이러한 과정의 특정 시점에서, 그러한 조직은 보상이 일반화된 강화요인으로 명확히 규정될 경우(이를테면 화폐), 그리고 보상을 얻기 위한 활동이 (이를테면 명시적 규범과 규칙의 출현을 통해) 더 명확히 규정된 경우에는 보다 효율적이 될 수 있고 따라서 모두에게 보상을 제공할 수 있다. 새로운 효율성은 일반화된 강화요인과 명시적 규범이 교환관계를 규제하고 그에 참여하는 사람들의 이익

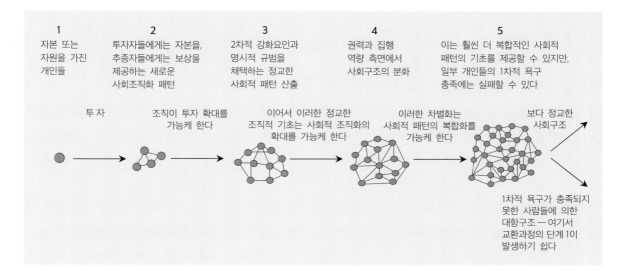

〈그림 20-2〉 사회조직화에 관한 호먼스의 도식화

1	2	3	4	5
자본 또는 자원을 가진 개인들	투자자들에게는 자본을, 추종자들에게는 보상을 제공하는 새로운 사회조직화 패턴	2차적 강화요인과 명시적 규범을 채택하는 정교한 사회적 패턴 산출	권력과 집행 역량 측면에서 사회구조의 분화	이는 훨씬 더 복합적인 사회적 패턴의 기초를 제공할 수 있지만, 일부 개인들의 1차적 욕구 충족에는 실패할 수 있다

투자 → 조직이 투자 확대를 가능케 한다 → 이어서 이러한 정교한 조직적 기초는 사회적 조직화의 확대를 가능케 한다 → 이러한 차별화는 사회적 패턴의 복합화를 가능케 한다 → 보다 정교한 사회구조

1차적 욕구가 충족되지 못한 사람들에 의한 대항구조 — 여기서 교환과정의 단계 1이 발생하기 쉽다

을 증진시키는 데 사용될 가능성을 높인다. 결국 일반화된 강화요인과 복합적 규칙을 보유한 교환 네트워크는 일반화된 강화요인과 규범의 진정성을 유지할 수 있도록 하는 하위단위의 분화 — 이를테면 법체계와 금융체계 — 를 요한다.

이 교환과정으로부터 사회조직 — 사회수준이든, 집단수준이든, 조직수준이든, 제도수준이든 — 이 구성된다. 그동안 나타났던 조직유형 대부분은 역사의 뒤안길로 사라졌다. 하지만 그러한 출현은 다음과 같은 가속화 과정에 의해 전형화된다. ① 자본 (보상역량) 을 가진 사람들은 투자를 통해 보다 복합적인 사회적 관계를 창출하여 보상을 증가시키고 자신들의 활동을 이익의 실현을 위해 조직화하도록 한다. ② 보상이 증가하면, 사람들은 보다 복합적인 조직유형에 투자할 수 있다. ③ 보다 복합적인 조직유형은 우선적으로 일반화된 강화요인의 사용, 이어서 행위의 규제를 위한 규범의 성문화를 요한다. ④ 이런 조직화의 기반 위에서 더욱 복합적인

조직유형의 발전을 통해 일반화된 강화요인의 안정성과 규범의 진정성을 확고히 하기 위한 하위단위의 분화 필요성을 창출할 수 있다. ⑤ 이러한 분화를 통해 훨씬 더 심화된 상호작용 네트워크의 확장이 가능하다. 이는 행위에 대한 보상제공을 위한, 그리고 예전 규범의 집행은 물론 새 규범의 성문화를 위한 표준화된 수단이 존재하기 때문이다.

그러나 공식적 규칙, 그리고 2차적 또는 일반화된 강화요인을 도입한 이와 같은 복합적인 사회적 조직화 유형은 개인들의 보다 1차적인 욕구충족을 결코 중단시킬 수 없다. 먼저 제도가 이러한 욕구 충족을 위해 나타난다. 제도의 구성이 얼마나 복합적이든, 얼마나 많은 규범과 공식적 규칙이 발전됐든지 간에, 이러한 확장된 상호작용 네트워크는 궁극적으로 인간의 1차적 욕구를 강화한다. 이런 구성이 그것이 궁극적으로 비롯된 1차적 욕구의 충족을 멈추게 되면 제도는 취약해진다. 또 대안적 행위가 나타나 1차적 보상을 제공하고 가능성을 보여

주면 붕괴되기 쉽다. 이러한 상황에서는 낮은 지위 또는 높은 지위에 있는 사람들 ― 기존 규범에 동조하지 않는다고 해서 잃을 것이 많지 않은 사람들 ― 은 기존 방식에서 벗어나 보다 많은 보상을 주는 대안으로 이동할 것이다. 제도는 일정기간 동안 동조를 끌어낼 수 있겠지만, 1차적 보상을 제공할 역량을 상실하면 이를 멈추게 될 것이다.

따라서 복합적인 제도적 구성이 궁극적으로 개인들에게 만족스러운 것이 되는 것은 문화 또는 규범의 영향 때문이 아니라 그것이 사람들에게 기여하는 방향으로 구성되기 때문이다.

―――

제도가 규범 속에 모셔져 있다고만 해서 계속 유지되는 것은 아니며, 누구든 예전에 했던 것처럼 말해야 한다는 것은 이상해 보인다. 제도는 보상을 주기 때문에, 궁극적으로는 개인들에게 보상을 주기 때문에 계속 유지된다. 사회는 스스로 연료를 공급하는 영구작동 기계가 아니다. 사회가 젊은이들에게 그런 재화를 향한 욕구를 심어 주고 그 재화들만 제공 가능한 것이 되어 가지고서는 사회가 유지될 수 없다. 사회는 남성(여성)들에게 자신이 특정 문화의 일원이라는 점뿐만 아니라 남성(여성)이기 때문에 보상이 되는 재화를 제공해야 한다. [5]

―――

또한 사회제도는 1차적 욕구를 충족하면서 제도의 정교화와 인간의 1차적 욕구 사이의 지속적 갈등을 해결해야 한다. 한 유형의 제도적 정교화는 한 묶음의 욕구를 충족하면서 다른 중요한 보상 ― 지배적인 제도적 구성체에 의해 억압된 대안적 보상을 제시하는 일탈과 혁신을 위한 길을 여는 것 ― 을 박탈

할 수 있다. 이어서, 다른 사람들에게 보상을 제공할 자본을 가진 혁신가의 뒤를 따라 발생하는 새로운 제도적 정교화는 다른 욕구를 억압한다. 그 시작과 유사한 과정을 통해 제도적 정교화의 또 다른 과정을 촉발하게 된다.

요약하면, 사회적 조직화가 어떻게 기본적 교환 과정과 연결되는지에 관한 스케치는 사회적 조직화의 패턴이 어떻게 구축되고 유지되며 변화되고 와해되는지를 분석하는 흥미로운 관점을 보여준다. 더 나아가, 이러한 논의의 광범위한 윤곽은 다른 교환이론가들에 의해 반복되어 행동주의 또는 고전경제학의 원리를 보다 큰 사회조직화 유형의 설명에 적용하게 했다. 그러나 호먼스의 명시적 도식화 중 이후 이론들 속에서 유지된 것은 많지 않다. 비록 개인의 행동에 관한 미시적 원리로부터 거시적 조직화 유형으로의 이행이 교환이론에서 주요한 관심으로 남아 있기는 하지만 말이다.

3. 피터 블라우의 변증법적 교환이론

호먼스의 행동주의 접근법이 등장한 지 몇 해 뒤, 또 다른 주도적 사회학 이론가 피터 블라우(Peter M. Blau)가 교환이론을 탐구했다.[6] 그는 비록 기본적인 사회적 과정으로서의 교환이라는 행동주의적 기초를 받아들이긴 했지만, 사회학 이론이 인간 행동에 관한 단순한 행동주의적 개념화를 넘어서야 한다는 점을 인식했다. 마찬가지로, 전적으로 합리적인 인간이라는 조야한 관점 또한 인간행동의 실재에 부합하게 수정돼야만 했다. 결국 그는 변증법적 접근법을 발전시켜, 교환에서 대두되는 통합을

향한 긴장이 저항과 잠재적 갈등으로 이어지는 힘이라고 주장했다. 더 나아가 그의 분석은 짐멜적 요소 또한 포함한다. 이는 블라우가 짐멜과 상당히 유사하게 미시적 수준과 거시적 수준 모두에서 교환과정의 유형을 발견하려 했고, 그럼으로써 개인들 간의 교환은 물론 조직이라는 집합적 단위들 간의 교환에서 공통적인 것에 주목하려 했기 때문이다.

1) 기본적 교환원칙

블라우가 자신의 원칙을 형식을 갖추어 제시한 적은 없지만, 그럼에도 그의 논의 속에서 일반원칙을 추출하기는 어렵지 않다. 〈표 20-2〉에 기본원칙이 요약되었다. 명제 1은 **합리성 원칙**이라 지칭할 수 있는 것으로서, 보상의 빈도와 가치는 개인 및 집합적

행위자가 그 보상을 확보하기 위한 행위를 수행할 가능성을 증가시킨다는 것이다. **호혜성**에 관한 명제 2-A와 2-B는 말리노프스키와 레비스트로스의 최초 논의에 대한 앨빈 굴드너(Alvin Gouldner)의 재해석으로부터 차용한 것이다.[7] 블라우는 "이익을 받으면 이를 계속 받기 위해 되갚으려는 욕구는 사회적 상호작용의 '출발 메커니즘'으로 작용한다"고 상정했다.[8] 마찬가지로 중요한 것은, 한번 교환이 일어나면 '호혜성이라는 근본적이고 보편적인 규범'이 등장해 이후의 교환을 규제한다는 것이다. 따라서 호혜성 원칙은 교환과정 그 자체에 내재한 것이다. 시간이 흘러 원칙 1의 조건이 충족되면 호혜성이라는 사회적 규범이 등장하며, 이를 위반하면 사회적 승인의 박탈 및 기타 제재가 뒤따른다.

블라우는 사람들이 특정한 교환관계가 얼마만큼

〈표 20-2〉 블라우의 암묵적 교환원칙

1. **합리성 원칙** (*rationality principle*): 사람들이 특정 행위의 수행에서 서로에게 더 많은 이익을 기대할수록 그 행위를 수행할 가능성이 높다.

2. **호혜성 원칙** (*reciprocity principle*)
   A. 더 많은 사람이 서로 간에 보상을 교환할수록 호혜적 의무가 발생하여 이후 이들 간에 일어나는 교환을 조정할 가능성이 높다.
   B. 교환관계에서 호혜적 의무가 더 많이 위반될수록, 박탈당한 당사자들은 호혜성 규범을 위반한 사람들을 제재하고자 할 가능성이 높다.

3. **공정성 원칙** (*justice principle*)
   A. 더 많은 교환관계가 성립될수록 이 관계들은 공정한 교환규범의 지배를 받을 가능성이 높다.
   B. 교환관계에서 공정성 규범이 덜 실현될수록 박탈당한 당사자들은 이 규범을 위반한 사람들을 제재하고자 할 가능성이 높다.

4. **한계효용 원칙** (marginal utility principle): 특정 행위의 수행으로부터 더 많은 보상이 선행됐을수록 그 행위의 가치는 떨어지며 그 행위의 수행도 덜 일어날 가능성이 높다.

5. **불균형 원칙** (*imbalance principle*): 사회적 단위들 간의 일부 교환관계가 더 안정되고 균형적일수록 다른 교환관계가 불균형적이고 불안정해질 가능성이 높다.

보상을 산출하는지에 관한 기대치를 설정하며 이러한 기대치는 규범적으로 규제된다는 점을 인식했다. 이러한 규범은 **공정한 교환규범**(norms of fair exchange)으로 지칭된다. 이는 이 규범이 특정 교환관계에서 비용대비 보상비율을 결정하기 때문이다. 또한 블라우는 공정한 교환규범이 위반되면 공격성이 표출된다는 점도 강조했다. 이러한 아이디어는 원리 3-A 및 3-B와 결합돼 **공정성 원칙**으로 지칭된다.9 블라우는 시장에서의 거래에 관한 경제학자들의 분석을 따라 **한계효용 원칙**(명제 4)을 도입했다. 개인은 더 많은 보상을 받을수록 그 보상에 포만감을 느끼게 되며 이후 증가하는 보상은 가치가 떨어지게 된다는 것이다.10 블라우의 추상적 법칙은 불균형에 관한 명제 5에서 완성된다. 다른 모든 교환이론가들이 그렇듯이, 블라우도 확립된 교환관계는 선행된 비용 또는 대안적 보상을 포함하는 것으로 본다. 대부분의 행위자는 하나 이상의 교환관계에 참여하며, 따라서 한 교환관계의 균형과 안정성은 다른 중요한 교환관계에서의 불균형과 긴장을 초래할 가능성이 있다. 블라우는 사회적 삶은 사람들이 자신이 유지해야 하는 다양한 관계에 대처할 때 교환관계에서의 안정성 및 균형과 다른 교환관계에서의 긴장을 성공적으로 조정해야 하는 딜레마로 가득하다고 믿었다.

2) 교환의 기본적 체계

블라우는 기본적 교환과정에 관한 논의를 시작하면서 사람들은 보상의 도출 가능성을 인식하기 때문에 사회적 교환에 참여한다는 가정을 세웠다(원칙 1). 그는 이러한 인식을 **사회적 유인**(social attraction)이라 지칭하고, 이런 유인이 관계에 포함되지 않으면 교환관계가 아니라고 상정했다. 각 행위자는 교환관계에 진입하면서 다른 사람의 관점을 가정하며 그럼으로써 다른 사람의 욕구에 관한 인식을 도출한다. 이어서 행위자는 자신이 상대방이 원하는 가치 있는 것을 가졌다는 식의 자아표현을 서로에게 한다. 자신이 제공하는 자원이 상대방에게 인상적인 것으로 보이게 하는 역할행동에 있어 사람들은 호혜성 원칙에 따라 움직이면서 자신이 가치 있는 것을 가지고 있음을 내비치며, 각자는 그로부터 보상을 받아야 함을 상대방에게 주장하고자 한다. 모든 교환은 보상을 제공한 사람은 그만한 값어치의 보상을 받을 것이라는 가정하에 이뤄진다.

개인들은 자신이 제공하는 보상을 상대방에게 드러내고 상대방이 호혜성 원칙에 따라 더 높은 가치를 갖는 것으로 되갚도록 만드는 경쟁을 통해 서로에게 인상을 남기고자 한다. 따라서 사회적 삶은 서로에게 인상을 남기고, 그럼으로써 가치 있는 보상을 끌어내고자 하는 사람들 간의 경쟁적 노력으로 가득 차 있는 것이다. 그러나 상호작용이 진행됨에 따라 교환 당사자에게 불가피하게 명백해지는 것이 있다. 일부는 다른 사람들이 제시하는 것보다 훨씬 가치 있는 자원을 가지며, 그로 인해 이들은 자신이 제공하는 자원에 가치를 부여하는 다른 모든 사람들로부터 보상을 끌어내는 독특한 위치에 서게 된다는 것이다.

교환관계의 이 지점에서, 개인들로 이루어진 집단은 그 구성원이 보유한 자원과 다른 집단에게 제시할 수 있는 호혜적 요구의 종류에 따라 분화된다. 이 대목에서 블라우는 분석적 질문을 제기했

1. 사람들이 특히 가치 있는 자원을 받았을 때 그 보상으로 줄 수 있는 자원을 많이 갖지 못할수록, 그런 가치 있는 자원을 제공하는 사람들은 더 많은 복종을 끌어낼 수 있다.
2. 사람들이 대안적 보상자원을 많이 가지고 있지 못할수록, 가치 있는 자원을 제공하는 사람들은 더 많은 복종을 끌어낼 수 있다.
3. 특정 개인으로부터 가치 있는 자원을 받은 사람들이 물리적 힘 및 강제력을 사용할 수 없을수록, 그 자원을 제공하는 사람들은 더 많은 복종을 끌어낼 수 있다.
4. 가치 있는 자원을 받은 사람들이 그것 없이는 견딜 수 없을수록, 그 자원을 제공하는 사람들은 더 많은 복종을 끌어낼 수 있다.

다. 자원을 가진 사람들이 다른 사람들에게 가치 있는 자원을 제공하고 그 대가로 끌어내는 보상의 일반적 유형 또는 범주는 무엇인가? 그것은 **화폐, 사회적 인정, 존중 또는 존경, 복종**이다.

처음에 블라우는 개인들 간의 교환관계에서 일반화된 강화요인을 그 가치에 따라 서열화했다. 대부분의 사회적 관계에서 화폐는 부적절한 보상이며 가장 가치가 낮다. 사회적 인정은 적절한 보상이긴 하지만 대부분의 사람들에게는 그리 가치 있는 것이 아니어서, 뭔가 가치 있는 것을 받은 사람들은 그것을 제공한 사람들에 대한 존중 또는 존경 같은 보다 가치 있는 보상을 더 빈번하게 제공하라는 압력을 받기도 한다. 많은 상황에서는 제공된 자원에 대해 다른 사람들의 존경 및 존중 이상의 보상을 요구할 수 없다. 그러나 경우에 따라서는 제공된 자원이 충분히 가치가 있어서 그것을 받는 사람들에게 호혜성과 공정성 원리에 따라 가장 가치 있는 보상의 범주, 즉 복종을 요구할 수도 있다.

교환관계에서 복종을 끌어낼 수 있는 사람들은 **권력**을 갖게 된다. 이들은 복종하지 않는 사람들에게 보상이 되는 자원을 제공하지 않음으로써 처벌

또는 매우 큰 비용을 부과할 수 있는 역량을 갖는다. 블라우는 개인이 보유한 권력의 정도를 개념화하기 위해 권력을 가진 개인이 복종을 끌어내는 역량을 결정하는 4가지 일반적 명제를 정식화했다. 이는 〈표 20-3〉에 다른 형태로 제시되었다.[11]

이 4가지 명제는 권력에 의해 사회집단 구성원의 분화가 일어나는 조건을 제시한 것이다. 가치 있는 자원을 제공하는 개인들은 집단 구성원이 보상을 제공할 수 없는 정도, 대안적 보상을 탐색하는 정도, 물리력을 사용할 수 있는 잠재성의 정도, 또는 특정 가치 있는 자원 없이 견디는 정도에 따라 집단 구성원으로부터 존중과 인정을 끌어낼 수 있다. 집단 구성원이 이러한 자원에 높은 가치를 부여하고 있다면, 그것을 제공하는 사람들은 권력을 사용해 복종을 요구할 수 있다. 블라우가 강조하듯이 대부분의 사회집단은 자연스럽게 권력, 위세, 승인 유형이 분화된 복합적 형태를 띠게 된다. 그가 특히 관심을 두었던 것은 권력, 권위, 저항의 산출과 관련된 동학이다. 블라우는 권력의 분화는 ① 통합을 향한 긴장, 그리고 ② 저항과 갈등을 향한 긴장이라는 두 가지 상반된 힘을 산출한다고 믿었다.

3) 통합을 향한 긴장

권력의 분화는 불가피하게 갈등의 잠재성을 산출한다. 그러나 이러한 잠재성은 권력의 권위로의 전환을 촉진하는 일련의 힘에 의해 유보되는 일이 빈번하다. 이로써 피지배자들이 지도자에 대한 복종 요구를 정당한 것으로 받아들이게 된다. 〈표 20-4〉의 원칙 2와 원칙 3은 이러한 집단통합을 촉진하는 두 가지 과정을 서술한 것이다. 교환관계는 언제나 호혜성과 공정성의 가정하에서 작동하면서 가치 있는 자원을 얻은 사람들이 그 대가로 다른 보상을 제공하도록 한다. 피지배자는 이러한 보상제공에 있어 공정한 교환규범의 인도를 받는다. 이는 복종의 제공에서 발생한 비용은 지도자로부터 받는 자원의 가치와 비례해야 한다는 것이다. 따라서 복종은 행위자가 지도자와의 교환에 참여하는 정도와 지도자가 제공하는 자원이 갖는 가치의 정도에 따라, 모든 교환에서 나타나는 호혜성과 공정성 규범에 준하여 정당한 것으로 받아들여진다.

이런 상황하에서, 집단은 지도자와의 교환이 어떻게 호혜성에 대한 요구를 규제하고 공정한 교환 비율을 유지하는지를 규정하는 부가적 규범을 발전시킨다. 이러한 규범을 준수하는 지도자는 자신의 리더십이 정당한 것으로 간주되리라는 것을 언제나 확신할 수 있다. 블라우는 지도자가 복종의 대가로 자원을 제공하는 교환을 조정하는 규범을 준수한다면 피지배자들 사이에서 지도자의 요구에 대한 복종의 필요성을 강조하는 제재 규범이 나타난다는 점을 강조했다. 피지배자들은 이런 과정을 통해 서로의 행위에 대한 상당한 사회적 통제력을 행사하며, 그럼으로써 집단 내 지배-피지배 영역의 통합을 촉진하게 된다.

〈표 20-4〉 교환갈등에 관한 블라우의 명제

1. 권력을 가진 사람들에 대한 저항의 가능성은 지배자-피지배자 간의 교환관계가 불균형해짐에 따라서 높아지며, 그 불균형은 다음과 같은 경우에 심화된다.
   A. 지배자가 호혜성 규범을 위반하는 경우
   B. 지배자가 공정한 교환규범을 위반하는 경우
2. 저항의 가능성은 피지배자들 간에 박탈감이 증대할수록 높아지며, 박탈감은 피지배자가 그것을 집합적으로 경험할 때 높아진다. 이런 집합적 경험은 다음과 같은 경우 증가한다.
   A. 피지배자가 생태학적 및 공간적으로 집중된 경우
   B. 피지배자가 서로 의사소통할 수 있는 경우
3. 피지배자가 지배자와의 교환관계에서 더 많은 박탈을 집합적으로 경험할수록, 그들이 겪은 박탈을 이데올로기적으로 체계화하고 권력을 가진 사람들에게 저항할 가능성이 높다.
4. 피지배자가 겪은 박탈이 이데올로기적으로 더욱 체계화될수록, 그들의 연대감은 더욱 커지며 권력을 가진 사람들에게 저항할 가능성이 높다.
5. 피지배자 간의 연대감이 클수록, 그들은 저항을 숭고하고 가치 있는 것으로 규정하고 권력을 가진 사람들에게 저항할 가능성이 높다.
6. 이데올로기적 연대감이 클수록 피지배자가 저항을 그 자체로 목적으로 삼고 권력을 가진 사람들에게 저항할 가능성이 높다.

따라서 권위는 "피지배자의 집합체에서 개별 구성원이 지배자의 명령에 따르도록 강제하는 공통의 규범에 기초한다."[12] 이러한 규범은 여러 유형의 사회조직에서 행위자들의 집합체 간에 일어나는 경쟁적 교환들로부터 나타난다. 그러나 이러한 규범적 합의가 달성되려면, 교환관계에 참여한 사람들은 주어진 상황에서 공정한 교환을 구성하는 것은 무엇이며 또한 그러한 교환이 지도자와 피지배자 모두를 위한 규범으로 제도화되는 방식은 무엇인지까지도 규정하는 공통의 가치를 통해 빈번하게 사회화돼야 한다. 행위자들이 교환관계 그 자체 과정 속에서 규범적 합의에 도달할 수도 있지만, 권력의 정당화를 촉진하는 것은 그 최초의 공통적 가치다. 행위자는 권력분화에 대한 규범적 조정의 일반적 틀을 제공하는 공통의 상황정의를 바탕으로 교환관계로 진입할 수 있다. 공통의 가치가 없으면 권력을 놓고 벌어지는 경쟁이 심각해질 가능성이 있다. 호혜성과 공정한 경쟁에 관한 지침이 없으면 상당한 긴장이 상존하게 된다. 블라우가 보기에, 정당성은 "기존에 존재하던 것이든 사회적 상호작용 과정에서 집합적으로 나타난 것이든, 공통의 가치에 의한 사회적 유형을 관용적으로 승인하는 것뿐만 아니라 적극적으로 확립하고 촉진하는 것까지 포함한다."[13]

상호작용의 규범적 규제를 통해 권력이 정당화되고 그것이 공통의 가치에 의해 확립되면 집합적 조직화의 구조가 변화된다. 가장 뚜렷한 변화 중 하나는 대인 간 경쟁의 완화인데, 이는 행위자의 자아표현이 자신이 가진 가치 있는 것으로 다른 사람들에게 인상을 남기는 것에서 벗어나 충성스러운 집단 구성원으로서의 지위를 확고히 하는 것을 강조하는 쪽으로 이행하기 때문이다. 피지배자는 자신의 지위를 받아들이고 집단의 규범에 대한 동조의 보상으로서 동료의 사회적 승인을 받을 수 있는 방향으로 자신의 역할행동을 조정한다. 지도자는 전형적으로 낮은 자세를 취할 수 있는데, 이는 지도자가 더 이상 피지배자와 마주할 때마다 매번 자신의 우월한 역량을 과시할 필요가 없다는 점, 특히 이제는 규범이 지도자가 언제 어떻게 자신이 가진 가치 있는 자원을 제공하는 대가로 동조와 존중을 끌어내야 하는지를 규정한다는 점 때문이다. 따라서 권력이 정당화돼 권위가 됨에 따라 상호작용 과정(집단 구성원이 상황을 정의하고 자신을 다른 사람에게 표현하는 방식을 포함)은 경쟁의 완화와 집단통합의 촉진이라는 극적 변화를 겪게 된다.

이런 과정 속에서 지도자와 피지배자 간의 직접적 상호작용의 총량은 대체로 감소한다. 이는 권력과 서열이 더 이상 끊임없이 협상될 필요가 없기 때문이다. 직접적 상호작용의 감소는 구성원이 자신과 같은 서열의 사람들과 상호작용하면서 하위 또는 상위집단 사람과 상호작용하는 데 드는 비용을 회피하는 뚜렷한 하위집단 형성을 특징으로 한다. 피지배자들은 자신들끼리 상호작용하면서 지도자와 상호작용하는 데 드는 높은 비용을 회피한다. 동료로부터의 사회적 인정은 비록 딱히 가치 있는 보상은 아니지만 비교적 적은 비용으로 얻어낼 수 있고, 따라서 충분한 이익이 된다. 반대로, 지도자는 언제 어떻게 복종과 존중을 끌어낼지를 놓고 자신보다 하위에 있는 사람들과 끊임없이 경쟁하고 협상하는 데 드는 높은 비용(과 시간과 에너지)을 회피할 수 있다. 그 대신 피지배자와 상대적으로 제한되고 명확히 규정된 접촉만을 함으로써 피지배자의 상호작용에 과도한 비용을 들이지 않고도 복종과 존중이라는 큰 보상을 도출할 수 있다.

4) 저항을 향한 긴장

지금까지 살펴본 블라우의 교환이론은 확실히 기능주의적이다. 사회적 교환과정 ― 저항, 경쟁, 분화, 통합 ― 은 그것이 규범적으로 조정된 관계의 정당화된 집합의 산출에 어떻게 기여하느냐 하는 측면에서 분석된다. 그러나 블라우는 사회적 조직화는 언제나 갈등과 저항으로 가득 차 있으며 이는 불가피하게 사회구조 내에서 통합과 저항 사이의 변증법을 창출한다는 점 또한 예리하게 인식했다.

〈표 20-4〉에 요약된 블라우의 교환원리는 저항과 갈등을 향한 긴장을 개념화한 것이다. 호혜성에 관한 원칙 2-B에서 보듯이, 행위자가 다양한 활동의 대가로 기대했던 보상획득에 실패하면 기대된 보상의 획득을 부정한 사람들을 대상으로 폭력적 보복을 하도록 추동할 수 있는 부정적 제재의 적용을 시도하게 된다. 이러한 보복은 공정성과 공정한 교환에 관한 원칙 3-B에 요약된 동학에 의해 격화된다. 권력을 가진 사람들이 이러한 규범을 위반하면 피지배자에게 과도한 비용을 발생시켜 그들이 가장 작게는 부정적 제재, 가장 크게는 보복을 행하게 되는 상황으로 이어지기 때문이다. 마지막으로, 다중적 교환관계에서 나타나는 불가피한 불균형에 관한 원칙 5는 하나의 교환 맥락에서 호혜적 의무의 충족과 공정성 규범에 대한 준수를 통해 균형을 잡는 것은 다른 관계를 불균형으로 이끄는 것임을 강조한다. 따라서 불균형은 행위자가 이전의 불균형적 관계의 균형을 맞춤으로써 현재의 균형적 교환관계를 불균형적인 것으로 만드는 주기적 과정을 잠재적으로 촉진한다. 불균형해진 교환관계는 호혜성과 공정한 교환규범을 위반하게 되면서 부정적 제재 시도, 특정 조건하에서는 보복을 초래한다.

블라우는 불균형한 교환관계가 집합적으로 더 많이 경험될수록 박탈감이 더욱 커지고 저항의 잠재성도 더욱 커진다는 가설을 세운다. 그가 이와 관련된 사례를 명시적으로 거론하지는 않았지만, 박탈의 이데올로기적 체계화, 집단연대감의 형성, 생활양식으로서의 갈등의 등장 ― 즉 권력을 가진 사람들에 대한 저항과 관련된 구성원의 감정적 관여와 헌신 ― 은 저항의 정도를 증대시킬 것이라고 주장하는 것으로 보인다. 이러한 명제는 교환관계에 내재한 저항의 과정을 개념화하는 데 유용하다. [14]

5) 거시구조적 교환체계

거시구조를 형성하는 단위 간의 교환에서 유인, 경쟁, 분화, 통합, 저항이라는 일반적 과정이 뚜렷하다 하더라도, 블라우는 거시구조 내의 교환과 미시구조 내에서의 교환 사이에는 몇 가지 근본적 차이점이 있다고 보았다.

———

① 거시구조 내에서의 복합적 교환에서는 공유된 가치의 중요성이 높아지는데, 이는 그런 가치를 통해 거시구조 내에서의 간접적 교환이 매개되기 때문이다.

② 거시구조 내에서의 교환 네트워크는 전형적으로 제

도화된다. 자발적 교환이 사회적 삶의 보편적 특징이긴 하지만, 통상적으로는 기존의 역사적 구성체가 있어서 집합적 단위들 간의 유인, 경쟁, 분화, 통합, 저항이라는 기본적 교환과정을 제약한다.

③ 거시구조는 그 자체로 보다 기본적인 교환과정의 산물이므로, 거시구조 분석은 하나 이상의 수준의 사회적 조직화에 관한 분석을 요한다.[15]

-----

(1) 매개적 가치

블라우는 거시적 수준의 공유된 가치가 개인들 간의 기본적 교환에서 대인 간 유인을 대체한다고 믿었다. 이러한 가치는 사회구조와 그 개별 구성원 사이의 간접적 교환의 복합적 연쇄에 일련의 공통적 표준을 제공한다는 점에서 사회적 거래의 매개자로 개념화될 수 있다. 블라우는 그러한 가치가 복합적 교환의 효과적 매개를 제공하는 것으로 봤다. 이는 사회구조의 개별 구성원이 일련의 공통적 가치로 사회화돼 그 가치를 적절한 것으로 받아들이게 되기 때문이다. 더 나아가, 공유된 가치는 법률로 체계화되고 권력을 가진 집단 및 조직에 의한 집행절차를 통해 대규모 체계의 거시구조 간의 복합적이고 간접적인 교환을 매개하는 수단을 제공한다. 공유된 가치는 집단 및 조직 간의 간접적 교환을 매개함에 있어 ⓐ 기대되는 보상, ⓑ 호혜성, ⓒ 공정한 교환의 계산을 위한 표준을 제공한다.

개인들은 복합적 교환의 단위가 아니기 때문에, 블라우는 사회적 조직화가 나타나고 유지되는 복합적 유형에 있어 직접적 대인 간 유인의 **기능적 등가물**이 반드시 존재해야 함을 강조한다. 가치는

이런 기능을 상정하며 교환이 〈표 20-2〉에 제시된 원칙들에 따라 진행될 수 있도록 보장한다. 그리고 심지어 복합적 교환이 실제로 사람들을 포함한다 해도, 사람들 간의 교환은 지속적이고 간접적이어서 한 개인이 받는 보상이 멀리 떨어진 다른 사람들에게 달려 있는 경우가 많다. 이는 교환을 인도하고 조정하는 공통의 가치를 요하게 된다.

(2) 제도화

가치가 다양한 사회적 단위 간의 간접적 교환과정을 촉진한다면, 제도화는 복합적 교환과정을 규격화하고 안정화하는 과정이다.[16] 사람들과 다양한 유형의 조직이 기대되는 보상을 위한 간접적 교환의 특수한 네트워크에 의존하게 됨에 따라, 명시적 규범을 통한 교환 네트워크의 공식화를 향한 압력이 증대한다. 이러한 복합적 교환체계의 공식화와 규격화는 3가지 최소 조건 속에서 효과적이다. ① 공식화된 교환 네트워크는 교환 당사자 대부분에게 이익이 되는 결과를 산출해야 한다. ② 집합적 단위로 조직화된 개인들 대부분은 교환 네트워크 구축에 사용된 매개적 가치를 그 이전의 사회화를 통해 내면화하고 있어야 한다. ③ 교환체계 내에서 권력을 가진 단위는 교환관계를 지배하는 규칙의 공식화를 적극적으로 추구할 수 있게 할 만한 수준의 보상을 받아야 한다.

제도는 그 규범과 기저적인 매개적 가치를 한 세대에서 다음 세대로 전수하고, 그로써 새로이 나타날 수 있는 간접적 교환 네트워크를 제한하는 역사적 산물이다. 제도는 교환과정을 자신의 처방과 금지에 부합하게 조정하면서 개인과 다양한 집합적 단위에 대해 외적 제약을 행사한다. 따라서 제

도는 다양한 사회적 단위 간의 간접적이고 복합적 교환관계의 여러 유형을 조정하는 상대적으로 안정적이고 일반적인 규범의 집합체를 표상한다.

블라우는 모든 제도화된 교환체계는 "실현되지 않았고 명시적인 제도적 유형으로 표현되지 않은, 그래서 사회변동의 궁극적 원천인 기본적 가치와 관념들로 이루어진"[17] 반(反)제도적 요소를 노출한다는 점을 강조한다. 이러한 가치들이 제도화된 교환관계로 실현되지 않은 채 남아 있는 만큼, 그러한 가치를 내면화한 개인들은 기존의 제도적 구성체로부터 별로 보상을 도출하지 못하며 따라서 박탈감을 느끼고 지배적 제도의 대안을 추구하게 될 것이다. 이러한 실현되지 않은 가치는 심지어 혁명을 옹호하는 저항 이데올로기로 체계화됐다 하더라도 기존 문화에 의해 매개된 관념과 궁극적 목표를 최소한 일부라도 포함하는 경우가 많다. 이는 제도적 구성체가 제도화된 가치에 의해 주어지는 보상에 대한 기대를 충족시키지 못함으로써 '잠재적 파괴의 가능성을 내포함'을 보여준다.

블라우가 개인들이 갈등집단으로 동원되는 조건을 제시한 적은 없다. 그러나 그의 도식은 명시적으로 갈등과 변동의 원천을 언급한다. 지배적인 제도적 구성체가 실현하는 데 실패한 반제도적 가치는 사회체계 내의 갈등과 변동으로 귀결되는 박탈을 산출한다. 이렇게 복합적 교환체계가 저항을 산출하는 경향은 교환의 기본원리에 의해 설명 가능하다. 사회체계 내에서 특정 매개적 가치가 제도화되지 않으면, 그러한 가치를 내면화한 사람들에게는 교환관계가 보상적인 것으로 보이지 않게 된다.

따라서 이러한 집합체의 부분은 블라우의 호혜성 원칙(〈표 20-2〉 참조)에 따라 박탈감을 느끼고, 자신들의 가치에 따른 관점에 비추어 볼 때 지배적인 제도적 구성체가 자신들에게 보상을 제공하지 않는다면서 보복할 방법을 찾으려 할 가능성이 있다. 또한 제도화되지 않은 가치를 내면화한 사람들은 공정한 교환이 위반됐다고 인식하고, 공정성 원리에 따라 공정한 교환의 대안적 규범을 위배하는 구성체에 대한 부정적 제재를 시도할 가능성이 있다. 마지막으로, 제도화된 교환 네트워크에서 교환관계가 집합체의 일부와 균형을 맞추면 불가피하게 다른 부분과의 불균형이 발생하고(〈표 20-2〉에 제시된 불균형 원칙), 그로 인해 호혜성 및 공정성 규범에 대한 위반과 저항의 동력이 일어나게 된다.

그러나 복합적 교환체계에서의 저항은 직접적 대인교환과 달리 조직의 대규모 집합적 단위 사이에서 일어나며, 그 내적 동학 속에서 통합과 저항의 경향을 드러낸다. 이는 복합적 교환 네트워크 내에서의 통합과 저항에 대한 분석이 다양한 사회적 조직화 수준에 초점을 맞출 필요가 있음을 말하는 것이다. 이런 분석은 특히 거시구조를 구성하는 단위 간의 교환과정(통합이든 저항이든)이 어떻게 그 하위문화 간에 일어나는 교환과정에 부분적으로 영향을 받는지 보여준다.

(3) 사회적 조직의 수준

블라우가 보기에 "거시구조의 동학은 그 하위문화들 내의 또는 사이의 사회적 힘 간의 다양한 상호의존성에 기초한다."[18] 블라우는 조직화된 집합체, 특히 공식조직을 거시구조 분석의 가장 중요한 하위문화로 상정함으로써 하위문화의 동학에 대한 탐구라는 복잡한 분석적 과업을 단순화한다. 따라서 거시구조 내의 복합적 교환체계에 대한 이론적 분석은 다양한 유형의 복합조직 내에서의 유인, 경쟁, 분화, 통합, 저항의 관계에 초점을 맞출 것을 요한다. 블라우는 복합조직의 중요성을 강조하면서 사회의 특정한 도식화가 사회학 이론의 궁극적 구성을 인도해야 한다고 보았다.

사회 내의 조직들은 전형적으로 서로 간에 보상을 도출하며, 따라서 서로 간에 유인을 느낌은 물론 경쟁하기도 한다. 동일한 영역 내에서 성공적 조직과 그렇지 못한 조직 간의 위계적 분화는 이러한 경쟁에서 비롯된다. 통상적으로 그러한 분화는 성공적이지 못한 조직이 새로운 자원의 원천을 찾음에 따라 이들의 상이한 영역으로의 특화를 향한 긴장을 산출한다. 효과적 통합수단을 제공하기 위해 상이한 정치조직 또한 자신들의 교환을 규제하고자 출현한다. 이 정치조직은 권력을 가지며, 이들이 공유된 가치의 지침을 따른다고 개인 및 조직들이 여길 때만 정당한 것으로 간주된다. 정치조직은 전형적으로 몇 가지 목표를 갖는데, 이는 ① 법집행을 통한 간접적 교환의 복합적 네트워크의 조정, ② 지배적 조직 간의 법적 경쟁을 통한 통제와 이를 통한 희소자원의 조직화, ③ 현재의 자원분배와 상반되는 조직화를 통한 보상의 침해로부터 기존의 교환 네트워크, 특히 권력을 가진 집단의 보호 등이다.

블라우는 분화와 특화가 거시구조 내에서 일어나는 것은 사회 내 조직 간의 경쟁 때문이라고 믿었다. 매개적 가치가 조직 간의 분화와 특화를 가능케 한다고는 하지만, 상이한 정치조직이 존재하면서 법과 강제력 사용을 통해 다른 조직 간의 기존 교환 패턴을 규제하는 것 또한 필요하다. 이러한 정치조직은 매개적 가치의 영역을 반영하고 대부분의 조직, 특히 가장 강한 권력을 가진 조직의 이익을 보호하는 교환을 규범적으로 규제하는 한, 정당한 것으로 간주된다. 그러나 정치적 권위의 존재는 불가피하게 저항운동을 촉발하며, 저항집단은 자신의 불만을 표출할 명확한 목표(정치집단)를 갖는다. 정치적 권위가 분산된 채로 남아 있는 한, 저항조직은 다양한 지배집단을 상대로 성공적으로 경쟁할 수 없다. 현존하는 조직화 유형의 보호라는 임무를 띤 명백한 정치집단의 정당화와 더불어, 저항운동은 자신의 에너지를 정치체계라는 단 하나의 조직에 집중할 수 있다.

정치조직은 박탈당한 집단에게 공격의 목표를 제공하는 것에 더해 다양한 인구집단의 박탈을 불가피하게 심화시킨다. 이는 정치적 통제가 제약의 행사와 불평등한 자원분배를 포함하기 때문이다. 이러한 제약과 불평등한 분배로 인해 타격을 받을 수밖에 없는 집단은 통상적으로 호혜성 및 공정한 교환원칙의 상당한 박탈을 경험하며, 다양한 상황 하에서 기존의 정치적 권위에 대항하는 운동을 창출한다. 이러한 조직화된 저항이 보상의 재분배를 강제하는 만큼, 다른 인구집단은 제약 및 박탈을 당한다고 느끼고 저항운동으로 조직화될 가능성이 있다. 정치적 권위의 조직화는 불균형 원리에 따라 조직 간의 한 교환관계의 균형을 맞추고 다른 교환관계는 불균형하게 만들면서 저항조직의 형성을 초래한다. 따라서 사회 내 정치적 권위구조에는 사회에 변증법적이고 역동적인 성격을 부여하는 저항의 동력이 내재돼 있다.

6) 사회조직에 관한 블라우의 이미지

〈그림 20-3〉은 미시적 수준 및 거시·조직적 수준의 사회적 조직화에 관한 블라우의 관점을 요약한 것이다. 두 수준의 교환 모두에서는 명백히 동일한 과정이 작동한다. 이는 ① 사회적 유인, ② 보상의 교환, ③ 권력을 둘러싼 경쟁, ④ 분화, ⑤ 통합을 향한 긴장, ⑥ 저항을 향한 긴장이다. 따라서 교환에 참여한 단위가 개인이든 조직이라는 집합적 단위든 상관없이 교환의 기본형태는 동일하다고 본다는 점에서, 블라우의 논의에는 짐멜적 요소가 명백히 들어 있다. 물론 개인들 간의 교환과 조직단위 간의 교환 사이에는 일부 차이가 있으며, 이는 그림의 하단에 명기돼 있다.

4. 리처드 에머슨의 권력의존 교환이론

1960년대 초반에, 리처드 에머슨(Richard M. Emerson)은 (블라우가 그랬듯이) 기본적 교환과정에 관한 형식사회학을 추구한 짐멜의 노선을 따랐다. 에머슨의 본질적 질문은 이것이었다. 개인 및 집합적 행위자 간의 교환은 동일한 기본원리를 바탕으로 이해 가능한가? 에머슨은 행동주의 심리학과 사회학의 네트워크 분석을 결합해 이 질문에 대한 창의적인 답을 제시했다. 그는 심리학으로부터 교환 이면의 추동력에 관한, 그리고 네트워크 사회학으로부터 개인 및 집합적 행위자 사이에서의 **사회적 관계유형**을 동일한 용어로 개념화할 수 있는 단서를 얻었다. 에머슨의 때 이른 사망 이후, 동료

〈그림 20-3〉 사회조직에 관한 블라우의 이미지

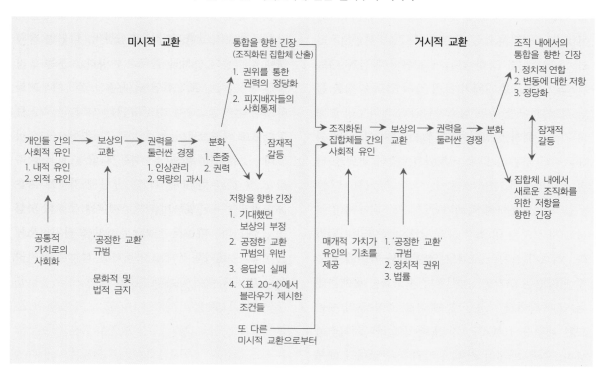

및 후학들은 그의 작업을 계승하여 교환 네트워크 분석을 발전시켰다.

에머슨은 행동주의 심리학의 기본 아이디어를 차용했지만, 이 전통에 속한 다른 논의들과 달리 행위자 그 자체의 속성과 특징보다 행위자 간의 관계유형에 더 주목하게 됐다.[19] 이 단순한 강조점 이동은 그의 교환이론 구성에 상당한 영향을 미쳤다. 초기 교환이론과 가장 다른 점은 왜 행위자가 자신의 가치와 선호를 우선적으로 고려해 교환관계로 진입하는지에 대한 관심[20]에서 기존의 교환관계와 이 관계에서 미래에 일어날 수 있는 일에 대한 강조로 이행한 것이었다. 에머슨은 교환관계가 존재한다면 이는 행위자가 가치 있는 자원을 교환하려는 의지가 있음을 의미하며, 이론의 목표는 이러한 관계가 어떻게 시작됐는지가 아니라 시간이 지나면 이 관계에서 어떤 일이 일어날 것인지를 이해하는 것이라 믿었다. 따라서 행위자 그 자체가 아니라 행위자 간의 기존 교환관계가 사회학적 분석의 단위가 된다. 에머슨이 볼 때, 사회구조는 자신의 자원 가치를 확장하려는 행위자 간의 교환으로 구성된 것이다. 이는 역동적이지만 원자화된 행위자를 상정하는 행동주의와, 역동적 행위자를 배제한 채 구조를 개념화하는 네트워크 사회학을 혼합한 것이다.

1) 핵심적 아이디어

에머슨 이론의 주요동학은 ① 권력, ② 권력사용, ③ 균형이다.[21] 행위자는 다른 행위자가 자신에게 자원을 의존하는 정도만큼 권력을 갖는다. 즉, 행위자 A의 행위자 B에 대한 권력은 B가 자신이 가치를 부여하는 자원을 위해 A에게 의존하는 정도

에 따라 결정되며, 그 역의 경우도 마찬가지다. 의존은 에머슨의 도식에서 권력의 궁극적 원천이며, ⓐ 다른 행위자가 추구하는 자원이 상당히 높은 가치를 가지는 정도와, ⓑ 이 자원의 대안이 매우 적거나 추구하기에 비용이 너무 많이 드는 정도에 따라 결정된다. B가 A의 자원에 가치를 부여하며 그에 대한 매력적 대안이 없는 상황에서는 A에 대한 B의 의존도가 크며, A의 B에 대한 권력도 크다. 반대로, A가 가치를 부여하는 자원을 B가 가졌고 A가 추구할 대안이 제한돼 있으면 B가 A에 대해 권력을 갖는다. 따라서 두 행위자 모두 상당한 정도의 상호의존성을 보일 수 있다. 각자에게 상대방에 대한 **절대적 권력**을 부여하고, 그럼으로써 교환관계에서 **권력의 총량** 또는 **평균값**이 커지기 때문에 **구조적 응집력** 또한 증대하는 것이다.

그러나 행위자가 교환상대보다 많은 권력을 가지면, 이 행위자는 권력사용을 통해 교환상대의 의존을 착취해 부가적 자원을 확보하거나 의존적 상대방으로부터 자원을 획득하는 데 드는 비용을 줄일 수 있다. B의 A에 대한 의존 때문에 A가 B에 대해 권력을 가진다면, A는 **권력의 이점**을 가지고 그것을 사용하게 된다.

이는 **권력 불균형** 관계인데, 에머슨은 불균형과 권력사용은 그가 **균형화**(balancing) 작동이라 지칭한 것을 활성화한다고 보았다. A가 B에 대해 권력의 이점을 가진 상황에서는 B에게 4가지 선택지가 있다. ① B는 A가 제공하는 자원의 가치를 낮게 평가할 수 있다. ② B는 A가 제공하는 자원의 대안을 찾을 수 있다. ③ B는 자신이 A에게 제공하는 자원의 가치를 증진할 수 있다. ④ B는 자신이 제공하는 자원에 대한 A의 대안을 축소하는 방안을 강구

할 수 있다. 이 모두는 A에 대한 의존을 감소시키거나, 반대로 A의 B에 대한 의존을 증가시킴으로써 교환관계의 균형을 잡고 평형을 부여하는 균형화 메커니즘이다.

네트워크 내에서의 교환은 ① 행위자들이 자원의 분배를 놓고 협상하는 상황, 그리고 ② 행위자들이 협상하는 대신 추후 보상이 주어질 것으로 기대하면서 연속적으로 자원을 제공하는 상황이라는 두 가지 일반적 유형 중 하나의 모습을 띤다. **협상된 교환**(negotiated exchange)과 **호혜적 교환**(reciprocal exchange)으로 지칭할 수 있는 이 두 가지 유형의 구분이 중요한 것은 이것이 현실세계에서의 상이한 교환유형을 반영하기 때문이다. 행위자는 협상할 때 자원이 분배되기 전에 상대방에게 영향을 미치려 노력한다. 노사 간 계약협상 또는 개인들이 극장에 갈지 바닷가에 갈지를 두고 티격태격하는 것이 그 예다. 협상된 교환의 동학은 작동하는 데 오랜 시간이 걸린다는 점, 비용과 이익에 대한 명시적 인식과 계산을 상당히 포함한다는 점, 당사자 모두가 받아들일 수 있는 타협을 추구하는 갈등의 일부인 경우가 많다는 점에서 그 특징이 뚜렷하다. 반대로, 호혜적 교환은 한 당사자로부터 다른 당사자로의 일방적 자원부여를 포함하며, 가치 있는 자원으로 되갚으리라는 기대 또한 포함한다. 개인이 상대방에게 동일한 감정을 가지고 반응해 달라는 의도를 갖고 관심을 표하는 것이 그 예다. 따라서 호혜적 교환은 우연적 보상의 연속으로 구성되는 반면, 협상된 교환에서는 자원이 분배되기 전에 일련의 제안과 역제안이 이루어진다.

이 중요한 아이디어는 에머슨의 이론적 도식의 핵심을 이룬다. 에머슨은 그의 때 이른 사망 이전에 캐런 쿡(Karen Cook), 그리고 각자의 후학들과 공동으로 상이한 유형의 네트워크에서 이런 아이디어의 함의를 검증했다. 그 기본 목적은 네트워크의 구조 ─ 즉 행위자 간의 연결 패턴 ─ 가 어떻게 권력분배, 권력사용, 그리고 균형화에 영향을 미치며 또 그것들의 영향을 받는지 밝히는 것이었다.

2) 사회구조, 네트워크, 교환

여기서는 에머슨의 사회적 네트워크 도식을 단순화할 것이다. 이 책의 목적에 비춰 볼 때, 그의 네트워크 관련 용어 전부를 세세히 언급할 필요는 없다. 에머슨이 그래프 이론의 관습을 따라 일련의 정의를 발전시키긴 했지만, 그중 핵심적인 것은 다음 두 가지다.

---

① **행위자**: 네트워크 관계에서 A, B, C, … n으로 표시된다. 다른 글자는 상이한 교환자원을 가진 행위자를 나타낸다. 같은 글자 ─ 즉 A_1, A_2, A_3 등 ─ 는 유사한 자원을 가진 서로 다른 행위자들을 나타낸다.

② **교환관계**: A-B, A-B-C, A_1-A_2 및 기타 연계유형은 상이한 행위자들이 서로 연결되어 관계 네트워크를 형성하는 것을 나타낸다.

그다음 개념화 작업은 이 두 가지 정의를 나타내는 네트워크 유형을 가시화한다. 각각의 기본유형에는 에머슨이 의존, 권력, 균형이라는 기본 과정이 작동하는 방식을 서술한 논리적 귀결과 정리(定理)가 추가된다. 그의 논의는 예비적인 것에 불과했지

만 그의 관점이 지닌 잠재력을 보여주었다. 특히 언급할 만한 기본적인 사회적 유형으로는 ⓐ 일방적 독점, ⓑ 분업, ⓒ 사회적 서클, ⓓ 계층화가 있다.

(1) 일방적 독점

〈그림 20-4〉에 제시된 네트워크에서 행위자 A는 행위자 B_1, B_2, B_3에게 가치 있는 자원의 보유자다. 행위자 B_1, B_2, B_3는 A에게 보상을 제공하지만, A가 보상의 원천을 여러 개 가졌고 B들에게는 A만이 보상의 원천이기 때문에 이 상황은 일방적 독점이다. 이러한 구조는 개인 간은 물론 기업 간 단위로 전형화되는 경우가 많다. 예를 들어, A는 3명의 서로 다른 남성 B_1, B_2, B_3와 데이트를 하는 여성일 수도 있고, 서로 다른 제조업체 B_1, B_2, B_3에 원자재를 공급하는 유일한 업체일 수도 있다. 또는 A가 정부기관이며 B들은 그에 의존하는 기관일 수도 있다. 에머슨의 정의에 따르면, 일방적 독점의 중요한 특징은 불균형적이며 따라서 그 구조가 변화할 수 있다는 점이다.

에머슨은 일방적 독점이 변화하여 균형적이 되는 다양한 방식을 설명하기 위한 부가적인 논리적 귀결과 정리를 발전시켰다. 예를 들어, A_2, A_3, … A_n이 전혀 존재하지 않고 B들이 서로 의사소통하지 못한다면 다음 명제가 적용된다(에머슨은 이를 착취유형 Ⅰ로 지칭한다).

A와 여러 B들 간의 교환관계가 일방적 독점에 보다 근접할수록, 각각의 B는 교환관계에 더 많은 부가적 자원을 들여와 A의 자원활용을 그대로 유지하거나 감소시킬 가능성이 있다.

에머슨은 이런 적응이 오래가지 않을 것으로 봤는데, 그것은 네트워크가 훨씬 더 불균형해질 것이기 때문이다. B들이 A로부터의 자원 없이도 그 자체로 생존할 수 있다고 가정하면, 새로운 명제가 적용된다(에머슨은 이를 착취유형 Ⅱ로 지칭한다).

A와 여러 B들 간의 교환관계가 일방적 독점에 보다 근접할수록, A가 지속적 거래과정에서 제공하는 자원이 B들에게 갖는 가치는 점점 낮아진다.

이 명제는 균형화 작동 1 — 권력의 이점이 없는 사람들에게 주어지는 보상의 가치 저하 — 이 대안적 보상의 원천이 존재하지 않고 B들이 효과적으로 의사소통할 수 없는 일방적 독점의 균형을 맞출 것임을 예견한다. 다른 조건이 존재한다면 또 다른 균형화 작동 또한 가능하다. B들이 의사소통할 수 있는 경우에는 연합체를 구성해서(균형화 작동 4) A에게 B들의 연합체와 균형적 교환을 하도록 요구할 수 있다. B 중 한 명이 다른 B들이 갖지 못한 자원을 제공할 수 있는 경우에는 B들 간에 분업이 발생하게 된다(작동 3과 4). 만약 또 다른 자원의 원천, 즉 A_2가 발견되면 A_1이 갖는 권력의 이점이 감소하게 된다. 이러한 가능한 변화 각각은 다양한 조건하에서 발생하지만 이 명제는 변화의 개시에 관한 추론을 제공하는 것이며, 그 추론은 조작적 심리학의 기본원리에서 도출된 것이다(이러한 파생과정에 대해서는 여기서 자세히 다루지 않는다).

〈그림 20-4〉 일방적 독점

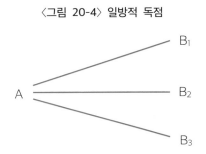

(2) 분 업

분업의 출현은 일방적 독점 속에서 교환관계가 균형을 찾는 여러 방법 중 하나다. 각각의 B가 A에게 서로 다른 자원을 제공할 수 있다면, 이 점을 A와의 교환에서 활용해 A에 대한 자원제공 측면에서 특화될 가능성이 있다. 이는 A의 권력을 약화시키면서 새로운 유형의 네트워크를 확립한다. 예를 들어, 〈그림 20-5〉에서 보듯이 왼쪽에 있는 일방적 독점은 B_1이 새로운 유형의 행위자(행위자 C)가 되어 그 자신의 자원을 갖게 됨에 따라, B_2 또한 특화되어 새로운 행위자(행위자 D)가 됨에 따라, 그리고 B_3 역시 같은 식으로 행위자 E가 됨에 따라 오른쪽에 있는 분업으로 변화된다.

에머슨은 이렇게 각각의 B가 각자의 고유한 자원을 갖는 유형의 변화를 기술하는 부가적 명제를 다음과 같이 제시했다. A와의 일방적 독점상황에서 B들 간에 더 많은 자원이 **획일적이지 않게** 분배될수록 각각의 B는 특화되어 A와 독자적 교환관계를 확립할 가능성이 있다. 여기서 몇 가지 강조할 점이 있다. 첫째, 이러한 변화과정의 단위는 개인일 수도 있고 집합적 행위자일 수도 있다. 둘째, 네트워크 구조 또는 유형의 변화는 조작적 심리학과 그

논리적 귀결 및 정리로부터 도출된 명제로서 기술된다. 따라서 이 명제는 다양한 미시적 및 거시적 맥락에 적용 가능하다. 예를 들어, 이 명제는 사무실 내에서 다른 사람들로부터는 얻을 수 없는 자원을 A에게 제공하는 특화된 노동자의 사례에 적용할 수 있고, 또한 기업 내 특정 부서가 자기 스스로와 자신이 제공하는 자원을 다른 부서들과 차별화된 방식으로 재조직화함으로써 상층부와의 관계에서 균형을 맞추고자 하는 경우에도 적용할 수 있으며, 또는 식민지배국(A)과 그 지배를 받는 나라들(B_1, B_2, B_3) 간의 관계에서 피지배국이 특화된 경제활동을 바탕으로 A에 대해 덜 의존적인 관계를 형성하는 경우에도 적용할 수 있다.

(3) 사회적 서클

에머슨은 일부 교환은 **범주상호적**(intercategory)이며 다른 교환은 **범주내부적**(intracategory)이라는 점을 강조했다. 범주상호적 교환은 한 유형의 자원이 다른 유형의 자원과 교환되는 것을 말한다 — 이를테면 화폐와 재화, 조언과 존중, 담배와 칼 등이다. 따라서 지금까지 논의했던 네트워크는 상이한 자원을 가진 행위자들(A, B, C, D, E) 간의 범주

〈그림 20-5〉 일방적 독점에서 분업으로의 전환

시간 1에서의 일방적 독점

시간 2에서의 분업

변화

〈그림 20-6〉 범주내부적 교환의 폐쇄화

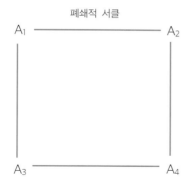

폐쇄적 서클

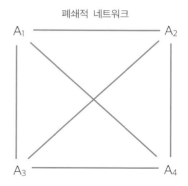

폐쇄적 네트워크

상호적 교환을 포함한 것이었다. 범주내부적 교환은 동일한 자원이 교환되는 것을 말한다 — 이를테면 애정과 애정, 조언과 조언, 재화와 재화 등이다. 앞서 살펴봤듯이, 이러한 교환은 에머슨의 도식에서 유사한 자원을 가진 행위자를 나타내는 같은 글자로 형상화된다(A_1, A_2, A_3 등). 에머슨은 이러한 범주내부적 교환에서 일어나는 일을 기술하는 명제를 다음과 같이 제시한다.

교환이 범주내부적 교환에 더욱 근접할수록 교환관계가 폐쇄적이 될 가능성이 있다.

에머슨은 **폐쇄적**(*closed*)이라는 말을 〈그림 20-6〉에 제시된 것처럼 관계의 서클 또는 모든 행위자가 서로 교환관계를 이루는 균형 잡힌 네트워크로 정의했다. 에머슨은 테니스 네트워크를 균형화 과정의 예로 제시한다. 두 테니스 선수가 동등한 능력을 가졌다면 A_1과 A_2는 함께 정기적으로 게임을 할 것이며, 이는 균형 잡힌 범주내부적 교환(테니스와 테니스)이다. 그러나 여기에 A_3가 들어와 A_2와

게임을 하게 되면 A_2는 〈그림 20-7〉에 제시된 것과 같은 권력의 이점을 누리게 된다.

그러면 이는 일방적 독점의 상황이 되지만, 범주내부적 독점이라는 점에서 앞서 논의한 경우와는 다르다. A_1과 A_3는 테니스를 치려면 A_2에게 의존해야 한다. 이러한 관계는 불균형적이며, 균형화 과정이 이어지게 된다. A_4가 새로 들어와 〈그림 20-6〉에 제시된 것과 같은 서클 또는 균형 잡힌 네트워크를 산출할 수 있다. 이러한 폐쇄적이며 균형 잡힌 네트워크가 성립되고 나면 A_5, A_6, A_7, $\cdots$ A_n 등 다른 사람들이 진입하는 것을 막게 되는데, 이는 새로운 행위자가 들어옴에 따라 네트워크가 불균형해지기 때문이다. 물론 이러한 네트워크가 개

〈그림 20-7〉 불균형한 범주내부적 교환

상위 사회계급

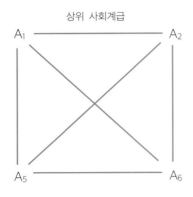

하위 사회계급

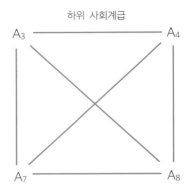

인의 경우에만 한정된 것은 아니다. 군사동맹 또는 공통의 시장을 형성하는 국가들, 기업 간 카르텔, 여타 다른 집합적 단위들 또한 그러한 예이다.

(4) 계층화된 네트워크

범주내부적 교환이 어떻게 폐쇄를 통해 균형을 달성하는지에 관한 논의는 계층화 과정을 이해하는 데 도움이 된다. 예를 들어, 테니스 선수 A_1, A_2, A_3, A_4가 능력 면에서 동등하지 않고 A_1과 A_2가 A_3와 A_4에 비해 뛰어난 상황이라면, 최초의 서클은 A_1, A_2, A_3, A_4 사이에 형성되지만, 시간이 지나면서 A_1과 A_2는 서로 간의 게임에서 더 큰 만족을 느끼고, A_3와 A_4는 A_1과 A_2를 상대하는 데 너무 많은 비용이 들게 될 수 있다. 즉, A_1과 A_3의 테니스 경기가 불균형적이다 보니 A_3가 A_1에게 테니스 공, 찬사, 존중, 자기비하 등의 부가적 자원을 제공해야 한다는 것이다. 그 결과는 두 개의 계급형성이다.

———
① 상위 사회계급 A_1 - A_2
② 하위 사회계급 A_3 - A_4
———

더 나아가, A_1과 A_2는 자신들과 같은 능력을 가진 A_5, A_6와 새로운 교환관계를 맺음으로써 새로운 사회적 서클 또는 네트워크를 형성할 수도 있다. 그와 유사하게, A_3와 A_4는 자신들과 비슷한 능력을 가진 A_7, A_8와 새로운 관계를 맺음으로써 사회적 서클 및 네트워크를 형성할 수 있다. 그 결과는 〈그림 20-8〉에 제시된 계층화 패턴이다. 계층화 과정에 관한 에머슨의 논의는 잠정적인 것이었지만, 그는 이러한 계층화 경향을 기술하는 명제를 다음과 같이 제시했다.

———
여러 행위자들 사이에서 더 많은 자원이 동등한 가치를 갖고 더 많은 자원이 불평등하게 분배될수록, 네트워크는 자원의 양에 따라 계층화될 가능성이 있으며, 동일한 수준의 자원을 가진 행위자들은 폐쇄적 교환 네트워크를 형성할 가능성이 있다.
———

이 정리 또한 개인은 물론 집합적 단위에도 적용 가능하다. 국가들도 계층화되고 사회적 서클을 형성할 수 있는데, 선진국과 개발도상국의 구분과

450

이 두 계급 내에 위치한 국가들 간의 연합이 그 예다. 또는 이 정리를 계급에 대한 전통적인 사회학적 정의에도 적용할 수도 있는데, 이는 폐쇄적 네트워크가 사회계급 간보다는 계급 내의 구성원들 사이에서 형성되는 경향이 있기 때문이다.

(5) 네트워크 내의 중심성과 권력분배

〈그림 20-9〉에서 행위자 A_1은 행위자 A_2, A_3, A_4와의 관계에서 중심성을 가진 위치에 있다. 중심성은 몇 가지 방식으로 측정 및 개념화할 수 있지만, 기본적인 이론적 아이디어는 상대적으로 직설적이다. 네트워크 내의 일부 위치는 다른 위치들을 연결하는 중심에 있는 덕분에 자원의 흐름을 매개한다는 것이다. 〈그림 20-9〉의 행위자 A_1은 행위자 A_2, A_3, A_4 사이에서 자원의 흐름을 매개한다. 따라서 이 네트워크에서 A_1은 높은 중심성을

가진 위치에 있다. 그와 유사하게, 조금 더 넓게 보면 행위자 A_2, A_3, A_4 또한 네트워크의 끝부분에 위치한 주변적 행위자들(A_5부터 A_{13}까지)과 가장 중심적 행위자인 A_1 사이에서 중심적 위치에 있다. 예를 들어, A_2는 한편으로 A_1에 대해, 다른 한편으로 A_5, A_6, A_7에 대해 중심적인 것이다. A_3 및 A_4와 다른 주변적 행위자들의 연결관계 또한 마찬가지다. 에머슨과 공저자는 다음과 같은 가설을 제시한다.

중심성을 보여주는 네트워크 내에서, 권력은 자원에 대한 가장 높은 접근성을 가진 행위자들 쪽으로 탈중심화된다.

〈그림 20-9〉에 있는 네트워크에서 자원은 A_5부터 A_{13}까지의 행위자들로부터 시작하여 A_4, A_3, A_2를

〈그림 20-9〉 교환 네트워크에서 권력과 중심성

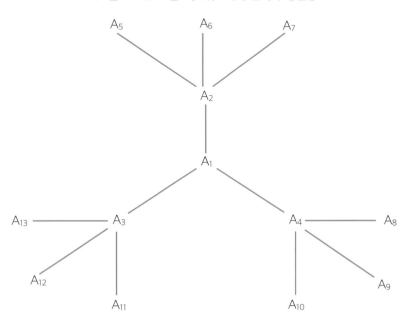

거쳐 A_1에 이르는 순서로 흐른다. 권력의존 이론은 이 네트워크가 자원에 대한 직접적 접근을 통제할 수 있는 행위자들 — 이 경우는 행위자 A_2, A_3, A_4 — 을 축으로 붕괴될 것임을 예견한다. 왜 그렇게 될 것이라 하는가?

답은 A_2, A_3, A_4가 자원을 획득하는 대상인 각각의 A들에 대해 갖는 권력의 이점에 있다. A_5부터 A_{13}까지는 자원의 원천을 A_2, A_3, A_4만큼 가지지 못한 반면, 보다 중심적 위치에 있는 A들 각각은 대안적 자원의 원천을 가진다. 따라서 네트워크의 가장자리에 있는 행위자들은 A_2, A_3, A_4에게 의존한다. 물론 이 3명의 A 각각은 **일방적 독점**을 향유한다. 이들은 자원에 대한 가장 직접적인 접근성을 가지며, 의존적인 A들(즉 A_5부터 A_{13}까지)이 서로 경쟁하게 만들 수 있다는 점에서 권력의 이점을 누린다. A_1은 궁극적으로 A_2, A_3, A_4에게 의존한다. 따라서 이 3명이 A_1과 거래하고자 할 때, A_1은 그 3명이 가치를 부여하는 자원을 반드시 가지고 있어야 한다. 만약 그렇지 못하다면 이 네트워크는 A_2, A_3, A_4를 축으로 하는 3개의 일방적 독점으로 붕괴된다. 이 네트워크가 안정적으로 유지되려면, A_2, A_3, A_4가 높은 가치를 부여하지만 쉽사리 얻을 수 없는 또 다른 자원을 A_1이 실제로 보유해야 한다(따라서 네트워크 도식의 관습에 따르면 A_1은 실제로 A들에게 상이한 자원을 제공하는 B 또는 또 다른 글자의 인물이 된다).

이러한 네트워크 동학에 경험적 내용을 대입해 보자. 주인공 A_1은 봉건제에서의 왕이고, A_2, A_3, A_4는 왕의 영역 내에 있는 영주들이다. 이 영주들은 자신의 영지에서 농노들에 대해 갖는 일방적 독점을 통해 왕에게 자원을 제공하며, 원래 농노들이 생산한 자원의 일부를 왕에게 전달한다. 그러면 왕은 이러한 자원의 흐름을 무엇으로 되갚는가? 이는 왕에게 언제나 문젯거리이며, 왜 봉건제가 붕괴되는 경향이 있는지 보여주는 것이다. 영주들은 왕권 유지에 필요한 물질적 자원에 보다 근접해 있다. 왕은 통상적으로 영토방위를 위한 군대조직 및 (서로 자주 반목하는) 영주들 간에 필요한 여타 활동들을 제공한다. 이러한 왕국 조직화 역량은 왕이 영주들에게 돌려주는 자원이다.

많은 네트워크 구조는 이러한 형태에 가깝다. 중요한 점은 네트워크 구조가 본질적으로 불안정하다는 것이다. 일방적 독점을 향유하는 사람들은 결국 보다 중심적 위치에 있는 행위자에게 자원을 전달해야 한다는 것에 분개하게 되며, 그 행위자가 자신들에게 충분한 보상을 제공하지 않는다고 인식하기 시작하면 교환관계를 파기하고 네트워크 내의 권력분배를 변화시키려 하게 된다. 최근 경우를 보더라도, 심지어 행위자들이 교환관계를 파기할 가능성이 높지 않은 네트워크에서도 권력의 중심은 가장 가치가 높은 자원의 공급 원천 쪽으로 이행하는 것으로 나타났다.

요약하면, 에머슨은 교환과정을 네트워크 내에서 일어나는 것으로 개념화함으로써 교환이론을 사회구조를 설명하는 수단으로 만들었다. 행위자가 개인이든 집단, 조직, 국민국가 같은 집합적 행위자든, 동일한 동학 — 권력, 의존, 균형화 작동 — 이 이러한 네트워크의 형성을 추동한다. 교환이론적 전통에서 이루어진 경험연구 대부분이 실험실에서 이루어졌던 반면, 개인이든 집합적 행위자든 그 동학은 동일하다는 사실은 이론의 검증이 거시적 수준의 사회적 과정에도 적용 가능함을 보여준다. 짐멜이 그의 '형식사회학'에서 논의했던 것처럼 말이다.

5. 나가며

합리적 선택이론에 관한 다음 장에서 살펴보게 될 제임스 콜먼과 더불어, 호먼스, 블라우, 에머슨의 연구는 보다 최근의 교환이론을 위한 의제를 제시했다. 호먼스와 에머슨은 행동주의적 가정에서 출발한 반면, 블라우와 다음 장에서 다룰 합리적 선택이론은 공리주의 경제학의 가정에서 출발했다. 행동주의적 아이디어를 바탕으로 한 연구자들이 인간의 인지와 감정이라는 블랙박스로 들어가지 않는 극단적인 행동주의적 가정을 채택하면서 이 둘은 수렴된다. 결국 개인은 다른 사람들과의 교환에서 비용 및 투자대비 보상을 계산하는 — 때로는 명시적으로 또 때로는 암묵적으로 — 의사결정의 동물이라는 것이다. 사회학자들이 짐작하듯이, 초기 이론가들은 모두가 권력을 교환의 분석에 결합시켰다. 다른 사람들이 원하지만 쉽사리 얻지 못하는 보다 가치 있는 자원을 보유한 이들은 그

다른 사람들의 복종을 끌어낼 수 있게 되며, 더 나아가 그들에게 더 많은 자원을 요구함으로써 그들을 착취하려 하게 된다 — 이는 마르크스를 연상시키는 사고방식이다.

오늘날 사회학의 교환이론에는 두 가지 뚜렷하고 지배적인 전통이 발견된다. 하나는 합리적 선택이론으로서, 개인들이 부정적 외부효과(비용 및 처벌)를 감소시키고 그럼으로써 이익을 증대시키기 위해 자신의 행위를 통제하는 합리적 의사결정을 내린 결과로 나타난 규범, 사회적 연대, 통제체계의 창출 같은 현상을 설명하고자 하는 것이다. 또 다른 전통은 에머슨의 네트워크 교환이론을 여러 흥미로운 방향으로 확장하여 교환의 동학 속에서의 신뢰, 연대, 헌신, 처벌 등을 분석하는 것이다. 그럼으로써 이 두 전통 모두는 원래의 행동주의적 및 신고전경제학적 기초에서 벗어났다. 이는 처음부터 행동주의와 공리주의를 의심의 눈길로 바라본 사회학에서 불가피한 일이었다. 현대 교환이론은 그 지적 근원에서 해방된 이후 사회학의 지배적인 이론적 전통이 됐다. 비록 이 전통이 1950년 무렵에 시작돼 현재까지 이어지는 이론화의 현대적 시기에 출현한 것일지라도 말이다.

주

1 George C. Homans, *Social Behavior : Its Elementary Forms* (New York : Harcourt Brace Jovanovich, 1961 ; 재판 1972).

2 호먼스는 다수의 저작을 통해 이러한 이론 개념을 옹호했다. 예를 들면 다음과 같다. Homans, *Social Behavior* (주 1 참조) ; Homans, *The Nature of Social Science* (New York : Harcourt, Brace & World, 1967) ; "Fundamental Social Processes", in *Sociology*, ed. N. J. Smelser (New York : Wiley, 1967), pp. 27~78 ; "Contemporary Theory in Sociology", in *Handbook of Modern Sociology*, ed. R. E. L. Faris (Skokie, IL : Rand McNally, 1964), pp. 251~277 ; and "Bringing Men Back In", *American Sociological Review* 29 (December 1964) : pp. 809~818. 호먼스 자신의 관점에 대한 초기 언급은 다음을 보라. George C. Homans, "Social Behavior as Exchange", *American Journal of Sociology* 63 (August 1958) : pp. 597~606 ; "Discovery and the Discovered in Social Theory", *Humboldt Journal of Social Relations* 7 (Fall-Winter 1979~1980) : pp. 89~102.

3 그러나 1장에서 강조했듯이 호먼스가 예전에 사용한 사회학의 공리적 이론이라는 용어는 비현실적이며, 호먼스의 연역이라는 것도 매우 느슨하고 기술적(記述的)이어서 실제 공리적 설명에 근접하기에는 한참 부족하다.

4 Homans, *Social Behavior* (주 1 참조), 16장.

5 같은 책, p. 366.

6 피터 블라우의 주요 교환이론 저작은 *Exchange and Power in Social Life* (New York : Wiley, 1964) 이다. 교환이론에 관한 그의 공식적이고 확장된 진술은 초기 저작들에 이미 드러나 있다. 예를 들면 다음과 같다. Peter M. Blau, "A Theory of Social Integration", *American Journal of Sociology* 65 (May 1960) : pp. 545~556 ; "Interaction : Social Exchange", in *International Encyclopedia of the Social Sciences*, vol. 7 (New York : Macmillan, 1968), pp. 452~458 ; and Peter M. Blau, *The Dynamics of Bureaucracy*, 1st and 2nd ed. (Chicago : University of Chicago Press, 1955, 1963). 흥미로운 것은, 호먼스가 *Social Behavior : Its Elementary Forms* (주 1 참조)에서 *The Dynamics of Bureaucracy*에 요약된 데이터를 빈번하게 인용한다는 점이다.

7 Alvin W. Gouldner, "The Norm of Reciprocity", *American Sociological Review* 25 (April 1960) : pp. 161~178.

8 Blau, *Exchange and Power* (주 6 참조), p. 92.

9 다음을 보라. Peter M. Blau, "Justice in Social Exchange", in *Institutions and Social Exchange : The Sociologies of Talcott Parsons and George C. Homans*, eds. H. Turk and R. L. Simpson (Indianapolis : Bobbs-Merrill, 1971), pp. 56~68 ; Blau, *Exchange and*

Power(주 6 참조), pp. 156~157.

10 Blau, *Exchange and Power*(주 6 참조), p. 90.

11 같은 책, 같은 쪽.

12 같은 책, p. 208.

13 같은 책, p. 221.

14 Peter M. Blau, "Dialectical Sociology: Comments", *Sociological Inquiry* 42 (Spring 1972): p. 185. 이 논문은 블라우의 기능주의적 관점에서 변증법적 관점으로의 이행과 관련된 다음 논문에 대한 응답이다. Michael A. Weinstein and Deena Weinstein, "Blau's Dialectical Sociology", *Sociological Inquiry* 42 (Spring 1972): pp. 173~182.

15 Blau, "Contrasting Theoretical Perspectives", in *The Micro-Macro Link*, eds. J. C. Alexander, B. Gisen, R. Münch, and N. J. Smelser (Berkeley: University of California Press, 1987), pp. 253~311.

16 Blau, *Exchange and Power*(주 6 참조), pp. 273~280.

17 같은 책, p. 279.

18 같은 책, p. 284.

19 에머슨의 관점은 그의 다음 저작들에서 가장 잘 진술되어 있다. "Exchange Theory, Part I: A Psychological Basis for Social Exchange" and "Exchange Theory, Part II: Exchange Relations and Network Structures", in *Sociological Theories in Progress*, eds. J. Berger, M. Zelditch, and B. Anderson (New York: Houghton Mifflin, 1972), pp. 38~87. 이런 이론적 관점에 대한 최초의 추동력 또는 경험적 뒷받침이 된 그의 초기 경험 연구는 다음과 같다. "Power-Dependence Relations", *American Sociological Review* 17 (February 1962): pp. 31~41; "Power-Dependence Relations: Two Experiments", *Sociometry* 27 (September 1964): pp. 282~298; John F. Stolte and Richard M. Emerson, "Structural Inequality: Position and Power in Network Structures", in *Behavioral Theory in Sociology*, ed. R. Hamblin (New Brunswick, NJ: Transaction Books, 1977). 보다 개념적인 저작은 다음과 같다. "Operant Psychology and Exchange Theory", in *Behavioral Sociology*, eds. R. Burgess and D. Bushell (New York: Columbia University Press, 1969) and "Social Exchange Theory", in *Annual Review of Sociology*, eds. A. Inkeles and N. Smelser, vol. 2 (1976), pp. 335~362.

20 흥미롭게도 에머슨은 자신의 마지막 논문에서 이 질문으로 되돌아왔다. Richard M. Emerson, "Toward a Theory of Value in Social Exchange", in *Social Exchange Theory*, ed. Karen S. Cook (Newbury Park, CA: Sage, 1987), pp. 11~46. 같은 책에서 조나단 터너가 에머슨의 이러한 전환에 관해 논평한 다음 글도 보라. Jonathan H. Turner, "Social Exchange Theory: Future Directions", pp. 223~239.

21 Karen S. Cook, Richard M. Emerson, Mary R. Gilmore, and Toshio Yamagishi, "The Distribution of Power in Exchange Networks", *American Journal of Sociology* 87 (1983): pp. 275~305.

21 장

합리적 선택이론

1. 들어가며

자유시장에서의 수요와 공급에 대한 기본법칙을 공식화한 아담 스미스(Adam Smith)는 종종 효용주의 경제학(*utilitarian economics*)의 창시자로 여겨진다 (19장 참조). 스미스의 이론에서 행위자들은 합리적이고 효용(또는 이득)의 최대화를 추구하는 것으로 개념화된다.[1] 하지만 그의 효용주의적 아이디어는 19세기 사회학 이론의 중요한 근본 질문을 자리잡게 하는 데도 영향을 미쳤다. 그 질문은 다음과 같다. 시장이 주도하는 생산과 소비가 개인들을 점점 더 세분화(*specialization*)된 사회적 틈새 영역으로 몰아넣는 이 세상에서 사회를 하나로 붙들게 해주는 힘은 무엇인가? 사회가 그러한 세분화로 인해 쪼개어지는 것을 막는 것은 무엇인가? 19장에서 살펴보았듯이 아담 스미스는 이에 대해 두 가지 대답을 가지고 있었다. ① 수요-공급 법칙이 '보이지 않는 손'으로 작동하여 사람들이 가진 생산에 대한 요구[2]를 짝지어 주고, 사기, 남용, 착취를 통제하는 역할을 한다는 것, 그리고 ② 분화된 사회는 시장에 의해 생긴 새로운 사회적 질서에 적절한 감정 (가치관, 믿음, 이데올로기, 규범 등)을 발달시킨다는 것이다.[3]

20세기 중반까지 사회학자들은 첫 번째 대답에 대해서는 회의적 태도를 보였다. 이득과 욕심에 의해 작동되는 시장에서 자기이해만 추구하는 합리적 행위자로부터 어떻게 사회적 질서가 나올 것인지 의문을 가졌기 때문이다. 도덕적 코드를 강조하는 두 번째 대답은 사회학자들에게 더 매력적이었으나 대부분의 사회학자에게는 알려지지 않았다. 아담 스미스가 사회조직의 본질적 힘으로서 문화적 코드를 강조한 것을 대부분 몰랐기 때문이다. 결과적으로 20세기 거의 절반이 넘는 기간 동안 사회학자들은 효용주의자의 관점에 대해 비판적이었다. 본질적으로 그들은 다음과 같은 질문을 가졌다. 어떻게 이기적이고, 자원극대화를 추구하는 행위자가 질서 잡힌 사회를 위해 필수적인 협력의 도덕적 코드와 양식을 만들 수 있는가? 그들의 대답은 효용주의 이론은 그렇게 사회를 하나로 통합시키는 창발적 힘들을 설명할 수 없다는 것이었다.

하지만 20세기 중반 들어 교환이론은 사회학의 주요 경전(canon)의 매우 핵심적 부분이 되고 있었다(19장, 20장 참조). 그중 어떤 이론은 행동주의 심리학에 뿌리를 두었고, 다른 이론은 고전파 경제학의 효용주의적 언어에 기반을 두었다. 두 경우 모두 목표는, 어떻게 보상 또는 효용을 추구하는 합리적 행위자가 사회문화적 체계를 건설할 수 있는가를 보여주는 것이었다. 결과적으로 이 새로운 이론가들은 사회학자가 가진 효용주의에 대한 불신에 도전하는 효과를 낳았다. 즉, 어떻게 개인주의적이고, 합리적이고, 자기이해 중심적이고, 효용극대화를 추구하는 행위자가 사회를 하나로 묶어 주는 사회적이고 문화적인 힘을 만들어내는가를 보여준 것이다. 이 장은 그러한 도전을 제기한 이론적 접근인 합리적 선택이론에 대해 살펴보고자 한다.4

2. 마이클 헥터의 집단연대 이론

마이클 헥터(Michael Hechter)의 집단연대 이론 (*theory of group solidarity*)은 어떻게 합리적이고 자원극대화를 추구하는 행위자들이 집단의 규범적 구조를 만들어내고 그에 헌신하는지 보여주고자 한다. 〈표 21-1〉은 그의 효용주의적 가정을 요약한다. 복잡해 보이지만 그의 아이디어는 매우 단도직입적이다. 개인들이 가지는 선호는 위계적 모습을 보이는 효용(가치)을 바탕으로 한다. 그들은 그런 선호를 극대화하고자 한다. 그리고 어떠한 조건에서는 그들에게는 효용을 극대화하는 문화적이고 사회적인 체계를 구축하는 것이 합리적이다. 헥터에 따르면, 문화와 사회구조에 대한 대부분의 이론은 창발된(*emergent*) 사회문화적 현상의 존재에 대해 단순히 가정만 할 뿐 그것이 애초에 **어떻게** 그리고 **왜** 생겨나게 되었는지에 대해 설명하지 않는다고 한다. 합리적 선택이론은 행위자들이 왜 집단의 규범

〈표 21-1〉 합리적 선택이론의 가정들

1. 인간은 목적적(*purposive*)이고 목표지향적이다.
2. 인간은 위계적 질서를 지닌 선호와 효용의 체계를 갖고 있다.
3. 어떤 행동을 할 것인지 결정함에 있어, 인간은 다음에 대해 합리적 계산을 한다.
   A. 자신이 가진 선호위계를 고려했을 때 대안적 행동들이 낳을 효용
   B. 앞선 이익들을 기준으로 했을 때 각 대안들의 비용들
   C. 효용극대화를 위한 최선의 방법
4. 사회구조, 집합적 결정, 집합적 행위 같은 창발적 사회현상들은 궁극적으로 효용극대화를 추구하는 합리적 선택들의 결과다.
5. 합리적 선택에 의해 생성되는 창발적 사회현상들은 이후에 개인들이 취할 합리적 선택의 매개변수 값들을 구성하는데, 그것은 다음을 결정한다.
   A. 개인들 사이의 자원의 분배 B. 다양한 행위를 가능하게 하는 기회의 분배
   C. 어떤 상황에 주어지는 규범과 의무들의 분포와 그것들의 본질

적 의무를 만들어내고 그것을 지키고자 하는지에 대한 설명을 제시한다고 헥터는 주장한다. 그리고 집단연대와 같은 근본적 과정이 합리적 선택이론의 가정으로 설명이 된다면, 거의 모든 중요한 사회현상이 유사한 방식으로 이해될 수 있다고 한다.

1) 합리적 선택이론에서 질서의 기본적 문제

개인들은 효용 또는 보상을 극대화해 줄 자원이나 재화를 가진 집단 속에서 타인에게 의존한다. 개인들은 그러한 재화를 스스로 생산할 수 없으므로 타인에게 의존하거나 타인과 함께 생산에 참여해야 한다. 예를 들어 동료애와 애정이 선호의 대상이라면, 그러한 '재화'는 오로지 타인과의 상호작용에 의해서만, 특히 집단을 통해서만 획득할 수 있는 것이다. 만약 돈이 선호의 대상이라면, 이 재화는 조직적 맥락에서의 노동이라는 근대적 환경에서만 획득될 수 있다. 그러므로 개인의 선호를 만족시켜 주는 재화는 집단을 통해서만 얻을 수 있는 것이다. 그래서 합리적 선택이론에서 집단은 그 구성원을 위한 재화를 제공하거나 생산하는 존재로서 개념화된다.

이와 같이 집단 구성원의 활동으로 생산되는 재화는 **협동재화** (*joint goods*) 라고 볼 수 있다. 이는 집단 구성원의 조직화된 활동으로 생산되는 것이기 때문이다. 그러한 협동재화는 어떤 한 가지 중요한 차원을 기준으로 그 성격의 정도를 파악할 수 있는데 그 차원은 **공공성** (*publicness*) 이다. **공공재** (*public goods*) 는 집단 구성원뿐만 아니라 집단 밖의 사람들에게도 가용한 것이다. 그뿐 아니라, 그 재화가 한번 생성되면, 어떤 사람이 그것을 사용

한다고 해서 타인에게의 공급이 영향을 받지 않는 것이다. 예를 들어, 라디오주파수, 항해보조장치, 도로 등은 공공재이다. 왜냐하면 그것을 생산하지 않은 사람들도 사용할 수 있고, 한 사람이 그것을 사용한다고 (최소한 어느 정도까지는) 다른 사람이 사용하는 것을 배제하지 않기 때문이다. 이와 반대되는 것이 **사적 재화** (*private goods*) 이다. 이는 재화를 생산한 사람들만이 소비할 수 있는 것이다. 그에 더해, 한 사람의 소비가 다른 사람이 그 재화를 소비할 수 있는 역량을 감소시키는 것이다. 사적 재화는 그래서 타인이 접근할 수 없도록, 오로지 그 재화를 만들어낸 사람이나 집단 구성원만이 소비할 수 있도록 관리된다.

질서라고 하는 근본 문제는 합리적 선택이론가에게 있어 공공재의 문제를 중심으로 논의된다. 이 문제는 **무임승차자** (*free-rider*) 딜레마로 묘사된다.[5] 사람들은 공공재를 공동으로 생산하도록 기대된다. 하지만 사람들에게 있어 '합리적'인 것은 공공재 생산에 기여하지 않음으로써 어떤 비용도 지불하지 않으면서 공공재를 소비하는 논리다. 즉, **무임승차**를 하는 것이다. 하지만 만약 모든 이들이 무임승차를 한다면 공공재는 생산될 수가 없다. 이러한 딜레마는 어떻게 해결될 수 있는가?

이 질문에 대한 대답은 경제학 문헌에서는 여러 논쟁을 불러일으켰다. 그러나 대체로 그 문헌들에 나오는 기본 요지는, 만약 어떠한 재화가 매우 공적 성격을 가진다면(예: 국방) 개인들은 강제를 통해(예: 세금) 그것을 생산하는 데 기여하도록 하거나, 그러한 기여에 대한 보상(예: 봉급, 칭찬)을 받도록 유인된다. 무임승차를 막는 또 다른 방법은, 생산에 기여하지 않는 사람들은 그 재화를 소비하

지 못하도록 하는 것이고, 그럼으로써 그 재화의 공공성을 낮추는 것이다. 그러한 배제는 기여도가 없는 구성원들을 내쫓거나 아니면 처음부터 참여하지 못하도록 하는 결과를 낳는다. 마지막 방법은 무임승차자들로 하여금 그들이 소비하는 재화에 대해 사용료를 부과하거나 가격을 부과하는 방식이다.

그러므로 합리적 선택이론에서는 사회질서의 기초는 무임승차, 즉, 재화를 생산함에 있어 직접적 또는 간접적으로 어떤 방식이든 기여하지 않으면서 재화를 소비하는 것을 최소화하는 방식으로 재화가 소비될 수 있게 하는 '집단구조'(group structures)를 만드는 문제를 중심에 놓는다. 여기서 사회학적인 핵심적 질문은 어떻게 합리적 개인주의자들이 ⓐ 집단을 만들고 그 집단이 규범적 의무를 만들어 구성원으로 하여금 그에 기여할 수 있게 하는지, 그리고 ⓑ 개인들로 하여금 순응성(conformity)을 발휘하게 하여 무임승차의 문제를 감소시킬 것인가이다. 이런 맥락에서 연대(solidarity)는 **사회적 통제**(social control)의 관점으로 해석된다.

2) 사회적 통제의 기초: 의존, 감독, 그리고 제재

합리적 선택이론에서 집단은 협동재화를 제공하기 위해 존재한다. 개인이 자신이 원하는 자원이나 재화를 얻기 위해 집단에 의존할수록 그 집단이 개인에게 가지는 잠재적 힘은 더 커진다. 사람들이 어떤 가치 있는 재화를 위해 집단에 의존할수록, 그들에게는 이 협동재화에 접근할 수 있게 해주는 규칙이나 의무사항을 만드는 것이 합리적이라고 할 수 있다. 그러한 상황은 특히 다음과 같은 경우에 나타나게 된다. ① 해당 재화가 다른 곳에서는 쉽게 얻을 수 없는 것일 때, ② 대안이 무엇인지에 대해 개인들이 정보를 갖지 않을 때, ③ 집단을 벗어나는 비용이 높을 때, ④ 다른 새로운 집단으로 이동하는 비용이 클 때, 그리고 ⑤ 인간관계나 집단 내에서 이미 투자한 매몰비용이 클 때이다.

그러므로 의존(dependence)은 행위자들이 협동재화에 대해 그들의 몫을 확보하기 위해 규범적 의무를 만들도록 하는 유인기제(incentive)라고 할 수 있다. 따라서 집단에서 만들어진 자원에 의존하는 개인들에게 집단은 권력을 갖게 된다. 그리고 이런 권력의 결과물로서, **의존성**의 강도는 집단이 부과하는 **규범적** 의무의 **규모**와 상관관계를 갖게 된다. 따라서 의존성은 단순히 규범 그 자체를 위해 유인기제들을 만드는 것이 아니라 규범이 행위자를 효과적으로 인도하고 규제하게끔 하기 위해 그러한 유인기제를 만드는 것이다.

그런데 헥터는 다른 한편으로 "집단의 규모는 … 집단연대의 정도와 필연적 연관성을 갖지 않는다"고 주장하였다.[6] 중요한 것은 집단 구성원이 이런 규범에 순응하는 것이다. 순응은 집단의 **통제역량**(control capacity)으로서 ① 감독(monitoring) 그리고 ② 제재(sanctioning)와 연관된다. **감독**은 집단의 규범과 의무사항에 순응하지 않는지를 감지하는 과정이고, 제재는 그러한 순응성을 이끌어내기 위해 보상과 처벌을 활용하는 것이다. 만약 집단의 감독기능이 낮으면, 합리적 개인들로 하여금 순순히 규범에 순응하도록 만드는 것이 어려워진다. 그리고 감독기능이 없으면 (비용이 수반되는) 제재 또한 효과적으로 그런 순응성을 유도하기 어렵게 된다.

결론적으로 헥터는 집단연대성의 정도는 의존성, 감독, 제재 정도의 결과물이라고 본다. 그런데 연대성은 다른 한편으로 집단의 성격과도 관련되는데, 헥터는 집단에 의해 생산되는 협동재화가 가진 성격에 따라 집단의 유형을 구분한다.

3) 집단의 유형

헥터는 감독과 제재라는 통제역량이 두 가지 종류의 기본 집단유형에 따라 다르게 작동한다고 본다. 만약 집단화가 시장을 위해 협동재화를 만들어내고 그 자체적으로 재화를 소비하지는 않는 경우, 통제역량은 잠재적으로 감소하는데 왜냐하면 그러한 재화를 판매함으로써 얻는 소득으로 집단 구성원이 아닌 사람들에 의해 소비되는 재화를 만드는 사람들의 순응성을 '구매'(buy) 할 수 있기 때문이다. 순응성은 돈으로 살 수 있는 경우가 있는데, 예를 들면 구성원들이 그들의 노동을 통해 보상을 받는 경우이다. 특히 그 구성원들이 집단 내에서의 보상에 크게 의존하는 경우에는 집단의 규범에 순응하는 것이 합리적이라고 할 수 있다. 하지만 그러한 보상이 다른 집단을 통해서도 획득할 수 있는 것이 되면, 현 집단에의 의존성은 약해질 것이며, 규범의 강도 또한 약해질 것이다. 그러한 경우 결과적으로 감독이나 제재를 활용하는 정도는 높아질 것이다. 그렇지 않으면 합리적 개인들이 무임승차를 하는 것을 막을 수 없기 때문이다. 그런데 만약 감독이나 제재를 하는 것이 지나치게 개인의 생활을 침해하고 개인에게 큰 비용을 부과한다면 개인들 입장에서는 집단을 떠나 보상을 다른 곳으로부터 받는 것이 합리적일 것이다. 더군다나 광범위한 감독과 제재는 비용이 크고 이익을 감소시킬 수 있고, 그리하여 결과적으로 집단의 통제역량을 낮출 수도 있다. 헥터가 **보상집단**(compensatory group) 이라고 부르는 이 집단들의 통제역량은 그러므로 문제를 안게 되고 의무집단에 비해서는 연대성이 현저히 낮을 수밖에 없다.

의무집단(obligatory group) 의 경우 그 집단에서 만드는 협동재화는 집단 **그 자체에 의해** 소비된다. 이와 같은 조건에서는 구성원들의 기여와 관련한 규제들을 만드는 것이 합리적이다. 만약 협동재화에 대한 의존도가 높은 경우 유인기제를 통해 순응성을 유도하기 쉬워진다. 그 협동재화에 대한 손쉬운 대안이 부재하기 때문이다. 이는 보상집단에서 돈과 같은 일반화된 수단이 있는 경우와 다른 점이라 할 수 있다. 그에 더해, 감독과 제재는 보통 더 효과적이게 된다. 왜냐하면 감독은 구성원들이 소비하는 협동재화의 파생물로 발생하는 것이고 극단적 제재, 즉 집단으로부터의 퇴출은 그 재화를 가치 있게 여기는 구성원들에게는 매우 큰 비용을 초래하기 때문이다. 헥터는 이를 다음과 같이 설명한다.

———

높은 수준의 의존도 때문에, 의무집단은 낮은 제재 및 감독비용을 가진다. 모든 집단은 퇴출 위협이라고 하는 상대적으로 비용이 적은 제재 방안을 늘 잠재적으로 가지기 때문에, 집단 구성원들의 의존도들이 높을수록 이러한 제재 수단이 가지는 무게감 또한 커진다. 〔게다가〕 … 감독과 제재는 어느 정도는 상호 간 대체 가능하다. 만약 협동재화의 가치가 상대적으로 크다면, 퇴출에 대한 위협은 부분적으로 충분하지 못한 감독을 대체해 줄 수 있다. 순응하지 않음으로써 어떤 개인이 잃을 것이 많을수록, 그것을 순응하지 않는 위험을 택할 가능성은 낮을 것이다.[7]

———

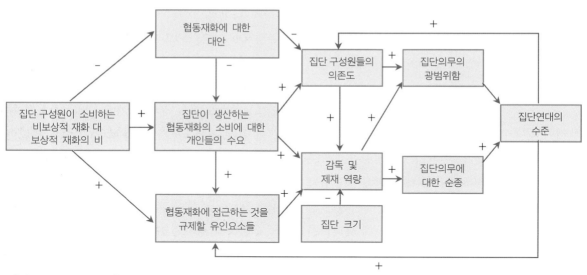

〈그림 21-1〉 집단연대의 결정요인

출처: Michael Hechter, "Rational Choice Foundations of Social Order", in *Theory Building*, ed. J. H. Turner
(Newbury Park, CA: Sage,1988)에서 차용하였으나 상당부분 수정함.

이와 같은 헥터의 분석에는 그 안에 내재한 변수가 하나 있다. 이는 **집단의 크기**이다. 일반적으로 이야기해서, 보상집단은 시장에서 교환될 수 있는 재화를 생산하기 위해 많은 수의 개인들을 조직화하는 반면, 의무집단은 상대적으로 규모가 작고 시장에서 쉽게 획득할 수 없는 재화를 집단 구성원들을 위해 제공한다. 그러므로 의무집단에서는 의존성의 정도가 더 높을 뿐만 아니라 감독과 제재를 하기가 훨씬 쉽고, 그리하여 개인들의 사적 자원을 활용하여 집합적 목적을 위해 기여하는 정도인 연대성의 강도가 커진다. 사적 자원의 많은 부분을 활용하여 집단을 위해 기여하는 것은 집단의 규범이 강하고 순응도가 높을 경우에만 일어날 수 있는데, 이는 보상집단에서는 일어나기 쉽지 않은 일이다. 헥터의 표현으로는, 높은 수준의 집단연대는 오로지 의무집단에서만 이루어질 수 있는 것이다. 의무집단

에서는 합동으로 생산되고 소비되는 재화에의 의존도가 높고, 규모가 작아 구성원들이 서로 재화를 얼마나 생산하고 소비하는지 관찰하기 쉽기 때문에 상호 감독하기가 비교적 쉽다. 따라서 재화를 얻는 것이 제재의 긍정적 결과가 되고, 재화를 얻지 못하거나 집단에서 쫓겨나는 것이 제재의 부정적 결과가 되게끔 하여, 재화의 본질적 특성이 제재와 연관을 가지게 된다. 이러한 조건에서는 개인들은 시간, 에너지, 그리고 자기자신과 같은 사적 자원들을 높은 수준의 연대를 달성하고 협동재화를 생산하는 데 기여하고자 한다.

그러므로 헥터에게 있어 높은 수준의 연대성은 의존성, 감독, 제재의 정도가 높은 의무집단에서만 오로지 가능하다. 〈그림 21-1〉은 그의 주장을 약간 각색하여 나타낸 것이다. 첫째로, 집단의 크기가 핵심변수로 추가되었다. 의무집단의 크기가

462

커질수록, 그것의 감독 및 제재 비용은 낮아진다. 둘째로, 가장 좌측에는 많은 인간집단에서 전형적으로 나타나는 변수인 소비 대 보상의 비율이 추가되었다. 많은 집단은 집단 외부의 사람들에 의해 소비되는 재화의 생산에 대한 보상과 내부의 사람들에 의해 소비되는 재화의 생산에 대한 보상이 혼합된 형태를 포함하게 된다. 예를 들어, 임금을 받으며 일하는 구성원으로 조직된 집단에서는 종종 그들이 인간적 유대, 상호 협조, 인정과 같은 협동재화를 만들기 때문에 연대가 형성되기도 한다. 물론 구성원의 연대는 때때로 조직의 주요규범에 반하는 형태의 의무를 만들어내기도 한다.

우리는 집단들을 양극화된 유형으로 개념화할 것이 아니라, ① 외부인들에 의해 합동으로 생산되고 소비되는 재화에 대한 외적 보상과, ② 집단 구성원에 의해 합동으로 생산되고 소비되는 재화의 내적 소비, 양자의 혼합으로 이해해야 한다. 외적 보상 대 내적 소비의 비율이 높을수록, 〈그림 21-1〉에서 묘사된 과정이 발생할 확률이 낮아진다. 역으로 외적 보상 대 내적 소비의 비가 낮을수록, 이런 과정이 연대성을 생산하는 방식으로 활성화될 가능성은 높아진다. 이 가정은 헥터가 제시한 유형(typology)과 배치되지 않는다. 왜냐하면 헥터는 보상집단의 통제능력은 그 집단 구성원 자신의 소비를 위한 협동재화를 만들어내면 상승한다고 주장하기 때문이다.

조직, 공동체, 그리고 사회와 같은 거시적인 사회적 체계는 의무집단과 보상집단으로 구성된다고 할 수 있다. 연대는 대체로 의무집단에서만 나타나고, 반면 각종 무임승차 문제는 자체 구성원이 가치 있게 여기고 그 구성원에 의해서만 소비되지 않는다면 주로 보상집단에서 두드러지게 나타날 것

이다. 헥터는 이를 초기 사회학 이론에서 등장했던 구분인 **게마인샤프트**(gemeinschaft)와 **게젤샤프트**(geselleschaft), **1차집단** 대 **2차집단**, **기계적 연대** 대 **유기적 연대, 전통적 권위** 대 **합리적 권위, 민속적인 것** 대 **도시적인 것** 등과 연계시킨다. 그리고 이런 구분을 협동재화의 생산이나, 협동재화가 집단 구성원에 의해 소비되는지 아니면 외부보상을 위해 시장에 제공되는지에 따라 나타나는 통제과정의 특징에 의거해 설명하려 했다. 헥터는 협동재화의 특징이 집단에 속한 개인들의 의존성과 집단의 통제역량의 강도를 결정한다고 생각했다. 높은 수준의 의존성과 통제성은 협동재화가 소비될 때 가장 일어날 가능성이 높고, 그러므로 연대 또한 그런 조건에서 높게 나타난다. 그러므로 보상집단만으로 구성된 사회는 낮은 연대성을 나타내게 된다. 이와 같은 헥터의 개념이 갖는 특성은 높거나 낮은 수준의 연대성이 개인들이 취하는 합리적 선택에 따라 나타난다는 효용주의 이론을 받아들인다는 점이다.

4) 보상집단과 의무집단에서의 통제 유형

고전사회학 이론에서와 마찬가지로, 헥터는 형식화(formalization)의 과정에 대하여 조사한다. [8] 집단이 커질수록, 비공식적 통제는 힘들어진다. 심지어 의무집단인 경우에도 그렇게 된다. 물론 보상집단의 경우 크기가 커지거나 확장되면 공식적 통제 수단을 만드는 과정은 더 크게 복잡해진다. 그런데 이러한 과정에 근본적 딜레마가 있다. 공식적 감독 및 제재는 그것을 위한 인원을 배정하고, 부서를 설치해야 하고 각종 절차 및 역할을 만들어야 하므로 비용이 많이 든다. 이는 결국 재화의 생산을 감소시

키게 된다. 의무집단은 구성원이 협동재화에 대한 의존도가 높기 때문에 공식적 통제과정을 만드는 것이 상대적으로 급하지는 않다. 하지만 의무집단 또한 그 규모가 커지면 공식적 통제가 필수적이다. 보상집단 역시 규모가 커지면 공식적 감독 및 제재를 늘려야만 한다. 이러한 상황에서 집단에 속한 개인행위자는 비용이 크고 협동재화의 소비량을 줄일 수 있는 공식적 통제장치의 설치에 저항하는 것이 합리적이다. 하지만 무임승차 문제가 너무 광범위해지고 생산량에도 영향을 미치게 되면 그러한 공식적 통제를 설치하는 것이 합리적이다.

공식적 통제의 도입은 어느 정도까지는 미루어지거나 다른 몇 가지 수단을 통하여 감소될 수 있다. 그중 한 방법은 구성원을 공통적으로 사회화하는 것이다. 집단은 흔히 무임승차의 문제를 줄이고 감독비용을 줄이기 위해 구성원이 유사한 생각과 목표를 가지게끔 한다. 다른 방법은 특히 의무집단에서 사용되는데 이기적인, 또는 이타적이지 않은 행위자를 걸러내는 것이다. 그런데 이와 같은 방법들은 사회적 통제를 함에 있어 가지는 한계가 명백하다. 보상집단에서 더욱 그러하고 의무집단들도 그 규모가 커지면 그렇다.

한편으로는 무임승차의 비용문제가 있고 다른 한편으로는 공식적 통제에 따라오는 비용이 있는 이 딜레마 상황에서 집단은 '경제적으로' 감독과 통제가 가능한 방법을 찾게 된다.⁹ 이는 공식적 통제가 생산에 있어 핵심이 되는 보상집단에서는 특히 두드러지게 나타난다. 의무집단의 경우에도 그러한 '경제적 전략'(economizing tactics)은 집단이 커지거나 무임승차 문제를 발생시키는 협동재화를 만드는 경우 발견될 수 있다.

헥터는 경제적 감독방식의 여러 방법을 나열한다. '감독비용'(monitoring costs)을 줄이는 한 가지 종류의 방법으로는, 여러 테크닉을 활용하여 집단 내 개인들의 가시성을 증가시키는 것이다. 예를 들어, 개인들의 집단에 대한 헌신을 강화하도록 공동 행사나 관습에 참여하도록 하면서 개인들이 물리적으로 서로를 더 잘 볼 수 있도록 하거나, 어떤 집단의 규범을 잘 보여주는 행위를 하는 사람에게 보상을 주는 등으로 집단이 조직되는 방식을 디자인할 수 있다. 다른 종류의 방법으로는, 감독에 들어가는 비용을 구성원이 나누는 것이다. 예를 들어 ⓐ (만약 당신이 받는 보상이 남들에 의해 영향을 받는다면, 그들의 행동을 당신이 감독하려 할 것이라는 가정을 바탕으로) 보상이 개인들에게 개별적으로 주어지는 것이 아니라 집단에 주어지게끔 하거나, ⓑ 사적 영역에 제한을 두거나, ⓒ 정보를 제공하는 사람에게 보상을 주거나, 아니면 ⓓ 소문과 뒷담화를 장려하는 방법이 있다. 마지막 경제적 방법은, 사회화를 시키는 과정 다음에 보통 나타나는데, 구성원을 모집하거나 훈련할 때 동질적 문화로 사회화하여 상호 간 행동을 해석함에 있어 생길 수 있는 오류를 최소화하는 것이다.

경제적 제재방식을 만드는 것과 관련해서는 상징적 제재(symbolic sanction)가 있다. 이는 집단규범을 전형적으로 잘 보여주는 사람들에게 그들의 위신을 세울 수 있는 차별적 보상을 제공하고 그러한 위신의 위계적 구조를 만드는 것이다. 다른 방식으로는 집단규범으로부터 이탈하는 자에게 공적 제재를 가하는 것이다. 마지막으로는 구성원이 집단으로부터 나가지 못하도록 이탈비용을 크게 늘리는 것인데, 다른 집단과의 지리적 거리를 늘리거나,

집단에 진입 시 돌려받지 못할 투자를 하도록 부과하거나, 외부집단 소속에 제한을 두는 것이다.

그런데 이러한 경제적 감독 및 제재방식에는 한계점이 있다. 특히 보상집단에서는 더욱 그러하다. 그러한 방식은 결과적으로 어느 순간부터는 감독과 통제를 위한 공식적 인원과 부서를 만드는 것을 필요로 한다. 그러므로 공식적 조직은 거의 대부분 위에서 언급한 경제적 방법을 사용하는 모습을 보이고 또한 동시에 회계담당자(comptroller), 감독관, 인사부서, 품질관리 요원 등과 같이 감독과 통제의 역할을 맡은 인원을 배치한다. 그러한 감독 및 제재는 매우 높은 비용이 들고 조직은 이 부분에서도 가급적 비용을 절약하고자 하게 된다.

지금까지 언급한 일반적 기법들 외에도 대리인 비용(agency cost)을 줄이거나 생산효율성과 수익성을 늘리기 위한 다양한 방법이 활용된다. 예를 들어 내외의 계약자는 조직을 위해 어떤 정해진 가격에 일하도록 한다. 도구, 작업흐름, 그리고 작업의 기타 특성을 표준화하여 감독의 필요성을 감소시키기도 한다. 그리고 재화가 어떻게 만들어지는지는 무

〈표 21-2〉 사회구조에 대한 헥터의 함축적 원칙

1. 더 많은 집단 구성원들이 집단 외부에서 소비될 재화를 공동으로 생산할수록, 그들의 노력은
   외부적 보상 대 내재적 보상의 비의 증가에 더 의존하게 된다.
2. 더 많은 집단 구성원들이 집단 내부적으로 소비될 재화를 공동으로 생산할수록, 그들의 노력은
   규범적 의무들의 발전에 더 의존하게 된다.
3. 집단이 그 구성원들의 의사결정과 행위를 제약할 수 있는 힘은 그 구성원들이 재화나 소비를 위해
   그 집단에 의존하는 정도와 정적으로 비례한다. 그리고 그 의존도는 다음에 따라 증가하게 된다.
   A. 더 매력적인 재화나 보상을 쉽게 구할 수 없는 경우
   B. 재화나 보상의 대안적 출처에 대한 정보가 부족한 경우
   C. 집단을 벗어나는 비용이 높은 경우
   D. 다른 집단으로 이동하거나 갈아타는 비용이 높은 경우
   E. 집단 구성원 간 개인적 연결망의 강도가 강한 경우
4. 어떤 집단이 자체적으로 소비하는 공동재화를 많이 생산할수록 그리고 생산활동을 규제하는
   규범적 의무들을 더 많이 만들수록, 3-A, 3-B, 3-C, 3-D, 그리고 3-E와 같은 조건들이 충족될
   가능성이 높아진다. 역으로, 집단이 외부의 사람들이 소비하는 협동재화를 더 많이 생산할수록,
   이 조건들이 충족될 가능성은 낮아진다.
5. 집단이 자체적으로 소비할 협동재화를 더 많이 생산할수록 그리고 생산활동을 규제하는 광범위한
   규범적 의무들을 더 많이 만들수록, 감독과 제재를 통한 사회적 통제는 덜 공식적이게 되고
   내포(implicit)되어 있으며 (따라서) 소요되는 비용이 낮을 가능성이 크다.
6. 집단이 생산하는 재화가 외부에서 소비되고 구성원에 대한 외부적 보상이 내재적 보장보다
   더 높은 비(ratio)로 의존할수록, 감독과 제재를 통한 사회적 통제는 더 공식화되고 더 외부적으로
   분명히 나타나며(explicit) (따라서) 소요되는 비용이 더 높을 가능성이 크다.
7. 집단의 크기가 클수록, 사회적 통제는 더 공식적이고 분명하게 나타나고 비용 또한 커지게 된다.
8. 감독과 제재를 통한 사회적 통제 비용이 클수록, 그 절차를 더 경제적으로 만드는 작업이 집단에서
   나타날 가능성이 커진다.

시하고 최종적으로 나온 결과물만 평가하는 것도 감독과정의 몇 가지 단계를 절약하는 방법이다. 생산단계의 각각에 생산목표를 설정하는 것 또한 다른 한 가지 기법이다. 보상집단의 경우 그 내부에 의무집단을 만드는 것도 가장 효과적인 방법 중 하나다. 그런데 이 경우, 의무집단의 규범은 전체 보상집단의 규범과 조응해야 한다는 조건이 있다. 그렇지 않으면 감독비용이 더 커질 수도 있다.

5) 이론의 요약

〈표 21-2〉에는 헥터의 이론이 더 형식적이고 추상적인 형태로 제시되어 있다. 이러한 방식으로 표현된 경우, 이 이론은 사회적 계급형성, 민족적 연대, 복잡도가 높은 조직, 공동체, 그리고 기타 종류의 사회적 단위 등 매우 광범위한 종류의 경험적 과정(empirical process)에 적용될 수 있다. 〈표 21-2〉에 제시된 주장은 〈표 21-1〉에 제시된 가정을 기초로 한 것으로 볼 수 있다. 이를 고려하면 헥터가 표현한 대로 '거시적 사회질서의 미시적 기초'에 대해 설명하고자 했음을 이해할 수 있다.

6) 거시구조적 의미

헥터는 합리적 선택이론의 기본 아이디어가 많은 개인들이 모인 거대한 집단에서 보이는 거시구조적(macrostructural) 과정을 이해하는 데 유용한 것으로 본다. 예를 들어, 〈그림 21-1〉과 〈표 21-1〉 그리고 〈표 21-2〉에서 보이는 기본 아이디어는 국민국가(nation-states)에서 나타나는 과정들에 대해 설명하는 데 쓰일 수 있다. 국가 또는 정부는 그

시민에게 비교적 광범위한 의무를 부과한다(예: 세금을 내라, 전쟁에 참여해 목숨을 바쳐라 등). 그와 같은 능력을 가질 수 있는 이유는 시민은 정부가 제공하는 공공재에 고도로 의존적이고 그 사회를 쉽게 떠날 수 없기 때문이다. 그 이유는 사람들은 보통 자기가 사는 곳에 애착을 가지고 있고, 떠나는 데 비용이 크며, 시민권을 가짐으로써 향유할 수 있는 협동재화로부터 많은 이득을 얻을 수 있는 등 다양하다. 국가의 요구에 순종하는 것은 단순히 의존할 필요가 있거나 광범위한 의무가 있는 것만으로 충분치 않다. 국가가 감독과 제재를 할 수 있는 역량이 있기 때문에 순종이 이뤄지는 것이다. 하지만 시민이 매우 다양한 의무집단과 보상집단으로 구성되었다면, 어떻게 국가가 그런 모든 시민을 모두 감독하고 제재할 수 있을 것인가?

헥터에 따르면 그러한 질문에 대한 대답은 바로 통제의 경제성(economies of control) 덕택이라는 것이다. 그러한 경제성은 집단 내부에서 만들어질 수도 있고 집단 간에도 발생할 수 있다. 가장 핵심적인 과정은 시민으로 하여금 집단 내에서 상호 간 감독과 제재를 하도록 만드는 것이다. 그리고 나서 의존성과 통제역량을 극대화하는 방식으로 그러한 집단을 연계시키는 것이다.

3. 제임스 콜먼의 집단연대 이론

제임스 콜먼(James S. Coleman)은 합리적 선택 관점을 일찌감치 뒷받침한 인물이다. [10] 그의 생각은 20장에 설명한 초기 교환이론 중 하나로 소개될 수도 있다. 하지만 콜먼은 1990년대가 되어서야 합

리적 선택 원칙을 바탕으로 한 사회의 조직화에 대한 일반화된 이론을 제시하기 시작했다.[11] 이보다 종합적 이론은 콜먼이 비극적으로 일찍 타계하기 직전에 출판되었다. 콜먼은 행위자는 자원을 가지고, 타인의 자원에 대한 관심을 가진다고 믿었다. 그리하여 상호작용 그리고 궁극적으로 사회조직은 자원을 가진 자와 자원을 구하는 자 간의 거래를 중심으로 이루어진다고 생각하였다. 이런 거래는 개인들 사이에 직접적으로 이루어질 수도 있고, 다른 매개체나 자원이전의 고리를 통해 간접적으로 이루어질 수도 있으며, 수요-공급 법칙에 따라 자원이 모이고 사고 팔리는 시장에서도 발생할 수 있다.

1) 행위하는 권리를 넘겨주기

콜먼은 자원을 **행위에 대한 권리**(*rights to act*)로 여겼다. 이 권리는 다른 종류의 행위에 대한 권리와 교환을 위해 포기될 수 있다. 그러므로 예를 들어 권위관계(*authority relation*)는 두 가지 종류의 유형을 포함한다. **결합된 권위**(*conjoint authority*)는 행위자가 일방적으로 그들이 행위할 수 있는 권리의 통제권을 권위를 가진 다른 이에게 주는 것이다. 그렇게 하는 것이 모든 행위자에게 가장 이득이 된다고 여겨지는 경우다. 그리고 **분리된 권위**(*disjoint authority*)는 행위자가 돈과 같은 외적 보상을 위해 그들의 권리를 넘겨주는 것이다. 콜먼이 보기에 이것은 규범의 경우에도 똑같이 적용될 수 있는데, 통제의 권리를 타인들이 제재하는 규칙의 체계로 이전시키는 것이다. 그러므로 사회적 구조들과 문화적 규범들은 궁극적으로 개인들이 어떤 예상되는 이득을 얻기 위해 그들의 자원을 통제할 권리를 포기하는 덕분에

만들어질 수 있는 것이다.

그래서 콜먼에게는 사회적 연대를 이해하기 위해서 가장 핵심적인 이론적 질문은 다음과 같다. ① 많은 수의 집합적 개인들 내부에서, 합리적 행위자로 하여금 자원에 대한 그들의 통제권을 규범적 규칙이나 그런 규칙과 관련된 제재에 넘기도록 하는 요구를 만드는 조건은 무엇인가? ② 규범과 제재를 통해 효과적 통제가 이뤄지도록 해주는 조건은 무엇인가?

2) 규범과 제재에 대한 요구

이 두 가지 이슈들, 즉 ① 규범에 대한 요구 그리고 ② 효과적 제재를 통한 규범의 실현은 콜먼 이론의 핵심에 위치해 있다. 이 이론은 많은 방향으로 발전된다. 여기서는 집단연대를 낳는 조건에 대한 콜먼의 논의에만 초점을 맞추어 콜먼이 가진 관점이 헥터의 집단연대 이론과 쉽게 비교될 수 있도록 하겠다. 그래서, 그의 접근방식과 관련된 두 가지 이슈에 관해, 콜먼은 다음과 같은 질문을 던졌다. 어떤 기초 조건이 사회규범에 대한 수요를 증가시키고 무엇이 그것을 효과적으로 만드는가? 이에 대한 대답에 있어, 콜먼은 행위자를 합리적이고, 자기이해 추구적이고, 계산적이고, 자원을 극대화하고자 하는 모습으로 상정했는데, 이를 통해 규범과 집단연대와 같은 창발적 현상을 어떻게 설명할 수 있는지 보여주고자 하였다.

그렇다면, 어떠한 조건이 규범에 대한 요구를 증가시키는가? 그중 한 가지 조건은 행위자가 **부정적 외부성**(*negative externalities*)을 겪거나 어떤 특정한 맥락에서 해로운 결과를 경험하는 경우다.

다른 경우는 행위자가 부정적 외부성을 줄일 수 있는 합의에 도달할 수 있게 하는 제안이나 위협 또는 치고받는 맞대응(tit-for-tat)의 흥정 및 협상을 성공적으로 하지 못하는 경우다. 또 다른 조건은 성공적인 맞대응식 협상을 하기에 지나치게 많은 행위자가 연관되어서 협상이 어렵고, 귀찮아지고, 시간이 오래 걸리는 경우다. 그리고 가장 중요한 조건은 일부 행위자가 협동재화의 생산에 기여하지 않고 맞대응식 협상이 문제를 해결할 수 없는 무임승차 문제가 있는 경우다. 콜먼에 따르면 그러한 무임승차는 '분리된 권위' 또는 (헥터가 말한 **보상집단**의 경우처럼) 생산적 활동을 위해 외부적 보상이 활용되는 집단에서 가장 발생할 가능성이 높다. 하지만 콜먼의 모델에서는 궁극적으로 부정적 외부성은 행위자로 하여금 사회적 구조와 문화적 체계를 정교화하는 데 관심을 가지게끔 한다. 행위자는 그들의 자원과 행위에 대해 그들이 가진 행위 권리 중 일부를 포기함으로써, 부정적 외부성을 감소시킬 수 있다. 그럼으로써 그들의 효용을 증대시킬 수 있다는 것을 알게 된다. 무임승차는 타인들에게 비용과 피해를 안길 수 있는 정도의 부정적 외부성이 될 수 있다.

앞으로 보게 되듯이, 무임승차는 콜먼의 연대 모델에 있어 하나의 중요한 동학이 된다. 하지만 그 외에도 위협, 갈등, 권위의 남용, 타인이 행하는 처벌과 비용이 높은 행위 등 다른 종류의 부정적 외부성의 원인 또한 많다. 일반적으로 행위자는 부정적 외부성을 만들어내는 문제의 해결을 위해 맞대응식 협상을 시도한다. 예를 들어, 어떤 위협은 역(逆) 위협(counter-threat)을 맞고 이어 문제를 그냥 통과시키는 합의에 도달하게 될 수도 있다. 그런데 집단의 크기가 커질수록, 이와 같은 협상이 성공할 가능성은 낮아진다. 부정적 외부성을 줄이기 위해 매우 많은 수의 행위자 사이에서 쌍(pairwise)으로 이뤄지는 협상은 아주 어려워진다. 너무 많은 시간과 에너지가 소모되기 때문이다. 또 끊임없이 협상해야 하는 행위자나 협상에서 배제된 행위자에게는 협상 자체가 새로운 부정적 외부성으로 작동할 수 있기 때문이다.

콜먼은 그렇게 많은 수의 행위자에게 있어 쌍으로 이뤄지거나 맞대응식으로 이뤄지는 협상이 가지는 문제를 해결하는 방법 중 하나가 바로 시장을 만드는 것이라 주장한다. 교환해야 하는 자원의 양이 많아지면, 구매자와 판매자의 수도 증가한다. 그때 시장은 자원에 대한 상대적 수요와 공급을 바탕으로 가격을 정하고 또한 어떤 행위자가 자신이 원하는 가치 있는 자원을 얻기 위해, 포기해야 하는 자원이 얼마가 되는지 결정한다. 그런데 시장에는 그 자체로도 사기, 의무가 수행되지 못하는 경우, 신용의 부재, 그리고 많은 다른 문제로 인해 생길 수 있는 부정적 외부성이 생겨날 수 있다. 다른 여타 부정적 외부성처럼 그것은 거래를 규제할 수 있는 규범에 대한 수요를 만들어낸다.

그러므로 규범(그리고 권위와 같은 다른 사회적 체계의 특징들)이 생성될 때마다, 그 이면에는 행위자가 어떤 부정적 외부성을 제거해 효용을 증가시키고자 하는 목적이 있는 것이라 할 수 있다. 규범, 신뢰, 그리고 권위의 체계는 모두 맞대응식 협상이 어렵거나 성공적이지 못할 때, 대면적 협상이 불가능할 정도로 참여하는 사람의 숫자가 증가할 때, 그리고 시장이 그 자체적으로 부정적 외부성을 만들어내고 그 안에 다양한 마찰(friction)

이 생겨나는 경우에 행위자를 조직화하는 것을 나타내는 것이다.

이러한 조건에서, 행위자는 그들이 가진 자원을 통제하는 권리를 금지적 규범(*proscriptive norm*)이나 특정 행위를 금지시키는 규정에 넘긴다. 그것은 그런 금지사항을 어기는 사람들에게 부정적 제재를 부과한다. 그러한 금지사항과 부정적 제재는 합리적 행위자가 협동재화의 생산에 기여하지 않는 행위자에 의해 생기는 **1차적 무임승차 문제**를 위해 내놓는 해결책이다. 그런데 이런 해결책은 **2차적 무임승차 문제**를 만들어내는데, 타인을 감독하고 제재하는 것은 시간과 에너지 측면에서 비용이 높고 감정적 스트레스나 여러 부정적 요소가 포함돼 있다. 그러므로 합리적 개인들은 감독이나 제재를 하는 데 있어서도 무임승차를 하려 할 가능성이 있다. 그러므로 1차적 무임승차 문제에 대한 해결책은 금지사항에 대한 순응성을 제재하는 데 있어서의 비용과 문제와 관련된 부정적 외부성을 파생시킬 수 있게 된다.

이러한 2차적 무임승차자 문제에 대한 해결책은 순종을 위한 긍정적 제재와 결합된 **지시적 규범**(*prescriptive norm*)이나, (무엇을 하지 말아야 한다는 것보다) 무엇이 이뤄져야 한다는 규범이다. 그러한 긍정적 제재는 그 자체가 협동재화가 되거나 긍정적 외부성의 원천이 될 수 있다. 물론 승인, 지지, 축하, 존중 등 긍정적 제재를 얻는 것은 합리적 행위자가 경험하는 효용을 증가시킨다. 그리고 1차적 무임승차 문제가 부정적 외부성이나 비용이 지시적 규범이나 긍정적 제재에 대한 수요를 만들 수 있듯이, 행위자는 자신의 자원을 포기하거나 지시적 규범과 다른 종류의 행위를 하지 않기로 하면 더 많은 이득을 얻고 비용을 줄일 수 있다. 행위자는 지시적인 규범적 통제에 대한 관심을 발달시키고 그렇게 하는 것 자체가 합리적 선택이 된다.

지시적 규범과 긍정적 제재의 시스템이 가질 수 있는 문제점은 그것이 감독과 제재가 공동목표를 추구하거나 공동재화를 만들 때의 일상적 상호작용의 일부분으로 자리잡을 수 있는, 규모가 작은 집단이나 밀도가 높은 연결망에서만 주로 가능하다는 것이다. 그렇지 않으면, 긍정적 제재를 활용하는 것은 순종의 여부를 감독하는 것처럼 비용이 높을 수 있다. 그래서 콜먼은 높은 수준의 연대성은 오직 비교적 적은 숫자의 행위자가 그들의 자원에 대한 통제권을 지시적 규범에 양보하고 행위자의 효용을 상승시키는 긍정적 외부성에 크게 의존하는 경우에만 가능하다고 주장한다. 결국 집단이 커질수록, **금지적 규범**이 사회적 통제의 메커니즘으로 도입될 필요성이 생긴다.

3) 집단연대의 원칙: 헥터와 콜먼의 이론 종합화하기

이상에서 분명히 드러나듯이, 콜먼의 이론은 연대에 대한 헥터의 합리적 선택이론이 도착했던 지점과 같은 지점에 도달한다. 이런 관점의 수렴은, 양자를 하나로 합쳐진 형태(*composite form*)로 만들면 더욱더 분명히 드러날 수 있다. 〈표 21-3〉에 정리한 원칙은 이를 나타낸다.[12]

이 표에서 헥터와 콜먼의 이론적 도식에 해당하는 용어는 그대로 섞여 실려 있고, 그리하여 각각이 본래 기여하고자 한 바를 강조하려 하였다. 이 표는 사회적 연대에 초점을 맞추어 설명하는데, 연대를 적용하는 이러한 설명은 〔헥터와 콜먼이 주장했을 것처럼〕 다른 사회적·문화적 현상에도 그대로 설명될 수 있을 것이다. 하지만 여기서는 연대에 관한 4가지 원칙에 초점을 맞추어 보기로 한다.

원칙 1은 행위자들이 규범을 만들어내는 것에 왜 관심을 가지는지에 대해 콜먼과 헥터가 가진 관점을 간단히 설명하는 것이다. 핵심적 조건은 공통적으로 경험한 부정적 외부성, 높은 빈도의 무임승차, 그리고 효용을 가져다주는 협동재화의 생산에 행위자가 서로 의존하는 것이다. 이런 조건에서 행위자는 그들이 가진 통제권을 포기한다. 원칙 2는 헥터의 이론에 따라, 행위자가 자기자신의 광범위한 통제권을 집단규범에 종속시키는 강력한 규제적 규범을 만드는 조건을 요약한다. 그러한 강력한 규범이 생성될 수 있는 기본적 조건은 다음과 같다. (원칙 1에서 제시된 조건으로 활성화되는) 규범을 만

〈표 21-3〉 사회적 연대의 원칙

1. 협동재화를 생산하는 행위자들이 규범을 만드는 것에 대해 가지는 관심은 다음이 커질수록 증가한다.
   A. 행위자들이 집합적으로 경험하는 부정적 외부성들의 강도
   B. 협동재화를 생산할 때 발생하는 무임승차의 비율
   C. 협동재화의 생산에 행위자들이 의존하는 정도

2. 협동재화의 생산을 규제하는 데 관심을 가지는 행위자들에 의해 만들어진 규범들의 강도는 다음이 커질수록 증가한다.
   A. 협동재화의 생산에 행위자들이 의존하는 정도
   B. 행위자들이 그들이 생산한 협동재화를 소비하는 정도
   C. 협동재화를 생산함으로써 효용을 얻는 행위자들의 비율
   D. 협동재화의 생산에 참여하는 구성원들 간 소통의 빈도. 이는,
      1. 집단의 크기와 부적(negative) 연관을 가지고
      2. 집단 구성원 간의 연결망의 밀도와 정적(positive) 연관을 가진다.

3. 협동재화의 생산을 규제하는 지시적 규범과 금지적 규범의 비(ratio)는 다음이 커질수록 증가한다.
   A. 규범적 의무들에 대한 순종을 감독하는 비용을 낮출 수 있는 능력.
      이는 다음과 정적 관계를 가진다.
      1. 행위자들 간 소통의 빈도 2. 연결망의 밀도
      3. 비공식적 감독 대 공식적 감독의 비 4. 비공식적 제재 대 공식적 제재의 비
   B. 긍정적 제재 대 부정적 제재의 비. 이는 비공식적 제재 대 공식적 제재의 비와 정적 관계를 가진다.

4. 그러므로 협동재화를 생산하는 행위자들 사이의 연대성의 정도는 다음에 따라 증가한다.
   A. 협동재화의 생산에 행위자들이 의존하는 정도가 높은 경우
   B. 규범적 의무들이 광범위한 경우
   C. 지시적 내용의 규범과 금지적 내용의 규범의 비가 높은 경우
   D. 긍정적 제재와 부정적 제재의 비가 높은 경우
   E. 감독과 제재 비용이 낮은 경우
   F. 협동재화의 생산으로부터 효용을 얻는 행위자들의 비율이 높은 경우

들어내는 것에 대한 이해 및 관심, 협동재화의 소비와 그 재화를 생성하는 데 주어진 외부보상의 비(즉, 보다 많은 구성원들이 협동재화를 소비할수록, 더욱 강력한 규범을 만드는 데에 대한 이해 및 관심이 커짐), 행위자의 협동재화의 효용에 대한 높은 수준의 의존, 협동재화의 생산으로부터 효용을 얻는 행위자의 높은 비율, 행위자 간의 빈번한 소통(관련된 행위자의 숫자와 부정적 연관을 가지고 그들의 연결망의 밀도와 정적 연관을 가짐)이 그것이다.

다음으로 원칙 3은, 원칙 1과 2의 조건하에서 행위자가 만들어낸 규범이 얼마만큼 지시적인지 금지적인지의 문제를 다룬다. 지시적 내용을 증가시키는 근본적 힘은 행위자가 협동재화를 생산하는 과정에서 서로를 감독할 수 있는 능력(이는 집단의 크기와 연결망의 밀도와 관련됨)과 부정적 제재 대신 긍정적 제재(이는 제재에 있어 비공식적 수단을 사용할 수 있는 능력과 관련됨)를 사용할 수 있는 역량이다.

마지막으로 원칙 4는 어떻게 앞서 언급한 3가지 원칙이 다 같이 합쳐져 사회적 연대를 증가시킬 수 있는지를 요약한 것이다. 가장 기본적인 결론은, 행위자가 협동재화에 의존하는 정도가 크면, 그들이 강력한 규범을 발달시키면, 또는 지시적 규범의 내용 대 금지적 규범의 내용의 비가 높으면, 긍정적 제재 대 부정적 제재의 비가 높으면, 그리고 효용을 얻는 행위자의 비율이 높으면 사회적 연대는 증가한다는 것이다.

4. 나가며

합리적 선택이론가들은 사회학을 경제학과 연결시키면서, 초기 사회학자들이 불가능하다고 여겼던 작업, 즉 창발적인 사회적 형식과 구조를 합리적이고 자신의 이익을 추구하는 개인들의 행위의 결과물로 개념화하는 것을 달성하고자 하였다. 이 장에 소개된 두 이론은 그러한 목적을 위해 개인의 합리성을 가정으로 하면서 사회학자들이 내놓은 작업 중에서 가장 뛰어난 작업 중 두 가지라 할 수 있다. 그들의 대답이 만족스러운지 아닌지의 여부는 인간의 행위가 언제나 효용과 보상이라는 관점에서 설명될 수 있는지, 그리고 사회적으로 조직화되어 나타나는 것들이 그러한 설명으로 충분히 이해될 수 있는지에 대해 얼마만큼 받아들일 수 있는지에 달려 있다고 할 수 있다.

이 두 이론은 문화적 그리고 사회적 과정을 설명할 수 있는 경제이론을 사용하고자 한 광범위한, 전 세계적으로 시도되었던 노력의 일부라고 할 수 있다. 물론, 이러한 합리적 선택에 기반한 관점은 사회학뿐만 아니라 정치학에도 영향을 미쳤고 앞으로도 그러할 것이 분명하다. 사회학은 20세기 초반에 거부했던 이론을 20세기 말엽 다시 받아들인 바 있다. 2010년대에 들어서고 나서도 합리적 선택이론은 사회적 우주를 과학적으로 설명하는 데 있어 가장 돋보이는 접근으로 남아 있다.

주

1 Adam Smith, *An Inquiry into the Nature and Causes of the Wealth of Nations* (Indianapolis: Liberty Fund, 1981; 초판 1775~1776).

2 Adam Smith, *The Theory of Moral Sentiments* (Indianapolis: Liberty Fund, 1974; 초판은 1759년에 출간됐고, 이후 *The Wealth of Nations*에서 제기된 질문을 고려하여 개정되었다).

3 같은 책.

4 이러한 접근은 다른 학문들에서는 다른 명칭을 가지기도 하지만, 그 핵심적 아이디어들은 경제학의 신고전경제학과 게임이론에서 나온다. 그리고 정치학과, 어느 정도는 사회학과 인류학에서도 나온다. Michael Hechter, *Principles of Group Solidarity* (Berkeley: University of California Press, 1987); "Rational Choice Foundations of Social Order", in *Theory Building in Sociology*, ed. J. H. Turner (Newbury Park, CA: Sage, 1988).

5 Mancur Olson, *The Logic of Collective Action* (Cambridge, MA: Harvard University Press, 1965).

6 Hechter, *Principles of Group Solidarity* (주 4 참조), p. 49.

7 같은 책, p. 126.

8 같은 책, pp. 59~77, 104~124.

9 같은 책, pp. 126~146.

10 그의 초기 에세이의 예로는 다음을 참조하라. James S. Coleman, *Individual Interests and Collective Action: Selected Essays* (Cambridge: Cambridge University Press, 1986).

11 James S. Coleman, *Foundations of Social Theory* (Cambridge, MA: Belknap, 1990).

12 다음 글도 참조하라. Jonathan H. Turner, "The Production and Reproduction of Social Solidarity: A Synthesis of Two Rational Choice Theories", *Journal for the Theory of Social Behavior* 22 (1993): pp. 311~328.

22 장

교환 네트워크이론

1. 들어가며

리처드 에머슨의 선구적 업적은 그의 동료들과 몇 대에 걸친 그의 학생들에 의해 확장되었다. 그 결과는 주로 실험에 기반한 연구결과의 축적이었고, 에머슨의 이론적 아이디어를 확장한 것을 검증한 것이었다. 이 장에서 우리는 3명의 이론가들과 그들 동료들의 작업을 살펴볼 것이다. 이런 비교적 새로운 연구의 중심에는 여전히 에머슨의 이론적 아이디어가 자리잡고 있다.

2. 캐런 쿡의 이론적 프로그램

교환 네트워크이론가(*exchange-network theorist*)의 관심을 끌었던 주요문제는 리처드 에머슨과 공동작업을 했던 캐런 쿡(Karen Cook), 그리고 그들 둘 중 하나 또는 둘 모두와 작업했던 학생들에 의해 공식화되었다. 쿡과 그녀의 동료가 탐구했던

문제는 다양하다. 그중에서 두드러진 것은 다음과 같다. ① 행위자가 교환 네트워크 속에서 파트너에 대한 헌신을 발달시키는 조건, ② 권력의 사용, 형평, 그리고 정의에 대한 고려 간 관계, 그리고 ③ 제한된 교환과 일반화된 교환 간의 역학 등이다. 이 3가지 연구문제 각각에 대한 간단한 설명을 관련된 실험연구 그리고 그 연구가 제시하는 포괄적 함의와 함께 제시한다.

1) 네트워크에서 헌신이 발현되는 과정

에머슨의 본래 이론에서는, 권력의 불균등한 분포는 더 유리한 위치에 있는 행위자가 상대방으로부터 더 많은 자원을 가져오기 위해 그 교환관계가 균형(*equilibrium*)에 도달할 때까지 자신의 권력을 사용하는 결과를 낳는다. 에머슨과의 초기 연구에서, 쿡은 헌신이 권력사용에 미치는 영향, 또는 그 역방향의 효과에 대해 연구했다. 이 같은 연구주제를 탐구한 이유는, 네트워크적 관점에서는 행위자

는 완벽히 자유롭고 경쟁적인 시장에서 활동하는 것이 아니다. 왜냐하면 서로 관계적으로 연결돼 있고 그런 연결을 바탕으로 교환관계를 맺기 때문이다. **헌신**은 행위자가 다른 잠재적 대안 대신 현재의 파트너를 선택할 때 나타나는 것이다. 현재의 파트너가 다른 잠재적 파트너보다 더 적은 이득을 줄 수 있는 경우에도 지속적으로 현재의 파트너와의 관계를 지속하는 극도의 헌신이 나타나기도 한다. [1]

행위자가 합리적이고 계산적이라는 관점에서는 더 큰 권력을 가진 행위자가 타인에 대해 헌신하는 것은 비합리적이다. 그러한 헌신은 대안에 대한 탐색활동을 감소시키게 되고 결과적으로 상대방으로부터의 보상(payoff)을 얻을 수 있는 능력을 감소시키기 때문이다. 역으로, 표면적으로만 보면 상대적으로 불리한 위치에 있는 행위자는 자신의 자원을 적극적으로 가져가려 하는 상대방에 대해 그러한 애착이나 믿음을 가지는 것은 불합리하다고 할 수 있다. 하지만 현실에서는 그러한 현상이 주로 나타난다. 초기 연구에서는 권력의 사용이 헌신과 역(逆) 관계를 가지는 것으로 나타났다. 헌신적 행동을 보이는 행위자는 자신이 가진 유리한 권력을 덜 유리한 상대방에 대해 사용하려는 경향이 오히려 더 낮게 나타났다. [2] 이러한 경향성에 대해 제시된 한 가지 초기 설명은, 헌신이 불확실성을 줄인다는 것이었다. 즉, 행위자가 빈번하게 교환행위에 참여하면서 보상의 비에 점점 더 집중하게 되고 결과적으로 교환행위에 내재한 불확실성을 감소시키고자 하는 것이다. 그리고 헌신은 더 큰 권력을 가진 행위자를 순치(temper)시키는 효과를 가지기도 한다. 왜냐하면 유리한 위치에 있는 행위자가 대안을 찾으려는 노력을 덜 보이게 되고, 예측할 수 있는 비

용으로 그런 권력을 가진 행위자에게 보상이 규칙적으로 주어지게끔 할 수 있기 때문이다. 이어서 제시된 쿡의 후속 해석은, 권력을 가진 행위자로부터 헌신을 이끌어내는 것은, 그들의 권력사용을 제한할 수 있는 균형화 전략(balancing strategy)이라는 것이었다.

이후 피터 콜록(Peter Kollock) [3]은 보상을 얻는 데 있어 위험과 불확실성이 있는 조건에서, 헌신은 교환에 참여하는 파트너들 모두에게 이득을 극대화하는 전략이 된다고 주장했다. 헌신적 관계를 수립함으로써, 각 행위자는 위험과 불확실성과 관련된 비용을 낮출 수 있다. 뿐만 아니라 헌신 그 자체가 각 행위자들의 보상을 증가시킬 수 있는 가치 있는 자원이 될 수 있다. [4] 특히, 헌신은 권력을 적게 가진 행위자가 더 유리한 권력을 지닌 행위자의 권력사용을 감소시키는 새로운 종류의 자원으로 권력균형화 전략에서 제시하는 그 무엇으로 볼 수 있다. 이 부분은, 이후에 설명하겠지만, 에드워드 롤러와 윤정구[5]가 확장적으로 발전시킨 부분이다. 그들은 헌신을 빈번하게 교환하는 행위자 간에 발현되는 감정의 표지들로 바라보았다. 그러한 헌신은 관계 그 자체에 대한 애착과 지지를 가지게끔 하고 그리하여 교환관계의 상대 사이에 새로운 종류의 '감정적 효용'(emotional utility)을 추가적으로 제공하는 것으로 보았다.

2) 교환 네트워크에서 형평과 정의

에머슨과 쿡은 그들의 초기 공동작업에서 **형평**(equity), 또는 행위자가 각각 기여한 정도에 상응하는 것으로 서로 합의해 나눈 결과물의 분포에 대

한 관심은 권력의 역학관계와 밀접한 관계를 가진다는 것을 발견했다. 만약 행위자가 상대방의 보상수준에 대해 알고 있고, 형평성의 정도에 대한 관심이 매우 높을 때는, 유리한 위치에 있는 행위자의 권력사용은 어느 정도 제한된다. 이런 발견은 초기 교환이론부터 주요문제 중 하나였던, 교환관계에 있어서의 정의 문제에 대한 다른 연구결과와 일치한다.

이외에도 쿡은 주로 캐런 헤그베트(Karen A. Hegtvedt)나 다른 학자와 공동으로 수행한 연구에서 사회적 교환에서 정의의 역할에 대해 조사했다.6 쿡과 헤드베트의 연구 중 가장 강조된 개념적 구분은 **분배정의**(*distributive justice*)와 **절차적 정의**(*procedural justice*)에 대한 것이다. 분배정의는 행위자 간에 자원을 할당하는 규범이나 규칙이 되는 것을 말한다. 여기에는 몇 가지 종류의 규칙이 있다. 모든 이에게 동일한 몫을 나눠 주는 **평등**(*equality*)이나, 결과물을 만드는 데 있어 행위자가 수행한 상대적 기여도나 투입의 정도에 따라 할당하는 **형평**이나 공평, 또는 자원을 가장 필요로 하는 사람에게 가장 많이 배분해 주는 필요와 같은 것이 있다. 반면, 절차적 정의는, 협상으로부터 도출되는 분배 결과보다는, 협상과정 자체가 얼마나 공정한 것으로 여겨지는가를 가리킨다. 행위자가 인식하는 절차에 있어서의 공정함은 그들이 상호 간에 어떻게 대응할지에 영향을 미친다. 이는 그들이 협상하는 과정에서 사용하는 여러 전략과 전술에도 영향을 미친다.

그렇다면 권력은 정의에 대한 고려나 인식에 어떻게 영향을 미치는가? 그동안의 연구결과는 여러 가지 결론이 섞여 있다. 그러나 쿡과 헤그베트의 실험연구나 그들이 정의에 대한 보다 방대한 문헌에 대해 요약한 것을 살펴보면 몇 가지 일반화된 결론이 있다. 그중 하나는 행위자가 더 유리한 위치에 있을수록, 일반적으로, 자원의 분포에 대해 더 공정한 것으로 보는 경향이 있다는 것이다. 이런 공정함의 인식은 그들이 결과물에 투입한 자신의 투입량 대 결과물의 비와 관련된다. 즉, 그들은 그들의 투자나 비용에 대해 적절한 보상을 받는 것으로 생각한다. 그러나 권력이 더 많은 행위자는 그들의 유리한 위치가 그들의 능력이나 협상에서의 재능보다 그들의 구조적 위치에 기인한다는 것을 알면 그들이 권력사용을 강요하는 경향을 나타낸다. 그와는 반대로, 권력에 있어 불리한 위치에 있는 행위자는 주어진 상황을 덜 공정하게 보고 그들의 상대적으로 적은 권력을 극복하기 위해 더 열심히 협상하려 한다.

형평에 대한 인식, 또는 자신의 기여도에 상응하는 보상에 대한 감각이라 할 수 있는 것은 왜 어떤 이가 보상을 얻는가를 설명함에 있어 실제로 권력을 통해 얻은 이익보다도 더 큰 영향력을 미친다.7 자신이 공정한 대우를 받았다고 생각하는 개인들은 긍정적 감정을 가지고, 그들은 그런 공정한 결과를 (그들의 그 상황에서의 정체성을 유지하기 위해) 자신의 특성과 상대방의 특성에 기인하는 것으로 보고자 한다. 그런데, 그러한 귀속(*attribution*) 과정은 어떤 영향을 받을 수 있다. 왜냐하면 유리한 권력을 가진 자는 (그리고 그러한 유리함을 가지고 있음을 잘 인식하는 사람은) 그들의 교환상대의 특성보다 그들 자신의 특성과 그들에게 권력적 이점을 가져다준 상황 그 자체에 그들의 성공의 원인을 더욱 귀속시키는 경향을 나타내기 때문이다. 약한 상대방이 그들의 구조적으로 불리한 권력에 대해 깨닫지 못하는 경우, 그들은 그들의 저조한 성과를 극복하기 위해 더욱더 열심히 협상하려 한다. 만약 그러한 노력이 성공을 가져다주면, 그들은 그런 성공을 개인적 특성으로 귀속시킬 가능성이 크다.

분배정의, 또는 이익의 할당이라 부를 수 있는 것과 절차적 정의 간의 관계는 그다지 분명하지 않다. 그러나 쿡과 헤그베트는 기존 문헌에서 몇 가지 일반화할 수 있는 결론을 도출한다.[8] 그중 하나는, 불공정한 결과에 대한 인식은 거의 언제나 그 결과물에 이르는 과정 또한 불공정하다는 인식과 함께 한다는 것이다. 그러나 행위자가 스스로 생각하기에 공정한 결과물을 얻는 경우, 불공정한 절차 그 자체는 언제나 결과가 부당하다는 느낌을 만들어내지는 않는다. 그래서 사람들은 결과를 가지고 절차를 판단하는 경향을 보인다. 결과물이 좋고 공정하다고 여겨지는 경우, 사람들은 절차에 대해 덜 비판적이다. 심지어 절차가 분명히 불공정한 경우에도 그러하다. 반면 만약 결과물이 좋지 않고 불공정하다고 여겨지는 경우 절차는 그것이 공정한 경우에도 거의 언제나 부당하다는 평가를 받는다.

이와 관련된 중요한 연구가 많이 이뤄져야 한다. 특히 권력이 가지는 핵심적 동학에 대한 것이 그것이다. 정의와 공평함에 대한 인식은 어떻게 권력과정이 작동하는지에 영향을 미친다. 만약 권력사용이 정의롭다는 감각을 만들어내면, 또는 만약 그것이 일반적으로 받아들여지는 분배 및 절차적 정의와 일치하면, 권력사용은 더 많은 균형 잡힌 교환을 만들어낼 것이다. 만약 권력의 불균등함이 유리한 위치에 있는 행위자로 하여금 정의의 규칙을 어기게 만들거나, 행위가 부정의하다는 인식을 만들어내면, 권력사용은 불균형을 지속시키게 된다. 이에 따라 불리한 위치의 행위자는 — 만약 할 수 있다면 — 교환관계의 균형을 다시 잡기 위한 새로운 전략을 탐색하게 된다.

3) 일반화된 교환 네트워크

합리적 선택이론을 다룬 21장에서, 우리는 질서의 기초적 문제는 **무임승차**란 문제 또는 딜레마임을 확인했다. 이득을 최대화하고 비용을 최소화하고자 하는 합리적 행위자에게는 협동재화의 생산에 기여하지 않는 것이 합리적인 것이다. 예를 들어, 그룹을 지어 기말 보고서를 써서 같은 학점을 받는 경우와 같이 일군의 행위자가 어떤 생산품을 만들 때, 각각의 행위자는 보고서를 쓰는 비용을 지불하는 것을 회피하면서 좋은 학점의 혜택 받기를 꾀하는 것이 합리적이라고 할 수 있다. 다른 표현으로는, 타인의 노동에 **무임승차**를 하는 것이 합리적인 것이다. 물론 여기서 딜레마는 만약 모든 이가 무임승차를 하는 경우 아무도 협동으로 생산한 재화로부터의 이득을 얻을 수 없다는 것이다. 21장에서 살펴보았듯이, 합리적 선택이론가는 무임승차의 조건하에서 행위자는 규범의 체계, 감독 절차, 제재의 체계를 만들어 무임승차의 부정적 결과를 통제하고, 그리하여 협동재화의 생산이 이뤄질 수 있도록 한다.

쿡[9]은 무임승차와 같은 사회적 딜레마 문제를 오랫동안 연구해온 도시오 야마기시(Toshio Yamaghisi)[10]와 수행한 비교적 최근의 작업에서, 합리적 선택이론가들이 다룬 것과 같은 주제를 좀 다른 각도에서 접근했다. 에머슨은 ①기초적 교환 (elementary exchange)이라는, 행위자 각 개인이 계산한 각자의 이득을 늘리기 위해 자원을 직접 교환하는 행위와, ②생산적 교환 (productive exchange)이라는, 행위자가 그들 각자의 자원을 합친 것으로부터 오는 이득을 늘리기 위해 자원을 교환하는 행위를 구분했다. 그런데 그런 에머슨의 구분법은 다음과 같은 더욱 근본적인 구별을 포착하지 못했다. ①직접적 교환(direct exchange)과 ②일반화된 교환(generalized exchange)이 바로 그것이다. 네트워크에서의 교환을 다루는 대부분의 연구는 이 중 직접적 교환에만 초점을 맞춘다. 여기서는 행위자가 연결망 안에서 궁극적으로 일련의 두 사람 사이의 교환으로 이해될 수 있는 자원의 주고받음을 수행한다. 사실 이 장에서 소개되는 대부분의 이론적 아이디어는 직접적이고 두 사람 사이의 교환을 바탕으로 한 실험에서 착안한 것이다. 하지만 19장에서 교환이론의 역사를 다루었을 때 보았듯이, 인류학자는 오랫동안 일반화된 교환이라고 하는 것에 관심을 가져왔다. 일반화된 교환에서는 행위자가 타인에게 자원을 나눠 주지만 그것을 꼭 되돌려 받지는 않는다. 오히려 그들은 행위자의 다른 행위자 모임(pool)에서 자원을 나눠 줘야겠다는 의무감을 느낀 다른 사람으로부터 간접적으로 자원을 받게 된다. 예를 들어, 어떤 사람이 자동차가 고장 난 다른 사람에게 도움을 제공하는 경우, 도움을 주는 이 사람은 감사와 고마움과 같은 직접적 보상을 받을 수 있지만, 더 일반화된 교환이 작동하고 있다. 도움을 주는 사람은 그들 자신에게 자동차 문제가 생기면 타인이 자신을 도와줄 것이라고 기대한다. 초기 인류학자인 마르

셀 모스나 클로드 레비스트로스는 그런 일반화된 교환관계가 사회적 연대의 사슬(chain)을 만들어 냈다고 생각했다. 이런 초기 연구를 살펴보고 정리한 피터 에케(Peter Ekeh)[11]는 유사한 결론에 도달했다. 중요한 것은, 그는 이후에 쿡과 야마기시가 추가적으로 연구한, 일반화된 교환의 유형을 나눈 중요한 작업을 수행한 것이다. 일반화된 교환의 한 가지 기본유형은 **집단에서의 일반화된 교환**이다. 이는 집단 구성원이 자신들의 자원을 하나로 모아 그로부터 이로운 결과물을 얻는 경우다. 또 다른 유형은 쿡과 야마기시가 **네트워크에서의 일반화된 교환**이라고 부르고자 한 것이다. 여기서는 행위자가 공동으로 속한 네트워크의 다른 행위자에게 〔그 수가 어느 정도이건〕 도움을 준다. 그래서 본래 행위자는 그 네트워크의 다른 행위자로부터 궁극적으로 자원을 받는다.

집단에서의 일반화된 교환은 합리적 선택이론가가 상정하는 상황인, 무임승차가 발생하고 그에 대해 규범과 기타 사회통제의 체계가 생겨나는 상황과 가장 유사하다. 여기서 행위자는 공동자원에 그들의 몫을 기여하는 것을 피하고 집단생산의 이득은 누리는 것이 합리적이라고 생각한다. 하지만 만약 모든 구성원이 무임승차를 하면, 아무도 이득을 얻지 못하고, 여기서 규범의 체계, 감독, 제재, 신뢰 그리고 다른 기제가 출현해 무임승차를 제한하게 된다. 하지만 쿡과 야마기시 또한 지적하듯이, 네트워크에서의 일반화된 교환 또한 무임승차의 잠재적 딜레마를 가진다. 만약 자원의 흐름에 있어 어떤 사람이 한쪽으로부터 자원을 얻은 다음에 그 교환의 사슬에서 다른 사람에게 자원을 제공하지 않으면, 첫 행위자 그리고 아마도 사슬의 고리에서

첫 행위자와 배신자(defector) 사이에 있는 모든 행위자는 이득을 얻을 수 없게 된다. 그러므로 이 연결망은 몰락하게 된다. 하지만 연결망 교환에 속한 행위자 간에는 직접적 연결(connection)이 있기 때문에, 쿡과 야마기시는 집단에서의 일반화된 교환에서보다 네트워크에서의 직접적 교환체계에서 참여자가 협력할 가능성이 더 높다고 주장했다.

이 같은 차이가 나는 것은, 집단에서의 일반화된 교환에서는 행위자가 그들의 자원을 하나로 모으는 데 있어, 어떤 특정 행위자에게 자원을 줄 필요가 없어 무임승차 할 유혹이 높기 때문이다. 다른 한편으로는 집단이 커질수록 어떤 한 행위자가 참여하지 않는 것이 결정적 차이를 낳지는 않고 눈에 잘 띄지 않는 이유로 각 행위자의 책임이 분산되기 때문이다. 네트워크에서의 일반화된 교환 또한 그 집단이 커지면서 비슷한 경향성이 나타난다. 특히 만약 연결이 중첩되고 서로 교차해 연결의 사슬이 복잡해지고 겹치게 되면 그러하다. 하지만 통제는 여전히 이뤄진다. 어떤 행위자가 적절한 기여를 하지 않으면 최소한 한 명의 행위자는 그것을 알게 되기 때문이다.

결과적으로 신뢰(trust)는 네트워크에 기반한 일반화된 체계에서 생겨날 가능성이 크다. 그런 네트워크에서는 어떤 종류의 감독이 이뤄지는데, 그로 인해 각 행위자는 적절한 방식으로 교환이 이뤄질 것임을 예상한다. 이런 기대는 결국 신뢰가 된다. 그러한 신뢰는 자원의 일반화된 교환에 있어 참여와 협력을 위한 규범적 환경을 형성한다. 이러한 신뢰와 협력에의 경향성은 집단에서의 일반화된 교환보다 네트워크에서의 일반화된 교환에서 더 크다. 우리가 합리적 선택이론을 리뷰할 때 살펴보

았듯이 무임승차는 신뢰 외에도 집단에서의 일반화된 교환을 확보해 주는 추가적 기제를 만들어낼 수 있다. 그러나 이러한 기제는 협동재화를 만들어내는 비용을 증가시킨다.

쿡의 이런 최근 작업이 중요한 이유는 지난 20년간 별도로 발전해간 두 가지 종류의 교환이론 — (이전 장에서 다룬) 합리적 선택 접근과 네트워크 접근 — 을 하나로 연결시켰기 때문이다. 일반화된 교환체계의 네트워크를 분석하는 것에 무임승차나 다른 사회적 딜레마의 문제가 고려되기 시작하면, 두 이론 간에 생산적 교차수정(cross-fertilization)이 일어나게 된다. 이것이 네트워크에 가지는 중요성은 소집단(small-group)에서의 연대문제를 넘어선다. 연결망에서의 일반화된 교환체계 안에 있는 경로의 특성은 모든 종류의 사회구조에 중요하다. 예를 들어, 경로의 숫자, 교환사슬의 길이, 연결의 밀도, 연결들의 중심성 그리고 네트워크의 기타 특성은 무임승차의 정도에 영향을 미친다. 이어서, 무임승차의 정도는 협동재화의 생산을 유지시키는 데 활용되는 여러 종류의 메커니즘(예: 단순한 신뢰로부터 감독과 제재 같은 더욱 직접적인 형태의 사회적 통제)에 영향을 미친다. 사회질서의 상당부분은 그러한 일반화된 교환체계로부터 형성되고, 그러한 의미에서 쿡과 그의 동료 연구자의 프로그램이 가진 최근의 방향성은 매우 촉망된다고 할 수 있다. [12]

3. 에드워드 롤러의 연결망 교환이론

에드워드 롤러(Edward J. Lawler)와 그의 공동연구자들은 새로운 교환 네트워크이론을 발전시켰다. 이는 최근 몇 년간 에머슨의 이론을 감정과 사회의 거시구조에 대한 헌신(commitment)의 과정에 관한 사회학과 결합시켰다.

1) 교환 연결망에서의 헌신

윤정구(Jeongkoo Yoon)와의 연구에서 에드워드 롤러는 감정적 헌신이 어떻게 교환관계에서 발전하는지 이해하고자 노력했다.[13] 그들의 모델에서, 구조적 권력은 교환의 빈도에 따라 증가하고, 이는 보상에 대한 불확실성을 감소시킨다. 이어서, 불확실성의 감소는 교환관계에 대한 행위자의 헌신을 증가시킨다. 왜냐하면 예측가능성은 교환으로부터 오는 보상의 수준을 예측할 수 있게 해주기 때문이다. 그런데 롤러와 윤정구는 빈도, 불확실성 감소, 그리고 헌신 간의 관계에 대한 그러한 가정

이 실제로 작동하는 감정적 역학에 대한 대용물이라는 것을 이론화하였다. 그들이 보기에는 이러한 감정적 힘이 실험상황에서 분리되면, 그런 불확실성 감소 주장은 감정적 애착(emotional attachment) 이론에 의해 대체된다고 보았다. 그런 불확실성 감소과정은 헌신을 만들어내는 데 있어 독립적 요소로 남아 있을 수 있지만, 롤러와 윤정구의 실험은 그들의 대부분의 가설을 확증한다.

롤러와 윤정구가 실험한 모델이 〈그림 22-1〉에 제시되어 있다. 모델의 왼편에는 권력의존(power-ependence)에 대한 에머슨의 본래 이론을 바탕으로 한 구조적 조건이 있다. 총권력(total power) 자원을 위해 행위자 상호 간에 의존하는 정도를 나타낸다. 이런 상호의존성이 클수록, 관계에 있어서의 총권력은 커진다. 에머슨의 공식에서 나오는 또 다른 개념은 **상대적 권력**(relative power)이다. 이는 자원을 위해 행위자 서로가 가지는 의존성의 불평등 정도를 나타낸다. 예를 들어, 행위자 A의 상대적 권력은 A와 B의 권력에 있어 A가 B에 대해 갖는 권력의 비율(proportion)이다. A의 비율

〈그림 22-1〉 롤러와 윤정구의 헌신 모델

이 높을수록, A의 상대적 권력이 커지고 관계에 있어서의 불평등은 커진다. 〈그림 22-1〉에 제시되었듯이, 롤러와 윤정구는 상대적 권력을 '동등한 권력'(equal power)으로 표현하는데, 그 주장은 사실상 높은 수준의 총권력과 낮은 수준의 상대적 권력(또는 평등)이 있는 구조적 상황에 관한 것이다. 행위자가 상대방을 위해서 제공하는 자원에 더 크게 상호 의존할수록(높은 총권력) 그리고 이 자원에 대한 그들 각자의 의존도가 더 평등할수록(평등한 권력 또는 낮은 상대적 권력), 그들의 권력관계에는 더욱 강한 **구조적 응집성**(structural cohesion)이 자리잡게 된다. 결과적으로 이 교환들에는 더 빈번한 교환과 동의가 나타난다. 그래서 구조적 응집성, 또는 높은 총권력과 낮은 상대적 권력이 감정과 헌신에 미치는 영향을 교환의 빈도에 따라 작동하게 된다.

롤러와 윤정구에게 감정(emotion)이란 비교적 단기간의 긍정적 또는 부정적 평가상태(evaluative state)를 의미한다. 그들은 비교적 온건한 수준의 긍정적 감정, 그리고 그것이 헌신에 미치는 영향을 강조한다. 두 가지 종류의 온건한 감정이 강조된다. ① 가치를 가져다주는 보상에 대한 예상으로부터 오는 관심과 흥분, 그리고 ② 행위자로 하여금 과거와 현재의 보상에 이끌리게 해주는 쾌락과 만족이다. 이 모델이 제시하듯이, 총권력이 높고 권력이 평등한 상태에서의 교환의 빈도는 교환에서의 합의를 증가시키고, 이는 이 두 가지 종류의 온건한 감정들(관심·흥분, 쾌락·만족)을 작동시킨다.

이러한 감정이 활성화되면서, 그것들은 관계적 응집(relational cohesion)을 증가시킨다. 관계적 응집은 자원에 대한 교섭(bargaining)에 있어 합의의 빈도와 그로 인해 발생하는 긍정적 감정을 합친 함수로 간단히 이해될 수 있다. 그러므로 상호작용이 더 빈번할수록 그리고 그로부터 더욱 긍정적인 감정이 생성될수록 **관계적 응집** 수준은 더 커진다. 이어서, 관계적 응집은 헌신적 행위(commitment behavior)를 낳게 되는데, 롤러와 윤정구가 행한 실험연구에 따르면 그것들은 3가지 유형으로 나눌 수 있다. ① 자원을 얻을 수 있는 다른 더 매력적인 대안이 있는 경우에도 현재의 교환관계에 계속 머무르는 것, ② 받을 것에 대한 어떠한 기대도 없이 교환상대에게 어떤 상징적 선물을 주는 것, 그리고 ③ 위험과 불확실성이 있는 경우에도, 교환상대와 같이 합작으로 사업을 하는 것 등이다.

일련의 실험으로 뒷받침되는 주장이 〈그림 22-1〉에 제시되었다. 그러나 그것들이 교환빈도가 불확실성을 감소시켜 헌신적 행위를 만들어내는 효과를 무시하는 것은 아니다. 즉, 헌신은 교환빈도의 불확실성 감소효과 그리고 온건한 긍정적 감정의 각성효과와 관련이 있는데, 그 두 가지 효과는 서로 연관성을 가진다고 볼 수 있다. 불확실성 감소는 아마도 긍정적 감정을 만들어내고, 그 반대도 가능할 것이다. 그 둘은 서로 연관성을 가진다고 볼 수 있다. 불확실성 감소는 아마도 긍정적 감정을 만들어내고, 그 반대도 가능하다. 그들의 모델과 연구결과를 설명하면서, 롤러와 윤정구는 〈그림 22-1〉에 충분히 구체화되지 않은 개념과 인과관계를 논의한다.

한 가지 중요 개념은 관계의 객관화(objectification) 또는 개인들의 인식으로서 교환관계 그 자체가 하나의 대상이자 개인이 경험하는 긍정적 감정의 원천이라는 것이다. 사람들이 관계 그 자체가 가치를 제공하기 때문에 관계 안에 머물듯이, 개인들이 관계를 상징하기 위해 어떤 상징적 선물을 주듯이, 그리고 관계라는 명목을 위해서 합작투자를 감행하듯이, 그와 같은 객관화는 헌신적 행위를 지속시키는 '힘'(force)이 된다.

일단 모델에 대한 산만한 논의(discursive discussion)가 끝난 후, 〈그림 22-1〉의 모델은 더욱 복잡해진다. 이런 추가적 복잡성은 〈그림 22-2〉에 나타나는데, ⓐ 롤러와 윤정구의 이론에 나오는 직접적, 간접적, 그리고 역의 인과적 힘(causal force)이 묘사되고, ⓑ 에머슨과 쿡의 불확실성 감소 논의 또한 표현되며, 그리고 ⓒ 객관화에 대한 논의가 추가되었다. 기본적 주장은 그대로 실렸고, 오히려 더욱 강화된 형태로 제시되었다. 높은

총권력은 교환빈도를 상승시키는 반면, 높은 상대적 권력 또는 불평등은 교환에 대한 합의에 부정적 효과를 미친다. 그리하여 높은 수준의 상호의존과 평등은 교환빈도를 상승시킬 것이고, 이는 보상에 대한 불확실성은 감소시키고 온건하고 긍정적인 감정을 촉발시킬 것이다. 그리고 불확실성 감소와 긍정적 감정은 그들 각각이 그리고 그 둘의 조합으로 관계의 객관화 정도를 상승시킬 것이다. 어떤 특정 교환단계나 상황에서의 구체적 협상과 보상을 넘어, 그 자체로 마음을 기쁘게 하는 것(gratifying entity)이 된다. 객관화와 관계적 응집은 함께 교환관계에 대한 애착과 헌신을 증가시키고, 이는 결속(bonding)과 집단형성의 정도를 상승시킨다. 이 그림에 나오는 경로는 롤러와 윤정구의 이론으로부터 유추 가능한 것이거나 그것

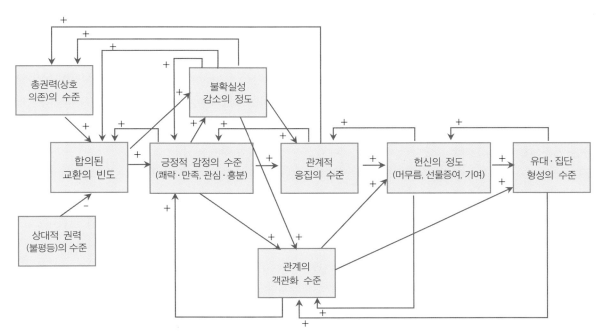

〈그림 22-2〉 관계적 응집과 헌신에 대한 롤러 모델의 확장

을 연장시켜 표현한 것이다.

헌신적 행위에 의해 집단유대가 형성되면, 객관화의 정도가 상승하고, 이는 추가적으로 긍정적 감정을 불러일으킨다. 이와 유사하게, 결속, 헌신, 그리고 관계적 응집은 모두 그러한 효과를 낳는데, 결과적으로 긍정적 감정이 상승하고 불확실성은 하락한다. 이것들 모두 교환에 대한 합의의 빈도를 상승시킨다. 불확실성이 감소하고 관계적 응집이 증가하면서, 이 상승하는 응집도는 가치 있는 자원에 대한 상호의존성을 상승시킨다. 이는 다시 한 번 개인들의 헌신을 지속시키는 효과를 낳는다. 물론 이러한 긍정적인 직접, 간접, 그리고 역행적인 인과적 효과는 영원히 지속돼 사람들을 헌신적으로 만들거나 감정에 취해 있게 만들 수는 없다. 하지만 이 모델은 어떻게 높은 총권력과 낮은 상대적 권력을 낳는 구조적 조건이 상호 되먹임을 하는 일련의 반복적 과정을 시작해 관계에 대한 헌신을 생성시키는지 잘 보여준다.

여러 가지 측면에서 감정에 대한 이 이론은 《종교생활의 원초적 형태》에 나오는 에밀 뒤르켐의 감정에 대한 분석과 수렴한다. 이 분석에서 뒤르켐은 개인들의 신체적 근접성이 심리적 열광을 강화시키고, 사람들이 느끼게 되는 어떤 외부적 힘을 방출하며, 사람들은 그것을 상징화하고 싶어 한다고 서술하였다. 그것이 토템이나 기타 수단으로 '객관화'되면, 이러한 상징에 대한 의례는 보다 더 큰 사회적 집단에 대한 감정과 헌신을 촉발시킨다. 이 이론은 또한 상호작용 의례(interaction ritual)에 대한 랜달 콜린스의 분석에도 수렴한다. 〈그림 12-1〉과 〈그림 22-2〉를 비교하면 금방 그러한 수렴 양상을 확인할 수 있다. 이에 따라 우리는 3가지 이론적 전

통이 서로 수렴함을 알 수 있다. 에밀 뒤르켐의 기능주의, 랜달 콜린스의 갈등에 대한 강조, 그리고 여기서 다룬 롤러와 그의 공동작업자들의 교환 네트워크 접근 등이 그것이다.

2) 감정에 대한 이론 정교화

롤러는 이러한 감정과 헌신에 대한 초기 이론을 정서(affect)에 대한 보다 견고한 이론으로 확장시켰다.[14] 그는 다음 두 가지를 구분하였다. ① **감정**(emotion)은 긍정-부정의 연속선상에 따라 놓인 것으로 널리 보편적으로 분산되어 있는 느낌들(feelings)이고, ② **정서**(sentiment)는 일, 자신, 타인, 그리고 집단과 같은 구체적인 사회적 대상에 초점이 맞춰진 것이다. 이러한 구분을 다루면서 롤러는 개인들은 교환관계에서 긍정적 또는 부정적 감정을 경험하고 동시에 그러한 전반적 감정의 근원과 원인을 이해하고자 노력한다. 그리고 그런 인지적 숙고과정으로부터 다양한 사회적 대상에 대한 정서를 발전시킨다고 주장한다. 그리고 그러한 정서가 형성되기 시작하면, 그것들은 서로 되먹임을 하고 개인들이 경험한 긍정적·부정적 경험의 종류나 강도에 영향을 미친다. 〈표 22-1〉은 이러한 주장을 요약한다.

만약 전반적 감정의 원인이 교환과정에서 수행하는 작업에 기인하는 것으로 생각되면, 사람들은 **유쾌함** 또는 **불쾌함**을 느낀다. 만약 그들이 그러한 감정의 원인을 그들 자신에게로 돌리면, 개인들은 경험이 긍정적인 경우 **자부심**을 느끼고 부정적인 경우 **수치심**을 경험한다. 만약 감정적 경험의 원인이 타인이라고 판단되면, 긍정적 느낌인지 또는 부

〈표 22-1〉 사회적 대상과 관련된 감정

감정의 성질	감정	사회적 대상
긍정적 부정적	유쾌함 불쾌함	작업
긍정적 부정적	자부심 수치심	자신
긍정적 부정적	감사 분노	타인
긍정적 부정적	정서적 애착 정서적 거리감	사회집단

출처: E. J. Lawler, "An Affect Theory of Social Exchange", *American Sociological Review* 107(2001): pp.321~352. 저자의 승인하에 사용.

정적 느낌인지에 따라 그들에 대해 **감사**나 **분노**를 느낀다. 그리고 만약 감정의 근원이 교환이 발생한 사회적 단위에 있다고 생각되면, 사람들은 **정서적 애착**(*affective attachment*) 또는 **정서적 거리감**(*affective detachment*)을 가질 것이다.

일반적으로, 개인들은 교환에 있어 긍정적 결과는 자기자신에게 원인이 있다고 생각하고, 실패에 대해서는 타인이나 소속집단을 비난하는 외적 귀인(*external attribution*)의 양상을 나타낸다. 부정적 감정의 원인에 대해서는 **원심적 편향**을 보이고, 긍정적 감정에 대해서는 자기자신이나 자신과 가까운 사람으로 원인을 돌리는 구심적 편향을 보이는 것과 관련하여 던질 수 있는 흥미로운 질문이 있다. 어떻게 개인들이 **구심적 편향**을 극복하고 긍정적 경험의 원인을 관계나 소속집단으로 돌리는 것이 가능한가? 이에 대한 롤러의 답은 복잡하지만 크게 두 가지 요인을 중심으로 한다. ① 협동교환(*joint exchange*)에 있어 **분리가능성** 또는 **분리불가능성**, 그리고 ② 교환의 유형이다. 이 두 가지를 설명하면 다음과 같다.

① 협동과업(*joint task*)에서 어떤 개인의 기여가 타인의 기여로부터 쉽게 분리돼 파악되기 힘든 경우에는, **분리 불가능한** 상황이라고 할 수 있다. 긍정적 결과물에 대해 이와 같은 분리불가능성이 있는 경우에는 개인들은 쉽게 모든 공을 자기에게 돌릴 수가 없고, 실패를 했을 경우에도 무조건 남만을 비난할 수 없다. 이것의 결과는 **사회적으로 매개된 자기효능감**(*socially mediated self-efficacy*)으로서 개인의 자기효능감이 타인의 행위와 밀접하게 엮인 경우다. 효능에 대한 인식은 일반적으로 **기쁨, 자부심, 들뜸**과 같은 긍정적 감정을 만들어내고, 효능감의 부재는 **슬픔, 우울**, 그리고 **수치심**과 같은 부정적 감정을 만들어낸다. 롤러는 "작업의 성공 및 실패에 있어 분리불가능성이 클수록 공동책임에 대한 인식이 커지고", "그러한 인식이 클수록 전체적인 그리고 구체적인 결과적 감정의 원인을 소속 사회집단(관계, 네트워크, 또는 집단)으로 귀인시킬 가능성이 높다"고 결론 내린다. [15]

② 롤러는 교환관계는 다음의 기본유형 중 하나라고 결론 내린다. ⓐ 생산적 교환, ⓑ 협상된 교환, ⓒ 호혜적 교환, 그리고 ⓓ 일반화된 교환 등이다. **생산적 교환**(*productive exchange*)은 타인과의 활동 조정 그리고 타인과의 자원교환을 중심으로 이뤄지면서 협동재화나 결과물을 생산하는 것이다. **협상된 교환**(*negotiated exchange*)은 둘 이상의 행위자 간에 보상에 대해 서로 직접 협의를 하여 교환에 있어 합의에 도달하는 것을 포함하는 교환이다. **호혜적 교환**(*reciprocal exchange*)은 순차적으로 일어난다. 한 사람이 미래에 되돌려 받을 것이라는 명시적 보장이 없이 다른 사람에게 자원을 주는 교환이다. **일반화된 교환**(*generalized exchange*)은, 앞서 설명했듯이, 네트워크에 속한 어떤 사람에게 자원을 주는데 그것을 받은 사람은 다른 구성원에게 자기 자원을 주고, 자원을 준 사람은 이전에 직접 교환을 하지 않았던 다른 사람으로부터 자원을 받는 패턴을 보인다.

롤러는 또한 어떻게 전반적 감정들의 촉발이 다른 여러 가지 사회적 대상에 대한 다양한 수준과 유형의 **귀인**으로 이어지게 되는지에 대한 추가적 명제를 제시한다. 생산적 교환은 높은 수준의 분리불가능성으로 이어지는데, 이는 협동으로 재화를 생산한 결과가 성공적인지 여부에 따라 높은 수준의 긍정적·부정적인 감정적 경험을 하게 하고 공동책임 의식을 가지게 한다. 협상된 교환은 교섭을 중심으로 이루어지는데, ① 개인이 어느 정도는 협의 결과에 있어 자신의 성공 또는 실패를 파악할 수 있기 때문에 중간수준의 분리불가능성을 보이고, ② 협의 결과에 대해 개인들이 높은 수준의 공동책임 의식을 가지고, ③ 협의 결과에 대해 성공 또는 실패에 대해 중간 또는 높은 수준의 감정적 반응을 보인다. 호의의 제공에 대해 보상받을 수 있다는 어떤 합의된 보장도 없이 이뤄지는 호혜적 교환은 ① 주고받음에 있어 분명한 분리가 있기 때문에 낮은 수준의 비분리성을 보이고, ② 낮은 수준의 공동책임 의식을 보이며, ③ 전반적 감정이 각성되는 정도가 낮다.

그래서 롤러의 관점에서는 생산적 교환관계가 다른 종류의 교환에 비해 좀더 강한 전반적 감정을 만들어낸다. 이는 각 행위자의 기여도에 대해 높은 수준의 분리불가능성과 공동책임에 대한 강한 의식 때문이다. 행위자 간의 직접적 교환은 간접적 교환이나 일반화된 교환보다 더 강한 전반적 감정과 공동책임에 대한 의식을 만들어낸다. 간접적인 일반화된 교환에 비해 직접적 교환은 더 강한 감정을 불러일으킨다. 왜냐하면 결과물이 각 행위자가 (불)합의한 것에 대해 기여한 만큼 또는 타인이 제공한 선물에 대해 (비)호혜성을 발휘하는 것에 의해 결정되기 때문이다. 그러나 이런 긍정적 또는 부정적 감정은, 행위자가 밀접하게 조직화되고 그들이 기여한 점이 쉽게 분리될 수 없는 생산적 관계에서 만들어지는 감정만큼 강하지는 못하다. 간접적 교환은 가장 낮은 수준의 전반적 감정을 만들어낸다. 왜냐하면 행위자가 분리돼 있고 결과물에 대해 낮은 수준의 공동책임 의식을 가지기 때문이다.

이러한 동학(*dynamics*)은 전반적인 긍정적 또는 부정적 각성을 대상물에 대한 구체적 정서로 변화시키는, 귀인의 본질에 대해서도 설명을 제시한다. 롤러는 다음과 같은 질문을 던진다. 어떠한 힘이 행위자로 하여금 자기자신이나 타인이 아니라 관계, 네트워크, 그리고 집단에 대해 결과의 원인을 귀인시킬 가능성을 증가시키는가?

그의 대답은, 원인을 관계와 집단으로 귀인시키는 것은 생산적 교환에서 일어날 가능성이 가장 크다는 것이다. 왜냐하면 각 행위자의 분리 불가능한 협동 기여, 그리고 가치 있는 결과를 만들어낸 조직화된 활동이 성공하거나 실패한 것에 대한 공동책임 의식이 있기 때문이다. 협상된 교환 또한 관계귀인(relational attribution)이나 집단귀인(group attribution)을 만들어낼 수 있다. 이 또한 중간수준의 분리불가능성과 높은 수준의 공동책임 의식이 결합돼 영향을 미치기 때문이다. 그러나 그 정도는 생산적 교환의 경우에 미치지 못한다.

호혜적 교환은 생산적 교환이나 협상된 교환보다는 관계귀인이나 집단귀인을 일으킬 가능성이 낮다. 이는 시간적으로 (수여자와 수혜자 간에) 높은 수준의 분리가능성이 있고, 매우 높지 않은 수준의 공동책임 의식 때문이다. 그리고 일반화된 교환은 집단수준 귀인을 야기할 가능성이 가장 낮다. 그것은 각 행위자의 행동 분리가능성과 낮은 공동책임 의식 때문이다.

네트워크의 특성도 그것이 긍정적이건 부정적이건 귀인과 애착에 영향을 미칠 수 있다. **긍정적으로 이어진 네트워크**(positively connected networks)는 한 쌍(dyad)에서의 교환이 해당 네트워크에서 다른 이들과의 교환을 파생시킬 가능성이 높은 경우를 의미한다. 이러한 네트워크에서는 한 쌍의 교환에서 생긴 긍정적 감정이 다른 이들에게도 확장되면서 네트워크의 밀도(density)가 시간이 갈수록 높아진다. 사람들이 어떤 교환에 대하여 긍정

적 경험을 가지면, 그들은 대체로 다시 한 번 그러한 교환을 하고자 하고 그런 경우 긍정적 감정을 가지고 참여한다. 이는 교환의 성공가능성과 그로써 생겨나는 긍정적 감정을 상승시킨다. 이러한 동학이 네트워크 전체에 발산되면, 그 네트워크에서는 모든 개인들이 서로서로 교환을 하게 되고 네트워크 밀도가 더 커지게 된다.

이러한 조건에서 개인들이 자신들의 행동을 공동으로 조정하고, 그것이 긍정적인 전반적 감정과 사회적 연대를 강화시키는 네트워크 귀인 또는 집단귀인으로 이어지면, 네트워크는 생산적 교환과 유사해지기 시작한다. 하지만 만약 쌍으로 이뤄지는 교환이 부정적 감정을 활성화하고 그런 결과가 반복되어 나타나면, 집단형성 과정은 멈추고 결국 연결이 드물어지고 엉성한 네트워크만 남게 된다. **부정적으로 이어진 네트워크**(negatively connected networks)에서는 성공적 교환은 다른 행위자를 희생시키는 경우에만 '두 사람 간의 연결'(dyadic ties)을 강화시킨다. 이 경우 전반적 감정과 구체적 정서는 부분적·지역적 교환에만 남게 되고 이는 전체적 네트워크의 밀도가 높아질 가능성을 낮춘다.

또한, 교환이 일어나는 **사회적 단위의 안정성**(stability of social units)도 집단수준의 귀인과 애착을 만들어내는 데 중요하다. 만약 어떤 집단에서 성공적 교환이 이뤄지고 그로부터 긍정적 감정이 발현되면, 그리고 개인들이 집단수준의 귀인을 통해 그러한 감정의 근원이 그 집단인 것으로 인식하면, 개인들의 효능감이 상승하게 되고 그들은 그것의 원인이 집단의 안정적 구조에 있다고 생각할 것이다. 그로 인해 집단에 대해 그들이 가진 애착은 증가할 것이다(이는 롤러가 〈표 22-1〉에서 **정서적 애착**

으로 명명한 것이다). 역으로, 만약 개인들이 집단의 안정적 구조가 부정적 감정을 촉발시키는 근원인 것으로 판단하면, 그들은 그런 감정이 집단의 구조에 의해 계속 생겨날 것이라고 믿게 되고, 집단으로부터 벗어나거나 **정서적 거리감**을 갖게 된다.

롤러의 이론에서 고려되는 마지막 요소는, 교환이라는 사회적 관계는 보다 더 넓고 포괄적인 사회구조 안에 **내포되어 있다**는 것이다. 결과적으로 긍정적 또는 부정적인 전반적 감정을 지역적 수준에서의 교환관계로 귀인할지 또는 보다 큰, 포괄적인 사회적 단위로 귀인할지에 대한 긴장이 있게 된다. 현재의 이론에서 아직 분명히 구체화되지는 않았지만 내재한 한 가지 명제는 개인들은 긍정적인 전반적 감정에 대해서는 가장 가까운 또는 근거리에 있는 단위나 교환관계에 공을 돌리는 경향이 있고, 부정적 감정에 대해서는 더 크고 포괄적인 사회적 단위를 탓하는 경향이 있다는 것이다.

보다 일반적으로, 롤러는 구체적인 타인과의 지역적 관계가 감정이 촉발되고 상황이 정의되는, 자원교환의 중심적 장소이기 때문에, 자신이나 타인을 넘어서 관계에 초점을 맞추어 귀인하는 편향이 나타나는데, 관계가 성립되고 유지되는 더 넓은 집단에 대해서 더더욱 그러하다. 따라서 협상된 교환이나 호혜적 교환과 같은 직접적 교환의 구조에서는 감정을 설명함에 있어 집단귀인보다 관계귀인이 일어날 가능성이 높다. 이와 반대로, 생산적 그리고 간접적인 (일반화된) 교환에서는 감정에 대해서 집단귀인을 할 가능성이 높은데, 사람들이 어떤 특정한 두 사람 간의 관계가 아닌 더 넓은 범위에 초점을 맞추기 때문이다.

3) 거시구조에의 헌신에 대한 일반이론

롤러는 윤정구, 셰인 타이 (Shane Thye) 와 함께 교환관계에서의 헌신에 대한 초기 이론을 확장한 위와 같은 논의를 더욱 발전시켜 어떻게 개인들이 자신들의 일상적 교환과는 매우 멀리에 있는 거시구조에 대해 헌신하는지에 대한 일반이론을 제시하고자 했다. [16] 헌신에 대한 롤러와 윤정구의 원래 이론에서는 개인과 개인의 네트워크는 상호작용의 지속적 반복과 거기에 스며드는 감정에 의해 생성된다는 점을 강조했다. 미시적 교환에서 이러한 감정적 촉발은 잠재적으로 구체적 상대방에 대한 헌신뿐 아니라 보다 넓은 사회적 구조에 대한 헌신을 만들어내기도 한다. 특히 다음과 같은 조건에서 그렇다. ① **협동과업**이 개인들이 조직화돼 이뤄지며 개인들 각자의 기여는 쉽게 분리돼 판단될 수 없어야 하고, ② 과업의 결과물이 성공적이든 그렇지 않든 그에 대해 참여자가 **공동책임**을 느껴야 하고, ③ 개인들의 활동이나 그런 활동의 결과물에 대한 통제감 또는 **효능감**을 사람들이 느낄 수 있어야 하고, ④ 긍정적 감정의 경험에 대해 **원심적 귀인** (*distal attribution*) 을 하는 조건이어야 한다. 이 아이디어는 이미 10년 전에 등장했지만, 이제는 사회적 헌신에 대한 일반이론의 안으로 섞이게 됐다. 헌신의 대상은 사람들이 긍정적 또는 부정적 감정을 어디에 귀인하느냐에 따라 결정된다. 앞서 요약했듯이, 만약 개인이 긍정적 또는 부정적 감정을 자기자신에게 귀인하면, 그들은 **자부심**이나 **수치심**을 경험한다. 만약 타인에게 귀인하면 타인들에 대해 **감사나 분노**를 느끼게 된다. 그리고 만약 그들의 긍정적인 감정적 경험을 사회집단에 귀인하면 그들은 **정서적 애착**을 경험하고, 부정적 경험을 귀인하면 **정서적 거리감**을 경험한다.

그러므로 보다 거시적 수준의 헌신이 일어나는 것은 개인들이 긍정적 경험의 원인을 사회집단들에 외부귀인을 함으로써 시작되는 것이 핵심이다. 앞서 강조했듯이, 이러한 원심적 귀인은 긍정적 감정의 촉발에 대해 그런 감정이 일어난 미시적 접촉과 거기에 관련된 자기자신과 타인에게만 초점을 맞추는 **구심적 편향**이 극복된다는 점에서 중요하다. 다른 한편으로 부정적 감정을 설명하는 데 있어 **원심적 편향**을 극복하는 것 또한 헌신에 있어 중요하다. 그래서, 롤러가 10여 년 전에 강조하였듯이, 어떻게 하면 이런 편향성을 극복하고 사람들이 지역적 교환(*local exchange*)에서 얻게 된 긍정적인 감정적 경험들에 대해서도 외부 구조들(*distal structures*)로 귀인을 할 수 있게끔 하는가가 중요한 질문이 된다.

여기가 위에서 언급한 조건이 작동하는 지점이 된다. 다음의 3가지 조건이 클수록 개인들은 원심적 귀인을 하고 멀리에 있는 사회적 구조에 대한 헌신을 발달시킨다. ① 협동과업의 **분리불가능성**의 정도, ② 협동행위의 결과물에 대한 **공동책임** 의식, 그리고 ③ 행위에 대한 **효능감** 등이다. 이러한 조건에서 긍정적 감정은 개인들을 둘러싸게 되고 그리고 뒤르켐이 주장했듯이, 개인들이 사회구조에 대해 귀인하도록 만드는 감정적 열광이 생성된다. 그리고 이는 긍정적인 감정적 경험의 궁극적 원천이라고 할 수 있다.

이러한 외적 귀인은 종종 연속적으로 착근된 또는 내포하는 구조의 경로를 통로 삼아 이뤄지게 된다. 예를 들어 개인 대 개인의 관계는 집단 안에 자리를 잡고 있고, 그 집단은 조직에 착근되어 있으며, 조직은 공동체 안에 있고, 공동체는 지방정부에 속하기도 하고, 지역은 전체사회 안에 자리잡고 있다. 개인들이 그들의 반복된 상호작용 및 교환으로부터 긍정적 감정, 공동책임, 그리고 효능감을 경험하는 한, 긍정적 감정은 전체사회까지도 포함할 수 있으며, 아주 먼 거리까지 뻗어나갈 수 있다. 그리하여 구조적 착근성을 키우는 사회구조는 원거리 헌신을 생성시키는 데 더 큰 잠재력을 가진다. 반면, 높은 수준의 불평등을 보이는 사회구조는 헌신의 정도를 낮춘다. 왜냐하면 멀리 있는 사회적 집단에 대해 감정을 가지도록 하는 데 핵심적인 요소라 할 수 있는 협동성에 대한 감각, 공동책임, 효능감을 감소시키기 때문이다.

한편 기타 메커니즘들도 이러한 과정에 개입한다. 그중 하나는 활동(*activities*)의 단순한 반복이다. 이는 긍정적 감정을 만들어내고, 그것은 긍정적 정서에 대한 기대를 보존하는 규범에 대한 수요를 만들어내며, 긍정적 감정의 경험을 확실히 보장하도록 활동을 인도하며, 그리고 집합적 행위에서 책임을 공유하지 않은 사람에 대한 비공식적 제재를 부과한다. 긍정적 감정을 촉발시키는 반복되는 상호작용은 또한 다른 형태의 신뢰를 생산해낸다. (인간 보편에 대한) **일반화된** 신뢰, 어떠한 집단에서의 구체적 상호작용에 대한 **지식기반**(*knowledge-based*) 신뢰, 그리고 상호작용의 불확실성을 감소시키고 예측가능성을 만들어내기 위해 협력의 이득에 대해 신뢰하는 관계적 신뢰 등이 그것이다.

이외에도 사회적 질서의 또 다른 메커니즘은 **정체성의 동학**(*identity dynamics*)에 있다. 롤러는 여기에 상징적 상호작용 이론에 대한 그의 교환이론적 접근을 적용한다(16장 참조). 교환과정에서 역할정체성, 사회적 정체성, 그리고 집단정체성이 확인이 되면, 그것은 교환이 이뤄지는 사회적 집단에 대한 정체성(identification)을 강화시킨다. 사실, 어떠한 종류의 정체성이든 교환관계에서 두드러지는 만큼, 긍정적 감정의 촉발은 이러한 정체성을 더욱 강하게 확인시키는 결과를 낳는다. 그리고 정체성이 확인되면, 이는 (자신에 대한) 효능감을 증가시키고, 이는 다시 긍정적 감정을 강하게 불러일으키고 (구심적 편향으로 예측할 수 있듯이) 지역적 만남(local encounter)에서 이러한 긍정적 감정의 순환을 증가시킨다. 그런데, 긍정적 감정이 순환되면서, 어떤 개인의 자아감(sense of self)은 정체성이 자리잡고 있는 특정 구조에 붙게 된다. 교환을 통해 확인되는 정체성을 규정하는 사회적 집단이나 사회적 범주의 크기가 클수록, 이런 정체성이 거시적 수준의 사회적 집단에서 확인될 때, 긍정적 감정을 경험할 가능성이 커진다. 이에 따라 구심적 편향성이 깨지게 된다. 그리고 가장 거시적인 수준의 사회적 집단과 정체성이 일치하게 되면서, 그러한 거시적 단위에 대한 헌신이 증가하게 되는 것이다.

요약하면, 롤러와 그의 전(前) 학생들은 초기에 실험실에서 시작되었던 소박한 실험연구로부터 시작해, 결국 이론 사회학에 있어 가장 큰 질문에 대해 상당히 타당성이 있는 답을 제시하게 되었다. 그 질문은, 어떻게 사회적 현실의 거시적 수준과 미시적 수준이 연계될 수 있는가이다. 롤러, 타이, 그리고 윤정구의 대답은 헌신의 과정이 집단 내 교환의 근본적 특성으로 자리잡혀 있다는 것이다. 어떤 유형의 구조(예: 비인격적 시장, 계층화된 자원의 분포, 엄격하고 처벌하는 조직의 위계)는 상호작용과 교환의 잦은 발생에 의해 촉발되는 동학에 반하는 방식으로 작동할 수 있으나, 교환의 다른 동학은 보다 먼 사회적 단위에 대한 헌신을 증대하는 쪽으로 작동한다. 잦은 상호작용, 공유되는 책임, 효능감, 정체성 확인, 그리고 긍정적인 감정적 각성은 모두 구심적 편향의 영향을 극복하게끔 해주고, 보다 멀리까지 귀인하도록 만들어준다. 이런 보다 원거리로의 움직임은 사회집단이 서로 간에 착근되어 있을 때 더욱 가능하다. 그런 구조는 귀인이 미시구조로부터 거시구조로 옮겨갈 수 있게 해주는 통로를 제공한다. 그 결과, 거시구조의 사회문화적 구성체에 대한 개인들의 헌신이 증가하게 되는 것이다.

4. 린다 몰름의 이론적 프로그램

에머슨의 권력의존에 대한 아이디어를 활용한 대부분의 실험연구는, 행위자들이 자원을 분배하기 전에 먼저 상대방의 기여도에 영향을 미치고자 하는 협상된 교환에 초점을 맞추어 이뤄졌다. 이와는 반대로, 이론에 기반한 일련의 실험연구들을 진행해온 린다 몰름(Linda D. Molm)[17]은 자원을 분배하기 전에 직접적 협상이 이뤄지지 않는 호혜적 교환에 대해 조사했다. 롤러가 교환의 유형을 구분한 것에서 보았듯이, 호혜적 교환은 타인에게 이득이 되는 행위를 함에 있어 그에 대한 대가를 되돌려받을 수 있는지에 대해 모르는 경우를 지칭한다. 현실세계의 많은 교환은 이와 같은 특성을 가진다. 자원이 어떻게 분배될 것인지에 대한 사전 협상이 없이 보상 또는 처벌이 순차적으로 나타나게 된다. 몰름의 프로그램은 그래서 협상된 교환이 아닌 이와 같은 호혜적 교환에 초점을 맞추어 조사했다.[18] 앞으로 살펴보겠지만, 호혜적 교환은 협상을 중심으로 진행되는 교환과는 다른 동학을 보여준다. 그리고 이러한 차이는 몰름이 분석한 교환관계에 있어 처벌(punishment)에 대한 분석에서 분명히 드러난다.

1) 기본적 질문

대부분의 연구에서 경험적 발견은 분명하게 나타난다. 처벌적 전략(punitive tactics)은 교환과정에서 거의 잘 사용되지 않는데, 한 행위자가 다른 이에 비해 자원에 있어 분명한 유리함을 가지거나 높은 비용을 초래할 보복을 받을 가능성이 없을 때도 상대에게 처벌을 부과하는 경우는 매우 드물다. 몰름에게 이러한 발견은 그녀의 연구 프로그램에서 두 가지 기본 질문을 제기한다. ① 왜 처벌전략은 행위자에게 분명한 이점을 가져다줄 수 있을 때도 교환관계에서 잘 사용되지 않는가? 그리고 ② 어떤 조건이 처벌전략의 사용을 증가시키고 그것을 효과적으로 만드는가? 몰름은 처벌이 교환에서 잘 사용되지 않는 이유는 그것이 효과가 없기 때문이 아니라고 설명한다. 오히려 처벌이 효과적이지 않은 이유는 그것이 잘 사용되지 않기 때문이라 주장한다.

이러한 결론을 도출하는 데 있어, 몰름의 연구는 초기 교환이론가들이 명시적으로 제시했던 한 가지 가정, 즉 강제(coercion)는 보복과 갈등의 소용돌이로 이어질 수 있기 때문에 비생산적이라는 가정에 도전한다. 그 대신, 처벌의 사용은 회유적(conciliatory) 협상전략의 사용을 감소시키고 갈등해결을 방해한다고 주장한다. 그 결과, 강제적 권력은 보복에 대한 두려움 때문에 잘 사용되지 않는다.

2) 기본적 개념

대부분의 권력의존 이론가처럼, 몰름은 에머슨에 의해 제시된 가정과 기본명제로부터 출발한다. 교환에 있어 처벌동학(punishment dynamics)을 설명할 수 있는 새로운 개념을 추가한다. 다니엘 카네만(Daniel Kahneman)과 아모스 트버스키(Amos Tversky)의 이론[19]을 바탕으로, 그녀는 교환의 결과물이 갖는 가치는 3가지 동학에 의해 영향을 받는다는 관점을 제시하였다. 하나는 **준거적 의존**(referential dependence)으로서, 교환 결과의 득실을 평가하는 데 있어 현재상태(status quo)를 기본 준거점으로 사용하는 경향을 의미한다.[20] 교환의 결과물이 과거의 교환을 바탕으로 한 현재상태를 넘어서면 그것은 이득으로 여겨지고, 만약 이 준거점에 미치지 못하면 그 결과물은 손실이나 처벌로 여겨진다. 결과물을 평가하는 다른 핵심동학은 **민감도의 감소**(diminishing sensitivity)이다. 이는 현재상태에 기반한 준거점을 넘어서거나 그에 미치지 못하는 득실이 가지는 영향에 관한 것이다. 이 준거점에 미치지 못하거나 이를 넘어서는 처음 결과물은 나중의 결과물보다 행위자의 판단에 훨씬 더 큰 영향을 미친다. 준거점 이상 또는 이하의 득실이 연속적으로 이어지면서 축적될 때 행위자가 결과물에 대해 가지는 느낌에 미치는 영향은 점점 더 약해진다. 세 번째 중심 역학은 **손실회피**(loss *aversion*)인데, 이는 사람들이 이득보다 손실에 더 큰 주관적 가치와 가중치를 두는 경향이다. 일정 정도의 손실은 그에 상응하는 수준의 이득보다 더 큰 영향력을 가진다. 그래서 행위자는 이득을 획득하는 것보다 동일한 크기의 손실을 회피하려는 것에 더 관심을 가진다. 이후에 보게 되듯이, 교환의 결과물에 대한 평가에 영향을 미치는 이와 같은 요인은 몰름의 처벌에 대한 분석의 핵심이 된다.

처벌은 실제로 남들에게 비용을 부과하는 행위인 반면, 처벌권력은 비용을 부과할 수 있는 역량이다. 이 역량은 행위자가 처벌을 회피할 수 있는 정도와 관련이 있다. 개념적으로 처벌권력은 가치 있는 자원에 대해 다른 행위자에게 의존하는 정도인 보상권력과 같은 것으로 보인다. 그래서 보상권력과 처벌권력은 행위자가 보상을 얻거나 처벌을 피하는 데 있어 다른 행위자에게 의존하는 정도에 의해 규정된다. 그래서, 에머슨의 본래 이론이 제시하듯이, 보상권력을 가진 사람이 가지는 유리함처럼, 처벌권력에서의 불균형은 그 권력의 유리함을 가진 사람이 그 권력을 사용하는 것으로 이어진다. 자원의 유리함을 가진 행위자에 의해 행해지는 처벌의 빈도는, 이 행위자에게 의존하면서 처벌을 회피하고자 하는 사람 또는 대안적 자원을 찾아 처벌을 피할 수 없는 행위자들로부터 더 많은 자원을 착취하기 위해 더 상승하게 된다. 하지만 경험적으로 살펴보았을 때, 처벌에 있어 유리한 위치에 있는 행위자가 실제로 그런 권력을 사용하는 것은, 보상권력을 가진 사람들이 그 권력을 사용하는 것만큼 자주 발생하지 않는다. 여기서 문제는 왜 그런 것인가이다.

3) 이론적 해답

위 질문에 대한 몰름의 답은 보상권력을 중심에 두는 권력의존 교환의 특성에 대한 기초적 통찰로부터 시작한다. 그런 교환에서 권력사용(*power use*)은 구조적으로 유도된다. 행위자 A의 권력은 보상을 위해 B가 거기에 의존하는 것에 자리잡고 있다. 이 의존성은 A는 B가 제공할 수 있는 보상에 대해 대체물을 가지는 반면, B가 가진 대체물은 A가 제공할 수 있는 것만큼 매력적이지는 못하다는 사실을 반영한다. 그리하여 A가 자신의 대안적 자원을 염두에 두는 경우, A는 자신이 원하지 않는다 하더라도 필연적으로 B에 대해 자신의 권력의 유리함을 보여주게 된다. 그래서 보상권력 불균형의 본질에는 행위자들이 의도했든 안했든, 그런 유리함을 활용하는 것이 포함된다. 대안적 상대와 교환할 수 있는 것은 한 행위자가 다른 사람에 대해 가지는 유리한 점이고, 그리하여 후자가 전자에게 주는 자원의 크기를 증가시키도록 할 수 있다.

이와는 반대로, 처벌권력은 이런 방식으로 구조적으로 유도되지 않는다. 행위자들은 예상했던 보상을 제공하지 못하는 행위자를 처벌하거나 추가적 비용을 부과하기로 결정을 내려야 한다. 그래서 보상권력의 상황에서는 A는 단순히 다른 대안을 찾으면서 B로 하여금 계속 교환하고 싶으면 더 많은 보상을 제공하라고 강제하면 된다. 하지만 처벌권력의 상황에서는 A는 자신이 원하는 것을 충분히 주지는 못하는 B에게 처벌전략을 활용해 비용을 부과해야 한다. 그래서 처벌권력의 사용은 전략적으로 상대에게 부과해야 하는 것이지, 구조적으로 자연히 유도되는 것이 아니다.

그런데 질문은 여전히 남아 있다. 왜 처벌권력의 전략적 사용은 구조적으로 유도되는 보상권력에 비해 훨씬 덜 사용되는가? 그 답은 처벌권력의 전략적 사용이 위험을 수반한다는 것이다. 한 가지 위험은 처벌전략이 활용된 행위자가 처벌적 보복(punitive retaliation)을 행하여 처음 처벌전략을 사용한 자에게 비용이 증가하는 것이다. 또 다른 위험은 처벌전략의 대상인 행위자가 교환을 멈추고 더 이상 교환에 참여하지 않는 것으로서, 처벌을 행한 행위자가 원하는 자원을 얻을 수 없게 되는 것이다.

위험은 앞서 설명한 '손실회피' 성향에 의해 더욱 가속화되는데, 만약 행위자가 상대적으로 만족한 상태에 있으면 보상을 더 얻기 위해 처벌전략을 사용하는 것을 꺼릴 것이고, 특히 만약 손실이 발생할 위험이 있으면 더욱 그럴 것이다.

처벌전략을 사용하는 것을 막는 또 다른 영향요인은 정의(justice)이다. 정의와 관련된 이슈에 대해 연구하면서, 몰름은 쿡과 헤그베트의 작업에서 보고되었던 결과에 새로운 발견을 추가한다. 몰름의 분석에서는, 처벌전략이 행위자 자신들에게 행해졌을 때 그것이 부정의하다고 느끼는 감각(sense of injustice)이 증가하는 것이 발견되었다. 결과적으로 그렇게 생성된 부정적 감정은 복수를 위해 처벌적 전략을 사용하게끔 만든다. 그리고 이 사실을 인지하고 있음으로 인해 행위자가 처음부터 처벌을 사용할 가능성은 줄어들게 된다.

그렇다면 어떠한 경우에 위험, 손실회피 성향, 복수와 같은 요소들이 가지는 처벌행위 억제 효과가 무력화되는가? 몰름은, 행위자는 어떤 상대가 제공하는 자원에 대한 의존도가 높지만 실제로 그것으로부터 얻는 것이 매우 적은 경우, 특히 매우 적어서 상대를 처벌해도 잃을 것이 없는 경우 그 상대에게 처벌전략을 사용한다고 제시한다. 그래서 몰름이 호혜적 교환에 대해 연구한 결과에 따르면, 불리한 권력의 위치에 있는 행위자는 권력상 유리한 위치에 있는 교환상대로부터 자신이 원하는 것을 얻기 위해 강압적(coercive) 전략을 활용할 가능성이 가장 높다고 한다. 행위자가 자신이 예상했던 보상을 계속 얻지 못하는 이런 조건에서는 그러한 강압적 전략을 사용해 잃을 것이 별로 없다.

몰름이 행한 실험의 결과에서는, 그러한 처벌적 전략은 상대가 제공하기로 예상된 자원을 제공하지 않는 경우에 우발적으로 사용될 때 효력을 발할 수 있다. 이러한 전술이 매번 일관되게 사용될 경우에는 요구하고 기대했던 자원을 상대방이 제공하지 못한다. 즉, ① 우발성(contingency)과 ② 일관성(consistency)의 조건하에서는, 권력이 약한 행위자가 처벌을 효과적으로 사용할 수 있다. 이런 효과는 권력이 강한 행위자가 교환관계에서 쉽게 빠져나가는 것을 제약하는 규범이 있거나 그렇게 할 수 있는 대안이 부재하는 경우 증가할 수 있다.

그런데 불리한 위치에 있는 행위자에 의한 처벌전략의 사용은 어떤 조건을 가지고 일관성 있게 사용되지 않으면 덜 효과적이게 된다. 그리고 처벌전략이 일반적 규범이나 현재의 상황이 제시하는 수준보다 더 많은 보상을 얻기 위한 계략으로 쓰이면, 역시 유리한 위치에 있는 상대방이 자원을 제공하게끔 하는 데 덜 효과적이게 된다. 물론 이러한 처벌전략이 상대에게 부정적 정의감각(justice sentiment)을 유발하게 하면, 유리한 행위자가 교환관계에서 이탈하거나 보복하는 결과로 이어질 수 있다. 만약 유리한 행위자가 가진 강제적 권력이 그의 보상권력보다 더 큰 경우에는, 그런 권력에 유리한 행위자가 처벌전략을 사용하여 복수할 가능성도 높아진다. 그리고 권력이 약한 행위자가 조건적으로 그리고 지속적으로 처벌전략을 행할 때 권력이 강한 행위자는 그에 대해 보상을 제공하는 것에 점점 더 높은 비용이 소비된다. 결과적으로 권력에 유리한 행위자가 결국 처벌전략에 의존하게 되는 결과를 낳을 수 있다. 그런데 몰름은 상대가 기대되는 보상을 제공하지 않는 경우 조건적·지속적으로 처벌을 행하면, 그것이 설사 보복을 일으킨다 하더라도 여전히 처벌전략이 매우 효과적일 수 있음을 강조한다.

몰름의 연구 데이터는, 권력이 약한 행위자가 교환을 꺼려하는 상대방에게 처벌전략을 사용하여 교환빈도를 높이는 교환관계까지 이른다고 하더라도, 긍정적 정서는 사실 다소 증가할 수 있음을 보여준다. 이런 연구결과는, 협상상황에서 교환빈도가 헌신행위에 영향을 미친다는 롤러와 윤정구의 주장을 뒷받침해 준다. 그런데 몰름의 연구에서 나타난 교환은 협상을 바탕으로 한 것이 아니라 호혜적인 것이다. 더욱 중요한 것은, 교환빈도가 감정에 미치는 영향은 높은 수준의 상대적 권력 또는 불평등의 상황이 주어진 몰름의 실험에서 만들어진 것이다. 이는, 호혜적 교환에서는, 롤러와 윤정구가 협상된 교환에 대해 분석한 것과는 달리, 감정적 효과들이 불평등에 의해 크게 훼손되지 않는다는 것을 보여준다. 여전히, 비록 강하고 지속적으로 강제를 사용하는 것은 약하고 산발적으로만 처벌을 사용하는 것보다 더 긍정적인 정서를 생산해 내기는 한다. 하지만 이러한 긍정적 정서는 그러한 강제를 전혀 사용하지 않는 상대방에 대해서만큼 강하지는 않다. 따라서 처벌이 처벌을 사용하지 않는 경우와 똑같은 정도로 긍정적 정서를 증가시키지는 않는다.

4) 새로운 이론적 방향

호혜적 관계에서의 처벌적 전략에 대한 몰름의 분석은 롤러와 다른 학자들이 협상된 교환에 대해 연구한 것을 보완한다. 또 다른 흥미로운 점은, 몰름의 분석은 롤러가 어떻게 빈번한 협상된 교환으로부터 헌신이 발현되는지에 대해 최근에 연구한 것과 수렴한다는 것이다(〈그림 22-1〉참조). 몰름은 또한 어떻게 교환 구조가 시간에 따라 변하는지에 대해서도 질문을 던졌다. 이 경우 그녀의 모델은 롤러와 윤정구의 모델과는 다소 다른 점을 보였다. 그녀는 헌신, 신뢰, 그리고 규범적 기대의 출현은 교환거래(*exchange transaction*)가 의존구조로부터 상호의존 구조로 변동하는 것에 의해 생겨나는 것으로 보았다.

교환에서의 의존구조는 큰 위험을 야기할 수 있다. 왜냐하면 결과물이 보장될 수 없고 다른 행위자가 어떻게 행동하느냐에 달려 있기 때문이다. 최소의 이득 또는 손실이 매우 뚜렷하게 보이는 위험회피 성향의 행위자에게는 이득이 예측 가능한 현재상태를 유지하거나 만들어내는 것이 안심을 가져다준다. 이는 쿡과 콜록이 주장한, 헌신이 불확실성을 줄이는 도구로 사용된다는 것과 수렴하는 내용이다.[21] 이러한 현재상태를 만들어내고 위험을 줄이는 한 가지 방법은 교환을 '상호의존 구조'로 변형시키는 것이다. 이러한 변형은 행위자들이 보상받는 것이 이전 교환에서 그들이 무엇을 제공했는가에 달려 있는 연쇄적 의존(serial dependencies)을 포함한다. 그러므로 호혜적 교환에서 행위자들은 상호적 우발성(mutual contingencies)을 구축해야 한다. 이는 각 행위자의 미래 보상이 상대방이 이전까지의 보상유형을 지속하고자 하는 의지에 달려 있다. 그러한 연속적 의존이 안정화되면, 그것은 본질적으로 상호의존으로 변형된다. 그러한 상호의존성이 한번 형성되면, 그 관계 자체는 감사의 원천이 된다. 롤러와 윤정구의 객관화(〈그림 22-2〉 참조) 시점에서는, 그 관계는 행위자에게 가치 있는 대상이 될 뿐 아니라 교환 그 자체(per se)의 밖에 있는 대상이 되고, 그러므로 행위자들을 계속 교환에 참여하게 한다.

몰름은 이러한 변형의 과정이 롤러와 윤정구가 연구한 협상된 교환에서 더 쉽게 이뤄진다고 주장한다. 결과물에 대한 첫 협상에서 연쇄적 의존과 같은 것이 제안, 역제안, 그리고 결과물의 분배라는 과정에서 만들어진다. 그리고 협상의 과정에서 관계가 이어지기 시작하면서, 행위자는 그들의 이득을 얻기 위해 관계 그 자체에 의존하기 시작한다. 만약 협상에 기초한 합의가 자주 일어나면, 그 관계는 점점 더 '객관화'되고, 그리하여 점점 더 그 자체로 가치를 가지는 것으로 보이게 된다. 이와는 반대로, 몰름이 연구한 호혜적 교환에서는, 연쇄적 의존이 협상의 근본적 특성으로 자리잡혀 있지 않다. 그 결과, 손실회피 성향을 가진 행위자(특히 첫 교환의 손실이 크게 심리적 영향을 미치는 행위자)에게 있어 신뢰를 구축하고 유지하는 것은 더욱 어렵다.

이렇게 협상된 교환과 호혜적 교환에서 상호의존성이 다른 방식으로 구축되기 때문에, 교환의 비를 만들어내는 것이 협상된 교환보다는 호혜적 교환에서 더 어려울 것이라고 몰름은 주장한다. 게다가 호혜적 교환에서의 행위자는 협상된 교환의 행위자에 비해 최적의, 그리고 효용을 극대화하는 전략을 추구하려는 성향을 덜 보인다. 이러한 차이가 나타나는 이유는 호혜와 협상이 서로 다른 본질적 특성을 갖기 때문이다. 협상에서 행위자들은 끊임없이 보상에 대해 생각하고 계산하며, 그런 협상과정은 그들로 하여금 교환과정에 계속 참여하게 한다. 그래서 그들은 보다 최적의 해법을 찾을 가능성이 더 크고, 협상상황이라는 것이 참여자들을 계속 붙드는 힘을 갖기 때문에 실패할 위험에 대해 걱정을 덜하게 된다. 반면 호혜적 관계에서는 행위자들은 나중에 남들로부터 보상받을 수 있을지 모르기 때문에 위험회피 성향을 훨씬 더 보인다. 결과적으로 (어차피 나중에야 알 수 있게 되는) 효용을 구체적으로 정확히 계산하거나 결과물을 극대화하는 데는 관심을 덜 가지게 된다. 오히려 혜택에 대한 불확실성 때문에, 행위자들은 보통 현재상태 수준이나 그 이상으로 결과물을 유지하는 데만 노력하게 된다. 이는 결과물을 극대화하고자 하는 것보다는 덜 위험한 전략이라 할 수 있다.

5) 호혜적 교환의 역설

몰름의 이론에는 여러 흥미로운 역설이 있다. 그중 하나는 보상권력을 적게 가진 사람이 더 강력한 상대에 대해 처벌적 전략을 사용할 가능성이 더 높다는 것이다. 이중 역설(*double irony*)은 만약 그들이 어떤 조건을 가지고 일관성 있게 그런 전략을 사용하면, 그들이 강력한 상대방으로부터 적어도 어느 정도까지는 얻게 되는 자원의 양을 증가시킬 수 있다는 점이다.

또 다른 역설은, 현실세계에서 처벌과 폭력이 등장하는 경우는, 더 강력한 행위자가 상대와의 교환 빈도를 줄이면서 상대와의 관계로부터 그다지 보상을 별로 얻지 않는 관계가 되는 경우라는 것이다. 그래서 폭력은 의존성이 적어도 한쪽 편에게 있어 감소해, 그런 상황이 더 의존적이고 권력을 덜 가진 행위자로 하여금 강제를 사용해서 더 강력한 상대가 교환관계에 남아 있도록 할 때 나타나는 것이다.

마지막 역설은, 양쪽 행위자가 모두 높은 수준의 위험을 경험하고 손실에 대해 걱정하는 가장 깨지기 쉬운 관계에서 연대가 발전할 가능성이 가장 높다는 것이다. 이는 호혜적 교환의 행위자들이 연쇄적 교환을 상호의존성으로 변형시켜 위험을 줄이기를 원하고, 그러한 상호의존성 속에서 규범, 신뢰, 그리고 헌신이 위험을 줄이고 행위자의 위험회피 성향을 경감시키기 때문이다.

5. 나가며

분명히 드러났듯이, 리처드 에머슨이 처음에 제시한 권력의존 모델은 지난 50년간 여러 방향으로 발전되었다. 이제 이 전통 안에서 몇 세대에 걸친 학자들이 함께 작업하고 있다. 이 장에서는 그중 가장 눈에 띄는 학자들을 다루었다. 그들의 학생들 또한 그들의 작업에 중요한 기여를 하였고, 그 학생들도 곧 이 전통 안에서 윗세대 학자들이 될 것이다. 여기서 제기된 권력, 층화된 네트워크, 헌신, 정의, 그리고 감정과 같은 이슈는 사회적 우주의 근본적 속성들이다. 이 연구들은 주로 소집단 대상의 실험실에서 이루어진 실험연구이다. 하지만 복잡하기 짝이 없는 사회를 이해하는 데 그것이 가지는 함의들은 결코 단순히 미시적이거나 사소하지 않다.

주

1 여기서 강조할 것이 한 가지 있다. 에머슨의 대부분의 작업과 최근의 쿡의 거의 모든 연구, 그리고 대부분의 교환이론 연구는 한 행위자와의 교환이 다른 행위자와의 교환을 배제시키는, '부정적으로 이어진 네트워크'에 관한 것이었다. 쿡과 동료들의 대표적 작업으로는 다음을 참조하라. Karen S. Cook, Richard M. Emerson, Mary R. Gillmore, and Toshio Yamagishi, "The Distribution of Power in Exchange Networks: Theory and Experimental Results", *American Journal of Sociology* 87 (1983): pp. 275~305. 비교적 최근에 도시오, 길모어, 그리고 쿡은 이러한 연구의 흐름을 '긍정적으로 이어진 네트워크'로 이어갔다. 이 네트워크에서는 한 행위자와의 교환이 다른 행위자와의 교환을 배제하지 않는다. 양자 간 주요동학은 같은 것으로 나타났지만 약간의 차이가 있다. '긍정적으로 이어진 네트워크'에서는 자원의 가치가 유일한 고려사항이 되고, 권력이 이동하는 핵심이 된다. 그들의 다음 문헌을 참조하라. "Network Connections and the Distribution of Power in Exchange Networks", *American Journal of Sociology* 93 (1988): pp. 833~851. 또한 다음을 참조하라. Kazuo Yamaguchi, "Power in Networks of Substitutable and Complementary Exchange Relations: A Rational-Choice Model and an Analysis of Power Centralization", *American Sociological Review* 61 (1996): pp. 308~332. 쿡의 프로그램에 대한 라이벌로는 다음을 참조하라. John Skvoretz and David Willer, "Exclusion and Power: A Test of Four Theories of Power in Exchange Networks", *American Sociological Review* 58 (1993): pp. 801~818.

2 Karen S. Cook and Richard M. Emerson, "Power, Equity, and Commitment in Exchange Networks", *American Sociological Review* 43 (1978): pp. 721~739; Karen S. Cook and Richard M. Emerson, "Exchange Networks and the Analysis of Complex Organizations", *Research on the Sociology of Organizations* 3 (1984): pp. 1~30.

3 Peter Kollock, "The Emergence of Exchange Structures: An Experimental Study of Uncertainty, Commitment and Trust", *American Journal of Sociology* 100 (1994): pp. 315~345.

4 Cook and Emerson, "Power, Equity, and Commitment in Exchange Networks" (주 2 참조).

5 479쪽 참조.

6 Karen A. Hegtvedt and Karen S. Cook, "The Role of Justice in Conflict Situations", *Advances in Group Processes* 4 (1987): pp. 109~136; Karen S. Cook and Karen A. Hegtvedt, "Distributive Justice, Equity, and Equality", *Annual Review of Sociology* 9 (1983): pp. 217~241; Karen Hegtvedt, Elaine Thompson, and Karen S. Cook, "Power and Equity: What Counts in Attributions for Exchange Outcomes", *Social Psychology Quarterly* 56 (1993): pp. 100~119.

7 Hegtvedt, Thompson, and Cook, "Power and Equity"(주 6 참조).

8 Hegtvedt and Cook, "The Role of Justice in Conflict Situations" and Cook and Hegtvedt, "Distributive Justice, Equity, and Equality"(주 6 참조). 정의와 부정의에 대한 문헌 검토를 위해서는 다음을 참고하라. Karen Hegtvedt and Barry Markovsky, "Justice and Injustice", in *Sociological Perspectives on Social Psychology*, eds. K. S. Cook, G. A. Fine, and J. S. House(Boston: Allyn & Bacon, 1995).

9 Toshio Yamagishi and Karen S. Cook, "Generalized Exchange and Social Dilemmas", Social Psychology Quarterly 56(1993): pp. 235~249.

10 야마기시의 관련 연구들을 보려면 다음을 참조하라. "The Provision of a Sanctioning System in the United States and Japan", *Social Psychology Quarterly* 51(1988): pp. 267~270; "Seriousness of Social Dilemmas and the Provision of a Sanctioning System", *Social Psychology Quarterly* 51(1988): pp. 32~42; "Unintended Consequences of Some Solutions to the Social Dilemmas Problem", *Sociological Theory and Method* 4(1989): pp. 21~47.

11 Peter P. Ekeh, *Social Exchange Theory: The Two Traditions*(Cambridge, MA: Harvard University Press, 1974).

12 쿡과 그녀의 동료들의 연구와 경쟁하는 연구의 예로는 다음을 참조하라. David Willer, "The Basic Concepts of the Elementary Theory", in *Networks, Exchange, and Coercion*, eds. D. Willer and B. Anderson(New York: Elsevier, 1981); "Property and Social Exchange", *Advances in Group Processes* 2(1985): pp. 123~142; and *Theory and the Experimental Investigation of Social Structures*(New York: Gordon and Breach, 1986); David Willer, Barry Markovsky, and Travis Patton, "Power Structures: Derivations and Applications of Elementary Theory", in *Sociological Theories in Progress: New Formulations*, eds. J. Berger, M. Zelditch, and B. Anderson(Newbury Park: Sage, 1989); David Willer and Barry Markovsky, "Elementary Theory: Its Development and Research Program", in *Theoretical Research Programs: Studies in the Growth of Theory*, eds. J. Berger and M. Zelditch, Jr. (Stanford, CA: Stanford University Press, 1993); Philip Bonacich, "Power and Centrality: A Family of Measures", *American Journal of Sociology* 92(1987): pp. 1070~1082; Elisa Jayne Bienenstock and Philip Bonacich, "The Core as a Solution to Exclusionary Networks", *Social Networks* 14(1992): pp. 231~243.

13 Edward J. Lawler and Jeongkoo Yoon, "Commitment in Exchange Relations: A Test of a Theory of Relational Cohesion", *American Sociological Review* 61(1996): pp. 89~108; Edward Lawler, Jeongkoo Yoon, Mouraine R. Baker, and Michael D. Large, "Mutual Dependence and Gift Giving in Exchange Relations", *Advances in Group Processes* 12 (1995): pp. 271~298; Edward J. Lawler and Jeongkoo Yoon, "Power and the Emergence of Commitment Behavior in Negotiated Exchange", *American Sociological Review* 58(1993): pp. 465~481.

14 Edward J. Lawler, "An Affect Theory of Social Exchange", *American Journal of Sociology* 107 (2001) : pp. 321~352.

15 같은 책, p. 334

16 Edward J. Lawler, Shane R. Thye, and Jeongkoo Yoon, *Social Commitment in a Depersonalized World* (New York : Russell Sage Foundation, 2009).

17 그녀의 프로그램을 전반적으로 살펴보려면 다음을 참조하라. Linda D. Molm, *Coercive Power in Social Exchange* (Cambridge : University of Cambridge Press, 1997) ; "Risk and Power Use : Constraints on the Use of Coercion in Exchange", *American Sociological Review* 62 (1997) : pp. 113~133; "Punishment and Coercion in Social Exchange", *Advances in Group Processes* 13 (1996) : pp. 151~190; and "Is Punishment Effective? : Coercive Strategies in Social Exchange", *Social Psychology Quarterly* 57 (1994) : pp. 79~ 94. 그녀의 연구들을 교환 네트워크이론의 전반적 맥락에서 검토하려면 다음을 참조하라. Linda D. Molm and Karen S. Cook, "Social Exchange and Exchange Networks", in *Sociological Perspectives on Social Psychology*, eds. K. S. Cook, G. A. Fine, and J. S. House (Boston, MA : Allyn and Bacon, 1995).

18 Linda D. Molm, "The Structure and Use of Power : A Comparison of Reward and Punishment Power", *Social Psychology Quarterly* 51 (1988) : pp. 108~122; "An Experimental Analysis of Imbalance in Punishment Power", *Social Forces* 68 (1989) : pp. 178~203; "Punishment Power : A Balancing Process in Power-Dependence Relations", *American Journal of Sociology* 94 (1989) : pp. 1392~1428; "Structure, Action, and Outcomes : The Dynamics of Power in Social Exchange", *American Sociological Review* 55 (1990) : pp. 427~447.

19 Daniel Kahneman and Amos Tversky, "Choices, Values and Frames", *American Psychologist* 39 (1984), pp. 341~350. 그들의 가정은 에머슨의 본래 이론의 가정과 통합됐다. 다음을 참조하라. Molm's "Risk and Power Use : Constraints on the Use of Coercion in Exchange" (주 17 참조).

20 Linda D. Molm, "Dependence and Risk : Transforming the Structure of Social Exchange", *Social Psychology Quarterly* 57 (1994) : pp. 163~176.

21 이 주장은 권력의존 관점의 다른 연구들과도 일치한다. 쿡, 에머슨, 콜록의 다른 연구들을 참조하려면 주 6~8을 보라.

구조주의와 문화이론화

23 장

구조주의와
문화이론화의 등장

1. 들어가며

하나의 지적 기획인 사회학에서 **사회구조** 또는 **구조**는 핵심개념이다. 그런데, 이렇게 사회학의 중심에 있음에도 불구하고 구조라는 개념이 이론적으로 모호하기만 한 것은 놀랍다. 구조라는 개념은 정밀하게 정의된 이론적 용어가 아니라 다소 은유로서 이용되는 경향이 있다. 이 장에서 나는 구조라는 주제를 뒷문으로 슬쩍 들어오는 암시적 은유로 이용하기보다는 이론의 중심으로 삼는 다수의 이론적 접근들에 대해 검토할 것이다. 이 모든 접근은 초기 사회학의 대가들로부터 비롯되는데, 구조라는 개념이나 적어도 구조에 대한 이론적 이미지는 사회학의 초기 100년 안에 도출된 것이다. 이러한 구조적 전통이 20세기 중반 10여 년에 걸쳐 성숙하면서 초기 대가들로부터 연유한 구조의 이미지들은 다양한 학자들에게 퍼지게 되었고, '구조적'(*structural*) 또는 '구조주의적'(*structuralist*) 프로그램을 생산하는 데 도움을 주었다. 그러나 이런 새로운 이론적 프로그램이 나타났다고 해도, 구조라는 개념은 초기 사회학 이론가의 핵심적 통찰력에 여전히 기대고 있다.

2. 칼 마르크스 이론에 나타난 구조적 요소들

칼 마르크스(Karl Marx)의 사고는 사회학에서 거의 모든 거시적 수준의 이론적 전통에 관철되어 있어 오늘날 구조적 접근에서 마르크스의 개념들을 발견하기는 쉽다. 특히, 그는 구조적 또는 구조주의적 이론 프로그램을 발전시키는 데 두 가지 핵심적 사고를 이용하였다. 그것은 ① **체제 재생산** ② **체제 모순**[1]이다. 이 두 사안에 대해 살펴보자.

1) 재생산

마르크스는 어떻게 불평등 유형이 스스로 '재생산'(reproduction) 되는가에 관심을 가졌다. 다시 말해 어떻게 권력과 부의 불평등이 유지되는지, 이런 불평등을 유지하기 위해 사회적 관계는 어떻게 구조화되는지에 관심을 가졌다. 개인들 사이에서 반복되는 사회적 마주침에 의해 사회구조가 재생산된다고 파악하려 하는 많은 구조적 이론가들은 사회적 재생산에 대한 마르크스의 은유를 자주 이용해왔다.

이렇게 마르크스의 사고를 은유적으로 이용함으로써 각자의 자원을 사회적 마주침에서 이용하고, 그 과정에서 사회구조와 그에 수반되는 자원분배를 재생산하는 행위자 간의 자원분배로 사회구조를 파악하는 시각이 나온다. 그리하여 구조는 사람들의 삶을 조직하는 조직체와 공동체 안에서 행위자가 다른 행위자와 마주치면서 지니게 되는 상징적·물질적, 그리고 정치적 자원이 된다. 행위자는 이러한 자원을 자신들에게 이득이 되도록 쓰기 때문에 사람들은 그들이 놓인 사회적 관계의 구조를 재생산하고 이러한 관계가 조직되어 있는 더 큰 사회적 단위를 재생산한다. 게다가 권력을 가진 사람들은 또한 문화적 생산수단을 통제하며 따라서 사람들의 사회적 관계를 조직화하는 모든 단위에 스며든 불평등을 정당화하는 이데올로기를 불균등하게 결정할 수 있다. 예를 들면 다른 사람들이 육체적으로 어디에 자리해야 하는지를 통제할 수 있는 사람, 생산수단에의 접근을 결정할 수 있는 사람, 압력을 넣을 수 있는 사람, 의사소통 매체를 통제할 수 있는 사람 그리고 정보의 흐름을 조종할 수 있는 사람은 그보다 적은 자원을 가진 다른 사람과의 성공적 마주침을 구조화하는 사회문화적 조직단위를 강화할 수 있다. 그러면서 구조가 재생산되지만 구조는 그들의 자원을 활용하면서 이뤄지는 개인들 사이의 상호적 마주침에 묶여 있게 된다. 여기서 구조란 구체적 상황에 놓인 행위자와 그들의 상호작용을 넘어서는 그 무엇이 아니다.

2) 모순

마르크스는 물론 자본주의 사회를 변혁하는 데 관심이 있었고, 따라서 체제 재생산의 악순환을 끊을 수 있을 개념을 도입할 필요가 있었다. 헤겔의 변증법을 분석하면서 마르크스는 **모순**(contradiction) 이라는 핵심적 사고를 하게 되었다. 물질의 사회적 배열은 자기를 변형시키는 사회적 관계유형을 포함한다고 마르크스는 주장했다. 예를 들면, 자본가는 도시라는 지역에서 기계 주변에 거대한 노동력 풀(pool) 을 집중시켜야만 한다. 아이러니하게도 이런 조건 때문에 노동자는 자신의 착취에 대한 불만을 서로 나누고 자본주의의 바로 그 본성을 바꾸기 위해 정치적으로 조직할 수 있게 된다. 따라서 자본가에 의한 이윤의 사적 전용은 사회적으로 조직화된 생산과정과 **모순된다**. 시간을 거듭하며 이러한 내재된 모순은 계급갈등의 중심을 이루면서 사회적 관계 — 즉, 노동자에 의한 혁명 — 를 만들어낼 것이고 사회적 관계의 본질을, 따라서 사회구조를 변화시키고 완전히 탈바꿈시킨다. [2]

초기의 구조적 사고를 적용하고자 했던 많은 시도와 마찬가지로 오늘날의 이론가는 모순이라는 이 관념을 은유적 방식으로 빌려 써왔다. 이들은 갈등과 변동을 구조적으로 분석하는 데 모순 개념을 도입해 이용해왔다. 이 이론가의 입장은 관계를 유지하거나 재생산하는 자원의 분배가 어떤 조건에서는 내재적으로 재분배의 지배를 받는다는 점에 핵심이 있다. 그 주요조건은 불평등이다. 즉, 상징, 물질, 그리고 정치적 자원이 불평등하게 분배돼 만들어진 구조는, 결국 그 구조를 재생산하려 하지 않고 반대로 어떤 방식으로든 자원의 재분배를 통해 구조를 변형하려 시도하는 상호작용을 억압할 잠재적 모순을 드러낼 것이다.

3. 에밀 뒤르켐의 기능주의와 구조사회학의 등장

에밀 뒤르켐(Émile Durkheim)은 구조사회학의 모든 형식을 발전시키는 데 그 어느 학자보다 많은 영향을 끼쳤다. 뒤르켐의 핵심 사고에 대해서는 기능주의의 등장을 설명하는 2장과 상호작용 이론의 등장을 논의하는 15장에서 이미 여러 차례 검토했다. 여기서는 뒤르켐의 저작 중에서 구조적 그리고 구조주의 사회학에 중요한 영향을 미친 사고에 집중할 것이다. 뒤르켐 기능주의는 사회적 통합의 문제 또는 사회적 통합의 필수적 요건이 무엇인지와 이런 주요한 필수요건을 충족시키기 위해 어떤 기제가 필요한지를 강조한다는 점에서 특징적이다. 이러한 측면에서 뒤르켐은 몽테스키외(Charles Montesquieu)로부터 시작해서 콩도르세(Jean Condorcet), 튀르고(Jacques Turgot) 그리고 루소(Jean Jacques Rousseau)를 거쳐서 생시몽과 콩트(Auguste Comte)에 이르는 프랑스 사상가

의 긴 계보의 정통에 속한다. 연구과정을 통해 뒤르켐은 통합의 문제를 해결하기 위해서 4가지 기본적 기제 유형을 제시하였다. ① 문화적 (집합의식, 집합표상), ② 구조적 (상호의존 그리고 하위집단 형성), ③ 사람과 사람 사이의 (감정을 부추기는 의식과 그에 따르는 열광의 감정 및 사회적 연대), ④ 인지적 (분류, 상징화 양식) 등이 그것이다. 뒤르켐 사회학의 핵심은 문화적 상징체계, 집단형성의 유형과 구조적 상호의존, 의례의 수행과 인지적 분류체계가 다양하게 분화된 사회구조를 어떻게 통합하는지 검토하는 것이다. 뒤르켐은 1900년 이전에 쓴 초기 저작[3]에서는 문화적·구조적 기제를 강조한 반면, 사람들 간의 기제와 인지적 기제에 대해서는 20세기 초반에 쓴 말년의 저작[4]에서 점차 강조했다.

뒤르켐은 구조를 콩트와 아주 동일한 방식 — 즉 정태적 분석의 한 형식 — 으로 파악했지만, **사회형태학**(social morphology)이라는 몽테스키외의 용어[5]를 사용했다. 몽테스키외가 그랬듯이 뒤르켐도 형태학적 분석은 '수', '성질' 그리고 하나의 구조를 구성하는 부분이나 '요소들'의 '상호관계'에 초점을 맞춰야만 한다고 강조한다. 구조에 대한 이런 견해는 《사회학적 방법의 규칙》이라는 저서에서 강조된다. 이 저서에서 뒤르켐은 사회적 사실에 대한 분류란 "구성요소의 수와 본성 그리고 그것들이 결합하는 양식"에 주의를 기울이는 것으로 보았다. 반면에 설명은 "(사회적 사실을 일으키는) 효과적 원인과 그것이 수행하는 기능을 분리해서 파악해야만 한다"고 주장했다.[6] 사회적 사실의 분류에 대한 뒤르켐의 입장은 사회적 체계의 단위들이 맺는 관계의 유형을 그려 보려 했던 구

조주의자의 접근에 영향을 주었다. 사실상 이와 같은 보다 물질적인 구조적 접근은 영국의 인류학을 거쳐 네트워크 분석으로 발전되었다.

그런데 이후 뒤르켐은 구조의 좀더 정신적인 측면을 강조하는 쪽으로 옮겨갔다. 사실상 뒤르켐의 사회학에는 구조를 그것을 구성하는 유형적 요소로 분해했을 때 그것이 단순히 정신적인 것인지, 사람들의 관계에 관련된 것인지, 문화적인 것인지 또는 물질적인 것인지에 있어 좀 모호한 구석이 있다. 이러한 모호성은 20세기 초반 첫 10년 동안, 뒤르켐이 어떻게 물질적 구조가 개인들의 정신적 구조의 일부분이 되는지 연구할 때 더 심각해졌다. 예를 들면, "근친상간: 금기의 본질과 기원"[7]이란 제목의 뒤르켐의 초기 에세이와 그와 모스(Marcel Mauss)의 공동저작인 《원시사회의 분류》[8]에서 뒤르켐은 구조의 사회심리적 측면으로 분명히 이동하였다. 물론 다음 장에서 그에 대해 살펴볼 것이지만, 이러한 이동은 레비스트로스 구조주의의 많은 부분에 기초를 이룬다. 그러나 물질적 구조를 정신의 심적 범주의 반영으로 보았던 레비스트로스와는 달리 뒤르켐은 항상 정신의 구조는 실제적인 사회적 관계의 물질적 구조를 반영하는 것이라고 주장하였다. 예를 들면, 《원시사회의 분류》에서 뒤르켐과 모스는 다음과 같이 말한다.

―――

분류적 사고는 사회를 모델로 삼아 작용했지만, 그렇다고 사회가 단순히 분류적 사고의 모델인 것만은 아니다. 사회 자체의 분류가 분류체계의 부분으로 작용했다. 최초의 논리적 범주는 사회적 범주였다. 사물의 양식에 대한 최초의 분류(classes)란 사람에 대한 분류였고, 그 안에 이러한 사물에 대한 분류가 통합되었다. 사람들의 생각 속에서 다른 사물을 집단화하고 그리고 집단화하는 두 양식이 시초에는 뚜렷하지 않은 채로 어우러졌던 것은 사람들이 집단으로 만들어졌기 때문이고, 자신들이 집단의 형태로 있다고 생각했기 때문이었다. 반족(半族)은 최초의 유(類, genera)였고, 씨족은 최초의 종(種, species)이었다. … 그리고 만일 총체적 사물이 단 하나의 체계로 인지된다면, 이것은 사회 그 자체가 그와 같은 방식으로 파악되기 때문이다. 사회란 그 밖의 모든 것들이 관련되는 하나의 전체 또는 오히려 유일한 총체다. 그러므로 논리적 위계는 단지 사회적 위계의 다른 측면에 불과하며, 지식의 통일성은 집단성의 통일성 외에 다른 것이 아니고, 이렇게 우주로까지 확장된다. [9]

―――

게다가 뒤르켐과 모스는 종교로부터 도출되고 '논리적 위계'와 사유의 구조를 독해하기 위한 믿을 만한 근거로 신화학의 중요성을 강조함으로써 레비스트로스에게 구조주의를 형성해갈 수 있는 또 다른 실마리를 제공했다. 마침내 이 긴 에세이 거의 말미에 뒤르켐과 모스는 구조주의적 사고를 이루는 또 다른 요소를 도입했다. 인지구조는 물질적 '사실들'과 문화적 '사실들'이 어떻게 서로 병치되는가, 합쳐지는가, 구분되는가, 그리고 가장 중요하게는 대립되는가를 반영하는 논리적 연결점으로 구성된다는 것이다. 비록 이 두 사람은 이런 사유과정을 추구하지는 않았다. 하지만 후에 레비스트로스가 **이항대립** ― 구조주의이론의 모든 문화적 형식에 나타나는 지배적 사고방식 ― 을 개념화하도록 인도했다. 예컨대 뒤르켐과 모스는 다음과 같이 말한다.

———

사람들 사이에서와 마찬가지로 사물 사이에도 감정적 친화력이 있고 사물은 이러한 친화력에 따라 분류된다. … 모든 종류의 감정적 요소는 사람들이 그것에 대해 가진 표상(representation)과 결합한다. … 사물은 무엇보다도 성스럽거나 속되거나, 순수하거나 불순하거나, 친구이거나 적이거나, 호의적이거나 적대적이거나 하다. 즉, 사물이 갖는 대부분의 근본적 특징이란 그것들이 사회적 감수성에 영향을 미치는 방식을 단지 표현한 것에 지나지 않는다. 10

———

요약하면 구조주의의 몇 가지 핵심요소는 세기가 바뀌는 시점에 쓴 뒤르켐의 저작에 다음과 같이 분명하게 나타난다. ① 인지구조는 비록 사회를 따라 모델화하는 것이기는 하지만 개인들의 해석과 사회행위의 기초가 되는 분류체계의 논리적 질서화와 생성을 포함한다. ② 인지구조는 응집적이고 체계적인 전체의 부분으로서 현상의 연결성을 보여주도록 디자인되었다. ③ 마지막으로, 이런 인지구조는 문화적이고 물질적인 사회구조 안에서 마주치게 될 때는 친화성과 대립성이라는 논리적 관계에 의해 창출된다.

마지막 지적과 관련하여, 뒤르켐학파에 속하는 다른 사람들은 인지구조란 대립성으로부터 구성된다고 생각했다. 가장 주목할 만한 학자는 뒤르켐의 많은 후배 동료들처럼 제1차 세계대전 중에 죽은 로베르트 헤르츠(Robert Hertz)였다. 가장 잘 알려진 헤르츠의 에세이는 《죽음과 오른손》11이란 제목

으로 출간되었다. 여기서 헤르츠는 뒤르켐과 모스의 개념화를 넘어서 이원적 대립이란 관념을 발전시켰다. 헤르츠에 따르면, 인지구조는 강함-약함, 밤-낮, 왼쪽-오른쪽, 자연적-사회적, 선-악 등 대립물을 통해 형성된다. 그러나 《죽음과 오른손》에서, 관찰된 현상으로 이루어진 표면적 구조 아래 놓인 원칙을 드러내고자 노력했음에도 불구하고 모호한 부분은 여전히 있다. **왼쪽**과 **오른쪽**과 같은 인지구조는 사회적 관계의 반영인가, 아니면 인간의 두뇌에 내재한 잠재적 인지능력으로부터 생성되는가? 겉으로 보면 헤르츠는 인지구조가 사회구조를 반영한다는 뒤르켐의 입장과 아주 똑같은 것처럼 보이지만, 그의 저작에서 예시를 통해 증명했듯이 인지구조 그 자체가 그들 자신의 구조를 산출한다고 암시한다.

또한 모스는 레비스트로스에게 뒤르켐의 입장을 뒤집는 어떤 함축적 제안을 제공했을지도 모른다. 비록 모스는 뒤르켐의 원칙을 강하게 고수했고 자신을 뒤르켐 전통의 옹호자로 보았지만, (앙리 부샤(Henri Beuchat)와 공동 저술한) 《계절에 따른 에스키모인의 변화: 사회형태학적 연구》12에서는 에스키모인이 겨울과 여름이라는 사실에 따라 이중적 행동범주를 보인다는 사례를 통해 대립적 사유본성에 대해 강조하였다. 더욱이 자신의 가장 유명한 저서인 《선물》13에서 모스는 선물을 주고받는 것과 같은 사회구조와 관행 저변에 놓인 원칙과 관례 — 이 경우에는 호혜성의 원칙 — 를 연구할 것을 다시 한 번 강조했다. 따라서 레비스트로스는 뒤르켐, 모스, 그리고 뒤르켐학파의 다른 학자들, 예를 들면 헤르츠와 같은 학자의 저서를 읽었기 때문에 그의 구조주의 기본원칙은 아주

분명하다. 그럼에도 의문점은 남는다. 무엇으로 인해 레비스트로스는 뒤르켐의 입장, 모스의 견해를 거부하고 (예를 들어 친족과 신화와 같은) 사회의 물질적·문화적 구조가 그 구조를 생성시키는 인간정신의 내적 능력을 반영한다고 주장하게 되었는가? 우리는 다음 장에서 이 질문에 답해 보려고 노력할 것이다. 왜냐하면 이 질문은 사회학적 구조주의뿐만 아니라 인문학과 그 밖의 다른 사회과학에서 논의되는 광범위한 구조주의적 운동에서도 중요한 문제이기 때문이다.

또한 구조주의 사회학은 뒤르켐이 《종교생활의 원초적 형태》[14]에서 발전시킨 마지막 사고 중의 하나에 의해서도 영향을 받았다. 성스러운 것에 대한 개념뿐 아니라 성스러운 것을 개념화하는 토템, 그리고 성스러운 것을 전달하는 의식은 실제로 사회에 대한 숭배라는 것이다. 개인들은 자신들을 뛰어넘는 사회의 힘을 느끼고 감지하기 때문에 이런 힘을 종교적 상징으로 재현할 필요를 느끼고 의례를 실행함으로써 이런 상징을 둘러싸고 일어나는 감정을 북돋울 필요를 느낀다. 그러므로 의례를 치르면서 사회 속의 개인들은 단순히 초자연적인 것에 대한 그들의 신앙을 확인할 뿐만 아니라 사회의 구조를 정당화하는 것이다. 뒤르켐의 사고에 따르면 종교란 사회에 대한 숭배이며 사람들의 일상적 삶을 이루는 구조에 대한 신앙이다. 따라서 뒤르켐이 보기에 사회구조, 인지와 신앙 그리고 의례의 실행은 밀접하게 서로 관련된다. 오늘날 많은 구조주의적 접근은 이러한 과정 간의 밀접한 연결을 강조한다.

4. 게오르크 짐멜의 형식적 구조주의

뒤르켐은 구조주의, 특히 문화의 역학관계를 중심으로 논의하는 구조주의가 등장하는 데 아주 중요한 영향을 미친 학자였다. 그러나 독일 사회학자 게오르크 짐멜(Georg Simmel)도 그에 못지않게 영향을 끼쳤다. 개인과 집단 간의 연합 속에 숨겨진 형식을 발견하는 것에 대한 짐멜의 강조는 많은 현대 구조적 사회학파에게 상당한 영향을 미쳤다. 사회구조는 '영원한 상호작용'으로 구성되고, 형식 사회학은 이러한 영원한 상호작용 아래 숨겨진 유형에 대해 연구하는 것이라고 짐멜은 믿었다. 사회학적으로 볼 때 이러한 상호작용의 내용이나 실질적 본성은 상호작용의 기본적 형식보다 훨씬 덜 중요한 것이다. 비록 상호작용이 무수하게 많은 내용을 보여줄 수는 있지만 관계 속에 숨겨진 형식은 동일하다. 짐멜은 다음과 같이 강조한다.

목적과 일반적 중요도에 있어 굉장히 다양하게 상상할 수 있는 사회적 집단은 그럼에도 불구하고 개개의 구성원의 입장에서 본다면 서로서로에 대해 동일한 행위 형식으로 나타날 수 있다. 우리는 국가에서, 종교 공동체에서, 음모자 단체에서, 경제적 연합체에서, 예술학교에서 그리고 가족 안에서 우월성과 종속성, 경쟁, 분업…그리고 무수하게 많은 유사한 측면을 찾을 수 있다. 그렇지만 이러한 결합체에서 등장하는 이해(interest)가 아무리 다양하다고 해도 이해가 실현되는 형식은 아마도 동일할 것이다. [15]

그러므로 사회구조는 굉장히 광범위한 실질적 개

인행위를 뒷받침하고 가능하게 하는 상호작용의 형식이나 배열이라고 개념 정의할 수 있다. 이런 관점에 서면 다방면에 걸친 짐멜의 사회학적 접근을 보다 쉽게 이해할 수 있다. 왜냐하면 비록 짐멜이 광범위한 실질적 주제에 대해 연구했음에도 그는 항상 상호작용에 내재한 형식을 연구했기 때문이다. 짐멜의 가장 유명한 모든 에세이들은 다음과 같은 메시지를 담고 있다. 사회적 관계에서 겉으로 드러나는 실체나 내용이 무엇이든 간에 거기에는 형식이나 구조가 내재돼 있다. 예를 들면 짐멜은 갈등을 검토하면서, 국민국가, 개개인의 사람, 그리고 작은 집단 사이에서 일어나는 갈등에는 어떤 기본적 요소나 형식이 내재한다고 보았다. 더 자세히 설명하면, 대면집단에서 사람의 수가 늘어나는 것의 결과를 연구하면서 가능한 관계의 수가 기하학적으로 증가해(두 사람은 2개의 관계묶음, 세 사람은 6개의 관계묶음, 네 사람은 12개의 관계묶음을 갖는다) 대면집단의 형식과 구조를 바꾼다고 짐멜은 주장할 수 있었다. 더욱이 짐멜은 (중립적이고도 불특정적인 교환수단인) 돈의 영향을 검토하면서 사회관계의 형식이 근본적으로 달라진다고 결론 내렸다.[16]

《집단 제휴망》[17]이라는 짐멜의 저작은 사회학에서 보다 현대적인 구조적 사유를 하는 데 아마도 가장 중요한 영향을 미쳤을 것이다. 이 에세이에서 짐멜은 개인의 제휴에 사회적 분화가 미치는 효과에 대해 검증하였다. 보다 덜 분화된 체계에서 개인들은 내적으로 서로서로 긴밀하게 결합된 하나 또는 소수의 집단에 둘러싸이고 거기에 흡수된다. 결과적으로 집단 제휴의 형태는 개인을 한 방향으로 끌어당긴다. 그러나 사회적 분화가 일어나면서 개인들은 서로 다른 많은 집단에 소속되고 많은 다른 지향성에 이끌리면서 복수의 집단과 연계를 맺게 된다. 결과적으로 개인은 어떤 하나의 집단에 몰두할 수 없게 되고, 단지 자신의 일부분을 어떤 특정 집단에 할애할 뿐이다. 이런 다수의 집단연계 과정에서 개인들은 어느 정도 집단연계의 구도를 선택할 수 있기 때문에 개인들은 자유로워지고 각자 개성이 커진다. 보다 거시적인 수준에서는 분화가 점차 증대하면서 다양한 집단연계가 그에 따라 증가하게 된다. 그렇게 되면 개인들은 한 영역에서는 갈등관계에 놓이고, 다른 영역에서는 결합관계에 있으며, 개인들 사이에 많은 교차(cross-cutting) 제휴가 일어난다. 결과적으로 사회의 양극화는 덜 일어난다. 왜냐하면 집단결속으로 개인들이 사회구조에 다양하게 자리하면서 하나의 집단이나 소집단에 과도하게 결집되는 것을 피할 수 있기 때문이다.

5. 허버트 스펜서와 초유기체

오늘날 사회학 밖의 학자들과 이념의 역사에 관심 있는 사람을 제외하고는 허버트 스펜서(Herbert Spencer)를 읽지 않는다.[18] 스펜서는 여러 면에서 초기 사회학자에 속한다고 볼 수 있지만, 그는 자신을 철학자로 여겼다. 그러나 그의 주요저작은 뒤르켐이나 짐멜 그리고 막스 베버 같은 많은 고전적 이론가의 저작보다 먼저 출간되었다. 이 저작에서 스펜서가 사회구조에 대한 전망을 보여주기 때문에 여기서 그에 대해 논의하려 한다.

스펜서가 보기에 사회구조는 우주의 물질적 영역

이든 유기체적 영역이든 간에 부분 사이의 관계로 구성된다. 사회학은 초유기체적 체계에 대한 연구이거나 유기체 사이에 상대적으로 안정된 관계를 구성하는 체계에 대한 연구다. 그러므로 사회학은 — 집단, 조직, 공동체, 사회 그리고 사회 간 체계와 같은 — 초유기체적 체계를 형성하는 사람뿐만 아니라 — 곤충사회, 동물 떼와 무리 또는 그 밖의 초유기체적인 체계와 같은 — 안정된 사회적 관계의 유형을 형성하는 유기체에 대해서도 연구할 수 있다.

구조는 종(種)이 당면하는 근본적 문제에 대해 해결책을 제시하고, 사람들의 경우에는 초유기체적 체계 안에서 진행되는 생산, 재생산, 분배 그리고 통제를 조직하려는 욕구를 둘러싸고 일어나는 문제에 해결책을 제시한다(이런 기능적 필수요건에 대한 더 상세한 논의는 2장을 참조하라). 따라서 초유기체적 유기체 중에서 사회구조란 ⓐ 환경으로부터 자원을 구하여 유용한 물자로 전환하는 문제(생산) ⓑ 이런 물자뿐만 아니라 정보와 사람을 한 사회 안에 또는 사회적 체계 간에 조직화돼 있는 초유기체적 인구의 구성원에게 분배하는 문제(분배), ⓒ 구성원과 그들이 산출해온 사회문화적 구성체를 초유기체적 체계를 형성하기 위해 재생산하는 문제(재생산), ⓓ 마지막으로 초유기체의 구성원을 조정하고 통제하기 위해 권력과 문화적 체계를 동원하는 문제(통제), 이런 4가지의 문제를 처리하는 개인과 연합단위와 같은 행위자 사이에서 일어나는 관계의 다발을 포함한다. 그러므로 사회구조는 개인들의 분화유형과 개인의 행위를 — 예를 들면 집단이나 조직 그리고 공동체와 같은 — 사회적 구성물로 조직화하는 하부단위(subunit)로부터 만들어진다. 분화는 생산, 재생산, 분배 그리고 통제를 위해 특화된 사회단위에 대해 압력을 증대시킨다. 그러므로 사회를 구성하는 초유기체는 적응이나 기능적 필수요건을 다루는 사회구조의 하부요소(subassemblies)에 의해 구조와 문화로 분화된다.

스펜서는 분화된 개인들과 하부단위 사이에서 통합과 조정의 문제를 다루는 분화된 체계를 강조했다. 그보다 앞선 시대의 학자인 오귀스트 콩트와 마찬가지로 스펜서는 시장에서의 자원의 분배와 권력 강화 그리고 권력을 정당화하는 상징체계(이데올로기)를 거쳐 형성되는 구조적 상호의존성이 핵심기제라고 보았다. 이를 통해 개인들 사이의 초유기체적 체계가 통합된다고 주장하였다. 그러므로 뒤르켐과 상당히 유사하게, 그러나 뒤르켐이 《사회분업론》이란 저서를 출간하기 20년 전에, 스펜서는 사회통합의 양식과 기제가 사회구조에서 가장 중요한 차원이라고 강조했다.

6. 사회구조에 대한 막스 베버의 입장

막스 베버(Max Weber)까지도 구조와 문화에 대해 다소 모호한 개념을 적용했다는 것은 놀라운 일이다.[19] 베버에게 있어 사회구조란 서로 다른 행위유형에 참여하는 개인들의 조합(assemblage)으로 이뤄진다. 베버는 한 사회를 구성하는 4개의 기본구조를 강조했다. 조직, 공동체, 계층체계, 그리고 합법화된 질서가 바로 그것이다. 합법화된 질서라는 개념은 오늘날(예를 들면 경제, 정치, 종교, 교육, 법 등과 같은) 제도화된 영역을 가리키는 것으로 대략적으로 바꿔 볼 수 있다. 이 영역은 — 현대

용어로 표현하면 이데올로기, 신념, 규범과 같은 — 문화적 상징체계에 의해 규제되고, 문화적 상징은 조직, 공동체, 계층체계, 제도적 권력과 권위, 그리고 그가 지배(domination)라고 이름 붙인 유형의 증거가 된다. 그러므로 사회구조는 문화적 상징체계와 (권력과 권위를 통한) 지배유형이 제시하는 허용 및 금지에 의해 조정되는 — 조직, 공동체, 사회계급 그리고 분화된 제도적 질서와 같은 — 하부단위 안에 모여 사는 개인들의 행위로 이뤄진다. 이러한 사고가 구조주의적 이론과 문화적 이론에 나타난다. 하지만 그것들이 베버 이론에 기원을 둔다는 사실은 종종 모호한 채로 남아 있다.

7. 나가며

고전 사회학 이론 시기에 사회구조의 본질에 대해 일치하는 부분이 많지 않았다는 점은 분명하다. 오늘날도 마찬가지다. 그러나 사회구조의 핵심요소는 명확하다. 개인과 연합(corporate) 행위자 사이에 사회적 관계를 안정화하는 유형, (집단, 조직, 공동체, 계층과 계급, 제도화된 영역, 사회 그리고 사회 내적 체계와 같은) 몇 가지 근본적 구조 유형에 따라 무리 사이에 일어나는 분화, 행위와 정당한 권력을 지향하고 자원분배를 위해 관계를 교환하는 문화적 상징체계, 그리고 권력과 권위의 제도화를 통한 지배체계가 그것이다. 그러나 다른 이론은 고전적 전통으로부터 벗어나 다양한 요소를 강조한다. 결과적으로 사회학의 근본 주제를 둘러싼 개념적 혼돈이 계속되고 있다. 문화적 전통은 사회 안에 있는 통합적 힘으로 문화를 강조하면서 대부분 뒤르켐과 베버로부터 많은 것을 빌려온다. 그러나 보다 많은 구조적 접근은 상호의존성, 권력과 권위, 그리고 경우에 따라서는 문화적 상징체계를 강조한다.

주

1 다음 문헌을 참조하라. Karl Marx, *A Contribution to the Critique of Political Economy* (New York: International, 1970); *The Economic and Philosophic Manuscripts of 1844* (New York: International, 1964); and *Capital: A Critical Analysis of Capitalist Production* (New York: International, 1967).

2 Karl Marx and Friedrich Engels, *The Communist Manifesto* (New York: International, 1971; 초판 1847).

3 Émile Durkheim, *The Division of Labor in Society* (New York: Free Press, 1947; 초판 1893) 와 *The Rules of the Sociological Method* (New York: Free Press, 1938; 초판 1895).

4 Émile Durkheim, *The Elementary Form of Religious Life* (New York: Free Press, 1947; 초판 1912) 와 Émile Durkheim and Marcel Mauss, *Primitive Classification* (London: Cohen and West, 1963; 초판 1903).

5 Charles Montesquieu, *The Sprit of Laws* (London: Colonial, 1900; 초판 1748).

6 Durkheim, *The Rules of Sociological Method* (주 3 참조), p. 96.

7 Émile Durkheim, "Incest: The Nature and Origin of the Taboo", *Anneé Sociologique* 1 (1898): pp. 1~70.

8 Durkheim and Mauss, *Primitive Classification* (주 4 참조).

9 같은 책, pp. 82~84.

10 같은 책, pp. 85~86.

11 Robert Hertz, *Death and the Right Hand* (London: Cohen and West, 1960; 초판 1909).

12 Marcel Mauss and Henri Beuchat, *Seasonal Variation of the Eskimo: A Study of Morphology* (London: Routledge & Kegan Paul, 1979; 초판 1904~1905).

13 Marcel Mauss, *The Gift: Forms and Function of Exchange* (New York: Free Press, 1941; 초판 1925).

14 Durkheim, *The Elementary Forms of Religious Life* (주 4 참조).

15 Georg Simmel, *Fundamental Problems of Sociology* (1918), 울프 (K. W. Wolf) 가 번역한 *The Sociology of George Simmel* (New York: Free Press, 1950) 의 일부분. 초판 22쪽에서 인용했다.

16 같은 책, 같은 쪽에서 인용했다.

17 Georg Simmel, "The Intersection of Social Spheres", 1890년 발행된 초판이 그의 사고를 가장 잘 보여준다. *Georg Simmel: Sociologist and European*, trans. Peter Laurence (New York: Barnes and Noble, 1976) 를 보라. 그러나 그의 아이디어가 가장 잘 적용된 저작은 *Conflict and the Web of Group Affiliation*, tras. Reinhard Bendix (New York: Free

Press, 1955) 를 들 수 있다.

18 Herbert Spencer, *The Principle of Sociology*, 4 volumes (New Brunswick, NJ: Transaction Publishers, 2002; 시리즈 초판 1874~1896). 스펜서의 주요저작에 대해서는 내가 재판에 쓴 긴 서문을 참조하라.

19 Max Weber, *Economy and Society*, trans. /ed. G. Roth and C. Wittich (Berkely, CA: University of California Press, 1968).

24 장

초기 구조주의이론과 문화이론

1. 들어가며

사회학 이론의 고전적 시기와 현대적 시기 사이에 수십 년 동안 구조적 이론과 문화이론은 프랑스, 영국, 미국의 학자들의 3가지 조류에 의해 크게 영향을 받았다. 프랑스의 전통은 몽테스키외로부터 오귀스트 콩트에서 뒤르켐에 이르기까지 오랜 계보에서 예측할 수 있듯이 분명히 문화적이지만, 약간 흥미로운 변형도 추가되었다. 영국의 전통은 뒤르켐을 차용했지만, 문화에 관한 그의 주장은 줄어들고, 구조의 특성에 관한 그의 형태론적 진술은 증가했다. 최종적으로 미국의 전통은 네트워크를 지도로 그리기 위한 도구를 개발하기 시작했으며, 사회 구조는 점차 노드(node)와 네트워크 사이의 연결망의 유형과 배열로 간주됐다〔이 장에서 '미국의 전통'은 생략했다 — 옮긴이〕. 네트워크 분석을 제외하고 이런 많은 변형은 약화되었으나, 그러한 요소는 오늘날 거의 모든 구조적 이론과 문화적 이론에서 발견할 수 있다. 그에 따라 20세기로 들어와 현대적

시기가 시작되는 1950년대에 이르기까지 수십 년은 창조적이고 생산적인 시기였다. 그러나 구조의 문제를 연구하는 학자들은 구조와 문화의 특성을 분류하는 고전적 시기보다 훨씬 역동성이 부족해 더 나은 성과를 만들지 못했다.

2. 클로드 레비스트로스의 프랑스 구조주의 전통

교환이론의 등장을 다룬 19장에서 신부교환에 대한 레비스트로스(Claude Lévi-Strauss)의 분석을 간단히 살펴본 바 있다. 《친족의 기본구조》[1]에서 레비스트로스는 친족의 분석이 의미하는 세계에 관한 보다 철학적인 관점에 대해 단지 암시를 주었을 뿐이다. [2] 이 책의 대부분은 친족집단 사이의 직접적·간접적 신부교환으로부터 나온 사회적 연대의 다양한 수준을 조사했다. 하지만 많은 측면에서 《친족의 기본구조》는 뒤르켐과 마르셀 모스[3]

가 제공한 초기의 토대로부터 떠나기 시작했기 때문에 일종의 전환기적 연구이다. 실제로 이렇게 뒤르켐과 모스로부터 벗어난다는 것은 마르크스가 게오르크 빌헬름 헤겔을 수정한 것과 동일한 방법으로 레비스트로스가 뒤르켐을 거꾸로 뒤집으려고 시도하는 신호로 볼 수 있다. 뒤르켐과 모스가 《원시사회의 분류》에서 주장했듯이, 인간의 인지적 범주는 사회의 구조를 반영한다. [4] 이와는 대조적으로 레비스트로스는 반대의 결론에 도달했다. 즉, 사회구조는 단지 인간두뇌 신경학에 고유하게 존재하는 근본적 정신과정의 외부적 표현에 불과한 것이다.

레비스트로스는 소쉬르(Ferdinand de Saussure) [5] 와 야콥슨(Roman Jakobson)에 의해 처음 제시되었던 구조언어학의 영향 아래 이러한 입장에 도달했다. 소쉬르는 일반적으로 구조언어학[6]과 레비스트로스의 구조주의 모두의 아버지로 간주된다. 논평가들은 종종 레비스트로스의 언어학에 대한 관심이 뒤르켐적 전통에 대한 전도에 결정적인 것으로 보았다. 하지만 스위스 언어학자인 소쉬르는 자신을 뒤르켐주의자로 여겼다. 소쉬르의 사후 출판된 저서인 《일반 언어학 강의》(Course in General Linguistics)는 결정적으로 뒤르켐주의적 어조를 지닌다. 즉, 언어의 부분은 오직 전체 구조와 관계를 가질 때만 의미를 획득하고, 언어의 단위 — 음운이든 형태소이든 — 는 개별적인 것을 초월하는 전체 구조에서 점에 불과하다. 언어는 '구체적 단위의 대립에 전적인 토대를 두고'[7] 있으며, 언어 (langue)의 숨어 있는 구조는 발화(parole)와 같은 표면적 현상과 관련을 가져야만 알려지고 이해될 수 있으며, 언어구조는 "더 이상 독립적으로 발전

하는 유기체로서가 아니라 언어집단의 집합적 사고의 결과물로 볼 수 있다"[8]고 그는 주장했다. 그러므로 뒤르켐과 동시대인으로서 소쉬르는 일반적으로 알려진 것보다 뒤르켐의 실재에 관한 시각에 훨씬 더 전념했다. 하지만 그는 19세기의 언어학 분석에서 비판적 돌파구를 열었다. 즉, 발화는 단지 보다 근본적인 정신과정의 표면적 발현일 뿐이다. 언어는 발화나 쓰인 단어가 아니라, 오히려 소쉬르가 사람들 사이의 사회적·문화적 조직화의 일반적 형태의 결과물로 보았던 — 진정한 뒤르켐의 방식에 따르는 — 하나의 독특한 사고방식이다. 숨어 있는 정신과정의 단순한 표면적 발현으로서 발화를 구별지은 것은 레비스트로스의 구조주의의 은유로서 점점 더 많이 사용되었다. 물론 이 은유는 실재가 우주 본질의 단순한 반영이라는 플라톤의 관점만큼이나 오래되었고, 제도적 배치뿐만 아니라 문화적 가치와 신념이 경제적 관계에 숨어 있는 하부구조의 반영이라는 마르크스의 견해만큼이나 최근의 것이다.

레비스트로스는 또한 언어 기저의 정신적 사고가 선-악, 남자-여자, 예-아니오, 흑-백, 인간-비인간과 같은 '이항대립'으로 나타난다고 보는 20세기 초기 언어학자 야콥슨의 개념을 차용했다. 더욱이 레비스트로스는 야콥슨과 다른 학자를 인용하면서 이항대립이라는 기저의 정신적 실재가 많은 다른 사회적 형식 — 언어, 예술, 음악, 사회구조, 신화, 가치, 신념 등 — 을 생성하는 데 사용될 수 있는 일련의 '내재적 코드'나 규칙으로 구성되거나 또는 매개된다고 보았다. [9]

레비스트로스는 바로 이러한 뒤르켐의 사고를 수용했기 때문에 '랑그'(langue)와 '파롤'(parole) 간의

차이점, 그리고 대립항으로 구성된 언어란 관념에 우선적으로 초점을 맞춘 것으로 보이는데, 다른 한편 랑그의 사회구조적 기원에 대한 소쉬르의 강조를 무시했다.

하지만 왜 레비스트로스는 언어분석에 그토록 심취했으며, 왜 그는 소쉬르의 연구에 대한 뒤르켐적 비판을 무시했는가? 레비스트로스의 자기반성적 대답은 별로 알려주는 바가 없다. 예를 들어, 그는 두 살 때라 아직 읽을 줄 몰랐을 시기에도 비슷한 문자 그룹의 기호를 해독하려 했다고 회고하면서, 자신이 아마도 구조주의자로 태어났다고 주장했다. 그가 주장하듯이 또 하나 어린 시절의 영향은 지질학으로, 지질학의 연구과제는 엄청나게 다양한 풍경의 기저에서 작동하는 지질학적 작용을 발견하는 것이었다.[10] 그는 또한 많은 계보를 만들었는데, 자신은 '반(反)뒤르켐주의자'이며, 뒤르켐주의적 접근에 대한 대안으로 영미식 방법을 채택할 것이라고 선언했다.[11] 그럼에도 그는 항상 프랑스 전통에 발을 딛고 있었다. 예를 들어, 그는 자신의 에세이 "프랑스 사회학"(French Sociology)을 모스에게 헌정하면서 다음과 같이 강조했다.

프랑스학파의 총체적 목적은 속인의 범주들을 분해하고, 자료를 더 깊고 더 견고한 분류로 묶으려는 시도에 있다고 말할 수 있다. 뒤르켐이 강조했듯이, 사회학의 진정한, 유일한 기초는 사회형태학이다. 즉, 이러한 종류의 사회학의 임무는 사회적 유형을 구성하고 분류하는 것이다.[12]

레비스트로스의 목표는 점점 더 형태학이나 구조를 분석하는 프랑스 전통을 재현시키는 것이 되었다. 그의 초기 저서는 뒤르켐주의 전통의 중심에 놓인 것처럼 보인다. 《친족의 기본구조》[13](틀림없이 뒤르켐적 목소리를 담은 제목이다)에서 그는 친족관계의 규칙이 어떻게 결혼을 규정하는지에 초점을 두었으며, 그것은 모스의 《선물》[14]에 많은 빚을 지고 있다. 레비스트로스는 교환이란 '수많은 이질적 사회활동의 공통분모'라고 결론 내렸으며, 모스와 유사하게, 보편적 구조의 '호혜성의 원칙'(principle of reciprocity)[여기서는 'reciprocity'를 '호혜성'이라고 옮겼으나, '상호성'이라는 번역어도 '호혜성'과 함께 학계에서 널리 쓰인다 — 옮긴이]이라고 단정하였다. 게다가 근친상간이 족외혼 규칙의 산물이라고 본 근친상간[15]에 대한 뒤르켐의 초기 분석을 비판하면서, 레비스트로스는 근친상간에 관한 규칙이 그 자체로 질서를 만드는 원칙이라고 보았다. 여기서 세부사항은 그의 연구가 근본적으로 뒤르켐주의적이라는 점을 인식하는 것만큼 중요하지는 않다. 그러나 중요하게 덧붙여야 할 암시가 있다. 특히 레비스트로스는 코드의 작동에 대한 청사진이나 모델을 포함하는 무의식을 가정했다. 예를 들어, **호혜성**은 아마 보편적 무의식의 코드이며, 그것은 뇌의 신경해부학에 해당하며, 사회의 물질적·문화적 구조에 앞서 존재하는 것이다.

왜 레비스트로스는 뒤르켐주의 사회학을 이렇게 바꿨는가? 간단한 답변은 그가 무언가 새로운 것을 말하고자 했다는 것이다. 만일 단순히 뒤르켐의 형태학 사고, 내재하는 구조적 원리에 대한 모스와 헤르츠의 관심, 호혜성이라는 모스의 원리, 사고의 범주·신화학·의례에 대한 뒤르켐과 모스의 관심, 언어학에 대한 소쉬르와 야콥슨의 기본적 사상을 빌려왔다면, 그의 연구에서 순수한 자신의 것은 무엇일까? 그의 전략은 단순히 뒤르켐학파의 주장을 뒤집어 정신적 형태학을 문화적·물질적 형태학의 내재적 원인으로 보려는 것이었다. 그는 뒤르켐이 '실재', '사물', '사회적 사실'로 보았던 것을 비실재적인 것으로 바꾸기로 결정했다. 그러므로 구조주의는 오래되고 독특한 프랑스의 계보에 대해 무언가 새로운 것을 말하고자 했던 레비스트로스의 연구 결과로서 태어났다. 프랑스 계보의 모든 요소는 그대로 남아 있으면서도, 뒤집혔던 것이다.

그러므로 20세기 중반에 수십 년 동안 레비스트로스의 구조주의는 문화적·사회적 형태를 인간 두뇌의 생화학[16]에 뿌리를 둔 보편적 정신과정으로 이해하려는 데 관심을 가졌다. 이러한 의미에서 레비스트로스의 구조주의는 정신주의적이고 환원론적이다. 그의 기본 주장을 간추려 보면 다음과 같다.[17]

——

① 경험적으로 관찰 가능한 것은 구성요소 — 이 구성요소들이 신화와 설화의 요소이든 아니면 친족 관계에서의 위치이든 — 간 관계의 체제로 보아야 한다.
② 구성요소 간에 경험적으로 관찰 가능한 관계를 요약하는 이런 관찰 가능한 체제의 '통계 모델'을 구성하는 것이 적절하다.
③ 그러나 그와 같은 모델은 단지 실재의 좀더 근본적인 형식이 표면으로 발현된 것에 불과하다. 이러한 형식은 상이한 이항대립을 조직화하는 다양한 코드나 규칙을 사용한 결과다. 그와 같은 형식은

'기계적 모델'의 구성을 통해 가시화될 수 있으며, 그것은 상이한 이항대립의 구성을 통해 다양한 규칙을 사용한 논리적 결과를 명료하게 나타낸다.
④ 통계 모델의 경향은 기계적 모델의 특성을 불완전하게 반영할 것이다. 그러나 후자는 '더 실재적'이다.
⑤ 기계적 모델은 인간의 타고난 것이며, 뇌의 생화학과 신경학에 뿌리를 두는 규칙과 이항대립으로부터 만들어진다.

——

위의 1, 2단계는 레비스트로스가 《친족의 기본구조》의 초판에서 주장했고, 3, 4, 5단계는 친족과 신화에 대한 연구에서 주장했다. 그러므로 무엇이 구조주의를 구별짓는 것인가는 마지막 단계에서 의미하는 가정과 전략에 대한 주장이다. 이 전략의 주요 문제점은 그것을 검증할 수 없다는 것이다. 만일 기계적 모델이 경험세계에서 전혀 완벽하게 반영되지 않는다면, 어떻게 이항대립에 대한 적용의 규칙을 확증하거나 아니면 부당성을 증명할 수 있겠는가? 마샬 살린스(Marshall Sahlins)가 비꼬아 말했듯이, "드러난 것은 거짓이며, 인지로부터 숨겨지고 모순된 것이 진실이다."[18] 그러나 그런 비판에도 불구하고 특히 위의 1, 2단계에 나타난 레비스트로스에 의해 전달되는 이미지는, 구조적 이론화에 많은 영향을 끼쳤다. 비록 레비스트로스의 접근이 많은 사람들에게 채택되지 않았을지라도, 행위와 사회구조의 생산에서 행위자를 이끄는 문법과 코드를 포함하는 구조에 대한 사상은 문화이론가들에게 지금도 호소력을 갖는다.

3. 영국의 구조주의 전통

1) 래드클리프-브라운

오스트레일리아 부족 친족관계에 대한 분석[19]과 《안다만섬 사람들》[20]의 의례분석과 같은 래드클리프-브라운(A. R. Radcliffe-Brown)의 초기 저작은 의례에 대한 후기 뒤르켐의 기능주의적 분석과 많은 점에서 비견할 만하다.[21] 그러나 동등하게 중요한 것은 래드클리프-브라운도 사회구조에 대한 뒤르켐의 관점을 발전시켰다는 점이다. 이러한 후자의 노력은 래드클리프-브라운의 더 이론적인 작업, 특히 친족에 관한 작업에서 분명하게 나타난다. 그의 고전적 에세이인 "사회과학에서 기능의 개념에 대하여"에서 래드클리프-브라운은 "기능의 개념은 단위별 실체의 일련의 관계를 구성하는 구조의 개념과, 구성단위의 활동으로 이뤄지는 생애 과정에 의해 유지되는 구조의 지속성을 포함한다"고 주장했다.[22]

래드클리프-브라운의 사고에서 구조기능주의는 구조 — 즉 실체 사이의 관계 — 를 체계통합(system integration)을 위한 실체의 기능이나 결과보다 강조하는 것이었다. 더욱이 그는 레비스트로스에게 글을 쓸 때, 그와 다른 점을 강조했다.

———

나는 당신과는 매우 다른 의미에서 '사회구조'란 용어를 사용합니다. 당신에게 사회구조는 실체와 아무 관련 없는 그저 만들어진 모델일 뿐이지만, 나는 사회구조를 실체로 간주합니다.[23]

———

《사회에 대한 자연과학》[24]에 나타난 래드클리프-브라운의 마지막 주요 이론적 진술에서, 그는 뒤르켐이 《사회학적 방법의 규칙》[25]에서 제시한 견해에 동조했으며, 사회체계는 개인들 간 관계의 특성으로 이뤄진 발현된 자연체계라고 주장했다. 그러므로 사회체계는 개인들 내부의 관계를 연구하는 심리학적 체계와 구별돼야 한다. 그러나 제1차 세계대전과 제2차 세계대전 사이에 수년간 래드클리프-브라운과 다른 인류학자들은 여전히 기능적 분석을 고수했으며, 순수한 구조적 분석을 왜곡하도록 구조의 기능에 관한 개념을 용인했다. 네트워크 접근법의 암시는 수많은 인류학적 연구에서 발견된다.[26]

2) 네이들과 네트워크 분석

네이들(S. F. Nadel)의 《사회구조의 이론》[27]은 많은 인류학자들의 '구조'와 '기능'을 분리한 연구에 결정적 영향을 주었다. 이 과정에서 네이들은 현시대의 네트워크 분석과 견줄 만한 분석모델을 제시했다. 네이들은 사회과학에서 구조의 개념이 너무 모호하다는 주장을 제시하면서 논쟁을 제기했다. 그러므로 우리는 더 엄밀하면서, 여전히 일반적인 모든 구조의 개념에서 시작해야 한다. 즉, "구조는 관계가 변하지 않지만 부분들 자체는 변화가 가능하며, 위치를 바꿀 수 있는 것으로 취급될 수 있는 부분의 서열적인 배열을 가리킨다."[28] 그러므로 구조는 행위자보다 관계의 특성, 특히 불변적이고 항상 발생하는 관계의 특성에 집중해야 한다.

모든 구조에 대한 이러한 일반적 개념을 통해, 네이들은 "우리는 서로에게 관계되는 역할을 수행하는 능력에서 행위자 사이에 획득한 관계의 형태나 네트워크(또는 체계)를 구체적인 구성원과 그들의 행위로부터 추출함으로써 사회구조에 도달한다"[29]는 주장을 제시했다. 구조 안에는 사람들을 하나로 묶는 특정한 형태의 관계로 특징짓는 착근된 '하위집단'이 존재한다. 그러므로 사회구조는 여러 층위(*layer*)이자 네트워크의 군집(*cluster*) ─ 사회의 전체 네트워크에서 다양한 범주의 하위 네트워크에 이르기까지 ─ 으로 보아야 한다. 구조를 식별하는 열쇠는 그가 '유사성과 차이성에 근거한 관계의 분포'라고 부르는 것을 피하고, 대신 '하나의 상호작용에서 함축되어 있던 관계가 다른 상호작용에서 발생하는 관계를 결정하는 관계의 연결'에 집중하는 것이다. 즉, 역할의 이러저러한 유형에서 행위자의 통계학적 분포보다 역할을 수행하는 행위자 간 연결의 독특한 배열을 조사해야 한다.

이러한 일반적 사고로부터 몇 명의 인류학자들은, 가장 두드러지게는 미첼(J. Clyde Mitchell)[30]과 반즈(John A. Barnes)는,[31] 네이들과 같은 형태학적 이미지를 네트워크의 특성으로 개념화하는 데 더 특별한 기술과 결합시켰다. 새로운 지평을 여는 경험적 연구 성과[32]와 연결되어, 인류학적 전통은 사회학 및 사회심리학에서의 연구와 함께 합쳐지기 시작했다. 그렇지만 이런 융합은 미국 사회심리학 내부에서 네트워크 분석이 발전된 이후에야 시작됐다.

4. 나가며

25장에서 우리는 더 과학적인 입장에서 프랑스 구조주의 전통을 계속 살펴볼 것이다. 그러나 비록 레비스트로스의 주장보다 신화주의는 줄어들더라도, 정신적·문화적 과정에 대한 강조는 여전히 남아 있다. 현대 네트워크 분석을 다룬 27장에서 영국과 미국의 구조주의 전통은 우리가 교환 네트워크 분석을 다룬 22장에서 이미 살펴보았듯이 현대 이론화에서 매우 두드러지게 남아 있다. 구조화이론에 관한 26장에서 우리는 구조주의, 상호작용주의 이론, 그리고 다른 이론적 전통에서 비롯된 다양한 전통의 더 종합적인 혼합을 볼 수 있다. 그리하여 구조주의이론은 성숙하면서 매우 다른 방향으로 나아갔다. 이런 다양성에서 가장 분명한 것은 가장 근본적인 사고, 즉 사회구조에 대해 동의하지 못하는 사회학 이론가들의 무능력이다. 초기 전통에 대한 각각의 이론가들의 수정 ─ 또는 똑같이 중요한 전통에 대한 거부 ─ 에 의존해, '구조'에 대한 매우 다른 이론이 제기됐다. 그래서 최종적으로 구조와 문화에 대한 어떠한 합의뿐 아니라, 구조와 문화에 대한 어떤 차원이 이론화될 것인지에 대한 합의가 거의 존재하지 않는 것처럼 보인다.

주

1 Claude Lévi-Strauss, *The Elementary Structure of Kinship* (Paris: University of France, 1949).

2 사실상, 초기 저작인 "The Analysis of Structure in Linguistics and in Anthropology", *Word 1* (1945), pp. 1~21는 레비스트로스의 구조주의 형식에 좀더 좋은 단서를 제공한다.

3 Marcel Mauss, *The Gift: Forms and Functions of Exchange* (New York: Free Press, 1954; 초판1924) 는 특히 유명하다. 물론 모스가 뒤르켐의 제자이자 사위였다는 사실을 기억해야 한다 [모스는 뒤르켐의 조카였다 ― 옮긴이].

4 Émile Durkheim and Marcel Mauss, *Primitive Classification* (Chicago, IL: University of Chicago Press, 1963; 초판 1903). 이 저서는 정신적 범주가 직접적으로 주민의 공간적·구조적 조직을 어떻게 반영하는지 보여주려 했던 다소 극단적인 성공하지 못한 노력에 해당된다. 이것은 매우 결점이 많은 저서이지만, 뒤르켐의 사회학주의적 입장에 대한 가장 극단적인 진술을 담고 있다. *Course on General Linguistics*

5 Ferdinand de Saussure, *Course in General Linguistics* (New York: McGraw-Hill, 1966) 는 원래 소쉬르 사후 그의 학생들이 1915년 강의노트를 엮은 것이다.

6 같은 책.

7 같은 책, p. 107.

8 같은 책, p. 108.

9 사실 야콥슨은 아이들의 음운론적 발달이 대조가 분명한 체계를 따라 이뤄진다고 주장했다. 예를 들어, '아빠, 엄마' 또는 아이들이 모음과 자음 사이에서 배우는 대조가 그렇다. 레비스트로스는 정보이론과 컴퓨터 기술의 전문용어를 덧붙인 것으로 보인다. Roman Jakobson, *Selected Writings 1: Phonological Studies* (The Hague: Mouton, 1962) 와 *Selected Writings 11: Word and Language* (The Hague: Mouton, 1971) 를 참조하라. 좀더 상세히 알아보려면, A. R. Maryanski and Jonathan H. Turner "The Offspring of Functionalism: French and British Structuralism", *Sociological Theory 9* (1991), pp. 106~115를 참조하라.

10 Claude Lévis-Strauss, *Myth and Meaning* (New York: Schocken, 1979).

11 Claude Lévi-Strauss, *A World on the Wane* (London: Hutchinson, 1961).

12 Claude Lévi-Strauss, "French Sociology", in Georges Gurvitch and Wilbert E, Moore, eds., *Twentieth Century Sociology*, eds. Georges Gurvitch and Wilbert E. Moore (New York: Books for Libraries, 1945).

13 Lévi-Strauss, *The Elementary Structures of Kinship* (주 1 참조).

14 Mauss, *The Gift* (주 3 참조).

15 Émile Durkheim, "Incest: The Nature and Origin of the Taboo", *Anneé Sociologique*

1 (1898), pp. 1~70.

16 예를 들어 다음을 참조하라. Claude Lévi-Strauss, "Social Structure", in *Anthropology Today*, ed. A. Kroeber (Chicago: University of Chicago Press, 1953), pp. 524~553; *Structural Anthropology* (Paris: Plon, 1958; trans. 1963 by Basic Books); *Mythologiques: le cru et le cuit* (Paris: Plon, 1964).

17 Mirian Glucksmann, *Structuralist Analysis in Contemporary Social Thought* (London: Routledge & Kegan Paul, 1974). 구조주의 사상에 대한 보다 일반적인 검토와 레비스트로스에 대한 보다 깊은 검토는 Tom Bottomore and Robert Nisbet, "Structuralism", *A History of Sociological Analysis* (New York: Basic Books, 1978)에서 찾아볼 수 있다.

18 Marshall D. Sahlins, "On the Delphic Writings of Claude Lévi-Strauss", *Scientific American* 214 (1966), p. 134. 또 다른 적절한 비평으로는 다음 글을 참조하라. Marvin Harris, *The Rise of Anthropological Theory* (New York: Crowell, 1968), pp. 464~513; Eugene A. Hammel, "The Myth of Structural Analysis" (Addison-Wesley Module, no. 25, 1972).

19 A. R. Radcliffe-Brown, "Three Tribes of Western Australia", *Journal of Royal Anthropological Institute of Great Britain and Ireland* 43 (1913), pp. 8~88.

20 A. R. Radcliffe-Brown, *The Andaman Islanders* (Cambridge: Cambridge University Press, 1922; 초판 1914).

21 Émile Durkheim, *The Elementary Forms of Religious Life* (New York: Free Press, 1947, 초판 1912).

22 A. R. Radcliffe-Brown, "On the Concept of Function in Social Science", *American Anthropologist* 37 (1935), p. 396.

23 George P. Murdock, "Social Structure", in S. Tax, L. Eiseley, I. Rouse, C. Voeglia, eds., *An Appraisal of Anthropology Today* (New York: Free Press, 1953)에서 인용했다.

24 A. R. Radcliffe-Brown, *A Natural Science of Society* (New York: Free Press, 1948).

25 Émile Durkheim, *The Rules of the Sociological Method* (New York: Free Press, 1938; 초판 1895).

26 예를 들어, *Raymond Firth, Elements of Social Organization* (London: Watts, 1952); E. E. Evans-Pritchard, *The Nuer* (London: Oxford University Press, 1940); Meyer Fortes, *The Web of Kinship among the Tallensi* (London: Oxford University Press, 1949)를 참조하라.

27 S. F. Nadel, *The Study of Social Structure* (London: Cohen and West, 1957).

28 같은 책, p. 8.

29 같은 책, p. 21.

30 J. Clyde Mitchell, "The Concept and Use of Social Networks", in *Network Analysis: Studies in Human Interaction*, eds. Jeremy F. Boissevain and J. Clyde Mitchell (The Hague: Mouton, 1973).

31 John A, Barnes, "Social Networks"(Addison-Wesley Module, no. 26, 1972). 또한 J. F. Boissevain and J. C. Mitchell, eds., *Network Analysis: Studies in Human Interaction*(The Hague: Mouton, 1973)에 있는 그의 'Network and Political Processes'를 참조하라.

32 아마도 가장 중요한 연구는 Elizabeth Bott, *Family and Social Network: Roles, Norms, and External Relationships in Ordinary Urban Families*(London: Tavistock, 1957, 1971)일 것이다.

25 장

문화이론

1. 들어가며

프랑스 구조주의는 인류학 및 사회학에서부터 문학비평 및 다른 여러 분야를 포함한 현대 사회사상에 지대한 영향을 미쳤다. 이러한 많은 유형의 구조주의적 분석은 매우 다양하게 이뤄지지만 한 가지 공통된 주제를 가진다. 이는 대부분의 표면적 현상에는 깊은 기본구조가 마련돼 있으며, 이 같은 구조는 다양한 경험적 현상을 만들어낼 수 있는 일련의 생성규칙으로 개념화될 수 있다는 것이다. 즉, 문학 텍스트에서 사회구조에 이르기까지 경험적으로 관찰 가능한 현상은 내포된 논리와 배경 가정에 준거하여 구성된다. 몇몇은 이러한 논리를 인간 뇌 영역의 생물학적 요인에 기반하여 주장하는 반면에 다른 이들은 이 근본적 구조를 문화적 산물로 바라본다.

순수 구조주의 분석은 언어학 및 문학비평에 가장 큰 영향을 미쳤으며, 짧은 기간이지만 인류학과 사회학에서 상당한 인기를 누렸다.[1] 그러나 지난 수십 년 동안, 모든 현상을 깊고 보편적인 구조로 바라보는 탐색방법을 강조했던 엄격하고 정통적인 구조주의적 접근은 사회학을 쇠퇴시켰다. 그곳에서 몇 가지 절충적인 관점이 등장했다. 이 이론은 구조주의적 분석의 요소를 차용하고 이를 갈등이론, 상호작용론, 현상학과 같은 다른 개념적 전통과 조화시킨다. 여전히 상징적 규범과 이것들이 기본 생성규칙, 논리 및 가정에 의해 만들어지는 방식이 강조되지만 이러한 규범은 물질적 조건에 의해 인과적으로 영향을 받고, 일반적 요인에 의한 해석의 대상이다. 따라서 클로드 레비스트로스가 사회구조를 정신구조의 반영으로 보는 분석을 통해 뒤르켐을 돌려놓았고, 최근 문화상징을 부과하기 위한 의식기반을 강조하면서, 마르크스주의 갈등분석, 연극방법론, 상호작용론, 현상론 및 이론사회학의 다른 전통들과 함께 상징체계를 분석, 보완했다. 이러한 노력들이 에밀 뒤르켐으로 하여금 다시 지지하도록 만들었다. 그 결과는 문화사회학의 부흥을 가져왔고, 이는 파슨스의 기능주의보다 유연한 모습을 가지게 되었다. 이러한 새로운 접근방식에서 문화규범의 구조는 개인의 행동 및 대인관계뿐만 아니라 관련 활동이 수행되는 제도적 매개변수와도 인과관계를 가지고 있다.

몇몇 가능한 후보들이 적합한 절충적 구조주의 접근법을 제시할 수 있지만, 이 장에서는 프랑스 학자 피에르 부르디외와 미국의 두 이론가인 로버트 우드노우와 제프리 알렉산더를 선택했다. 그들의 연구는 **문화적 구조주의**(cultural structuralism)의 표본을 제공할 수 있다. 이들 각각은 뒤르켐에 기반을 두고, 문화규범의 단순한 표면적 발현으로서 사회적 구조를 바라보는 견해를 제외한 상태에서 레비스트로스의 통찰력을 통합한다. 그리고 이들은 물질적 사회조건의 인과적 우선순위를 강조하고, 문화체제를 창조, 재생산, 변화시키는 대인관계 과정을 강조하는 이론에 프랑스 전통을 연결시킨다.

2. 문화분석: 로버트 우드노우

사회학에서 문화분석(cultural analysis)에 대한 부흥이 있었지만,[2] 사회구조의 경우와 마찬가지로 문화의 본질은 여전히 막연하게 개념화되어 있다. 그 결과 물리적 객체, 사상, 세계관, 주관적 상태, 행동, 의식, 생각, 감정 등 모든 개념이 문화로 간주될 수 있다. 문화분석의 영역을 다소 줄이기 위한 노력 가운데 하나는 로버트 우드노우(Robert Wuthnow)의 연구다. 그의 연구는 대부분 종교에 중점을 두었지만 그는 좀더 일반적인 이론적 접근을 추구해왔다.[3]

이러한 이론적 노력은 순수 경험주의로 잘못 묘사된 실증주의에 맞서 전파되었다. 그럼에도 불구하고 몇 가지 이론적 전통을 종합하여 문화적 과정에 대한 일반적 명제를 개발했다.[4] 그러므로 우드노우의 접근은 상징규범과 다른 이론적 전통 사이의 관계에 대한 구조주의적 관심을 조합하기 때문에 구조주의에 대한 보다 창의적인 접근법 중 하나다. 이런 다른 전통 중에는 연극방법론, 제도적 분석, 그리고 현상학에 영감을 주는 주관적 접근과 같은 요소가 있다.

1) 문화구조, 의례, 그리고 제도적 맥락

우드노우의 관점에서 볼 때, "의미의 문제는 문화 분석의 축복보다 저주가 될 수 있다"는 이유로 '급진적 주관성'을 피하는 것이 현명하다.[5] 그는 이것이 측정하기 어렵기 때문에 개인의 태도, 신념 및 의미에 대해 지나치게 강조하는 것을 피하는 게 최선이라고 주장한다. 대신에 관찰 가능한 의사소통과 상호작용을 통해 문화의 구조를 드러내는 것이 더 적절한 탐구방법이며, 이러한 방식으로 "다양한 세부사항에 대한 주관적 의미를 조사하고, 기술하는 궁극적인 현상학적 탐구과정에 휘말리지 않는다"고 주장한다.[6] 오히려 상호작용과 의사소통을 통해 생산, 재생산 또는 변경된 문화규범의 구조가 검토된다. 일단 강조점이 의미 그 자체에서 사회적 맥락과 사회적으로 생산된 텍스트의 문화구조로 이동하게 되면, 다른 이론적 접근법이 유용하게 사용된다.

연극방법론은 상징을 표현하고 각색하는 기제로서, 의식에 중점을 두기 때문에 위의 접근법에 대한 필수적 보완책 중 하나다. 또한 이는 뒤르켐주의 이론을 분명하게 강조한 것이다. 어떤 의미에서 개인의 집단의식뿐 아니라 대인관계에 관한 의식은 보다 깊은 의미를 갖지만 동시에 그것들은 특정한 문화구조를 확정한다. 이렇게 함으로써 의식은 집단적 가치를 강화하고, 특정 관계를 각색하며, 핵심위치를 나타내고, 특정 메시지를 다듬고, 특정 활동을 강조하는 등의 다양한 기능을 수행한다. [7]

또 다른 중요한 이론적 보완책은 제도분석이다. 문화는 그 자체로 추상적 구조로 존재하지 않는다. 문화는 단순히 극적이거나 의식적인 행위가 아니며, 또한 조직된 사회구조에 포함되지도 않는다. 만약 문화규범 제도를 개발하고, 의식을 갖추고, 이를 다른 사회구성원들에게 전달한다면, 문화는 물질적·조직적·정치적 자원을 필요로 하는 행위자와 조직에 의해 생산된다. 문화활동의 제도적 기반이 인정된 후에는 자원 불평등의 의미, 권력의 사용 및 갈등의 발생은 문화분석의 필수요소가 된다.

요약하면, 우드노우는 구조주의, 연극방법론 및 제도분석에 대한 조용하고 주관적인 접근방식을 혼합한다. 그는 문화상품, 연극공연, 제도적 과정에서 나타나는 주관적 부분을 견지하려고 노력한다. 이를 종합하기 위한 과정에서 우드노우는 그의 주제를 **도덕적 질서**(moral order)로 정의한다.

2) 도덕적 질서

우드노우는 도덕적 질서를 다음과 같이 파악한다. ① 문화적 부호체계의 구축, ② 의례산출, ③ 문화적 부호와 의례산출 및 유지를 위한 자원동원 등이다.

(1) 도덕적 부호의 구조

우드노우는 도덕적 부호(moral code)를 "특정한 행동과정에 대한 헌신의 본질을 정의하는 문화적 요소의 집합"으로 규정한다. 이러한 문화적 요소의 집합은 기본적 '차이점'으로서 '체계적으로 조직되거나 논리적으로 일관된 시스템'을 포함하지 않는 '인식 가능한 구조'(identifiable structure)를 가진다. 그리고 차이는 '도덕적 의무의 문제가 발생할 수 있는 영역을 이해하는 과정'에서 사용될 수 있다. [8] 우드노우는 도덕질서를 구조화하는 데 결정적인 3가지를 아래와 같이 구분한다. ① 도덕적 대상 대 실제 계획, ② 핵심자아 대 규정된 사회적 역할, ③ 불가피한 구속 대 의도적 선택 등이다.

① 도덕적 질서구조는 ⓐ **헌신의 대상**과 ⓑ 대상이 참여하는 활동 또는 **실제 프로그램**을 구분한다. 헌신의 대상은 사람, 신념과 가치의 집합, 텍스트 등 다양하며 실제 프로그램은 거의 모든 종류의 활동이 될 수 있다. 결정적으로 우드노우는 도덕적 헌신의 대상과 헌신을 증명하기 위해 행해진 행동이 '연결되어' 있지만 '다른' 것이라고 주장한다. 예를 들어, 한 사람의 헌신의 대상은 고된 노력과 다른 활동 또는 실제 프로그램을 통해 그의 자녀 삶을 더 향상시킬 수 있다. 도덕적 질서구조를 보다 효과적으로 만들기 위해 이것은 암묵적으로 구별되어야 하며, 동시에 그러한 대상과 실제 프로그램을 연결해야 한다.

② 또한 우드노우는 도덕적 부호구조에서 ⓐ 그 사람의 '진정한 자아' 또는 '참된 자아'와, ⓑ 그 사람이 수행하는 다양한 '역할'을 구분해야 한다고 말한다. 도덕적 구조는 항상 자존감과 행동을 연결하는 동시에 그들이 도덕적으로 합당하고, 잠재

적으로 자존감을 약화시킬 수 있는 역할로부터 분리될 수 있는 '진짜 자신'을 발견할 수 있도록 돕는다. 예를 들어, 누군가 '역할거리'를 드러내 보일 때, 역할이 자신의 존엄성이나 자부심보다 못하다고 주장하고 있다.

③ 도덕적 부호에서는 또한 ⓐ 사람들의 통제를 벗어나는 힘과, ⓑ 자신의 의지 영역 안에 있는 힘을 구분해야 한다. 즉, 불가피한 것은 의도적인 것과 구분될 필요가 있다는 것이다. 이런 방식으로 문화적 부호는 의도와 의지력을 통해 통제되는 행동에 대한 도덕적 평가를 받아들이는 한편, 개인의 통제에서 벗어난 것에 대한 평가를 감면하거나 유예한다. 이런 구분이 없다면 어떤 종류의 개인 행동이 도덕적 평가를 받아야 하는지 이해하는 것이 불가능하다.

따라서 도덕적 질서구조는 다음의 3가지 부호의 기본유형을 중심으로 회전한다. ① 도덕적 대상-실제 프로그램, ② 자아-역할, ③ 불가피한 구속-의도적 선택 등이다. 이러한 3가지 기본유형은 대상, 행위, 자아, 역할, 제약, 의도에 따라 분리될 뿐만 아니라 또한 연결된다. 이 세 축에 따른 외연 또는 구분이 없다면, 도덕적 질서와 제도적 체계는 위기를 드러내고, 무너지기 시작할 것이다. 대상과 프로그램이 명시되지 않고, 구분되지 않으며, 연결되지 않는다면 냉소주의가 만연할 것이다. 자아와 역할이 혼동되면 자존감의 손실이 발생할 것이고, 또한 구속과 통제가 미미하다면 무관심 또는 좌절이 증가할 것이다. 따라서 우드노우는 아래와 같이 주장한다.

도덕성은 … 우선 도덕적 관여를 ― 추상적 가치로부터 특정 개인에 이르기까지 대상에 대한 도덕적 헌신, 이것은 행동을 수반하고 다시 이 행동은 자아가치에 기여하며, 무엇이 불가피하거나 의도적인지에 대한 폭넓은 정의 범위 내에서 발생한다 ― 주로 다룬다. 도덕적 헌신은 어떤 의미에서는 지극히 개인적이고, 주관적일지라도 이러한 다양한 관계를 규정하는 상징적 구성(부호)을 포함한다. [9]

(2) 의례의 성격

우드노우는 의례란 "상대적으로 극적이거나 형식적인 방법으로 이루어지는 관계와 의사소통을 위한 행동의 상징적이고 표현적인 측면"이라고 믿는다. [10] 도덕적 의례는 "집단적 가치를 극적으로 표현하고, 이러한 가치에 대한 개인의 도덕적 책임을 보여준다." [11] 이를 통해, 의례는 도덕적 대상-실제 프로그램, 자아-역할, 제약-선택을 명령하는 상징적 부호체계를 유지하도록 작동한다. 이러한 의례는 일반적 상호작용뿐만 아니라 보다 더 정교한 집단의식(ceremony)에 포함될 수 있으며, 사적으로 또는 공개적으로 행해질 수 있다. [12] 그러나 핵심은 의례가 도덕질서를 유지하기 위한 기본적 기제라는 것이다.

그러나 우드노우가 강조한 것처럼 의례는 또한 도덕질서의 부호에 의해 규제되는 사회적 관계의 불확실성에 대처하기 위해 사용된다. 증가된 선택권, 권위의 사용, 기대의 모호성, 가치의 명확성 부족, 주요 상징의 모호성 또는 주요 사회적 관계의 예측불가능성 등을 통해 다양한 불확실성의 기반을 다루기 위해 의례가 적용된다. 따라서 불확실성은 확대된 의례활동의 원인 중 하나다. 그러나 이러한 의례의 사용은 일반적으로 제도적 맥락에서 재원을 동원해 새로운 도덕적 질서를 생성하려는 노력이다. 우드노우는 이를 '이데올로기'의 척도하에서 검토한다.

(3) 제도적 맥락

도덕적 질서가 존재하기 위해서는 그것이 생산되고 재생산되어야 하며, 새로운 도덕적 부호 — 즉 이데올로기 — 가 발생하려면 행위자들이 자원을 사용해 그것들을 생산해야 한다. 따라서 상징적 부호체계는 자료와 조직자원에 의존한다. 도덕적 질서가 유지되고 새로운 이데올로기가 도덕적 질서의 한 부분이 되기 위해서는 도덕적 질서를 유지하거나 새로운 이데올로기를 전파하는 데 사용할 수 있는 자원의 안정된 공급이 필수적이다. 즉, 행위자는 자신과 자신이 참여하는 조직을 유지하기 위한 유형재화(material goods)가 필요하다. 그리고 돈과 같은 유형재화뿐 아니라 조직의 전문지식, 의사소통망 및 지도력이 우선되어야 하며, 권력 역시 가져야 한다. 따라서 도덕적 질서는 유형재화, 돈, 지도력, 의사소통망 또는 조직역량을 중심으로 하는 제도적 구조에 입각한다.

(4) 이데올로기

우드노우의 분석에서 핵심적이면서도 모호한 개념 중 하나는 이데올로기에 대한 그의 묘사이다. 그는 이데올로기를 "도덕질서에 관한 무언가를 극화하거나 표현하는 상징"이라고 정의한다.[13] 이 정의는 의례에 사용된 것과 매우 유사하기 때문에 우드노우가 생각하는 것이 무엇인지는 다소 불명확하다.[14] 기본적 사고는 이데올로기가 보다 포괄적인 도덕질서의 특정한 측면을 강조하는 상징적 부호의 부분집합인 것처럼 보인다. 이데올로기는 또한 도덕적 질서를 변화시키는 수단이다. 왜냐하면 새로운 이데올로기의 개발과 그 후 이데올로기의 제도화를 통해 도덕적 질서가 변화하기 때문이다.

이러한 상징적 부호의 부분집합 생산과 제도화를 위해서는 지도자, 의사소통망, 조직, 그리고 유형재화와 같은 자원의 활용과 의례의 창조와 발현이 매우 중요하다. 새로운 이데올로기는 종종 서로 경쟁해야 하고, 우수한 자원기반을 가진 이데올로기는 도덕적 질서의 일부가 될 가능성이 더 높다.

요약하면, 도덕적 질서는 사회적 관계가 갖춰야 하는 관습을 의미하는 부호구조, 의례체계, 그리고 자원의 형태로 구성된다.[15] 도덕적 질서의 중요한 특징은 이데올로기가 부호, 의례행위, 그리고 자원기반의 부분집합이라는 점이다. 이 개념을 바탕으로 우드노우는 도덕적 질서의 역동성을 분석한다.

3) 도덕적 질서의 역동성

우드노우는 역동성을 연구하기 위해 생태학적 틀(ecological framework)을 사용한다.[16] ① 도덕적 질서가 도덕적 대상-실제 프로그램, 자아-역할, 그리고 불가피한 구속-의도적 통제의 우선순위를 명시하지 않을 때, ② 도덕적 질서가 이런 조건하에 적절한 의사소통 및 의례절차에 대한 확신과 극화를 명시하지 못했을 때, ③ 도덕적 질서가 다양한 활동과 관련된 위험을 줄일 수 없을 때, 대부분의

<표 25-1> 문화적 역동성에 대한 우드노우의 원칙

1. 사회체계의 도덕적 질서 아래 안정성의 정도는 합법성을 나타내는 긍정적 기능을 담당하며,
   후자는 다음과 같은 긍정적이고 부가적인 기능을 한다.
   A. 도덕적 질서의 상징규범이 배열을 용이하게 만드는 정도
      1. 도덕적 대상과 실제 프로그램
      2. 자아와 역할
      3. 불가피한 구속과 의도적인 통제
   B. 도덕적 질서의 상징부호가 의례행위에 의해 변화하는 정도
   C. 도덕적 질서의 상징부호가 의사소통행위에 의해 확정되는 정도

2. 사회체계의 도덕적 질서의 변화율과 정도는 이데올로기적 변화 정도를 판단하는 긍정적
   기능을 담당하며, 후자는 다음과 같은 긍정적이고 부가적인 기능을 한다.
   A. 행위자의 사회적 관계에서 불확실성의 정도는 차례로 부가적 무능을 가져온다.
      1. 도덕적 대상-실제 프로그램, 자아-역할, 그리고 제약-선택을 생성하기 위한 문화부호
      2. 주요 문화부호를 극적으로 나타내기 위한 의례
      3. 주요 문화부호를 확정하기 위한 의사소통행위
      4. 다양한 행위와 관계와 연관된 위험을 구체화하기 위한 문화부호
      5. 다양한 행위와 관계의 모호성을 줄이기 위한 문화부호
      6. 다양한 행위와 관계의 불확실성을 줄이기 위한 문화부호
   B. 이데올로기적 생산과 변화의 수준은 긍정적이고 부가적인 기능을 한다.
      1. 사회구성원 사이의 이질성 정도
      2. 자원의 다양성과 분배
      3. 제도적 구조의 변화율과 정도
      4. 문화부호 집단의 불가변성 정도는 아래의 역기능을 가진다.
         a. 상징부호의 수
         b. 상징부호들 사이의 빈약한 연결성
      5. 이데올로기적 생산을 억압하는 정치적 권한의 무능

3. 새로운 이데올로기적 변화는 생존과 제도화의 가능성을 긍정적으로 극대화한다.
   A. 자원의 기반을 확보하기 위한 이데올로기적 변화의 역량은 아래의 긍정적이고,
      부가적인 기능을 창출한다.
      1. 물적 자원
      2. 의사소통망
      3. 의례
      4. 조직편성
      5. 지도력
   B. 목표의 설정과 추구를 위한 이데올로기적 변화의 역량
   C. 합법성을 유지하기 위한 이데올로기적 변화의 역량은 아래 요소들에 달려 있다.
      1. 기존의 가치와 절차적 규칙
      2. 기존의 정치권력
   D. 이데올로기적 변화를 유연하게 유지하는 역량은 아래 요소들에 긍정적인 기능을 한다.
      1. 상징부호의 수
      2. 상징부호들 사이의 빈약한 연결성

상황에서 모호성은 증가하고 얼마나 개인의 행동 방식이 예측 불가능하게 될지 알 수 없게 된다. 결과적으로 한 집단의 구성원 사이에서의 불확실성 정도가 증가하는 것이다. 불확실성의 조건하에서, 새로운 이데올로기가 이런 문제에 대처하는 방법이 될 것이다. 이러한 이데올로기적 생산은 ① 사회체계에서 사회적 단위 유형(계급, 집단, 조직 등)의 높은 이질성, ② 자원과 분배의 높은 다양성, ③ 높은 변화율(권력의 재조정, 자원의 재분배, 새로운 구조의 설립, 새로운 유형의 사회적 관계 형성), ④ 문화부호의 불가변성(몇 가지 부호들 사이의 결속력으로 형성됨), ⑤ 새로운 문화부호, 의례 및 자원의 동원을 억제하기 위한 정치적 권한의 감소에 의해 촉진된다.

우드노우는 이 과정을 이데올로기 사이에서 '경쟁'(competition)을 야기하는 '이데올로기적 변화'(ideological variation)의 증가로 묘사한다. 일부 이데올로기는 이 경쟁에서 생존하기 '더 적합'하고, 결과적으로 '선택'된다. '적합'과 '선택'은 ① 불확실성(도덕적 목적, 프로그램, 자아, 역할, 제약, 선택, 위험, 모호성, 불가측성)을 줄이는 방식으로 사회적 관계를 정의하고, ② 느슨하게 연결돼 있는 다양한 요소로 구성된 유연한 구조를 보여주며, ③ 자원기반(특히 돈, 지지자, 조직, 지도력 및 의사소통 채널)을 확보하고, ④ 의례와 의사소통 관행을 구체화하며, ⑤ 자율적 목표를 수립하고, 마지막으로 ⑥ 정치적 권위와 기존 가치관 및 절차 규정의 관점에서 합법성을 획득하는 능력에 따라 결정된다.

이 6가지 조건이 충족될수록, 다른 이데올로기와의 경쟁에서 생존하고 이것이 도덕적 질서의 일부로 제도화될 가능성이 더 높아진다. 특히 관념의 제도화를 위해서는 불확실성을 줄이고, 안정적 자원기반을 확보하며, 정치권력에 의해 수용되는 새로운 부호로서의 **의례의 각색**(ritual dramatization)을 가능하게 하는 조직적 배열 안에서 새로운 도덕적 부호를 확정하는 의사소통 방식과 의례 설립이 중요하다.

다양한 종류의 생태학적 운동이 출현하면서 우드노우는 변화, 선택, 그리고 제도화를 생산하는 다양한 조건하에서 다양한 유형의 이데올로기적 운동이 나타날 것이라고 주장한다.[17]

우드노우가 다양한 이데올로기적 운동의 예시들, 특히 다양한 종류의 종교활동과 사상으로서의 과학의 등장을 제시함에도 불구하고, 그는 이런 다양하고 일반적인 조건의 구성이 어떻게 기본적 이데올로기 운동 유형을 생산하는지 체계적으로 보여주지 않는다. 그러나 이러한 변수는 모두 특별하고 담론적인 방법으로 그의 이데올로기적 운동 연구에 나타난다. 그리고 이런 이론을 증명하기 위해 우드노우의 연구를 〈표 25-1〉처럼 함축적으로 제시했다. 우드노우는 이 형식이 지나치게 실증주의적이라고 거부할지 모른다. 하지만 만약 그의 생각이 보다 더 설명적이고, 덜 담론적이라면 이 같은 형식이 더 바람직하다고 본다.

3. 구성주의적 구조주의: 피에르 부르디외[18]

피에르 부르디외(Pierre Bourdieu)의 사회학은 사회학의 간단한 분류를 거부한다. 이는 이런 분류가 사회학, 인류학, 교육, 문화사, 예술, 과학, 언어학, 철학과 같은 분야의 경계를 좁히고, 경험적·개념적 연구 사이에서 쉽게 이동하기 때문이다.[19] 그러나 부르디외는 그의 연구를 구성주의적 구조주의(constructivist structuralism) 또는 구조주의적 구성주의로 특정한다. 이러한 방법으로 그는 스스로를 레비스트로스의 전통으로부터 다소 거리를 둔다.

구조주 또는 구조주의자로서 내가 의미하는 것은, 사회세계 그 자체 내에 그리고 상징체계(언어, 신화 등) 내에뿐 아니라, 행위자의 의식이나 의지와는 독립적인 객관적 구조가 존재하며, 이것이 행위자의 실천과 표상을 구속하고 인도할 수 있다는 것이다.[20]

구조는 자유의지를 억압하고 제한하지만, 동시에 사람들은 사회문화적 현상을 구성하기 위해 생각하고, 고려하며, 행동한다. 그들은 기존 구조의 한계점을 넘지 않는 선에서 이와 같이 행동한다. 이러한 구조는 엄격한 제약이 아니라 다양한 사회문화적 건설을 위한 중요한 자원이다. 부르디외는 자신의 구조주의 뿌리를 인정하면서 이 점을 확인하기 위해 문법과 언어의 관계를 유추한다. 실제로 문법은 연설문을 성공적으로 작성하는 데 큰 도움을 주지 못한다. 이것은 새로운 종류의 연설이 늘어나는 것에서 알 수 있다. 그렇기 때문에 사회문화적 구조가 존재하는 것이다. 사회문화적 구조는 대리인과 독립적으로 존재하고, 그들의 행동을 지도하는 동시에 창조적 행위와 새롭고 독특한 사회문화적 현상을 만들어내기 위한 선택, 가능성 및 방향을 제시한다. 이 관점은 이러한 이론적 접근을 비판하기 위해 부르디외가 선택적으로 차용한 발상을 살펴보면 더 잘 이해할 수 있다.

1) 기존 이론에 대한 비판

(1) 구조주의에 대한 비판

부르디외의 구조주의에 대한 비판은 파슨스의 기능주의에 대한 상징적 상호작용론자의 비판 및 규범에 대한 강조와 매우 유사하다. 부르디외에 따르면, 구조주의자는 상황의 불확정성과 행위자의 실질적 독창성을 무시한다. 오히려 그들은 행위자가 '객관적 제약'을 통해 나타나는 특정한 '구조적 한계' 속에서 발생 가능한 만일의 사태에 대한 적응을 위해 '상식'(sens pratique)을 사용한다고 주장한다. 사회적 실천은 말(parole)이 언어(langue)보다 중요하듯이 행동의 문법구조의 단순한 실행 이상이다. 부르디외는 다만 말과 행동의 다양한 용도와 맥락이 결여되어 있다고 말한다.[21] 구조주의는 규칙주의가 규칙을 따르고 역할을 수행하는 데 창의적 행위자에 의한 숙련된 조정과 유연한 즉흥적 행동이 필요함을 잊어버린 것처럼, 행동을 기본원칙의 단순한 집행으로 여긴다.

부르디외는 가장 중요한 것은 구조주의가 외부 학계 등의 '객관적 시선'을 실체화한다고 주장한다. '공부하는 인간'(Homo academicus)은 세계와의 특별한 관계, 전문적 학문에 대한 객관적 시선을 그 세계의 속성에 전달한다.[22] 결과적으로 외부의 관찰자는 세상을 단순한 모습으로 구상하며, 중립적인 관찰자적 시점을 견지한다. 내부와 직접적으로 연관되지 않는 관찰자의 세상과의 관계는 체계적일 뿐 아니라 태도 역시 수동적이다. 그래서 세상 자체는 능동적 행동보다는 인식으로 구성되어 있다고 여긴다. 부르디외에 따르면 구조주의 및 세상을 객관화하는 다른 접근법은 단순히 경험적 세상을 연구하지 않는다. 오히려 그들은 외부 관찰자로서 세상과 거리를 두는 접근법을 통해 객관적 사실로서의 세상을 구상한다.

그러나 부르디외는 구조주의와 뒤르켐의 말처럼 외부적이고 제약적인 '사회적 사실'을 발견하기 위해 노력하는 다른 객관적 접근법을 완전히 부정하지는 않는다. 부르디외는 사회계급과 그 계급 내의 파벌을 사회적 사실로 간주한다. 사회적 사실로서 계급과 계급의 구조는 객관적으로 관찰될 수 있으며, 뒤르켐이 강조하듯이 그들은 사회적 사실로서 개인의 생각과 행동에 대해 외부적이고 제약적인 것으로 간주돼야 한다.[23] 또한 부르디외는 사람들이 분류체계, 합법적인 사회적 관행의 형태, 그리고 '구성주의적 구조주의'와 같은 사회적·문화적 현상을 구성하기 위해 사용하는 '생성원리'를 발견하기 위한 그의 구조주의적 노력을 은유적으로 표현한다.[24]

(2) 상호작용론과 현상학에 대한 비판

부르디외는 또한 상호작용론, 현상학, 그리고 다른 주관주의적 접근에 비판적이다.[25] 부르디외는 상호작용보다 사회생활에 더 많은 것이 존재하며, 상징적 상호작용론에서의 '상황정의' 또는 민속방법론에서의 '설명관행'(*accounting practice*) 보다 상호작용이 더 많이 존재한다고 믿는다. 상징적 상호작용론에서의 **행위자**와 민속방법론에서의 구성원은 **구성원**이 특정 집단이나 계급에서 항상 필요하다는 것을 깨닫지 못하는 추상적 개념이다. 상호작용은 항상 **맥락 내의 상호작용**이며, 이러한 맥락의 가장 중요한 점은 **계급의 위치다**. 심지어 특정 집단 사이에서 발생할 수 있는 상호작용의 기본요소조차 계급의 배경에 따라 다 다르다. 따라서 상호작용은 구조 안에 포함되며, 구조는 가능한 것을 제약한다.

상호작용론에 대한 '구조적' 비판과 더불어 부르디외는 상호작용론이 행위자의 설명행위와 의미 있는 행동을 지나치게 강조한다고 주장한다. 그 결과, 행위자는 객관적 계급기반의 이익을 가짐을 잊게 되며, 다시금 '공부하는 인간'의 편향이 분명하다고 주장한다. 즉, 사회적 세상을 정의하고, 평가하며, 반영하고, 숙고하며, 해석하는 데 학문의 본질이 있다는 것이다. 이 성향의 결과로 세상과 순수학문적 관계가 사회적 맥락에서 실제 사람들에게 영향을 끼친다. 그리고 상호작용론자에게 사람들은 단지 행동과 상황을 정의하고, 반영하며, 해석하고, 설명하는 방관자에 불과하다. 그러나 이들의 해석과 해석에 대한 학문적 연구는 아래의 두 가지 이유로 사회현실을 정확히 묘사할 수 없다. 첫째, 위에서 언급됐듯이, 이러한 해석은 기존의 구조, 특히 계급과 계급 내 파벌에 의해 제약을 받는다. 둘째, 이러한 해석 자체가 개인이 자신의 행위에 대한 합법적 정의를 구성하는 것으로서 객관적 계급투쟁의 일부로 바라봐야 하기 때문이다.[26]

부르디외는 칼 마르크스의 개념을 차용해 사람들은 계급지위에 속해 있으며, 이 지위가 그들에게 특정한 이익을 주고, 그들의 해석적 행위가 종종 이러한 이익을 정당화하기 위해 고안된 이데올로기라고 말한다. 또한 사람들의 '상황에 대한 정의'는 중립적이거나 순수하지 않으나 종종 객관적 계급구조와 구조에 의해 생성되는 내재된 갈등의 큰 부분으로서 관념적 무기가 된다고 주장한다. [27]

(3) 공리주의에 대한 비판

또한 합리적 경제이론은 공부하는 인간과 실제세계와의 관계를 긍정하면서도 부정한다. [28] 학계의 일반적 관점처럼, 공리주의 경제학자들은 인간을 합리적이고 계산적이며 이익을 **극대화**(sujets ravauts)하는 존재로 바라본다. 따라서 합리적 교류이론은 실체적 개인에 대한 인간유형을 잘못 판단한 것이다. 그럼으로써 그들의 이론적 추상 개념을 구체화한다.

그러나 부르디외는 합리적 행동의 경제 모델을 상징적 행위의 해석적 모델로 대체하지 않는다. 그는 합리적 행동이 지나치게 합리적이거나 행위의 해석적 측면을 무시한다는 이유만으로 합리적 행위이론이 잘못된 이론이라고 주장하지 않는다. 그는 반대로 합리적 행위이론이 상징적 행위조차 합리적이며, 계급적 이익에 기반을 둔다는 것을 깨닫지 못하고 있다고 주장한다. 따라서 부르디외에 따르면 모든 행위를 합리적이고 이기적이라고 제시하는 것이 경제 모델의 오류는 아니다. 오히려 사려 깊고, 이익을 추구하는 개인에 의해 수집된 즉각적인 물질적 보상에 대한 이익과 합리성을 제한하는 것이 더 큰 문제라는 것이다. [29]

부르디외는 개별적 요인이 자신의 이익을 대변하지 못하더라도, 또는 이러한 관행의 이해관계가 중요한 이익이 되지 않더라도, 모든 사회적 관행이 개인의 사리에 의해 결정된다고 주장한다. 사회적 관행은 계획적 의도 없이도 행위가 이익을 창출할 수 있는 특정한 무대 위에 놓여 있다. 예를 들어, 과학계에서는 가장 높은 수준의 문화적 이익, 즉 학문적 인정과 명성을 산출하는 것이 가장 '사욕이 없는', '순수한' 연구이다. 경제적 교환 이외의 사회분야에서 이것은 종종 가장 높은 이익을 산출하는 이해관계에 대한 구조적 부정이다. 이것은 행위자들이 편의적으로 이익을 더 높이는 것에 관심이 있음을 부정하는 것이 아니다. 오히려 순수함은 정직한 청렴함이 가장 이익이 되는 관행임을 확신한다.

예를 들어, 부르디외의 초기 인류학 연구 주제인 선물교환 경제가 이 복잡한 생각을 잘 설명해 줄 수 있다. [30] 선물교환 경제는 일반적으로 더 큰 사회적 관계와 연대에 포함된다. 그래서 교환은 순전히 도구적이며 물질적인 것이 아니라 강력한 **윤리적** 우수함을 가진다. 경제교류는 적어도 그들이 물질적 이익의 경제적 논리를 따르는 만큼 연대와 집단 소속감의 사회적 논리를 따를 것으로 예상된다. 합리적 행위이론의 좁은 경제학적 관점에서 볼 때, 연대의 논리는 전통이나 감정과 같은 '비합리적' 설명처럼 보일 것이다. 그러나 연대의 논리는 **상징적** 또는 **사회적** 자본이 축적되는 과정, 즉 합리적 행위이론의 좁은 경제적 결정론에서 놓친 '사회적 사실'을 가리킨다. 하지만 일단 자본의 개념이 상징적·사회적 자본을 포함하는 방식으로 확대되면 '비합리적' 관행이 그들 자신의 사적 이익을 추구하는 논리를 따르는 것으로 보일 수 있다. 그리고 초기 인상과 달리 이러한 관행은 전혀 비합리적인 것이 아니다. 선물교환 경제의 경제적 이익에 대한 거부는 사회적·경제적 자본이 증가할수록 순수하게 교환의 도구적 측면이 사라질 것이라는 사실을 감춘다. 예를 들어 생일 선물과 크리스마스 선물은 그것들이 보다 덜 물질적이고, 경제적인 모습으로 나타날 때 사회적으로 더 효과적으로 보인다. 값비싼 선물에 대해 자랑하는 사람은 선물교환의 본질을 이해하지 못하며, 결과적으로 그들은 무례한 사람으로 간주돼 상징적·사회적 자본을 잃게 된다.

따라서 모든 사회학적 교환이론이 결국 그러하듯이[31] 사회적·상징적 자원을 포함하는 경제적 교류를 확대함에 있어 부르디외는 그의 접근방식의 주요개념인 자본을 도입한다.[32] 상이한 계급의 사람들은 다양한 수준의 자본과 양뿐만 아니라 다른 유형의 자본과 그 자본의 구성을 보여준다. 자본에 대한 부르디외의 견해는 개인이 소유한 자원이 물질적, 상징적, 문화적일 수 있다는 것이다. 또한 이러한 자원은 계급지위를 반영하고, 특정 계급에 위치한 사람들의 이익을 증진하는 데 사용된다.

2) 부르디외의 문화적 갈등이론

부르디외가 많은 주제를 다뤄왔음에도 불구하고, 그의 사회학 개념의 핵심은 사회계급과 이러한 계급과 관련된 문화적 형태에 대한 전망이다.[33] 본질적으로 부르디외는 생산수단과 관련하여 마르크스의 객관적 계급이론과, 베버의 집단지위(생활방식, 성향, 명성)와 정치(자신이 속한 계급의 문화를 지배하기 위한 조직화된 노력)를 결합해서 설명한다. 칼 마르크스와 막스 베버의 계층화에 대한 견해를 조화시키는 핵심은 프랑스 구조주의의 요소와 결합된 경제적·물질적 자원 이상으로서 **자본**의 확장된 개념이다.

(1) 계급과 자본

부르디외의 자본에 대한 견해를 이해하기 위해서는 먼저 다음과 같은 4가지 자본의 유형을 살펴봐야 한다.[34] ① **경제자본**(economic capital) 또는 영리적 재산(상품과 서비스를 생산하는 데 사용되는 돈이나 물질), ② **사회자본**(social capital) 또는 조직과 사회적 네트워크에서의 위치와 관계, ③ **문화자본**(cultural capital) 또는 비공식적 대인관계 기술, 습관, 매너, 문체, 교육수준, 성향, 생활양식, ④ **상징자본**(symbolic capital) 또는 다른 3가지 자본의 유형에 대한 다양한 수준과 구성을 정당화하기 위한 상징의 사용 등이다.

이러한 자본의 형태는 완전하게 변환될 수 없으며, 특정 정도까지만 가능하다. 다양한 시장에서 자본의 교환가능성의 정도는 사회적 투쟁에 의해 큰 영향을 받는다. 예를 들어, 과잉된 교육수준은 교육이 경제자본으로 변환될 수 있는 가능성을 감소시킬 수 있다('학력증명서 인플레이션'). 결과적으로 자격을 가진 사람들은 자신의 문화자본을 고소득 직업과 같은 경제적 이익으로 전환시킬 수 있도록 노력해야 한다. 마찬가지로 경제자본이 사회자본으로 전환될 수 있는 정도는 정치조직의 통제에 대항하는 투쟁의 결과에 달려 있다. 그리고 경제자본을 가진 사람이 문화자본을 얻기 위해 하는 노력은 종종 그들의 성향의 부족(문화자본의 한 유형)에 의해 제한될 수 있다.

이 4가지 유형의 자본분배는 사회제도의 객관적 계급구조를 결정한다. 종합적 계급구조는 다양한 집단에 의해 소유되는 자본의 총량을 반영한다. 그러므로 지배계급은 가장 많은 경제·사회·문화·상징자본을 소유하게 될 것이다. 중간계급은 이러한 자본의 형태를 조금 덜 소유하게 될 것이다. 마지막으로 하층계급은 가장 적은 자본자원을 가지게 될 것이다.

그러나 계급구조는 단순한 선형 계층구조가 아니다. 각 계급 내에는 다음과 같이 구분되는 **분파**들이 있다. ① 자본의 구성, ② 특정한 프로필 또

는 주요자원의 구성을 소유한 가족 내 개인의 사회적 기원과 시간의 양이다.

〈표 25-2〉는 부르디외가 세 계급의 세력을 묘사한 것을 대략적으로 나타낸다. 주어진 각 계급 내에서 최상위세력은 경제적 또는 생산적 자본의 가장 큰 부분을 통제한다. 각 계급 내에서 최하위세력은 가장 많은 양의 문화자본, 상징자본을 소유한다. 그리고 각 계급 내에서 중간세력은 중간정도의 경제·문화자본, 상징자본을 소유한다. 최상위세력은 주어진 계급 내에서 지배세력이며, 최하위세력은 피지배세력이다. 중간세력은 피지배세

〈표 25-2〉 산업사회의 계급과 계급적 분파의 제시

지배계급(*dominant class*)
- **지배세력**(*dominant faction*): 다른 유형의 자본을 구입하는 데 사용할 수 있는 경제자본을 가장 많이 소유한 세력. 이 세력은 주로 생산수단을 소유한 사람들, 즉 고전적 의미의 부르주아(중산층)로 구성된다.
- **중간세력**(*intermediate faction*): 사회·문화·상징자본과 결합된 중간수준의 경제자본을 소유한 세력. 이 세력은 비교적 높은 수준의 직업군 및 전문가들로 구성된다.
- **피지배세력**(*dominated faction*): 높은 문화·상징자본을 소유하지만, 적은 경제자본을 소유한 세력. 이 세력은 지식인, 예술가, 작가, 또는 사회 내에서 문화적 자원을 보유한 사람들로 구성된다.

중간계급(*middle class*)
- **지배세력**: 중간계급 중에서 경제자본을 가장 많이 소유하나 지배계급의 지배세력에 비해 적은 경제자본을 소유한 세력. 이 세력은 소규모 부르주아(소규모 기업 소유주)로 구성된다.
- **중간세력**: 중간계급의 지배세력에 비해 상대적으로 적은 경제·사회·문화·상징자본을 소유한 세력. 이 세력은 숙련된 사무직 노동자들로 구성된다.
- **피지배세력**: 경제적 자본을 거의 소유하지 못했으나 상대적으로 높은 사회·문화·상징자본을 소유한 세력. 이 세력은 교사와 같은 교육 근로자 및 문화생산과 관련된 직업을 가진 저소득층으로 구성된다.

하층계급(*lower class*)
- **지배세력**: 하층계급 내에서 상대적으로 높은 경제자본을 소유한 세력. 숙련된 육체노동자들로 구성된다.
- **중간세력**: 하층계급의 지배세력에 비해 전체적으로 적은 자본을 소유한 세력. 비전문적 준숙련노동자들로 구성된다.
- **피지배세력**: 매우 낮은 수준의 경제적 자본을 소유한 세력. 상징자본을 소유하나 경제적으로 궁핍한 지식인 계층 및 노동자들로 구성된다.

주: 우리는 부르디외의 다소 장황한 텍스트에 대해 추론해야 했지만 위의 표는 부르디외의 분석을 잘 담고 있다. 그는 아마 위와 같이 형상화된 계층구조를 좋아하지 않을 것이다. 하지만 중요한 점은 다른 계급의 같은 세력에 위치한 개인과 가족은 종종 계급 내의 다른 세력에서의 개인과 가족보다 더 많은 공통점을 가진다는 것이다. 이것은 계층화가 사회학자들이 전형적으로 묘사하는 것보다 훨씬 더 복잡한 현상임을 나타낸다.

력보다는 상위에 위치하지만 결과적으로 최상위세력에 종속된다. 각 세력들이 자원을 통제하고, 그들 자신을 정당화하기 위한 투쟁을 펼칠 때, 그들은 집단을 구성하고 관계망을 형성하기 위해 사회자본을 이용한다. 그러나 그러한 관계망 및 네트워크를 형성할 수 있는 능력은 다른 유형의 자본에 의해 제한된다. 따라서 각 계급을 위한 사회자본의 종합적 분배(집단과 조직 구성원, 네트워크 유대, 사회적 관계 등)와 그들 세력의 방향은 다른 유형의 자본의 종합적 분배와 각 계급 내 세력의 방향과 일치하게 된다. 그러나 집단화, 네트워크 및 사회적 유대관계의 특정한 형태는 특정 계급 내 특정 세력이 일반적으로 소유한 경제자본, 문화자본, 상징자본의 구성방식을 그대로 반영한다.

부르디외는 마르크스의 **대자적 계급**(이익을 추구하기 위해 스스로 조직됨)과 **즉자적 계급**(조직화되지 않지만 계급 내에서 공통의 이익과 목표를 추구함) 사이의 뚜렷한 구별법을 차용한다. 그리고 그는 계급이 실제 집단이 아닌 '잠재성'이라고 주장한다. 앞에서 언급했듯이 부르디외의 자원의 객관적 분배는 언어에 대한 문법의 관계와 마찬가지로 실제 집단과 관련된다. 이는 행위자의 가능성을 정의하지만 실제 사람들과 구체적 설정을 필요로 한다. 그리고 그것은 계급과 계급 내 세력 사이의 이익을 실제 집단으로 전환하는 것을 의미하며, 이는 사회의 역동성을 나타낸다.

이러한 전환은 사회적 자본(집단과 네트워크)을 동원하기 위한 생산적인 물질적 자본, 문화자본, 상징자본의 사용을 포함한다. 더욱 중요한 것은 계급갈등이 특정 자원의 구성을 합법화하는 이데올로기 안에서 상징의 전환으로서 전개되는 경향이 있다는 것이다. [35] 그러므로 인간사회에서의 많은 충돌은 가장 적절해 보이는 특정 사회적·문화적·생산적 자원의 유형을 조작하려는 노력을 중심으로 전개된다. 예를 들어, 지식인과 예술가들이 거대기업의 '무지한 상업주의', '욕망', '탐욕'을 비판할 때, 이 활동은 생산수단의 소유자에 의한 지배를 완화하기 위한 이데올로기적 상징을 동원한다.

그러나 계급관계는 단순한 서열 이상을 포함한다. 또한 다른 계급 내에서 유사한 위치에 있는 세력들도 동일한 모습을 보여준다. 예를 들어, 지배계급의 부유한 자본가와 중산층의 중간계급의 중소기업 소유주는 생산자본을 통제하고 각 계급의 다른 세력에 대해 지배적 지위를 가진다. [36] 유사하게 지배계급에 속한 지식인, 예술가 및 다른 문화 엘리트는 중간계급의 학교 교사와 동등한 지위를 가진다. 왜냐하면 이들은 문화자본에 의존하며, 물질적 자본을 통제하는 계급에 종속되기 때문이다.

서로 다른 계급에 걸친 계급세력의 동일성은 계급투쟁을 더욱 복잡하게 만든다. 왜냐하면 상이한 계급 내에서 유사한 지위를 가진 세력은 상징자원을 유사한 이데올로기로 전환시킬 것이기 때문이다. 교육에 대한 강조, 지식 자체에 대한 존중, 정신적 삶의 강조, 물질주의에 대한 혐오가 이들에게서 주로 발견된다. 이러한 이데올로기는 더 많은 문화자원을 강조함으로써 자신의 계급지위를 정당화하고 그들을 지배하는 사람을 공격한다. 동시에 그들의 동일한 지위는 소유한 문화자본의 양의 차이에 따라 분리된다. 지식인은 그들보다 교양을 갖춘 교사의 노력을 경멸하는 반면에, 교사는 타락하고 무책임하며 속물적 지식인에게 분노한다. 따라서 이데올로기적 갈등은 각기 다른 계급에 속한 세력에 내재하며, 다른 사회적 계급에 위치한 지위를 가진 사람의 덕목에 따라 뚜렷하게 구분된다.

또한 유사한 자원의 유형과 양을 공유하지만 매우 다른 유래와 사회적 궤적을 가진 사람으로부터 추가적 문제가 발생한다. 최근에 계급 내 세력이동을 경험한 사람, 예를 들어, 중간계급의 지배력 있는 엘리트 또는 중간계급의 중간세력은 기본적으로 이러한 계급 내 세력에서 태어나 자라온 사람과는 다른 생활양식과 취향을 가질 것이다. 그리고 이런 사회적 기원과 이동성의 차이는 또 다른 이데올로기적 갈등의 근원을 만들어낼 수 있다. 예를 들어 '오래된 부자'는 종종 '새로운 부자'를 '계급의식 부족'과 '허세'라는 이유를 들어 비판한다. 또는 '고착화된 중간계급'은 '가난한 계층'을 '아직 배울 것이 많은 사람', '여전히 부족한 사람'으로 평가한다.

계급 내에서 또는 계급과 계급세력 사이의 수렴과 분리의 모든 부분은 계층화의 역동성을 복잡하게 만든다. 자본의 양과 구성, 자본가의 사회적 기원에 의해 결정되는 객관적 계급의 세력이 분명히 존재하는 것은 사실이다. 하지만 조직과 이데올로기의 개발은 간단한 과정이 아니다. 부르디외는 계급, 계급세력, 다른 사회적 기원을 가진 사람의 생각과 분열, 화법, 구분의 방식, 신화의 형식, 감상방식, 취향, 생활양식 등이 얼마나 다양한지를 분류할 때에 보다 더 구조주의자로서의 면모를 보여준다.

일반적 논증은 객관적 위치(① 계급, ② 계급 내 세력, ③ 사회적 기원)가 상이한 사회구조를 수용하는 이익과 구조적 제약을 창조한다는 것이다.[37] 이러한 구성은 전 세계의 사물, 표식, 사람을 분류하고 조직하는 문화부호를 구성하기 위한 형식적 규칙(다양한 이해관계에 놓인 개인이 암묵적으로 동의하는 것)을 사용하는 것을 포함한다. 이러한 부르디외의 분석방식은 개인이 특정한 문화부호를 구성하는 방식을 설명하기 위한 세련된 구조주의 모델을 만들어내지는 못했다. 하지만 '계급문화'(class culture)에 대한 흥미로운 분석을 제공했다. 계급문화는 종속변수이며, 객관적 계급지위는 독립변수다. 이를 통해 생성되는 엉성하게 개념화되어 있는 구조주의 분석방법 내에서의 생성규칙과 문화부호는 '매개변수'가 된다. 그러나 부르디외는 계급문화에 대한 설명을 통해 사회학의 발전에 공헌하였고, 이것은 그의 **습관**(habitus) 개념에서 잘 나타난다.

(2) 계급문화와 습관

주어진 계급 내의 사람들은 특정한 분류, 감상, 판단, 인식, 행동양식을 공유한다. 부르디외는 계급과 개인의 인식, 선택, 행동 사이에서 벌어지는 매개과정을 습관으로 개념화했다.[38] 어떤 의미에서 습관은 비슷한 위치에 있는 사람들의 '집단무의식'(collective unconscious)이다. 왜냐하면 습관은 개인들이 공통의 방식으로 세상을 대표할 수 있도록 만들어 줄 뿐만 아니라 개인들이 특정 방식으로 분류, 선택, 평가 및 행동할 수 있도록 인지적·감상적 지침을 제공하기 때문이다.

습관은 취향, 화법, 복장, 태도 및 기타 반응에 대한 증후군을 만든다. 예를 들어, 공통된 계급적 위치에 속한 사람 사이에서 특정 음식에 대한 선호는 예술의 취향, 옷 입는 방식, 화법, 식사예절 및 다른 문화적 행동과 일치하는 경향이 있다. 다음으로 계급서열과 서열 내 특정 순위에 위치한 사람의 문화적 대상, 선호, 행동 사이에는 상관관계가 존재한다. 예를 들어, 부르디외는 취향이 습관을 대표하는 가장 중요한 하위 개념이라고 말한다.

부르디외는 취향을 예술감상, 의상선택, 음식 선호도를 포함하여 전체론적이고 인류학적으로 바라본다.[39] 취향은 순수하고, 자연적이며, 개인적인 현상임에도 불구하고 객관적 계급지위에 맞게 변화한다. 노동계급에게 상류계급은 TV 속 미술관과 같다. 새로운 상류계급에게 오래된 상류계급은 시끄럽고 눈에 띄는 소비가 아닌 우아하고 예의 바른 문화를 향유하는 것처럼 보인다. 그리고 피지배계급에게 지배계급은 압도적인 상류계급이면서 아방가르드 극장의 오페라와 같다. 왜냐하면 취향은 객관적 계급지위를 반영하는 문화적 서열에 의해 구성되고, 취향 사이의 갈등은 계급갈등이기 때문이다.

부르디외는 대략적으로 두 가지 유형의 취향을 구분한다. 전체 자본 내의 상위계급과 하위계급 간의 갈등, 객관적 계급위치 내의 상위세력과 하위세력 사이의 갈등이 그것이다.[40] 자유와 사치의 취향은 상류계급의 것이다. 그렇기 때문에 이는 직접적인 경제적 필요성과 물질적 필요성으로부터 자유롭다. 자유는 예술 자체의 철학이다. 임마누엘 칸트(Immanuel Kant)에 이어, 부르디외는 이 미학을 '순수한 시선'(pure gaze)이라고 부른다. 순수한 시선은 예술의 순수한 면을 바라보고, 기능과 내용 위에 형식을 배치한다. 상류계급의 고급취향은 외부의 현실을 설명하거나 표현하는 예술과는 거리가 멀다. 상류계급의 삶이 가혹한 물질적 필요로부터 자유로운 것처럼 예술은 삶에서 자유롭다. 결과적

으로 고급취향은 평범하고 세속적인 것을 정화하고 이를 미학적으로 아름답게 승화시킨다. 순수한 시선은 평범하고 세속적인 대상에 미학적 의미를 부여한다. 왜냐하면 자유는 사물을 그것이 가진 실용적 기능으로부터 벗어나도록 만들기 때문이다. 따라서 기본적인 물질적 필요성에서 멀어짐에 따라 순수한 시선 또는 고급취향은 일상의 것을 미학적인 것으로, 물질적인 것을 상징적인 것으로, 기능적인 것을 형식적인 것으로 변화시킨다. 왜냐하면 자유는 지배계급의 것이며, 그것은 또한 사회에서 지배적이고 정당한 것으로 여겨지기 때문이다.

반대로 노동계급은 '대중적인'(popular) 미적 감각을 키운다. 그들의 취향은 필수불가결에 대한 것이다. 왜냐하면 노동계급의 삶은 가혹한 경제적 의무에 의해 제약받기 때문이다. 대중적 취향은 예술이 현실을 반영하기를 원하며, 형식적이고 자급자족의 예술을 타락하고 변질된 것으로 비판한다. 대중적 취향은 복잡하고 교양 있는 사람보다 단순하고 정직한 사람을 선호한다. 대중적 취향은 '정통적' 고급취향에 의해 고지식하고 안일한 것으로 격하되며, 취향을 넘어 이러한 갈등은 문화적·상징적 자본에 대한 계급적 갈등이다.

그러나 특정 예술품이나 예술양식에 대한 선호는 습관에 따라 제시되는 취향의 일부이다. 미학적 선택은 다른 문화분야에서의 선택과 밀접한 연관성이 있다. 예를 들어, 자유와 고급취향은 상류계급의 공손하고 규율에 의한 대화법과 같다. 예술이 삶에서 자유로워지는 것과 마찬가지로, 대화의 주체는 서로에게서 자유로워지며, 정신 역시 물질에서 자유로워진다. 경제적 필요성으로부터 자유로운 상류계급의 생활양식은 순수한 형식의

미학에 해당할 뿐만 아니라 모든 자연적·육체적 욕망이 승화되고, 비물질화되어야 한다는 것을 의미한다. 그래서 상류계급의 식사는 규제가 엄격하고, 고지방 음식보다 저지방 음식이 선호된다. 이와 마찬가지로 의류를 선택할 때, 기능적 적합성보다는 패션과 미적 조화가 강조된다. 필요성에서 자유롭다는 것은 미적 취향뿐만 아니라 상류계층의 전반적 생활양식에서 잘 나타난다.

대조적으로 노동계급은 육체적 현실과 경제적 필요성에 갇혀 있기 때문에 보다 신체적인 방식으로 상호작용하고, 진심으로 웃어 보이며, 솔직하고 직설적인 것을 선호한다. 이와 유사하게 노동계급은 덜 정제되었지만 육체적으로 만족감을 주는 접시에 가득 찬 음식을 선호한다. 노동계급은 대중적 취향으로서 기능적 의류와 가구를 선호하는데 이러한 취향은 경제적 제약으로 인한 것일 뿐만 아니라 형식적이고 화려한 것에 대한 깊은 반감에서 기인한다.

요약하자면, 부르디외는 마르크스주의, 베버주의, 뒤르켐주의 사회학의 요소를 결합하여 계급갈등에 대한 개념적 모델을 제공했다. 계급지위와 개인의 행동 사이에 나타나는 매개과정으로서의 습관에 대한 부르디외의 구조적 개념화는 이 분석에서 충분히 강조되지 않았다. 그러나 부르디외는 명확하게 뒤르켐주의를 차용하여 계급지위가 습관을 결정한다는 것을 강조한다. 그러나 생성구조의 부호로서의 상징체계로 치환되는 구조주의의 유용한 요소는 계급지위를 정당화하고, 이데올로기에 상징을 동원하고, 관련된 생활양식과 습관을 반영하는 계급갈등 이론에 포함된다.

4. 제프리 알렉산더의 문화화용론

문화동학에 관한 이론화가 사회학에서 재조명되면서 학계 일부는 문화사회학에서 '강력한 프로그램'(strong program)을 옹호해왔다. 많은 문화사회학자들에게 문화에 대한 방대한 양의 분석은 문화가 구조적 장치에서 발생하고, 사회구조와 관련되어야만 이론화가 가능하다는 '약한 프로그램'(weak program)의 부분으로 인식되었다. 대조적으로 마르크스의 연구에서는 강력한 프로그램을 문화의 부가물이 아닌 주요주제로 삼기를 주장하고, 이를 물질적·사회적 구조 조건의 상부구조로 파악했다. 게다가 이 프로그램은 상징적 의미에 대한 깊은 이해와 그러한 의미가 구성되는 기제를 포함한다. 문화는 사회구조와 분리돼 자율적 영역을 구축하며 주제, 줄거리, 도덕적 평가, 전통, 체계, 및 기타 속성을 갖춘 것으로 간주된다. [41] 이러한 강력한 프로그램에 대한 많은 작업들은 특정한 유형의 문화형성을 세부적이고 경험적으로 분석하였다. 그리고 그러한 강력한 프로그램이 만들어지고 나면 의례와 상호작용과 같은 과정을 통해 문화와 사회구조 간 관계를 연구하는 것이 가능해진다. 우드노우와 부르디외의 이론이 강력한 프로그램의 구성요소를 어느 정도 입증했지만, 이 이론은 문화적 과정을 사회구조 역학에 접목시키는 데 과도한 노력을 기울였기 때문에 비판을 받기도 한다. 따라서 문화를 사회현실의 특수한 영역으로 파악하는 약간의 절충 과정이 필요하다.

예일대와 문화이론화의 주요 센터에서 제프리 알렉산더(Jeffrey Alexander)와 그의 동료들은 강력한 프로그램을 추진하는 운동을 이끈 주역이었다.

비록 모든 사회학자들이 이를 연구하지는 않지만 대부분의 사회학자들은 문화 그 자체의 분석과 문화적 과정에 대한 풍부하고 깊이 있는 연구에 대한 필요성에 영향을 받아왔다. 물론 모든 연구가 왜 문화가 존재하고 작동하는지에 대한 이론으로 이어지지는 않는다. 따라서 강력한 프로그램조차 결국 이런 역동성의 경험적 발현을 단순히 묘사하는 것 이상으로 문화동학을 설명하는 데 노력을 기울인다. 알렉산더의 문화화용론(cultural pragmatics)42에 대한 연구는 제한된 범위의 문화적 과정을 설명하는 것을 넘어서는 좋은 예이다.

문화에 대한 이론을 개발하기 위한 목표를 달성하기 위해서 알렉산더는 에밀 뒤르켐이 의식과 감정에 대해 연구한 《종교생활의 원초적 형태》(15장, 321~322쪽 참조)과 어빙 고프만의 연극방법론(17장)을 융합하였다. 이 융합과정은 문화적 이론화의 가장 두드러진 가설 중 하나가 배경집단적 표현과 암묵적 각본, 대중과의 상호작용의 전면적 주제를 불러일으키는 의식 및 행위를 중심으로 이뤄지기 때문에 의미가 있다.

1) 의례화된 행위의 역사

알렉산더는 뒤르켐의 의례화된 행위(ritualized performance)의 요약된 역사에 대한 기계적 또는 유기적 연대 사이에서의 특수성을 차용하였다. 단순하고 동질적인 사회에서는 행위에 대한 모든 요소들이 함께 융합되어 있어서 문화가 전면에서 개인들이 의례를 개인적, 즉각적, 도식적으로 경험하도록 만든다. 상호작용이 원활하게 진행될 수 있도록 할 뿐 아니라 개인이 즉각적으로 의례행위에 참

여할 수 있도록 하면서 문화적 대본, 텍스트, 집단적 표현, 무대, 소품, 배우, 관객, 상징적 생산수단, 그리고 개인의 사회적 힘은 함께 **융합된다**.

그러나 사회의 차별화에는 ① 텍스트 전면과 배경의 상징적 표현의 분리, ② 사회적 행위자 집단으로부터의 상징적 생산수단의 소격, ③ 상징적 행동을 수행하는 엘리트와 대중 사이의 분리가 있다. 그 결과 성공적 공연은 더 이상 자동으로 진행되는 것이 아니라 전경, 무대, 관객 앞에서의 의례행위를 통해 사용되는 **텍스트**로 배경표현(background representation)의 요소를 **재결합하는** 기술과 노력이 필요하다. 의례는 노력과 행위를 통해 재조립되는 문화의 이질적 요소에 의해 만들어지는 수단이다.

때때로 1차집단에서 재결합은 복잡한 사회 속에서 필수요소는 아니다. 상호작용 의례는 배경이 감정적으로 만족스러운 방식으로 전면에 나타날 때, 원활하고 균일하게 진행된다. 그럼에도 불구하고 현대사회에서의 사회적 공간과 공적 영역이 현저하게 증가하면서 행위의 구성요소 사이의 분리가 야기되기도 한다. 결과적으로 사람들 사이의 의례행위를 통해 그것들을 거절하는 방법은 항상 문제점으로 지적된다. 문화세계는 많은 행위로부터 단편화되고 분리되며, 사회학의 뿌리로 되돌아가는 아주 오래된 주제인 문화적 통합과 사회관계에서의 의미에 대한 문제를 현대사회에 제기한다.

알렉산더는 뒤르켐이 그의 초기 연구인 《사회분업론》에서 강조했던 근본적 문제점을 계속 언급해왔다. 어떻게 행위가 필연적으로 사회에서 구조적·문화적 차별화와 함께 붕괴되는 것을 막을 수 있을까? 알렉산더에게 배경지식을 거부하고 개인적·집단적 행동을 만들어내는 성공적 행위를

① 배경표현의 **문화적 확장**(*cultural extension*)과 대중에 대한 텍스트 해석, ② 행위에 대한 대중의 **정신적**(감정적) **식별** 및 텍스트로 나타난 배경표현에 대한 해석으로 분석한다. 오직 이와 같은 방법으로만 행위의 영역에서 복잡한 사회의 파편화가 극복될 수 있다. 따라서 알렉산더의 이론은 공연 도중 성공적으로 문화를 거부하는 행위자의 단계와 전략에 관한 것이다. 다음으로 알렉산더가 자신의 문화화용론을 발전시키는 데 도움이 되는 몇 가지 기본 가정에 대해 설명할 것이다.

2) 행위자와 행위에 대한 가정

알렉산더는 행위자가 도덕적 우려 및 관심에 의해 동기부여가 되고, 배경표현과 문화의 대본 모두를 행위 및 대중과의 상호작용의 최전선에 두려 한다고 가정한다. 이러한 기초적 목표를 실현하기 위해 알렉산더는 몇 가지 핵심요소를 강조한다.

———

① 행위자는 문화 및 대본의 배경표현을 이러한 문화의 배경요소를 해독하고 해석하는 텍스트로 변환한다.
② 또한 성공적 행위를 달성하기 위해 그들은 또한 정신적 리비도 집중(*cathexis*) 또는 텍스트 그 자체에 대한 감정적 지지를 얻어야만 한다.
③ 배경표현과 감정적으로 균형을 갖춘 대본에 대한 해석을 바탕으로 개인과 잠재적인 집단적 행위자는 대중에게 텍스트의 문화적 확장에 참여할 수 있도록 하는 보다 나은 위치에 있다.
④ 대중에게 공연을 제공할 때, 배우는 항상 공연을 위해 필요한 상징적 재생산수단, 무대, 소도구를 평가한다.
⑤ 따라서 텍스트의 극적인 발표는 무대 위에서의 육체적·언어적 몸짓과 소도구의 사용을 포함한다.
⑥ 모든 종류의 공연은 텍스트에 대한 접근 뿐 아니라 무대 및 소도구, 공연에 참여하는 배우, 이를 받아들이는 대중의 유용성을 구분하고, 제한하고, 가능하게 만드는 힘에 의해 제약을 받는다.

———

앞에서 두드러지게 나타난 것처럼 극적인 은유는 문화화용론의 핵심이다. 이것이 연극방법론의 일부가 된다. 게다가 17장에서 요약된 연극방법론에 대한 내용과 마찬가지로 ⓐ 대중에 대한 **문화적 확장성**을 달성하거나, ⓑ 대중의 구성원이 공연과 문화적 텍스트를 **식별**할 수 있도록 하는 전략적 요소가 강조된다.

3) 행위가 당면하는 과제와 전략

거절 및 거부(*refusing*)는 항상 행위자가 문화적 확장성과 행위〔공연〕와 근본적 텍스트에 대한 대중의 식별을 얻기 위한 다양한 전략을 채택하도록 만드는 과제를 제기한다. 첫째, 성공적 성과를 내기 위해서는 배경의 문화적 의미를 압축하고, 효과적 공연을 만들어낼 수 있는 방법을 강화하는 방식으로 효과적 **대본**(*script*)이 구성되어야 한다. 알렉산더는 이를 위해서 몇 가지 기술을 열거한다. ⓐ 대중이 지나친 복잡성을 처리할 필요가 없도록 하는 배경표현의 **인지적 단순화**(*cognitive simplification*), ⓑ 요소를 강조하고, 문맥의 해석으로부터 더 자유롭게 만들기 위해서 시간과 공간을 붕괴시키는 **시공간 압축**(*time-space* compression), ⓒ 선과 악, 적과의 갈등, 장애물을 극복해야 하는 과제들과 같이 이분법적으로 표현되는 **도덕적 논쟁**(*moral agonism*), ⓓ 대중의 참여를 유지시키는 구성에서의 **비틀기와 전환**(*twistings and turnings*) 등이 그것이다.

둘째, 거절 및 거부는 행위자가 우주에서 '걸으며 이야기하는 것'(*walk and talk*)처럼 대본, 행동, 행위를 포함한다. 대본 작성자가 극적 해석을 위한 여지를 남겨두고, 연출된 행동을 담당하는 기획자가 몇 가지 극적 자유를 공연자에게 허락할 때 이 과정은 더욱 적극적으로 발생한다. 대본, 연출, 상연이 지나치게 빽빽이 조직될 경우, 공연은 행위자가 진심으로 관객에게 문화적 배경요소를 전달할 때보다 경직되고 인위적이며 덜 매력적이 된다.

셋째, 거절 및 거부는 항상 사회적 힘의 사용을 수반한다. 이 힘은 적어도 3가지 사항을 전제로 해야만 한다. ⓐ 공연이 대중에게 가장 효과적으로 전달될 수 있는 적합한 장소 및 무대의 선정과 같은 적절한 상징적 생산수단의 사용, ⓑ 배경표현이 확보되고, 대중에게 시연되는 공연을 통해 만들어지는 상징적 분배수단의 사용, ⓒ 공연에 대한 차후 논쟁, 담론, 비판에 대한 통제권의 사용 등이다.

넷째, 행위자[배우]는 항상 이중으로 거절 및 거부하는 상황에 놓인다. 그들은 언제나 ⓐ 텍스트, 그리고 ⓑ 대중과 연결되어야 한다. '이중 거절 및 거부'(*double refusion*)를 피하는 가장 좋은 방법은 자연스럽고 지속적인 흐름을 갖춘 공연을 제공하는 것이다. 반면 일관성이 없는 공연은 거절 및 거부 과정을 악화시킬 뿐이다. 복잡한 사회 내에서 이 문제는 매우 다양한 사회적 맥락에서 다양한 역할을 담당하는 개인에 의해 더욱 심화된다. 이런 조건하에서, 모든 무대와 내용을 자연스럽고 일관성 있게 만드는 것은 쉬운 일이 아니다. 그 결과 거절 및 거부는 실패하거나, 부분적 성공을 거두게 되어서 문화와 대중의 식별 확장성을 감소시킬 것이다.

다섯째, 공연의 텍스트로 대중을 거절 및 거부하는 문제가 있다. 왜냐하면 복잡한 사회 내에서 대중들은 흔히 다양한 매체를 통해 제공되는 공연과 배우의 다양한 시공간적 행동으로부터 분리돼 있기 때문이다. 복잡한 사회에서 무대와 대중의 현실은 행위자[배우], 기획자, 각본가가 효과적 공연을 이끌어내도록 엄청난 요구를 한다. 위에서 언급된 인지적 단순화, 시공간 압축, 도덕적 논쟁, 비틀기와 전환과 같은 전략은 더 크고, 다양하며, 분리된 대중들에게 호소를 통해 문제점을 극복하기 위한 수단 중 하나이다. 이러한 전략은 대중들에게 문화를 확장하고, 공연과 텍스트를 파악할 수 있도록 정서적으로 끌어당기는 방식을 사용하여 텍스트와 공연을 단순화·탈맥락화하며, 윤리적으로 만들고, 대중을 끌어들인다.

4) 왜 화용론인가?

위에서 알렉산더의 주장을 추상적으로 서술하였다. 이 이론의 핵심은 배경문화 요소와 공연의 결합이 복잡하고 차별화된 사회에서 더욱 어렵고 도전적·포괄적·보편적 과정이라는 점을 강조한다. 그러나 한 사회의 배경문화가 행위자[배우]의 공연과 융합되지 않는다면 통합의 문제는 더욱 커질 것이다. 과거의 단순하고 동질적인 사회에서는 공연이 자연스럽게 융합되었다. 하지만 복잡성이 커진 현대사회에서 거절 및 거부는 필연적으로 발생한다. 알렉산더가 주장하려 한 요지는 이러한 거절 및 거부가 다양한 행위자[배우] 사이에서 다양한 수준으로 발생할 가능성이 있다는 것이다. 이 과정은 가장 쉬운 수준의 대면 상호작용을 의미한다. 그러나 이러한 상호작용이 다른 배경을 가진 서로 다른 사람들에게서 발생한다면 상호작용은 종종 어색하거나 부자연스러울 것이다. 왜냐하면 대중 앞에서 대본, 연출, 무대, 소도구의 사용, 행동이 불규칙하거나 불확실해지기 때문이다. 극단적인 경우에 정치·경제·종교적 행위자가 대중매체를 통해 전달한 극적 공연이 많은 관객에게 영향을 끼치며, 여기서 같은 문제가 발생하기도 한다. 행위자[배우]는 정서적으로 공연을 식별하고 제시된 텍스트를 잘 이해하도록 요청받는 다양한 대중을 끌어당기기 위한 대본, 공연, 텍스트 및 무대의 성능과 텍스트로부터 공간적으로 단절된 많은 다양한 대중들과 대립한다. 비록 영화나 무대 속 훌륭한 배우가 대중을 공연으로 끌어들일 수 있음에도 불구하고, 상대적으로 대부분의 배우는 이를 자연스럽게 만들어내지 못한다. 그러나 이런 성공적 공연은 실제 삶의 상황에서 이것이 얼마나 실천하기 힘든지를 강조한다. 개인과 미디어의 중심부에서 발표는 단체, 조직, 시민대회, 강연, 집회, 저항운동, 혁명 등과 같이 사회의 모든 사회계층 사이에서 발생하는 공연이라 할 수 있다. [43] 그곳에서 행위자[배우]는 다양한 크기의 배경과 규모를 가진 관객과 직면하고, 그들은 문화를 확장하고 대중이 감정적으로 공연과 텍스트에 동조할 수 있도록 만드는 공연을 제공한다. 다시 말하면 비교적 적은 수의 행위자[배우]만이 이런 종류의 공연을 피하고, 완전한 거절 및 거부를 성취할 수 있다. 그러나 복잡한 사회의 실현가능성은 그러한 성과에서 얼마만큼의 성공을 거두느냐에 달려 있다.

따라서 알렉산더의 관점에서 배경의 문화적 표현을 해독해야 하는 텍스트를 관객과 연결시키는 의례행위는 모든 사회적 상황에서 핵심동력이 된다. 그러나 복잡한 사회에서의 많은 상황은 사회의 규모와 차별의 단순한 결과로 극복의 대상이 되었다. 이렇게 차별이 완화된 상황에서 행위[공연] 의례의 중요성은 더욱더 분명해진다. 왜냐하면 행위는 자동적인 것이 아니며, 끊임없이 펼쳐져 있기 때문이다. 대본을 작성하는 이가 한 사람이든 아니든, 텍스트가 나타내고자 하는 숨어 있는 의미를 이해하고, 무대와 소품을 적절하게 사용하며, 공연을 하는 것 또는 극작, 연출, 무대, 마케팅 그리고 배우와 관객을 위한 안전팀을 조화롭게 하는 역학은 같다. 게다가 그들은 사회통합에 매우 중요한 역할을 한다.

알렉산더는 문화사회학에서 강력한 프로그램이 존재할 때만 문화적 표현을 배경에서 전면무대로 가져와야 할 필요성이 증가한다고 주장한다. 문화의 역동성에 대한 사전 이해가 갖춰지지 않으면 의례행위는 명확하고, 연관성이 있으며 관객의 마음을 사로잡게 만들 필요가 있다. 그렇지 못하면 제대로 이해되지 않고, 결국 이론화될 수 없다.

5. 나가며

1960년대와 1970년대의 기능주의, 특히 문화동학을 강조한 탈콧 파슨스의 접근법에 대한 비판으로 인해, 다양한 조건하에서 다양한 형태의 갈등을 야기하는 이익충돌이 발생하게 되었고 사회학적 관심이 물질적 기반으로 옮겨갔다. 문화는 이러한 개념적 변화에서 무관하지는 않았지만 그들이 갈등을 일으키고, 합법화된 억압적 사회구조를 만들어내면서 신념과 이데올로기의 분석영역으로 밀려나게 되었다. 갈등이론이 기능주의에 영향을 받았듯이 갈등동학이 조력자 역할을 하게 되고, 궁극적으로 사회의 물질적 조건에 의해 생성되었을 때, 새로운 문화사회학이 문화적 분석의 단순화에 대한 대응으로 출현했다.

현상학과 해석학과 같이 이 기간 동안 실행 가능한 지적 전통이 존재했다. 그러나 그것들은 모든 현상에서의 문화를 탐구하지는 못했다. 이들은 문화적 이론이라기보다 인지적이고 특별한 이론이었다. 이는 놀라울 정도로 과소평가되었지만, 인간이 행동하고 조직할 때 나타나는 모든 일이 문화적으로 이뤄짐은 명백하다. 생각은 단어가 아닌 감정의 언어로서 표현된다. 또한 생각은 사회구조를 구축하고, 그러한 구조를 재현하고, 이를 해체하며, 다른 형태로 재구성하기 위해 상호작용하는 사람들과 집단적 행위자에 의해 사용될 때만 대단히 강력해진다. 그러나 문화는 새로운 문화이론이 나타날 때마다 논쟁을 불러일으킨다. 왜냐하면 문화는 상징이 조직되고, 저장되며, 극적 행위〔공연〕에서 사용되는 현실의 영역이기 때문이다. 그것들은 물질적 사회구조에 대한 단순한 상부구조가 아니라 이론화될 필요성이 있는 자율적 동학 집합체이며, 결국 사회현실의 구조적 특징과 연결된다. **공연**(*performance*)의 개념은 문화 자체의 자율적 역동성을 인식하게 하고, 사회구조의 일부인 문화를 무대와 소품으로 가져와야 할 필요성을 보여준다. 대본, 연출, 텍스트, 무대, 연기 등을 통해 문화적 표현을 확대하고 대중이 문화를 감정적으로 식별할 수 있도록 하는 능력은, 사람들과 기업집단이 새로운 사회구조를 구축, 재생산, 해체 및 재구축할 때, 그 힘을 발휘한다.

약간은 다른 방식으로 우드노우와 부르디외, 알렉산더는 문화의 속성과 문화가 사회적 환경에서 어떻게 사용되는지 강조해왔다. 부르디외의 경우, 암묵적 또는 명시적으로 사람들이 행동하고, 사회구조가 형성·재생산·변화되는 방식에 영향을 줄 수 있는 힘을 가진 문화를 제공하는 데 필요한 감정을 만드는 의식과 행위〔공연〕를 중요하게 생각한다. 그러나 이러한 학자들과 다른 이들에 의해 이론화될 때, 문화의 개념화는 다소 모호한 **도덕질서, 습관, 문화적·상징적 자본, 배경표현, 텍스트, 대본** 등으로 나타난다. 이것들은 정확한 개념화가 아니며 확실히 암시적임에도 불구하고 정확한 의례를 나타내지는 못한다. 이러한 실제 경험적 맥락에서 나타나는 경험적 묘사로부터 아마도 문화사회학 내에서 더욱 강력한 프로그램을 나타내는 이런 암시적 용어 각각의 특성과 동학을 분리하는 것이 가능할 것이다.

주

1 구조주의를 개관하는 몇 가지 일반적 저작은 다음을 참조하라. Anthony Giddens, "Structuralism, Post-Structuralism and the Production of Culture", in *Social Theory Today*, eds. A. Giddens and J. H. Turner (Cambridge, UK: Polity Press, 2000); S. Clarke, *The Foundations of Structuralism* (Sussex, UK: Harvester, 1981); J. Sturrock, ed., *Structuralism and Science* (Oxford: Oxford University Press, 1979); W. G. Runciman, "What Is Structuralism?", in *Sociology in Its Place* (Cambridge: Cambridge University Press, 1970); Ino Rossi, *From the Sociology of Symbols to the Sociology of Signs* (New York: Columbia University Press, 1983) and Ino Rossi, ed., *Structural Sociology* (New York: Columbia University Press, 1982); Jacques Ehrmann, *Structuralism* (New York: Doubleday, 1970); Philip Pettit, *The Concept of Structuralism: A Critical Analysis* (Berkeley, CA: University of California Press, 1977); Charles C. Lemert, "The Uses of French Structuralism in Sociology"; and Michelle Lamont and Robert Wuthnow, "Recent Cultural Sociology in Europe and the United States", in *Frontiers of Social Theory*, G. Ritzer, ed. (New York: Columbia University Press, 1990).

2 개관을 위해 다음 글을 참조하라. Robert Wuthnow and Marsha Witten, "New Directions in the Study of Culture", *Annual Review of Sociology* 14 (1988): pp. 149~167. Robert Wuthnow, James Davidson Hunter, Albert Bergesen, and Edith Kurzweil, *Cultural Analysis: The World of Peter L. Berger, Mary Douglas, Michel Foucault, and Jurgen Habermas* (London: Routledge & Kegan Paul, 1984).

3 종교관련 저작의 예로 다음을 참조하라. Robert Wuthnow, *The Consciousness Reformation* (Berkeley: University of California Press, 1976) and *Experimentation in American Religion* (Berkeley: University of California Press, 1978). 더 일반적인 이론의 개관으로는 다음을 참조하라. Robert Wuthnow, *Meaning and Moral Order: Explorations in Cultural Analysis* (Berkeley, CA: University of California Press, 1987). 이 저작의 개관으로는 다음을 참조하라. Jonathan H. Turner, "Cultural Analysis and Social Theory", *American Journal of Sociology* 94 (July 1988): pp. 637~644.

4 우드노우는 이것을 보편적 법률이나 원칙으로 바라보지 않았으나 그의 이러한 법칙은 이론적으로 많은 흥미를 유발한다.

5 Wuthnow, *Meaning and Moral Order* (주 3 참조), p. 64.

6 같은 책, p. 65.

7 같은 책, p. 132.

8 같은 책, p. 66.

9 같은 책, p. 70.

10 같은 책, p. 109.

11 같은 책, p. 140.

12 여기서 우드노우는 후기 뒤르켐주의 전통을 따르고 있다.

13 Wuthnow, *Meaning and Moral Order*(주 3 참조), p. 145.

14 좀더 상세한 비판으로는 J. H. Turner, "Cultural Analysis and Social Theory"(주 3 참조)를 보라.

15 Wuthnow, *Meaning and Moral Order*(주 3 참조), p. 145.

16 이 구조를 사용한 이론을 8, 9장에서 살펴볼 수 있다. 특히 우드노우의 *Meaning and Moral Order* 5장과 6장에서 이 생태학적 구조를 정리했다.

17 우드노우는 *Meaning and Moral Order*에서 5장부터 9장에 걸쳐 예들을 제공했으나, 변수들이 내용 서술과 얽혀 있어 특별한 방식으로 재배열시켰다.

18 이 부분은 스테판 푸스(Stephan Fuchs)와 공동 저술했다.

19 실제로 부르디외는 엄청난 수의 저작을 집필했다. 즉, 그는 인류학, 교육학, 문화사, 언어학, 철학, 그리고 사회학을 비롯한 다양한 분야에 걸쳐 약 25권의 저서와 수백 편에 달하는 논문을 저술하였다. 그의 경험적 연구는 예술, 학자, 실업, 농민, 종교, 스포츠, 친족관계, 정치, 법률 및 지식인과 같은 다양한 주제를 다룬다. 다음 글을 참조하라. Loic J. D. Wacquant, "Towards a Reflexive Sociology: A Workshop with Pierre Bourdieu", *Sociological Theory* 7, no. 1 (Spring 1989): pp. 26~63. 이 글은 또한 부르디외에 대한 2차 분석과 논평뿐만 아니라 부르디외 자신의 저작들을 선별한 문헌목록을 포함한다.

20 Pierre Bourdieu, "Social Space and Symbolic Power", *Sociological Theory* 7, no. 1 (Spring, 1989), p. 14.

21 Pierre Bourdieu, *Language and Symbolic Power*(Cambridge, MA: Harvard University Press, 1989).

22 Pierre Bourdieu, *Homo Academicus*(Stanford, CA: Stanford University Press, 1988).

23 Pierre Bourdieu, *Distinction: A Social Critique of the Judgement of Taste*(Cambridge, MA: Harvard University Press, 1984).

24 다음 글을 참조하라. Wacquant, "Towards a Reflexive Sociology"(주 19 참조); Bourdieu, "Social Space and Symbolic Power"(주 20 참조), pp. 14~25.

25 다음 글을 참조하라. Wacquant, "Towards a Reflexive Sociology"(주 19 참조).

26 Bourdieu, *Outline of a Theory of Practice*(Cambridge: Cambridge University Press, 1977), pp. 22 그리고 *Distinction*(주 23 참조).

27 같은 책.

28 19장 공리주의 요약을 참조하라.

29 다음 글을 참조하라. Wacquant, "Towards a Reflexive Sociology"(주 19 참조), p. 43.

30 Bourdieu, *Outline of a Theory of Practice*(주 26 참조).

31 18장과 20장을 참조하라.

32 Pierre Bourdieu, "The Forms of Capital", in *Handbook of Theory and Research in the Sociology of Education*, ed. J. G. Richardson (New York: Greenwood, 1986). Michele Lamont and Annette P. Larreau, "Cultural Capital: Allusions, Gaps, and Glissandos in Recent Theoretical Developments", *Sociological Theory* 6, no. 2 (Fall 1988), pp. 153~168.

33 Bourdieu, *Distinction* and *Outline of a Theory of Practice* (주 23과 26 참조).

34 Bourdieu, "The Forms of Capital" (주 32 참조). 계급의 문화적 접근에 대한 다른 자료는 다음 연구에서 잘 나타난다. Michelle Lamont, *Money, Morals and Manners: The Culture of the French and American Upper-Middle Class* (Chicago, IL: University of Chicago Press, 1992); "Symbolic Boundaries and Status", in *Cultural Sociology*, ed. Lyn Spillman (Malden, MA and Oxford: Blackwell, 2002), pp. 98~119; *The Dignity of Working Men: Morality and the Boundaries of Race, Class, and Immigration* (Cambridge: Harvard University Press and New York: Russell Sage Foundation, 2002).

35 Pierre Bourdieu, "Social Space and the Genesis of Groups", *Theory and Society* 14 (November 1985): pp. 723~744.

36 부르디외는 27장에서 설명한 네트워크에 대한 분석에서 규칙적인 구조적 등가물이라고 말해지는 것을 생각하고 있다. 즉, 다른 위치들과 동등한(유사한) 관계의 위치에 있는 사람들은 행동에 있어 수렴하며 공통 속성을 입증해 줄 것이다.

37 부르디외는 주어진 객관적 계급위치의 구조적 잠재력이 어떻게 역사적 행동으로 발현되는지 또는 어떻게 실제 사회집단으로 변모하는지에 대해 구체화하지 않았다. 레비스트로스와 마찬가지로 부르디외는 심층구조와 실제 관행 간의 공식적 유추를 주로 다룬다. 그러나 그는 언제 어떻게 변형이 성공적으로 이루어질지에 대한 이론이 부족하다.

38 Bourdieu, *Distinction* (주 23 참조).

39 같은 책.

40 같은 책. 실제로 부르디외는 더 미세하게 조정된 구별방식을 택하지만 우리는 여기서 주요 반대요인에만 집중한다.

41 예를 들어 다음 글들을 참조하라. Jeffrey C. Alexander, Ron Eyerman, Bernard Giessen, and Neil J. Smelser, *Cultural Trauma and Collective Identity* (University of California Press, 2004); Jeffrey Alexander, Bernard Giessen, and Jason Mast, *Social Performance: Symbolic Action, Cultural Pragmatics, and Ritual* (Cambridge, UK: Cambridge University Press, 2006); Philip Smith and A. T. Riley, *Cultural Theory*, 2nd ed. (*Oxford, UK: Blackwell*); Jeffrey C. Alexander, *The Civil Sphere* (Oxford University Press, 2006); Jeffrey Alexander, *The Meaning of Social Life: A Cultural Sociology* (New York: Oxford University Press, 2005); Jeffrey Alexander, Ronald Jacobs, and Philip Smith, *The Oxford Handbook of Cultural Sociology* (New York: Oxford University Press, 2012).

42 Jeffrey C. Alexander, "Cultural Pragmatics: Social Performances Between Ritual and Strategy", *Sociological Theory* 22 (2004): pp. 512~574.

43 예를 들어 알렉산더가 저술한 다음 문헌들은 행동역학의 거시적 수준의 효과가 더 많음을 나타낸다. *Performative Revolution in Egypt: An Essay on Cultural Power*(New York: Oxford University Press, 2011); *The Performance of Politics: Obama's Victory and The Democratic Struggle for Power*(New York: Oxford University Press, 2010); and *Performance of Power*(Cambridge, UK: Polity Press, 2011).

26 장

구조화이론

1. 들어가며

최근 40년간 앤서니 기든스(Anthony Giddens) 는 사회학이 스스로를 과학으로 자처하는 것을 비판한 가장 탁월한 비판가 중 한 명이었다. 그렇지만 동시에 그는 사회세계를 분석하기 위한 상대적으로 형식적이고 추상적인 개념도식을 발전시켰다. 《사회의 구성》¹이란 저작에서 기든스는 이전의 '구조화이론' (*structuration theory*) 명제 아래서 자신이 주창한 요소 모두를 이론적으로 종합해냈다. 이 이론은 20세기 후반의 창조적인 이론적 노력 중의 하나다. 비록 기든스가 현대성(*modernity*) 에 관한 이론적 관심을 발전시키고 또 실제로 현대성과 탈현대성(*post-modernity*) 논쟁에 중요한 기여자가 됐음에도 불구하고,² 그의 이론적 기여는 우선 좀더 형식적인 구조화이론의 진술에 있다. 그래서 이 장에서는 실증주의자들이 사회학에서 자연과학의 관점을 취하는 것에 대한 기든스의 비판을 간략히 검토한 후, 구조화이론의 핵심착상을 요약하는 데 주력할 것이다.

2. '과학적' 사회이론에 대한 기든스의 비판

기든스는 물리학이나 생물학에서처럼 보편적이고 시간을 초월하는 사회학적 법칙은 결코 존재할 수 없다고 판단했다. 인간들은 행동(*agency*) 을 위한 역능을 가졌고, 그리하여 사회조직의 성격 자체를 변화시킬 수 있다. 그리고 이렇게 하여 보편적이라고 가정되는 어떤 법칙도 뒤집을 수 있다. 기껏해야 "이론의 개념들은 그저 많은 연구목적을 위한 감응하는 도구로 간주되어야 한다."³ 기든스는 두 가지 논점에서 이러한 결론을 지지한다.

첫째, 기든스는 사회이론 수립이 이중해석학(*double hermeneutic*) 과 연관된다고 단언한다. 이 전문용어를 풀어보면, 이것은 사회과정을 이해하기 위해 사회과학자들이 사용하는 개념들과 일반화들이, 이러한 사회과정을 변경시킬 수 있는 행위자(*agent*) 인 일반인들에 의해 사용될 수 있다는 것을 의미한다. 기든스는 우리가 일상적 행위자들 역시 "자신들의 경험에 비추어 사회이론을 바꾸는 사회이론가들이며, 새로운 정보에 대해 수용적이라는 점을 인정해야 한다"고 주장한다. [4] 그리하여 사회과학 이론은 개인들에게 종종 새롭지 않은 것이 되며, 그럴 때 그 사회이론은 그들이 묘사하는 바로 그 질서를 변형시키는 데 사용될 수 있다. 인간의 성찰적인 ─ 말하자면 그들의 상황에 관해 생각하는 ─ 역능 내에서, 그 상황의 문화와 구조를 변화시키는 능력이 존재하게 된다. [5]

둘째, 사회이론은 그 본질상 사회비판이 된다. 사회이론은 사람들이 어떤 것을 하기 위해 제시하는 근거와 종종 모순된다. 그리하여 그 근거에 대한 비판이 되고 또한 사람들이 그 근거에 의지해 구성하는 사회질서에 대한 비판이 된다. 이에 따라 사회학은 다른 사람이 주장해왔듯이 비판이론과 별도의 것을 발전시킬 필요가 없다. 그것은 그 본질상 그리고 그것이 사회과정에 대해 가지는 효과로 인해 비판이론이 된다.

기든스는 그 함의가 심오하다고 믿는다. 우리는 자연과학을 모방하는 것을 멈출 필요가 있다. 우리는 '시간을 초월한 법칙'(timeless law)을 발견했느냐 여부에 따라 지식인으로서의 성공을 평가하는 것을 멈추어야 한다. 우리는 사회이론이 우리의 세계 '외부'에 존재하는 것이 아니라는 점을 인식해야만 한다. 우리는 사회학자와 일반 행위자가 행하는 것이 근본적 의미에서 거의 동일하다는 점을 받아들여야 한다. 그리고 우리는 사람들이 사회구조에 의해 안내되는 동안에 그 구조를 생산하고 또 재생산하기 때문에 개인 간의 능동적 상호작용 과정을 이해할 수 있게 해주는 '감응하는 개념'(sensitizing concept)을 발전시키는 데 노력을 기울여야만 한다.

3. 구조화이론

기든스는 사회적 행동과 상호작용, 조직에 대한 추상적 법칙이 존재한다고 믿지 않기 때문에, 그의 구조화이론은 일련의 명제가 아니다. 대신에 그의 과학비판이 제안하듯이, 그의 '이론'은 담론적으로 서로 연계되는 감응하는 개념의 묶음이다. 그 핵심개념이 **구조화**(structuration)인데, 이것은 구조의 이중성을 소통시키려는 의도를 지닌다. [6] 즉, 사회구조는 능동적 행위자에 의해 사용되며, 그렇게 구조의 속성을 사용하는 중에 그들은 이 구조를 변형하거나 재생산한다. 그리하여 구조화 과정은 구조의 성격, 구조를 사용하는 행위자의 성격, 그리고 이들이 각양각색의 인간조직 유형을 생산하기 위해 각각에서 서로 영향을 미치는 방법을 개념화할 것을 요구한다.

1) 구조와 사회체계의 재개념화

기든스는 구조를 행위자가 공간을 가로지르고 시간을 걸치며 확장되는 상호작용의 맥락 속에서 사용하는 '규칙'(rule)과 '자원'(resource)으로 개념화할 수 있다고 믿는다. 이러한 규칙과 자원을 사용하면서, 행위자는 공간과 시간 속에서 구조를 지속시키거나 재생산한다.

(1) 규칙
규칙은 행위자가 다양한 정황에서 이해하고 사용하는 '일반화할 수 있는 절차'(generalizable procedure)이다. 기든스는 규칙은 행위자가 아는 또는 종종 암묵적으로만 아는, 또한 행동에 관련된 공식을 제공하는 방법론이나 기법으로 받아들인다. [7] 사회학적 시각에서 보면, 가장 중요한 규칙은 행위자가 의미 있는 시간의 길이와 공간에 걸쳐 사회관계를 재생산할 때 사용하는 것이다. 이 규칙은 다음과 같은 특성을 드러낸다. ① 규칙은 ⓐ 대화, ⓑ 상호작용 의례, 그리고 ⓒ 개인들의 하루하루 일상 속에서 사용된다. ② 규칙은 전술적으로 파악되고 또 이해되며, 능숙한 행위자의 '저장지식'의 부분이 된다. ③ 규칙은 비공식적이며, 쓰이지 않고 말해지지 않은 상태로 남아 있다. ④ 규칙은 개인들 간의 기법 속에서 약하게 승인받는다. [8]

기든스 주장의 요지는 규칙은 행위자의 '인지능력'(*knowledgeability*)의 부분이란 것이다. 어떤 규칙은 행위자가 말로 표현할 수 있고 또 명시적으로 참조할 수 있다는 점에서 규범적인 것이 될 수 있다. 그러나 많은 다른 규칙은 좀더 암묵적으로 이해되고, 또 쉽게 표현되거나 언어화되지 않는 방식으로 상호작용의 흐름을 안내하기도 한다. 게다가 행위자들은 서로를 마주하면서 그들의 상호작용 맥락에 특별한 것을 다룸에 따라 규칙을 새로운 결합형태로 변형시킬 수 있다.

(2) 자원

구조의 다른 비판적 속성인 자원은 행위자가 일이 되도록 하는 데 사용하는 설비다. 왜냐하면 비록 행동을 안내할 잘 이해된 방법론과 공식 — 즉, 규칙 — 이 존재한다고 하더라도, 과업을 수행할 역능도 있어야 하기 때문이다. 그러한 역능은 자원, 또는 상황 속에서 행동하기 위한 물질적 장비와 조직적 능력을 요구한다. 기든스는 자원이 **권력**을 생성하는 것으로 시각화한다. [9] 권력은 많은 사회이

론이 주장하는 것 같은 자원이 아니다. 오히려 행위자들에게 일이 잘되도록 권력을 부여하는 것이 바로 다른 자원들의 동원이다. 그리하여 권력은 구조의 존재 자체에 통합돼 있다. 행위자는 상호작용하면서 자원을 사용하며, 또한 자원을 사용하면서 타자의 행위를 끌어내기 위해 권력을 동원한다.

기든스는 규칙과 자원을 '변형적'(*transformational*)이고 또 '매개하는'(*mediating*) 것으로 시각화한다. [10] 그가 이 용어에 부여하는 의미는, 규칙과 자원이 많은 다양한 유형과 윤곽으로 변형될 수 있다는 것이다. 자원은 다양한 형태와 정도의 권력을 행사함으로써, 활동을 수행하고 목표를 성취하는 데 다양한 방식으로 동원될 수 있다. 규칙은 사람들이 어떻게 의사소통하고, 상호작용하고, 타자에게 적응할 것인지 안내하는 방법론과 공식을 매우 다양한 결합형태로 생성해낼 수 있다. 규칙과 자원은 사회관계들을 함께 묶어 주는 것이란 점에서 매개하는 것이다. 규칙은 행위자가 시간과 공간을 가로지르며 관계를 창조하거나, 지속시키거나, 변형시키기 위해 사용하는 것들이다. 그리고 규칙과 자원은 내재적으로 변형적이기 — 즉, 다양한 결합형태를 생성하기 — 때문에, 시공간 속에서 다양한 유형의 사회관계들을 함께 묶어낼 수 있다.

기든스는 오히려 모호하고 불명확한 규칙과 자원의 유형론을 발전시킨다. [11] 그는 이 유형론에서 '이론적 기초요소'(*theoretical primitives*)로서 3가지 개념 — 지배(*domination*), 정당화(*legitimation*), 의미부여(*signification*) — 을 찾아내는데, 이론적 기초요소라는 표현은 아마도 이 개념을 불명확하게 정의하기 위한 하나의 핑계거리일 것이다. 그 기본적 착상은 자원은 지배의 재료라는 것이다. 왜냐하

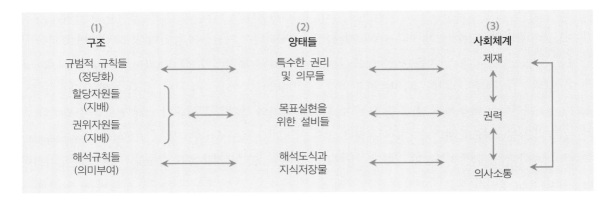

〈그림 26-1〉 사회구조, 사회체계, 그리고 연결양식

면 자원은 일을 수행하기 위해 물질적·조직적 설비를 동원하는 것과 연관되기 때문이다. 어떤 규칙은 일이 옳고 적합한 것으로 보이도록 만들기 때문에 정당화의 수단으로 변형된다. 다른 규칙은 의미부여 또는 의미 있는 상징체계의 수립에 사용된다. 왜냐하면 그것은 사람들에게 사건을 보고 해석하는 방법을 제공하기 때문이다. 실제로 지배, 정당화, 의미부여 개념이 좀 덜 강조되고 또한 〈그림 26-1〉에서 제시된 유형론을 만들기 위해 그의 논의 요소가 선택적으로 추출된다면, 이 도식의 의미는 좀더 잘 이해될 것이다.

〈그림 26-1〉의 왼쪽 열에서, 구조는 기든스에 의해 규칙과 자원으로 구성되는 것임을 보여준다. 규칙은 매개과정의 두 기본형태로 변형된다. ① **규범적 과정**, 또는 어떤 맥락 속에서 권리와 의무의 형성, 그리고 ② **해석적 과정**, 또는 어떤 맥락 속에서 당연시된 지식의 저장물과 도식의 생성이다. 자원은 사회관계를 매개할 수 있는 설비의 두 가지 주요형태로 변형된다. ① **권위자원**, 또는 어떤 맥락 속에서 상호작용의 유형을 통제하고 방향짓는 조직적 역능, 그리고 ② **할당자원**, 또는 어떤 맥락

속에서 상호작용의 유형을 통제하고 방향짓는 재료적 특성, 가공물, 재화의 사용 등이다.

기든스는 〈그림 26-1〉의 2열에서 그려 놓았듯이, 규칙과 자원의 이러한 유형들을 권리와 의무, 설비, 해석적 도식이라는 3가지 양태를 통하여 매개하는 상호작용으로 보고 있다. 이 그림은 기든스의 논의에서 약간 벗어나 있다. 하지만 그 착상은 동일하다. 3가지 양태는 규칙과 자원을 상호작용과 연계시킨다. 그래서 이 양태는 ⓐ 몇몇 행위자가 다른 행위자를 통제할 수 있도록 하는 권력을 생성하고, 또 ⓑ 결국 행위자가 그들의 순응 또는 불순응을 제재하는 규범에 동의하도록 하고, 그리고 ⓒ 행위자가 서로 의사소통할 수 있게 하는 해석도식을 만들고 사용하는 데 쓰인다.

기든스는 또한 규칙과 자원은 그 양태와 상호작용에서의 그 사용이 단지 분석적으로만 분리된다고 강조하면서, 양태들이 서로 연관돼 있다는 점에 주목한다. 현실 경험세계에 있는 상호작용의 실제적 흐름 속에서 이들은 동시적으로 존재한다. 그리하여 이들의 분리는 단지 분석적 분해를 수행한 것일 뿐이다. 따라서 권력, 제재, 그리고 의사소통 매체는 사

제도의 형태		규칙과 자원에 대한 강조의 순서
1. 상징질서, 또는 담론 양식과 의사소통 유형은	~에 의해 생산되고 또 재생산된다.	규범적 규칙들(정당화), 그리고 권위자원들뿐만 아니라 할당자원들(지배)과의 결합 속에서 해석규칙들(의미부여)의 사용
2. 정치제도는	~에 의해 생산되고 또 재생산된다.	해석규칙들(의미부여)과 규범적 규칙들(정당화)과의 결합 속에서 권위자원들(지배)의 사용
3. 경제제도는	~에 의해 생산되고 또 재생산된다.	해석규칙들(의미부여)과 규범적 규칙들(정당화)과의 결합 속에서 할당자원들(지배)의 사용
4. 법적 제도는	~에 의해 생산되고 또 재생산된다.	권위자원들과 할당자원들(지배), 그리고 해석규칙들 (의미부여)과의 결합 속에서 규범적 규칙들(정당화)의 사용

회구조의 규칙과 자원이 그렇듯이 서로 연관돼 있다. 사람들이 공존하고 상호작용하는 사회체계에서, 권력은 의사소통 체계뿐 아니라 권리와 의무의 특별한 묶음을 보장하기 위해 사용된다. 역으로 권력은 의사소통과 제재를 통해서만 행사될 수 있다.

기든스는 사회구조를 행위자에 의해 사용되는 것으로 볼 뿐, 행위자 주변에서 강압하고 떠미는 어떤 외적 실재로 보지 않는다. 사회구조는 행위자가 구체적 배치상황에서 사용함에 따라 변형될 수 있는 규칙과 자원으로 규정된다. 그런데 여기서 질문들이 제기된다. 구조는 사람들이 실제로 상호작용 배치상황에서 행하는 것과 어떻게 연계되어 있는가, 또는 기든스가 **사회체계**라고 개념지은 것은 무엇인가? 그 대답은 바로 자원과 규칙을 권력, 제재, 의사소통으로 변형시키는 양태라는 개념이다. 그리하여 구조는 레비스트로스나 다른 구조적 관념론자들이 함축하고 있는 신비로운 부호체계도 아니고, 행위자에 부과되는 결정력 있는 변수들의 묶음이나 외적 강제인 것도 아니다. 기든스의 개념화에서, 사회구조는 변형 가능하고 유연한 것이며, 구체적 상황에서 행위자의 일부이다. 그리고

그것은 행위자가 시간과 공간을 가로질러 사회관계의 유형을 만들어내는 데 사용된다.

게다가 이러한 유형론은 기든스가 행위자가 사회체계 속에서 상호작용하면서 (양식들을 경유하여) 규칙과 자원을 재생산하거나 변형할 수 있다는 점을 강조할 수 있도록 한다. 그리하여 사회적 상호작용과 사회구조는 서로를 함축하게 된다. 그러므로 구조화는 이중적 과정인데, 한편으로는 규칙과 자원이 시간과 공간을 가로질러 상호작용을 조직화하는 데 이용되며, 다른 한편으로는 이러한 이용에 의해 그 규칙과 자원을 재생산하거나 변형하는 데 이용된다.

2) 제도의 재개념화

기든스는 제도를 오랜 시간 지속되면서 공간 속에 사람들을 배분하는, 사회 속에서의 상호작용 체계라고 생각한다. 기든스는 규칙과 자원이 시간적으로 긴 기간에 걸쳐 그리고 공간적으로 명시적인 지역에서 재생산될 때, 제도가 한 사회 속에 실존한다고 말해질 수 있다는 생각을 표현하기 위해, "사

회 속에서 시간과 공간을 가로질러 깊이 침전되어 있는"(deeply sedimented across time and in space in societies)과 같은 구절을 사용한다. 기든스는 상호작용 속에 함축된 규칙과 자원의 무게와 결합형태를 보여주는 제도의 유형론을 제공한다.[12] 만약 의미부여(해석규칙들)가 1차적이고, 그 뒤를 차례로 지배(할당자원과 권위자원)와 정당화(규범적 규칙)가 뒤따른다면, 하나의 '상징적 질서'가 존재하게 된다. 만약 권위적 지배와 의미부여, 정당화가 연속해서 결합된다면, 정치적 제도화가 생겨난다. 만약 할당적 지배, 의미부여, 정당화의 순서가 이뤄지면, 경제적 제도화가 우세해진다. 그리고 정당화, 지배, 의미부여의 순서가 매겨지면, 법의 제도화가 생겨난다. 〈표 26-1〉은 기든스의 논증을 요약한다.

이러한 제도의 개념화를 통해 기든스는 몇 가지 의미에서 제도화에 대한 공학적 관점을 피하려고 한다. 첫째, 경험의 맥락에서 상호작용 체계는 제도적 과정의 혼합이다. 경제적·정치적·법적·상징적 질서는 쉽게 분리되지 않는다. 어떤 사회체계의 맥락에도 대체로 각각 하나의 요소는 존재한다. 둘째, 제도는 행위자가 사용하고 또 그럼으로써 재생산하는 규칙 및 자원에 결합된다. 제도는 실제 사회관계에서 각양각색의 규칙 및 자원의 사용에 의해 형성되기 때문에 개인에게 외재적이지 않다. 셋째, 모든 규칙과 자원의 가장 기본적인 차원 — 의미부여, 지배, 정당화 — 은 모두 제도와 연관된다. 시간과 공간에 걸쳐 관계의 안정성에 그 독특한 제도적 성격을 부여하는 것은 그저 행위자에 대한 이들의 상대적 특징일 뿐이다.

3) 구조적 원칙과 배경·속성

사회 속에서 제도화의 한도와 형태는 기든스가 '구조적 원칙'(structural principle)이라고 이름 붙인 것과 연관된다.[13] 이것은 사회적 총체성의 조직화를 이끄는 가장 일반적인 원칙이다. 이것은 체계를 시공간을 가로질러 확장시키는 것이며, 체계통합 또는 한 사회의 단위 간 상호관계의 유지를 허용한다. 기든스에게 "구조적 원칙은 그리하여 사회통합의 명확한 기제에 기초해 인지 가능한 일관된 형태의 시공간 원격화를 허용하는 조직화의 원칙으로 이해될 수 있다."[14] 그 기본적 착상은 규칙과 자원이 조직화의 근본적 원칙에 부합해 능동적 행위자에 의해 사용된다는 것이 아닌가 싶다. 그러한 원칙은 그저 규칙과 자원이 어떻게 사회관계를 매개하기 위해 변형되거나 사용되는지 안내할 뿐이다.

사회의 3가지 기본형태는 이들의 기저를 이루는 구조적 원칙들의 토대 위에 존재해왔다. ① '부족사회'(tribal society), 이 사회는 시공간에 걸쳐 사회관계 배후에서 매개하는 힘으로 혈연과 전통을 강조하는 구조적 원칙들에 의해 조직된다. ② '계급분할사회'(class-divided society), 이 사회는 도시-농촌 분화에 의해 조직된다. 여기서 도시지역에서는 경제제도, 공식적 법률코드나 법적 제도, 명시화된 문서나 성서를 통한 상징적 조정 또는 질서형성의 양식 등과 분리될 수 있는 독특한 정치제도가 나타난다. ③ '계급사회'(class society), 이 사회는 4가지 모든 제도적 영역, 특히 경제와 정치영역을 분리하면서 서로 연계하는 구조적 원칙과 연관된다.[15]

구조적 원칙은 구조 또는 구조적 배치(structural set)의 생산과 재생산 속에 함축돼 있다. 이러한 구조적 배치는 규칙 및 자원의 묶음, 또는 규칙 및 자원의 결합과 배열이다. 이것들은 시공간에 걸쳐 사회관계의 특정 형태와 형식을 생산하고 재생산하는 데 사용된다. 기든스는 계급사회의 구조적 원칙(분화, 그리고 경제와 정치체의 명백한 분리)이 어떻게 **사적 소유-화폐-자본-노동-계약-이윤**이라는 구조적 배치의 사용을 안내하는지에 대한 사례를 제시한다. 상세한 그의 분석은, 계급사회의 일반적인 구조적 원칙은 행위자가 사회관계를 매개하기 위해 사용하는 규칙 및 자원의 좀더 특수한 배치로 변형될 수 있다고 하는 일반적 착상보다 덜 중요하다. 구조적 배치는 자본주의 사회에서 사용되며, 그 결과로 재생산된다. 결국 구조적 배치의 그러한 재생산은 계급사회들의 좀더 추상적인 구조적 원칙을 재확인한다.

이러저러한 구조적 배치가 행위자에 의해 사용되고 또 그렇게 재생산됨에 따라 사회는 **구조적 속성**(structural properties)을 발전시킨다. 이것은 "사회체계의 제도화된 양태이며, 시간과 공간에 걸쳐 확장된다."[16] 말하자면 사회관계는 특정한 전형적 방식으로 유형화된다. 그리하여 **사적 소유-화폐-자본-노동-계약-이윤**이라는 구조적 배치는 단지 특정한 관계유형들만을 매개할 수 있을 뿐이다. 즉, 만약 이것이 행위자가 작업을 위해 사용해야만 하는 규칙 및 자원의 묶음이라면, 경제영역에서 오직 특정한 관계형식만이 생산되고 또 재생산될 수 있다. 그래서 시공간 속에서 관계의 제도화는 특별한 형식을, 또는 기든스의 용어로 구조적 속성을 드러내게 된다.

4) 구조적 모순

기든스는 늘 규칙과 자원의 내재적인 '변형적'(transformative) 잠재력을 강조한다. 그는 구조적 원칙이 "서로에 대해 작동하지만 또한 서로 위반하기도 한다"고 주장한다.[17] 다른 말로 하면, 이것들은 1차적일 수도 2차적일 수도 있는 모순을 드러낸다. '1차적 모순'(primary contradiction)이 형태를 만들면서 사회를 구성하는 구조적 원칙 간의 모순이라면, '2차적 모순'(secondary contradiction)은 "1차적 모순에 의해 생겨나는" 모순이다.[18] 예를 들면, 한편에서 사적 이윤의 제도화를 매개하는 구조적 원칙과 다른 한편에서 사회화된 생산을 매개하는 구조적 원칙 사이에 모순이 존재한다. 만약 노동자가 재화와 서비스를 생산하기 위해 그들의 노동을 모은다면, 그러한 사회화된 노동의 이윤을 단지 몇 사람이 누릴 수 있도록 허용하는 것은 모순적이다.

기든스는 모순이 갈등과 같은 것이 아니라고 강조한다. 모순이 "체계 조직화의 구조적 원칙 간의 괴리"라면, 갈등은 "특정한 사회적 실천"에서 행위자 간의 실제적 투쟁이다.[19] 그리하여 사적 이윤과 사회화된 노동 간의 모순은 그 자체가 갈등은 아니다. 특수한 시간과 공간에서 경영과 노동 간의 투쟁처럼 모순은 갈등상황을 만들어낼 수 있지만, 그러한 갈등이 모순과 동일한 것은 아니다.

기든스에게서 한 사회의 제도유형은 행위자에 의한 매우 일반화되고 추상적인 원칙의 창조와 사용을 표현한다. 이러한 원칙은 특별한 규칙의 발전과 특정한 자원의 동원을 표현한다. 그 원칙은 행위자가 구체적인 배치환경에서 사회관계를 생산하고 재생산하기 위해 능동적으로 사용할 수 있는 더 구체적인 규칙과 자원의 '묶음'(bundle) 또는 '배치'(set)를 생성한다. 게다가 많은 이러한 원칙과 배치는 행위자 간의 실제적 갈등을 부추길 수 있는 모순적 요소를 포함한다. 이런 방식으로 구조는 '강제하지만'(constrain) 행위자로부터 떨어져 있는 것은 아니다. 차라리 전체사회의 '속성'은 개인들이나 집합체에 외재하는 것이 아니라, 오히려 행위하는 행위자가 구조적 원칙과 배치를 사용함에 따라 지속적으로 재생산되는 것이다.

5) 행위자, 행위 그리고 행동

명백히 드러나듯이, 기든스는 구조를 이중성으로, 행위자의 행동의 어떤 부분으로 그리고 있다. 그리하여 기든스의 접근법에서, 구조는 인간행동의 동학을 이해하는 데 본질적인 것이다. 그는 '층화모델'(stratification model)을 제안한다. 이것은 정신분석 이론, 현상학, 민속방법론, 행동이론의 요소 등을 종합하려는 노력이다. 이 모델은 〈그림 26-2〉의 더 아래쪽 부분에 묘사되어 있다. 기든스에게 행동(agency)은 의도, 목적, 목표나 다른 상태라기보다는 행위자가 저지른 사건을 나타낸다. 행동은 (반드시 의도된 결과일 필요는 없는) 가시적인 결과를 낳는 어떤 상황에서 행위자가 실제로 행한 것이다. 행동의 동학에 대한 이해는 그 모델의 각각의 요소에 대한 분석을 요구한다.

그려진 바와 같이 〈그림 26-2〉의 모델은 실제로 기든스의 논의에서 두 개의 겹쳐져 있는 모델을 결합해 놓은 것이지만, 그의 의도는 합리적으로 명확하다. 인간들은 자신의 행위와 타인의 행위를 '성찰적으로 주시한다.' 다른 말로 하면, 그들은 행동의 결

과에 주목하고, 기록하고, 계산하고, 평가한다.[20] 점검은 두 수준의 의식으로부터 영향을 받는다.[21] 하나는 **담론적 의식**(discursive consciousness)이다. 이것은 사람이 행하는 것에 대해 근거를 제공하거나 합리화하는 (그리고 아마도 타인의 행태에 대해서도 그렇게 하는) 역능과 관련된다. **실천적 의식**(practical consciousness)은 사람이 상황 속에서 행위하고 또 타인의 행동을 해석하기 위하여 암묵적으로 사용하는 지식저장소이다. 이러한 지식능력은 — 자신의 또는 타인의 — 사건을 해석하기 위하여 끊임없이 사용되지만 드물게 명시화된다. 거의 모든 행위는 지표가 되며, 따라서 행위는 그 맥락 속에서 해석되어야 한다. 그리고 이러한 암묵적 지식의 저장소는 이러

〈그림 26-2〉 행동의 동학

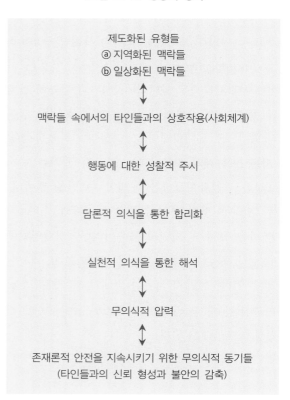

제도화된 유형들
ⓐ 지역화된 맥락들
ⓑ 일상화된 맥락들
↕
맥락들 속에서의 타인들과의 상호작용(사회체계)
↕
행동에 대한 성찰적 주시
↕
담론적 의식을 통한 합리화
↕
실천적 의식을 통한 해석
↕
무의식적 압력
↕
존재론적 안전을 지속시키기 위한 무의식적 동기들
(타인들과의 신뢰 형성과 불안의 감축)

한 맥락적 해석과 인식 틀을 제공한다.

인간의 행동에는 또한 무의식적 차원이 있다. 특정한 방식으로 행동하도록 많은 압력이 가해지는데, 행위자는 이것을 감지하지 못한다. 실제로 기든스는 많은 동기형성이 무의식적이라고 주장한다. 게다가 동기형성은 종종 행동이론이 묘사하는 것보다 훨씬 더 혼란스럽다. 즉, 행위와 동기 사이의 일대일 관계는 존재하지 않는다. 행위자들은 담론적 의식을 위한 역능을 가지고 이러한 일대일 관계를 마치 행위를 연출하는 것인 것처럼 만드는 방식으로 합리화할 수 있을지도 모른다. 그러나 행동을 추동하는 것 중 많은 부분은 무의식 아래에 놓여 있으며, 기껏해야 가장 일반적이며 산만한 압력을 행위에 가한다. 게다가 많은 행동은 동기부여가 전혀 되지 않을 수 있고, 행위자는 단순히 주시하면서 환경에 반응한다.

무의식을 사회이론에 재도입하고자 하면서, 기든스는 에릭슨(Erik Erikson)의 정신분석학적 착상을 채택한다.[22] 많은 행동 배후의 기본적 힘은 타인과의 상호작용에서 신뢰감을 얻기 위한 일련의 무의식적 과정이다. 기든스는 이런 일련의 과정을 **행위자의 존재론적 안전체계**(*the ontological security system of an agent*)라고 명명한다. 즉, 행동의 배후에서 추동하지만 아주 산만한 힘 중 하나는 존재론적 안전, 또는 사회관계에서 염려를 줄일 수 있을 때 생겨나는 신뢰감각을 지속시키려는 욕망이다. 행위자는 이런 신뢰감각을 가질 필요가 있다. 이러한 감각을 보장하기 위해 그들이 얼마나 염려를 줄일 수 있는가 하는 것은 종종 무의식적인 것이 된다. 왜냐하면 그 연관된 기제는 어린 시절 언어적 기술이 생겨나기 전에 발달되기 때문이며, 또한 억

압과 같은 심리동학은 의식 위로 떠오를 때 비로소 이에 대한 근본적 감지와 그 해결책을 유지해나갈 수 있기 때문이다. 기든스는 일반적으로 존재론적 안전이 타인과의 만남의 일상화를 통해, 실천적이거나 저장된 지식으로서 행위의 성공적 해석을 통해, 그리고 담론적 의식을 수반하는 합리화의 역능 등을 통해 유지된다고 보았다.

〈그림 26-2〉의 맨 윗부분처럼, 제도화된 유형은 행동의 동학에 영향을 미치는 동시에 그 결과가 된다. 짧게 보았듯이, 존재론적 안전을 위한 무의식적 동기는 (공간 속에 질서가 잡혀) 지역화되어 있는 (예측 가능하고 시간에 걸쳐 안정적인) 일상화된 상호작용을 요구한다. 그러한 지역화와 일상화는 행위자의 과거 상호작용의 산물이며, 현재(와 미래) 행위자의 행동을 통해 지속되거나 재생산된다. 행위자는 일상과 지역을 지속시키기 위하여, 자신들의 저장지식과 담론적 역능에서 자신의 행동을 이끌어내는 동시에 그 행위를 점검해야만 한다. 이러한 방식으로 기든스는 행동의 본성에 함축되어 있는 제도화된 유형을 그려낸다. 제도와 행위자는 개별적으로 존재할 수 없다. 왜냐하면 제도는 행위자에 의해 재생산된 실천인 반면에, 행동의 의식적·무의식적 동학은 제도화된 유형에 의해서 제공된 일상과 지역에 의존하기 때문이다.

6) 상호작용의 일상화와 지역화

행위자들(*agents*)의 존재론적 안전과 시공간 속에서의 구조의 제도화 양자는, 행동자들(*actors*) 간의 일상화되고 지역화된 상호작용에 의존한다. 상호작용 유형의 일상화는 이 유형에 시간을 가로지

르는 연속성을 제공하고, 이로써 구조(규칙들과 자원들)와 제도를 재생산한다. 동시에 일상화는 행위에 예측가능성을 제공하며, 이렇게 하여 존재론적 안전감을 준다. 그리하여 일상은 구조와 인간행동의 가장 기본적인 양상에서 중대한 것이 된다. 비슷하게 지역화는 행위자를 서로에 대해 각각의 장소에 자리매김함으로써, 그리고 그들이 스스로를 어떻게 묘사하고 행동할지 제한함으로써 공간 속에 행위를 질서 있게 배치한다. 일상이 그렇듯이, 상호작용의 지역화도 더 폭넓은 구조적 유형과 행위자의 존재론적 안전을 지탱하는 데 본질적인 것이 된다. 왜냐하면 그것은 사람들의 상호작용을 시간과 공간 속에 질서 있게 배치하며, 결국 구조를 재생산하면서 또한 행위자의 존재론적 안전의 필요와 마주치게 되기 때문이다.

(1) 일상

기든스는 일상(routine)을 한편에서는 상호작용의 에피소드적 성격(상호작용은 시작되고 진행되고 끝난다), 그리고 다른 한편에서는 기본적 신뢰와 안전 간의 핵심고리로 여긴다.[23] 게다가 "만남의 일상화는 순간의 만남을 사회적 재생산에 결합시키고 그리하여 외관상의 제도의 '고정'에 결합시키는 데 있어 중요한 의미를 지닌다."[24] 대부분 고프만으로부터 빌려온 (하지만 현상학적 변형을 가한) 매우 흥미로운 논의에서, 기든스는 인간이 일상을 지속시키기 위해 사용하는 몇 가지 절차 또는 기제를 제안한다. 즉, ① 의례의 개시와 종결, ② 발화차례 지키기, ③ 눈치, ④ 자리매기기, ⑤ 틀짓기 등이다.[25] 이들 각각은 아래에서 논의된다.

① 상호작용은 연속적이기 — 즉, 순차적으로 발생하기 — 때문에, **개시와 종결의 상징적 표식물**(*symbolic markers of opening and closing*)이 있어야 한다. 그러한 표식물은 일상의 유지에 본질적인 것이다. 왜냐하면 이것은 시간의 흐름 속에서 일상적 상호작용의 요소가 언제 시작되고 끝나는지를 지시하기 때문이다. 사람들 간의 그러한 표식물 — 단어, 얼굴표정, 몸의 위치 — 은 많다. 그리고 방, 건물, 길, 설비 등과 같이 물리적 표식물도 존재한다. 이것들 역시 특정한 일상화된 상호작용이 시작되고 끝날 때를 표시한다(예를 들면, 강의에 대한 사람들 간의 그리고 물리적인 표식물이 있는데, 이것은 행위자의 존재론적 안전을 지속시키고 또 제도적 유형을 영속화하는 매우 일상화된 상호작용이다).

② 대화에서 **발화차례 지키기**(*turn taking*)는 일상을 지속시키는 또 다른 과정이다. 모든 유능한 행위자는 실천적 의식이나 암묵적 지식저장소 안에 대화가 순차적으로 이어지도록 하는 방식에 대한 감각을 지닌다. 사람들은 발화의 순서를 구성하기 위해 '통속적 방법'(*folk methods*)에 의존한다. 그럼으로써 그들은 일상을 유지하고, 또 그렇게 해서 그들의 심리적 안전감각과 더 큰 제도적 맥락을 유지한다(예컨대, 발화차례 지키기가 부드럽게 진행되지 못한 대화를 생각해 보라. 질서와 일상에 대한 당신의 감각에 대해 이것이 얼마나 지장을 초래했는지 회상해 보라).

③ 기든스의 관점에서, **눈치**(*tact*)는 "시공간의 범위에 걸쳐 '신뢰' 또는 '존재론적 안전'을 유지하는 주요기제"이다. 기든스가 눈치에 부여하는 의미는 각각의 파티에서 어떻게 몸짓을 하고 반응해야 하는지에 관한, 그리고 무엇이 적합하고 부적합한

지에 관한 "상호작용 참여자 간의 잠재적인 개념적 동의"다. 사람들은 무엇이 눈치 있는 것이며 무엇이 무례하고 거슬리는 것인지를 규정하는 암묵적 지식저장소를 가지고 있다. 그리고 그들은 자신들의 몸짓의 표출, 말하기, 상황들 속에서 눈치 있게 남아 있기 위한 각각의 자리매기기 등을 조절하기 위해 이러한 눈치감각을 사용한다. 그리고 이를 통해 신뢰나 더 큰 사회질서에 대한 자신들의 감각을 지속시킨다(눈치 없는 상호작용을 상상해 보라. 이러한 상호작용이 우리의 일상, 안락함에 대한 우리의 감각, 그리고 질서 잡힌 상황에 대한 우리의 지각에 얼마나 지장을 초래하는지를 상상해 보라).

④ 기든스는 **역할**(role)을 매우 유용하게 보는 관념을 거부하며, **지위**(position) 개념으로 대체한다. 사람들은 하나의 지위 또는 이와 함께 "특정 범위의 특권과 의무를 수반하는 사회적 정체성"을 상황 속에 가져다놓는다. 그리고 특정 지점에 자신들의 몸을 위치시키고, 자신들의 특권을 주장하고, 자신들의 의무를 표시하는 방식으로, 서로 간의 자리매기기 과정에서 몸짓을 표출한다. 이러한 방식으로 상호작용은 일상화될 수 있고, 또 사람들은 상호 간의 신뢰감각뿐만 아니라 상호작용이 발생하는 더 큰 사회구조를 지속시킬 수 있다(예를 들어, 자리매기기를 위한 학생 대 학생 또는 교수 대 학생 상호작용을 검토해 보라. 그리고 그것이 어떻게 신뢰감각과 제도적 구조를 지속시키는지를 확정해 보라).

⑤ 자리매기기 활동의 많은 응집력은 **프레임**에 의해 가능해진다. 이것은 맥락을 해석하기 위한 공식을 제공한다. 상호작용은 자신들에게 적용되는 규칙들이 존재한다는 의미에서 틀지어지는 경향이 있다. 그러나 이들 프레임은 참여자를 위한 세세한

지시라는 의미에서 순전히 규범적인 것은 아니다. 프레임은 더 암묵적으로 유지되며, 언제 특정한 처신과 행실이 이루어져야 할지를 단정하는 표식물로 작용한다는 점이 똑같이 중요하다(예를 들어, 장례식장에서, 칵테일파티에서, 교실에서, 그리고 '틀지어진' 다른 맥락들 속에서 어떻게 처신할지에 대한 당신의 감각을 비교해 보라).

요약하면, 사회구조는 일상을 생산하고 재생산하는 이러한 기법에 의해 시간을 가로질러 확장된다. 질서 있고 예측 가능한 방식으로 그렇게 시간을 가로질러 뻗어나가는 상호작용 속에서, 사람들은 타인에 대한 신뢰감이 필요함을 깨닫는다. 그래서 이러한 방식으로 기든스는 사회구조의 가장 기본적인 속성(규칙과 자원)을 인간행위의 가장 근본적인 특징들(무의식적 동기들)과 연결시킨다.

(2) 지역화

구조화이론은 시간에 걸쳐서 또한 공간 속에서의 관계 재생산에 관심을 가진다. 상호작용의 지역화(regionalization) 개념을 통해 기든스는 공간과 시간의 상호작용을 설명한다.[26] 왜냐하면 상호작용은 단지 시계열적이면서 시간 속에서 움직일 뿐만 아니라, 공간 속에 자리잡기도 하기 때문이다. 기든스는 상호작용이 일어나는 물리적 공간뿐만 아니라 이 공간 안에서 일어나는 것에 대한 맥락적 지식을 설명하기 위해 고프만과 시공간 지리학에서 빌려온 **장소**(locale) 개념을 도입한다. 한 장소에서 행위자들은 서로의 관계 속에서 자신들의 존재를 확립할 뿐만 아니라 장소의 맥락을 해석하기 위해 자신들의 실천적 지식저장소를 사용한다. 그러한 해석은 관련된 프레임, 요령에 적합한 절차,

몸짓과 말을 이어가기 위한 핵심적 형식을 행위자들에게 제공한다.

기든스는 그 **양식** (mode) 에 따라서 장소들을 분류한다. 장소는 ① 물리적·상징적 경계, ② 시간을 가로지르는 지속, ③ 물리적 공간 속에서의 범위 또는 확장, ④ 특성, 또는 다른 장소와 더 폭넓은 제도적 유형과 연결되는 방식들에 따라 다양해진다. 장소는 또한 사람들에게 수준 높은 대중의 현전(고프만의 용어로는 **무대전면**) 을 지속하도록 강제하거나, 대중의 현전이 감소하는 후방구역(고프만의 용어로는 **무대후면**) 으로 후퇴하는 것을 허용하는 정도에 따라 다양해진다. 27 장소는 또한 자아(감정, 태도, 정서) 의 개방을 얼마나 요구하느냐에 따라 다양해진다. 어떤 장소는 자아의 '폐쇄' 또는 억제를 허용하며 다른 장소는 적어도 자아의 몇몇 양상의 '개방'을 요구한다.

장소의 창조를 통한 상호작용의 지역화는 일상의 유지를 촉진한다. 결국 시공간을 가로지르는 일상의 유지는 제도적 구조를 지속시킨다. 그리하여 행위자의 성찰적 역능이 제도적 유형을 재생산하는 것은 일상화되고 지역화된 상호작용 체계를 통해서 이뤄진다.

4. 나가며

〈그림 26-3〉은 기든스의 개념도식을 그려내는 한 가지 방식이다. 비록 기든스가 그의 이론을 이러한 거시 대 미시라는 용어법으로 그려내려 하지 않았을 것 같지만, 개략적 의미에서 보면 그림 왼편에서 오른편으로 이동하면서 도식은 점차 미시적이 된다. 그러나 일반적 메시지는 명백하다. 규칙과 자원은 구조를 구성하는 데 사용된다. 이런 규칙과 자원은 또한 구조적 배치를 포함하는 구조적 원리의 한 부분이기도 하다. 이 구조적 속성은 상호작용 체계의 제도화와 연관된다. 그런 상호작용 체계는 지역화와 일상화 과정에 의해 조직되며, 이 모든 과정은 결국 무의식적 동기, 특히 존재론적 안전을 위한 욕구에 의해 추동되는 실천적·담론적 의식의 영향을 받는다.

기든스는 그의 이론을 더 이상 경험적 사건을 묘사하고, 분석하고, 해석하기 위한 개념도식 이상의 것으로 생각하지 않는다. 게다가 그는 이 도식을 시간을 초월한 사회과정을 나타내는 것으로 보지 않는다. 비록 그의 저서가 읽히고 또 존경받는 이유가 시간, 맥락, 장소를 초월하는 기본적이고 근본적인 과정처럼 보이기 때문일지라도 말이다.

〈그림 26-3〉 '구조화이론'의 핵심요소들

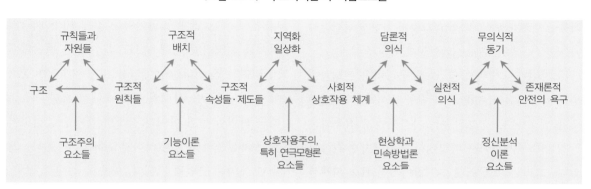

주

1 Anthony Giddens, *The Constitution of Society: Outline of the Theory of Structuration* (Oxford: Polity, 1984) and *Central Problems in Social Theory* (London: Macmillan, 1979). 캘리포니아대 출판사 역시 이 두 책의 판본을 가졌다. 기든스의 이론적 기획에 대한 훌륭한 사회학적·철학적 조망으로는 다음 글을 참조하라. Ira Cohen, *Structuration Theory: Anthony Giddens and the Constitution of Social Life* (London: Macmillan, 1989). 기든스 저작에 관한 비평과 논쟁으로는 다음 글이 있다. J. Clark, C. Modgil, and S. Modgil, eds., *Anthony Giddens: Consensus and Controversy* (London: Falmer, 1990). 발췌된 저작 모음집으로는 Philip Cassell, eds., *The Giddens Reader* (Stanford, CA: Stanford University Press, 1993) 가 있다.

2 예를 들어 다음 저작들을 참조하라. Anthony Giddens, *The Consequences of Modernity* (Stanford, CA: Stanford University Press, 1990). Ulrich Beck, Anthony Giddens and Scott Lash, *Reflexive Modernization* (Stanford, CA: Stanford University Press, 1994). Anthony Giddens, *Modernity and Self-Identity* Stanford, CA: Stanford University Press, 1991).

3 Giddens, *The Constitution of Society* (주 1 참조), p 326.

4 같은 책, p. 335.

5 특히 다음 글을 참조하라. Anthony Giddens, *Profiles and Critiques in Social Theory* (London: Macmillan, 1982) and *New Rules of Sociological Method: A Positive Critique of Interpretative Sociologies*, 2nd ed. Stanford, CA: Stanford University Press, 1993).

6 다음 글도 참조하라. *The Constitution of Society* (주 1 참조), pp 207~213.

7 같은 책, pp. 20~21.

8 같은 책, p. 22.

9 같은 책, pp. 14~16.

10 여기서 기든스는 구조주의에서 유용한 부분을 채택하여 그 착상들을 좀더 사회학적인 접근으로 재작업한 듯하다. 그러나 기든스는 구조주의에 대하여 여전히 극도로 비판적이다. 이에 관해서는 다음 글을 참조하라. "Structuralism, Post-Structuralism and the Production of Culture", in *Social Theory Today*, eds. A. Giddens and J. Turner (Cambridge, England: Polity, 2000).

11 *The Constitution of Society: Outline of the Theory of Structuration*, p. 29 and *Central Problems in Social Theory*, pp. 97~107 (두 저작 모두 주 1 참조).

12 *The Constitution of Society*, p. 31 and *Central Problems in Social Theory*, p. 107 (두 저작 모두 주 1 참조).

13 *The Constitution of Society* (주 1 참조), pp. 179~193.

14 같은 책, p. 181.

15 이 유형론의 심층적 논의에 관해서는 다음 글을 참조하라. Giddens, *A Contemporary Critique of Historical Materialism: Power, Property and the State* (London: Macmillan, 1981).

16 *The Constitution of Society* (주 1 참조), p. 185.

17 같은 책, p. 193.

18 같은 책.

19 같은 책, p. 198.

20 같은 책, pp. 5~7. 그리고 *Central Problems in Social Theory* (주 1 참조), pp. 56~59.

21 여기서 그가 알프레드 슈츠와 현상학에 빚지고 있음은 명백하다. 하지만 그는 현상학을 주관주의로부터 해방시켰다. 이와 관련해 15장 '상호작용론과 현상학적 이론화의 등장'을 참조하라.

22 *The Constitution of Society* (주 1 참조), pp. 45~59.

23 같은 책, pp. 60~109.

24 같은 책, p. 72.

25 이 목록들은 훨씬 더 담론적인 문서로부터 창조되어온 것이다.

26 같은 책, pp. 110~144.

27 Erving Goffman, *The Presentation of Self in Everyday Life* (Garden City, NY: Doubleday, 1959) 와 17장 '연극모형론적 이론'을 참조하라.

27 장

네트워크 분석

1. 들어가며

지난 40년 동안 인류학, 심리학, 사회심리학, 사회학, 커뮤니케이션학, 지리학, 정치학 내에서의 작업들은 구조를 **사회 네트워크** (*social network*) 로 개념화하는 방향으로 수렴돼왔다. 이 기간 동안 네트워크에 관한 은유적 및 직관적 관념은 대수학, 그래프 이론, 확률론 등 다양한 유형으로 다시 개념화됐다. 이러한 수렴은 어떤 점에서는 엇갈린 축복이었다. 한편으로는 수학의 기본개념들을 통해 보다 높은 정밀성을 부여하고 다양한 학문분야의 중첩되는 은유들로부터 공통의 핵심개념을 묶어내는 공통의 언어를 제공할 수 있다. 다른 한편으로는 수학과 컴퓨터 알고리즘의 광범위한 사용이 사회과학자 대부분의 기술적 수준을 한참 뛰어넘고 있다. 더욱 중요한 것은, 사회세계가 실제로 어떻게 작동하는지를 설명하는 데 별 관심이 없어 보이는 이들 중 다수도 양적 방법 테크닉의 사용과 적용 그 자체에 몰두했다는 점이다.

하지만 이러한 문제점에도 불구하고, 이론적 접근법으로서 네트워크 분석 (*network analysis*) 은 사회구조의 중요한 속성 — 사람, 집합체, 장소, 또는 지위상 위치 같은 사회적 단위들 간 관계의 패턴을 파악한다는 점에서 그 잠재력이 상당하다. 게오르크 짐멜이 강조했듯이, 사회구조에 관한 어떠한 개념화든 그 핵심은 구조가 개체들 간의 관계와 연계로 구성돼 있다는 것이다. 네트워크 분석은 개체와 관계의 성질은 물론 이러한 관계에 내재한 속성과 동학까지 면밀하게 개념화하도록 이끈다. [1]

2. 네트워크 분석의 기본적인 이론적 개념

1) 점과 접점

네트워크의 단위는 개인, 위치, 집합적 행위자, 또는 다른 개체와 연계 가능한 거의 모든 개체다. 일반적으로 이러한 단위들은 **점** (*point*) 또는 **접점** (*node*) 으로 개념화되며, 통상 문자 또는 숫자로 상

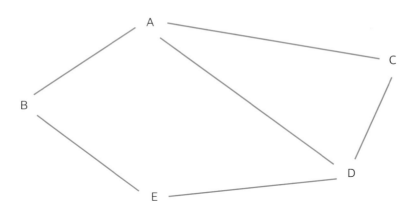

〈그림 27-1〉 단순한 네트워크

징화된다 〈그림 27-1〉은 매우 단순한 네트워크를 나타낸 것으로서, 각각의 문자는 네트워크 내의 점 또는 접점을 표시한다. 따라서 네트워크 분석의 목표 중 하나는 서로 관계를 맺고 있는 단위들 간의 연결 패턴을 가시적 공간 안에 배열하는 것이다. 수학적 의미에서 보면 점과 접점은 별 차이가 없으며, 이는 매우 다양한 현상을 분석하는 공통의 분석 도구를 제공한다는 점에서 상당한 의의가 있다. 네트워크 분석의 또 다른 목표는 접점들 간의 다양한 연줄 패턴의 동학을 설명하는 것이다. 비록 〈그림 27-1〉에 제시된 것보다 훨씬 복잡한 네트워크 속의 점과 접점들 간 연계를 표시하는 고도의 컴퓨터 알고리즘에 이 목표를 내맡기는 경향이 있기는 하지만 말이다.

2) 연계, 연줄, 연결

〈그림 27-1〉에 제시된 문자들은 구조 내의 접점 또는 점을 표시한다. 문자들을 연결하는 선은 점들이 서로 특정한 패턴으로 이어져 있음을 표시한다. **연줄**(*tie*) 개념은 이러한 네트워크의 속성을 나타내는 데 가장 빈번하게 사용되는 방식으로서, 〈그림 27-1〉을 보면 A와 B, A와 C, A와 D, B와 E, C와 D, 그리고 D와 E 사이에 연줄관계가 있음을 알 수 있다. 우리는 네트워크 내의 점들이 연결돼 있음을 알아야 함은 물론, 이 점들을 연결하는 것은 무엇인지 또한 알아야 한다. 즉, 연줄의 성질이 무엇이냐 하는 것이다. 한 접점에서 다른 접점으로 흘러가는 자원은 무엇인가? 이는 그래프 이론의 관점에서 보면 별 차이가 없는 것이지만, 사회학자의 실제적 관심이 가미되면 연줄의 성질을 파악하는 것이 중요성을 갖게 된다. 제이콥 모레노가 구성한 초기 소시오그램에 관해 15장에서 살펴봤듯이, 연줄은 연계나 우정 같은 감정상태를 포함하며 접점 그 자체는 개별 인간이다. 그러나 연줄의 성질은 정보, 돈, 재화, 서비스, 영향력, 감정, 존중, 위신, 그 밖에 행위자들을 결속시키는 거의 모든 힘 또는 자원의 흐름으로 다변화될 수 있다.

교환 네트워크이론에 관해 22장에서 살펴본 바와 같이, 연줄은 자원으로 개념화된다. 점 또는 접

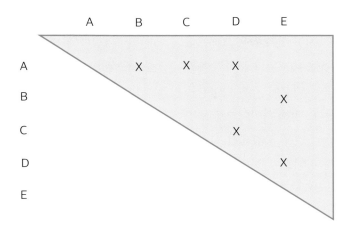

〈그림 27-2〉 단순한 매트릭스

점들이 다른 문자로 표시되는 것은 행위자들이 조언해 주는 대가로 위신을 획득하거나, 서비스를 제공하는 대가로 비용을 받거나, 정보를 제공하는 대가로 존중을 획득하는 등의 방식으로 상이한 자원을 교환하고 있음을 나타낸다. 반대로, 행위자들이 유사한 자원을 교환한다면 접점들은 같은 문자이되 그 아래에 숫자가 기재된, 말하자면 A1, A2, A3 같은 식으로 표시된다. 그러나 이것이 전부가 아니다. 연줄의 성질은 점선, 파선, 또는 색이 들어간 선 등 다른 종류의 선으로도 표시 가능하다. 더 나아가, 그래프 내에서 여러 종류의 자원이 위치들을 연결하는 경우에는 여러 가지 선이 중첩적으로 사용될 수 있다(필요할 경우 방향을 지시하는 화살표가 사용될 수 있다). 따라서 〈그림 27-1〉에 제시된 그래프는 명백히 매우 단순한 것이지만, 네트워크 분석의 목표가 단위들 간의 연결로서의 구조를 가시적 공간에 표시하는 것임을 보여준다.

네트워크 분석에서 탐구하는 자원의 다양성을 담아내는 방법은 네트워크 내의 자원의 흐름을 물질, 상징, 감정이라는 3가지 일반적 유형으로 가시화하는 것이다. 즉, 사회세계 내에서 개인, 위치, 집합적 행위자를 연결하는 것은 ① 상징(정보, 아이디어, 가치, 규범, 메시지 등), ② 물질(물리적인 것과 물리적인 것에 접근할 수 있는 상징적인 것, 이를테면 돈), ③ 감정(인정, 존중, 호감, 기쁨 등)의 흐름이라는 것이다. 네트워크라는 용어의 비사회학적 용법에서는 연줄 또는 연계가 다른 유형의 현상이 되겠지만, 연줄이 사회적인 것일 때는 물질적·상징적·감정적 차원을 수반한다.

또한 이러한 연줄의 형태는 매트릭스로 표현될 수 있는데, 대부분의 네트워크 연구에서 매트릭스는 실제 네트워크 다이어그램 이전에 만들어진다. 더 나아가, 접점의 수가 많을 때는 매트릭스가 복잡한 연결 구도를 파악하는 데 있어 자칫 매우 성가신 작업이 될 수도 있는 다이어그램보다 더 나은 방법이다. 〈그림 27-2〉는 〈그림 27-1〉에 제시된 단순한 네트워크를 사용하여 매트릭스의 논리를 보여준다. 이러한 매트릭스의 수학은 매우 복잡할 수 있지만, 그 대체적인 요점은 분명하다. 접점들의 상호 연결을 교차표로 만드는 것이다(〈그림 27-2〉

에 제시된 매트릭스의 삼각형 영역 속에 상호 연결이 표시된 대로 말이다). 일단 매트릭스가 구성되면 가능한 한 〈그림 27-1〉에 제시된 것과 같은 그래프를 산출할 수 있다. 매트릭스는 네트워크 분석의 복잡한 컴퓨터 알고리즘 사용과 더불어 차후 이어지는 분석의 필수적 단계가 된다. 실제 다이어그램은 수학적 조작(*manipulation*)이 너무 복잡해서 작성되지 않을 수도 있다. 그러나 네트워크 분석에서 대부분의 매트릭스는 결국 공간 내의 시각적 구현으로 전환된다. 아마도 2차원적 네트워크 방향성 그래프가 아닌 3차원적 막대그래프 또는 클러스터 같은 다른 테크닉이 시각적 공간 내에 단위들 간의 관계를 표현하는 데 사용될 것이다.

3. 연줄의 패턴과 배치

네트워크 분석의 관점에서 보면, 사회구조는 위치 또는 접점들 간의 연줄의 형태로 개념화된다. 말하자면 이런 것이다. 그래프 내의 특정 접점 또는 점의 집합 간에 특정 자원의 흐름이 일어나는 패턴 또는 배치는 무엇인가? 네트워크 사회학은 이러한 질문에 답하기 위해 네트워크의 몇 가지 특성을 제시한다. 그중 가장 중요한 것은 연줄의 수, 방향성, 연줄의 호혜성, 연줄의 이행성, 연줄의 밀도, 연줄의 강도, 가교, 중개, 중심성, 등가성이다.

1) 연줄의 수

네트워크 분석에 있어 중요한 정보는 모든 점과 접점 사이에서의 연줄의 수(*number*)다. 잠재적

연줄의 수는 당연히 그래프 내의 점의 수와 점들을 연결하는 데 관련된 자원의 수에 달려 있다. 그러나 점과 자원의 수가 얼마이든 간에, 중요한 것은 산출된 (그리고 산출될 수 있는) 실제적 및 잠재적 연줄의 수를 계산해내는 것이다. 이러한 정보는 네트워크 구조의 다른 차원들을 계산하는 데 사용될 수 있다.

2) 방향성(*directedness*)

네트워크를 통해 자원이 흐르는 방향을 파악하는 것도 중요하다. 따라서 앞서 언급했듯이 그래프 내의 선에 화살표를 표시해 **방향성 그래프**(*digraph*)를 만드는 것이다. 그 결과 구조에 관한 보다 나은 의미로서의 네트워크가 나타난다. 예를 들어, 선이 정보를 나타낸다면 정보의 흐름의 방향과 결과를 알 수 있으므로 네트워크 내의 연줄들이 어떻게 구성되고 유지되는지를 알 수 있게 되는 것이다.

3) 연줄의 호혜성

네트워크의 또 다른 중요한 특징은 위치들 간의 연줄의 호혜성(*reciprocity*)이다. 말하자면 이런 것이다. 자원의 흐름이 일방적인가 아니면 특정한 두 위치 간의 호혜적인 것인가? 자원의 흐름이 호혜적인 경우는 자원의 흐름의 방향을 나타내는 화살표를 포함한 이중의 선(*double line*)이 그려지는 것이 일반적이다. 더 나아가, 상이한 자원이 서로 간에 오가는 것도 표현 가능하다. 놀라운 것은, 이러한 복합적인 자원의 흐름을 어떻게 표현할 것인지에 관한 통상적 관례가 충분히 발전되지 않았다는

<그림 27-3> 높은 밀도와 낮은 밀도의 네트워크

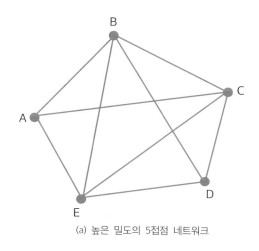

(a) 높은 밀도의 5접점 네트워크

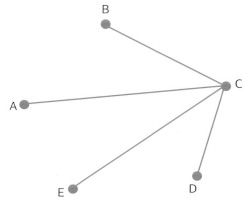

(b) 낮은 밀도의 5접점 네트워크

점이다. 상이한 자원의 흐름을 표시하는 한 방법은 다양한 색의 선들 또는 숫자를 매긴 선들을 사용하는 것이다. 다른 방법은, 유사한 자원이 오가는 경우는 각각의 점을 숫자가 기재된 동일한 문자로 표기하고(즉, A_1, A_2, A_3 등), 행위자들을 연결하는 자원이 상이한 경우는 서로 다른 문자로 표기하는 것이다(즉, A, B, C, D). 그러나 어떤 식으로 표기하든, 연줄 내 호혜성의 정도와 성질은 사회 네트워크의 중요한 속성이 된다.

4) 연줄의 이행성

네트워크의 중요한 차원은 일련의 점 사이의 이행성의 수준이다. **이행성**(移行性, *transitivity*)은 위치의 하위집단 간의 **이행**(*transfer*)의 정도를 말한다. 예를 들어, 접점 A_1과 A_2가 긍정적 효과로 연결돼 있고 A_2와 A_3라는 위치가 유사하게(긍정적 효과로 — 옮긴이) 연결돼 있다면, A_1과 A_3 또한 긍정적 효과로 함께 연결될 수 있지 않겠느냐는 질문을

던질 수 있다. 이 질문에 대한 대답이 "그렇다"라면, A_1, A_2, A_3의 관계는 이행적(*transitive*)이다. 네트워크 내 이행성의 패턴을 밝혀내는 것은 네트워크의 또 다른 속성, 이를테면 밀도나 파벌형성 같은 것을 설명하는 데 도움이 될 수 있다는 점에서 중요하다.

5) 연줄의 밀도

네트워크의 중요한 속성은 연결의 정도 또는 접점들이 최대로 가능한 연줄의 수를 나타내는 정도다. 접점들 간의 실제 연줄의 수가 일련의 접점들 사이에서 전체적으로 가능한 수에 근접할수록 네트워크의 전반적 **밀도**(*density*)는 더욱 높아진다.[2] <그림 27-3>은 똑같이 5개의 접점을 가진 네트워크이면서 밀도가 높은 상황과 낮은 상황에 있는 경우를 비교한 것이다.

더욱 흥미로운 것은, 보다 큰 네트워크 구조 내에 있는 연줄들의 하위밀도(*subdensity*)다. 이러한

<그림 27-4> 3개의 상이한 파벌을 가진 네트워크

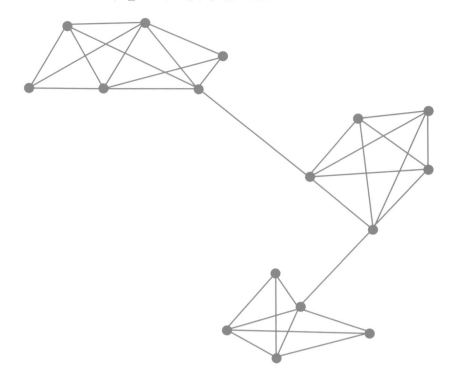

하위밀도는 **파벌**(*clique*)로 지칭되기도 하는 것으로서, 전체 네트워크 내의 위치들의 특정한 하위집단들 사이에 존재하는 강력하고 호혜적이며 이행적인 연줄을 말한다.[3] 예를 들어, 〈그림 27-4〉에 제시된 네트워크 내의 밀집된 연줄군집 3개는 보다 큰 네트워크 내의 3개의 상이한 파벌을 나타내는 것이다.

6) 연줄의 강도(*strength*)

그러나 네트워크의 또 다른 중요한 측면은 위치들 간에 오가는 자원들의 규모와 수준이다. 약한 연줄(*weak tie*)에서는 위치들 간에 자원의 흐름이 소량 또는 산발적으로 일어나는 반면, 강한 연줄(*strong tie*)에서는 자원의 흐름이 높은 정도로 일어난다. 네트워크의 전반적 구조는 강한 연줄과 약한 연줄의 군집과 배치의 영향을 크게 받는다. 예를 들어, 〈그림 27-4〉에 제시된 파벌들의 내적 연줄이 모두 강하다면, 이 네트워크는 각각은 응집력이 있으나 서로 간의 연줄은 상대적으로 빈약한 하위집단들로 구성된 것이라 할 수 있다. 다른 한편으로, 하위밀도 내의 연줄이 약하다면 이 하위집단은 연계의 강도가 약한 것이며,[4] 그 결과 전체 네트워크의 구조는 하위집단 내의 연줄이 강할 때와는 매우 다른 방향으로 귀결될 것이다.

7) 가교

네트워크가 하위밀도를 나타낸다고 할 때, 어느 위치가 하위밀도 또는 파벌들을 연결시키는지를 파악하는 것은 항상 흥미로운 일이다. 예를 들어, 〈그림 27-4〉에서 하위밀도들을 연결하는 연줄은 가교(架橋, *bridge*)이며 네트워크의 전반적 연결을 유지하는 데 중요한 것이다. 물론 이러한 위치 중 하나를 제거하거나 연줄을 절단한다면 네트워크의 구조는 상당히 달라질 것이다—즉, 3개의 분리된 네트워크가 될 것이다. 이런 가교적 연줄은 전형적으로 약한 연줄인데,[5] 이는 가교 내 각각의 위치가 특정 하위밀도 또는 파벌의 자원의 흐름에 보다 더 착근돼 있기 때문이다. 하지만 그럼에도 이런 연줄은 보다 큰 사회구조의 유지에 중요한 것인 경우가 많다. 네트워크 내 가교의 수와 성질이 네트워크 분석의 중심이 되는 것은 결코 놀라운 일이 아니다.

8) 중 개

때에 따라서는 위치 하위집단의 외부에 있는 특정 위치가 이 하위집단으로의, 그리고 이 하위집단으로부터의 자원의 흐름에 있어 중요할 수 있다. 이 특정 위치는 그 활동이 하위집단으로, 그리고 하위집단으로부터 이동하는 자원의 성질과 수준을 결정한다는 점에서 중개적 상황(*brokerage situation*)에 있는 경우가 많다.[6] 〈그림 27-5〉를 보면, A_7은

〈그림 27-5〉 잠재적 중개자를 가진 네트워크

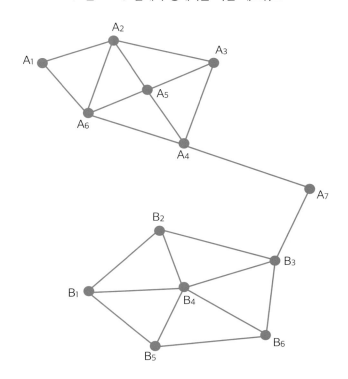

잠재적으로 A_1, A_2, A_3, A_4, A_5, A_6로 구성된 하위집단으로부터 B_1, B_2, B_3, B_4, B_5, B_6로 구성된 하위집단으로의 자원의 흐름을 중개하는 위치에 있다. A_7은 ① 이 두 하위집단 사이를 이동하는 특정 자원을 최소한 둘 중 하나의 하위집단이 필요로 하거나 가치 있는 것으로 간주하는 경우, 그리고 ② 이 두 하위집단 사이에 직접적인 연줄 또는 가교가 존재하지 않는 경우에 중개자가 될 수 있다. 확실한 것은, 중개적 위치에 있는 개인 또는 행위자는 (〈그림 27-4〉에 제시된 것과 같은) 가교의 발달을 방해하려 하거나 자원의 흐름을 조작하여 하위집단 중 최소한 하나가, 가능하다면 두 하위집단 모두가 자신의 활동에 의존하도록 만들고자 하는 경우가 많다는 점이다.

9) 중심성

네트워크의 매우 중요한 속성은 **중심성**(centrality)이다. 중심성을 계산하는 데는 몇 가지 방식이 있다.[7] ① 특정 위치가 다른 위치들과 얼마나 많이 연결돼 있는가, ② 특정 위치가 얼마나 많은 점들 사이에 놓여 있는가, ③ 네트워크 내에서 특정 위치가 다른 위치들과 얼마나 긴밀하게 연결돼 있는가가 그것이다. 이 3가지 측정방식이 중심성에 관해 이야기하는 요점은 조금씩 다르긴 하지만, 그 이론적 아이디어는 상당히 직설적이다. 네트워크 내의 일부 위치는 그것이 다른 위치들과 맺고 있는 연줄의 패턴으로 인해 자원의 흐름을 중개한다는 것이다. 예를 들어, 〈그림 27-3〉의 (b)에서 점 C는 A, B, C, D, E로 구성된 네트워크에서 중심적 위치에 있다. 또는 다른 예를 들자면, 〈그림 27-5〉에서 A_5와

B_4는 모든(또는 대부분의) 위치와 직접 연결돼 있고 이 두 위치를 통해 많은 자원이 통과할 것이라는 점에서 훨씬 중심적인 위치에 있다. 또한 〈그림 27-6〉에 제시된 것처럼 하나의 네트워크가 중심성을 갖는 여러 개의 접점을 가질 수도 있다. 더 나아가, 중심성의 패턴은 시간이 지남에 따라 변화한다. 따라서 네트워크 구조의 여러 동학은 중심성의 성질과 패턴을 축으로 하여 작동한다.

10) 등가성

한 위치가 다른 위치와 동일한 관계를 나타내는 경우는 **등가적**(等價的, equivalent)인 것으로 간주된다. 이러한 아이디어가 네트워크 분석에 처음 도입될 당시에는 **구조적 등가성**(structural equivalence)으로 명명되었으며, 한 위치집단이 다른 위치 또는 위치집단과 정확하게 동일한 방식으로 연결되는 경우로만 그 의미가 한정됐었다.[8] 예를 들어, 〈그림 27-6〉의 C_2, C_3, C_4는 C_1이라는 위치와 동일한 관계를 맺고 있다는 점에서 구조적으로 등가적이다. 〈그림 27-6〉은 구조적 등가성의 또 다른 예를 보여주기도 한다. A_2, A_3, A_4는 A_1과의 관계에서 구조적으로 등가적이며, 마찬가지로 D_2, D_3, D_4는 D_1과의 관계에서 등가적이다. 그리고 A_1, C_1, D_1은 B와의 관계에서 구조적으로 등가적이다.

그러나 등가성에 관한 이러한 최초의 정식화는 위치들이 **동일한 위치와 실제로 연결**될 때에만 등가적일 수 있다는 점에서 한계가 있었다. 위치들이 상이한 위치와 연결돼 있긴 하지만 그것이 동일한 형태, 패턴, 방식을 따르는 것이라면 그 모두를 등가적이라고 간주할 수도 있는 것이다. 예를 들어,

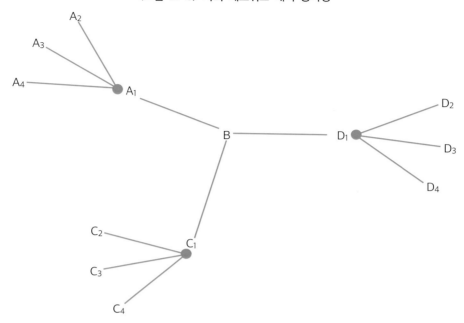

〈그림 27-6〉 사회 네트워크 내의 등가성

〈그림 27-6〉에서 A_2, A_3, A_4, D_2, D_3, D_4, C_2, C_3, C_4는 다른 위치와(즉, A_1, D_1, C_1과) **동일한 유형**의 관계를 맺고 있다는 점에서 모두 등가적이라 할 수 있다. 등가성을 이런 식으로 개념화한 것을 가리켜 **규칙적 등가성**(*regular equivalence*)이라고 하는데,[9] 이는 어떤 점에서는 구조적 등가성의 원래 개념을 포함하는 것이다. 말하자면, 구조적 등가성이란 **등가적 위치들은 동일한 위치와 동일한 방식으로 실제로 연결돼야만 한다**는 점에서 보다 일반적인 등가성 현상의 특수한 유형이라는 것이다. 이러한 **구조적, 규칙적**이라는 용어는 뭔가 어색해 보이기는 하지만 네트워크 분석에서는 통상적인 것으로 자리를 잡았고, 그렇다 보니 우리도 이 용어들을 쓸 수밖에 없다. 중요한 아이디어는 네트워크 분석에서 등가적 위치의 수와 성질이 네트워크의 동학에 중요한 영향력을 갖는다는 것이다.[10] 그

일반적 가설은 구조적으로 등가적이거나 규칙적으로 등가적인 행위자들은 유사한 방식으로 행위하리라는 것이다.

4. 나가며

네트워크 분석의 수학은 컴퓨터 알고리즘이 앞에서 개관한 과정들에 관한 자료들을 분석하는데 사용될 수 있는 것처럼 상당히 복잡해질 수 있다. 이러한 개념 목록은 많은 네트워크 분석의 형식적·양적 요점을 제거해 버린다는 점에서 다분히 은유적이다. 물론 네트워크 분석 다수가 매트릭스를 다양한 그림에서 표현된 바와 같은 그래프로 전환하는 절차를 건너뛰고 그 대신 매트릭스 자체에 관한 수학적 및 통계적 조작을 수행한다. 그러나 네

트워크 분석이 그 이론적인(방법론인 것과 대비되는) 가능성을 온전히 성취하려면 최소한 첫 단계에서만이라도 보다 언어적이고 직관적인 의미에서 개념들을 사용하는 것이 현명한 처사일 것이다.

사회구조가 위치들 간의 관계로 구성된다는 생각에 동의하지 않는 이는 많지 않을 것이다. 그러나 과연 그것이 사회구조의 전부일까? 접점, 연줄, 연줄의 패턴(수, 강도, 호혜성, 이행성, 가교, 중개, 중심성, 등가성)을 나타내는 개념들이 사회구조의 핵심적 속성을 전부 파악해낼 수 있을까?

이러한 질문에 대한 대답은 아마도 "아니오"일 것이다. 모르긴 해도 사회구조는 이러한 개념들로는 파악할 수 없는 또 다른 중요한 과정들을 포함할 것이다. 그러나 게오르크 짐멜이 아마도 처음으로 실제로 인식했듯이, 네트워크라는 특징은 사회구조의 주요한 속성이다. 사회구조가 다른 여러 차원 — 문화적, 행동적, 생태학적, 시간적, 심리적 차원 등 — 을 나타낸다 할지라도, 그 근간은 타인과 관계를 갖는 위치를 점유한 행위자들, 그리고 자원을 교환하는 행위자들이 상호 연결된 체계다. 따라서 네트워크 분석은 사회구조 이론을 위한 상당한 잠재력을 가지고 있다. 이러한 잠재력은 과연 실현되었는가? 아마도 다음 몇 가지 이유들로 인해 그렇지 못했을 것이다.

첫째, 앞에서 지적했듯이 네트워크 분석은 지나치게 방법론적이며, 매트릭스 내의 자료를 정렬하고 매트릭스를 (그래프나 등식 같은) 특정 네트워크에 대한 기술(記述)로 전환하는 양적 테크닉에 관심을 갖는다. 이러한 상황이 계속되는 한, 네트워크 사회학은 경험적 기술을 위한 도구에만 머물고 말 것이다.

둘째, 네트워크 동학 그 자체의 원리를 발전시키려는 노력이 거의 없었다. 네트워크 전통 자체 내에서 이론적 질문을 던지는 이는 몇 안 되는 것으로 보인다.[11] 이를테면 이런 것이다. 밀도, 중심성, 등가성, 가교, 중개의 정도가 네트워크의 성질과 네트워크 내 위치들 사이의 관계의 흐름에 어떻게 영향을 미치는가? 이러한 질문과 관련된 사례들에 대한 경험적 기술은 많지만 실제적인 이론적 법칙 또는 원리는 거의 없다.[12]

셋째, 네트워크 사회학은 사회학의 주류이론에서 네트워크이론의 구성요소를 사용하는 것이 어떤 장점 또는 최소한 가능성이 있는지를 강조하는 방식을 통해 고전적인 이론적 관심과 개념을 네트워크 용어로 변환해야 하는 과제를 안고 있다. 예를 들어, 권력, 위계, 분화, 통합, 계층, 갈등, 그리고 사회학의 다른 여러 이론적 관심사들이 아직도 네트워크 용어로 적절히 재개념화되지 않았는데, 이러한 전통적 질문의 〔네트워크 용어로의 — 옮긴이〕 변환이 일어나지 않고서는 사회학 이론이 네트워크 접근법을 채택 또는 통합하는 일은 일어나지 않을 것이다.

그러나 이 모든 점들은 수많은 사회학자들이 네트워크 과정의 법칙을 발전시키고자 실제로 노력 중이고 네트워크 개념들을 통해 고전적인 이론적 관심사를 탐구하려 한다는 점에서 평가받을 만하다. 비록 이러한 노력들이 네트워크 동학에 관한 일관된 이론의 구성과 아직 거리가 있기는 하지만, 예컨대 22장에서 교환 네트워크이론에서도 살펴본 것처럼, 네트워크 사회학의 잠재적 유용성을 보여주기에는 충분하다.

주

1 네트워크 분석에 관한 평이한 개관으로는 다음 저작들이 있다. Barry Wellman, "Network Analysis: Some Basic Principles", *Sociological Theory* (1983), pp. 155~200; Jeremy E. Boissevian and J. Clyde Mitchell, eds., *Network Analysis* (The Hague: Mouton, 1973) and *Social Networks in Urban Situations* (Manchester: Manchester University Press, 1969); J. A. Barnes, "Social Networks" (Addison-Wesley Module, no. 26, 1972); Barry S. Wellman and S. D. Berkowitz, *Social Structures: A Network Approach* (Cambridge: Cambridge University Press, 1988). 최근 네트워크 연구를 보다 테크니컬하게 요약한 것들은 다음과 같다. Samuel Leinhardt, ed., *Social Networks: A Developing Paradigm* (New York: Academic, 1977); Paul Holland and Samuel Leinhardt, eds., *Perspectives in Social Network Research* (New York: Academic, 1979); Ronald S. Burt, "Models of Network Structure", *Annual Review of Sociology* 6 (1980): pp. 79~141; Peter Marsden and Nan Lin, eds., *Social Structure and Network Analysis* (Newbury Park, CA: Sage, 1982). 네트워크에 관한 고급 연구들을 보려면 *Social Networks*라는 학술지 최신호들을 참조하라.

2 밀도를 측정하는 다른 방식들도 있다. 여기서의 정의는 일반적 아이디어를 언급하고자 함이다.

3 하위밀도에 관한 용어는 다양하다. 파벌은 여전히 가장 중요한 용어지만, 동맹(*alliance*) 또한 그 대안으로 제시돼왔다. 더 나아가, 집단(*group*)이나 하위집단(*subgroup*) 같은 오랜 사회학 용어들도 네트워크 분석에서 복원돼 온 것으로 보인다.

4 한때는 강도(强度)를 뜻하는 용어로 strength보다 intensity가 더 선호되었던 것으로 보인다. Mitchell, "The Concept and Use of Social Network"를 참조하라. 그라노베터(Granovetter)의 고전적 논문이 strength와 weakness라는 용어를 보다 선호하도록 변화시킨 것으로 보인다.

5 Mark Granovetter, "The Strength of Weak Ties", *American Journal of Sociology* 78 (1973), pp. 1360~1380, 그리고 "The Strength of Weak Ties: A Network Theory Revisited", *Sociological Theory* (1983), pp. 201~233를 참조하라. 그라노베터의 최초 연구에서 나온 네트워크의 기본 '법칙'은 다음과 같다. 밀도 높은 하위파벌들로 구성된 네트워크의 통합의 정도는 이 하위파벌들 사이의 광범위한 가교들(약한 연줄을 포함)의 긍정적 기능이다.

6 이와 관련해 가장 흥미로운 저작을 남긴 인물은 아마 버트(Ronald S. Burt)일 것이다. 예를 들어, 그의 Toward a Structural Theory of Action (New York: Academic, 1982)과 "Interlocking Corporate Directorship", *Social Networks* 1 (1978~1979), pp. 415~435를 참조하라.

7 대표적 저작으로는 Linton C. Freeman, "Centrality in Social Networks: Conceptual

Clarification", *Social Networks* 1 (1979), pp. 215~239와 Linton C. Freeman, Douglas Boeder and Robert R. Mulholland, "Centrality in Social Networks: Experimental Results", *Social Networks* 2 (1979), pp. 119~141를 참조하라. 또한 Linton C. Freeman, "Centered Graphs and the Structure of Ego Networks", *Mathematical Social Sciences* 3 (1982), pp. 291~304와 Philip Bonacich, "Power and Centrality: A Family of Measures", *American Journal of Sociology* 92 (1987), pp. 1170~1182 역시 참조하라.

8 François Lorrain and Harrison C. White, "Structural Equivalence of Individuals in Social Networks", *Journal of Mathematical Sociology* 1 (1971), pp. 49~80; Harrison C. White, Scott A. Boorman and Ronald L. Breiger, "Social Structure from Multiple Networks: I. Block Models of Roles and Positions", *American Journal of Sociology* 8 (1976), pp. 730~780.

9 Lee Douglas Sailer, "Structural Equivalence", *Social Networks* 1 (1978): pp. 73~90; John Paul Boyd, "Finding and Testing Regular Equivalence", *Social Networks* 24 (2002): pp. 315~331; John Paul Boyd and Kai J. Jonas, "Are Social Equivalences Ever Regular?: Permutation and Exact Tests", *Social Networks* 32 (2001): pp. 87~123; Katherine Faust, "Comparison of Methods for Positional Analysis: Structural Equivalence and General Equivalence", *Social Networks* 10 (1988): pp. 313~341.

10 생산수단에 대해 공통의 관계를 맺고 있는 사람들은 공통의 이해관계를 갖는다는 칼 마르크스의 생각은 여러모로 등가성 개념과 일치한다. 따라서 등가성이라는 아이디어는 사회학에 새로운 것이 아니다. 그것을 표현하는 데 사용된 정식화가 새로운 것일 뿐이다.

11 물론 몇몇 중요한 예외도 있다. 예를 들면 다음과 같다. John Levi Martin, *Social Structures* (Princeton, NJ: Princeton University Press, 2009); "Structures of Power in Naturally Occurring Communities", *Social Networks* 20 (1998): pp. 197~225 and "Formation and Stabilization of Vertical Hierarchies among Adolescents", *Social Psychology Quarterly* (2010); Ronald S. Burt, *Toward a Structural Theory of Action* (주 6 참조); Structural Holes: The Social Structure of Competition (Cambridge, MA: Harvard University Press, 1992); Noah E. Friedkin, *A Structural Theory of Social Influence* (Cambridge, UK: Cambridge University Press, 1998).

12 Mark Granovetter, "The Theory-Gap in Social Network Analysis", in *Perspectives on Social Network Research*, eds. P. Holland and S. Leinhardt (New York: Academic, 1979).

비판이론화의 도전

28 장

비판이론의 등장

1. 유럽의 비판이론화 계열

사실상 초창기 사회학자들 모두는 르네상스와 그 이후 17세기 과학의 시대에 발전한 **계몽주의** (*Enlightenment*) 라고 불리는 광범위한 지적 운동의 영향을 받았다.[1] 사회학에서 대부분의 이론적 관점의 출현에서 나타났듯이 계몽주의는 최소한 두 가지 측면에서 아직도 사상가들에게 영감을 불러일으킨다. 첫째, 사회적 우주는 자주 발전의 한 단계에서 다른 단계로 이동하면서 **진보**(*progress*)하는 것으로 간주된다. 확실하게 이론가들은 단계에 대해 동의하지 않고, 많은 사람들은 **진보**의 관념에 대해 의심한다. 그러나 사회학자들이 사회 또는 세계체계의 일정한 방향을 가진 운동을 중심적 주제로 삼는 것을 부정하기는 어렵다. 계몽주의의 두 번째 유산은 과학이 더욱 사회적 진보를 위해 사용될 수 있다는 신념이었다. 진보의 사상과 함께 과학에 대한 이러한 신념은 보편적인 것은 아니었다. 그러나 과학이 사회적 진보에 중요하다

는 것을 의심해온 사람들조차 인간조건과 인간병리학의 분석이 인간적 개선에 사용될 수 있다고 아직까지 믿는 경향이 있다.

계몽주의에 나타나는 이러한 두 가지 강조는 종종 **현대성**(*modernity*) 또는 낡은 봉건적 질서의 파편에서 상업자본주의와 산업자본주의가 등장하는 것과 관련이 있는 전환이라고 불리는 것을 받아들이려는 더 일반적인 노력의 부분이다. 물론 모든 초기 사회학자의 중심적 문제는 상업과 시장, 생산의 산업화, 노동의 도시화, 통합적 지방 공동체의 쇠퇴, 관료적 국가의 등장, 세속적 법률과 과학의 확대로 인한 신성한 상징의 중요성 감소, 새로운 사회계급 간 갈등, 그리고 많은 다른 파괴적 전환이 야기한 극적 사회질서 전환을 이해하는 것이었다. 이러한 것은 초기 이론가들이 이해하고자 했던 변화였다. 일부는 비관적이었고 출현 중인 것에 대해 걱정하였다. 다른 사람들은 새로운 현대시대에 대해 낙관적이었다. 다른 사람들은 현재의 소란이 가라앉으면 좋아질 것이라고 믿었다.

그러나 진지한 사회사상가라고 간주되는 그 누구도 현대성을 무시할 수는 없었다.

모든 형태의 비판이론화(critical theorizing)는 수많은 상이한 방향에서 현대성에 관한 이러한 오랜 논쟁으로 들어간다. 그 이름이 의미하듯이, 이러한 **비판적** 전통에 있는 대부분의 이론가들은 산업자본주의를 부정적 관점에서 보고, 일부는 비슷하게 부정적 견지에서 **탈현대성**(postmodernity)이라는 역사의 새로운 단계로 가정한다. 거의 모든 비판이론가들은 과학의 사용이 더 나은 사회를 구성할 것이라고 보는 것이 지나치게 단순하고, 환상을 추구하는 것과 같으며, 심지어 해롭기도 하다고 보면서, 계몽주의의 낙관주의를 비난한다. 대부분은 과학이 상업과 자본주의의 더 넓은 문화의 부분이라고 보았으며, 비판이론가들은 과학이 현대시대와 탈현대시대에 문제의 원인이지 해결책의 한 부분은 아니라고 보았다. 그러나 아이러니하게도 이러한 동일한 비판은 초기의 계몽주의 이론가들과 같은 문제를 제기하기 때문에 계몽주의의 특징처럼 보인다. 왜냐하면 그것들은 현대 또는 탈현대시대의 문제를 언명하는 분석과 이성을 사용하고, 현재 시대의 병폐에 해결책을 제안하며, 심지어 그들의 진술은 비관주의로 빠지기도 하기 때문이다. 실은, 대부분의 비판이론가들은 과학을 마음속으로 경멸하면서 앞 장에서 조사한 이론들이 가진 암묵적 계몽주의 프로젝트를 유지한다. 그러나 그들은 계몽주의의 분위기, 어조, 문제틀을 벗어나지는 않았다.

1) 칼 마르크스의 자본주의 분석에 대한 비판적 공격

1846년에 칼 마르크스(Karl Marx)와 프리드리히 엥겔스(Friedrich Engels)는 《독일 이데올로기》를 완성했으나, 처음엔 출판사로부터 거절당했다.[2] 이 저작의 많은 부분은 독일 철학자 게오르크 헤겔의 지지자였던, 현재는 거의 관심을 끌지 못하는 청년헤겔파에 대한 공격이었다. 그러나 이 공격은 배후에서 **비판이론**을 자극함으로써 기여했던 기본사상, 또는 사회이론은 억압적 제도를 비판하고, 해방적 대안을 제시해야 한다는 견해를 포함했다. 이 주제는 물론 마르크스의 모든 저작에 존재하지만,[3] 현대 비판이론의 핵심요소는 첫 번째 명제에서 가장 명백히 나타난다.

마르크스는 한때 청년헤겔파에 속했었지만, 변경할 수 없는 단절을 만든 후에는 격렬하게 비판했다. 마르크스는 헤겔학파를 철학적 관점에서 어쩔 도리 없는 관념론자들로 보았다. 즉, 헤겔학파는 세계를 관념의 반영이며 관념적 본질이 인간에게 마법을 거는 것으로 보았고, 사회세계의 역동성은 의식과 그 밖의 다른 인지적 과정을 중심으로 이루어지는 것으로 보았다고 비판했다. 마르크스는 **관념의 실재**에 대한 강조가 존재의 물질적 힘에 의한 인간의 억압을 지원하는 보수적 이데올로기에 불과한 것으로 간주했다. 그의 대안은 거꾸로 선 헤겔이었으나, 초기 저작에는 사회적 실재와 별도로 아직도 의식과 자기반성의 관계에 대한 강조가 존재한다. 이러한 이원주의(dualism)는 현대 비판이론의 중심적 문제가 되었다.

실제로 마르크스의 '헤겔 전도(顚倒)'는 본질적

으로 헤겔을 다시 세운 일부 현대 이론가에 의해 역전되었다. 물론 현대성과 21세기의 첫 번째 10년간 탈현대성의 조건에 대해 논평하는 많은 사람들은 세계가 물질적 조건에서 정박지(碇泊地)를 잃어버리고, 결과적으로 사회의 본성 자체가 물질적 생산의 통제에 따라 이끌려가는 사회에서 그 자체만을 상징하는 기호와 텍스트의 지배를 받는 상징의 바다로 변형되었다고 보았다(30장 참조). 마르크스주의 전통에서 학파를 만든 비판이론가들과 심지어 그들 자신을 포스트모더니스트(postmodernist)라고 부르는 사람에게도 그러한 논쟁은 너무 앞서 나간 것이다. 그러나 마르크스가 헤겔과 청년헤겔파를 제거한 것은 사회적 진화에서 관념, 상징, 기호의 자리를 없앤 것은 아니라는 것은 의심의 여지가 없다.

마르크스는 모더니스트(modernist)였으며 포스트모더니스트가 아니었다. 따라서 그는 다른 방향으로 나아갔다. 마르크스는 인간은 그들 자신과 그들의 상황에 대한 의식적 이해를 할 수 있기 때문에 독특한 존재라고 생각했다. 인간은 자기반성을 할 수 있고, 따라서 사회 내 그들의 위치를 평가할 수 있다. 그러한 의식은 인간의 일상적 존재에서 생겨나는 것이지, 많은 독일 철학이 주장하거나 탈현대성의 후기 버전이 의미하듯이, 물질세계로부터 독립된 사고의 범주는 아니다. 마르크스는 사람들이 태어나고, 성장하고, 생활하는 사회구조가 세계에 대한 사고와 개념을 만든다고 보았다.

사람들의 삶의 본질은 생산과정이다. 마르크스는 "삶이 다른 무엇보다도 의식주와 다른 물질생활을 포함하는 것"으로 보았다.4 이러한 삶의 우연성을 충족하기 위해서 생산이 필요하지만, 생산이 어떤 필요를 만족시키면, 새로운 필요가 생기고, 생산활동이 조직화되는 방식을 변형시키도록 한다. 생산적 활동이 정교해지면 노동의 분업이 발생하고, 궁극적으로 인간이 생산활동을 통제하는 역량을 점점 박탈한다. 더욱이 일할 때, 사람들은 자신을 노예로 만드는 사유재산과 자본을 만드는 방법에 의해 착취된다. 따라서 그들은 분업에서 소외된 톱니바퀴와 같은 일꾼으로 일하게 되고, 자신들을 노예로 만드는 것을 생산한다. 그것은 바로 생산수단과 생산양식을 통제하는 사람들을 위한 사유재산과 이윤이다. 마르크스는 이러한 자본주의 단계까지 이루어진 생산력의 진화에 대한 자세한 설명을 제공하였다. 그리고 그는 모든 계몽주의 사상가들과 같이 자본주의 단계가 새로운 인간조직의 시대를 이끌 것이라고 주장했다.

마르크스는 언어를 사용하고, 사고하고, 인간의 조건을 분석할 수 있는 능력 때문에 인간이 환경을 변화시킬 수 있다고 믿었다. 사람들은 단지 일정한 기계적 방법으로 물질적 생산에 반응하는 것은 아니다. 인간은 또한 새로운 물질적 조건과 그에 상응하는 사회적 관계를 건설하려는 사고의 반성을 위한 능력을 사용할 수 있다. 물론 사람들이 존재의 물질적 조건을 적극적으로 재구성하기 때문에 역사의 과정은 그러한 과정을 포함한다. 마르크스는 사회이론의 목적이 억압적 사회관계를 폭로하고 대안을 제시하기 위해서 인간의 독창적 능력을 사용하는 것이라고 함축적으로 주장했다. 마르크스는 평생의 경력을 이 목적을 위해 헌신하였으며, 이러한 마르크스 사상의 해방적 측면은 비판이론의 토대를 형성했고, 심지어 일부 포스트모던 표현에서도 나타난다.

마르크스는 이러한 이론과 행동의 결합을 위해 **실천**(*praxis*)이라는 약간 모호한 용어를 사용했다. 사회적 조건을 변화시키려는 행동은 더욱 효과적으로 변화를 일으키는 행동을 준비하는 지식을 증가시킨다는 것이 그의 기본적 사고이다. 따라서 행동과 이론적 이해 사이의 상호작용은 궁극적으로 개인을 더 나은 사회생활로 이끈다. 비록 권력을 가진 사람들이 그들의 이데올로기를 피지배자에게 강요하고 피지배자의 진정한 이익에 대한 인식을 왜곡할지라도 마르크스는 피지배자가 실천할 능력을 가졌으며, 궁극적으로 현대성의 본성을 변화시킬 수 있는 행위자로서 능력을 사용할 수 있다고 보는 전형적인 계몽주의 사상의 영향을 받은 신념을 가지고 있었다.

오늘날 현대적 비판이론가들은 현대성과 탈현대성에 관한 분석이 인간의 조건을 개선하는 데 도움이 되는가에 관한 문제에서 견해가 나뉜다. 아래에서 간단히 살펴보겠지만, 많은 사람들은 점점 조여드는 '쇠울타리'(*steel enclosure*)에 대한 막스 베버의 비관주의와 탈콧 파슨스가 '철감옥'(*iron cage*)이라고 불렀던 합리적·법률적 권위와 국가 지배에 관한 비관주의에 직면했다. 다른 사람들은 실천에 대한 마르크스의 믿음에 관한 해방적 신념을 계속 유지한다.

그러나 다른 사람들은 마르크스의 자본주의 — 모든 사물, 상징, 관념을 **상품화**하는 화폐주도 시장의 역량 — 에 대한 분석에서 명료하게 표현되는 본질적 힘을 인간의 조건에 관한 새로운 비관주의의 토대라고 강조했다. 상징, 기호, 대상, 문화, 관계, 그리고 사실상 모든 것은 화폐의 관점에서 명시된 가격에 따라 시장화될 수 있으며, 아담 스미스가

수요-공급 법칙이라고 불렀던 것에 종속된다. 그리하여 자본가들이 이윤을 추구할수록 인간 생존을 위해 필요한 단순한 물질적 대상을 사고파는 것이 아니라, 상품처럼 인간생활에 의미를 제공하는 힘을 상실한 상징과 기호를 사고파는 것이 된다.

마르크스가 전혀 기대하지 않았던 서비스와 문화적 상징을 위한 시장은 물론, 마르크스가 결코 볼 수 없었던 정보기술과 함께 사회적 세계는 이제 기호, 상징, 텍스트, 그리고 다른 문화적 상품의 생산과 분배에 의해 지배를 받고 있다. 이러한 전환은 인간의 조건을 이해하고 대응하는 인간능력의 본성 자체를 변화시켰다.

2) 베버의 비관주의와 초기 유럽 이론의 근본적 문제

막스 베버(Max Weber)는 현대 자본주의 사회로의 역사적 전환에 관심을 가졌으며, 이러한 전환에 대한 그의 묘사와 설명은 새로운 유토피아 사회를 향한 혁명적 운동에 관한 마르크스의 낙관주의에 대한 통렬한 비판을 대표한다. 베버의 분석은 복잡하고, 그가 사례를 증명하기 위해 표현한 역사적 묘사는 인상적이지만, 그의 논쟁은 **합리화**의 개념에 사로잡혀 있었다.[5] 베버는 현대사회를 규정하는 합리성은 **수단-목적 합리성**(*means/ends rationality*)이고, 따라서 현대사회는 한정된 목적을 수행하는 가장 효율적인 수단의 추구와 관련을 갖는다. 베버는 합리화 과정이 다른 생활영역에 대한 수단-목적 합리성 침투의 증가를 포함하고, 따라서 낡은 전통을 파괴한다고 느꼈다. 관료제가 경제와 정부의 영역으로 확대되면서, 그리고 시장이 개인들에게 개

인적 목적을 합리적으로 추구할 수 있도록 허용함에 따라, 전통적 도덕의 구성은 파괴되고 만다. 베버는 이런 생활의 합리화가 개인을 종교적 독단주의, 공동체, 계급, 그리고 다른 전통적 힘의 지배로부터 새로운 자유를 가져다준다는 짐멜의 주장에 동의했다. 그러나 그곳에서 합리화는 시장과 기업의 관료제와 같은 비인격적인 경제적 힘과, 그리고 지속적으로 확대하는 국가의 거대한 행정기구에 의한 새로운 종류의 지배를 창조한다. 베버의 견해에서 인간의 선택권은 점점 합리적·법률적 권위의 '철감옥'에 의해 제한된다. 마르크스와는 달리, 베버는 그런 상황을 혁명적 잠재성이 성숙한 것으로 보지 않았다. 오히려 그는 사회적 세계가 점점 비인격적인 관료적 힘으로 관리되는 것으로 보았다.

이러한 비관적 견해는 1930년대 초기까지 현대성에 대한 마르크스의 유토피아적 꿈보다 더욱 합리적인 평가처럼 보였다. 물론 러시아의 공산주의 혁명은 스탈린주의와 공산당에 의한 관료적 전체주의로 변질되었다. 서방에서, 특히 미국에서 노동자는 더욱 스스로를 시장에 팔려 하고, 대규모 조직에서 일하려 하는 것처럼 보였다. 그리고 독일과 이탈리아의 정치적 파시즘은 대규모의 권위주의적 관료제를 창조했다. 그때 비판이론의 1세대들은 어떻게 경험적 경향을 가진 베버의 더 정확한 평가와 마르크스의 낙관적이고 해방적인 전망 사이에서 조화를 이뤘는가? 이것은 초기 비판이론의 중심적 문제가 됐다.

3) 짐멜의 현대성에 대한 방어와 마르크스에 대한 암묵적 공격

게오르크 짐멜(Georg Simmel)의 사고 가운데 많은 내용은 마르크스의 이론에 대한 중요한 수정을 묘사하고, 그보다 약간 낮은 차원에서 베버의 이론에 대한 수정도 묘사한다. 마르크스의 더욱 해방적인 측면에 따르면, 자본주의는 혁명으로 이끄는 조건을 만들고, 개인들이 자본주의적 지배에서 벗어나 자유로운 인간조직의 새로운 형태를 도입한다. 따라서 자본주의가 확대될수록 노동의 분업 때문에 노동자들은 도시에 집중하고, 화폐와 시장을 통해 사회적 관계가 수량화되고, 노동자들이 사회적 관계에서 (완전히 참여하는 참여자라기보다) 단순한 역할수행자가 되도록 강요한다. 그리하여 자본주의는 피지배자들이 그들의 지배를 인식하게 만들고, 그들의 나쁜 상태를 변화시키기 위해 조직하는 사회구조적 조건을 만드는 동시에 개인적 소외와 분노도 만든다.

짐멜은 그의 《돈의 철학》[6]에서 마르크스가 분석한 많은 내용에 대해 도전했다. 이 비판은 마르크스의 저작의 주제 가운데 한 가지를 중심으로 하였다. 자본주의는 사회생활을 돈을 통해 양적으로 계산하고, 그럼으로써 시장에서의 교환을 최고 권위를 가진 것으로 만든다. 그 결과는 인간의 사회적 관계가 점차 상품화된다는 것이다. 그러한 상품화는 노동자들로 하여금 노동시장에서 개인화되어 자신들을 사물처럼 팔게 한다. 분업이 증가함에 따라 노동자들은 비인격적으로 조직화된 기계에서 톱니바퀴의 사소한 부품처럼 되고 만다. 마르크스는 그러한 과정이 너무나 억압적이기 때문에 이의 제거를 위한 혁명적 압력이 촉발될 것이라고 보았다.

그러나 짐멜은 그러한 힘을 매우 다르게 보았다. 비록 화폐의 사용을 통한 노동과 관계의 상품화라는 소외의 일정한 차원이 생산력과 시장확대와 분화의 증가 때문에 불가피할지라도, 짐멜은 이러한 현대적 힘이 개인을 전통의 제약에서 해방시킨다고 보았다. 계몽주의를 지향하는 짐멜의 관점으로 볼 때, 사람들은 어떻게 돈을 소비하고, 무엇을 할지에 관한 더 많은 선택권을 가지게 된다. 그들은 더 많은 자유를 가지고 이동할 수 있고, 새롭게 변화된 사회적 관계를 형성하고, 자신의 취향과 가치를 반영하는 라이프 스타일을 선택하며 살 수 있다. 그리고 일반적으로 그들은 덜 복잡한 전통적 사회의 사람들보다 더욱 해방된다.

하지만 마르크스에 대한 이러한 비판은 현대 사회를 해방된 것으로 상상하기를 원하지 않았던 초기 비판이론가에 의해 거부되었다. 그러나 비판이론가들은 공산주의 혁명과 사회해방의 도래에 관한 마르크스의 예견이 실패한 현실에 직면하게 되었다. 역사를 만드는 인간의 능력에 관한 마르크스의 전망을 재구성하기 위해서, 그들은 현대사회의 구속성에 대해 비판적인 베버의 견해를 받아들이고, 짐멜의 더 낙관적인 진단을 거부하도록 만들었다. 그러나 그럼으로써 그들은 딜레마에 빠지게 되었다. 만약 자본주의가 마르크스의 혁명적 모델이 가리키듯이 스스로 전환하는 것이 아니라면, 현대적 생활도 짐멜이 느끼듯이 해방적인 것이 아니라면, 만약 사회의 구속성 증가를 사실로 받아들여야 한다면, 어떻게 해방이 이루어질 것인가? 어떤 힘이 인간을 지배에서 해방으로 이끌 것인가? 초기

비판이론가들은 사람들이 전통사회에서보다 더욱 **자유롭다**는 짐멜의 판단을 받아들이지 않았을 것이다. 그리고 그들은 개념적으로 관조적 주관주의로 후퇴하지 않았을 것이다. 그들은 해방시키는 힘을 인간의 본성과 의식적 반성 — 실천의 감각이 무뎌지거나, 심지어 무력해진 — 을 위한 능력에서 생겨난 것으로 보았다.

2. 비판이론의 프랑크푸르트학파 등장

1) 프랑크푸르트학파와 문화적 전환

게오르크 빌헬름 프리드리히 헤겔(Georg Wilhelm Friedrich Hegel, 1770~1831)의 정신은 20세기의 많은 비판이론(critical theory)이 떨쳐 버릴 수 없는 것이다. 역사에 관한 변증법적 견해, 소외의 개념, 실천의 관념과 같이 마르크스가 만든 도식에서 중요한 요소는 헤겔에서 유래했다. 칼 마르크스는 이런 기본적 관념을 유물론(唯物論)으로 전환시켰다. 그는 물질적 생산관계에서 생겨난 소외가 행위자와 실천을 위한 능력을 가지고, 인간사회를 공산주의라는 최종적 상태로 운동하는 인간들이 이끄는 역사 고유의 변증법(辨證法)을 만든다는 것을 강조했다. 헤겔과 대조적으로 마르크스는 관념, 정치, 다른 제도적 체계를 경제적 생산의 소유권과 조직유형에 담긴 **하부구조**에 의해 통제되고 반영되는 **상부구조**라고 믿었다.

마르크스가 생존했던 시대의 어떠한 계몽주의 사상가들보다 마르크스는 존재하는 지배관계에 대한 비판, 계급갈등의 출현, 인간해방, 그리고 사

회진보가 모두 상호 연결되어 있다고 보았다. 그 비판은 경제적 체계가 만든 불평등에 대한 공격에서 시작했고, 다음으로 생산수단과 생산양식을 정당화하는 정치적·이데올로기적 상부구조를 공격했다. 그러나 1930년대까지, 심지어 대공황의 시기조차 마르크스가 예견한 대로 프롤레타리아 혁명은 발생하지 않았고, 인간이 진보한다고 보는 것도 불가능해졌다. 제2차 세계대전 이후의 시기에도 자본주의는 붕괴하지 않았고 오히려 더 개선된 형태로 전환하고 있었다. 그리고 중국의 '공산주의 혁명'(communist revolution)과 이후에 벌어진 '문화혁명'(cultural revolution)도 러시아의 스탈린 시대의 숙청과 같이 보였다.

1990년대 공산주의의 몰락으로 비판이론은 더 조정되어야 했다.[7] 사람들이 **비참해지는** 현실에 대한 비판에서 아무런 취향이 없는 과소비와 광고의 상징조작에 대한 비판으로 이동하였다. 상징, 기호, 문화, 이데올로기에 대한 관심이 경제적 하부구조에 대한 낡은 마르크스적 견해를 밀어내고 지배력을 장악하면서, 결국 비판이론과 탈현대성은 서로 융합하기 시작했다. 또한 최소한 비판이론가들은 성숙한 자본주의 체계와 발전하는 자본주의 세계 질서의 문화적 생산물의 문제를 발견하기 위해 열심히 노력하고 있다. 마르크스는 아마도 그의 무덤에서 다시 출현했지만, 그럼에도 불구하고 헤겔의 주제는 결코 다시 출현하지 않았다.

그러므로 나는 잠시 멈춘 다음에, 어떻게 20세기 중반 이전에 수십 년간 활동한 비판이론가들이 마르크스적 신념을 유지하려고 애썼지만, 더 이상 마르크스주의의 궤도에 있지 않은지에 대한 대표적 사례를 제시할 것이다. 그리하여 마르크스적 유물

론과 헤겔적 관념론이 불편한 동거 속에서 놓였다.

따라서 1세대 비판이론가들은 그들이 있던 독일의 지명 때문에 자주 프랑크푸르트학파(Frankfurt School)라 불린다. 그들은 진정한 딜레마에 직면한 20세기 억압적 사건들을 해석하려는 명확한 학제적 노력을 기울였다. 그 딜레마는 어떻게 마르크스의 해방적 꿈과 막스 베버가 개념화한 현대사회의 삭막한 현실을 화해시키는가에 관한 문제다.[8] 물론 프랑크푸르트 사회조사연구소(Frankfurt Institute for Social Research)가 설립되었던 1923년에는 사람들을 불필요한 지배에서 해방시키기 위한 이론적 지식을 가진 프로그램에 관해 낙관할 수 있는 아무런 이유도 없는 것처럼 보였다. 1930년대까지 좌파 노동자계급 운동의 실패, 제1차 세계대전 이후 파시즘의 등장, 그리고 스탈린주의로 변화한 러시아 혁명의 변질은 마르크스의 분석이 과감한 수정이 필요하다는 사실을 명확하게 만들었다. 더욱이 국가의 확대, 관료제의 확산, 과학기술의 적용을 통한 수단-목적 합리성에 대한 강조는 모든 베버의 분석이 들이닥치고 있다는 것의 신호가 되었다.

프랑크푸르트학파의 성원은 이론과 행동의 결합, 행동을 자극하기 위한 이론의 사용, 그리고 그 이론을 자극하기 위한 행동이라는 마르크스의 실천에 관한 견해를 유지하고 싶었다. 그리고 그들은 이론으로 사회의 억압을 보여주고 덜 제약적인 대안을 제안하고자 했다. 그러나 그들은 대중의 정치적·경제적 지배의 확대를 맞닥뜨리게 되었다. 따라서 사회학에서 현대 비판이론은 해방적 목표의 실현에 대해 아무런 낙관도 할 수 없는 시기에 탄생하였다. 프랑크푸르트학파 가운데 3명이 가장 중요하다. 그들은 죄르지 루카치, 막스

호르크하이머, 테오도르 아도르노 등이다. 9 루카치는 주요저작은 1920년대에 등장했다. 10 반면에 호르크하이머11와 아도르노12는 1960년대까지 활동했다. 왜냐하면 호르크하이머와 아도르노는 대부분의 루카치의 분석과 접근법에 반응했기 때문에 많은 측면에서 루카치는 마르크스와 베버에서 현대 비판이론으로 전환하는 중요한 연결의 역할을 수행했다. 이러한 모든 학자들은 현시대의 가장 중요한 비판이론가인 하버마스의 지적 발전과 후속 연구에 직접적으로 영향을 미쳤다는 점에서 중요하다. 하버마스의 연구는 다음 장에서 다룰 것이다. 13

(1) 죄르지 루카치

루카치(György Lukács)는 화폐와 시장을 통한 사회적 관계의 상품화에 관한 마르크스의 사고와 현대생활의 더 많은 영역에 계속 침투하는 합리성에 관한 베버의 논제를 수렴해 마르크스와 베버를 융합했다. '상품의 물신성'(fetishism of commodities)에 대한 마르크스의 분석을 차용해 루카치는 사회적 관계가 조작되고, 사고팔 수 있는 '대상'(object)이 된 과정을 나타내기 위해 **외화**(reification)라는 개념을 사용했다. 그 후 교환가치의 계산 과정에 대한 강조가 증가하는 것을 의미하는 '합리화'에 관한 베버 관념의 재해석을 시도했다. 루카치는 베버와 마르크스의 사고를 결합시켰고, 사회통합을 성취하기 위한 도덕적 기준과 의사소통 과정에 덜 의존한다. 대신에 돈, 시장, 합리적 계산이 더 사용된다. 결과적으로 관계는 교환가치와 서로를 '사물'로 보는 사람들의 인식에 의해 조절된다. 14

그러나 루카치는 그 자신을 개념적 측면으로 표현했다. 만일 그러한 것이 역사적 과정이라면, 어떻게 멈출 수 있을 것인가? 루카치의 대답은 헤겔을 부활시키는 것이다. 달리 말하면, 물질적 조건 또는 경제적·정치적 힘의 모순을 보는 대신, 인간의 의식에 고유하게 존재하는 변증법적 과정을 조사해야 한다. 루카치는 사람들이 외화와 합리화를 인내하는 데는 한계가 있다고 주장했다. 인간 주체는 합리성이 완전히 관리하는 것을 막으려는 내재적 성질을 갖는다. 15

의식과정에 대한 이러한 강조는 많은 부분이 마르크스의 초기 사상에서 가져온 것이고, 16 프랑크푸르트학파는 프로이트와 정신분석 이론에 커다란 영향을 주었다. 결과적으로 영감의 기원인 마르크스와 베버와 달리, 초기 비판이론은 주관주의적이었고, **상호주관성**(intersubjectivity)을 분석하지 못했거나, 사람들이 상호 공유하는 의식적 행동을 통해 상호작용하는 방법을 분석하는 데 실패했다. 루카치는 총체적 외화에 대한 주체의 고유한 저항을 강조하면서, 비판이론가들의 역할이 단지 사람을 비인간화하는 역사적 과정을 분석해 외화의 작용을 폭로하는 것이라고 제안했다. 결과적으로 루카치는 지배의 문제에 대한 해결책이 외화에 관한 더욱 자세한 역사적 분석을 통해 사람들이 그들의 상황을 인식하고 의식하도록 만드는 데 있다고 주장하면서, 비판이론을 매우 관조적인 것으로 만들었다.

(2) 막스 호르크하이머와 아도르노

호르크하이머(Max Horkheimer)와 아도르노(Theo-dor Adorno)는 모두 외화와 합리화의 딜레마에 대한 루카치의 헤겔적 해결책을 매우 의심하였다. 이러한 과정은 헤겔이 제안한 것처럼 그러한 과정 자체의 비판을 의미하지 않는다. 주관적 의식과 물질성은 분리될 수 없다. 의식은 상품화하고, 외화하고, 합리화하는 그러한 물질적 힘에 대한 저항을 자동적으로 제공하지 않는다. 따라서 비판이론은 적극적으로 ① 인간의 자유를 지배하는 역사적 힘을 묘사하고, ② 이러한 힘이 가지는 이데올로기적 정당화를 폭로해야 한다. 그러한 것은 서로의 생각을 비교하고 구체적 사회 조건을 분석하기 위해 이러한 담론을 이용하고, 개선하려는 행동의 과정을 제안하는 다양한 훈련을 받은 연구자와 이론가 사이의 학제적 연구를 통해 성취될 것이다. 실천에 대한 이러한 강조 — 세계 내에서 이론과 실천 사이의 대립 — 는 무엇이 억압하고, 인간의 투쟁과정에서 무엇을 할지에 관한 생각을 발전시키는 것을 포함한다. 호르크하이머가 주장하듯이, "〔그〕 이론의 가치는 진리의 형식적 기준만으로 결정되지 않는다. … 그것은 과제와 갖는 관련성에 의해 결정된다. 그것은 특정한 역사적 계기에서 진보적 사회세력에 의해 맡겨진다."[17] 그는 그러한 비판이론이 계급지배에서 인간해방의 '특수한 실제적 이익'(particular practical interest)에 의해 인도된다고 보았다.[18] 따라서 비판이론은 마르크스가 평가했듯이 사람들의 실제적 이익과 연결된다.

아도르노와 호르크하이머는 서로 영향을 주고받으며 협조했기 때문에 그들의 입장은 (비록 1950년대 후반에 호르크하이머는 그의 초기 저작의 많은 부분을 표면적으로 부정했지만) 하나로 수렴되었다. 아도르노는 더 철학적이었으나, 호르크하이머보다 더욱 조사연구 지향적이었다. 아도르노의 권위주의적 성격에 관한 경험적 연구는 사회학과 심리학의 연구에 중요한 영향을 미쳤다. 그러나 그의 이론적 영향은 호르크하이머와 협조하면서 형성되었고, 많은 경우에 호르크하이머의 단독 저작을 통해 이루어졌다.[19] 아도르노는 비록 사회적·심리적 힘이 개인을 지배하는 (인식되거나, 인식되지 않은) 유형을 폭로하기 위해 그의 논문을 기획했지만, 비판이론이 커다란 변화를 일으키는 기회에 대해서는 매우 비관적이었다. 기껏해야 그의 '부정변증법'(negative dialectics)은 역사적 환경이 더욱 해방운동에 유리할 때까지 인간이 '제자리걸음을 하도록' 만든다. 부정변증법의 목표는 사고, 개념, 조건에 대한 지속적 비판을 유지하는 것이다. 이러한 비판은 그 자체로서는 아무것도 변화시킬 수 없다. 왜냐하면 비판은 사고와 개념의 수준에서만 작동하기 때문이다. 그러나 비판은 이데올로기적 독단주의가 해방적 행동을 궁극적으로 허용하는 조건을 모호하게 만들지 못하도록 막을 것이다.

호르크하이머와 아도르노는 둘 다 인간의 주관적 측면이 합리화의 확대에 의해 제한된다는 점을 강조했다. 그들은 이러한 과정을 개념화하면서 주관적 세계와 물질적 대상의 범주 사이에 일종의 이원주의를 만들었다. 그들은 물질적 대상이 주관적 세계를 억압한다고 보았다. 그들의 관점에 따르면, 비판이론은 이런 이원주의를 폭로해야 한다. 그리고 비판이론은 '도구적 이성'(수단-목적 합리성)이 어떻게 인간의 정신을 침입했는지 분석해야 한다. 이런 방법으로 억압적 힘에 대항하는 약간의 저항을 제공할 수 있다.

그래서 프랑크푸르트학파 내부에서 루카치의 관념주의는 더욱 정통적인 마르크스의 입장으로 부분적으로 되돌아갔지만, 전면적으로 그런 것은 아니다. 순수한 마르크스의 유물론은 손상됐다. 프랑크푸르트의 좁은 한계를 벗어나, 심지어 나치즘 등장 시기에 프랑크푸르트에서 미국으로 이민한 비판적 마르크스주의자들 사이에서도, 비판이론은 다시 관념론에 의지했다. [20]

(3) 이데올로기적 헤게모니에 관한 그람시의 이론

안토니오 그람시(Antonio Gramsci)는 이탈리아 마르크스주의자인데, 프랑크푸르트학파에 속하는 사람이라고 간주할 수 없음은 명백하다. 하지만 그람시는 프랑크푸르트학파가 강조한 것을 계속 유지하는 중요한 인물이다. 그람시는 20세기 중반의 자본주의 체계가 번영을 이루고 그 체계의 노동자계급이 특별히 혁명을 수행할 의지가 없는 듯이 보인다는 것을 인정하는 비판을 심각하게 고려했다. 그람시는 마르크스의 사고의 전환을 더욱 헤겔적 방식으로 되돌려 완성시켰다. [21] 마르크스는 노동자의 이데올로기와 '허위의식'(false consciousness)이 물질적(경제적) 하부구조를 통제하는 사람들에 의해 창조되고 유지되는 이데올로기적 혼미라고 생각했다. 마르크스는 생산수단과 생산양식을 통제하는 사람이 또한 국가를 통제하고, 차례로 이러한 권력의 통제를 정당화하는 이데올로기를 만든다고 주장했다 — 이런 생각이 어떻게 20세기에 진행됐는지에 관한 더 자세한 설명은 10장을 보라. 이런 방식으로 프롤레타리아는 자본주의의 모순이 완전히 현재화되어, 대자적 계급이 되어 그들의 억압자에게 맞서 혁명적 갈등을 수행하는 것을 억제한다. 그람시는 단순히 이 주장을 뒤집었다. 즉, 국가와 이데올로기의 상부구조가 사회조직과 사람의 의식을 조종한다는 것이다.

그람시는 지배적 사회계급이 재산과 권력뿐만 아니라 이데올로기도 통제하면서 **헤게모니**를 갖는다고 생각했다. 물론 지배계급은 노동자와 다른 사람들을 조작하면서 이데올로기를 사용하는 능력으로 권력과 부를 유지한다. 국가는 더 이상 단순한 강제 수단이 아니며, 침략적이고 무감각한 관료적 권위가 아니다. 국가는 사람들의 문화와 시민교육의 선전원이고, 더욱 간접적이고, 조심성을 가지고, 외관상으로는 거슬리지 않는 주요 제도적 체계를 창조하고 통제한다. 따라서 자본가의 견해는 모든 견해 가운데 지배적 견해가 되고, 노동자들은 시장주도적 경쟁체계, 대상, 기호, 상징의 상품화, 노동의 구매와 판매, 부자의 이익을 위해 계약을 강제하는 법의 사용, 개인적 자선의 권장, 클럽과 자발적 조직의 후원, '좋은 시민'에 관한 국가의 개념, 학교의 국민윤리 커리큘럼 등 국가의 이데올로기가 침투하는 거의 모든 제도적 행동이 적절하다고 믿는다. 알베르 베르그송(Albert Bergesen)[22]의 표현에 따르면, 문화와 이데올로기는 "더 이상 설명되는 것이 아니고 … 이제 설명하는 것을 수행하는 것이다." 지배적인 물질적 계급은 확실하게 지배하지만, 그것은 문화적 상징에 의해 이루어지고, 자본주의 사회에서의 진정한 전투는 누구의 상징이 지배적인가에 관한 것이다. 또는 더 정확히 말하면, 피지배자는 국가가 통제하는 이데올로기에 대한 대안적 이데올로기를 만들 수 있는가에 관한 것이다.

비판이론의 이러한 견해는 베버가 말한 '철감옥'의 은유로부터 많은 기계적 공포를 이용했다. 왜냐하면 국가의 통제는 이제 '부드럽고', 그리고 '내부적'이기 때문이다. 국가는 통제하려는 세계에 대한 인식을 가진 사람을 중심으로 굽어 있는 창살을 가졌다. 해방에 관한 마르크스의 견해는 그람시의 이론에서 아직 살아 있다. 왜냐하면 그 '이론'의 목적은 이데올로기가 피지배자를 효과적으로 조작하는 방법에 관한 모든 것을 폭로하는 것이기 때문이다. 더욱이 상징체계가 사회의 토대가 된다는 인식은 이후 현대성을 기호와 상징의 산물로 개념화하기 시작했던 포스트모더니즘(30장 참조)이나 구조주의(24장 참조)와 잘 공명하는 주제다.

(4) 알튀세르의 구조주의

처음에 루이 알튀세르(Louis Althusser)는 그람시보다 더욱 엄격한 정통 마르크스주의처럼 보였다.[23] 하지만 알튀세르는 표면적인 경험적 실재보다 더 깊은 잠재적 구조의 논리를 강조하는 구조주의자의 긴 계열에 있는 프랑스 학자이기도 하다.[24] 알튀세르는 이러한 견지에서 마르크스에 가까운 입장을 유지한다. 경제의 잠재적 구조와 논리가 궁극적으로 결정적이라는 것이다. 그러나 이렇게 말했음에도 불구하고, 알튀세르는 사회 내 통제를 유지하기 위해 국가가 이데올로기를 사용하는 것을 강조하는 '이데올로기적 국가기구'(Ideological State Apparatus)[25]의 이론을 발전시킨다.

알튀세르는 경제, 정치, 이데올로기 체계가 표면 아래 숨겨져 있고, 자체의 논리로 움직이며, 자체의 구조를 드러낸다고 보았다. 경제체계는 정치적·이데올로기적 구조의 작동을 제한하는 지배체계이지만, 정치·이데올로기 구조는 일정한 자율성을 가진다. 역사는 본질적으로 이러한 깊은 구조의 전환이고, 개별 행위자들은 단지 구조의 고유한 성질이 작동하는 용기에 불과할 뿐이다. 개인적 행동, 인지, 믿음, 감정, 신념, 그리고 다른 의식의

상태는 어느 정도 직접적으로 관찰할 수 없는 잠재적 구조보다 '덜 실재적'이다. 알튀세르가 영감을 얻은 구조주의이론으로 유추하여 말하면, 사회통제는 개인들에게서 나오는데, 그들은 더욱 근본적인 구조에 의해 움직이는 문법체계 속의 단어에 불과한 것으로 생각된다. 각 행위자는 사회의 경제와 정치 구조처럼 표면에 드러나는 곳에서 존재하며, 이러한 위치에 대한 그들의 인식은 또한 그들이 존재하는 이데올로기와 문화적 영역의 위치를 결정한다. 그러나 이러한 위치와 영역은 단지 한 차원의 실재이다. 사람들은 또한 본질적으로 그들이 누구인지, 그리고 무엇인지를 규정하는 일련의 깊은 구조의 한 부분으로서 그들 자신을 이해한다. 이러한 조건에서 이데올로기는 객관적 계급이익과 같은 실재에 대해 사람들의 눈을 가리는 것 이상의 역할을 수행하기 때문에 더욱더 권력을 갖는다. 이데올로기는 그들의 직접 통제를 초월한 실재 속에 있고, 그리고 구조 자체의 논리에 의해 작동하는 실재 속에 있는 행위자의 위치를 규정한다.

따라서 이데올로기가 권력을 가진 사람들이 사용하는 불쾌하고 교활한 도구라고 믿는 마르크스나 그람시와 달리, 알튀세르는 이데올로기가 단지 관습, 규칙, 관행, 전통, 믿음이 아닌 질서와 이러한 질서 속에 위치한 개인들의 본질로서 인식되기 때문에 이데올로기적 국가기구가 더욱 통제력을 갖는다고 보았다. 따라서 주체는 실천과 행위자를 위한 인간능력을 약화시키는 경제적·정치적·이데올로기적 체계들의 더 심층적 논리에 갇히게 된다.

2) 마르크스 프로젝트의 전환

20세기 중반까지 마르크스적 해방의 프로젝트는 마르크스가 상상한 것과는 매우 다르게 변화했다. 마르크스와 엥겔스의 《공산당 선언》은 자본주의 체계의 본성에 존재하는 고유의 모순에 대한 견해에 입각해 전투를 호소했다. 이러한 호소가 있은 지 100년이 되지 않아 비판이론은 명백하게 더욱 철학적인 이론으로 변화했다. 물론 마르크스가 《독일 이데올로기》에서 주장한 청년헤겔파에 대한 부정은 명백하게 잘 이루어지지 않았다. 그러나 그들은 점점 20세기의 비판이론을 지배했다. 마르크스와 엥겔스에 의해 격렬한 비판을 받은 청년헤겔파도 한때 자신들을 혁명가로 생각한 적이 있었다. 그러나 마르크스는 그들이 실재 자체보다 실재에 관한 관념에 더욱 관심을 가졌다고 보았다. 청년헤겔파는 관념과 본질에 관해 "이론적 거품을 키웠다"는 비난을 받았다. 그리고 마르크스와 엥겔스가 20세기 후반에 발전시킨 비판이론에 관해서, 특히 30장에서 다룰 포스트모더니즘과 함께 출현하기 시작한 비판이론에 대해서 똑같이 비판하리라는 것을 상상할 수 있다.

3. 미국 스타일 비판이론

미국 사회학은 태동기부터 유럽 사회학을 지배한 현대성이라는 큰 이슈에 덜 관심을 가졌다. 대신 미국 사회학은 다양한 노예제 폐지운동에서 시작하여 여성 참정권 운동을 거쳐 20세기 초반의 사회복지 운동에 이르기까지 개량적 사회운동과 깊은

관련을 가졌다. [26] 유럽의 상대편 학자들에 비하면 사회학의 1세대는 과학 또는 심지어 사회과학의 훈련도 받지 않았다. 결과적으로 오늘날 사회문제라고 부르는 인종주의, 차별, 빈곤, 이민자의 곤경에 관심을 가졌다. 관심은 이러한 문제를 해결하고 더 정의롭고 공정한 사회를 만드는 것이었다. 모든 사회학자들이 그렇게 설득된 것은 아니었지만, 아마도 다수는 설득되었는데, 20세기의 대부분 시기에 그 학문 분과의 비판적 분파는 유럽의 사례에 비해 논조와 학문적 수준도 달랐다. 대부분 프랑크푸르트학파인 유럽의 비판이론가들이 미국으로 이주한 이후에야 좀더 유럽 스타일의 비판이론가들이 등장했고, 유럽의 학자들처럼 미국 이론가들은 인종적 소수집단과 여성과 같은 선택된 하위 인구집단에 대한 차별과 부정의 이슈를 염두에 둔 만큼 현대성과 포스트모더니티에 더 관심을 가졌다.

20세기 두 번째 후반의 두 개의 거대한 사회운동 ― 소수집단을 위한 시민권 운동과 여성을 위한 페미니스트 운동 ― 은 인종주의와 성차별주의의 지속적 존재를 강조하는 비판적 접근법의 원천이며, 더욱 광범하게 미묘하고 명백한 두 가지 형태의 차별을 제거하려는 시민권 접근법의 실패를 비판한다. 이러한 접근법은 대학의 많은 사회학과뿐만 아니라 다양한 유형의 민족학, 여성학 학과와 프로그램에서 제도화되었다. 하지만 이러한 제도화는 1960년대에 처음 시작되었다. 물론 미국 사회학의 비판적 시기는 초기 사회학적 표준의 일부는 아니다. 물론 대공황 시기의 인종주의와 빈곤은 미국 사회학의 일부분이었던 것이 사실이다. 그 당시 대부분의 사회학은 수십 년 후의 미국 비판이론보다

덜 비판적이었던 사회개량의 이데올로기에서 작동했다. 따라서 이 장에서는 미국의 비판이론이, 본질적으로 1960년대와 1970년대 사회운동의 결과물이고, 초기 사회학 이론보다 현대 사회학 이론에 속한다고 간략하게 언급할 것이다.

페미니스트 운동은 페미니스트 이론화에 영감을 주었고, 미국 대학은 여성운동 — 여성운동의 이데올로기와 실질적 주창자들 — 이 여성학 학과와 인문학 학과들(예를 들어 역사학, 영문학) 내부의 교육 과정으로 통합되었다. 비슷하게 비판적 인종이론은 종족학 학과와 프로그램의 창설을 통해 등장했고, 종종 치카노학(Chicano studies), 흑인학, 아시안아메리칸학 프로그램과 학과처럼 특수한 민족적 범주로 분리되었다.

이러한 더 광범한 시민권 운동과의 협력은 초기 미국 사회학자들의 사회개량에 대한 관심의 확대이지만, 20세기 후반에 비판적 인종이론가들은 처음으로 가장 앞서, 시민권을 확대하려는 사회개량적 노력에 가장 분명한 목소리를 낸 비판자들이었다. 그들은 시민권 운동이 새롭고 더욱 미묘한 형태의 차별을 유지하고 있다고 주장했다. 그러한 비판적 접근법에는 계층에 관한 이론을 만들었던 모든 사람을 위한 마르크스주의적 관념이 존재할 수 있지만, 그들은 인종주의가 작동하기 위해 유지하는 방식과 맥락의 매우 넓은 스펙트럼을 이해하기 위한 많은 다른 방법론적·이론적 (그리고 철학적) 접근법을 채택했다.

이러한 새로운 미국의 비판이론은 이론적이고, 더욱 전문적 연구에 초점을 맞추었으며, 현대성이라는 더 큰 그림에 덜 관심을 가졌다. 31장에서 볼 수 있듯이, 물론 미국의 비판이론가들은 종종 일반적으로 사회과학, 그리고 특별하게는 사회학 이론을 단순하게 '그 문제의 일부'로서 간주하며 도전했다.

주

1 Jonathan H. Turner, "Founders and Classics: A Canon in Motion", in *The Student Sociologist's Handbook* ed. C. Middleton, J. Gubbany and C. Ballard (Oxford : Blackwell, 1977).

2 Karl Marx and Friedrich Engels, *The German Ideology* (New York : International, 1947; 1846).

3 Karl Marx, *Capital : A Critical Analysis of Capitalist Production*, volume 1 (New York : International, 1967; 초판 1867년).

4 Marx and Engels, *The German Ideology* (주 2 참조), p. 15.

5 Max Weber, *Economy and Society*, trans. G. Roth (Berkeley: University of California Press, 1978).

6 Georg Simmel, *The Philosophy of Money*, trans. T. Bottomore and D. Frisby (Boston : Routledge & Kegan Paul, 1978; 초판 1907).

7 예를 들어, David Hoy and Thomas McCarthy, *Critical Theory* (Oxford : Blackwell, 1994), 또는 Stephen Regan, ed., *The Year's Work in Critical and Cultural Theory* (Oxford : Blackwell, 1995) 를 참조하라. 비판이론과 비판사회학에 대한 초기 논평과 분석은 다음과 같다. Paul Connerton, ed., *Critical Sociology* (New York: Penguin Books, 1970); Raymond Geuss, *The Idea of a Critical Theory* (New York : Cambridge University Press, 1981); David Held, *Introduction to Critical Theory* (Berkeley :University of California Press, 1980); Trent Schroyer, *The Critique of Domination: The Origins and Development of Critical Theory* (New York: Braziller, 1973); Alberecht Wellmer, *Critical Theory of Society* (New York: Seabury, 1974); Ellsworth R. Fuhrman and William E. Snizek, "Some Observations on the Nature and Content of Critical Theory", *Humboldt Journal of Social Relations* 7 (Fall-Winter 1979~1980), pp. 33~51; Zygmunt Bauman, *Towards a Critical Society* (Boston: Routledge & Kegan Paul, 1976); Robert J. Antonio, "The Origin, Development and Contemporary Status of Critical Theory", *Sociological Quarterly* 24 (Summer 1983), pp. 325~351; Jim Faught, "Objective Reason and the Justification of Norms", *California Sociologist* 4 (Winter 1981), pp. 33~53.

8 이러한 활동에 관한 묘사는 다음을 참조하라. Martin Jay, *The Dialectical Imagination* (Boston: Little, Brown, 1973), "The Frankfurt School's Critique of Marxist Humanism", *Social Research* 39 (1972), pp. 285~305; David Held, *Introduction to Critical Theory* (Berkeley: University of California Press, 1980), pp. 29~110; Robert J. Antonio, "The Origin, Development, and Contemporary Status of Critical Theory",

Sociological Quarterly 24 (Summer 1983), pp. 325~351; Phil Slater, *Origin and Significance of The Franfkurt School* (London: Routledge & Kegan Paul, 1977).

9 다른 중요한 성원은 프리드리히 폴락 (경제학자), 에리히 프롬 (정신분석학자, 사회심리학자), 프란츠 노이만 (정치학자), 헤르베르트 마르쿠제 (철학자), 레오 렌탈 (사회학자) 이다. 나치 시대에 프랑크푸르트학파는 미국에 정착하였고, 성원 대부분은 이후에도 독일에 돌아가지 않았다.

10 György Lukács, *History and Class Consciousness* (Cambridge, MA: MIT Press, 1968; 초판 1992).

11 Max Horkheimer, *Critical Theory: Selected Essays* (New York: Herder and Herder, 1972) 는 1930년대와 1940년대 독일어 논문의 번역본이다. *Eclipse of Reason* (New York: Oxford University Press, 1947; reprinted by Seabury in 1974) 은 영어로 초판이 출간된 호르크하이머의 유일한 저서다. 이것은 초기 저작들과 약간 다르게 변화했지만, 그와 테오도르 아도르노와의 관계에서 나온 아이디어들을 표현한다. Horkheimer, *Critique of Instrumental Reason* (New York: Seabury, 1974) 를 참조하라. 호르크하이머의 독일어 저작에 관한 더 완벽한 목록은 David Held, *Introduction to Critical Theory* (주 1 참조), pp. 489~491를 보라.

12 Theodor W. Adorno, *Negative Dialectics* (New York: Seabury, 1973; 초판 1966), Adorno and Horkheimer, *Dialectic of Enlightenment* (New York: Herder and Herder, 1972; 초판 1947). 아도르노 저작에 관한 더 완벽한 목록은 Held, *Introduction to Critical Theory* (주 1 참조), pp. 485~487를 보라.

13 Held, *Introduction to Critical Theory* (주 7 참조), pp. 485~487에서 그의 저작에 대한 보다 완전한 목록을 확인하라. 그리고 다음도 참조하라. "From Lukács to Adorno: Rationalization as Reification", pp. 339~399 in Jürgen Habermas, *The Theory of Communicative Action* vol. 1 (Boston: Beacon, 1984) 에는 루카치, 호르크하이머, 아도르노에 관한 하버마스의 비판이 있다.

14 Lukács, *History and Class Consciousness* (주 4 참조).

15 Karl Marx and Friedrich Engels, *The German Ideology* (New York: International, 1947; 초판 1856).

16 같은 책, pp. 89~102. 어떤 점에서 루카치는 마르크스가 비판한 다른 '청년헤겔파'가 되었다. 그러나 마르크스 자신의 분석에서 그는 소외 자체를 생산력에 의한 더 큰 소외에 대한 노동자의 저항을 만든다고 보았다. 이것은 루카치가 마르크스에게서 가져온 바로 그 이미지다.

17 Max Horkheimer, "Zum Rationalismusstreit in der gegenwartigen Philosophie" (초판 1935); reprinted in *Kritische Theorie*, vol. 1, ed. A. Schmidt (Frankfurt: Fischer Verlag, 1968).

18 하버마스는 이 개념을 사용했지만 그는 여러 방법으로 그것을 확대하여 해석했다.

19 Theodor W. Adorno, Else Frenke-Brunswick, Daniel Levinison, and R. Nevitt Sanford, *The Authoritarian Personality* (New York: Harper & Row, 1950).

20 주 3 참조.

21 Antonio Gramsci, *Selections form the Prison Notebooks* (New York : International, 1971, 초판 1928).

22 Alebrt Bergesen, "The Rise of Semiotic Marxism", *Sociological Perspectives* 36 (1993), p. 5.

23 Louis Althusser, *For Marx* (New York: Pantheon, 1965) ; *Lenin and Philosophy* (New York: Monthly Review Press, 1971) ; Louis Althusser and Etienne Balabar, *Reading Capital* (London: New Left, 1968).

24 프랑스 구조주의의 계보에 관해서는 34장, 35장, 37장을 참조하라.

25 "Ideology and Ideological State Apparatus", in Althusser, *Lenin and Philosophy* (주 17 참조).

26 Stephen P. Turner and Jonathan H. Turner, *The Impossible Science: An Institutional Analysis of American Sociology* (Newbury Park, CA: Sage, 1990).

29 장

프랑크푸르트학파의 비판이론

1. 들어가며

독일의 철학자이자 사회학자인 위르겐 하버마스 (Jürgen Habermas) 는 의심할 바 없이 제1세대 프랑크푸르트학파의 계승자 중 가장 많은 성과를 낸 인물이다. 프랑크푸르트학파의 이전 세대 사회이론가들의 경우와 마찬가지로 하버마스의 저작은 다음과 같은 몇 가지 중요한 질문을 중점적으로 다룬다. ① 어떻게 사회이론은 칼 마르크스가 추구했던 해방의 프로젝트를 견지하면서도 동시에 선진 자본주의 사회와 관련된 그의 예측의 실증적 부적합성을 인정하는 생각을 발전시킬 수 있는가? ② 어떻게 사회이론은 합리화 과정에 대한 막스 베버의 역사적 분석과 관련하여 그의 비관주의를 회피하고, 그럼으로써 마르크스의 해방적 목표를 이론의 핵심으로 유지하는 방식으로 대처할 수 있는가? ③ 어떻게 사회이론은 죄르지 루카치나 막스 호르크하이머, 테오도르 아도르노 같은 초기 비판이론가들이 행한 주관주의로의 후퇴를 — 이들은

점차 개인 내부의 주관적 의식의 상태에 초점을 맞추었고, 그 결과 사회는 개인들 간의 사회관계를 지탱하는 과정들로 구성되고, 따라서 바로 이 과정들에 의해 해방되어야 한다는 마르크스의 통찰을 상실하였다 — 회피할 수 있는가? ④ 어떻게 사회이론은 물질적 생산 및 정치적 조직의 힘과 성찰적이고 의식적인 개인들 간에 형성되는 상호주관성의 힘을 ⓐ 합리적인 경제적·정치적 힘이 의식을 지배하는 것과 관련한 베버의 비관주의를 회피하고, ⓑ 계급의식과 봉기의 불가피성에 대한 마르크스의 순진한 낙관주의도 회피하고, ⓒ 초기 비판이론가들이 빠진 헤겔 변증법의 주관주의 — 이에 따르면 억압은 신비롭게도 주관적 의식과 저항의 증가를 통해 스스로의 부정을 이끌어낸다 — 로의 후퇴도 회피하는 방식으로 조화롭게 입론하는 이론을 구상하고 발전시킬 수 있는가?

하버마스의 학문 역정 (歷程) 을 보면 그는 때에 따라 각각 이 질문들 가운데 하나에 초점을 맞추어 작업하였지만, 적어도 암묵적으로는 항상 이

4가지 질문이 그의 접근방식에 지침이 되었다. 하버마스는 초기 저작에서 보여주었던 비판적 방향성을 포기하였다는 비난을 받았는데, 이러한 판단은 지나치게 가혹한 것이다. 왜냐하면 하버마스는 4가지 질문에 대한 답변을 시도하면서 점차 억압에 대한 단순한 비판으로는 충분하지 않다는 점을 인식하였기 때문이다. 이러한 비판은 '사물화된 대상 자체'가 된다. 초기 비판이론가들도 이 점을 알았지만, 그들은 사회의 근본적 동학을 설명하는 개념적 체계를 발전시킨 적이 없다. 비판이 사람을 지배로부터 해방시키는 데 있어 유용성을 가지려면 비판은 반드시 사회체계를 통합하는 근본적 과정을 논해야 한다고 하버마스는 말하는 것 같다. 이러한 방식으로 비판은 새로운 유형의 사회적 관계를 창출하는 방법을 제시할 가능성을 어느 정도 갖게 된다. 사회의 작동방식에 대한 이론적 이해가 결여되었다면 비판은 단지 피상적 폭로에 머물 뿐이며 무용한 활동이 된다. 기꺼이 사회의 근본적 동학에 관한 이론적 작업을 수행하고, 주관주의로 후퇴하는 것을 회피하며, 피상적 비판을 거부하고 그 대신 정연한 이론적 분석을 비판의 토대로 삼으며, 많은 다양한 이론적 접근방식들로부터 아이디어를 얻어내어 통합하려는 태도, 바로 이런 태도가 하버마스의 작업과 저작에 이론적 중요성을 부여한다. [2]

2. 위르겐 하버마스의 '공론장' 분석

하버마스는 자신의 최초 주요저작인 《공론장의 구조변동》에서 그가 **공론장**(public sphere)이라 이름붙인 것의 발전과 해체를 추적하였다. [3] 공론장은 사람들이 일반적 관심 사안에 대해 토론할 수 있는 사회생활 영역이다. 여기서 사람들은 이 사안에 대해 관습과 독단적 신조와 힘에 의지하지 않은 채 토론하고 논쟁할 수 있으며, 합리적 논변을 통해 견해차를 해소할 수 있다. 아무리 좋게 평가한다고 해도 이 공론장 개념은 상당히 낭만적인 성격을 띠지만, 합리적 논변을 통해 해결되는 자유롭고 열린 토론이라는 이미지는 이후에 이어진 하버마스의 작업에서 핵심주제가 되었다. 이후 계속된 학문 역정 내내 하버마스는 점차 지배로부터의 해방을 '의사소통행위'를 통해 가능한 것으로 보게 되는데, 의사소통행위는 공론장이 보다 개념적인 의상을 입고서 환생(還生)한 것이다.

그런데 하버마스는 이 초기 저작에서 역사에 보다 많은 관심을 가졌던 듯하며, 공론장의 출현을 다양한 공적 토론의 장 ― 클럽, 카페, 저널, 신문 ― 이 급증했던 18세기에 일어난 것으로 보았다. 그는 이 토론의 장이, 공개적 논쟁과 논의를 통해 이루어진 합의보다는 종교와 관습에 의해 정당성이 확보되던 봉건제의 근본구조를 무너뜨리는 데 일조하였다고 결론지었다. 공론장은 시장경제의 확산과 그에 따른 개인의 봉건제적 구속으로부터의 해방에 의해 크게 확장되었다고 하버마스는 주장했다. 자유시민과 재산소유자, 각종 거래업자, 상인, 그리고 새로운 사회부문의 구성원은 이제 적극적으로 사회의 통치에 관심을 가질 수 있었고,

공개적으로 여러 사안에 대해 토론하고 논쟁할 수 있었다. 그러나 합리화 과정에 대한 베버의 분석과 유사한 논조로 하버마스는 공론장이 바로 공론장의 확산에 고무적 역할을 했던 바로 그 힘 가운데 일부에 의해 약화되었다고 주장했다. 시장경제가 불안정성을 보이자 경제를 안정시키려는 노력이 이뤄지면서 국가권력이 확대되었고, 더욱더 많은 사회생활의 맥락 속으로 관료체제가 확대, 개입하면서 공론장은 위축되었다. 그리고 갈수록 국가는 문제들을 기술적 문제로, 그리하여 공적 논쟁과 논변보다 테크놀로지와 행정절차에 의해 해결 가능한 것으로 재정의하려 했다.

이 주장의 세부적 내용보다 이 저작이 비판이론가로서 하버마스 위상을 확립시켰다는 사실이 더 중요하다. 이 저작에는 비판이론의 모든 핵심요소 — 자본주의와 관료화된 국가의 팽창과 그에 따른 자유의 쇠퇴, 그리고 사회생활을 구성하고 통제하는 국가의 외견상의 권력 — 가 다 들어 있다. 이 문제에 대한 해결책은 공론장을 부활시키는 것이지만, 국가권력이 계속 확대되는 상황에서 어떻게 해야 공론장을 부활시킬 수 있겠는가? 그래서 이 초기 저작에서 하버마스는 개념적으로 자신의 프랑크푸르트학파 스승들과 똑같은 곤경에 처하게 되었다. 그는 다음 단계의 작업에서 이 자본주의 사회비판을 확대했지만, 또한 그는 비판이론이 루카치와 호르크하이머 그리고 아도르노의 관조적 주관주의로 후퇴하지 않도록 비판이론의 방향을 재설정하려고 노력했다. 하버마스는 1960년대 후반에 지식체계 분석과 과학비판으로 이 프로젝트를 시작했다.

3. 과학에 대한 비판

《사회과학의 논리》[4]와 《인식과 관심》[5]에서 하버마스는 비판이론의 이론틀을 정교화하는 노력의 일환으로 지식체계를 분석한다. 이 분석의 궁극적 목표는 과학이 단지 한 부류의 관심(*interests*)을 충족시키기 위해 존재하는 한 가지 유형의 지식일 뿐이라는 사실을 확정하는 것이다. 이 목표를 실현하기 위해 하버마스는 인간 이성의 전 영역을 망라하는 다음의 3가지 기본적인 지식유형을 상정한다. ① 물질세계의 법칙적 특성을 이해하는 것과 관련된 **경험적·분석적** 지식, ② 특히 역사적 텍스트의 해석을 통해, 의미의 이해에 바쳐진 **해석학적·역사적** 지식, ③ 속박과 지배의 조건을 폭로하는 데 바쳐진 **비판적** 지식 등이다.

이 3가지 유형의 지식은 3가지 기본적 유형의 인간 관심을 반영한다. 즉, ① 환경의 통제를 통한 실존의 재생산에 대한 기술적 관심, ② 상황의 의미를 이해하려는 실천적 관심, 그리고 ③ 성장과 개선을 위한 자유에 대한 해방적 관심이 그것이다. 이러한 관심이 깃들어 있는 곳(所在)은 개인들이 아니라, 재생산과 의미 및 자유를 위해 반드시 필요한 보다 일반적인 요건들인데, 이것들은 인류가 사회의 형태로 조직되는 과정에서 인간 종의 특성으로 형성된 것으로 추정된다. 그리하여 이 3가지 관심은 3가지 유형의 지식을 창출한다. 물질적 재생산에 대한 관심은 과학 내지 경험적·분석적 지식을 만들어냈고, 의미의 이해에 대한 관심은 해석학적·역사적 지식의 발전을 가져왔으며, 자유에 대한 관심은 비판적 이론의 발전을 요구하였다.

〈표 29-1〉 지식, 관심, 매체 (및 기능적 요구의) 유형

기능적 요구	관 심	지 식	매 체
물질적 생존과 사회적 재생산은	환경에 대한 기술적 통제의 압박을 산출하고, 이것은	경험적·분석적 지식의 발전을 낳는데, 이 지식은	노동을 통해 성취된다.
사회적 관계의 연속성은	타인의 주관적 상태에 대한 해석을 통한 실천적 이해의 압박을 산출하고, 이것은	해석학적이고 역사적인 지식의 발전을 낳는데, 이 지식은	언어를 통해 성취된다.
유토피아적 실천에 대한 욕망은	불필요한 지배로부터의 해방 압박을 산출하고, 이것은	비판적 이론의 발전을 낳는데, 이러한 이론은	권위를 통해 성취된다.

기술적 통제와 실천적 이해 및 해방에 대한 이 관심들은 다음 3가지 유형의 매체를 통해 상이한 유형의 지식을 만들어낸다. ① 경험적·분석적 지식의 발전을 통해 기술적 통제에 대한 관심을 실현하기 위한 '노동'(*work*), ② 해석학적 지식을 통해 이해에 대한 실천적 관심을 실현하기 위한 '언어'(*language*), 그리고 ③ 비판적 이론의 발전을 통해 해방에 대한 관심을 실현하기 위한 '권위'(*authority*)가 그것이다. 이 분석은 일종의 기능주의를 내포하는데, '물질적 생존과 사회적 재생산', '해석적 이해를 통한 사회의 연속성' 그리고 '유토피아적 실천'에 대한 요구들이 관심을 창출한다는 점에서 그러하다. 그리하여 이 요구들은 노동과 언어 그리고 권위라는 매체를 통해 3가지 유형의 지식, 즉 과학적 지식과 해석학적 지식 그리고 비판적 지식을 만들어낸다.

이러한 종류의 유형화는 물론 베버와 매우 유사한데, 이를 통해 하버마스는 다음과 같은 그의 핵심주장을 이끌어낸다. 즉, 실증주의와 자연법칙의 탐구는 단지 한 가지 유형의 지식일 뿐인데도 불구하고 역사적 추세는 경험적·분석적 지식이 다른 유형의 지식을 압도하는 방향으로 나아갔다는 것

이다. 노동과 과학발전을 통한 기술적 통제에 대한 관심이 이해와 해방에 대한 관심을 압도했다. 그리하여 사회적 삶이 무의미하고 차갑게 느껴진다면 그것은 과학창출에 대한 기술적 관심이 어떤 종류의 지식이 허용될 수 있고 정당한 것인지를 좌지우지했기 때문이다. 이와 같이 합리화 과정에 대한 베버의 주장은 관심과 지식 및 매체에 대한 유형적 구분을 통해 재서술되었다. 〈표 29-1〉은 하버마스의 주장을 요약한다.

이 유형화를 통해 하버마스는 여러 목표를 달성할 수 있었다. 첫째, 그는 과학이 가치중립적이라는 가정을 공격하였는데, 모든 지식이 그렇듯이 과학도 일련의 관심과 결부되어 있기 때문이다. 둘째, 그는 합리화 과정에 대한 베버의 주장을 해석학과 비판의 중요성이 새롭게 강조될 수밖에 없는 방식으로 수정하였다. 바로 이 두 유형의 지식은 경험적·분석적 지식 또는 과학에 의해 내몰리고 있었다. 그래서 소홀히 취급된 이 두 유형의 지식을 다시 강조할 필요가 있었다. 셋째, 사회과학에서의 실증주의를 경험적·분석적 지식유형으로 파악함으로써 하버마스는 실증주의를 기술적 통제에 대한 인간 관심과 결부시켰다. 이로써 그는 사

회과학을 경제적·정치적 관심의 한 도구로 가시화하였다.

이리하여 과학은 이데올로기가 된다. 실제로 하버마스는 과학을 선진 자본주의 사회의 **정당성 위기**의 근본원인으로 간주한다(이와 관련해서는 곧 상술한다). 이렇게 실증주의를 일축함으로써 그는 자신의 프로젝트의 방향을 비판적 성격을 갖는 해석학으로 설정하였다. 즉, 그는 비판이론의 주요 과제를 사람들이 사회적 삶에서 연속성과 의미를 느끼게 하는 방식으로 상호 간에 해석적 이해를 성취하게 해주는 과정들을 분석하는 것으로 구체화하였다. 점차 하버마스는 비판적 이론작업의 이론적 핵심으로 행위자들 간의 의사소통 과정에 초점을 맞추게 되었다. 해방의 목표는 사람들이 어떻게 상호작용하고 의사소통하는지에 대한 지식이 없이는 실현 불가능하다. 이와 같은 강조는 공론장에 대한 하버마스의 초기 분석을 새로운 형태로 재서술한 것으로 볼 수 있는데, 이제 공적 논의와 논쟁의 과정은 인간의 상호작용 일반의 본질로 간주된다. 나아가 상호작용을 이해하기 위해서는 언어와 개인들 간의 언어적 과정을 분석하는 일이 필수적이다. 이러한 과정에 대한 지식은 다시금 사회비판에 착수하고 개인들의 해방의 길을 제시하는 데 있어 출발점이 될 확고한 개념적 토대를 비판이론에 제공할 수 있다. 그러나 해석학과 비판에 대한 이러한 강조를 정당화하기 위해서 하버마스는 먼저 경험적·분석적 지식체계의 과도한 확장으로 인한 자본주의 사회의 위기들을 분석해야 했다.

4. 사회의 정당성 위기

하버마스가 자신의 초기 저작에서 주장하였다시피 근대사회에는 여러 역사적 경향이 존재한다. ① 공론장의 쇠퇴, ② 경제에 대한 국가개입의 증대, ③ 기술적 통제에 대한 국가의 관심에 복무하는 과학의 지배적 위상 강화 등이 그것이다. 이러한 생각들은 《후기자본주의 정당성 문제》[6]에서 함께 엮여서 나타난다.

《후기자본주의 정당성 문제》의 기본 주장은 국가의 경제 개입이 점증함에 따라 또한 국가는 정치적 쟁점들을 '기술적 쟁점'(technical problem)으로 바꾸려 한다는 것이다. 이로써 쟁점은 공적 논쟁의 주제가 되기보다 관료기구 전문가의 테크놀로지 사용을 요구하는 기술적 문제로 드러난다. 쟁점이 기술적 문제로 재정의됨으로써 결과적으로 실천적 쟁점의 '탈(脫)정치화'가 나타난다. 이를 위해 국가는 '기술관료적 의식'(technocratic consciousness)을 선전하는데, 하버마스가 보기에 이것은 새로운 종류의 이데올로기다. 그러나 이 이데올로기는 이전의 이데올로기와 달리 미래의 유토피아를 약속하지 않지만, 또한 다른 이데올로기처럼 문제를 은폐하고 파악된 선택지를 단순화하고 특정한 사회생활 조직방식을 정당화하는 능력에서는 유혹적이다. 이 기술관료적 의식의 핵심에는 **도구적 이성** 또는 베버가 수단-목적 합리성이라 명명한 것에 대한 강조가 자리한다. 즉, 명시적 목표를 실현함에 있어 수단의 효율성을 판단하는 기준이 점점 더 사회적 행위에 대한 평가와 문제에 대한 사람들의 접근방식을 좌우하게 된다. 도구적 이성에 대한 이런 강조는 상호이해 지향적 행동과 같은 다른 행위유형을 대체하게 된다. 이러한 대체는 다음과 같은 일련의 단계를 거쳐 일어난다. 먼저 과학이 국가에 의해 특정한 목적을 실현하는 데 이용된 다음, 국가는 효율성 기준을 서로 경합하는 집단적 목표를 조정하는 데 이용하고, 그다음 기본적인 문화적 가치 자체가 효율성과 합리성을 기준으로 측정되고 평가되며, 마침내 — 하버마스판 멋진 신세계에서는 — 가장 합리적이고 효율적인 행위경로를 추구하는 컴퓨터에 결정이 전적으로 위임된다.

기술관료적 의식의 이데올로기에 대한 이러한 의존은 정치적 정당성 확보에 있어 새로운 딜레마를 창출한다고 하버마스는 주장한다. 하버마스에 따르면 자본주의 사회는 3개의 기본적 하위체계로 나뉠 수 있다. 바로 ① 경제적 하위체계, ② 정치·행정적 하위체계, 그리고 ③ (그가 나중에 생활세계라고 부르는) 문화적 하위체계 등이 그것이다. 이렇게 사회를 3개의 하부체계로 분할한 뒤 이로부터 하버마스는 다음과 같은 4가지 종류의 위기를 상정한다. ① 경제적 하위체계가 사람들의 필요를 충족하기에 충분한 생산성을 산출하지 못하면 경제적 위기가 발생한다. ② 정치·행정적 하위체계가 충분한 수효의 도구적 결정을 산출하지 못하면 합리성 위기가 나타난다. ③ 행위자들이 스스로 완전한 사회참여 의식을 가지기에 충분한 의미를 산출하기 위한 문화적 상징들을 사용할 수 없을 때 동기부여 위기가 나타난다. 그리고 ④ 행위자들이 정치적 하위체계의 결정권에 대하여 [이를 받아들이려는] '꼭 필요한 수효의 일반화된 동기들'(requisite number of generalized motivations) 내지 광범위한 수용책임을 갖지 않을 때 정당성 위기가 발생한다. 이 위기분석의 많은 부분은 비록 마르크스의 용어를 사용하여 서술되었지만, 경제적 위기와 합리성 위기가 어쩌면 동기부여의 위기나 정당성 위기보다 덜 중요할 것이라는 점을 강조한다. 왜냐하면 기술관료적 의식이 모든 사회생활 영역에 침투하여 생산적 경제와 개입국가를 창출함으로써 후기자본주의의 위기 경향은 충분한 경제적 재화나 정치적 과정들을 생산하지 못하는 무능력으로부터 ⓐ 정치적 과정들에 대한 광범위한 수용책임과 ⓑ 개인행위자들 간에 요구되는 적정한 수준의 의미를 산출하지 못하는 실패로 전환되기 때문이다.

《후기자본주의 정당성 문제》에는 이후 부각될 다음의 중요한 구분이 초기적 형태로 나타난다. 즉, 경제와 국가의 정치·행정기구를 중심으로 전개되는 체계의 과정들은 문화적 과정들과 구분되어야 한다는 것이다. 이 구분은 나중에 각기 체계와 생활세계로 개념화되는데, 핵심요점은 이렇다. 하버마스는 프랑크푸르트학파 출신답게 강조점을 마르크스의 경제적 생산위기 분석으로부터 의미와 수용책임의 위기로 전환한다. 만약 자본주의 사회의 문제 내지 위기가 이 영역에 존재한다면 비판이론은 사람들이 상호 간에 이해와 의미를 산출하는 의사소통 및 상호작용 과정에 초점을 맞추어야 한다. 도구적 이성 내지 수단-목적 합리성이 상호이해와 수용책임을 기반으로 하는 행위를 몰아낸다면 비판이론의 목표는 이러한 경향을 폭로하고 이를 극복할 수 있는 방안을 제시하는 것이어야 한다. 무엇보다 특히 정당성 위기와 동기부여 위기는 사람들로 하여금 자신들의 삶에 무엇인가 결여되었음을 자각하게 함으로써 보다 해방적인 대안들에 대해 수용적 태도를 갖게 하기 때문이다. 그리하여 비판이론의 과제는 사회적 삶에서 의미와 수용책임의 재구성을 가능하게 하는 이론적 관점을 발전시키는 것이다. 이 목표는 사람들이 어떻게 의사소통하고 상호작용하며 상징적 의미를 발전시키는지에 대한 진전된 이해를 통해 실현될 것이라고 하버마스는 주장한다.

5. 발화와 상호작용에 대한 초기 분석

1970년 하버마스는 비록 그 방향성은 새롭고 보다 이론적이지만 어쨌든 공론장 개념으로의 복귀를 나타내는 두 편의 논문을 썼다. 이 논문들은 또한 발화(말하기)와 의사소통 및 상호작용의 과정에 대한 강조가 더욱더 증대될 것임을 시사했다. "체계적으로 왜곡된 의사소통에 대하여"라는 논문에서 하버마스는 왜곡되지 않은 의사소통의 본질에 대해 개괄하였다.[7] 하버마스가 베버의 후예임을 잘 보여주는 이 개괄은 하나의 이념형이다. 목표는 왜곡되지 않은 의사소통의 요건과 본질을 규정함으로써 지배와 같이 의사소통을 왜곡하는 과정들을 더 잘 폭로하는 것이다. 그렇다면 왜곡되지 않은 의사소통의 특징은 무엇인가? 하버마스는 다음과 같이 5가지 특징을 열거한다. ① 표현과 행위 그리고 제스처가 모순적이지 않다. ② 의사소통은 공개적이며, 적절한 것에 관한 문화적 기준에 따른다. ③ 행위자들은 언어 자체의 속성과 언어로 묘사된 사건 및 과정을 구분할 줄 안다. ④ 의사소통은 상호주관성을 낳는 동시에 상호주관성의 산물, 또는 행위자들이 상호 간에 주관적 상태를 이해하고 공통의 집단적 의미에 대한 감각을 발전시

키는 능력을 낳는 동시에 그 산물이다. ⑤ 시간과 공간의 개념화와 관련하여 행위자들은 상호작용 과정에서 외부적으로 관찰한 경우와 주관적으로 경험한 경우 이것들이 서로 다른 것을 의미한다고 이해한다. 의사소통의 왜곡에 대한 하버마스의 세부적 분석 내용보다 더 중요한 것은 비판이론이 무엇을 개념화해야 하는가에 대한 주장이다. 하버마스는 왜곡되지 않은 의사소통에 대한 개념화를 그러한 이상적 의사소통의 실현을 어렵게 만드는 사회적 힘에 대한 비판을 시작하는 배경으로 사용했다. 또한 하버마스는 그의 후속 논문이 보여주듯이 조건 ④, 즉 행위자들 간의 의사소통과 상호주관성을 강조한다.

이러한 강조는 1970년에 쓴 그의 다른 논문 "의사소통 능력에 관한 이론을 위하여"[8]에서 분명히 부각되었다. 이 주장의 세부사항보다 이 주장의 전반적 의도가 더 결정적으로 중요한데, 특히 그의 생각들이 이후에 계속 수정되었기 때문에 그러하다. 하버마스는 행위자들이 〔의사소통〕 능력을 갖추려면 어떻게 문장을 구성하고 말해야 하는가에 관한 언어학적 규칙보다 더 많은 것을 알아야 한다고 주장한다. 행위자는 '사회의 사회언어학적 구조'(social linguistic structure of society)의 일부를 이루는 〔대화를 가능하게 만들어 주는 보편적인 것들, 즉〕 '대화-구성적 보편자(普遍者)들'〔원문의 'ideologue-constitutive'는 'dialogue-constitutive'의 명백한 오기이므로 수정하여 '대화-구성적'으로 옮겼다 — 옮긴이〕도 숙달해야 한다는 것이다. 이 전문용어의 배후에는 언어와 발화의 의미는 맥락 의존적이며 행위자는 발언의 의미를 해석하기 위해 일단의 암묵적 비축(備蓄) 지식을 사용한다는

생각이 자리한다. 그리고 하버마스는 또 하나의 다른 이념형, 즉 행위자들이 왜곡 없이 의사소통하기 위해 요구되는 모든 관련 배경지식과 언어적 기량들을 갖춘 '이상적 발화상황'〔개념〕을 제시한다.

이렇게 1970년대 초에 하버마스는 발화에 의해 매개된 것으로서 상호작용 과정을 강조하는 데 비판이론의 사명이 있다고 보기 시작했다. 그러나 이런 발화행위의 해석은 일단의 비축지식 — 규칙, 규범, 가치, 묵시적 이해, 기억흔적 등 — 에 의존한다. 발화과정에 대한 이러한 이상(理想)들은 사안을 공개적으로 논쟁하고 토론하고 합리적으로 해결하는 낭만화된 공론장의 재서술이다. 물론 하버마스가 행한 것은 무엇이 좋고 바람직한 것인가에 관한 이 견해를 보다 이론적이고 개념적인 용어로 재서술한 것이다. 하지만 공론장의 낭만적 묘사와 발화에 대한 이념형적 개념화 사이에는 그다지 큰 차이가 없다는 주장도 제기될 수 있다. 그러나 이 개념화와 더불어 비판이론의 목표는 의사소통을 왜곡하고 이상적 발화상황의 실현을 저해하는 조건을 폭로해야 하는 것으로 설정됐다. 이리하여 하버마스의 유토피아는 행위자들이 왜곡 없이 의사소통할 수 있고, 상호 간의 주관적 상태에 대한 감각을 성취할 수 있고, 그들 간의 차이를 외적 제약과 강제가 없는 자유로운 논변을 통해 공개적으로 조정할 수 있는 사회다. 달리 말하자면 하버마스는 공론장을 복원하되, 보다 포괄적인 방식으로, 즉 사람들의 매일매일의 상호작용 속에서 복원하고자 한다.

이 유토피아 실현을 위한 합리적 접근방식을 만들어내려고 하버마스는 여러 상이한 방향으로 움직였다. 그는 공개적 논의를 저해하는 왜곡들을 폭로하기 위한 방편으로서 정신분석이론을 비유적으로 차용한다. [9] 그러나 이 정신분석학적 행로보다 지배와 제약이 감소된 사회의 창출을 위한 토대로서 의사소통행위와 상호작용 과정에 그가 점차 더 집중하게 되었다는 점이 훨씬 더 중요하다. 그리하여 그는 1970년대 중반에 자신의 분석에 **보편화용론**(universal pragmatics)이란 이름을 붙이는데, 그 핵심이 바로 '의사소통행위이론'이다. [10] 이 이론에 대해서는 곧 보다 상세히 논의하겠지만 여기서 그 핵심요소를 간략히 살펴보고자 한다.

의사소통은 단어와 문법 그리고 문장규칙 말고도 더 많은 것을 포함한다. 의사소통은 하버마스가 **타당성 주장**(validity claims)이라고 명명한 것도 포함한다. 〔타당성〕 주장에는 3가지 유형이 있다. ① 발화를 통해 제시된 행위경로가 목적달성에 가장 효과적이고 효율적인 수단임을 주장하는 것, ② 어떤 행위가 관련규범에 비추어 올바르고 타당함을 주장하는 것, 그리고 ③ 발화행위로 표현된 주관적 경험이 진실되고 충심에서 우러나온 것임을 주장하는 것 등이다. 모든 발화행위는 암묵적으로 이 3가지 주장을 내세운다. 물론 어떤 발화행위는 다른 두 가지 주장보다 어느 한 가지 주장을 더 강조할 수는 있지만 말이다. 의사소통에 응답하는 이들은 이 타당성 주장을 수용하거나 이의를 제기할 수 있다. 이의가 제기될 경우 행위자는 그들의 의사소통에 대해 논쟁에 들어가 토론하고 비판하고 수정한다. 물론 이들은 자신들의 주장을 제시하거나 이에 대해 이의를 제기하고 수정하기 위해 규범과 수단-목적 효율성 및 진실성에 대한 공통의 비축지식을 사용한다. 이 과정은 (이것은 공론장을 또 다른 형태로 재서술한 것인데) 종종 권력과 권위에 의지하여 주장들이 정리될 때 침해를 받는다. 그러나 개인들 상호 간에 어떤 주장에 대한 찬반의 근거를 서로 주고받음으로써 주장들이 정리될 경우 하버마스는 그것을 합리적 논의(*rational discourse*)라고 본다. 이렇게 바로 상호작용 과정 자체에 보다 정의롭고 개방적이며 자유로운 사회의 창출에 사용될 수 있는 합리적 논의의 잠재력이 내장되어 있다. 이러한 논의는 단지 수단-목적 합리성만은 아니다. 그 이유는 이러한 논의가 다른 두 타당성 주장, 즉 규범적 적절성과 관련된 주장 및 주관적 진실성과 관련된 주장에 대한 판정을 포함하기 때문이다. 그러므로 행위자는 암묵적으로 자신들의 각각의 발화행위의 효율성과 규범적 적절성 및 진실성에 대해 서로 평가하고 비판한다. 따라서 비판이론의 목적은 3가지 유형의 타당성 주장 모두에 대해 이러한 과정이 일어나는 것을 저해하는 사회적 조건을 폭로하는 것이다.

이 같은 방식으로 하버마스는 비판이론을 루카치와 호르크하이머, 아도르노가 강조했던 주관적 의식으로부터 — 각각의 발화행위의 타당성 주장을 통해 상호주관성을 창출하고 유지하고 변화시키는 — 상호주관적 의식과 상호작용 과정에 대한 관심으로 이동시켰다. 나아가 하버마스는 해방적 대안의 잠재력이 주관적 의식에 존재한다고 보지 않고, 해방적 잠재력이 각각의 모든 의사소통적 상호작용에 내재한다고 주장할 수 있었다. 발화와 의사소통이 상호작용의 토대이고, 사회는 궁극적으로 상호작용에 의해 유지되기 때문에 보다 덜 억압적인 사회의 창출은 의사소통 과정에 내재하는 동학을 실현함으로써 도래할 것이다.

6. 하버마스의 사회진화에 대한 재개념화

모든 비판적 이론은 사회의 억압기제의 장기적 발전을 분석하려 한다는 의미에서 역사적이다. 실제로 비판이론의 중심문제는 선진 자본주의의 발전에 대한 마르크스의 분석과 베버의 분석을 조화시키는 것이다. 따라서 하버마스가 역사적·진화론적 분석을 제출한 것은 놀라운 일이 아니지만, 베버와는 달리 하버마스는 진화적 동향 속에 해방적 잠재력이 있다고 본다. 그러나 동시에 그는 마르크스의 접근방식이 갖는 해방적 동력은 유지하면서도 마르크스의 분석에 존재하는 부정확한 예측은 피하고자 한다. 이런 조화의 시도를 실행에 옮긴 하버마스의 최초의 주요 노력은 그의 《역사적 유물론의 재구성을 위하여》[11]로 나타나는데, 그 일부가 〔영어로〕 번역되어 《의사소통과 사회의 진화》[12]로 출간되었다.

〔사회의〕 진화에 대한 하버마스의 연구는 이전에 논의했던 많은 주제를 결집하고 있어서, 그의 대강의 주장을 간략히 살펴보는 것은 가장 최근의 이론적 종합인 《의사소통행위이론》[13]의 분석을 예비하는 일이 될 수 있다. 여러 모로 하버마스는 마르크스와 베버의 진화론적 서술에 전통적 기능주의를 재도입하지만, 그 주안점이 현상학적이고 구조주의적이라는 점에서 다르다.

모든 기능주의 이론가들이 그러하듯이 하버마스도 진화를 구조적 분화의 과정이자 통합문제가 발생하는 과정으로 바라본다. 또한 그는 허버트 스펜서와 탈콧 파슨스 그리고 니클라스 루만을 차용하여, 복잡한 체계의 통합이 환경에 대한 사회의 대처능력을 증대시킴으로써 적응적 향상(*adaptive upgrading*)을 낳는다고 주장한다. [14] 즉, 통합되어 있는 복잡한 체계는 보다 덜 복잡한 체계에 비해 환경에 더 잘 적응한다. 따라서 핵심문제는 바로 어떤 조건이 통합을 증대시키는가, 아니면 감소시키는가 하는 것이다. 왜냐하면 통합이 이뤄지지 않으면 분화는 심각한 문제를 야기하기 때문이다.

체계통합에 관한 하버마스의 분석은 개별 행위자의 세계관 내지 비축지식에는 한 사회의 전반적 학습수준을 결정하는 학습능력과 정보량이 포함된다는 주장을 내세운다. 결국 이 학습수준은 환경문제에 대응하는 사회의 조정능력을 형성한다. 종종 하버마스는 이 학습수준을 가리켜 조직원칙이라고 말한다. 그리하여 체계가 내적 통합과 외적 우발사태 문제에 직면하면 개별 행위자의 비축지식과 세계관은 조직원칙과 조정능력으로 변환된다. 이것들은 다시금 체계가 반응할 수 있는 방식의 허용한계를 설정한다. 예를 들어 단지 종교적 신화만 가진 사회는 대규모의 축적된 기술과 조직원칙을 결정하는 비축된 규범적 절차를 가진 보다 복잡한 사회보다 환경적 도전에 반응하는 데 있어 덜 복합적이고 덜 유능할 것이다. 그러나 사회는 현재의 조직원칙과 조정 메커니즘의 능력범위를 초과하는 문제에 직면할 경우 자신들의 행위를 재조직하는 개인들의 세계관과 비축지식에 내재하는 '인지적 잠재력'(cognitive potential)에 의지할 수 있다는 점에서 '학습'[15]할 수 있다. 이 학습의 결과는 사회적 분화와 복잡성의 증가에도 불구하고 통합을 확보해내는 새 조직원칙의 발전을 가능케 하는 새로운 정보수준을 창출한다.

사회통합의 토대는 행위자들이 상호이해와 비축지식을 소통하고 발전시키는 과정에 놓여 있다. 이 통합과정이 경제적·정치적 조직의 유형에 의해 저지되면 될수록 그만큼 사회의 학습능력은 감소된다. 자본주의 사회의 주요 통합문제 중 하나는, 한편으로, 물질적 생산력(국가에 의해 관리된 경제)과, 다른 한편으로, 의사소통적 상호작용에 의해 산출되는 문화적 비축지식을 통합하는 문제이다. 규범적·문화적 차원에서의 통합(즉 공유된 이해)을 이루지 못한 채 물질적으로 경제영역과 정치영역으로 분화하는 사회는 미통합 상태로 머물고 위기를 겪게 될 것이다.

그러나 이러한 동학에는 그 해결책이 내장되어 있다. 통합하는 문화적 상징을 생산하고 재생산하는 의사소통적 상호작용 과정에는 물질적 생산과 재생산을 산출하는 노동과정과 똑같은 비중이 주어져야 한다. 이 지점에서 하버마스는 《의사소통행위이론》으로 보다 종합적인 접근방식을 발전시켰다.

7. 의사소통행위이론

두 권으로 이루어진 《의사소통행위이론》은 하버마스 사상의 여러 가닥을 일관성을 지닌 하나의 틀 안으로 결집한다.[16] 하지만 하버마스는 그의 종합적 학문 스타일에 걸맞게 꽤 방대한 지적 영역을 섭렵한다. 토머스 매카시(Thomas McCarthy)의 표현을 빌리자면 하버마스는 "이론적 구성을 '고전' 사회이론가들의 사상의 역사적 재구성과 다소 특이한 방식으로 조합"[17]함으로써 자신의 생각을 발전시킨다. 마르크스, 베버, 뒤르켐, 미드, 루카치, 호르크하이머, 아도르노, 파슨스 같은 사상가들은 하버마스에게는 '아직도 매우 팔팔하게 살아 있는' 존재들이며 '가상적 대화상대'(virtual dialogue partner)[18]로 다뤄진다. 그 결과 〔이 책〕 두 권은 다양한 사상가들의 저작 중 선별된 부분을, 그 핵심사상을 비판하고 또 이용하면서, 종횡무진 섭렵한다. 그러나 〔섭렵의〕 분진이 가라앉은 뒤의 최종 결과는 여러 생각이 하나의 비판이론으로 통합된 매우 창의적인 종합이다.

하버마스의 기본전제는 제1권 말미에 다음과 같이 요약되어 있다.

인류는 구성원들의 활동이 사회적으로 조정됨으로써 유지된다고, 그리고 이 조정은 의사소통을 통해, 핵심적인 영역에서는 동의를 목표로 하는 의사소통을 통해 이루어져야 한다고 가정해 보자. 그렇다면 인류의 재생산을 위해서는 바로 의사소통적 행위에 내재하는 합리성의 조건들 역시 충족되어야 할 것이다.[19]

달리 표현하면, 행위자가 암묵적으로 서로 타당성 주장을 제기하고, 반박하고, 수용하는 의사소통 행위 과정에는 덜 억압적인 방식으로 사회질서를 재구성하는 토대로 쓰일 수 있는 잠재력을 갖는 합리성이 내재한다는 것이다. 따라서 《의사소통행위이론》 제1권은 행위와 합리성에 초점을 맞추어 강조점을 개인의 주관성과 의식으로부터 상징적 상호작용 과정으로 전환하는 방식으로 두 과정을 재개념화[20]하려고 노력한다. 어떤 면에서 제1권은 하버마스의 미시사회학인 반면, 제2권은 그의 거시사회학이라 할 수 있다. 제2권에서 하버마스는 **체계** 개념을 도입하여 이 개념을 현상학적 생활세계 개념의 재개념화를 통해 미시적 행위 및 상호작용 과정과 결합하려 시도한다.

1) 전반적 프로젝트

먼저 전체적 주장을 간략히 살펴본 후 제1권과 제2권을 좀더 자세히 분석해 보자. 행위에는 4가지 유형이 있다. ① 목적론적 행위, ② 규범적 행위, ③ 연극적 행위, 그리고 ④ 의사소통적 행위가 그것이다. 그중 오직 의사소통적 행위만이 행위자들이 상호주관적 상호이해에 도달하게 해주는 요소를 가진다. 이러한 의사소통적 행위는 — 이것은 실제로는 상호작용인데 — 일단의 배경적 가정과 비축지식을, 또는 하버마스의 용어로 말하자면, **생활세계**를 전제한다. 또한 어느 사회에서든 **체계과정**이 작동하는데, 이것은 인류의 물질적 지속과 생존을 중심으로 전개된다. 진화적 경향은 체계과정과 생활세계 과정이 〔각기〕 내적으로 분화되고 또 상호 간에 분화하는 방향성을 띤다. 사회통합은 체계와 생활세계 간의 균형에 달려 있다. 그러나 근대사회가 발전되면서 경제와 국가를 중심으로 하는 체계과정이 (법과 가족 그리고 다른 재생산 구조도) 상호 공유하는 의미와 이해 및 상호주관성과 관련된 생활세계 과정을 '식민지화'(colonized)하고 지배하면서 이 균형은 깨지게 되었다. 그 결과 근대사회는 빈약한 통합수준을 갖는다.

자본주의 사회의 이러한 통합문제는 '생활세계의 재생산'(reproduction of the life world)과 관련된 위기로 표출된다. 다시 말해, 생활세계를 재생산하는 의사소통적 상호작용의 행위가 체계과정 (경제와 통치)의 재생산에 이용되는 화폐 및 권력과 같은 '탈언어화된 매체'(delinguistified media)로 대체된다. 이 위기의 해결책은 다시 생활세계와 체계 간의 관계에서 균형을 회복하는 것이다. 이 재균형화는 경제영역과 정치영역에서 공론장을 부활시킴으로써 그리고 의사소통적 행위(상호작용)가 권력과 화폐 같은 체계의 매체의 침범에 의해 방해받지 않고 진행될 수 있는 상황을 더 많이 창출해냄으로써 이루어질 수 있다. 따라서 비판이론의 목표는 생활세계가 식민지화된 사회적 양상을 기록하고 의사소통적 행위(상호작용)의 상황을 회복할 수 있는 접근방법을 제시하는 것이다. 이상이 하버마스의 전반적 주장인데, 이제 우리는 좀더 상세히 그의 주장을 살펴볼 것이다.

2) 행위와 합리성의 재개념화

《의사소통행위이론》 제1권에서 하버마스는 행위 및 합리화 과정에 대한 베버의 개념을 길고도 상세하게 분석한다. 그는 합리적 행위가〔인간을〕구속하는 힘보다 잠재적으로 해방하는 힘을 갖는 것으로 고찰할 수 있는 방식으로 합리성과 행위를 재개념화하고자 한다. 이러한 방식으로 그는 베버의 비관주의와 루카치, 아도르노 및 호르크하이머의 주관성으로의 후퇴를 회피할 수 있다고 믿는다. 하버마스의 결론에 따르면 행위에는 다음과 같이 여러 가지 기본유형이 존재한다.[21]

① **목적론적** 행위(*teleological action*)는 명시적 목적의 실현을 위해 여러 가지 수단들을 타산해 보고 가장 적합한 수단을 선택하는 것을 지향하는 행동이다. 그 타산의 대상에 다른 행위자들이 포함될 경우 이러한 행위는 전략적 행위가 된다. 하버마스는 이 행위를 '도구적' 행위라고도 부르는데, 이 행위가 목적달성을 위한 수단과 관련되기 때문이다. 하버마스는 과거에 합리성을 개념화할

때 이런 종류의 행위를 '합리적 행위'로 고찰하는 경우가 너무 많았다는 점을 강조하는데, 이 점이 가장 중요하다. 그가 주장하듯이 합리성에 대한 이러한 견해는 너무도 협소해서 비판이론을 개념적 덫(*conceptual trap*)으로 몰아넣는다. 목적론적 또는 수단-목적 합리성이 근대세계를 접수하고, 그 결과, 사람들을 억압했다면, 비판이론은 어떻게 합리적 대안을 제시할 수 있을까? 이러한 합리적 이론은 수단-목적 합리성의 또 다른 억압적 적용이 되지 않을까? 이 질문에 대한 답은 행위에는 여러 유형이 존재하며 참된 합리성은 목적론적 행위가 아니라 의사소통적 행위에 자리한다는 것을 인정하는 데 있다.

② **규범에 의해 규제되는** 행위(*normatively regulated action*)는 한 집단의 공동가치에 맞추어진 행동이다. 그리하여 규범적 행위는 집단적으로 조직된 개인들의 무리가 갖는 규범적 기대에 따르려는 방향성을 갖는다.

③ **연극적 행위**(*dramaturgical action*)는 관객 내지 공중 앞에서 자신을 의식적으로 조작하는 것과 관련된 행위이다. 이 행위는 자신의 의도를 드러내기 위해 자신들의 행동을 상호 간에 조작하는 행위자들과 관련된다는 점에서 자아중심적이지만, 이러한 조작이 조직된 행위의 맥락에서 행해진다는 점에서 또한 사회적이다.

④ **의사소통적 행위**(*communicative action*)는 어떻게 자신들의 행동을 상호 조정할지에 대해 합의하기 위해 그들이 공동으로 처한 상황과 그들 각자의 행위 계획을 이해하는 수단으로서 발화와 비언어적 상징을 사용하는 행위자들 간의 상호작용이다.

이 4가지 행위유형은 상이한 종류의 '세계'를 상

정한다. 다시 말해, 각각의 행위는 세계의 다소 상이한 측면에 맞추어진 것이다. 세계는 ① 조작 가능한 대상들의 **객관세계 내지 외부세계**, ② 규범, 가치 및 사회적으로 인정된 다른 기대들로 구성된 **사회세계**, 그리고 ③ 경험의 **주관세계**로 나뉠 수 있다. 목적론적 행위는 주로 객관세계와, 규범에 의해 규제되는 행위는 사회세계와, 그리고 연극적 행위는 주관세계 및 외부세계와 관련된 것이다. 그러나 오직 의사소통적 행위로써만 행위자는 "공동의 상황해석을 이끌어내기 위하여 〔미리 해석된 생활세계의 지평으로부터〕 객관세계, 사회세계, 주관세계에 있는 어떤 것에 동시에 관계한다."[22]

따라서 이런 의사소통적 행위는 3개의 세계 모두를 다루고 3가지 유형의 타당성 주장을 내세우는 발화행위로서 진행되기 때문에 다른 모든 행위보다 잠재적으로 더 합리적이다. 이러한 발화행위는 ① 진술이 명제적 내용 또는 외부적 객관세계와 관련하여 참이고, ② 진술이 현존하는 규범적 맥락 내지 사회세계와 관련하여 올바르며, ③ 진술이 진실되며 행위자의 의도와 경험의 주관세계를 드러내 보인다고 주장한다.[23] 이 세 유형의 타당성 주장이 제기되고 다른 이들에 의해 수용되거나 반박되는 의사소통행위의 과정은 다른 유형의 행위보다 본질적으로 더 합리적이다. 어떤 타당성 주장이 수용되지 않는다면, 힘과 권위에 의지하지 않은 채 〔상호〕이해를 이루어내기 위하여 그 타당성 주장에 대한 논쟁과 토론이 이뤄진다.[24] 타당성 주장을 통한 〔상호〕이해의 성취와 그것에 대한 수용 내지 토론의 과정은 문화적으로 정착된 선이해를 배경으로 진행된다. 이 배경은 전체로서는 문제가 되지 않는다. 비축지식 중 오직 〔상호작용〕 참여자들이 그때그때 이용하거나 주제화하는 부분만이 시험대에 오른다. 상황정의는 참여자 자신들이 협의해내기 때문에 주제화되는 이 생활세계의 단면은 이들이 매번 새로운 상황정의에 관해 협의해내는 만큼 달라질 수 있다.[25]

그리하여 발화행위를 통해 타당성 주장을 제기하는 과정에서 행위자들은 현존하는 상황정의를 사용하거나 그들 간의 사회관계에서 질서를 설정하는 새로운 상황정의를 창출한다. 이러한 정의는 그들의 생활세계의 비축지식 중 일부가 되고, 타당성 주장이 제기되고, 수용되고 반박되는 기준이 된다. 이렇게 의사소통행위를 통해 〔상호〕이해를 성취할 때 생활세계는 전 영역의 세계 — 객관세계, 사회세계 및 주관세계 — 를 포괄하는 타당성 주장을 판정하는 기준점으로 작용한다. 그러므로 하버마스가 보기에는 수단-목적 내지 목적론적 행위보다 바로 의사소통적 상호작용 과정에 더 많은 합리성이 내재한다.[26] 하버마스는 이를 다음과 같이 요약한다.

———

상호이해 과정의 합리적 내부구조를 우리는 … 다음과 같은 것들로 특징지었다. ① 행위자의 세 가지 세계 연관 및 이에 상응하는 객관세계, 사회세계, 주관세계의 개념, ② 명제적 진리, 규범적 정당성, 진실성 내지 진정성이라는 타당성 주장들, ③ 합리적 동기에 따르는, 즉 비판 가능한 타당성 주장에 대한 상호주관적 인정에 기초한 동의의 개념, ④ 협동적으로 공동의 상황정의를 협의해내기 위한 것으로서의 상호이해.[27]

———

이렇게 사람들은 의사소통적으로 행위(상호작용)하면서 공동의 상황정의를 사용하는 동시에 산출한다. 이러한 정의들은 사회의 생활세계의 일부이다. 의사소통행위를 통해 이러한 정의들이 생산되고 또 재생산되었다면, 이것들은 합리적이고 비억압적인 사회통합의 토대가 된다. 이제 우리는 의사소통행위에 있어서 항소심 역할을 하는 이 생활세계에 관한 하버마스의 논의를 살펴보고자 한다.

3) 사회의 생활세계와 체계과정

하버마스는 생활세계가 "문화적으로 전승되고 언어적으로 조직되어 비축된 해석양식"이라 본다. 그런데 이 '해석양식'(interpretative pattern)은 무엇에 관한 것인가? 이것은 무엇에 적용되는가? 그의 답변은, 역시 하버마스답게, 또 다른 유형론이다. 생활세계에는 3가지 서로 다른 유형의 해석양식이 존재한다. 문화 내지 상징체계와 관련된 해석양식이 있고, 사회 내지 사회제도와 관련된 해석양식이 있으며, 인격(personality) 또는 자아 및 존재의 측면에 맞추어진 해석양식이 있다. 다시 말해서, ① 행위자는 문화전통, 가치신념, 언어구조 및 상호작용에서 이와 관련된 비축지식을 사용하는 것과 관련된 암묵적이고 공유된 비축지식을 가지며, ② 또한 사회적 관계를 어떻게 조직하고 어떤 종류, 어떤 양식의 조정된 상호작용이 올바르고 적절한지에 대해 알고, ③ 사람들은 어떤 존재이며, 그들이 어떻게 행동해야 하는지, 그리고 무엇이 정상이고 무엇이 일탈인지 이해한다.

이 3가지 유형의 해석양식은 다음과 같은 생활세계 재생산을 위한 (그리고 이 말은 곧 '사회통합을 위한'이라는 말을 함축한다) 기능적 요구에 대응한다고 하버마스는 주장한다. 즉, ① 의사소통행위를 통한 [상호]이해의 성취는 문화적 지식을 전달하고, 보존하며, 갱신한다. ② 상호작용을 조정하는 의사소통행위는 사회통합과 집단적 연대에 대한 요구를 충족시킨다. ③ 행위자를 사회화하는 의사소통행위는 인격적 정체성 형성에 대한 요구를 충족시킨다. [28]

이렇게 생활세계의 세 구성요소 — 문화, 사회, 인격 — 는 의사소통행위의 수행과 함께 이루어지는 3가지 차원의 성취 — [상호]이해의 성취, 상호작용의 조정, 그리고 사회화 수행 — 를 통해 상응하는 사회적 요구 — 문화적 재생산, 사회적 통합, 그리고 인격 형성 — 를 충족시킨다. 이를 하버마스는 제2권에서 다음과 같이 요약한다.

———

상호작용 참여자들이 그들의 상황에 대해 이해를 도모할 때, 그들은 그들이 사용하면서 동시에 갱신하는 문화적 전통 안에 서 있다. 상호작용 참여자들이 그들의 행위를 비판 가능한 타당성 주장에 대한 상호인정을 통하여 조정할 때, 그들은 사회집단에 대한 소속감에 의지하며 동시에 집단의 통합을 강화한다. 자라나는 어린이가 유능하게 행위하는 보호자와의 상호작용에 참여할 때, 그는 사회집단의 가치관을 내면화하고 일반화된 행위능력을 획득한다. [29]

———

이 생활세계 과정은 한 사회의 체계과정과 상호연관돼 있다. 경제적, 정치적, 가족적, 그리고 여타 제도적 맥락 속에서의 행위는 생활세계의 문화적, 사회적 그리고 인격적 차원에 의지하고 또 재생산한다. 그러나 진화적 경향은 생활세계가 각각 문화, 사회 및 인격과 관련된 비축지식으로 분화하고, 체계과정이 경제, 국가, 가족 및 법과 같은 특유하고 개별적인 제도적 다발로 분화하는 방향성을 갖는다. 이러한 분화는 생활세계와 체계 간의 통합과 균형의 문제를 낳는다.[30] 그리고 여기에 근대사회의 딜레마와 위기가 존재한다.

4) 진화적 동학과 사회의 위기

어떤 면에서 하버마스는 사회적·문화적 분화에 관한 기능주의자의 전통적 분석과 보다 더 합리적이고 분화된 사회를 계속 창출함으로써 해방의 씨앗을 뿌린다는 마르크스적 변증법을 혼합한다고 볼 수 있다. 하버마스는 뒤르켐의 기계적 연대에 관한 분석을 차용하여 "어떤 타당성 주장이 언제, 어디서, 무엇을 위해서, 누구에 의해, 그리고 누구에 대해서 받아들여져야 하는지가 문화적 전통에 의해 미리 결정될수록, 당사자들 자신이 그들의 예/아니오 입장을 뒷받침할 수 있는 잠재적 근거들을 명시적으로 만들고 검사할 수 있는 가능성은 더욱 적어진다"[31]고 주장한다. 그러나 "기계적 연대가 기능적 상호의존에 기반한 유기적 연대에 자리를 내줌에 따라", "문화적 비축지식을 공급하는 세계관은 더욱 탈중심화하고", "〔상호〕이해에 대한 요구가 비판이 면제된 해석된 생활세계에 의해 사전에 충족되는 정도가 감소하면 할수록", "그만큼 더 이 요구는 참여자 자신들의 해석적 성취를 통해 충족되어야만 한다." 즉, 생활세계가 유지되고 재생산되려면, 사회의 복잡성이 증가하면 할수록 사회적 행위가 의사소통적 과정에 기반해야 할

필요성은 더욱더 증가한다. 그 결과 사회질서가 단순하고 미분화된 생활세계에 의해 사전에 예비되는 정도가 더욱더 줄어들기 때문에 합리적 의사소통행위의 잠재력은 더 커지게 된다. 그러나 체계과정은 이 잠재력을 축소했다. 따라서 비판이론의 과제는 체계과정이 어떻게 생활세계를 식민지화하였고, 그럼으로써 의사소통행위의 발화행위에 내재하는 이 잠재적으로 우월한 합리성을 저지하였는지를 기록하는 것이다.

어떻게 체계과정은 의사소통행위에 포함된 이 잠재력을 억제하였는가? 생활세계 조직의 신성하고 전통적인 토대가 해체되고 문화, 사회 및 인격을 축(軸)으로 분화된 생활세계를 중심으로 한 언어적 상호작용에 의해 대체되자 체계과정의 분화에는 이와 상반되는 경향이 자리하게 된다. 체계의 진화는 체계과정의 수행을 위해서 기술과 과학, 그리고 화폐와 권력 같은 '탈언어화된 조정 메커니즘'(*delinguistified steering mechanism*)을 더욱더 많이 사용하는 물질적 생산의 확장을 포함한다.[32] 이 매체는 의사소통행위의 타당성 주장에 의지하지 않는다. 이 매체가 더욱더 많은 생활영역 — 시장, 관료체계, 복지국가 정책, 법체계, 그리고 심지어 가족관계 — 에서 상호작용의 매체가 되면, 생활세계 재생산에 극히 중요한 의사소통행위 과정들이 침범당하고 식민지화된다. 이렇게 체계과정은 권력과 화폐를 통합매체로 이용하고, 이 과정에서 체계과정은 '생활세계로부터' 그것이 수행하였던 사회통합의 기능을 '떼어낸다.'[33] 이것은 하나의 아이러니인데, 생활세계의 분화가 체계과정의 분화와 화폐 및 권력의 사용을 촉진하였고,[34] 이로써 "합리화된 생활세계는 파괴적인 방식으로 생활세

계에 반격을 가하는 하위체계들의 부상과 성장을 가능하게"35 하였기 때문이다.

이 아이러니한 과정을 통해 자본주의는 화폐를 사용하는 시장의 동학을 창출하고, 이 시장의 동학은 결국 정치적·경제적 위기는 감소시키나 생활세계 재생산을 둘러싸고 일어나는 위기는 증가시키는 방식으로 권력을 이용하는 복지국가를 낳는다. 왜냐하면 새로운 위기와 갈등은 "문화적 재생산, 사회통합 그리고 사회화의 영역에서 일어나기"36 때문이다.

8. 나가며: 비판이론의 목표

하버마스는 이제 이러한 초기의 관심사로, 그리고 초기 비판이론가들의 관심사로 되돌아왔다. 그는 진정한 합리성은 베버가 주장했듯이 목적론적(그리고 전략적 또는 도구적) 행위에 내재하는 것이 아니라 의사소통적 행위에 내재한다고 주장함으로써 베버의 논지를 재구성하였다. 그리고 그는 근대적 위기에 대한 비판이론가들의 견해를 재정의했다. 근대적 위기는 합리화의 위기가 아니라, ─ 사회통합에 극히 중요한 생활세계를 재생산하는 ─ 의사소통행위의 발화행위에 내재하는 진정한 합리적인 과정들의 식민지화 위기이다. 따라서 (초기 비판이론가들의 주장처럼 개인의 주체적 과정이 아니라) 분화된 사회의 통합과정에, 비인격적

조정 메커니즘에도 불구하고 의사소통적 합리성의 회복을 추구하는 비판이론을 위한 잠재력이 내장되어 있다. 체계의 분화가 화폐와 권력 같은 탈언어화된 매체를 통해 일어난다면, 그리고 이 매체가 의사소통행위에 대한 의존도를 축소한다면, 위기는 불가피하다. 그 결과 나타나는 사회적 삶에서의 의미 결핍으로 인한 집단적 좌절감을 비판이론가는 사람들이 체계과정과 생활세계 과정 간의 적절한 균형을 회복하기 위해 나서도록 하는 데 이용할 수 있다. 따라서 마르크스가 주장했듯이 물질적 생산의 위기가 변화의 추진력이 되지는 않을 것이다. 오히려 생활세계 재생산의 위기가 사회를 재조직하는 자극제로 작용할 것이다. 그리고 하버마스는, 이는 자신의 첫 저작으로 돌아가는 것인데, 이러한 재조직화를 ① 탈언어화된 권력과 권위보다는 재언어화된 논쟁과 논변이 정치적 결정을 내리는 데 이용되는 정치에서의 공론장의 회복을 포함하고(그리하여 '정당성 위기'를 감소시키고), ② 점점 더 탈언어화된 조정 매체의 지배하에 들어간 영역 ─ 가족, 노동, 그리고 사회적 관계 ─ 에서 다시 의사소통행위를 확장하는 것을 (이로써 '동기부여의 위기'를 제거하는 것을) 포함한다.

이러한 재조직화를 위한 잠재력은 생활세계를 재생산하는 의사소통행위에 고유한 합리성을 통한 사회통합 그 자체에 내재한다. 비판이론의 목적은 이 합리적 잠재력을 해방시키는 것이다.

주

1 즉, 수단-목적 합리성이 더욱더 많은 삶의 영역들 속으로 침범해 들어오는 것을 말한다.

2 Jürgen Habermas, *The Theory of Communicative Action* (Boston : Beacon, 1981, 1984 〔한국어판: 위르겐 하버마스, 《의사소통행위이론》 1 · 2, 장춘익 역, 나남, 2006〕). 다음 책들은 하버마스의 저작에 대한 몇몇 유용한 서평과 비판을 담고 있다. John B. Thompson and David Held, eds., *Habermas : Critical Debates* (London : Macmillan, 1982) ; David Held, *An Introduction to Critical Theory*, Chap. 9~12 (London : Hutchinson, 1980).

3 Jürgen Habermas, *Strukturwandel der Öffentlichkeit* (Neuwied, Germany : Luchterhand, 1962).

4 Jürgen Habermas, *Zur Logik der Sozialwissenschaften* (Frankfurt : Suhrkamp, 1970).

5 Jürgen Habermas, *Knowledge and Human Interest*, trans. J. Shapiro (London : Heine-mann, 1970 ; 독일어 원서 초판 1968) 〔영어판 제목과 달리 독일어 원서의 제목은 *Erkenntnis und Interesse*이다. 한국어로는 이미 《인식과 관심》이란 제목으로 잘 알려져 있어서 이에 따른다 — 옮긴이〕. 《사회과학의 논리》와 《인식과 관심》에서 근간을 이루는 아이디어들은 1965년 하버마스의 프랑크푸르트대 교수 취임 강연에서 개진되었고, 이 강연 원고는 다음의 논문으로 최초 출간되었다. "Knowledge and Interest", *Inquiry* 9 (1966) : pp. 285~300.

6 Jürgen Habermas, *Legitimation Crisis*, trans. T. McCarthy (London : Heinemann, 1976 ; 독일어 원서 초판 1973) 〔독일어 원서의 제목은 *Legitimationsprobleme im Spätkapitalismus*이다. 여기서는 한국어판 제목에 따라 《후기자본주의 정당성 문제》로 옮긴다. 한국어판: 위르겐 하버마스, 《후기자본주의 정당성 문제》, 임재진 역, 종로서적, 1983 — 옮긴이〕.

7 Jürgen Habermas, "On Systematically Distorted Communication", *Inquiry* 13 (1970) : pp. 205~218.

8 Jürgen Habermas, "Toward a Theory of Communicative Competence", *Inquiry* 13 (1970) : pp. 360~375.

9 하버마스는 자신의 프로그램을 이러한 측면에서 때때로 **심층해석학**이라고 부른다. 이 구상은 정신분석학적 접근방식 — 즉 대화와 이해장벽의 제거, 잠재적 인과과정의 분석, 그리고 상호작용에서의 왜곡을 해소하기 위해 이런 이해를 사용하려는 노력 — 과 유사한 사회체계 탐구 방법론을 창출하는 것이다.

10 그 초기 서술로는 "Some Distinctions in Universal Pragmatics : A Working Paper", *Theory and Society* 3 (1976) : pp. 155~167를 보라.

11 Jürgen Habermas, *Zur Rekonstruktion des Historischen Materialismus* (Frankfurt : Suhrkamp, 1976).

12 Jürgen Habermas, *Communication and the Evolution of Society*, trans. T. McCarthy

(London: Heinemann, 1979).

13 이와 관련된 초기 서술로는 Jürgen Habermas, "Towards a Reconstruction of Historical Materialism", *Theory and Society* 2, no. 3 (1975): pp. 84~98가 있다.

14 비록 하버마스의 접근방식의 많은 부분이 루만에 대한 대응이지만, 여기서 그는 니클라스 루만을 차용한다(이 책의 5장 참조).

15 하버마스는 사회가 구조적으로 더 복잡해지면서 학습능력을 갖는다고 보는데, 여기서 그는 장 피아제(Jean Piaget)와 로렌스 콜버그(Lawrence Kohlberg)의 아동 인지발달 분석과 유사한 접근을 한다.

16 Jürgen Habermas, *The Theory of Communicative Action*, 2 vols(주 2 참조). 제1권의 부제인 이성과 사회합리화〔독일어판 및 한국어판: 행위합리성과 사회합리화〕는 이 책의 취지를 어느 정도 암시한다. 〔영어판〕번역자인 토머스 매카시는 아주 어려운 문체를 훌륭하게 잘 번역했다. 또한 제1권 앞에 붙인 그의 '역자서문'(vol. 1, pp. v-xxxvii)은 내가 본 글 중에서 하버마스의 최근 이론에 대한 최고의 요약이다.

17 Thomas McCarthy, "Translator's Introduction"(주 16 참조), p. vii.

18 같은 책.

19 Jürgen Habermas, *The Theory of Communicative Action*, vol. 1, p. 397 (주 16 참조)〔한국어 인용은 한국어판, 제1권, 577쪽〕.

20 제1권의 부제가 이성과 사회합리화임을 상기하라.

21 Jürgen Habermas, *The Theory of Communicative Action*(주 16 참조), pp. 85~102〔한국어판, 제1권, 152~179쪽〕.

22 같은 책, p. 95〔한국어 인용은 한국어판, 제1권, 169쪽. 〔 〕안의 내용은 영어 인용문에는 없지만 독일어 원문과 한국어 번역판에는 들어 있는 부분이다 ― 옮긴이〕.

23 같은 책, p. 99〔한국어판, 제1권, 176쪽〕.

24 왜곡되지 않은 의사소통과 이상적 발화행위에 관한 하버마스의 초기 논의를 상기하라. 위의 내용은 그가 이런 생각들을 재개념화한 가장 최근 결과다.

25 같은 책, p. 100〔한국어판, 제1권, 177쪽〕.

26 같은 책, p. 302〔원문의 이 인용표기에 해당하는 한국어판 페이지는 445~446쪽인데, 이 인용 부분에는 저자가 말하는 내용과 직접 관련된 것이 없다. 아마 원문의 인용표기는 오류인 듯하다 ― 옮긴이〕.

27 같은 책, p. 137〔한국어 인용은 한국어판, 제1권, 229~230쪽〕.

28 이제 우리는 '체계와 생활세계: 기능주의적 이성 비판'이란 부제가 붙은 제2권(같은 책, pp. 205~240)으로 들어간다〔독일어 원본에 따른 한국어판 부제는 '기능주의적 이성 비판을 위하여'이다 ― 옮긴이〕. 이 부제는 하버마스가 제2권에서 기능주의적 주장을 많이 개진하기 때문에 약간은 아이러니한 제목이다. 그러나 앞에서도 지적한 바와 같이 하버마스의 초기 저작은 항상 암묵적 기능주의를 포함하였다.

29 같은 책, p. 137〔원문의 인용 페이지 208쪽은 명백한 오기이므로 바로잡았다. 한국어 인용문은 한국어판, 제2권, 224쪽 ― 옮긴이〕.

30 이것은 '통합문제'를 낳는 '분화'라는 해묵은 기능주의적 주장이다. 하버마스의 이런 주장은 이미 스펜서에게서 찾아볼 수 있고, 현상학적 성격을 띠고 환생한 파슨스라 할 수 있다.

31 여기의 모든 인용은 제1권, p. 70에서 가져왔다〔한국어판, 제1권, 132~133쪽〕.

32 여기서 하버마스는 짐멜의 《돈의 철학》에서의 분석(이 책의 19장 참조)과 파슨스의 일반화된 매체에 관한 개념구성을 차용한다(3장 참조).

33 Volume 2 of *The Theory of Communicative Action*, pp. 256~276〔한국어판, 제2권, 401~431쪽〕.

34 하버마스의 이 주장은 진화에 대한 파슨스의 분석을 아주 많이 차용한 듯하다(이 책의 4장을 볼 것).

35 Volume 2 of *The Theory of Communicative Action*, p. 227〔원본에 표기된 영어판 227쪽에는 인용된 문장이 없고, 인용된 문장과 대동소이한 문장은 영어판 186쪽에서 찾아볼 수 있다. 한국어판, 제2권, 292쪽 참조 — 옮긴이〕.

36 같은 책, p. 576〔이 인용표기는 오류다. 영어판 《의사소통행위이론》 제2권은 457쪽으로 끝난다 — 옮긴이〕.

30 장

포스트모던 비판이론

1. 들어가며

포스트모던(*postmodern*)이란 이름표는 서로 다른 많은 관점들을 포괄하지만, 이 용어에는 두 개의 공통된 주제가 들어 있다. ①과학으로서의 사회학에 대한 비판, ②현대성(*modernity*)과의 결정적 단절이 그것이다. 여기서 두 번째 주제는 문화적 상징, 미디어가 추동하는 이미지, 그리고 상징적 의미작용의 여타 힘이 사회조직의 본성과 사회적 세계에 대한 개인들의 관계를 변화시켰음을 뜻한다.

2. 과학에 대한 포스트모던 비판

계몽주의로부터 출현한 과학의 시대(*the Age of Science*)는 언어를 이용하여 우주의 핵심적 속성을 표현하고 이 속성의 본성과 동학에 대해 과학자끼리 소통하는 것이 가능하리라고 상정했다. 경험적 사례에 비추어 일반이론을 검증함으로써 지식이 축적되고, 과학이 성숙함에 따라 수학과 같은 더욱 형식적인 언어들이 이론가에 의해 이용될 수 있고 더욱더 정밀한 측정도구가 실험연구자에 의해 개발될 수 있다고 정말로 믿었다. 이런 식으로 해서 우주의 속성과 동학에 관한 지식의 축적이 가속화될 것이고, 이러한 축적이 일어나기 위해서는 언어로 진술되는 이론과 우주의 실제 본성 사이의 상응성의 정도가 증대되어야 할 것이라고 여겼다. 물론 어떤 과학자도 완벽한 상응성이 존재할 수 있을 거라 가정하지는 않았다. 하지만 더 정교한 언어와 이 언어에 맞추어진 측정도구를 사용하면 우주의 재현을 점점 더 정확하게 만들 수 있다는 믿음이 있었다.

과학에 대한 이러한 믿음은 최소한 다음과 같은 의미에서 **모더니즘**(*modernism*)의 초석 가운데 하나였다. 즉, 더 나은 사회를 구축하는 데 과학적 지식이 이용될 수 있고, 세계에 관한 지식이 축적됨에 따라 그것은 사회조직의 유형에 있어 생산성과 민주성 그리고 공정성을 증대시키는 데 이용될 수 있을 것이라고 믿었다. 모든 비판적 접근과 마찬가지로, 포스트모더니즘(*postmodernism*)은 현대성의 과학에 대한 믿음을 공격한다. 더욱이, 포스트모더니즘은 인간의 지식과 관련해 3가지의 상호연관된 문제를 제기한다.

첫 번째는 재현(再現, *representation*)의 문제다. 포스트모더니즘은 종종 과학이 세계의 작동을 관장하는 법칙과도 같은 원리를 발견하고 이용함으로써 세계를 탈신비화하는 데 이용될 수 있다는 견해를 의문시한다. 이러한 근대적 믿음을 뒷받침했던 것은 세계에 관한 '진리'를 표현하는 단일한 최상의 양식 — 과학적 이론과 조사연구의 발견 — 이 있다는 관념이었다. 포스트모더니스트들은 전형적으로 과학적 언어의 기호와 완고한 실재 사이의 이런 가정된 상응성에 도전한다. 과학의 언어가, 또는 어떤 언어라도, 우리가 실재를 조망할 수 있는 직접적인 창을 제공하는가? 즉, 언어는 단지 실재를 재현하기만 하는가? 아니면, 언어란 바로 그 실존에 의해 실재에 대한 그림을 왜곡하는 하나의 사회적 구성물인가? 언어가 사회적 구성물이고 따라서 사회집단 및 그들의 이해관계와 관련되는 한, 언어의 직접적 재현에 대한 가정은 문제적인 것이 된다.

두 번째는 이와 연관된, 권력과 기존 이해관계(*vested interests*)라는 문제이다. 어떤 포스트모더니스트들은 비록 물리적 세계가 법칙에 의해 운행될 수 있다고 양보한다고 해도, 이 법칙을 발견하는 바로 그 과정은 다시 이해관계, 정치, 그리고 지배의 형식에 종속된 문화를 창조한다고 주장한다. 예를 들면, 아원자물리학(*subatomic physics*)의 준법칙적 지식은 전쟁 수행에서의 정치적 이해관계를 반영했고, 유전학의 법칙은 생명공학 회사의 이해에 봉사하는 것으로 볼 수 있다. 물리적 세계 및 유기체 세계의 법칙과 관련해 진실인 것은 사회적 법칙의 경우에는 훨씬 더 진실인 바, 사회적 법칙은 그것들의 분절화 그 자체가 사회적 영역 내의 도덕적·정치적·경제적 이해관계 및 여타 이해관계를 반영한다. 포스트모더니스트의 관점에서 볼 때, 과학 특히 사회과학에서의 진리란 이론적 진술과 실제 사회세계의 상응성이 아니라 다른 어떤 기호체계와도 마찬가지로 하나의 문화적 생산이다. 과학은 그러므로 특권화된 목소리를 향유할 수 없다. 왜냐하면 그것은 문화적 텍스트와 같은 것이기 때문이다.

세 번째는 연속성(*continuity*)의 문제다. 포스트모더니스트는 지식이 사회를 진전시키는 데 이용될 수 있고 세계에 관한 이해의 연속성을 증대시키는 식으로 축적된다는 견해에 대해 의문을 제기한다. 지식에 대한 이러한 믿음은 현대성의 특징적 표식이었지만, 지식에서 사회의 지배적 분파의 이해관계에 일어나는 변화들에 긴박되어 있는 불연속성을 보는 포스트모더니스트에게 지식과 문화의 진보하는 연속성에 대한 그러한 믿음은 오도된 것일 뿐만 아니라 경험적으로 틀린 것이기도 하다. 포스트모더니스트는 인간의 이데올로기적 이해관계와 별도로 존재하는 지식은 없기 때문에 지식의 불연속성이 규범이고, 문화의 영구적 다원주의가 인간이 지속적으로 대면해야 하는 유일의 진정한 진실이라고 주장한다.

결국, 과학에 대한 포스트모더니스트의 철학적 공격은 그 자신의 것까지 포함한 어떤 지식체계에 대해서도 특권화된 지위를 부인한다. "어떤 도착 지점도 임시 승강장일 뿐이기 때문이다. 어떤 곳도 특권적이지 않고, 어떤 곳도 다른 곳보다 낫지 않다. 어떤 곳에서도 지평선은 다른 어떤 곳에서보다 더 가깝지 않듯이 말이다."[1] 포스트모더니즘은 인간의 창조물로서의 지식은 그것이 발생한 상황과 상관적이고 그것에 의존한다는 점을 강조한다. 지식이란 궁극적으로 기호의 체계, 또는 인간적 표현의 언어이기 때문에, 그것은 '저기 바깥에 있는' 외적 세계에 관한 것인 만큼이나 자기자신에 관한 것이다.

이러한 비판은 28장에서 검토된 1세대 비판이론가에 의해 표현된 것과 동일한 요소를 많이 갖고 있지만, 새로운 비틀림을 추가하고 새로운 전환들을 취한다. 그렇기 때문에 우리는 포스트모더니스트들의 비판 내에서 이러한 강조점의 변화를 검토해야 하는 동시에, 포스트모더니즘의 지적 운동에서의 핵심적인 정초적 사상가 및 현재적 인물을 검토함으로써 보다 일반적인 논지 또한 더 추적해야 한다.

1) 장-프랑수아 리오타르

장-프랑수아 리오타르(Jean-François Lyotard)는 그의 과학비판[2]의 많은 부분을 루드비히 비트겐슈타인(Ludwig Wittgenstein)에게서 빌려온 게임으로서의 언어[3]라는 관념에 기초하여 구축했다. 비트겐슈타인은 언어가 기능하는 방식과 게임이 수행되는 방식 사이에 유비적 관계를 설정했다. 그는 게임처럼 언어는 자신의 실존에 대해서 자기자신 외에 다른 정당화를 필요로 하지 않으며 오직 자기자신의 규칙에만 종속되는 자율적 창조물이라고 주장했다. **언어**라는 용어로써 비트겐슈타인

은 단순히 단어와 그것들의 구문적 배열만을 뜻한 것이 아니라 인간적 표현의 제시, 수용, 실행에 싸여 있는 모든 것을 의미했다. 그리고 이〔인간적〕 표현은 그 자신 외에 다른 이유로 존재하지 않으며 그 자신의 것 외의 다른 규칙에 종속되지 않는다.

비트겐슈타인의 유비를 이용해 리오타르는 한편으로 지식의 서사적 형식과 다른 한편으로 지식의 외시적(denotative), 과학적 형식 사이의 비교를 제안한다. 서사(narrative)는 실재하는 사람들의 사회적 세계에 가까운 표현 형식이다. 그것은 하나의 사회적 집단 내에서, 이 사회집단을 창조하고 유지할 목적으로 표현된다. 서사를 이렇게 볼 때, 리오타르는 누가 이야기할 권리가 있고 누가 들을 책임이 있는지에 관한 내부 규칙이 있는 작은 가족기반 집단의 구술사와 비슷한 어떤 것을 의미하고 있다. 그런 서사에서 창조되는 지식에 대한 검증은 반영적(reflexive)이다. 왜냐하면 그러한 서사의 검증은 그 자신의 담론 규칙에 준거하기 때문이다.

이와 대조적으로, 지식의 외시적·과학적 형식은 사회적 유대에서 기원하지 않는다. 그와 달리, 과학은 단지 물리적 우주에 존재하는 것을 재현할 뿐이라고 제안하며, 그럼으로써 지식의 서사적 형식을 예속시킨다. 리오타르는 이론과 조사연구가 우주의 진정한 본성을 드러내 줄 것이기 때문에 서사와 전통은 더 이상 과학에서 요구되지 않는다고 주장한다. 하지만 이럴 경우 과학에는 문제가 하나 있다. 경청되기 위해서는, 과학은 서사적 지식의 형식 ─ 이 경우에는 거대서사(grand narrative) ─ 에 호소해야만 한다. 이 거대서사는 인간해방에 대한 계몽주의의 약속에 기초하며 게오르크 헤겔

에 의해 가장 명확하게 표현된 진보의 비전을 포함한다. 리오타르는 포스트모더니즘은 어떤 것이든 그러한 거대서사에 대해 두루두루 던지는 의구심으로 정의되며, 서사에 호소하고자 하는 이 욕구는 과학이 다른 것과 마찬가지로 하나의 언어게임임을 드러낸다고 주장한다. 이렇듯, 과학은 다른 언어게임을 감독할 특별한 권한이나 권능을 갖고 있지 않다. 리오타르의 시각에 따르면, 이제 합의가 아니라 불화(不和)가 강조되어야 한다. 하나의 목소리에 다른 목소리보다 특권이 부여되지 않는, 앎에의 이질다원적 권리주장(*heterogeneous claims to knowledge*)이 지식의 유일하고 진실한 기초이다.

2) 리처드 로티

철학자 리처드 로티(Richard Rorty)는 과학에 대한 철학적 비판을 더 극단으로 — 실로, '저기 바깥에 있는' 외적인, 완고한 실재(*reality*)란 존재하지 않는다고 단언하는 것으로 보일 정도로 — 몰고 간다. 과학은 물론, 실재가 저기 바깥에 존재한다고, 실재의 속성과 동학을 나타내고 이해하기 위해 언어가 점점 더 정교한 방식으로 이용될 수 있다고, 과학의 발견들을 동료 과학자들 및 다른 이들에게 소통하기 위해 언어가 이용될 수 있다고, 진리란 이론과 자료 사이에 존재하는 상응성의 정도라고, 이 상응성을 증대시키려는 노력이 과학을 자기교정적인 것으로 만든다고 주장한다. 이런 이유로 과학은 어떤 언어가 다른 언어보다 더 객관적이라고 보증하면서 자신을 외적 세계에 대한 더 '객관적인' 재현으로 만드는 방식으로 언어를 이용한다. 그러나 로티는 언어의 이용이 항상 실용적 목적에 지향

되어 있기 때문에 어떤 언어가 더 객관적이거나 과학적인가 하는 쟁점은 결코 성립될 수 없다고 단언한다. 하나의 언어가 다른 것보다 어떤 현상에 대한 더 나은 이해를 가져온다는 주장에는 그 언어가 어떤 특수한 목적에 보다 유용하다는 가정이 밑에 깔려 있다. 로티가 주장하듯이, "어휘들은 유용하거나 쓸모없거나, 좋거나 나쁘거나, 도움이 되거나 호도하거나, 세심하거나 투박하다. 그러나 어휘들은 '더 객관적'이지도 '덜 객관적'이지도 않고, '더 과학적'이지도 '덜 과학적'이지도 않다."[4]

게다가 진실한 실재와 그 실재를 재현할 진실한 언어가 존재한다 하더라도, 인간이 언어를 사용하는 순간, 그것은 평가적인 것이 된다. 이렇듯, 실재의 '진정한 본성'(*true nature*)을 발견하는 것은 과학적인 것이든 다른 것이든 언어사용의 목적이 아니다. 오히려 언어의 사용은 실천적 관심사에 지향돼 있으며, 그러한 실용적 관심사는 항상 가치에 기반한다. 사회과학자들은 그들의 공통된 가치 관심사를 수렴하고 반영하는 이야기를 할 수 있으며, 그럼으로써 사회과학자로서의 그들의 연대감과 공동체 의식을 증대시킬 수 있다. 사회과학자는 또한 권력이나 그들을 갈라놓는 힘에 관한 이야기를 할 수 있으며, 그럼으로써 어떤 집합체의 불협화음적 특징을 드러낼 수 있다. 그러나 이 이야기는 저기 바깥에 있는 어떤 실재세계에 관한 것이라기보다는 이 개인의 공동체에 관한 것이다.

그렇다면 사회분석가에게는 무엇이 남아 있는가? 로티의 대답은 많은 포스트모더니스트에게 전형적인 것이다. 어떤 가치 부하된, 실천적 목적으로 언어를 사용하는 개인들의 공동체에 의해서 생산된 텍스트를 해체하라. **해체**(*deconstruction*)란

한 텍스트의 요소를 분해하는 과정과 절차를 지시한다. 로티의 관점에서 볼 때 그러한 해체는 ⓐ 텍스트에 담겨 있는 이해관계와 이데올로기를 폭로하는 비판적인 것이거나, 아니면 ⓑ 이해시키고 정보를 제공하기 위해 한 텍스트의 요소를 드러내 보여주는 긍정적인(affirming) 것일 수 있다.

이제 명백해지듯이, 리오타르와 로티는 사회학 이론을 매우 다른 방향으로 가져갈 것이다. 언어와 텍스트에 강조점이 두어지고,[5] 완고한 사회적 실재에 대한 과학적 설명은 한갓 또 다른 형식의 텍스트로 보이게 될 것이다. 이 새로운 방향 — 과학적 사회학 이론에 대한 철학적 공격을 표상하는 방향 — 은 자신들의 보다 명백하게 사회학적인 작업에 이 철학적 비판의 예봉을 이용해온 사회학자들의 실례를 살펴봄으로써 더 정확하게 평가될 수 있을 것이다.

3) 사회학에서의 예시적 정교화와 확장

(1) 리처드 하비 브라운의 '텍스트로서의 사회'

리처드 하비 브라운(Richard Harvey Brown)[6]은 사회적 실재와 문화적 실재, 그리고 사회과학 자체가 언어적 구성물이라고 설정하면서 포스트모더니즘의 철학적 비판을 사회과학에 구체적으로 적용한다. 브라운은 **상징적 실재론**(symbolic realism)[7]이라 불리는 접근법을 주창한다. 이 접근법은 세계가 의사소통행위를 통해 인간에게 실존하는 것으로 본다. 게다가 각각의 의사소통행위는 이전에 구성된 의사소통행위들 — 담론의 양식과 형식, 이데올로기, 세계관, 그리고 여타 언어적 형식 — 에 기초한다. 그러므로 최초의 실재 또는 궁극의 실재를 찾는

것은 무용한 노력이다. 인간 역사의 어떤 한 지점에서 참으로 '진실하다'고 받아들여지는 '세계들'은 규범적, 인식론적, 정치적, 미학적, 그리고 도덕적 실천을 통해 구성된다. 이 실천은 다시 그 자체가 상징적 구성물이다. 상징적 실재론은 따라서 지식, 자아감, 실재의 묘사들이 구성되는 전제를 둘러싼 이데올로기를 찾아내려 하는 비판적 접근법이다.

이런 비판적 기질로, 브라운은 사회학 이론이란 그 자체가 "사물들이 의미와 가치를 띠게 되는 실천이지, 단지 그러한 실천 외부에 전적으로 존재하는 실재에 대한 재현에 불과한 것이 아니다"[8]고 결론 짓는다. 사회학에서 이론은 비판적이고 반성적이어야 하며, 이론가는 그들 자신의 이론 그 자체가 수사학적 구성물이고 따라서 언어적 관습을 통해서뿐만 아니라 시간, 장소 및 맥락 속에서 구성된 텍스트라는 것을 깨달아야 한다. 사회이론을 수사로 보는 이런 종류의 접근은 자기자신의 담론을 사회에 관한 것으로 — 즉, 사회의 본성에 대한 '진실한' 재현을 구축하려는 노력으로 — 보는 것이 아니라 단지 사회를 구성하는 것의 한 부분으로, 특히 사회의 텍스트적 담론과 재현의 형식으로 본다.[9]

(2) 찰스 레머트의 수사(rhetoric)에 대한 강조

찰스 레머트(Charles C. Lemert)[10]에게 모든 사회이론은 느슨한 언어로 진술되고 특수한 사회집단 내에서 구축되는, 내재적으로 담론적인 것이다. 담론적인 이론적 텍스트가 설명하는 것 — 즉, '경험적 실재' — 은 그 자체가 하나의 담론적 텍스트로서, 여느 텍스트와 마찬가지로 구성되고 어떤 텍스트 생산도 지니고 있는 모든 왜곡적인 속성에 종속되어 있다. 과학적 가치와 관련해 이론적 텍

스트는 경험적 텍스트에 의존하고 그 역도 마찬가지라는 것은 과학의 담론성(discursiveness)을 증가시킨다. 실재에 대한 각각의 과학적 묘사는—이론의 측면에서 이뤄진 것이든 조사연구 결과의 측면에서 이뤄진 것이든—하나의 텍스트이며, 현실적으로 일종의 '또 다른 텍스트 위에 있는 텍스트'이다. 이 텍스트들의 복합은 사회과학적 설명에 어떤 함의를 갖는다. 즉, 사회과학의 설명은 덜 뒤얽히고 조합된 보통의 평범한 담론적 텍스트보다 실재를 이해하는 데 종종 덜 적합하다.

언어의 선차성에 대한 이런 이해는 사회이론에서 반어법(irony)을 이용하는 것으로 귀결된다. 그러나 사회이론가가 반어법을 이용하는 것은 문학적 장치 이상의 것이다. 그것은 이론가가 실재와 그것이 언어에 대해 갖는 관계를 조망하는 위치인 것이다. 물리적 세계는 오직 재현〔표상〕, 문화, 또는 언어를 통해서만 인간이 알 수 있다. 따라서 실재는 상이한 재현양식에 반응하여 변화한다. 예를 들면, 인류의 눈에 지구는 우주의 중심에서 단지 수많은 별 가운데 하나의 주위를 도는 많은 행성 중의 하나로 변화해왔다. 그러나 이 위치의 이론가는 또한 언어를 인류의 확실성으로 본다. 언어는 확실하며 그런 의미에서 실재한다. 왜냐하면 한 언어체계의 근본적 질과 의미는 그 자체 내에서 알려져 있고 타당하며 복제 가능하기 때문이다. 언어가 확실하기 때문에, 이론가는 물리적 세계의 속성에 관한 일반적 진술을 할 수 있다. 그러나 그 진술에 대한 확신은 언어에서 비롯되는 것이지 물리적 실재나 심지어 문화와 실재 사이의 가정된 관계에서 비롯되는 것이 아니다. 그러므로 사회이론가에게 허락되는 유일한 위치는 반어적 위치이다.

즉, 일반적인 이론적 진술을 할 수 있지만 농담조(tongue-in-cheek)의 태도로써만 할 수 있는 것이다. 그러한 진술의 저자는 그 진술에 대한 유일한 확신이 언어체계에서 비롯되는 것이지 물리적 실재나 사회적 실재에서 비롯되는 것이 아님을 반성적으로 자각하고 있기 때문이다.

(3) 마크 고디너와 스티븐 사이드먼의 비판

스티븐 사이드먼(Steven Seidman)[11]은 농축적(enriching) 형식의 텍스트 해체와 비판적 형식의 텍스트 해체를 구별하는 로티의 구분법을 채택한다. 그리고 마크 고디너(Mark Gottdiener)[12]와 더불어, 또한 다른 많은 사람들처럼, 사이드먼은 토대주의(foundationalism)를 설정하는 어떤 사회이론에 대해서, 또는 지식의 한 수준이 더 많은 지식이 만들어지는 토대로 기능할 수 있는 방식으로 지식이 축적된다는 견해에 대해서 의문을 제기한다. 토대주의는 물론 과학의 핵심 바로 거기에 자리하고 있다. 그러므로 이 비판은 지식인들이 추구할 수 있는 활동들에 대해 진실로 근본적인 비판이다. 사이드먼과 고디너에게 토대주의는 특권화된 목소리로서의 하나의 거대서사를 부과하려는 또 다른 노력일 뿐이다.

고디너는 사회학 이론에서의 토대주의를 이론에서의 '고전들'을 이론적 입장이 그 위에 건립되는 토대로 보는 **로고스중심주의**(logocentrism)에 기초한 이데올로기로 본다. 그러한 로고스중심주의는 이론가들이 자신들의 특권화된 위치를 유지하기 위해서 확립한 정치적 계책일 뿐이다. 따라서 사회학 이론은 지식인 공동체 내에서 자신들의 특권과 권위를 지탱해 주기도 하는 거대서사를 구축

하려는 이론가들 사이의 언어와 파워게임에 관한 것이다. 13

사정이 이렇다면, 사회학 이론을 통한 인간해방에의 희망은 "직접적·국지적 쾌락과 정의를 위한 투쟁에 대한 끈질긴 옹호라는 보다 겸손한 염원"14으로 대체되어야 한다고 사이드먼은 주장한다. 그러나 고디너는 이러한 입장이 학자들의 공동체를 지탱하기 위한 어휘들을 사용하는 데 대한 로티의 관심과 유사하다고 본다. 그런 공동체에서는 하나의 도덕성이 다른 것에 대해 본래적으로 또 궁극적으로 특권화되기 때문에 — 모든 도덕성이, 심지어 지방적인 것조차, 서로 같은 기준을 공유하는 것은 아니다 — 이론은 충분히 비판적인 것이 되지 못한다. 그 대신 고디너는 어떤 거대서사나 스스로를 정당화하는 전통을 추구하는 모든 이론들 — 포스트모던적인 것이든 아니든 — 을 평가하기 위한, 권력과 지식의 관계에 상관적인 사이클의 지속적이고 비판적이며 반성적인 순환을 주창한다.

요컨대, 이러한 대표적 논평들이 포스트모던적 과학비판의 정신을 제공한다. 하지만 포스트모더니즘은 철학적 비판 훨씬 이상의 것이다. 이것이 포스트모더니스트들이 제공해야 할 모든 것이라면, 이런 비평들을 검토할 어떤 논점도 거의 찾기 어려울 것이다. 더욱이, 지금까지 개괄한 철학적 비판을 모든 포스트모더니즘 이론가들이 받아들이는 것도 아니다. 그들 대부분이 경성과학적(hard-science) 사회학 이론관을 매우 의심스러워함에도 불구하고 말이다. 15 실지로, 그들 대부분은 현대사회의 분석, 특히 분배, 운송 및 정보체계에서 일어나는 극

적 변화가 개별 자아와 사회조직화의 패턴에 야기한 효과에 대한 분석에 몰입한다. 우리는 일반적으로 칼 마르크스의 생각을 확장하고, 다양한 정도로 얼마간의 마르크스의 해방적 열망을, 또는 열망까지는 아니라 해도 더 나은 미래가 앞에 있을 수 있다는 조심스러운 희망을 여전히 보유한 '경제적 포스트모더니스트'에서부터 시작할 수 있다.

3. 경제적 포스트모더니즘

경제적 포스트모더니스트(economic postmodernists)는 **자본**(capital), 특히 자본의 **과잉축적**(overaccumulation)(즉 과잉풍요), 그리고 정보기술에 의해 추동되고 연결된 시장의 새로운 세계체제에서 자본이 도달한 확산과 빠른 운동의 수준에 관심을 둔다. 게다가 문화 또는 상징의 체계는 경제적 과정에서 출현해 나오는 것으로 보지만, 그것은 경제뿐만 아니라 인간 노력의 다른 모든 측면에도 독자적인 효과를 낳는다. 실로, 어떤 경제적 포스트모더니스트가 보기에는, 선진 자본주의는 인간 역사의 새로운 단계로 진화해왔다. 16 이 새로운 단계는 앞서 현대성이 그랬듯이 일련의 문제에 의해 유형화된다. 이 문제는 핵심적 또는 본질적 자아감이 상실된 것, 개인들을 통제하기 위해 물질적 수단과 그 못지않게 상징적 수단이 이용되는 것, 억압의 도구이자 잠재적 저항의 도구로서 문화적 자원〔의 역할과 중요성〕이 현저해진 것, 개인들이 문화로부터 감정적으로 이탈된 것, 민족 정체성이 상실되고 이에 상응해 지방적 정체성과 개인적 정체성들로〔축이〕 이전된 것 등을 포함한다. 이 목록

과 포스트모던 시대의 다른 '병리들'은 초기 사회학자들이 우려했던 것들과 매우 비슷하게 들린다. 아노미와 이기주의(에밀 뒤르켐), 소외(마르크스), 주변적이고 균열된 자아(게오르크 짐멜), 힘 있는 집단에 의한 이데올로기적 통제와 조작(마르크스, 그리고 이후에 안토니오 그람시와 루이 알튀세르), 저항으로서의 정치적·이데올로기적 동원(마르크스), 사회구조의 과도한 분화와 파편화(아담 스미스, 허버트 스펜서, 그리고 뒤르켐), 합리화 및 효율성에의 과도한 관심에 의한 지배(막스 베버) 등과 같은 문제에 대해 그들이 걱정했을 때처럼 말이다. 이렇게, 경제적으로 정향된 포스트모더니스트는 현대성에 관해 처음 이론화를 추구했던 학자들과 동일한 분석적 경향을 많이 가졌음이 분명하게 두드러진다.

1) 프레드릭 제임슨

경제적 포스트모더니즘의 중심인물 가운데 프레드릭 제임슨(Fredric Jameson)은 가장 명백한 마르크스주의자다.[17] 비록 그의 이론이 다국적 자본주의, 기술적 진전, 매스미디어 간의 복잡한 상호작용에 관한 것일지라도, "포스트모더니즘의 진실은 … 다국적 자본의 세계 공간[이다]."[18] 그는 자본주의가 각각 특정한 종류의 기술에 연계된 3개의 서로 구별되는 단계를 거쳤다고 상정한다. 초기 시장 자본주의는 증기구동 기계와 연계되었다. 중기 독점자본주의는 증기기관과 연소기관에 의해 특징지어졌다. 그리고 후기 다국적 자본주의는 원자력 및 전자기기와 연관된다.

후기 다국적 자본주의는 포스트모던 이론의 주제이다. 특히, 실천(praxis)의 본성, 또는 제반 조건을 변화시키기 위한 행동을 조직하기 위해 사고를 이용하는 것과 사고를 재검증하기 위해 행동에서의 경험을 이용하는 것은 상징적 복제의 기계들 — 카메라, 컴퓨터, 비디오, 영화, 테이프레코더, 팩스기기 — 이 인간적 생산과 그것의 상징적 재현 사이의 직접적 연결을 제거할 때 도래하는 의미작용의 변화된 본성에 의해 변형되고 혼란스러워진다. 이 기계들은 실천의 본성을 바꾸는, 기호 위의 기호의 연쇄를 발생시킨다 — 말하자면, 사고 속 개념이 물질적 조건과 그렇게 분리돼 있을 때 사고가 어떻게 세계에 대한 행동을 인도할 수 있을 것이며, 그 역 또한 어떻게 가능하겠는가?

마르크스의 지식철학에서 이끌어내, 제임슨은 여전히 탈현대성(postmodernity)에서의 실재의 사회적 구성을 비판하기 위해 실천의 방법을 이용하려 시도한다. 마르크스는 실재는 개념이나 관념, 또는 반성적 사고가 아니라 생산의 물질적 세계에 존재한다고 주장했다. 실로 그는 이 문제를 두고 청년헤겔파와 결별했다. 그들이 관념의 실재에 관한 "이론적 풍선을 분다"고 보면서 말이다. 그러나 20세기 첫 10년의 초기 세대 비판이론가처럼(28장 참조), 20세기 후반의 비판이론가들은 훨씬 더 헤겔주의적인 목소리를 내기 시작한다. 제임슨에 따르면, 생산을 통한 의식의 창조는 자본주의 초기 단계에서는 기계미학에 의해 문제없이 재현되었다. 그러나 다국적 자본주의에서 영화카메라, 비디오, 테이프레코더, 컴퓨터와 같은 전자기계들은 생산의 기계라기보다는 재생산[복제]의 기계이기 때문에 동일한 의미작용 능력을 갖고 있지 않다.

이렇듯, 탈현대성에서 사고와 지식의 토대는 마

르크스의 '허위의식'관이 강조한 것처럼 단순히 허위적인 것이 아니다. 그것은 실존하지 않는다. 후기자본주의 기계들은 지식을 생산하는 것이 아니라 재생산〔복제〕하기 때문에, 그리고 재생산〔복제〕자체는 메시지보다 매체에 더 초점이 두어지기 때문에, 대상에서 기호로 향하는 의미작용의 사슬은 붕괴되었다. 제임슨은 이 붕괴를 문화의 정신분열증으로 특징짓는다. 의미는 기표들 간의 관계의 함수〔기능〕라는 소쉬르의 관념에 기초할 때(23장, 24장 참조), 의미작용 사슬의 단절이란 개념은 각각의 기호가 홀로 서 있거나 다른 기호들의 파편화된 집단과 상대적으로 느슨하게 연관되어 있다는 것, 의미는 자유부동하며 어떤 분명한 물질적 실재에도 묶여 있지 않다는 것을 나타낸다.

더구나, 복제〔재생산〕기계에 의해 지배되는 포스트모던 세계에서는 언어가 상징을 장소, 시간, 대상에 관한 정합적인 개념체계로 조직하는 능력을 상실한 데 더하여 개념을 장소에, 시간의 순간에, 대상에 근거짓는 능력을 상실한다. 언어가 이 능력을 상실함에 따라, 시간과 공간은 연관성이 해제된다. 기호체계가 분리되고 자유부동하게 된다면, 그것이 파편화되고 질서가 없다면, 시간 및 공간과의 관계에서 개념의 의미는 보장될 수 없다. 실로, 어떤 뜻에서도 의미는 문제적으로 되는 것이다. '지금 여기'와 그것이 이전의 '그때 거기'에 대해 갖는 관계 사이의 개념적 연결은 붕괴되었고, 개인은 '시간 속의 순수하고 관련 없는 현재들의 계열'을 경험한다.[19]

제임슨은 계속해서 포스트모던한 조건 속에 있는 문화는 소외되었다기보다 파편화된 주체를 창조했다고 주장한다. 자아는 자기자신의 생산적 활동을 제어하는 데 실패하여 소외된 것이 아니다. 그보다 자아는 이제 생산이 아니라 재생산〔복제〕의 도구에 의해 지배되는 물질적 세계 속에 있는 일련의 이미지이다. 이에 더해, 포스트모던 자아의 탈중심화는 일종의 감정적 평면성 또는 깊이 없음을 생산하는데, "느낌을 가질 어떤 자아도 더 이상 존재하지 않으며 …〔감정은〕이제 자유부동하고 비인격적이기 때문이다."[20] 주체는 이렇게 자신의 상황에 관한 의식이나 서사를 위한 어떤 물질적 기반도 갖지 못한 채 파편화되고 해체돼 있다. 이런 조건하에서, 개인의 실천 — 행동을 위해 사고를 이용하고 사고를 창출하기 위해 행동을 이용하는 — 능력은 감소된다. 물론, 이 실천의 능력은 제임슨이 포스트모던 조건에 대한 비판이론을 발전시킬 수 없을 정도로 감소되지는 않았다. 비록 마르크스의 실천 개념이 지닌 행동의 측면이 1세대 프랑크푸르트학파 비판이론가들의 경우에 그랬듯이 불능은 아니라 해도 현저하게 부재하는데도 말이다.

2) 데이비드 하비

제임슨처럼, 데이비드 하비(David Harvey)[21]도 자본주의가 시간과 공간을 개념화하는 인간의 능력과 연관된 유의미한 문제를 발생시켰다고 상정한다. 하지만 하비에게 있어 포스트모더니즘과 연관된 문화적 문제와 지각의 문제는 새로운 것이 아니다. 정치적·문화적·철학적 운동에서 파편화와 혼돈을 향한 몇몇 동일한 경향성은 21세기로의 전환기 무렵에 일어났다. 그리고 하비가 보기에 포스트모던 세계의 문화적 특징은 19세기와 20세기

초에 출현했던 현대성의 문화적 특징보다 더 — 많은 포스트모더니스트가 함의하듯 — 영구적인 것이 아니다.

제임슨과 달리, 하비는 탈현대성의 중요한 조건을 실천의 문제 — 사고와 행동을 통해 변화될 수 있는 물질적 실재에 기호와 상징을 정박하는 문제 — 로 보지 않고, '과잉축적'이라는 조건, 또는 너무 많은 자본이 모이고 유포되는 양식으로 본다. 모든 자본주의 체계는 — 마르크스가 인지했듯이 — 이 과잉축적의 문제를 명백히 드러내왔다. 왜냐하면 자본주의는 노동착취, 기술혁신, 조직긴축을 통해 성장하도록 설계된 체계이기 때문이다. 어느 시점부터는 과잉이 생긴다. 실존하지 않는 구매자에게 팔아야 할 너무 많은 생산물, 사용되지 않는 너무 많은 생산력, 또는 이윤의 전망이 불충분한 채 투자되는 너무 많은 돈 등이다.

이 과잉축적에 대한 대처는 다양한 방법으로 이뤄진다. 가장 흔한 방법은 노동자가 해고되고, 공장이 폐쇄되며, 파산이 증가하고, 화폐가 평가절하되는 경기순환에 대한 대처이다. 그러한 순환은 일반적으로 통화공급, 이자율, 실업수당, 파산법, 조세정책 등에 대한 (보통 정부에 의한) 거시수준의 경제적 통제를 통해 복구된다. 그러나 하비는 과잉축적에 대한 또 다른 대응을 강조한다. 시공간 전치를 통한 잉여자본의 흡수가 그것이다. 시간적 전치(temporal displacement)는 투자자들이 아직 생산되지 않은 상품에 대한 '미래'를 구매할 때, 그들이 주식가격 상승을 기대하며 스톡옵션을 구입할 때, 그들이 다른 금융수단(모기지론, 장기채권, 정부발행 유가증권)에 투자할 때, 또는 그들이 자본을 이동시키고 과잉축적을 경감시키기 위

해 시간과 모든 시장의 등락을 이용하는 어떤 전략이든 추구할 때 일어난다. 공간적 전치(spatial displacement)는 과잉축적이 일어난 지역에서 자본을 빼내 투자자본을 필요로 하는 새로운 지역으로 이동시키는 것을 수반한다. 전치는 런던에서 모은 돈을 기반시설 개발자금을 조달하려고 발행한 채권을 구입하기 위해(이 채권은 아마도 미래에 다시 되팔게 될 것이다) 라틴아메리카로 보낼 때처럼 시간적 측면과 공간적 측면이 조합될 때 가장 효과적이라고 하비는 주장한다.

과잉축적이란 쟁점에 대처하기 위해 공간적 전치와 시간적 전치를 이용하는 것은 보다 일반적인 '시공간 전치'(time and space displacement)의 문제에 기여할 수 있다. 시공간 전치는 4가지 요인 때문에 일어난다. ① 커뮤니케이션 및 운송기술의 발전, ② 유통과정의 합리화 증대, ③ 돈의 순환을 가속화하는 메타수준 및 세계수준의 화폐시장, ④ 지리적 장소(도시, 국가, 지역)에의 자본의 공간적 집중의 감소 등이 그것이다. 이러한 변화는 시공간 압축(time and space compression)의 감각을 창출하고, 이 감각에는 믿음과 이데올로기와 지각 및 여타 상징체계에서의 변화가 조응되어야 한다. 기술이 결합돼 — 철도, 자동차, 제트비행기, 로켓여행의 도래에서처럼 — 우리로 하여금 사람과 사물을 공간을 통해 매우 빨리 이동시킬 수 있게 함에 따라 공간은 압축된다. 즉, 거리는 축소되고 공간은 한때 그랬던 만큼 이동을 제약하거나 의미 있는 것이 되지 못한다. 아이러니하게도, 운송, 커뮤니케이션, 시장교환, 상품유통, 그리고 자본순환의 속도가 증가함에 따라 가용시간의 양은 줄어든다. 왜냐하면 해야 할 일이 더 많아지고 그 일을 하는 방법이

더 많아지기 때문이다. 이렇게 우리의 시공간 감각은 특정한 기술과 구조적 용량에 반응해 압축된다. 만약 이 기술적·구조적 변화가 점진적으로 일어난다면, 거기서 비롯되는 시공간상의 변화를 이해 가능하고 유의미한 것으로 만들어 주는 문화가 그런 변화와 함께 나란히 진화해갈 것이다. 그러나 구조와 기술에서의 변화가 탈현대성에서처럼 빠르게 일어난다면, 상징적 범주에서의 변경이 보조를 맞추지 못할 것이고, 사람들은 인간적 실존의 두 가지 1차적 범주, 즉 시간과 공간에 관한 방향감각을 상실할 것이다. 과잉축적에 대한 현재의 반응인 '유연축적'(flexible accumulation)은, 자본이 포트폴리오 관리기법으로 반응하여 지구적 수준에서 신속히 이동되고 조작됨에 따라 시공간 압축감이 창출되도록 돕는다.

게다가 새로운 축적양식은 자본을 시공간적으로 유연하고 따라서 늘 변화하는 방식으로 이동시키도록 설계되었기 때문에, 조절(regulation) 양식이 축적양식에 뒤처지지 않으려 분투할수록 방향상실감이 뒤따른다. 예를 들면, 한 나라에서 일자리를 유지해 주는 자본이 보다 값싼 노동력을 보유한 다른 나라로 즉각 수출될 수 있다면, 회사에 대한 충성에 관한 노동자의 믿음이나 어떻게 경력을 개발할지에 관한 개념, 지역공동체에 대한 회사의 헌신, 정부 이데올로기, 수입정책, 훈련과 재훈련에 관한 믿음, 노동시장 개념, 기업의 책임이란 이데올로기, 해외투자, 그리고 자본의 흐름을 규제하기 위한 여타 많은 문화적 양식들이 모두 변하기 시작할 것이다. 이렇듯, 탈현대성에서는, 물리적 장소가 고도로 분화되고 역동적인 시장의 새로운 기술들에 의해 추동되는 새로운 상징적 공간으로 대체

되지만, 문화적 방향감각은 이러한 시공간 압축의 패턴을 아직 따라잡지 못한다.

대부분의 경제적 포스트모더니스트와 마찬가지로, 하비는 시장이 이제 상품이나 '내구재'(hard goods)를 공급하는 만큼이나 서비스(용역)를 유통시키며, 유통되는 상품과 서비스의 많은 부분은 자아와 정체성의 이미지 형성에 관련된 것임을 강조한다. 문화적 이미지는 이제 시장에 의해 추동되며, 패션과 기업 로고뿐 아니라 문화, 라이프스타일, 집단성원감, 취향, 지위, 그리고 개인들이 자신들의 정체성과 유관한 것으로 볼 수 있는 거의 모든 것의 표지를 강조한다. 따분함과 포화상태, 그리고 모방이 자아를 정의할 새로운 이미지에 대한 수요를 창출함에 따라 문화적 이미지는 부단히 변화한다. 그것은 사람과 광고업자, 그리고 이윤을 추구하는 생산자의 상상력에 의해서만 제한될 뿐이다. 그 결과, 소비되어야 할 생산물의 속도와 휘발성은 가속화되고, 시장을 겨냥해 생산하는 생산자 및 (광고업자, 은행가, 투자자 등과 같은) 시장에서 활동하는 대행자는 상품이나 서비스로서 시장에 공급할 새로운 이미지를 찾는다.

즉각적 만족과 상품의 손쉬운 처분가능성(일회성)에 가치를 부여하는 문화 속에서, 사람들은 일반적으로 감각차단(sensory block), 부인, 심드렁한 태도(blasé attitude), 근시안적 특화, (안정적인 옛 방식에 대한) 증대된 향수로써, 그리고 영원하지만 단순화된 진리와 집합적 또는 개인적 정체성을 더 찾아 헤매는 것으로써 반응한다. 이런 반응들이 포스트모더니티의 표식인 한, 그것들은 시간과 공간에 걸친 새로운 패턴의 자본전치에 대한 문화적 대응의 지체를 표상한다고 하비는 주장한다.

결국에는, 문화와 사람의 지각은 자본의 과잉축적이 구체화된 가장 최신의 현상들을 극복하기 위한 이런 새로운 메커니즘에 맞추어질 것이다.

3) 스콧 래시와 존 어리

데이비드 하비와 같이, 스콧 래시(Scott Lash)와 존 어리(John Urry)도 포스트모던적 성향(post-modern disposition)은 시공간 경계를 변화시키는 선진 자본주의에서의 변동과 함께 발생한다고 주장한다.[22] 그들이 보기에, 변화하는 시공간 개념은 자본분배에서의 변동과 연관되어 있다. 게다가 대부분의 포스트모더니스트와 마찬가지로, 그들 역시 포스트모던 문화는 대중매체와 광고에 의해 심대하게 영향받는다는 점을 강조한다. 그러나 자신들의 마르크스주의적 뿌리를 드러내면서 그들은 포스트모던적 성향은 계급적 경험의 파편화 및 서비스계급의 발흥에 특히 의존한다고 덧붙인다. 자본과 계급구조를 강조한다는 점에서 래시와 어리의 분석의 초점은 마르크스적이지만, 그들의 방법은 베버적이다. 그들은 인과연쇄를 부정하고, 전제조건과 이념형의 견지에서 말하기를 더 좋아한다. 이렇게 해서 그들은 리오타르, 제임슨, 그리고 우리가 살펴볼 보드리야르 등에 의해 윤곽 지어진 포스트모더니즘 형식을, 그것에 기대어 상이한 문화체계들을 비교할 수 있는 이념형으로 본다.

하비와 마찬가지로 래시와 어리는 포스트모던 문화를 완전히 새로운 것으로 보지 않지만, 하비와 달리 그들은 포스트모던 문화가 변화된 물질적 조건들에 문화가 맞추어지길 기다리고 있는 일시적 단계라고 확신하지는 못한다. 래시와 어리는 포스트모던 문화가 '포스트모던적 성향'을 지닌 특정한 수용자에게 항상 호소력을 가질 것이라고 믿는다. 이 성향은 3가지 힘에 반응해 발생한다. 첫째, 미디어와 특히 광고가 사회적으로 구성된 문화적 이미지보다 기성의 것을 선사함에 따라 실재와 이미지 사이의 경계가 희미해져야 한다. 둘째, 전통적 노동계급에 균열이 일어나고 파편화돼야 한다. 이와 동시에 집단성원감, 취향, 라이프스타일, 선호도, 젠더지향성, 종족성 등에 있어서의 구별 및 다른 많은 구별을 생산하고 표시하고 선언할 수 있는 상징적 권력을 얻고 행사하기 위한 상품소비에 정향되어 있는 새로운 서비스계급이 우세해져야 한다. 셋째, 개인적·주관적 정체성은 동네나 마을, 지역과 같은 물리적 공간과 위치에서 분리된 문화적 상징으로부터 점점 더 구축되어 나와야 한다. 이러한 분리가 일어남에 따라, 자아의 이미지는 한결 더 일시적인 것이 된다. 이 3가지 힘이 강화됨에 따라 포스트모던적 성향은 더 현실적인 것이 되고, 이 성향은 늘어나는 서비스계급이 차이, 정체성, 위치를 표시하는 상징을 구매하는 더 확대된 포스트모던 문화를 지탱하게 될 수 있을 것이다.

비록 래시와 어리가 인과관계에 대해 말하기를 꺼려함에도 불구하고, 적어도 4가지의 결정요인이 이러한 포스트모던적 조건을 가져오는 것으로 나타난다. 첫 번째 요인은 전통적 공장의 일관조립 생산라인과 같은 테일러주의적인 또는 엄격히 규율화된 생산형식으로부터 팀단위의 생산, '가변'(flex-time) 근무시간, 권위위계의 축소, 가정의 컴퓨터 단말기에까지 연장된 노동의 탈집중 등과 같은 보다 유연한 노동조직과 통제형식으로의 변화를 포함한다. 하비처럼 래시와 어리도 이러한 변화는 자본의 공간적 집중의 감소를 야기하고 반영하며, 커뮤니케이션과 운송기술의 확장, 자본의 공간적 분산과 탈집중, 그리고 정보, 사람, 자원의 신속한 이동이 변화의 주요동력이라고 믿는다. 두 번째 요인은 대규모의 경제적 변동과 관련된 것이다. 시장경제의 지구화, 국경을 넘은 산업과 금융의 팽창, 덜 발전된 나라로의 자본주의 확산 등을 들 수 있다. 세 번째 요인은 상품의 흐름을 가속화하고 지역적·국가적 시장으로부터 국제시장으로 연장하는 증대된 유통능력이다. 이 증대된 규모와 속도의 순환은 많은 상품에게서 그것들의 종족적, 지역적, 국가적 및 여타 전통적인 상징적, 정서적 의미의 닻을 비워낼 수 있다. 상품의 이러한 빠른 순환은 다른 많은 상품이 항상 변하는 취향, 선호도, 라이프스타일, 개인적 진술, 그리고 위세와 지위집단성원감의 새로운 경계에 관해 그것이 미적·인지적으로 소통하는 바에 따라 만들어지고 구매될 가능성을 증대시킨다. 그리고 네 번째 요인은 실제로 다른 요인에서 비롯되는 일단의 힘이다. ⓐ 구입해야 할 또 하나의 상징적 진술로서의 여가의 상품화, ⓑ (음악, 미술, 문학, 계급적, 종족적 정체성이나 젠더정체성, 그리고 모더니즘에서 통용되던 여타의 문화적 구별을 중심으로 맴돌던) 예전에는 구별되고 일관성 있던 문화적 형식들의 와해, 그리고 그것들 간의 병합, ⓒ 그 안에서 활동이 영위되고 개인적 동일시가 지탱되는 사회적 공간, 지정된 물리적 위치, 시간적 틀의 전반적 붕괴, ⓓ 인근 동네와 같은 물리적 장소와 계급이나 종족집단과 같은 사회적 공간에 위치지어진 전통적 선거구(시간 차원)에 매여 있던 정치의 약

화 등이 그것이다.

이 요인은 다 함께 공간적으로 파편화된 분업, 덜 명확한 노동계급, 더 커진 서비스계급, 물질적이거나 강제적인 지배보다 상징적인 지배로의 전환, 저항을 위한 물질적 자원보다 문화적 자원의 이용, 민족주의를 부식시키는 수준의 문화적 파편화와 다원주의를 창출한다. 그러나 래시와 어리는 제임슨과는 대조적으로 이 비워내는 과정이 겉으로 보이는 것처럼 탈규제화되어 있지는 않다고 주장한다. 그들은 분배와 유통, 커뮤니케이션 및 운송의 새로운 형식 모두가 시간, 사회적 공간, 물리적 장소 안에서 네트워크들을 창출한다고 상정한다. 네트워크가 조밀하고 커뮤니케이션이 중심부 사이트와 주변부 사이트 간의 차이에 점점 더 중요한 영향을 미치는 곳에서 경제적 거버넌스가 생겨난다. 중심부 사이트(core site)란 '컴퓨터로 연결된 비접경 공동체들의 마을'[23]로서 기능하는 심대하게 네트워크화된 커뮤니케이션 사이트이다.

이들 경제적 포스트모더니스트는 모두 명백히 마르크스주의적 분석, 20세기 전반에 출현한 비판적 형태(28장 참조)와 1970년대에 생겨나서 현재까지 지속되는 세계체계론적 분석형태(13장 참조), 양자 모두에 뿌리를 두고 있다. 초기의 비판이론가들은 해방적 계급활동을 분쇄하는 강제적 권위와 합리적·법적 권위라는 베버적 유령과 타협해야 했다. 그러나 이 포스트모던 비판가들 세대는 선호된 경제체계로서의 세계 자본주의의 확산, 자본주의가 만들어낸 번영, (훨씬 덜 해방의 전위대가 된) 정합적 계급으로서의 프롤레타리아트의 붕괴, 유동적이고 역동적인 시장에서 일어나는 모든 것의 상

품화, (상품이 그것의 상징적 가치에 의거해서 구입됨에 따른) 내구재보다 상징적 재화의 더 많은 생산과 소비, 시간과 공간의 제약이 기술에 의해 변함에 따른 공간적·물리적·시간적 경계의 파괴, 소비자 중심적 행위자에 의한 개인적·주관적 정체성의 구매, 대중매체와 광고 이미지가 넘쳐나는 세계시장에서의 추동력으로서 상징적·문화적 상부구조의 중요성 등에 자신들의 다소 소리 없는 해방적 목표를 조화시켜야 했다. 마르크스주의적 시각의 이런 강요된 적응을 감안하면, 많은 포스트모더니스트가 경제적 토대에서 문화로 초점을 옮겨온 것은 놀라운 일이 아니다.

4. 문화적 포스트모더니즘

모든 포스트모던 이론은 문화가 파편화되는 성격과 상징에 의해 표시되는 차이들이 흐려지는 것을 강조한다. 개인들은 이러한 변동에 사로잡혀 있는 것으로 보인다. 그들은 자아의 잠재적 표지로서의 문화적 이미지의 계속 증대되는 다양성에 노출되어 있는 가운데 인종, 계급, 젠더, 종족, 또는 지위와 같은 사회적 범주의 진용이 확대되는 데 참여하고 있고 그로부터 자아를 정의한다. 이와 동시에 개인들은 안정적인 장소와 시간 틀 속에 위치해 있다는 감각을 상실한다. 경제적 포스트모더니스트에 의해 검토된 힘 가운데 많은 것이 이러한 문화의 파편화, 차이의 표지들이 지녔던 현저성의 감퇴, 시간·장소·사회적 공간 속에 위치한 정체성 상실을 설명할 수 있다. 하지만 문화적 포스트모더니스트들은 매스미디어와 광고에 특별한 강조

점을 둔다. 이것은 시장과 정보기술에 의해 추동되기 때문이다.

1) 장 보드리야르

문화에 대한 미디어의 효과에 관해 가장 강력한 포스트모던적 진술은 장 보드리야르(Jean Baudrillard)에게서 나온다. [24] 그는 오늘날의 사회과학 앞에 놓인 과제는 "미디어와 그 매혹에서 유래하는 의미"[25]에 도전하는 것이라 본다. 철학적 포스트모더니즘과는 대조적으로, 보드리야르의 이론은 기호와 그 대상 사이에는 잠재적 등가성 또는 상응성이 존재한다는 가정에 기초한다. 이 명제에 기초해 보드리야르는 기호의 4가지 역사적 단계를 상정한다.

첫 번째 단계에서 기호는 심오한 실재를 표상했으며, 기호와 그것이 의미화하는 완고한 실재 사이의 상관관계와 상응성은 매우 높았다. 다음의 두 단계에서 기호는 실재를 위장하거나 모종의 방식으로 숨긴다. 두 번째 단계에서는, 예술이 삶을 세공하거나 삶에 대해 논평할 때처럼 기호는 실재를 가리거나 위조했다. 이에 비해 세 번째 단계에서 기호는 어떤 심오한 실재도 부재함을 가렸다. 대량상품화가 집단정체성에 어떤 현실적 기초도 갖지 않으면서도 집단 상호작용에서 기원하는 듯한 외관을 가진 기호의 과잉을 생산했을 때처럼 말이다.

두 번째 단계가 대략 르네상스부터 산업혁명까지의 시기에 상응하는 반면, 세 번째 단계는 생산과 새로운 시장의 힘이 그 기호가치(*sign value*) 가취향, 스타일, 지위를 표시하는 상품들을 창조했고 개인들의 여타 상징적 표상들이 상품들의 (어떤

실제적 용도에 대한) 사용가치나 (어떤 다른 상품이나 화폐 같은 자원에 대한) 교환가치와 경쟁하기 시작한 산업시대(the Industrial Age)와 함께 도래했다. 그러므로 보드리야르가 보기에 기호의 진화는 현실세계에 존재하는 실제 대상에 대한 그것의 연계성이 흐려진 것이 아니라면 감소되는 것과 연루돼 왔다.

기호의 진화에 있어 네 번째 단계가 현재의 포스트모던 시대다. 이 시대에는, 기호는 "그 어떤 실재와도 관계를 갖지 않는다. 그것은 자기자신의 순수 모사물(simulacrum)이다."[26] 기호는 자기자신에 관한 것이며, 이런 이유로, 사회적 또는 물질적 세계의 기본적 본성과는 거의 연계가 없는, 다른 기호의 모사(simulation) 또는 모사물이다. 모사물에 대한 보드리야르의 으뜸가는 예는 디즈니랜드다. 디즈니랜드는 스스로를 미국적 삶의 가치와 즐거움을 구현하는, 미국적인 것들(Americana)의 재현으로 제시한다. 디즈니랜드는 이미지계(imagery) — 현실세계에서 좋은 것 모두를 상징적으로 축하하고 즐기는 장소 — 로서 제공된다. 그러나 디즈니랜드는 자신이 미국적 현실 자체라는 사실을 숨기는 이미지계로서 제시된다고 보드리야르는 주장한다. 예컨대 로스앤젤레스(Los Angeles)와 애너하임(Anaheim) 같은 '실제' 공동체에서의 삶은 단순히 과거의 실재에 대한 모방으로 이루어져 있다. 사람들은 더 이상 운송양식으로서 걷지 않는다. 그러기보다, 그들은 조깅을 하거나 파워워킹을 한다. 사람들은 더 이상 일상적 상호작용 속에서 서로 접촉하지 않는다. 그보다, 그들은 '접촉치료 집단'(contact-therapy group)에 간다. 포스트모더니티에서 삶의 정수는 이미지계다. 행태는

이미지 잠재력에 의해 결정되고 따라서 단지 이미지일 뿐이다. 보드리야르는 로스앤젤레스를 "더이상 어떤 것도 아니고 단지 광대한 시나리오이자 영구적인 팬촬영 숏(pan shot)에 불과한 것"[27]으로 묘사한다. 이렇듯, 디즈니랜드가 미국에서의 삶의 상징적 재현으로 제시될 때, 미국에서의 삶이 그 자체로 과거 실재의 이미지 또는 모사일 때, 디즈니랜드는 그 어떤 실재와도 관계없는 모사의 모사가 되고 일상생활의 비실재성을 숨긴다.

보드리야르는 미디어에 의한 정보의 제시는 정보를 파괴한다고 주장한다. 이 파괴는 정보과정 안에 자연적 엔트로피(entropy)가 존재하기 때문에 발생한다. 한 사회적 사건에 관한 어떤 정보도 그 사건의 저급화된 형식이며, 이에 따라 사회적인 것(the social)의 용해를 표상한다. 미디어는 실제의 사회적 사건으로부터 수도 없이 무한히 제거되어 온 이미지와 기호의 조각들의 항상적 일제사격일 뿐이다. 그러므로 미디어는 정보의 잉여를 제시하지 않는다. 반대로, 커뮤니케이션되는 것은 정보의, 따라서 정보로 조직되는 기호에 의해 외시된다고 추정되는 사회적 세계의 총체적 엔트로피를 표상한다. 미디어는 미리 포장된 의미형식으로 정보를 제시하면서 정보의 제시를 상연하기 때문에 정보를 또한 파괴한다. 정보가 상연됨에 따라, 주체들은 그 정보에 대한 그들의 특수한 관계를 구성하는 것, 그럼으로써 개인들에게 기호들에 관한 기호들의 우주 속에서 그들의 장소와 위치를 모사해 주는 것을 듣는다.

보드리야르는 실재와 기호 사이의 결별은 광고에 의해 촉진되었다고 주장한다. 광고는 궁극적으로 사물을 그것의 사용가치에서 기호가치로 환원

시킨다. 광고의 상징은 그것들 자체로 상품이 되고 그것들 자체에 대한 상품이 되며, 상품에 관한 정보보다 이미지가 소통된다. 이렇게, 광고는 상품의 질과 내구성에 관한 정보를 제공하기보다 전형적으로 상품을 욕망함 직한 이미지와 병치한다. 예를 들면, 벌거벗은 몸이 서로 포개져 있는 한 젊은 남성과 두 사람의 젊은 여성을 보여주는 시계처럼 말이다. 그러므로 판매되고 구매되는 것은 상품 자체라기보다 이미지다. 그러나 한 걸음 더 나아가 광고의 이미지보다 광고 자체가 소비 대중이 원하는 상품이 될 수 있다. 포스트모던 시대에는 광고 그 자체보다 광고의 형식이 가장 중요해진다. 예를 들면, 현재 텔레비전 광고의 대중적인 〔인기 있는〕 형식은 'MTV 스타일'이라 불릴 수 있는 것이다. 특정 집단의 사람들은 제품 때문도 아니고 단순히 광고 속에 담긴 이미지들 때문만도 아니며, 메시지의 내용이 전혀 아니라 메시지의 전체적인 형식에 반응하기 때문에 이 광고에 반응한다. 이렇듯이 포스트모더니티에 있어선, 미디어는 메시지이고, 보드리야르에 따르면 사람들이 대면하는 것은 모사의 모사와 어떤 실재든 실재의 완전한 부재다.

2) 문화적 포스트모더니즘의 정교화

(1) 케네스 거겐

자아는, 케네스 거겐(Kenneth Gergen)이 보기에는,28 개인들이 자기자신의 행태를 범주화하는 과정으로 간주할 때 가장 잘 이해된다. 이 과정은 주어진 일정한 시간에 개인을 위치짓는 물리적·사회적 공간에서 이용되는 언어체계에 의존한다. 자아에 대한 개념화는 상황적이기 때문에, 자아는 일반적으로 개인에 의해 파편화된 것으로, 또 때로는 모순적인 것으로 경험되는 경향이 있다. 하지만 사람들은 일반적으로 개념화에 있어 비일관성을 제거하도록 동기화되기 때문에, 그리고 비록 거겐이 비일관성을 해소하려는 노력에 다른 가능한 요인이 영향을 줄 수 있음을 인정하더라도, 서구사회의 사람들은 합리적으로 추론하도록 교육받는 것과 마찬가지로 인지적 불협화를 싫어하도록 사회화되기 때문에 일관된 자아정체성을 창출하려고 노력한다. 거겐은 이렇게 개인의 자아 경험과 그 경험이 일어나는 문화, 개인이 포스트모던적 자아를 이해할 때 이용하는 문화적 입지 사이에서 내재적인 관계를 본다.

거겐은 자아(self)의 문화가 최소한 3가지의 서로 구별되는 단계를 거쳐 왔다고 주장한다. 낭만적 단계, 현대적 단계, 그리고 지금의 포스트모던 단계가 그것이다. 낭만적 시대에는 개인들이 교회와 장원을 포함한 다양한 제도의 지배에서 놓여나옴에 따라 자율적인 개인이자 행위자로서의 자아가 강조되었다. 현대에는 자아가 심리학적으로 정의되는 내재적인 인성적 특성 같은 본질적 또는 기본적인 특질을 소유한 것으로 인식되었다. 그러나 포스트모던 자아는 오직 이미지일 뿐으로서, 어떤 내재적 특질도 드러내지 않으며, 가장 중요하게는 자기 일관성을 창출할 능력도 욕망도 잃어버렸다. 더구나, 포스트모던 시대에는 지식과 문화가 파편화되었기 때문에, 개인적 자아라는 바로 그 개념이 의문시되어야 하고 주체와 객체 간의 구별을 버려야 한다. 거겐에 따르면, 포스트모던 문화의 결과로서 자아라는 범주 바로 그 자체가 삭제돼왔다.

이렇게 보드리야르처럼 거겐도 포스트모던 문화 속에서 자아는 비정합적이고, 서로 무관한 요소들을 상이한 언어들로 소통하는 이미지들로 포화되었다고 본다. 그리고 주체의 죽음이라는 보드리야르의 논지에 부응하여, 거겐은 자아라는 범주가 뿌리째 제거되어 왔다고 상정한다. 자신이 누구인가에 대한 일관되고 정합적인 정의를 정식화하려는 노력이 이미지 위에 형성된 이미지에 압도되고 자기반성에 질서를 부여할 수 없는 다양한 언어 속에 파묻혔기 때문이다.

(2) 노먼 덴진과 더글러스 켈너

텔레비전은 단지 간단없이 이어지는 탈구되고 텅 빈 이미지의 흐름일 뿐이라는 보드리야르의 주장과 대조적으로, 노먼 덴진(Norman Denzin)[29]과 더글러스 켈너(Douglas Kellner)[30]는 모두 텔레비전과 여타 미디어는 전통적 신화와 의례가 그랬던 것과 같은 방식으로 사람들의 생각과 행동을 형성해왔다고 주장한다. 이 미디어는 개인들을 가치, 규범 및 역할의 사회적 직조(social fabric) 속에 통합시킨다. 포스트모던 문화와 경제에서는, 미디어 이미지 자체가 사람들이 자신들의 정체성 — 특히 자신들의 인종, 계급, 젠더정체성 — 을 얻는 기초다.

이에 덧붙여 덴진과 켈너는 '사회적 행동주의'(social activism)라는 방법을 주창한다. 그것은 정치·경제가 생산해내는, 근저에 깔린 이데올로기, 담론 및 의미를 발견해내기 위해 미디어가 제시하는 텍스트를 비판적으로 읽는 것을 말한다. 이 비판적 독해의 목적은 "약자들(the powerless)에 관한 스테레오타입을 재생산하는 대중적인 문화적 텍스트를 해체함으로써 목소리를 내지 못하는 사람들(the voiceless)에게 목소리를 부여해 주는 것"[31]이다. 두 이론가 모두 어떤 거대서사도 부정하며, 더 급진적인 포스트모더니스트처럼 중심적이고 궁극적인 희망이나 거대담론 또는 총체화의 담론을 주창하지도 않는다. 하지만 그들보다 앞선 비판이론가처럼 두 사람은 모두 기호의 정치·경제에 대한 폭로를 통해 새로운 연대를 형성하고 해방적 갈등을 개시하고자 하는 희망을 고수한다.

그러나 덴진은 켈너와 달리 자아가 기호와 상징의 비정합적 신기루이고 이미지를 모종의 정합성으로 정렬해낼 능력이 없는 것으로 보는 보드리야르와 제임슨의 견해에 이의를 제기한다. 덴진은 '체험'(lived experience) 자체가 자본의 순환 속에서 최종상품이 되었으며, 포스트모던 문화의 생산자는 어떤 체험이 상품화되어 사회성원에게 광고될 것인지 선별적으로 골라낸다고 주장한다. 포스트모던 문화는 인종, 계급, 젠더 관계에 대한 특정한 미적 상을 제시하는 그런 문화를 상품화할 뿐이다. 하지만 이 상품화 과정은 개인들에게 정체성 감각을 부여하고 그들이 이 정체성에 기초해 물질적 세계에서 행위할 수 있도록 해주는 긍정적 가치를 가지고 있다.

(3) 마크 고디너

덴진과 켈너처럼, 마크 고디너(Mark Gottdiener)는 비판적인 포스트모던적 입장을 유지하면서도 또한 객관적 지시체가 의미의 무한한 퇴행 너머 뒤처져 있다고 주장한다. 덴진과 켈너와는 반대로, 고디너는 미디어와 시장의 효과를 탈현대성의 문화를 진부하게 만드는 것이라 본다.[32] 고디너에 따르면, 기술적으로 발전된 사회에서 기호는 체험의 수준과 기호가 상징의 생산자 및 판매자를 포함한 어떤 권력 중심에 의해 징발되는 수준 사이를 순환할 수 있다.

보드리야르의 기호가치 개념을 활용해 고디너는 기호에 의미가 부여될 수 있는 상호작용의 3단계가 있다고 주장한다. 첫 번째 단계에서는 경제적으로 동기부여된 생산자들이 돈과 이윤을 위한 교환가치의 대상을 창조하는데, 이 의도는 사용가치를 위해 대상들을 구입하는 사람들의 목표와 결정적으로 다르다. 두 번째 단계에서 이 대상들은 그것을 사용하는 사회집단의 일상생활 속에 연루된다. 이 단계에서는 사용자들이 자신들의 하위집단이나 문화에 대상을 연계시키기 위해 사용가치에서 기호가치로 대상을 '기능변환'할(transfunctionalize) 수 있다(예를 들어, 어떤 유형의 청재킷은 폭주족 헬스앤젤(the Hell's Angel) 같은 집단을 표상하도록 맞춤화될 수 있다). 세 번째 단계는 경제적 생산자와 판매자가 이 맞춤화되고 기능 변환된 대상을 채택해 그것을 상품화한다면, 또 그렇게 할 때 발생한다(예를 들면, 헬스앤젤 스타일의 재킷은 이제 쇼핑몰에서 교외지역의 10대에 의해서도 구매될 수 있다). 이 세 번째 단계는 기호화된 대상의 '상징적 평준화'(symbolic leveling) 또는 '진부화'(trivialization)를 수반한다. [33]

(4) 토머스 루크만

비록 토머스 루크만(Thomas Luckmann)[34]이 포스트모던 문화를 창조함에 있어 미디어와 광고의 중요성을 인정한다 해도, 그는 그것이 사람을 매스미디어에서 발견되는 문화시장에 밀어 넣음에

따른 탈제도화(de-institutionalization)의 과정에 초점을 맞춘다. 어떤 제도에서도 제도의 기본적 기능은 지각되는 세계에 대한 일련의 선결정된(pre-determined) 의미를 제공하고, 동시에 이 의미에 대한 정당화를 제공하는 것이라고 루크만은 주장한다. 특히 종교는 궁극적인 의미집합을 수여하고 정당화함으로써 궁극적 의미에 관한 어떤 회의, 두려움, 의문에 대해서도 연대성의 방패를 제공한다. 하지만 근대의 구조적 분화와 전문화는 종교의 궁극적 의미를 구조적으로 불안정하게 만든다고 루크만은 주장한다. 개인들은 대안적 의미를 날라오는 다양한 종류의 세속적 과제 및 의무와 대면해야 하기 때문이다. 이 구조적 불안정은 다시 종교의 사사화(privatization)로 귀결된다. 그러나 이 종교의 사사화는 세속적인 구조적 힘으로부터의 후퇴 이상의 의미를 지닌다. 그것은 또한 대중문화에서 발견되는, 주관성을 신성화하는 힘에 대한 반응이기도 한 것이다.

구조적 분화, 시장, 그리고 대중문화의 효과 때문에, 개인들 내부의 의식은 직접적 감각작용과 감정에 대한 의식이다. 결과적으로 의식은 불안정하고, 일반적 정당화 기능을 하는 신화, 상징 및 도그마의 수용을 문제적인 것으로 만든다 — 리오타르의 '거대서사를 향한 불신'을 생각할 수 있을 것이다. 하지만 자본주의 시장은 이러한 도전을 수익성 있는 사업으로 전환시켜왔다. 개인은 이제 매스미디어, 교회와 종파, 아직 남아 있는 19세기의 세속적 이데올로기, 대안적 종교공동체 등에 의해 창출된, 고도로 경쟁적인 궁극적 의미들의 시장과 직면하고 있다. 이 시장의 생산물들은 최소적이고 중개적인 의미들에 준거하지만 궁극적 의미에는 드물

게만 준거하는, 더 또는 덜 체계적으로 정렬된 의미집합을 형성한다. 이런 조건하에서 하나의 의미집합이 개인에 의해 장기적으로나 단기적으로 채택되어 다른 의미집합에서 유래하는 요소와 조합될 수 있다. 이와 같이, 초기자본주의 및 그것이 풀어놓은 구조적 힘이 종교의 통합력을 약화시켰듯이, 선진 자본주의는 대량생산되고, 구조적으로 분화되고 문화적으로 파편화된 사회적 세계 속에서 자신들의 불안과 두려움을 예방해 줄 수 있는 문화적 정합성을 찾는 개인들에 의해 소비될 수 있는 상품화된 의미집합의 새롭고 보다 포스트모던적인 다양성을 창출한다.

(5) 지그문트 바우만

루크만처럼, 지그문트 바우만(Zygmunt Bauman)[35]은 혼돈스럽고 종종 마구잡이며 고도로 분화된 체계 속에서 자아에 관한 의미에 탈제도화가 미친 영향을 검토한다. 이런 종류의 체계 속에서 정체성 형성은 평가나 모니터링(monitoring)의 준거점(reference point)이 없으며, 장소와 시간 속에 명확히 정박되지 않고, 평생에 걸친 일관된 자아형성 기획이 없는 자아구성으로 이루어져 있다. 사람들은 따라서 자신들의 정체성에 관한 고도의 불확실성을 경험하며, 결과적으로 정체성 형성의 유일한 가시적 매개체는 신체라고 바우만은 주장한다.

그래서 포스트모더니티에서 신체계발은 자아구성 과정에서 극도로 중요한 역학이 된다. 신체가 포스트모던 자아를 구성하는 데 있어 그렇게 중요한 역할을 수행하기 때문에, 불확실성은 건강, 체격, 노화, 피부 잡티 같은 신체적 관심사를 둘러싸고 가장 높다. 이런 이슈들은 증대된 성찰성,

평가, 따라서 불확실성의 원인이 된다.

바우만은 루크만처럼 어떤 확고하고 객관적인 평가지침도 부재한 것이 대체물에 대한 요구를 창출하는 경향이 있다고 주장한다. 이 대체물은 상징적으로 창조된다. 다른 사람들과 집단을 "들어가고 나가기 위한 허가를 신청할 필요 없이 다가가거나 떠날 수 있는 경비 없는 토템기둥"[36]으로 보기 때문이다. 개인들은 이 타자를 준거점으로서 이용하며 타자에게 속함의 상징을 채택한다. 상징적 증표(token)들의 가용성은 그것들의 가시성에 달려 있으며, 이 가시성은 다시 만족스러운 자아구축을 생산하기 위해 상징적 증표를 사용하는 것에 달려 있다. 결국, 이 상징의 효능은 어떤 과업에서의 전문성이나 아니면 대중적 추종(mass following)에 의지한다.

바우만은 또한 증표의 접근가능성은 행위자의 자원에 의존하며 점점 더 지식과 정보로 이해된다고 주장한다. 그러므로 예컨대 사람들이 특정한 전문 운동선수와 연관된 상징을 채택할 수 있고 — 같은 종류의 신발을 신거나 육체적으로 동일한 방식으로 움직인다 — 아니면 개인들이 컴퓨터 마법사(computer wizard)로 인지되는 집단과 연관된 모든 외면적 상징과 문화자본을 취할 수도 있다. 바우만에게 중요한 쟁점은 상징을 사용하는 개인들이 이 집단의 삶이나 유명인사의 삶의 상호작용적 일부였던 적이 결코 없기 때문에 이 집단성원성의 상징이 어떤 몰입이나 처벌적 조치 없이도 채택되거나 벗어던져질 수 있다는 점이다.

이 상징에 대한 욕구는 집단화된 자아구축 실천으로 정의되는 '부족정치'(tribal politics)라는 결과를 가져온다.[37] 이 부족은 '상상된 공동체'(imagined communities)로서 기능하며, 전근대적 공동체와

는 달리 성원의 공유된 몰입을 통해 오직 상징적 형태로만 존재한다.[38] 예컨대, 노스캐롤라이나 (North Carolina) 주 시골의 한 소녀가 신체 여러 부위에 피어싱을 하고, 세 치수나 더 큰, 짝이 맞지 않는 옷을 입으며, 바이오해저드(Biohazard)의 음악이 습관적으로 머릿속을 채우고, 스스로를 그런지(grunge) 또는 펑크 커뮤니티의 일원으로 볼 수도 있다. 한 번도 그룹멤버들과 상호작용한 적이 없으면서도 말이다. 아니면, 어떤 개인이 실험실에서 동물을 실험에 이용하는 것에 대한 관심을 발전시키고, 다른 사람들에게 이에 관해 이야기하며, 이와 관련된 선언서가 쓰인 티셔츠를 입고 범퍼 스티커를 붙이고 다니며, 비정기적 집회에 참석할 수도 있고, 이런 식으로 어떤 종류의 사회집단이나 상호작용 네트워크의 일부가 아니면서도 스스로를 집단성원으로 인지할 수도 있다. 이 '의사집단'(quasi group)은 예전의 집단이 소유했던 포함과 배제의 권능이 없이 기능한다. 실로 이 '신부족'(neo-tribes)은 오로지 상징적 의례의 반복적 수행을 통해서만 창출되고 오직 성원이 의례를 수행하는 한에서만 존재한다.

신부족은 이렇게 현실의 사회집단 속에서 이루어지는 대면적 만남을 통해서보다는 개념을 통해 형성된다. 그것은 자기 동일시를 통한 '상상된 공동체'로서 존재하며, 사람들이 그것을 자기정의(self-definition)를 위한 매개체로서 또 '상상적 침전'(imaginary sediment)으로서 이용한다는 이유에서만 존속한다.[39] 이 부족들의 존속이 성원들의 감정적 충성에 의존하기 때문에, 자기 동일시 의례들은 더 사치스럽고 화려하게 된다. 포스트모더니티에서는 공중의 주목이란 자아와 타자가 기초하는 정말로 희소한 자원이기 때문에, 신체훼손(body scarring)이나 극단적 또는 마구잡이식의 폭력과 같은 화려하고 극적인 전시가 필요한 것이다.

5. 나가며

포스트모더니즘에 대해 단지 논박의 성격만 갖지는 않을 어떤 평가도 모종의 공통된 기반에 토대를 두어야 할 것이다. 그러한 공통의 기반은 언어, 문화 및 지식의 일반적 속성에 의해 제공된다. 포스트모더니즘은 과학에 대한 비판에 기초하며, 이 비판에 대해서는 포스트모더니즘 자체도 굳건한 입지를 가질 수 없다. 모든 문화와 언어는 물리적 세계로부터 거리가 있다. 그러한 추상화는 문화와 언어의 필수적 조건이다. 물리적 세계로부터 어느 정도 떨어져 있지 않다면 사물 자체(thing-in-itself)만 존재하고 우리가 이해하는 바의 어떤 인간적 의미도 존재하지 않을 것이기 때문이다. 언어와 의미는 물리적 세계에 계류되어 있는 것이 아니라 실제로 그 세계에 대한 재현〔표상〕이기 때문에, 그것은 본래적으로 우연적이고 불안정하며, 따라서 어떤 식으로 물화되고 안정화되어야만 한다. 게다가 문화란 그 본성 자체가 추상적이고 우연적이기 때문에, 문화는 자기지시적〔자기준거적〕이고, 세계에 관한 교정되기 어려운 명제나 도전받지 않는 믿음에 의해 단단히 뒷받침된다. 생각들이 실재로 물화되는 것, 추상화, 그리고 교정되기 어려운 가정이 보호되는 것은 주요하게는 ① 집합적 활동의 구조화나 제도화를 통해, 또 ② 개인에 의한 감정의 투자를 통해 일어난다 ― 이 두 기제는 모두 집단과정 및 정체성과 연결된다.

모든 문화적 지식, 특히 언어와 이론의 기능은 사회적 세계와 물리적 세계 모두에서 다른 요소를 배제하면서 어떤 요소에 주목하게 하는 것이다. 포함과 배제의 과정은 의미가 창출되는 근본적 방식이다. 막스 베버가 지적했듯이, 문화는 '세계 과정의 의미 없는 무한성'으로부터 의미와 중요성이 붙어넣어지게 될 유한한 부분을 골라내는 과정이다. 그리고 어떤 지식체계를 뒷받침하는 교정되기 어려운 명제들 역시 포함과 배제를 통해 기능한다. 하나의 체계가 실용주의와 신비주의에 동시에 기초할 수는 없는 것이다.

이렇게, 과학비판에 있어 어떤 의미에서는 포스트모더니스트들이 옳다. 어떤 지식체계와도 마찬가지로, 과학은 교정될 수 없는 가정들에 기초하며, 물리적 실재로부터의 추상화이고, 제도화 및 감정적 투자의 과정을 통한 물화와 안정화를 필요로 하며, 그 자신의 실재성을 단언하기 위해 다른 지식체계를 구조적으로 예속시키는 데 열중한다. 그러나 포스트모더니스트들이 놓친 것은 — 특권화된 목소리를 갖지 않는다는 선언에도 불구하고 — 그들 자신의 지식체계도 같은 속성에 종속되어 있다는 점이다. 지식의 체계를 창출하면서, 포스트모더니스트는 똑같은 제도화, 감정적 투자, 배제의 과정을 통해 자신들의 지식을 물화하고 안정화해야만 한다 — 그렇지 않으면 끝없는 퇴행의 허무주의에 빠져야 한다.

마크 고디너와 초기 비판이론가들이 지식과 믿음과 집단적 이해관계는 분리 불가능하다고 단언했을 때, 그들의 주장은 옳았다. 그렇지만 고디너와 다른 대부분의 비판이론가들이 이해하지 못하는 것은 그들 자신의 지식체계도 과학과 같은 방식으로 기능하며 동일한 비판에 노출되어 있다는 점이다. 과학, 지식 및 이론에 대한 정의를 두고 벌어지는 전투는 제도적·물질적 자원배분을 좌우하는 정당화를 획득하기 위한 문화적 전쟁이다. 집단들 내에서 또 집단들 사이에서 문화가 어떻게 기능하는가에 대한 일반화된 이해에 기초할 때, 포스트모더니스트의 행태나 사회과학자의 행태나 둘 다 상당히 예측 가능한데, 특히 주역들 대부분이 학계에 속해 있기 때문에 더욱 그러하다.

포스트모더니즘은 구조주의에서 기원하는 근본적 오류를 전제로 하고 있다(23장, 24장 참조). 즉, 기호체계의 구조가 인간행위와 상호작용이 의존하는 역학이라 상정되고 있는 것이다. 사회적 삶에 있어 다른 속성과 과정보다 문화를 이렇게 편견에 가까울 정도로 우선시하는 것이 포스트모더니즘을 정의하는 특징 중 하나일 것이다. 심지어 덴진, 켈너, 그리고 고디너 같이 다른 요인을 고려하고자 하는 것처럼 보이는 사람조차 단지 영화나 빌보드 같은 문화적 인공물을 분석하기만 하고, 그리고는 그 인공물을 같은 방식으로 해석할 수도 있고 아닐 수도 있는, 또는 연구자가 가정하는 식으로 문화를 이용할 수도 있고 아닐 수도 있는 사회적 행위자에게 자신들의 발견을 덮어씌우는 것으로 끝난다. 이러한 오류는 인간행위자와 상호작용을 무시할 정도로 문화, 의미작용, 그리고 표현의 문제를 전반적으로 과도하게 강조하는 결과를 가져왔다. 문화가 포스트모더니스트들이 주장하듯 파편화되고 자유부동하는 것이라 하더라도, 그것이 사람들의 상호작용의 초점이 되기 전까지는 사람들에게 거의 영향을 주지 못할 것이다. 그리고 4

부의 여러 장에서 제시된 상호작용 이론들이 기록하듯이, 미시수준의 상호작용에서는 자유부동하는 기표들과 감정적으로 밋밋한 상징들의 문제를 경감시키는 경향을 보이는 과정이 존재한다. 사람들은 상징에 감정을 불어넣기 위해 고프만적 유형의 상호작용적 평형과 자연적 의례를 만들어냄으로써 미시수준에서 문화의 우연적 본성에 대응한다(17장, 25장 참조).

이 근본적 오류는 또한 자아에 관한 포스트모더니스트들의 몇 가지 의문스러운 단언을 낳기도 했다. 포스트모더니스트가 주장하듯 자아 범주가 말소되거나 파편화되려면 문화만이 독점적으로 결정력을 행사해야 하는데, 실제로는 그렇지 않다. 자아의 창조와 조직은 문화에 의해 정보가 주어지고 문화에 의해 제약받지만, 기호체계의 직접적 함수는 아니다. 사회학적 관점에서 볼 때, 자아는 자신들의 사회적 환경과 관계 맺는 개인들과 집단의 합작품인 하나의 과정이다. 자아는 한 사람의 특수한 전기적 개인사 속에 현실의 집단 속에서 또 실재하는 사람들과 상호작용하는 가운데서 일어나는 역할취득 과정을 원천으로 삼는 내면화된 의미구조이다. 미디어 이미지들이 자아가 구성되는 상호작용에 정보를 제공할 수 있지만, 상호작용 자체가 이 이미지들이 어떻게 이용될 것인지, 어떤 의미가 그것에 부착될 것인지를 결정한다.

포스트모더니즘은 보다 온건한 입장으로 이동하고 있는 것으로 보인다. 포스트모던 사유의 정초자들은 각자 모더니티〔현대성〕와의 근본적 단절과 의미와 의미작용이라는 보편적인 문제를 상정했다. 그러나 그다음 포스트모던 사상가들은 대부분 물질적 세계에 자신들의 분석 기반을 두려 시도해왔다. 따라서 지적 위기는 처음 가정된 것처럼 깊지는 않다. 특히 경제적 포스트모더니스트들은 사회적 현상을 설명하기 위해 보다 일반화된 원리와 과정을 이용한다. 만약 포스트모더니즘이 사회과학에 맞선 비판적 입지를 넘어서 실질적 목소리를 내려면, 이러한 보다 온건한 입장 쪽으로 나아가야 할 것이다.

주

* 이 장은 케네스 앨런(Kenneth Allan)과 공동 저술하였다.

1 Zygmunt Bauman, *Intimations of Postmodernity* (London and New York: Routledge, 1992).

2 Jean-François Lyotard, *The Postmodern Condition* (Minneapolis: University of Minnesota Press, 1979, 1984).

3 Ludwig Wittgenstein, *Philosophical Investigations* (New York: Macmillan, 1936~1949, 1973).

4 Richard Rorty, "Method, Social Science, and Social Hope", in *Consequences of Pragmatism* (Minneapolis: University of Minnesota Press, 1982).

5 포스트모더니스트에게 있어 모든 문화적 표현은 언어로 이해될 수 있고 이해돼야 한다. 그러나 모든 사회현상들을 이해하는 기초로서 언어체계를 이용하는 것은 포스트모더니즘에서 새로운 것은 아니다. 예를 들어, 이 언어적 등가성 모델(*linguistic equivalence model*)은 클로드 레비스트로스의 작업에 중심적인 것이다. 그러나 포스트모더니즘은 자크 데리다(Jacques Derrida)와 미셸 푸코(Michel Foucault)의 후기 구조주의적 작업에 기초하여〔이하 본문 없음〕.

6 Richard Harvey Brown, *Society as Text: Essays on Rhetoric, Reason, and Reality* (Chicago: The University of Chicago Press, 1987); *Social Science as Civic Discourse: Essays on the Invention, Legitimation, and Uses of Social Theory* (Chicago: The University of Chicago Press, 1989); "Rhetoric, Textuality, and the Postmodern Turn in Sociological Theory", *Sociological Theory* 8 (1990): pp. 188~197.

7 Brown, *Social Science as Civic Discourse* (주 7 참조), pp. 49~54.

8 같은 책, p. 188.

9 포스트모던 문헌에서는 사회이론과 사회학 이론 간의 구별이 종종 이뤄진다. 사회이론(*social theory*)은 사회적 담론 안에 들어감으로써 사회적 조건들을 개선하는 데 자의식적으로 지향된 텍스트로 일반적으로 이해되는 반면, 사회학 이론(*sociological theory*)은 사회적 관심과 개입으로부터 추상된 외시적 텍스트이다. 포스트모더니즘의 관점에서는 사회이론이 사회학 이론보다 선호된다.

10 Charles C. Lemert, "The Uses of French Structuralism in Sociology", *Frontiers of Social Theory: The New Syntheses*, ed. George Ritzer (New York: Columbia University Press, 1990), pp. 23~54. Charles C. Lemert, "General Social Theory, Irony, Postmodernism", *Postmodernism and Social Theory*, eds. Steven Seidman and David G. Wagner (Cambridge, MA: Blackwell, 1990), pp. 17~46.

11 Steven Seidman, "The End of Sociological Theory", in *The Postmodern Turn: New*

Perspectives on Social Theory, ed. Steven Seidman (Cambridge: Cambridge University Press, 1994), pp. 84~96.

12 Mark Gottdiener, "The Logocentrism of the Classics", *American Sociological Review* 55 (June 1990): pp. 460~463; "Ideology, Foundationalism, and Sociological Theory", *Sociological Quarterly* 34 (1993): pp. 653~671.

13 Mark Gottdiener, "Ideology, Foundationalism, and Sociological Theory" (주 12 참조), p. 667.

14 Steven Seidman, "The End of Sociological Theory" (주 11 참조), p. 120.

15 예를 들어 Lemert, *Sociology After the Crisis* (Boulder, CO: Westview, 1995), p. 78은 근본적[급진적] 포스트모더니즘과 전략적 포스트모더니즘을 구별한다. 근본적 포스트모더니스트들은 진리나 실재의 어떤 가능성도 부정하는 반면, 전략적 포스트모더니스트들은 모더니즘적 지식이 이용하는 언어와 범주들은 보존하면서 모더니즘적 지식이 주장하는 권위를 약화시키려 시도한다. 레머트에 따르면 전략적 포스트모더니스트들은 해방에 대한 모더니즘적 희망을 여전히 견지한다.

16 예컨대 Stephen Cook, Jan Pakulski, and Malcolm Waters, *Postmodernization* (London: Sage, 1992)을 보라.

17 Fredric Jameson, "Postmodernism, or The Cultural Logic of Late Capitalism", *New Left Review* 146 (July-August 1984): pp. 59~92[원서에는 주 2에 나오는 리오타르의 저서가 인용되어 있어, 역자가 서지사항을 수정하였다 — 옮긴이].

18 같은 책, p. 92.

19 같은 책, p. 72.

20 같은 책, p. 64.

21 David Harvey, *The Conditions of Postmodernity: An Inquiry into the Origin of Cultural Change* (Oxford: Blackwell, 1989).

22 Scott Lash and John Urry, *The End of Organized Capitalism* (Madison, WI: University of Wisconsin Press, 1987); *Economies of Signs and Space* (Newbury Park, CA: Sage, 1994).

23 Lash and Urry, *Economies of Signs and Space* (주 22 참조), p. 28.

24 Jean Baudrillard, *For a Critique of the Political Economy of the Sign* (St. Louis: Telos, 1972, 1981); *The Mirror of Production* (St. Louis: Telos, 1973, 1975); *Simulacra and Simulation* (Ann Arbor: University of Michigan Press, 1981, 1994); *Symbolic Exchange and Death* (Newbury Park, CA: Sage, 1993).

25 Jean Baudrillard, *Simulacra and Simulation* (주 24 참조), p. 84.

26 같은 책, p. 6.

27 같은 책, p. 13.

28 Kenneth J. Gergen, *The Saturated Self* (New York: Basic Books, 1991); *The Concept of Self* (New York: Holt, Rinehart and Winston, 1971).

29 Norman K. Denzin, "Postmodern Social Theory", *Sociological Theory* 4 (1986)︰pp. 194~ 204; *Images of Postmodern Society︰Social Theory and Contemporary Cinema* (London︰ Sage, 1991); *Symbolic Interactionism and Cultural Studies* (Oxford︰Blackwell, 1992).

30 Douglas Kellner, "Popular Culture and the Construction of Postmodern Identities", in *Modernity and Identity*, eds. Scott Lash and Jonathan Friedman (Oxford︰Blackwell, 1992); *Media Culture︰Cultural Studies, Identity and Politics Between the Modern and the Postmodern* (London︰Routledge, 1995).

31 Denzin, *Images of Postmodern Society* (주 30 참조), p. 153.

32 Mark Gottdiener, "Hegemony and Mass Culture︰A Semiotic Approach", *American Journal of Sociology* 90 (1985)︰pp. 979~1001; *Postmodern Semiotics︰Material Culture and the Forms of Postmodern Life* (Oxford︰Blackwell, 1995).

33 Gottdiener, "Hegemony and Mass Culture" (주 32 참조), p. 996.

34 Thomas Luckmann, "The New and the Old in Religion", *Social Theory for a Changing Society*, eds. Pierre Bourdieu and James S. Coleman (Boulder, CO︰Westview, 1991).

35 Zygmunt Bauman, *Modernity and Ambivalence* (Ithaca NY︰Cornell University Press, 1991); *Intimations of Postmodernity* (London and New York︰Routledge, 1992).

36 Bauman, *Intimations of Postmodernity* (주 35 참조), p. 195.

37 같은 책, pp. 198~199.

38 Benedict Anderson, *Imagined Communities* (London︰Verso, 1983)를 참조하라.

39 H. Mehan and H. Wood, *Reality of Ethnomethodology* (New York︰John Wiley, 1975)와 Niklas Luhmann, "Society, Meaning, Religion︰Based on Self-Reference", *Sociological Analysis* 46 (1985)︰pp. 5~20를 보라.

미국 스타일 비판이론

31 장

1. 들어가며

이 책의 마지막 장인 이 장에서는 미국의 비판이론을 다룬다. 나 자신이 과학인식론 연구자이고 이 책의 대부분은 과학적 이론화에 관한 것이다. 따라서 이 책의 마지막 장에서 비판이론을 다루는 것이 낯설게 보일 수 있다. 그래서 사회참여적 (activist) 언급을 함으로써 내가 마지막에 위치시킨 이 장의 중요성을 강조하고자 한다. 비판이론은 '좋은 사회'는 어떠해야 하는가에 대한 도덕적 비전에 의해 인도되었으며, 적어도 미국 학생들이 사회학 과목을 수강하고 전공하는 이유 중 하나는 이 비전을 공유하기 때문이다. 사회학은 각종 형태의 사회조직에 대한 학문이다. 사회문제가 사회조직의 작동과 관련된 것이라면 사회학은 사회문제를 이해하고 나아가 해법을 제시할 수 있는 가장 훌륭한 학문이다. 1800년대 말에 시작된 미국 사회학 1세대는 이런 (더 좋은 사회를 만들고자 하는) 동기에서 사회학의 초석을 놓았고 과학적 덕목을 결합했다. 유럽에서 오귀스트 콩트는 사회학이라는 이름에 과학적 사명을 부여했다. 그는 과학이 인류를 구원해 줄 것이라 믿었다. 이와 대조적으로 미국의 초기 사회학자들은 과학을 지지한다고 했지만 과학에 대해서는 잘 알지 못했다.

오늘날 미국 사회학에서 비판이론은 사회참여적 동기를 갖고 작업해온 사회학자들의 장구한 역사적 산물일 뿐 아니라 학문 외부의 사회운동을 학문적 분과와 프로그램 안으로 내재화한 결과이기도 하다. 예컨대, 민권운동, 여성주의 운동, 게이·레즈비언 사회운동은 대학의 학문적 임무 중의 하나가 되었다. 정의와 공정성의 이름하에 차별받는 사람들을 위한 집단적 사회운동의 이슈, 그것의 역사와 동력을 연구하기 위해 새로운 전공이 생겨나고 새로운 학과와 프로그램이 나타났다.

학문 프로그램이 되기 위한 기본적 요건으로, 비판이론은 기성사회에 대해 비판적일 뿐 아니라 기존의 조건을 변화시키고자 하는 의도에서 사회참여적일 수밖에 없었다. 사회학은 무엇보다 정의로운 사회에서 무엇이 옳고 그른지에 대한 신념에 의해 추동되는 사회운동가를 위한 공간이다. 따라서 이론적 작업조차 이러한 신념과 동기의 영향하에 있어야 한다는 것은 놀라운 것이 아니다. 일종의 신념으로서 과학과 또 다른 신념인 이데올로기 간의 긴장은 항상 존재할 것이고(25쪽의 〈그림 1-1〉 참조), 이 긴장은 학계뿐 아니라 오늘날 사회 전반에 반향을 낳고 있다. 또한 이 긴장은 사회학에 고질적인 것이 아니라 오늘날 학계 전반에서 나타나는 것이다.

이 장에서 우리는 주로 페미니즘을 다룰 것이다. 페미니즘은 마르크스주의적 계급이론과 유럽의 비판이론과 어깨를 나란히 할 정도로 강력한 비판이자 복합적인 이론적 논증으로 발전하였다. 인종과 민족에 대한 비판이론도 중요한 지적 운동으로 등장하였다. 이 이론은 지난 수십 년간 두각을 나타내기 시작하였지만 아직 페미니즘 이론보다는 이론화 작업이 덜 활발하다. 이 두 가지 비판이론적 접근은 그 톤과 스타일에서 독특하게 미국적이며, 따라서 현대 사회학 이론을 다루는 이 책에서 주목해 볼 만하다.

2. 사회학 이론에 대한 페미니스트 비판: 젠더, 정치, 가부장제

1970년대 초반 이래, 주류 사회학 이론을 가장 지속적으로 비판했던 것은 비판적 페미니스트 이론이었다. 1960년대 중·후반 여성운동 제2물결이 출현한 직후 등장한 최초의 페미니스트 비판은 사회학에서 여성 및 여성의 경험이 연구주제 그리고 이론의 생산자 측면에서도 과소대표(under-representation) 되었다는 사실에 초점을 맞췄다. 동시에 페미니스트 이론가들은 현대사회에서 젠더(gender)와 성역할(sex role)의 구성을 연구했고, 지금까지 사회학에서 무시되었던 '여성적 세계'를 드러내고자 했다.[1] 여기서 한 걸음 더 나아가 페미니스트들은 젠더와 가부장제의 개념을 이용하여 사회조사방법론과 사회학 이론에 내재한 남성적(또는 남성중심주의적) 입장을 폭로했다. 이 급진적 비판은 사회조사와 이론이 남성적 경험으로부터 구축된 지식체계이기 때문에 여성의 경험을 드러낼 수 없다고 비판했다.

비판적 페미니스트 이론가들은 대안적 방법론을 제기하면서 여성의 사회세계로부터 시작해 사회에 대한 여성적 관점을 반영하는 '페미니스트 관점'(feminist standpoint) 또는 여성사회학(women's sociology)의 구성을 제안했다.[2] 지난 10년 동안 몇몇 급진적 페미니스트 이론가들도 페미니스트 방법론에 내재한 인식론적 이슈를 이용하여 '실증주의적'(positivistic) 사회학을 비판하고, '페미니스트 인식론'(feminist epistemology)[3]의 토대를 세우고자 했다.

오늘날 대부분의 사회학 이론이 그렇듯이 페미니스트 비판 또한 일관된 패러다임을 형성하지 못하고 있다. 무엇이 '페미니스트 비판'인지, 페미니스트 비판을 받지 않으려면 사회학적 이해는 어떻게 바뀌어야 하는지 비판적 페미니스트 이론가들 사이에서도 합의가 존재하지 않는다. 그럼에도 불구하고, 몇 가지 공통적 특징을 통해 다른 비판이론과 페미니스트 입장을 구분지을 수 있다. 비판적 페미니스트 이론가들이 보다 과학지향적인 이론가와 공유하는 점은 젠더가 사회분업의 근본적 형태라는 확신이다. 또한 그들은 여성억압과 성불평등의 원천, 가장 중요하게는 가부장적 사회구조와 제도를 분석하는 데 헌신한다는 공통점이 있다. 하지만 이 장에서 논의할 페미니스트 이론가들은 젠더와 가부장제의 형태에 초점을 맞추어 사회조사 관행과 사회학 이론의 생산 자체를 비판해왔다.[4] 그들은 '과학적' 방법이 남성중심적(남성지향적) 사고방식을 구현하는 방식을 탐구하면서 이 방법의 정당성과 객관성에 의문을 제기해왔다. 마지막으로, 이 비판적 페미니스트 이론가들은 페미니스트 정치와 여성지위와 관련해 자신들의 비판이 갖는 정치적·실천적 의미를 잘 알고 의식적으로 비판을 수행했다. 메리 조 나이츠(Mary Jo Neitz)는 "페미니스트 연구의 비판적 질문은 해당 학문분과가 아니라 여성운동으로부터 나온다"고 언급했다.[5] 결국, 대부분의 비판적 페미니스트 이론가는 페미니즘 이론의 해방적 차원, 즉 마치 마르크스주의처럼 '이해의 양식이자 행동지침'으로 봉사할 수 있는 능력을 중요하게 생각한다.[6] 이론, 방법, 정치, 실천의 의식적 융합 그리고 억압과 불평등의 1차적 원천으로서 젠더와 가부장제를 강조하는 것은 사회학 이론에 대한 페미니스트 비판을 특징짓는 공통분모이다.

1) 대표성과 젠더의 구성

(1) 사회과학에 대한 초기의 도전

사회조사와 이론에 대한 초기 페미니스트 비판은 주로 표현의 문제에 관심을 기울이면서 아래의 이슈를 제기했다.[7]

___

① 연구주제로서 여성의 누락 및 과소대표
② 남성지배적 사회생활 부문에 대한 집중
③ 여성보다 남성의 경험을 충실히 기술하는 패러다임, 개념, 방법, 이론의 사용
④ 남성과 남성의 라이프스타일을 규범으로 삼은 사회현상 해석

___

이 모든 이슈에 대한 초기의 가장 영향력 있는 작업은 앤 오클리(Ann Oakley)의 주부와〔주부의〕가사노동에 대한 의견조사이다. 오클리는 여성에 대한 차별이 사회학의 성차별주의(sexism)에도 반영되어 있으며, 가사노동을 노동(work)이 아닌 것으로 보는 학문적 무시는 사회학적 조사 및 이론이 일반적으로 가진 성적 편견을 보여주는 단편이라고 주장했다.[8] 오클리는 사회학의 주요 연구영역 모두에서 여성은 비가시적이라고 언급한다. 오클리의 주장에 따르면, 1970년대 중반까지 일탈분야에서 여성에 대한 자료수집이 거의 이뤄지지 않았고, "일탈이론은 대충 지나가는 말로 여성을 언급했을 뿐, 여성의 행위에 대한 해석은 남성행위에 대한 설명모델에 억지로 끼워맞춰져 있었다."[9] 그녀는 또한 일탈에 대한 표준적 정의에서 젠더상관 또는 젠더연관적(gender related or associated) 행위유형이라고 할 때 여성만 다루지는 않는지에 대해서도 의문을 제기하였다.[10] 사회학의 또 다른 중요 주제영역인 계층론의 경우, 오클리는 계급소속과 관련된 아래의 검증되지 않은 가정이 사실상 여성을 비가시화하고 여성을 다루는 것을 부적절한 것으로 만든다고 주장한다. ① 가족은 계층의 단위이다. ② 가족의 사회적 위치는 가족 내 남성의 지

위에 의해 결정된다. ③ 오로지 예외적 상황에서만 여성의 사회적 지위는 혼인으로 연결된 남성 또는 출생가족의 남성에 의해 결정되지 않는다.[11] 오클리는 이 가정이 사회적 실제를 반영하지 않는다고 주장한다. 왜냐하면 많은 사람들이 가족을 이루고 살지 않고 많은 여성가장이 가족을 이끌고 있으며 많은 부부들에서 남편과 아내의 사회적 지위가 같지 않기 때문이다. 오클리에 따르면, 사회학자들이 사회적 구별과 계층의 기준으로서 젠더의 중요성을 인식한다면 이러한 가정의 문제점이 드러날 수 있을 것이다. 그러한 인식 없이는 계층체계에서 여성이 차지하는 역할과 위치는 앞으로도 은폐되고 잘못 표현될 것이다.[12]

오클리는 사회학 이론과 연구에 내재한 성차별주의의 원인을 사회학의 '창시자'(founding father)[13]의 남성중심적 태도, 여성 사회연구자와 이론가의 부족, 현대사회에서 성역할 분업을 지지하는 이데올로기의 만연에서 찾았다. 오클리는, 젠더 이데올로기는 여성의 사회적 지위와 행위에 대해 고정관념을 갖고 있는데 이것이 사회학에서 무비판적으로 재생산되며, 이 고정관념은 여성의 경험이 분석의 초점이 되고 여성의 관점에서 조명될 때에만 극복될 수 있을 것이라고 주장했다.[14]

사회학적 연구와 이론에 대한 초기적 비판은 젠더의 우위와 젠더의 구성에 대해 두 가지 상호연관된 가정을 오클리와 공유한다. 첫째, 젠더는 사회적 관계와 행위를 결정하는 근본적 요인이다. 둘째, 성별분업은 각 성의 경험과 관점을 형성하고 그 결과 여성의 경험은 남성의 경험과 뚜렷이 구분된다. 일부 페미니스트 연구자는 오클리에서 한 걸음 더 나아가, 우리 사회는 여성과 남성을 격리시켜 서로 다른 세계, 때론 상호배타적인 동성(同性, homosocial)적 세계로 배정하는 방식으로 젠더화되어 있다고 주장하기도 했다. 제시 버나드(Jessie Bernard)는 《여성 세계》에서 "여성은 남성의 세계와 비교 불가능한 그들만의 세계를 갖고 있다"[15]라는 게오르크 짐멜의 통찰에 기초해, 사회는 '단일-성'(single-sex)으로 구성된 세계로 나뉘어 있다고 주장했다. 사회학과 여타 인문학 및 인간과학의 학문은 지금까지 전적으로 남성 세계만을 다루어왔다. 버나드는 이러한 불균형을 시정하기 위해 여성 세계의 역사적 발전을 추적하고 이로부터 여성의 독특한 경험과 관점을 밝히고자 했다. 그녀는 여성의 세계가 남성의 세계와 주관적·객관적으로 다르기 때문에 여성의 세계는 "남성 세계의 부산물이 아니라 그 자체로 독자적 실체로 연구돼야 한다"고 주장했다.[16] 버나드는 사회학과 여타 학문영역에서 여성의 세계와 여성의 경험을 무시하는 것은 현대 사회문제에 대한 혁신적 해법과 접근을 제공할 수 있는 관점에 대한 공적 토론의 기회를 박탈하는 것이라고 확신했다.[17]

다른 페미니스트 이론가들은 젠더화된 사회영역(gendered social sphere) 개념을 사용해 성역할 위계와 젠더의 사회적 구성에 대해 탐구했다. 진 립먼-블루먼(Jean Lipman-Blumen)은 성역할별 동성사회(homosocial) 이론을 제안하면서 여성의 남성영역(정치, 군대, 메이저리그 스포츠 등) 진입을 제한하고 여성을 가정영역에 가두는 전통적 장벽에 대해 설명하였다.[18] 그녀는 남성은 다른 남성에게 호감을 갖고 관심을 갖도록 사회화된다는 가설을 제시했다. 이런 끌림은 전통적으로 여성보다 남성을 우위에 두고 남성에게 전적으로 자원

통제권을 부여하는 가부장적 사회제도에 의해 강화되고 영속된다. [19] 재생산과 성적 필요에서 여성을 찾는 것을 제외한다면 남성들은 남성에게 지원을 요청하는 반면, 여성들은 남성으로부터 자원과 지원을 얻기 위해 스스로를 성적 대상으로 만들어야 한다. 립먼-블루먼은 자원의 교환과 보존에서 남성의 우위는 '지배의 위계구조'를 낳는다고 주장하면서, 기술이 성역할의 구분과 위계를 제거하더라도 이 구조는 지속될 것이라고 보았다. [20]

낸시 초도로우(Nancy Chodorow)는 그녀의 매우 영향력 있는 저서인 《모성의 재생산: 정신분석학과 젠더사회학》에서 여성이 자녀양육을 담당하는 것(그 결과로 남성의 가정 내 역할 결여)은 젠더정체성과 성별분업을 구성하는 데 있어 심대한 결과를 낳는다고 주장했다. 초도로우는 "모든 사회는 여성이 어머니 역할을 하는 데서 비롯된, 여성의 사적·가정적 세계와 남성의 공적·사회적 세계 간의 구조적 분할로 이루어져 있다"고 상정한다. [21] 이 구조적 분할은 성별분업으로 만들어진 것으로, 남녀의 젠더 인성(人性)의 차이에 의해 각 세대에서 재생산된다. 이 행동적 차이 또는 '정신내적 구조'(intrapsychic structure)의 차이는 생물학적인 것이 아니다. 그것은 소녀·소년이 어머니와 맺는 독특한 사회적 관계로부터 비롯된 것이다. 소녀는 어머니와 동일시함으로써 여성이 되고 어머니가 되는 것을 배우는 반면, 소년은 지속적인 정서적 관계를 맺을 수 있는 아버지 상(像)이 부재한 상태에서 어머니에 반대되는 것으로 남성적 젠더정체성을 발전시켜야 한다. 그 결과 남성과 여성은 상이한 '관계적 능력'과 '자아감각'을 갖게 되고 이것에 기초해 나중에 "성인기 젠더역할을 수행

하게 된다. 성적으로 불평등한 사회에서 성인의 젠더역할은 여성이 재생산 영역에 있는 것을 전제로 한다." [22]

2) 여성사회학: 페미니스트 방법론, 인식론, '관점' 이론들

1970년대 말과 1980년대에 여성사회학을 만들려는 시도가 더 급진적인 비판적 페미니스트 이론가들 사이에서 나타났다. 이들은 사회학의 이론적·방법론적 관심을 젠더와 여성적 영역에 맞추는 것만으로는 사회학적 연구에 내재된 남성중심적(남성적) 편견과 가부장적 사고방식을 교정하기 어렵다고 확신했다. 이 편견 때문에 전통적인 사회학적 설명은 근본적 한계를 가진 것으로 간주되었다. 페미니스트 비평가들은 모든 사회적 관계는 젠더화되어 있다고 보았기 때문이다. [23] 존 쇼터(John Shotter)와 조세핀 로건(Josephine Logan)은 페미니스트 사상과 정치의 연관을 인식하면서 오로지 '새로운 목소리'(new voice)만이 페미니스트 연구자들과 여성운동 전체가 '가부장제의 편만(遍滿)'(pervasiveness of patriarchy)에서 벗어나게 하리라고 주장했다.

여성운동은 우리 생활에 깊숙이 만연해 있는 가부장적 문화 속에서 성장할 수밖에 없다. 그 억압적 성격에 대응하거나 저항하는 경우에도 여성운동은 거기에 지속적으로 '감염'되거나 '오염'되어 있다. 남녀 할 것 없이 우리 모두가 그 속에 '침윤되어' 있다. … 가부장제는 우리의 실천 속에, 다른 사람과 관계 맺는 방식 속에, 또 우리가 서로를 이해하기 위해 사용하는 수

단들 안에 새겨져 있다. … 우리는 다른 목소리, 새로운 장소를 찾아야 하며, 거기서 우리 삶의 본질에 대해 함께 논해야 한다.[24]

———

지식사회학에 대한 이런 종류의 공격은 페미니스트 비판가들이 느끼는 좌절에 의해 더 급진화됐다. 페미니스트 비판가들이 보았을 때 사회학 내에서 — 특히 사회이론에서 — 젠더를 연구하고 이 연구의 개념적·이론적 함의를 도출하는 것에 대한 지속적 저항이 있었다. 1974년부터 1983년까지 발표된 논문을 분석하면서 그랜트(Linda Grant)와 워드(Kathryn Ward)는 주류 사회학 학술지에서 젠더에 초점을 맞춘 이론 논문, 리뷰, 비평의 수는 다른 전통적 주제와 비교했을 때 아직도 상대적으로 적다는 점을 밝혔다. 그들은 이를 학술지 편집자가 젠더를 현대 사회학에서 주변적인 것으로 간주하는 징표라고 보았다.[25]

다른 페미니스트 비판가들도 그랜트와 워드의 우려에 공감을 표했다. 계층론 문헌에 대한 애커(Joan Acker)의 리뷰에 따르면, 래이 레서 블룸버그(Rae Lesser Blumberg)의 명저[26]를 제외한 모든 계층론 책이 "여성을 성공적으로 분석에 통합시키지 못하며 사회적 불평등에 대한 체계적 개념화 없이 성적 불평등을 간략히 기술하는 수준에서 문제를 회피한다"고 주장했다.[27] 주디스 스테이시(Judith Stacey)와 배리 손(Barrie Thorne)은 페미니스트 연구자들이 사회학의 많은 전통적 분과(예컨대 조직, 직업, 범죄, 일탈, 계층 등)에서 많은 기여를 했고 여러 영역(예컨대 성희롱, 빈곤의 여성화)에서 선구적 작업을 수행했음에도 불구하고,

이 분야에서 중요한 개념적 변화를 가져오지 못했다고 판단했다.[28] 사회학에서 페미니스트 연구자들은 인류학, 역사학, 문학비평 영역에서 활동하는 페미니스트 연구자들과 달리 이 분과학문에서 여성을 분석의 중심에 놓는 데 실패했다. 스테이시와 손에 따르면, "페미니스트 사회학은 포섭되고(co-opted) 게토화(ghettoized)된 반면, 사회학 전체 그리고 그 지배적 패러다임은 변함없이 유지되었다."[29]

페미니스트 학자들은 사회학에서 젠더 이슈의 '게토화' 원인에 대해 다양한 설명을 제시했다. 이론생산에서 여성의 참여에 대한 연구에서 워드와 그랜트는, 젠더에 대한 이론화가 상대적으로 결여된 것은 부분적으로 여성 연구자들의 부족과 낮은 지명도 때문이라고 강조했다. 워드와 그랜트는 남성에 비해 여성 사회학자들은 ① 미국 사회학회의 이론분과에 적게 소속되어 있고, ② 이론가로서의 자아정체성이 약하고, ③ 남성보다 적은 수의 저서와 논문을 저술하고, ④ 교재와 인기 학습자료에 덜 나타나고, ⑤ 이론 학술지의 편집자나 편집진으로서의 활동이 남성보다 적다는 점을 발견했다.[30] 이론가로서 여성의 '독특한 소멸'(peculiar eclipsing)의 원인으로 워드와 그랜트는 ① 이론생산은 사회학 내에서 상대적으로 높은 지위를 누리는데 이는 여성에게 높은 진입장벽을 의미하고, ② 현대 사회학 이론이 복합적·경쟁적 패러다임으로 분열되어 페미니스트 사상 확산을 어렵게 한다는 점을 들었다.

워드와 그랜트는 여성 사회학자들이 연구주제에 접근하는 방식이 다르다는 점을 주목하면서 이 또한 젠더에 관한 연구가 출간되기 어렵게 하는

요인이라고 추정했다. 그들은 사회학에서 젠더와 방법 간에 '체계적 연관'(systematic link)이 있음을 발견했다. 주요 사회학 저널에 기고하는 여성 연구자들은 남성 동료들보다 질적 연구방법을 더 많이 사용한다. 많은 페미니스트 이론가들은 질적 방법(예를 들어 심층면접과 참여관찰)이 젠더와 여성 문제를 연구하는 데 더 적절하다고 주장한다. 왜냐하면 이 문제는 사적이고 맥락 구속적이며 쉽게 수량화되기 어렵기 때문이다.[31] 그러나 그랜트와 워드는 주류 사회학 학술지에 실린 젠더에 관한 논문에서 젠더와 방법 간의 상관관계를 밝히지 못했다. 젠더에 대한 논문에서 양성의 연구자 모두 양적 방법을 선호했다. 그랜트와 워드는 "젠더에 관한 질적 연구논문은 이중적으로 비주류적(nonconformity)이기 때문에 학술지에 게재될 가능성이 낮을 것"이라고 추측했다.[32] 마지막으로, 그들은 주디스 하워드(Judith A. Howard)의 주장을 인용해 페미니스트 관점의 영향력이 제한적인 것은 "젠더를 사회와 문화의 주요한 조직원리로 개념화하지 못하는 (마르크스주의를 포함한) 현존 사회이론의 무능력과, 젠더를 개념이 아니라 변수로 강조해온 실증주의 인식론 전통의 지배 때문이다"[33]라고 일갈했다.

다른 각도에서 애커는 사회학 이론에서 '전(前) 페미니즘 상태가 지속되는'(continues in a prefeminist) 이유는 사회학 내에서 제도적 저항이 존재하고 주류 이론적 개념과 방법론에 대한 페미니스트 대안이 발달하지 못하였기 때문이라고 주장한다.[34] 애커의 주장에 따르면 사회학은 다른 학문과 다음과 같은 점을 공유한다.

──
〔모든 학문은〕 사회 전반 또는 지배집단과 특수한 연관을 맺는다. 남성적·학문적 사고영역은 대부분 추상적·지성적이며 문자적으로 매개된 과정과 결합되어 있으며, 이를 통해 조직·관리·통치 행위가 수행된다. … 지배집단에 적합한 개념과 문제들을 발전시킨 관점이 성공을 거둔다.[35]
──

애커는 사회제도가 가부장적으로 구조화되어 있고 권력관계가 남성에 의해 지배되는 한 비판적 페미니스트 이론이 사회학 이론에서 패러다임 변환을 이뤄내는 것은 어려울 것이라고 보았다.[36] 애커는 또 주류 사회학 이론에서 영향력이 부족한 것은 페미니스트 이론에도 책임이 있다고 주장한다. 그녀에 따르면 페미니스트 연구자들은 "전반적 문제들을 이해하는 데 있어 낡은 방식보다 확실히 더 나은 새로운 방식을 아직 제시하지 못하고 있다."[37] 애커는 기존 이론과 대결하여 이를 대체할 수 있는 페미니스트 패러다임에 대한 비전을 제시한다. 이 패러다임은 다음과 같다.[38]

──
① 성별분업, 남성의 가족지배, 성폭력뿐만 아니라 계급구조, 국가, 사회혁명, 군국주의와 같은 문제에 대해서도 더 나은 이해를 제공할 것이다.
② 전반적 사회관계를 이해하는 데 있어 여성과 여성의 삶을 중심에 두지만, 산업자본주의 사회에 대해 보다 정확하고 포괄적인 설명을 제공할 것이다.
③ 여성들이 처한 다양한 상황들에서 여성에 대한(of women) 지식이 아니라 여성을 위한(for women) 지식을 생산하는 방법론을 포함하게 될 것이다.
──

애커의 페미니스트 패러다임 제안에는 사회세계에 대한 사회학적 이해의 근간을 형성하는 개념, 방법론, 인식론적 전제에 대한 급진적 비판이 함축되어 있다. 도로시 스미스(Dorothy Smith), 산드라 하딩(Sandra Harding), 이블린 폭스 켈러(Evelyn Fox Keller) 등의 페미니스트 이론가들 역시 동의하는 바와 같이, 지금까지 페미니스트 이론은 주류 사회학의 이론적 패러다임을 변형시키는 데 실패했다. 그 이유는 바로 이론 기저의 인식론과 방법론 자체가 남성 경험에 특권을 부여하기 때문이다. [39]

'여성중심' 사회학을 주장한 최초의 페미니스트 비판이론가인 도로시 스미스의 주장에 따르면, 사회학적 사고는 "남성의 사회세계에 기반하여 그 속에서 형성되었으며"[40] 그 결과 사회학적 사고는 검증되지 않은 남성중심적(남성의) 사고방식을 담고 있고 남성의 이해에 봉사하며 그 자체가 젠더편향적이며 여성의 관점을 배제한다. [41] 페미니스트 연구자들은 남성이 만들고 통제하는 사고방식으로 연구를 수행하는데, 그런 한에서 여성은 주체가 아니라 '타자'(other)로 조명될 것이며 여성의 경험은 주변화될 것이다. [42] 스미스는 다음과 같은 것만으로는 충분치 않다고 주장한다.

―――

지금까지 누락되고 간과된 것을 제기하거나 여성의 세계에 대해 사회학적으로 적합한 이슈를 제기함으로써 기존 사회학을 보충하는 것. 그것은 기존 사회학의 절차적 권위를 확장하여 여성사회학을 기존 사회학의 부록으로 만들 뿐이다. [43]

―――

이 급진적 페미니스트 비판은 3가지 형태를 띠었다. 첫째, 표준적인 방법론적 실천을 비판하고 그것을 페미니스트 방법으로 대체할 것을 제안했다. 둘째, '실증주의' 과학의 인식론적 전제에 대해 비판했다. 사회와 마찬가지로 과학 역시 젠더화되어 있고, 따라서 젠더편견을 제거하고 지식생산에서 젠더중심성(primacy of gender)이 갖는 함의를 인식할 수 있는 새로운 인식론을 발전시킬 필요가 있다는 것이다. 마지막으로, 급진적 페미니스트 이론가들은 사회조사 실천에 내재한 남성중심적 편견과 주류 사회학 이론의 실증주의적 인식론을 벗어나기 위해 독자적 페미니스트 관점을 만들어야 한다고 주장했다. [44]

현대 사회 연구방법론에 대한 최초의 구체적인 페미니스트 비판은 사회학자인 마르시아 밀만(Marcia Milman)과 로자베스 모스 캔터(Rosabeth Moss Kanter)가 편집한 책에서 찾을 수 있다. [45] 다양한 페미니스트 비판을 검토한 후 밀만과 캔터는 사회조사에서 젠더편견을 낳는 6개의 표준 방법론적 실천을 지목했다. 지난 30년 동안 사회분석 방법론에 대한 페미니스트 비판의 핵심에는 아래와 같은 관행에 대한 비판이 있었다. [46]

―――

① 사회탐구의 중요한 영역들을 간과하게 하는 관행적 영역규정(field-defining) 모델을 사용하는 것
② 공적·공식적·가시적 역할수행자에 초점을 맞춰, 그에 못지않은 중요성을 가진 비공식적·보조적·사적·비가시적 사회생활과 사회조직 영역을 무시하는 것
③ 여성과 남성에게 똑같이 적용되고 일반화될 수 있는 '단일한 세계'(single society)를 전제하는 사회학적 가정

④ 많은 연구영역에서 성을 중요한 변수로 취급하지 않는 것

⑤ 사회학적 설명의 초점이 기존 질서를 정당화하는 효과가 있는 현 상태에 맞춰져 있는 것

⑥ 특정한 종류의 자료수집을 체계적으로 불가능하게 하는 양적 방법과 같은 특정 방법론적 기술과 조사 상황을 이용하는 것

———

첫째, 밀만과 캔터는 사회학자들이 사회구조와 행위를 설명하는 모델에 의존함으로써 "사회적 실재를 구성하는 결정적 요소에 대해 체계적으로 무지"[47]하게 되었다고 주장한다. 예를 들어, 인간행동과 사회조직을 설명하기 위해 사회학자들이 베버주의 합리성에 초점을 맞출 경우 똑같이 중요한 감정이라는 요소를 놓치게 된다. 밀만과 캔터는 또한 개인에 초점을 맞춰 그 또는 그녀의 주관적 경험을 분석하지 않고 대신 행위자(agency) 문제를 강조하는 사회학 모델의 진실성에 의문을 제기한다. [48] 앞서 버나드는 변수를 강조하는 '행위자' 모델과 개인에 초점을 맞추는 '공동체'(communion)를 구분한 바 있다.

———

행위자는 지배와 통제에 의해 작동한다. 공동체는 자연스러운 관찰, 질적 유형의 차이에 대한 감수성, 그리고 탐구자의 더 많은 참여에 의해서 작동한다. … 행위자〔원문 그대로〕 연구의 특유의 과정은 전형적으로 남성이 몰두하고 있는 바를 보여준다. … 이 접근을 사용하는 과학자들은 자신이 통제하는 실재를 창조하고 그 세계를 조작한다. 그는 지배자이자 권력자이다. 공동체적 접근은 보다 소박하다. 그것은 통제를 거부한

다. 통제는 결과를 망치기 때문이다. 이 접근의 가치는 정확히 통제의 부재에 있다. [49]

———

밀만과 캔터는 행위자적 양적 방법(agentic quantitative methods)에 전적으로 의존한 연구는 사회 세계의 결정적인 부분을 정확하게 표현할 수 없다고 지적한다. [50]

둘째, 사회학은 '공식적 행위자(official actor)와 행동'에만 초점을 맞추고 여성이 두드러진 사적·비공식적·지역적 사회구조를 등한시함으로써 사회생활의 중요한 영역을 간과한다. [51] 일례로, 밀만은 일탈과 사회통제에 대한 연구는 법정과 정신병원과 같은 장소는 강조하지만, "일상적·대인관계적 사회통제와, 평범하고 일상적인 행위에서 다른 사람들과 조율하기 위해 사용하는 미묘한 일련의 전술적 움직임을 연구하는 것의 중요성을 인식하지 못한다"고 말한다. [52]

셋째, 모든 인간은 '단일한 세계'에 살고 있다는 사회학자의 가정은 버나드와 오클리와 같은 페미니스트 사회학자가 제시한 증거들, 즉 남녀가 서로 다른 세계에 살고 있음을 보여주는 증거와 상충된다. [53] 셀마 매코맥(Thelma McCormack)은 좀더 작은 이슈에 초점을 맞추어 투표여론 연구의 예를 든다. 이 연구는 남녀가 같은 정치문화 속에 살고 있다는 잘못된 가정에 기반하여 그 결과 여성은 더 보수적이거나 냉담한 것처럼 보이는 경향이 있다. [54]

넷째, 밀만과 캔터는 성을 설명변수로 고려하지 않았을 때의 문제를 보여주는 몇몇 연구들을 언급한다. 거기에는 교육사회학에 대한 사라 라이트풋(Sarah Lightfoot)의 연구도 포함되는데,

그녀에 따르면 이 분야 연구자들은 대부분의 교사가 여성이라는 사실을 고려하지 않는다.[55]

다섯째, 밀만과 캔터는 사회학자들이 현재상태를 설명하고자 할 때에 자신의 연구가 기존의 사회관계와 제도를 정당화하는지에 대해 더 민감할 필요가 있다고 주장한다. 그들은, 연구자들은 사회변화에 더 관심을 가져야 한다.[56] 알린 다니엘스(Arlene Daniels)는, 여성에 대한 연구는 여성억압의 근원을 밝히는 것뿐만 아니라 여성의 지위와 삶이 개선될 수 있도록 구체적 방법을 탐구해야 한다고 주장한다.[57]

마지막으로, 밀만과 캔터는 검증되지 않은 방법론적 가정과 기법들이 연구의 발견과 결론에 잘못된 영향을 미칠 수 있음을 지적한다. 그들은 데이비드 트레세머(David Tresemer)의 성적 차이에 대한 통계학적 연구를 인용한다. 트레세머는, 이 분야 대부분의 연구가 1차원적 양극(bipolar) 연속 정규분포를 이용하는데 이는 차이를 과장하는 효과를 낳는다고 주장했다.[58] 이런 특수한 문제는 덜 편향적인 방법을 사용함으로써 교정될 수 있겠지만, 밀만과 캔터는 많은 경우에서 질적 방법이 표준화된 양적 접근에 비해 더 적절하고 더 균형 잡힌 결과를 낳을 것이라고 주장한다.[59]

비판적 페미니스트 이론가들은 젠더불균형 문제를 제기하고 또 표준적인 사회학적 관행에서 나타나는 젠더편향을 피하기 위해 몇몇 방법론적 접근을 발전시켰다. 주디스 쿡(Judith Cook)과 메리 포노우(Mary Fonow)에 따르면 페미니스트 방법론은 다음의 7가지 전략과 기법을 자주 사용한다.[60]

---

① 자료수집 및 도출을 위한 사진, 비디오테이핑과 같은 시각적 기술
② 한 개 이상의 기법을 동시에 사용하는 방법론적 다각화
③ 대화분석에서의 언어학적 기법
④ 젠더편견을 밝히기 위한 수단으로서 텍스트 분석
⑤ 성적 불균형과 여성 세계 관련 현상을 측정하기 위한 정교한 양적 분석
⑥ 연구자 간 피드백 효과를 높이고 협동적·평등주의적 관계를 증진시키기 위한 협업전략 또는 집단적 연구모델 채택
⑦ 이미 존재하는 상황을 사회학적 탐구대상으로 삼거나 자료수집 수단으로 삼는 일상상황(situation-at-hand) 연구 실천

쿡과 포노우는 이 방법 중 어떤 것도 명백히 또는 전적으로 페미니스트적이라고 할 수 없음을 강조한다. 그러나 이 방법들의 혁신적 성격은 방법이 적용되는 과정에서 드러날 것이며, 또 페미니스트 지식생산을 지배하는 5가지 기본원칙을 통합하는 정도에 따라 차이가 있을 것이다.[61] 쿡과 포노우가 제시한 5가지 원칙은 다음과 같다.[62]

---

① 연구활동뿐 아니라 사회생활의 기본적 특징으로서 젠더관계의 중요성에 지속적·성찰적 관심을 기울일 필요가 있다.
② 방법론적 도구와 '시각'(way of seeing)으로 의식화가 중요하다.
③ 연구 주체와 대상의 이분법을 가정하는 '객관성' 규범에 도전할 필요가 있다.

④ 연구의 윤리적 함의에 대해 관심을 기울여야 한다.

⑤ 가부장제의 변형과 여성에 대한 권한부여 (empower-
  ment of women) 를 강조해야 한다.

———

도로시 스미스, 힐러리 로즈 (Hilary Rose) , 낸시 하
트삭 (Nancy Hartsock) 등이 주장하는 페미니스트
관점론은 명시적으로 여성과 여성의 직접적 경험을
분석의 중심에 놓는, 위와 같은 인식론적 방법론적
원칙에 기초한다. 관점론의 이론가들은 여성의 경
험을 이용해 사회적 관계를 분석함으로써 사회과학
과 자연과학의 지식생산을 구조화해온 계몽적 '실
증주의'의 남성중심적 이분법 — 문화 대 자연, 합
리적 이성 대 비합리적 감성, 객관 대 주관, 공적인
것 대 사적인 것 — 을 극복할 수 있다고 주장한
다. [63] 스미스는 "여성의 관점은 자신이 처한 상황과
독립적으로 객관적 지식을 구성할 수 있다는 사회
학자들의 주장을 불신한다"고 단언한다. [64]

페미니스트 관점론은 페미니스트 방법론에 대
해, 그것이 페미니스트 입장을 본질적으로 더 객관
적으로 만들고 '주류' 사회학에 도전해 대안적 패러
다임을 제시할 수 있다고 주장한다. 스미스는 이런
패러다임 전환이 '사회학에 근본적 변화'를 낳지는
않을 것이라고 주장한다. [65] 그녀에 따르면 중요한
것은 사회학자와 연구대상 간의 관계를 재구조화하
는 것이다.

———

내가 말하려는 바는 사회학자가 자신의 지식대상과 맺
는 관계를 바꾸고 자신의 문제들도 바꾸는, 일종의 재
조직화 (re-organization) 의 문제다. 이 재조직화를 위

해서 먼저 사회학자를 자신이 실제로 있는 곳, 즉 앎의
행위 또는 앎에 이르는 행위가 시작되는 곳에 위치시
키는 것이 필요하며, 둘째, 일상세계에 대한 사회학자
의 직접적 경험을 지식생산의 1차적 토대로 삼는 것이
필요하다. [66]

———

비판이론가들은 여성의 경험에 기초한 페미니스트
관점론의 방법론이야말로 '실증주의' 인식론이 거
부하는 지식생산, 일상적 경험, 정치적 실천 간의
인식론적 연관을 밝힐 수 있을 것임을 시사한다.
로즈는 "여성의 일: 여성의 지식"에서 인간의 지식
과 의식은 "경험으로부터 유리된 추상적인 것이 아
니다. 그것은 세상의 물질적 실재로부터 분리되어
주어진 것이 아니다. 인간의 지식은 실천으로부
터, 즉 세계에 작용하고 세계를 변화시키는 활동
으로부터 나온다"고 천명했다. [67]

종합적으로, (페미니스트 방법론, 인식론, 관점
론의 형태를 띤) 페미니스트 경험주의는 실증주의
과학에 구현되어 있는 전통적 경험주의를 비판한
다. 산드라 하딩은 페미니스트 경험주의는 구체적
으로 3가지 핵심적 가정을 의문시한다고 본다. [68]

———

① 전통적 경험주의는 관찰자의 사회적 정체성이 연구
  결과의 '적합성' (goodness) 과 무관하다고 가정한다.
  페미니스트 경험주의는 과학에서 남성중심주의는
  매우 명백하고 해로운 것이며 집단으로서의 여성이
  집단으로서의 남성보다 인간의 사회적 경험을 왜곡
  하지 않는 탐구문제들을 선별할 수 있다고 본다.

② 전통적 경험주의는 과학적 방법론과 사회학적 규범
  을 통해 충분히 남성중심적 편향을 제거할 수 있다

고 가정한다. 남성중심주의를 탐지할 수 없다면 스스로 편향되어 있음을 언급하는 것으로 편향이 제거될 수 있다고 가정한다.

③ 전통적 경험주의는 과학은 정치로부터 보호되어야 한다고 가정한다. 페미니스트 경험주의는 어떤 정치 — 해방적 사회변혁운동의 정치 — 는 과학적 객관성을 높여 준다고 주장한다.

———

3) 비판에 대한 비판: 비판적 페미니스트 이론에 대한 도전

페미니스트 방법론, 인식론, 관점론 역시 비판의 대상이 되었다. 가장 강력한 비판은 페미니스트 비판가들 자신으로부터 제기되었으며 이들은 페미니즘 개념과 입장을 사용해 비판을 비판했다. 이런 수많은 반(反)비판을 하나로 묶는 것은 페미니스트 이론, 인식론, 실천을 구조화하는 이데올로기의 역할에 대한 강조이다.

비판적 페미니스트 이론의 토대는 사회적 관계를 구조화하는 가장 근본적인 분리가 젠더라는 믿음이다. 사라 매튜(Sarah Matthews)는 이 같은 젠더이분법(gender dichotomy)에 의문을 제기하면서 "이 이분법은 생각한 것만큼 사회적 실재와 잘 부합하지 않는다"고 주장했다. 69 그녀는 남성성과 여성성으로 코드화된 젠더정체성이 있다고 하더라도 그것이 곧 젠더가 사회적 행동을 결정하는 핵심적 변수임을 의미하는 것은 아니라고 반박했다. 70

———

〔페미니스트〕비판의 공통점은 두 개의 젠더를 구분하는 것이 연구문제와 이론정립의 토대라는 점이다. 즉,

여성은 사회학적 연구로부터 배제되었다. 여성에 대한 연구는 남성에 대한 연구에 필적할 정도로 이루어져야 한다. 여성을 이해하기 위해서는 상이한 방법론이 사용되어야 한다. 소년과 소녀는 다른 방식으로 사회화된다. 집단으로서 여성은 억압되어 왔다고 말하는 것은 지금까지 당연시되어온 전제, 즉 두 개의 젠더 범주가 존재하고 모든 인간을 이 두 범주로 구분하는 것이 중요하다는 전제를 받아들이고 또 강화한다. 71

———

매튜의 주장에 따르면, 젠더와 성(sex)은 '변경 불가능한 사실'(an immutable fact)이 아님에도 페미니스트 연구 및 이론이 마치 그러한 입장을 지지하는 것처럼 보일 수 있다. 페미니스트 연구에서 이런 점이 인식되지 못한 것은 페미니즘의 이데올로기적 기초가 두 가지 젠더를 파악하는 데 있었기 때문이다. 72 그녀는, 사회학자들이 "젠더를 선험적 중요성을 가진 것으로 전제하지 않는 패러다임을 발전시켜야 할 것"이며 이를 통해 연구에서 성적 편견을 극복할 수 있을 것이라고 결론 내렸다. 73

독자적인 '여성적 관점'(women's standpoint)이라는 특권적 위치에서 페미니스트 방법을 구축하려는 시도에 대한 비판도 제기되었다. 엘리자베스 스펠만(Elizabeth Spelman)과 같은 페미니스트는 '여성으로서'(as a woman)라는 표현을 '페미니스트 자기중심주의의 트로이 목마'로 명명한다. 왜냐하면 그것은 "젠더정체성은 인종이나 계급정체성과 분리해서 존재한다"는 가정에 기초하기 때문이다. 74 그녀의 주장에 따르면, 페미니스트 관점 또는 입장은 '여성들의 이질성(heterogeneity)을 간과'하고75 백인, 중간계급 여성의 경험을 특권화하는

방법론적 수단으로 쓰이게 되었다. 스펠만은 특히 페미니스트들의 젠더 논의에 내재한 아래의 5가지 가정을 비판한다. [76]

----

① 여성은 '여성으로서' 논의될 수 있다.
② 여성은 '여성으로서' 억압된다.
③ 젠더는 정체성의 다른 요소, 즉 인종, 계급, 민족과 같이 사회·경제·정치적 위치에 영향을 미치는 다른 요소들과 분리될 수 있다. 성차별주의는 인종주의와 계급차별과 분리 가능하다.
④ 여성이 처한 상황은 남성의 상황과 대조적이다.
⑤ 남성과 여성의 관계는 다른 억압·피억압 집단의 관계와 비교될 수 있다. 즉, 여성이 처한 상황은 흑인, 유태인, 빈곤층 등 상황에 비견될 수 있다.

----

4) 소결: 두 개 또는 그 이상의 젠더사회학?

비판적 페미니즘은 사회학 중에서도 과학이론에 대해 매우 비판적이었으며[77] 놀랍게도 다른 비판이론들에 대해서도 매우 비판적이었다.[78] 물론 젠더동학을 설명하는 강력한 과학적 이론이 있다.[79] 이 이론은 명시적으로 성차별과 성별위계(*gender discrimination and stratification*)를 설명할 수 있는 명제를 발전시키고자 했다. 이 이론을 발전시킨 힘은 비판이론과 거의 같은 것이었다. 즉, 성별위계의 동학을 이해하고 이 이해를 통해 성차별을 없애지는 못하더라고 감소시킬 수 있을 것이라는 믿음이 있었다. 그러나 이 이론은 이데올로기로부터 도출된 것이 아니며 역사적으로 또 오늘날에도 체계적으로 성차별을 양산하는 일반적인 사회적 과정에 대한 분석에서 도출된 것이다.

비판적 페미니즘 이론에서 본다면 이 과학적 이론은 충분치 않다. 그것은 변화를 주장하지 않는다. 또, 이 이론은 젠더 차이가 다른 현상의 이해에 사용되는 동일한 도구를 통해 이해될 수 있다고 가정하면서 남성과 여성의 사회적 세계가 서로 다르다는 점을 고려하지 않는다. 결국, 젠더에 대한 비판이론과 과학이론은 서로 불화한 채 남아 있다.

3. 인종과 민족에 대한 비판이론

미국 사회학은 초창기부터 미국 사회에 만연한 인종 및 민족에 대한 차별에 관심을 가져왔다. 사회개량에 관심을 가졌던 초기 미국 사회학은 인종적·민족적 차별을 성실히 기록하고 설명했다. 이 설명들은 이론적 용어로 표현되기도 하고, 또 일부는 명시적으로 이데올로기적이기도 했지만 적어도 다음과 같은 점에서 비판적 태도를 공유했다. 즉, 민족과 인종에 대한 차별과 같은 사회적 차별과 불평등은 도덕적으로 잘못된 것이며, 사회에 해롭다는 것이다. 사회학적 지식은 인종적 억압을 드러내고 이 억압이 자행되는 제도적 체계를 공격하는 데 사용돼야 했다. 현대 사회학에서 이 목표는 인종차별, 특히 1950년대 아프리칸아메리칸 차별에 대해 법적 처벌을 강화하는 것이었으며 1960년대 민권운동에서 적어도 그 핵심목표 중 하나가 결실을 맺었다. 연방법에 민권법 조항들이 제정됐고 인종과 여타 구분(예를 들어 성, 종교적 신념)에 의한 차별이 불법화됐다.

1) 비판적 인종이론

비판적 인종이론은 법학에서 발전된 비판적 접근에서 나왔다. 기본적 입장은 민권운동과 그로부터 영향받은 법률은 미국 사회에서 '유색인종'(*people of color*)에 대한 오랜 차별을 해결하는 데 효과적이지 못하다는 것이다.[80] 민권운동은 그 동력을 상실했고, 1970년대에 출범한 페미니스트 운동에 비한다면 미국 사회의 기존의 인종적·민족적 차별과 불평등에 길들여지고 비판력을 상실한 것처럼 보였다.

비판적 인종이론의 일부 주제는 페미니스트 운동에서 등장한 것과 유사하다. 이들은 유색인종이 국지적 환경(*local circumstance*)에서 겪는 생생한 경험 속에서 제도화된 인종주의적 패턴을 읽어내야 한다고 주장했다는 점에서 페미니스트 관점론과 유사점이 있다. 이들의 연구관심은 사람들이 겪었던 차별상황에 대한 스토리였다. 차별을 실제로 경험한 사람들의 민속지적 자료, 발언, 예화, 역사가 수집되었다. 경험을 강조하는 것은 백인과 부자는 유색인종의 곤경을 이해할 수 없다는 것이 함축돼 있다. 그들은 법을 제정하고 실행하며 개혁적 프로그램을 만드는 최전선에 있어서는 안 된다. 왜냐하면 그들은 편견에 의해 만들어지고 유지되는 환경에서 그리고 명시적·묵시적 차별관행 속에서 살아가는 것이 어떤 것인지 알 수 없기 때문이다. 많은 비판적 인종이론이 공유하는 이와 같은 기조로부터 몇 개의 중요한 테마를 도출할 수 있다.[81]

① 인종주의는 일탈이 아니라 정상이다. 그 결과 인종주의를 없애는 것은 어렵다. 왜냐하면 그것은 사람들이 서로를 분류하고 소통하는 방식 속에 내장되었을 뿐만 아니라, 인종주의적 편견과 차별은 문화적·사회구조적으로 형성되었기 때문이다.

② 인종주의와 그것이 체계적으로 생산하는 불평등은 지속적으로 재생산된다. 왜냐하면 그것은 백인의 이해를 고양시키고 백인은 자신의 이해에 부합할 때에만 변화를 지지하기 때문이다.

③ 어떤 계급의 백인이든 백인은 인종주의를 없앨 동기가 없다. 왜냐하면 인종주의는 다음과 같은 측면에서 이익이 되기 때문이다.

ⓐ 고용주는 절박한 처지의 유색인종 저임금노동자 풀이 유리하다. 이는 백인 노동자가 높은 임금을 요구할 수 없게 한다.

ⓑ 백인 노동자계급은 노동시장을 분할해 유색인종을 저임금·저급여 직종으로 분리시킴으로써 상대적으로 더 많은 임금과 혜택을 주는 직업에 종사할 수 있다.

④ 법률은 중립적일 수 없다. 왜냐하면 법률 제정은 위에서 언급한 3가지 측면에 의해 제약받기 때문이다. 법률은 본질적으로 정치적이며 권력과 돈을 가진 사람들의 이해에 복속되어 있다.

⑤ 인종은 사회적 구성물이다. 즉, 새로운 상황에 맞추어 변화될 수 있고 특정 인구집단을 '인종화'(*racialization*) 함으로써 억압을 지속시킬 수 있다.

⑥ 인종화는 본질적으로 교차부문적(*intersectional*)이며, 인종정체성(그리고 통일적 세계관을 형성할 가능성)을 분열시킨다. 인구집단을 분할하는 계급, 젠더, 성적 취향, 정치와 같은 사회적 범주는 인종이라는 사회적 구성물과 교차해, 유색인종이 인종주의를 없애는 데 공통의 이해를 갖지 못하게 하는 경향이 있다.

⑦ 능력과 자격에 따라 사람들을 다양한 자리로 배치하는 것은 공정성의 외관을 갖는다. 하지만 직업을 비롯해 여타 자원을 둘러싼 경쟁에서 능력주의는 중간계급에게 유리함을 가리는 연막장치이다. 업적은 백인문화에 의해 규정되며 유색인종에게 불리하고 백인에게 유리하다. 예를 들어, 표준화된 적성·능력검사는 백인문화에 기반하고 있기 때문에 백인문화에 노출되지 않은 사람들이 좋은 점수를 얻기 힘들다. 이것은 삶의 기회를 위한 경쟁이 이루어지는 '운동장'(playing field)이 공평하고 이 기준을 충족시키지 못한 사람은 덜 가치 있다는 잘못된 인식을 백인들에게 심어 준다. 인종 억압이 지속되는 것은 모든 사람에게 '공평한 기회'(equal opportunity)를 준다고 하지만 백인문화 속에서 성장하지 않은 사람들을 낙인찍고 불리하게 하기 때문이다.

⑧ 다양성에 대한 요구와 그 긍정적 효과에 대한 지속적 언급은 유색인종보다 백인의 이해(예컨대 연방정부의 연구기금 선정자격)에 봉사한다. 적극적 조치 프로그램은 유색인종을 정상적 채용기준을 충족하지 못하는 사람으로 낙인찍는다. 다양성에 대한 요구는 일반적으로 유색인종의 욕구를 충족시키지 못할 뿐 아니라, 사실상 많은 유색인종이 인종주의와 여타 차별로 불리한 조건으로 인해 다양성 프로그램이 요구하는 자격기준을 충족할 수 없다는 사실을 은폐한다. 예를 들어, 대학생을 위한 다양성 프로그램은 고등학교를 중퇴한 아이들과 부모에게는 해당되지 않으며, 이 아이와 부모는 다양성 프로그램의 수혜대상 대학생과 다른 욕구와 이해관계를 갖는다. 다양성 프로그램은 차별효과가 교정될 수 있다는 환상을 제공하지만 실제로는 프로그램의 자격기준에 미달한 사람을 낙인찍는다.

적어도 위에서 언급한 이유에서 법 이론과 사회과학 이론, 특히 사회학 이론은 인종주의 동학을 적절히 개념화하지 못했다. 물론, 위에서 언급한 것은 주장일 뿐이고 기존의 민족 및 인종차별 이론의 설명력을 평가한 것은 아니다. 위의 언급은 이데올로기적 지향을 가진 것이다. 이는 선동까지는 아니어도 비판을 목적으로 만들어졌다. 기존 차별에 관한 이론이 위에서 언급한 문제를 한 번도 다루지 않은 것처럼 묘사했다. 이는 사실이 아니지만,[82] 기존 이론이 대부분 인종주의를 없애는 효과적 도구로서 법률에 초점을 맞췄음은 분명하다.

2) 인종과 인종주의에 대한 비판이론

비판적 인종이론으로 분류된 이론가 중에도 차이가 있고 비판적 인종이론보다 덜 선동적인 대안을 주장하는 연구자도 있다. 보닐라-실바(Bonilla-Silva)는 '인종 맹목적'(color blind)이고 오로지 능력과 성취에만 관심 있는 사회라는 관념은 미묘하고도 부당한 차별을 지속시키는 연막이라고 강조한다.[83] 그는 일종의 '새로운 인종주의'의 비판을 제안한다. 이 접근은 보다 학문적 지향을 보이는데 예를 들어 패트리샤 힐 콜린스(Patricia Hill Collins)는 비판적 인종이론의 감각을 공유하면서, 인종과 인종주의에 대한 비판이론이 따라야 하는 지침을 제시한다.[84]

① 인종 자체가 아니라 사회불평등에 관한 이론이 핵심이 되어야 한다. 차별을 경험하는 사람에게 사회정의가 실현될 수 있도록 하는 과정이 강조되어야 한다.

② 조사 및 이론작업은 간(間) 학제적이어야 한다.

③ 교차불평등(intersectionality)의 동학이 강조되어야 하고 인종, 계급, 민족, 국가, 공동체 간의 관계가 검토되어야 한다.

④ 문화적 과정과 특히 정치적·경제적 동학과 같은 불평등의 물질적 기초가 인종과 인종주의 분석의 중심이 되어야 한다.

⑤ 전지구적 맥락에서 인종과 인종주의가 분석되어야 한다.

⑥ 인종주의 분석에서는 다양한 형태와 방식으로 작동하는 권력이 분석되어야 한다.

위에서 언급한 것 중 일부는 비판적 인종이론의 목록과 중복되지만 그 어조(tone)에서 분명한 차이가 있다. 또, 위 목록은 법정 프로그램이나 사회복지 프로그램과 같은 기존의 프로그램을 전방위적으로 비판하는 것이 아니라 인종과 인종주의에 대한 분석이 어떻게 수행되어야 하는지 강조한다.

3) 소결론

차별의 동학에 대한 이론은 항상 가치중립적 이론과 명시적으로 이데올로기적 지향을 가진 이론으로 분열되어 왔다. 어떤 때는 같은 이론가가 두 가지 종류의 이론 모두를 생산하기도 하지만, — 페미니스트 이론이 그러하듯이 — 비판이론과 과학이론은 상당한 차이가 있다. 비판이론은 과학이론을 '문제의 일부'(part of problem)라고 비난하고, 과학이론은 이데올로기의 감정적 효과를 피하면서 편견과 차별의 제도적 표현이 증가하거나 감소하는 조건에 대해 냉철히 분석하고자 한다. 다른 비판이론처럼 비판적 인종이론도 견고하게 유지되어온 부당한 인종주의와 인종적 차별의 패턴을 드러내고자 한다. 그럼으로써 (설명이 아니라) 사회체계를 변화시키는 행동계획이 수립될 수 있다. 과학적 이론가도 종종 같은 목표를 갖기도 하지만, 일반적으로 비판이론가는 그들이 지나치게 차분하며 현상유지를 지지한다고 본다. 페미니즘처럼, 인종과 민족에서도 적어도 '두 개의 사회학'(two sociologies)이 있다고 할 수 있다. 이 상황은 초창기부터 미국 사회학이 처했었던 것으로 21세기의 두 번째 10년을 맞이한 지금도 여전히 사라질 것 같지 않다.

4. 나가며

유럽의 비판이론과 미국의 비판이론은 감성적 어조나 주제에서 분명한 차이가 있다. 유럽과 미국의 비판이론의 정전(canon)은 서로 겹치지만 미국의 비판이론이 유럽 측에 기여한 바가 그 반대 경우보다 더 클 것이다. 미국은 국가 특수적(nation-centric) 특징을 갖고 비판적 페미니즘과 특히 비판적 인종이론을 발전시켰다. 유럽의 이론은 여전히 근대성의 조건과 문제에 초점을 맞추는 반면 페미니즘과 인종이론은 차별과 편견, 불공평한 처우의 희생자였고 부당하게 폄하됐던 사회적 범주의 사람들을 중심으로 그 동학을 밝히려 한다. 유럽의 이론은 좀더 현학적이며 학계에서 시작해 대중적으로 확산되었지만, 미국의 비판이론은 사회운동이 학계로 진입하고 (여러 면에서) 정착한 결과다.

나 역시 많은 사회참여적 활동을 했지만 분명 과학의 편에 서 있다. 사회동학의 법칙을 발견하고 이 법칙을 이용하여 더 나은 세계를 만들 수 있다고 보는 점에서 오귀스트 콩트 — 정신이상이었던 그보다 제정신이겠지만 — 와 같은 견해다. 나의 초기 저작이 그랬듯이 사회학적 분석이 이데올로기에 의해 추동된다면, 현실이 아니라 당위에 대한 감성과 열정으로 분석이 심각하게 왜곡될 것이다. 지금은 더 신중해졌다. 특정 사회구조가 존재하는 이유를 설명함에 있어 사악한 세력을 찾기보다 냉정하게 어떤 힘이 이러한 동학을 만들어내고 작동시키는지를 분석하려 한다. 이런 분석으로부터 도출된 모델과 법칙은 이데올로기적 열정에 이끌렸던 초기 저작보다 사회개혁에 더 나은 지침을 제공할 수 있으리라고 생각한다. 비판이론가는 이런 견해에 동의하지 않을 것이고 나의 경험상 격렬히 반대할 것이다. 이 대립은 초창기부터 미국 사회학을 갈라놓았고 어느 정도 유럽 사회학에서도 나타나는 것으로, 현재도 여전히 존재하고 해소될 가능성은 없어 보인다. 결국, 사회학자 각자는 어떤 길을 걸을지 선택해야 한다. 학문을 하면서 나는 두 가지 길을 모두 가 보았다. 초기에 사회참여적이던 시절에도, 나는 과학적 작업에서의 결론과 나의 이데올로기가 충돌한다는 사실을 발견하고 고민하였다. 사회구조의 변화를 원했지만 그것은 당시의 조건으로 달성할 수 없는 것이었다. 누군가는 이것을 사악한 기성권력에 '영합해' 기존 질서를 정당화했다고 할 것이다. 그러나 나는 사람들을 다치게 하기보다 정책을 개발하는 것이 변화를 위한 더 좋은 방법이라고 생각했다. 이 또한 많은 사람들이 동의하지 않을 것이다. 현대 사회학 이론에 관한 책이라면 이런 분리를 받아들여야 한다. 그렇지 않으면 하나는 과학에, 다른 하나는 사회적 문제에 대한 실천적 행동에 우위를 두는 각기 다른 두 권의 책을 갖게 될 것이다. 두 개의 사회학이 있다. 즉, 과학적 사회학(scientific sociology)과 인본주의 사회학(humanistic sociology)이 그것이다. 이것이 모순이라고 생각하지는 않는다. 하지만 이 또한 누군가는 이의를 제기할 것이다.

주

* 이 장은 패트리샤 터너(Patricia R. Turner)가 주로 저술했다. 저자의 기여는 상대적으로 적다.

1 Jessie Bernard, *The Female World* (New York: Free Press, 1981); Ann Oakley, *The Sociology of Housework* (New York: Pantheon, 1974).

2 Dorothy Smith, "Women's Perspective as a Radical Critique of Sociology", *Sociological Inquiry* 44 (1974): pp. 7~15; "Sociological Theory: Methods of Writing Patriarchy", in *Feminism and Sociological Theory* (Newbury Park, CA: Sage, 1989), pp. 34~64; *The Everyday World as Problematic: A Feminist Sociology* (Boston: Northeastern University Press, 1987). Nancy Hartsock, *Money, Sex and Power* (New York: Longman, 1983).

3 예를 들어 다음 문헌들을 참조하라. Chris Weedon, *Feminist Practice and Poststructuralist Theory* (New York: Basil Blackwell, 1987); Judith Butler, "Contingent Foundations: Feminism and the Question of Post-Modernism", in *The Postmodern Turn: New Perspectives on Social Theory* (Cambridge: Cambridge University Press, 1994), pp. 152~170; Susan Heckman, *Gender and Knowledge: Elements of a Postmodern Feminism* (Boston: Northeastern University Press, 1990); Sondra Farganis, "Postmodernism and Feminism", in *Postmodernism and Social Inquiry* (New York: Guilford, 1994); Thomas Meisenhelder, "Habermas and Feminism: The Future of Critical Theory", in *Feminism and Sociological Theory*, ed. Ruth A. Wallace (Newbury Park, CA: Sage, 1989), pp. 119~134.

4 많은 페미니스트 비판들을 과연 이론이라고 부를 수 있는지 질문하는 사람들도 있었다. Mary Jo Neitz, "Introduction to the Special Issue Sociology and Feminist Scholarship", *The American Sociologist* 20 (1989): p. 5.

5 같은 책, p. 4.

6 Sondra Farganis, "Social Theory and Feminist Theory: The Need for Dialogue", *Social Inquiry* 56 (1986): p. 56.

7 Kathryn Ward and Linda Grant, "The Feminist Critique and a Decade of Published Research in Sociology Journals", *The Sociological Quarterly* 26 (1985): p. 140. 여성을 연구 주제로 부적절하게 표상하는 문제에 대해서는 다음 글들을 참조하라. Arlie Russell Hochschild, "A Review of Sex Role Research", *American Journal of Sociology* 78 (1973): pp. 1011~1029 and Cynthia Fuchs Epstein, "A Different Angle of Vision: Notes on the Selective Eye of Sociology", *Social Science Quarterly* 55 (1974): pp. 645~656. 여성지배적 사회부문의 무시에 대한 비판은 다음 저서를 참조하라. Ann Oakley, *Sociology of Housework* (New York: Pantheon, 1974) and Jessie Bernard, "My Four Revolutions: An Autobiographical History of the ASA", *American Journal of Sociology* 78 (1973): pp. 773~791.

사회학적 방법과 이것이 여성의 경험과 관점을 반영하지 못한 것에 대한 초기 비판으로는 다음 글을 참조하라. Dorothy Smith, "Women's Perspective as a Radical Critique of Sociology", *Sociological Inquiry* 44 (1974) : pp. 7~15 and Arlie Russell Hochschild, "The Sociology of Feeling and Emotion : Selected Possibilities", in *Another Voice : Feminist Perspectives on Social Life and Social Science* (New York : Octagon, 1976) , pp. 280~307. 마지막으로, 남성과 남성의 라이프스타일을 '규범적인' 것으로 사용하는 것을 비판했던 초기 페미니스트 이론가들의 글은 다음과 같다. Joan Acker, "Women and Social Stratification : A Case of Intellectual Sexism", *American Journal of Sociology* 78 (1973) : pp. 936~945 and Jessie Bernard, "Research on Sex Differences : An Overview of the State of the Art", in *Women, Wives, Mothers* (Chicago : Aldine Publishing Company, 1975) , pp. 7~29.

8 Oakley, *Sociology of Housework* (주 1 참조) , p. 2.

9 같은 책, p. 5.

10 같은 책, p. 8.

11 같은 책, pp. 8~9. 계층론 저작에 대한 유사한 비판에서 조안 애커는 두 가지 가정을 덧붙인다. "ⓐ 여성은 남성이 없을 때만 자신의 사회적 지위를 결정할 수 있다. ⓑ 여성은 여러 측면에서 남성과 다르고, 성적 기초 (*basis sex*) 에서 서로 다른 것으로 평가되지만 이 모든 것들은 계층체계 구조와는 상관없는 것이다." 다음 글을 참조하라. Acker "Women and Social Stratification : A Case of Intellectual Sexism", *American Journal of Sociology* 78 (1973) : p. 937.

12 Oakley, *Sociology of Housework* (주 1 참조) , pp. 12~13.

13 같은 책, p. 21. 오클리는 5명의 사회학 '창시자들' — 마르크스, 콩트, 스펜서, 뒤르켐, 베버 — 중 마르크스와 베버 두 사람만이 여성에 대해 '해방적 관점' (*emancipated view*) 을 갖고 있다고 주장한다. 고전 사회학 이론에서 '여성 문제'에 대한 보다 최근의 분석에서 테리 캔들 (Terry Kandal) 은 비난의 수위를 낮추어 "여러 고전 이론가들이 여성에 대해 쓴 저술에는 복합적이고 모순적인 변이가 있다"고 주장했다. 다음 글을 참조하라. *The Woman Question in Classical Sociological Theory* (Miami : Florida International University Press, 1988) : p. 245.

14 같은 책, pp. 21~28.

15 Jessie Bernard, *The Female World* (New York : Free Press, 1981) 의 책머리에 그대로 인용되었다.

16 같은 책, p. 3.

17 같은 책, pp. 12~15.

18 예컨대 Jean Lipman-Blumen, "Toward a Homosocial Theory of Sex Roles : An Explanation of the Sex Segregation of Social Institutions", *Signs* (1976) : pp. 15~31를 보라.

19 같은 책, p. 16.

20 같은 책, p. 17.

21 Nancy Chodorow, *The Reproduction of Mothering : Psychoanalysis and the Sociology of Gender* (Berkeley : University of California Press, 1978) , pp. 173~174.

22 같은 책, p. 173.

23 Joan Acker, "Making Gender Visible", in *Feminism and Sociological Theory*, ed. R. A. Wallace (Newbury Park, CA: Sage, 1989), p. 73.

24 Joan Shotter and Josephine Logan, "The Pervasiveness of patriarchy: On Finding a Different Voice", in *Feminist Thought and the Structure of Knowledge* (New York: New York University Press, 1988), pp. 69~70.

25 Linda Grant and Kathryn Ward, "Is There an Association Between Gender and Methods in Sociological Research?" *American Sociological Review* 52(1987): p. 861.

26 Rae lesser Blumberg, *Stratification: Social, Economic and Sexual Inequality* (Dubuque, IA: William C. Brown, 1978).

27 Joan Acker, "Women and Stratification: A Review of Recent Literature", *Contemporary Sociology* 9(1980): p. 26.

28 Judith Stacey and Barrie Thorne, "The Missing Feminist Revolution in Sociology", *Social Problems* 32(1985): pp. 301~316.

29 같은 책, p. 302.

30 Grant and Ward, "Is There an Association Between Gender and Methods in Sociological Research?"(주 25 참조), pp. 856~862.

31 다음 글을 참조하라. Marlene Mackie, "Female Sociologists' Productivity, Collegial Relations, and Research Style Examined through Journal Publications", *Social and Social Research* 69(1985): pp. 189~209. Ellen Carol Dubois, ed., *Feminist Scholarship: Kindling in the Groves of Academe* (Urbana: University of Illinois Press, 1985); Rhoda Unger, "Through the Looking Glass: No Wonderland Yet! The Reciprocal Relationship between Methodology and Models of Reality", *Psychology of Women Quarterly* 8(1983): pp. 9~31.

32 Grant and Ward, "Is There an Association Between Gender and Methods in Sociological Research?"(주 25 참조), p. 861.

33 J. A. Howard, "Dilemmas in Feminist Theorizing: Politics and the Academy", *Current Perspectives in Social Theory* 8(1987): pp. 279~312.

34 Jan Acker, "Making Gender Visible"(주 23 참조), pp. 65~81.

35 같은 책, pp. 68~69. 애커는 지배 권력구조와 사회학의 관계에 대한 자신의 분석은 도로시 스미스의 통찰에 빚진 것임을 밝혔다. 주 2를 참조하라. Smith, *The Everyday World as Problematic*.

36 같은 책, p. 78.

37 같은 책, p. 72.

38 같은 책, p. 67.

39 Dorothy Smith, *The Everyday World as Problematic* (주 2 참조); Sandra Harding, *The Science Question in Feminism* (Ithaca NY: Cornell University Press, 1986); Evelyn Fox Keller, "Feminism and Science", *Signs* 7(1982): pp. 589~602.

40 Smith, "Women's Perspective"(주 2 참조), p. 7.

41 Smith and Thorne, "The Missing Feminist Revolution"(주 28 참조), p. 309.

42 Smith, *The Everyday World as Problematic*(주 2 참조), p. 52.

43 Smith, "Women's Perspective"(주 2 참조), p. 7. 비슷한 비판이 Liz Stanley and Sue Wise, *Breaking Out: Feminist Consciousness and Feminist Research*(London: Routledge, 1983), p. 28에서도 제시되었다.

44 Shotter and Logan, "The Pervasiveness of Patriarchy"(주 24 참조), pp. 69~86. 또한 다음 문헌도 참조하라. Dorothy Smith, "A Sociology for Women", in *the Prism of Sex* (Madison: University of Wisconsin Press, 1979), pp. 135~188.

45 Marcia Millman and Rosabeth Moss Kanter, eds., *Another Voice: Feminist Perspectives on Social Life and Social Science*(New York: Octagon, 1976).

46 같은 책, pp. ix-xvii.

47 같은 책, p. ix.

48 Arlie Russell Hochschild, "The Sociology of Feeling and Emotion: Selected Possibilities", in *Another Voice: Feminist Perspectives on Social Life and Social Sciences*, eds. Marcial Millman and Rosabeth Moss Kanter (New York: Octagon, 1976), pp. 280~307를 보라.

49 Jessie Bernard, "My Four Revolutions"(주 7 참조), p. 785. 행위자 접근과 공동체 접근에 대한 더 상세한 논의로는 David Bakan, "Psychology Can Now Kick the Science habit", *Psychology Today* 5(1972) pp. 26, 28, 86~88과 Rae Carson, "Sex Differences in Ego Functioning: Exploratory Studies of Agency and Communion", *Journal of Consulting and Clinical Psychology* 37(1971): pp. 267~277를 보라.

50 Millman and Kanter, eds., *Another Voice*(주 46 참조), p. x.

51 같은 책, p. xi.

52 같은 책.

53 같은 책. 주 1의 Bernard, *The Female World*와 Oackely, *The Sociology of Housework*를 보라.

54 Millman and Kanter, eds., *Another Voice*, p. xiii. Thelma McCormack, "Toward a Nonsexist Perspective on Social and Political Change", *Another Voice*(주 45 참조), pp. 1~33를 보라.

55 Millman and Kanter, eds., *Another Voice*, p. xiv.

56 같은 책, p. xv.

57 같은 책. Arlene Daniels, "Feminist Perspectives in Sociological Research", *Another Voice* (주 45 참조), pp. 340~380.

58 Millman and Kanter, eds., *Another voice*, p. xv 또한 David Tresemer, "Assumptions Made About Gender Roles", *Another Voice*(주 45 참조), pp. 308~339도 보라.

59 Millman and Kanter, eds., *Another Voice*, p. xvi.

60 Judith Cook and Mary Fonow, "Knowledge and Women's Interests: Issues of Epistemology and Methodology in Feminist Sociological Research", *Sociological Inquiry* 56(1986): pp. 2~29.

61 같은 책, p. 14.

62 같은 책, p. 2.

63 Sandra Harding, *The Science Question in Feminism* (Ithaca : Cornell University Press, 1986) , pp. 136~162.

64 Smith, "Women's Perspective" (주 2 참조) , p. 11.

65 같은 책.

66 같은 책.

67 Hilary Rose, "Women's Work : Women's Knowledge", in *What is Feminism*, eds. , Juliet Mitchell and Ann Oakley (New York : Pantheon, 1986) , p. 161.

68 Harding (주 63 참조) , p. 162.

69 Sarah Matthews, "Rethinking Sociology through a Feminist Perspective", *The American Sociologist* 17 (1982) p. 29.

70 같은 책.

71 같은 책, p. 30.

72 같은 책, p. 29.

73 같은 책.

74 Elizabeth Spelman, *Inessential Woman : Problems of Exclusion in Feminist Thought* (Boston : Beacon, 1988) , p. x.

75 같은 책, p. ix.

76 같은 책. p. 165.

77 예를 들어서, Paula England, ed. , *Theory on Gender/Feminism on Theory* (New York : Aldine de Gruyter, 1994) 의 다음 논문들을 참조하라. Lynn Smith-Lovin and J. Miller McPherson, "You are Who You Know : A Network Approach to Gender. " pp. 223~251 ; Dana Dunn et al. , "Macrostructural Perspectives on Gender Inequality", pp. 69~90, Miriam Johnson, "Functionalism and Feminism : Is Estrangement Necessary?", pp. 115 ~120, Debra Friedman and Carol Diem, "Feminism and the Pro- (rational-) Choice Movement : Rational-Choice Theory, Feminist Critiques and Gender Inequality", pp. 9 1~114. 다른 연구들로는 다음을 참조하라. Miriam Johnson, "Feminism and the Theories of Talcott Parsons", in *Feminism and Sociological Theory*, ed. R. C. Wallace (Newbury Park, CA : Sage, 1989) , pp. 101~118, Marian Lowe and Ruth Hubbard, "Sociobiology and Biosociology : Can Science Prove the Biological Bias of Sex Differences in Behavior", in *Genesis and Gender* (New York : Gordian, 1979) : pp. 91~112, Arlie Russell Hochschild, "The Sociology of Feeling and Emotion : Selected Possibilities", in *Another Voice : Feminist Perspectives on Social Life and Social Science*, eds. Marcial Millman and Rosabeth Moss Kanter (New York : Octagon, 1976) , pp. 280 ~307, Paula England, "A Feminist Critique of Rational-Choice Theories : Implications for Sociology", *The American Sociologist* 20 (1989) : pp. 14~28, Paula England and Barbara Kilbourne, "Feminist Critique of the Separate Model of the Self : Implications for Rational Choice

Theory", *Rationality and Society* 2, no. 2: pp. 156~171.

78 푸코와 후기 구조주의에 대해 이 장의 서두에 인용한 저작들 외에도 다음 글을 참조하라. Caroline Ramazanoglu, ed., *Up Against Foucault: Explorations of Some Tensions between Foucault and Feminism* (New York: Routledge, 1993). 마르크스주의 이론에 대한 비판적 페미니스트 분석과, 그것과 페미니스트 이론의 관계에 대한 분석으로는 다음 글을 참조하라. Catherine MacKinnon, "Feminism, Marxism, Method, and the State: An Agenda For Theory", *Signs* 7 (1982): pp. 515~544, Mia Campioni and Elizabeth Grosz, "Love's Labours Lost: Marxism and Feminism", in *A Reader in Feminist Knowledge* (New York: Routledge, 1991), pp. 366~397, Beth Anne Shelton and Ben Agger, "Shotgun Wedding, Unhappy Marriage, No-Fault Divorce? Rethinking Feminism-Marxism Relationship", in *Theory on Gender/ Feminism on Theory*, pp. 25~42.

79 예를 들어 다음 글을 참조하라. Janet Saltman Chafetz, *Gender Equity: An Integrated Theory of Stability and Change* (Newbury Park, CA: Sage, 1990); Chafetz, *Feminist Sociology: An Overview of Contemporary Theories* (Itasca, IL: Peacock, 1988); Rae Lesser Blumberg, *Stratification: Socio-Economic and Sexual Inequality* (Dubuque, IW: William C. Brown, 1978).

80 Adalberto Aguirre, "Academic Storytelling: A Critical Race Theory Story of Affirmative Action", *Sociological Perspectives* 43 (2000): pp. 319~326, Kimberle Crenshaw, Neil Gotanda, Gary Peller, and Kendall Thomas, eds., *Critical Race Theory: The Key Writings That Formed the Movement* (New York: New Press, 1995), Richard Delgado, "The Ethereal Scholar: Does Critical Legal Studies Have What Minorities Want?" *Harvard Critical Legal Studies Law Review* 22 (1987): pp. 301~322; Richard Degado, ed., *Critical Race Theory: The Cutting Edge* (Philadelphia, PA: Temple University Press, 1995); Mari J. Matsuda, Charles R. Lawrence, Richard Delgado and Kimberle Crenshaw, *Words That Wound: Critical Race Theory, Assaultive Speech, and the First Amendment* (Boulder, CO: Westview Press, 1993); Carlos J. Nan, "Adding Salt to the Wound: Affirmative Action and Critical Race Theory", *Law and Inequality: A Journal of Theory and Practice* 12 (1994): pp. 553~572; Enid Trucios-Haynes, "Why Race Matters: LatCrit Theory of Latina/Racial Identity", *La Raza Law Journal* 12 (2001): pp. 1~42.

81 Matsuda et al., *Words That Wound* (주 80 참조).

82 비판적 인종이론가들이 제기한 여러 이론들에 대한 리뷰와 이들이 제기한 여러 측면들을 종합적으로 설명한 과학적 이론에 대해서는 다음 글을 참조하라. Adalberto Aguirre and Jonathan H. Turner, *American Ethnicity: The Dynamics and Consequences of Ethnic Discrimination*, 7th ed. (New York: McGraw-Hill, 2010).

83 Eduardo Bonilla-Silva, *Racism without Racists: Color Blind Racism and the Persistence of Racial Inequality in the United States* (Lanham, MD: Rowman and Littlefield, 2003).

84 이 목록은 콜린스의 웹사이트와 수업계획서에서 가져왔다.

조나단 터너(Jonathan H. Turner)

조나단 터너는 미국 캘리포니아대학 리버사이드캠퍼스(UCR) 사회학과 교수다. 1942년에 태어나 1968년에 코넬대학에서 사회학 박사학위를 받고, 1969년부터 캘리포니아대학 리버사이드캠퍼스에서 사회학을 가르쳤다. 40권의 저서와 9권의 편저서, 200편이 넘는 학술논문을 출간했다. 영국 캠브리지대학, 독일 브레멘대학, 빌레펠트대학, 중국 산둥대학 객원교수를 역임했다. 주요 연구분야는 사회학 이론, 감정사회학, 종족관계, 사회제도, 사회계층, 진화사회학 등이다. 그는 최근 3부작인 《사회학의 이론적 원리》(*Theoretical Principles of Sociology*) 이외에 사회학 이론에 관한 광범위한 책을 출간했다. 최근 주요 저서는 다음과 같다.

Revolt from the Middle : Emotional Stratification and Change in Post-Industrial Societies (2015)

The Emergence and Evolution of Religion : By Means of Natural Selection (2018, Alexandra Maryanski, Anders K. Petersen, and Armin W. Geertz 공저)

The New Evolutionary Sociology : Recent and Revitalized Theoretical and Methodological Approaches (2018, Richard Machalek 공저)

Handbook of the Sociology of Emotions, Volume 2 (2014, Jan E. Stets 공동편집)

Handbook of Evolution and Society : Toward an Evolutionary Social Science (2015, Richard Machalek and Alexandra Maryanski 공동편집)

김윤태

고려대 공공정책대학 교수이다. 영국 런던정경대학(LSE)에서 사회학 박사학위를
받았다. 주요 저서로《사회학 입문》,《모두를 위한 사회과학》,《불평등이 문제다》,
《복지국가의 변화와 빈곤정책》등이 있다. 주요 연구분야는 정치사회학, 복지국가,
사회학 이론, 문화변동 등이다. yunkim@korea.ac.kr

김근태

고려대 공공정책대학 교수이다. 미국 위스콘신대학에서 사회학 박사학위를 받았다.
주요 연구분야는 사회인구학, 가족사회학, 연구방법론 등이다. cozy282@korea.ac.kr

김명숙

고려대 공공정책대학 강사이다. 고려대에서 사회학 박사학위를 받았다. 주요 저서로
《막스 베버의 법사회학》,《법사회학, 법과 사회의 대화》(공저) 등이 있다. 주요 연구
분야는 사회학 이론, 법사회학, 인권과 법 등이다. wemake@korea.ac.kr

김봉석

현재 성균관대 사회학과 강사이다. 성균관대에서 사회학 박사학위를 받았다. 주요
역서로《사회학의 핵심 개념들》,《사회에 대해 말하기》(공역) 등이 있다. 주요 연구
분야는 사회이론(일반이론 및 사회학적 공정성 이론), 번역사회학, 한국사회학사 등이다.
livemodern@skku.edu

김수정

동아대 사회복지학과 교수이다. 서울대에서 사회학 박사학위를 받았다. 주요 저서로
《한국형 복지모형 구축》 I ~ IV권(공저),《외환위기 이후 20년, 한국 사회구조와
생활세계의 변화》(공저) 등이 있다. 주요 연구분야는 가족정책, 여성빈곤, 복지국가
비교연구 등이다. ksujeong@dau.ac.kr

김인춘
연세대 동서문제연구원 연구교수이다. 미국 미시간대학에서 사회학 박사학위를
받았다. 주요 저서로 《스웨덴 모델, 독점자본과 복지국가의 공존》, 《분단-통일에서
분리-통합으로》(공저), 《EU 자본주의와 민주주의》(공저) 등이 있다. 주요 연구
분야는 정치사회학, 역사사회학, 사회정책 등이다. ickim95@hotmail.com

박치현
성균관대 사회학과 강사다. 서울대에서 사회학 박사학위를 받았다. 주요 저서로
《지금 우리가 누리는 자유: 통치론》, 주요 역서로 《예수는 괴물이다》(공역) 등이
있다. 주요 연구분야는 사회학 이론, 문화사회학 등이다. chihyun7@hanmail.net

배은경
서울대 사회학과 교수이자, 동 대학원 여성학 협동과정 전공 주임교수이다.
서울대에서 사회학 박사학위를 받았다. 주요 저서로 《현대 한국의 인간 재생산》,
《경계를 가로질러 가족 만들기》(편저) 등이 있다. 주요 연구분야는 젠더와 섹슈얼리티,
한국사회 젠더관계 변화 등이다. sereneb@snu.ac.kr

백승욱
중앙대 사회학과 교수이다. 서울대에서 사회학 박사학위를 받았다. 주요 저서로
《생각하는 마르크스》, 《자본주의 역사 강의》, 《중국 문화대혁명과 정치의 아포리아》,
《중국의 노동자와 노동정책》 등이 있다. 주요 연구분야는 세계체계 변동, 마르크스주의
이론, 중국 사회변동 등이다. swbaek@cau.ac.kr

손동기
한국외국어대 EU 연구소 초빙연구원이다. 프랑스 파리 제5대학에서 사회학 박사
학위를 받았다. 주요 논문으로는 "탈산업사회에서 직장인 여가문화의 가치변화와 의미:
프랑스의 사례를 중심으로", "프랑스 문화예술향유를 위한 지원정책 연구: 예술가
지원정책을 중심으로" 등이 있다. 주요 연구분야는 문화사회학, 여가사회학, 문화정책
등이다. dongkison@hotmail.com

윤수린
한국직업능력개발원 전문연구원이다. 서강대에서 사회학 박사과정을 수료했다.
주요 연구분야는 노동사회학, 비교사회학, 사회정책 등이다. sryoon@krivet.re.kr

윤형식

서울과학기술대 강사이다. 독일 브레멘대학에서 철학 박사학위를 받았다. 주요 저서로
Semiotische Tätigkeitsphilosophie: Interner Realismus in neuer Begründung (기호학적
활동철학: 내적 실재론의 새로운 정초) 등이 있다. 주요 연구분야는 서양 근현대철학,
인식론, 사회·정치철학 등이다. iuniuskr@naver.com

임동균

서울대 사회학과 교수이다. 미국 하버드대학에서 사회학 박사학위를 받았다. 주요
논문으로 "The Heuristic Value of the Social: The Effect of Social Quality and Trust
on Welfare and Tax Attitudes", "잠재적 전략적 행위장 이론: 촛불집회 사례를
중심으로" 등이 있다. 주요 연구분야는 사회심리학, 정치사회학, 사회학 이론 등이다.
dongkyunim@snu.ac.kr

정태석

전북대 일반사회교육과 교수이다. 서울대에서 사회학 박사학위를 받았다. 주요 저서로
《사회이론의 구성》, 《시민사회의 다원적 적대들과 민주주의》, 《행복의 사회학》,
《NGO란 무엇인가》(공저) 등이 있다. 주요 연구분야는 사회이론, 시민사회 이론,
환경사회학 등이다. tsjeong@bnu.ac.kr

주은우

중앙대 사회학과 교수이다. 서울대에서 사회학 박사학위를 받았다. 주요 저서로
《시각과 현대성》, 《오키나와로 가는 길》(공저) 등이 있다. 주요 연구분야는 문화사회학,
영상사회학, 사회이론 등이다. ewjbat@cau.ac.kr

천선영

경북대 사회학과 교수이다. 독일 뮌헨대학에서 사회학 박사학위를 받았다. 주요 저서로
《죽음을 살다》, 《일상문화공간》 등이 있다. 주요 연구분야는 문화사회학, 사회이론
등이다. chunsy@knu.ac.kr

한상근

한국직업능력개발원 선임 연구위원이다. 고려대에서 사회학 박사학위를 받았다.
주요 저서로 《GO GO! JOB 월드》 등이 있다. 주요 연구분야는 직업사회학, 직업연구,
직업정보론 등이다. hansang@krivet.re.kr

의사소통
행위이론 1·2

위르겐 하버마스 지음 | 장춘익(한림대) 옮김

1권 행위합리성과 사회합리화　　2권 기능주의적 이성 비판을 위하여

국내 최초
완역 출판

우리의 일상적 삶의 터전인 생활세계는 권력과 돈에 의해서 '식민지화'되고 있다
누구도 따라올 수 없는 깊이와 범위로 비판적 사회이론의 토대를 해부한 하버마스의 역작!

'사회학계의 아리스토텔레스'라 불리는 종합의 대가
하버마스가 사회이론으로 수놓는 천의무봉의 바느질 솜씨 – 〈동아일보〉

하버마스의 지적 방대함을 체험하는 것만으로도
글읽기의 행복감을 느낄 수 있는 역작 – 〈조선일보〉

신국판·양장본 | 각 권 592, 672면 | 각 권 35,000원

Jürgen Habermas

Strukturwandel der Öffentlichkeit : Untersuchungen
zu einer kategorie der bürgerlichen Gesellschaft

공론장의 구조변동:
부르주아 사회의 한 범주에 관한 연구

하버마스 | 한승완(국가안보전략연구원) 옮김

여론이 형성되는 공론장의 발생과 그 작동구조에 대한 사회학적이며 역사학적인 연구서. 부르주아의 생존방식으로 성립된 공론장은 과연 현대사회와 국가의 민주주의적 통합을 유지하는 가장 확실한 안전판인가? 신국판 | 408면 | 18,000원

Faktizität und Geltung : Beiträge zur Diskurstheories
des Rechts und des demokratischen Rechtsstaats

사실성과 타당성:
담론적 법이론과 민주적 법치국가 이론

하버마스 | 한상진(서울대) · 박영도 옮김

법과 권력의 내재적 관계에서 출발하여 자유주의 전통과 공화주의 전통의 대립을 극복하는 담론적 민주주의 이론을 제시한다. 신국판 | 696면 | 35,000원

Die Zukunft der menschlichen Natur :
Auf dem Weg zu einer liberalen Eugenik?

인간이라는 자연의 미래: 자유주의적 우생학 비판

하버마스 | 장은주(영산대) 옮김

이 책은 요즈음 우리나라에서도 첨예하게 대중적 관심을 불러일으키는 생명윤리의 문제, 그중에서도 최근의 생명공학 또는 유전공학의 발전이 제기하는 윤리적 · 도덕적 문제를 다룬다. 신국판 | 178면 | 10,000원

Wahrheit und Rechtfertigung : Philosophische Aufsätze

진리와 정당화: 철학 논문집

하버마스 | 윤형식 옮김

하버마스가 자신의 철학적 사유의 출발점이라 할 《인식과 관심》(1968) 이후 30여 년 만에 펴낸 순수 이론철학적 저작. 신국판 | 456면 | 20,000원

Die Einbeziehung des Andern :
Studien zur politischen Theorie

이질성의 포용: 정치이론연구

하버마스 | 황태연(동국대) 옮김

그의 화두는 '포용'과 '평화'이다. '포용'과 '평화'는 오늘날 자주 연호(連呼)되는 '포용적 민주주의론'과 인권, 그리고 세계주의 차원에서 매우 중요한 핵심 개념이다. 2000년대를 사는 모든 민주주의자에게 이 책은 좋은 이론적 논의거리를 제공한다. 신국판 | 402면 | 14,000원

Moralbewußtsein und kommunikatives Handeln

도덕의식과 소통적 행위

하버마스 | 황태연(동국대) 옮김

주제는 다르지만 내용적으로 연관된 네 편의 논문을 수록한 논문집으로, 다른 저작에서 찾아볼 수 없는 철학 및 사회과학 본래의 관심과 하버마스 특유의 도덕론적 입장으로 채워졌다. 신국판 | 264면 | 8,000원

Ach, Europa: Kleine Politische Schriften XI

아, 유럽 : 정치저작집 제 11권

하버마스 | 윤형식 옮김

이 책의 핵심주제는 '유럽의 미래'다. 하버마스가 자신의 철학의 연장선상에서 강연이나 언론기고 등을 통해 모색했던 유럽의 정체성과 새로운 국제법적 질서의 원리에 대해 체계적으로 정리했다. 신국판 | 232면 | 13,000원

Der gespaltene Westen: Kleine Politische Schriften X

분열된 서구: 열 번째 정치적 소저작 모음

하버마스 | 장은주(영산대) · 하주영(번역가) 옮김

이 책은 9 · 11 테러와 미국의 이라크 침공을 계기로 미국 네오콘의 국제정책을 비판한다. 그리고 새로운 국제법적 질서의 원리에 대한 대안을 모색하고 촉구했던 활동을 기록했다. 신국판 | 288면 | 14,000원

물화(物化) – 인정(認定)이론적 탐구

악셀 호네트 | 강병호 옮김

이 책에서 저자는 게오르크 루카치의 "물화" 개념을 오늘날의 사회적 현실과 학문적 수준에 맞춰 새롭게 해석하고 재활성화한다. 이렇게 새롭게 정식화된 "물화" 개념이, 인간의 삶의 가능성을 왜곡하고 제한하는 사회 병리들을 추적하고 비판하는 데 어떻게 쓰일 수 있는지를 암시한다. 4X6판 | 154면 | 9,000원

정의의 타자 – 실천 철학 논문집

악셀 호네트 | 문성훈 · 이현재 · 장은주 · 하주영 옮김

'정의의 타자'에 관심을 두는 것은 정의의 원칙의 한계 때문이다. 저자는 '배려'의 윤리적 입장을 강조하지만 정의와 배려의 양자택일이 아니라, 양자를 아우르는 제3의 가능성을 모색한다. 비판이론 제3세대가 어디에 있고 어디로 가고 있는지 잘 보여주는 이정표 역할을 하는 저작이다. 신국판 | 416면 | 18,000원